浏阳年鉴

（2019）

浏阳市市志档案局 编

方志出版社
Publishing House of Local Records

《浏阳年鉴（2019）》编纂委员会

顾　问　黎春秋

主　任　吴新伟

副主任　邱山东　秦跃平

　　　　周文舜　邓阳锋　邓雪琴

委　员　雷　义　刘美成　李　建　黄　刚　冯早成　唐洪胜

　　　　李　峰　杨　钢　张鲜明　罗　柱　陈洁璐

《浏阳年鉴（2019）》编辑部

主　　编　杨　钢

副 主 编　张鲜明　罗　柱　陈洁璐

编　　辑　唐继武　王运松　邱文彬

编辑说明

一、《浏阳年鉴》坚持以马克思列宁主义、毛泽东思想、邓小平理论、“三个代表”重要思想、科学发展观、习近平新时代中国特色社会主义思想为指导，坚持辩证唯物主义和历史唯物主义的立场、观点和方法，围绕中共浏阳市委、浏阳市人民政府的决策部署，全面、客观、系统地记载浏阳市自然、政治、经济、文化、社会等方面概貌和发展情况。

二、《浏阳年鉴》是由中共浏阳市委、浏阳市人民政府主办，浏阳市市志档案局承编、方志出版社出版发行的年度资料性文献。它创刊于1986年，按照一年一鉴逐年编辑，本卷年鉴是第33卷。

三、本卷年鉴采用分类编辑法，按照组织机构隶属关系、参照《国民经济行业分类》（GB/T4754-2011）设类目、分目、条目3个层次，部分分目下设子目，条目为记述基本层次。全书共设35个类目，正文体例有概况、条目、附录、图表等，以条目为主体，书中插排彩色专版。

四、本卷年鉴记述断限为2018年1月1日至2018年12月31日，鉴于某些工作的特殊性，部分记述适当上溯至2017年或下延至2019年。

五、本卷年鉴所列各机构负责人由各单位报送，主要包括机关、事业单位副科级以上（含副科级）实职领导干部，部分单位内设（二级）机构负责人、民主党派、学会、行业协会负责人，凡未注明任免时间均以2018年12月31日在职者为准。

六、本卷年鉴所载资料均由全市各单位、各部门专人撰写，领导审核，年鉴编辑人员加工整理，年鉴审查领导小组和方志出版社审核定稿。统计资料由市统计局提供，个别组稿单位有些数据由于统计口径和统计时间不同等原因，与统计局公布的数据不完全一致，请读者在查阅和利用时注意。

● 全年地区生产总值增长10%；一般公共预算收入超过111.8亿元、增长11.6%以上；规模以上工业增加值、社会消费品零售总额、固定资产投资等主要经济指标增速稳居长沙区（县、市）前列，县域经济与县域综合发展全国百强排名中跃居第13位，成为中部地区唯一的“竞强争优范例”

● 获得68项国家级荣誉、132个省级奖项。获得“福布斯2018中国大陆最佳商业城市榜100强”“中国工业百强县”“中国幸福百县”“全国小康城市100强”等“国字号”称号，《人民日报》、中央电视台、新华社等国家级权威媒体326次聚焦浏阳，“浏阳作为”“浏阳经验”“浏阳气象”备受瞩目、广受赞誉

（浏阳电视台 提供）

【防范化解重大风险】

浏阳城区—商务大厦　　（罗豪正 摄）

● 2018年，浏阳市偿还存量债务95.67亿元，完成隐性债务年度化解任务，全面推进高息产品整改工作。严格控制债务增量。对照省、长沙市“停、缓、调、撤”的要求和政府投资项目“正面、负面”清单，全年政府投资项目总投资额调减123亿元，调整项目180个。重新编制2018年平台公司收支计划。积极推动平台转型。率先在全省启动平台公司整合转型工作，平台公司“撤并转”有序推进，工作进度达到省、长沙市要求，完成无银行贷款的乡镇平台公司撤销工作。

浏阳城区—白沙中路　　（罗豪正 摄）

● 投入财政专项扶贫资金6690万元，实现脱贫3513户11561人，贫困发生率由2017年的1.3%下降至0.4%。浏阳就业扶贫案例入选全国人社领域精准扶贫典型案例40强，对口帮扶邵阳县、龙山县茅坪乡取得新成效

（朱志云　摄）

（贝月霞　摄）

长兴湖　　（罗豪正 摄）

【污染防治】

2018年城区空气质量优良以上天数339天，比上年增加8天；城镇生活污水处理率94.8%，污水集中处理率89%，工业烟尘排放达标率95%。建成城市广场和“一河两岸”亮化工程一期。新建续建12家污水处理厂，县级以上饮用水水源地水质达标率达100%。生活垃圾分类减量行政村比例达50%。顺利通过中央生态环保督察“回头看”和省级环保督察

（罗豪正 摄）

消除集体经济薄弱村97个，拆除“空心房”13400户、完成“改厕”15546座，在全省率先实现农村地区“旱厕清零”。持续深化文明城市创建和移风易俗工作，崇尚文明蔚然成风。升级打造特色小城镇，文家市、小河分别获评“中国历史文化名镇”“中国绿色名镇”，永安、大瑶、洞阳荣获长沙“十强乡镇”，高坪荣获长沙“十快乡镇”

荷文公路澄潭江镇荆坪段沿河湾屋场　（黎金 摄）

葛家镇湘天科技种植专业合作社辣椒基地（肖宏宇 摄）

● 2018年规模工业总产值同比增长23.8%，财政总收入同比增长12.5%。实现规模工业增加值同比增长14.4%，固定资产投资同比增长7%，工业固投同比增长20.1%。其中，高新技术企业产值占比94.7%，工业固定资产投资占固定资产投资总额的97.2%

蓝思科技股份有限公司生产车间　（经开区办公室　供图）

盐津铺子食品股份有限公司智能生产车间
（经开区办公室　供图）

2018年11月13日，天玥碳化硅材料项目奠基，为长沙碳基材料产业发展增添“新引擎”

（高新区办公室　供图）

● 2018年，规模以上工业总产值同比增长16.9%，规模以上工业增加值同比增长12.6%，固定资产投资同比增长27.9%，其中工业固投同比增长23.5%，占固定资产投资比重达96.3%；完成财政总收入16.88亿元、增长24.8%，其中税收突破10亿元、同比增长30.58%。获批湖南省中小微企业创业创新基地、湖南省创新方法推广应用及产业孵化基地、中国碳基材料循环利用创新示范基地。园区在湖南省省级以上产业园区综合评价中位列第五，在2018年长沙市省级园区绩效考核排名中位列第一。

9月3日上午，浏阳高新区袁创超级稻技术有限公司湖南省院士专家工作站举行揭牌仪式，杂交水稻之父、中国工程院院士袁隆平（右二）出席仪式并揭牌

（高新区办公室　供图）

● 2018年，浏阳市两型产业园现建成区面积4平方公里，入驻企业90家，全年完成总产值111亿元，增长11%，其中规模工业产值71.34亿元，增长15.17%;完成财税总收入1.779亿元，增长11.75%。获批“湖南省中小微企业创业创新基地”“长沙市现代农业产业示范园”“长沙市创业孵化基地”等称号。（两型产业园 供图）

11月6日，多鲜食品有限公司签约落户两型产业园 （两型产业园 供图）

9月13日，两型园助推鼎誉检测与科研院校深度合作 （两型产业园 供图）

● 新建学校5所，“改薄”学校9所，新增学位10875个，全面消除超大班额

11月21-22日，全国中小学校责任督学挂牌督导创新市实地核查　（教育局　供图）

9月20日，集里中学“蒲公英”志愿服务队舞蹈老师刘美玲支教送课平水桥小学　（教育局　供图）

人生第一步　（李波　摄）

【人才引进】

● 实施“专业英才千人计划”，引进机关事业单位人才892名、企业人才3万余名

3月31日，专业英才引进见面会举行　　（市委组织部　供图）

8月23日，专业英才博士生签约暨选调生见面会在市会议中心举行（市委组织部　供图）

● 全市花炮产业集群实现总产值246.4亿元，同比增加7.9%。其中出口销售额35.9亿元，同比增加13.9%；国内销售额151.1亿元，同比增加6.6%；原辅材料及相关产业实现56.4亿元，同比增加8%。

5月31日至6月2日，中国（浏阳）国际烟花爆竹交易展示会举行。（花炮局 供图）

【茶油产业】

茶油产业是浏阳的传统优势产业，有着悠久的发展历史。据考证，明朝中后期，浏阳茶油便已开始商品化生产。明嘉靖《浏阳县志》将“茶油桐油菜油草纸”列入“食货”目录。从1990年开始，浏阳被列入国家农业综合开发项目油茶低产林改造项目县。2001年8月，国家林业局授予浏阳“中国油茶之乡”。2017年10月13日，浏阳被列为“中国好粮油”行动计划示范县。2018年3月，浏阳市茶油产业发展促进会成立。2018年4月23日，浏阳茶油产业联盟于成功组建。截至2018年12月，浏阳市高标准建设油茶采穗圃100亩，科学培育“湘林”和“三华”优良品种营养袋苗木100余万株，建成10万亩丰产林基地、5000亩以上相对集中连片示范基地2个。先后投入4800万元打造以企业为主体的“浏阳茶油”区域公共品牌、深加工技术研发、培育加工龙头企业、扶持油茶庄园示范基地建设。

10月19日，湖南浏阳（镇头）首届油茶文化产业博览会开幕

（镇头镇　供图）

目 录

浏河飞霞 陈伏明 摄影

特 载

在市委十二届十次全体（扩大）会议上的讲话 ··· 1
政府工作报告 ······ 7

专 文

浏阳市脱贫攻坚工作纪实 ······ 12
浏阳市 2018 年度生态环境保护工作纪实 ······ 16
从区域合作迈向区域高质量发展 ······ 19
浏阳茶油 ······ 23

大 事 记

1 月 ······ 25
2 月 ······ 25
3 月 ······ 26
4 月 ······ 26
5 月 ······ 27
6 月 ······ 27
7 月 ······ 28
8 月 ······ 28
9 月 ······ 29
10 月 ······ 29
11 月 ······ 30
12 月 ······ 30

浏阳概况

自然地理
区域位置 ······ 32
地质地貌 ······ 32
自然资源 ······ 32
水文气候 ······ 33
建置
置县 ······ 33
治所 ······ 33
行政区划
明、清区划 ······ 33
民国时期区划 ······ 33
中华人民共和国成立后区划 ······ 34
传统文化
非物质文化遗产 ······ 34
文物 ······ 38
旅游景区 ······ 40
国民经济和社会发展统计公报
概况 ······ 41
农业 ······ 41
工业 ······ 41
建筑业、房地产业和固定资产投资 ······ 41
财政金融、内外贸易和市场物价 ······ 42
交通运输和邮电业 ······ 42
旅游和招商引资 ······ 42
科学技术和教育 ······ 42

文化、卫生和体育 …… 42
环境保护和安全生产 …… 42
人口、人民生活和社会保障 …… 42

中国共产党浏阳市委员会

综述
概况 …… 43
学习贯彻十九大精神 …… 43
三大攻坚战役 …… 43
产业升级 …… 43
乡村振兴 …… 43
改革工作 …… 44
民生福祉 …… 44
党的建设 …… 44
重要会议
市委常委会2018年第1次会议 …… 44
市委常委会2018年第2次会议 …… 44
市委常委会2018年第3次会议 …… 44
市委常委会2018年第5次会议 …… 44
市委常委会2018年第6次会议 …… 44
市委常委会2018年第7次会议 …… 44
市委常委会2018年第8次会议 …… 45
市委常委会2018年第9次会议 …… 45
市委常委会2018年第12次会议 …… 45
市委常委会2018年第13次会议 …… 45
市委常委会2018年第14次会议 …… 45
市委常委会2018年第15次会议 …… 45
市委常委会2018年第16次会议 …… 45
市委常委会2018年第17次会议 …… 45
市委常委会2018年第18次会议 …… 45
市委常委会2018年第19次会议 …… 45
市委常委会2018年第20次会议 …… 46
市委常委会2018年第22次会议 …… 46
市委常委会2018年第23次会议 …… 46
市委常委会2018年第24次会议 …… 46
市委常委会2018年第25次会议 …… 46
市委常委会2018年第26次会议 …… 46
市委常委会2018年第27次会议 …… 46
市委常委会2018年第28次会议 …… 46
市委常委会2018年第29次会议 …… 47
市委常委会2018年第30次会议 …… 47
市委常委会2018年第31次会议 …… 47
市委常委会（扩大）暨2019年工作务虚会议 …… 47
市委常委会2018年第33次会议 …… 47
市委常委会2018年第34次会议 …… 47
市委十二届十次全体（扩大）会议 …… 47
重大决策
出台《关于加强领导班子和党员队伍政治建设的若干规定》 …… 47
推进全面落实乡村振兴战略 …… 47
中共浏阳市委2018年发文件（摘选） …… 48
中共浏阳市委办公室发文件（摘选） …… 48
市委督查
概况 …… 49
决策督查 …… 49
专项工作督查督办 …… 49
“最多督一次”改革 …… 49
改革工作
概况 …… 49
机要保密
概况 …… 50
保密工作机构建设 …… 50
保密工作管理督查 …… 50
保密宣教教育 …… 50
政策研究
文稿服务 …… 50
基层调研 …… 50
信息报送 …… 50
组织建设
概况 …… 51
干部工作 …… 51
人才工作 …… 51
全市组织工作会议召开 …… 51
市委组织部获评全省组织工作先进集体 …… 51
绩效考核实现“七连冠” …… 51

浏阳被确定为全国城市基层党建县级示范市 ········ 52
出台政治建设“二十条” ························ 52
出台担当作为“浏十条” ························ 52
首次对村级班子运转情况进行评估 ················ 52
党务村务公开 ································ 52
实施“专业英才千人计划” ······················ 52
市直机关党的建设
概况 ······································ 52
机关政治建设 ································ 53
机关基层组织建设 ···························· 53
机关党员教育管理 ···························· 53
宣传工作
意识形态管理 ································ 54
新闻宣传 ···································· 54
文明创建 ···································· 54
文化文产建设 ································ 54
被列入中宣部融媒体中心建设试点县（市） ········ 54
推动习近平新时代中国特色社会主义思想“天天见、天天深、天天新” ························ 55
湖南好人榜发布仪式暨中国好人与湖南好人（长沙·浏阳）现场交流活动在浏阳举行 ················ 55
统一战线
概况 ······································ 55
引导民主党派参加社会活动 ···················· 55
党外人士参政议政 ···························· 55
党外人士培养 ································ 55
非公有制经济领域统战工作 ···················· 56
民族宗教事务 ································ 56
港澳台及海外统战工作 ························ 56
新的社会阶层人士统一战线 ···················· 56
“同心创建”活动 ···························· 56
扶贫帮困 ···································· 56
湖南海外侨胞故乡行——走进浏阳 ················ 56
全市民营企业座谈会召开 ······················ 57
“浏阳和”品牌发布暨“浏阳和·公益同心汇”启动 ··· 57
特约人员聘请暨“参政议政直通车”启动 ·········· 57
2018年科级党外干部培训班在井冈山干部教育学院举行 ································ 57
科级党外干部履职交流暨集体谈心谈话会 ·········· 57
机构编制管理
概况 ······································ 57
“放管服”改革 ······························ 58
党政机构改革和重要领域改革 ·················· 59
机构编制管理 ································ 59
事业单位登记管理 ···························· 59
“最多跑一次”经验两次获全省推介 ·············· 59
老干部工作
概况 ······································ 60
离退休干部党组织建设 ························ 60
老干部活动开展 ······························ 60
关工委工作 ·································· 60
信访
概况 ······································ 62
领导公开接访工作 ···························· 62
信访案件办理 ································ 62
网上信访 ···································· 62
越级访调度处置 ······························ 63
存在困难和问题 ······························ 63
推行“最多讲一遍”信访工作机制 ················ 63
建立“三联三保”信访工作机制 ················ 63
党校（市行政学院）
概况 ······································ 63
教育培训 ···································· 64
科研资政 ···································· 64
课程开发 ···································· 64
理论宣讲 ···································· 64
教师队伍建设 ································ 64
成功创建全省综合性示范党校 ·················· 64
举办全省贫困村暨民族地区和革命老区村党支部书记集中轮训班 ································ 64
举办长沙市党员致富带头人专题培训班 ············ 64
举办浏阳市2018年“锤炼本领，担当作为”村（社区）党组织书记培训班 ························ 65
举办浏阳市2018年专业英才培训班 ·············· 65

浏阳市人民代表大会

综述
概况 …… 66
浏阳市第十七届人民代表大会第三次会议召开 …… 66
人大常委会会议 …… 66
人大主任会议 …… 67
执法监督
财政预决算监督 …… 68
规划编制与实施情况监督 …… 68
公共卫生与公共服务监督 …… 68
生态环境保护监督 …… 68
执法检查
食品安全法执法检查 …… 68
“农村安全饮水”专题询问 …… 69
城市公交议案办理 …… 69
司法监督
庭审旁听评议 …… 69
市人大常委会主任会议成员调研“两院”工作 …… 69
作出决议支持“两院”履职 …… 69
开展旁听庭审和“两官”履职评议 …… 70
代表工作
代表建议办理 …… 70
代表活动场所建设 …… 70
专项工作评议 …… 70
市委副书记、市长吴新伟调研《关于切实改善城区落后交通状况，加快发展城市公共交通的议案》办理落实 …… 70
省人大常委会副主任周农一行到浏阳调研人大内务司法和就业工作 …… 71
人大代表参加“走近‘12309’，检察为民新体验”活动 71
市人大常委会组织代表旁听评议庭审活动 …… 71
全国人大环资委副主任委员王洪尧到浏阳开展《土地管理法》修改工作调研 …… 72
全国人大农业与农村委员会副主任委员王宪魁一行到浏阳调研乡村振兴战略实施情况 …… 72

浏阳市人民政府

综述
概况 …… 73
三大攻坚战 …… 73
十件民生实事 …… 73
重点项目建设 …… 73
产业转型升级 …… 73
深化改革创新 …… 73
城乡融合与乡村振兴 …… 74
改善民生 …… 74
自身建设 …… 74
政府常务会议 …… 74
2018年浏阳市人民政府发布文件一览表 …… 76
2018年浏阳市人民政府办公室发布文件一览表 …… 76
政府研究
文稿服务 …… 77
政务信息报送 …… 77
政务督查
概况 …… 77
重点工作督查 …… 77
督查信息报送 …… 77
督查效能建设 …… 77
政府征拆工作
全面推行三榜公示 …… 77
依法推进项目攻坚 …… 77
深入落实民生保障 …… 77
应急管理
基层应急体系建设 …… 77
预案修订和预案演练 …… 78
应急知识宣传培训 …… 78
民间救援力量 …… 78
政务值班工作 …… 78
港澳台与外事管理
概况 …… 78
对外交流合作 …… 78
港澳地区的合作与交流 …… 78
优化经济发展环境
建立“一单两库一细则” …… 78
开展减证便民专项行动 …… 78
开展政府合同履约情况专项清理 …… 78
优化营商环境监督测评员、测评点遴选工作 …… 78
群众和企业投诉案件办理 …… 78

政务服务

概况 …… 78
通过全国基层政务公开标准化规范化试点验收 …… 79
优化办事流程 …… 79
审批效能提速 …… 79
推进政务网办 …… 79
市民服务热线 …… 79
开展窗口文明礼仪主题活动 …… 80
省委副书记、省长许达哲到浏阳市调研“互联网＋政务服务”工作 …… 80

数据资源管理

概况 …… 80
信息系统整合 …… 80
政务信息归集与数据交换共享 …… 80
“互联网＋政务”平台功能完善 …… 80
政府网站建设与管理 …… 80

政协浏阳市委员会

综述

概况 …… 81
政协十届三次会议 …… 81
政协常委会议 …… 81

政协履职

政协提案工作 …… 82
参政议政 …… 82
民主监督 …… 82
调研考察工作 …… 82
服务中心工作 …… 82

文史编研

浏阳历史文化丛书编撰工作 …… 82
举办系列活动纪念谭嗣同殉难120周年 …… 83

委员工作

理论学习与宣传 …… 83
开展“委员进社区”活动 …… 83
收集和反映社情民意民生 …… 84
市政协邀请市民代表共议“全国文明城市创建” …… 84
市政协为委员企业搭建融资交流平台 …… 84

中共浏阳市纪律检查委员会

综述

概况 …… 85
政治建设 …… 85
浏阳市第十二届纪委第三次全会召开 …… 85
十二届市委巡察工作 …… 85

执纪监督

巡察监督 …… 86
查处“四风”问题 …… 86
落实“四种形态” …… 86
群众涉纪信访问题处置 …… 86
市监委首例留置案件被移送审查起诉 …… 86

制度建设

推进谈心谈话常态化 …… 86
公务用餐管理改革 …… 86

廉政宣传教育

纪检监察干部队伍建设 …… 86
“践行十九大·涵养好家风”浏阳市廉洁故事（家书）“朗读者”总决赛成功举行 …… 87
市纪委监委召开“庆‘八一’、忆初心、强担当”军转干部座谈会 …… 87
市纪委监委将业务培训“搬”到庭审现场 …… 87
市违纪案件片组会审工作迎来现场观摩团 …… 87
长沙市纪检监察信访举报工作经验交流会在浏阳召开 …… 87
市监察委员会正式揭牌成立 …… 87

民　主　党　派

民革浏阳市工作委员会

概况 …… 88
工委建设 …… 88
党员参政议政 …… 88
收集和反映社情民意 …… 88
民主监督 …… 89
社会服务 …… 89
工委摄影家协会活动 …… 89
民革中央副主席何报翔到浏阳调研 …… 89

省政协原副主席刘晓一行到浏阳慰问抗战老兵 …… 90
召开 2018 年工作总结表彰大会 …… 90
民革长沙市委会第三届“中山杯”羽毛球赛在浏阳举行 …… 90

致公党浏阳工委

概况 …… 90
参政议政 …… 90
社会服务 …… 91
党员建功立业 …… 92
致公党湖南省长沙市浏阳工委成立 30 年系列庆祝活动正式启动 …… 92

群众团体

总工会

概况 …… 93
职工岗位能力建设 …… 93
帮扶服务 …… 93
职工文体活动 …… 93
改革工作 …… 93
组织建设 …… 93
李玉赋到浏阳慰问一线职工 …… 94
“五一”国际劳动节群众文艺汇演 …… 94
工会干部培训 …… 94
选树“浏阳工匠”暨劳模宣讲大会 …… 94

工商联合会

概况 …… 94
商会组织网络拓展 …… 95
“四好”商会建设 …… 95
非公人士素质提升 …… 95
参政议政 …… 95
营商环境优化 …… 96
“引老乡、回故乡、建家乡”恳谈会暨北京浏阳同乡会年会在京举行 …… 96
广东东莞市湖南浏阳商会成立 …… 96
举办“重诚信、倡亲清”主题活动 …… 96
广州市湖南浏阳商会成立大会暨浏阳市（广州）招商推介会 …… 96
浏阳市“企业家绿卡”实施办法正式颁发 …… 96
香港企业家考察团到浏阳考察交流 …… 97
浏阳市继创者联盟正式成立 …… 97

妇女联合会

概况 …… 97
妇女创业创新创优 …… 97
文明城市创建 …… 98
妇女儿童合法权益保护 …… 98
关爱贫困妇女儿童 …… 98
基层组织建设 …… 98
女性创业企业参与精准扶贫 …… 98
贫困妇女脱贫技能培训 …… 99
精准扶贫平台建设 …… 99
王卫国到浏阳督导儿童之家建设情况 …… 99
浏阳市“知心屋”项目再获湖南省农村留守儿童心理健康辅导中心项目“先进集体”荣誉 …… 99
张立到浏阳调研基层妇女参政议政工作 …… 99
开展庆祝“六一”国际儿童节暨“智慧爱.幸福家”我家的最美故事展示活动 …… 99
四个街道成立楼宇商圈妇女联合会 …… 99
召开学习贯彻中国妇女第十二次代表大会精神会议暨2018 年基层妇联干部培训班 …… 100
3 万名农村适龄妇女免费享受“两癌”检查 …… 100

青年工作

概况 …… 100
青少年思想引领 …… 100
共青团机构改革 …… 100
助力党政大局工作 …… 101
服务青年工作 …… 101
团组织建设 …… 101
举办返乡青年创业就业交流会 …… 101
《扶持引导青年志愿服务组织健康有序发展的调研报告》获团中央“面对面”活动主题调研和成果评选优秀报告 …… 101
共青团长沙市委到浏阳调研基层团组织建设 …… 101
举办 2018 浏阳·湘赣百里毅行活动 …… 101
举办“奋斗新征程 建功新时代”—与青年面对面活动 …… 101
团省委调研浏阳破解基层团组织“四缺”问题 …… 102
芒果 TV 在浏阳首家“青青 e 家”启动 …… 102
举行 2018 年中学生规范化成人仪式 …… 102

团市委组织开展青少年禁毒知识抢答赛 …………… 102
长沙市大学生“助力乡村振兴 放飞青春梦想”暑期社会实践活动出发仪式在浏阳举行 …………… 103
浏阳市汉唐艺术公社“青年之家”入选共青团中央2018年全国“青年之家”优秀活动项目 ……… 103
红十字会
概况 …………… 103
救护工作 …………… 103
救助工作 …………… 103
三献工作 …………… 103
志愿服务 …………… 104
陈丹萍调研澄潭江镇荆坪村居家养老博爱家园项目 …………… 104

法　　治

政法委及综治
概况 …………… 105
扫黑除恶 …………… 105
平安创建 …………… 105
维稳工作 …………… 106
重点打击违法犯罪 …………… 106
矛盾纠纷化解 …………… 106
综治基层基础工作 …………… 106
重点人群服务管理 …………… 106
综治中心建设 …………… 106
专项整治工作 …………… 106
集中开展案件质量评查 …………… 106
市委政法工作暨全市扫黑除恶专项斗争会议 …… 107
法治政府建设
概况 …………… 107
法律服务 …………… 107
法制宣传教育与规范性文件管理 …………… 107
执法监督 …………… 107
公安
概况 …………… 107
维稳保安 …………… 107
平安创建 …………… 108
护航发展 …………… 108
公共安全 …………… 108
警务改革 …………… 108
队伍建设 …………… 108
黄关春调研浏阳政法综治维稳工作 …………… 109
周赛保检查督导浏阳安保维稳百日会战工作 …… 109
部督“2018-603”贩卖毒品专案 …………… 109
省督“9·06”专案 …………… 109
“8·20”敲诈勒索专案 …………… 109
森林执法 …………… 109
森林公安警务改革 …………… 110
森林防火 …………… 110
森林消防微电影《七百志愿者》…………… 110
召开湘粤赣（闽）边界护林联防会 …………… 110
张坊两男子非法猎捕4只野生鹿子被刑拘 ……… 110
检察
概况 …………… 111
服务中心工作 …………… 111
公益案件诉讼 …………… 111
刑事诉讼监督 …………… 111
刑事执行监督 …………… 111
民事行政监督 …………… 111
深化改革工作 …………… 111
获“全国检察宣传工作先进单位” …………… 112
被授予全省政法系统“基层文艺之星” …………… 112
被评为全省第二届“读书风气最盛检察院” ……… 112
四地检察机关会签意见加强生态检察区域协作 … 112
审查起诉“2.12”敲诈勒索案件 …………… 112
审判
概况 …………… 113
刑事审判 …………… 113
民商事审判 …………… 113
行政审判 …………… 114
执行工作 …………… 114
专门成立诉调对接中心 …………… 114
成立民商事速裁审判团队 …………… 114
司法公开工作 …………… 114
最高法院院长周强视频连线浏阳法院督导检查“基本解决执行难”工作 …………… 114

介面光电公司员工劳动争议执行案被评为“2017 年全国法院十大执行案件”入选案件 …………… 115
司改经验入选最高院《人民法院司法改革案例选编(四)》…………………………………… 115
司法行政
概况 ……………………………………………… 115
人民调解工作 ………………………………… 115
普法依法治理工作 …………………………… 116
监管帮教工作 ………………………………… 116
法律服务工作 ………………………………… 116
公共法律服务体系建设 ……………………… 116
成功创建全国法治县（市、区）先进单位 ……… 117
全市 323 个村（社区）全部配备法律顾问 ……… 117
安全生产监督管理
概况 ……………………………………………… 117
安全生产责任机制建设与完善 ……………… 117
安全监管执法 ………………………………… 117
烟花爆竹安全监管 …………………………… 117
危险化学品安全监管 ………………………… 117
矿山安全监管 ………………………………… 117
工贸行业和职业卫生安全监管 ……………… 117
安全生产基层基础工作 ……………………… 118
黎春秋率队检查安全生产工作 ……………… 118
省安委办暗访督导浏阳烟花产业安全 ……… 118
启动 2019 年安全生产监督检查计划编制工作 …… 119
构建“清单式”安全监管体系 ……………… 119

军　　事

市人武部
概况 ……………………………………………… 120
思想政治建设 ………………………………… 120
军事斗争准备 ………………………………… 121
安全维稳 ……………………………………… 122
武警
概况 ……………………………………………… 122
军事训练 ……………………………………… 122
后勤建设 ……………………………………… 122
人民防空
概况 ……………………………………………… 122
工程审批 ……………………………………… 123
维护管理 ……………………………………… 123
指挥通信 ……………………………………… 123
宣传教育示范带动 …………………………… 123
行政执法 ……………………………………… 123
园区纳入管理 ………………………………… 123

综 合 经 济 管 理

发展和改革
概况 ……………………………………………… 124
宏观经济研究与管理 ………………………… 124
项目建设管理 ………………………………… 124
易地扶贫搬迁工作 …………………………… 124
改革工作 ……………………………………… 124
投资项目管理 ………………………………… 124
争资工作 ……………………………………… 125
“两型”社会改革建设 ……………………… 125
服务业发展 …………………………………… 125
湘赣边区域开放合作 ………………………… 125
物价工作 ……………………………………… 125
能源工作 ……………………………………… 125
人才培养 ……………………………………… 125
蒙华铁路大围山隧道顺利贯通 ……………… 125
出台《浏阳市促进社会投资十条》………………… 125
浏阳市按病种收付费病种增加到 15 类 204 个 …… 125
规范商品房销售价格行为 …………………… 125
浏阳市被确定为第二批“共抓长江大保护”试点合作城市 ………………………………………… 125
财政
概况 ……………………………………………… 125
预算执行助产业升级 ………………………… 126
助力民营经济发展 …………………………… 126
全面升级“互联网 + 政务服务”信息平台 ……… 126
推进乡村振兴 ………………………………… 126
社会民生支出与民生保障 …………………… 127

财政收入考核九区县排名第一 …………………… 127
化债工作考核长望浏宁排名第一 ………………… 127
田园综合体项目获各级各部门高度好评 ………… 127

税务

概况 …………………………………………… 127
机构改革 ……………………………………… 128
组织税费收入 ………………………………… 128
征管执法工作 ………………………………… 128
优化营商环境 ………………………………… 129
国家税务总局浏阳市税务局各项税收计划完成对比表（2018 年）………………………………… 129

国土资源管理

概况 …………………………………………… 129
耕地保护 ……………………………………… 130
土地利用 ……………………………………… 130
用地保障 ……………………………………… 131
土地执法 ……………………………………… 131
第三次国土调查 ……………………………… 131
矿山管理 ……………………………………… 131
矿山清理整治 ………………………………… 131
绿色矿山建设 ………………………………… 131
矿山安全生产 ………………………………… 131
地质灾害防治 ………………………………… 131
不动产登记 …………………………………… 132
测绘服务 ……………………………………… 132
农村土地制度改革 …………………………… 132
自然资源统一确权登记试点 ………………… 132
浏阳市获奖励新增建设用地计划指标 1000 亩 …… 132
中部六省自然资源改革第五次联席会议在浏阳召开 … 132
浏阳发出湖南省首本集体土地入市的工业厂房预售许可证 ………………………………………… 133
自然资源部不动产登记理论与实务研讨暨现场会在浏阳召开 ………………………………………… 133
浏阳市不动产存量数据整合工作通过自然资源部验收 ………………………………………………… 133

审计

概况 …………………………………………… 133
同级预算执行情况审计 ……………………… 133
领导干部经济责任审计 ……………………… 133
政府投资审计 ………………………………… 133
民生专项资金审计 …………………………… 133
财政债务审计 ………………………………… 133

统计

概况 …………………………………………… 134
服务决策参考 ………………………………… 134
服务统计对象 ………………………………… 134
成立浏阳市第四次全国经济普查领导小组及办公室 … 134
深入一线指导四经普单位清查工作 ………… 134
统计法治宣传工作 …………………………… 134

市场监督管理

概况 …………………………………………… 134
市场监管和消费维权 ………………………… 135
食品安全工作 ………………………………… 135
质量强市工作 ………………………………… 136
“三品一械”安全监管 ……………………… 136
特种设备安全监管 …………………………… 136
行业领域安全监管 …………………………… 136
行政执法规范市场 …………………………… 137
浏阳企业开办时间压缩至 3 个工作日 ……… 137
浏阳入选第一批国家级消费品标准化试点项目名单 … 137
开启“网络直播”执法新模式 ……………… 137

海关

概况 …………………………………………… 137
海关监管场所安全管理 ……………………… 137
支持县域经济发展 …………………………… 138
服务地方政府决策 …………………………… 138

招标投标监督管理

概况 …………………………………………… 138
招投标改革 …………………………………… 138
招投标监管 …………………………………… 138
招投标执法 …………………………………… 138
工程总承包招标 ……………………………… 138

农　　业

综述

概况 …………………………………………… 139

浏阳市被评为“湖南省2017年度脱贫攻坚先进市（县、区）” …… 139

种植业

概况 …… 140

粮食生产 …… 140

养殖业

概况 …… 140

动物防疫工作 …… 140

畜禽水产品质量安全监管工作 …… 140

渔业生产及渔政监管执法工作 …… 140

畜禽养殖污染防治工作 …… 141

生态养殖发展工作 …… 141

林　业

概况 …… 141

林业生态建设 …… 141

资源管护 …… 141

林业改革创新 …… 141

发展林下经济 …… 141

浏阳获授“中国楼梯之乡”称号 …… 141

全国活化林地经营权促进规模经营现场会在浏阳召开 …… 142

烤烟生产指导

概况 …… 142

烟叶“品牌”打造 …… 142

生产条件建设 …… 142

农业机械化

概况 …… 142

农机培训宣传 …… 142

农业技术推广

概况 …… 142

农作物病虫害防控 …… 143

种植结构调整试点与重金属污染耕地修复治理项目 …… 143

耕地质量管理 …… 143

种子管理 …… 143

经济作物标准化生产 …… 143

农业环境保护 …… 144

农业信息服务 …… 144

农业技术推广服务 …… 144

农产品质量安全

概况 …… 144

“三品一标”认证 …… 144

开展农药包装废弃物回收工作 …… 144

浏阳市智慧农业管理平台挂牌运营 …… 145

水　　利

综述

概况 …… 146

防汛抗旱 …… 147

河长制 …… 147

农村安全饮水 …… 147

水法宣传 …… 148

两地水务部门联合查处首例跨市州水事违法行为 …… 148

大栗坪水闸除险加固工程主体工程完工 …… 148

组织“跟着河长去巡河”活动 …… 148

大瑶应急抢险工程开工建设 …… 148

明确金阳新区水资源整合相关事宜 …… 148

大围山自然保护区小水电站清理整治工作 …… 148

水利建设投资

概况 …… 148

渭川河排洪涵管工程竣工验收 …… 149

西北环线上跨桥梁使用钢箱梁吊装工艺 …… 149

灌区管理

概况 …… 149

供水灌溉 …… 149

株树桥水库管理

概况 …… 149

防汛保安 …… 150

水源保护 …… 150

经济运行 …… 150

湖南株树桥物业管理有限责任公司 …… 150

浏阳市株树桥水利水电工程有限公司 …… 150

工　　业

综述

概况 …… 151

产业链建设 …… 151
企业服务 …… 151
智能制造转型升级 …… 152
企业安全环保转型 …… 152
创业创新 …… 152
杆线整治 …… 152
信息化建设 …… 152

电子信息产业

概况 …… 152
蓝思科技集团上榜"2018中国民营企业500强"榜单 … 152

生物医药产业

概况 …… 153
湖南加农正和生物制药一期工程正式竣工 …… 153
湖南省实验动物中心 …… 153

机械制造产业

概况 …… 153
高新区3家企业获评第三批湖南省中小企业"上云"标杆企业 …… 154

电力工业

概况 …… 154
电网建设 …… 154
服务经济民生 …… 154
电力攻坚"630" …… 154

鞭炮烟花业

概况 …… 154
政策调控 …… 154
科技创新 …… 155
质量建设 …… 155
文化创意 …… 155
市场开拓 …… 155
传统小产品保护 …… 155
人才培养 …… 155
宣传推广 …… 156
环境优化 …… 156
存在的困难与问题 …… 156
2018中国（浏阳）国际烟花爆竹交易会举办 …… 156
浏阳焰火大会暨第八届"创意杯"国际音乐焰火大赛上演 …… 156
浏阳花炮承担上合组织青岛峰会大型焰火燃放 … 157

烟花爆竹产品检测

概况 …… 157
烟花爆竹产品、原辅材料检测检验 …… 157
烟花爆竹标准科研工作 …… 157
室外燃放检测场建设项目 …… 157

开发区与园区建设

浏阳经济技术开发区

概况 …… 158
产业链发展 …… 159
服务企业 …… 159
产城融合 …… 159
平安园区建设 …… 159

浏阳高新技术产业开发区

概况 …… 159
湖南汽车产业联盟会议在浏阳高新区召开 …… 160
6家金融机构（律师事务所）入驻浏阳高新区金融服务中心 …… 160
城市功能加快完善 …… 160
新增2家院士专家工作站 …… 160
三大重大产业项目开工 …… 161
浏阳高新区参加2018中国（长沙）网络安全·智能制造大会 …… 161
园区获评省中小企业"上云"行动优秀单位 …… 161
浏阳高新区获评省中小微企业创业创新示范基地 … 161
浏阳高新区信贷风险补偿基金签约仪式暨2019年金融新产品推介会在园区创新创业园举行 …… 161
开办1个工作日办结 …… 161

浏阳市两型产业园

概况 …… 161
8个项目集中签约落户两型产业园 …… 162
两包装印刷企业完成VOCs治理 …… 162
鼎誉检验检测有限公司与三家科研院校牵手合作 … 162
多鲜食品项目签约落户两型产业园 …… 162
被认定为湖南省中小微企业创业创新基地 …… 163
第七届味园厨艺汇"聪厨杯"技术食材交流大会在两型产业园召开 …… 163

浏阳市文化产业园
概况 …… 163
园区发展 …… 163
“一起来唱浏阳河”特展亮相第六届湖南艺术节 …… 164
浏阳夏布文创中心对外开放 …… 164
承办第六届浏阳河音乐节 …… 164

交 通 运 输

综述
概况 …… 165
交通专项扶贫 …… 165
交通建设
干线公路建设 …… 165
农村公路提质改造 …… 165
站场基础设施建设 …… 165
交通运输行业管理
农村公路管理 …… 166
客运行业管理 …… 166
货运驾培管理 …… 166
行业文明创建 …… 166
浏阳“两客一危”车辆脱离监控专项整治 …… 167
融长公交线路 L826、L827 路开通 …… 167
交通建设投资管理
概况 …… 167
民生实事 …… 167
公路管理
概况 …… 167
公路提质 …… 167
“路长制”工作 …… 167
路政执法 …… 167
公路养护 …… 168
海事管理
概况 …… 168
水上交通安全监督 …… 168
“僵尸船”清理 …… 168
规范旅游船舶管理 …… 168
指导水上应急救援体系建设 …… 168

邮政·通信

邮政
概况 …… 169
代理金融业务 …… 169
渠道平台业务 …… 169
快递包裹业务 …… 169
集邮与文化传媒业务 …… 169
企业文化建设 …… 169
通信
·电信· …… 170
概况 …… 170
渠道建设 …… 170
农村营销团队建设 …… 170
网络建设 …… 170
·移动通信· …… 170
概况 …… 170
移动通信网络建设 …… 170
·联合网络通信· …… 170
概况 …… 170
客户服务 …… 170

城乡建设和管理

城乡建设
概况 …… 171
村镇建设 …… 171
城市建设 …… 171
多元发展 …… 172
启动城市广场项目建设 …… 172
浏阳市智慧停车系统启动运营 …… 172
市场监管 …… 172
住建领域现场管理 …… 173
市政园林绿化管理 …… 173
市政园林绿化维护 …… 173
城乡规划
概况 …… 173

规划编制 …… 173
规划管理 …… 174
规划实施 …… 174
规划勘察测绘 …… 174
规划设计 …… 174
村庄集镇规划管理 …… 174
规划信息服务 …… 174

公共工程建设

概况 …… 175
项目建设管理 …… 175
浏阳市第一中学 5 号宿舍楼建设项目 …… 175
“三馆”合建项目 …… 175
人民医院整体搬迁项目 …… 176
道吾学校建设项目 …… 176

住房保障

概况 …… 176
房地产市场监管 …… 176
保障性安居工程建设 …… 176
保障性住房管理 …… 176
物业服务管理 …… 176
浏阳住宅专项维修资金微信缴存平台正式上线 …… 177
浏阳市新建商品房买卖合同实行网上备案 …… 177

住房公积金管理

概况 …… 177
公积金归集工作 …… 177
公积金信贷工作 …… 177
风险防控 …… 177
优质服务 …… 177

城市供水

概况 …… 178
水质保障 …… 178
供水设施建设 …… 178
供水服务提升 …… 178

供气

概况 …… 178
启动镇头至星沙中压天然气管道建设 …… 178

城市管理

概况 …… 178
组建城市管理委员会 …… 178
市容、市貌管理 …… 179
城市管理行政审批与执法 …… 179
爱卫工作 …… 180
城市管理进乡村 …… 180

生态环境保护

生态建设

概况 …… 181
环境保护宣传 …… 181
打响“蓝天碧水保卫战” …… 182

农村环境综合整治

概况 …… 183
安全饮水工程全覆盖 …… 183
生活污水处理提升 …… 183
生活垃圾处理 …… 184
畜禽养殖治理 …… 184

污染防治

概况 …… 184
大气污染治理 …… 184
水环境污染治理 …… 184
土壤污染治理 …… 184

环境监察

概况 …… 184
执法监管 …… 184
环境信访投诉处理 …… 185

环境监测

概况 …… 185
水环境质量常规监测 …… 185
监测城区环境空气质量 …… 185
污染源和环境督查监测 …… 185
开展浏阳市第二次污染源普查 …… 185

商　　务

商务合作

概况 …… 186

外经外贸 …… 186

内需监管 …… 186

电子商务 …… 186

商务执法 …… 187

18 家浏阳花炮企业美国参展 …… 187

浏阳市电子商务产业园正式开园 …… 187

白俄罗斯莫吉廖夫州代表团到浏阳考察 …… 187

招商引资

概况 …… 187

招商活动 …… 188

2018 年浏阳市“引老乡、回故乡、建家乡”新春招商恳谈会举行 …… 188

“牵手香江·相约浏阳”2018 浏阳（香港）招商推介会在香港举行 …… 188

供销合作

概况 …… 188

供销综合改革 …… 188

农村电子商务 …… 189

构建为农服务经营体系 …… 189

完成“规范建立社有资产管理委员会专项试点”工作 189

粮油业

概况 …… 189

粮食收购 …… 190

储粮管理 …… 190

粮食监察执法 …… 190

粮油统计 …… 190

浏阳市粮食购销有限责任公司 …… 190

湖南贵太太茶油科技股份有限公司 …… 191

湖南省美津园粮油食品有限公司 …… 191

湖南湘纯农业科技有限公司 …… 191

笑哈哈食品厂 …… 191

全省粮食行业发展暨质量安全监管、安全生产工作和“优质粮油工程”推进现场交流会议在浏阳召开 …… 191

浏阳茶油产业发展促进会成立 …… 191

“中国·浏阳山茶油产业联盟成立大会暨‘乡村振兴与茶油产业发展’”学术报告会在浏阳举行 …… 192

专营专卖

·石油经营· …… 192

概况 …… 192

石油营销 …… 192

经营管理 …… 192

·烟草专卖· …… 193

概况 …… 193

烟叶生产 …… 193

卷烟营销 …… 193

专卖管理 …… 193

全省系统品牌培育十佳县级分公司 …… 193

“9.2”特大走私烟网络案 …… 194

降低大田前期管理用工费用 QC 项目 …… 194

旅　　游

旅游管理

概况 …… 195

统筹谋划 …… 195

旅游项目建设 …… 195

产业融合发展 …… 195

旅游宣传营销 …… 195

旅游行业监管 …… 196

推进“湖南省精品旅游线路重点县”建设 …… 196

全域旅游宣传口号征集 …… 196

浏阳首届乡村振兴旅游人才培训班 …… 196

第四届金牌导游大赛暨首届旅游主题讲解大赛 …… 196

浏阳市国家全域旅游示范区（县）创建专题培训班 …… 196

“飞越浏阳·畅想水云间”航拍大赛 …… 197

2018 年浏阳抖音挑战赛 …… 197

四个旅游项目获评长沙休闲旅游节优秀项目 …… 197

智慧旅游平台建设 …… 197

文化旅游产业发展 …… 198

大围山国家森林公园

概况 …… 198

节会活动 …… 198
景区建设 …… 198
大围山生态保护 …… 198
联合承办 2018 中国森林旅游节 湖南（浏阳）大围山杜鹃花节 …… 198
获评"2017 年度全省森林公园质量管理十佳单位" …… 199
秋收起义文家市会师纪念馆
概况 …… 199
文物保护 …… 199
宣教接待 …… 200
省（国）保申创 …… 200
文旅融合 …… 200
胡耀邦故里
概况 …… 200
胡耀邦同志纪念馆入选国家二级博物馆 …… 201
被命名为 2018 年全国中小学生研学实践教育基地 …… 201
胡耀邦塑像揭幕仪式在耀邦广场举行 …… 201

金 融

金融工作管理
概况 …… 202
防范和处置非法集资工作 …… 202
促企上市 …… 202
金融服务工作 …… 202
金融扶贫工作 …… 202
金融宣讲工作 …… 203
融担小贷公司日常监管工作 …… 203
浏阳市第二届金融服务季金融行业评选颁奖暨技能擂台赛 …… 203
浏阳市启动资本市场县域工程试点工作 …… 203
银行业
概况 …… 204
做实货币政策管理工作 …… 204
增强金融服务实体经济能力 …… 204
推进农房抵押贷款试点工作 …… 204
推动金融支持扶贫攻坚战 …… 204
优化浏阳金融生态环境 …… 204
防范金融风险 …… 204
金融管理与服务 …… 204
平安银行股份有限公司浏阳支行开业 …… 205
国家外汇管理局浏阳市支局 …… 205
中国工商银行股份有限公司浏阳支行 …… 205
中国农业银行股份有限公司浏阳市支行 …… 206
中国建设银行股份有限公司浏阳支行 …… 207
中国银行股份有限公司浏阳支行 …… 207
长沙银行股份有限公司浏阳支行 …… 208
湖南浏阳农村商业银行股份有限公司 …… 209
中国邮政储蓄银行浏阳市支行 …… 210
交通银行股份有限公司长沙浏阳支行 …… 210
中信银行股份有限公司长沙浏阳支行 …… 211
保险业
中国人民财产保险股份有限公司浏阳支公司 …… 211
中国人寿保险股份有限公司浏阳支公司 …… 212
中国平安财产保险股份有限公司浏阳支公司 …… 212
中国平安人寿保险股份有限公司浏阳支公司 …… 212

科 学 技 术

科技管理
概况 …… 213
落实科技政策 …… 213
科技项目管理 …… 213
科技特派员工作 …… 213
召开科技创新大会 …… 213
浏阳上榜全国首批创新型县（市）建设名单 …… 214
知识产权
概况 …… 214
专利申请 …… 214
知识产权保护 …… 214
科学普及
概况 …… 214
主题科普活动 …… 214
科普组织建设 …… 215
科普惠民计划 …… 215
创新驱动示范建设 …… 215

院士专家工作站建设 …… 215
搭建平台开展学术交流活动 …… 215
组织召开浏阳市"全国科技工作者日"座谈会 …… 215
浏阳市科协获评省2017年科普中国·百城千校万村行动优秀组织单位 …… 215
成立浏阳市科技创新专家咨询委员会 …… 216
2018年浏阳市全国科普日活动 …… 216
浏阳科普小镇建设获省科协表扬 …… 216

水文

概况 …… 216
水文监测 …… 216
水环境监测 …… 217
水文服务 …… 217
2018年汛期雨水情 …… 217

气象服务

概况 …… 217
气象防灾减灾 …… 217
安全生产 …… 218
资料：浏阳市2018年度气候影响评价 …… 218

教　　育

综述

概况 …… 221
办学条件改善 …… 221
教育服务水平提升 …… 221
教育环境优化 …… 222
教育发展存在的困难与不足 …… 222
全市校车安全管理暨寒冷期安全工作会议 …… 222
出台"支持民间资本办学"政策 …… 222
获评"省平安校园先进县市" …… 222
教育宣传思想工作大会 …… 222
获评"全国中小学责任督学挂牌督导创新县（市）" …… 223
共青团浏阳市教育局委员会第九次代表大会 …… 223
30个标准化学校卫生室交付使用 …… 223

学前教育

概况 …… 223
保育员专业技能竞赛浏阳选拔赛 …… 223
举行第二届幼儿园团队专业技能竞赛 …… 223

义务教育

概况 …… 223
获评"国家义务教育质量监测实施优秀组织县（市）" …… 223
浏阳道吾学校投入使用 …… 224
2018年义务教育管理工作会议 …… 224

普高教育

概况 …… 224
2018年高中教育工作会议 …… 224
高考成绩夺得"十一连冠" …… 225
·中学简介· …… 225
浏阳市第一中学 …… 225
浏阳市田家炳实验中学 …… 226

职业教育

概况 …… 227
推动产教融合 …… 227
实施阳光招生 …… 227
·职校简介· …… 227
浏阳市职业中专 …… 227
湖南省石油化工技工学校 …… 228

民办及社区教育

概况 …… 229
中共浏阳市民办教育委员会成立 …… 229
开展无证办学和规范办学专项治理 …… 229

素质教育

提升学生综合素养 …… 229
建设特色校园 …… 230
5名学生摘取全国珠心算和世界珠心算比赛冠军 …… 230

教师队伍建设

概况 …… 230
"缘聚浏阳 圆梦教育"外地教师家乡行活动举行 …… 230
对口培训邵阳县95名教师干部 …… 230

文化·体育

综述

概况 …… 231
"文化执法+"助力文化强市系列服务活动启动 …… 231
浏阳市文学艺术界联合会第九次代表大会召开 …… 232

文学艺术创作
概况 …… 232
大型花鼓戏《胡子将军》晋京演出 …… 232
文艺活动
概况 …… 232
打造展示才艺舞台 …… 233
举行秋季祭孔大典 …… 233
举办纪念谭嗣同殉难 120 周年书画篆刻作品展 …… 233
全省基层院团展演暨第五届欧阳予倩艺术节在浏阳举行 …… 233
文物管理
概况 …… 233
文物保护和利用 …… 233
广播电视电影
概况 …… 234
广播、电视、网络管理 …… 234
广播电视事业产业经营 …… 234
广播电视节目采制和播出 …… 235
广播电视电影系统新技术的研究、开发和利用 …… 235
中国供销节目制作中心在浏阳成立 …… 235
电影市场管理 …… 235
电影放映 …… 235
卫星地面设施整治 …… 235
新闻出版
概况 …… 236
图书发行 …… 236
公司销售管理 …… 236
报刊出版发行 …… 236
媒体融合发展 …… 237
组织参加地州市好新闻评选活动 …… 237
组织参加中国县市区域报新闻作品竞赛 …… 237
组织举办湖南省“十强百佳千优小记者”评选 …… 237
党史
党史编研 …… 237
党史宣教 …… 237
文物征集 …… 237
地方志
年鉴编辑 …… 237
名村（社区）名镇志（小区志、社区志）编修 …… 238
《长沙市志·人物志》浏阳入志人物传编纂 …… 238
地方志宣传与教育 …… 238
档　案
馆、室和资源建设 …… 238
档案信息化建设 …… 238
档案业务指导与查阅利用 …… 238
档案宣传教育培训 …… 238
开展“三进三创”主题活动 …… 238
体育
概况 …… 239
举办第三届全民健身运动会 …… 239
湖南省龙狮大赛暨 2018 年浏阳市“百龙百狮闹元宵”活动 …… 239

卫生和计划生育

综述
概况 …… 240
医政管理 …… 240
医学科研 …… 240
全科医生培养 …… 241
中医药事业 …… 241
浏阳市中医医院业务能力建设 …… 241
公立医院改革 …… 242
就医“一卡通”项目上线运行 …… 242
组建浏阳肿瘤专科联盟 …… 243
开展浏阳首例微波消融手术 …… 243
实施浏阳首例“换脸”手术 …… 243
成立湖南省首个县市级海扶中心 …… 243
基层卫生
概况 …… 243
人才队伍建设 …… 243
重点项目建设 …… 244
医疗质量提高 …… 244
公共卫生推进 …… 244
健康扶贫实施 …… 244
妇幼保健
概况 …… 245
妇幼健康保障 …… 245
服务内涵与能力提升 …… 245

牵头发起成立湘赣边孕产大保健联盟 …… 245

疾病预防控制

概况 …… 246
急性传染病预防控制 …… 246
突发公共卫生事件处置 …… 246
免疫规划 …… 246
结核病预防控制 …… 246
艾滋病预防控制 …… 246
慢性非传染性疾病管理 …… 246
健康教育与健康促进 …… 247
职业卫生 …… 247
公共卫生监测 …… 247
检验检测 …… 247
精神卫生 …… 247

人口和计划生育

概况 …… 247
计划生育奖励扶助 …… 247
流动人口服务 …… 247
计划生育协会工作开展 …… 247
举办浏阳市计划生育协会成立30周年暨“5·29协会会员日”宣传主题活动 …… 248

卫生计生综合监督执法

概况 …… 248
基层执法体系建设 …… 248
规范医疗秩序专项整治 …… 248
医疗废物监管 …… 248
生活饮用水安全监管 …… 249
学校卫生治理 …… 249
消毒产品监管 …… 249
公共场所卫生专项整治 …… 249
卫生计生行政执法 …… 249

社会生活

居民收支

概况 …… 250
2018年居民人均可支配收入结构分析 …… 250
2018年浏阳市居民人均支出分析 …… 250

民政

概况 …… 251
社会救助 …… 251
优抚安置 …… 252
基层组织建设 …… 252
专项事务管理 …… 252
社会福利 …… 252
老龄工作 …… 252

残疾人事业

概况 …… 253
扶贫帮困 …… 253
康复服务 …… 253
帮助残疾人就业创业 …… 253
权益维护 …… 253
扶残助残 …… 253

人力资源和社会保障

概况 …… 253
就业创业 …… 253
人才人事 …… 254
依法行政 …… 254
社会保险 …… 254
劳动维权 …… 254
就业扶贫 …… 254
举办第三届“中国创翼”创业创新大赛长沙市浏阳赛区选拔赛 …… 254

库区移民事务管理

概况 …… 255
资金管理和监督 …… 255
产业发展 …… 255
移民培训 …… 255
开展整村推进工作试点 …… 256
完成移民避险解困 …… 256
做好椒花水库前期工作 …… 256

街道·镇·乡

淮川街道

概况 …… 257

浏川街道翠园社区成立 …………………………… 258
淮川街道人民调解委员会被湖南省司法厅授予“全省优秀人民调解委员会”称号 …………………… 258
淮川街道社区提质提档工作完成 ………………… 258
集里街道
概况 ……………………………………………… 258
召开集里街道2018年经济工作会议 …………… 259
浏阳市第四届环保文化节启动仪式暨绿心“存折”首发仪式在集里街道举行 …………………………… 259
“健康人生，绿色无毒”教育宣传进社区大型文艺会演活动在集里街道举行 …………………………… 260
举办庆祝中国共产党成立97周年党建主题活动 … 260
承办浏阳市“推动高质量发展 建设现代化浏阳”专题研讨会 ………………………………………… 260
天虹百货商场开业 ……………………………… 260
荷花街道
概况 ……………………………………………… 260
“‘荷’我一起”志愿者服务队成立 ……………… 261
“智慧浏阳河”商圈党群服务中心成立 ………… 262
关口街道
概况 ……………………………………………… 262
蒙华铁路“健康专列”启动仪式在关口街道总站举行 … 263
古港镇
概况 ……………………………………………… 263
创新“片长制”和“五位一体、五员联动”工作体系 … 264
道路交通安全“两员两站”建设 ………………… 264
科普小镇建设 …………………………………… 264
省第五批全民国防教育基地授牌仪式首站在古港镇举行 ……………………………………………… 265
高坪镇
概况 ……………………………………………… 265
杨高公路提质改造项目 ………………………… 266
高坪镇污水处理厂建设项目 …………………… 267
沿溪镇
概况 ……………………………………………… 267
沙龙村入选长沙首批15个党员教育培训示范基地 … 268
蓝鹰沙龙学农研学基地成立 …………………… 268
入选第二批全国“扫黄打非”进基层示范点 …… 268
官渡镇
概况 ……………………………………………… 268
获评“湖南省民间文化艺术之乡” ……………… 269
实施乡村振兴工作 ……………………………… 270
入选长沙市卫生镇 ……………………………… 270
永和镇
概况 ……………………………………………… 270
召开永和镇三大国有改制企业社会职能分离移交工作专题会议 ……………………………………… 271
达浒镇
概况 ……………………………………………… 271
2018年浏阳市“春赏花季”启动仪式暨达浒镇第五届油菜花节系列活动 ………………………………… 272
达浒镇椒花新村首届大蓝山杨梅节 …………… 272
开展“科普大篷车”进校园活动 ………………… 273
达浒镇2018年“世纪红杯”龙舟赛 …………… 273
大围山镇
概况 ……………………………………………… 273
举办第九届水果文化旅游节 …………………… 274
“大围山梨”获“国家级农产品地理标志示范样板” ……………………………………………… 274
张坊镇
概况 ……………………………………………… 274
农村宅基地“三权”分置工作获自然资源部等好评 ……………………………………………… 275
启动二级保护区农村生活污水处理工程 ……… 275
洞溪河成功入选浏阳市2018年度“最美河流（水库）”评选候选名单 ………………………………… 276
澄潭江镇
概况 ……………………………………………… 276
被授予“湖南省卫生镇（2019–2022）”称号 …… 278
开展“把话筒交给群众，把问题交给干部”大走访活动 278
中和镇
概况 ……………………………………………… 278
入选第四批“湖湘风情文化旅游小镇”预选创建单位名单 ……………………………………………… 279
建成中和镇家风家训展示馆 …………………… 280
“水韵清江”移民安置点竣工 ………………… 280

文家市镇
概况 …… 280
获评“第七批中国历史文化名镇” …… 281
大瑶镇
概况 …… 281
启动农村公益性墓地建设 …… 283
被评为“长沙市食品安全示范乡镇” …… 283
2018中国（浏阳）国际烟花爆竹交易会在大瑶举行 …… 283
汇丰、天和、崇文社区更名 …… 283
“数字大瑶”系统试运营 …… 283
湖南省首届“瑶悦城·兴乡杯”乡镇乒乓球比赛在大瑶镇举行 …… 283
连续三年跻身全国综合实力“千强镇” …… 283
市委第一巡察组对大瑶镇党委开展为期两个月常规巡察 284
出台《大瑶镇服务民营经济发展八条举措》 …… 284
金刚镇
概况 …… 284
金刚镇第十五届人民代表大会第三次会议召开 …… 285
开展“百名干部入农户，万众一心促发展”主题宣讲活动 …… 285
举办乡村振兴系列活动 …… 285
举行“我们的中国梦 文化进万家”活动暨浏阳市金刚镇新时代文明实践所成立大会 …… 285
葛家镇
概况 …… 286
共同举办第三届“九九重阳情、城乡一家亲”活动 …… 286
葛家镇卫生院完成整体搬迁 …… 286
金源村被评为长沙市同心创建工作点 …… 287
被评为“长沙市城乡环境卫生整洁行动四星级乡镇” …… 287
枨冲镇
概况 …… 287
枨冲镇第六届人民代表大会第三次、第四次会议召开 287
推行“枨冲夜话”试点 …… 288
成立退役军人服务中心 …… 288
棚改二期配套建设项目完工 …… 288
110千伏葛家（渡口）输变电工程 …… 288
镇头镇
概况 …… 289
《新打铜锣》首演 …… 290
湖南浏阳（镇头）2018首届油茶文化产业博览会举行 290
普迹镇
概况 …… 291
夹洲岛安居搬迁工程 …… 292
52家非法取土厂被拆除 …… 292
书院新村（爽健毛豆）被认定为第八批全国“一村一品”示范村镇 …… 292
官桥镇
概况 …… 292
开展“一户多宅”清理整治 …… 293
柏加镇
概况 …… 293
被评为“中国绿色名镇”和“全国十佳美丽宜居小镇” …… 294
成立柏加镇花木产业创二代同心协会 …… 295
柏加镇财政所被评为“湖南省2018年度星级乡镇财政所” …… 295
洞阳镇
概况 …… 295
流动人口“三化”管理 …… 296
金阳社区学院授牌仪式在浏阳经济开发区举行 …… 296
被评为“长沙市城乡环境卫生整洁行动五星级乡镇” …… 296
永安镇
概况 …… 296
被评为“2017年度长沙市经济社会发展综合实力十强乡镇” …… 298
入选湖南省经济发达镇行政管理体制改革试点 …… 298
芦塘村迎接长沙市乡村振兴现场观摩 …… 299
综合竞争力位列中部地区乡镇第八位 …… 299
北盛镇
概况 …… 299
北盛镇中心卫生医院启动二级综合医院创建工作 …… 299
乌龙大桥完成重建 …… 300
“种业硅谷”举行田间展示与观摩会 …… 300
被授予“湖南省卫生镇”称号 …… 300
沙市镇
概况 …… 301
举行“乐动沙市·逐梦2018”元旦广场舞大赛 …… 303
接受浏阳农村土地制度改革三年试点“五大行动”现场观摩 …… 303

长沙（浏阳）首届“乐动沙市”体育旅游节暨浏阳市第三届全民健身运动会（龙舟赛）开幕式在沙市镇举行 ………… 303

淳口镇

概况 ………… 303
农大社区举办集体生日会 ………… 304
举行淳口镇乡村振兴招商项目集中签约仪式 ………… 304
“隆平文化驿站”在炉烟村挂牌成立 ………… 304
召开“万企帮万村”淳口公益活动启动会 ………… 304

蕉溪镇

概况 ………… 305
蕉溪乡撤乡建镇 ………… 306
金阳大道三期蕉溪段拆迁工程 ………… 306

龙伏镇

概况 ………… 306
焦桥村村级道德馆开馆 ………… 307
龙伏村被授予首批“湖南省同心美丽乡村”称号 … 307
2018年“银龄行动”暨“老科技工作者日”湖南（长沙浏阳）主会场启动仪式在龙附镇举行 ………… 307

社港镇

概况 ………… 307
社港镇养老服务中心 ………… 308
好莱斯影城正式开业 ………… 308
“江公膏药制作技艺”入选第六批浏阳市（县级）非物质文化遗产项 ………… 308
浏阳市首届旅游抖音挑战赛在周洛大峡谷开幕 ………… 308
《医养名镇 神奇社港》“欢乐浏阳河”社港镇专场文艺晚会 ………… 309
浏阳骨伤科医院成功创建为二级甲等中医骨伤医院 309

小河乡

概况 ………… 309
入选为2018年“中国绿色名镇” ………… 310
潭湾村入围第五批国家传统村落名录 ………… 310

人　　物

新任市级领导

邓凡 ………… 311
屈湘水 ………… 311

中国妇女第十二次全国代表大会代表

罗加辉 ………… 312

获奖人物

蔺传球 ………… 312
颜颂华 ………… 312
孔蒲中 ………… 312
柳维新 ………… 313
朱国萍 ………… 313
张临英 ………… 313
获国家级奖励（命名、评选）个人名表 ………… 314
获省级奖励（命名、评选）个人名表 ………… 315
获长沙市级奖励（命名、评选）个人名表 ………… 316

文　献　选　编

关于加强领导班子和党员队伍政治建设的若干规定 … 320
关于全面落实乡村振兴战略的实施意见 ………… 322
浏阳市农村集体产权制度改革工作实施方案 ………… 331
关于发展壮大新型村级集体经济的实施意见 ………… 336
关于进一步深化“最多跑一次”改革着力推进“马上办、就近办、网上办、帮代办”实施方案 ………… 339
关于印发《浏阳市村干部管理办法》的通知 ………… 363
关于加快推进浏阳市工业新兴及优势产业链发展的实施意见 ………… 367
关于印发《浏阳市关于推进科技创新的若干政策措施》的通知 ………… 371
关于印发浏阳市城乡规划管理技术规定的通知 ………… 373
关于公布规范性文件清理结果的决定 ………… 411

附　　录

组织机构与负责人 ………… 425
获国家级奖励（表彰、命名、认定）单位名表 ………… 440
获省级奖励（命名、认定）单位名表 ………… 443
获长沙市级奖励（命名、认定）单位名表 ………… 450
浏阳公交线路大全 ………… 458
《浏阳年鉴（2019）》组稿人员 ………… 462

索　　引

Contents

Important Notes

Speech at the 10th (Extended) Meeting of the 12th Session of the Municipal Party Committee …………… (1)
Government Working Report ……………………… (7)

Special article

Documentary of Liuyang City's Work on Poverty Alleviation ……………………………………………… (12)
Documentary of the 2018 Ecological Environmental Protection Work in Liuyang ………………………… (16)
From Regional Cooperation to Regional High-Quality Development ……………………………………… (19)
Tea-Seed Oil of Liuyang ………………………… (23)

Memorabilia

Liuyang Overview

Physical Geography ……………………………… (32)
Construction ……………………………………… (33)
Administrative Division …………………………… (33)
Traditional Culture ……………………………… (35)
Tourist Attractions ……………………………… (40)
Statistical Bulletin on National Economic and Social Development ……………………………………… (41)

Liuyang Municipal Committee of CPC

Summary …………………………………………… (44)
Major Meeting ……………………………………… (44)
Major Decision …………………………………… (47)
Municipal Party Committee Inspection …………… (49)
Reform ……………………………………………… (49)
Confidentiality …………………………………… (50)
Policy Research …………………………………… (50)
Organization Construction ……………………… (51)
Party Building of Municipal Government ……… (52)
Propaganda ………………………………………… (54)
United Front Work ……………………………… (55)
Institutional Preparation ………………………… (57)
Old Cadre Work …………………………………… (60)
Letter and Visit Work …………………………… (62)
Party School (School of Administration) ………… (63)

Liuyang People's Congress

Summary …………………………………………… (66)
Standing Committee of the National People's Congress ……………………………………………… (66)
Meeting of Directors of the National People's Congress ……………………………………………… (67)
Law Enforcement Supervision …………………… (68)
Law Enforcement Inspection ……………………… (68)
Judicial Supervision ……………………………… (69)
Work of the Deputies of the National People's Congress ……………………………………………… (70)

Liuyang Municipal People's Government

Summary …………………………………………… (73)
Executive Meeting of the Government …………… (74)
Government Research …………………………… (77)
Government Supervision ………………………… (77)
Government Demolition ………………………… (77)

Emergency Management …… (77)
Hong Kong, Macao and Taiwan and Foreign Affairs Management …… (78)
Optimization of the Economic Development Environment …… (78)
Government Service …… (78)
Data Resource Management …… (80)

Liuyang Municipal Committee of CPPCC

Summary …… (81)
The Third Commission of the 10th Session of the CPPCC …… (81)
CPPCC Standing Committee …… (81)
Performance of the CPPCC …… (82)
Literature and History Editing …… (82)
Committee Work …… (83)

Liuyang Municipal Discipline Inspection Commission of CPC

Summary …… (85)
Political Construction …… (85)
The Third Plenary Session of the 12th Municipal Discipline Inspection Commission of Liuyang …… (85)
Inspection of 12th Municipal Party Committee …… (85)
Discipline Supervision …… (86)
System Construction …… (86)
Integrity Education …… (86)

Democratic Party

Kuomintang Revolutionary Committee …… (88)
Zhigong Party Committee …… (90)

Social groups

Federation of Trade Unions …… (93)
Federation of Commerce and Industry …… (94)
Women's Federation …… (97)
Work of youth …… (100)
Red Cross …… (103)

Rule of Law

Political and Legal Commission and Comprehensive Management …… (105)
Construction of the Lawful Government …… (107)
Public Security …… (107)
Forest Law Enforcement …… (109)
Inspection …… (111)
Judgment …… (113)
Judicial Administration …… (115)
Supervision and Management of Production Safety (117)

Military Affairs

People's Armed Forces …… (120)
Armed Police …… (122)
Civil Air Defense …… (122)

Integrated Economic Management

Development and Reform …… (124)
Finance …… (125)
Taxation …… (127)
Land and Resources Management …… (130)
Audit …… (133)
Statistics …… (134)
Market Supervision and Management …… (134)
Customs …… (137)
Supervision and Management of Bidding …… (138)

Agriculture

Summary …… (139)
Planting Industry …… (140)
Breeding Industry …… (140)

Forestry ······ (141)
Flue-Cured Tobacco Production Guidance ······ (142)
Agriculture Mechanization ······ (142)
Seed Management ······ (143)
Agricultural Product Quality Safety ······ (144)

Water conservancy

Summary ······ (146)
Water Conservancy Construction Investment ······ (148)
Irrigation District Management ······ (149)
Zhushuqiao Reservoir Management ······ (149)

Industry

Summary ······ (151)
Information Construction ······ (152)
Electronic Information Industry ······ (152)
Biomedical Industry ······ (153)
Machinery Manufacturing Industry ······ (153)
Power Industry ······ (154)
Firecrackers and Fireworks Industry ······ (154)
Detection of Fireworks and Firecracker Products ·· (157)

Development Zone and Park Construction

Liuyang Economic and Technological Development Zone ······ (158)
Liuyang High-tech Industrial Development Zone ·· (159)
Liuyang Two Type Industrial Park ······ (161)
Liuyang Cultural Industry Park ······ (163)

Transportation

Summary ······ (165)
Traffic Construction ······ (165)
Transportation Industry Management ······ (166)
Traffic Construction Investment Management ··· (167)
Road Management ······ (167)
Marine Management ······ (168)

Postal, Communication

Postal Administration ······ (169)
Communication ······ (170)
Telecommunication ······ (170)
Mobile Communication ······ (170)
Joint Network Communication ······ (170)

Urban and Rural Construction and Management

Urban and Rural Construction ······ (171)
Urban and Rural Planning ······ (173)
Public Works Construction ······ (175)
House Insurance ······ (176)
Housing Provident Fund Management ······ (177)
Urban Water Supply ······ (178)
Gas Supply ······ (178)
Urban Management ······ (178)

Ecological Environment Protection

Ecological Construction ······ (181)
Comprehensive Improvement of Rural Environment (183)
Pollution Prevention ······ (184)
Environmental Supervision ······ (184)
Environmental monitor ······ (185)

Business Affairs

Business Cooperation ······ (186)
Investment Promotion ······ (187)
Supply and Marketing Cooperation ······ (188)
Grain and Oil Industry ······ (189)
Franchise Monopoly ······ (192)

Petroleum Management ······ (192)
Tobacco Monopoly ······ (193)

Tourism

Tourism Management ······ (195)
Da Wei Shan National Forest Park ······ (198)
Memorial Hall of Autumn Harvest Uprising in Wen Jiashi ······ (199)
Hometown of Hu Yaobang ······ (200)

Finance

Financial Work Management ······ (202)
Banking ······ (204)
Insurance ······ (211)

Science and Technology

Science and Technology Management ······ (213)
Intellectual Property ······ (214)
Popularization of Science ······ (214)
Hydrology ······ (216)
Meteorological Services ······ (217)

Education

Summary ······ (221)
Preschool Education ······ (223)
Compulsory Education ······ (223)
High School Education ······ (224)
NO.1 Middle School of LiuYang ······ (225)
TJB middle school of Liuyang ······ (226)
Vocational education ······ (227)
Vocational Technical Secondary School of Liuyang (227)
Hunan Petrochemical Technology School ······ (228)
Private and Community Education ······ (229)
Competence Education ······ (229)
Construction of Teachers ······ (230)

Cultural and Sports

Summary ······ (231)
Literary and Artistic Creation ······ (232)
Cultural Activities ······ (232)
Cultural Relics Management ······ (233)
Radio, TV and movie ······ (234)
Press and Publications ······ (236)
Party History ······ (237)
Local Chronicles ······ (237)
Archives ······ (238)
Sports ······ (239)

Health and Family Planning

Summary ······ (240)
Medical Administration ······ (240)
Medical Scientific Research ······ (240)
Traditional Chinese Medicine ······ (241)
Reform of Public Hospitals ······ (242)
Grass-Roots Health ······ (243)
Maternal and Child Health Care ······ (245)
Disease Prevention and Control ······ (246)
Occupational Health ······ (247)
Public Health Surveillance ······ (247)
Inspection and Testing ······ (247)
Mental Health ······ (247)
Population and Family Planning ······ (247)
Comprehensive Supervision and Enforcement of Health and Family Planning ······ (248)

Civil Life

Residents' Income and Expenditure ······ (250)
Civil Administration ······ (251)
Social Assistance ······ (251)

Special Care Placement ······ (252)
Social Welfare ······ (252)
Career For the Disabled ······ (253)
Human Resources and Social Security ······ (253)
Management of Resettlement Affairs in the Reservoir Area ······ (255)

Streets, Towns and Villages

Huaichuan Street ······ (257)
Jili Street ······ (258)
Hehua Street ······ (260)
Guankou Street ······ (262)
Gugang Town ······ (263)
Gaoping Town ······ (265)
Yanxi Town ······ (267)
Guandu Town ······ (268)
Yonghe Town ······ (270)
Dahu Town ······ (271)
Da Wei Shan Town ······ (273)
Zhangfang Town ······ (274)
Chen Tanjiang Town ······ (276)
Zhonghe Town ······ (278)
Wen Jiashi Town ······ (280)
Dayao Town ······ (281)
Jingang Town ······ (284)
Gejia Town ······ (286)
Chengchong Town ······ (287)
Zhentou Town ······ (289)
Puji Town ······ (291)
Guanqiao Town ······ (292)
Bojia Town ······ (293)
Dongyang Town ······ (295)
Yongan Town ······ (296)
Beisheng Town ······ (299)
Shashi Town ······ (301)
Chunkou Town ······ (303)
Jiaoxi Township ······ (305)
Longfu Town ······ (306)
Shegang Town ······ (307)
Xiaohe Township ······ (309)

Characters

New Municipal Leaders ······ (311)
Representatives of the Twelfth National Congress of Chinese Women ······ (312)
Prize (Honorary Title) Winner ······ (312)

Literature Selection

Appendix

Organization and Person in Charge ······ (425)
Units List of National Awards (commendation, naming, recognition) ······ (440)
Units List of Provincial Awards (naming, recognition) ······ (443)
Units List of Changsha Municipal Awards (Naming, recognition) ······ (450)
List of Liuyang Bus Lines ······ (458)
Contributors of Liuyang Yearbook (2019) ······ (462)

Indexes

特 载

山城　朱志云　摄影

对标高质量　聚力新跨越
朝着全面建设现代化浏阳宏伟目标奋勇前进

——在市委十二届十次全体(扩大)会议上的讲话

中共长沙市委常委　浏阳市委书记　黎春秋

(2018年12月28日)

同志们:

这次会议的主要任务是，坚持以习近平新时代中国特色社会主义思想为指导，深入贯彻党的十九大和十九届二中、三中全会精神，认真落实中央、省、市相关会议精神，总结今年工作，分析当前形势，部署2019年工作。下面，我代表市委常委会向全会作报告。

一、跨入新时代，我们以奋斗创造实绩

2018年，面对错综复杂的宏观形势、艰巨繁重的改革发展稳定任务，全市上下坚持以习近平新时代中国特色社会主义思想为指导，坚决贯彻落实中央、省、市决策部署，顽强奋斗，砥砺奋进，开创了县域发展的崭新局面，为打造强盛浏阳、活力浏阳、生态浏阳、幸福浏阳奠定了坚实基础。全年地区生产总值预计增长10%;一般公共预算收入预计超过111.8亿元、增长11.6%以上;规模以上工业增加值、社会消费品零售总额、固定资产投资等主要经济指标增速稳居长沙区(县、市)前列，经济社会发展呈现出稳中有进、进中提质的良好态势。一年来，市委常委会团结带领广大干部群众主要做了以下工作:

——掀起了学习贯彻的澎湃热潮。始终把深入学习贯彻习近平新时代中国特色社会主义思想和党的十九大精神作为首要政治任务，对全市24600余名党员干部进行闭卷测试，组织开展一系列大学习、大研讨、大宣讲、大调研活动，务求入脑入心、见行见效。出台《贯彻落实党的十九大报告任务分解和责任分工方案》及《总体实施方案》，将报告细化为11大项91小项具体任务，推动习近平新时代中国特色社会主义思想在浏阳落地生根。浏阳作为长沙区(县、市)唯一代表，列入省委宣传部学习宣传贯彻党的十九大精神示范点。

——取得了攻坚战役的明显成效。把防范化解政府债务风险摆在突出位置，统筹推进隐性债务化解、高息产品整改、平台公司"撤并转"等工作，全市债务风险总体可防可控。坚持"一村一业、一户一策"，实施产业扶贫项目208个，实现对有能力、有意愿的贫困户全覆盖，全年实现脱贫3513户11561人，贫困发生率由2017年的1.3%下降至2018年的0.4%。统筹做好对口帮扶邵阳县、龙山县茅坪乡工作。纵深推进污染防治攻坚战，以钉钉子精神抓好中央环保督察"回头看"交办件办理，严格落实"六控""十个严禁"措施，强力开展畜禽养殖、造纸行业、涉重金属、饮用水水源地保护等专项治理，全市环境质量总体明显提升，全年空气质量优良率达94.1%，县级以上饮用水水源地水质达标率达100%。

——迈出了产业升级的坚实步伐。以重点打造15条工业新兴及优势产业链为抓手，扎实开展重企帮扶、促企上市、"千人帮千企"行动，电子信息、生物医药、机械制造、健康食品、鞭炮烟花规模工业总产值预计分别增长26%、7%、10.9%、11%、7.7%，经开区、高新区、两型产业园规模工业增加值分别增长15%、12.5%、8.2%。研究出台"促进社会投资浏十条"，实现社会投资725亿元，占总投资的

81.5%，比上年度提升7.5个百分点。突出招大引强，新引进项目212个，引进mini-microLED显示屏等投资过50亿元项目4个，蓝思新材料等投资过10亿元项目15个，项目引进数量和投资总额创历年新高。豪恩声学、天岳碳化硅、华域视觉等项目开工建设，蓝思消费电子产品防护视窗组件、日写DITO触控传感器、盐津铺子烘焙产品智能生产基地、启泰传感等项目顺利投产。力促椒花水利枢纽工程成功纳入国家172项重大水利工程项目库、渝长厦高铁选址工作取得重大突破。浏阳蝉联长沙市重大项目观摩区(县、市)组第1名。

——实现了乡村振兴的良好开局。出台全面落实乡村振兴战略的“实施意见”和“三年行动计划”，创新实施“10+3+3+3”机制，扎实推进新型村级集体经济发展和农村人居环境整治。全年消除集体经济薄弱村97个，拆除“空心房”13400户、完成“改厕”15546座，在全省率先实现农村地区“旱厕清零”。持续深化文明城市创建和移风易俗工作，崇尚文明蔚然成风。着力打造浏阳河城区段“一河两岸”、长兴湖、道吾等重点片区，城市品质不断提升。升级打造特色小城镇，文家市、小河分别获评“中国历史文化名镇”“中国绿色名镇”，永安、大瑶、洞阳荣获长沙“十强乡镇”，高坪荣获长沙“十快乡镇”。

——擦亮了深化改革的浏阳品牌。统筹推进41大项60小项改革，“无改革，不浏阳”品牌更加响亮。扎实推进农村土地制度改革三项试点工作，实施“五大行动”，盘活土地资源9300余亩，极大释放了改革红利。持续深化“最多跑一次”改革，大力推动“马上办、就近办、网上办、帮代办、一次办”，全省唯一工业建设项目“先建后验”试点在浏阳经开区实施，政府投资和社会投资核准类项目审批时限压缩至30个工作日，社会投资备案类项目审批时限压缩至25个工作日，企业开办审批时限压缩至3个工作日，营商环境进一步优化。

——促进了民生福祉的持续提升。以“十件民生实事”为总揽，倾力做好教育、卫生、文体、社会保障等工作，预计全年民生领域支出91.2亿元，占一般公共预算支出的76%。新建学校5所，“改薄”学校9所，新增学位10875个，全面消除超大班额；新(改)建村卫生室103所，在全省率先推行就医“一卡通”；建成长沙示范性村(社区)综合文化服务中心20个、自助图书馆5个，群众获得感进一步提升。切实加强花炮、矿山、交通、消防、建筑等各领域安全监管，安全生产形势持续向好，全年事故起数、死亡人数同比分别下降33.3%和45.5%。扫黑除恶专项斗争初战告捷。创新推行“三联三保”，深入开展民情大走访活动，社会大局和谐稳定，继续保持特护期进京非访“零登记”。

——推动了从严治党的纵深发展。制定实施《关于加强领导班子和党员队伍政治建设的若干规定》，引导广大党员干部树牢“四个意识”、坚定“四个自信”、践行“两个维护”。以高度的政治自觉扎实做好中央、省委巡视交办件办理工作。抓实“1228”党建工程和“三保”工作体系，推进党支部“五化”建设，广泛开展“把话筒交给群众”活动，基层党组织战斗堡垒作用和党员先锋模范作用进一步彰显。坚持“好干部”标准，出台“担当作为浏十条”，树立了让有为者有位、为担当者担当的鲜明导向。实施“专业英才千人计划”，引进机关事业单位人才892名、企业人才3万余名。严格落实意识形态工作责任制，凝聚了正能量。深化纪检监察体制改革，纪律监督、监察监督、巡察监督、派驻监督的综合监督格局全面形成。深入开展违反中央八项规定精神问题、“三大攻坚战”责任落实问题、“雁过拔毛”式腐败问题等专项整治，持续巩固反腐败斗争压倒性态势，进一步营造了风清气正的政治生态。

风云激荡新时代，春潮涌动浏阳河。一年来，我们以奋斗砥砺初心，以担当践行使命，交出了一份精彩纷呈的发展之卷，谱写了一曲激情澎湃的奋斗之歌。这一年，浏阳在县域经济与县域综合发展全国百强排名中跃居第13位，成为中部地区唯一的“竞强争优范例”。我们赢得了众多“全省第一”“中部唯一”“全国顶尖”，荣获68项国家级荣誉、132个省级奖项。“福布斯2018中国大陆最佳商业城市榜100强”“中国工业百强县”“中国幸福百县”“全国小康城市100强”等“国字号”称号花落浏阳；人民日报、中央电视台、新华社等国家级权威媒体326次聚焦浏阳，“浏阳作为”“浏阳经验”“浏阳气象”备受瞩目、广受赞誉，这更加坚定了全市上下力推科学跨越、力促浏阳腾飞的信心和决心！

在充分肯定成绩的同时，我们也要清醒看到存在的问题：实体经济面临的困难增多，部分企业信心不足；产业链条有待完善，龙头企业和大项目偏少，核心竞争力不够强；花炮产业转型升级任务艰巨，现代服务业短板较为突出；推进“三大攻坚战”面临的难度和压力增大，意识形态、安全稳定、生态环境等方面的风险隐患较多；全面依法治市任重道远，社会治理体系和治理能力现代化建设有待加强；全面从严治党仍需持续发力，一些党员干部政治站位、能力素质有待提高，少数干部不担当、不作为现象仍然存在，腐败问题尚未根本杜绝，等等。对此，我们必须高度重视，着力加以解决。

二、面对新形势，我们以主动抢占先机

2019年是新中国成立70周年，是全面建成小康社会关键之年。当前，世界经济形势复杂严峻，不确定不稳定因素增多，但总体延续增长态势；我国经济运行稳中有变、变中有忧，经济面临下行压力，但仍处于并将长期处于重要战略机遇期。我们务必观大势、谋全局，保持战略清醒，沉着应对挑战，敏锐抓住机遇，牢牢把握工作主动权。

从大局大势看，我们务必审时度势，推动浏阳发展再出发、再跨越。当今时代，世界面临百年未有之大变局，新一轮科技革命和产业变革正在重构全球创新版图、重塑全球经济结构。我国经济发展已由高速增长阶段转向高质量发展阶段，正在加快转变发展方式、优化经济结构、转换增长动力，“高质量”成为发展主题词和工作主旋律。今日浏阳，已经走过改革开放40年的光辉历程，正处于创新突破窗口期、动能转换攻关期、科学跨越关键期。站在新的历史起点，我们一定要顺应发展大势，主动应变求变，以奋斗者的姿态再出发，奏响对标高质量、聚力新跨越的最强音。新形势下推动浏阳高质量、跨越式发展，有着丰富而深刻的内涵，这其中高质量是新跨越的内在要求，新跨越是高质量的重要保障，两者相辅相成、相互促进。具体而言，就是要按照省委、省政府“四个走出来”的要求，在保持经济运行在合理区间的同时，彻底摆脱思维定势、工作惯性和路径依赖，在发展理念观念上来一个大更新，在工作方式方法上来一个大改进，在新旧动能转换上有一个大飞跃，在发展质量效益上有一个大提升。

从县域竞争看，我们应当锐意进取，推动浏阳发展抢高点、争地位。在高质量发展的大背景下，县域经济版图、产业版图、要素版图正在深刻演变和调整重塑，县域发展面临新一轮大洗牌。面对千帆竞发、百舸争流的区域竞争态势，我们一定要登高望远，谋深做实，更加注重把握县域发展规律，更加注重深化市场化改革、扩大高水平开放，更加注重构建现代化经济体系，推动浏阳在新一轮县域竞争中抢占制高点、赢得话语权。我们要始终坚持“在区域谋发展，在全国争地位，在全球引资源”基本定位，敢于向高手叫板、向先进看齐、向顶级进军，打造更多的“全省典型”“全国首创”“全球知名”，以各项工作的领先赢得浏阳发展的率先，充分彰显县域发展“弄潮儿”和“领跑者”的风采。

从现实条件看，我们能够乘势而上，推动浏阳发展攀新高、开新局。国家“一带一路”、长江经济带建设加速推进，湘赣开放合作上升为国家战略，长株潭城市群抱团发展全面提速；中央经济工作会议明确提出，要加大基础设施等领域补短板力度，促进形成强大国内市场，实施更大规模的减税降费，较大幅度增加地方政府专项债券规模，一系列扩大投资、刺激消费、惠及企业的重大措施加快出台和落地，这为浏阳发展提供了重大机遇和外部利好。近年来，浏阳发展持续保持了稳中求进、蓬勃向上的良好态势，县域发展水平已经挺进全国第一方阵，综合实力、战略区位、产业建设、城市品牌、营商环境都迈上了一个新台阶。随着渝长厦高铁、长浏城际、椒花水利枢纽工程等加快推进，一大批重大产业项目建成投产，县域发展动能更加充沛。特别是“四套班子”精诚团结，全市上下风清气正，广大干部群众干事创业的士气更加高涨。新的一年，我们一定要继续巩固和保持浏阳发展的强劲势头，自强不息，敢为人先，推动浏阳发展再攀新高、再开新局。

2019 年全市工作的总体要求是：以习近平新时代中国特色社会主义思想为指导，全面贯彻落实党的十九大和十九届二中、三中全会精神，以及中央、省委、长沙市委经济工作会议精神，坚持稳中求进工作总基调，坚持新发展理念，坚持推动高质量发展，坚持以供给侧结构性改革为主线，坚持深化市场化改革、扩大高水平开放，坚持创新引领开放崛起，紧紧围绕全面建设现代化浏阳的奋斗目标，牢牢把握“在区域谋发展，在全国争地位，在全球引资源”基本定位，全面落实“六稳”要求，继续打好“三大攻坚战”，继续开展“产业项目建设年”活动，统筹推进稳增长、促改革、调结构、惠民生、防风险工作，对标高质量，聚力新跨越，加快打造强盛浏阳、活力浏阳、生态浏阳、幸福浏阳，以优异成绩庆祝中华人民共和国成立 70 周年。

2019 年全市经济社会发展主要预期目标是：地区生产总值增长 8%；一般公共预算收入增长 8%以上，力争 10%；地方一般公共预算收入增长 8%以上，力争 10%；固定资产投资增长 12%；社会消费品零售总额增长 11%；规模工业增加值增长 8%；城乡居民人均可支配收入增长 8%；城镇登记失业率控制在 4%以内。

三、奋进新征程，我们以实干彰显作为

（一）聚焦突出问题，扎实推进“三大攻坚战”

坚决打好防范化解重大风险攻坚战。按照“坚定、可控、有序、适度”要求，统筹推进市、乡债务化解工作，坚决守住隐性债务不增加、借新还息不发生、“三保”资金不断链的底线。积极推动村级债务化解工作，确保五年内化解村级不良债务。在全面完成政府融资平台公司“撤并转”工作的基础上，完善现代企业制度，通过注入资产、特许经营等方式，增强企业“造血”功能和市场竞争力。深化金融创安工作，开展不良贷款清欠专项行动，确保 2019 年全市银行不良贷款率下降至 1.5%以下，切实筑牢金融安全防线。

坚决打好精准脱贫攻坚战。坚持以精准度为标准、以满意度为追求、以廉洁度为底线、以可持续为方向，着力解决新出现的突出问题，统筹好“后两年”和“两年后”工作。将脱贫质量摆在首位，严格执行风险评估、动态管理、跟踪服务等制度，切实巩固脱贫成果；高度关注“边缘户”“特殊群体”实际困难，以精细工作赢得高度满意。将产业扶贫作为关键，创新推广“公司(合作社)+基地+贫困户”“扶贫工厂”“扶贫车间”等举措，因地制宜发展一批市场前景好、带富能力强的特色产业，以“永续产业”促进“永续脱贫”。

坚决打好污染防治攻坚战。以“共抓长江大保护”合作试点为契机，以打好“蓝天碧水净土保卫战”为总揽，统筹推进浏阳河、捞刀河、南川河流域综合治理，推动污染防治攻坚战向纵深突破。坚持把浏阳河治理和保护作为“一号工程”来抓，全面落实“河长制”，加强饮用水水源地保护、乡镇污水处理、小微水体管护等工作，持续整治造纸行业、畜禽养殖、农业面源污染等突出问题，确保 2019 年 6 月 30 日前浏阳河出境断面水质达到 II 类以上。持续推进七宝山矿区重金属污染综合防治工程，确保宝山河入浏阳河断面和铁山桥市控断面重金属含量稳定达标。杜绝简单粗暴，增强服务意识，注重帮助企业制定环境治理解决方案。

（二）聚焦实体经济，扎实推进高质量发展

突出产业共振。产业共振是经济高质量发展的新形态、新趋势。要以重点打造 15 条工业新兴及优势产业链为核心抓手，加快推动一、二、三产业及产业内部交叉融合、协同共振，提升产业整体粘合度和抗风险能力，着力构建“众星拱月、多点支撑”的现代产业格局。要放大产业之间的共振效应，以经开区、高新区为主阵地，进一步做大做强电子信息、生物医药、智能制造等新兴产业，繁荣发展金融保险、商贸物流、电子商务、知识产权服务等现代服务业，打通“共振节点”，实现互促互进；以两型产业园为主体，依托浏阳特色农业产业基地，大力发展农产品精深加工，加快“物品—产品—商品”价值转化；大力支持花炮产业向机械化、自动化、信息化、标准化转型升级，在新技术、新产品、新业态、新模式上重点发力，为浏阳花炮添上科技创新、文化创意的“翅膀”，着力打造花炮产业全球总部基地、智造基地和文化创意中心。要放大产业内部的共振效应，力促显示功能器件产业链与碳基材料产业链同频共振，切实发挥蓝思科技集团的龙头引领作用，推动mini-microLED显示屏、天岳碳化硅等项目尽快建成投产，加强与日写DITO触控传感器、启泰传感的融合共振，构建"芯屏器合"全新格局，致力打造全国一流的"中部芯谷"。加快豪恩声学、华域视觉等项目建设进度，吸引关联企业进驻浏阳，致力打造国内领先的电声科技和智能照明生产基地。

突出要素汇聚。要以"在全球引资源"的战略眼光，持续扩大高水平开放，全面提升浏阳的辐射力、吸纳力和聚合力。以大项目带动要素汇聚，继续深入开展"产业项目建设年"活动，浓厚大招商、招大商氛围，聚焦产业链关键环节，创新资本招商、中介招商、以商招商等方式，力争全年引进"500强"企业3家以上，投资过50亿元项目4个以上，投资过10亿元项目10个以上，五星级酒店1家以上；强力推进"项目攻坚"行动，推动项目早落地、早投产、早达效，通过项目的引进建设带动资金、人才和技术源源不断汇集浏阳。以大平台支撑要素汇聚，启动园区智慧化改造，全力支持经开区打造现代化产业新城、高新区创建国家高新技术产业化示范基地、两型产业园建设全国一流的绿色食品产业基地、文化产业园争创国家级创业孵化示范基地，提升园区集聚高端要素的能力。围绕创建全国首批创新型县（市），注重发挥企业孵化器的"创新森林"作用，打造更多的创新创业中心、科研中心等优质平台，着力培育一批"小巨人""独角兽"企业，构建区域创新"强磁场"。

以大通道加快要素汇聚，力促渝长厦高铁、长浏城际启动建设，全力推进金阳大道三期建设，确保蒙华铁路浏阳段全面竣工，加快构筑区域性交通枢纽城市，实现"要素汇浏"和"浏品出境"快进快出；抢抓湘赣合作发展、黄花机场T3航站楼建设机遇，着力打造湘赣开放合作试验区和金阳新城，放大"融入长株潭、辐射湘赣边"开放格局，推动浏阳参与长江经济带、"一带一路"战略分工。

突出资本互助。按照"政府引导、企业主体、市场运作"的原则，积极搭建多元化资本互助平台，努力在全国县域率先走出一条破解企业"融资高山"问题的"浏阳路径"。创新推广企业互助协会等做法，引导和鼓励企业将资金注入"资金池"，放大杠杆效应和倍增效应，打造"资金共注、利益共享、风险共担"金融互助新模式。在市级和园区分别成立产业发展基金，引导金融资本、社会资本跟投优势产业和骨干企业，为产业发展提供强大资本支撑。做活国有担保公司，对信用好、潜力大的企业推行直接续贷；探索设立"阳光过桥转贷基金"，降低企业融资成本和风险。创新"银企面对面""金企直通车"等载体，拓展金企对接的深度和广度，打通企业融资"最后一公里"。

突出政企联动。紧扣"营商环境优化年"主题，切实转变政府职能，把该管的管好管到位、该放的放开放彻底，真正当好"守夜人"。大力支持民营企业发展，落实上级减税降费政策，紧扣企业所急所盼研究出台惠企利企措施，切实为企业减负松绑、助力加油。按照构建亲清新型政商关系要求，以"千人帮千企"活动为载体，认真落实市级领导联企业、联项目、联产业链责任制，健全企业问题收集、调度、交办、反馈常态化工作机制，做到高位协调、专人负责、限期办结。充分发挥企业和企业家的主观能动性，强化行业自律，合力建立公平化、法治化、便利化的营商环境。引导企业发挥平台、资源、人脉优势，为招商引资、项目建设助攻出力。

（三）聚焦城乡融合，扎实推进乡村振兴

强化城镇带动。实施以城市总体规划、土地利用规划、产业发展规划、生态环境保护规划为重点的"多规合一"，提升规划的科学性、衔接性、约束性。提质升级浏阳主城，高起点规划建设高铁新城，实施天马山隧道扩孔改造工程，加快长兴湖、水佳、道吾等重点片区建设，精心打造浏阳河城区段"一河两岸"；坚持"房子是用来住的，不是用来炒的"基本定位，促进房地产市场平稳健康发展；围绕打造"公交优先型""儿童友好型""老年舒适型"城市目标，加快公交发展，规划建设一批综合性公园。科学谋划建设金阳新城，布局一批金融商贸、公共服务、优质住宅等项目，致力打造承载省会功能疏解和湘赣要素汇聚的高端平台。坚持错位化、特色化、品质化发展方向，做精做强大瑶、永安、镇头、沿溪、大围山、文家市、社港、沙市等特色小城镇，构建联结城市、辐射乡村的现代城镇体系。

改善人居环境。深入开展"农村人居环境整治三年行动"，落实政策措施和工作机制，重点做好垃圾污水处理、厕所革命、村容村貌提升，确保治厕、治垃圾、治水、治房、治风见到更大成效。深入开展"五治创五星"等活动，充分发挥群众主体作用，营造共建共享美丽家园的浓厚氛围。进一步创新城乡管理，推动乡村环境专职管护队伍全覆盖，提升精细化、专业化、常态化、智慧化管理水平。

做强现代农业。抢抓智慧农业4.0试点机遇，优化农资、农技、农贷资源配置，构建农业农村智慧产业体系。深化农业供给侧结构性改革，实施"质量兴农""品牌强农""融合促农""科技优农"行动，发挥农民合作社、家庭农场等新型农业经营主体作用，进一步打响"大围山梨""黑山羊""浏阳蒸菜"等特色品牌，发展壮大油茶、花木、烤烟、水果、蔬菜等优势产业。加快构建水利安全网，扎实做好椒花水利枢纽工程建设前期工作，力争下半年动工。因村施策壮大新型村级集体经济，积极探索土地合作、资源开发、物业经营、乡村服务等"四型"模式，确保全年消除90个集体经济薄弱村，力争各乡镇（街道）每年打造1个以上典型示范村（社区）。

繁荣全域旅游。坚持"旅游强市"战略不动摇，围绕创建"国家全域旅游示范区"目标，优化"以城区为枢纽，以浏阳河为主轴，以大围山绿色旅游板块和'胡耀邦故里—秋收起义纪念园'红色旅游板块为双翼"的大旅游格局，确保创建国家5A级景区取得突破性进展。统筹旅游规划布局、项目铺排、路线打造、营销推介，启动东南旅游干线建设，推动红色旅游与绿色旅游串珠成链、交相辉映，打造"半小时精品旅游圈"。创新"旅游+"模式，发掘浏阳花炮、蒸菜、夏布、菊花石等文化元素，做好旅游与浏阳名河、名歌、名人、名产的结合文章，充分彰显"一河诗画、满城烟花"的城市魅力。

（四）聚焦效能提升，扎实推进深化改革

围绕提升服务效能抓改革。以自我革命精神深化“放管服”改革，推动“最多跑一次”改革走深走实。在层级上拓展，将更多审批服务事项下放到基层，全面推动政务服务进社区、进商区、进厂区，深化“马上办、就近办、网上办、帮代办、一次办”，实现“最多跑一次”市乡村三级全覆盖；在数据上打通，推动跨部门、跨地区数据互联共享，实现70%以上的政务服务事项“一网通办”、高频事项“全程网办”；在机构上延伸，实行中介机构服务清单式管理，确保“清单之外无中介”。深化商事制度改革，全面推开“证照分离”改革，推动“照后减证”。以新一轮机构改革为契机，全面优化机构职能，大力提升服务效率。

围绕提升管理效能促改革。稳步推进经开区托管高新区统筹管理体制改革，把“五统一分”落到实处，形成“1+1＞2”的叠加效应。赋予园区更多发展自主权，支持园区创新推出降低行政、土地、物流、人力成本的政策措施，致力打造全国“低成本园区”示范区。认真总结大瑶、镇头扩权强镇改革经验，创新推进永安经济发达镇行政管理体制改革试点工作。按照“细化量化、考准考活”原则，进一步优化绩效考核指标，建立“无谓事项”清单，提升考核科学性和实效性。抢抓中央继续深化农村土地制度改革的重大机遇，在总结经验、巩固成果的基础上，持续推进“五大行动”，积极探索城乡合作建房新路径，最大限度释放改革红利。

（五）聚焦人民向往，扎实推进民生改善

彰显民生温度。围绕打造全省先进、全国知名的现代教育强市目标，进一步改善办学条件、优化资源配置、建强师资队伍，着力破解“城镇挤、乡村弱”问题，努力办好人民满意的教育。加快建设“健康浏阳”，完成市人民医院整体搬迁工程建设，拓展就医“一卡通”应用，打造市乡村分级诊疗、上下联动的公共卫生服务体系。切实加大棚户区、城中村改造力度，抓好“一圈两场三道”建设，让人民群众生活更舒心。围绕“630攻坚”，建设一批重点电力项目。注重以创业带动就业，把稳就业落到实处。深入实施全民参保计划，不断完善社会保障体系。以志在必得、奋勇必争的精神全力创建全国文明城市，同步推进国家卫生城市创建工作，抓实新时代文明实践中心建设，形成全民共建共享、全城向上向善的生动局面。

坚守安全底线。着力构建大安全、大应急工作格局，盯紧抓牢花炮、矿山、危化、交通、消防、建筑等行业领域的安全监管，力争生产安全事故起数、死亡人数同比均下降50%以上，坚决杜绝较大及以上事故发生。以创建“国家食品安全示范城市”为抓手，保障群众“舌尖上的安全”。深入实施农村饮水安全巩固提升工程，确保群众喝上“放心水”。围绕争创“省十大平安县市区”目标，健全社会治安防控体系，抓实“一村一辅警”工作，建好、用好、管好驻村辅警队伍；铁腕推进扫黑除恶专项斗争，与打击黄赌毒、盗抢骗、“拍蝇”等结合起来，全面提升人民群众的安全感和满意度。

创新社会治理。坚持自治、法治、德治相结合，建立维护社会稳定长效机制，致力打造“枫桥经验”的浏阳样板。注重让法治根植人心，全面推进依法治市，确保各项工作始终在法治轨道上规范运行；创新普法方式，提升普法实效，加快打造法治浏阳。注重用德治滋润人心，以“你文明的样子，真美”等活动为载体，广泛开展身边好人、大爱村镇、最美人物等典型选树活动，打造大爱之城、志愿之城、好人之城。注重以自治凝聚人心，全面开展“把话筒交给群众”活动，做到问需于民、问计于民、问效于民。认真落实“三联三保”制度，深入开展民情大走访活动，切实把问题化解在萌芽、解决在基层。

四、夺取新胜利，我们以党建引领全局

做好2019年工作，关键在党，关键在人。要以新时代党的建设总要求为根本遵循，纵深推进全面从严治党，为全面建设现代化浏阳、推动高质量发展提供坚强政治保证。

（一）强化讲政治的自觉，提升引领新跨越的领导能力

始终突出政治建设。深学深悟习近平新时代中国特色社会主义思想和党的十九大精神，增强“四个意识”，坚定“四个自信”，始终在政治立场、政治方向、政治原则、政治道路上同以习近平同志为核心的党中央保持高度一致。扎实推进“不忘初心、牢记使命”主题教育，深入开展“为什么入党、入党做什么”大讨论，强化党员身份意识、宗旨意识、实干意识。抓牢意识形态工作。推动宣传思想工作全面强起来，担负好举旗帜、聚民心、育新人、兴文化、展形象的使命任务。实施意识形态管理网格点长制、片长制，实现管理责任全覆盖。抓实融媒体中心建设，争创全国示范。牢牢把握正确舆论导向，讲好“浏阳故事”，唱响“浏阳声音”，让主旋律更高昂、正能量更充沛。强化党的全面领导。坚持党对一切工作的领导，支持人大、政府、政协、纪委监委、法院、检察院行权履职，强化党管武装工作，充分发挥市委把方向、管大局、保落实的作用。围绕“强三性、去四化”，深化工青妇等群团组织改革，提升感召力影响力。提高新形势下民族宗教工作水平，巩固和壮大爱国统一战线，画好最大最美同心圆。

（二）弘扬敢担当的精神，锻造推动新跨越的“浏阳铁军”

树好用人风向标。坚持德才兼备、以德为先，突出政治标准和专业能力，严把政治关、品行关、作风关、廉洁关，切实把“好干部”选出来用起来。健全察人识人机制，常态化开展领导班子建设专题调研，多渠道、多层次考察识别干部。坚持事业为上、以事择人，探索建立综合比选机制，选拔一批敢于负责、勇于担当、善于作为、业绩突出的奋斗者，树牢以实绩论英雄的用人导向。锤炼干事真本领。针对干部本领恐慌、经验盲区、能力弱项，开展精准培训，提升适应新形势新任务的能力和本领。坚持实事求是、因地制宜，鼓励干部创造性贯彻落实各项决策部署。落实“担当作为浏十条”，精准科学执纪问责，改进规范督查工作，健全关心激励机制和容错纠错机制，让广大干部卸下包袱、放开手脚。实施优秀年轻干部“上挂下派”制度，选派一批年轻干部到重点单位和吃劲岗位锤炼品质、增长才干。打造人才新高地。围绕打造区域性人才高地目标，深入实施“专业英才千人计划”，重点引进机关事业单位、园区、企业紧缺急需人才，全面落实人才服务政策，确

保引得进、留得住、干得好。重点做好产业发展、文化建设、生态保护、基层治理等领域所需人才的培养和开发工作，为现代化建设提供强大智力支撑。

（三）树立重基层的导向，筑牢支撑新跨越的组织根基

提升组织力。将2019年明确为“党支部建设年”，创新党支部设置和活动形式，坚持“抓两头、带中间”，创建一批示范性“五化”党支部，从严从实整顿软弱涣散党组织。严格落实“三会一课”、主题党日等制度，着力增强党内政治生活的政治性、时代性、原则性、战斗性。强化引领力。继续深入推进“1228”党建工程和“三保”工作体系，创新党员教育管理方式，充分发挥基层党组织战斗堡垒作用和党员先锋模范作用。坚持“全区域统筹、多方面联动、各领域融合”，推进街道体制改革，深化“一张网”管理模式，构建城市基层党建新格局。注重以基层党建引领基层治理，创建一批“零上访、零事故、零发案”村（社区）。增强保障力。坚持关心基层、重视基层、倾斜基层，健全村级运转经费动态增长机制，稳步提高基层干部待遇。实施村级带头人素质提升工程，探索建立在推进三大攻坚战、乡村振兴等重点工作中表现突出的村（社区）主职选拔进乡镇（街道）领导班子、进事业编制的“绿色通道”，让基层干部工作有奔头、干事有劲头。

（四）彰显正风纪的威力，涵养保障新跨越的政治生态

把“两个责任”压得更实。突出抓“关键少数”，切实把党风廉政建设主体责任传导到位、压实到位。统筹联动纪律监督、监察监督、巡察监督、派驻监督，发挥整体效应，管好关键人、管到关键处、管住关键事、管在关键时。深化政治巡察，扎实做好巡察“后半篇文章”，确保一届任期内实现巡察全覆盖。把正风肃纪进行到底。强化党章党规党纪教育，深入开展“廉政文化周”建设，打造“廉洁浏阳”品牌。把整治形式主义、官僚主义作为一项重要政治任务，重点整治不担当、不作为、慢作为、乱作为、假作为和表态多调门高、行动少落实差等突出问题。保持惩治腐败的高压态势，持续遏增量、减存量，一体推进不敢腐、不能腐、不想腐，努力营造山清水秀的政治生态。把砥砺品格引向深入。面对新时代改革发展大潮，奋斗最幸福，奉献最崇高。广大党员干部特别是领导干部要坚守“志坚人致远、有心人常新、艺高人胆大、无私人无畏”的从政品格，秉持“简单生活、朴素态度、廉洁美誉”的从政情操，以身作则，当好表率。要永葆奋斗者的本色，不畏艰险、充满智慧、勇立潮头，以“逢山开路、遇水搭桥”的奋斗豪情和“功成不必在我、建功必须有我”的责任担当，答好全面建设现代化浏阳的“时代考卷”。

同志们，新时代的前景无限，奋斗者的姿态最美！让我们高举习近平新时代中国特色社会主义思想伟大旗帜，不忘初心、牢记使命，开拓进取、担当作为，为推动高质量发展、全面建设现代化浏阳作出新的更大贡献！

政府工作报告
——在浏阳市第十七届人民代表大会第四次会议上

市人民政府市长　吴新伟

（2019年1月16日）

各位代表：

现在，我代表市人民政府向大会报告工作，请予审议，并请各位政协委员和列席人员提出意见。

2018年工作回顾

过去一年，我们全面贯彻落实习近平新时代中国特色社会主义思想和党的十九大精神，在省委省政府、长沙市委市政府和浏阳市委的坚强领导下，在市人大的法律监督、工作监督和市政协的民主监督下，紧紧围绕全面建设现代化浏阳的奋斗目标，锐意开拓创新，奋力担当作为，较好地完成了市十七届人大三次会议确定的目标任务。全市地区生产总值增长10%（预计数，下同），完成一般公共预算收入113.3亿元，增长13.1%；规模工业增加值、固定资产投资、社会消费品零售总额分别增长10%、15.5%、12.5%，城乡居民人均可支配收入增长8.5%，各项主要经济指标增速稳居长沙区（县、市）前列。县域经济与县域综合发展全国百强排名跃居第13位；入选“福布斯2018中国大陆最佳商业城市榜”，成为中西部地区唯一入榜的县级城市。

——“三大攻坚战”有力推进。聚力打好防范化解重大风险攻坚战，积极推进平台公司“撤并转”，偿还存量债务95.7亿元。全力打好精准脱贫攻坚战，实现脱贫3513户11561人，贫困发生率下降至0.4%，对口帮扶邵阳县、龙山县茅坪乡取得新成效。纵深推进污染防治攻坚战，顺利通过中央生态环保督察“回头看”和省级环保督察，县级以上饮用水水源地水质100%稳定达标，全年空气质量优良率达94.2%。

——十件民生实事全面兑现。在全省率先实现公立医院就医“一卡通”和农村地区“旱厕清零”，5个24小时自助图书馆建成开馆，实现主城区管网建成区污水直排口全截污，中心城区公交站点500米覆盖率达80%，完成7个社区提质提档，新改扩建标准化村级卫生室、学校医务室133个，“一元民生”保险全面覆盖，新改建农贸市场4个、食品安全快检室12个，完成西湖山游道改造一期工程。

——重点项目建设取得突破。全年引进项目212个，总投资869.4亿元，其中过50亿元项目4个。建成蓝思消费电子产品防护视窗组件、日写DITO触控传感器、盐津铺子烘焙产品智能生产基地等产业项目，完成人民医院和图书馆主体工程建设，椒花水利枢纽工程前期工作进展顺利，渝长厦高铁选址工作取得重大突破。浏阳蝉联长沙市重大项目观摩县（市、区）组第1名。

一年来，我们致力转型升级、做强产业，走上了结构优化、提质增效的发展新路。工业经济发展质优劲足，经开区、高新区、两型产业园规模工业增加值分别增长15%、12.5%、8.2%，两型产业园获批“湖南省中小微企业创业创新基地”；工业新兴及优势产业链加速壮大，启动建设群显科技显示模组、天玥碳化硅、豪恩声学、华域视觉等重大战略性新兴产业项目，显示功能器件、生物医药、智能装备、烟花爆竹、家居等15条产业链总产值增长22%，高新技术产业总产值增长24.5%，获评“中国楼梯之乡”；扎实开展“千人帮千企”、重企帮扶活动，解决企业各类问题708个，争取兑现各项惠企政策资金4.8亿元。农业产业稳步发展，实现总产值161.9亿元，油茶、蔬菜、烤烟、小水果、中蜂、黑山羊、花卉苗木等特色产业扩面提质，“大围山梨”获批国家农产品地理标志示范样板，“浏阳黑山羊”获批国家农产品地理标志；完成大栗坪、宏源水闸除险加固和金鸡水库扩建主体工程，建设高标准农田12.2万亩，建成全国南方水稻“双新”展示基地。第三产业发展势头强劲，成功举办胡耀邦同志塑像揭幕活动、中国（浏阳）国际烟花爆竹交易会和大围山杜鹃花节，胡耀邦同志纪念馆获评“国家二级博物馆”，县域旅游经济增长质量位居全省第二；精心举办第十一届商务节，电商产业园顺利开园，房地产销售面积达178.7万平方米，平安财险、中国人寿等总部经济项目成功入驻；“浏阳夏布”获批中国地理标志商标，浏阳河文化产业园获评“湖南省众创空间”。

一年来，我们致力深化改革、开拓创新，形成了活力迸发、动力强劲的良好态势。深入推进41大项、60小项改革，“无改革、不浏阳”品牌更加响亮。“最多跑一次”改革持续深化，政府和社会投资项目从立项（备案）到施工许可分别缩减至30个和25个工作日，企业开办时间缩减至3个工作日，探索实施产业项目“先建后验”管理模式，获评全省深化“放管服”改革真抓实干、成效明显县（市）。统筹推进农村土地制度改革三项试点，创新实施“五大行动”，盘活土地资源9300余亩，获国务院建设用地计划指标奖励1000亩。整合涉农资金4650万元，31个试点村改革成效不断提升。农房抵押改革发放贷款达19.7亿元，农村集体产权制度、集体林权制度、供销合作社等改革经验在全国推介。创新出台《浏阳市促进社会投资十条》，社会投资增长25.5%。实施“专业英才千人计划”，引进机关事业单位人才892名。在全省率先成立由3名院士和9名专家担纲的科技创新专家咨询委员会，成功获批创建全国首批创新型县(市)。

一年来，我们致力城乡融合、乡村振兴，展现了宜居宜业、富有魅力的城乡风貌。蒙华铁路浏阳段隧道全面打通，文家市至官渡公路一期、大瑶绕镇公路、黄花洞至社港公路完成交工验收，金阳大道三期有序推进，牛泸、普跃、G319高新区段等公路完成改造。道吾、长兴湖等片区加快开发，秋收路、白沙路、菊花石路等9条城市道路全面拉通，西北环线跨线桥主体竣工，浏阳河大桥完成拓宽改造。建成停车场7个，新增停车位3155个，新建人行道18.4公里、自行车道24.1公里、文化步道3.4公里，建成城市广场和“一河两岸”亮化工程一期。新建续建12家污水处理厂，新扩建枨冲渡口等5个输变电工程，建成天然气东区储备站一期和渭川河排洪工程。实施乡村振兴战略，创新“三会”工作体系，发展“四型”村级集体经济，推进“五治”工作，消除集体经济薄弱村97个，造绿2.8万亩，拆除“空心房”1.3万宗，完成浏阳河500米至1000米范围内畜禽规模养殖退出，生活垃圾分类减量行政村比例达50%。持续深化文明城市创建，在全省文明指数测评中排名第一，涌现出沙市秧田村、北盛亚洲湖村、镇头跃龙村等精神文明建设先进典型，澄潭江、金刚、中和打造的“好人馆”“乡贤馆”“家风家训馆”成为精神文明建设新阵地，市民之家获评湖南省“文明窗口单位”。特色小城镇建设亮点纷呈，永安、大瑶、洞阳获评长沙“十强乡镇”，高坪获评长沙“十快乡镇”，北盛、澄潭江成功创建“湖南省卫生镇”，文家市、小河分别获评“中国历史文化名镇”“中国绿色名镇”。

一年来，我们致力改善民生、造福百姓，构建了共建共享、安定祥和的生动局面。全年民生领域投入95亿元，占一般公共预算支出的76.3%。新增城镇就业1.6万人、农村劳动力转移就业8250人。改造棚户区2242户、农村危房2621户。建成道吾等学校5所、公办幼儿园6所，创建省标准化学校70所，新增学位10875个，全面消除超大班额，引进民办学校4所，高考质量评价蝉联长望浏宁四县(市、区)“十一连冠”，成功创建“全国中小学责任督学挂牌督导创新县”。建设医联体44个，成立家庭医生签约服务管理中心37个，完成市精神病医院住院大楼建设和葛家卫生院整体搬迁，获评“全国基层中医药工作先进县市”“全省人口和计划生育工作优秀单位”。在全省率先成立县级融媒体中心，建成新老年大学、工人文化宫和20个示范性村(社区)综合文化服务中心，开展“党的十九大光辉照乡村”文艺巡演，成功举办第五届欧阳予倩艺术节和第三届全民健身运动会，沿溪获评“全国扫黄打非进基层示范点”，古港中澳蓝鹰国防主题公园获评“湖南省全民国防教育基地”。强制隔离戒毒所建成投用，获评“湖南省禁毒工作先进县市区”。严管花炮、交通、消防、建筑、食品药品等领域安全生产，全年事故起数、死亡人数分别下降33.3%和45.5%，获评“全省安全生产工作优秀单位”。深入推进扫黑除恶专项斗争、“集打斗争”，创新推行“三联三保”，大力开展民情大走访活动，实现特护期进京非访“零登记”，获评“全省综治工作先进县市区”。

一年来，我们致力自身建设、从严治政，浓厚了务实高效、风清气正的干事氛围。自觉接受市人大的法律监督、工作监督和市政协的民主监督，办理人大议案1件、人大代表建议438件，满意率78.1%，基本满意率19.4%，其中满意率比2017年提高5.1个百分点；办理政协提案173件，综合满意率99.4%。依法治市扎实推进，获评“全国法治县(市、区)创建活动先进单位”。成立数据资源局，推动数据资源共享。积极回应群众关切，全年受理各类审批服务事项90.3万件，帮代办群众、企业事项20.1万件，办理市长信箱、12345反映事项1.6万件。大力推进廉洁政府建设，规范权力运行，查处各类腐败和作风问题215起，政府系统党风廉政建设和作风建设得到进一步加强。

围绕经济社会发展大局，人民武装、司法、审计、统计、市志档案、新闻出版、人防、外事、对台侨务、民族宗教等工作迈上新台阶，武警、消防、烟草、气象、移民、森林公安、水文、盐务、邮政、供水、电信、移动、联通、石化、检验检疫、海事、海关等单位取得新进步，工会、共青团、妇联、残联、工商联、文联、科协、红十字会、关工委、老龄委等群团组织及其他社会团体作出新贡献。

在看到成绩的同时，我们也清醒地认识到，发展过程中还存在不少问题和短板：花炮产业转型升级任务艰巨，现代服务业发展不足，产业链条有待完善，新旧动能转换仍需加快；实体经济特别是中小微企业发展困难较多；城乡发展不平衡，乡村振兴任重道远；债务化解、环境保护、安全生产等工作仍需加大力度；文化教育、医疗卫生等方面与老百姓的期盼还存在差距；少数干部服务发展意识不强，行政效能有待进一步提升。对此，我们将高度重视，采取有力措施，切实加以解决。

2019年政府工作的总体目标和主要措施

2019年是新中国成立70周年，是全面建成小康社会关键之年，是改革发展任务更为艰巨繁重的一年。当前，全球经济复苏向好与风险积聚并存，宏观发展环境复杂多变，但我国经济稳中向好的发展态势没有改变，支撑经济社会发展的积极因素在不断增强。我们既要直面挑战、迎难而上，更要抢抓机遇、实干奋进，努力推动浏阳经济社会向更高层次、更高质量迈进。奋进新时代，我们面临机遇叠加的重大利好。以智能制造为核心的新一轮科技革命和产业变革浪潮奔腾而至，“一带一路”、长江经济带、乡村振兴等重大战略加快推进，国家、省、长沙市一系列扩大投资、刺激消费、惠及企业的重大措施加快出台落地，为浏阳高质量发展带来前所未有的政策机遇、项目机遇。奋进新时代，我们拥有强劲充沛的发展动能。随着天玥碳化硅、豪恩声学、华域视觉等一批重大产业项目加快建设，工业新兴及优势产业链不断壮大；随着渝长厦高铁、长浏城际、金阳大道等重大交通项目加速推动，区位优势、后发优势日益彰显；随着“放管服”改革、农村综合改革等纵深推进,创新活力、发展动力全面迸发,必将为浏阳高质量发展插上腾飞的翅膀。奋进新时代,我们充满斗志昂扬的干事激情。在市委的坚强领导下,全市上下大干快上、跨越赶超的势头十分强劲,广大干群的思想观念进一步转变,发展意识进一步提高,为浏阳高质量发展提供了有力保障。奋进新时代,阔步新征程,我们将深入贯彻新思想新理念,筑牢实干者的信念,保持奋进者的姿态,发扬搏击者的锐气,振奋精神,真抓实干,奋力谱写浏阳高质量发展的崭新篇章。

2019年政府工作的指导思想是:以习近平新时代中国特色社会主义思想为指导,全面贯彻落实党的十九大和十九届二中、三中全会精神,以及中央、省委、长沙市委经济工作会议、浏阳市委全会精神,坚持稳中求进工作总基调,坚持新发展理念,坚持推动高质量发展,坚持以供给侧结构性改革为主线,坚持深化市场化改革、扩大高水平开放,坚持创新引领开放崛起,紧紧围绕全面建设现代化浏阳的奋斗目标,牢牢把握“在区域谋发展、在全国争地位、在全球引资源”基本定位,全面落实“六稳”要求,继续打好“三大攻坚战”,继续开展“产业项目建设年”活动,统筹推进稳增长、促改革、调结构、惠民生、防风险工作,对标高质量,聚力新跨越,加快打造强盛浏阳、活力浏阳、生态浏阳、幸福浏阳,以优异成绩庆祝中华人民共和国成立70周年。

2019年,全市经济社会发展预期目标是:地区生产总值增长8%;一般公共预算收入增长8%以上;地方一般公共预算收入增长8%以上;研究与试验发展经费支出占地区生产总值比重2%以上;固定资产投资增长12%;社会消费品零售总额增长11%;规模工业增加值增长8%;单位地区生产总值能耗下降2%以上;城乡居民人均可支配收入增长8%以上;城镇登记失业率控制在4%以内。

为实现上述目标任务,我们将重点抓好八个方面的工作:

一、着力夯实发展根基,打好打赢“三大攻坚战”

坚持问题导向、目标导向,聚力打好“三大攻坚战”,补齐高质量发展短板,不断提高浏阳全面建成小康社会的含金量。

狠抓重点领域,防范化解重大风险。按照“坚定、可控、有序、适度”要求,坚守债务总量不新增、借新还息不发生、“三保”资金不断链的底线,完成债务化解年度任务。严禁变相举债,强化预算刚性约束,坚决遏制新增隐性债务。积极引导推动镇村存量债务化解,确保债务科学压减、风险可控。全面完成融资平台“撤并转”,健全现代企业制度,以注入资产资源、许可特许经营等方式,增强国有企业、融资平台的“造血”功能。保持打击非法集资高压态势,确保全市银行不良贷款率下降至1.5%以下,筑牢金融风险“防火墙”。

加大扶贫力度,巩固脱贫攻坚成果。坚持以精准度为标准、以廉洁度为底线、以满意度为追求、以可持续为方向,注重扶贫与扶志、扶智相结合,全面完成省下达的减贫任务。发挥张坊“旅游+扶贫”、蕉溪“绿然养蜂”等产业扶贫示范作用,因地制宜发展特色种养、农产品加工、乡村旅游等产业,确保贫困户稳定脱贫、高质量脱贫。关心关爱“边缘户”“特殊群体”,不断提升社会满意度。鼓励社会力量参与扶贫开发,打造就业“扶贫车间”30个以上。深化扶贫领域作风建设,严格项目资金管理,把扶贫资金用在“刀刃”上、晒在阳光下。

严守红线底线,铁腕保护生态环境。以“共抓长江大保护”合作试点为契机,打好“蓝天碧水净土保卫战”,严格落实“六控”“十个严禁”,确保空气质量持续领跑长沙;坚持把浏阳河治理和保护作为“一号工程”,全面落实“河长制”,稳步推进捞刀河1000米范围内畜禽规模养殖退出,确保全市河流水质逐步达到Ⅲ类以上、2019年6月30日前浏阳河出境断面水质达到II类以上;持续推进七宝山矿区重金属污染综合防治工程,确保宝山河入浏阳河断面和铁山桥市控断面重金属含量稳定达标;严厉打击环境违法行为,加强城乡固废垃圾处理、采石采矿、洗砂制砂等环境问题整治,坚决守护好绿水青山和蓝天白云。

二、着力做强实体经济,持续提升发展质效

深耕“产业项目建设年”,在强实体、兴产业、增效益上聚力发力,不断催生大企业、培育大产业、推动大发展。

以大力度建设优势产业链。全力做好建链、强链、延链、补链工作,培育壮大15条工业新兴及优势产业链。全面拓展以蓝思科技为龙头的显示功能器件产业链,不断延伸碳基材料产业链,力促群显科技显示模组、天玥碳化硅、豪恩声学等项目建成投产,打造全国一流的“中部芯谷”。发挥生物医药、医疗器械产业链的集聚优势,助推威尔曼、华纳大等企业创新发展,打造生物医药产业高地。做优烟花爆竹和花炮机械及原辅材料产业链,推动花炮产业向机械化、自动化、信息化、标准化升级,精心办好第十四届中国(浏阳)国际花炮文化节,建设全球创意烟花设计基地,着力打造花炮产业全球总部基地、智造基地和文化创意中心。深耕绿色食品、智能装备、再制造、母婴用品、家居、先进复合材料、新能源汽车、汽车及零配件、环境治理技术及应用等产业链,推动产业链向上下游延伸、向高端化攀升。

以大服务推动园区再升级。坚持政策向园区倾斜、项目向园区集中、产业向园区集聚,持续推进“赋权强园”,深入实施经开区托管高新区管理模式,全力支持经开区打造现代化产业新城、高新区创建国家高新技术产业化示范基地、两型产业园建设全国一流的绿色食品产业基地。支持园区创新推出降低行政、土地、人力成本的政策措施,致力打造全国“低成本园区”示范区。实施“专精特新”中小企业培育工程,加快成立产业发展基金,加强中小企业公共服务平台建设,分类指导重点企业上市发展。紧扣“营商环境优化年”主题,继续抓好“千人帮千企”、重企帮扶工作,全面落实中央更大规模的减税降费政策,建设更加高效便捷的营商环境。

以大招商汇聚发展新动能。以产业招商总体规划和招商指南为指导,探索招商引资新模式,瞄准技术尖端和产业高端,重点紧盯“500强”、央企国企、行业龙头,开展产业链招商;加强与行业协会互动,精心策划和参加各类招商活动,扎实做好“引老乡、回故乡、建家乡”工作,着力引进一批核心竞争力强、产业带动作用突出的大项目、好项目。确保全年新引进项目200个以上,力争引进“500

强”企业3家以上,投资过50亿元项目4个以上,投资过10亿元项目10个以上,五星级酒店1家以上。

三、着力做好三农文章,加快推动乡村振兴

大力实施乡村振兴战略,加快推动农业全面升级、农村全面进步、农民全面发展,努力建设产业兴旺、生态宜居、乡风文明、治理有效、生活富裕的现代化乡村。

推动特色产业升级发展。坚持质量兴农、绿色兴农、科技兴农,抢抓智慧农业4.0试点机遇,整合对接优质农业生产要素,探索构建农业农村智慧产业体系。巩固提升水稻、蔬菜、烤烟、小水果、中蜂、黑山羊等特色产业,培育一批规模大、带动能力强的现代农业基地,全力打造全省、全国知名特色农业品牌;打通一二三产业链条,加快推动油茶、花卉苗木特色产业综合产值向50亿元迈进。培育创意农业、体验农业、定制农业,引入市场主体开发“浏阳十大特色小吃”,培育乡村新的经济增长点。

推动乡村环境不断改善。启动椒花水利枢纽工程,实施农村自来水普及工程17处;新扩建淳口500千伏、丛塘220千伏和道吾、达浒、金刚、镇头110千伏输变电工程,启动永和220千伏输变电工程;建设高标准农田10万亩。深入开展“农村人居环境整治三年行动”,改造无害化卫生厕所6000座,健全小型污水处理设施和污水处理系统,深入开展“一户多宅”“空心房”和大棚房等清理整治;建成农村生活垃圾分类减量资源化利用中心,建设垃圾分类减量村90个;培育文明乡风,推进殡葬改革,遏制大操大办等陈规陋习,让清风正气充盈每一个乡村和家庭。

推动农民收入持续增长。发展多种形式适度规模经营,重点培育龙头企业、农民合作社、家庭农场,大力培养现代农技人才和新型职业农民,力争新增新型农业经营主体500家以上。深入推进农村土地制度、涉农资金整合、农村集体产权制度、林地“三权”分置、供销合作社等改革,激活农村资产资源,增加农民财产性收入。大力发展土地合作、资源开发、物业经营、乡村服务型村级集体经济,全面消除集体经济薄弱村。鼓励农民就近创办农业企业,支持农民采取合作、参股等方式发展产业经营项目,拓宽农民就业空间和增收渠道。

四、着力深耕特色资源,繁荣壮大第三产业

坚持以扩总量、优结构、拓领域为重点,在深耕资源上做文章,在集聚企业上求拓展,最大限度撬动第三产业繁荣兴盛。

擦亮全域旅游品牌。坚持“旅游强市”战略,围绕创建“国家全域旅游示范区”目标,优化“以城区为枢纽,以浏阳河为主轴,以大围山生态旅游板块和‘胡耀邦故里—秋收起义纪念园’红色旅游板块为双翼”的大旅游格局,确保创建国家5A级景区取得突破性进展。启动东南旅游干线建设,促进绿色生态游与红色文化游融合发展。引导企业开发建设龙伏石柱峰、社港周洛、普迹夹洲岛等景区景点,打造更多精品线路、精品景区。精心举办“春赏花、夏漂流、秋品果、冬滑雪”旅游节会,放大周末焰火燃放品牌效应,充分彰显“一河诗画、满城烟花”的独特魅力。

加快商贸服务业发展。继续优化主城区商圈布局,不断壮大金阳新城商圈,培育一批小升规、个转企服务业企业。大力发展总部经济,引导优质企业来浏设立总部、区域总部,形成总部集聚效应。精心举办城市商务节、购物节、汽车展等商贸节会,提升现代服务业规模、能级和水平。致力稳地价、稳房价、稳预期,促进房地产市场健康发展。依托“浏阳蒸菜”品牌效应,引导浏阳蒸菜向全产业链拓展。以电商产业园为龙头,提升农村电商应用水平,争创“全国电子商务进农村综合示范市”。

打造文化和金融产业高地。大力发展创意烟花、文创蒸菜、花卉艺术、中医文化、浏阳夏布等特色文化产业,激活文化消费新动能。深化“一起来唱浏阳河”品牌建设,打造“一河两岸”文化产业聚集带,努力把“智慧浏阳河”建设成国家级创业孵化示范基地。积极引进银行、证券、保险等金融机构,健全现代金融市场体系;加快发展融资性担保行业,鼓励融资担保机构整合优化;支持本土法人金融机构做优做强,鼓励扶持跨区域发展,努力建设湘赣边区域性金融中心。

五、着力深化改革创新,全面增强动力活力

坚持以改革破难题、以开放激活力、以创新聚要素,不断为高质量发展注入源头活水,再造发展新空间、再创发展新优势。

更深层次推进重点领域改革。完成新一轮机构改革。深化“放管服”改革,全面推动政务服务进社区、进商区、进厂区,实现“最多跑一次”市乡村三级全覆盖;加快数据资源互联共享,实现70%以上的政务服务事项“一网通办”、高频事项“全程网办”。实行中介机构清单式管理,确保“清单之外无中介”。加大财政管理改革力度,推进“零基预算”改革,加快建立现代财政制度。深化商事制度改革,全面推开“证照分离”,大力推进企业登记全程电子化和电子营业执照应用。继续抓好大瑶、镇头扩权强镇改革,创新推进永安经济发达镇行政管理体制改革试点工作,不断激发乡镇发展潜能。

更广领域扩大区域交流合作。依托金阳新城,抢抓黄花机场T3航站楼建设机遇,深度融入长沙东部开放型经济走廊,主动对接发展规划和功能布局,加快与长沙主城、航空城的联动发展;积极参与“一带一路”建设,支持优势企业到柬埔寨、越南、乌干达等国家创办厂区,扩大产品进出口和产能合作;升级湘赣边区域合作交流机制,推进区域间规划相接、产业同兴、设施联建,强化政策对接、功能互补、服务共享,推动争创国家级湘赣开放合作试验区,构建“融入长株潭、辐射湘赣边”高水平开放格局。

更大范围强化创新要素保障。以创建全国首批创新型县(市)为目标,认真执行“浏阳市科技创新1+8政策体系”,加快科技创新与产业需求深度对接,推动创新智慧充分释放、创新力量充分涌流;加强知识产权保护和运用,实现发明专利申请量增长12%,全力推动科研成果就地转化;深入实施“专业英才千人计划”,突出引进高端人才、青年人才和工匠人才,在加强服务保障、支持创新创业、优化激励机制等方面持续发力,让人才支撑、科技引领、创新驱动成为经济社会发展的强大动能。

六、着力提升功能品质,建设精致精美城市

坚持现代化标准、特色化理念,着力提升城市功能,塑造特色风貌,优化管理服务,让城市发展更有温度、更有气质。

力促城镇交通网络再健全。大力推进交通“大动脉”建设，助推蒙华铁路浏阳段建成通车，力促渝长厦高铁、长浏城际启动建设，积极推进金阳大道三期建设，加快实施天马山隧道扩孔改造工程，提质G354上洪至铁树坳路段道路，构建区域性枢纽城市。全力畅通“毛细血管”，新建续建燎原路、海泡石路等城市主次干道，改造危桥5座，打造一批示范路、平安路。倡导绿色出行，优化公交运营线路，新增新能源公交车35台以上，提升公交服务水平，打造“公交优先型”城市。坚持铁腕治超，继续推进非现场执法试点，超限超载率控制在1.5%以下。

力促城镇建设品质再优化。编制《浏阳市城市总体规划(2020-2035)》，启动乡镇新一轮总体规划修编，提高规划的科学性和精细度。加快浏阳主城扩容提质，以“经营城市”理念精心开发长兴、道吾、浦梓港等片区，建成图书馆和西湖山城市市民公园，推进5G网络、物联网等新型基础设施建设，积极创建浏阳河国家湿地公园；统筹“一圈两场三道”建设，打造“15分钟生活圈”7个，新改建停车场9个、农贸市场4个，建设人行道8公里、自行车道9公里，打造浏阳河文化步道。高标准建设金阳新城起步区，健全融长公交体系，布局一批公共服务、优质住宅等项目，致力打造承载省会功能疏解和湘赣要素汇聚的高端平台。支持大瑶、永安、镇头、沿溪、文家市、大围山、社港、沙市等特色小城镇建设，努力打造一批全国知名特色小城镇。

力促城镇管理水平再提升。以创建全国文明城市和国家卫生城市为抓手，实施“设施、素质、秩序”三大提升工程。探索实行智慧停车服务“分路分时”差别化收费管理，运用大数据、人工智能技术提升城市智慧化管理水平；健全网格化管理体系，精细抓好道路清扫保洁、市容秩序维护、市政设施管控，“绣”出城市管理精细化品牌；推动城市管理综合执法向小区、楼宇延伸，构建物业共建、小区共治、幸福共享的新格局；大力培育志愿服务精神，持续开展“淳风美德润浏阳”“爱心涌动浏阳河”“你文明的样子真美”等活动，让文明内化成城市发展的基因。

七、着力改善民生民利，不断增进人民福祉

深入践行以人民为中心的发展思想，把老百姓关心的事情抓实、期盼的事情做好，让改革发展成果更多更好惠及人民群众。

以更加完善的社会保障夯实民生基础。坚持就业优先战略，新增创业主体8000个，新增城镇就业1.4万人，农村劳动力转移就业7200人。深入实施全民参保计划，完善社会保障制度，拓宽社会保障覆盖面。大力开展慈善助学、助医、助孤、助困活动，更加关心留守儿童、妇女和老年人。完善养老服务体系，启动社会福利中心建设，提升社区居家养老服务覆盖面。加快推进保障性安居工程建设，重点抓好淮川、集里、荷花、关口棚户区改造，实施棚户区改造2346户，更好保障住有所居、住有宜居。

以更为优质的公共服务提升民生质量。新建百宜小学、新屋岭小学等学校5所、公办幼儿园6所，创建省级标准化学校40所，改扩建学校26所，消除中小学大班额131个，促进城乡教育优质均衡发展。推进就医“一卡通”共享应用，启动建设中医医院危急重症大楼、集里医院门诊综合大楼，建成柏加、官桥卫生院，完成人民医院整体搬迁工程建设，让老百姓享受更加便捷优质的医疗服务。开展国家文物保护申报工作，力争获批2个以上国家级文保单位。办好庆祝建国70周年、纪念欧阳予倩诞辰130周年等活动，举办龙舟赛、马路赛等品牌赛事，以丰富的文体活动滋养城市内涵精神。

以更高水平的治理能力筑牢民生底线。牢固树立生命至上、安全第一的思想，落实安全生产风险源分级管理、事故易发多发点强化监管、安全监管派驻制度，深化消防、危化、鞭炮烟花、道路交通等重点行业领域的专项整治，确保生产安全事故起数、死亡人数实现“双下降”。严管严控食品药品安全风险，争创国家食品安全示范城市。严格执行“三联三保”制度，深入开展民情大走访活动，把信访工作做到广大群众心坎上。全面加强社会治理创新，积极推进“一村一辅警”和“城市快警”建设，完善立体化社会治安防控体系。持续推进扫黑除恶专项斗争，打好打赢新一轮禁毒人民战争，不断提高人民群众的安全感和满意度。

八、着力加强自身建设，打造人民满意政府

站在新的起点上，发展重任、人民重托对政府提出了更高的要求，我们将牢记使命与责任，不断提升政府治理能力和水平，努力建设人民满意政府。

始终把尽责担当落在实处。坚持把抓落实作为政府工作的生命线，完善目标管理、综合考评、纠错容错等机制，激励干部担当负责、干事创业。政府各级各部门要围绕大局、紧扣中心、对标任务，狠抓工作落实、强化政策执行，确保事事有着落、件件都办成。政府每一位工作人员都要忠于职守，在尽职尽责中体现作为、彰显价值，真正做到无愧于时代、无愧于人民。

始终把依法行政抓在手中。牢固树立宪法意识，坚持依宪施政、依法行政，自觉接受市人大的法律监督、工作监督和市政协的民主监督，高质量办好人大代表建议意见和政协提案。健全重大行政决策程序，落实“三重一大”事项决策机制，加强政府规范性文件管理，推进合法性审查全覆盖。完善并公布权力清单、责任清单、负面清单，全面深化重点领域信息公开，着力加强突发事件、重大疫情等重点事项信息发布，主动接受社会监督和舆论监督，让权力公开透明、阳光运行。

始终把纪律规矩挺在前面。坚持党对一切工作的领导，严守政治纪律和政治规矩，确保政令畅通、令行禁止。坚定不移推进政府系统廉政建设，严格落实中央、省、长沙市作风建设有关规定，不断巩固落实中央八项规定精神成果。驰而不息开展“纠四风”“雁过拔毛”“提篮子”等整治行动，切实强化重点领域和关键岗位廉政风险防控，严厉查处发生在群众身边的腐败问题和破坏营商环境的作风问题，引导教育政府工作人员干干净净为人民做事。

各位代表，实干开新局，奋斗写芳华。让我们高举习近平新时代中国特色社会主义思想伟大旗帜，在市委的坚强领导下，踏着新时代的铿锵鼓点，激荡“奋然为之”的精气神，不忘初心、砥砺前行，为推动高质量发展、全面建设现代化浏阳而努力奋斗！

（张　娟）

专　文

浏阳河飞霞　陈伏明　摄影

浏阳市脱贫攻坚工作纪实

浏阳地处湘东、毗邻江西，面积5007平方千米，人口149万，辖32个乡镇(街道)、323个村(社区)，其中有贫困人口的乡镇(街道)31个、村(社区)307个。全市有省定贫困村33个、建档立卡贫困对象15849户50191人，截至2017年，已脱贫9812户33214人，33个省定贫困村全部出列。2018年，我市坚持以习近平新时代中国特色社会主义思想为指导，深入学习贯彻习近平总书记关于扶贫开发的重要论述，紧扣"脱贫攻坚作风建设年"主题，坚持"以精准度为标准、以廉洁度为底线、以满意度为追求、以可持续为方向"，尽锐出战，扎实工作，取得了阶段性成效。全年投入财政专项扶贫资金6690万元，实现脱贫3513户11561人，贫困发生率由2017年的1.3%下降至0.4%。浏阳就业扶贫案例入选全国人社领域精准扶贫典型案例40强，携手奔小康、扶贫小额信贷等工作在全省推介。

一、拧紧"总开关"，强力推进责任落实

市委、市政府认真贯彻落实中央关于脱贫攻坚的决策部署，提高政治站位，增强政治自觉，始终把打赢打好脱贫攻坚战作为增强"四个意识"、坚定"四个自信"、践行"两个维护"的现实检验和具体体现，作为头等大事和第一民生工程，切实担负起主导、主抓、主推的重大政治责任。

（一）"一盘棋"谋划

坚持高站位谋划、超常规推进脱贫攻坚工作，2018年先后召开10次市委常委会议、4次政府常务会议、3次精准扶贫工作领导小组会议、18次全市性专题会议，就扶贫工作进行研究、部署和调度。制定实施《浏阳市2018年脱贫攻坚工作要点》《浏阳市打赢脱贫攻坚战三年行动工作方案》《2018年专项扶贫工作指导意见》等，切实做好顶层设计，确保了全市"一盘棋"有力有序推进。

（二）"一张状"落实

聚焦"两不愁三保障"，成立15个专项扶贫工作组，由相关市级领导任组长，靠前调度指挥，实行挂图作战、挂帅出征、挂印交办。各专项工作部门认真对照扶贫标准和上级专项扶贫工作要求，对政策进行了全面梳理，做到不降低标准、影响质量，也不调高标准、吊高胃口。市委、市政府与31个乡镇(街道)、乡镇(街道)与307个村(社区)逐级签订脱贫攻坚"责任状"，形成一级抓一级、一级带一级、一级促一级"三级联动"工作格局。各级各部门从坚决兑现"军令状"的高度，一个节点接一个节点抓推进，逐项研究制定落实措施，不折不扣完成目标任务。

（三）"一股劲"攻坚

把脱贫攻坚作为一项系统工程，形成党政引领、全民参与的攻坚格局。强化"领导联乡、部门联村、干部联户"落实机制，扎实开展"三走访三签字"活动，明确"四看四问四关注"("四看"：一看住房是否安全；二看是否有当家产业就业；三看扶贫项目是否有序推进；四看扶贫干部、群众精神面貌是否改观。"四问"：一问扶贫政策是否落实；二问脱贫指标是否达标；三问产业发展是否困难；四问扶贫工作是否满意。"四关注"：重点关注当年脱贫对象、脱贫不稳定对象、信访对象、边缘对象4类群体)遍访贫困对象要求，市委书记、市长带头对全市33个省定贫

困村进行全面深入走访和督查，推动解决具体问题25个，共性问题2个，提出指导性工作要求31条，带动各级干部入村上户走访调查。将脱贫攻坚作为培养干部、锤炼党性的主战场，结合“1228”党建工程，选派645名干部全脱产驻村帮扶，因村因户精准施策，切实为民排忧解困；安排9692名干部与贫困户结成帮扶对子，提出“八个一”（带着一份真挚感情、建立一个贫困档案、制定一份帮扶计划、送上一套扶贫政策、解决一定实际困难、发展一项扶贫产业、讲究一套帮扶方法、实现一个脱贫目标）要求，用心用情用力帮扶。充分发挥“中国社会扶贫网”和“点亮梦想?爱行浏乡”浏阳市社会扶贫公益平台网的作用，鼓励和帮助贫困户发布需求心愿，广泛发动社会爱心人士线上认领心愿，线下奉献爱心，实现社会捐资捐物等4683.69万元，帮助贫困户解决就学、就业、安居等困难4600多件。

（四）“一把剑”压责

用好督查利剑，组织纪检监察部门、扶贫办对扶贫领域腐败和作风问题开展全面深入彻底大排查。采取“四不两直”方式，对全市31个乡镇（街道）进行暗访督查，对发现的问题“点名道姓”通报，做到“见人见事见细节”，督促限期整改到位。将脱贫攻坚落实情况作为市委巡察的重要内容，严查严处扶贫领域存在的腐败问题和作风问题。2018年全市共查处扶贫领域腐败问题和作风问题96件，给予党纪政务处分17人，组织处理74人，移送司法机关1人。

二、打好“组合拳”，精准推进政策落实

始终把政策落实作为脱贫攻坚的重中之重，把保障贫困家庭基本生活作为底线，重点围绕“两不愁三保障”和“五个一批”，积极落实各项惠民政策，着力提升贫困群众的获得感，切实提高脱贫攻坚质量。

（一）切实保障饮水安全

按照巩固成果、稳步提升原则，全面排查贫困户饮水安全隐患，通过规模水厂扩网、新建单村供水工程等措施，做好安全饮水巩固提升工程，2018年投入安全饮水巩固提升资金555万元，全市所有贫困户均有放心、安全的生产和生活用水。

（二）大力发展扶贫产业

按照“四跟四走”要求，做强扶贫产业，增强造血功能，以“永续产业”促进“永续脱贫”。一是因地制宜选产业。深入推进“一村一业、一户一策”，面向社会公开征集参与产业扶贫的公司（合作社），在充分尊重贫困户意愿的前提下，大力推行“公司（合作社）+基地+贫困户”合作模式，全年实施产业扶贫项目207个，带动9959户贫困户发展产业、稳定增收。立足各贫困村产业基础和资源优势，大力扶持和打造一批有市场、有特色、有实效的扶贫产业基地，发展了11836箱蜂蜜、11176亩优质稻、6076亩油茶、5195亩蔬菜、3376亩花木、1580亩荷田套养等扶贫产业，黑斑蛙、竹鼠、黑豚、泥鳅养殖等一批特色产业来势良好。二是政策支持促产业。统筹省市和本级资金，安排产业扶贫专项资金2840万元，严格项目申报、季度督查、年终验收、对外公示等程序，以奖代补精准扶助到户。推动农业、林业、科技、畜牧等部门送技下村入户，实行“个性化”“订单化”服务。选派81名科技特派员联村联企（合作社），实现了贫困村科技特派员全覆盖。三是企业能人带产业。精选202家企业和合作社带动贫困户发展产业，市级统一组织签订三方协议9959份，建立和落实贫困户与经营主体利益联结机制，督促企业和合作社提供种苗发放、技术指导、兜底收购等全程服务。对实施项目全覆盖验收，市产业扶贫专项工作组对验收项目进行随机抽查复核，凭产业收益和群众认账拨付资金。四是广拓市场强产业。建设全省县级首个农业品牌运营中心，连续举办19期“扶贫农产品周末集市”，为贫困户代销农产品。用好“浏通天下”“农人公社”“邮乐购”等电商服务平台，设立92个村级电商服务站，贫困户线上销售农产品总额超过1000万元，有效缓解了农产品销售难问题。五是典型引路兴产业。深入实施“党建+智志双扶”，对自力更生、艰苦创业的贫困户予以大力扶持，评选了30名热心公益的“帮扶之星”和190名勤劳肯干的“奋进之星”，激发了广大贫困户的内生动力。如张坊镇田溪村打造西溪磐石大峡谷景区，带动117户贫困户发展餐饮、民宿、旅游等产业，年增收90万元。

（三）盯紧抓牢就业扶贫

按照“就近就业、稳定增收”的思路，依托浏阳经开区、高新区、两型产业园、文化产业园“四大园区”，打造了“15千米就业圈”。全年举办就业扶贫专场招聘会36场，培训“两后生”和贫困劳动力2258人次，建立就业扶贫基地63个（其中国家级3个），为贫困劳动力提供“量贩式”岗位选择机会。截至2018年年底，全市共有贫困劳动力18771人，其中有就业意愿14674人，已转移就业14562人，转移就业率99.2%。

（四）持续推进易地扶贫搬迁

坚持政府主导、群众自愿原则，通过集中安置和分散安置的方式，因地制宜推进易地扶贫搬迁工程。依法依规办理相关手续，严格按照政策标准做好住房选址、面积控制、基础配套等工作，做到程序规范、资质齐全，切实保证工程建设质量。目前，全市305户1042人搬迁对象已全部入住，其中集中安置贫困户119户413人，分散安置186户629人。积极开展易地搬迁后续帮扶，所有有发展能力和意愿的搬迁对象都纳入产业就业扶贫，以确保搬得出、稳得住、能致富。

（五）全面实施农村危房改造

对全市农村危房进行全面摸排鉴定，做到应改尽改。对建档立卡贫困户中的重点援建对象实行“4+1”补助政策（即：每户住建部门补助4万元，扶贫部门跟进补助1万元），一般援建户每户补助1万~2万元，对贫困残疾人家庭由残联追加补助4000元。全年共实施建档立卡贫困户危房改造444户，全市所有贫困户住房安全问题得到解决。

（六）广泛开展健康扶贫

严格落实“三提高两补贴一减免一兜底”健康扶贫政策，实行贫困户家庭医生签约服务、住院“先诊疗后付费”，贫困人口参加城乡居民医疗保险个人缴费部分全部由财政补贴，参保率达100%。2018年8月1日起全面启动“六重保障”(实行“城乡居民基本医保 + 大病保险 + 扶贫特惠保 + 民政医疗救助 + 医院减免 + 财政兜底” 的结算模式)一站式结算,贫困人口在定点医院住院综合报销比例达到90%左右。成立健康讲师团,积极开展健康促进工作,免费为全市所有贫困户发放“医疗百宝箱”。在全省率先推行就医“一卡通”,实现市域内公立医院就医数据共享、资源互通,有效降低贫困群众就医成本。

(七)深入推进教育扶贫

全面落实教育扶贫政策,将所有贫困学生纳入对应学段进行资助,确保每一个义务教育阶段贫困学生不因贫辍学。建立在职教师与建档立卡贫困学生“一对一”结对帮扶机制,对重度残疾贫困学生定期上门辅导,切实做到学有所教。严格落实“雨露计划”,2018 年投入 297.45 万元,共资助 1983 名贫困学生接受职业教育。全面实施乡村义务教育薄弱学校改造工程,全年投入资金 3000 多万元,完成“改薄”学校 9 所,全面“改薄”工作绩效考核获全省第一名。

(八)扎实做好生态扶贫

全面落实退耕还林、国家和省市生态公益林、天然商品林商业性停伐等生态补助政策,切实改善贫困户的生产生活条件。截至 2018 年年底,全市享受生态补偿政策的贫困户 3218 户 10151 人,总面积 43236 亩,补偿总金额 67.58 万元。以治厕、治垃圾、治房、治水、治风“五治”为重点,全面实施农村人居环境整治,完成改厕 15546 座,在全省率先实现农村地区“旱厕清零”,贫困地区卫生环境明显改观。

(九)落实金融扶贫政策

充分发挥扶贫小额贷款输血强能的撬动作用,2018 年发放扶贫小额信贷 2072 户 7591 万元,累计发放贷款 8066 户 2.36 亿元,贫困户累计获贷率 51%,累计贴息 759 万元,贷款风险补偿金到位 1016 万元。回收贷款 2881 户 9211 万元,累计还款 6009 户 1.6 亿元,所有到期贷款均已按期归还。安排 282.65 万元为所有贫困户购买“扶贫特惠保”,进一步提升贫困户抗风险能力。

(十)加大综合保障力度

不断优化社会保障政策供给,完善农村低保、特困人员救助供养、临时救助等保障性扶贫措施。做好脱贫攻坚与农村低保两项制度衔接,8 月,农村最低生活保障标准由 2017 年的每人每月 500 元提高到 550 元;建档立卡贫困人口中纳入低保的 12809 人,实现建档立卡贫困人口符合低保条件的“应保尽保”,低保对象符合建档立卡条件的“应扶尽扶”。享受困难残疾人生活补贴和重度残疾人护理补贴政策救助的贫困残疾人有 4700 余人。对符合条件的未脱贫建档立卡贫困人口、低保对象和特困人员,由市财政按 100 元的档次代缴基本养老保险费,民生保障进一步加强。

三、下足“绣花功”,全面推进工作落实

始终坚持问题导向,紧扣“三率一度”重点,着力夯实基层基础,不断提升精准扶贫、精准脱贫的质量。

(一)完成年度任务

年初,对 2018 年拟脱贫对象进行全面摸底排查,制定“两不愁、三保障”具体帮扶计划。7 月份年中动态调整以后,又组织对拟脱贫对象进行再次核实。年底,严格按照标准程序,由市镇村对 2018 年脱贫人口进行了三轮全覆盖验收,严格执行“谁签字谁负责”。全年实现脱贫 3513 户 11561 人,做到真脱贫、脱真贫。目前,系统中未脱贫对象为整户无劳动能力和整户低保对象。

(二)严格动态调整

建立精准识别、精准帮扶、精准退出的全过程管理机制,坚持“应进尽进、应出尽出”,严格按标准程序做好 2 次贫困人口的纳入和清退工作。全市全年新增贫困人口 142 户 484 人,清退 234 户 790 人,自然增加 547 人,自然减少 1279 人(销户 81 户),因病返贫 3 户 5 人。

(三)全面整改问题

围绕 2017 年度国务院和省扶贫开发工作成效考核、中央和省委巡视组反馈的问题整改,以及扶贫领域作风问题专项治理行动,深入开展“思想大清源、彻底大排查、问题大整改、责任大拷问”活动,制定出台《浏阳市关于开展扶贫领域作风问题专项治理工作的实施方案》,围绕 6 类治理重点,提出 39 条具体整改措施。市镇村三级层层制定整改方案、整改清单和整改台账,组织所有专项工作部门和 31 个乡镇(街道)、307 个村(社区),逐村逐户排查问题,逐项逐条整改销号。进一步掌握实情、摸准问题,打通脱贫攻坚“最后一步路”,切实提高问题整改的实效性。2018 年电话调查贫困户满意度在 98%以上。

(四)推进项目实施

严格对照“两不愁、三保障”标准,精心铺排项目,对扶贫项目申报、实施、验收等全过程进行规范管理,将全市所有扶贫项目纳入脱贫攻坚项目库统一管理。2018 年确定了农业产业扶贫、扶贫小额信贷、易地扶贫搬迁、危房改造等 14 类 1987 个项目。严格执行项目招投标制度,认真落实《中华人民共和国招投标法》《中华人民共和国政府采购法》等有关规定。严格执行项目台账管理制度,对项目进展情况和资金使用细节进行详细记录,确保每个项目、每个环节都有人监管、有账可查。严格对照程序要求,扎实开展项目验收,确保按时、按质、按量完成。

(五)强化资金管理

切实加强扶贫资金的规范管理,加快扶贫资金的拨付使用,确保每一分扶贫资金都用在刀刃上,及时发挥效应。2018 年,国家、省、长沙财政下拨专项扶贫资金 4289 万元,本级财政配套安排专项扶贫资金 2401 万元,已全部按规定分配使用、实施验收,按程序进行报账。完善出台《浏阳市扶贫项目资金管理办法》,将后盾单位帮扶资金纳入管理范围,明确乡镇(街道)纪(工)委、后盾单位参与项目验收。强化审计监督,全年对脱贫攻坚政策落实和资金使用情况进行了 2 次专项审计,对发现的问题进行了全面交办、整改。全面实行公开公示,聘请 995 名村级脱贫攻坚监督员进行监督,所有扶贫项目资金均在市政府门户网站、《浏阳日报》和项目实施地公示公告,接受全社会监督,确保扶贫资金始终在阳光下运行。

(六)抓实驻村帮扶

制定和完善驻村、帮扶、管理三项基本工作制度,对驻村帮扶的10项重点任务、驻村帮扶干部的职责要求进行了明确和规范。出台《驻村帮扶工作队管理考核办法》，明确规定对不履行职责、不胜任工作的驻村帮扶干部予以召回调整，视情况进行问责；对结对帮扶干部工作不力、“挂名”帮扶的，由派出单位予以调整。围绕素质能力提升，积极开展“扶贫政策大宣讲”“知识竞赛”“微信答题”等活动，市级组织市镇村三级政策业务培训2轮40场，镇村和后盾单位也相应组织开展了政策业务培训，实现所有扶贫干部和帮扶干部培训全覆盖。注重严管厚爱驻村帮扶干部，提高了驻村工作队伙食、通讯费、交通费补助标准，统一为驻村干部购买了意外保险，积极解决驻村队员工作、生活等方面的困难，确保驻村扶贫工作队员能够真正住下来、蹲下去。2018年评选出98名“奉献之星”，提拔重用一线扶贫干部6名。

此外，根据省委统一安排，浏阳与邵阳县开展“携手奔小康”对口帮扶行动。2018年，我市围绕“互帮互促、共建共赢”目标，统筹抓好对口帮扶工作。一是健全工作交流机制。市委、市政府主要负责同志专程赴邵阳县进行了实地调研交流，及时研究解决帮扶工作中的困难和问题。成立400万元浏•邵“携手奔小康”教育助学基金，已有1090名特困教师和学生得到资助。二是积极落实帮扶计划。围绕推进一批项目、援建一批设施、培训一批人才“三个一”工程，2018年投入邵阳县帮扶资金1322万元，持续推进34个帮扶项目，为邵阳县培训党政干部30名、致富带头人46名、专业技术人才107名。三是推动镇村结对帮扶。明确7个财税过亿元乡镇(街道)对口帮扶邵阳县7个贫困村。同时，浏阳市还根据长沙市要求，承担对口帮扶龙山县茅坪乡工作任务，2018年投入帮扶资金1000万元。

摘自《浏阳市脱贫攻坚工作汇报》(中共浏阳市委、浏阳市人民政府)

浏阳市2018年度生态环境保护工作纪实

2018年，在长沙市委、市政府的坚强领导和各级各部门的大力支持下，浏阳市深入践行习近平生态文明思想，将生态环境保护融入浏阳经济社会发展全局，坚持把生态环境保护工作放在崭新高度和突出位置，高度聚焦各项绩效目标任务抓落实，全力以赴打好打赢污染防治攻坚战，坚持党政主要领导定期专题研究、部署督促、带头参与，以上率下落实“三联三促”“三联三保”“一单五制”等硬举措，取得了污染防治攻坚战的实质进展和突出成效。

一、狠抓项目建设，环境质量更趋优良

今年以来，我市全面落实省、市相关文件要求，承担的省污染防治攻坚战（夏季攻势）、市蓝天办、市环委会下达的2018年大气、水、生态环境、土壤、减排等项目建设的年度任务都已全面完成。截至12月26日，年空气质量优良率达94.1%，较2017年上升3.3%，空气质量优良率居长沙区县之首。饮用水水源水质和出境断面水质全面达标。

（一）围绕“打赢蓝天保卫战”抓项目

以深入推动“六控”“十严禁”举措为抓手，推进精细化管理，积极应对污染天气，切实改善区域环境空气质量。一是抓渣土扬尘治理。建立渣土工地在线监控平台，配备大型新型环保渣土运输车69台、小型车辆30台；完成城区渣土处置中心建设；城区33个工地对照落实“8个100%”，完善了雾炮机、塔吊喷淋等降尘设施，实现了工地内外“双摄像头”监控；坚持实施夜间大清洗、周五全市卫生大扫除、双休日大清洗机制，每日机扫面积22万平方米，人工清扫面积4.5万平方米，洒水降尘面积38万平方米，实现城区“全覆盖、见本色、常态化”的保洁目标。二是禁止露天焚烧秸杆和垃圾。建立“天上机巡+地上人防”的秸杆禁烧巡查体系，现场处罚秸杆焚烧行为72起，立案查处8起。推广秸秆切碎、堆沤还田、机械收集打捆等作业方式，全市秸杆综合利用率高于80%。全年实施农作物秸杆堆沤还田试验示范1100亩；3家秸杆综合利用社会化服务试点、18个资源化利用服务部、8个示范乡镇均通过“蓝天保卫战农业废弃物综合利用项目”的验收，分别占到长沙市同类项目验收总量的42%、39%、50%。建立网格化巡查管理和交办机制，露天焚烧垃圾现象明显减少。三是管控高排放车辆。实行渣土车辆集中停放和统一管理，建立工地值守和夜班巡查工作制度，严格“24小时”监管制度。建立卡点8处，处罚各类违禁车辆8284台次。鼓励使用新能源车辆，购置纯电动公交车50台，建设公交车充电桩19个。四是抓能源结构转换。取缔禁燃区散煤制售点25家，完成佳年华包装、银天大酒店锅炉改造，完成宏发五氧化二磷厂、民鑫化工厂的燃煤锅炉淘汰，推进中石化潜江—韶关（浏阳段26.7千米）输气管道工程建设，完成老旧小区天然气改造2475户，新增煤改气商业用户64户、中压燃气管道5公里。五是抓餐饮油烟治理。实现城区露天烧烤清零，规模以上餐饮单位油烟净化全面完成，共计完成餐饮门店油烟净化设施安装283户；投资300万元对2000家老旧小区用户餐饮油烟进行治理；完成淮川街道圭斋路无烟示范街道创建。六是控制工业污染源排放。制定《浏阳市2018年控制臭氧污染实行城区重点行业错峰生产工作方案》，对37家重点企业实行错峰和停限产，完成131家企业挥发性有机物治理、75家小散乱污企业取缔、6家沥青搅拌站的整治；推广使用低挥发性有机物企业40家；完成油罐车油气回收装置安装69台、加油站油气回收装置安装118家、地下油罐改造30座。

（二）围绕“打赢碧水攻坚战”抓项目

深入落实“河长制”，建立“一河一档”，制定“一河一策”，设立并公告县级河长37名，乡级河长261名，村级河长322名，打好了截、清、治、修、管“组合拳”，实现标本兼治、水岸同治、城乡并治。一是抓城镇生活污水治理。推进截污纳管扩面工程和雨污混排整治工程，提升污水管网的纳污、分流和输送能力。投入近4亿元，新建污水处理厂12座；新、改建污水收集管网103千米；对主城区实施全截污工程治理直排口44处；城区污水处理厂提标改造和扩建工程的前期工作已全面完成；镇头镇整镇分散式生活污水试点项目全面启动；18个已建成乡镇污水处理厂实现常态化运营和达标排放；新修北园临时污水干管和泵站，将北园污水引入经开区污水处理厂集中达标处理；全市污水处理厂污泥无害化处理能力超过62吨/天。推动“厕所革命”，新改建厕所15546座，在全省率先实现旱厕清零。二是抓流域水环境整治。深入推进河道清淤、小微水体治理，最大限度消除水体污染的病灶。河库治理投入累计达到7.2亿元，完成小微水体沟渠疏浚1.5万余千米，完成河道干流及支流清淤70.69千米，累计清淤78.2万立方米。全面清理整顿浏阳河干流入河排污口，关闭排污口4个，取缔渡口1个，完成县级以上饮用水水源地保护区内入河排污口清理整治。三是抓畜禽养殖污染防治。全面巩固浏阳河500米范围内退养成果，完成浏阳河 500-1000 米范围内规模养殖场(户)退出工作，拆除养殖场(户)2445 户、面积 39.8 万平方米。推广生态养殖模式，实施"存量置换，退保平衡"，建成畜禽粪便资源利用中心 2 个、动物无害化处置中心 1 个，生态养殖场 3 个。推进养殖资源化利用，养殖规模设施配套率达 93.6%，粪污资源化利用率达 91%以上。四是抓涉水工业企业整治。重点对 47 家造纸企业(18 家园内)开展整治。恒隆、力狮、正牌化工、鑫源、金源等造纸厂的落后生产线已全部完成淘汰，完成现有企业在线监测安装 36 家(16 家联网上传)、污染防治设施专用电表安装 42 家、取水计量装置安装 27 家、排水计量设施安装 23 家，实现了对全市造纸行业的全面有力管控。

(三)围绕"打赢净土持久战"抓项目

不断加大污染场地环境风险防控和管理工作力度，持续推进污染场地治理修复。一是抓土壤风险管控项目建设。全面排查涉镉污染源；开展建设用地调查评估，将评估作为建设用地回收使用的前置条件；启动疑似污染地块详查工作；完成重点行业企业用地调查，与 7 家土壤污染重点监管企业签订土壤污染防治责任书。完善农用地分类管理，完成污染地块种植结构调整 6.57 万亩、点位取样详查 130 个，对 1 万亩轻度污染耕地开展治理与修复，污染地块安全利用率高于 90%。二是抓土壤治理项目推进。完成七宝山地区庙冲尾矿闭库及锰污染综合治理，启动浏阳永和镇原七宝山乡磺矿区污染土壤修复、铁山村遗留工业场地修复治理工程，博隆公司、铜锌矿业今年需完成的"8+9"治理工程已于 8 月底提前完成，并于 10 月通过验收，宝山河入浏阳河断面连续 10 个月达到地表水三类水质，已实现了稳定达标的目标，铁山桥市控断面锰监测数据从 1 月份的 1.11 毫克 / 升下降至 12 月份的 0.4 毫克 / 升。三是抓固体废弃物的安全处置。全面推动垃圾分类减量，建设垃圾分类资源回收分拣站 171 个，新增环卫保洁车 750 辆，分类垃圾桶 30 万余个，创建垃圾分类减量村(社区)125 个、垃圾分类减量乡镇 2 个，率先在党政机关等公共机构实施生活垃圾强制分类。四是抓农业面源污染防治。全面推行测土配方施肥，推广使用有机肥，测土配方施肥覆盖率达 96%，农作物肥料利用率达到 38%；推广使用生物农药，全市农药利用率达 40%，强化农膜、农药包装物的回收处置，农业面源污染有效减少。

二、狠抓清单管理，日常监管更富成效

深入解读长沙市明确的负面清单，针对浏阳发展实际建立重点监管清单，以此为指引提升监督管理的针对性、操作性和时效性。

(一)突出抓好上级督办领域

市委、市政府高度重视环保督察工作，为顺利配合完成省环保督察、中央环保督察"回头看"工作，成立浏阳市突出环境问题整改工作领导小组和配合环保督察工作联络协调领导小组。一是配合省级环保督察。省级环保督察在充分总结 2017 年迎接长沙环保督察、配合中央环保督察经验的基础上，编制和印发"三图两册"(即环保督察工作流程图、回复报告审批流程图、省级环保督察信访办理倒排时间表、《浏阳市环保督察工作业务指南》、工作通讯手册)，实施牵头单位负总责，增加业务审核环节，省环保督察组交办的 99 个任务的按时按质办理、办结和销号，在省督察组的反馈意见中点名表扬浏阳市"三级联动有力，对各类问题反应快速，敢于动真碰硬，加班加点，不畏艰辛，立行立改，成效明显"。二是配合中央环保督察"回头看"。中央环保督察"回头看"期间，浏阳市共受理群众信访件 149 件，截至目前已办结 148 件，办结率为 99.3%。所有交办问题都严格对照"问题不查清不放过、整改不到位不放过、责任不落实不放过、群众不满意不放过"的整改要求，紧扣重点难点问题拿出了过硬有效的措施，推进问题全面改、深入改。期间，迎接中央环保督察组、省督办组、市现场核查组的现场核查检阅，没有一件重复件出现"虚假整改、敷衍整改、整改不力"情况，没有一件重点件反映了突出环境问题，没有一件信访件被列为负面典型案例进行通报。三是全力抓好夏季攻势任务落实。全面完成三元矿业、恒晟磷化工黄家坡尾矿库、铜锌矿业、鑫灿矿业、蕉溪岭铜矿矿业、黄金洞矿业 6 个矿山企业的相关问题整治；完成镇头镇西满新街黑臭水体整治；经开区、高新区污水管网全面维护和强化，集中污水处理设施稳定运行，自动在线监测装置实时上传各项指标数据；原湘和化工厂治理、七宝山地区历史遗留废渣 2 项治理工程按要求完成验收；不断加强对危废产生单位、经营单位的规范达标建设，完成浏阳市化工厂遗留的 1943.48 吨危险固废安全处置。全年未发生任何环境污染事故。

(二)突出抓好规定动作领域

一是扎实开展饮用水水源地整治。完成 46 个千人以上饮用水水源地的建档，划定、获批并规范化建设村镇级饮用水水源地 7 处，采用"两岸两次退养、三级隔离防护、四级沉淀净化"模式，顺利通过了生态环保部督查组对集中式饮用水水源地环境保护专项整治工作的督查，并被国家生态环境部作为典型上报。二是强化沿河生态建设。编制浏阳河干流水电开发《环境影响回顾性评价报告》，并通过了专家审查；按照《湖南省国家级、省级自然保护区水电项目环境整治指导意见》开展小水电清理整顿，13 个涉保护区电站中，玉泉、鹅形嘴二级电站已拆除退出；限期退出的大王坑、源丰一级电站已签订限期退出协议并完成生态改造；8 个生态改造一批类电站已完成生态改造；龙须漕电站已定性为生态改造一批类，正在推进矛盾纠纷化解和生态改造。大力推进河库水生态修复和生态涵养带建设，完成 350 亩的捞刀河退耕还湿试点建设，启动实施浏阳河城区段"一河两岸"保护与开发项目，完成迹地更新造林、荒山造林 866.67 公顷，完成义务植树、五边造林 1000 公顷。浏阳河国家湿地公园规范化建设和湿地修复工作有序推进。三是推动重要生态功能区整治。出台《浏阳市加强"两区三园"环境综合整治专项实施方案》《浏阳市"绿盾 2018"自然保护地监督检查专项行动实施方案》，"绿盾 2018"整改任务全面完成，浏阳河特有鱼类保护区和道吾山风景名胜区问题全部销号；大围山国家森林公园红莲寺污水处理站搬迁项目已完成选址规划设计和方案制定；"绿心"区整治全面完成，柏加花卉苗木交易展示中心已全部拆除和复耕复种，工业企业已全面退出并销号，金科地产项目已全面停建并完成整改。

（三）突出抓好群众关切领域

一是群众信访诉求处理高效。积极处置公众环境诉求，对信访问题"抓早抓小"，推行"环境信访一线解决"，畅通信访渠道，在32个乡镇（街道）、3个园区广泛公布区域环保投诉受理电话，在辖区内积极解决群众诉求，实施"一月一排名一通报，一季一考核一督查"，截至12月26日，共受理环境信访投诉2014件，做到处理回复率100%，办结率100%。二是农村环境整治项目顺利推进。全面完成115个农村环境综合整治任务，建成集中式生活污水处理站18座，建成配套管网6463米、对于52处公共水井（泉）进行路面硬化、加盖围栏、顶棚和标识标牌等改造，有效保护和保障农村居民安全饮水。建立生活垃圾分拣中心32座、畜禽污染防治工程19处；建立饮用水标志牌和交通警示牌198个，添置垃圾桶33190个、垃圾收集车196台、转运车43台，建成四格无害化改厕1093个；农村环境整县推进项目按省厅要求开展了验收工作。三是社会噪音整治成效卓著。完成对华生干粉砂浆、君悦城中央空调、旺邦环保建材、银天大酒店等噪声环境的治理和验收，出台《2018年全市"三考"静音联合执法整治工作方案》，开展联合执法行动4次，专项执法行动20次，出动执法人员595人次。有效处置和回复噪音类环境信访投诉311起。

三、狠抓机制完善，工作基础更为巩固

深入践行习近平生态文明思想，坚持高位强力推动，建立市委市政府牵头揽总，部门、属地、企业各负其责，群众积极参与的污染治理大格局。

（一）推动工作责任具体化

全面打响和纵深推进蓝天碧水保卫战，工作合力和氛围空前强大。一是构建上下联动的工作体系。全面落实"书记抓、抓书记"，成立了由黎春秋任组长的蓝天碧水保卫战工作领导小组，构建"市委牵头抓总、市委书记亲自抓、一级抓一级"的工作领导体系。书记、市长组织召开领导小组、季度工作讲评、专项工作等各项专题会议共19次，实施"三联三促"责任落实机制、开展"三联三保，民情大走访"，推动三级环保责任的落实，形成集巡视、督导、交办于一体的长效管控机制。二是制定科学精准的作战蓝图。在深入研究长沙市蓝天保卫战"1+12"三年行动计划的基础上，结合实际制定下发了《浏阳市"强力推进生态环境大治理坚决打赢蓝天碧水保卫战"三年行动计划（2018—2020）》和16个专项工作方案，实行挂图作战，将大气、土壤、水、环保督察、执法等任务以图表化形式拉条挂账，对标对表，项项抓落实。三是浓厚人人参与的社会氛围。强化纸媒、网媒和活动的舆论引导，刊发工作报道1930余篇，举办活动105批次、讲座91场次，发放宣传资料20万余份。设立"曝光台"、"以案说法"专栏，曝光违法企业141家、发布负面典型案例26起。开展"局长与网友面对面、西湖山寻宝、徒步浏阳河、绿色大讲堂"等极具吸引力的环保宣教活动150余次；鼓励党员作为环保工作的"带头者、践行者、引领者"。

（二）推进执法监管常态化

充分发挥监管执法"利剑"作用，坚持以"零容忍"重拳整治破坏生态环境行为。一是突出重点领域执法。围绕造纸、畜禽养殖、饮用水水源地、"两区三园"、"六控""十个严禁"等重点领域的环境问题，采取多部门联合执法。截至12月26日，我市共开展综合执法2263次，专项执法12516次，立案处罚13109家（人），罚款5839.49万元，行政拘留228人，刑事拘留16人。二是突出环保职能案件办理。按季节分别开展"春霆""夏箭""秋风""冬炼"四大执法行动，推动环保执法向乡镇一级下沉，打通环保执法路径中的最后一公里，乡镇（街道）一级立案达86起。全年共出动环保专业执法人员2209人次，下达现场监察文书1503份、责令改正文书224份、处罚决定书202份，立案244起，罚款共计2139.96万元，适用四个配套办法案件43件（查封扣押6起，限产、停产2起，移送行政拘留案件35起），行政拘留35人，涉刑案件2起，刑事拘留1人。三是突出行业问题专项整治。以省级环保督察中出现的重难点问题为基础，举一反三、深入剖析，梳理出全市17个方面的重点环境问题，由5个市级领导和17个市直部门分头负责制定行业及重点问题的整改方案，推进问题系统整改，主要领导每周听取汇报并作出批示，重点环境问题均得到有效控制，在中央环保督察回头看期间未出现行业性、系统性环保问题。

（三）推进环境管理数据化

一是污染源普查认真较真。强力推进污染源普查工作，清查阶段推行"四主四查四全"（即部门主导、乡镇主体、村委主办、两员主审；省级补查、市县核查、乡镇排查、两员筛查；全民动员、全面部署、全力推进、全体行动）工作模式，省内多个县市在我市召开现场交流会，获得国家污普办肯定和推介。入户阶段推行"一二三四五"（即建立一企一档、围绕两个目标、坚持三方联动、完善四化管理、强化五级审查）工作模式，通过试点示范，全面推进3592处工业源入户调查工作。二是日常环境监测全面实施。除每月对出境断面、省控断面、乡镇交界断面、重金属断面、集中饮用水水源地、集中式污水处理厂、宝山河流域监测点位进行监测外，还公开招标三家专业技术公司对我市109个河库断面进行监测，完成浏阳河、捞刀河、南川河枯水期水质水量调度实施方案，对大溪河、小溪河、涧江最小生态流量进行明确。建成10个空气监测小微站，紧盯空气质量自动监测数据，及时分析调度，全力保护"浏阳蓝"。三是全面实施网格化创新监管。依托掌上浏阳APP平台，数据化布局全市环境监管网格，实现550个环保网格与指挥中心的实时视频通话，全体市民均能通过网络通道实时用图文反映各类环境问题，实现环保网格的科学高效运作。同时，还运用无人机、管道机器人、在线监控等科技手段，实现全时段、全环节、全区域的无缝监管。

（市环保局）

从区域合作迈向区域高质量发展

——2019年湘赣边区域合作推进研究报告

前　言

习近平总书记在党的十九大报告中指出“要实施区域协调发展战略，建立更加有效的区域协调发展新机制”。从省际层面看，区域协调发展就是要按照优势互补、互利共赢的原则，深化区际分工，促进要素有序自由流动，提高资源空间配置效率。依据主体功能定位发展，促进人口、经济和资源、环境的空间均衡，进而实现更高质量、更有效率、更加公平、更可持续的发展，走出一条科学持续、协同发展的新路。

为贯彻落实《国务院关于大力实施促进中部地区崛起战略的若干意见》《湘赣两省战略合作框架协议》，推动湘赣边区域联动发展，浏阳市于2014年首倡发起湘赣边区域合作，与江西省井冈山市、莲花县、上栗县、铜鼓县、万载县、修水县、永新县和湖南省醴陵市、平江县等10个县(市)达成《湘赣边区域开放合作浏阳共识》，开启湘赣边合作发展雄壮序幕。

表1　　湘赣边区域概况表

	县(市区)	人口(万人)	国土面积(平方千米)	地区生产总值(亿元)	地区生产总值占比	一般公共预算收入(亿元)	一般公共预算收入占比
湖南省	浏阳市	149	5007	1365.1	32.30%	100.2	26.35%
	醴陵市	106	2157	637.5	15.08%	54	14.20%
	平江县	110	4125	267.91	6.34%	12.76	3.36%
	桂东县	23	1500	35.19	0.83%	2.16	0.57%
	茶陵县	62	2500	178.11	4.21%	14.49	3.81%
	炎陵县	20	2030	69.27	1.64%	10.72	2.82%
	攸县	83	2648	412.1	9.75%	25.69	6.76%
江西省	井冈山市	17	1298	70.55	1.67%	8.3	2.18%
	莲花县	27	1072	62.85	1.49%	8.76	2.30%
	上栗县	52	710	193.43	4.58%	21.88	5.75%
	铜鼓县	14	1552	44.4	1.05%	9.27	2.44%
	万载县	60	1719	137.85	3.26%	25.63	6.74%
	修水县	87	4504	168	3.97%	23.89	6.28%
	永新县	51	2187	103.2	2.44%	11.38	2.99%
	遂川县	53	3144	128.6	3.04%	14.52	3.82%
	湘东区	42	859	224.35	5.31%	19.67	5.17%
拟邀请县	江西上犹	32	1543	65.5	1.55%	9.52	2.50%
	湖南汝城	42	2401	62.8	1.49%	7.36	1.94%
合计		1030	40956	4226.71	/	380.2	/

一、湘赣边区域合作推进的经验与成效

区域统筹背景下的地方政府合作主要基于两大因素：一是合作主体的满足程度，二是是否具有互利共赢的空间。2015—2018年，江西省遂川、湘东区和湖南省桂东县、茶陵县、炎陵县、攸县相继加入，并拟邀请江西省上犹县、湖南省汝城县加入。目前，跨两省八市的16个县(市、区)，总面积3.7万平方千米，总人口约956万人，2017年地区生产总值逾4100亿元(见表1)。

（一）合作发展的政策不断健全

目前，16个县（市、区）在产业发展、交通建设、教育卫生、文化传媒、社会治理等领域展开深入合作，共签署专项协议39个（见图1）。

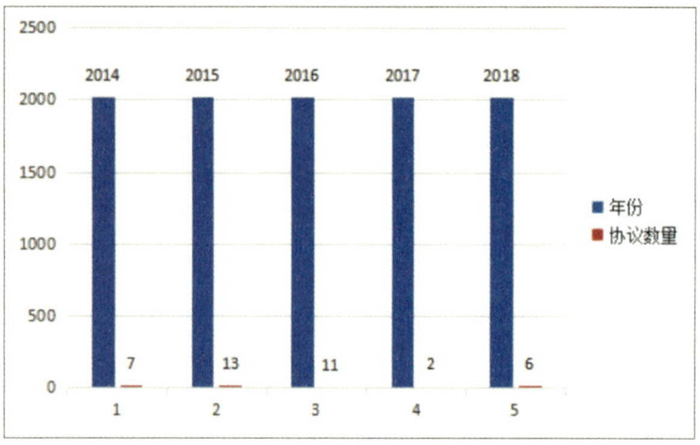

图1：签署专项协议（2014—2018）示意图

2014年签订协议（7个），涵盖城市战略合作、旅游发展合作、交通互联互通、生态环境治理、综治维稳联动、安全生产监管等方面；2015年签订协议（13个）：重点聚焦烟花爆竹产业、鞭炮税收管理、旅游开放合作、红色旅游联盟、融入长江中游城市群、区域金融发展、区域检察工作等方面；2016年签订协议（11个）：集中解决农产品质量安全、城市工商联合作、公路发展战略、住房公积金异地使用、精准扶贫、劳务合作、"扫黄打非"联防协作等方面；2017年签订协议（2个）：致力于区域党员干部教育培训交流合作等；2018年签订协议（6个）：突出解决生态建设、流动人口卫生服务管理等方面。

（二）合作发展的领域不断丰富

一方面，通过优势互补，产业发展互促互进。花炮、文化、旅游和农业等产业通过跨区域的安全监管、税收协商、协同创新等措施推动产业抱团发展。同时，在民生保障方面，积极推进医疗、教育、生态治理、金融服务和就业服务合作，实现区域资源互补。另一方面，建立了信息共享、协调推进机制，强化了区域基础设施支撑保障能力。在公路、铁路、民航等方面共同发力，立体交通初显成效（见表2）。

表2　　湘赣边区域发展成效

领域	类别	合作成效
产业	花炮产业	跨区域的安全联合监管、税收协商、协同创新推动了域内烟花爆竹主导产业的联动发展
	旅游产业	推进22个旅游产业合作项目，共同举办"红色旅游年"活动打造三条跨区域精品旅游线路，涵盖湘赣边13县（市、区）的50余个红色景点
	文化产业	整合红色文化、烟花、陶瓷等多重元素，共同打造"湘赣无边界、这里是秋收""烟花瓷"等特色文化品牌
	农业产业	共达成农产品合作框架协议11项，共同提升了湘赣边区域农产品质量安全水平，打造绿色有机农产品品牌
	金融产业	长沙住房公积金中心分别与江西宜春、新余住房公积金中心开展住房公积金异地使用合作，浏阳与万载、铜鼓实现公积金互认，房交会期间，湘赣边县市居民来浏购房面积达11.53万平方米，占总成交量的20%左右。浏阳农商行在江西新余设立村镇银行，长沙银行和江淮村镇银行在大瑶成立湘赣边支行，将服务延伸至江西周边地区
交通	铁路	合力争取了渝长厦高铁经湘赣边县市设站，蒙华铁路建成通车将极大促进湘赣两省花炮产业走向一带一路
	公路	推动浏萍井高速公路对接，平江至修水高速、浏阳至萍乡段高速等系列重要线路已建成通车，湘东区至醴陵的连接线、万载至遂川的宜井遂高速公路顺利推进，区域联系更加紧密
	航道	醴陵与萍乡相连的渌水航道前期工作基本完成，即将启动施工建设
	航空	浏阳专设黄花机场湘赣边城市候机厅，与中国国际航空对接业务，实现地空联运项目落地
民生	医疗合作	浏阳5家公立医院与上栗、铜鼓、平江、醴陵等县市数据联网，实现工伤、医保异地定点结算，建立双向转诊、医护人员交流学习机制。每年从合作县市区前来浏阳骨伤科医院就诊患者占总数90%以上，浏阳集里医院每年接诊来自江西万载、上栗、铜鼓三县的病人超过1万人次
	就业扶贫	统筹区域内工业园区劳动就业岗位，推动区域就业扶贫合作，2017年浏阳经开区面向湘赣边地区招工1万余人，实现区域资源互补
	生态环保	建立了跨区域环保联合执法机制和森林公安警情、案情通报、联合执法制度，确保边界区域生态环境安全
	社会治理	深入推进警务、司法、检察协作，建立了矛盾纠纷联调、情报信息联通、社会治安联防、重点问题联治、违法犯罪联打、平安边界联创等联动机制，有效维护了边界地区稳定
	媒体宣传	在新闻宣传、媒体经营、活动开展、技术交流等方面展开深入合作，浏阳广电959交通广播成功领办上栗之声私家车广播电台，结束了上栗县无电台的历史

（三）合作发展的平台不断拓展

搭建了常态化的交流平台，按照“联合主办、轮流承办”的原则，探索建立了区域合作交流会议制度，湘赣边区域开放合作交流从未间断、日益深化。建立了高效化的协调机制，成立由各县市区委书记任轮值组长，县市区长、常务副县市区长为副组长及成员的湘赣边区域开放合作领导小组，领导小组每年定期召开年会和联席会议，研究决定区域开放合作重大事宜，审议重大合作项目，推进区域开放合作事项落实到位。畅通了稳固化的联络渠道，明确由各方发改部门负责日常及联络工作，我市率先成立湘赣边区域合作办公室（正科级），作为湘赣边区域开放合作秘书处，负责区域合作牵头组织、联络协调和秘书处日常工作（见图 2）。

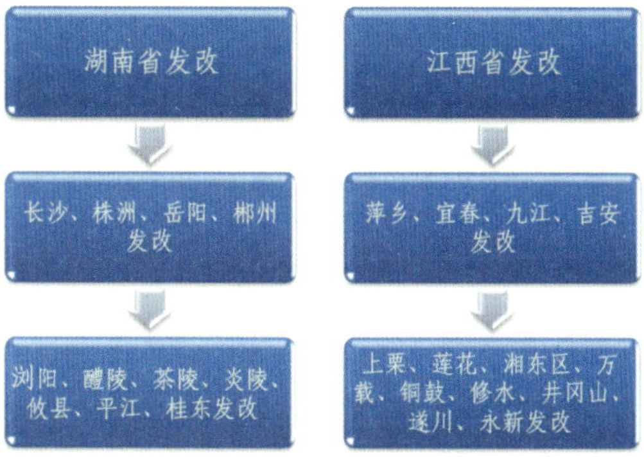

图 2　合作发展平台示意图

（四）合作发展的机制不断深化

建立了轮流年会和联席会议的常态机制，保持较高密度的议事协商，共同研究重大事项。湘赣边区域开放合作秘书处设在浏阳，负责区域合作统筹协调和日常工作。打破传统的以行政区划为界限的分割式治理体系。以改革逻辑处理好合作区内县（市）区的关系，打破区域分割、各自为政的格局。加大对协同发展的推动，坚持优势互补、互利共赢的原则，自觉打破“一亩三分地”的思维定式，抱成团朝着顶层设计的目标一起做（见图 3）。

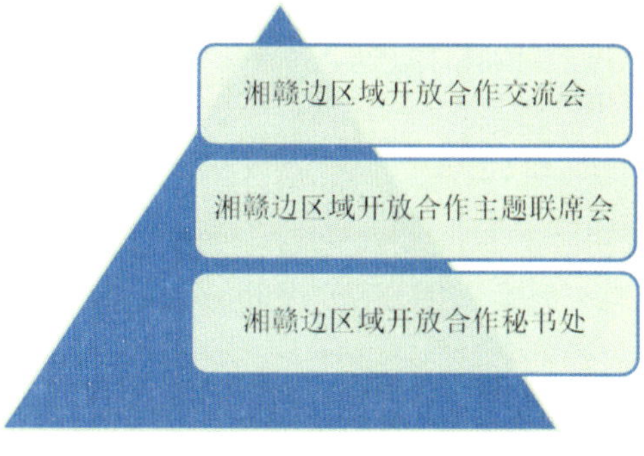

图 3　合作发展机制示意图

二、湘赣边区域合作推进的挑战与机遇

（一）体制机制仍需完善

湘赣边区域合作属于跨省级行政区域的开放合作，受现行制度、行政体制约束较多，仅依靠框架协议来维持，制度化程度偏低、合作较为松散；投入机制和利益分享机制尚未有效建立，区域合作利益诉求不同，部分合作事项推进较为缓慢。

（二）产业合作有待深化

湘赣边合作县市经济发展程度不同、产业结构和基础差距大、合作项目资金缺乏，致使合作范围有限；产业协同不够，各地在税费征收、招商引资、土地管理等方面的优惠政策不同，也造成域内市场分割、恶性竞争、无效协调和产业发展趋同。

（三）上级支持有待加强

《湘赣开放合作试验区发展规划》正待国家发改委批复；湘赣开放合作试验区的设立暂未获国家批复；缺乏配套项目、协调措施的出台，缺乏高层协调机构、对口管理机构的支持。

（四）政策机遇复合叠加

目前，湘赣开放合作试验区已成功纳入国务院批复的《长江中游城市群发展规划》、《长江经济带发展规划》和《促进中部地区崛起“十三五”规划》，两省共同编制的《湘赣开放合作试验区发展规划》已报国家发改委审批；成功纳入了《赣闽粤中央苏区振兴发展规划》，被列为江西中央苏区振兴发展九大重点平台之一；长江中游地区省际协商合作会商会也明确将“共同协调湘赣开放合作试验区建设”作为十三件实事之一重点推进；湘赣边区域合作已相继纳入两省及相关地级市“十三五”规划，成为湘赣两省县市的共识。目前，“研究设立湘赣开放合作试验区”纳入国家发改委印发的《2018 年推动中部地区崛起工作要点》；《中共中央国务院关于建立更加有效的区域协调发展新机制的意见》提出“支持湘赣等省际交界地区合作发展”，湘赣边区域开放合作进入协同发展新时代。

三、湘赣边区域合作推进的政策与建议（2019 年）

推进湘赣边区域合作既是落实长江经济带建设战略的务实举措，更是推动区域乡村振兴的有力途径。合作各方要坚持深化区域合作，明晰合作方向，丰富合作路径，全力推进区域协同发展，力争在深度的共建合作中共享改革红利。

（一）区域合作的顶层设计

1. 重新编制《湘赣开放合作试验区发展规划》并申报审批。编制于 2015 年的《湘赣开放合作试验区发展规划》，不能满足当前的发展需要。请求两省发改委牵头重新编制《湘赣开放合作试验区发展规划》，请求国家发改委审批通过。（责任单位：湘赣边区域开放合作秘书处）；

2. 提请设立湘赣开放合作试验区。请求国家发改委以“支持湘赣等省际交界地区合作发展”为契机，尽快批复成立“湘赣开放合作试验区”。（责任单位：16 个县（市、区）发改局（委）、8 个地级市发改委、2 个省发改委）；

3. 成立多层面专题联席会议机制。请求在省级层面成立由专门的常委副省长牵头，两省发改委及相关部门参与的协商会；在地级市层面，成立由行政一把手牵头，合作地级市发改委及相关部门参与的专题会议，专题协商解决合作中遇到的问题和困难。（责任单位：16 个县（市、区）发改局（委）、8 个地级市发改委、2 个省发改委）。

（二）区域合作的联合结对

1. 花炮主产区结对。号召花炮主产区加强产业全方位合作，定期召开花炮产区区域协作会议，共建花炮材料产业制造基地，举行花炮商贸展销会集中推介产品，共同制定、维护行业秩序，杜绝恶性竞争，建设以浏阳为中心的“烟花爆竹产业发展示范区”。（责任单位：浏阳、醴陵、上栗、万载花炮局、安监局、质监局）；

2. 文化旅游产业结对。培育优秀文化旅游企业集团，把湘赣边“江、湖、山、水、洞、田园”绿色生态文化与“楼、岛、寨、祠、庙、观”蓝色文化和革命纪念胜地红色文化以及乡土特色文化有机串联起来，彰显区域文化旅游特色。（责任单位：16 个县（市、区）旅游局（旅发委）、文体广电局）；

3. 扶贫帮扶结对。落实“携手奔小康”行动，拓展帮扶范围，毗邻县（市、区）针对邻近贫困村开展对口帮扶。针对产业发展情况，探索跨区域就业、招工等方面互助扶贫政策。（责任单位：16 个县（市、区）扶贫办）。

（三）区域合作的体系支撑

1. 建立试验区配套管理机构。成立湘赣开放合作试验区后，由两省发改委共同设立湘赣开放合作试验区管理委员会，试验区管委会下设湘赣开放合作开发投资公司，统筹负责共建区土地开发、商业开发和基础配套开发等职能。（责任单位：16 个县（市、区）发改局（委）、8 个地级市发改委、2 个省发改委）；

2. 设立试验区发展专项计划。由两省发改委牵头设立“湘赣发展专项计划”，安排专项资金和专项计划支持湘赣开放合作试验区基础设施建设、产业项目合作、共建园区发展。（责任单位：16 个县（市、区）发改局（委）、8 个地级市发改委、2 个省发改委）；

3. 制定跨区域利益分配模式。科学划分试验区和属地政府之间的职责权限，试验区项目建设前可以根据各方要素投入、工程合同金额、工程量等因素，赋予相应权重进行分配，项目建设后可以根据项目在各方的占地面积、资源储量、政府投入、成本耗费和经营收入等因素，赋予相应权重进行分配。（责任单位：16 个县（市、区）发改局（委）、国土局、8 个地级市发改委、2 个省发改委）。

（四）区域合作的重点范畴

1. 打造精准脱贫样板区。湘赣边地区是全国有名的革命老区，目前 16 个合作县（市、区）还有 4 个国家级贫困县，为实现区域内贫困县全部脱贫摘帽，完成建设全国革命老区扶贫攻坚样板区的伟大历史使命，建议在共同实施基础设施、产业扶贫、就业互促、农产品精深加工、区域就业援助等方面资源共享。（责任单位：16 个县（市、区）交通局、工信委（经信局）、工商联、人社局、园区管委会）；

2. 构筑污染防治联防区。构筑区域环境治理与生态保护体制机制，形成区域生态环境治理、监管、保护到预防的全过程体系。结合湘赣边区域主体功能区空间布局，全面划定生态保护红线，开展边界联防联治联合执法行动和水环境、大气环境联合整治行动，建立区域生态保护监测信息共享机制和打击非法排污通报机制，健全边界突发环境污染、森林防火、林业有害生物、乱砍滥伐林木、非法收购加工木材等问题的联合应急处置机制。（责任单位：16 个县（市、区）环保局、森林公安局、相关乡镇）；

3. 建设生态红色旅游引领区。由各县（市、区）旅游局（旅发委）牵头，协调各景区景点，聘请国家甲级旅游规划资质设计单位，编制湘赣边红色旅游发展规划。依托大围山、连云山脉、罗霄山脉优美的生态环境和“一线九馆”及沿线的红色旅游资源，科学筹划精品旅游线路，利用各县（市、区）旅游局（旅发委）、旅游协会、旅行社等力量，实现客源互推资源共享。发展智慧旅游，共建营销平台，加快推动“湘赣边旅游 APP”的设计及发行，积极推进“旅游＋互联网”，坚持旅游信息化的统一标准，联合建设、统一管理，推行旅游景点“一卡通”和“一票通”。（责任单位：16 个县（市、区）旅游局（旅发委）、文体广电局）；

4. 发展产业项目集聚区。进一步充分发挥浏阳经开区、醴陵经开区、萍乡经开区、浏阳高新区、平江高新区等国家级和省级园区的引领带动作用，培育壮大信息技术、生物医药、智能制造等战略性新兴产业，推进智能制造项目建设，推动配套企业“打捆式”引进、“抱团式”发展，开展产业链招商，完善配套链，形成上下游产业链配套完善的产业集群。大力发展“飞地经济”，根据区域实际发展需要，将珠三角等地区转移产业飞入湘赣边县（市、区），实施一批“飞地项目”，明确利益分配机制，促进资源合理配置。（责任单位：16 个县（市、区）园区管委会、商务局）。

（市政府研究室、湘赣边区合作办）

浏阳茶油

茶油，又名山茶油、山茶籽油，系油茶籽油俗称，是从普通油茶成熟种子中提取的纯天然高级食用植物油。茶油是中国政府提倡推广的纯天然木本食用植物油，以及国际粮农组织首推的卫生保健植物食用油。油茶俗称山茶、野茶、白花茶，是中国特有的一种优质食用油料植物。汉武帝时(公元前141年—前87年)，中国就开始栽种油茶，至今已有2000多年历史。油茶生长在中国南方亚热带湿润气候地区的天然无污染的高山及丘陵地带，浏阳是中国油茶的主产区之一，域内32个乡镇(街道)均有着大规模的油茶种植。

茶油产业是浏阳的传统优势产业，有着悠久的发展历史。据考证，明朝中后期，浏阳茶油便已开始商品化生产。明嘉靖《浏阳县志》第三册第七卷食货志对此有着记载："间为利然浏岁以羡，鬻诸外者纸茶及茶油苎布略多于产，或仅给用或否"，该志将"茶油桐油菜油草纸"列入"食货"目录。随着1899年岳阳开埠通商、1904年长沙开埠通商，浏阳茶油等产品就开始相继外销。早在上世纪六十年代，浏阳便被确定为全省油茶林基地县，浏阳茶油闻名于省内外。1956年，据湖南省林业厅调查，浏阳油茶林面积为47126公顷，被湖南省列为全省主要油茶产区。从1990年开始，浏阳被列入国家农业综合开发项目油茶低产林改造项目县。2001年8月，国家林业局授予浏阳"中国油茶之乡"。2017年10月13日，浏阳被列为"中国好粮油"行动计划示范县。2018年3月，浏阳市茶油产业发展促进会成立。2018年4月23日，浏阳茶油产业联盟于成功组建。经过近500年的传承与发展，至2018年底，浏阳共有油茶林基地70多万亩，年产茶油1.2万吨，年销售金额达12亿元，浏阳茶油产业已走上规模化、产业化、品牌化的特色之路，成为浏阳市的主导产业之一和浏阳的特色名片。

浏阳茶油作为湖南优质茶油的杰出代表，源于浏阳独特的自然因素、人文因素。经浏阳市人民政府组织专家实地论证，浏阳独特的气候、土壤、地势地形条件，茶籽加工过程中对加工工艺的细节掌控，以及当地独特的人文因素，成就了浏阳茶油在外观、营养成分等方面的特定品质：

首先，浏阳有着独特的自然气候条件：浏阳属亚热带季风湿润气候区，春夏秋冬四季分明，热量充足，降水丰沛，光照较足，无霜期长，年均无霜期268天，年平均气温17.5℃，年平均降水量1551.3毫米，年平均日照时数1594.8小时，最冷的1月平均气温5.4℃，最热的7月平均气温28.7℃，冬季严寒期短，夏季长且湿润，非常适合茶油树冠的扩展，充沛的光照满足了油茶花期的需求，适宜于油茶开花结果，适宜的降水量满足了油茶形成茶油过程中对水分的需求，增强了脂肪本酶的活动性，加快了油茶碳水化合物的形成，在此气温、光照、降水等气候条件下生长的浏阳茶油果实的成果率和含油率，均得到了较大的提高。

其次，浏阳有着独特的土壤条件：浏阳的土壤以弱酸性红壤或红黄土壤为主，PH值为5-6之间，土层深厚湿润，保水、保肥能力较强，富含有机质和磷、钾等微量元素，适种性广，且弱酸性红壤或红黄土壤能有效减少油茶树的病虫，非常适合油茶树的生长。

再次，浏阳有着独特的地势地形条件：浏阳地处湘东山区，幕阜－罗霄山脉北段，属幕阜连云山丘区，地势自东北向西南倾斜，由北向南呈山岭山谷交错排列，地形复杂，地貌多样，地形以山丘和丘陵为主，其余为盆地、谷地平原。境内河道属长江流域，流域面积4979.8平方千米。主要河道有一级河浏阳河、南川河、捞刀河等3条，总长325千米；二级河27条，总长771.1千米；三级河6条，总长128千米。河流总长度1224.1千米，径流总量44.6亿立方米。

第四，浏阳茶油茶籽加工过程中坚持独特的物理压榨工艺：浏阳茶油的生产，始终坚持精选茶籽、物理冷榨的原则，严格挑选浏阳当地生产的优质油茶籽为原料，采用改良后的物理压榨工艺，以60℃-70℃的低温物理压榨法，按照筛选分类、烘干、去杂、剥壳、轧胚、蒸炒、压榨、过滤的流程进行加工。

第五，浏阳有着独特的人文因素：浏阳属于传统的山茶油产区，农民在勤劳的农事中积累了丰富的油茶种植和榨油经验，并形成特色文化，域内有大量树龄在30年以上的茶树，常年的天然孕育，提高了油茶果的品质。近500年商品化生产销售历史，对茶油加工工艺的传承与发展，更是提高了浏阳茶油的品质。作为"中国油茶之乡"和湖南茶油主产区，浏阳早在上世纪六十年代，就被定为全省油茶林基地县，浏阳茶油因品质闻名于省内外，成为湖南优质茶油的杰出代表，多次被作为湖南省和长沙市的特色农副产品代表，赠送给国内外友人。

独特的自然因素、特殊的加工工艺、人文因素，造就了浏阳茶油以下几个方面的特定品质：其一，浏阳茶油油茶籽果卵呈球形，果皮发亮，红皮果红中带黄、青皮果青中带白，果皮基本无茸毛，茶果有部分微裂，茶籽呈黑褐色。其二，浏阳茶油感官色泽金黄或浅黄，澄清透明，气味清香，味道纯正，具有浏阳茶油固有的气味和滋味，不含磷酸和有机物杂质，凝固点较低，不易冻结，耐贮藏。其三，浏阳茶油不饱和脂肪酸含量达85%以上，油酸含量76%~87%，亚油酸含量7%~14%，含有茶多酚、山茶苷、山茶皂等多种营养成分，苯并芘含量低甚至未检出，不饱和脂肪酸含量高于普通茶油。其四，浏阳茶油烟点达210℃以上，高于普通茶油，烹饪时油烟较少，不起泡，清澈明亮，是人类的理想食用油。

为做大做强浏阳茶油产业，浏阳市政府和粮食局等职能部门始终坚持以市场需求为导向，大力推动浏阳茶油产业集约化、规范化、标准化发展，实现了茶油产业数量、质量稳步提升。积极推进采穗圃、繁育圃、品种观测园建设，大力推广丰产技术，高标准建设采穗圃100亩，科学培育"湘林"和"三华"优良品种营养袋苗木100余万株，建成10万亩丰产林基地、5000亩以上相对集中连片示范基地2个。先后投入800万元打造以企业为主体的"浏阳茶油"区域公共品牌、1000万元用于深加工技术研发、1000万元培育加工龙头企业、2000万元扶持油茶庄园示范基地建设，扶持企业创建了聚尔康、贵太太、美津园、湘纯、金霞、湾公坡等一批省内外知名茶油品牌。为加强公共品牌的创建工作，促进浏阳广大山区经济结构调整和全市经济的发展，2018年12月，按照浏阳市人民政府授权，浏阳市粮食局牵头，指导浏阳市茶油产业发展促进会依照程序向国家知识产权局启动"浏阳茶油"地理标志证明商标申请和公共品牌建设工作。

（作者：湘盾知识产权　甘磊）

大 事 记

体育中心　　　　（浏阳电视台航拍图片）

1 月

4 日　浏阳市城市广场项目开工。

8 日　由中国工程院院士袁隆平领衔、浏阳高新区湖南袁创超级稻技术有限公司总裁邓启云为第二团队带头人的“袁隆平杂交水稻创新团队”获评 2017 年度国家科技进步一等奖。

是日　由浏阳市住房和城乡建设局牵头制定的《浏阳市海绵城市建设工作方案》正式发布。

8—9 日　政协浏阳市第十届委员会第三次会议在欧阳予倩大剧院召开。

9 日　湖南加农正和生物制药一期工程竣工。

9—11 日　浏阳市第十七届人民代表大会第三次会议在欧阳予倩大剧院召开。

11 日　浏阳市监察委员会正式揭牌成立。

是日　浏阳市第十七届人民代表大会举行第三次全体会议，选举浏阳市监察委员会主任，补选浏阳市第十七届人民代表大会常务委员会委员，秦跃平当选为浏阳市监察委员会主任。

12 日　浏阳市地方海事处联合渔政、水务、国土等部门，以及镇头镇政府，开展“僵尸船”专项清理执法行动，在浏阳河镇头段水域范围内清理出大小船只 20 余艘。

13—27 日　浏阳市石牛寨风景区第二届民俗年味文化节举行。

16 日　“网络诚信•消费无忧”2017 年度浏阳市“十佳诚信网商”评选活动颁奖暨产业发展交流会举行。湖南蜜蜂哥哥蜂业有限公司等 10 家企业获评为 2017 年度浏阳市“十佳诚信网商”，湖南宝升塑业科技开发有限公司等 10 家企业获评选提名奖。

是日　由国家安监总局监管三司副司长张兴林带队，国家安监总局、公安部、国家质检总局组成国务院安委办督导组到浏阳，对全市烟花爆竹旺季安全生产工作进行督导。

17 日　浏阳市被评为 2017 年度“全省美丽乡村建设先进县”，文家市镇沙溪村获评“湖南省美丽乡村建设示范村”。

17—19 日　由中共浏阳市委、市人民政府和湖南省美协联合举办，浏阳市委宣传部、市文体广电局、市文联和市美协承办的“生态•人文”浏阳美术作品晋省汇报展在湖南省画院美术馆举行。

20 日　东莞市湖南浏阳商会成立大会暨浏阳招商推介会在东莞举行。

是日　浏阳“引老乡、回故乡、建家乡”恳谈会暨北京浏阳同乡会在北京工业大学举行。

24 日　中华全国总工会党组书记、副主席、书记处第一书记李玉赋率全总慰问团到浏阳看望慰问（蓝思科技）一线职工、困难职工，开展送温暖活动。

25—26 日　湘赣边区域开放合作主题联席会在江西省铜鼓县召开，井冈山、莲花、醴陵、浏阳、平江、上栗、铜鼓、万载、修水、永新、遂川、湘东、桂东 13 个县（市、区）达成共识，签署“创新生态文明制度体系•推进湘赣边区域共发展”行动计划。

29 日　蓝思科技股份有限公司“一种能延长化学钢化熔盐使用寿命的添加剂”专利（专利号：ZL201010555918.4）获 2017 年度湖南省专利奖二等奖，湖南安邦制药有限公司“用于治疗慢性支气管炎的胶囊及其制备办法”专利（专利号：ZL200510008795.1）获 2017 年度湖南省专利奖三等奖。

31 日　浏阳花炮传统小产品生产企业及保护产品第一批名录公布，54 家企业、6 个产品上榜。

2 月

1 日　总投资 5 亿元的山东水星汽车零部件生产及总部研发中心项目正式签约，落户浏阳高新区。

是日　《浏阳市建设领域农民工劳动报酬保证金实施办法》出台。

是日　《浏阳市知识产权补助办法》出台。

2 日　长沙（国际）健康生态科技产业园样板区项目在浏阳经开区正式开工。

是日　浏阳市通过“可再生能源建筑应用示范县”检

查验收。

3日　湖南省人民政府办公厅印发《湖南省人民政府办公厅关于对2017年度真抓实干成效明显地区予以表扬激励的通报》，浏阳市以"最多跑一次"为代表的"放管服"改革、推动"多证合一"和工商注册制度便利化工作以及推动"互联网＋政务服务"、落实信息归集共享、信用激励和失信联合惩戒、"双随机、一公开"等事中事后监管、推动实施"中国制造2025湖南篇"、促进工业稳增长和转型升级、工业企业走出去和产业招商引资等工作获省政府表扬。

6日　长沙市委副书记、代市长、湖南湘江新区党工委书记胡忠雄到浏阳调研。

7日　中国共产党浏阳市第十二届纪律检查委员会第三次全体会议召开。

8日　长沙市人大常委会主任程水泉率长沙市人大常委会办公厅、长沙市发改委、天心区等有关单位负责人到浏阳市张坊镇富溪村调研精准扶贫工作。

11日　长沙市2017年度领导班子绩效考核通报讲评暨2018年度重大项目推进大会上，浏阳获评长沙市2017年度绩效考核县(市、区)组第一名。

12日　浏阳下发《浏阳市关于进一步深化"最多跑一次"改革　着力推进"马上办、就近办、网上办、帮代办"实施方案》，将就业、教育、医疗、生育、户口、住房、养老、抚恤等方面的28项政务服务事项，依法下放到全市乡镇(街道)实施。

23日　《关于加快推进浏阳市工业新兴及优势产业链发展的实施意见》《2018年市级领导联系新兴及优势产业链和重点企业(工业类产业项目)安排表》发布，确定全市15个工业新兴及优势产业链(显示功能器件、生物医药、先进复合材料、绿色食品、烟花爆竹、碳基材料、医疗器械、新能源汽车、再制造、智能装备、母婴用品、汽车及零配件、花炮机械及原辅材料、家居、环境治理技术及应用产业链)，并明确市级领导作为各个产业链的"链长"，着力推进产业转型升级，推进实体经济做大做强。

23—25日　第十八届浏阳家博会在市体育运动中心举行。

24日　总投资620余万元的VOCs治理项目正式在位于浏阳市两型产业园的湖南佳年华包装有限公司建成并投入使用。

同日　浏阳市出台《关于贯彻〈湖南省机动车停放服务收费管理办法〉的实施细则》，明确浏阳机动车停放收费标准。

26日　《浏阳市新建商品房预售资金监管办法》出台。

是日　湖南省林业厅发布通报，授予浏阳湖国有林场等全省15个林场为"湖南省秀美林场"称号。

是日　由浏阳市政府和安化县政府共同主办的浏阳市第十五届"揽万名英才•助浏阳腾飞"招聘会在安化县举行，1567名安化求职者与浏阳企业大成就业意向。

是日　蓝思科技股份有限公司、浏阳市荷花精工机械制造有限公司上榜第三届"湖南省十大知识产权领军企业"。

27日　浏阳市人民法院园区法庭获评"2013—2017年全省法院先进集体"。

是月　提质改造后的普(迹)官(桥)公路全线通车。《浏阳市氮肥厂—浦梓港片区控规修编及城市设计》方案通过评审。

3月

10日　2018年浏阳市"春•赏花季启动仪式暨达浒镇第五届油菜花节开幕式举行。

14日　浏阳市第十七届人大常委会第十四次会议召开，决定任命屈湘水为浏阳市人民政府副市长。

3月16日　长沙市委联动交叉巡察第八组在市水务局开展为期两个月的巡察。

24日　浏阳市集里医院卒中中心授牌暨湖南省卒中中心建设和基层综合防治经验交流会在浏阳举行。

是日　由浏阳市妇幼保健院发起，湘赣边孕产大保健联盟正式成立。

26日　"浏通天下"浏阳农特产展示中心和浏阳供销"浏通天下"电商运营中心正式对外开放。

27日　湖南省农产品地理标志现场推进会在浏阳召开。

是日　"压实企业安全生产主体责任年"活动启动。

28日　浏阳市金融办、浏阳市经信局联合举办"银企对接在一线"中小企业专场活动。

30日　浏阳市首支人民调解志愿者队伍在沙市镇成立。

31日　"英才汇'浏'、我心飞'阳'2018年专业英才引进见面会"在欧阳予倩大剧院举行。

是日　提质改造后的西湖山上山公路通车。

4月

1日　浏阳市交通运输管理所出台《查处脱离动态监控行为五条刚性执法标准》，明确对全市危货运输车辆脱离动态监控的查处标准。

2日　浏阳和株洲两地水务部门联合查处首例跨市州水事违法行为。

3日　浏阳市文联的"到人民中去"主题文艺活动获评2017年度长沙市"一会一品"十大优秀文艺品牌活动；浏阳市欧阳予倩文化艺术中心入选第一批长沙市文艺创作基地名单。

9日　全国政协委员、中国文联副主席、中国民协主席潘鲁生一行到浏阳，实地调研浏阳菊花石雕和浏阳夏布手工织品等民间传统文艺项目和手工艺品。

11日　澄潭江镇与江西省上栗县桐木镇、鸡冠山镇、金山镇分别签订流动人口服务管理区域协作协议，结为流动人口卫生计生服务管理友好单位。

16—20日　来自益阳、永州、张家界、常德市的100名村党支部书记在浏阳市委党校，参加全省贫困村暨民族地区与革命老区村党支部书记集中轮训。

18日　湖南省粮食行业发展暨粮食质量安全监管、安全生产工作和"优质粮油工程"推进现场交流会议在浏阳召开。

19—22日　浏阳第二届家具展销会在浏阳国际家具城举办。

20日　以“崛起2018”为主题，浏阳市第十一届商务节暨第十八届浏阳车展、阿里巴巴电子商务浏阳上线启动仪式在浏阳市体育中心举行。

是日　原湖南出入境检验检疫局驻浏阳办事处统一以星沙海关名义对外开展工作。

是日　中国·浏阳山茶油产业联盟成立大会暨“乡村振兴与茶油产业发展”学术报告会在浏阳举行。

是日　蓝思科技股份有限公司生产七厂数控加工中心车间获评2018年“全国工人先锋号”。

24日　全市贯彻执行中央八项规定精神专项治理工作推进会召开。

是日　浏阳市呼吸疾病专科联盟成立大会在市中医医院举行。

是日　中国肺癌防治联盟浏阳肺结节诊治分中心在浏阳市中医医院举行授牌仪式。

25日—5月20日　2018年中国森林旅游节中国湖南(浏阳)大围山杜鹃花节举行。

27日　长沙电网“630攻坚”行动首个智能站——浏阳220千伏生药变扩建工程顺利送电。

28日　浏阳市肿瘤专科联盟成立。

5月

2日　浏阳市正式下发《浏阳市促进社会投资十条》，内容包括支持工业增加投资、支持花炮产业发展、支持农业产业化、支持民间资本办学、支持文化体育旅游业发展、支持民营医疗和养老机构发展、支持商贸业发展、支持建筑业发展、促进房地产业健康发展、鼓励金融机构支持实体经济十条政策措施。

3日　浏阳作为“土地节约集约利用、土地利用秩序、土地利用计划执行好”的县(市、区)上榜《国务院办公厅关于对2017年落实有关重大政策措施真抓实干成效明显地方予以督查激励的通报》，2018年奖励用地计划指标1000亩(自然资源部组织实施)。

4日　浏阳市中医医院被湖南省卫生计生委、湖南省中医药管理局授予“湖南省优质护理服务表现突出医院”称号。

6日　浏阳·宁乡书法联展暨浏阳书法院揭牌仪式在唐家洲三路6号举行。

8日　省委副书记、省长许达哲到浏阳调研“互联网+政务服务”工作，并考察大瑶镇政务服务中心。

9日　官渡镇(龙舟、舞龙和剪纸文化)入选2018—2020年度“湖南民间文化艺术之乡”名单。

10日　市政协“利用历史遗产打造浏阳旅游文化特色”对口协商会议召开。

是日　浏阳经开区警务服务大厅正式运营。

11日　湖南首个再生水综合利用项目在浏阳经开区正式投入使用。

14日　浏阳市图书馆获评第六次全国县级以上公共图书馆“一级图书馆”。

17日　浏阳高新区上榜湖南省开发区2017年度节约集约用地模表彰奖励名单(一等奖)，奖励用地计划指标20公顷。

18日　蓝思科技集团揭牌成立。

22日　浏阳市政府与新松机器人投资有限公司、北京恒烁挚安自动化科技有限公司共同签署《防暴机器人暨烟花爆竹产业智能制造框架合作协议》，推动浏阳花炮由智能机器人生产。

25日—8月31日　浏阳市全面启动车辆超限超载专项整治行动。

28日　由浏阳经开区开往长沙的融长公交正式开通。开通827路和826路两条公交线路。

29日　浏阳市35千伏官渡变10千伏南溪线成功送电。

30日　庆祝浏阳市计划生育协会成立30周年暨首届中国医师节、第107届国际护士节文艺汇演在欧阳予倩大剧院上演。

是日　由共青团湖南省委和省扶贫开发办公室指导的芒果TV助力“青e工程”精准扶贫建设启动仪式在浏阳市大瑶镇汉唐艺术公社举行。

31日—6月2日　2018中国(浏阳)国际烟花爆竹交易会在大瑶国际花炮商贸城举行。

6月

1日　浏阳城区停车开启“收费模式”。

是日　浏阳市智慧停车系统启动运营。

1—5日　由长沙市体育局、浏阳市政府主办的长沙市“公仆杯”篮球赛在浏阳市体育中心举行。

3日　全市加快实施乡村振兴战略动员大会召开，并下发《关于全面落实乡村振兴战略的意见》和《浏阳市乡村振兴三年行动计划(2018-2020年)》。

4日　湖南诚源电器股份有限公司正式在全国中小企业股份转让系统挂牌。

是日　浏阳获评第四批“全国法治县(市、区)创建活动先进单位”。

5日　湖南省南方水稻黑条矮缩病防控暨水稻拌种技术现场会在浏阳北盛镇召开。

5—6日　长沙市委常委、浏阳市委书记黎春秋率队到邵阳县、龙山县茅坪乡开展对口帮扶活动。

6日　湖南省摔跤柔道跆拳道训练基地落户浏阳。

7日　浏阳市文学艺术界第九次代表大会召开。

是日　大瑶镇与上栗县上栗镇、杨岐乡及安源区青山镇分别签订流动人口卫生和计划生育服务管理区域协作协议。

8日　2018年香港长沙商会第三届就职典礼暨“牵手香江·相约浏阳”2018年浏阳(香港)招商推介会在香港举行。

是日　“党的十九大光辉照乡村”文艺村村演启动仪式暨首场文艺演出在欧阳予倩大剧院举行。

9日　2018年浏阳市文化和自然遗产日非遗保护主

题展演活动在浏阳河广场举办。

16日　胡耀邦故里旅游区游客中心正式启用。

20日　蒙华铁路大围山隧道正式贯通。

23日　浏阳首个"隆平文化驿站"在淳口镇炉烟村正式挂牌成立。

23日　浏阳市第三届全民健身运动会开幕。

25日　浏阳市5个文化产业品牌上榜长沙市首届文化消费品牌榜,"智慧浏阳河"文创基地获评"文化消费十大地标",中国(浏阳)国际花炮文化节(浏阳花炮连锁经营有限公司)获评"文化消费十大品牌",浏阳心之夏文化创意有限公司、湖南玉叠妃中国彩色菊花石有限公司、浏阳市金盾飞航植保有限公司获评"文化消费示范单位"。

25日　农业农村部发布公告,"浏阳黑山羊"等全国70个农产品准予国家农产品地理标志登记。

26日　浏阳市道路交通事故快处快赔服务中心正式启用。

28日　由长沙市安委办、浏阳市政府主办的浏阳市有限空间作业中毒窒息事故应急救援演练在浏阳北控水务建设有限公司举行。

29日　浏阳市第十七届人大常委会第十五次会议决定任命邓凡为市人民政府副市长(挂职至2018年1月);通过《关于调整浏阳市第十七届人民代表大会常务委员会代表资格审查委员会部分组成人员的决定》。

是日　位于浏阳经开区的长沙e中心项目通过国家住建部"广厦奖"评审专家和湖南省评审专家组的联合复审。

29日,浏阳市举行庆祝中国共产党成立97周年大会。

30日　蕉溪乡正式撤乡建镇。

是日　城市广场项目竣工。

是月　市住房保障局建立的住宅专项维修资金微信缴存平台正式投入使用。

7月

2日　《浏阳市城市总体规划(2001—2020年)(2018年修订)》正式对外公布。

是日　《浏阳市浏阳河流域500—1000米范围内畜禽养殖退出工作方案》发布。

是日　中国科学院院士、南京理工大学研究员、南京理工大学发射动力学研究所所长芮筱亭,南京理工大学化工教授、博士生导师潘功配一行到浏阳考察烟花爆竹企业,并举行花炮产业座谈会。

3日　普迹镇书院新村(爽健毛豆)被认定为国家农业农村部第八批"全国一村一品示范村镇"。

是日　赛迪顾问县域经济研究中心发布《2018年中国县域经济100强》,浏阳市排名第14位。

5日　市中医医院院通过中国卒中中心联盟(CSCA)认证,获评"综合卒中中心"。

6日　湖南日报社浏阳融媒体中心成立暨新湖南客户端浏阳频道上线活动在浏阳市举行。

10—12日　自然资源部党组成员张德霖一行到浏阳督察农村土地制度改革三项试点工作。

11日　浏阳经开区与湖南师范大学签订关于开展合作办学、医疗合作、科研协作、深化服务等战略合作协议。

12日　浏阳市智慧农业管理平台正式启动。

是日　国际标准化组织(IOS)主席John Waiter一行到浏阳考察国际标准化组织/烟花爆竹技术委员会秘书处(IOS/TC264秘书处)的工作开展情况。

是日　浏阳市第三届"杜鹃花"杯舞蹈大赛优秀节目展演活动在欧阳予倩大剧院举行。

是日　小鱼公共电单车进驻浏阳城区。

14—15日　首届"健康湖南"全民运动会乒乓球海选系列比赛暨"瑶悦城·兴乡杯"湖南省首届乡镇乒乓球比赛在大瑶镇百胜体育运动中心举行。

20日　国家税务局浏阳市税务局正式挂牌成立。

是日　2018年第二季度湖南好人榜发布仪式暨中国好人与湖南好人(长沙·浏阳)现场交流活动在浏阳举行。

21日　广州市湖南浏阳商会成立庆典暨浏阳市(广州)招商推介会在广州举行。

26日　全市基层党建工作重点任务暨城市基层党建工作推进会议召开。

28日　金刚镇教育基金会正式成立。

8月

1日　浏阳市档案馆获批为"长沙市爱国主义教育基地"。

2日　浏阳市人民政府被认定为第一批国家级消费品标准化试点项目(烟花爆竹标准化示范区)承担单位。

8日　浏阳高新区管委会与深圳市豪恩声学股份有限公司举行豪恩声学智能制造项目投资合同签订仪式。(总投资50亿元的豪恩声学智能声学总部生产基地签约落户浏阳高新区。)

8—10日　由中国日用化学工业研究院、浏阳经开区管委会主办的2018中国氨基酸型表面活性剂高峰论坛在长沙举行。

9日　胡家路(道吾山路—博德路)、予倩路(胡家路—南泥湾路)、博德路(胡家路—南泥湾路)竣工通车。

10日　大瑶镇试行农村宅基地审批会审制度。

10—16日　来自亚洲、非洲、南美洲15个国家政府农业机构的56名代表到永安镇水稻种植基地了解水稻栽培技术推广及应用情况。

15日　永安镇入选湖南省第二批经济发达镇行政管理体制改革试点镇。

18日　湖南家谐家具产业孵化园开建。

20日　人民银行浏阳支行账户影像传输系统上线正式运行。

20日　南泥湾路(道吾山路－西北环线)通车。

22日　浏阳印发《浏阳市安全生产巡查工作制度》和《市委、市人民政府领导班子成员安全生产工作责任清单》两个文件。

23日　浏阳市举行2018年专业英才博士生签约暨

选调生见面会。

24日　浏阳市召开中央环保督察“回头看”暨配合省级环保督察整改工作部署推进会。

27日　浏阳市成功开通阿里巴巴兴农扶贫频道官方服务站。

28日　浏阳市人民检察院检察服务中心正式揭牌并对外开放，由浏阳市人民检察院控诉科与市司法局法律援助中心联合办公。

29日　蓝思科技集团上榜“2018中国民营企业500强”榜单，从2017年的第139位升至第108位，“2018中国民营企业制造业500强”榜单排名第52位。

30日　由民政部审批立项，中国肢残人协会与中国社会福利基金会共同发起的大型公益慈善项目——“站立计划—中华骨病康复万里行救助项目”及儿童矫治手术项目免费筛查活动在普迹镇政务中心举行。

31日　关口街道商会大厦楼宇党总支成立。

是月　淮川街道朝阳社区建立流动党员“1+2”（“1”即建立社区流动党员驿站；“2”即设置一套“流动党员主题党日”套餐，建立一套流动党员“联络、管理、服务、反馈”机制，让每一名流动党员都能找到组织、融入组织生活、参与组织活动）常态化管理体系。

9月

1日　2017年开工建设的道吾学校开学。

3日　袁创超级稻湖南省院士专家工作站在浏阳高新区揭牌。

4日　浏阳市就医“一卡通”项目启动仪式在市人民医院举行。

是日　长沙市经济发达镇行政管理体制改革推进会在大瑶镇召开。

7日　由省土肥站和省肥料协会主办的蔬菜有机肥替代化肥示范现场观摩暨长株潭地区种植结构调整肥料产需对接会在沿溪镇沙龙村召开。

10日　“传承文化精粹，培育厚德人才——中山希望书屋捐建暨传统文化进校园”活动在镇头镇柏树学校举行。

10—14日　志力烟花、金生花炮集团、官渡烟花集团、东信烟花集团等18家浏阳花炮企业参展在美国堪萨斯州威奇塔市举办的2018美国NFA国家烟花展览会。

13日　“浏阳黑山羊炖粉皮”菜品获评2018中国国际食品餐饮博览会·寻找“第三道湘菜”总决赛菜品特金奖。

15—17日　由中国国际文化传播中心主办的“水墨聚焦·中国梦·爱国情”——纪念谭嗣同殉难120周年书画展在北京民族文化宫举行。

17日　湖南省委统战部授予浏阳市龙伏镇龙伏村等全省30个村为2018年度第一批省级同心美丽乡村。

18日　胡耀邦同志纪念馆升级为国家二级博物馆。

21日　浏阳市戊戌年秋季祭孔大典在浏阳文庙举行。

是日　“丰收浏阳”浏阳市庆祝首届“中国农民丰收节”主题活动在文家市镇秋收广场举行。

23—26日　由中国民间文艺家协会、湖南省文学艺术界联合会主办，湖南省民间文艺家协会、中共浏阳市委、浏阳市人民政府承办，浏阳市民间文艺家协会协办的“我们的节日·中秋”活动在浏阳举行。

25日　全国人大环资委《土地管理法》修改调研组到浏阳调研浏阳市土地管理情况。

26日　浏阳举行继创者联盟成立暨民营企业庆祝改革开放四十周年座谈会。

26—28日　全国活化林地经营权促进规模经营现场会在浏阳市召开，浏阳市等8个改革试点单位作典型发言。

27日　浏阳入选省资本市场县域工程试点单位。

28日　蓝思科技股份有限公司、湖南尔康制药股份有限公司、湖南一朵生活用品有限公司上榜2018湖南省民营企业百强名单。

29日　湖南省2018年农业机械化秸秆综合利用现场演示活动在浏阳举行。

30日　浏阳市数据资源局正式成立。

是日　浏阳市颁发首批“企业家绿卡”。

是日　浏阳市中医医院大围山镇120急救分站正式设立运行。

10月

2日　2018年浏阳烟火大会暨第八届国际音乐焰火大赛在花炮观礼台举行。

8日　2018年国家粮食丰产科技工程现场观摩与评议会在浏阳北盛绿色（有机）试验示范基地召开。

8—26日　第六届湖南艺术节全省基层院团展演暨第五届欧阳予倩艺术节在浏阳举行。

12—14日　由中国中西医结合学会主办的“第十五届全国烧伤创疡学术会议”及“2018年湖南省中医药和中西医结合学会烧伤专业委员会暨长沙市中西医结合学会烧伤整形专业委员会学术年会”在浏阳举行。

16日　由省老龄办、省老科协主办的2018年“银龄行动”暨“老科技工作者日”湖南主会场活动在龙伏镇举行。

19日　浏阳高新区首所职业技术学校——中协高新科技学校正式启动建设。

是日　湖南省全民国防教育基地授牌仪式在浏阳市举行，省国教办、省教育厅有关负责人为浏阳市中澳蓝鹰国防主题公园授予由省政府颁发的“湖南省国防教育基地”牌匾，并授予浏阳市三中由教育部颁发的“全国中小学国防教育示范学校”牌匾。

19—21日　湖南浏阳（镇头）2018首届油茶文化产业博览会在镇头镇举行。

22日　以“携手乡村振兴，贡献政协力量”为主题的湘鄂赣边境毗邻县（市、区）政协工作研讨会第46次会议在浏阳举行。

是日　浏阳全面启动第三次国土调查。

是日　浏阳市政府与深圳市中航盈富投资控股有限

公司就“浏阳红星美凯龙国际家居博览中心”项目签订合作协议。

23—24 日　浏阳市开展实施乡村振兴战略现场观摩活动并召开点评会议。

24 日　浏阳市人民法院报送的《多措并举谋创新，合力攻坚执行难》案例入选最高人民法院司法改革领导小组印发的《人民法院司法改革案例选编(四)》。

25 日　浏阳市德盛斋食品厂品牌“德盛斋”被认定为湖南省第四批“湖南老字号”。

26 日　中国供销节目制作中心成立暨挂牌仪式在浏阳广电中心演播大厅举行。

是日　长沙银行与湖南大学联合课题组共同发布《湖南县域金融基本竞争力评价报告》，浏阳市位列全省“金融强县”第二。

30 日　浏阳市电子商务产业园开园。

是日　浏阳举行选树“浏阳工匠”暨劳模宣讲大会，选树出第一届 10 名“浏阳工匠”和 10 名“优秀工匠”。

31 日　2018 年“湖南海外侨胞故乡行——走进浏阳”活动举行，来自 40 个国家和地区的近 150 名海外侨胞参加活动。

是月　胡耀邦故里入选 2018 年“全国中小学生研学实践教育基地”。

是月　2017 年 3 月启动建设的浏阳市强制隔离戒毒所正式投入使用。

是月　浏阳市人民医院心血管内科、呼吸内科、内分泌科、普外科、骨科、妇产科 6 个专科入选 2018 年中国医院品牌专科评选县域 20 强。

11 月

6 日　多鲜食品(昆山)有限公司与浏阳市两型产业园管委会在上海就食品自动化生产线项目举行签约仪式。

7 日　浏阳市启动“一圈两场三道”(2018 年、2019 年两年打造 13 个“15 分钟生活圈”；新增停车场 16 处、停车位 8718 个，改扩建农贸市场 8 个；改造、新建人行道 14.89 千米，新建自行车道 15.23 千米，打造健身步道 2 条、文化步道 3 千米)工作。

8 日　浏阳市组织开展“她力量·家最美”——2018 年“美家美妇共建幸福浏阳”分享暨促进会活动。

是日　长沙(国际)健康生态科技产业园签约落户浏阳经开区。

13 日　《浏阳市促进企业上市工作实施办法》出台。

是日　天岳碳化硅材料项目(国内第三代半导体碳化硅材料项目及成套工艺生产线)开工。

18 日　胡耀邦同志塑像揭幕仪式在浏阳举行。

20 日　浏阳市第一届“廉政文化周”启动仪式暨“传承清正家风·建设廉洁浏阳”恳谈会举行。

是日　金阳巴士主城区公交线路开通仪式在浏阳公交总站前坪举行，22 路、23 路公交线路正式开通，25 辆纯电动公交车投入运行。

是日　由浏阳市永红艺术团创作演出的大型花鼓戏《胡子将军》晋京演出。

是日　位于市妇幼保健院南侧的立体停车库正式对外开放试运营。

是日　浏阳启动资本市场县域工程试点工作，试点期限 3 年。

23 日　“清风润浏阳　传承好家风”主题分享会在欧阳予倩大剧院举行。

23 日—12 月底　浏阳市第六届网络文化节举行。

23—25 日　第十九届浏阳车展在市体育中心举行。

24 日　浏阳市民办教育党委成立。

是日　荷花街道商会挂牌。

是日　《中国城市全面建成小康社会检测报告2018》发布，浏阳市排名“2018 中国县级市全面小康指数前 100 名”第 24 位，20 个“新时代中国全面建成小康社会范例城市”中名列 10 个县级市之一。

26 日　生态环境部土壤环境管理司司长苏克敬一行到浏阳，对该市土壤污染详查、涉重金属重点行业企业排查、土壤污染综合防治先行区建设等工作进行调研。

28 日　浏阳市城区公交线路移动支付系统正式上线。

是日　华语视觉智能车灯生产基地项目在浏阳高新区正式开工建设。

29 日　浏阳市人民政府办公室发布《浏阳市社会信用体系建设三年行动计划(2018—2020 年)》。

30 日　城区 26 路公交线路开通，新增 13 台纯电动公交车。

是日　永社公路示范工程全面启动建设。

是日　浏阳城区第二十个社区——淮川街道翠园社区正式成立。

12 月

1 日　浏阳市实施新建商品房买卖合同网上备案。

4 日　中国社会科学院财经战略研究院发布《中国县域经济发展报告(2018)》，浏阳市排名第 14 位。

6 日　浏阳经开区成为“‘一带一路’经济开发与自贸园区联盟”创始会员暨理事单位。

8 日　深圳市豪恩声学股份有限公司声学产品智能制造项目在浏阳经开区开工建设。

是日　2018 年湖南省再制造行业交流会暨湖南省机械装备绿色再制造工程技术研究中心成立大会再浏阳高新区举行。

10 日　福布斯中国发布“2018 中国大陆最佳商业城市榜”，浏阳排名第 91 位。

是日　浏阳经开区管委会分别与中国电建集团国际工程有限公司、中国水利水电第八工程局有限公司以及友谊国际工程咨询有限公司签订合作框架协议各方将凭借资金、技术和经验，牵头筹建乌干达湖南产业园。

11—12 日　中部六省自然资源改革第五次联席会在浏阳召开。

12 日　浏阳高新区湖南湖大艾盛汽车零部件装备

制造有限公司、长沙博大机械零部件有限公司、湖南法泽尔动力再制造有限公司3家企业上榜第三批湖南省中小企业“上云”标杆企业名单,其中博大机械、湖大艾盛通过“上云”加快智能制造的案例,入选国家工信部中小企业局编印的《中小企业智能制造实战100例(2018)》。

12—13日　全国人大常委会委员、全国人大农业与农村委员会副主任委员王宪魁一行到浏阳专题调研乡村振兴战略实施情况。

13日　自然资源部不动产登记理论与实务研讨暨现场会在浏阳市北盛镇召开,对“浏阳模式”进行现场观摩。

14日　浏阳上榜全国首批创新型县(市)建设名单(建设主题:科技支撑产业发展)。

14—16日　由浏阳市烟花爆竹总会组织的浏阳花炮传统小型产品规格与命名第一批团体标准专家审查会议召开。

15日　浏阳市人民医院海扶中心正式成立。

16日　北京中郡研究所完成并发布《2018县域经济与县域发展监测评价报告》,浏阳市位列第十八届地区生产总值超过1000亿元的县域经济单位第9位,并成为17个“2018年县域经济与县域竞强争优综合发展范例”之一。

17日　分布在市民之家、长兴湖公园、浏阳河广场、花炮广场、体育中心的5个24小时自助图书馆正式开馆。

19日　浏阳市举行“银企财园通”项目授信仪式暨银企座谈会。

20日　浏阳被全国工商联家居装饰业商会授予“中国楼梯之乡”。

23日　第二届湖南全域旅游与县域经济发展研讨会暨《2018湖南县域旅游经济增长质量报告》发布会在浏阳举行,会上,浏阳作为优秀县(市、区)代表,向全省推介“全域旅游浏阳模式”。

25日　浏阳高新区创新创业园获评湖南省中小微企业创业创新基地。

是月　福布斯中国发布“2018中国大陆最佳商业城市榜”,浏阳与北上广深一同入榜,排名第91位。

是年　全市全面开展“一户多宅”拆除工作。

西湖山游道启动并完成提质改造并对外开放。

浏阳花炮实施“领航工程”十大计划(质量提升计划、智能制造计划、烟火文创计划、金融服务计划、人才培优计划、出口通到建设计划、小产品振兴计划、礼花弹精品计划、标准宣贯计划、协会升格计划)。

浏阳高新区启动企业形象优化工程,沿永阳路、永和路、319国道(高新区段)三条主干道的30家企业完成美化、亮化改造。

思邈公园 （浏阳电视台航拍图片）

浏阳概况

自然地理

【区域位置】 浏阳市地处湘赣边境，湖南省东部偏北，省会长沙市的正东方。市境内浏阳河、捞刀河、南川河分别汇入湘江、渌江，浏阳河、捞刀河为湘江一级支流。大围山、连云山、九岭山为境内主要大山。2015年，根据《湖南省民政厅关于将长沙县跳马镇调入长沙市雨花区的批复》（湘民行发【2015】1号）文件，长沙县跳马镇纳入长沙市雨花区管辖。5月，浏阳市民政局与雨花区民政局对双方界限进行勘测，并在界线起止点埋设界桩。雨花区与浏阳市行政区域界线呈南北走向，全长6.4千米。至此，浏阳市分别与江西省宜春市袁州区、铜鼓县、万载县，萍乡市上栗县；株洲市荷塘区、芦淞区、石峰区、醴陵市；长沙市长沙县、雨花区；岳阳市平江县等11个区（县、市）交界，边界线总长571.75千米；浏阳境内东西长125.8公里，南北长80.9千米，全市居北纬27°51′～28°34′东经113°10′～114°15′，境内总面积5007平方千米。占全省总面积21万平方千米的2.38%。

【地质地貌】 浏阳整个地势东北高峻，向西南倾斜递降。最高峰为大围山主峰七星岭，海拔1607.9米，最低柏加镇渡头村塘湾，海拔37.5米，高差1570.4米。地势高低起伏大。主要山林脉络清楚，皆呈北东至南西走向的雁行背斜山地。岭谷平行相向，形成官渡、大瑶、北盛三个较大盆地和一个浏阳河谷地市内水系发育，地表切割强烈。河曲发育，堆积盛行，出现河漫滩和多级阶地，沿水系形成现代狭长的河谷，溪谷冲积平原。山地丘陵隆起长期处于剥蚀状态，山势陡峭，坡度较大，全县30°以上的占47.1%，25°～30°占12.1%，20°～25°的占10.0%，15°～20°的占7.9%，10°～15°的占5.3%，5°～10°的占2.4%，小于5°的占14.4%。在外营力作用下，现代地貌继续沿着削高填低的趋势发展。市内地质构造与岩性比较复杂，前震旦系的变质岩面积占58.67%，第四纪冲击物占15.48%，红岩占9.01%，花岗岩占8.45%，沙页岩占4.91%石灰岩占2%，沙砾岩占1.48%，在内外营力长期交互作用影响下，形成多样地貌类型。各类地貌组合分布，基本上由东北向西南依次为山、丘、岗平呈阶梯状，并大致沿着浏阳河谷地北、东、南三面呈断续性环带状分层排列递降。同时沿捞刀河、浏阳河、南川河谷地两侧逐级抬升，具有高低分层，逐步过渡的分步规律。

【自然资源】 域内已知有各类矿藏、矿点和矿化点共190多处，其中大型矿床6处中型矿床12处，小型矿床12处。已知矿种有金、银、铜、铁、铅、锌、钨、锡、钼、汞、锑、钴、锰、锂等45种。根据2017年度土地变更调查面积汇总统计（管理控制数），2018年，浏阳市土地调查面积499735.25公顷，其中耕地76895.15公顷、园地4703.09公顷、林地338130.61公顷、草地3499.15公顷、城镇村及工矿用地41590.86公顷、交通运输用地9267.71公顷、水域及水利设施用地19257.21公顷、其它土地6391.47公顷。域内土壤种类多样共有9个土类，18个亚类，63个土属，181个土种。耕型土壤以水稻土和红壤为主，水稻土面积90.60万亩，占全市总面积的14.15%，占耕地面积86.87%，红壤土面积13.64万亩，占旱土面积93.73%，占耕地面积12.97%。域内野生动植物资源十分丰富，根据1999年野生动植物资源普查，列入保护的野生动物有49种，其中国家一级保护动物有云豹、白獾、黄腹角雉、白颈长尾雉、山鹧鸪、黑麂6种，国家二级保护动物有穿山甲等14种，省级保护果子狸等29种。有植物47种。其中一级保护植物有伯乐树、银杏、南方红豆杉3种，二级保护植物有香果树等22种，三级保护植物有穗花杉等22种。主要林业资源有松、杉、楠竹、茶、油茶等。2018年，森林面积32.69万公顷，森林总蓄积1461万立方米，森林覆盖率66.2%，林业产业总产值165亿元，油茶种植面积5.2万公顷，花木种植面积1.07万公顷。域内三大水系：浏阳河由分别发源于大围山北、南麓的大溪河、小溪河汇入高坪镇双江口，流经本市19个乡镇（街道）至长沙市开福区入湘江，全长222千米，域内长175.8千米，流域面积3211平方千米，多年平均水量27.98亿立方米，水能蕴藏量11.44万千瓦，占全市的80%；捞刀河源于石柱峰，流经本市7个乡镇，至长沙市开福区入湘江，全长144千米，域内长78.2千米，流域面积1135平方千米，多年平均水量9.24亿立方米，水能蕴藏量1.91万千瓦；南川河源于江西省万载县金钟湖，至改江入浏阳文家市镇，流经5个乡镇，由金刚镇入醴陵市，经株洲市渌口入湘江，多年平均水量5.33亿立方米，水能蕴藏量0.88万千瓦。

【水文气候】 浏阳属中亚热带季风湿润气候。东北部以中低山为主，夏凉冬冻，光热偏少，降水偏多；中、南部地区，冬少严寒，夏少酷热，光热充足，雨水适中；西北部捞刀河流域属湘中丘陵盆地气候类型。从东部最高点七星岭至西部最低点浏阳河出境处高差1570.4米。气候受地势影响，由湘赣边界山区气候向湘中丘陵盆地气候过渡。且因河谷平原向两侧逐级抬升，平、岗、丘、山依次排列，具有高低分层，逐步过渡的分布规律，从而导致全市水热状况复杂的垂直差异。大围山、连云山两山东北至西南横亘，特别是连云山脉斜劈全市，使北方冷气受阻，因此全市形成亚热带夏长炎热盆地谷地气候区、亚热带夏凉多雨山区台地气候区、夏凉冬冻高山气候区三大块较明显气候区。市内历年平均降水量为1400～1800毫米，山区较多，平原较少，多雨中心在宝盖一带山区及大围山、连云山地区，年雨量为1700～1800毫米，原宝盖乡寒婆坳高山记录曾达2200毫米。少雨地带在西部盆地和大瑶以南的平原地，年平均雨量在1500毫米以下。2018年天气气候情况复杂，年平均气温异常偏高，为18.4℃，比历年同期平均偏高0.9℃，为有气象记录以来的第一高值年；极端最高气温38.2℃，出现在8月12日，极端最低气温-4.1℃，出现在2月6日；除入春时间与历年相同外，入夏、入秋、入冬时间均推迟，其中入夏推迟7天，入秋推迟8天，入冬推迟34天。降水偏少，年降水量仅1231.6毫米，比历年同期平均偏少319.7毫米，偏少21%；雨日153天，较历年平均偏少5天；雨季开始于4月12日，较历年平均推迟10天，雨季结束时间不明显；全年共出现11次区域性或局地暴雨过程，3次全域性暴雨，7月1～10日累积降雨量151.1毫米，出现雨水相对集中期。年日照时数为1516.7小时，较历年同期平均偏少78.1小时。无霜期321天。

建　置

【置县】 《三国志·吴志·周瑜传》载东汉建安十四年(209)，孙权拜周瑜为偏将军领南郡太守，以浏阳为其四俸邑之一。清光绪三十三年(1907)黄徽所纂《浏阳乡土志》断言置县“必始于是时”。建安十五年(210)，鲁肃继周瑜，置汉昌郡，为太守，浏阳属汉昌郡。建安二十二年(217)吕蒙继鲁肃，夺得荆州，长沙郡为吴所有，于是废汉昌郡，浏阳属长沙郡。隋开皇九年(589)，改临湘县为长沙县。大业三年(607)废浏阳，并入该县。唐景龙二年(708)复置浏阳县。元元贞元年(1295)升为州。明洪武二年(1369)复降为县。民国元年(1912)，浏阳属长宝道，3年更道名为湘江道，7年更道名为湘东道，15年(1926)起浏阳属第一行政督察区，26年(1937)成为督察专员公署治所。1949年7月19日浏阳解放。8月浏阳属长沙专区。1952年9月长沙专区更名湘潭专区，1968年又更名湘潭地区，浏阳隶属关系均未变。1983年2月，国务院批准撤销湘潭地区，浏阳县划归长沙市管辖，是年7月正式接管。1993年2月经国务院批准浏阳撤县设市(县级)，2014年10月在北京召开的中国地名文化遗产保护专家委员会第十八次“千年古县”专家会议上，浏阳市被评为“千年古县”。

【治所】 《湖南通志·古城考》说：“浏阳故城在今浏阳县东……隋大业初，省入长沙县而故城废，唐景龙初复置，即今治，元初迁居仁镇；明初复唐旧治”。清同治县志说：“唐景龙二年复析置浏阳于故城”。但以《古城考》所说为近，即最初在“县东”，也就是民间传说的今治东街口以外旧城隍庙一带地方；从隋大业三年(607)至唐景龙二年(708)的整整百年间，因废县而故城不存；到复置浏阳县时，在故城西面重建县城，宋末，元兵进入浏阳，县城被破坏，元代遂迁治所于居陵镇(又名居仁镇，即今官渡镇)；终因偏于东隅，交通不便，时隔百年之后，明初又迁回今址。民国后县政府数易其址。民国二十七年(1938)以前县政府位于西正街(今总工会附近)。民国27年11月10日被日机炸毁。迁营盘巷迎福寺(今人民医院内)。民国33年(1944)6月10日，县城被日军占领，县政府迁往七宝山凤凰岩曾广益宅。民国34年(1945)日本投降后迁回县城文庙礼乐局内。解放初期。1954年春，迁往才常路谭烈士祠右侧曾子庙院内。1990年7月，于谭烈士祠左侧才常路93号建成八层政府办公大楼，县政府、县人大常委会、县政协同时迁入办公。2004年12月，新建于关口街道汉塘路的行政中心落成，市委、市人大常委会、市政府、市政协全部迁往行政中心。

行政区划

【明清区划】 明嘉靖长沙府志载浏阳“乡四：东南西北……”其境域即今之东南西北乡。宋元时，全县有75个都。明代，110户为一里，里一级，城区叫坊，郊区叫厢。全县原编75甲3坊。明嘉靖十一年(1532)48里2坊。清康熙十九年(1680)县志载，全县原编都44，外加坊厢都6，共50个都，每都10甲，共500甲。清同治县志载，康熙三十年增加7个都，雍正十一年(1733)又增6个都，并原都共63个。至民国10年(1921)，新选的议会召开一届一次常会作出决议，逐渐废除都甲。清咸丰年间，为防御太平军，推行团练制。10户为一牌，若干牌为一社(或称境)，设社长；若干社为一小团，若干小团为一大团，同治元年(1862)，全县共设21个大团，294个小团。

【民国区划】 民国前期，主要沿用清代团的区划。民国元年(1912)就21个大团的范围设立城、镇、乡，计城1(中立)、镇7(古港、永和、张坊、枫林、振西、普安、冲和)、乡13(其余大团其下仍称小团)。次年又撤城、镇、乡，恢复大团。民国5年(1916)，大团全部改为镇，小团全部改为乡，以镇辖乡。民国14年(1925)又于乡下设保甲，保甲以下设闾、邻。民国19年(1930)划全县为东、南、西、北、中5区。次年改为10个区，其具体隶属为：一区辖中立镇，二区辖古港、高坪两镇，三区辖大瑶、枫林两镇，四区辖冲和镇，五区辖蕉溪、永安、北盛三镇，六区辖沙市、全吉、莲溪、绥和四镇，七区辖永和、达浒两镇，八区辖上东、张坊两镇，九区辖文市(里仁)、金刚两镇，十区辖振西镇。此时，小乡已增至300多个。区以下，按“百户以上之村庄地方为乡，百户以上之街市地方为镇”的原则，划为24镇，134乡，镇、乡由领属关系变为平行关系。民国24年(1935)，改设5个区镇，即中立镇和东、南、西、北4个区。区以下并为89个乡镇。民国25年(1936)，改为9个区，民国27年(1938)，废区，划16镇、24乡，下设390保、6871甲。民国30年(1941)，合庆康、福仁两乡为一乡，又增设新安镇，全县共辖17镇、23乡。

【中华人民共和国成立后区划】 1949年8月1日，浏阳县人民政府成立。县下设东区、西区、南区、北区4个办事处，城关区1个区。1950年4月，进行民主建政，废除旧乡保，划全县为14个区，辖6个居委会和201个乡，乡下设村，村下设组。1951年7月，改为27个区，189个乡，6个镇，6个居民委员会。1952年7月，城关改区为镇。其余各区依旧，全县析为570个乡，14个乡级镇，6个居民委员会。1953年2月调整为22个区(镇)，318个乡，12个乡级镇，4个居民委员会。1954年改为21个区，区名由序数改为驻地名称，其中原一区与城关镇合并，改称集里区，驻地迁城关；原四区改称古港区，驻地由三口迁古港；原二十一区改称社港区，驻地由洋春迁社港；其余驻地依旧。1956年下半年，撤销区，将小乡并为大乡，全县共划为61个乡、3个镇。乡以下辖高级社，社以下辖生产队。1958年冬，实现人民公社化，撤销乡镇，成立政社合一的人民公社17个。下辖211个大队和3060个生产队，均为生产与行政合一的基层单位。

1988年，辖11个区，设城关(区级)、永和(区级)、古港、文家市、永安5个镇、62个乡、1008个村，21个居民委员会。1995年6月28日，经省政府同意，长沙市政府办公厅下达《关于浏阳市行政区划调整的通知》，对浏阳市行政区划作以下调整：(一)撤销城郊、古港、官渡、张坊、大围山、大瑶、文家市、镇头、北盛、沙市、社港11个区。(二)保留太平桥乡、葛家乡、溪江乡、官渡镇、达浒乡、白沙乡、大瑶镇、金刚镇、杨花乡、柏加乡、官桥乡、蕉溪乡、赤马乡、山田乡、三口乡、永和镇、淮川街道、集里街道的行政区划不变。(三)将其余49个乡镇调整为22个乡、镇、街道。至2002年末，全市辖4个街道，11个乡，25个镇。2005年，白沙乡与大围山镇合并，山田乡与淳口镇合并，赤马镇与沙市镇合并。2007年4月，撤销高坪乡，设立高坪镇。2008年12月，撤销三口乡，设立三口镇(2009年1月实施)。2009年10月，撤销官桥乡，设立官桥镇。2015年11月，浏阳出台《浏阳市人民政府关于调整部分乡镇行政区划的通知》(浏政发〔2015〕14号)并报经省民政厅批准：杨花乡和大瑶镇成建制合并设立大瑶镇；七宝山乡、永和镇成建制合并设立永和镇；三口镇、古港镇成建制合并设立古港镇；溪江乡、关口街道成建制合并设立关口街道；太平桥镇、集里街道成建制合并设立集里街道。1992年浏阳大围山经国家林业部批准开发建设为国家森林公园，1996年8月1日正式开园。2007年6月8日被评为国家AAAA级景区。2012年6月大围山通过国家地质公园评审。2013年12月被国家旅游局、环境保护部授予“国家生态旅游示范区”。1997年浏阳开发建设浏阳市工业园，先后发展成为联合国工业发展组织在中国唯一的合作园区、浏阳生物医药园、国家医药出口基地等。2006年，获批国家级生物产业基地并更名，成为中西部地区第一个国家级生物产业基地。2010年，获批中部地区第一个国家创新药物孵化基地。2012年3月，被国务院批准为国家级浏阳经济技术开发区，并于同年获批湖南第四家科技兴贸创新基地(生物类)。2013年，园区已开发14平方千米，总投资190亿元，总人口8万；共注册各类企业449家，其中外资企业21家，工业企业230家。园区以生物医药和电子信息为主导，形成生物医药、电子信息和健康食品三大产业集群。2003年，浏阳市在永安镇创建以工程机械和汽车零部件制造为主的工业基地——湖南浏阳制造产业基地。2006年，浏阳制造产业基地管理委员会被长沙市人民政府明确为副县级单位。2012年，园区获批湖南省工业集中区。2013年，获批国家再制造产业示范基地。2015年，获批湖南省新型工业化产业示范基地。2016年，获批湖南省高新技术产业开发区，更名为浏阳高新技术产业开发区。园区总规划面积36.6平方千米，园镇建成区达到面积12.5平方公里，2016年，实现工业产值360亿元，财政总收入11.66亿元，2018年，完成财政总收入16.88亿元、同比增长24.8%，其中税收突破10亿元、同比增长30.58%。获批湖南省中小微企业创业创新基地、湖南省创新方法推广应用及产业孵化基地、中国碳基材料循环利用创新示范基地。在湖南省省级以上产业园区综合评价中位列第五。2000年启动浏阳现代农业园建设，2012年更名为浏阳市两型产业园。2003年3月，浏阳设立浏阳制造产业基地，控规面积30平方千米，至2013年，建成面积7平方千米，拥有规模企业95家，产值过亿元企业20家，高新企业20家。2016年4月，根据《中共湖南省委湖南省人民政府关于开展乡镇区划调整改革工作的意见》(湘发〔2015〕15号)、《长沙市乡镇区划调整改革领导小组关于做好乡镇区划调整改革中合并村工作的通知》(长区改〔2015〕3号)的文件精神，按照《浏阳市建制村合并工作实施方案》(浏办发〔2016〕1号)，浏阳市79个建制村合并工作全面完成。2016年8月，根据长沙市人民政府办公厅《关于浏阳市葛家乡撤乡设镇的通知》(长政办函〔2016〕136号)葛家乡撤乡设镇。2018年6月30日，根据《湖南省民政厅关于撤销浏阳市蕉溪乡设立蕉溪镇的批复》(湘民行发〔2018〕3号)、《长沙市人民政府办公厅关于浏阳市蕉溪乡撤乡设镇的通知》(长政办函〔2018〕79号)、《浏阳市人民政府办公室关于市蕉溪乡撤乡设镇的通知》(浏政办函〔2018〕46号)文件精神，蕉溪乡撤乡设镇。11月30日，市人民政府下达关于设立翠园社区的批复，淮川街道设立翠园社区。2018年，浏阳市辖4个街道：淮川、集里、荷花、关口，27个镇：古港、高坪、沿溪、官渡、永和、达浒、大围山、张坊、澄潭江、中和、文家市、大瑶、金刚、枨冲、镇头、普迹、官桥、柏加、洞阳、永安、北盛、沙市、淳口、龙伏、社港、葛家，蕉溪；1个乡：小河；共323个村（社区），域内另设浏阳经开区、浏阳高新技术开发区、两型产业园、大围山国家森林公园等园区。

传统文化

【非物质文化遗产】 浏阳花炮制作工艺　浏阳花炮制作历史可追溯至唐宋。《中国实业志》载“湖南省爆竹制造，始于唐代，发达于宋末”而“湖南鞭炮之生产，最初发源于浏阳……”传统的浏阳花炮制作工艺全靠手工制作，有12道流程，72道工艺。是湖湘传统文化重要一脉。公元960—1127年（北宋时期），浏阳花炮达到第一个鼎盛时期；清雍正元年（1723），浏阳花炮成为朝廷贡品，清光绪元年（1875）开始出口日本、朝鲜、印度、伊朗、英国和美国、俄罗斯等国。中华人民共和国成立前，最高年产量达14万箱，除内销外，还远销欧美和东南亚24个国家和地区，1933年，获美国芝加哥万国博览会的优秀奖。1986年，在法国摩纳哥举行的第21届世界焰火比赛上，浏阳花炮获得第一名。20世纪90年代，花炮的出口创税总额占到全县的90%以上。2006年5月20日，经国务院批准浏阳花炮制作工艺被列入第一批国家级非物质文化遗产名录。2007年，“浏阳花炮”被认定为中国驰名商标，2008年开始，浏阳花炮先后承担北京、伦敦、里约奥运会、上海世博会、南京青奥会、北京APEC峰会等众多国际重大活动的焰火燃放。2009年“浏阳花炮”证明商标获中国烟花爆竹行业中唯一的“2009年最具竞争力地理标志商标”称号，被评为消费者最喜爱的商标。2011年，“浏阳花炮”以808.62亿元地标当量与茅台酒、五粮液等一起入选全国首批地理标志综合价值指数五星级地理标志，在全国地理标志中排名第五。在第二届“中国文化品牌价值排行榜”评选活动中，“浏阳花炮”文化品牌以价值1028.17亿元位居全国第七，也是湖南唯一进入全国前十位的文化品牌。2018年，全市共有烟花爆竹持证企业557家，其中产值过5亿元的企业有2家，产值过1亿元的企业26个，从业人员达到30万元，花炮产业实现总产值246.4亿元，同比增加7.9%。

花醉浏阳河　（张秋明　摄影）

浏阳菊花石雕刻工艺　菊花石是浏阳独有的工艺美术原料矿产，产于永和镇大溪河底岩石层中，蕴育于二亿多年前，因地质运动而自然形成于岩石中。亦可称“取日月之精华，吸天地之灵气”。其花型酷似异彩纷呈的秋菊，花呈乳白色，且纹理清晰、界线分明、神态逼真、玉洁晶莹、蔚为奇观。据《浏阳县志》记载“清乾隆十五年（1750），欧锡藩首取永和菊花石雕琢石砚，开浏阳菊花石雕工艺之端”“1915年，浏阳老艺人戴清升的“九屏菊花石雕”在巴拿马万国博览会获一等奖，并以“全球一”著称于世界。获奖作品至今保存在联合国博物馆。谭嗣同对菊花石雕曾有“温而德，舒而文”的赞誉。1959年，浏阳将一卷巨型立体雕件“石菊森山”呈献给人民大会堂。1997—1999年，浏阳将两件菊花石雕分别赠送给中国香港、澳门特区政府以此庆祝香港、澳门回归。2008年5月，经国务院批准浏阳菊花石雕刻工艺被列入第二批国家级非物质文化遗产名录。

精雕细刻　（楚海华　摄影）

浏阳文庙祭孔音乐　清道光九年（1829）浏阳县令杜金鉴聘请本县监生邱之稑（1781—1849）组建浏阳文庙礼乐局，邱之稑遵古法历经多年研制由匏、土、革、木、石、金、丝、竹8种材料制作，有匏埙、土埙、革鼓、石磬、编钟、琴瑟、箫笛等古乐器具和包括乐、舞、歌、礼等类似于宫廷古乐的曲目，又称“八音”，曲目通过打击、吹弹、调和音阶汇合演奏，演奏时场面盛大、音律雅淡、静穆温和，因此乐用于文庙祭祀，故称为“文庙祭孔古乐”。浏阳文庙祭孔古乐冲破几千年来“非天子不议礼、不作乐”的禁忌、在发掘整理古代“韶乐”的基础上创制而成，是古代“韶乐”的完美再现，曾独步海内闻名天下，为“全国仅存之物”，尤以清朝末期民国初期最具盛名。1937年湖南大学教授张民钧到浏阳观礼后撰文《国乐古礼在浏阳》。著名音乐家杨荫浏教授称之为“中国古代音乐的活化石”。2014年经国务院批准浏阳文庙祭孔音乐被列入第四批国家级非物质文化遗产名录。

浏阳文庙祭孔

浏阳皮影(传统戏曲) 皮影旧称影子戏,主要表演道具是一种用牛皮经过绘画、裁剪、雕刻、上色、油漆、缝缀等多道工艺做成,制作考究、工艺精湛,是一种地道的工艺品。史料记载:明代中叶以前,浏阳人(包括移民)已草创皮影雏形,在明代中叶至清光绪年间近400年的时间里,浏阳皮影戏渐成规模。浏阳县志载“清光绪年间,县城紫微街谢发昌组织皮影社,并备有多副箱担,供人租用”。“至民国20年(1931),全县已有皮影戏班76个,皮影艺人150余人。民国29年(1940),浏北皮影艺人在永安彭家冲组建皮影戏老面会,入会者达百余人。”浏阳皮影剧目、曲目种类繁多,内容丰富,分为登台戏、正本戏和杂戏,其中花鼓戏曲牌和民间小调逾1000首,正本戏剧目近1000本,杂戏提纲近200个。表演时艺人在白色幕布后面,一边操纵戏曲人物道具,一边用湘剧曲调演唱,同时配以打击乐和弦乐,表演起来生趣盎然、活灵活现。皮影戏道具小演出方便,不受场地限制,深受人民群众喜爱。无论逢年过节、喜庆丰收、祈福拜神、嫁娶喜宴等都请皮影戏班搭台演出。在电影、电视和网络媒体尚未发达的时代,这种带有浓厚乡土气息的民间艺术是域内很受欢迎的娱乐活动,2016年5月,浏阳皮影入选湖南省非物质文化遗产。

皮影表演

浏阳客家山歌 明朝时期,广东梅州客家人迁入浏阳,带来客家文化,客家山歌就是其中的代表,浏阳客家山歌主要流传于域内张坊、大围山、官渡、文家市4个镇18个山乡的客家人群体,是使用客家语言咏唱的山歌。浏阳客家民歌是客家人民的一种口头咏唱文学,极具山区特点。主要内容有歌头、情歌、劳动歌、生活歌、时政歌和对歌。随着江西,福建、广西等地人迁入,客家人口增多,客家山歌渗入多种歌腔特色,打破七字一句,四句一首的局限形式,形成唱词长短灵活,不受拘束,一歌多韵,生动顺口的独一无二的“浏阳客家山歌”。由于长期口头流传,每一位客家人都是歌手,大家在劳动中传唱,在生活中传唱。演唱形式主要有敲锣打鼓的伴唱和一人领唱、众人和声的唱法。浏阳搜集整理成集有3000余首客家民歌,共包括10余部歌类。2016年5月,浏阳客家山歌入选湖南省非物质文化遗产。

客家山歌表演

浏阳夏布 以苎麻为原料,捻纱织成,故又称苎布、麻布。夏布是浏阳传统产品,与花炮、豆豉齐名,有浏阳“三特”之称。域内生产夏布历史悠久,尤以织工精巧,质地细腻著称。明嘉靖十二年(1533年)《长沙府志。食货篇》有“岁造四光,素三色苎丝三百四十匹,浏阳四十六匹”的记载。清光绪二十一年(1895)《湖南通志。食货简》亦载:浏阳苎布有值二三钱一尺者,工细不减湖纱”。早在明朝,浏阳夏布被列为朝廷贡品。光绪二十七年(1901)浏阳夏布开始销往日本、朝鲜、南洋等地。当时,浏阳夏布质量居全国第一,在1910年南洋劝业会上获得优奖。浏阳夏布品质以麻纱粗细、圆扁、毛均及色彩为标准。而以纱细、圆均、光亮鲜艳为上品。添白或染色夏布,经久耐穿,其凉类透汗程度,非其他一般纺织品可比。浏阳夏布尤以织工精巧,质地特别细腻著称,两尺左右宽的纬纱上.经纱排列多达1200多根,这些细小的麻纱,全出自手工创绩。清代中叶是浏阳夏布生产的兴盛时期。《中国实业志》有“浏阳夏布当时年销万筒(即18万匹)”的记载,在国内外享有盛名。据海关记载:“1912年夏布输出朝鲜一万零七百余担,值银九百五十八万余两”。谭嗣同在《浏阳麻利述》中称:“自昔我浏阳麻布战天下之商务。未尝遇敌。”后几经起落,至中华人民共和国成立前夕、产品锐减。中华人民共和国成立后,传统夏布得到恢复,每年组织上万匹销往中国港澳地区及朝鲜、日本、东南亚等地,最多的1986年外贸收购达2万多匹。2018年5月,浏阳夏布获批中国地理标志商标。

浏阳夏布产品

浏阳豆豉传统制作技艺 豆豉既席上调味佳品,又有良好的药用价值,明李时珍《本草纲目》有“豆豉能散寒解表”的记载。浏阳豆豉以其独特的风味,驰名中外,畅销不衰。历史上关于豆豉的记载,始于春秋,到汉代,《史记》、《汉书》中均有有关豆豉的记载。长沙马王堆发掘的西汉古墓中有豆豉姜。传统的浏阳豆豉是以泥豆为主，经浸泡、蒸豆、摊潮、入霉、发酵、出霉、进水围子、转作、出晒、囤堆发酵等20多道工序制成。明初浏阳豆豉曾被列为贡品，清代大量出口日本与南洋。1935年《中国实业志》载："湖南豆豉以浏阳产为最著名"。当时浏阳曾有"无豉不成店，处处豆豉香"的誉称。浏阳农家制作豆豉的历史可以追溯到唐朝中叶。那时浏阳道吾山兴华禅寺，香火旺盛，八方僧侣来朝，挂单于此，餐席间，尝到豆豉，芳香四溢，豉味独特，食欲顿开，不禁称赞，有僧侣带走，云游四方，于是浏阳豆豉，名扬四海。曾有"吾山风光好，浏阳豆豉香，僧侣悠游处，美名传四方"之誉。浏阳豆豉的最盛期，县城和浏阳河沿岸集镇，到处有豆豉作坊，大作坊有58家，年产豆豉4万多担，经营编炮、豆豉的培德厚和谦达利两大巨商在天津、上海、广州、厦门、香港、南洋群岛等地都设有钱庄和货钱。辛亥革命前后，增加了巨商杨福和，当时浏阳豆豉远销日本及东南亚，年出口达一万多担。中华人民共和国成立后，泥豆产区多改种双季稻，泥豆频临绝迹，豆豉产量急剧下降。1981年《湖南日报》刊登"浏阳豆豉几时香"的读者呼声。是年，县科委组织技师陈代国、彭贤希等，首先以北方马拉扁小黑豆替代泥豆为原料，按浏阳豆豉传统工艺试制，获得成功。随后，组织"北豆南移"的试种、推广，解决原料就地供应问题。1982年，域内有国营粉酱厂、永安豆豉厂和太平桥豆豉厂。1983年，豆豉传统品牌"一品香豆豉"恢复生产，是年，浏阳豆豉产销达37万千克，豆豉生产厂家增至30多家。1988年全国首届食品博览会大赛中，"乐意牌"豆豉获金奖，"天马山"牌豆豉获铜奖。2002年，全市豆豉产量达1000多吨。

浏阳蒸菜传统制作技艺　浏阳蒸菜起源于浏阳河的上游——大围山脚下的东区乡镇，隶属于湘菜系列。浏阳蒸菜是一道湖南的传统名吃，属于湘菜，含油脂少、热量低，易于消化吸收。蒸制过程中以水渗热、阴阳共济，清淡养胃。相传起源于明朝，历经500多年发展。浏阳独特的气候和地理环境蕴植出的天然食材，含有丰富的蛋白质、微量元素、维生素等营养物质。特别是氨基酸和含氮物质非常高，使味道更鲜美。独有的加工技法，丰富的食材品味，使浏阳食材更具独特性。2011年8月30日，中国烹饪协会批准授予浏阳"中国蒸菜之乡"称号。2013年1月，浏阳蒸菜获得"中国地理标志集体商标"。2017年2月，浏阳蒸菜晋升长沙市级"非遗"项目。

浏阳市非物质文化遗产名录一览表(截至2018年9月30日)

表3　国家级保护名录(公布机关：国务院)

序号	项目名称	代码	项目类别	公布时间	批次	项目保护单位
1	浏阳花炮制作工艺	Ⅷ	传统技艺	2006年5月	第一批	花炮协会
2	浏阳菊花石制作工艺	Ⅷ	传统技艺	2008年5月	第二批	菊花石协会
3	浏阳文庙祭孔音乐	Ⅱ	传统音乐	2014年12月	第四批	文化馆

续表3-1　省级保护名录(公布机关：湖南省人民政府)

序号	项目名称	代码	项目类别	公布时间	批次	项目保护单位
1	长沙皮影戏(浏阳)	Ⅳ	传统戏曲	2016年5月	第四批	文化馆
2	长沙山歌(浏阳客家山歌)	Ⅱ	传统音乐			文化馆
3	中医正骨疗法(江氏正骨术)	Ⅸ	传统医药			浏阳骨伤科医院
4	长沙花鼓戏(浏阳)	Ⅳ	传统戏曲			浏阳市花鼓剧团

续表3-2　长沙市级保护名录(公布机关：长沙市人民政府)

序号	项目名称	代码	项目类别	公布时间	批次	项目保护单位
1	浏阳河酒制作工艺	Ⅷ	传统技艺	2013年1月	第三批	浏阳河酒厂
2	浏阳小曲古法酿造工艺	Ⅷ	传统技艺	2014年6月	第四批	浏阳市五福堂酒业公司
3	浏阳油饼制作技艺	Ⅷ	传统技艺	2016年12月	第五批	浏阳市油饼制作技艺传承保护协会
4	浏阳夏布					浏阳市夏布制作技艺传承保护协会
5	浏阳豆豉传统制作技艺					浏阳市豆豉制作技艺传承保护协会
6	浏阳手工造纸制作技艺					浏阳市张坊镇云山造纸厂
7	浏阳油伞制作工艺					浏阳市油纸伞工艺协会
8	浏阳蒸菜传统制作技艺					浏阳市蒸菜产业协会

续表 3-3　　浏阳市(县)级保护名录(公布机关:浏阳市人民政府)

序号	项目名称	代码	项目类别	公布时间	批次	项目保护单位
1	浏阳北乡夜歌	X	民俗	2009 年 6 月	第一批	沙市镇
2	浏阳西乡锣鼓	Ⅱ	传统音乐			枨冲镇
3	浏阳放花炮习俗	X	民俗			花炮协会
4	浏阳方言	X	民俗			非遗办
5	浏阳竹马花灯地花鼓	Ⅲ	民间舞蹈			文化馆
6	浏阳纸扎工艺	Ⅷ	传统技艺			永和镇
7	浏阳竹制工艺	Ⅷ	传统技艺			达浒镇
8	浏阳八月庙会	X	民俗			非遗办
9	浏阳沙市包公祭祀仪式	X	民俗			沙市镇
10	浏阳普迹牛马会	X	民俗			普迹镇
11	浏阳麻衣老爷传说	Ⅰ	民间文学			文化馆
12	大围山相思鸟传说	Ⅰ	民间文学			文化馆
13	浏阳西乡锣鼓亭子	Ⅱ	传统音乐			普迹镇
14	浏阳南乡武术	Ⅵ	传统体育游艺与杂技			大瑶镇
15	浏阳南乡舞狮	Ⅵ	传统体育游艺与杂技			大瑶龙狮功夫团
16	浏阳元宵炸火龙	Ⅵ	传统体育游艺与杂技			普迹镇
17	花炮始祖公祭活动	X	民俗			花炮协会
18	浏阳素食菜	Ⅷ	传统技艺			食品协会

【文物】 2018 年全市登录在册的不可移动文物共有 334 处，其中国家级文物保护单位 7 处，省级文物保护单位 30 处，长沙市级文物保护单位 28 处，县级文物保护单位 68 处，一般不可移动文物 211 处。其中革命类文物 72 处，有国有可移动革命文物约 1.6 万余件。

不可移动文物

浏阳文庙　始建于宋，原在县城东，明弘治十五年(1502)迁至县城西，清嘉庆二十三年(1818)迁建于今址(浏阳市淮川街道圭斋中路 81 号浏阳一中校园内)。“中曰大成殿，祀至圣先师”(清同治《浏阳县志》载)道光二十三年(1843)，改建大成殿，而迁崇圣祠于左，增建奎文阁……现存建筑即为当时续修。浏阳文庙座北向南，占地面积 6000 多平方米。中轴线上由南向北依次为万仞宫墙(现开拱型门)、泮池(已毁，现为花坛)、状元桥(已毁)、棂星门(已毁)、大成门、甬道、露台、大成殿、御碑亭。奎文阁位于文庙后山。殿后御碑亭昔有康熙、乾隆所题“斯文在兹”“万世师表”等匾额。殿前月台高 1.67 米，花岗岩铺地，周护石栏。月台之东南、西南两隅耸立着四角重檐攒尖顶舞亭、乐亭，为旧时春、秋祭孔舞乐场所。纵观文庙，金碧辉煌，东西对称，回廊贯通，朱墙环抱，具有典型的清代江南建筑风格。加上后山和奎文阁，其规模更是国内少见。浏阳文庙的祭孔古乐独步海内，闻名天下。文化底蕴深厚。曾国藩曾赠予浏阳文庙“雅淡和平”“精深正乐”两块匾额。谭嗣同曾在奎文阁创办中国近代第一个民间科技团体“新算学馆”。民国时，文庙辟为县立初级中学，胡耀邦、杨勇、李志民等先后在该校就读。1926 年 10 月，中共浏阳县第一次代表大会在大成殿召开并成立以潘心源为首的中共浏阳县首届委员会。同年 9 月，浏阳县第一届农民协会、浏阳第一届妇女代表大会在此召开。

文家市秋收起义纪念馆　秋收起义纪念园景区位于湖南省浏阳市文家市镇人民路 34 号，毗邻 310 省道、荷文公路，总占地 6.987 公顷。1927 年 9 月，以毛泽东为前委书记的中共湖南省委，贯彻执行党的“八七会议”精神，发动领导震惊全国的湘赣边界秋收起义。9 月 11 日，毛泽东率领的中国工农红军第一军第三团攻克浏阳白沙、东门两镇，并于当晚在白沙乡上坪村召开团以上干部会议，在起义遭受严重挫折后，毛泽东毅然主张改变攻打长沙的计划，并以前敌委员会书记的名义，命令各路起义部队到浏阳文家市会合。9 月 19 日，各路部队相继会师文家市里仁学校，当晚，毛泽东在学校成德堂主持召开了前委扩大会议。主要讨论起义部队会师后进军方向这个至关中国革命前途和道路的重大问题。毛泽东分析当时敌强我弱、敌大我小的形势，主张放弃原定进攻长沙的计划去农村深入土地革命，走以农村包围城市最后武装夺取全国政权的革命道路。9 月 20 日，在文家市里仁学校操场召开 1500 多人的会师部队的动员大会，毛泽东作重要讲话。9 月 21 日，毛泽东率秋收起义部队向萍乡方向进发。并于 10 月 27 日，抵达井冈山茨坪，开始创建中国第一个农村革命根据地——井冈山革命根据地的伟大斗争。文家市会师转兵开辟农村包围城市的正确革命道路，进而建立井冈山革命根据地，点燃中国革命胜利的希望之火。文家市秋收起义纪念馆主要包括秋收起义文家市会师旧址、历史陈列馆、积谷仓、秋收广场等。1961 年，会师旧址获评首批全国重点文物保护单位。1974 年正式对国内外观众开放。2015 年，启动秋收起义纪念园改扩建工程，2017 年 9 月竣工。文家市秋收起义纪念馆是全国爱国主义教育示范基地、国家 AAAA 级旅游景区、全国红色旅游经典景区、国家国防教育示范基地、湖南省十大魅力场馆。

文家市秋收起义纪念馆

谭嗣同故居　又称“大夫第”，位于湖南省浏阳市淮川街道北正社区北正南路 101 号，始建于明朝末年，原为周姓祠宇，主体建筑占地 2,000 多平方米。后由谭嗣同的祖父谭学琴（曾任浏阳县吏）买下作为私第。并改造成庭院式民居建筑。清咸丰九年（1859），谭嗣同父亲谭继洵考取进士，官至湖北巡抚兼署湖广总督，任职期间，其宅奉旨命名为“大夫第官邸”。故谭嗣同故居又称“大夫第”。故居坐西南朝东北，砖木结构，覆小青瓦，三进五开间，两侧列私塾、花园、仓廒、杂物等。现存前、中、后三栋及过亭等主体建筑，大小房间计 24 间，面积 762 平方米。1996 年 11 月，谭嗣同故居被列入全国重点文物保护单位，1998 年完成修复并对外开放。

胡耀邦故居　胡耀邦故居位于湖南省浏阳市中和镇苍坊村敏溪河畔，始建于清朝咸丰年间，房屋坐北朝南，土木结构，小青瓦顶，为典型的清末江南民宅风格建筑。故居占地 200 平方米，共 7 间。四周有围墙。1915 年 11 月 20 日，胡耀邦出生在这栋老屋。他在这里度过童年和少年时期，1930 年 10 月胡耀邦离开故乡。1962 年，胡耀邦带职下放任中共湖南省委书记处书记兼湘潭地委第一书记。当时，浏阳隶属湘潭，胡耀邦利用来浏阳检查工作的机会，回到家乡，看望健在的老师和乡亲父老。此时，他的旧居已是危房，后来因未及时加固，外墙被洪水推塌。胡耀邦担任中共中央总书记后，再三叮嘱家人不准兴土木，修复故居。1995 年是胡耀邦诞生 80 周年，浏阳市启动修复胡耀邦故居。修复了胡耀邦童年时代的住房、父母与兄长的居室，以及正厅、横厅、客厅、厨房等。并于当年 7 月竣工。12 月，胡耀邦故居对外开放。2012 年 1 月，胡耀邦故里旅游景区获批国家 AAAA 级景区。2013 年列入第七批全国重点文物保护单位。2016 年 12 月，胡耀邦故居被列入《全国红色旅游经典景区名录》。

胡耀邦故居

石霜寺　石霜寺位于浏阳城南 30 公里处金刚镇石庄村，因山而名。为湖南名寺。石霜寺又名崇胜禅林，据碑文和旧志载：寺始由唐僖宗李儇（862—888 年）下旨，宰相裴休监建。寺坐北朝南，依山而建，呈参差错落之格局。鼎盛时期占地面积 1 万多平方米，曾管辖寺院 48 处，房屋 5048 间。唐僖宗赐香火田 300 石，传有骑马关山门之说。1978 年起，湖南省人民政府宗教事务管理局和长沙市佛教协会曾先后拨款进行维修和重建。1991 年，台湾唯一法师捐资新建山门。同年，国家划定石霜寺土地使用范围计 1.38 万多平方米。1993 年，新修斋堂、禅堂，增设念佛堂，并定为“比丘丛林”，每年举行“佛七法会”。

石霜寺　　（罗永泰　摄影）

可移动文物

文庙古乐器　系浏阳西乡邱之(1781—1849)仿中国古代乐器创制而成。在学习曲阜孔庙古乐器的基础上,有所创新。他用匏瓜制作的匏埙,弥补中国古乐器八音中缺少匏的空白,在律制音阶范围内,新增吕律管12个,可旋相为宫,使之具备了全排风箫的音阶。清末民国初,浏阳文庙古乐器及其演奏水平,在全国最负盛名。民国7年(1918),军阀混战,北军占领浏阳,抢走玉质特磬一口。抗战中期,国民党省政府调浏阳古乐器去耒阳演奏,遇敌机轰炸,损失了一部分。日军占领浏阳前,礼乐局工作人员将古乐器深埋土中,被窃去铜质编钟八口。后来虽略有添置,但这批新制乐器,与邱之所定标准已有差距。浏阳和平解放以后,这批古乐器由县文化馆接收。1951年,举办浏阳文庙古乐器展览,省政府主席王首道曾前来参观,并指出要妥为保管。1953年将其运往省博物馆。1954年,省文化局邀请原礼乐局老艺人刘蒲仙等赴长沙,组成浏阳古乐整理组,经过10个月的整修,添制了两排风箫,六个埙,新铸八口编钟,修整了所有破损的乐器。1956年,中央音乐研究所所长杨荫浏到长沙,邀请浏阳古乐艺人去省演奏,并录。1962年,奉文化部指示,成立浏阳古乐抢救挖掘委员会,将古乐器运回浏阳,由刘蒲仙、彭传彭、胡长秋等五人进行考校,经再次添制和修缮,使原古乐器获得基本恢复,于1963年送省博物馆保存。文庙古乐器,按其制作物质之不同分为:金、石、土、革、丝、木、匏、竹等八类,谓之八音。金类有镛钟、特钟、编钟,石类有特磬、编磬,土类有埙,革类有彭鼓、应鼓、楹鼓、搏鼓鼗鼓,丝类有七弦琴、瑟,木类有柷、敔,匏类有笙、匏、竽,竹类有风箫、洞箫、篪、龙笛。

元代青铜器——爵(盛酒器)　1983年4月,城郊区文教办李培饮,在荷花村境内"庙不在高"处掘土时偶得。重0.75千克,由二柱脚、流、尾、腹、三足及手柄等组成。腹部有饕餮纹,上刻"大德乙已文靖书院"八字。经鉴定,系元代大德十年(1305)的仿制品。制作精细,镌刻精美花饰秀丽,是考证元代手工制品的珍贵文物。

象牙笏　据清同治县志《石霜寺记》云,系唐朝宰相裴休监造石霜寺时,赠给主持僧普会的。传至清康熙年间,寺僧不慎遗失。直至同治七年(1868),县人刘澎访到踪迹,将其购回,归还石霜寺。中华人民共和国成立后,转木平寺。1955年时县文化部门在枨冲乡珠宝冲木平寺僧唐规矩处收得。

古铜钱　1986年6月,太平桥乡太平村村民挖屋基时,挖出古铜钱100多公斤,送售城关镇废品门市部。文管所从中选29种,72枚。其中宋代26种,唐代1种,汉五铢、秦半两各1枚。

1986年文物普查时,还发现流散在民间的文物约190件(包括部分出土文物),其中陶器3件,瓷器36件,铁器12件,铜器34件,锡器2件,竹器1件,木器7件,丝织品2件,绘画等32件,石器、玉器10余件。

【旅游景区】 2018年,全市有A级景区13个,其中AAAA级景区3家,AAA级景区8家。

浏阳河(浏阳河国家湿地公园试点)　《水经注》中载为"浏水",《湖南通志》记载,浏阳河又名浏渭河,因县邑位其北,"山之南,水之北,谓之阳",故称浏阳,浏水又因浏阳城而名浏阳河。浏阳河是湘江的一级支流河,发源于罗霄山脉大围山北麓,由大溪河和小溪河两个源流合流于浏阳城东10千米处双江口,绕浏阳城区一路向西,经浏阳市镇头镇入长沙县,在长沙市开福区马厂以南注入湘江。浏阳河、捞刀河、南川河是浏阳域内三大主要河流,以浏阳河流域最广,浏阳河全长共222千米,流域面积3211平方千米。"相台春色、枫浦渔樵、鸿客斜阳、雨亭劳草、药桥泉石、巨湖烟雨、吾山雾霹、中州风月"是古浏阳八景,集中在县城附近浏阳河畔,裴休、杜甫、杨时、孙思邈等名人流寓浏阳的轶事都融入八景之中,每一景都包含一个典故。

"浏阳八景"最早见于清乾隆举人周忠信的《浪淘沙•浏阳八景》词。而"鱼嘴白鹭(小河乡鳄鱼嘴湾)、几字湾远(张坊镇江口湾)、上水河栈(官渡镇上水湾)、毛湾揽秀(高坪镇毛家湾)、樟潭遗风(淮川樟树湾)、曲尺花香(枨冲镇曲尺湾)、龙潭情深(葛家乡龙潭湾)、夹洲芳草(普迹镇夹洲湾)、百步听涛(镇头镇百步湾)"是2014年7月浏阳评选的浏阳河"最美九道湾"(浏阳段)。2015年12月31日,国家林业局批准以高坪镇小溪河流域为核心、株树桥水库沿岸浏阳河上游水域、滩涂及两岸部分耕地,区域总面积2361公顷为浏阳河国家湿地公园(试点)。

九曲浏阳河　　(浏阳电视台　提供)

大围山国家森林公园(大围山国家地质公园)　大围山位于湘赣边界,连云山脉的腹地,东边属江西省宜春市下辖的铜鼓县,西北方属湖南浏阳市。大围山主峰七星峰海拔1607.9米,是湘东第一高峰。大围山是湘江的一级支流——浏阳河的发源地,景区距省会长沙119千米,浏阳市城区67公里,总面积193平方千米。景区内有23个植物群系,3000多种植物,60余种野生动物。其中有国家一类二类保护树种17种,国家一类二类保护动物14种,蝴蝶1200多种。1992年经原林业部批准开发建设为国家森林公园,1996年8月1日正式开园,2007年6月8日被评为AAAA级景区。2012年6月大围山通过了国家地质公园的评审。2016年6月23日,经国土资源部批准命名为湖南浏阳大围山国家地质公园。大围山国家地质公园是长沙市唯一的国家级地质公园,是湖南省唯一的以第四纪冰川遗迹为主要特征的国家级地质公园,也是在中国东部继江西庐山后建立的又一个第四纪冰川遗迹国家地质公园。

大围山　　(梁鹏摄影)

道吾山　道吾山座落在浏阳城北8公里西北环线处，为浏阳市城区西北屏障。西起蕉溪岭，东达宝盖，有七十一峰。主峰五老峰海拔786.4米，道吾山是中外驰名的佛教圣地。旧志载"沙门称道吾、石霜、宝盖、大光为四大祖庭，其盛尤推道吾。传唐代僧开山讲法曰'道在吾矣'，遂以名其山"开山祖师为宗智和尚，其事在唐大和年间(827-835)，距今1100多年。道吾山是国家AAA级风景名胜区，环绕着兴华禅寺风景区共六大景区43个景点，旧志载"附廓八景"中"吾山雪霁""屏张笏列，岩壑依稀，晴雪欲消，寒光远射"即为道吾山一景。历代游人题咏甚多。其中有谭嗣同《道吾山》：夕阳悬高树，薄暮入青峰。古寺云依鹤，空潭月照龙。尘消百尺瀑，心断一声钟。禅意渺何著，啾啾阶下蛩。

道吾山　　(廖献宇　摄影)

国民经济和社会发展统计公报

【概况】　2018年，面对复杂多变的宏观经济环境和经济下行压力，在市委、市政府的坚强领导下，全市上下坚持以习近平新时代中国特色社会主义思想为指导，坚决贯彻执行中央、省、市决策部署，紧紧围绕建设现代化浏阳的战略目标，全面落实"六稳"要求，全力打好三大攻坚战，全市经济社会保持了高质量发展态势。

2018年，全市实现地区生产总值1342.1亿元，同比增长8.6%。其中第一产业增加值95.4亿元，第二产业增加值864.5亿元，第三产业增加值382.2亿元，分别增长4.6%、8.7%和9.3%。三次产业对经济增长的贡献率依次为3.6%、71.3%和25.1%，分别拉动经济增长0.3个百分点、6.1个百分点和2.2个百分点；三次产业结构为7.1∶64.4∶28.5。

【农业】　2018年，全市实现农林牧渔业总产值158.8亿元，增长4.7%。其中，农业产值92.1亿元，增长4.9%；林业产值21.2亿元，增长6.9%；牧业产值31.1亿元，增长1.2%；渔业产值3.8亿元，下降2.0%；农林牧渔服务业产值10.5亿元，增长12.7%。

种植业　2018年，全市粮食总产量54.7万吨，增长0.6%；蔬菜总产量128.1万吨，增长3.0%。

表4　主要农产品产量表

	计量单位	2018年	增长(±%)
粮　食	吨	547414	0.6
其中：稻谷	吨	509778	-0.8
蔬　菜	吨	1281158	3.0
烤　烟	吨	6000	5.5
油菜籽	吨	48543	0.8
茶　叶	吨	1645	1.6
药　材	吨	15714	-4.4
水　果	吨	199876	0.1

林业　2018年，全市完成造林面积4200公顷，森林抚育面积10667公顷，年末实有封山育林面积114666公顷，年度活立木总蓄积量1522万立方米，增长4.2%。

畜牧业　2018年，全市生猪出栏140.9万头，增长5.7%；山羊出栏51.6万只，下降21.2%；家禽出笼725.5万羽，下降2.4%；肉类总产量13.4万吨，增长9.6%。

表5　主要牲畜年末存栏量表

	计量单位	2018年	增长　%
牛	万　头	3.43	-9.77
生　猪	万　头	74.15	-18.99
山　羊	万　只	31.51	-19.99

渔业　2018年，全市水产品总产量1.98万吨，下降6.3%，其中鲜鱼产量1.91万吨，下降6.3%。

【工业】　2018年，全市全部工业增加值增长8.6%。规模以上工业企业871家，实现规模工业总产值增长17.5%，实现规模工业增加值增长10.8%。2018年，经开区工业总产值增长23.5%，财税收入40.1亿元(含土地出让金，下同)，增长12.5%。高新区工业总产值增长16.9%，财税收入10.7亿元，增长30.6%。两型产业园实现工业总产值增长16.9%，财税收入1.9亿元，增长16%。42家生物医药企业产值增长13.9%；113家机械制造企业产值增长14.2%；16家电子信息企业产值增长31.9%。

【建筑业、房地产业和固定资产投资】　2018年，全市建筑行业实现增加值99.5亿元，增长9.9%。拥有资质建筑企业37家，实现建筑业产值59.6亿元，增长20.0%。2018年，全市房地产业实现增加值56.6亿元，增长6.6%。拥有房地产企业69家，实现房地产投资额46.3亿元，增长58%；商品房销售面积163.99万平方米，增长14.3%。2018年，全市固定资产投资增长16.7%。其中工业投资增长15.2%。

【财政金融、内外贸易和市场物价】 财政 2018年,全市实现一般公共预算收入113.3亿元,增长13.1%,其中:地方一般公共预算收入69.2亿元,增长11%;上划收入44.1亿元,增长16.7%,税收收入占一般公共预算收入为83.97%。土地出让金收入41.6亿元,增长3.9%。全市一般公共预算支出124.6亿元,增长7.3%。

金融 2018年,全市金融机构年末各项存款余额747.7亿元,增长1.6%,比年初增加11.5亿元,其中住户存款余额487亿元,增长9.9%,比年初增加44亿元;各项贷款余额658亿元,增长14.2%,比年初增加81.6亿元。金融机构年末存贷比为1:0.88,不良贷款率2.3%,比年初下降1.1个百分点。

内外贸易 2018年,全市实现社会消费品零售总额348.8亿元,增长13.0%。按消费形态统计,批发业实现商品零售额25.4亿元,增长9.1%;零售业实现商品零售额282.1亿元,增长13.6%;住宿实现商品零售额3.4亿元,增长4.9%;餐饮业实现商品零售额37.9亿元,增长11.3%。按经营地统计,城镇消费品零售额243.9亿元,增长13.7%;乡村消费品零售额104.9亿元,增长11.4%。按规模统计,限额以上单位商品零售额124.2亿元,增长17.6%;限额以下单位商品零售额224.6亿元,增长10.6%。

2018年,全市实现自营进出口总额19.28亿美元,增长10.4%。出口额11.66亿美元,增长3.4%,其中,鞭炮烟花3.22亿美元增长24.5%;机电产品6.19亿美元,下降15.4%。进口额7.61亿美元,增长23.1%。

市场物价 2018年,全年居民消费价格总指数(CPI)为102.0,商品零售价格指数为102.5,服务项目价格指数为101.6,工业品生产者出厂价格指数为103.2。

【交通运输和邮电业】 交通运输 2018年,年末市内公路建设通车里程9760千米。全市公路旅客周转量下降2.8%;公路货物周转量增长5.1%。

邮电通信 2018年,全市实现邮电业务总量12.8亿元,增长5.2%。年末拥有移动电话用户124.64万户,增长3.1%;互联网宽带接入用户25.1万户,增长12.4%。

【旅游和招商引资】 旅游 2018年,全市接待旅游人数2812万人次,增长28%;旅游产业收入292亿元,增长29%。

招商引资 2018年,全市引进项目212个,其中亿元以上项目89个,10亿元以上项目15个,50亿元以上项目4个。外商直接投资实际到位资金2.9亿美元,增长9.3%,实际到位省外境内资金88.3亿元,增长15.8%。

【科学技术和教育】 科学技术 2018年,全市拥有高新技术企业和生产高新技术产品的企业185家,高新技术增加值增长23.2%,占地区生产总值的比重为24.2%。全年申请专利2627件,增长55.3%,其中发明专利861件,增长73.6%;授权专利1320件,增长29.5%。

教育 2018年,全市拥有普通小学302所(含教学点),教职员工3910人,本年招生19653人,在校学生106307人,毕业16504人;普通初中52所,教职员工3091人,本年招生16473人,在校学生47883人,毕业13822人;普通高中15所,教职员工2137人,本年招生8719人,在校学生24548人,毕业7411人;中等职业学校6所,教职员工612人,本年招生3101人,在校学生9326人,毕业2720人;特殊教育学校1所,本年招生29人,在校学生202人,毕业26人。

【文化、卫生和体育】 文化 2018年,全市拥有文化馆站33个、艺术表演团体130个,艺术表演观众人次25万人次。全市广播综合人口覆盖率95%,电视综合人口覆盖率98.4%,有线、无线数字电视用户26万户,下降4.97%。年末公共图书馆藏书21.07万册。

卫生 2018年年末,全市拥有卫生机构59个,其中医院51所。卫生机构床位数9041张,卫生技术人员7869?人,其中执业(助理)医师4029人。年内诊疗500万人次,年内治愈率为68%。产妇住院分娩率100%,婴儿死亡率2.39‰,5岁以下儿童死亡率3.89‰。

体育 2018年,全市共组织县级以上运动会12次,参加活动人数8万人次。运动员在各项比赛中获得国家级奖牌5枚、省市级奖牌84枚。

【环境保护和安全生产】 环境保护 2018年,城区空气质量优良以上天数339天,比上年增加8天;城镇生活污水处理率94.8%,污水集中处理率89%;工业烟尘排放达标率95%。

安全生产 2018年,全市亿元GDP事故死亡率为0.004;工矿商贸十万从业人员死亡率为0.938;煤炭百万吨煤生产安全事故死亡率为0。道路交通万车事故死亡率0.85。

【人口、人民生活和社会保障】 人口 2018年,全市年末公安户籍户数41.85万户,总人口为149.38万人,其中,城镇人口71.14万人,乡村人口78.24万人。年内出生人口21563人,出生率为14.4‰;年内死亡人口10835人,人口死亡率为7.2‰;人口自然增长率7.2‰。

人民生活 2018年,城乡居民人均可支配收入39608元,增长8.7%,其中农村居民人均可支配收入31791元,增长8.7%;城镇居民人均可支配收入46410元,增长8.1%。城乡居民人均生活消费支出23690元,增长8.3%,其中农村居民人均消费支出18653元,增长8.1%,城镇居民人均消费支出28073元,增长7.8%。

社会保障 2018年年末,全市参加城镇基本养老保险人数11.2万人;城镇基本医疗保险的参保人数14.76万人;失业保险参保人数10.1万人;新型农村合作医疗参保人数120.7万人,参保率达98.7%;参加新型农村社会养老保险人数85.62万人。全市拥有各种社会福利收养性单位42个,床位6222个。全年发放城乡居民最低生活保障经费9050万元,保障城乡困难居民27914人,城乡低保对象人均月补差标准为401.87元和243.02元。

注:

1.本公报数据为初步核实数。

2.根据第三次农业普查结果修正2016年、2017年农林牧渔业增加值、主要农产品播种面积及产量等数据。

中国共产党浏阳市委员会

综　述

【概况】 2018年，全市上下坚持以习近平新时代中国特色社会主义思想为指导，坚决贯彻落实中央、省、市决策部署，顽强奋斗，砥砺奋进，开创县域发展的崭新局面，为打造强盛浏阳、活力浏阳、生态浏阳、幸福浏阳奠定坚实基础。全年地区生产总值增长10%；一般公共预算收入111.8亿元、增长11.6%以上；规模以上工业增加值、社会消费品零售总额、固定资产投资等主要经济指标增速稳居长沙区（县、市）前列，县域经济与县域综合发展全国百强排名中跃居第13位，成为中部地区唯一的“竞强争优范例”。获得68项国家级荣誉、132个省级奖项。获得“福布斯2018中国大陆最佳商业城市榜100强”“中国工业百强县”“中国幸福百县”“全国小康城市100强”等“国字号”称号，《人民日报》、中央电视台、新华社等国家级权威媒体326次聚焦浏阳。

【学习贯彻十九大精神】 始终把深入习近平新时代中国特色社会主义思想和党的十九大精神作为首要政治任务，对全市24600余名党员干部进行闭卷测试，组织开展一系列大学习、大研讨、大宣讲、大调研活动，务求入脑入心、见行见效。出台《贯彻落实党的十九大报告任务分解和责任分工方案》及《总体实施方案》，将报告细化为11大项91小项具体任务，推动习近平新时代中国特色社会主义思想在浏阳落地生根。浏阳作为长沙区（县、市）唯一代表，列入省委宣传部学习宣传贯彻党的十九大精神示范点。

【三大攻坚战役】 把防范化解政府债务风险摆在突出位置，统筹推进隐性债务化解、高息产品整改、平台公司“撤并转”等工作，全市债务风险总体可防可控。坚持“一村一业、一户一策”，实施产业扶贫项目208个，实现对有能力、有意愿的贫困户全覆盖，全年实现脱贫3513户11561人，贫困发生率由2017年的1.3%下降至2018年的0.4%。统筹做好对口帮扶邵阳县、龙山县茅坪乡工作。纵深推进污染防治攻坚战，以钉钉子精神抓好中央环保督察“回头看”交办件办理，严格落实“六控”“十个严禁”措施，强力开展畜禽养殖、造纸行业、涉重金属、饮用水水源地保护等专项治理，全市环境质量总体明显提升，全年空气质量优良率达94.1%，县级以上饮用水水源地水质达标率100%。

【产业升级】 以重点打造15条工业新兴及优势产业链为抓手，扎实开展重企帮扶、促企上市、“千人帮千企”行动，电子信息、生物医药、机械制造、健康食品、鞭炮烟花规模工业总产值预计分别增长26%、7%、10.9%、11%、7.7%，经开区、高新区、两型产业园规模工业增加值分别增长15%、12.5%、8.2%。研究出台“促进社会投资浏十条”，实现社会投资725亿元，占总投资的81.5%，比上年度提升7.5个百分点。突出招大引强，新引进项目212个，引进mini-microLED显示屏等投资过50亿元项目4个，蓝思新材料等投资过10亿元项目15个，项目引进数量和投资总额创历年新高。豪恩声学、天岳碳化硅、华域视觉等项目开工建设，蓝思消费电子产品防护视窗组件、日写DITO触控传感器、盐津铺子烘焙产品智能生产基地、启泰传感等项目顺利投产。力促椒花水利枢纽工程成功纳入国家172项重大水利工程项目库、渝长厦高铁选址工作取得重大突破。浏阳蝉联长沙市重大项目观摩区（县、市）组第1名。

【乡村振兴】 出台全面落实乡村振兴战略的“实施意见”和“三年行动计划”，创新实施“10+3+3+3”（市、乡、村三级分别成立乡村振兴研究会、推进会、议事会“三会”工作体系、农村资源流转交易平台、智慧农业信息服务平台、乡村振兴志愿者服务平台三类要素平台、工作清单制、项目申报制、督查考核制“三制”推动机制）工作路线图，扎实推进新型村级集体经济发展和农村人居环境整治。全年消除集体经济薄弱村97个，拆除“空心房”13400户、完成“改厕”15546座，在全省率先实现农村地区“旱厕清零”。持续深化文明城市创建和移风易俗工作，崇尚文明蔚然成风。着力打造浏阳河城区段“一河两岸”、长兴湖、道吾等重点片区，城市品质不断提升。升级打造特色小城镇，文家市镇、小河乡分别获评“中国历史文化名镇”“中国绿色名镇”，永安、大瑶、洞阳镇获评长沙市经济社会发展“十强乡镇”，高坪镇获评长沙市经济社会发展“十快乡镇”。

【改革工作】 统筹推进41大项60小项改革，“无改革，不浏阳”品牌更加响亮。扎实推进农村土地制度改革三项试点工作，实施“五大行动”，盘活土地资源620公顷，极大释放了改革红利。持续深化“最多跑一次”改革，推动“马上办、就近办、网上办、帮代办、一次办”，全省唯一工业建设项目“先建后验”试点在浏阳经开区实施，政府投资和社会投资核准类项目审批时限压缩至30个工作日，社会投资备案类项目审批时限压缩至25个工作日，企业开办审批时限压缩至3个工作日，营商环境进一步优化。

【民生福祉】 以“十件民生实事”为总揽，倾力做好教育、卫生、文体、社会保障等工作，预计全年民生领域支出91.2亿元，占一般公共预算支出的76%。新建学校5所，“改薄”学校9所，新增学位10875个，全面消除超大班额；新（改）建村卫生室103所，在全省率先推行就医“一卡通”；建成长沙示范性村（社区）综合文化服务中心20个、自助图书馆5个，进一步提升群众获得感。加强花炮、矿山、交通、消防、建筑等各领域安全监管，安全生产形势持续向好，全年事故起数、死亡人数同比分别下降33.3%和45.5%。扫黑除恶专项斗争初战告捷。创新推行“三联三保”，深入开展民情大走访活动，社会大局和谐稳定，继续保持特护期进京非访“零登记”。

【党的建设】 制定实施《关于加强领导班子和党员队伍政治建设的若干规定》，引导广大党员干部树牢“四个意识”、坚定“四个自信”、践行“两个维护”。以高度的政治自觉扎实做好中央、省委巡视交办件办理工作。抓实“1228”党建工程和“三保”工作体系，推进党支部“五化”建设，广泛开展“把话筒交给群众”活动，基层党组织战斗堡垒作用和党员先锋模范作用进一步彰显。坚持“好干部”标准，出台“担当作为浏十条”，树立让有为者有位、为担当者担当的鲜明导向。实施“专业英才千人计划”，引进机关事业单位人才892名、企业人才3万余名。严格落实意识形态工作责任制，凝聚正能量。深化纪检监察体制改革，纪律监督、监察监督、巡察监督、派驻监督的综合监督格局全面形成。开展违反中央八项规定精神问题、“三大攻坚战”责任落实问题、“雁过拔毛”式腐败问题等专项整治，巩固反腐败斗争压倒性态势，营造风清气正的政治生态。

重要会议

【市委常委会2018年第1次会议】
1月17日，市委常委会召开2018年第1次会议，会议传达学习习近平总书记在党的十九大精神研讨班上的重要讲话精神、中央农村工作会议、中纪委十九届二次全会、十九届中央全面深化改革领导小组第一次会议、中共中央政治局民主生活会、省委常委会会议、长沙市委常委会会议、长沙市环境保护工作暨强力推进环境大治理坚决打赢蓝天保卫战动员部署大会、长沙市防控债务风险领导小组会议等有关会议精神，听取“两会”期间人大代表、政协委员所提议案、提案、建议、意见情况汇报，研究审议《市委常委班子2017年度民主生活会工作方案（送审稿）》，听取机关单位工作人员年休假有关事项情况汇报。

【市委常委会2018年第2次会议】
1月26日，市委常委会召开2018年第2次会议，会议传达学习有关文件精神及全国、全省安全生产电视电话会议精神，听取“健康长沙”建设PPP项目浏阳子项目情况汇报，研究审议《浏阳市征地补偿标准调整预案（送审稿）》《浏阳市电网供电能力提升三年行动计划（2018—2020年）（送审稿）》《浏阳市电网项目建设“630攻坚”活动实施方案（2017—2018年）（送审稿）》《浏阳市村干部管理办法（送审稿）》。

【市委常委会2018年第3次会议】
1月31日，市委常委会召开2018年第3次会议，会议听取市委组织部、市委宣传部关于抓基层党建和意识形态工作述职评议情况汇报，市委常委会研究确定综合评价意见。

【市委常委会2018年第5次会议】
2月5日，市委常委会召开2018年第5次会议，会议传达学习中共十九届二中全会精神，十一届省纪委三次全会、省纪委书记傅奎在省纪委常委会专题听取长沙市纪委2017年度工作情况汇报时的讲话精神，全国、全省组织部长、宣传部长会议精神，省十三届人大一次会议、省政协十二届一次会议精神；研究审议《浏阳市“强力推进生态环境大治理坚决打赢蓝天碧水保卫战”三年行动计划（2018—2020年）（送审稿）》；传达学习十三届长沙市纪委三次全会精神，听取全市党风廉政建设和反腐败工作情况汇报；研究有关人事任免。

【市委常委会2018年第6次会议】
2月12日，市委常委会2018年第6次会议，会议传达学习中央、省委政法工作会议精神及《中共中央国务院关于开展扫黑除恶专项斗争的通知》精神，长沙市2018年蓝天保卫战第一次领导小组会议、长沙市2017年度绩效考核讲评暨重大项目推进大会、长沙市2018年第一季度全市产业链建设推进工作调度会精神；研究审议《2018年浏阳市十件民生实事（送审稿）》《关于加快推进浏阳市工业新兴及优势产业链发展的实施意见（送审稿）》《浏阳市2018年新兴及优势产业链建设重点企业帮扶工作方案（送审稿）》《浏阳市2018年重点建设项目计划（草案）》《浏阳市2018年政府投资项目计划（草案）》《2018年市级领导联系重点建设项目安排表（送审稿）》；听取2017年度绩效考核和2017年市管领导干部考核划等情况汇报。

【市委常委会2018年第7次会议】
2月24日，市委常委会2018年第7次会议，会议传达学习习近平总书记2018年新年贺词和在中共中央、国务院2018年春节团拜会上的重要讲话精神，中央第八巡视组巡视湖南省工作动员会议、省委全面深化改革领导小组2018年第一次会议及长沙市委常委会会议有关精神；听取政法工作和扫黑除恶专项斗争有关情况汇报。

【市委常委会 2018 年第 8 次会议】

3 月 7 日，市委常委会召开 2018 年第 8 次会议，会议传达学习党的十九届三中全会精神，汪洋同志在基层扶贫干部座谈会上的讲话精神，全国、全省统战部长会议精神，省委农村工作会议精神和省、长沙市有关会议精神；听取党务部门 2018 年工作要点汇报；研究有关人事任免。

【市委常委会 2018 年第 9 次会议】

3 月 20 日，市委常委会召开 2018 年第 9 次会议，会议传达学习省委书记杜家毫在省委常委会会议上关于防范和化解政府债务问题的讲话精神及长沙市委常委会会议有关精神；传达学习长沙市关于贯彻落实中央八项规定精神专题会议有关精神；研究审议《中共浏阳市委关于进一步贯彻落实中央八项规定精神的实施办法（送审稿）》；研究审议《中共浏阳市委常委会关于坚决维护党中央集中统一领导的有关规定（送审稿）》《中共浏阳市委常委会工作规则（送审稿）》《中共浏阳市委全会工作规则（试行）（送审稿）》《中共浏阳市委关于加强常委会自身建设的意见（送审稿）》《中共浏阳市委常委会 2018 年工作要点（送审稿）》；研究审议《中共浏阳市委关于加强领导班子和党员队伍政治建设的若干规定（送审稿）》。

【市委常委会 2018 年第 12 次会议】

4 月 20 日，市委常委会召开 2018 年第 12 次会议，会议传达学习习近平总书记在中央全面深化改革委员会第一次会议上的重要讲话、习近平总书记在中央财经委员会第一次会议上的重要讲话和有关文件精神；传达学习省委常委、长沙市委书记胡衡华来浏调研讲话精神，分析一季度经济形势，研究部署下阶段经济工作；听取老干部和关心下一代工作汇报，审议《关于进一步做好新时代关心下一代工作的意见（送审稿）》；研究有关人事任免；传达学习《中共湖南省委湖南省人民政府印发〈关于开展违反中央八项规定精神突出问题专项治理的工作方案〉的通知》（湘发电〔2018〕9 号）精神。

【市委常委会 2018 年第 13 次会议】

4 月 26 日，市委常委会召开 2018 年第 13 次会议，会议传达学习全省扶贫工作暨作风建设年动员大会精神，研究脱贫攻坚工作；听取 2018 年一季度重点工作讲评情况汇报；研究审议《浏阳市基层林业站体制改革实施方案（送审稿）》；听取武装工作汇报；研究审议《浏阳市促进社会投资十条措施（送审稿）》；研究审议《关于倡导清清爽爽的同志关系规规矩矩的上下级关系的若干措施（送审稿）》。

【市委常委会 2018 年第 14 次会议】

5 月 9 日，市委常委会召开 2018 年第 14 次会议，会议传达学习习近平总书记在深入推进长江经济带发展座谈会上的重要讲话精神，习近平总书记在全国网络安全和信息化工作会议上的重要讲话精神和省委有关会议精神，全省金融工作会议精神，省委副书记、省长许达哲来浏调研讲话精神；研究《浏阳历史文化丛书》编纂工作。

【市委常委会 2018 年第 15 次会议】

5 月 16 日，市委常委会召开 2018 年第 15 次会议，会议传达学习习近平总书记在中央全面深化改革委员会第二次会议上的重要讲话精神，省委全面深化改革领导小组 2018 年第二次会议和省委十一届五次全会精神；研究有关人事任免；听取山东天岳碳化硅项目投资合作有关情况汇报；研究审议《浏阳市关于全面落实乡村振兴战略的实施意见（送审稿）》《浏阳市乡村振兴三年行动计划（2018—2020 年）（送审稿）》；研究审议《浏阳市食品安全党政同责一岗双责暂行规定（送审稿）》；听取市委党内规范性文件清理工作情况汇报，研究审议《市委党内规范性文件清理意见汇总表（送审稿）》《中共浏阳市委关于废止和宣布失效一批党内规范性文件的决定（送审稿）》。

【市委常委会 2018 年第 16 次会议】

5 月 22 日，市委常委会召开 2018 年第 16 次会议，会议传达学习习近平总书记在全国生态环境保护大会上的重要讲话精神和省相关会议精神；研究审议《浏阳市党政领导班子和领导干部绩效考核管理办法（送审稿）》《浏阳市党政领导班子和领导干部绩效考核管理实施细则（送审稿）》《浏阳市 2018 年度绩效考核指标体系（送审稿）》《浏阳市重点工作调度讲评办法（送审稿）》《浏阳市 2018 年重点工作季度考核指标体系（送审稿）》。

【市委常委会 2018 年第 17 次会议】

6 月 22 日，市委常委会 2018 年第 17 次会议，会议传达学习习近平总书记在中央审计委员会第一次会议、中国科学院第十九次院士大会、中国工程院第十四次院士大会、十九届中央国家安全委员会第一次会议上的重要讲话精神，习近平总书记关于脱贫攻坚工作的重要指示精神，李克强总理在湘考察时的重要讲话精神和省委有关会议精神，全省生态环境保护大会和全省优化发展环境现场推进会精神，省委副书记乌兰在深圳考察智慧农业期间的讲话精神，《地方党政领导干部安全生产责任制规定》（厅字〔2018〕13 号）和《关于六起生态环境损害责任追究典型问题的通报》（中纪通〔2018〕1 号）文件精神；研究审议设立长沙市新型工业化发展基金相关事项（“三重一大”事项）；研究城市基层党建工作；研究审议 2018 年市委“七一”表彰对象名单；听取有关重点舆情处置情况；研究群团改革工作。

【市委常委会 2018 年第 18 次会议】

7 月 4 日，市委常委会召开 2018 年第 18 次会议，会议传达学习习近平总书记关于统计工作重要思想论述，中央外事工作会议精神和省委有关会议精神，6 月 29 日中共中央政治局会议精神，习近平总书记在中共中央政治局第六次集体学习上的重要讲话精神，省委常委、长沙市委书记胡衡华在长沙市防汛抗旱工作调度会议上的讲话精神；研究水佳片区开发招募投资人项目相关事宜（“三重一大”事项）。

【市委常委会 2018 年第 19 次会议】

7 月 18 日，市委常委会 2018 年第19次会议，会议传达学习习近平总书记在全国组织工作会议上的重要讲话精神，全国退役军人工作经验交流会议精神，习近平总书记对推进中央和国家机关党的政治建设作出的重要指示精神，习近平总书记在中央财经委员会第二次会议上的重要讲话精神，《转发〈中共湖南省纪律检查委员会关于违反中央八项规定精神突出问题专项治理工作情况的报告〉的通知》(湘办发电〔2018〕97号)文件精神，《关于认真学习贯彻习近平总书记重要批示精神切实加强旅游安全工作的通知》(湘办发电〔2018〕103号)文件精神，长沙市委2018年上半年经济形势分析暨产业链建设推进会议精神；研究老人民医院项目资产处置相关事宜("三重一大"事项)；听取关于2017年度财政性资金政策兑现工作的汇报("三重一大"事项)；研究税务机构改革有关事项。

【市委常委会2018年第20次会议】

7月25日，市委常委会2018年第20次会议，会议传达学习习近平总书记对防汛抢险救灾工作作出的重要指示精神和省委有关会议精神，省委常委、长沙市委书记胡衡华到浏阳调研企业生产、督查调度浏阳河上游污染防治工作时的重要讲话精神；听取市政府党组关于全市上半年经济形势汇报，研究下阶段经济工作；听取2018年二季度重点工作调度讲评情况汇报；研究安全生产工作；听取科技创新大会筹备情况汇报；听取防范化解政府性债务风险工作情况汇报；听取柏加绿心问题整改情况汇报。

【市委常委会2018年第22次会议】

7月30日，市委常委会召开2018年第22次会议，会议传达学习李克强对全国安全生产电视电话会议作出的重要批示精神、中央第八巡视组巡视湖南省情况反馈会精神和省委有关会议精神；研究防范化解全市政府性债务风险工作；研究有关人事工作。

【市委常委会2018年第23次会议】

8月15日，市委常委会召开2018年第23次会议，会议传达学习习近平总书记对湖南工作的重要指示精神，7月31日中共中央政治局会议精神，全省改善农村人居环境工作会议精神，省委第十一届六次全体会议精神和长沙市委有关会议精神；研究市委巡视整改工作；研究审议《浏阳市农村集体产权制度改革工作实施方案(送审稿)》。

【市委常委会2018年第24次会议】

8月30日，市委常委会召开2018年第24次会议，会议传达学习习近平总书记在全国宣传思想工作会议上的重要讲话精神和省委相关会议精神，全省中央环保督察整改专题会议精神，省委办公厅相关文件和长沙市委办公厅《关于严禁利用领导干部职务影响力"提篮子"的通知》(长办发电〔2018〕18号)精神；研究我市当前稳增长措施；听取渝长厦高铁和长浏城际铁路相关工作情况汇报；听取椒花水库项目建设有关情况汇报；听取村(居)"两委"成员违纪违法、涉黑涉恶问题专项排查整顿工作情况汇报。

【市委常委会2018年第25次会议】

9月14日，市委常委会召开2018年第25次会议，会议传达学习习近平主席给参加"一带一路"青年创意与遗产论坛的青年代表回信精神、中央有关文件精神、中央领导同志关于洞庭湖下塞湖矮围整治有关问题的重要批示精神和《中共湖南省委关于下塞湖矮围问题责任追究的通报》(湘发电〔2018〕27号)精神，传达学习湖南省扶贫领域作风建设问题专项治理工作罗霄山片区座谈会主要精神；研究审议《浏阳市园区统筹管理体制改革实施方案(送审稿)》；听取浏阳市融资平台公司第二阶段撤并转工作思路汇报；研究审议《关于进一步激励广大干部新时代新担当新作为的十条措施(送审稿)》。

【市委常委会2018年第26次会议】

9月20日，市委常委会召开2018年第26次会议，会议传达学习新修订的《中国共产党纪律处分条例》；研究胡耀邦故里旅游区和秋收起义纪念园整体创建国家AAAAA级旅游景区有关工作；研究审议《浏阳市关于发展壮大新型村级集体经济的实施意见(送审稿)》；传达学习长沙市意识形态和民族宗教工作座谈会精神，听取全市意识形态和民族宗教工作情况汇报；研究审议《关于进一步加强和改进优秀年轻干部培养选拔工作的实施办法(送审稿)》；研究有关人事任免。

【市委常委会2018年第27次会议】

10月18日，市委常委会召开2018年第27次会议，会议传达学习习近平总书记在中央全面依法治国委员会第一次会议上的重要讲话精神，习近平总书记关于全面从严治党和巡视工作重要论述精神，省委2018年第二轮巡视工作动员部署会议精神，《关于加强新时代人民政协党的建设工作的若干意见》(中办发〔2018〕48号)精神，长沙市委三季度经济形势分析会议精神；研究审议《浏阳市落实推进审批服务便民化和政务服务"一网、一门、一次"改革实施办法(送审稿)》；听取全市组织工作会议筹备情况汇报；听取全市党支部"五化"建设工作情况汇报；听取全市村务监督委员会工作情况汇报，研究审议《浏阳市村务监督委员会联席会议制度(送审稿)》；研究有关人事任免。

【市委常委会2018年第28次会议】

10月30日，市委常委会召开2018年第28次会议，会议传达学习7月31日中共中央政治局会议精神，中央有关文件精神，全省深入学习贯彻习近平总书记精准扶贫工作重要论述大会精神，中央第四生态环境保护督察组对湖南省开展"回头看"工作动员会精神；研究审议《浏阳市关于落实省委第四巡视组交办纪检监察信访举报件办理工作的实施方案(送审稿)》《浏阳市关于开展利用领导干部职务影响力"提篮子"问题专项整治工作的实施方案(送审稿)》《浏阳市关于配合省委第四巡视组开展延伸巡视和联动巡察的实施方案(送审稿)》《浏阳市关于落实省委第四巡视组交办信访件办理工作的实施方案(送审稿)》《浏阳市关于持续深化扫黑除恶专项斗争的实施方案（送审稿）》《浏阳市关于开展脱贫攻坚专项监督检查工作的实施方案（送审稿）》《浏阳市关于开展在污染防治攻坚战中不担当、不作为问题专项整治的实施方案（送审稿）》；听取市政府党组关于全市三季度经济形势汇报，研究下阶段经济工作；听取三季度重点工作调度讲评情况汇报。

【市委常委会2018年第29次会议】 11月15日，市委常委会2018年第29次会议，会议传达学习习近平总书记在十九届中央政治局第八次集体学习时的重要讲话精神，中央脱贫攻坚专项巡视工作动员部署会精神，全国扫黑除恶专项斗争推进会议精神，11月9日省委常委会会议有关精神；研究审议《浏阳市农村人居环境整治三年行动方案（2018—2020年）（送审稿）》；听取浏阳市融媒体中心建设工作情况汇报，研究审议《浏阳市融媒体中心建设工作方案（送审稿）》；听取胡耀邦同志塑像揭幕活动筹备情况汇报；研究审议《浏阳市关于深化"三联三保"制度、开展民情大走访活动的工作方案（送审稿）》。

【市委常委会2018年第30次会议】 11月30日，市委常委会召开2018年第30次会议，会议传达学习习近平总书记在中共中央政治局第十次集体学习会议上的重要讲话精神，省委常委、政法委书记黄关春来浏调研讲话精神，中共长沙市委第十三届七次全体会议精神；听取关于浏阳市与深圳市裕坤智慧科技有限公司合作建设湖南省农业农村智慧产业体系建设试点县（市）有关情况汇报；听取长沙市第十五届人大代表推荐人选有关情况汇报；研究有关人事任免。

【市委常委会2018年第31次会议】 12月5日，市委常委会召开2018年第31次会议，会议传达学习《中国共产党支部工作条例（试行）》《中共湖南省委办公厅印发〈关于进一步激励广大干部新时代新当担新作为的实施意见〉的通知》（湘办发〔2018〕34号）精神；传达学习长沙市宣传思想工作会议精神，听取未来五年全市宣传思想工作计划；研究审议《关于加强浏阳市"一村一辅警"建设的实施方案（送审稿）》。

【市委常委会（扩大）暨2019年工作务虚会议】 12月17日，市委常委会召开（扩大）暨2019年工作务虚会议，会议观看十件民生实事进展情况视频；市直单位代表、乡镇（街道）发言；市委常委、常务副市长吴敏同志作经济工作发言；市级领导发言；市委副书记、市长吴新伟讲话；市委书记黎春秋讲话。

【市委常委会2018年第33次会议】 12月18日，市委常委会召开2018年第33次会议，研究有关干部推荐事项。

【市委常委会2018年第34次会议】 12月24日，市委常委会召开2018年第34次会议，会议传达学习中央、湖南省庆祝改革开放40周年大会精神，纪念毛泽东同志批示学习推广"枫桥经验"55周年暨习近平总书记指示坚持发展"枫桥经验"15周年大会重要精神，湖南日报评论员文章三论《在新起点上彰显长沙省会担当》精神；研究审议《中共浏阳市委十二届十次全体（扩大）会议工作报告（送审稿）》；研究审议《浏阳市机构改革方案（送审稿）》；研究审议《中共浏阳市委巡察工作规划（2018—2021年）（送审稿）》《关于建立市委巡察工作人才库的通知（送审稿）》《市委巡察工作人才库管理办法（送审稿）》。

【市委十二届十次全体（扩大）会议】 12月28日，市委召开十二届十次全体（扩大）会议，深入贯彻党的十九大和十九届二中、三中全会精神，认真落实中央、省、长沙市相关会议精神，总结2018年工作，分析当前形势，部署2019年工作。浏阳市委书记黎春秋代表市委常委会向全会作工作报告，浏阳市委副书记、市长吴新伟就《浏阳市机构改革方案（送审稿）》起草情况向全会作说明。

重大决策

【出台《关于加强领导班子和党员队伍政治建设的若干规定》】 为全面深入贯彻落实党的十九大精神，全力推动习近平新时代中国特色社会主义思想在浏阳落地生根，根据《中国共产党章程》和《关于新形势下党内政治生活的若干准则》及省委、长沙市委有关文件精神，3月21日，市委制定下发了《关于加强领导班子和党员队伍政治建设的若干规定》（以下简称《规定》）。《规定》明确党的政治建设是党的根本性建设，决定党的建设方向和效果。指出各级党组织是党的政治建设的主阵地，要切实担当组织实施《规定》主体责任，严格抓好《规定》的贯彻执行。《规定》要求各级班子成员要以身作则、率先垂范，引导广大党员以更强的党性意识、政治觉悟和组织观念要求自己，切实增强讲政治守纪律守规矩的自觉性和坚定性，努力形成积极向上、干事创业、风清气正的良好政治生态，为全面建设现代化浏阳提供坚强的思想政治保证和组织保证。党的政治建设将作为年度党建述职、党组（党委）报告工作、巡察工作及评先评优重要内容。纪检监察机关和组织、宣传部门要严格按照《规定》抓好有关日常教育、管理、监督和处理工作。对违反《规定》的，坚持零容忍，发现一起查处一起，并依照有关纪律要求给予批评教育、组织处理或纪律处分，对涉嫌违法犯罪的依法追究其法律责任。

【推进全面落实乡村振兴战略】 6月2日，全市加快实施乡村振兴战略动员大会召开，会议下发了中共浏阳市委浏阳市人民政府《关于全面落实乡村振兴战略的实施意见》（以下简称《实施意见》）。《实施意见》提出乡村振兴战略"三步走"实施步骤：到2020年，探索出具有浏阳特色的乡村振兴路径，为全省乃至全国提供可复制、可推广的"浏阳经验"；到2035年，乡村振兴取得决定性进展，农业农村现代化基本实现；到2050

年，乡村全面振兴，农业强、农村美、农民富全面实现。为确保“第一步”任务目标顺利实现，会议同时下发《浏阳市乡村振兴三年行动计划（2018—2020年）》（以下简称《三年行动计划》），明确推进“十项重点工程①”、探索“三会”工作体系②、完善三类要素平台③、建立“三制”推动机制④的“10+3+3+3”的工作路线图。明确工作目标：到2020年，“十项重点工程”取得明显成效，乡村振兴的制度框架、政策体系和推进机制全面确立。特色农业发展势头强劲，产品竞争力和品牌影响力大幅提升，农民人均可支配收入年均增长6%以上，现行标准下农村贫困人口全部稳定脱贫；美丽宜居乡村建设持续推进，农村人居环境全面改善，全市森林覆盖率稳定在65%以上，空气优良率保持在93%以上；农村基层组织建设不断加强，文明风尚持续向好，乡村治理体系进一步完善，全市在全省公众安全感测评中达到89分以上；乡村振兴“三会”工作体系全面覆盖，“三大平台”运转有效，发展要素向乡村汇聚的通道更加顺畅，探索出具有浏阳特色的乡村振兴路径，为全省乃至全国提供可复制、可推广的“浏阳经验”。

①“十项重点工程”：“多规合一”村庄规划提质工程，“品牌强农”特色产业建设工程，“百社千户”新型主体培育工程，“科技兴农”农技人才培养工程，“绿水青山”生态环境保护工程，“生态田园”特色村镇建设工程，“乡韵乡愁”乡村文化传承工程，“开源畅流”金融支农服务工程，“扩源增收”集体经济发展工程，“三治结合”乡村治理提效工程。

②探索“三会”工作体系：市级乡村振兴研究会，乡镇（街道）乡村振兴推进会，村（社区）乡村振兴议事会。

③完善三类要素平台：农村资源流转交易平台，智慧农业信息服务平台，乡村振兴志愿者服务平台。

④建立“三制”推动机制：工作清单制，项目申报制，督查考核制。

【中共浏阳市委2018年发文件（摘选）】 浏发〔2018〕1号 关于印发《浏阳市贯彻落实党的十九大报告任务分解和责任分工方案》的通知

浏发〔2018〕2号 关于2017年度绩效考核结果的通报

浏发〔2018〕3号 关于印发《浏阳市“强力推进生态环境大治理坚决打赢蓝天碧水保卫战”三年行动计划（2018—2020年）》的通知

浏发〔2018〕5号 印发《关于加强领导班子和党员队伍政治建设的若干规定》的通知

浏发〔2018〕7号 关于印发《中共浏阳市委常委会工作规则》的通知

浏发〔2018〕8号 关于印发《中共浏阳市委全会工作规则（试行）》的通知

浏发〔2018〕9号 关于加强常委会自身建设的意见

浏发〔2018〕12号 印发《浏阳市关于开展扶贫领域作风问题专项治理工作的实施方案》的通知

浏发〔2018〕14号 关于印发《浏阳市党政领导班子和领导干部绩效考核管理办法》的通知

浏发〔2018〕15号 关于全面落实乡村振兴战略的实施意见

浏发〔2018〕17号 关于表彰先进基层党组织、优秀基层党组织书记、优秀党务工作者、优秀共产党员的决定

浏发〔2018〕18号 关于全面加强城市基层党建工作的实施意见

浏发〔2018〕19号 关于印发《浏阳市农村集体产权制度改革工作实施方案》的通知

浏发〔2018〕20号 印发《关于进一步激励广大干部新时代新担当新作为的十条措施》的通知

浏发〔2018〕22号 印发《关于进一步加强和改进优秀年轻干部培养选拔工作的实施办法》的通知

浏发〔2018〕23号 关于发展壮大新型村级集体经济的实施意见

【中共浏阳市委办公室发文件（摘选）】 浏办发〔2018〕1号 印发《关于加强和改进党委（党组）理论学习中心组学习的实施细则》的通知

浏办发〔2018〕2号 关于印发《浏阳市关于进一步深化“最多跑一次”改革着力推进“马上办、就近办、网上办、帮代办”实施方案》的通知

浏办发〔2018〕3号 关于印发《浏阳市村干部管理办法》的通知

浏办发〔2018〕4号 印发《关于加快推进浏阳市工业新兴及优势产业链发展的实施意见》的通知

浏办发〔2018〕5号 转发《中共长沙市委办公厅长沙市人民政府办公厅关于印发〈长沙市健全落实社会治安综合治理领导责任制实施办法〉的通知》的通知

浏办发〔2018〕6号 关于2017年度综治工作考核评估情况的通报

浏办发〔2018〕7号 印发《关于严格控制各类检查活动的若干规定》的通知

浏办发〔2018〕8号 关于2017年“五大战役”一线指挥部专项考评结果的通报

浏办发〔2018〕9号 关于印发《2018年市委重点工作督查清单》的通知

浏办发〔2018〕10号 关于开展清理规范创建示范活动工作的通知

浏办发〔2018〕11号 关于2018年一季度调度讲评项目考评结果的通报

浏办发〔2018〕13号 印发《关于进一步做好新时代关心下一代工作的意见》的通知

浏办发〔2018〕15号 关于印发《浏阳市党政领导班子及成员绩效考核管理实施细则》的通知

浏办发〔2018〕16号 关于印发《浏阳市重点工作调度讲评实施办法》的通知

浏办发〔2018〕17号 关于印发《浏阳市食品安全党政同责一岗双责暂行规定》的通知

浏办发〔2018〕18号 关于印发《浏阳市乡村振兴三年行动计划（2018—2020年）》的通知

浏办发〔2018〕23号 关于2018年二季度调度讲评项目考评结果的通报

浏办发〔2018〕25号 关于印发《浏阳市安全生产巡查工作制度》的通知

浏办发〔2018〕26号 关于印发《浏阳市配合中央环境保护督察“回头看”、省级环保督察总体工作方案》的通知

浏办发〔2018〕28号 关于建立

浏阳市村务监督委员会联席会议制度的通知

浏办发〔2018〕29 号　关于 2018 年三季度调度讲评项目考评结果的通报

浏办发〔2018〕30 号　印发《浏阳市关于落实省委第四巡视组交办纪检监察信访举报件办理工作的实施方案》等七个专项方案的通知

浏办发〔2018〕31 号　关于印发《浏阳市落实推进审批服务便民化和政务服务"一网、一门、一次"改革的实施方案》的通知

浏办发〔2018〕32 号　关于做好机构改革中档案处置工作的通知

浏办发〔2018〕33 号　关于印发《浏阳经济技术开发区托管浏阳高新技术产业开发区统筹管理体制改革实施方案》的通知

浏办发〔2018〕35 号　关于贯彻落实浏发〔2018〕20 号文件有关事项的补充通知

浏办发〔2018〕36 号　关于印发《浏阳市农村人居环境整治三年行动方案(2018—2020 年)》的通知

(刘卫红)

市委督查

【概况】 2018 年，督查室共开展督查活动 285 项，其中，决策督查 47 项(上级专项督查 20 项、本级专项督查 25 项、督促落实月工作碰头会部署工作 1 项、会风督查 1 项)，专项查办 215 项(省、市领导批示件 9 件，春秋书记批示件 118 件、交办事项 23 项，上级部门交办件 26 件，实地复核有关事项 8 项，红网网友诉求 31 条)，督查调研 1 次，向长沙报送有关工作落实情况 22 项。刊发督查通报、专报 51 份。

【决策督查】 聚焦市委重大决策和重要部署抓好决策督查。对市委作出的重大决策部署、安排的中心工作和重要事项，紧抓不放，跟踪问效，推动落实。先后开展防控化解政府债务风险、"一户多宅"清理治理、脱贫攻坚作风问题大整治、河长制工作、乡村振兴等专项督查 25 项，推进各项工作有序开展。对市委重要会议(市委全会、经济工作会、常委会会议、月工作碰头会、书记调研、座谈会等)部署事项实行台账管理，动态跟踪督办，督促落实月工作碰头会部署工作 7 次。同时，迎接上级专项督查 20 项，开展党的十九大精神学习宣传和贯彻落实情况、2018 年一季度省市部署重要工作落实情况、中共湖南省委常委、长沙市委书记胡衡华在调研全市防汛抗旱工作时指示事项落实情况等专项督查，全力推动中央、省、长沙市决策部署在浏阳贯彻落实。

【专项工作督查督办】 聚焦领导批示件抓好专项查办。采用"分类督办、定期通报、回访复核、考核追责"方式，扎实做好领导批示件的交办、催办、核查和反馈工作，确保督在点子上，查到关键处。全年共办理专项查办 215 件，其中省、市领导批示件 9 件，中共长沙市委常委、浏阳市委书记黎春秋批示件 118 件、交办事项 23 项，上级部门交办件 26 件，实地复核有关事项 8 项(9 次)，解决或回应红网网友诉求 31 条。特别是对经开区北园污水处理厂项目建设情况全程跟踪督办，实地复核 2 次，上报项目进展情况 4 次，有力推动了项目进度。

【"最多督一次"改革】 聚焦高效发挥"利剑"作用推进"最多督一次"改革。出台《关于严格控制各类检查活动的若干规定》、《2018 年市委重点工作督查清单》、《关于加强新形势党的督促检查工作的实施办法》等文件，对全市各职能部门规范开展督查检查考核明确"统、定、批、改"四种路径，最大限度精简督查检查考核频次，实现"某项工作在一个推进节点上最多开展一次专项督查"。对三季度全市各类督查检查考核情况进行摸底调查，形成调查报告。按照市委主要领导批示精神，召开违规督查检查考核工作约谈会，约谈 27 家、公开通报 13 家开展违规督查的市直单位，切实强化制度刚性约束，确保"最多督一次"改革落到实处，充分为基层减压减负、松绑提劲。

(肖　彪)

改革工作

【概况】 2018 年是改革开放 40 周年，浏阳认真贯彻党的十九大精神和中央、省委、长沙市委作出的重大改革部署，坚持"自强不息，敢为人先"，全市改革呈现全面发力、多点突破、纵深推进的良好态势，被《环球时报》社评为"2018 年县域综合改革十佳县市"。

紧扣"一个方针"抓成效，改革品牌"深入人心赢口碑"。紧紧围绕市委书记黎春秋提出的"使命感、关键点、精细度、担当力、责任心"15 字方针开展改革工作，铺排 41 大项、60 小项改革除 2 项需按上级部署统一实施外，全部顺利完成；全年共有 14 项改革项目在国家或省部级层面推介，14 篇改革经验文章在省级以上媒体报道，8 篇调研文章在省部级工作内刊上刊发，3 篇庆祝改革开放 40 周年理论文章在主流媒体刊发，大型电视问政节目《问政长沙》浏阳专场活动收获群众热烈反响，全市改革氛围进一步浓厚、改革共识进一步凝聚、改革品牌进一步擦亮，"无改革，不浏阳"成为了这座城市最鲜明的标识。

聚焦"两个重点"抓突破，改革工作"扎实有为争先锋"。将农村土地制度改革三项试点和"最多跑一次"2 项改革作为全年重点改革任务，撬动其他重要领域和关键环节改革取得突破，引发聚变效应。"三块地"改革试点"全面覆盖、深度融合"，解决了项目"地从哪里来"、农民"钱从哪里来"、农村"历史遗留问题"，并探索了"建设权证""城乡合作建房""农房抵押贷款"等改革经验。"最多跑一次"改革进一步深化，浏阳建设工项目审批速度、企业开办时间走在全国前列，建设数据资源局、开发"互联网 + 政务服务"平台、全面打通市本级数据壁垒、共享电子证照数据、就医"一卡通"等改革均在全省率先落地。

围绕"三个机制"抓推进，改革落实"凝心聚力有朝气"。进一步完善清单式改革考核机制，改革以往"加分制"考核方式，将全面深化改革工作

列入绩效考核“负面清单”，对落实不力的责任部门进行扣分。进一步落实互动式学习交流机制，开展浙江大学全面深化改革专题研修学习班1次，外出考察学习4次，接待上级或其他县市调研20余次，搭建了交流平台促进各方改革工作取长补短。进一步深化系统式改革推进机制，推进“最多跑一次”改革向医药卫生、行政督查、信访综治等领域延伸，推进农村土地制度改革三项试点与高标准农田建设、涉农资金整合、“空心房”整治等改革联动，改革聚变效应显现，全社会发展活力和创新活力显著增强。

（马炼墈）

机要保密

【概况】 2018年，市保密局在市委、市政府的正确领导下，围绕中心，服务大局，统筹谋划，积极作为。在组织领导、日常管理、制度完善、保密检查、宣传教育等方面都较好地完成既定的工作任务，被长沙市评为2018年度保密工作优秀单位。

【保密工作机构建设】 市委、市政府高度重视。成立由市委常委、市委办主任邓阳锋任主任的市委保密委员会。3月30日，全市办公室系统工作会议召开，会议上邓阳锋专门就全市的保密工作作出强调。4月17日，召开市委保密委员会专题会议，研究部署全市保密工作日常管理、自查自评等工作。根据实际落实工作机制。市保密局要求全市各单位根据领导职务变动，重新调整保密工作领导小组，由分管保密工作的领导担任组长，办公室主任任副组长，所有成员都填写《涉密人员审查登记表》、签订保密承诺书。对离岗离职和因私出国等情况实行统一管理，形成分管领导负责抓、办公室具体抓、成员人人抓、层层抓落实的工作机制。

【保密工作管理督查】 积极开展自查自评工作。5月份，根据省、市要求，市保密局安排各乡镇、街道，部、办、委，市直机关和人民团体等单位，全面开展保密自查工作。积极开展保密专项督查工作。在各级各单位开展自查自评工作的基础上，联合市委、市政府督查室开展保密专项督查，要求相关单位将查摆出的问题及时整改到位。7月份，针对长沙市委督查室就涉密文件管理问题开展专项督查发现的有关问题，根据市委、市政府主要领导同志的批示，要求相关单位迅速核查整改，并依法依规对相关责任人进行问责处理。2018年，市绩效考核领导小组通过下发文件将保密工作纳入全市对乡镇（街道）、市直单位、园区的绩效考核范围，涉密文件管理、涉密计算机管理、门户网站管理和保密自查自评等工作都纳入考核内容。健全台账管理制度。为了让保密管理工作痕迹化和规范化，市保密局建立台账管理制度，将市委保密委员会会议记录、全市保密学习培训、保密重点工作记录、计算机管理、涉密文件和涉密载体设备管理等情况都分设台账进行归档管理，尤其是涉密文件清退和涉密载体日常管理及销毁工作都建立专门台账管理。规范操作制度。配合市委办专门梳理文件办理操作规范制度，对涉密文件的办理流程和操作规范进行明确规定。2018年度，市委办制发15份标密文件，全部都由专人登记，专柜管理，下发到各单位的文件都明确标号，专人领取，文件办理完毕后又统一清退，全部流程都确保文件办理的高效安全。

【保密宣教教育】 丰富学习形式。一方面要求全市各部门学习贯彻《保密法》、《国家工作人员保密守则》等保密工作规章制度。另一方面通过印发《保密知识手册》、《党政干部和涉密人员保密常识必知必读》等资料，观看《保密技术防范常识》动画光盘等形式开展学习活动。搭建宣传平台。充分发挥张坊镇李白烈士故居的资源优势，搭建保密宣传教育平台，2018年接待上海市国家保密局以及周边县市到浏阳开展各类宣教活动。同时，通过行政中心各区域的电子屏幕滚动播出保密知识，并通过微信、短信等平台定期发送保密知识短信，对全市干部、职工开展保密宣传教育。组织宣教活动。3月份，邀请长沙市国家保密局陈学斌处长到浏阳开展保密专题讲座，同时市保密局局长陈慧娜先后到市委组织部、市委统战部、市委政法委、信访局、浏阳日报社、大瑶镇等单位进行保密专题授课。永和镇、达浒镇等多家单位主动到保密局领取宣传教育资料，各单位“学保密、讲保密”的浓厚氛围。

（龙卫平）

政策研究

【文稿服务】 按照思想有高度、论说有深度、措施有力度的标准撰写文稿，做到准确把握上级精神、充分体现领导意图、有效指导实际工作，为全市重大战略部署提供决策建议，着力提高以文辅政水平。全年完成重要讲话、汇报、致辞等文稿380余篇，共计150余万字，文稿质量和领导满意度进一步提高。

【基层调研】 围绕市委中心工作和全市经济社会发展大局，深入基层开展“抓重点、补短板、强弱项”大调研活动。全年撰写各类调研报告13篇、署名文章8篇，《将习近平总书记重要指示精神贯穿县域发展各领域和全过程》等多篇文章刊发于中央省市媒体、内刊，其中1篇刊发于《人民日报》，推介浏阳的工作经验，扩大对外影响力。

【信息报送】 围绕领导关注重点、市域发展难点、群众聚焦热点，做好决策信息、舆情信息、紧急信息、经验信息报送。全年向省市上报信息290多篇，被长沙市委办公厅内刊单条采用82篇，被省委办公厅内刊单条采用12篇，其中《浏阳市狠抓“三保”增强基层党组织政治功能》《浏阳市以蓝思科技为核心做大做强显示功能器件产业链》《浏阳市坚持“四个结合”做好“一户多宅”清理整治工作》等6篇文稿被省办评为优秀稿件选报中办。办好《浏阳要情》，共出刊234期，提供各种信息1400多条。

（王安军）

组织建设

【概况】 在全省率先制定《关于加强领导班子和党员队伍政治建设的若干规定》，着力推动政治建设在各级党组织和全体党员全覆盖。把学习贯彻习近平新时代中国特色社会主义思想和党的十九大精神作为首要政治任务，创新学习教育载体，持续推进“两学一做”学习教育常态化制度化。深入推进“1228”党建工程，深化基层党建“三保”工作体系。全市发展党员937名，确定发展对象1304名，培养入党积极分子3994名。深入推进党支部“五化”建设，认定“五星”党支部842个。全面消除支部设置中的“大班额”，党支部由1632个调整为2493个。出台“党建+志智双扶”促脱贫攻坚十项举措。开展党代表“搭桥梁、当先锋、解难题”系列活动。303个机关党支部“走进基层，走进群众”，与村（社区）党组织结对共建。持续推进“把‘话筒’交给群众”活动，组织党员办理微实事项目4100多个。积极探索城市基层党建路径，推进小区党支部支委会与业主委员会、业主监事会、物业公司交叉任职，实现基层党建网与基层治理网合二为一。两新组织党组织的覆盖率从2017年年初的21%提升至71%。新组建4个楼宇商圈党总支、4个党群服务中心，促进社区区域化党建融合。开展市委两新工委“书记讲党课”暨“两争一创”先锋故事汇活动，超过16万人次在线观看节目直播。浏阳被中组部确定为全国党员教育管理工作联系点、全国城市基层党建县级示范市，中组部到浏阳专题调研党员教育管理工作。

【干部工作】 出台《关于进一步激励广大干部新时代新担当新作为的十条措施》《关于进一步加强和改进优秀年轻干部培养选拔工作的实施办法》。拿出48个科级领导干部岗位进行公开选拔或竞争上岗，179名干部因工作实绩突出受到提拔重用。公开选拔19名优秀年轻干部到科级领导干部岗位任职。乡镇街道科级领导干部中，35岁以下的76名，占21.4%。全年共调整市管领导干部8批次。推行领导干部定期审计和重点审计制度，认真执行领导干部经济责任审计党政同责同审制度。严格执行出国（境）制度。按照审批权限，实行单位和组织双报告请销假制度，动态掌握全市领导外出情况。围绕“三大攻坚战”等全市重点工作开设专题培训班，全年举办主体班18期、部门调训班76期，培训干部5800余人次。

【人才工作】 持续推进“专业英才千人计划”，出台落实《关于进一步优化人才发展服务的若干措施》的配套细则。推动领导干部直接联系服务高层次人才，建立人才服务窗口，着力解决人才普遍关心的家属随迁随调、租房购房补贴等问题，建成白沙人才公寓并组织首批人才入住。全年引进机关事业单位人才219名、教育卫计人才673名、企业人才3万余名。深化与北京大学、华中科技大学等高校的战略合作关系，积极推动人才创新创业。承接北京大学博士团到浏阳调研，促进校地双向合作。组织开展乡村振兴人才调研活动，向全市选派81名科技特派员。

【全市组织工作会议召开】 10月25日，全市组织工作会议在机关会议中心召开。会议以习近平新时代中国特色社会主义思想为指导，深入学习贯彻全国、全省和长沙市组织工作会议精神，特别是习近平总书记在全国组织工作会议上的重要讲话精神，全面贯彻新时代党的建设总要求和新时代党的组织路线，总结回顾5年来全市党的建设和组织工作的成绩和经验，研究部署当前和未来5年全市党的建设和组织工作。长沙市委常委、浏阳市委书记黎春秋出席并讲话。市委副书记邱山东主持会议，市委常委、组织部部长周文舜作工作报告，全体市委常委参加。

【市委组织部获评“2014—2018年全省组织工作先进集体”】 近五年来，浏阳组织工作坚持以习近平新时代中国特色社会主义思想为指引，为经济社会发展大局提供坚强组织保障。深入推进党支部“五化”建设，创新实施“1228”党建工程，创新构建基层党建“三保”工作体系，牢固树立浏阳党建品牌。坚持选人用人的政治标准，坚持以实际论英雄，激励广大干部新时代新担当新作为，完善干部“选育管用”链条，持续激发了浏阳干部活力。实施“专业英才千人计划”，精准对接全市产业链发展所需开展引才引智，切实以“人才链”带动“产业链”发展，全力构筑了浏阳人才高地。加强自身建设，从严锻造浏阳组工铁军。浏阳市委组织部获评“2014—2018年全省组织工作先进集体”。

【绩效考核实现“七连冠”】 2018年，市委组织部按照“考少考精考重

11月21日，市委两新工委“书记讲党课”暨“两争一创”先锋故事汇活动举行

点”的总体原则，优化考核指标，将“产业项目建设”“三大攻坚战”等市委、市政府重要决策部署纳入季度和年度考核，减少常规性工作考核，突出考核重点，强化绩效考核“指挥棒”作用，有力推动全市中心工作任务的落地见效。浏阳在长沙市对县(市区)绩效考核中成功实现“七连冠”。

【浏阳被确定为全国城市基层党建县级示范市】 浏阳市委积极探索中小城市基层党建新机制、新路径，形成“全区域统筹、多方面联动、各领域融合”的城市基层党建格局。出台《关于全面加强城市基层党建工作的实施意见》《关于落实城市基层党建重点任务进一步优化党建工作格局的实施方案》，创新提出城市基层党建工作八种模式（社区治理共同体模式、社区差异化管理模式、支部建设集成化模式、楼宇商圈党建共享型模式、园镇党建融合型模式、流动党员双向管理型模式、党员教育管理兜底模式、社区工作队伍专兼职统筹模式）。将全市城市社区分为成熟型、发展型和融合型三个类别，实行差异化管理。将社区各类网格统筹管理，形成全城“一张网”管理的网格模式。3月初，浏阳被中组部确定为全国城市基层党建县级示范市。

【出台政治建设“二十条”】 为落实党的十九大对加强政治建设的新要求，全力推动习近平新时代中国特色社会主义思想在浏阳落地生根，浏阳市出台《关于加强领导班子和党员队伍政治建设的若干规定》，从加强领导班子和党员队伍的政治建设两方面着手，明确加强党的政治建设“二十条”，突出抓好“关键少数”，通过以上率下，着力推动政治建设在各级党组织和全体党员全覆盖。

【出台担当作为“浏十条”】 根据中共中央办公厅印发的《关于进一步激励广大干部新时代新担当新作为的意见》和省委、长沙市委有关文件精神，浏阳市委出台《关于进一步激励广大干部新时代新担当新作为的十条措施》，通过完善担当作为识别机制、加大表彰奖励力度、不拘一格大胆使用、实施容错免责机制、严肃教育引导等措施，为实干者鼓劲，为作为者搭台，为担当者担当，为后进者补钙。根据《措施》，全市评选出“三新”先进典型共22人，并予以记专项三等功一次。

3月31日，专业英才引进见面会举行

【首次对村级班子运转情况进行评估】 浏阳市启动对全市323个村(社区)“两委”班子换届后运行情况以及323名村(社区)党组织负责人工作情况评估调研，重点对村级班子政治建设、运行状况、廉洁自律和工作成效等方面进行分析，对村（社区）党组织书记政治素养、履职能力、廉洁自律情况进行评判。各乡镇(街道)党(工)委专题研究并形成分析报告后，报市委组织部复核，确定了32个村(社区)软弱涣散基层党组织。对党员群众评价好的班子和个人给予表扬勉励，对存在问题的班子和个人通过提醒谈话等方式督促抓好整改。换届后调整村(社区)“两委”成员27名。

【党务村务公开】 制定《浏阳市党务村(居)务公开指南》，指导全市各村(社区)通过公开栏、会议、网络、专栏等4种途径公开信息。全市各村(社区)统一建设标准化公开栏。严格党务村务公开程序，全面落实民主集中制，村级重大事项按照“四议两公开”的程序决策实施。党务公开内容和村(居)务公开内容纳入年底村(社区)“双述双评”范畴。制定《党务信息申请公开制度》，推行党内事务问询制度。组织成立乡村振兴议事会，推动村级事务公开。

【实施“专业英才千人计划”】 2017年12月27日，浏阳市召开“专业英才千人计划”新闻发布会，长沙市委常委、浏阳市委书记黎春秋发布《浏阳市“专业英才千人计划”实施方案》《关于进一步优化人才发展服务的若干措施》。2018年2月，浏阳市发布机关事业单位专业英才公开招聘简章，分批次组织机关事业、教育卫计、工业企业专业英才招考招聘活动。在3月派出由市领导带队的引才小分队分赴北京、武汉、长沙、上海、杭州等地多所知名高校进行宣讲，吸引了3428名高校学子报考。3月31日，“英才汇‘浏’、我心飞‘阳’2018年专业英才引进见面会”在欧阳予倩大剧院举行，黎春秋作为“引才大使”出席。2018年全市认定各类专业英才363名。8月23日，浏阳市召开2018年专业英才博士生签约暨选调生见面会，11名博士生与浏阳正式签约。12月27日，首批45名青年人才入住白沙小区人才公寓。

（崔文豪）

市直机关党的建设

【概况】 市直机关工委是市委的派出机构，在市委办挂牌，负责领导市直属机关党的工作，下设办公室。2018年，57个未设立党(工)委

2018年1月，在全市市直单位党员干部中开展“新时代 新使命 新征程”主题征文及书法比赛活动。图为邀请专家对书法作品进行评选（胡珊 提供）

的市直单位的基层党组织隶属市直机关工委，26个设立党（工）委的市直单位的机关党建工作由市直机关工委指导，下辖机关党委3个，党总支部31个，党支部145个，党员2594人。

【机关政治建设】 2018年，市直机关工委将学习贯彻习近平新时代中国特色社会主义思想和中共十九大精神作为首要政治任务。年初，制定下发《2018年工作要点》《党支部标准化建设工作指南》，明晰机关党支部建设的责任清单和方法路径。4月18日，组织5800余名市直机关党员开展十九大知识闭卷测试；督促机关支部按照“五化”建设要求制定落实政治理论学习计划，通过系列互动式和共享式学习，把政治建设抓在经常、融入日常。10—11月，对照“五化”建设标准，对所辖机关党支部开展“五化”评星定级工作，创新推行月清单、季走访、年考核工作机制，季走访覆盖所有机关支部，并将走访成果形成问题清单、实行销号管理，对典型经验和突出问题进行书面通报、纳入年度考核，确保党建责任在各个机关党支部的落实落地。

【机关基层组织建设】 根据《党章》和相关规定，进一步优化基层党组织设置，指导成立党（总）支部5个、临时党支部7个，撤并党支部3个，对44个党支部换届或补选进行审核把关。4月11日，组织市直单位500余名入党积极分子进行培训；6月，根据中共湖南省委组织部《关于推进党支部“五化”建设的意见》（湘组发〔2018〕6号）及长沙市委组织部《关于推进党支部“五化”建设的实施意见》（长组通〔2018〕28号）要求，出台“五化”方案，加快“五化”建设，扎实推进机关党支部“五化”建设，全面落实支部“五化”建设星级评定动态管理，督促103个机关支部对照“五化”建设标准，开展问题自查，46个机关支部被定为第一批“五化”建设支部，6个机关支部被定为“五化”建设示范点。大力倡导“党建+”模式，组织开展“拒做垃圾制造源、争当现代文明人”“亮身份、强服务、争先锋”、体验“最多跑一次”等系列主题活动，指导成立项目攻坚、执行攻坚、政治巡察等临时党支部，努力提升机关党建服务发展大局的作用。

【机关党员教育管理】 1月，在全市市直单位党员干部中开展“新时代 新使命 新征程”主题征文及书法比赛活动，4月，对评选出来的获奖参赛作品进行通报表彰；5月24日、9月29日举办分别两期“机关大讲堂”学习活动，近1000名党务干部参加学习培训；6月29日，以庆祝建党97周年为契机，集中表彰10个先进基层党组织、10名优秀党务工作者和50名优秀共产党员，对他们爱党爱国、敬业奉献的优秀事迹进行广泛宣传，在市直机关中营造对标先进、比学赶超的浓厚氛围，激励各级党组织和广大党员以实际行动向标杆看齐。7月2日，组织60余名市直机关预备党员前往秋收起义纪念馆开展“初心之旅”集中宣誓活动。通过开展重温入党誓词，让机关党员牢记党的宗旨，坚定共产主义信念。紧扣机关党员队伍建设，2018年，发展党员41名，培训入党积极分子507名，立案审查机关党员违纪案件4起，进一步净化党员队伍，提升党员先锋意识和宗旨意识。

（胡 珊）

7月2日，市直机关工委组织60余名预备党员到秋收起义纪念馆开展“初心之旅”。图为预备党员在党旗下进行集体入党宣誓（胡珊 提供）

宣传工作

【意识形态管理】 唱响主旋律，把牢意识形态思想关。压实压细意识形态管理责任，召开述职评议会、签订责任状、优化考核细则、排查和整治风险隐患等举措立破并举，确保全市意识形态安全。全年组织市委理论中心组学习9次，指导全市137家单位党委(党组)组织理论中心组学习700余次。创新理论宣教方式，搭建“天天学习”平台，新建“新思想讲习所”，打好知识测试、演讲赛、抢答赛、村村演、研讨会等组合拳，推动新思想“天天见、天天深、天天新”。“党的十九大光辉照乡村”“把话筒交给群众”等学习新思想品牌“飞入寻常百姓家”，浏阳作为九区(县)唯一代表列入省委宣传部学习宣传贯彻党的十九大精神示范点。

【新闻宣传】 弘扬正能量，构建新闻舆论新格局。把准方向、区分对象、精准施策，为团结一心全面建设现代化浏阳凝聚强大正能量。突出重点，围绕学习宣传贯彻党的十九大精神、乡村振兴、“三大战役”、农村土地制度改革等“浏阳实践”，2018年在长沙市级以上主流媒体刊发报道1430次，同比增长19.8%，网络推稿上万条。上半年新闻热点关注度居四区县(长沙县、望城区、宁乡市、浏阳市)第一，并在长沙地区外宣会议上作书面典型发言；力推精品，对接《人民日报》、新华社等主流刊物刊发《简单粗暴也是懒政怠政》等署名文章7篇。镇头镇党委引导取消5000人团圆宴将食材捐赠给困难群众新闻得到省委主要领导“点赞”；管控舆情，完善舆情交办、督办制度，编发舆情周报、专报56期，客观研判、成功稳妥处置“豪华墓”“谭氏家庙”“科研玉米被盗”等舆情800余条，特别是“谭氏家庙”舆情处置得到省市宣传部门、网信部门的高度认可。依法打击利用网络负面帖文实施敲诈勒索犯罪团伙5人，查处谣言案1起。开展“清朗”“剑网”等网络执法专项整治行动，网络意识形态总体平稳。

【文明创建】 深化好品牌，推进文明创建新风尚。开启全民共建全国文明城市，以“红黄蓝”督办整改、“日督查、周通报、月调度、季讲评”等机制推进文明创建。2018年浏阳在长沙市区县测评排名中稳居第一。继续深化推进“淳风美德润浏阳”“爱心涌动浏阳河”等品牌活动，引导市民自觉培育和践行社会主义核心价值观，澄潭江“好人馆”、金刚“乡贤馆”、龙伏“道德馆”、中和“家风家训馆”等一批基层载体不断涌现、引领风尚。移风易俗推向纵深，节俭操办婚丧嫁娶事宜逐步走向规范化，成为村民的自觉行动。打造文明高地，2人入选“中国好人”、3人入选“湖南好人”、5人入选“长沙好人”。由浏阳市承办的湖南省第二季度“湖南好人”发布仪式好评不断，成为其他承办类似活动的模板。

【文化文产建设】 筑巢在引凤，做实文化文产新业态。扎实推进乡村文化振兴工程，建成示范性村(社区)综合文化服务中心20个、全民健身工程71处，24小时自助图书馆5个。完成市文联换届选举，按照“推名家、出精品、攀高峰”三年精品计划、五年高峰规划工作要求，文艺精品创作大放异彩，大型花鼓戏《胡子将军》晋京演出并作为省艺术节的开场戏精彩亮相，实现本地舞台表演类节目15年来的重大突破。花鼓小戏《新打铜锣》、歌曲《一起为祖国》通过国家艺术基金初评。文化惠民活动深受欢迎，成功举办第五届欧阳予倩艺术节，“欢乐浏阳河”等群文活动全年不落幕，市民在家门口享受到精彩的文艺大餐。文化产业高质量发展，引进文化项目4个，总投资5亿元的欢乐世界文化项目启动征拆，欧阳予倩大剧院等11家单位获评长沙市文化产业奖项。数字烟花成功亮相2018年上合峰会和“一带一路”世界遗产论坛。

【被列入中宣部融媒体中心建设试点县(市)】 9月20—21日，中宣部在浙江省长兴县召开县级融媒体中心建设现场推进会，对在全国范围推进县级融媒体中心建设作出部署安排，要求2020年底基本实现在全国的全覆盖，浏阳成为“省内首个、全国首批”被列入中宣部2018年启动的融媒体中心建设试点县(市)，并会议上作典型发言。浏阳是全省唯一保留“一报一台”的县级市，2014年起，浏阳广播电视台先后发起成立拥有39个成员台的湘鄂赣广播电视联盟体、拥有264个成员台的中国市县电视台原创节目交流中心和29个成员台的湘鄂赣手机直播联盟。并启动实施内部融合，推进传统媒体和新媒体融合发展。2016年9月，“掌上政务”板块上线，掌上浏阳APP正式成为浏阳政府信息发布平台。2017年，14个“智慧城市”项目在掌上浏阳上线运行。2018年7月，新湖南客户端浏阳频道上线，湖南日报社浏阳融媒体中心成立。2018年9月7日，中宣部副部长、国新办主任徐麟到浏阳专题调

6月8日，浏阳市“党的十九大光辉照乡村”文艺村村演活动启动 (刘洲　提供)

研，高度肯定浏阳融媒体中心建设成效，浏阳县级融媒体中心建设经验推向全国。

【推动习近平新时代中国特色社会主义思想“天天见、天天深、天天新”】 创新理论宣教方式，搭建“天天学习”平台，新建“新思想讲习所”，打好知识测试、演讲赛、抢答赛、村村演、研讨会等组合拳，推动新思想“天天见、天天深、天天新”。“党的十九大光辉照乡村”“把话筒交给群众”等学习新思想品牌“飞入寻常百姓家”，浏阳作为九区（县）唯一代表列入省委宣传部学习宣传贯彻党的十九大精神示范点。

【湖南好人榜发布仪式暨中国好人与湖南好人（长沙·浏阳）现场交流活动在浏阳举行】 7月20日，2018年第二季度湖南好人榜发布仪式暨中国好人与湖南好人（长沙·浏阳）现场交流活动在浏阳举行。活动现场，湖南14个市（州）好人所带来的湘、资、沅、澧四条河流的水，由省委宣传部副部长、省文明办主任刘进能，长沙市委常委、浏阳市委书记黎春秋，长沙市委宣传部副部长、长沙市文明办主任郭润葵，浏阳市委常委、宣传部部长李爱民共同浇灌到“好人树”中。93名（组）群众“身边好人”入选二季度湖南好人榜，其中，邹勇松、朱国萍、曾丽霞、陈明安等14人（组）入选中国好人榜。永安镇丰裕社区居民柳维新，中国（湖南）第19批援塞拉利昂医疗队队员、浏阳市人民医院重症医学科副主任医师刘宇，葛家镇金源村村民陈瑞娥分别被获得第二季度“湖南好人”的“孝老爱亲”好人、“敬业奉献”好人、“助人为乐”好人。

（刘　洲）

7月20日，2018年第二季度湖南好人榜发布仪式在浏阳举行　（刘洲　提供）

统一战线

【概况】 2018年，浏阳市委统战部以党的十九大精神和习近平新时代中国特色社会主义思想为指导，贯彻落实全国、全省、长沙市统战部长会议和市委全会精神，围绕中心、服务大局，从构建“浏阳和”平台着力，建设优质党外代表人士队伍，做实多党合作、党外知识分子、非公经济、民族宗教、新的社会阶层、港澳台及海外等领域统战工作。在全国县级市率先成立“继创者联盟”，助力在全省率先推出“企业家绿卡”。4月，市机构编制委员会发文批复设立浏阳市社会阶层人士服务中心，为市委统战部管理的全额拨款事业单位，核定全额事业编制6名。全年接待港澳台同胞和海外侨胞联谊考察活动20余批次。省委常委、统战部长黄兰香对我市创新推动新的社会阶层人士统战工作，打造“浏阳和·公益同心汇”的做法给予肯定性批示。获全省统战工作实践创新成果奖、全省统战理论政策研究创新成果奖、全省统战信息工作区县排名第一，长沙市统战调研优秀组织奖、长沙市理论创新研究特别奖、长沙市统战信息工作一等奖。

【引导民主党派参加社会活动】 引导民主党派成员积极参与建言献策和社会服务活动。围绕市委中心工作、社会热点难点痛点问题开展大调研大建言活动，向各级两会提交建议和提案80余件。民革浏阳工委继续推进“关爱抗战老兵”社会服务活动，以精准扶贫同心项目为依托，帮扶沙市镇东门村发展。致公党浏阳工委召开组织成立30周年大会。继续实施“六个一”社会服务工程，助力葛家镇金源村创建长沙市级同心乡村。开展纪念“五一口号”发布70周年系列宣传活动，支持民主党派组织开展“不忘合作初心、继续携手前行”主题活动。

【党外人士参政议政】 加强思想政治引领，开展“不忘合作初心·共担历史使命”主题学习活动，组织党外知联会会员开展“同心同行·筑梦远行”社会实践活动。支持无党派人士、党外知识分子立足岗位履职，18名无党派人士提交各级议案提案20余件；9名党外知联会会员被聘为特约人员，对优化营商环境开展专题监督。坚持开展“同心同行·共沐书香”季度赠书活动及读书分享会，举办“浏阳和”主题沙龙活动。

【党外人士培养】 全市配备党外干部77人，全年提拔交流党外干部6人。推行党外代表人士“谈心日”“走访月”“年度履职报告”等工作制度，部领导与党外代表人士谈心60余人次，走访各类党外代表人士百余次。在井冈山干部教育学院举办全市科级党外干部培训班。组织4批次147人次党外代表人士参加理想信念教育活动。召开以“履职担当，携手前行”为主题的科级党外干部履职交流暨集体谈心谈话活动。创新形式提升民主监督实效，38名党外代表人士担任19个非公经济领导小组成员单位特约人员，开展“优化营商环境·助力强盛浏阳”监督主题30余场次。为党外代表人士搭建教育实践锻炼平台，组织各民主党派、党外知识分子联谊会、市工商联、各宗教团体等积极开展学习党的十九大、坚定理想信念等专题活动。

6月21日，省委常委、统战部部长黄兰香(前右三)到浏阳调研　（李　静　提供）

【非公有制经济领域统战工作】 落实习近平总书记11月1日在民营企业座谈会上的重要讲话精神，召开全市民营企业座谈会。开展以非公经济领导小组成员单位为主体的优化营商环境大调研活动。在全国县级市率先成立“继创者联盟”，在全省率先推出“企业家绿卡”。举办上海复旦大学实体经济振兴专题研修班，组织开展“不忘初心跟党走•牢记使命当先锋”等系列主题活动。与纪委监委、工商联联合举办“重诚信、倡亲清”主题活动。组织开展“引老乡、回故乡、建家乡”招商活动，协助举办北京同乡会招商恳谈会、“香港浏阳之夜”招商推介等活动。成立东莞浏阳商会、广州浏阳商会。

【民族宗教事务】 持续开展民族团结进步“六进”活动，稳步推进少数民族服务站建设工作，联合有关单位重点做好到浏阳新疆籍少数民族员工服务管理工作，指导蓝思科技开展民族团结进步创建工作。强化宗教领域意识形态管理，首次组织乡镇(街道)党(工)委书记参加全市宗教政策法规学习交流会并做主题发言，开展12期次宗教政策法规学习活动。落实“三级网络两级责任”，建立宗教领域安全隐患治理“一单四制”制度，全面推进“五进五好”系列活动，提升宗教工作“三支队伍”法治化水平。扎实推进私搭乱建民间信仰活动场所、露天宗教造像、殡葬领域突出问题专项整治、民间信仰两个专项普查等14项专项工作，依法查处私设佛堂4处、拆除违法改扩建场所1处、整改私搭乱建3处，治理基督教私设聚会点8处。引导民间信仰活动场所深入开展“一室四区”标准化示范创建活动，鼓励宗教界人士及信教群众参与社会公益慈善事业，依托宗教界公益慈善基金建立了淳口康乐养老院、市爱萌自闭症康复中心等“对口帮扶”工作机制。

【港澳台及海外统战工作】 深化对台交流，组织开展赴台文化交流活动，加强建设指导海峡两岸交流基地和涉台教育基地，结对开展涉台教育“四进”活动。全面贯彻落实中央“31条惠台措施”，深度跟踪、服务走访重点台资企业。宣传落实《港澳台居民居住证申领发放办法》。承办2018年“海外侨胞故乡行——走进浏阳”活动，10月31日来自40个国家和地区的137名海外侨商侨领到浏阳考察。深入开展侨界双百扶贫工作，发动新侨侨企帮扶困侨，启动“关爱侨界空巢老人”志愿服务项目。依法维护侨益，依托黄帽子志愿者服务工作站，建立服务侨界空巢的长效机制。定期举办侨海主题沙龙活动，积极拓展与海外侨民区联络联谊，为侨界人士互通信息、抱团发展等提供平台。积极拓展海外联谊，与美国、法国、英国、柬埔寨、澳大利亚、菲律宾、阿联酋等国浏阳籍侨社团负责人保持良好互动。开展“纪念黄彰任医学进修奖学金成立30周年”活动，组织评选发放第七届黄彰任科技奖、第23届黄彰任奖学金。

【新的社会阶层人士统一战线】 召开新的社会阶层人士统战工作联席会，建立成员单位联席会议制度。建立300余名新的社会阶层人士的数据库，采取座谈交流、专题培训、实践锻炼等多种方式，培养新的社会阶层代表人士队伍。以社会公益组织为切入点，打造“浏阳和•公益同心汇”平台，并举办“和浏阳•共文明”主题论坛等活动。启动“浏阳和•星公益”实践创新基地建设，申报全国新的社会阶层人士实践创新基地重点项目。

【“同心创建”活动】 继续推进“同心园区”“同心基地”“同心项目”“同心社区”“同心乡村”创建工作。召开同心创建推进工作暨“统战委员谈统战”座谈会，组织同心创建学习观摩活动。成功创建龙伏镇龙伏村为省级同心美丽乡村，古港镇梅田湖村创建为长沙市同心创建示范点，澄潭江镇非公经济人士理想信念教育基地、浏阳市葛家镇金源村、浏阳市大围山镇中岳村被评为长沙市同心创建工作点。创建浏阳市级“同心创建”工作点11个。

【扶贫帮困】 继续发挥中国社会扶贫网、浏阳市社会扶贫公益平台载体作用，汇集爱心资金400余万元。线上组织圆就学梦、就医梦、安居梦等信息收集和对接活动15次；线下开展农产品进小区活动3次，组织参加农产品展销会2次。全年在中国社会扶贫网上新增发布需求320次、帮扶成功703次，对接成功率达到220%。深入推进“万企帮万村”精准扶贫行动，引导非公企业结对帮扶40个村，申报实施产业就业扶贫项目14个，打造扶贫车间(工厂)40个。

【湖南海外侨胞故乡行——走进浏阳】 10月31日，来自40个国家和地区的137名海外侨胞齐聚浏阳，参加2018年“湖南海外侨胞故乡行——走进浏阳”活动。侨胞们实地参观蓝思科技总部、宇环数控和美丽乡村湾里屋场，参加经贸、科技、文化项目推介活动。在浏阳发展的侨商代表在座谈会上进行发言。浏阳市委副书记、市长吴新伟参加活动并致辞。湖南省侨联党组书记朱建山，湖南省侨联党组成员、副主席孙民生，浏阳经开区党工委书记郭力夫，浏阳市领导吴敏、邓阳锋、仲凡参加活动。

10 月 31 日，40 个国家和地区的 137 名海外侨商侨领到浏阳考察，图为实地了解蓝思科技，感受浏阳营商环境　（李　静　提供）

【全市民营企业座谈会召开】 11 月 27 日，召开民营企业座谈会，深入学习、贯彻落实习近平总书记 11 月 1 日在民营企业座谈会上的重要讲话精神，听取浏阳民营企业家对浏阳市民营经济发展的意见建议。全市不同领域、不同行业的 36 名民营企业家参加会议。17 名企业家代表结合各自企业实际和创业发展经历，热议学习心得，谈论面临困难，提出发展建议。市委书记黎春秋寄语广大民营企业家，要坚守实业、主业，要勇于创新、创造，要坚守情感、情怀，要树牢红线、底线。市委副书记、市长吴新伟主持座谈会。

【“浏阳和”品牌发布暨“浏阳和·公益同心汇”启动】 打造“浏阳和”平台体系，创新运用品牌运营和文化赋能的理念推动统一战线工作全面发展。7 月 26 日，“浏阳和”品牌发布暨“浏阳和·公益同心汇”启动仪式在才常广场举行。“浏阳和·公益同心汇”是以浏阳市社会公益组织为主体，整合部门力量和社会资源，为浏阳社会公益组织成长提供思想交流、资源共享、抱团发展、宣传推介等方面的支持与引导。启动仪式上，公益组织共宣《公益公约》、公益组织互签合作备忘、统战团体发布与公益组织合作共建有关项目、社区负责人与社会组织开展“和浏阳·共文明”主题论坛。

【特约人员聘请暨“参政议政直通车”启动】 5 月 10 日，召开特约人员聘请暨“参政议政直通车”启动工作会议，市人民法院等 19 个单位聘请林华根等 38 人担任特约人员，聘期为 3 年。以“优化营商环境·助力强盛浏阳”为主题，围绕树立法治诚信服务理念、推进简政放权、构建“亲”“清”政商关系等方面开展专项民主监督。

【2018 年科级党外干部培训班在井冈山干部教育学院举行】 9 月 25 日至 30 日，2018 年浏阳市科级党外干部培训班在井冈山干部教育学院举行。学员们接受《井冈山斗争及井冈山精神》、《井冈山斗争时期的统一战线》等专题教学；并到小井红军烈士墓、革命烈士陵园等革命遗址开展现场教学。在特色教学环节，与老红军后代以及井冈山红歌传唱人进行深入交流。

【科级党外干部履职交流暨集体谈心谈话会】 10 月 11 日，召开以“履职担当，携手前行”为主题科级党外干部履职交流暨集体谈心谈话会，全市 77 位党外科级以上干部参加会议。10 名科级党外领导干部代表结合本职工作，从搞好合作共事、推动工作发展、强化自身建设等方面分别作履职发言。市委副书记邱山东、市委常委、组织部部长周文舜、市委常委、统战部长郭瑞以及 5 名副处级党外领导干部与科级党外领导干部进行谈心交流。

（李　静）

机构编制管理

【概况】 1957 年 7 月，浏阳成立县机构编制委员会，下设办公室，与县人事科合署办公。1959 年 10 月 14 日，中共浏阳县委对县机构编制委员会组织机构进行调整，调整后的县机构编制委员会与浏阳县委组织部实行合署办公，办公机构设浏阳县委机关内。“文化大革命”期

7 月 26 日，“浏阳和”品牌发布暨“浏阳和·公益同心汇”启动仪式在才常广场举行　（李　静　提供）

间，县编委机构瘫痪。1968年，浏阳县革委会成立，编制工作由县革委会政治工作组组织组兼管。1973年7月，县委组织部恢复，编制工作归县委组织部办理。1978年9月，浏阳重新设立县机构编制委员会，下设办公室，与县委组织部合署办公。县机构编制委员会自设立至1981年3月，实行委员制管理，1981年4月，改为主任制。1983年机构改革，明确县机构编制委员会为县委直属机构，归口县委组织部管理，1993年2月，浏阳撤县设市，浏阳县机构编制委员会改为浏阳市机构编制委员会。1994年12月，浏阳市机构改革，浏阳设立市机构编制委员会办公室，明确市机构编制委员会办公室是浏阳市委工作部门。2018年市编办内设综合科、机构编制科、行政体制改革科（研究室）、监督检查科，下设浏阳市工资统发审核中心（副科级事业单位、核定财政补贴（全额）事业编制6名）、浏阳市机构编制电子政务中心（副科级事业单位，核定全额拨款事业编制3名），归口管理浏阳市事业单位登记管理局（副科级事业单位，核定全额拨款事业编制6名）。2018年末，浏阳市机构编制委员会办公室共有在编人员18人。3月13日，湖南省委副秘书长、省编办主任魏旋君率调研组到浏阳调研“放管服”改革工作。5月8日，中共湖南省委副书记、省长许达哲到浏阳调研“互联网＋政务服务”工作。编办工作人员邱林峰获中央编办2018年度优秀信息员（湖南省唯一）。

3月13日，湖南省委副秘书长、省编办主任魏旋君（右二）到浏阳调研“最多跑一次”改革（卢晗 提供）

【“放管服”改革】 坚持以人民为中心的改革发展理念，牵头持续深化全市“放管服”改革。简政放权力度持续加大。2018年，继续精简行政审批事项，依法依规取消50项；扩权强镇示范作用不断强化，在向大瑶镇、镇头镇分别赋权64项、35项的基础上，将有关就业、教育、医疗、养老等28个政务服务事项下放乡镇（街道）实施，永安镇成功申报为省级九家试点之一，经济发达镇行政管理体制改革经验深入推广复制；持续推进赋权强园改革，继续向经开区、高新区下放经济社会管理权限87项、75项。推进乡镇综合执法改革，大瑶镇依法承接11部门635项行政权，择优选用45人充实一线执法，投入近700万元建成集物联网、云计算、视频监控等技术手段集成的智慧管理网络，综合执法改革成效显著；在安全生产、食品安全等重点领域实施联合执法；商事领域践行“双随机、一公开”监管模式，营商环境进一步优化；正确处理政府和市场的关系，在经开区开展“先照后证”改革探索。审批服务更加高效便民。提请出台《浏阳市落实推进审批服务便民化和政务服务“一网、一门、一次”改革实施方案》、《浏阳市关于进一步深化“最多跑一次”改革着力推进“马上办、就近办、网上办、帮代办”实施方案》，指导推进审批服务便民化向纵深推进。力推“最多跑一次”，“马上办”有新成效。推动38个行政审批服务事项由承诺件改为即办件，共缩短审批时间157个工作日。社会投资备案审批项目时限压缩至25个工作日，政府投资项目和社会投资核准审批项目时限压缩至30个工作日，并确定工程项目建设全流程审批压缩到80个工作日的目标；企业开办时限压缩至3个工作日；清理规范中介服务事项，保留94项，取消10项；深化减证便民，取消村（社区）及部门单位开具证明事项146项；指导推进二手房交易水电气过户联动办理；协调公安、国土、卫计等部门在各自领域深入推进改革。力推“只进一扇门”，“就近办”有新进展。深化乡镇政务服务中心标准化建设，推动事权下沉，投放80多台自助一体机至社区、商区、厂区，实现政务服务全覆盖。深化赋权强园改革，建设标准化园区政务服务大厅，创新审批服务模式，经开区“先建后验”“零收费服务”；高新区“项目报建不出厂”“网上预约受理”等精准服务，实现“园区事园内办”。力推“只上一张网”，“网上办”有新突破。加快网上办事大厅和省、市政务服务网的对接共享，实现“省—市—县—乡—村”五级无障碍联通，目前88个事项已实现全流程网上办理，生育证、老年优待证等65个事项变村帮办为村上办。全面打通市本级数据壁垒，实现网上办事大厅与国土、规划、人社等12个业务系统的联通对接；获取省地税、省工商、长沙市人社、长沙市公积金等部门的137项数据资源，为实现数据纵向对接、横向连通打下良好基础。健全帮办体系。实现帮代办与互联网的深度融合，推广“岗岗通”、365预约、上门代办等服务新模式，为出行不便、居住分散、身体残疾的群众提供全方位、全天候代办服务。湖南省人民政府办公厅印发《关于对2018年度真抓实干成效明显地区予以表扬激励的通报》（湘政办发〔2019〕6号），浏阳深化“放管服”改革等工作获得省人民政府通报表扬。成为全省唯一一个连续两年获此项表彰的县（市）。

【党政机构改革和重要领域改革】 以构建系统完备、科学规范、运行高效的党和国家机构职能体系为目标，统筹推进党政机构改革和重要领域改革。对标推进党政机构改革。严格对标中央要求，将党和国家新一轮机构改革有关重要文件和领导讲话等资料汇编成册，加强学习，并多次组织干部赴外地进行交流学习，赴省、市对接汇报，深刻把握深化党和国家机构改革的指导思想、基本原则、目标任务及重点内容。组织精干力量和专门班子，对全市机构编制情况进行信息核对，开展涉改单位摸底调研，对部门职能全面梳理，盘清底子，厘清关系，为后阶段机构改革工作奠定基础。对标上级精神，结合本地实际，精心打磨拟定《浏阳市机构改革方案》，按程序提交有关会议审议并上报。先行先试，按照要求推动组建了退役军人事务机构筹备组，配备人员履行退役军人事务机构职责。与此同时，坚决执行省市关于严明机构改革纪律的各项要求，未出现泄密情况，大局保持稳定。积极推进监察体制改革。配合做好市纪委监委、市委巡察组和市纪委监委派驻纪检监察组的机构设置、调整、转隶和编制配备、人员选调工作。统筹推进其他领域改革。与各部门研究经开区托管高新区统筹管理体制改革工作，以两办名义下发《浏阳经济技术开发区托管浏阳高新技术产业开发区统筹管理体制改革实施方案》，推进园区统筹管理体制改革；完成园区安监体制改革，理顺园区安全生产管理体制；推进基层林业站体制改革，进一步加强林业管理和服务，全面发挥林业站职能作用。

【机构编制管理】 “坚持改革发展推进到哪里机构编制就服务到哪里”的理念管理机构编制工作。合理优化机构设置。遵循“撤一建一”原则，设立河长制办公室、第十中学、关口街道道吾初级中学、道吾小学，调整设置乡镇（街道）政务服务中心等机构；争取省市批复设立市数据资源局并明确为政府直属正科级事业单位、市看守所升格为正科级机构。合理进行日常机构调整，完成绩效办主管部门调整、园区安监体制调整、公共资源交易中心体制调整等工作。同时，强化监督检查，3月，联合市委组织部、市人社局，印发《关于重申干部人事机构编制工作纪律的通知》，重申机构编制纪律。科学盘活编制资源。在全市编制总额内及时下达2018年度全市公务员招录和市直单位专业英才引进计划，共招录公务员110名，选调生28名，专业英才92名（含博士7名），教师519名，医生201名。下达2018年退役士兵（官）和军转干部安置用编计划，安置军转干部和退役士官86名，市内选调、选聘人员计划44名。配合做好乡镇安监员异地交流和军转干部家属安置、援藏教师安置工作。为促进教师资源合理优化配置，推动教育事业发展，联合部门组成工作组深入全市60多所中学进行为期一个月的调研，充分了解市教育发展现状，掌握中小学校教职员工配备和师资队伍建设情况，正视存在的问题困难，多方听取意见建议，认真梳理，深入研究，撰写调研报告供政府决策参考，获得市领导批示。

【事业单位登记管理】 依法依规组织全市938家事业单位全面完成年度报告申报、审核、公示，并精心组织实施“双随机”监管，有效促进事业单位法人健康发展。推进事业单位登记“全事项上网、全流程公开、即时办结”和“最多跑一次”，实现登记工作标准化、便民化。配合党政机构改革，确定12家承担行政职能事业单位纳入改革统筹推进。完成已列入生产经营类事业单位改革，稳妥推进事业单位改革。登记工作标准化、登记服务便民化、事业单位分类改革等工作创造全国可学习、可推广、可复制、可操作的典型经验，年内先后在中国机构编制网、国家事业单位在线7次刊发专文重点推介。同时做好机关事业单位网上名称的管理，完成中文域名统一续费工作，实现中文域名注册和网站挂标两个“全覆盖”。

【“最多跑一次”经验两次获全省推介】 6月14日，湖南省优化发展环境现场推进会在永州市江华瑶族自治区召开。中共湖南省委书记杜家豪出席会议并发表讲话。浏阳深化改革、优化环境的做法特别是“最多跑一次”改革作为典型经验向全省推介。2017年4月，浏阳在全省范围内率先推进“最多跑一次”改革，努力探索“放管服”改革的“浏阳路径”：梳理公布市本级“最多跑一次”事项1012项，占总事项的95%，基本实现企业

“七一”中国共产党成立97周年期间，编办开展以“不忘初心跟党走，勤廉奋进争先锋”为主题的“七个一”系列活动纪念党的生日活动

和群众办事“只进一扇门、只上一张网、只拨一个号、最多跑一次”;建设全省首个市民之家,实施“三集中三到位”,推动36个部门入驻,设置窗口180个,2018年1至5月,共办理业务39.3万件,其中38.8万件实现“最多跑一次”,占业务总量的98.7%。6月19日,全省“互联网+政务服务”和政务公开工作推进电视电话会议召开,浏阳“最多跑一次”改革工作应邀再次作典型发言。

(卢　晗)

老干部工作

【概况】 提高政治站位,不断增强离退休干部党组织引领力,积极引导离退休干部维护以习近平为核心的党中央权威和集中统一领导。精心组织“七个一”活动。升级组建一支500余人的市级“五老”宣讲员队伍;开展一次“五老”宣讲员集中培训;策划一系列“不忘初心、继往开来”红色舞台专题文艺巡演;组织一次十九大诗联书画作品征集及展示;举办一次十九大精神“微宣讲”暨离退休干部党支部书记赛党课活动;编辑一本《老干部学习宣讲资料》;开办一个《银发先锋大讲堂》。深入开展主题教育。组织对离退休干部访初心活动,达浒镇老干支部开展过“政治生日”活动,集里街道黄帽子老干支部开展“情动四点、初心故事汇”,金枫艺术团编排《会师队伍上井岗》《伟大的信仰》等情景剧。全面推进“三保机制”。指导各离退休干部党支部深化“三保”体系建设,落实“三会一课”等制度。

【离退休干部党组织建设】 创新组织管理,全面提升离退休干部党组织组织力,引领离退休干部在夯实“红色堡垒”中勇当先锋。“三位一体”加强党员管理。针对离退休干部工资待遇在单位,居住在社区,活动在社团的现状,探索建立离退休干部“单位—居住地—社团”三位一体管理模式。按照“一方隶属,多方管理”的原则,让离退休干部党员在与原单位组织管理不脱钩的情况下,到居住地社区和社团组织报到,参与学习,发挥作用,接受监督,2018年完成报到2365人。“分类施策”优化组织设置。在“五老”社会组织中成立党支部16个,在社区试点成立党支部2个,在村成立党小组1个,在村成立老干部小组212个,真正做到有党员的地方就有党组织,有党组织的地方就有健全的组织生活。“互联网+”创新学习载体。建立1个市级、32个乡镇(街道)、79个市直单位“银龄e支部”微信群积极引导离退休干部互相交流经验,增强党性观念;办好“浏阳老干部”微信公众号,向中央、省、长沙市局公众号、官网等报送信息168条,宣传工作获省局表彰;新增基层老年教育网络课堂站点25个,申报12个长沙市老年教育网络课堂优秀站点。2018年全市104个站点共组织收看直播3328场次,参与学习的老年人近68000人次;探索建立共享式支部活动室,在老干部活动中心建立“支部活动驿站”,10余个涉老社团党支部及无活动场所的党支部到驿站开展组织生活。“双联制度”推动工作落实。离退休干部工委委员对口联系1个乡镇(街道)片区,打造2个离退休干部党支部先进典型,开展3项重点活动。局机关干部职工分区域联系四大家实职老领导,每月上门走访一次,送上一份学习资料,联系2~3个基层党支部,每年参加所联系支部的学习活动一次,上党课一次。

【老干部活动开展】 丰富活动载体,持续扩大离退休干部党组织号召力,引领离退休干部在为党和人民事业增添正能量活动中奋发有为。整合“涉老资源”聚合力。在“五老”公益组织中率先成立“银发先锋”志愿服务联合会,并在老干部活动中心建立“银发先锋”志愿服务基地,2018年共有17家“五老”公益组织加入联合会,10家组织入驻基地,进一步整合全市“五老”志愿服务力量,把“星星之火”变成“燎原之势”。开展“五好十竞赛”亮品牌。在全市离退休干部党支部和离退休干部中深入开展“五好十竞赛”主题活动。打造“五好”离退休干部党支部10个,选树“五好”离退休干部党员典型30个。引导广大五老围绕党建引领、协商民主、公益宣传、矛盾调解、文明创建、环境整治、禁毒帮教、精准扶贫、全民健身、移风易俗等十个方面开展服务大竞赛,每个支部争取建立一个志愿服务队伍,打造一个志愿服务品牌,不断把增添正能量活动引向深入。在浏阳日报开设“践行十九大,五老在行动”专版,推介5期“五好十竞赛”活动中的典型事例。拓展文化养老新平台。6月4日,老干部大学正式搬迁新校区。2018年共开设16个专业、145个班级,学员高达7368人次。成立老干部大学艺术团,壮大老干部大学志愿服务队,开展扶贫帮困献爱心、“邻里守望”关爱空巢老人、送课下乡等志愿服务活动160余次。聚焦“五老四教”浓氛围。组织成立“五老”宣讲协会,统筹负责全市“五老”宣讲工作,组织开展“十九大精神进基层”宣讲竞赛。全市500余名“五老”宣讲员和老干部网宣员,充分利用集中授课、家庭聚会、邻里闲聊、婚丧嫁娶、网络论坛等各类场合,进行即时宣讲298场,听众近6万人次。制作并发放“银发先锋”宣传册3000余本。永安镇“谷爹工作室”、蕉溪镇“常红志愿服务队”、沿溪镇“大圆春色”志愿服务队、古港镇“桃园暖风”志愿服务队等“发挥五老作用”阵地成广大“五老”为党为民增添正能量的根据地。

【关工委工作】 2018年,市关工委在市委、市政府的正确领导下,各项工作按照年初的部署和安排,稳步推进。4月20日,市委常委会听取关工委工作汇报,审议通过并于5月15日下发《关于进一步做好新时代关心下一代工作的意见》(浏办发〔2018〕13号)文件,为新时代做好关心下一代工作指明工作方向、提供政策依据、提出明确要求;常委会研究同意加大投入,对关心下一代工作项目建设提供经费支持;4月27日召开的2018年全市老干和关心下一代工作会议,市委主管领导多次参加市关工委组织的重要活动。6月7日,长沙市委督查室就浏阳落实长发〔2017〕22号文件精神的情况专题督查,长

1月16日下午，由浏阳市委组织部、市委宣传部、市委老干部局、市委离退休干部工委共同举办"不忘初心·继往开来"浏阳市离退休干部学习宣传中共十九大精神文艺会演在浏阳市欧阳予倩剧院上演

沙市关工委副主任姚五零对浏阳关工委工作作出高度评价。上半年，市关工委根据年初分片情况，由副主任带队，多次深入到各分片区单位开展督查指导工作，及时发现问题、推介经验，推动基层关工委工作平衡发展。市直机关关工委、教育系统关工委、民营经济关工委以及各乡镇(街道)关工委也对各战线、辖区内各单位的工作进行督查指导。市直机关关工委每季度均对各市直单位关心下一代工作进行定期督查指导，形成"四抓四促"的工作态势，即抓基础促建设、抓节假促平时、抓两头促中间、抓典型促创新。金刚镇建立村(社区)关工委工作常态化的每月一次巡回观摩制度，淮川、集里等街道除抓好社区关心下一代组织建设外，将关工委工作触角延伸到小区、楼栋，有力促进工作整体推进。四个街道在2017年建立9个小区关工委的基础上，又建立10个小区关工委，集里工业品小区关工委阵地建设活动开展接受长沙市的抽查并得到肯定。创新在新社会组织——义工联和万众学雷锋大队分别成立关心下一代工作委员会，逐步扩大关工委组织覆盖面，形成"横向到边、纵向到底、联系到户、关爱到人"的关心下一代组织网络。组织青少年开展力所能及的活动，各乡镇(街道)关工委组织青年志愿者、中小学生开展"保护碧水蓝天·共建绿色家园"以及公益环保活动、义务巡河活动、义务植树活动、应急救援等等，集里街道关工委组织类似活动14次，义工联关工委组织20多次。建立健全组织机构，市关工委下发文件要求各乡镇(街道)将关工委作为议事协调机构，建立议事协调机构成员联席会议制度和定期议事制度，明确部门工作职责，形成党政群齐抓共管、关工委组织协调、职能部门各司其职、各部门密切配合、全社会积极参与的工作格局。乡镇(街道)落实三纳入四同步工作机制。2018年，全市关心下一代协会更名为关心下一代工作委员会，村(社区)关心下一代工作委员会主任由书记兼任，同时，配备1~2名"五老"人员担任执行主任。加强基层阵地建设，夯实基础筑牢根基。市关工委根据上级关于"五好"关工委创建要求，按照"自愿申报、按章考核、注重质量、以奖代补"的创建原则，在全市村(社区)中开展关心下一代工作示范阵地创建活动，成功创建60个单位，2018年明确加强关心下一代活动阵地建设，围绕爱国主义、法治教育、"两型"环保、农业科普、健康生活、科学文化、国防教育等方面各有侧重地进行内容布置；建立阵地管理制度，做到"八有"，即有组织、有人员、有计划、有活动、有记录、有总结、有制度、有经费。市关工委指导古港镇梅田湖村建立青少年实践教育基地，通过打造返璞归真的农耕文化实践体验园地，使青少年了解农耕文化、增强实践能力、体验农村生活、奋力乡村振兴，2018年接待10784人次。开展"三大行动"，以"育苗行动"为抓手，着力抓好青少年思想道德教育；以"护苗行动"为抓手，着力关爱青少年身心健康成长；以"造林行动"为抓手，着力激活关心下一代工作内在动力。2018年2月6日，组织全市乡镇(街道)关工委主任进行深入学习党的十九大精神，并要求全市各级关工委精心策划，周密安排，深入学校、村(社区)，通过"五老"宣讲、文艺演出等形式多样的活动，组织广大青少年参与主题教育，帮助他们深化对党的十九大精神的认识和理解。4月17日，浏阳市承办长沙市"传承红色基因，争做时代新人"主题教育活动启动仪式，各级关工委动员组织"五老"宣讲团、红色宣讲小分队深入机关、学校、村(社区)屋场开展十九大精神宣讲、社会主义核心价值观教育和"红色文化进屋场"巡讲等主题教育活动等各类宣讲98场次，14000余名青少年参与其中。组织中小学生"不负使命，有为担当，励志成才——红旗飘飘，引我成长"演讲比赛，参加预赛615人，参加复赛119人，参加决赛23人，报送长沙市决赛3人，其中1人获得特等奖，2人获得二等奖。举办"在中国特色社会主义旗帜下成长"主题征文比赛，共收到征文123篇。通过组织专家评审，选出一等奖12篇，二等奖24篇，三等奖37篇。9月30日—10月9日，市关工委联合浏阳日报社、浏阳网开展"传承红色基因，争做时代新人"微信有奖答题活动，共吸引超过10万人次参与答题。"浏阳老干部"微信公众号吸粉10104人。突出精准关爱。重点加强对"五失"(失足、失管、失学、失业、失亲)青少年，流动流浪留守青少年，残疾、服刑人员子女，贫困和精神困惑青少年的关爱工作。组织开展以"公益联动·为爱行走"为主题的湘赣百里公益毅行，为100名困境儿童筹集一年的助学善款；发起"圆梦微心愿，献爱微公益"活动，帮77名困境儿童和6个乡

9月15日上午，湖南省第三届"最美孝心少年"表彰会议在长沙举行。金刚完小何明珠被评为湖南省"最美孝心少年"

村教学点达成心愿；举办"关爱暖童心，欢乐庆'六一'"护苗行动，对400多名留守儿童、贫困学生给予资助和慰问；指导举办"hello浏阳小孩——温暖包发放仪式"，为241个山区贫困儿童送上节日祝福；主办"同在蓝天下，快乐共成长"文艺会演，给20个留守、贫困儿童献上爱心。优化成长环境。继续推进"母亲夜话沙龙"活动，开展《怎样培养有责任心的孩子》《不吼不骂教孩子》《用智慧陪伴孩子成长》《把握孩子成长关键期》等知识讲座。开展打击网吧接纳未成年人上网专项行动、校园周边文化市场集中整治专项行动和"扫黄打非•护苗2018"绿书签进校园、《护苗•网络安全课》进社区等活动，加大校园周边环境和校园欺凌现象治理力度。开展"关爱祖国未来，擦亮未检品牌"为主题的"检察开放日"活动，并启动"法治进校园"巡讲、"群策群力，共筑未成年人健康成长防火墙"座谈会等系列活动，校园内外环境得到进一步优化。与市禁毒协会共同举办市直单位青年干部职工"健康人生•绿色无毒"知识讲座，听课人数达1100余人；主办"浏阳市第四届少儿才艺电视大赛"，为1000多青少年提供展示平台；联合举办"有梦想•共成长"六一儿童节文艺汇演，为青少年提供表演舞台，展现他们的青春活力。强化典型培树。根据湘关委〔2018〕5号文件要求，市关工委联合市教育局在全市范围内开展"最美孝心少年"评选活动，集里中学刘继涛和金刚完小何明珠作为候选人被推荐到上级关工委，金刚完小何明珠被评为湖南省"最美孝心少年"。继续深化"评星建档"工作，市关工委办公室组织开展首届"传承雷锋精神，争做星级青少年"评选表彰活动，在全市青少年中评选表彰爱国之星、敬业之星、诚信之星、友善之星、公益之星、孝敬之星、好学之星、勤俭之星、科技之星、礼仪之星各10名。2018年《中国火炬》杂志先后7次，省关工委先后5次，长沙市简报先后2次报道浏阳关工委工作。紧扣核心任务，把握时间节点，推进工作创新发展。暑假期间，发挥"五老"作用，推进"育苗、护苗"行动，中和镇举行"党委书记与青年人才面对面"活动，在校大学生代表、2018年准大学生、准高中生共53人参加活动。集里街道百宜社区党总支充分发挥党建带关建作用，在辖区内开心广场小区和东玉小区阳光幼儿园设立辅导站，开展"暑假学业辅导、安全教育进小区"活动。10名党员教师对120余名学生进行作业辅导和安全教育培训。淮川街道朝阳社区关工委组织开展免费硬笔书法培训班。永安镇心源社区关工委开展暑假学生"回家乡、近邻里、育爱心"系列活动。

（老干局办公室）

信　访

【概况】 2018年，在省、长沙市信访局的精心指导和市委、市政府的正确领导下，浏阳市信访工作紧紧围绕全面建设现代化浏阳目标，坚持以人民为中心，创新实施"三联三保""最多讲一遍"的工作机制，强化领导公开接访、信访积案化解工作举措，扎实推进"四大攻坚战"和"阳光信访、责任信访、法治信访"建设，继续保持特护期进京非访"零登记"，没有发生一起进京赴省重复集访事件和极端恶性事件，社会大局和谐稳定。2018年，浏阳市被评为长沙市信访工作目标管理考核红旗单位，信访局被省高级人民法院、省公安厅、省司法厅、省信访局评为全省"三调联动解纠纷、防控风险促发展"专项调解活动先进集体，被省信访局授予"百佳业务规范单位"。

【领导公开接访工作】 年初通过《浏阳日报》、浏阳网、信访局微信公众号等平台，及时对市级领导公开接访进行公开公示，乡科级单位及时通过党务、政务公开栏等对领导公开接访进行公开。市、乡两级领导干部坚持做班接访，全天候接待来访群众，市信访工作联席办常态性开展领导接访明查暗访，确保领导公开接访落实到位。全年市乡两级领导公开接访2492批7214人次，解决各类信访问题2100个。

【信访案件办理】 以信访重点领域、重点群体、重点问题、重点人员"四大攻坚"活动为契机，深入推进信访积案化解工作，全年共办理8批127件中央巡视组交办件和7批63件省委巡视组交办件，办结率居长沙市区县市首位。做好市级领导交办件和群众来信件的办理工作，累计办理本级市级领导交办件537件、群众来信件544件。全年无案件办理不规范、不及时等情况。同时，注重做好重点信访件和交办件的督查督办工作，每周三定期对重点件进行督办，确保疑难复杂案件及时办理到位。

【网上信访】 加强网上信访应用，推进"互联网＋信访"的深度融合，联通网上信息系统，更新浏阳信访局网站和微信公众号，在浏阳日报设立信访直通车、浏阳交通频道设立定点播报宣传网上信访相关内容，网上信访逐渐成为群众信访主渠道。全年转送办理网上信访件2130件，网上信访及时受理率达98.8%，网信占比达50.1%。

【存在困难和问题】 群众信访信“上”不信“下”问题。部分信访群众对基层政府职能部门和工作人员不信任，认为村（社区）、当地政府、基层部门单位解决不了问题，只有上级部门或领导才能解决问题，甚至认为只有找市委书记、市长或更大的领导才能解决其诉求，导致出现进京赴省到长来浏越级访、重复访情况。群众信访信“访”不信“法”。有的信访群众“信闹不信法”，认为“大闹大解决，小闹小解决，不闹没解决”，想通过信访途径解决其利益诉求，反复缠访闹访，不见领导不走人，不达目的不罢休。特别是部分信访群众反映的问题原本可通过诉讼、仲裁、行政复议等途径解决，但其认为信访成本低、见效快，宁肯信“访”，不愿信“法”。驻京接访劝返压力大。驻京接访劝返工作一直是信访工作的重点和难点。全市每年进京上访人多，接访劝返工作量相当大，全市只有2名工作人员常驻北京开展接访劝返工作，遇到集体进京上访，人手明显不够，给工作带来被动。

【推行“最多讲一遍”信访工作机制】 健全“首接首办、分析预警、督查

5月18日，市信访局联合公安局、民政局、国土局、住建局、淮川街道等单位在城区步行街开展信访法治集中宣传活动

（康兆祯　提供）

督办、责任追究”四项制度，进一步规范信访工作流程，加大信访事项的甄别、分析、督办、问责力度，推动初信初访最多跑一次，全年办理初信初访987件，群众初信初访的合理诉求基本实现最多“讲一遍”。该项工作经验先后在2018年第四期《长沙通讯》和2018年12月22日《长沙晚报》头版（标题为“首接首办合理诉求‘最多讲一遍’”）宣传推广。

【建立“三联三保”信访工作机制】 为进一步压实信访工作责任，创新建立“市级领导联乡镇（街道）、保属地责任压实，分管市级领导联领域、保行业问题整治，责任单位联访件、保案件处理到位的‘三联三保’”信访工作制度，有效推动化解一大批矛盾纠纷和信访问题。11月开始，市委组织在全市广泛开展落实‘三联三保’制度的民情大走访活动，全市上下形成一股大走访、大排查、大化解、大融洽的工作热潮，累计走访群众13581户，排查矛盾纠纷728起，化解信访问题586个。

（王　均）

党校（市行政学院）

【概况】 中共浏阳市委党校（以下简称市委党校）是市委、市政府直接领导下培养党政领导干部、党员以及各类人才的学校，是学习、宣传、研究马克思列宁主义、毛泽东思想和中国特色社会主义理论体系以及市情研究与咨询的主阵地。市委党校内设办公室、教研室、培训部、后勤科4个职能科室。2018年有在职在编教职工21人，其中专兼职教师14人，研究生以上学历7人，中高级以上职称7人。2018年，在浏阳市委坚强领导和上级党校的关心指导下，浏阳市委党校以党的十九大精神和习近平新时代中国特色社会主义思想为指导，认真贯彻落实中央、省、长沙市各级党校工作会议精神，按照“从严治校、质量立校、人才强校、开放办校、文明美校”工作思路，坚持党校姓党，全面从严治校，提升办学水平，提质校园环

11月19日，市委副书记、市长吴新伟（右一）到大瑶镇天和村开展“三联三保”信访工作督导，走访信访对象邱忠全（右二）

（康兆祯　提供）

境，拓宽干训领域，成功创建湖南省综合性示范县级党校。在省、长沙市理论征文中，22篇论文获奖，其中获省党校系统理研讨会一等奖论文1篇，二等奖4篇；长沙级理论征文1等奖3篇，二等奖3篇，三等奖9篇，科研工作第三次获长沙市党校系统“科研组织优秀单位”。

【教育培训】 2018年，市委党校严格落实主体班办学任务，按照分层次、分类别、多渠道、重实效的干部教育培训格局，圆满完成培训任务。全年举办主体班10期，共培训2343人次。注重实效，高标准完成各类部门和异地培训班55期。其中省委组织部贫困村党组织书记专题培训班6期，来自宁夏、海南、广西以及湖南省邵阳、南县、双峰等地的异地培训班23期和本市各部门、乡镇、园区培训班22期，共培训5441人次。办学业绩和培训效果得到学员的高度好评，课程满意度、服务满意度测评优良率达到99%，得到湖南省、宁夏回族自治区、长沙市委组织部门的高度肯定，中组部共产党员网以《学以致用，点燃致富带头人的奋斗焰火》为题推介浏阳市委党校党员干部教育培训做法。

【科研资政】 市委党校开展课题研究10余项，成功申报省委党校课题3项、长沙市社科联课题1项；完成省级课题1项、浏阳部门课题2项、校级课题5项；在《湖南工作》《长沙组工通讯》《长沙晚报》等报刊、杂志公开发表理论文章19篇；参与省市理论征文，获奖论文22篇，其中获省党校系统理研讨会一等奖论文1篇，二等奖4篇；长沙级理论征文1等奖3篇，二等奖3篇，三等奖9篇，科研工作第三次获长沙市党校系统“科研组织优秀单位”，并在大会上作典型发言；1项科研成果荣获长沙市社科成果奖“三等奖”；全年共呈送《呈阅件》5期，3篇得到长沙市委党校《呈阅件》采纳，其中1篇获原长沙市委副书记徐宏源同志批示。

【课程开发】 坚持把学习贯彻习近平新时代中国特色社会主义思想摆在最突出的位置，开发《学习贯彻党的十九大精神，增强文化自信》《毫不动摇坚持党对一切工作的领导》等系列理论课程35个，使之生动有效进课堂、刻骨铭心进头脑，引导党员干部增强“四个意识”，坚定“四个自信”，做到“两个维护”。进一步完善《传承胡耀邦精神，彰显新时代新担当新作为》等精品课程3个，立足浏阳实践，研究浏阳现象，打造基层党建、园区建设、深化改革、乡村振兴等“初心永不忘 改革再出发”现场教学课程体系，注重组织学员实地观摩，“让实践者教给实践者”，精准服务浏阳发展，推介浏阳经验。

【理论宣讲】 紧扣中心工作，准确把握时间节点，先后成立“党的十九大精神”“乡村振兴”等主题宣讲团，开发34个教学专题，多形式服务基层党员干部培训，完成200余场近1.5万人次的理论宣讲，获得社会和培训学员的高度评价。宣讲内容紧跟中心工作，以党的重大理论为主，又紧密结合市委政府的重大战略决策和工作中心进行宣讲，做到既深入宣传习近平新时代中国特色社会主义思想和党的十九大精神，又将市委政府决策思想贯穿其中，让基层群众了解地方经济社会发展大计。

【教师队伍建设】 实施“教师成长三年计划”。抓实理论学习，每月定期组织2次专题理论学习，注重学习原文，钻研原理；选派教师到高校、科研院所、上级党校等学习培训、继续深造，着力提升青年教师理论研究水平。2018年，市委党校共选派12名专兼职教师到中国人民大学专题学习培训，1名教师参加省委党校师资培训班，1名教师参加省委党校在职研究生学习。补足实践短板，鼓励教师深入基层、解读浏阳，在精准扶贫、安全生产、乡村振兴等基层一线工作中发现课题、研究课题；每季度组织教师集体备课和青年教师赛课，在实战中锻炼队伍。创新教学方法，特别重视采用现场教学、情景模拟、分组讨论、经验交流等多凸显学员主体作用的教学方法，有效提升教学针对性和实效性。

【成功创建全省综合性示范党校】

12月11日，省委干部教育工作领导小组办公室发文，通报全省示范性县级党校行政学校评定结果，浏阳市委党校获评“全省综合示范性县级党校行政学校”。此次示范性评定工作由省委组织部、省委党校、省人社厅、湖南行政学院联合组织。评定出的“全省综合示范性县级党校行政学校”，在教学、科研咨询、学员管理、校园建设等方面在全省处于领先地位。市委党校自2013年获批全省县级党校综合办学水平A类以来，以教学科研咨政一体化创新为重点，全面提升党校工作科学化水平。2013年至2018年，共完成67个主体班1.2万人次干部教育培训；完成浏阳有关部门培训班、异地来浏培训班以及社会培训班共443期近9万人次的培训；完成省、长沙市及浏阳有关部门课题29项，公开发表论文40余篇。

【举办全省贫困村暨民族地区和革命老区村党支部书记集中轮训班】

为认真学习贯彻党的十九大精神，加强基层党组织带头人队伍建设，培育本领高强的村级脱贫攻坚带头人，不断提高基层党组织组织力，4月16日至6月1日，省委组织部在长沙县委党校、浏阳市委党校、湘潭县委党校三个教学基地，分6期对全省贫困村暨民族地区和革命老区共计1800名村党支部书记进行集中轮训。浏阳市委组织部、浏阳市委党校承担来自常德、张家界、益阳、永州、岳阳、郴州、邵阳、怀化、湘西等9个市州596名村党支部书记的培训。

【举办长沙市党员致富带头人专题培训班】 11月12—16日，由长沙市委组织部主办的全市党员致富带头人专题培训班在浏阳市委党校举行。长沙市委组织部党员教育中心主任何晓芳出席开班式并讲话。来自长沙县、望城区、浏阳市和宁乡市等地区的84个省定贫困村的168名党员致富带头人参加培训。培训采取统分结合的方式，分产业和综合两个班同步教学。教学采用专题辅导教学点评，现场教学和现身说法。同时安排有分组讨论和学员论坛，让学员在相互切磋分享中启发致富思路。

【举办浏阳市 2018 年“锤炼本领，担当作为”村（社区）党组织书记培训班】 6 月 12—15 日，浏阳市 2018 年“锤炼本领，担当作为”村（社区）党组织书记培训班在浏阳市委党校举办。市委常委、组织部长周文舜主持开班式，长沙市委常委、浏阳市委书记黎春秋讲授《当好新时代的一线奋斗者》一课。全市 322 个村（社区）党组织书记和 33 个省定贫困村第一书记全程参加培训。培训班重点学习中共十九大精神、乡村振兴战略、脱贫攻坚、农村党员干部作风建设、村书记语言艺术与沟通技巧、党章党规、党员管理实务等内容。通过集中授课解困惑、分组讨论谈心得、闭卷考试促巩固等形式，确保培训效果。

4 月 16 日至 6 月 1 日，举办全省贫困村暨民族地区和革命老区村党支部书记集中轮训班

（吴乐　提供）

【举办浏阳市 2018 年专业英才培训班】 11 月 12—16 日，举办浏阳市 2018 年专业英才培训班，为期 5 天，全市各机关事业单位 40 名专业英才参加培训。课程体系围绕理论教育、党性教育、能力提升、知识培训四大方面，安排专题授课、现场教学、分组研讨等灵活多样的环节，旨在提升专业英才的各项能力，为全面建设现代化浏阳提供智力支撑和人才保障。2018 年，浏阳市推进“专业英才千人计划”并取得显著成效，成功引进一大批专业英才，其中包括 10 名博士生。博士生到浏阳后，带领新引进的专业英才和单位骨干组建调研组，深入园区、企业、工厂、乡村等基层一线开展为期 1 个月的调查研究，在专业英才培训班上，专业英才博士生依次上台分享各自调研课题的成果。

（吴　乐）

浏阳市人民代表大会

2 月 24 日至 27 日，浏阳市第十七届人民代表大会第二次会议在浏阳城区召开

综　述

【概况】 2018 年，全市有人大代表 383 人，委员 39 人。在中共浏阳市委的正确领导下，认真贯彻落实习近平新时代中国特色社会主义思想，紧盯发展环境优化、民本民生改善、预算编制执行、生态环境保护、社会公平正义、城乡规划建管，依法认真履职。全年召开人民代表大会一次，组织代表听取和审议“一府两院”工作情况报告，选举浏阳市监察委员会主任，听取“一府两院”半年工作通报。召开人大常委会议 7 次，召开主任会议 11 次。全市 32 个乡镇(街道)建立代表活动室，涌现出集里、永安、大瑶等 14 个示范性代表活动室。创新设置代表专业小组，不断丰富代表履职途径。组织省、市、县三级人大代表进行履职集中培训。支持代表大胆履职、有效履职。分批安排市人大代表向所在选区选民述职，并就代表履职情况进行现场测评。

【浏阳市第十七届人民代表大会第三次会议】 1 月 9 日至 11 日，浏阳市第十七届人民代表大会第三次会议在浏阳城区欧阳剧院召开。会议共 8 项议程：(一)听取和审议市人民政府市长吴新伟《关于浏阳市人民政府工作报告》(二)书面审查市发展和改革局局长李翔《关于浏阳市 2017 年国民经济和社会发展计划执行情况与 2018 年国民经济和社会发展计划(草案)的报告》审查和批准《浏阳市 2017 年国民经济和社会发展计划执行情况的报告与 2018 年国民经济和社会发展计划》(三)书面审查市财政局局长唐洪胜《关于浏阳市 2017 年财政预算执行情况和 2018 年财政预算(草案)的报告》审查和批准《浏阳市 2017 年财政预算执行情况的报告和 2018 年财政预算》(四)听取和审议市十七届人民代表大会常务委员会主任吴震关于《浏阳市人大常委会工作报告》(五)听取和审议市人民法院院长李波《关于浏阳市人民法院工作报告》(六)听取和审议市人民检察院检察长陈芳《关于浏阳市人民检察院工作报告》(七)选举浏阳市监察委员会主任；(八)补选部分浏阳市十七届人大常委会委员。

12 月 4 日是第五个国家宪法日，浏阳市人大常委会组织举行国家宪法日宣誓仪式。181 名市第十七届人民代表大会选举产生和市人民代表大会常务委员会任命、决定任命的国家工作人员参加宣誓仪式

【人大常委会会议】 全年召开人大常委会议 7 次。

1 月 11 日，召开市十七届人大常委会第十二次会议。会议审议通过《浏阳市监察委员会副主任、委员任命和宪法宣誓程序的决定》，决定任命杨厚波、黎星照为浏阳市监察委员会副主任；肖敏利、陈艳梅、陈屹、杨辉平、陈文明为浏阳市监察委员会委员。会议还审议并原则上通过了市人大常委会 2018 年工作要点。

2 月 28 日，召开市十七届人大常委会第十三次会议。会议向市政府交办《关于切实改善城区落后交通状况，加快发展城市公共交通的议案》，市人民政府常务副市长吴敏代表市人民政府表态指出，政府高度重视议案办理工作，将城区公共交通建设纳入2018年政府“十件民生实事”。会议还审议并通过《浏阳市人大常委会专题询问暂行办法》。

3月14日，召开市十七届人大常委会第十四次会议。经会议表决通过，决定任命屈湘水为浏阳市人民政府副市长；免去李爱民市人民政府副市长职务（此前已调任市委常委、宣传部部长）。会议还通过表决，同意接受赵光荣辞去浏阳市第十七届人民代表大会代表职务的请求。

6月29日，召开市十七届人大常委会第十五次会议。经会议表决通过，决定任命邓凡为浏阳市人民政府副市长（挂职至2019年1月）；会议通过《关于调整浏阳市十七届人大常委会代表资格审查委员会部分组成人员的决定》，王武、黄刚、雷义任浏阳市十七届人大常委会代表资格审查委员会委员。市人大常委会组成人员对市民政局、旅游局、住房保障局三个部门的预算情况进行票决，三家单位均通过票决。会议还票决通过《浏阳市人民代表大会常务委员会关于对市人民法院员额法官和市人民检察院员额检察官开展履职评议的暂行办法（草案）》。会议还听取和审议市人民政府推进“河长制”建设情况。

9月27日，召开市十七届人大常委会第十六次会议。会议听取和审议市食药工商质监局局长孙玉樟代表市人民政府所作的关于《中华人民共和国食品安全法》贯彻实施情况的报告、市人大常委会副主任刘旭代表市人大常委会执法检查组所作的关于检查《食品安全法》实施情况的报告。会议票决通过《浏阳市人民代表大会常务委员会关于进一步监督支持人民法院“基本解决执行难”工作的决议（草案）》《浏阳市人民代表大会常务委员会关于进一步监督支持人民检察院开展公益诉讼工作的决议（草案）》。经过票决，会议审查并批准浏阳市2017年财政决算。会议还进行有关人事任免。

10月26日，召开市十七届人大常委会第十七次会议。会议听取和审议市规划局局长屈文毅受市人民政府委托所作的关于浏阳市镇村规划编制和实施情况的报告。会议审议市人民政府办理市人大常委会2017年交办的10件审议意见情况报告；审议关于提请接受刘守强辞去浏阳市第十七届人民代表大会代表职务请求的议案、关于提请审议朱姿丰等职务任免的议案、关于提请审议杨舟等职务任免的议案。会议表决通过市人民政府2018年财政预算调整方案。会议还审议市十七届人大三次会议代表建议、批评和意见办理情况报告。

12月14日，召开市十七届人大常委会第十八次会议。会议听取和审议市交通运输局局长李声义受市人民政府委托所作的关于《切实改善城区落后交通状况，加快发展城市公共交通议案》办理情况的报告。会议审议市人民政府《关于浏阳市2018年环境状况和环境保护目标完成情况的报告》。会议决定浏阳市第十七届人民代表大会第四次会议将于2019年1月16日至18日在城区召开。会议表决通过关于提请补选刘晓芳等为长沙市第十五届人民代表大会代表的议案。会议还听取和审议《普及高中阶段教育议案》年度办理情况，听取和审议旁听庭审评议和“两官”履职评议情况报告。

【人大主任会议】 全年召开主任会议11次。

1月11日，市十七届人大常委会召开第十五次主任会议。会议讨论市十七届人大常委会第十二次会议日程安排（草案）；讨论《浏阳市监察委员会副主任、委员任命和宪法宣誓程序的决定》（草案）；讨论2018年人大常委会工作要点。会议还讨论有关人事任免事项。

2月24日，市十七届人大常委会召开第十六次主任会议。会议讨论市十七届人大常委会第十三次会议日程安排（草案）；听取市人民政府《关于年度投资项目计划（草案）编制情况的报告》研究确定听取和审议《2017年预算执行和2018年预算安排的市直单位名单》；听取向市人民政府交办《关于切实改善城区落后交通状况，加快发展城市公共交通的议案》有关情况；讨论《浏阳市人大常委会专题询问暂行办法》。会议还讨论有关人事任免事项。

3月14日，市十七届人大常委会召开第十七次主任会议。会议讨论市十七届人大常委会第十四次会议日程安排（草案）和有关人事任免情况。

4月8日，市十七届人大常委会召开第十八次主任会议。会议听取市人民政府《关于土地利用总体规划编制和实施情况的报告》，讨论《浏阳市人大常委会关于对市人民法院员额制法官和市人民检察院员额制检察官开展履职评议的暂行办法（草案）》，听取“一府一委两院”依法依规向人大常委会报告或提请审议、审查批准的事项的汇总情况以及对市发改局等6个单位开展专项工作评议的有关工作情况。

5月17日，市十七届人大常委会召开第十九次主任会议。会议听取和讨论市水务局局长邓华受市人民政府委托所作的关于《〈浏阳河管理条例〉执法检查审议意见办理情况的报告》，讨论市人大常委会《2018年“司法公正长沙行”浏阳活动实施方案》和《2018年专题询问实施方案》。

6月27日，市十七届人大常委会召开第二十次主任会议。会议听取和讨论《中华人民共和国社会保险法》贯彻实施情况和《公共卫生服务工作报告》，讨论《市十七届人大常委会第十五次会议日程安排（草案）》，听取了市民政局、旅游局、住房保障局《2017年预算执行和2018年预算安排情况的报告》，听取《关于深入推进“河长制”建设情况报告》，讨论《〈食品安全法〉执法检查工作方案》和有关人事任免事宜。

8月1日，市十七届人大常委会召开第二十一次主任会议。会议听取市政府办副主任韩昶受市人民政府委托所作的《关于浏阳市征地拆迁工作的情况报告》，讨论人大机关管理有关制度。

9月19日，市十七届人大常委会召开第二十二次主任会议。会议听取市人民政府《关于全市林地保护管理工作情况的报告》；讨论市十七届人大常委会第十六次会议日程安排（草案）；听取市人民政府《2017年财政决算和2018年上半年财政预算执行以及“同级审”情况的报告》、《2018年上半年国民经济和社会发展计划执行情况的报告》；听取市人民法院《关于民商事案件执行情况的报告》

和市人民检察院《关于公益诉讼工作开展情况的报告》；听取市人大常委会执法检查组《关于检查〈食品安全法〉实施情况的报告》。会议还听取人事任免有关情况。

10月17日，市十七届人大常委会召开第二十三次主任会议，会议听取市人民政府《关于贯彻落实〈中华人民共和国信访条例〉情况的报告》；讨论市十七届人大常委会第十七次会议日程安排(草案)；听取市人民政府《关于市人大常委会2017年交办的审议意见办理情况的报告》《关于2018年财政预算调整方案的报告》《关于镇村规划编制和实施情况的报告》《关于市十七届人大三次会议代表建议、批评和意见办理情况的报告》。听取人事任免有关情况。

12月6日，市十七届人大常委会召开第二十四次主任会议。2017年12月，根据《浏阳市人大代表专业小组工作暂行办法》，经市人大常委会主任会议研究决定，成立浏阳市第十七届人大代表法制专业、财政经济专业、内务司法专业、教科文卫专业、城建环资专业、农业农村专业等6个小组。本次会议专门听取上述6个代表专业小组一年以来工作开展情况。会议还讨论市十七届人大常委会第十八次会议日程安排(草案)、市十七届人大四次会议有关事项；听取《关于〈普及高中教育议案〉办理情况的报告》、《关于〈切实改善城区落后交通状况，加快发展城市公共交通的议案〉办理情况的报告》、《2018年环境状况和环境保护目标完成情况的报告》、《旁听庭审评议情况和"两官"履职评议情况的报告》以及人事任免有关情况。

12月28日，市十七届人大常委会召开第二十五次主任会议。会议听取《浏阳市2018年国民经济和社会发展计划执行情况和2019年国民经济和社会发展计划(草案)的报告》；听取《浏阳市2018年财政预算执行情况与2019年财政预算(草案)的报告》；讨论市十七届人大常委会第十九次会议日程安排(草案)；讨论市人大常委会2019年工作要点(草案)、《在市十七届人大四次会议上的工作报告(征求意见稿)》以及市十七届人大四次会议有关事项；听取市十七届人大代表履职先进个人推选有关情况；听取长沙市人大代表浏阳联组部分代表向市人大常委会述职有关情况；听取人事任免有关情况。

(刘　恒)

执法监督

【财政预决算监督】 加强财政预决算监督，维护经济健康平稳运行。围绕2017年度财政决算、2018年上半年预算执行、预算调整等工作加强审查监督。督促政府全面贯彻实施预算法，强化预算约束，提高财政资金使用绩效和政策实施效果。盯住财政"同级审"发现的预算编制不规范、部分收入收缴不及时、预算支出不合规定等147个问题的整改，截止2018年12月，有119个问题得到基本解决。组织对市民政局、旅游局、住房保障局三个单位进行部门预算审议表决。听取和审议国民经济和社会发展计划情况报告。加强对非税收入、政府性债务、重点工程项目的调查研究和跟踪监督，支持政府积极防范化解债务风险。

【规划编制与实施情况监督】 盯紧规划编制实施，助力乡村振兴战略实施。听取和审议镇村规划编制与实施情况报告，指出规划编制不够科学、"三规"各行其是、执行缺乏刚性等问题，提出加大《中华人民共和国城乡规划法》宣传普及、提升规划科学性、强化规划刚性监管等审议意见，建议发挥好镇村规划对镇村建设的引领、约束和促进作用，把推进"三规"合一作为浏阳深化改革的重要突破口。听取和审议土地利用总体规划编制与实施情况报告，推动政府创新举措、破解难题，在保护好基本农田的基础上，加大对零散闲置土地的整理开发，促进土地资源的依法管理和有效利用。

【公共卫生与公共服务监督】 听取公共卫生服务工作报告。督促政府在足额保障防治经费、加强硬件设施建设、疾病防控工作重心向农村倾斜等方面改进工作。精神病人药品费用不足、部分乡镇卫生院公共卫生工作条件简陋等问题引起政府及相关部门的重视，并纳入整改计划。《普及高中阶段教育议案》办理工作取得新成效，2018年，全市普高、职高共新增学位3376个，其中公办1485个、民办1650个、职高241个。听取《信访条例》《社会保险法》贯彻实施情况等工作报告，在维护群众合法权益、提升社会保障水平等方面起到促进作用。

【生态环境保护监督】 12月14日，召开市十七届人大常委会第十八次会议，审议环境状况年度报告，推动《环保法》有效实施。年内，现场踏看主要河流水质情况，实地检查企业排污情况，深入了解施工场地扬尘污染情况，随机抽查环保局空气质量监测情况，跟踪抓好2017年度环境状况报告审议意见的办理落实。听取和审议环境状况年度报告，为政府推进大气、水体、土壤治理提出建议意见，督促环保部门从严执法，2018年浏阳市空气质量优良天数、水环境质量达标等环境状况主要数据比2017年有新的进步。检验河长制工作成效，推进水环境深层治理。听取和审议河长制工作情况专题报告，指出养殖污染和偷排直排禁而未绝、区域部门协调联动不够顺畅、资金等要素保障不够到位、宣传引导仍需加强等问题，督促落实村级小微水体管护补助资金，督促浏阳河沿岸1000米范围内规模养殖场依法有序退出，推动水环境治理重心由保洁式的表面治理向源头管控、健全机制、完善设施等深层次治理转变。关注林地管护现状，助推依法治林实现绿色发展。听取专项工作报告，提出要站在生态文明、绿色发展的战略高度，把林地作为浏阳人民的生命之源来保护和管理，坚持走依法治林的路子，推动政府在缓解林地供需矛盾、打击破坏林地行为、建强一线护林队伍等方面加大力度，林地管护工作取得新的进步。

(刘　恒)

执法检查

【食品安全法执法检查】 7月上旬开始，市人大常委会在全市范围内开展《食品安全法》贯彻实施情况的执法检查。《中华人民共和国食品安全法》执法检查的内容为市人民政府、市人民法院、市人民检察院及政府相关职能部门依法履职情况，重点围绕食品安全组织领导、监管体制和机制建立及运行情况，食品安全监管经费保障和检验体系建设情况，以及食品安全重点领域和薄弱环节的监管情况等方面开展检查。目的是全面了解政府及相关部门对食用农产品从种植环节到进入批发、零售市场或生产加工企业再到经营销售的全过程的监督管理情况，查找食品安全监管的薄弱环节，提出改进的意见和建议，推动政府及相关职能部门食品安全监管法律责任得到更好的落实，确保广大人民群众"舌尖上的安全"。市人大常委会成立由主任吴震任组长的执法检查组，下设六个执法检查小组，分别负责对食品生产加工、食品流通、运输和储存、食品经营经销、餐饮服务等行业的主管部门和所涉企业单位开展检查。执法检查组采取听取工作汇报、查阅有关文件资料、实地检查食品生产加工经营单位、餐饮服务单位、种养殖基地等单位(企业)的方式进行。7月3日上午，市人大常委会组织召开《中华人民共和国食品安全法》执法检查动员会议，对执法检查工作进行动员部署。8月1日下午，市人大常委会主任吴震率《食品安全法》执法检查第一检查组，随机选取湘蒸食味餐饮店、长沙廖掌柜食品有限公司、浏阳市环卫局、浏阳市雄民食品加工厂、嘉悦城项目建筑工地食堂等地，就浏阳市《食品安全法》的贯彻实施情况开展执法检查。9月12日下午，市人大常委会主任吴震主持召开执法检查工作督查会议，听取各个执法检查小组的情况汇报。本次检查深入企业、门店和有关单位共62家，会上，各个执法检查小组组长分别汇报本组执法检查情况，既总结食品安全管理工作的成绩和经验，也分别指出在食品生产加工、食品流通、运输和储存、食品经营销售等环节中存在的13个方面的问题，得到政府及相关部门高度重视，并充实一线监管力量，加大执法监管力度，将执法检查成果最大程度地转化为实际工作效果。

【"农村安全饮水"专题询问】 7月19日上午，市人大常委会"农村安全饮水"专题询问会议召开。市发改局、财政局、水务局、农业局、卫计局、环保局、畜牧局共7家单位就单村饮水工程建管、饮用水源保护、养殖污染治理、农村生活污水处理等13个具体问题面对面接受市人大常委会组成人员、乡镇(街道)人大主席(主任)、部分人大代表和市民询问。11月16日，市人大常委会组成人员对"农村安全饮水"整改情况进行视察，视察组一行先后查看沙市镇石柱峰民营水厂和镇头镇北星社区单村饮水工程。视察结束后，在镇头镇政府组织召开市人大常委会"农村安全饮水"专题询问整改工作测评会。会议就专题询问整改工作进行满意度测评。市发改局、财政局、水务局、农业局、卫计局、环保局、畜牧局测评满意率分别为88.9%、100%、100%、97.2%、100%、91.7%、86.1%。2018年政府及相关部门筹资3000多万用于提质改造规模水厂和农村自来水普及工程，17个乡镇约5.2万人受益。

【城市公交议案办理】 人大常委会组成人员乘坐公交车进行体验调研，实地察看公交站亭和线路，在零距离听取百姓心声的基础上，明确议案办理目标，推动工作责任上肩。跟踪督办，先后召开座谈会5次、督办会3次，对议案办理提出具体改进意见。通过政府及相关部门共同努力，2018年，全市新增电动公交车35台，并在城乡公交一体化规划设计、城区公交站点站亭建设、城区公交线路优化、公共交通运行管理等方面相比以前有明显进步。2018年年底，通过对400多位乘客进行满意度调查，认为公交状况比以前有改进的达到89.75%。本议案年初提出、年终办结。

(刘　恒)

司法监督

【庭审旁听评议】 深化庭审旁听评议活动。扩大听庭范围、增加听庭频次，深化庭审旁听评议活动效果。2018年先后组织70余名代表旁听刑事、行政、民商事和生态环保等类别的案件庭审5场次。选取一起能体现"自首、认罪认罚从宽"新司法理念的刑事案件开展旁听评议。结合庭审情况对法、检、公、司四部门的履职情况进行评议和满意度测评。

【市人大常委会主任会议成员调研"两院"工作】 9月26日上午，市人大常委会主任会议成员专程赴市人民法院、人民检察院开展工作调研。先后察看检察院的公益诉讼工作、清风书吧，以及法院的宪法宣誓广场、速裁工作室和预防腐败警示教育中心。并与法、检"两院"班子成员在法院召开调研工作会议，专题听取市人民法院院长李波、人民检察院检察长陈芳所作的法院和检察院工作情况汇报。2018年，法院按照市人大常委会"紧盯社会公平正义"要求，在审执工作中主动作为，创新举措积极破解民商事案件执行难问题，1-8月份审理执行各类案件16059件，结案总数位列全省法院前三甲；检察院立足职能，忠实履行法律监督职责，公益诉讼工作成效显著，在服务大局、守护民生、维护稳定等方面发挥积极作用。市人大常委会主任吴震表示，此次调研是对2017年调研法检"两院"工作后的一次"回访"。

【作出决议支持"两院"履职】 9月27日，浏阳市人大常委会主任吴震主持召开浏阳市十七届人大常委会第十六次会议。会议听取和审议浏阳市人民法院关于决胜"基本解决执行难"工作情况和浏阳市人民检察院关于公益诉讼工作开展情况的报告，审议并通过《浏阳市人民代表大会常务委员会关于进一步监督支持市人民法院基本解决执行难工作的决议》和《浏阳市人民代表大会常务委员会关于进一步监督支持市人民检察院开展公益诉讼工作的决议》。2018年，市人大对"两院"工作进行集中视察，推动两个决议落实。组织代表参与见证民商事案件执行活动，为市人民法院基本解决执行难工作鼓劲加油，2018年民商事案件执结率高居长沙各区县(市)首位；市人民检察院全年办理公益诉讼案件66件，在保护国有资产、维护公共利益等方面发挥重要作用。改进法官检察官履职评议。全年选定3名员额法官和3名员额检察官进行履职评议。审阅履职鉴定书、听取述职、抽查案卷、旁听庭审、回访原被告，对评议对象的履职情况进行全面考察，并组织满意度测评。

【开展旁听庭审和"两官"履职评议】 2018年共安排代表70余名参加旁听庭审5场次；选择一起寻衅滋事案进行旁听庭审评议，庭审后组织对公检法司四部门在案件审理中的履职情况进行满意度测评，并将评议意见及时反馈、督促整改；随机抽取3名员额法官和3名员额检察官进行履职评议，通过听取述职、抽查案卷、旁听庭审、回访原被告等多种途径，全面考察被评议对象并组织满意度测评。通过旁听庭审和"两官"评议，既盯司法之事也盯司法之人，使维护社会公平正义的"最后一道屏障"更加坚实。

（刘　恒）

代表工作

【代表建议办理】 加强建议跟踪督办。建立代表建议办理信息系统，2018年，448件代表建议均实现网上跟踪办理。坚持相关委办分线归口督办建议，市长领办、主任联办、人大常委会督办重点建议，建议办理质量进一步提升。在建议办理"背靠背"测评中，不满意率为2.5%，比2017年下降3.2个百分点。

【代表活动场所建设】 不断丰富履职途径。完成标准化代表活动阵地建设。实现32个乡镇(街道)代表活动室建设全覆盖，涌现出集里、永安、大瑶等14个示范性代表活动室。邀请代表参加人大常委会相关活动，组织代表听取"一府两院"半年工作通报、创新设置代表专业小组，不断丰富了代表履职途径。组织省、市、县三级人大代表进行了履职集中培训。深入开展"双联"活动，支持代表大胆履职、有效履职。加强代表履职管理，促进学习交流，分批安排市人大代表向所在选区选民述职，并就代表履职情况进行现场测评。

【专项工作评议】 市十七届人大三次会议通过的《人大常委会工作报告》，提出2018年市人大常委会对市发改局、民政局、水务局、食药工商质监局、旅游局、住房保障局等6个单位专项工作进行评议。4月13日，市人大常委会召开评议市发改局等六个单位专项工作动员会议，对评议工作进行动员和部署。根据评议方案，2018年市人大常委会将组织6个评议工作组分别对市发改局的协调推进全市"两型"社会建设工作；市民政局的全市农村社会救济、五保供养工作；市水务局的全市安全饮水工作；市食药工商质监局的全市食品生产、食品流通及餐饮消费环节的食品安全监督管理工作；市旅游局的指导协调全市旅游资源的保护利用和开发建设工作；市住房保障局的指导全市保障性住房建设管理和住房保障对象审定以及全市棚户区改造工作进行专项评议。6月15日，浏阳市人大常委会组织召开评议市发改局等6个单位专项工作集中评议会议。6个评议工作组依次就各自调研掌握的情况进行集中评议发言，评议小组通过深入基层、深入群众收集意见建议72条。在肯定各单位工作成绩的同时，重点指出各自存在的问题和不足。市发改局等六家单位分别就近三年来的主要工作、存在的主要问题及其原因和今后的打算、措施等方面的情况进行书面汇报。市发改局局长李翔代表被评议的六家单位作表态发言，表示将以严肃的态度接受评议，以过硬的举措落实整改。市人大常委会主任吴震指出，被评议单位一定要增强依宪行政的自觉性，理解、配合和支持人大及其常委会工作；一定要增强辩证思维能力，正确对待人大常委会的评议意见；一定要增强为人民服务的宗旨意识，举一反三，积极作为，主动整改，促进工作。11月16日，市人大常委会组织召开评议市发改局等6个单位专项工作整改测评会议。与会的市人大常委会组成人员及市人大代表共131人对6个单位整改情况进行测评，6个单位均被评为满意单位。市人大常委会主任吴震认为，此次专项工作评议得到了政府和6个被评议单位的高度重视、积极配合，评议中所提出的问题都在不同程度上得到解决、改善，市人大常委会对政府、对六个被评议单位的整改情况比较满意；专项工作评议中发现的问题、整改过程中暴露的不足值得警觉，必须在思想认识上寻找根源，用实实在在的整改成效来取得人民群众的更加满意。

【市委副书记、市长吴新伟调研《关于切实改善城区落后交通状况，加快发展城市公共交通的议案》办理落实】 市十七届人大三次会议期间，市人大代表提交《关于切实改善城区落后交通状况，加快发展城市公共交通的议案》，反映群众的心声。2月28日，市人大常委会召开第十三次会议，向市政府交办该议案。3月2日下午，市委副书记、市长吴新伟搭乘6路公交车进行一次实地体验，"零距离"倾听民声了解民意，调研城市公共交通状况，落实人大议案办理工作。要求交通部门负责人拿出解决方案。并实地调研复兴路公交首末站选址建设事宜。浏阳市交通运输局作为议案办理的牵头单位，与相关部门一起合作推进议案办理工作顺利办理。针对城区交通现状情况及存在的问题，组织编制《浏阳市城乡公交一体化专项规划》，合理布局公交线网、公交停车场、保养场、首末站及换乘枢纽站等，完成42个单位的意见征集，形成评审稿。优化公交线路，全面调整公交站点布局，新建公交站78个，完成公交总站的改造建设，安装新能源车充电桩19处(可以满足80辆车的充电需求)，购置投入25辆新能源公交车，浏阳新能源公交车辆达到60辆。新增22路、23路、26路等三条公交线路，其中，22路、23路于11月20日开通，26路将于11月30日开通。11月30日，浏阳市公交车IC卡投入使用。加强公共交通车辆优先权管理，加大公交站点周边秩序、环境整治力度，对破坏站亭牌等公交基础设施和乱贴"牛皮癣"的行为开展严格执法。2018年年末，浏阳公交站亭周边秩序极大改善，擅自摆摊、乱贴“牛皮癣”等现象基本消失，人行道共享车辆乱停放现象基本杜绝。提升城市公交服务水平。调整城市公交运营时间和密度，统一公交驾驶员着装，加强公交驾驶员质量信誉考核，及时回应群众关心的重点问题。结合全市的创卫工作、创建文明城市测评工作，组织开展“公交公益广告提质行动”，全市公交站亭牌公益广告已经全覆盖，车内公益广告新增200多条，为创建文明城市营造浓厚氛围。全面启动2018年度“安全行车、优质服务”竞赛活动，实现安全生产零事故。

9月25日，全国人大环资委副主任委员王洪尧（中）率调研组一行到浏阳，对《中华人民共和国土地管理法》修改工作开展专题调研 （刘恒　提供）

【省人大常委会副主任周农一行到浏阳调研人大内务司法和就业工作】 4月2日，省人大常委会副主任周农一行到浏阳调研人大内务司法和就业工作。长沙市委常委、浏阳市委书记黎春秋，长沙市人大常委会副主任袁黎明陪同调研。上午，调研组一行先后前往市民之家及株树桥水库，实地察看了解浏阳政务服务改革及《长沙市株树桥水库饮用水水源保护条例》实施情况。在走访调研中，调研组对浏阳“最多跑一次”改革和株树桥水库生态保护治理等工作取得的成绩给予了高度肯定。下午，调研组组织召开座谈会。浏阳市人大常委会主任吴震首先向调研组简要介绍浏阳有关情况。随后，浏阳市人大常委会副主任陈清和浏阳市委常委、常务副市长吴敏分别代表浏阳市人大常委会和浏阳市人民政府向调研组汇报人大内务司法和就业工作情况。与会有关市直单位分别结合所担负的职能汇报了我市促进就业方面的主要做法。近年来，浏阳市人大常委会紧紧盯住社会公平正义和民本民生改善，突出内务与司法监督并重，依法认真履职，取得较好的成绩。精心组织开展“司法公正长沙行”活动，聚力推动民商事案件执行；开展“两官”履职评议，在民本民生改善方面，高度关注并有力推动养老服务、教育医疗等社会事业的发展，深入开展人力资源和就业工作调研，大力推动《社会保险法》贯彻实施，以有力监督增进民生福祉。座谈期间，周农就内务司法和就业工作汇报中的关键数据、特色亮点等进行详细询问，周农指出浏阳市人大常委会的内务司法工作既富有特色，也富有成效。同时，浏阳在推动就业方面许多成功做法走在全省各区县（市）前列，希望今后浏阳市人大常委会在内务司法工作特别是在促进就业工作方面多出成果、多出经验，为省人大工作提供更多有价值的参考和借鉴。

（刘　恒）

【人大代表参加“走近‘12309’，检察为民新体验”活动】 11月20日，省人大代表颜颂华、黄艳红，浏阳市人大代表李明、张晚魁、刘雨文、汤炼忠应邀走进浏阳市人民检察院，参加“走进‘12309’，检察为民新体验”活动，实地察看‘12309’检察服务中心实体大厅和网络平台，体验检察机关集热线电话、网站、微信公众号和移动APP四位一体的智慧检察。活动中，先后‘12309’检察服务中心实体大厅。了解‘12309’检察服务中心的主要功能、实体大厅建设情况、‘12309’网站操作流程；察看案件管理大厅，了解案件管理科的收案、律师接待、案件信息查询等对外职能，以及自动分案、流程监控等对内职能。观摩一起盗窃案的公开宣告会。承办该案件的员额检察官汇报该案的案情和处理情况，并进行现场释法说理。12309检察服务中心为公众提供开放、动态、阳光的“一站式”检察服务，满足人民群众零距离沟通、即时性互动、无障碍共享等新需求，实现“让数据多跑路，让群众少跑腿”，畅通司法便民渠道。同时建议检察院在基层多开展一些具有典型性、代表性的普法活动，提升人民群众的法治意识，使检察工作更加贴近基层、贴近群众。要多开展与人大代表的联系活动，让人大代表更加了解检察工作，提出更合理、更代表人民意志的意见。

【市人大常委会组织代表旁听评议庭审活动】 11月22日，市人大常委会组织部分人大常委会组成人员、市人大代表和内司工委委员共30余人旁听市人民法院刑事诉讼案件庭审，并对庭审过程进行评议。市人大常委会副主任陈清参加活动。

庭前，市人大法制委副主任委员王承水为听庭人大代表、内司工委委员进行庭审相关法律知识培训。随后听庭人员在市人民法院大审判庭全程旁听一起“寻衅滋事罪”审判过程。庭审后，旁听庭审的市人大常委会组成人员、人大代表、内司工委委员对此次庭审情况进行评议，对法院、检察院、公安局、司法局提出了有针对性的意见和建议，并进行庭审满意度测评。此次旁听评议庭审活动是市人大常委会开展“司法公正长沙行”浏阳活动中的重要组成部分，也是市人大常委会开展对“两官”履职评议活动中的重要一环。为进一步加强市人大及其常委会对市司法机关的司法监督和“法律巡视”工作，2018年，市人大常委会共组织5次70余名代表参加旁听各类庭审活动、6次90余名代表参与见证18件民商事案件执行活动。

【全国人大环资委副主任委员王洪尧到浏阳开展《土地管理法》修改工作调研】 9月25日，全国人大环资委副主任委员王洪尧率调研组一行到浏阳，对《中华人民共和国土地管理法》修改工作开展专题调研。全国人大环资委委员刘绍亮、程立峰，自然资源部法规司巡视员赵久田等参加调研。调研组一行到永安镇西湖潭村，对浏阳家具制造产业聚集区项目进行查看。该项目以集体经营性建设用地入市为契机，采取“两入两统两建”的模式进行建设。“两入”即土地入市、农民入股，“两统”即统一规划建设、统一安全环保，“两建”即拆散建整、拆旧建新，通过这一模式，政府、企业、村集体、村民多方可实现共赢。座谈会上，调研组先后听取长沙市政府副市长廖建华、长沙市国土资源局局长陈晓阳和浏阳市委副书记、市长吴新伟所作的关于土地管理工作的情况汇报。2017年，浏阳作为土地节约集约利用、土地利用秩序、土地利用计划执行好的县（市、区），被国务院点名表扬，并获得1000亩用地计划指标奖励。作为全国确定的33个农村土地制度改革试点县（市、区）之一，自2015年启动农村土地制度改革以来，浏阳严格遵循中央顶层设计，坚持底线思维和问题导向，加强制度创新供给，推进基层探索实践，全力以赴推动试点工作，取得阶段性成效。会上，浏阳国土、发改、规划、林业等部门负责人，以及部分土地管理方面的专家、人大代表和企业家代表就《中华人民共和国土地管理法》修改提出一系列意见建议。调研组指出，《中华人民共和国土地管理法》将根据在农村土地制度改革三项试点工作中取得的经验、发现的问题进行修改，浏阳作为改革试点县（市、区）之一，相关做法值得肯定。王洪尧表示，与会成员对《中华人民共和国土地管理法》修改的意见建议都十分诚恳，体现浏阳干部群众实事求是、敢于负责的作风，对于大家提出的问题，将进行详细梳理研究，作为《土地管理法》修改的参考。省人大环资委主任委员文志强，省国土资源厅副厅长王善明，长沙市人大常委会副主任罗衡宁，浏阳市领导吴震、吴敏、邓凡、刘旭参加调研。

12月12—13日，全国人大常委会委员、全国人大农业与农村委员会副主任委员王宪魁（中）一行到浏阳，深入农村与企业，就乡村振兴战略实施情况开展专题调研

（刘恒　提供）

【全国人大农业与农村委员会副主任委员王宪魁一行到浏阳调研乡村振兴战略实施情况】 12月12日至13日，全国人大常委会委员、全国人大农业与农村委员会副主任委员王宪魁一行到浏阳，深入农村与企业，就乡村振兴战略实施情况开展专题调研。调研组首先来到官渡镇竹联村。竹联村是湖南省美丽乡村示范村，在这里，油砂路直通田间地头，家家户户都配备着分类垃圾桶，经过净化处理的生活污水可直接灌溉农田。村集体还以公共基础设施作价入股的方式发展乡村旅游和生态农业，壮大集体经济。调研过程中，王宪魁随机走访一户农户，并沿着村里沟渠察看小微水体整治情况，参观村上的农耕文化展览馆。边走边看，王宪魁对浏阳乡村产业振兴及治理情况给予充分肯定。随后，王宪魁来到位于浏阳两型产业园的湖南湘典食品有限公司研发中心，对浏阳农业产业建设情况进行调研。当天，王宪魁还实地踏看古港镇国辉园艺花卉苗木生产基地。在13日召开的调研座谈会上，浏阳市委副书记、市长吴新伟对浏阳实施乡村振兴战略工作情况进行汇报。浏阳各相关部门就本单位在实施乡村振兴战略中取得的经验及遇到的相关问题向调研组进行汇报。王宪魁对浏阳实施乡村振兴战略工作给予充分肯定，认为浏阳产业发展有特色、有活力，新动能、新亮点不断涌现；生态环境宜居，处处是绿水青山，农村人居环境有效改善；文化弘扬有新风、有自信，既有文明乡风，又有红色基因；乡村治理方面做到了治理有效。王宪魁表示，浏阳各相关部门取得的经验值得学习，提出的问题也值得思考与探讨。他指出，产业兴旺是实施乡村振兴战略的重点，浏阳一、二、三产业融合发展较好，要在接下来的产业发展工作中，特别是在产业链、价值链、增值链上，提升农民的受益感；要把乡村振兴战略作为长期发展战略，在基础设施、公共服务、社会保障等方面持续发力，解决好发展不平衡、不充分的问题。全国人大常委会委员、全国人大农业与农村委员会委员冯忠华，湖南省人大常委会党组副书记、副主任王柯敏，湖南省人大常委会委员、省人大农业与农村委员会主任委员刘宗林，长沙市委常委、浏阳市委书记黎春秋，长沙市人大常委会副主任芮英姿参加调研。

（刘　恒）

西湖山公园　　（浏阳电视台航拍图片）

浏阳市人民政府

综　述

【概况】 2018年，浏阳市人民政府全面贯彻落实习近平新时代中国特色社会主义思想和十九大精神，在省委省政府、长沙市委市政府和浏阳市委的坚强领导下，在市人大的法律监督、工作监督和市政协的民主监督下，紧紧围绕全面建设现代化浏阳的奋斗目标，锐意开拓创新，奋力担当作为，较好地完成市十七届人大三次会议确定的目标任务。全市地区生产总值增长10%完成一般公共预算收入113.3亿元，增长13.1%；规模工业增加值、固定资产投资、社会消费品零售总额分别增长10%、15.5%、12.5%，城乡居民人均可支配收入增长8.5%，各项主要经济指标增速稳居长沙区（县、市）前列。县域经济与县域综合发展全国百强排名跃居第13位；入选“福布斯2018中国大陆最佳商业城市榜”，成为中西部地区唯一入榜的县级城市。

【三大攻坚战】 推进平台公司“撤并转”，偿还存量债务95.7亿元。全力打好精准脱贫攻坚战，实现脱贫3513户11561人，贫困发生率下降至0.4%，对口帮扶邵阳县、龙山县茅坪乡取得新成效。纵深推进污染防治攻坚战，顺利通过中央生态环保督察“回头看”和省级环保督察，县级以上饮用水水源地水质100%稳定达标，全年空气质量优良率达94.2%。

【十件民生实事】 在全省率先实现公立医院就医“一卡通”和农村地区“旱厕清零”，5个24小时自助图书馆建成开馆，实现主城区管网建成区污水直排口全截污，中心城区公交站点500米覆盖率达80%，完成7个社区提质提档，新改扩建标准化村级卫生室、学校医务室133个，“一元民生”保险全面覆盖，新改建农贸市场4个、食品安全快检室12个，完成西湖山游道改造一期工程。

【重点项目建设】 全年引进项目212个，总投资869.4亿元，其中过50亿元项目4个。建成蓝思消费电子产品防护视窗组件、日写DITO触控传感器、盐津铺子烘焙产品智能生产基地等产业项目，完成人民医院和图书馆主体工程建设，椒花水利枢纽工程前期工作进展顺利，渝长厦高铁选址工作取得重大突破。浏阳蝉联长沙市重大项目观摩县（市、区）组第1名。

【产业转型升级】 致力转型升级、做强产业，走上结构优化、提质增效的发展新路。工业经济发展质优劲足，经开区、高新区、两型产业园规模工业增加值分别增长15%、12.5%、8.2%，两型产业园获批“湖南省中小微企业创业创新基地”；工业新兴及优势产业链加速壮大，启动建设群显科技显示模组、天玥碳化硅、豪恩声学、华域视觉等重大战略性新兴产业项目，显示功能器件、生物医药、智能装备、烟花爆竹、家居等15条产业链总产值增长22%，高新技术产业总产值增长24.5%，获评“中国楼梯之乡”；扎实开展“千人帮千企”、重企帮扶活动，解决企业各类问题708个，争取兑现各项惠企政策资金4.8亿元。农业产业稳步发展，实现总产值161.9亿元，油茶、蔬菜、烤烟、小水果、中蜂、黑山羊、花卉苗木等特色产业扩面提质，“大围山梨”获批国家农产品地理标志示范样板，“浏阳黑山羊”获批国家农产品地理标志；完成大栗坪、宏源水闸除险加固和金鸡水库扩建主体工程，建设高标准农田8133.33公顷，建成全国南方水稻“双新”展示基地。第三产业发展势头强劲，成功举办胡耀邦同志塑像揭幕活动、中国（浏阳）国际烟花爆竹交易会和大围山杜鹃花节，胡耀邦同志纪念馆获评“国家二级博物馆”，县域旅游经济增长质量位居全省第二；精心举办第十一届商务节，电商产业园顺利开园，房地产销售面积达178.7万平方米，平安财险、中国人寿等总部经济项目成功入驻；“浏阳夏布”获批中国地理标志商标，浏阳河文化产业园获评“湖南省众创空间”。

【深化改革创新】 推进41大项、60小项改革，“无改革、不浏阳”品牌更加响亮。“最多跑一次”改革持续深化，政府和社会投资项目从立项（备案）到施工许可分别缩减至30个和25个工作日，企业开办时间缩减至3个工作日，探索实施产业项目“先建后验”管理模式，获评全省深化“放管服”改革真抓实干、成效明显县（市）。统筹推进农村土地制度改革三项试点，创新实施“五大行动”，盘活土地资源620公顷，获国务院建设用地计划指标奖励66.67公顷。整合涉农资金 4650 万元,31 个试点村改革成效不断提升。农房抵押改革发放贷款达 19.7 亿元,农村集体产权制度、集体林权制度、供销合作社等改革经验在全国推介。创新出台《浏阳市促进社会投资十条》,社会投资增长 25.5%。实施"专业英才千人计划",引进机关事业单位人才 892 名。在全省率先成立由 3 名院士和 9 名专家担纲的科技创新专家咨询委员会,成功获批创建全国首批创新型县(市)。

【城乡融合与乡村振兴】 致力城乡融合、乡村振兴,展现宜居宜业、富有魅力的城乡风貌。蒙华铁路浏阳段隧道全面打通,文家市至官渡公路一期、大瑶绕镇公路、黄花洞至社港公路完成交工验收,金阳大道三期有序推进,牛泸、普跃、G319 高新区段等公路完成改造。道吾、长兴湖等片区加快开发,秋收路、白沙路、菊花石路等 9 条城市道路全面拉通,西北环线跨线桥主体竣工,浏阳河大桥完成拓宽改造。建成停车场 7 个,新增停车位 3155 个,新建人行道 18.4 千米、自行车道 24.1 千米、文化步道 3.4 千米,建成城市广场和"一河两岸"亮化工程一期。新建续建 12 家污水处理厂,新扩建枨冲渡口等 5 个输变电工程,建成天然气东区储备站一期和渭川河排洪工程。实施乡村振兴战略,创新"三会"工作体系,发展"四型"村级集体经济,推进"五治"工作,消除集体经济薄弱村 97 个,造绿 2.8 万亩,拆除"空心房"1.3 万宗,完成浏阳河 500 米至 1000 米范围内畜禽规模养殖退出,生活垃圾分类减量行政村比例达 50%。持续深化文明城市创建,在全省文明指数测评中排名第一,涌现出沙市秋田村、北盛亚洲湖村、镇头跃龙村等精神文明建设先进典型,澄潭江、金刚、中和打造的"好人馆""乡贤馆""家风家训馆"成为精神文明建设新阵地,市民之家获评湖南省"文明窗口单位"。特色小城镇建设亮点纷呈,永安、大瑶、洞阳镇获评长沙"十强乡镇",高坪镇获评长沙"十快乡镇",北盛、澄潭江镇成功创建"湖南省卫生镇",文家市镇、小河乡分别获评"中国历史文化名镇""中国绿色名镇"。

【改善民生】 全年民生领域投入 95 亿元,占一般公共预算支出的 76.3%。新增城镇就业 1.6 万人、农村劳动力转移就业 8250 人。改造棚户区 2242 户、农村危房 2621 户。建成道吾等学校 5 所、公办幼儿园 6 所,创建省标准化学校 70 所,新增学位 10875 个,全面消除超大班额,引进民办学校 4 所,高考质量评价蝉联长望浏宁四县(市、区)"十一连冠",成功创建"全国中小学责任督学挂牌督导创新县"。建设医联体 44 个,成立家庭医生签约服务管理中心 37 个,完成市精神病医院住院大楼建设和葛家卫生院整体搬迁,获评"全国基层中医药工作先进县市""全省人口和计划生育工作优秀单位"。在全省率先成立县级融媒体中心,建成新老年大学、工人文化宫和 20 个示范性村(社区)综合文化服务中心,开展"党的十九大光辉照乡村"文艺巡演,成功举办第五届欧阳予倩艺术节和第三届全民健身运动会,沿溪获评"全国扫黄打非进基层示范点",古港中澳蓝鹰国防主题公园获评"湖南省全民国防教育基地"。强制隔离戒毒所建成投用,获评"湖南省禁毒工作先进县市区"。严管花炮、交通、消防、建筑、食品药品等领域安全生产,全年事故起数、死亡人数分别下降 33.3%和 45.5%,获评"全省安全生产工作优秀单位"。深入推进扫黑除恶专项斗争、"集打斗争",创新推行"三联三保",大力开展民情大走访活动,实现特护期进京非访"零登记",获评"全省综治工作先进县市区"。

【自身建设】 自觉接受市人大的法律监督、工作监督和市政协的民主监督,办理人大议案 1 件、人大代表建议 438 件,满意率 78.1%,基本满意率 19.4%,其中满意率比 2017 年提高 5.1 个百分点;办理政协提案 173 件,综合满意率 99.4%。依法治市扎实推进,获评"全国法治县(市、区)创建活动先进单位"。成立数据资源局,推动数据资源共享。积极回应群众关切,全年受理各类审批服务事项 90.3 万件,帮代办群众、企业事项 20.1 万件,办理市长信箱、12345 反映事项 1.6 万件。大力推进廉洁政府建设,规范权力运行,查处各类腐败和作风问题 215 起,政府系统党风廉政建设和作风建设得到进一步加强。

(张　娟)

【政府常务会议】 全市召开市政府常务会议 15 次,主要研究如下事项

1 月 16 日　审议《浏阳市乡村振兴三年行动方案(2018—2020 年)(送审稿)》;审议《浏阳市征地补偿标准调整预案(送审稿)》;审议《浏阳市养殖水域滩涂规划(2017—2030 年)(送审稿)》;审议《关于加快推进浏阳市工业新兴及优势产业链发展的实施意见(送审稿)》;审议《浏阳市关于进一步深化"最多跑一次"改革着力推进"马上办、网上办、就近办、帮代办"实施方案(送审稿)》;审议《浏阳市 2018 年重点建设项目计划(草案)》和《浏阳市 2018 年政府投资项目计划(草案)》。

2 月 1 日　审议《浏阳市"强力推进生态环境大治理,坚决打赢碧水蓝天保卫战"三年行动计划(2018—2020 年)(送审稿)》;听取 2017 年人大代表 42 件办理不满意建议情况汇报;听取 2017 年《政府工作报告》未落实事项情况汇报;审议《浏阳市松材线虫病防控工作方案(送审稿)》;审议《浏阳市基层林业站体制改革实施方案(送审稿)》;研究规范公路治超路警联合执法模式有关事宜;研究交通投收购蕉溪岭铜矿办理相关转让手续有关事宜;研究高新区设立产业基金有关事宜;研究高新区入股浏阳企业信用担保有限责任公司有关事宜;审议《浏阳市非税收入征收管理暂行办法(送审稿)》;研究社大公路工程变更有关事宜;研究荷花至沿溪公路(一期)工程变更有关事宜。

3 月 7 日　审议《浏阳市农作物种植结构调整工作实施方案(2018—2020 年)(送审稿)》。

4 月 18 日　传达学习习近平总书记在打好精准脱贫攻坚战座谈会上的讲话精神;传达学习杜家毫书记在省委常委会会议上关于防范和化解政府债务问题的讲话精神;研究食品安全城市创建工作有关事宜;审议《浏阳花炮传统小产品保护与扶持实施意见(送审稿)》;研究政府信息整合共享有关事宜;审议《扩大社会投

资工作方案(送审稿)》;研究高新区总部经济招商有关事宜;研究招商引资中介奖励有关事宜;研究大围山中塘安置区市政配套工程建设项目调整立项批复有关事宜。

4月24日 审议《浏阳市促进社会投资的十条措施(送审稿)》。

5月15日 审议《浏阳市关于全面落实乡村振兴战略的实施意见(送审稿)》和《浏阳市乡村振兴三年行动计划(2018—2020年)(送审稿)》;研究浏阳市创建全域旅游示范区有关事宜;审议《浏阳市2018年大气、水和生态环境(土壤)污染防治实施方案(送审稿)》;审议《浏阳市第二次全国污染源普查实施方案(送审稿)》;审议《浏阳市城市规划区内违法用地和违法建设处理方案(送审稿)》;审议《山东天岳碳化硅项目投资合作方案(送审稿)》。

6月13日 研究2017年度财政性资金奖励政策兑现有关事宜;研究老人民医院项目资产处置有关事宜;听取浏阳市水佳片区开发招募投资人项目的情况汇报;研究全域美丽浏阳创建有关事宜;研究引进总部经济有关事宜;集中学习《地方党政领导干部安全生产责任制规定》;安排部署市政府端午节期间党风廉政建设有关工作。

6月19日 研究经开区设立长沙市新型工业化发展基金有关事宜;研究原集里街道办公楼与集里医院康复综合楼土地、房屋置换有关事宜。

7月31日 传达学习政府性债务化解有关文件精神;研究化解政府性债务工作;审议《关于成立浏阳市城市管理委员会的工作方案(送审稿)》;审议《"数字浏阳"地理空间框架建设项目申报书(送审稿)》;审议《浏阳市"一圈两场三道"建设两年行动计划(2018—2019年)(送审稿)》;审议《浏阳农村集体产权制度改革工作实施方案(送审稿)》;研究整治殡葬领域突出问题推进殡葬改革有关事宜;审议《浏阳市社会福利中心建设的实施方案(送审稿)》;审议《大围山自然保护区小水电站清理整治工作方案(送审稿)》;审议《浏阳市公共交通管理处(公司)资产资源整合方案(送审稿)》;审议《浏阳市集体林业综合改革试验区工作方案(送审稿)》;研究道吾学校建设项目变更有关事宜;研究骨伤科医院住院大楼项目审计有关事宜;研究全国第四次经济普查有关事宜。

9月6日 传达学习相关文件和会议精神;审议《关于促进企业上市工作的实施意见(送审稿)》;审议《2018年上半年国民经济和社会发展计划执行情况的报告》;研究将老汽车东站棚户区改造及中医医院扩建项目纳入浏阳市2018年国民经济和社会发展计划有关事宜;审议《浏阳市2017年财政决算草案和2018年上半年财政预算执行情况的报告》;研究2018年棚户区改造项目预算有关事宜;审议《浏阳市关于发展壮大新型村级集体经济的实施意见(送审稿)》;审议《浏阳市农村人居环境整治三年行动方案(送审稿)》;审议《浏阳市落实推进审批服务便民化和政务服务"一网、一门、一次"改革实施办法(送审稿)》;听取《关于落实市人大"农村安全饮水"专题询问整改工作情况汇报》。

10月18日 传达学习相关文件精神;听取信访工作情况汇报;听取关于做好防范化解地方政府隐性债务风险有关措施的汇报;听取全市污染防治攻坚战工作情况汇报暨审议《浏阳市污染防治攻坚战2018年度工作方案(送审稿)》;研究加快服务业发展有关事宜;研究长沙市政府60号令实施期间城区征地遗留问题处置有关事宜;研究非货币安置区被征地失地少地农民生活保障有关事宜;研究完善原浏阳市地方税务局新建办税综合楼产权依据有关事宜;研究两型产业园总部经济招商有关事宜;研究支付购买耕地指标违约金有关事宜;研究整合株树桥水电站相关资产有关事宜;研究调整2018年省安防工程支付比例有关事宜;审议大瑶—普迹—长沙县跳马公路(一期工程)项目审计有关事项;听取关于推广和使用"和包支付"的报告。

11月15日 传达学习胡忠雄同志来浏督查督导浏阳河重金属污染治理和千人帮千企百日大行动工作时的讲话精神;审议《浏阳市水稻生产功能区和油菜籽生产保护区划定实施方案(送审稿)》;听取关于湖南农大在浏建设教学科研基地项目的情况汇报;研究大瑶供水应急抢险工程建设有关事宜;研究金阳新区水资源整合有关事宜;研究玉泉、鹅形嘴二级水电站退出补偿奖励有关事宜;研究退役士兵安置工作有关事宜;审议《浏阳市盐业监管体制改革实施方案(送审稿)》;听取关于投资湖南天玥新材料项目的情况汇报;研究长兴湖片区整体招募合作人有关事宜。

12月5日 审议《浏阳市乡村振兴战略规划(2018—2022年)(送审稿)》;研究解决教育系统2016年之前失业保险单位部分经费及滞纳金有关事宜;听取全市"大棚房"问题专项清理整治行动有关情况汇报;听取全市消防工作情况汇报;听取全市扫黑除恶工作情况汇报;安排部署市政府党风廉政建设有关工作。

12月21日 审议《关于加快花卉苗木产业发展的实施意见(送审稿)》和《关于加快油茶产业发展的实施意见(送审稿)》;审议《政府工作报告(送审稿)》;审议《浏阳市2018年国民经济和社会发展计划执行情况与2019年国民经济和社会发展计划(草案)》;审议《浏阳市2019年政府投资项目计划(草案)》和《浏阳市2019年国有企业投资项目计划(草案)》;审议《浏阳市2019年重点建设项目计划(草案)》。

12月27日 传达学习相关会议和文件精神,安排部署应对低温雨雪冰冻天气等有关工作;审议《关于加强行政审批中介服务管理的意见(送审稿)》;听取鸿宇城有关情况汇报;研究退役军人有关工作;审议《浏阳市2018年财政预算执行情况和2019年财政预算(草案)》、听取2019年部门预算编制情况汇报。

表 6　　2018 年浏阳市人民政府发布文件一览表

序号	文号	文件名称	发文日期
1	浏政发〔2018〕1 号	关于对长沙市、浏阳市 2018 年《政府工作报告》主要目标任务实施责任管理的通知	2018 年 1 月 10 日
2	浏政发〔2018〕2 号	关于大塘冲路延伸修建及周边旧城改造项目房屋征收的决定	2018 年 1 月 8 日
3	浏政发〔2018〕3 号	关于印发《浏阳市关于推进科技创新的若干政策措施》的通知	2018 年 2 月 1 日
4	浏政发〔2018〕4 号	关于授予 2017 年度全市见义勇为奖的决定	2018 年 2 月 26 日
5	浏政发〔2018〕5 号	关于印发《浏阳市促进社会投资十条》的通知	2018 年 5 月 2 日
6	浏政发〔2018〕6 号	关于金阳·紫星广场商务区(一期)项目房屋征收的决定	2018 年 5 月 31 日
7	浏政发〔2018〕7 号	关于授予蓝海义等四位同志“浏阳市见义勇为奖”的决定	2018 年 7 月 9 日
8	浏政发〔2018〕8 号	关于长兴片区 CX-0314-01 地块房屋征收的决定	2018 年 7 月 24 日
9	浏政发〔2018〕9 号	关于印发浏阳市城乡规划管理技术规定的通知	2018 年 8 月 13 日
10	浏政发〔2018〕10 号	撤销《关于大塘冲路延伸修建及周边旧城改造项目房屋征收的决定》的决定	2018 年 9 月 18 日
11	浏政发〔2018〕11 号	关于老汽车东站棚户区改造项目房屋征收的决定	2018 年 11 月 15 日
12	浏政发〔2018〕12 号	关于大塘冲路延伸修建及周边旧城改造项目房屋征收的决定	2018 年 12 月 12 日
13	浏政发〔2018〕13 号	关于公布规范性文件清理结果的决定	2018 年 12 月 25 日

表 7　　2018 年浏阳市人民政府办公室发布文件一览表

序号	文号	文件名称	发文日期
1	浏政办发〔2018〕1 号	关于印发《浏阳市临时救助实施细则》的通知	2018 年 1 月 9 日
2	浏政办发〔2018〕2 号	关于印发《浏阳市株树桥水库饮用水水源突发性水污染事件应急预案》的通知	2018 年 2 月 1 日
3	浏政办发〔2018〕3 号	关于印发《浏阳市知识产权补助办法》的通知	2018 年 2 月 1 日
4	浏政办发〔2018〕4 号	关于印发《浏阳市科技发展计划项目及专项资金管理办法》的通知	2018 年 2 月 1 日
5	浏政办发〔2018〕5 号	关于印发《浏阳市建设领域农民工劳动报酬保证金实施办法》的通知	2018 年 2 月 1 日
6	浏政办发〔2018〕6 号	关于印发《浏阳市生产安全事故灾难应急救援预案》的通知	2018 年 2 月 1 日
7	浏政办发〔2018〕7 号	关于印发《浏阳市非煤矿山安全生产事故应急救援预案》和《浏阳市煤矿安全生产事故应急救援预案》的通知	2018 年 2 月 1 日
8	浏政办发〔2018〕8 号	关于印发《浏阳市烟花爆竹安全生产事故应急救援预案》和《浏阳市危险化学品安全生产事故应急救援预案》的通知	2018 年 2 月 1 日
9	浏政办发〔2018〕9 号	关于印发《浏阳市森林火灾应急预案》的通知	2018 年 2 月 1 日
10	浏政办发〔2018〕10 号	关于印发《浏阳市城市供气事故应急预案》的通知	2018 年 2 月 12 日
11	浏政办发〔2018〕11 号	关于印发《浏阳市地震应急预案》的通知	2018 年 2 月 12 日
12	浏政办发〔2018〕12 号	关于印发《浏阳市新建商品房预售资金监管办法》的通知	2018 年 2 月 26 日
13	浏政办发〔2018〕13 号	关于印发《浏阳市补充耕地指标使用管理办法》的通知	2018 年 3 月 22 日
14	浏政办发〔2018〕14 号	关于印发浏阳市非税收入征收管理暂行办法的通知	2018 年 4 月 3 日
15	浏政办发〔2018〕17 号	关于公布浏阳市乡镇(街道)政务服务(含市直部门派驻机构服务)事项清单的通知	2018 年 5 月 11 日
16	浏政办发〔2018〕18 号	关于印发浏阳市加快造纸行业落后产能淘汰和产业整合提升三年行动规划(2018-2020 年)的通知	2018 年 5 月 15 日
17	浏政办发〔2018〕19 号	关于印发浏阳市防汛应急预案的通知	2018 年 5 月 18 日
18	浏政办发〔2018〕20 号	关于印发浏阳花炮传统小产品保护与扶持实施办法的通知	2018 年 6 月 21 日
19	浏政办发〔2018〕21 号	关于印发浏阳市农贸市场管理实施细则的通知	2018 年 6 月 21 日
20	浏政办发〔2018〕22 号	关于印发浏阳市油气长输管道突发事件应急预案的通知	2018 年 6 月 21 日
21	浏政办发〔2018〕23 号	关于调整规范市政府部门行政审批中介服务事项的通知	2018 年 7 月 23 日

续表 7

序号	文号	文件名称	发文日期
22	浏政办发〔2018〕24 号	关于印发浏阳市“企业家绿卡”实施办法的通知	2018 年 7 月 24 日
23	浏政办发〔2018〕25 号	关于印发浏阳市旱灾应急预案的通知	2018 年 9 月 14 日
24	浏政办发〔2018〕26 号	关于印发浏阳市数据资源局主要职责内设机构和人员编制规定的通知	2018 年 9 月 30 日
25	浏政办发〔2018〕27 号	关于印发乡镇人民政府(街道办事处)耕地保护责任目标考核办法的通知	2018 年 10 月 11 日
26	浏政办发〔2018〕28 号	关于印发浏阳市农村单村供水工程建设运营管理办法的通知	2018 年 10 月 22 日
27	浏政办发〔2018〕29 号	关于印发浏阳市促进企业上市工作实施办法的通知	2018 年 11 月 13 日
28	浏政办发〔2018〕30 号	关于进一步加强农村道路交通安全工作的意见	2018 年 10 月 29 日
29	浏政办发〔2018〕32 号	关于印发浏阳市水稻生产功能区和油菜籽生产保护区划定实施方案的通知	2018 年 12 月 13 日

(陈　畅)

政府研究

【文稿服务】 起草《政府工作报告》，完成专项工作会议材料 268 篇、经验推介类材料 57 篇，其中《担当新使命 开启新征程》《持续推进改革创新 全面建设现代化浏阳》《“一看就明白”“最多跑一次”开创政务服务新高度》《对接“一带一路”战略，加快浏阳花炮“走出去”—关于浏阳花炮产业“走出去”的调查与思考》等材料在长沙市级刊物《决策咨询》《观点长沙》《长沙通讯》上发表。整理领导讲话录音 15.1 万字，审核把关宣传视频及有关材料 85.6 万字。

【政务信息报送】 撰写《整体性治理、大数据共享与部门间协作——浏阳市“最多跑一次”改革实践探索》《“存量置换　退养平衡”—浏阳市生态畜禽养殖调研报告》《湘赣边开放合作试验区调研报告》等专题调研报告 3 篇。高质量编发《政府工作》4 期、《调研与参考》2 期。上报政务信息 860 条，完成省厅、长沙对浏专题约稿 20 篇，形成工作情况专报、经验材料推介 45 篇，信息报送工作各项指标稳居省市前列，获评政务信息优秀单位。

(张　娟)

政务督查

【概况】 全年组织开展各类督查活动 49 项 / 次，编发《政府督查》12 期、《督查专报》12 期，承办、协办市领导批示件 69 件，接待上级来浏督查 53 项 / 次，总结提炼并向国家、省市推介浏阳工作特色亮点 13 项，在长沙市政府督查室对区县(市)政务督查工作综合考评中，浏阳市政府督查室被评为长沙市 2018 年督查工作优秀单位。

【重点工作督查】 年初，分解下发长沙市、浏阳市两级《政府工作报告》既定的全年目标任务。按季度组织《政府工作报告》落实情况督查。组织开展低温雨雪天气应对等专项督查 40 余项 / 次；跟踪督查，及时报告市政府常务会议、市长办公会议、市长周工作碰头会议、市政府专题会议、土委会会议等重要会议议定事项落实进展情况；认真落实领导批示件、交办件 170 余件，基本上做到件件有落实、事事有回音。

【督查信息报送】 对上级督查工作进行早铺排、早督促、早落实，及时上报贯彻落实党中央、国务院重要文件情况，办理并上报 6 件关于“我为大督查提建议”相关群众留言办理情况的复函；主动向上级报送浏阳市政务公开与政务服务、创新驱动发展、土地集约节约利用等工作典型经验材料。在长沙迎接省政府 2018 年重点工作实地核查期间，充分发挥牵头抓总、主动对接的作用，及时上报浏阳市先进典型经验做法材料 11 篇。

【督查效能建设】 全面执行“一单四制”督查制度(建立任务清单、实行交办制、台账制、销号制、通报制)。完善督查室岗位考核制度、周例会制度等相关工作机制，合理确定督查室岗位与人员分工，提高督查工作效率。

(王琼玳)

政府征拆工作

【全面推行三榜公示】 强化部门联合审核，严把政策执行关和资金审核关，依法依规开展征收拆迁，确保全市工作平稳、有序推进。

【依法推进项目攻坚】 强化工作督促落实和调度协调，着力实施综合施策，取得明显成效。全年共计完成征地 753.33 公顷，拆迁房屋 1438 户，实现 109 个项目征拆清零。

【深入落实民生保障】 继续推进保障性房源指标回购政策，年内有 455 户 2333 人选择货币补偿，发放指标回购资金 4 亿元。年内收缴社保资金 5.2363 亿元，有 7843 人经批准纳入被征地农民社会保障。

(江立峰)

应急管理

【基层应急体系建设】 以应急管理“一网四库”体系建设为抓手，及时完善动态管理、应急组织体系网以及应急救援队伍数据库、应急救援物质储备数据库、应急管理专家数据库和突发事件典型案例库。指导督促 32 个乡镇(街道)和有关市直单位完善以机关干部、党政办、综治办、巡防队、派出所、社区干部等力量为主体的综合应急救援队伍。据统计，全市共有60余支机关应急救援队，共计2800余人。

【预案修订和预案演练】 对照计划，共完成14个应急预案的修订工作，督促32个乡镇（街道）完成总体应急预案修订。积极指导组织大小应急救援演练300余场次，主要的演练有道吾山隧道、有限空间作业、地质灾害、防汛、校园防恐怖袭击等，演练活动涉及多层次、多方面、多科目，针对性强。

【应急知识宣传培训】 把握“5·12”全国防灾减灾日等时间节点，共设点35处，制作、发放宣传资料40余种（类）、30余万份（册），举办知识培训讲座30余期，1万余人次参加相关培训。

【民间救援力量】 指导建立官渡会师救援队、镇头水上应急救援队、大瑶南益救援队、企安危化救援队共4支民间应急救援队伍。2018年，全市共有7支正式登记在册的民间救援队伍。指导各乡镇（街道）设立中队，队伍队员达到1800余人，覆盖全市70%的乡镇（街道）。由应急管理办公室采写的全面介绍浏阳民间救援队伍发展的情况的纪实文章《此生无悔》，在中国应急管理部主管的《中国应急管理》杂志上发表。

【政务值班工作】 严格落实24小时政务值班纪律要求，畅通通信，信息报告无迟报、漏报、瞒报现象发生。全年共接报本级突发事件155起；上报长沙市突发事件31起，同比下降47%，没有出现较大以上突发事件。认真处理“12345”热线服务的交办事项，耐心为来电群众答疑解惑，全年处理电话咨询1.5万余条，确保人民群众来电来电必应、有问必答。

（李诗白）

港澳台与外事管理

【概况】 2018年，全市办理因公出国（境）15批30人次，因公出访计划基本得到落实。严格外国人到浏阳邀请管理，按照外交部《关于印发〈关于被授权单位办理邀请外国人来华手续的暂行管理办法〉的通知》要求，严把审批关，办理邀请函50批100人次。

【对外交流合作】 加强与韩国友好城市之间的交流，接待韩国世翰大学教育考察团访问部分中学，韩国高阳市代表团到浏阳考察城市园林、园艺产业。在花炮产业领域开展国际交流，接待ISO（国际标准委员会）主席John Walter到浏阳调研烟花爆竹标准化工作，接待菲律宾湖南商会负责人到浏阳考察、洽谈合作事宜。为服务“一带一路”建设，深化中白友谊，接待白俄罗斯莫吉廖夫州副州长率代表团到浏阳考察烟花行业，组织浏阳市相关部门和企业就中白烟花产业园的建设与白方座谈。参与组织湖南海外侨胞行活动，接待来自世界各地的侨胞、国外友好人士走进浏阳，考察我市经济、文化建设和园区企业。

【港澳地区的合作与交流】 发挥外侨部门资源广的优势，通过省、市外侨办争取港澳资金。接待香港扶轮社对淳口镇应战小学的捐资活动，澳门和光协进会一行参观耀邦故居，香港无限营销集团到浏阳考察花炮行业等活动。参与组织在香港举办的“牵手香江·相约浏阳”招商推介会，会上签订友好商会框架协议。

（屈雅玲）

优化经济发展环境

【建立“一单两库一细则”】 按照“对标北上广，优化大环境”的总体要求，进一步规范涉企检查，大力推行“双随机一公开”监管，全市具有检查职能的市直单位均建立随机抽查事项清单、随机抽查对象库、执法检查人员名录库和随机抽查工作细则的“一单两库一细则”机制。

【开展减证便民专项行动】 6月，按照“砍掉一批、共享一批、替代一批、代跑一批”的方式，开展减证便民专项行动，共清理确定取消证明事项162项，其中无明确法律法规依据取消53项，可共享取消34项，可替代取消60项，实行干部代跑取消15项；

【开展政府合同履约情况专项清理】

8月，开展政府合同履约情况专项清理工作，共清理出2015年以来签订的招商引资、政府与社会资本合作类合同（协议）67个，其中市本级8个，乡镇（街道）38个，省级园区21个，均进行对策分析，逐个制定处理方案，推动问题解决；

【优化营商环境监督测评员、测评点遴选工作】 11月，在全市开展2019—2020年优化营商环境监督测评员、测评点遴选工作，经乡镇（园区）推荐，征求公安、税务部门意见，共遴选出75位社会测评员；调动原有70位监测点和监督员工作积极性，共收集意见建议23条，答复12条、协助解决11条。

【群众和企业投诉案件办理】 积极办理群众和企业诉求，先后协调处理永安镇企业拆迁纠纷案、唯美高中施工阻工投诉案等，全年共办理相关投诉案件11起，其中上级部门交办2件。6月14日，全省优化发展环境现场推进会在永州市江华瑶族自治县召开，浏阳优化环境工作在会议上作典型发言；12月，福布斯中国发布“2018中国大陆最佳商业城市榜”，浏阳排名第91位，是湖南省唯一进入百强榜的县（市），也是中西部地区唯一入榜的县级城市。

（黄海英）

政务服务

【概况】 政务服务中心内设办公室、业务指导科、督查科、政务公开管理科、热线管理科、运行保障科6个职能科室。管委会共有干部职工26人，帮代办人员20人。大厅共有36个部门单位和14家中介机构，360余名工作人员入驻，2018年共办理各类审批服务事项944145件，收费（税）95.92亿元，先后接受国务院办公厅调研组、省委副书记、省长许达哲等

6月份，政务中心在市民之家三楼设立企业开办大厅，将企业开办时间压缩至3个工作日 （邱双喜　提供）

各级领导考察调研和省内外单位观摩学习126次，近5000人次。2018年浏阳市获评全省深化“放管服”改革真抓实干、效果明显县（市），全省政务公开先进单位，政务服务中心获评湖南省文明窗口单位、长沙市文明窗口示范单位、长沙“五一”劳动奖状，顺利通过全国基层政务公开标准化规范化试点验收，并被国家标准委确定为政务公开与政务服务标准化试点单位。

【通过全国基层政务公开标准化规范化试点验收】 积极开展基层政务公开标准化规范化试点工作，围绕就业创业、户籍管理、城市综合执法等8个领域，梳理与公众关系密切的行政服务事项612项，明确政务公开要素、规范政务公开流程、完善政务公开方式，共编制659个政务公开标准体系。8月，顺利通过省基层政务公开标准化规范化试点验收。户籍管理领域政务公开工作被省政府办公厅作为优秀案例报送到国务院办公厅。10月，国务院办公厅调研组专题调研，高度评价浏阳基层政务公开标准化规范化试点工作。

【优化办事流程】 6月6日，出台《关于进一步压缩企业开办时间的工作方案》，通过“四减”（减材料，减环节、减时限、减证明），“四联”（联合踏勘、联合评审、联合审批、联合验收），优化办事流程，全市38个行政审批服务事项由承诺件改为即办件，共缩短157个工作日。深化建设投资项目审批改革，将政府投资项目和社会投资核准类项目从核准到施工许可压缩至30个工作日，社会投资备案类项目从备案到施工许可压缩至25个工作日。开设企业开办大厅，实行企业开办“一厅申请、集中审批”，将食药工商质监、税务、印章刻制企业等统一进驻，并行集中办理，企业开办时间压缩至3个工作日。采用高拍仪、数据共享和网上核验等措施，群众办事需提交复印资料事项由原来的3065项减少至182项。

【审批效能提速】 推进公积金中心入驻政务服务中心集中办公。将“组织并联项目联合踏勘”项目受理前移至乡镇（街道），共为企业组织上门联合踏勘262次。设置税务导询台，推行联合导税预审服务，先预审，再取号，确保纳税人一次办成事。开展联合审批服务，国土、规划、发改、水务等窗口单位互相配合，加快国土违法用地手续报批补办落实。在暑假学生办证业务高峰时期，公安、人社等窗口增设窗口、加派人员积极应对。政务服务中心帮代办服务队伍共为群众和企业提供帮代办服务28247件。

【推进政务网办】 建设以“一网一端一库一档”为主体的“一网通办”服务平台，推进事项办理信息化，在省内率先实现“省—市—县—乡—村”五级网上办事平台无障碍联通。浏阳市政务外网覆盖所有市直单位、园区、乡镇（街道）和323个村（社区）。推进政务服务进商区、进社区、进厂区，投放80多台互联网+政务服务自助一体机到各乡镇（街道）和园区，实现查询396项常用事项，预约办理事项149项，在线即办事项7项，在线申办事项7项，在线预审事项55项。自市“互联网+政务服务”平台上线以来，共办理政务服务事项61000件，网上可办率99%。

【市民服务热线】 通过建立考核通报、电话回访、督办问责等制度，提升12345市民热线工单办理效率。全年共办理长沙市热线办交办工单10441件，按时办件率100%，回访满意率达97.6%。10月，顺利完成“市长信箱”移交工作，遵循信件办理流程，转办、督办和回复网民来信，工作运转良好。

5月8日，中共湖南省委副书记、省长许达哲（右三）到浏阳调研“互联网+政务服务”工作 （卢　晗　提供）

【开展窗口文明礼仪主题活动】 推进全国文明城市创建工作，9月，政务服务中心启动“普及文明礼仪规范，倡导文明礼仪新风”窗口文明礼仪主题活动，通过优化服务环境、改变服务意识、推行“优质服务七步曲”服务规范，提升服务能力和服务品质，铸造政府窗口服务品牌，树立城市文明窗口形象。

【省委副书记、省长许达哲到浏阳市调研“互联网＋政务服务”工作】 5月8日，中共湖南省委副书记、省长许达哲到浏阳市调研“互联网＋政务服务”工作。走进浏阳市民之家，先后体验政务机器人“浏浏”的引导服务；在帮代办服务总台、国地财联合办税区域、社会事务服务区，详细了解各区域功能；听取“互联网＋政务服务”工作汇报。调研期间，还到大瑶镇政务服务中心进行考察调研。省政府秘书长王群，中共长沙市委副书记、市长、湖南湘江新区党工委书记胡忠雄，长沙市委常委、浏阳市委书记黎春秋，浏阳市委副书记、市长吴新伟参加调研。

（邱双喜）

数据资源管理

【概况】 2018年9月，浏阳市人民政府在浏阳市政府办所属电子政务信息中心基础上按照“撤一建一”的原则，组建浏阳市数据资源局。数据资源局是市人民政府直属正科级事业单位，负责全市数据资源管理、智慧城市建设、电子政务、门户网站建设管理、视频会议、无纸化协同办公等工作。内设4个职能科室（办公室、规划建设与运维保障科、数据资源管理科、电子政务管理科），核定全额拨款事业编制12名（其中局长1名、副局长2名），现有人员9人（其中在编7人、临聘2人）。2018年，市数据资源局在市委、市政府的坚强领导下，全体干部职工缪力同心、团结协作，紧紧围绕中心工作，以政务服务“让数据多跑路，让群众和企业少跑腿”为目标，在政务数据资源的“聚、通、用”上深入实践探索，为有效破解“互联网＋政务服务”中“全民参与、末梢打通、数据共享”三大难题发挥积极作用。存在的问题与困难。政务信息系统整合难度大。经反复摸底和梳理，涉及到全市最多跑一次“互联网＋政务服务”办理事项的业务系统95%以上都在省、长沙市一级。特别是涉及人口库等“互联网＋政务服务”重要数据和系统需要抓紧完善对接和共享使用。数据信息归集技术人才缺乏。政务信息资源梳理和目录编制复杂性高、技术性强，政务信息资源目录数据是动态更新持续，区（县）一级相应部门无专业技术人员处理此项工作，浏阳大多数部门已基本完成此项工作，但从提交的数据来看准确度有待提高。数据共享约束性因素多。数据共享中存在整体性治理难、大数据共享约束、部门间协同障碍等问题。部门数据底子不清，缺少专业机构和专业人才，技术保障较弱；同时，各部门在数据统一管理方面的协同意识还不强，现行法规政策对数据共享也存在较大的制约，数据标准不一致、不规范，导致数据难以归集。

【信息系统整合】 推进信息系统整合，力求平台横向互通。2018年梳理出全市自建业务系统40个，其中涉及主要业务系统29个，11个为单位内部办公系统，4个“僵尸”系统已关停使用。将浏阳市政府网站、“互联网＋政务”平台、多规合一平台、数字档案管理平台、综合治税系统、采购管理系统、土地确权系统等自建平台整合迁移到虚拟化平台，实现硬件资源统一分配和管理。依托全市“互联网＋政务”平台（基层工作平台）整合对接网上办事业务系统，先后整合对接城管、住保、卫计、人社等部门的7个办事系统。

【政务信息归集与数据交换共享】 2018年，按照长沙市“一圈两场三道”建设的要求，共采集12大类数据、2.2万余条并陆续推送至长沙市智慧云平台；统筹编制全市的电子证照目录及实施清单，共计32个部门387个事项的256个证照目录，发布目录192个，组织相关部门采集存量数据11万余条，率先在长沙市建成涵盖企业法人、事业法人和社团法人三大类的法人库，合成电子证照7万余张。截至2018年底，证照数据已在32个部门和2个园区482个政务服务事项中实现共享，已通过共享营业执照数据办理了10000余件事项；“互联网＋政务”平台（基层工作平台）已汇集个人身份信息2000余条，通过长沙市数据共享交换平台和服务总线，实现人社、食药工商质监、规划、财政等单位6类数据的采集和共享。

【“互联网＋政务”平台功能完善】 加大平台推广应用，实现三级“一网通办”。通过不断完善“互联网＋政务”平台（基层工作平台）功能，顺利将平台延伸覆盖到乡镇（街道）、村（社区），实现从省—市—县—乡—村（社区）的五级联通。截至2018年底，平台录入事项涵盖46个部门3817项事项，其中依申请类1303类，下放到各乡镇（街道）203项，下放到各村（社区）56项，并已实现306个事项网上预审，208个事项网上在线申办。市本级2018年共在“互联网＋政务”平台受理58812件、办结58272件。依申请政务服务事项网上可办率达95%以上。

【政府网站建设与管理】 抓好政府网站建设，严格日常管理与运维。2018年共计审核发布信息24456条，共编发监测通报12期、阅评报告12篇。会同市政务服务中心、教育局、人社局、国土局、规划局、旅游局、招商引资服务中心等单位建设相应的专题专栏。

（刘鹄羽）

政协浏阳市委员会

综　述

【概况】 2018 年，市政协十届委员会共有常委 54 人，委员 362 人。在中共浏阳市委的坚强领导下，市政协常委会坚持团结和民主两大主题，准确把握政协性质定位，以打造智慧政协、亲民政协、效能政协、活力政协为目标，围绕中心大局，助力改革发展，服务民生改善，为推进现代化浏阳建设作出积极贡献。1 月 7 日至 9 日，政协浏阳市第十届委员会第三次会议在浏阳城区召开，年内召开政协常委会议 4 次。9 月 27 日至 28 日，举办纪念谭嗣同殉难 120 周年系列活动，10 月 21 日至 23 日，举办湘鄂赣边境毗邻县(市、区)政协工作研讨会第 46 次会议，湘鄂赣三省 26 个成员单位共聚一堂，围绕“携手乡村振兴、贡献政协力量”主题深入开展交流研讨。

【政协十届三次会议】 1 月 8 日至 9 日，政协浏阳市第十届委员会第三次会议在浏阳城区欧阳剧院召开。会议听取并审议通过李家喜代表政协浏阳市第十届委员会常务委员会所作的工作报告，张葵红代表政协浏阳市第十届委员会常务委员会所作的《关于提案工作情况的报告》；列席浏阳市第十七届人民代表大会第三次会议，听取并协商吴新伟代表市人民政府所作的《政府工作报告》；分组讨论协商计划、财政报告，市人民法院、市人民检察院工作报告。会议就推进城市社区治理现代化、推进农业品牌建设、打造浏阳旅游文化特色等 7 个议题进行大会发言，受到与会领导和委员们的高度认同。会议期间，委员们以分组讨论形式对浏阳市经济社会发展中的重大问题积极协商议政，提出许多建设性的意见和建议。会议分组协商浏阳市监察委员会主任建议名单，根据《选举办法》，补选政协浏阳市第十届委员会常务委员会 5 名常务委员。会议对吴新伟所作的政府工作报告表示赞同。会议认为，2017 年，在市委的正确领导下，全市上下认真贯彻习近平新时代中国特色社会主义思想，牢牢把握“在区域谋发展、在全国争地位、在全球引资源”基本定位，打好打赢“五大战役”，圆满完成全年主要目标任务。同时，2018 年工作思路清晰、目标明确、措施有力，符合浏阳实际，体现全市人民的根本利益和共同愿望，必将进一步推进我市经济社会持续快速健康发展。会议对李家喜所作的政协常委会工作报告表示赞同。会议认为，过去一年，政协浏阳市委员会及其常务委员会牢牢把握团结和民主两大主题，围绕中心，服务大局，认真履行政治协商、民主监督、参政议政职能，为推进全市经济社会发展作出了积极贡献。会议明确 2018 年政协工作重点。会议对张葵红所作的关于提案工作情况的报告表示赞同。

【政协常委会议】 2018 年共召开 4 次政协常委会议。

4 月 10 日，市政协召开十届六次常委会议，专题协商农业供给侧改革，与会的企业代表、合作社代表、产业带头人分别就当前遇到的困难和问题，提出建议和意见。市农业局负责人作表态性发言。李家喜指出，此次农业供给侧改革专题协商选题有高度，课题调研有深度，建议精准有力度，关注“三农”有温度。希望政府及相关部门认真研究，吸收采纳，将相关意见和建议融入“乡村振兴三年计划”中去。同时建议政府研究设立农业产业发展基金，积极助推农业产业化发展。

7 月 19 日，市政协召开十届七次常委会议，会议组织学习《习近平总书记关于加强和改进人民政协工作的重要思想》，听取 2018 年上半年全市经济社会发展情况通报，并就优化实体经济发展环境建议案的办理情况进行研究。2018 年上半年，市政府准确把握国家的宏观政策，推动全市经济稳步发展。“三大攻坚战”措施得力，民生实事工程推进有效，优化经济发展环境建议案办理效果好。

10 月 9 日，市政协召开十届八次常委会议暨重点提案办理工作满意度测评会，对市政协十届三次会议以来的 9 件重点提案办理工作进行测评。会上，经过政协常委投票测评，9 件重点提案办理工作的满意率均超过 82%，其中 6 件超过 90%，最高为 96.6%。1 月 8 日至 9 日市政协十届三次会议后，政协委员们踊跃建言献策，提交一大批具有前瞻性、针对性和可操作性的精品提案，共有 173 件交政府承办。其中，9 件提案被确定为重点提案，市政协按照“市级领导领衔办理、政协联系主席督办、新闻媒体跟踪报道、政协常委会议测评”机制进行督办。为确保提案办理质量和时效，市政府对全部提案逐个分析研究，于3月14日集中交各相关单位办理。

12月26日，市政协召开十届九次常委会议，会议听取并协商2019年重点建设项目和政府投资项目计划编制情况、2018年财政预算执行情况和2019年财政预算情况。会议协商并审议通过市政协十届四次会议议程及日程（草案），协商并审议通过政协浏阳市第十届委员会常务委员会工作报告（草案）、提案工作报告（草案）及政协浏阳市委员会2019年协商工作计划（草案）。

（余　涛）

政协履职

【政协提案工作】 2018年，全体政协委员、政协各参加单位，紧紧围绕市委、市政府的中心工作和涉及群众切身利益的实际问题，深入调查研究，积极撰写提案，共收到以提案形式提交的意见建议208件，经提案审查委员会审查，立案184件，截至2018年11月底，所有交办提案全部办复，委员综合评价满意率99.5%，所提意见建议已经采纳或问题已经解决的A类提案78件，占42.4%；正在解决或列入计划解决的B类提案101件，占54.9%；因条件所限一时难以解决留作参考的C类提案5件，占2.7%，对此承办单位也都实事求是地向提案者一一作了说明。市政协将十届三次会议期间书记、市长签批的17件委员提案列为年度重点提案或重点督办件，推动委员提案的办理落实。与市政府办联合开发建设网上提案办理系统，实现对提案办理各环节的实时掌控，方便提、办双方的及时沟通交流，提升提案工作效率与水平。

【参政议政】 2018年组织召开政协全体会议1次、主席会议14次、常委会议5次、各类专题会议30余次。政协全会期间，组织委员就政府工作报告、“两院”工作报告、财政预决算报告开展政治协商，围绕实体经济、项目建设、乡村振兴、民生改善等工作开展小组讨论，提出意见建议300余条，并以《委员进言》形式呈报给有关领导和部门，许多建议意见得到重视和落实。选择推进城市社区治理现代化、深化乡镇政务服务“最多跑一次”改革、利用历史遗产打造旅游文化特色、提升商检服务水平等5个议题开展对口协商；选择提升浏阳城市创新能力、推进乡风文明建设、缓解城区市民出行难、推进森林康养产业发展等7个议题开展界别协商。促进解决一些人民群众最关心、最直接、最现实的利益问题。同时，围绕助推乡村振兴、打造强盛浏阳、活力浏阳、生态浏阳、幸福浏阳开展大调研。每个界别工作组和政协联络处从不同方向选题，组织广大委员深入一线开展调研，掌握一手情况，形成51篇调研报告，并从中选择8个课题作本次全会委员大会发言，其他调研报告汇编成册报相关领导和部门，为党政科学决策提供参考。

【民主监督】 3月27日，市政协召开2018年委派民主监督员工作会议，向财政、国土、卫计、安监、规划、移民等部门派驻民主监督小组，通过广泛收集意见，对重点问题进行交办，年终进行主席视察，听取整改情况汇报，促进一批群众关心关注的热点难点和民生实事得到解决。如各民主监督小组反馈的政府投资结算审计项目积压较多、农村非法占地建房特别是非法新建生猪养殖场现象比较突出、就医环境有待进一步改善、有的花炮企业余废药处置不规范、规划“放管服”改革权限不清、对移民贫困户帮扶不够精准等问题均得到有效改进和落实。增进与各民主党派、工商联、人民团体、无党派人士、宗教界人士和社会各界的联系，邀请参加政协的调研、座谈、视察、民主监督等活动，为他们参政议政创造了良好环境。2018年以党派、团体名义提交大会发言4篇，提交集体提案12件，其中2件列入重点提案。

【调研考察工作】 2018年，市政协围绕家具产业商会建设、文化产业发展、花炮安全监管、城市规划、粮食安全生产、公安交警、公路项目建设等7项工作组织委员视察，提出许多促进工作落实的意见建议，收到良好效果。如在粮食安全生产视察中提出要打造“浏阳茶油”“浏阳河”系列大米区域公共品牌、大力发展本地优质粮源订单生产等意见建议均得到采纳落实。

【服务中心工作】 积极参与市委、市政府中心工作。主席会议成员每人联系一条产业链，为相关产业发展做一些富有成效的工作，如积极推动家居产业品牌化发展，获“中国楼梯之乡”称号。参与蓝天碧水保卫战，主席会议成员担任市级河长，定期到分管河道进行巡视和督查。积极落实“三联三保”制度，主席会议成员主动到联系乡镇开展督查，走访重点联系户。积极响应市委、市政府“千人帮千企百日大行动”，11月5日，市政协召开“大调研、大走访”活动部署会，在全市政协系统开展“大调研、大走访”活动，走访66家委员企业，收集到103条意见建议，市政府专门召开调度会进行交办。召开委员企业与“建行帮企活动”座谈会，帮助委员企业解决融资难题。积极助力精准脱贫攻坚战，深化“三个一”扶贫行动，全市政协委员联系贫困户380户，市政协机关向关口街道金桥村、永安镇督正村派驻扶贫工作队，机关干部联系贫困户45户，政协委员和机关干部结合实际、发挥优势，落实各项帮扶措施，为打好打赢精准脱贫攻坚战贡献政协力量。

（余　涛）

文史编研

【浏阳历史文化丛书编撰工作】 全面启动浏阳历史文化丛书编撰工作，1月19日，市政协召开《浏阳历史文化丛书》编纂工作座谈会，4月19日，市政协召开《浏阳历史文化丛书》编纂工作专家座谈会，5月25日，市政协召开《浏阳历史文化丛书》编委会第一次会议，6月14日，市政协召开《浏阳历史文化丛书》编纂暨市政协半年工作部署会，10月12日，市政协召开《浏阳历史文化丛书》编委会第二次会议。年内，完成10本丛书的纲目和样章审定工作。

部大学习、大讨论，切实把思想和行动统一到中央和省、市委的新部署、新要求上来。重视专题学习，组织政协常委和政协干部赴苏州大学学习培训。推进提案工作制度化、规范化、程序化，出台《重点提案遴选与办理协商办法》和《优秀提案评选表彰办法》，委托专业公司建设网上提案办理系统，实现与“政协云”无缝对接。开展创先争优活动，在政协全会上评选表彰一批优秀提案和建言献策成果，提升委员履职积极性。严格落实《关于建立政协委员退出机制的有关规定》，调整充实一批新委员，强化委员管理。高标准建设“委员图书室”，收纳藏书3000多册，在政协委员和机关干部中营造良好的学习氛围。成立市政协信息中心，政协微信公众号、“政协云”推送信息161条，刊发《浏阳政协》4期，《湘声报》专版报道浏阳市政协特色亮点工作。

9月28日，纪念谭嗣同殉难120周年大会暨诗词吟唱会在欧阳予倩大剧院隆重举行

【举办系列活动纪念谭嗣同殉难120周年】 2018年是谭嗣同殉难120周年，为进一步弘扬谭嗣同敢为人先的改革精神和心忧天下的爱国情怀，浏阳举行系列纪念活动。9月26日，浏阳市纪念谭嗣同殉难120周年书画篆刻作品展览开幕式在浏阳文庙举行，围绕谭嗣同及其相关素材进行创作的165幅作品集中对外展出。展出的作品不仅具有很高的艺术价值和观赏价值，更饱含着振奋人心的精神力量。9月27日下午，谭嗣同研究系列作品研讨会召开，应邀出席的各位专家学者、谭氏宗亲代表和各界代表齐聚一堂，探讨谭嗣同研究系列作品，追忆、缅怀谭嗣同生平业绩。9月28日，纪念谭嗣同殉难120周年大会暨诗词吟唱会在欧阳予倩大剧院隆重举行，相关专家学者、谭氏宗亲及社会各界人士代表相聚一堂，共同缅怀谭嗣同的生平事迹和历史贡献，追思他为民族、为国家不懈奋斗的可贵精神，学习他敢为人先、改革图强的高尚情操和坚定不移的理想追求。9月28日下午，湖南省谭嗣同研究会、湖南省谭嗣同爱国公益基金会、浏阳市政协、谭嗣同纪念馆、浏阳市谭嗣同文化研究会、谭氏宗亲等社会各界人士100余人前往谭嗣同墓地举行庄严的祭扫活动。

（余　涛）

委员工作

【理论学习与宣传】 围绕学习贯彻中共十九大精神，市政协十届三次会议期间对委员进行专题辅导，各界别和片区均组织形式多样的委员学习交流活动。围绕学习贯彻习近平总书记关于加强和改进人民政协工作的重要思想，举办市政协党组中心组学习会、政协常委会学习会、机关干部学习会，以及各界别工作组和政协联络处组织的委员学习会共60余场次。围绕学习贯彻全国“两会”精神、宪法和政协章程，以及市委十二届五次全会精神，通过组织委员和机关干

【开展“委员进社区”活动】 以界别工作组为单位开展“委员进社区(村)”活动，12个界别工作组对口联系12个社区（村）。委员们走进社区、走进群众，广泛开展文明城市创建基层协商、医疗义诊、金融服务、科普宣传、关爱失智老人、关爱青少年成长等系列便民利民活动。在活动策划中，各工作组注重发挥界别委员专长，如文体艺新闻工作组发挥委员文艺特长，进社区开展委员“微课堂”和文艺演出，获群众一致好评。

12月21日上午，市政协组织召开政协委员企业与建行帮企活动座谈会

市政协视察粮食安全工作

【收集和反映社情民意民生】 全年共征集社情民意信息115余条，向上级政协报送20余条，其中“利用智慧医疗助力健康扶贫的建议”“建立废旧家具回收处理中心的建议”等6条信息被长沙市政协采用。向浏阳市委、市政府报送社情民意专报20期，许多信息得到市领导的签批和交办落实。如委员杨广泉反映的“关于尽快拉通秋收路的建议”得到市委书记黎春秋批示，市政府相关领导亲自调度，1个月时间便拉通该路。

【市政协邀请市民代表共议“全国文明城市创建”】 1月30日，市政协召开“全国文明城市创建”基层协商会议，政协委员、相关职能部门负责人和市民代表齐聚一堂，畅所欲言，共同为浏阳创建全国文明城市献计发声。为充分发挥委员协调关系、汇聚力量、建言献策、服务大局的重要作用，市政协积极开展政协委员进社区（村）活动，通过定点联系、走访调查、群众约见、便民服务、跟踪服务等方式，听民意、促发展、强监督、惠民生、促和谐。此次基层民主协商会议，正是市政协深化委员进社区（村）活动的创新举措，也是推进民主协商向基层延伸的首次实践。

【市政协为委员企业搭建融资交流平台】 12月21日上午，市政协组织召开政协委员企业与建行帮企活动座谈会，为企业家和金融机构搭建起沟通交流的平台，帮助中小企业解决“融资难”问题，助推民营实体经济的发展。市政协响应“千人帮千企百日大行动”，由主席会议成员带队走访了委员企业66家，共收集到政策兑现、社会保障、行政审批等方面的建议和意见103条，其中反映最多的就是融资难、融资贵、融资险的问题。因此，市政协决定在全市工商界委员中开展“千人帮千企”政银企对接活动。会上，浏阳市工商联与建设银行浏阳支行签订战略合作协议，双方同意加强全面、长期和稳定的合作关系，支持浏阳民营企业转型升级、做大做强。建设银行浏阳支行面向企业推出免抵押纯信用的“小微快贷”、“置业贷”和“成长之路”等贷款业务，最高可提供3000万元的置业和流动资金贷款。

（余　涛）

中共浏阳市纪律检查委员会

2月15日，浏阳市第十二届纪委第二次全会召开　（市纪委办公室　提供）

综　述

【概况】 2018年1月，浏阳市监察委员会成立，与中共浏阳市纪律检查委员会合署办公（以下简称浏阳市纪委监委），办公地点设浏阳市行政中心北栋主楼一、二、八楼。浏阳市监察委员会成立下设巡察机构20个、派驻机构56个。内设办公室、组织部、宣传部、党风政风监督室、信访室、案件监督管理室、第一至第六纪检监察室、案件审理室、干部监督室等14个副科级科室，以及1个副科级事业单位信息中心。巡察机构设市委巡察办以及市委第一至第四巡察组，均为正科级机构。派驻机构设驻市委办、组织部、宣传部、政法委、政府办、发改局、经信局、教育局、科技局、住建局、公安局、交通运输局、农业局、卫计局14个纪检监察组，均为副科级机构。2018年，在长沙市纪委监委和浏阳市委的坚强领导下，市纪委认真贯彻落实中央、省、长沙市纪委全会精神，牢固树立"四个意识"，坚定"四个自信"，忠实履行党章、宪法和监察法赋予的职责，坚持稳中求进基本工作方针，牢牢把握新时代纪检监察工作特殊历史使命和重大政治责任，精准扎实、有力有序推进纪检监察各项工作，全市党风廉政建设和反腐败工作取得新进展新成效，连续九年获评长沙市党风廉政建设责任制考核一类单位。

【政治建设】 落实政治责任，市委带头履行主体责任，把"两个维护"作为首要政治任务，以上率下推动全面从严治党责任落到实处。确保政令畅通无阻，把推进"三大攻坚战"作为监督执纪中心工作来抓，对推动精准脱贫和蓝天碧水保卫战责任落实不力的问责处理19人。严明政治纪律规矩，对违反政治纪律、政治规矩等行为立案查处4人。严肃党内政治生活，2个单位领导班子民主生活会因"辣味不足"被现场叫停，9个基层党支部组织生活会因"自评互评不到位"被责令重开，广大党员组织意识、党的观念不断强化。

【浏阳市第十二届纪委第三次全会召开】 2月7日，浏阳市第十二届纪委第三次全会召开，中共长沙市委常委、浏阳市委书记黎春秋出席会议并发表讲话。市委副书记、市长吴新伟主持会议。全会深入学习贯彻习近平新时代中国特色社会主义思想和党的十九大精神，认真贯彻落实中央纪委二次全会、省纪委三次全会、长沙市纪委三次全会和市委要求，总结2017年度纪检监察工作，部署2018年工作任务，审议通过秦跃平代表市纪委常委会所作的《对标十九大精神，把握新时代要求，以永远在路上的执着把全面从严治党引向深入》工作报告。全会要求，全市各级党组织要认真按照中央、省、市关于全面从严治党的部署要求，深刻领会，深度把握，深入落实，以新气象新作为开创浏阳全面从严治党新局面新篇章。

【十二届市委巡察工作】 2018年市委启动并完成四次巡察工作。

十二届市委第五批巡察工作。3月16日，经市委巡察工作领导小组批准，市委巡察组采取"一托二"的形式，分别对文家市镇党委、官桥镇党委、社港镇党委、供销合作总社党组、旅游局党组、森林公安局党组、残疾人联合会党组、水务局党委开展为期1个月的集中巡察。

十二届市委启动第六批巡察工作。5月17日，经市委巡察工作领导小组批准，市委巡察组采取"一托二"的方式，分别对洞阳镇党委、荷花街道党工委、小河乡党委、葛家镇党委、柏加镇党委、金刚镇党委、粮食局党委、政务中心党组等8个单位开展为期2个月的巡察。同时，对本批6个被巡察乡镇街道的12个村（社区）开展提级联动专项巡查。

十二届市委启动第七批巡察工作。9月10日，经市委巡察工作领导小组批准，市委四个巡察组采取"一托二"的形式，分别对沿溪镇党委、达浒镇党委、淳口镇党委、蕉溪镇党委、大围山镇党委、官渡镇党委、林业局党委、人社局党委等8个单位开展为期2个月的巡察。同时，组建6个村级交叉巡查组，在被巡察乡镇中各选取1个村（社区）同步提级开展为期一个月的村级联动交叉巡查。

十二届市委启动第八批巡察工作。11月26日，经市委巡察工作领导小组批准，市委四个巡察组对大瑶镇、枨冲镇、镇头镇、古港镇、高坪镇、永安镇等6个单位党委开展为期2个月的巡察。同时，组建6个村级交叉巡察组，在被巡察乡镇中各选取1个村同步提级开展为期1个月的联动交叉巡察。

（杨 丽）

执纪监督

【巡察监督】 推动全市各级纪检监察组织工作定位向监督聚焦、责任向监督压实、力量向监督倾斜。强化巡察监督，按照年内对所有乡镇（街道）党（工）委巡察全覆盖的目标，对34个单位开展常规巡察，移交各类问题线索249条。在27个村试点开展村级联动交叉巡查工作，有效破解县乡熟人社会、人情困扰等问题。积极探索监督路径，实践运用信访受理、线索处置、约谈提醒、谈话函询和参加民主生活会等方式，强化常态化、近距离、可视化的日常监督。坚持把廉政谈话作为一项经常性的监督工作来开展，形成市级领导分线谈、市直部门分层谈、派驻纪检监察组重点谈、基层乡镇经常谈的局面。对监督中发现的农村党员干部违纪线索较为集中问题、部分教师有偿"家教家养"问题进行分析研判，向有关单位专门提出纪检监察建议。

【查处"四风"问题】 狠抓"四风"突出问题，组织对全市各单位贯彻中央八项规定精神情况进行严格自查自纠，共发现问题3039起，补缴超标或违规费用119.31万元，纠正办公用房超标面积2326.86平方米，暂停建设项目1个。对不收敛、不收手、不知止的一律从严查处，共查处违反中央八项规定精神及"四风"问题114起，给予党纪政务处分109人，通报曝光5起31人，形成有力震慑。全面开展违规收送红包礼金歼灭战，全市党员干部主动上交违规收受的红包礼金43.63万元。组织开展了"提篮子"问题、村干部违规承揽公共项目和国家公职人员违规挂证取酬问题等专项整治工作，有效治理各类作风顽疾和突出问题。在全市范围内推行"简餐一票通"，优化公务接待的报账流程，《人民日报》进行推介报道。大力弘扬新风正气，以"践行十九大•清风润浏阳"活动为载体，举办"传家风、正党风、扬清风"为主题的首届"廉政文化周"活动，廉政教育的说服力、感染力、传播力进一步增强。扭转匡正社会风气，旗帜鲜明为担当者担当，为10名党员干部澄清不实举报。

【落实"四种形态"】 共运用"四种形态"2538件次，其中第一至第四种形态分别占比81.61%、12.34%、5.5%、0.55%，"倒金字塔"分布结构愈发明显，监督执纪由"惩治极少数"向"管住大多数"逐步拓展。全年共立案488件，处分442人，使用留置措施5次，移送司法机关11人，追缴违纪违法资金4270万元，挽回经济损失逾亿元。创新监督方式，制作《党员干部接受函询的温馨提示》和《接受谈话的关爱提醒》的提示函，通过讲解"四种形态"的运用、党纪法规的运用和"为担当者担当，为负责者负责"政策的运用，让党员干部和监察对象放下包袱、轻装上阵，从内心愿意接受组织的提醒帮助和教育挽救。深入实施片组会审制度，召开长沙地区现场观摩会，得到省市纪委一致好评。

【群众涉纪信访问题处置】 着力解决群众涉纪信访诉求，按时按质办结中央巡视组交办的7批次30件、省委巡视组交办的11批次16件涉纪信访举报件。持续实施并完善交叉办信制度，为省纪委出台《基层信访举报片区联动交叉办理工作办法》提供浏阳意见。大力开展"雁过拔毛"式腐败问题、扶贫领域腐败和作风问题专项治理，查处"雁过拔毛"式腐败问题99起处理112人，查处扶贫领域腐败和作风问题35起处理41人，追缴违规资金508万元。把惩治"蝇贪"与扫黑除恶结合起来，深挖黑恶势力背后保护伞，对"8•20""9•06""12•15"等4个专案开展"一案三查"（既要查办黑恶势力，又要追查黑恶势力背后的"关系网"和"保护伞"，还要倒查党委、政府的主体责任和有关部门的监管责任）。

【市监委首例留置案件被移送审查起诉】 2018年1月23日，长沙市纪委监委指定浏阳市纪委监委办理胡XX涉嫌受贿问题线索，1月25日，经浏阳市监委委务会研究并报上级纪委监委批准，决定对胡钧策违纪违法问题进行纪律审查和监察调查，并对其采取留置措施。4月20日，经浏阳市监委委务会研究，决定将其涉嫌受贿犯罪案件移送检察机关依法审查起诉，涉案款物随案移送。

（杨 丽）

制度建设

【推进谈心谈话常态化】 为科学运用好"四种形态"，市委把推进谈心谈话常态化作为推进全面从严治党向纵深发展的一项重要基础性工作，作为践行第一种形态、保护干部健康成长的主要抓手。2018年，中共长沙市委常委、浏阳市委书记黎春秋多次在市委常委会议和书记办公会议等会议上对谈心谈话进行专门强调部署，市纪委主要负责人先后8次分线对市直单位中层以上干部进行集体廉政谈心谈话，市级领导共开展例行谈心谈话103次。通过防微杜渐治未病，引导党员干部牢固树立"懂规矩才能知法度，守纪律才能固底线"的理念。

【公务用餐管理改革】 统一印制使用"公务简餐票"。为严格落实中央八项规定精神有关要求，简化公务接待程序，7月，浏阳市纪委监委督促指导相关部门探索推出"公务简餐一票通"。餐票由市机关事务管理局统一印制、统一标准，实行建账管理，定期对发放数和回收数进行核对，流通仅限于市辖32个乡镇（街道）和市直单位的4个定点食堂；机关单位根据工作需要，将总费用缴入机关事务管理局开设的专用账户，根据实际需要领取餐票；各接待单位接到餐票后，统一由单位财务人员到市财政局进行结算。工作人员因工作需要领取餐票，可实时申请，也可实行预领制。此举得到人民日报等多家媒体宣传推介。

（杨 丽）

廉洁教育宣传

【纪检监察干部队伍建设】 组织开展"能力素质加强年"活动，推动全市广大纪检监察干部把党的十九大精神和习近平新时代中国特色社会主义思想转化为境界情怀、履职能力、工作作风。强化自我监督，在全省区县一级率先制订并实施《纪检监察干部个人事项报告制度》，全市254名专职纪检监察干部全面精准报告个人事项，进一步织密监督网。坚持刀刃向内，对监督者再监督，4名纪检监察干部因违纪被立案查处。坚持在上级纪委和同级党委领导下开展工作，重大事项、重要工作及时主动请示汇报。自觉接受人大监督、民主监督、司法监督、群众监督和舆论监督，及时向社会各界通报情况，确保党和人民赋予的权力不被滥用、惩恶扬善的利剑永不蒙尘。

2月7日，中共浏阳市第十二届纪委第三次全会召开　　（蔺绍桃　提供）

【“践行十九大·涵养好家风”浏阳市廉洁故事(家书)“朗读者”总决赛成功举行】 2月8日，“践行十九大·涵养好家风”浏阳市廉洁故事(家书)“朗读者”总决赛在浏阳市广播电视台成功举行。本次总决赛共有15件作品参赛，胡耀邦故里管理局讲解员刘水甜以《看望耀邦》为题的廉洁故事获得大赛第一名。

【市纪委监委召开“庆‘八一’、忆初心、强担当”军转干部座谈会】 8月1日，浏阳市纪委监委召开“庆‘八一’、忆初心、强担当”军转座谈会。庆祝建军91周年，传承和发扬军人优良传统，市纪委监委机关、巡察机构和派驻机构的军转干部参加座谈会，中共浏阳市委常委、市纪委书记、市监委主任秦跃平出席座谈会并讲话。座谈会上，军转干部代表围绕“忆入伍初心，话军旅生涯，谈履职担当”这一主题，回顾曾经的军旅生活，并结合自身经历，畅谈转业到纪检监察系统工作以来的感受和体会。

【市纪委监委将业务培训“搬”到庭审现场】 7月26日，市人民法院开庭审理市纪委监委留置第一案——湖南湘江新区投资集团有限公司招标法务部原部长胡某策涉嫌受贿犯罪案。庭审现场，80余名市纪检监察干部参加旁听者。这是自1月11日浏阳市监委成立后，首次组织的一堂“庭审观摩课”。通过观摩现场庭审，让纪检监察干部‘零距离’接受业务培训和法治教育，不断提升案件办理质量。在该案查办过程中，市纪委监委既审查违纪问题，又调查违法犯罪问题，综合使用10种调查措施，并主动提前邀请检察院派员介入阅卷。在3个月留置期内，该案顺利完成从采取留置措施到开除党籍、解除劳动合同、移送检察机关审查起诉等环节。

【市违纪案件片组会审工作迎来现场观摩团】 11月5日，浏阳市违纪案件片组会审观摩活动在胡耀邦纪念馆举行。来自省、长沙市纪委监委及9个区县负责案件审理工作的相关领导和人员共100余人观摩市南区片10位会审组成员围绕文家市镇党员陈某非法携带仿真枪支案的现场会审。

【长沙市纪检监察信访举报工作经验交流会在浏阳召开】 4月25日，长沙市纪检监察信访举报工作经验交流会在浏阳市淮川街道召开。各区县(市)纪委、高新区纪工委分管或主管信访举报工作的负责人、信访室主任参加会议。浏阳市纪委监委、淮川街道党工委、达浒镇纪委信访举报工作在会议上经验介绍，会议通报一季度全市信访举报工作形势、主要成效及存在的问题，学习中纪委办公厅印发的《关于做好新形势下纪检监察信访举报工作的若干意见》，与会各单位进行充分的交流。长沙市纪委副书记、监委副主任邱俊杰出席并讲话。长沙市纪委常委、监委委员肖波静主持。

【市监察委员会正式揭牌成立】 1月11日，市监察委员会正式揭牌成立，中共长沙市委常委、浏阳市委书记黎春秋，市人大常委会党组书记、主任吴震共同为浏阳市监察委员会揭牌。同日，经市十七届人大三次会议第三次全体会议选举，市委常委、纪委书记秦跃平满票当选为浏阳市监察委员会主任，并面对宪法许下庄严的承诺。

（蔺绍桃）

浏阳市第一届监委会班子成员合影　　（蔺绍桃　提供）

民主党派

12月3日，民革浏阳工委组织民革党员举行“纪念孙中山诞辰150周年、萍浏醴起义110周年”纪念活动　　（资料来源：浏阳市统一战线网站　发布时间：12月6日）

民革浏阳市工作委员会

【概况】 2018年民革浏阳市工委新发展党员5人，党员人数共78名。工委下设4个支部委员会，其中，三个支部进行换届选举。年内，4名党员被民革湖南省工委评为优秀党员。1月12日上午，民革中央副主席、湖南省人民政府副省长、民革湖南省委主委何报翔到浏阳调研。10月20日，由民革长沙市委会主办，民革浏阳市工委承办，浏阳市金刚金利烟花爆竹制造有限公司支持的第三届“中山杯”羽毛球比赛在浏阳市多功能体育馆举行。2019年1月20日，民革浏阳市工委2018年工作总结表彰大会召开，民革省委宣传联络处处长戴明星，民革中央委员、市人大常委、民革长沙市委专职副主委冯斌出席会议。

【工委建设】 工委始终把加强思想建设放在首位，牢牢把握政治方向，理想信念更加坚定。强化学习培训，通过工委班子会议、全体党员会议、支部会议等形式，认真学习贯彻中共中央、省委、市委全会和全国、省、市“两会”精神，贯彻落实习近平总书记系列讲话精神和中央统战工作会议和民革中央、民革省委、民革长沙市委、市委统战部的有关会议和文件精神。1月21日，三个支部进行换届选举，在金阳新区新设立第四支部，党员每人订阅《团结报》。组织开展统战与社情民意信息撰写培训，聘请民革长沙市委优秀撰稿人为党员集中授课，组织党员参加民革长沙市委举办的“同心净言大讲堂”暨社情民意、统战信息学术沙龙研讨会、“五一口号”竞赛等活动；承办民革长沙市委第三届“中山杯”羽毛球赛，浏阳代表队获得冠军。春节前慰问70岁以上老党员；组织女党员开展“三八”妇女节活动；组织老龄党员到古港、官渡、中和、文家市等地开展视察观摩活动；对70岁以上党员生日进行祝贺，开展生动活泼的主题活动，增进党员凝聚力。三支部率先建成党员活动室，为党员活动提供场所。唐文波、徐涛、肖迎春、于华明、黄彦如、袁波、李瑶瑶、何桂海、刘勇、刘强、谭娟、李朝红、胡磊、邓秀丽14位党员获得本级工委年度优秀党员。吴海宁、胡磊、黄焕华、刘强被评为省优秀党员。

【党员参政议政】 工委领导积极参加中共浏阳市委、市人大、市政府、市政协的各类协商会、征求意见会及视察考察活动，并提出诸多中肯意见。工委党员人大代表、政协委员认真参加人大、政协组织的各项调研、视察活动，年内，先后参与“建设湖南柏加国家园林博览园”“农业供给侧改革”“乡村振兴”等课题调研。工委配合民革长沙市委撰写的《关于将湖南柏加打造成国家园林博览园的调研报告》，成为浏阳民革、长沙民革的集体提案、民革省委的重点提案和浏阳政协大会发言材料。工委副主委谢建国牵头撰写《挖掘历史遗产　打造浏阳旅游文化特色》的调研报告，由肖迎春代表民革浏阳市工委在政协浏阳市十届三次会议上发言。一支部提出“一支部一调研”“一党员一建议”工作要求，成效明显，党员唐文波撰写的《培育新型农业经营主体？　构建新型农业经营体系》调研报告被市政协评为优秀调研报告。2018年代表、委员共撰写的各类建议、提案立案40件，其中3件被评为人大议案、政协重点提案，8件被评为市优秀提案。袁波《关于我市统一实施一元基本民生保险的建议》、刘琳《关于高效共享病历和医疗资源的建议》提案列入2018年浏阳市十大民生工程。

【收集和反映社情民意】 2018年工委党员撰写的统战与社情民意信息共采用9篇，其中报长沙政协1篇、长沙市委统战部3篇、浏阳市政协3篇、浏阳市委统战部2篇。唐文波撰写的《设立废弃家具回收处理中心的建议》被长沙市政协采用并得到长沙市政协主席文树勋批示。吴海宁、唐文波连续获评民革长沙市委“社情民意、统战信息撰稿积极分子”。刘仙娥撰写的《对一党执政下多党合作和政治协商制度的思考》参加民革省委纪念中共中央“五一”口号发布70周年征文比赛，获三等奖；张晔撰写的《国家监察体制改革与民主党派监督制度运行研究》被民革中央采用，并被评为优秀理论文章。《团结报》《湖南民革》“长沙民革”微信公众号共采用13篇。2018年，工委修改完善《参政议政成果和宣传报道奖励办法》。

【民主监督】 党员积极参加各类民主监督，通过民主监督形式，达到发现问题、整改问题、促进工作的效果。工委6名党员被聘为人民陪审员，2018年共陪审案件200余件。刘湘平、唐文波获评市人民法院“优秀人民陪审员”。林华根、于华明、余继红、谭娟、罗冬连、刘勇、袁波7位特约人员履职积极，作用发挥好。

【社会服务】 坚持关爱抗战老兵，做好春节慰问、生日祝福和“送最后一程”等活动，2月1日，省政协原副主席刘晓一行到浏阳永安、洞阳、社港等地，走访慰问朱洪斌、邓杏生、唐尧风三位抗战老兵。长沙市政协副主席、民革长沙市委主委朱建军陪同慰问。工委自2014年开始联合华夏保险公司连续四年慰问抗战老兵，年共慰问2户，每户慰问金2000元。2月7日，二支部联合省第二测绘院四支部开展“英雄凯歌伴我行”慰问老兵活动；3月13日，工委组织共同经历抗日战争的90岁在湘黔籍抗战女兵许素辉、王琴芳两位欢聚浏阳，共唱《松花江上》；3月31日上午，民革浏阳工委党员陪同97岁的抗战老兵朱洪斌到南岳衡山忠烈祠，祭拜抗战英烈，缅怀先辈功勋。组织原国民党58军33团100岁浏阳籍抗战老兵黄平章、95岁平江籍抗战老兵钟求安重返长沙会战牛头岭战场，共祭昔日战友；组织集里中学学生听抗战爷爷讲抗战故事活动；9月30日抗战纪念日工委安排浏阳抗战老兵易兰生与宁乡抗战老兵王胜泉见面活动。工委党员联系阳光心语蛋糕店连续2年为20余位抗战老兵赠送生日蛋糕。四支部联系永安医院医护人员为结对抗战老兵进行义诊。组织党员参加长沙唐人万寿园抗战主题公墓春祭活动。年内，工委组织参加6位老兵的追悼会。“99公益日”工委组织参加“万企帮万村”公益募捐活动，联系帮扶宁乡县青山桥镇花园村。9月10日组织开展镇头柏树学校“中山希望书屋”捐建活动，带动捐资3万元、捐书1500册、捐献画作100件。工委党员黄彦如联系市委统战部，年内，分别组织对十名高考录取学子发放“黄彰任奖学金”，对全市8位优秀科技人员发放“黄彰任科技奖”。组织党员到机场迎接台湾浏阳籍抗战女兵柳庆禧的骨灰回浏阳，并组织追思会。

【工委摄影家协会活动】 3月份，组织会员赴安化采风，6月组织作品鉴赏会，特邀摄影名家党员周利和讲评。谭晓琴的摄影作品《笑对人生》，《烈火中重生》分获长沙市纪念改革开放四十周年优秀奖、浏阳市“新时代，新蓝领”摄影大赛金奖。周利和多幅摄影作品参加十多个国际摄影大展，《一所学校一位老师一个学生》组照获中国精神•中国梦摄影赛十佳作者，《高原牧歌》获第八届“金鹤奖”全国数码大赛人像类金奖，《手机之殇》组照获第二届“京东金像奖”，获评2018年中国摄影在线国际摄影展览十杰。2018年多幅作品获第二届亚太国际(澳洲)摄影艺术展金牌、第二届土耳其代尼兹利国际摄影展金牌、EPIC三地摄影巡回站金牌、第二届FUSION国际数码摄影巡回展金牌、第七届JPS国际摄影展金牌、第五届BARDAF春季摄影展金牌、第一届GRAFIS国际摄影艺术展金牌、乌克兰POKROVA国际摄影展金牌。

（吴海宁）

【民革中央副主席何报翔到浏阳调研】 1月12日上午，民革中央副主席、湖南省人民政府副省长、民革湖南省委主委何报翔到浏阳调研民革“同心项目”——东门村美丽乡村建设项目，并走访长沙民革党员企业“盐津铺子食品有限公司”。民革湖南省委专职副主委雷震宇，中共长沙市委常委、浏阳市委书记黎春秋，民革长沙市委专职副主委冯斌，中共浏阳市委常委、浏阳市副市长吴敏，中共浏阳市委常委、市委统战部部长郭瑞，浏阳市人大副主任、民革浏阳市工委主委刘仙娥陪同调研。2017年9月，东门村正式入选“中国美丽休闲乡村”。前期，在民革省委的指导下，由民革长沙市委牵头，民革浏阳工委组建团队实施，组织农业、林业、国土、种养殖等专家6人团队进驻东门村，通过实地调研、科学论证、生态优先、专家支持的方式，在保护原生态环境的基础上，进行有序的梯度开发，助力东门村“美丽乡村”建设。中共东门村党支部书记张建辉向何报翔一行汇报“同心项目”美丽乡村建设的工作成果和现实困难。何报翔认真倾听，从发展乡村旅游的角度给予悉心指导和建设性意见。他强调，发展乡村旅游是城市反哺农村，促进农民增收、实现乡村振兴的有效途径；发展乡村旅游不要跟风，一定要立足本地文化和资源，挖掘旅游元素，发展特色产业，体现乡村特色。何报翔一行还到浏阳生物医药工业园盐津铺子食品有限公司调研，查看企业总部基地的糕点烘焙厂外包车间、薯片厂、面包厂等生产线。全国人大代表，长沙民革党员、盐津铺子股份有限公司董事长张学武陪同调研。

1月12日，民革中央副主席何报翔(左三)到浏阳调研 (资料来源：民革长沙市工委网站)

【省政协原副主席刘晓一行到浏阳慰问抗战老兵】 2月1日，省政协原副主席刘晓一行到浏阳永安、洞阳、社港等地，走访慰问朱洪斌、邓杏生、唐尧风三位抗战老兵，送去新春的祝福和慰问物资。三位老兵均已到耄耋之年，但身体依然硬朗，精神矍铄，唐尧风老人还给大家即兴表演武术。刘晓在慰问时指出，国家和人民群众都不会忘记从抗战中走过来的老干部、老同志，希望抗战老兵们保重身体，乐享晚年，同时再三叮嘱抗战老兵的家人照顾好他们。自2013年以来，民革浏阳市工委发动民革党员100余人次，在浏阳范围内共寻找到61位抗战老兵。截至2018年1月，有26名抗战老兵健在。浏阳民革党员与抗战老兵建立一对一联络，开展上门义诊、送医送药、建立健康档案等活动，并坚持每年至少上门慰问两次，产生良好的社会反响，带动大批爱心企业和爱心人士加入到关爱抗战老兵的队伍中来。长沙市政协副主席、民革长沙市委主委朱建军，浏阳市人大常委会副主任、民革浏阳市工委主委刘仙娥参加活动。

（资料来源：浏阳网）

【2018年工作总结表彰大会召开】

2019年1月20日，民革浏阳市工委2018年工作总结表彰大会召开，民革省委宣传联络处处长戴明星，民革中央委员、市人大常委、民革长沙市委专职副主委冯斌，中共浏阳市委常委、统战部部长郭瑞，浏阳市人大常委会副主任、民革浏阳工委主委刘仙娥，民革长沙市委联络处处长梁勇出席会议，民革浏阳工委全体党员参加大会。会议由浏阳市政协副主席、民革浏阳市工委副主委谢建国主持。刘仙娥主委作《凝心聚力，开拓创新，为全面建设现代化浏阳贡献民革力量》的工作报告。报告重点从自身建设、参政议政、民主监督、社会服务等方面总结成绩、经验和不足，并明确2019年“按照把准方向、突出中心、拓宽载体、建好队伍”的总体思路，履行好参政党职能，为打造强盛浏阳、活力浏阳、生态浏阳、幸福浏阳贡献民革智慧，彰显民革作为，以优异的成绩庆祝中华人民共和国成立70周年。会议通过民革浏阳市工委《参政议政成果和宣传报道奖励办法》，对2018年参政议政优秀成果及14位被评为“优秀党员”称号的党员进行通报表彰。会议结束后，民革省委宣传联络处处长戴明星以解读新修的《中国国民党革命委员会章程》为主题，给与会党员上党课。

（资料来源：民革长沙市委）

2019年1月20日，民革浏阳市工委2018年工作总结表彰大会召开

（资料来源：民革长沙市工委网站）

【民革长沙市委会第三届“中山杯”羽毛球赛在浏阳举行】 10月20日，由民革长沙市委会主办，民革浏阳市工委承办，浏阳市金刚金利烟花爆竹制造有限公司支持的第三届“中山杯”羽毛球比赛在浏阳市多功能体育馆举行。民革湖南省委会组织处处长戴明星，民革长沙市委会专职副主委冯斌，中共浏阳市委常委、统战部部长郭瑞，浏阳市人大常委会副主任、民革浏阳市工委主委刘仙娥等出席开幕式。本届羽毛球赛共有12支代表队参加，包括11支由民革长沙市委会各工委、支部联合组成的代表队，1支由民革湖南省直工委组织的特邀代表队，近100名民革党员参赛。戴明星宣布开赛，第二届“中山杯”羽毛球赛冠军队——民革长沙市雨花区工委代表队队员彭拥军开球。本次比赛采用混合团体方式进行。其中，男双两名选手的年龄之和须等于或大于80岁，“80组合”成为此次比赛的一大特色，这一设定扩大参赛人群的年龄段，吸引不少“高龄”球友。经过小组赛和淘汰赛的激烈竞争，民革浏阳市工委代表队摘得桂冠，民革湖南省直工委代表队、民革长沙市雨花区工委代表队分别获得亚、季军。

（吴海宁）

致公党浏阳工委

【概况】 2018年致公党浏阳工委设3个支部，新发展党员3名，年末工委共有80名党员。在致公党长沙市委和中共浏阳市委、市委统战部的正确领导下，工委紧紧围绕浏阳“建设两个中心，进军全国十强”目标，切实履行参政党的各项职能，发挥本党“高、尖、精、侨”特色和优势，锐意进取，积极作为，为全面建设现代化浏阳作出了积极贡献。

【参政议政】 重大课题调查研究。2018年，致公党浏阳工委主委、市人民政府副市长邓雪琴先后到文化产业园专题调研文化民生实事工程，实地参观“智慧浏阳河”文化创意孵化基地、米仓创意产业园和国际烟花创意梦工场等近20家文创企业，深入了解文化产业发展的现状、方向和目标，并就文化产业园发展提出具体建议。工委成员就农村污染防治、城区停车难、优化经济发展环境等热门话题开展调研，召开各种座谈会5次，下乡走访调研4次。工委组织部分党员先后赴市农业局、环保局等单位和部分乡镇开展调研，进行深入的讨论和研究，全面掌握浏阳农业污染的情况、造成污染的原因，撰写《加强农业污染防治 建设生态宜居乡村》的建议在浏阳市政协十届三次会议上作大会发言，得到相关部门迅速落实，市政府与27个有种植结构调整及休耕治理工作任务的乡镇(街道)签订目标责任书。工委委员李凌就浏阳蒸菜产业和电子商务进行调研，掌握其发展情况、存在问题，提出意见建议。

社情民意建议、提案撰写。2018年，共撰写建议、提案和社情民意28件。1月2日至4日，长沙市政协十二届二次会议召开，会议期间，工委党员陈静、彭晓玲领衔提交《关于建立浏阳河流域生态补偿机制的建议》，为配合长沙市环保局、浏阳市环保局提案办理工作多次进行调研，并大胆对长沙市环保局的办理工作提出建议，使之将此提案由A类提案转化B项提案；1月9日至10日，浏阳市政协十届三次会议召开，会议期间，工委党员周志勇在提交提案关于《加强我市慢性病综合防控体系建设打造健康浏阳的建议》，获长沙市委常委、浏阳市委书记黎春秋批示；《关于加强学校、托幼机构公共卫生防控能力建设的建议》，获浏阳市委副书记、市长吴新伟批示。市政协委员、工委党员孔伟兴撰写的《关于进一步加强公共自行车管理的建议》列入浏阳市2018年度20件重点建议之一。市政协委员、工委党员李明撰写的《关于切实加强建立全民绿化后续长效管理机制建议》《关于维解城区停车难，加快修建立体停车场的建议》得到市政府重视。周志勇提交社情民意《关于利用智慧医疗助力健康扶贫工作的建议》被长沙市市政协采纳、同时被长沙市委常委、市委副书记徐宏源、长沙市政协主席文树勋两位领导批示。

民主监督工作。2018年，浏阳创新性地开展“参政议政直通车”工作会议，38名民主党派、无党派人士被聘请为特约人员，围绕树立法治诚信服务理念、推进简政放权，加快商事制度改革，建立“亲”“清”新型政商关系等事关浏阳经济社会发展各方面内容积极建言，开展专项民主监督。其中，工委党员周坤、钟辉平被聘请为市发改局特约人员，潘登被聘请为市国税局特约人员，李明被聘请为市司法局特约人员，毛发启被聘为市花炮局特约人员，其中周坤和潘登为第四组和第五组特约人员召集人。

【社会服务】 致公党浏阳工委社会服务工作多年来持续坚持“六个一”不动摇，真抓实干，创新服务，致力打造“一村(葛家金源村)、一镇(大围山镇水果基地)、一社区(联城社区)、一企业(盐津铺子)、一基地(佳源油茶林基地)、一学校(市特殊学校、向坪小学)特色社会服务品牌。2018年，工委积极参加致公同心社区(村)三服务、同心企业三服务、致公家园社会服务、致公精神助学服务活动，广泛调动党内资源和各方力量，积极开展法律援助、致公助学、扶危帮困、服务企业等活动，取得良好的社会反响。同心创建：1月，工委对联城社区的6位贫困居民开展慰问和新春祝福。3月，工委在淮川街道联城社区开展建设“和谐社区”活动，进一步发挥党派特色优势，深入开展“双联”活动，与社区人员共话发展。10月，工委组织部分党员深入联城社区，开展送温暖活动，给“五保户”、高龄老人等老、弱、残群体送去慰问金。11月8日，长沙市委统战部副部长刘佳勇、浏阳市委常委、统战部长郭瑞赴金源村走访了解致公党浏阳工委联点村建设情况。12月，葛家镇金源村获评长沙市“同心乡村”。精准扶贫：致公党浏阳工委联系葛家镇金源村精准扶贫工作，通过省、市、浏阳三级联动，帮扶工作步步推进，该村农业产业开始由传统养殖向辣椒种植转型升级，形成辣椒研发、培育、销售“一条龙”的产业链。2018年，该村“鸡肠子辣椒”已经获评国家农产品地理标志产品，“辣椒大王”杨意红获评全国农村致富能手。省妇联副主席、致公党湖南省委常委卢妹香，浏阳市副市长、致公党浏阳市委主委邓雪琴调研葛家镇金源村同心致福村建设情况。致公党长沙市委参政议政委员会主任申志华一行赴葛家金源调研乡村振兴工作。2018年度永州、常德市党外人士培训班来葛家金源开展乡村振兴现场教学。助学帮困：致公党浏阳工委积极响应致公党湖南省委妇委会发起的“职工微善行——爱心妈妈在行动活动”，组织开展爱心妈妈“三访”“三见面”活动，在生活上、精神上、学习上给予留守儿童关怀，帮助留守儿童树立正确的人生观和价值观。“六一”期间，组织庆“六一”暨“生命体验”活动，通过情景式体验式教学方式，对留守儿童进行生命健康安全体验培训；4月21日，致公党长沙市委专职副主委枭燕，到浏阳看望慰问部分困难党员和老龄党员，帮助困难党员何德根申请到2000元致助金和部分慰问物资，工委党员周坤、李红、彭劲松等陪同看望。重阳节，工委组织14名老年党员参加“孝暖联城•爱在重阳”联城社区第15届重阳千叟宴暨文艺演出活动。

4月21日，致公党长沙市委专职副主委枭燕(左)到浏阳看望慰问部分困难党员和老龄党员

(资料来源：和网 致公党长沙市委)

【党员建功立业】 一支部党员彭晓琳实地走访谭嗣同生活故地，创作系列历史散文集《寻访谭嗣同》，11月份由岳麓书社于正式出版发行。寻益人主持长沙职院绿之韵致公助学等4个项目获致公湖南省委"湖南致公助学优秀实施学校"；主持张家界市桑植县大木塘小学扶贫项目，联系美籍侨胞刘文握先生连续五年共计筹款近40万元，带领的教学团体在全国技能竞赛中获一等奖两个、二等奖四个、三等奖两个。党员宋旦组织全球首个以汉字艺术为主题的"一带一路"宋旦汉字艺术海外百城展，被中宣部、商务部、财政部等五部委联合评为2017—2018年度国家文化出口重点项目，宋旦获评中国设计事业三十年先锋人物。9月29日浏阳市首家以个人名义开办的美术馆——刘世杰美术馆开馆，共展出刘世杰代表作品150件。二支部党员易跃利用党员身份优势积极开展海外联谊，上门为民生银行进行职工培训。党员毛发启的浏阳市华辉烟花制造有限公司年缴税收500万元，发放社会工资400多万元，安排就业150名，历年来被多次评为安全生产先进单位，纳税贡献大户。年内，三支部党员甘艳平分别担任全国奥尔夫音乐大赛评委，湖南省百龙百狮闹元宵晚会总导演、湖南省园长学术年会晚会总导演、并策划浏阳市第三届杜鹃花舞蹈大赛展演活动；其原创焰火剧《颂》在第八届国际焰火大赛中首演。黄志坚的湖南美奥钾业有限责任公司安排当地群众就业136人，年发放工资400万元，缴税300万元，名列"永和好人榜"。廖爱芳热心公益事业，义务担任小区物业管理工作，被淮川新北社区评为"和谐小区建设先进个人"。11月30日，政协委员陈静、李亚清随政协浏阳民革致公无党派工作组走进大围山镇白沙社区，对居民进行眼科筛查和法律援助。易修平、黄谷成、廖爱芳、陈辉光等老党员为《浏阳致公30年》画册的编辑出力献策。

【致公党湖南省长沙市浏阳工委成立30年系列庆祝活动正式启动】 9月2日晚，致公党浏阳工委召开庆祝工委建立30周年专题筹备会议，浏阳工委班子成员参加会议，致公党浏阳工委主委、浏阳市人民政府副市长邓雪琴出席会议并讲话。2018年是致公党浏阳工委成立30周年，在中国共产党的坚强领导及关心关怀下，30年来全体党员秉持"致力为公，参政兴国"宗旨，积极投身浏阳政治经济社会发展等各个领域，展现浏阳致公党人的风采，贡献浏阳致公力量，为充分展现浏阳致公组织三十年来光辉历程，与会人员认真研究《浏阳致公30年》画册等系列策划方案，讨论系列活动的几大主题活动及时间安排、浏阳致公（1988－2018）30年系列纪念活动。邓雪琴主委在会上要求工委班子成员高度重视，务必妥善安排好时间，认真策划好此次纪念意义重大的活动，确保活动取得圆满成功。

（李　鸿）

群众团体

工　会

【概况】 2018年，市总工会机关内设办公室、组织民管科、权益保障科、劳保宣教科、资产财务科等5个科室，下辖工人文化宫和职工服务（帮扶）中心，共有在职干部职工18名。全市共有工会联合会55家，其中市直工会联合会23家，乡镇工会联合会28家，街道工会联合会4家。全市基层工会4116家，其中行政事业单位、国有企业工会362家，非公企业工会3754家，全市共有工会会员27.8万，已建工会职工入会率95%。

【职工岗位能力建设】 动员广大职工广泛开展各级各类劳动竞赛活动，选送20多名技术能手参加省、长沙市总工会组织的各项劳动竞赛，组织100名导游和讲解员开展金牌导游暨旅游主题讲解比赛，组织尔康制药等100家企业开展“安康杯”劳动竞赛。积极开展“一户一产业工人”培养工程，组织380人参加中级育婴师技能培训，120人参加旅游行业技能培训。选树黄成、黎伏明、周开明、周学明、彭长林、曹明珠、黎冉丰、谭智祥、尤晓辉、陈全强10名“浏阳工匠”，周健、续三军、罗平国、邱俊龙、黄怡群、王金山、周荣飞、黄隆根、罗源泉、胡楚雄10名“优秀工匠”。举办劳模先进事迹宣讲会，组织60多名劳模到北戴河、成都、灰汤等地参加疗休养活动，开展劳模生活状况调查，走访慰问20余名劳模。邹烈星获评省五一劳动奖章，张文胜、吴红色、赵海洋、汤勇4人获评长沙市五一劳动奖章，市自来水公司、浏阳化工厂有限公司、湖南一朵生活用品有限公司、市政务服务中心、长沙博大机械零部件有限公司等获评长沙市五一劳动奖状，湖南华纳大药厂股份有限公司外包车间、浏阳市国税局工业园税务分局、宇环数控机床股份有限公司技术中心、浏阳市公共交通公司运营管理科一路线等获评长沙市工人先锋号。

【帮扶服务】 开展以春送岗位、夏送清凉、秋送助学、冬送温暖、医疗互助、大病救助、就业扶助、法律援助为主要内容的“四送四助”活动。621名困难职工（农民工）得到救助，发放困难救助金80余万元。向112名困难职工子女发放金秋助学资金近50万元。3万人参加职工医疗互助，2000多人次住院职工得到补助近80万元，向59名职工发放大病救助金近50万元。对环卫、交警、电力、重点项目建设工人开展“送清凉”活动，发放清凉物资20余万元。联合人社局、经信局开展28场农民工及下岗职工就业招聘会，帮助5600多名农民工实现就业。设立五星级职工服务中心，聘请社会化工会工作者和专业法律顾问，面对面为职工提供困难救助、医疗互助、法律援助、就业帮助等服务。开展母婴关爱室建设，在市民之家、工人文化宫、妇幼保健院、一中、汽车西站等处建成5个母婴关爱室，解决公共场所母乳喂养的难题。

【职工文体活动】 7月1日，位于行政中心环线的原政务中心改建成市工人文化宫完成竣工，向会员免费开放，并开设书法、瑜伽、乒乓球、舞蹈、萨克斯、太极拳等21个培训班。2018年，文化宫接待开展文体活动的职工达2万人次。组织“五一”劳动节群众文艺汇演、职工书画展、摄影作品展、职工气排球赛、“七人制”足球赛、“三对三”篮球赛、羽毛球赛、乒乓球赛、象棋赛、围棋赛等各类文体活动28场。

【改革工作】 市委出台工会深化改革方案，总工会将改革方案细化为10项刚性指标和19条具体举措，明确责任，狠抓落实。制定基层直联工作机制，建立以职工满意度为导向的日常工作评价制度。完善劳动关系协商机制，注重经费等资源向基层倾斜。加强财务管理，委托审计部门对部分基层工会经费收支情况进行审计。总工会机关的机构和职能进一步优化，改革成效逐步显现。

【组织建设】 全市新增工会组织530家，发展会员2.1万人，其中农民工会员1.7万人，法人单位建会率和职工入会率动态保持在85%以上。建立步行街、智慧浏阳河、大润发、商会大厦4个楼宇商圈工会，加强乡镇（街道）、村（社区）、企业“小三级”工会组织建设，新建沿溪镇沙龙村“小三级”工会组织示范点。推进会员评家工作，推荐市自来水公司获评全国模范职工之家，市人民法院获评省模

1月24日，中华全国总工会党组书记、副主席、书记处第一书记李玉赋（左前三）率全总慰问团到浏阳开展“送温暖”活动（陈纯清 提供）

范职工之家，绿之韵、社港镇、加农正和获评长沙市模范职工之家。9月13日，中华全国总工会下发《关于表彰全国模范职工之家、全国模范职工小家、全国优秀工会工作者和命名全国优秀工会积极分子、全国优秀工会之友的决定》（总工发〔2018〕29号），浏阳市自来水公司工会委员会、浏阳市国家税务局工业园税务分局工会分别被评为“全国模范职工之家”和“全国模范职工小家”。

【李玉赋到浏阳慰问一线职工】 1月24日，中华全国总工会党组书记、副主席、书记处第一书记李玉赋率全总慰问团到浏阳开展“送温暖”活动。中华全国总工会办公厅主任邹震，湖南省总工会党组书记、副主席徐文龙，中共长沙市委副书记徐宏源，长沙市委常委、浏阳市委书记黎春秋，长沙市人大常委会副主任、长沙市总工会主席芮英姿，浏阳市委副书记邱山东，浏阳市委常委、办公室主任邓阳锋，浏阳市人大常委会党组副书记、副主任、总工会主席刘旭陪同走访慰问。李玉赋先后到蓝思科技职工俱乐部、职工服务（帮扶）中心，了解企业的生产经营、职工工资待遇及权益维护等情况，看望慰问蓝思科技的困难职工，为他们系上红围巾，并送上慰问物品、慰问金以及祝福和关怀。慰问过程中，李玉赋指出，各级工会要深入学习贯彻习近平总书记系列重要讲话精神，特别是关于产业工人队伍建设和工会工作的重要论述，建设知识型、技能型、创造型劳动者大军，大力弘扬劳模精神、劳动精神、工匠精神，加快造就一支有理想守信念、懂技术会创新、敢担当讲奉献的产业工人队伍。

【“五一”国际劳动节群众文艺会演】 4月27日，浏阳市“五一”国际劳动节群众文艺会演在浏阳河广场举行。参加文艺演出的10个节目，均是由基层工会选送，特别是部分节目结合地方特色和浏阳实际自导、自编、自演，具有极强的感染力和宣传教育意义。本次活动吸引上千名观众观赏。

【工会干部培训】 9月20日，浏阳市总工会举办工会干部培训班，全市145名工会干部参加培训。本次培训主要学习基层工会建设、职工权益维护和工资集体协商等实务操作。浏阳市人大常委会党组副书记、副主任、市总工会主席刘旭出席开班仪式并讲话。

【选树“浏阳工匠”暨劳模宣讲大会】 10月30日上午，浏阳市总工会举行选树“浏阳工匠”暨劳模宣讲大会。3月份，总工会在全市启动选树“浏阳工匠”活动，经基层推荐、专家评议、公众投票、综合评审、社会公示等程序，共选树出10名“浏阳工匠”和10名“优秀工匠”。长沙市总工会党组书记、副主席周宏兆，浏阳市人大常委会党组副书记、副主任、市总工会主席刘旭现场为“浏阳工匠”和“优秀工匠”颁发荣誉证书。工匠表彰后，长沙市劳模宣讲团成员雷鸣、杨佳、卢鸿义、龙利亚、彭友良5位劳动模范进行先进事迹宣讲，全市150名工会干部参加会议。

（陈纯清）

工商联合会

【概况】 2018年，市工商联在编干部11名，临聘人员2名。第十五届工商联共有执委165人，其中常委68人，兼职副主席11人，兼职副会长

10月30日上午，浏阳市总工会举行选树“浏阳工匠”暨劳模宣讲大会（陈纯清 提供）

16 人。全市新增个体工商户 8924 家、农民专业合作社(不含农场)514 家、私营企业 2548 家、工商联会员 270 名，同比增长率分别为 14.9%、9.9%、16.3%和 8%。1 月 19 日，由中华工商时报社发起的 2017 年度“创新中国”工商联(商会)工作特别奖评选活动结果出炉，浏阳市工商联获评 2017 年度“创新中国”县级工商联工作特别奖。

7 月 3 日，浏阳市振兴实体经济专题培训班开班，50 余名企业家赴上海复旦大学开展实体经济振兴专题研修 （罗永昌 提供）

【商会组织网络拓展】 在数量与质量并重的前提下，吸纳具有代表性、参政议政能力强、社会信誉好的民营企业家入会，重点加强对年轻一代企业家的培育，会员增长率达到8%。浏阳成立全国第一个县级继创者联盟组织、湖南首个继创者联盟。支持和推进女企业家商会的换届。支持深圳、东莞和广州等地浏阳商会已完成登记注册和成立，支持和协助做好设立福建浏阳商会和广东佛山浏阳商会的筹备工作。在加强异地商会建设的同时，巩固与北京、上海、福建珠海、本省湘潭等地浏阳商会或同乡会的联系。

【“四好”商会建设】 下发《推进“四好商会”建设工作实施方案》，完善基层商会评价体系，在全市基层商会开展经济服务“一会一品牌”活动，进一步激发基层商会组织的活力。2018 年，12 个基层商会申报长沙市“四好商会”，5 个基层商会申报长沙市“一会一品牌”项目，实现“四好商会”全覆盖，基层商会组织作用进一步增强。7 月 6 日，长沙市工商联举办以“新时代、新商会、新作为”为主题的长沙市非公经济和商会组织纪念改革开放 40 周年活动暨全市商会组织建设成果展示汇报会，浏阳市大瑶镇花炮产业商会获得了一等奖，浏阳市青年企业家商会获得优胜奖。与此同时，工商联还积极探索基层商会组织建设的新模式，将商会组织的触角延伸到村级，其中大瑶镇上升村和淳口镇向坪村启动成立村级商会组织。

【非公人士素质提升】全方位组织广大非公经济人士学习习近平同志在民营企业座谈会上的讲话。4 月 27 日，组织举办“重诚信、倡亲清”主题活动，100 余名企业家代表集体在“拒绝行贿承诺书”上签名，会议共同倡议“重诚信、倡亲清”，构建“亲”“清”政商关系。7 月 3 日，浏阳市振兴实体经济专题培训班开班，来自浏阳各行各业的 49 名非公经济人士参加专题培训。培训期间组织 50 余名优秀企业家赴上海复旦大学开展实体经济振兴专题研修，打造以继创者联盟为培育主体的“接力浏阳”大讲堂，牢牢抓紧非公经济人士思想政治工作这根弦，增强非公经济人士对中国特色社会主义的信念、对党和政府的信任、对企业发展的信心、对社会的信誉。加大对优秀企业家精神鼓励和宣传力度，出台《浏阳市“企业家绿卡”实施办法》，向 305 名优秀企业家、异地商会会长和浏阳籍在外知名人士颁发“绿卡”。11 月 8 日至 9 日，组织非公经济人士到江西九江开展“不忘初心、牢记使命”主题教育实践活动。11 月 27 日，市委、市政府召开全市民营经济座谈会。2018 年，安邦制药陈飞豹、庆泰花炮黄蔚德、丰日电气黎福根、创意实业罗鹏、盐津铺子张学武、德旺农业张尚友被评为“长沙市改革开放 40 年杰出民营企业家”，蓝思科技周群飞上榜中央统战部、全国工商联评选的“全国改革开放 40 年百名杰出民营企业家”。“光彩精神”得到大力弘扬。积极引导非公人士弘扬“光彩精神”，组织异地商会、基层商会与会员企业参与助学、助残和“万企帮万村”精准扶贫行动，筹措各类爱心基金 2000 万元以上，捐赠各类款物达 800 万元，非公企业结对帮扶 40 个村(社区)，重点打造扶贫车间(工厂)40 个，帮扶金额达 1725 万元。浏阳市“扶贫车间”特色工作得到全国工商联、省工商联和中华工商时报高度赞扬。10 月 16 日，全国“万企帮万村”精准扶贫行动先进民营企业表彰大会暨扶贫日论坛在北京召开。市工商联副主席单位、绿之韵集团被全国工商联、国务院扶贫办评为全国“万企帮万村”精准扶贫行动先进民营企业。

【参政议政】 充分发挥工商联参政议政的职能优势，组织工商联界别政协委员从激发和保护企业家精神、强化金融支持、优化经济发展环境、乡村振兴等方面开展专项调研，形成多个专题调研报告和提案，得到市委、市政府主要领导的批示，明确要求有关方面和部门尽快组织研究办理。助推经贸交流。切实发挥商会和同乡会联系广泛、信息灵通的优势，重点面向北上广等重点招商区域，精心做好“引老乡、回故乡、建家乡”的工作。1 月 20 日，浏阳“引老乡、回故乡、建家乡”恳谈会暨北京浏阳同乡会年会在北京工业大学举行，多名在京浏阳籍人士齐聚一堂，共谋发展。市政协副主席、工商联主席刘来宏参加活动。2018 年，以广东东莞浏阳商会、广州市浏阳商会成立和北京浏阳同乡会年会为契机，与招商引资服务中心一起组织三场浏阳招商推介会。6月7—9日，应香港长沙商会邀请，中共浏阳市委常委、统战部长、浏阳市海外联谊会会长郭瑞率团赴港，举办“‘牵手香江•相约浏阳’2018浏阳（香港）招商推介会”，该次招商推介会由中共浏阳市委、市人民政府主办，市工商联、市招商引资服务中心承办，活动促成三一集团混泥土设备再制造项目、香港嘉力臣项目、湖南长原环境科技有限公司项目、湖南冠兴针织有限公司产业园等项目到浏阳投资兴业。按照市委“在区域谋发展、在全国争地位、在全球引资源”的战略定位，加强与香港驻湖南联络处、省工商联和省贸促会的联系，与香港长沙商会签订友好商会协议，邀请香港驻湖南联络处和香港企业家来浏投资考察2次。组织浏阳企业前往中亚地区进行投资考察，发动浏阳部分企业家对接参与巴基斯坦的经贸交流活动，推动安邦制药和开元堂药业等浏阳企业参与中非合作论坛和在非投资。

【营商环境优化】 充分发挥非公经济领导小组联席会议制度的作用，建立领导干部联系非公企业和商会制度，深入企业开展“走百家企业、解发展难题”活动，认真落实“四进二访”民情大走访工作制度，2018年走访企业213家，收集交办问题260个，促进营商环境的优化。积极推动民营企业建立现代企业制度，鼓励优质民营企业进入多层次资本市场，组织企业参加股改挂牌动员宣讲会和港交所的上市专题培训班。抓好银企对接工作，组织举办“银企对接在一线”产业链帮扶企业专场活动，助推各类银行提高对基层商会组织和中小微企业授信额度。同时，与金融办、担保公司前往外地专题调研阳光过桥转贷基金。

【“引老乡、回故乡、建家乡”恳谈会暨北京浏阳同乡会年会在京举行】

1月20日，浏阳“引老乡、回故乡、建家乡”恳谈会暨北京浏阳同乡会年会在北京工业大学举行，市委常委、统战部长郭瑞和市政协副主席、工商联主席刘来宏，高新区党工委委员、工会联合会主席翦正红，市工商联副主席姜怡明，市工商联秘书长唐效湖，市招商引资服务中心副主任黎涛，杨世明将军女儿杨怡，杨勇将军女儿杨菁，黎东汉将军儿子黎克秦，上海同乡会会长罗会明及在京浏阳籍人士齐聚一堂，共谋发展。会后，郭瑞等到北方工业大学、中科院CASIP中心的能敬控股公司、中国煤科所战略研究所、北京弗居投资管理有限公司，就装备制造、智能制造、新能源汽车等产业发展、技术创新及技术转移等进行交流，并探讨相关合作事宜。

【广东东莞市湖南浏阳商会成立】

1月20日，广东东莞市湖南浏阳商会成立大会暨浏阳招商推介会，在东莞市长安莲花山庄酒店召开。浏阳市人民政府副市长詹萍萍带队，经开区党工委委员、副主任罗其胜，高新区党工委书记周剀，党工委副书记、主任喻辉，统战部副部长、工商联党组书记汤建军和高新区管委会、两型产业园、招商引资服务中心等相关负责人参加。东莞市湖南浏阳商会第一任会长宋志明介绍，浏阳在东莞创业的企业家有近200人。2017年，以广东隆凯股份有限公司、东莞市长原科技实验有限公司等8家企业为主要单位，在东莞市发起成立东莞市浏阳商会，并迅速征集到超过80家单位和近百名发起人。2017年10月，东莞市湖南浏阳商会正式取得社会团体登记证书，是浏阳市工商联指导下继深圳市浏阳商会，佛山市棉纱行业商会和湘潭市浏阳商会成立后，第四家正式成立的异地商会。2017年，东莞市湖南浏阳商会企业家们积极参与家乡的抗洪救灾活动，50多名浏阳籍企业家专程赶回家乡了解灾情，捐款捐物。

【举办“重诚信、倡亲清”主题活动】

4月27日上午，浏阳市纪委监委、市委统战部、市工商联联合举办“重诚信、倡亲清”主题活动。会议由市政协副主席、工商联主席刘来宏作《第十五届三次执委会工作报告》，市委常委、统战部部长郭瑞宣读《关于表彰2017年度“四好商会”、优秀商会会长、优秀商会秘书长及光彩事业突出贡献奖单位的通报》。中共浏阳市委常委、纪委书记、监委主任秦跃平就“如何构建‘亲’‘清’政商关系”作讲话。3名企业家代表结合各自企业实际，就发展中遇到的具体问题向相关职能部门提问，并得到职能部门负责人的现场回复。企业代表——浏阳市工商联副会长、湖南周洛旅游开发有限公司总经理李志坚就“不行贿，不违法，不踩红线”承诺讲话，百余名企业家代表现场签订《拒绝行贿承诺书》。

【广州市湖南浏阳商会成立大会暨浏阳市（广州）招商推介会】 7月21日，广州市湖南浏阳商会成立大会暨浏阳市(广州)招商推介会在广州举行。会议由广州市湖南浏阳商会会长易先平致辞，中共浏阳市委常委、统战部长郭瑞现场致欢迎辞。浏阳市人民政府副市长仲凡代表市人民政府为广州市湖南浏阳商会授“浏阳市驻广州招商联络处”牌匾。浏阳市人大常委会主任吴震出席活动并讲话。湘、粤两省特邀嘉宾代表、湖南驻穗办等驻穗机构部门代表、广州市湖南浏阳商会会员企业代表、广东省各地各级商协会、异地商会特邀代表、浏阳籍在粤老领导代表、港澳特邀嘉宾等600余人会议。2017年6月28日，广州市湖南浏阳商会召开第一次会员代表大会，2018年4月，广州市湖南浏阳商会在广州市民政局登记注册，本商会是由浏阳籍在广东广州、佛山投资创业的企业家组成的非营利性社会团体。创会宗旨是：凝聚乡情，服务会员，交流合作，资源共享，自愿互助，共同发展，促进广州与浏阳两地经贸合作。截至2018年7月，已有入会会员100多家，会员企业主要从事电子信息、生物科技、皮革服装、灯饰家居、建材装饰、宾馆餐饮、商贸等领域。

【浏阳市“企业家绿卡”实施办法正式颁发】 9月30日上午，浏阳市举行企业家绿卡颁发仪式，市委常委、市纪委书记、市监委主任秦跃平主持仪式，7月24日，市人民政府办公室下发《关于印发浏阳市“企业家绿卡”

7 月 21 日，广州市湖南浏阳商会成立大会暨浏阳市（广州）招商推介会在广州举行

（罗永昌　提供）

实施办法的通知》（浏政办发〔2018〕24 号），72 名企业家代表参加颁发仪式。市政协副主席、市工商联主席刘来宏对《浏阳市"企业家绿卡"实施办法》进行政策解读，为优秀企业家颁发绿卡，是为了进一步优化营商环境，构建亲清政商关系，为企业提供全面优质高效服务，营造亲商、重商、爱商、护商的良好氛围。企业家绿卡将在政务服务、子女入学、出行（出游）、就医、评优评先、企业涉诉 6 个方面为企业家提供优质、便捷的服务。仪式现场为企业家代表颁发绿卡。市总商会副会长、长沙博大机械零部件有限公司董事长蒋剑锋和国家千人计划创新创业人才、留法博士、湖南永和阳光生物科技股份有限公司总经理戴泽根，作为获得企业家绿卡的代表发言。

【香港企业家考察团到浏阳考察交流】　9 月 14 日，应市工商联的邀请，参加 2018 中国国际食品餐饮博览会，包括食品、机械制造、证券、现代服务业、现代农业等行业共 34 名香港企业家组成的考察团，由香港特别行政区政府驻湖南联络处主任叶海仑女士带队，到浏阳考察交流。先后参加经开区招商引资推介会、参观蓝思科技展厅、盐津铺子和坛坛香的生产车间，观看镇头环保科技园的宣传片，并就如何推动香港和浏阳两地之间的贸易往来和浏阳食品企业家代表进行交流座谈。本次活动是自 6 月 9 日在香港举行"'牵手香江·相约浏阳'2018 浏阳（香港）招商推介会"后，叶海仑女士第二次组织香港企业家到浏阳考察。市人民政府副市长仲凡出席活动并讲话。市政协副主席、工商联主席刘来宏主持此次招商引资推介会，经开区管委会、经开区经济发展局、招商引资服务中心、镇头镇相关负责人参加此次活动。

【浏阳市继创者联盟正式成立】　9 月 26 日上午，浏阳市举行继创者联盟成立暨民营企业庆祝改革开放四十周年座谈会。座谈会由浏阳市政协副主席、工商联主席刘来宏主持，中国继创者联盟执行主席杨宗岳为浏阳市继创者联盟进行授牌并签订共建共享协议。活动当天下午，中国继创者联盟和浏阳市继创者联盟的代表进行重走秋收路活动。"继创者"概念由全国工商联研究室主任、中国民营经济研究会副会长林泽炎博士提出，是指在继承上一代物质财富和精神财富的基础上，积极践行创新创业的年轻一代民营企业家。

（罗永昌）

妇女联合会

【概况】　浏阳市妇女联合会成立于 1950 年 3 月。1993 年，浏阳撤县设市，更名为市妇联，为正科级单位。它是浏阳各族各界妇女为争取进一步解放与发展而联合起来的群团组织，是中国共产党领导下的人民团体，是党和政府联系妇女群众的桥梁和纽带，是国家政权的重要社会支柱。浏阳市妇联在新时代担负着团结引导各族各界妇女听党话、跟党走的政治责任，以围绕中心、服务大局为工作主线，以联系和服务妇女为根本任务，以代表和维护妇女权益、促进男女平等和妇女全面发展为基本职能。浏阳市妇联内设 6 个部室：办公室、组织联络部、宣传部、妇女发展部、权益部、家庭和儿童工作部，浏阳市人民政府妇女儿童工作委员会办公室设在妇联。浏阳市妇女儿童活动中心是市妇联管理的公益一类事业单位。2018 年，全市各级妇联组织认真贯彻落实群团改革精神，在妇女所急、党政所需、妇联所能上找准妇联工作切入点、结合点和着力点，积极投身全面建设现代化浏阳的伟大实践，妇女儿童工作再上新台阶。2018 年，浏阳市妇联获"湖南省妇联系统改革创新奖""宣传工作先进集体""湖南省巾帼建功先进集体"。

【妇女创业创新创优】　围绕市委、市政府中心工作，开展"巾帼心向党·建功新时代"系列主题活动。创省市巾帼文明岗 9 个，巾帼建功先进集体 2 个；1 家女性创业企业获评省巾帼示范基地，6 家获评长沙市示范基地；1 人获省巾帼创业创新大赛三等奖，3 人获省优秀"魔豆妈妈"称号。加强妇联统战联谊工作，参与社会扶贫，服务非公经济发展。举办"巾帼创客堂"主题学习 4 期，推荐 10 名最美创业女性代表参加北京农家女培训，40 人参加省市主题培训。市妇联领导班子带队对全市女性创业企业走访调研，了解掌握全市女性创业发展情况，鼓励和引导她们在乡村振兴、巾帼扶贫中发挥积极作用。举办精准扶贫巾帼家政培训班，引导贫困妇女技能脱贫。对接阿里巴巴 1688 电商湖南平台和浏通天下电商平台，帮助女企业家借助电商平台做强做大，借助女企业家的发展带动帮扶贫困妇女创业就业发展。开展"巾帼脱贫行动"放心农产品进社区活动，帮助贫困创业女性打通销售最后一公里。引导创

3月8日下午，在机关会议中心召开女干部代表座谈会 （戴四辉 提供）

业女性在发展中勇担社会责任，1家女性企业获评“湖南省巾帼脱贫示范基地”。组织开展“乡村振兴•巾帼行动”，动员农村妇女在推进产业兴旺、生态宜居、乡风文明、治理有效、生活富裕中发挥半边天作用。开展“春风送岗位”系列招聘活动，800余名妇女达成就业意向。

【文明城市创建】 依托浏阳市“巾帼宣讲团”，深入农村、社区、屋场等大力宣传党的十九大精神，精准扶贫、乡村振兴等政策法规，在广大妇女姐妹中掀起学习热潮。注重家庭家风家教，发挥妇女在社会生活和家庭生活中的“两个独特作用”，全力启动“美家美妇共建幸福浏阳”活动，采取上下联动、多措并举、形式不一的方式推进。举办“她力量家最美”美家美妇共建幸福浏阳分享暨促进会，用身边榜样的力量引领广大女性争做“最美女性”，争当“最美家庭”。2018年，评选表彰浏阳市“最美家庭”50户、“两型家庭”200户，“平安家庭”503户。开展“智慧爱•幸福家”我家的最美故事展示，“相伴共读•书香润德”家庭亲子阅读，家庭助廉以及家庭情景剧征集展播等主题活动，以好的家风支撑起好的社会风气。依托家庭教育讲师团坚持每年将100场家庭教育讲座送进机关、村（社区）、企业、学校、幸福屋场等基层一线；每个月不同主题的“母亲夜话沙龙”活动，得到4000余名父母的追捧；每周在“浏阳妇联”微信公众号上更新的“让爱更有智慧”家风家教专栏，累计阅读量达6万余次。家庭教育工作被广大家长誉为送到家门口的精神食粮。

【妇女儿童合法权益保护】 开展“建设法治浏阳•巾帼在行动”活动，利用“三八”维权周、“6•26”国际禁毒日、“11•25”国际反家暴宣传日、“12•4”法制宣传等节点，2018年，组织巾帼法律顾问团成员深入乡镇街道开展普法宣传活动15场次，并指导乡镇街道开展30余场次，参与人次达到4500多人。持续推进多机构合作的社会化干预反家暴模式，建立高危个案联席会议研讨制度，重点关注和处置中高危案例23起。落实日常信访接访处访工作，全年市妇联共接处来信来访178件，接待来访群众289人次，涉及婚姻家庭权益类158件，其中涉及家庭暴力案件147件，调处率为100%。发挥市婚调中心的调试作用，共接待婚姻家庭纠纷550例，其中调和215例，调离297例，咨询34例，引导诉讼4例，调解成功率达到42%。继续组织“禁毒妈妈联盟小分队”，广泛开展“妈妈禁毒联盟‘蓝结’行动”“不让毒品进我家——无毒万家兴”禁毒宣传等系列活动，进一步筑牢家庭拒毒防毒防线。

【关爱贫困妇女儿童】 重点推进省重点民生实事项目，30000名农村适龄妇女接受“两癌”免费检查，全年争取全国、省、市“两癌”救助金95.9万元，惠及91名农村贫困两癌妇女。组织“为了母亲的微笑•情暖贫困母亲”“为了姐妹们的健康与幸福”等主题活动，将妇联的关爱送到贫困母亲，基层妇女代表等身边，300多名贫困母亲接受救助，600多名基层妇女接受免费体检。关注留守和困境儿童，“六一”和元旦期间，采取一对一或多对一的方式引导全社会爱心人士帮助800多名困境儿童，汇集爱心资金50多万元；继续实施“水印计划”“春蕾助学”“育娃娃”“知心屋”等公益慈善项目，让更多的关爱惠及广大儿童，留守儿童的“知心屋”项目获评省妇联先进单位。创新方法将亲子心理游园会送到学校、社区和妇女儿童之家，吸引6000余名父母和孩子参与。承接国务院妇儿工委办和联合国儿基会项目，建设10个村（社区）特色儿童之家，成功打造杨花村“不让一个孩子掉队”、占佳社区“四点钟课堂”等品牌项目，得到各级领导和专家的高度肯定。11月23日，全省城乡社区儿童之家现场推进会在浏阳举办，浏阳市作典型经验介绍。

【基层组织建设】 出台《浏阳市妇联改革方案》，优化专兼挂组织结构。调整机关内设机构，强化基层组织、家庭文明、舆论宣传等职能。指导基层妇联改革，年内，全市“会改联”全部完成，新增执委4800多名，兼职副主席980多名，改变妇联组织“倒金字塔”的状况，基层妇联工作力量发展壮大。完成区域化妇建改革工作，全市形成党群共建共享工作模式。精准指导沙市镇打造出“三多”区域化妇建改革经验模式，得到省市妇联的高度赞誉。持续开展“示范妇女儿童之家”创建活动，11家获评省市“示范妇女儿童之家”。在社会组织、工业园区、专业市场以及商圈楼宇等新兴领域新建妇女组织167个。加大妇联干部培训力度，组织培训3批次870人次。

【女性创业企业参与精准扶贫】 年初市妇联领导班子带队对全市女性创业企业全方面走访调研，了解掌握全市女性创业发展情况，以及各企业在示范带动和帮扶贫困妇女、参与精准扶贫中作用的发挥情况，鼓励和引导她们勇挑社会责任，积极参与到精准扶贫和乡村振兴活动中来。鼓励贫困妇女自立自强抓住机遇，实现自我发展。2018 年，浏阳 1 家女性企业获评“湖南省巾帼脱贫示范基地”，3 人获省“魔豆妈妈”称号，10 家企业获评浏阳市脱贫“帮扶之星”。

【贫困妇女脱贫技能培训】 积极为提升妇女自我发展能力搭建平台，推荐 10 名最美创业女性代表参加北京农家女培训，40 人参加省市主题培训。举办女性创业培训 4 期，400 余人参与。举办精准扶贫巾帼家政培训班 2 期，引导贫困妇女技能脱贫。组织精准扶贫政策专题讲座，引导女性企业做实精准扶贫工作。开展巾帼扶贫促发展·乡村振兴“她力量”主题活动，通过优秀创业女性在精准扶贫、乡村振兴中的经验分享，引导和激励更多的妇女姐妹互助互惠，共同发展，在精准扶贫中贡献“她力量”。

【精准扶贫平台建设】 为帮助巾帼扶贫带头人拓宽销售渠道，市妇联积极对接阿里巴巴 1688 电商湖南平台和浏通天下电商平台，争取最优的服务政策，帮助巾帼扶贫带头人借助平台做强做大，2018 年，16 家成功实现线上产品销售，带动帮扶 300 余户贫困家庭。组织 6 家巾帼扶贫带头人的农产品合作社参加省市农业博览会，签订 130 多张意向订单，每月将增加近百万元销售额。按季开展“巾帼脱贫行动”放心农产品进社区活动，帮助巾帼扶贫带头人打通销售最后一公里，30 余家农场、合作社参加，年销售额达 80 万元。

【王卫国到浏阳督导儿童之家建设情况】 1 月 18 日，国务院妇儿工委办常务副主任王卫国一行到浏阳督导“湖南省儿童工作资源中心”项目儿童之家建设情况，实地查看省儿童工作资源中心项目点——关口街道占佳社区儿童之家、大瑶镇杨花村儿童之家，并召开浏阳实施省级儿童工作资源中心项目汇报会，会议由省妇联副主席卢妹香主持，长沙市妇联副主席石莉波汇报长沙市儿童之家建设情况，浏阳市人民政府副市长邓雪琴就妇儿工委工作进行汇报，北盛镇亚洲湖村、关口街道金湖村分别介绍儿童之家项目实施情况。王卫国高度肯定浏阳妇女参政议政、妇女儿童健康保障等工作，同时希望浏阳继续立足实际，强化政府主体责任，一手抓覆盖一手抓提高，确保工作的平衡发展，确保儿童之家建设创优升级，真正做到利童、利家、利村。长沙市人民政府妇儿工委副主任、市妇联主席文方、浏阳市人民政府副市长邓雪琴陪同考察。

【浏阳市“知心屋”项目再获湖南省农村留守儿童心理健康辅导中心项目“先进集体”荣誉】 浏阳市妇联以湖南省妇女儿童发展基金会“知心屋”项目建设为契机，在龙伏镇泮春初级中学建立浏阳市首个心理健康辅导中心“知心屋”，旨在关爱留守儿童心理健康，通过阵地建设，专业培训，聘请社会心理工作者开展社会服务、培养当地专业服务队伍，开展深度调研等举措，为孩子们打造缓解心理压力的温暖之家。浏阳市妇联与承接社会心理工作者的浏阳市心理学研究会一起从学校、社会、老师、学生、家长五个层面积极探索一条服务于农村留守儿童心理健康的有效路径。5 月 23 日，在第三届湖南省农村留守儿童心理健康辅导中心项目总结推动会上，浏阳市首个心理健康辅导中心“知心屋”社会心理工作者——浏阳市心理学研究会，获得由湖南省妇女儿童发展基金会办公室颁发的湖南省农村留守儿童心理健康辅导中心项目“先进集体”荣誉。这是继 2016 年浏阳市妇联获评湖南省农村留守儿童心理健康辅导中心项目先进集体后，浏阳“知心屋”项目再次获得高度认可。

【张立一行到浏阳调研基层妇女参政议政工作】 5 月 29 日，国务院妇儿工委办副主任张立一行 4 人组成的调研组到浏阳，就基层妇女参政议政工作进行调研，省妇联副主席卢妹香、省政府妇儿工委办专职副主任尹素云陪同调研。上午，在浏阳市政府四楼会议室召开调研座谈会，会议由长沙市政府妇儿工委副主任、市妇联主席文方主持，会议由浏阳市人民政府副市长邓雪琴汇报浏阳市妇女参政议政工作情况，长沙市政府妇儿工委办公室主任、市妇联副主席石莉波汇报长沙市妇女参政议政工作情况。长沙市民政局、浏阳市委组织部、浏阳市民政局等单位及浏阳市集里街道宏源村、新南桥村党支部书记先后发言，就妇女参与基层管理发挥的作用、存在的困难和问题等畅所欲言。张立充分肯定湖南省长沙市与浏阳市妇女参政议政工作，认为民主政治意识强，妇女为经济社会发展做出重要贡献。下午，张立一行先后走访浏阳市义工联合会和永和镇永福村，实地考察妇女参与基层民主管理的成效。

【开展庆祝“六一”国际儿童节暨“智慧爱.幸福家”我家的最美故事展示活动】 为庆祝“六一”国际儿童节，深入贯彻落实习近平总书记关于“重视家庭建设，注重家庭、注重家教、注重家风”的重要指示，培育和践行社会主义核心价值观，深化家庭道德建设，树立家庭文明新风尚，倡树文明、和谐、幸福家风，用优良家风滋养孩子健康茁壮成长。5 月 31 日下午，浏阳市妇联与文明办开展庆祝“六一”国际儿童节暨浏阳市“智慧爱.幸福家”我家的最美故事展示活动。浏阳市人民政府副市长邓雪琴出席并讲话。浏阳市妇联副主席刘艳对此次活动进行情况介绍。邓雪琴为儿童代表送上节日的礼物。2018 年，通过群众自荐他荐和组织推荐相结合的方式深入寻找挖掘“最美家庭”，全市涌现了一大批在夫妻和睦、孝老爱亲、教子有方、清正廉洁、邻里互助、热心公益、移风易俗新风尚等方面事迹突出的家庭。活动现场表彰 50 户浏阳市“最美家庭”。

【四个街道成立楼宇商圈妇女联合会】 为进一步推进妇联改革区域化妇建工作，增强基层妇联组织的凝聚力和战斗力，发挥妇联组织的桥梁纽带作用，促进妇联组织的层次化与多元化，浏阳市各街道妇联，

5月31日下午，市妇联开展庆祝“六一”国际儿童节暨浏阳市“智慧爱.幸福家”我家的最美故事展示活动　　（戴四辉　提供）

积极探索、大胆创新，顺应妇女所需，4个街道均成立楼宇商圈妇女联合会。10月19日，关口街道商会大厦楼宇妇联成立。10月26日，荷花街道智慧浏阳河商圈妇联成立。10月30日上午，集里街道君悦商圈妇联成立。10月30日下午，淮川街道才常广场商圈妇联成立。让妇联组织深入到楼宇商圈的神经末梢，不仅为妇联与企业、企业与女性职工之间搭起“一座桥”，让企业主动关心、服务女性职工，也为楼宇商圈中的妇女施展才华搭建平台，共同推动商圈发展、凝聚商圈巾帼力量。

【召开学习贯彻中国妇女第十二次代表大会精神会议暨2018年基层妇联干部培训班】 10月31日，浏阳市妇联召开学习贯彻中国妇女十二大会议精神会议暨基层妇联干部能力提升培训班。全市2个园区、32个乡镇（街道）、村妇联干部300余人参加培训。长沙市妇联党组成员、副主席周小春为大家应邀到会解读中国妇女第十二次全国代表大会精神，并作妇联工作实务培训。讲授《阳光心态，幸福女人》心理健康知识、《职场礼仪素养》。此次培训增强基层妇联干部们服务大局、服务基层和服务妇女的责任感和使命感，提升大家干事创业的能力水平，为今后全面推进妇联改革区域化妇建工作、夯实基层妇联组织建设奠定基础。

【3万名农村适龄妇女免费享受“两癌”检查】 2018年，浏阳市全面推进湖南省重点民生实事项目——农村适龄妇女“两癌”免费检查项目，浏阳市35~64岁的农村适龄妇女目标检查任务数为24000人，浏阳市完成农村适龄妇女“两癌”免费检查30000人，任务完成率为125%，超额完成项目任务。通过项目的实施，有效提升妇女“两癌”防治知晓率，2018年，市妇联获得由湖南省妇联、湖南省卫健委、湖南省财政厅联合授予的“全省‘两癌’免费检查重点民生实事项目先进集体”荣誉称号。

（戴四辉）

青年工作

【概况】 浏阳市现有青少年39.8万人，共青团员6.3万人，各级团组织1727个，其中乡镇团委28个，街道团（工）委4个，村（社区）团组织322个，市直机关单位团青组织70个，“两新”团组织145个。共青团浏阳市委下设青年联合会，共有青联委员122名。主管浏阳市志愿者联合会、浏阳市义工联合会、浏阳市紧急救援协会、浏阳市青年创业者协会、浏阳市爱心助学行动协会、浏阳万众学雷锋志愿服务大队、浏阳市青年电子商务创业协会、浏阳市畅心心理公益服务中心、浏阳市蓝色天使爱心协会、浏阳市农村青年致富带头人协会等青年社会组织。

【青少年思想引领】 以习近平新时代中国特色社会主义思想为统领，围绕学习宣传贯彻十九大精神和团的十八大精神，深入实施浏阳共青团“青年大学习”行动。编印下发《共青团十八大学习资料汇编》，组织“悦读尚学　书香浏阳”等主题活动300余场次；深入实施“向日葵”青少年思想引领计划，邀请“向日葵女孩”何平进校园宣讲30余场次。开展主题实践教育，五四举行“‘奋斗新征程　建功新时代’—与青年代表面对面”活动，中共长沙市委常委、浏阳市委书记黎春秋出席并寄语青年做无愧于新时代的奋斗者；在全市开展“党委书记与青年代表面对面”座谈交流30余场次；在学生团员中广泛开展“红旗飘飘　引我成长”“彩虹人生——奋斗的青春最美丽”“起航青春　放飞梦想”中学生规范化成人仪式等主题教育实践活动1100余场次。强化青少年典型推树，举办长沙市农村青年人才“领头雁”宣讲活动。浏阳共青团微信公众号设立“新时代　新青年”专题版块，宣传推介青年创客、青年致富带头人、行业青年模范等优秀青年典型20余人次。推介青年参与“中国青年好网民”“长沙市青年岗位能手”等评选和展示30余人次。

【共青团机构改革】 通过座谈研讨、调研走访等形式，征求意见62条，论证修改13轮次，6月底《共青团浏阳市委改革实施方案》出台。积极推动改革举措落实落地，截至2018年底，落实团市委机关班子“一挂三兼”和按照不低于30%的比例配备挂兼职团干部要求；增设一个专职班子成员领导职数和一个二级事业机构并相应增加3个全额事业编制；按照分值不少于总分值2%，把团建考核纳入基层党建考核；落实基层团、队干部培训经费纳入年度市级财政预算予以保障等内容。指导推动基层团组织改革，全市32个乡镇（街道）通过换届全部实现团（工）委书记由同级党政班子成员兼任，各基层团组织平均班子成员人数为13人，涉及企事业单位优秀青年干部、农村青年致富带头人、青年志愿者、“两新”组织青年骨干等各领域，基层团组织“年轻化、高学历、能干事”的良好局面基本形成，共青团湖南省委专题推介浏阳基层团组织换届工作经验。

【助力党政大局工作】 组织青年建功立业，以“新时代 新青年”为主题，组织青少年开展“溯源浏阳河青春志愿行”、助力河长制，打赢蓝天碧水保卫战等活动40余场次；实施“青春建功产业链”行动，开展一线青年产业工人岗位建功事迹分享；暑期组织近200名大学生走进浏阳涉农企业和村（社区）开展社会实践；联合市旅游局开展“发现浏阳之美 我为旅游代言”抖音短视频大赛，团结带领广大青年投身全市中心工作。深化青年志愿服务，组织青年志愿者服务浏阳市“两会”、项目观摩等重大节会活动10余次；开展“青春志愿行 温暖回家路”“3·5”学雷锋“公益联动 为爱行走”等志愿服务活动100余场次；组织青年志愿者助力产业扶贫获长沙晚报报道；推荐申报主管的青年社会组织浏阳万众学雷锋志愿服务大队获评湖南省第三届公益创投大赛铜奖，浏阳义工联获评第五届“长沙慈善奖”最具影响力公益慈善组织。促进青年创新创业，实施长沙农村青年人才“领头雁”“助力乡村振兴 放飞青春梦想”三年行动计划；举办“青春兴浏‘阳’帆起航”浏阳市返乡青年创业就业交流会；联合统战部门成立湖南首家“继创者联盟”；开展湘赣边青年创业交流培训、跨境电商峰会等12场次；推荐一名创业青年参加团中央“创青春”中国青年创新创业大赛获全国赛优胜奖。

【服务青年工作】 积极联系芒果TV“青e工程”精准扶贫建设项目落户大瑶镇农村青年之家，并经湖南卫视新闻联播报道；通过希望工程“圆梦行动”“爱心捐赠零花钱”等项目募集80余万元资金帮扶贫困学子；开展困境儿童援助项目获评长沙市最具影响力公益慈善项目；深化开展“一乡一课”青少年主题宣教项目，邀请专家送课下乡32堂，开展“五防”儿童安全教育、青少年法治宣传、禁毒、防艾、反邪教等宣传教育活动100余场次；撰写扶持引导青年志愿组织健康有序发展的调研报告获评团中央“2018年‘面对面’主题活动”优秀调研报告，为湖南省唯一获奖单位。

【团组织建设】 全面推进“智慧团建”，团组织、团干、团员信息录入全部达到100%；新建楼宇商圈团组织4个，“两新”团组织20个；全年推优入党170人，严格落实发展团员调控等工作；广泛开展标准化示范性基层团组织建设，举办团建“1+1”工作成效暨“两红两优”展评会；新建“青年之家”30家，实现乡镇（街道）全覆盖，其中，浏阳市汉唐艺术公社“青年之家”获评团中央2018年“青年之家”主题活动季优秀项目。积极开展“走进青年、转变作风、改进工作”大宣传大调研活动；组织青年团干赴天心区“心中的梁家河”实践教育基地集中学习，组织团员青年开展《青年马克思》集中观影、“诵廉洁家风 树青年形象”等活动，团内作风得到进一步转变。

【举办返乡青年创业就业交流会】

2月12日，共青团浏阳市委举办“青春兴浏，阳帆起航”——浏阳市返乡青年创业就业交流会，相关部门领导，浏阳籍返乡青年创业者、应届大学毕业生，青年农村致富带头人及相关行业青年代表120余人参加活动。活动现场，浏阳市农业局、商务局、人社局等单位围绕实施乡村振兴战略、浏阳人才新政进行政策解读。回浏成功创业的青年代表结合各自的创业经历、行业发展先后分享创业故事，还围绕现代农村“双创”、农产品品牌培育、农业绿色发展等内容进行讨论。与会的青年代表通过听取政策解读，了解对乡村振兴战略和浏阳人才新政策，通过分享交流，进一步开阔眼界。

【《扶持引导青年志愿服务组织健康有序发展的调研报告》获团中央“面对面”活动主题调研和成果评选优秀报告】 2017年9月，团中央统一部署开展2018年“面对面”活动主题调研活动（“共青团与人大代表、政协委员面对面”活动，简称“面对面”活动），并由各省、市、县三级推荐报送优秀调研报告，其中区县级报送调研报告375篇。团中央权益部组织专家对各地推荐的调研报告进行评审，3月5日，团中央下发《关于2018年“面对面”活动主题调研和成果评选的情况通报》，其中区县级优秀报告20篇，由共青团浏阳市委调研撰写的《扶持引导青年志愿服务组织健康有序发展的调研报告》获评区县级优秀报告，成为湖南省唯一入选的优秀调研报告。

【共青团长沙市委到浏调研基层团组织建设】 4月17日，共青团长沙市委基层工作筹备部到浏阳调研基层团组织建设，了解农村创业创新情况。调研组先后到浏阳市天子湾种植专业合作社，听取合作社负责人就如何将农村休闲产业做新做大的工作汇报；到大瑶镇枫林村团支部，调研标准化基层团组织建设；到中和镇中民种植专业合作社和蕉溪乡耘龙种养专业合作社，调研合作社的生产销售模式商标品牌宣传、产品质量安全管理、生产联结合作、小农产品等工作。

【举办2018浏阳·湘赣百里毅行活动】 4月6日上午7点半，由浏阳市义工联承办，浏阳市文明办、共青团浏阳市委等8家单位指导，来自永州、萍乡、张家界、茶陵、醴陵的湘赣两省20多个市县区公益组织、社会团体、企业单位以及个人组成的近百支参赛队伍，共计1268名参赛选手参加的“2018浏阳·湘赣百里毅行活动”在官渡中心完小出发，行程经官渡、达浒两个乡镇，最后再回到起点，全程约50千米。下午6点半，百里毅行活动结束，1248人走完全程。本次毅行活动旨在为浏阳公益项目“天使不流泪”100名困境儿童筹集一年的助学善款。每位参加毅行的参赛者交50元的报名费用。截至活动结束，共筹得助学善款25000元。

【举办“奋斗新征程 建功新时代”—与青年面对面活动】 5月4日，纪念“五四”运动99周年到来之际，浏阳市举办“奋斗新征程 建功新时

2018 浏阳•湘赣百里毅行活动 （团市委办公室 供图）

代”——与青年面对面活动，中共长沙市委常委、浏阳市委书记黎春秋出席并讲话。本次活动由团市委组织，邀请产业一线工人、基层扶贫干部、青年教师、青年创客、青年志愿者等各行业各领域青年代表围绕奋斗主题提感想、谈经验、话发展。团市委简要介绍引领培育青年、助力浏阳发展工作情况，12 名青年代表结合自身奋斗历程进行分享发言。黎春秋寄语新时代青年，要锻造奋斗者的品格，要保持奋斗者的姿态，要展现奋斗者的作为，要在全面建设现代化浏阳的生动实践中，做无愧于新时代的奋斗者。五四期间，全市各级团青组织广泛组织开展“奋斗新征程　建功新时代”系列主题活动，通过组织技能竞赛、科普讲坛、文艺表演、集中学习，开展保护母亲河、关爱留守儿童、志愿服务活动等形式，共同纪念“五四”青年节，继承“五四”传统，弘扬“五四”精神。

【团省委调研浏阳破解基层团组织“四缺”问题】 5 月 17 日，团省委到浏阳开展破解基层团组织“四缺”问题调研座谈，团省委基层组织建设部部长邓资益、共青团湖南省团校校长朱雄君等参加调研。座谈会上，部分乡镇（街道）、村（社区）、机关事业单位、非公企业、学校等单位团组织负责人代表针对基层团组织缺编制、缺工作力量、缺活动场所、缺经费等“四缺”问题分别进行情况报告、谈经验做法，并提出针对性建议。邓资益对浏阳在开展基层团组织建设和破解“四缺”问题上的举措和做法给予充分肯定，表示此次调研座谈听取和收集问题和建议，为全省进一步加强基层团组织建设提供有益参考。

【芒果 TV 在浏阳首家“青青 e 家”启动】 5 月 30 日，由共青团湖南省委和省扶贫开发办公室指导的芒果 TV 助力“青 e 工程”精准扶贫建设启动仪式在浏阳市大瑶镇汉唐艺术公社举行，由此浏阳首家专为留守儿童打造的“青青 e 家”也将正式投入使用，主要为当地留守儿童及进城务工人员子女提供更多教育和成长方面的帮助。大瑶镇汉唐艺术公社为共青团浏阳市委指导打造的农村“青年之家”，是集长沙市团代表工作室、农家书屋、健身场所、志愿服务、书画创作、阅读交流等为一体的公益性、开放式的综合平台。

【举行 2018 年中学生规范化成人仪式】 6 月 9 日，浏阳市中学生规范化成人仪式在长郡•浏阳实验学校举行。此次活动由共青团浏阳市委、浏阳市教育局、浏阳市人民检察院指导开展，通过成人礼仪式教育，引导和帮助广大中学生牢固树立“四个意识”，增强“四个自信”，激发社会责任感和历史使命感。活动中，高三毕业学生、教师、家长代表分别发表感言，团市委、教育局、检察院及老师代表为年满 18 周岁的高三学生佩戴成人帽、赠送《中华人民共和国宪法》。青年检察官代表以责任与担当为主题，为全体毕业生上法治教育课。最后，全体学生一起穿过成人门，离开中学校园，启航青春，放飞梦想。

【团市委组织开展青少年禁毒知识抢答赛】 6 月 24 日晚，由共青团浏阳市委主办，浏阳市阳光社会工作服务中心、浏阳市义工联和浏阳市三联工业学校承办，以“无毒青春，健康生活”为主题的青少年禁毒知识抢答赛在浏阳市三联工业学校举行。抢答题目涉及毒品知识、毒品危害、毒品防范、禁毒法律法规、戒毒康复、毒情形势等知识内容。24 名参赛选手分为 8 个参赛小组，每组选手对所有题目进行抢答，最后评选出团体第一、第二名和第三名。赛后，由禁毒志愿者代表进行禁毒知识和禁毒法律法规宣讲。

5 月 11 日，团市委联合朝阳社区“青年之家”、畅心心理公益团队，走进朝阳社区，开展“小手牵大手　文明志愿行”垃圾分类知识宣传志愿服务活动 （团市委办公室 提供）

【长沙市大学生“助力乡村振兴　放飞青春梦想”暑期社会实践活动出发仪式在浏阳举行】 7月13日上午，由长沙市农业创业者联合会、共青团浏阳市委、浏阳市农业局、长沙商贸旅游职业技术学院团委、长沙职业技术学院团委主办，的长沙市大学生“助力乡村振兴　放飞青春梦想”暑期社会实践活动出发仪式在浏阳举行，近百名优秀青年大学生齐聚浏阳，将通过暑期社会实践，支援浏阳农村建设，助力浏阳乡村发展。活动现场，共青团浏阳市委与长沙商贸旅游职业技术学院、长沙职业技术学院签订长沙市大学生“助力乡村振兴　放飞青春梦想”暑期社会实践活动三年合作协议，双方将通过开展大学生助力乡村振兴暑期社会实践活动，打造青年学生素质教育和实践能力锻炼的有效平台，鼓励在校大学生深入浏阳农村开展助农帮企实践活动，助推浏阳农业、农村发展，助力浏阳乡村振兴。活动还举行授牌仪式，由长沙市农业创业者联合会向浏阳市荷花街道天子湾“青年之家”授予“长沙市大学生‘助力乡村振兴　放飞青春梦想’暑期社会实践基地”牌匾。

【浏阳市汉唐艺术公社“青年之家”入选共青团中央2018年全国“青年之家”优秀活动项目】 12月，全国“青年之家”主题活动季优秀项目征集活动结果揭晓。活动通过团中央官微、“青年之家”云平台和各省级团委广泛发布动员，由基层自荐、省级团委推报、团中央基层建设部组织评审，经团中央书记处审批实施，最终评选出351个优秀项目（共1069个子项目），浏阳市汉唐艺术公社“青年之家”成功入选。

（熊　奭）

红十字会

【概况】 市红十字会成立于1990年4月，2013年，按照浏编委发〔2013〕39号《关于进一步完善市红十字会管理体制的通知》规定：市红十字会不再在市卫生局挂靠，调整为单独设置的机构，列入群团组织序列管理。市红十字会主要职责为：积极履行《中华人民共和国红十字会法》赋予的各项职责，突出抓好备灾救灾、社会救助、应急救护知识培训、无偿献血、造血干细胞捐献、遗体器官（组织）捐献、国际人道法及红十字运动基础知识传播、志愿服务、红十字青少年工作等主要工作。2018年，内设办公室一个，核定全额拨款事业编制4名，参照公务员管理，在编在岗4人。

【救护工作】 积极推进应急救护培训普及。共举办应急救护知识培训62场，培训25898人；开展“5•8”“5•12”“6.14”世界急救日、造血干细胞捐献事迹巡讲等大型宣传活动15次，发放各类宣传资料30000余份。红十字“救”在身边暑期培训成为本市应急救护知识普及培训进社区的精品项目，得到广大家长和学生的一致好评。开展救护员培训班3期，共有156人获得救护员证，开展CPR+AED救护技能培训6期，共培训150人；参加长沙市红十字会组织的救护师资技能大赛，浏阳2位参赛选手均获得优胜奖。选派6名优秀志愿者参加省、市红十字会组织的师资培训班学习，4名优秀师资到北京参加总会组织的救护师资提高班学习。组织中小学生参与无偿献血、卫生宣传、文明劝导、烈士家属走访慰问等活动，提高青少年的奉献意识和志愿精神。组织救护师资到中小学校或培训机构开展应急救护知识普及培训。与浏阳市教育局联合印发《浏阳市中小学校应急救护培训2018—2020年工作规划》，确保到2020年年底实现每所学校有1个以上合格救护员；小学师生自救互救知识普及率达到50%，中学师生应急救护知识普及率达到100%。

【救助工作】 筹集资源提升人道救助能力，实施“小天使基金”项目救助白血病患儿、实施“友阿基金”项目救助贫困群众和脑瘫儿童、实施“博爱送万家”暖心项目为困难家庭送温暖、开展重要节点的人道走访慰问，全年共筹集120万元救助资金和物资。“5•8”世界红十字日，走访慰问2个器官捐献者家庭、1个角膜捐献者家庭、1个造血干细胞捐献者。“6•14”世界献血者日，走访慰问102名献血贫困者。争取拓维信息系统股份有限公司义捐10万元，用于大瑶镇老桂新村、淳口镇黄荆小学扶贫助学和设施完善。

【三献工作】 完成无偿献血6250人次，超额完成全年任务。积极开展宣传工作，6月14日，在才常广场举办第15个世界献血者日宣传周启动仪式，表彰无偿献血杰出贡献者，慰问

9月19日，长沙市造血干细胞捐献巡讲宣传活动在浏阳集里街道举行

（市红十字会　供图）

7月5日，湖南省红十字会党组书记、常务副会长陈丹萍调研澄潭江镇荆坪村居家养老博爱家园（市红十字会 供图）

无偿献血贫困志愿者。年内，3名造血干细胞捐献者初步配型成功，2人通过高分辨检测完成捐献。9月份，组织大型造血干细胞捐献巡讲活动，与教育局联合发文，深入中小学校进行宣传。组织器官捐献者家属和志愿者参加"为爱续航·为生命接力"遗体和人体器官捐献者清明缅怀活动。与消信通合作，滚动播放遗体、器官（角膜）捐献、无偿献血公益视频，使宣传深入全市各医院、超市、宾馆、小区。2018年，共完成器官、遗体、角膜捐献14例，80人签订遗体器官捐献自愿书。

【志愿服务】指导红十字蓝天救援队建设提质提档，协调关口街道占佳社区为救援队提供办公室、会议室、装备仓库和活动场地，在房屋装修、硬件完善、设备采购、内务建设等方面加大投入力度。全年共组织培训、演习、溺水搜救等活动100余次；指导红十字志愿服务队规范建设，红十字志愿服务队完成登记注册，在健全机制、规范管理的同时，拓宽领域、优化服务，志愿服务队由原来单纯搞无偿献血宣传转变为无偿献血、器官（遗体）捐献、造血干细胞捐献、救护知识培训、居家养老服务、人道走访慰问等方面全面推进的新型志愿服务队。年内新增柏加、永安、澄潭江3个救援分队，共开展活动120余次。

【陈丹萍调研澄潭江镇荆坪村居家养老博爱家园项目】7月5日上午，省红十字会党组书记、常务副会长陈丹萍在长沙市红十字会党组书记、专职副会长唐俊杰、浏阳市人民政府副调研员罗永垂、浏阳市红十字会常务副会长马超容等人的陪同下，调研澄潭江镇荆坪村居家养老博爱家园项目。先后走访荆坪村居家养老服务中心的办公室、博爱超市、活动中心、卫生站、厨房、卧室及博爱广场，听取澄潭江镇人民政府副镇长曹剑章、荆坪村支村两委干部的情况介绍，并与活动中心下棋的老人、卫生站的医生交流。2016年浏阳完成建制村合并，荆坪村空置的村部被作为建立医、养结合的养老服务中心，村、支村两委发动村级红十字志愿服务队开展优质高效的养老服务，并按照博爱家园项目、健康产业发展的要求完善相关协议资料、健全管理机制、创新运营模式，确保项目持续运转、稳步发展。5月22日，湖南省"红十字博爱家园"项目启动观摩会在浏阳举行。会议由浏阳作典型发言。

（周建国）

法　　治

政法委及综治

【概况】 2018 年，全市政法战线在市委、市政府的正确领导下，坚持以习近平新时代中国特色社会主义思想为指导，牢牢把握“创平安、促发展、保稳定”工作主题，深入推进平安浏阳、法治浏阳、和谐浏阳以及过硬队伍建设，切实履行好维护社会大局稳定、促进社会公平正义、保障人民安居乐业的神圣使命，不断提高人民群众获得感、幸福感和安全感，为全面建设现代化浏阳营造安全稳定的社会环境、公正规范的法治环境和优质高效的服务环境。

社会大局和谐稳定。强化风险防控，注重预警、预防、预判，紧盯每个阶段、每个领域、每个节点，及时高效化解矛盾纠纷 8221 起，依法稳妥处置群体性、突发性事件，圆满完成各类安保维稳工作。创新推出“三联三保”制度，积极开展民情大走访、“把话筒交给群众”等系列活动，大力推进阳光信访、责任信访、法治信访，连续 8 年保持特护期进京非访“零登记”。扎实推进反邪教工作，连续 19 年实现“三零”指标。

平安建设成果丰硕。持续深化“雪亮工程”和“红袖章 +”平安工程，全面实施一村一辅警、平安三十佳创建，立体化治安防控网络进一步织密。深入开展“集打斗争”“三打击一整治”、交通安全、消防安全、麻将馆治理等专项行动，全市刑事发案、命案发案、安全责任事故同比分别下降 14.2%、42.9%、33.3%，综治民调和“平安指数”名列长沙市前茅。加强社会治理能力建设，创新“五个一”“N+”治理等模式，基层治理创新活力不断迸发。

扫黑除恶初战告捷。构建全方位、立体化宣传体系，通过电视广播、网站报刊、微信微博、横幅标语等多种形式，掀起了新一轮扫黑除恶专项斗争的强大攻势。坚持专题研究、专案攻坚，共破获涉黑涉恶案件 102 起，破案率 84.3%，刑事拘留 252 人，逮捕 172 人，移送起诉 267 人，打掉黑恶犯罪团伙 9 个(省公安厅已认定 5 个)，打击成效获省市高度认可，经验做法被省公安厅专刊推介。

护航发展成效明显。高举法治利剑，高扬服务精神，主动聚焦“三大攻坚战”和高质量发展，以“服务经济月”“千人帮千企”活动为载体，全力护航经济社会发展。法院、检察院扎实开展“送法进企”和“服务实业”行动，为 200 余家企业量身定制长效法律服务；公安局、森林公安局围绕重点工程、重点项目开展“利剑行动”，查处经济案件 327 起，打击处理 433 人。

队伍形象不断提升。立足政治建警，组织学习中共十九大精神和习近平新时代中国特色社会主义思想 60 多场次，开展各类培训 50 期 2200 人次，政法队伍“四个意识”不断强化。坚持党建引领，深入实施“1228”党建工程和党支部“五化”建设，扎实开展“五聚”(聚焦、聚神、聚力、聚责、聚势)专题警示教育活动，政法队伍拒腐防线不断筑牢。全面从严治警，开展集体廉政谈话 6 次，纪律作风督查 100 多次，政法队伍形象持续好转。

【扫黑除恶】 按照中央、省、市开展扫黑除恶专项斗争的总体部署，坚持“有黑扫黑、有恶除恶、有乱治乱”，全市各级各部门按照“四个一”(一份公告、一个举报信箱、一个举报电话、一次集中宣传)工作措施，以报刊、新闻、微信、微博等为宣传载体，广泛发动、浓厚氛围、深入摸排、精准打击，强力推进扫黑除恶专项斗争，摸排涉恶线索 150 余条，对重点线索开展专案攻坚，先后侦破“8·20”寻衅滋事案、“9·06”恶势力团伙案、“1·26”开设赌场案等一批影响重大的案件，抓获 11 类涉恶违法犯罪嫌疑人 213 名，其中刑事拘留 118 人、行政拘留 95 人，打掉涉恶团伙 19 个，有效净化社会风气，人民群众安全感不断提升。

【平安创建】 深化省市“十大平安”创建内容，推荐 9 个单位积极参与长沙市“平安单位”“平安医院”“平安物业”“平安企业”评选。创新开展浏阳市“三十佳”(十佳平安村〈社区〉、十佳平安小区、十佳平安屋场)平安创建活动，加大表彰力度，充分调动各单位平安创建的积极性。针对民调“平安创建”知晓率不高的情况，重点推进“平安家庭”创建活动，各级各部门按照宣传发动、申报推荐、审核评定、表彰授牌的程序，评选表彰乡镇级“平安家庭示范户”23800 余户、市级“平安家庭示范户”345 户，人民群众参与平安创建的情绪高涨，平安创建的知晓率和参与率得到显著提升。加大见义勇为评选表彰、帮扶救助等工作，4 人获评长沙市级、12 人获评浏阳市级见义勇为先进个人。重点开展平安边界创建，澄潭江、小河、官桥等乡镇不断深化湘赣边区域综治维稳联动联防协作，与相邻省市乡镇在治安巡防、矛盾化解、警务协作方面取得新突破。进一步推进治安保险工作，集里街道、淮川街道参保率均超过35%以上，全市赔付率60.12%，群众从保险中普遍受惠，社会治安保险的覆盖面和参与率得到有效提升。继续做好联乡创点工作，共有70个长沙市及浏阳市市直单位联点帮扶乡镇（街道），基层平安创建的活力进一步激发。

【维稳工作】 坚持依法处置、舆论引导、社会面管控"三同步"原则，高效处置各类群体性、突发性事件，成功化解退役军人规模聚集、联动声援和越级非访活动60多起。实行重大节庆、重要安保"一事一案""一事一议"制度，圆满完成全国"两会"、中央领导到浏阳考察、国庆、"9•30"、"10•2"国际焰火大会、谭嗣同殉难120周年等数10次重大活动、敏感时段安保维稳和社会稳控工作，实现"五个不发生"目标。

【重点打击违法犯罪】 针对人民群众反映强烈的突出治安问题和各类违法犯罪，始终保持高压整治态势。集中开展打击"盗抢骗""黄赌毒"等系列专项行动，刑事发案同比下降11%，破获刑事案件1383起，破案率44.2%，刑事拘留1436人，逮捕直诉1583人，行政拘留2971人，打掉侵财犯罪团伙46个，省"平安指数"110刑事治安警情、"八类"暴力犯罪、"三类"侵财犯罪指标得分得到了有效提升。先后侦破"1•28"贩卖毒品案、省督"2018-31"毒品目标管理案件，成功斩断两条跨省贩运毒品通道，维护社会的平安稳定。不断巩固麻将馆治理成效，严防临街门面麻将馆反弹，进一步规范了麻将馆等棋牌娱乐场所管理，减少治安乱源。

【矛盾纠纷化解】 实行"三调联动""多调对接"，开展"多元机制化矛盾，防控风险促发展"专项调解活动，依托道路交通、物业、医疗、婚姻家庭四大专业矛盾纠纷调处中心，共调解矛盾纠纷8211起，成功率97.2%，集中化解一批影响经济发展、改革推进及民生民利的重大矛盾纠纷和积案。坚持领导干部公开接访制度，市、乡两级领导公开接访2110批6459人次，信访渠道进一步畅通；集中力量开展重点领域、重点问题、重点群体、重点人员"四大攻坚"活动，积极落实"五个一""一日三见"等举措，高标准、严要求办理中央巡视组交办的8批127件信访件。

【综治基层基础工作】 持续深化"红袖章"工程，开展常态化民警、武警联勤武装巡逻，坚持机关民警夜巡工作，科学整合专职、义务巡防队员和党员干部、环卫工人、出租车司机、门店业主等平安志愿者共10万余人参与群防群治，构建专业队伍控面、义务队伍巡线、志愿者队伍守点的巡防大格局。同时，推行街店联防、十户联防、邻里守望等新模式，推出"互联网+治安巡防""五全大巡防""边界联巡""公交巡防"等举措，街面见巡率、警情处置率、现场抓获率和群众满意率大幅提升。

【重点人群服务管理】 加强特殊人群服务管理，健全完善政府、社会、家庭三位一体的关怀帮扶体系，全市557名社区矫正对象无一人脱管漏管和重新犯罪。重点做好精神障碍患者服务管理工作，连续两年为全市在册重性精神障碍患者（3028人）购买监护人责任险，实施严重精神障碍患者监护奖励政策，有效提升全市精神障碍患者监护人的监管积极性。做好预防青少年违法犯罪工作，不断加强青少年法治教育，全面启动2018年"一乡一课"青少年安全宣教活动，32个乡镇（街道）全部组织授课到位；继续推进儿童"五防"安全教育，在21所学校送课60余节。开展法治进校园、法治进社区等各类宣传活动30余次，为青少年的健康成长营造良好的社会环境。

【综治中心建设】 根据中央、省、市加快推进综治中心建设总体要求，召开专题部署会统筹推进市、乡、村三级综治中心的规范化建设，乡镇（街道）、村（社区）两级综治中心建成率分别达到97%、92%以上，建成市级综治中心，30个乡镇（街道）按国标完成建设任务，全市322个村（社区）综治中心均已挂牌，基础设施正积极推进中，努力实现各级综治中心的一体化建设、实体化运作、智能化支撑、实战化运行，进一步实现综治中心的各级联通。

【专项整治工作】 抓实护路护线联防，不断健全"1356"工作模式（即一个平台、三支队伍、五本台账、六联机制），加强各类涉路涉线安全隐患排查，2018年共排查化解隐患300余起，确保全市路网管线的安全平稳。升级"六微"机制，实行"有事报情况、无事报平安、日常报巡查"制度，不断压实沪昆高铁护路联防责任，镇头、柏加、官桥镇铁路护路微信群获评省二季度护路微信"运用六十佳"平台；充实联防力量，形成专业队伍巡线、义务队伍守点、公安机关控面的联防联控工作大格局，排查消除重大安全隐患10余起，其中4起获评乡镇街护路微信二十佳纪录，2起获评省铁护办"一事一奖"，确保高铁安全运行。抓好校园及周边治安综合治理，深入推进"平安校园"创建活动，不断提升学校平安意识，2018年共计培育48所长沙市平安校园、6所长沙市安全文明校园。各职能部门共开展全市性校园周边集中整治行动15次，每季度组织对乡镇（街道）校车交通安全督查，为学生上下学乘车安全营造了安全稳定的环境。抓细"两新组织"工作，成立市同心社会组织服务中心，做好公益组织孵化培育、社会扶贫公益平台和慈善组织认定工作，2018年由市委统战部和市民政局牵头打造以社会公益组织为主题、多部门共同参与的跨界合作平台——"浏阳和•公益同心汇"，不断发挥社会组织在平安创建中的积极作用。抓紧寄递物流安全管理，对全市28家寄递物流企业安全管理工作进行专项督查，共整改安全隐患223处，责令整改企业5家，促进寄递渠道安全管理规范化。

【集中开展案件质量评查】 全年度集中评查案件共150件，其中法院50件、检察院30件、公安30件、司法局20件、森林公安20件，从其中评定10件优秀案件，其他为合格案件。

3月1日，市委政法工作暨全市扫黑除恶专项斗争会议在机关会议中心召开

（政法委办公室　供图）

为更好开展案件集中评查，组织8名执法监督专员，对选取的案件展开详细的阅卷和认真讨论。将案件评查情况形成书面通报，对发现的问题或瑕疵，责成有关单位及时作出整改。通过开展案件集中评查，有效纠正一些办案陋习，规范办案行为，切实提高案件整体质量。

【市委政法工作暨全市扫黑除恶专项斗争会议】 3月1日，市委政法工作暨全市扫黑除恶专项斗争会议在机关会议中心召开。各乡镇街道、园区综治维稳和信访工作分管负责人、综治办主任；市直各单位、省市驻浏各单位分管负责人；政法委、法院、检察院、公安局、信访局、司法局、森林公安局班子成员，政法各单位有关科、所、庭、室、队主要负责人；消防大队、武警中队主官；政法系统执法监督专员，市维稳协会正、副会长等300多人参加会议。会议总结2017年政法工作，科学研判当前形势，对2018年政法工作特别是扫黑除恶专项斗争进行部署。市领导戴武明、陈清、沈学军、谢鹤林、李波、陈芳出席会议。

（李碧文）

法治政府建设

【概况】 2018年共审查各类文件480余件，共审理各类行政复议案件36起，不予受理8起，其中撤销3起，维持22起，通过调解后终止审理结案3起，行政复议案件纠错率达16.7%。出庭应诉32次，完成领导交办事项90余起，协调执法矛盾15起，指导部门应诉46起；直接参加招商引资洽谈8起，共审查招标文件、合同362份，修改93份。共接待群众来信来访、咨询答疑390多人。

【法律服务】 参与政府招商引资决策的可行性论证，为招商项目提出法律意见书42件。参与浏阳市城市道路临时停车泊位及公共停车场实施收费管理、椒花水利枢纽工程建设征地移民安置规划等政府重大决策听证会4次，参与全市招商引资项目联审会12次。参加调研、协调、征求意见等各类工作会议330余次。

【法制宣传教育与规范性文件管理】

组织市政府班子集中学习宪法，参与“12·4”国家宪法日和宪法宣传月活动。赴环保局、住保局等单位进行与规范执法行政执法程序有关内容的授课。共组织809名行政执法人员参与执法资格考试。审查备案政府规范性文件16个，部门规范性文件14个，报备率100%。全面完成规范性文件清理工作，废止26个，宣布失效28个，确认继续有效79个，重新公布44个。

【执法监督】 加强执法监督，确保执法质量。完善对各乡镇、街道、园区、市直单位依法行政考核细则，对考核对象、考核评价项目、考核内容、分值设置、考核标准等内容做出详尽的规定。组织市直行政执法单位进行2018年度案卷评查工作。参与“最多跑一次”改革各部门权力清单梳理工作；对行政许可、行政处罚、行政强制等7类行政职权的调整进行预审。针对大瑶镇在开展相对集中行政处罚权试点工作中出现的问题，集中授课指导。出台《关于加强行政应诉和行政复议答复工作的通知》，明确案件承办单位，理顺案件办理流程。

（何生军）

公　安

【概况】 2018年，在浏阳市委、市政府和长沙市公安局坚强领导下，在浏阳市人大、市政协监督支持下，浏阳公安紧扣“公安工作走向全省全国前列”目标，扎实开展政治建警，全面推进公安工作，取得较好成绩。社会治安呈现出“两降两升”的良好态势（刑事发案、命案发案分别同比下降14.2%、42.9%，现行刑事案件破案率、逮捕直诉人数分别同比上升16.8%、21.8%），连续实现特护期进京非访“零登记”，连续四年全省公安机关民意调查排名长沙前列。获评浏阳市先进基层党组织，执法规范化建设、道路交通安全管理工作经验在全省推广。2018年，森林公安局执法质量考评全省优秀单位，被省森林公安局记集体三等功并嘉奖一次，森林防火工作在长沙市政府森林防火工作会议上作典型推介，组织拍摄的微电影《七百志愿者》获国家森防指组织的全国首届公益微视频大赛二等奖。

【维稳保安】 以“四个绝对不能发生”为目标，充分发扬十九大安保维稳经验做法，实行最高等级勤务，全力以赴开展“双百会战”，全面落实“大巡防、大管控、大整治”，打赢全国“两会”、上合组织青岛峰会等系列重大安保硬仗。全年排查管控重点人员13529人、重点场所部位125个，整改隐患43处；组织3200余名巡逻力量、53辆巡逻车开展巡逻防控，对3个一级值守点开展武装值守，对11个重点

1月10日，公安局在市步行街开展“公安110，守护新时代美好生活”110宣传活动

（市公安局 供图）

部位执勤点开展常态巡逻；对37名有暴力倾向、扬言报复社会等重点人员落实“包保”责任制和“五包一”（包对象、包宣教、包思想、包尿检、包建档，实行一帮一、多帮一”的帮教管理工作）管控；排查矛盾纠纷108起，化解79起，刑事拘留违法涉访涉稳人员3人，行政拘留39人，劝返进京访87批200余人次，成功化解79对越退伍军人进京集访等不稳定因素，连续实现各特护期进京非访“零登记”。圆满完成“N1012”、纪念谭嗣同殉难120周年系列活动等重要警保卫任务80余场次，依法处置塔吊司机非法集会示威、部分谭氏族人非法集会等突发事件100余起，确保浏阳社会大局持续稳定。

【平安创建】 情报主导，合成作战，纵深推进扫黑除恶专项斗争，扎实开展“集打斗争”冬春攻势、夏秋攻势专项行动，始终保持严打整治高压态势。全年破获刑事案件1594起，查处行政案件4248起，刑事拘留1623人，行政拘留3446人，抓获逃犯172人，打掉侵财团伙55个，保持命案全破，成功侦破“9•06”黑社会性质组织案、“8•20”敲诈勒索案等有影响案件。铁腕整治“黄赌毒”，深入推进禁毒三年大行动，扎实开展扫黄扫赌禁毒专项行动，查破“黄赌毒”案件1259起，刑事拘留441人，行政拘留2025人，强制戒毒384人，社区戒毒298人，先后破获“8•22”组织卖淫案、“5•02”地下“六合彩”赌博案、“2018-603”部督毒品目标案件等重大案件。

【护航发展】 主动护航重点项目建设，保障蒙华铁路、金阳大道等重点工程顺利进行，破获刑事案件7起，刑事拘留18人，查处行政案件8起，行政拘留18人，化解涉企矛盾纠纷230起。有效打击经济犯罪，持续深入推进云端打击主战模式，积极侦办侵犯企业合法权益案件，破获刑事案件23起，刑事拘留43人，先后侦破“5•16”“1•13”等专案。积极创建国家食品安全示范城市，打好打赢蓝天碧水保卫战，全力保障食品药品安全和生态环境安全，破获食药环刑事案件21起，查处行政案件40起，刑事拘留31人，行政拘留40人，打掉犯罪团伙4个，有力维护浏阳良好生态环境。全面落实“放管服”工作要求，创新便民服务举措，成立东区、北区、南区道路交通事故快处快赔中心，设立“流动车管所”，深入乡镇办理摩托车上户和摩托车驾驶证；积极推广“96111”便民服务桥，推广用户20余万人；推动18个派出所户籍窗口入驻乡镇政务服务中心，梳理下放11项行政许可权限到经开区分局，建成启用经开区警务服务大厅，便捷服务园区及周边12个乡镇2000余家企业和68万群众，努力实现群众办事“最多跑一次”目标。

【公共安全】 围绕“一个严防、两个下降”目标，依托“路长制”和“两站两员”建设，全力开展道路交通安全综合整治，深入推进隐患排查治理，大力实施“戴帽工程”，深化“畅行安全路、幸福奔小康”宣传活动，现场查处交通违法56422起，排查治理交通安全隐患197处，发放安全头盔36000顶，交通事故总量和亡人数分别同比下降10.13%、16.1%。深化火灾防控工作，开展电气火灾、高层建筑等消防安全专项整治，整改火灾隐患8938处，下发责令整改通知书1454份、行政处罚决定书82份，责令“三停”36家，全年未发生亡人火灾事故。扎实推进危爆物品管控，督促557家烟花爆竹生产企业，158家易制爆物品生产、储存、经营单位落实治安防范措施，对1465名涉爆重点人员实施动态管控，破获涉爆刑事案件9起，查处涉爆行政案件164起，收缴烟花爆竹成品、半成品5068箱，黑火药、烟火药3259千克。

【警务改革】 指挥作战中心通过合成作战、一体打防，破获大案要案116起，破案作用率达71.8%。新闻舆情中心组织构建四级新媒体宣传网络，开展宣传报道642次，稳妥处置106条涉警舆情，浏阳公安微信公众号被评为“长沙市十大最具影响力政务微信公众号”，“警花说防范”抖音短视频被评为全国首届“四个一百”优秀政法新媒体。持续深化执法权力运行机制改革，坚持刑事案件“三统一”（统一审核、统一出口、统一接受工作机制）和执法办案积分管理制度，建成执法监管中心，升级改造局机关执法办案中心，开展刑事认罪认罚从宽制度试点，执法质量和执法公信力不断提高。激励全警立足岗位开展微改革微创新，研发应用“智能通信话单综合分析系统”，获全省公安机关第三届微改革微创新大赛银奖。

【队伍建设】 深化“1228”党建工程，认真开展“两学一做”、党性体检、党员主题日活动，不断强化组织建设；全面落实省厅“1+5”文件精神，大力实施政治建警系列工程，组织开展政治建警大讨论等“六大活动”，常态开展政治理论学习，引导全警牢固树立“四个意识”。狠抓从严治警，认真落实“二十个不准”和“参与经济活动十不准”，加强重点关注人员帮扶教育，制定《浏阳市公安局警务辅助人员管理办法（试行）》，依托“钉钉”警务平台、办案系统等常态开展督察，编发督察通报52期，通报批评、诫勉谈话、告诫约谈47人。做好暖心惠警工作，组织开展谈心谈话、走访慰问、廉洁家访活动，慰问112名家庭生活困难、因公受伤民警；维护民警合法权益，依法处理妨害公务、阻碍执法违法犯罪人员48人；解决民辅警待遇，争取市委、市政府支持，落实民警法定工作日之外加班补贴和值勤岗位津贴，配齐警务通、执法记录仪等必要装备，完成社港、古港、柏加、普迹等4个派出所搬迁新址工作，提质改造淮川、集里、荷花、关口、中和派出所；坚持正确用人导向，积极选树推介典型，2018年共提拔交流正副科职干部20名、中层干部33名，25个集体、306名民警受到记功、嘉奖和专项表彰奖励。

【黄关春调研浏阳政法综治维稳工作】 11月29日，省委常委、政法委书记黄关春率省委政法委委员罗永阳，省公安厅党委委员、副厅长谭和平等到浏阳调研视察政法综治维稳工作。黄关春一行先后到浏阳市经开区重点企业、浏阳君悦城市广场，公安局指挥作战中心、执法监管中心和市政务服务中心"市民之家"实地调研，在市委召开座谈会。黄关春对浏阳公安推动警务机制改革、加强社会治安防控给予充分肯定，并对集中攻坚年度任务、重点抓好专项工作、为民营企业生产经营提供良好的服务和保障提出明确要求。

【周赛保检查督导浏阳安保维稳百日会战工作】 9月30日，省公安厅党委副书记、副厅长周赛保赴浏阳检查督导安保维稳百日会战工作。周赛保一行实地查看浏阳市颐和隆集团隆顺烟花制造有限公司安保措施落实情况；督导古港镇沔江村交通安全劝导站、古港镇交通管理服务站建设情况，调研"两站两员"工作；督导关口派出所"三大举措"落实情况；了解执法监管中心、指挥作战中心等中心运行情况。随后，在浏阳市公安局召开工作汇报会，周赛保充分肯定浏阳公安在治安防控、信息化建设和队伍建设等方面取得的成绩，并要求：凝心聚力，营造百日会战浓厚氛围；突出重点，确保三大举措落地见效；坚持两手抓，在百日会战中检验队伍。

【部督"2018-603"贩卖毒品专案】

2018年6月，禁毒大队侦察发现一个以杨某辉、罗某柏为首，从缅甸购买毒品至浏阳、湘西等地贩卖的团伙。局党委高度重视，抽调指挥作战中心，禁毒、网安大队等单位警力成立专案组，综合运用走访调查、视频侦查、情报研判、技术手段等措施，查清该团伙的基本情况、层级结构、成员活动轨迹和违法犯罪事实。9月份，公安部将该案列为"2018-603"部督毒品目标案件。12月13日，专案组在贵州省盘州市和浏阳市枨冲镇，将团伙主要成员杨某辉、罗某柏、宋某桥抓获。2019年1月16日、17日专案组组织开展集中收网行动，抓获涉毒嫌疑人49名。该案共抓获62人，刑事拘留20人，行政拘留40人，强制隔离戒毒35人，缴获海洛因4.2千克，斩断一条从中缅边境至浏阳的贩毒通道。

11月29日，省委常委、政法委书记黄关春（前右）到浏阳调研视察政法综治维稳工作，实地调研公安局执法监管中心 （市公安局 供图）

【省督"9·06"专案】 2018年2月，在对近年来办理的故意伤害、寻衅滋事、聚众斗殴、非法拘禁等重点案件排查梳理中发现，大瑶镇陈强、王贤鹤等人有重大涉黑涉恶嫌疑，市公安局迅速从刑侦、网安、情报以及大瑶派出所抽调民警成立"9·06"专案组。经过一个多月的缜密侦查，在江西上栗、湖南长沙、浏阳等地一举抓获涉案成员26人，缴获仿六四手枪1把、来福枪1支、管制刀具14把，该案被省公安厅、检察院联合挂牌督办，陈强团伙被省公安厅认定为黑社会性质组织。

【"8·20"敲诈勒索专案】 2018年2月，浏阳市公安局在网络巡查中发现，有人利用互联网蓄意炒作敏感热点事件，以此向相关单位和个人实施敲诈勒索犯罪。浏阳市公安局迅速组织刑侦、情报、国保、网安等多个警种成立专案组开展联合作战。先后抓获犯罪嫌疑人林某亮、张某成等5人，破获网络敲诈勒索案件42起。经查，该5人相互串联，雇佣"网络水军"提高点击量，利用"浏阳麦芽论坛""浏阳论坛"等网络平台及注册的微信、微博，以发布帖文和文章相威胁，或发布负面报道并相互转帖形成网上舆情后，以删除报道为由，向涉事单位和个人索要"封口费"实施敲诈勒索。该案是湖南省办理的首例网络"水军"涉恶案。

（杨 思）

【森林执法】 全年共接、处警337起，调处矛盾纠纷100余起，查处森林案件308起，其中刑事案件77起，刑事拘留32人、抓获网上逃犯10

人、执行逮捕11人；公安行政案件8起，行政拘留4人；林业行政案件223起，林业行政处罚316人，为国家、集体和个人挽回经济损失630余万元。开展执法打击专项行动10次，其中“飓风1号”专项行动查处涉林案件71起，纠正非法占用林地15处，复绿林地2.9公顷；“绿剑2018”专项行动查处涉林案件34起，收缴猎枪4支。开展“清零”行动，全力配合全市“林业国检”和环保督察，共核查线索100余条，图斑80多幅，立案15起。开展绿心区保护专项执法行动，召开“绿心区”油茶采摘调度会，规范油茶采摘秩序，全年未发生因油茶采摘引起的矛盾纠纷和火灾案件；组织企业、挖机老板进行法制学习，与国土、林业部门开展联合执法，打造“平安绿心”。着力提升执法质量，追求执法政治效果、法律效果、社会效果的统一。实行执法办案数、质量双轨考核机制，定期开展执法质量情况分析；推行轻刑快办及刑事速裁机制，开展刑事案件认罪认罚从宽试点，落实案件办理主办人负责制，实施重要案件、重大行政决定集体讨论制度，全年召开案件讨论会18次，集体讨论案件46起。定期通报执法质量情况，全年发执法通报12期。推行“阳光警务”，聘请执法监督员20余名，网上公布处罚决定书230余份。

【森林公安警务改革】 深入推动警勤联动。建立东南西北四大片区，实现信息共享、联动配合、优势互补，全年各片区联动侦破各类刑案20余起。强化与行政公安、高速交警等警种间协作，凝聚工作合力。加强特勤中队建设。集中全局20余名优秀年轻民警成立特勤中队，强化理论学习、技能训练和合成作战训练，民警政治素质、业务水平、信息化侦查能力有效提升，快速侦破“郑特根非法狩猎案”“特大红豆杉盗伐案”等刑事案件20余起。实施科技强警战略。新增2台执法记录仪信息采集站，更新2台执法执勤车辆，实施公安网IP扩容，升级合成作战中心，融合公安信息网，大数据平台功能进一步拓展。

3月30日，国家森林防火指挥部调研员刘萌（前）到浏阳调研，察看“浏河源林火监测系统”运行情况

（市森林公安局　供图）

【森林防火】 深入贯彻《森林防火条例》，始终坚持“预防为主”防火方针，全年接处火警78起，均处置及时，无一成灾，创造了全年零火灾、清明零火警的历史最好成绩。加大宣传力度。充分利用电视、广播、报纸、网络新媒体等宣传载体，宣传森林防火，营造森林防火浓厚氛围。全年全市共出动宣传车1500余台次，鸣锣4000多人次，悬挂宣传标语1000余条，发放宣传资料30多万份，发送防火微信、短信50余万条。强化火源管控。全年全市累计森林防火值班备勤2500余人次，巡查4000多人次，林区道路设卡1300多处，检查车辆1700余台次，劝返劝导2000多人次，制止野外用火行为500多起，处理违法用火60多起，有效消除火灾隐患。

【森林消防微电影《七百志愿者》】

2008年浏阳市成立森林消防总队，总人数近700人，这是一支不拿报酬的义务森林消防队伍。他们甘于奉献、忠诚护林，十载春秋无私坚守，累计参与扑火200余次，出动人数10000余人次，为全市森林防火工作和生态文明建设做出突出贡献。市防火办以森林消防总队的真实故事为题材，拍摄微电影《七百志愿者》，参加国家森林防火指挥部组织的全国首届公益微视频大赛获二等奖，并入选全国百部优秀林业科普微视频作品，网上微信点击量超20万人次。

【召开湘粤赣（闽）边界护林联防会】

9月20日，湘粤赣（闽）边界护林联防第七联防区第四十次会议在浏阳市森林公安局召开，平江、修水、铜鼓三县分管林业工作领导和森林防火指挥部、林业局、森林公安局相关领导参加会议，浏阳市人民政府副市长王坤球、人大常委会副主任陈清、人民政府副调研员彭琮、市林业局和森林公安局班子成员出席会议。2017年至2018年浏阳是湘粤赣（闽）边界护林联防值班县（市），会议由浏阳市总结联防区两年来的工作成效，会议探索工作机制创新、研究存在的问题、并提出工作建议。会议举行值班交接仪式，下一届联防值班县由浏阳市转江西省铜鼓县。

【张坊两男子非法猎捕4只野生鹿子被刑拘】 11月，张坊镇林某和陈某在张坊镇茶林村附近山林挖冬笋时，发现野生鹿子的脚印。12月7日，两人利用自制猎套设置在发现鹿子踪迹的山林中猎捕鹿子。12月24日，林某和陈某在检查猎套时发现捕获到2只鹿子（1只死体，1只活体），两人将猎捕到的鹿子各留一腿肉后卖给他人，获利1500元。2019年1月5日，两人再次猎捕到两只鹿子（死体）。1月6日，经过群众揭发举报，两人因非法猎捕野生动物被浏阳市森林公安局依法刑事拘留。警方在陈某和林某非法捕猎的现场，共查获6套非法捕猎工具，并将已经死亡的鹿子鉴定后统一予以掩埋。

（孙　英　张华强）

检 察

【概况】 2018年，市人民检察院在市委和上级检察机关的领导下，坚持以习近平新时代中国特色社会主义思想为指导，紧紧围绕全市工作大局，忠实履行法律监督职责，为浏阳的发展稳定提供法治保障。全年共办理刑事类案件2630件3540人，办理民事行政类案件193件，办案数量居全省前列。获评“全国检察宣传先进单位”、全省政法系统“基层文艺之星”、全省“读书风气最盛检察院”。全省民调及全市年终考评通报均位列长沙检察机关九区县(市)第一。

【服务中心工作】 参与社会治安综合治理。进一步提高政治站位，扎实开展扫黑除恶专项斗争，对涉黑涉恶案件既从严从快办理，又严格依法审查，共办理“9.06”涉黑涉恶团伙案、林某某等涉恶团伙敲诈勒索案等5件53人，批准逮捕47人，追捕漏犯3人，审查起诉51人。成立未成年人专门办案组，联合学校和团市委等单位开展了11期“关爱祖国未来，擦亮未检品牌”系列活动，加强未成年人犯罪预防和权益保护。深入乡镇社区，采取检察宣讲与吸毒人员现身说法相结合等方式开展禁毒宣传，提升执法普法效果。助力“三大攻坚战”。紧跟市委部署要求，结合检察机关办理的典型案例，开展调研实践活动，督促相关部门严把审核关和审批关，帮助防范化解金融风险。对破坏浏阳河生态环境犯罪案件，加大提前介入和督促移送力度，守护“母亲河”的安全；开展“生态司法修复”，助力污染防治攻坚战。结合检察职能开展产业扶贫资金、低保金等使用情况专项监督，督促追回冒领低保金近50万元，规范了扶贫资金的使用。服务非公经济发展。进一步健全检察机关服务非公经济常态化机制，到蓝思科技、盐津铺子等企业开展专题调研走访，听取企业意见，帮助加强内部管理。坚持问题导向，服务“产业链”发展，组织汽车及零配件产业链企业家沙龙活动，为企业家之间交流搭建平台；针对家居产业链龙头企业某木业公司涉案问题，坚持运用法治方式，在整改到位的前提下依法从宽处理，帮助企业重树发展信心；与花炮局、国土、安监、环保等部门联合开展花炮企业涉案问题调研，倾听企业呼声，宣讲法律政策，增强服务经济发展的针对性和实效性。

【公益案件诉讼】 紧贴“蓝天保卫战”决策部署，在生态环境和资源领域发出诉前检察建议6件，督促相关乡镇和部门对群众反映强烈的畜禽养殖污染问题进行治理，对污染严重的浏阳河河道内堆放的280吨垃圾进行清理；督促相关部门对被破坏荒废10余年的基本农田进行复垦，恢复耕地68.3亩。加强湘赣边生态领域检察协作，与醴陵、上栗、湘东等检察院联合签署《关于加强生态检察区域协作的意见》，为浏水、萍水、渌水流域生态环境保护提供有力司法保障。堵塞国有土地和国有资产监管漏洞。找准公益诉讼切入点，通过有效监督推进职能部门严格执法，实现双赢多赢共赢。在国有土地和国有资产领域发出诉前检察建议34件，督促国土部门加大土地出让金追缴力度，为财政追回欠缴出让金7945万余元；督促相关职能部门在全市开展公租房清查清退专项行动，上户清查4535户，取消93户家庭住房保障资格，收缴欠租179万元，安排39户轮候对象家庭及时入住，维护国家利益和社会公共利益。提升食品安全保护实效。扎实推进城乡农贸市场专项检察监督试点活动，发出检察建议督促全市26家农贸市场全部办理市场登记注册，市场主体办照率由原来的29.7%上升到100%；推动新建12家快速检测室的决策出台；推动相关职能部门出台《浏阳市农贸市场管理实施细则》，填补监管制度漏洞，试点做法得到上级检察机关高度肯定并在全省民行工作推进会上作经验发言。监督开展校园及周边食品安全、乡镇饮用水安全督查，针对部分校园食堂办证问题，大瑶、文家市水厂供水问题等立案9件，开展网络食品安全专项行动，针对第三方网络订餐平台部分入网商家存在无证、套证等相关问题，发出检察建议督促职能部门加强监管。

【刑事诉讼监督】 共受理提请批准逮捕案件1040件1354人，批捕862件1107人，不捕191件260人，受理移送起诉案件1429件2025人，起诉1420件1913人，不诉139件189人。监督公安机关立案9件，撤案39件，追捕漏犯42人，追诉漏罪77笔，追诉漏犯25人。加大对追捕漏犯移送起诉、判决环节的跟踪监督，移送起诉42人，判决49人，在一起电信诈骗案中追捕张某等4人均被判处10年以上有期徒刑。运用量刑建议、抗诉等手段加强审判监督，抗诉及改判3件。进一步加大对公安派出所刑事侦查活动的监督力度，建立检察官定点联系公安派出所工作机制，规范执法行为。开展重大监督事项案件化办理，办理重大监督事项案件93件。

【刑事执行监督】 加强刑罚执行和监管活动监督，开展安全防范专项检察，规范家属会见、入所体检和出所就医，针对监内各种问题共发送检察建议等23件，开展羁押必要性审查54件。组织开展在押人员读书活动，促进认罪悔罪，提高改造实效。建立减刑评分量化机制，规范减刑行为，受理审查减刑15件，纠正减刑不当11件，巩固“全国一级规范化检察室”成果。强化监外罪犯监管工作，对不遵守法律法规和社区矫正相关规定的，监督收监3人。

【民事行政监督】 共办理各类民事行政监督案件193件，同比上升264%，其中支持起诉63件，执行监督、生效裁判监督、审判程序活动违法监督21件，督促履职43件，公益诉讼66件。及时介入文家市镇“秋收边贸城”商品房销售合同纠纷，办理支持起诉40件，同步协助做好维稳息诉工作。办理追索劳动报酬、赡养费纠纷支持起诉案22件，帮助弱势群体追回劳动报酬8万余元。

【深化改革工作】 经过两批遴选，38名员额检察官成为办案的主体力量，40名检察官助理和书记员为员额检察官办案提供辅助支持。建立办案单元，设立独任检察官和检察官办案组，根据办案需求优化办案人力资源。5名入额院领导全年共办案251件。建立检察权运行新机制，制定"入额检察官岗位清单"等8个改革配套制度，最大限度授权检察官独立办案。加强与市纪委监委的对接，受理职务犯罪案件7件7人，已起诉5件5人，做好案件的提前介入、立案、起诉等环节的工作，确保打击腐败犯罪力度。被纳入认罪认罚从宽制度试点以来，共办理认罪认罚从宽案件1080件1382人，适用率74.72%。落实"谁办案谁负责，谁决定谁负责"的司法责任制要求，形成倒逼机制，提高司法办案能力；加强统筹协调，复杂案件检察官联席会议提出参考意见，重大疑难案件检委会讨论决定。依托案管数据平台对案件进行流程监控，有效保障案件质量，全年案件零超期，2018年度基层院执法状况考评、案件质量考评均排名长沙市第一。

【获"全国检察宣传工作先进单位"】 市人民检察院通过多种形式和方法，充分利用网络、传统媒体、新媒体等力量，不断加大检察工作的宣传力度，提高检察工作透明度，提升执法公信力。2018年，该院共在各级各类内参、报纸杂志、新闻网络上发表文章及信息200余篇，其中国家级40余篇，省级90余篇，长沙市级70余多篇，浏阳市级20余篇，有力宣传和推介检察职能和检察工作，促进执法工作的公开、公正、透明，被最高人民检察院、《检察日报》社评为"全国检察宣传工作先进单位"。

【被授予全省政法系统"基层文艺之星"】 市人民检察院始终把文化建设作为强基固本的重点工程，坚持文化引领，凝聚推动检察事业持续健康发展的精神力量。建设了可藏书6000余册、颇具特色的"清风书吧"，干警年人均借书量达到7本，书吧的建设得到省检察院游劝荣检察长、浏阳市委书记黎春秋的高度肯定。成立全省首个基层院检察官文联，开展一系列丰富多彩的文艺活动，涌现一批文艺骨干，干警整体素养得到全面提升。11月21日，市人民检察院等5家检察院被授予全省政法系统"基层文艺之星"单位。

11月13日，湘江、醴陵、浏阳、上栗四县（市、区）检察机关在萍乡市湘东区检察院联合签署《关于加强生态检察区域协作的意见》，并就生态检察工作特别是公益诉讼工作进行交流座谈 （市检察院 供图）

【被评为全省第二届"读书风气最盛检察院"】 市人民检察院紧紧围绕学习型检察院建设，把打造特色书香浏检作为推动检察队伍建设和检察文化建设的"灵魂工程"，坚持走出去与引进来、学中干与干中学相结合，培养干警爱读书、读好书的良好习惯。建立健全学习教育培训、读书激励、个人读书档案、读书活动考勤、讲书品书评书、书目推荐、读书结对等系列制度。建设藏书六千余册的清风书吧，干警年人均借书7本以上。邀请外单位共建书友会，积极组织开展各类读书分享交流活动；举办演讲、征文、摄影、书画、歌唱比赛，组织干警赴清华大学学习等。有多篇理论研究成果及宣传作品被中央级、省级刊物刊，被省人民检察院评为全省第二届"读书风气最盛检察院"。

【四地检察机关会签意见加强生态检察区域协作】 为深化生态检察区域协作，促进形成生态保护合力，11月13日，湘东、醴陵、浏阳、上栗四地检察机关在萍乡市湘东区检察院联合签署《关于加强生态检察区域协作的意见》（以下简称《意见》），并就生态检察工作特别是公益诉讼工作进行交流座谈。浏阳市检察院党组书记、检察长陈芳、醴陵市检察院党组书记、检察长黄晓军、湘东区检察院党组书记、检察长郭晓灵、上栗县检察院党组书记、检察长周波以及四地分管副检察长、民行部门负责人参加会签仪式并座谈。萍乡市检察院党组书记、检察长燕晓华、副检察长王萍实，湘东区委常委、政法委书记文亚萍出席会签仪式。

《意见》要求，四地检察机关应深化对生态司法保护重要意义的认识，准确把握跨区域生态检察工作的要求，着力加强四地生态环境民事行政检察工作。为深化区域检察协作，汇聚司法保护合力，四地检察机关建立信息资源共享、办案协作、跨区域生态环境事件通报、部门联动、联席会议等7项工作机制。

【审查起诉"2.12"敲诈勒索案件】 "2•12"敲诈勒索案件是公安部挂牌督办的电信网络新型违法犯罪案件，也是全省公安机关近年来首次大规模赴境外抓捕犯罪嫌疑人的重大团伙犯罪案件。该案犯罪嫌疑人众多，作案时间长、次数多、涉案金额特别巨大，受害人数多、分布广、侦查取证困难。2017年7月1日，公安部率领专案组在柬埔寨警方的配合下，在柬埔寨金边、贡布和境内福建漳州等地统一开展收网行动，抓获该团伙涉嫌敲诈勒索的57人，扣押实施敲诈勒索作案手机199台、赃款166万元、作案银行卡141张、记载作案情况账本76本。浏阳市检察院成立专案组，提前介入，指导公安机关在案件定性、法律适用、证据收集等方面精准发力，查阅了60多本报捕案卷，仔细审查犯罪事实、500余份银行流水及百余份书证，对56名犯罪嫌疑人进行讯问。2018年2月

6月21日、6月28日，王金振（前）副检察长带领该院公诉科十余名检察官赶赴长沙市第二看守所、长沙市第四看守所、浏阳市看守所，提审61名跨国网络敲诈勒索犯罪嫌疑人

（市检察院 供图）

27日，浏阳市公安局将犯罪嫌疑人陈泽青等65人移送检察院审查起诉。收案后，该院又成立以院党组副书记、副检察长王金振为组长的检察官办案组，制定完整的办案计划。期间，公安机关再次抓获2名本案在逃犯罪嫌疑人，并移送检察机关审查起诉，办案组一并予以审查，至此，该案犯罪嫌疑人达67名，案卷达107册。6月21日、6月28日，王金振副检察长带领该院公诉科十余名检察官赶赴长沙市第二看守所、长沙市第四看守所、浏阳市看守所，提审本案的61名犯罪嫌疑人。8月份，办案组通过对本案数额认定、主从犯、量刑建议、个别犯罪嫌疑人的处理等问题多次开会研究决定起诉60人，不起诉7人。9月4日，将犯罪嫌疑人陈泽青等60人敲诈勒索一案起诉至浏阳市人民法院。

（罗 炼）

审 判

【概况】 2018年，受理各类案件22858件，结案22036件，结案数实现历史性突破，结案率高达96.4%，稳居长沙法院第一，全省法院前六，3月16日，“2017年全国法院十大执行案件”评选结果今天揭晓，浏阳市人民法院审理执行的“介面光电公司员工劳动争议执行案”被评为“2017年全国法院十大执行案件”入选案件。2月27日，全省法院工作会议在湖南省高院召开，浏阳市人民法院园区法庭被评为2013—2017年度“全省法院先进集体”。8月21日，最高法院党组书记、院长周强在最高人民法院执行指挥中心与辽宁、山东、湖北、湖南、陕西等地三级法院进行视频连线， 浏阳市人民法院作为湖南省唯一一家基层法院通过远程视频进行执行工作情况汇报。

【刑事审判】 全年共受理刑事案件1364件，审结1318件。依法审结涉抢涉盗、涉毒涉爆案件633件，判处罪犯853人；配合全市交通大整治，审结交通肇事、危险驾驶案件181件，判处罪犯181人。深入推进扫黑除恶专项斗争。共审结涉恶势力犯罪案件7件，判处罪犯82人；审理的“2·12”特大网络敲诈勒索案系浏阳首例依法认定涉恶势力犯罪集团案件，多家媒体予以报道。加强民营企业产权保护，依法审结假冒烟花企业注册商标案件3件，判处罪犯3人。继续保持反腐高压态势，全年共有7名公职人员被依法追究刑事责任；加强与市纪委监委衔接配合，邀请80余名市纪检监察干部旁听胡某受贿案庭审。积极参与“蓝天碧水保卫战”，共审结盗伐林木，非法占用林地等破坏环境资源犯罪案件45件，判处罪犯65人，环境资源审判司法绩效排名全省第一；5月，由院长李波担任审判长审理的非法捕捞水产品案件，系省高院开展“春雷行动”以来，省内首例院长开庭审理的案件。

【民商事审判】 全年共受理民商事案件11434件，审结10714件。依法保障人民安居乐业。审理婚姻家庭、医疗卫生、侵权损害、劳动就业、公共租赁住房等涉民生案件3063件，民事案件调撤率达到37.17%。依法保障防控重大风险攻坚战，妥善处理涉案金额达14亿余元的沙建集团破产重整案，普通债权清偿比率高达36.5%；依法审结金融借款、融资担保、民间借贷等案件2913件，持续优化金融环境。依法保障民营企业发展。坚持平等保护原则，主动适用扩

11月9日，对“2·12”跨国电信网络敲诈勒索案进行公开宣判，对被告人陈泽青等56名被告人以敲诈勒索罪判处有期徒刑一年至十一年不等刑期 （市法院办公室 供图）

5 月 2 日，浏阳法院环境资源审判合议庭开庭审理一起非法捕捞水产品案件

（市人民法院办公室　供图）

大法院管辖的相关规定，全年依法审结本地企业在异地的债权案件 1529 件，拓宽了企业权利救济通道；千方百计盘活“僵尸企业”，如为兵山烟花公司引进战略投资者，使其由负债亿元的企业转为产值过亿的盈利企业，实现了“腾笼换鸟”。依法保障乡村振兴战略实施，主动根植浏阳乡村治理实际，充分发挥人民法庭区位优势，妥善化解各类涉农纠纷 106 件。

【行政审判】　全年共受理行政案件 171 件，审结 162 件。促进行政争议实质性化解，强化释法说理，一批矛盾突出的山林、土地权属争议实现案结事了，行政案件协调撤诉率为 27.8%。监督与支持并重，既支持行政机关依法履行环境保护、食药品监管等职责，又加大对行政权的司法监督力度，针对行政处罚程序中存在的普遍问题，共向行政机关发出司法建议书 10 份。保障重点工程顺利推进，对于涉及六桥延长线拉通、金阳大道等全市重点项目的非诉案件，组成专项审判合议庭，以最短时间最严程序审结案件，确保项目依法有效推进。

【执行工作】　全年共受理执行案件 9819 件，结案 9272 件，同比上升 6.6%，兑现标的额 12.13 亿元，同比上升 44.2%。主动向市人大常委会汇报“基本解决执行难”工作情况，市人大常委会对浏阳市人民法院执行工作予以充分肯定，并作出《关于进一步监督支持市人民法院解决执行难工作的决议》；先后邀请 95 名代表深入执行现场，零距离见证 28 件执行案件全过程，并协助和解结案 16 件。全国首创成立执行攻坚临时党支部。在党旗的引领下，形成党员带头干事、带头攻坚的浓厚氛围，干警自觉加班 5000 余人次。保持执行高压态势。全体执行干警自愿放弃休假，全年共开展夜间、凌晨执行行动 115 次，司法拘留 131 人，限制高消费 8989 人，将 1335 人纳入失信被执行人名单；依法打击拒执犯罪，3 人受到刑事责任追究；顺利执结长浏高速沿线涉 1200 余人、5600 余万元的征收补偿及农民工工资案件。全年共对 19638 名被执行人财产实施查询，对 16892 个账户进行查控，扣划被执行人存款 8800 笔，1.3 亿元。

存在一些问题和困难：“案多人少”矛盾仍然较为突出，司法保障仍需进一步加强。人民群众日益增长的司法需求与法官司法能力不平衡之间存在矛盾。

【专门成立诉调对接中心】　由员额法官主导，社区调解员、律师调解员、专职调解员共同参与，发挥其人熟事熟专业熟的优势，将纠纷化解在源头，形成枫桥经验在浏阳的生动实践。坚持调解最优先。利用立案审查期间，积极引导当事人先行调解，全年通过诉前调处纠纷 2506 起，同比上升 23%；对于确需立案审理的案件，加大调解力度，全年共调解结案 2858 件。注重调解大联动。对于涉及婚姻家庭、邻里纠纷的案件，主动邀请村委、社区及司法调解员参与调解；对于涉及物业住房、交通事故纠纷的案件，则邀请专业技术人员及律师参与调解，全年通过联合调解案件 1575 件。

【成立民商事速裁审判团队】　速裁团队全年共受理案件 1564 件，结案 1558 件，结案率 99.6%，调解撤诉率达 52.9%。团队负责人余园静获评“全省法院办案能手”。速裁案件一是创新送达方式。优先采用电话和微信送达，原则上立案当日即完成送达，完成电话、微信送达 1436 次。规范审判流程。专门出台速裁规则，依法缩短举证期限并优化开庭程序。简化文书格式。全面推行令状式、表格式、要素式裁判文书，基本实现当庭宣判、当场送达、当天结案；全年当庭宣判率、当场领取文书率均超过 90%。

【司法公开工作】　公开平台管理：完善四大公开平台建设，全年共公布裁判文书 19782 份，公布执行信息 7430 条，通过新浪博客同步直播庭审 357 场。开展巡回审判工作：让法庭进社区、进企业、进农户，完成就地立案、就地开庭、就地调解、就地宣判 228 件。新媒体技术运用，在全省法院率先通过微信公众号进行庭审视频直播，单场最高点击量突破 50 万。全年开展手机直播 5 次，受众总人数超过 200 万。普法工作：开展法院开放日活动 12 次；组建青年法官讲师团，加强中小学生普法宣传教育，开展送法进校园活动 27 次。

【最高法院院长周强视频连线浏阳法院督导检查“基本解决执行难”工作】　8 月 21 日上午，最高法院党组书记、院长周强在最高人民法院执行指挥中心与辽宁、山东、湖北、湖南、陕西等地三级法院进行视频连线，听取各法院“基本解决执行难”工作情况汇报，仔细询问各地执行工作情况特别是存在的问题难点，认真听取意见建议，提出具体工作要求。浏阳市人民法院作为湖南省唯一一家基层法院通过远程视频进行执行工作情况汇报。浏阳市人民法院党组书记、院长李波用做到一面旗帜引领、做到一方力量支持、做到一支队伍攻坚、做到一种氛围浓厚"四个一",向周强汇报浏阳执行工作情况。自2016年至2018年8月,市人民法院共收案12657件,结案12028件,执结率为95.03%,执行标的额为13.78亿元,信访案件化解率为100%,基本完成三个90%及一个80%的目标任务。听取汇报后,周强对浏阳从实际出发建立执行网格员队伍和成立执行攻坚临时党支部的做法、基本解决执行难的成效给予充分肯定,要求浏阳法院继续将法院综合治理格局落到实处,形成强大的"人民战争形势",一鼓作气,再接再厉,如期完成基本解决执行难的目标和任务。周强在总结时强调,2018年湖南执行工作的最大特点是组织保障到位,质效提升显著,同时要看到湖南作为案件大省,任务还很繁重,下一步要切实狠抓工作落实,坚持问题导向,着力解决未执案件,坚决啃下"骨头案",同时要紧盯目标不放松,继续采取有力举措,对工作落后的法院加大督查力度,对工作不力的法院和负责人进行严肃问责。希望在接下来的四个月时间里,义无反顾,勇往直前,打好打赢这场"湖南保卫战",争取在解决执行难工作中走在全国前列。

【介面光电公司员工劳动争议执行案被评为"2017年全国法院十大执行案件"入选案件】 3月16日,"2017年全国法院十大执行案件"评选结果今天揭晓,浏阳市人民法院审理执行的"介面光电公司员工劳动争议执行案"被评为"2017年全国法院十大执行案件"入选案件。2010年9月,台湾介面光电股份有限公司入驻浏阳,在浏阳经济技术开发区设立介面光电(湖南)有限公司。2015年,由于市场竞争激烈,公司营运资金出现问题。2016年1月11日,公司委托专人代表与927名员工签订《劳动合同终止确认书》,终止劳动关系。后经过劳动争议仲裁,927名工人在裁决书生效后分三批到法院申请强制执行。市人民法院专门开辟绿色通道,安排专人加班加点,仅半个月时间完成927件案件的全部立案审查工作,均立案执行。另外,介面光电公司因拖欠银行借款与材料商货款的申请强制执行案件已达14件,加上这927件案件,共计执行标的额达1.3亿余元。公司停工后,法定代表人叶某返回台湾,对清偿债务及相关善后事宜一概不理,与此同时被执行人的机械设备尚处在海关监管期内不能拍卖,被执行人的其他财产是否有人竞买,各种问题综合叠加导致执行困难重重。浏阳法院成立执行专项小组,依法将执行通知书采用公告方式送达叶某。在经多方努力与叶某取得联系,获得叶某在台湾的送达地址确认书后,又将相关法律文书相继成功送达,充分保证叶某的诉讼权利。执行专项小组将工作重心放在对被执行人财产的依法变现上。本案待评估的建筑物面积达14万余平方米,土地面积达8万余平方米,另外如中央空调、电梯、绿化、净化水池等大量生产、生活设施,财产多、范围广。执行专项小组督促评估人员分两次对公司建筑物、土地及相关附属设施进行评估。随后依法组织三次拍卖。2016年9月29日,第三次拍卖终于成交,成交价166864056元。申请执行人陆续从浏阳法院顺利办理领款手续。涉案标的额达1.3亿余元的系列案件圆满执结,927名员工的工资及补偿金1800万余元全部发放到位。

【司改经验入选最高院《人民法院司法改革案例选编(四)》】 11月上旬,最高人民法院司法改革领导小组印发《人民法院司法改革案例选编(四)》。市人民法院《多措并举谋创新 合力攻坚执行难》成功入选,是本次全国司改案例征集工作中湖南省法院系统唯一入选案例。《人民法院司法改革案例选编》是最高人民法院司法改革领导小组通过改革督导和调研,在各地创新改革实践的基础上,总结提炼的部分探索创新性强,具有典型示范意义的改革案例材料。此次入选的案例聚焦15家中级或基层法院在"基本解决执行难"工作中的改革创新,总结提炼在执行机制构建、执行管理创新等方面的典型做法和先进经验,为全国法院攻坚"基本解决执行难"工作提供示范参照的样本。

(张丹枫)

司法行政

【概况】 2018年,市司法局内设办公室、政工科、基层科、法管科、社区矫正科、宣教科7个科室,下辖2个中心(公共法律服务中心、法律援助中心)、1个公证处,32个司法所,7个律师事务所,11个法律服务所。全市司法行政系统共有272人,其中局机关干警35人,公证员4人,司法助理员62人,律师90人,法律工作者89人。2018年,浏阳市司法局在省司法厅、长沙市司法局的精心指导和浏阳市委、市政府的坚强领导下,以政治建设为统领,围绕公共法律服务体系建设总纲,综合发力抓党建、抓业务、抓队伍、抓项目,各项工作稳步推进,6月8日,全国普法办印发《关于表彰第四批"全国法治县(市、区)创建活动先进单位"的通知》,浏阳市获"全国法治县(市、区)创建活动先进单位"荣誉称号。

【人民调解工作】 致力打造"枫桥经验"的浏阳样板,建立多层次、宽领域、规范化的人民调解组织体系。与法院联合,整合资源,建立诉调对接机制,指导人民群众依法维权,既节约司法资源,又降低当事人的成本。完善湘赣边联防联调协作机制,为边界区域经济建设的持续发展和社会的和谐稳定提供了保障。适应矛盾纠纷的新变化和人民群众的新需求,积极拓展在道路交通、医疗、劳动争议、物业等领域建立行业性调解组织。充分吸纳"五老"人员及人大代表、政协委员等社会力量参与调解,为基层调解工作注入强劲动力,让矛盾纠纷化解在群众身边。浏阳首支由103名具备一定法律素养的热心人士组成的人民调解志愿者"帮帮团"在沙市镇成立。多个司法所充分发挥"和事佬"宗族理事会和"新乡贤协会"等团体组织化解乡里纠纷。2018年,全市各调解组织共调解各类矛盾纠纷10952起,成功率达98.1%,无"民转刑"和群体性纠纷事件。被中华全国人民调解员协会授予"人民调解宣传工作先进集体"称号,3人获得"全省优秀人民调解员"荣誉称号。

【普法依法治理工作】 向全体市级领导赠送宪法读本，指导各乡镇街道、市直部门党委(组)理论学习中心组开展宪法专题学习，举行“12•4”国家宪法日宣誓仪式，市人大、政府、监委、法检主要领导带头宣誓，组织全市数千名国家工作人员分批次参观“弘扬宪法精神，建设法治浏阳”主题宣传展板，切实增强干部的宪法观念和法治思维能力。组织全市312名政法系统干部参加宪法闭卷考试，在本系统开展“宪法知识抢答赛”，推动政法工作人员学深学透。同时在全市多形式开展“宪法进学校”活动，9000多名师生接受宪法知识的洗礼，被中国普法网推荐报道。拓展“渠道”，以法治滋润人心。通过政府网站、公共场所LED显示屏、“农事通”村村响广播等向广大群众宣传法律法规。利用“农事通”村村响广播普法被司法部作为典型案例汇编推介。指导各乡镇街道在微信公众号设立普法专栏，把法律知识推送到群众的“掌心上、指尖上、心坎上”，累计超过200期，受众人数超过3万人。

4月14日，在市人民法院、市公共法律服务中心分别设立律师调解工作室

（市司法局 供图）

【监管帮教工作】 着力强化特殊人群管理。强化严格管控：严把“入口关”，降低执法风险。严格执行周汇报、月面谈、季走访、“两个10小时”“三小时”点到制和社区服刑人员外出请销假制度。加大科技投入，给每名服刑人员安装手机APP或电子手环，确保无一人脱管漏管。对21人进行警告，收监4人。强化攻心治本：不定期组织社区服刑人员开展法律知识竞赛、日常行为规范比武、各类公益活动等，多起社区服刑人员热心公益事件被媒体报道，帮助其修复社会关系。多措并举开展安置帮教工作，组织开展“情暖高墙”“小海豚计划”等活动，提供困难补助，与农业公司合作设立就业安置基地，帮助其重燃生活信心。强化联动融合：策划开展17场扫黑除恶专项斗争主题法治宣传活动，全力营造氛围。针对社区服刑人员、刑释人员，综合施策，细致筛查，全力深挖涉黑涉恶线索。充分发挥司法所、法律服务所、人民调解委员会遍布城乡、贴近群众的优势，全面摸排线索，第一时间报市扫黑办核查。加强对涉黑涉恶案件律师刑事辩护的指导，规范律师代理行为。

【法律服务工作】 做强法律服务管理：采取创新考核制度、加强交流培训和运用服务对象评价机制等方式，全市各律所、法律服务所在规范管理、服务质量等方面均不断进步。按照“双随机一公开”的要求，以案卷审查、现场听庭等方式进行抽查，对不符合要求的执业机构和个人责令限期整改，警告2人，撤销非法执业点1处，查处“黑土律师”1名。指导和监督基层法律服务工作者协会做好换届选举工作，加强行业自律，促进健康发展。以“最多跑一次”改革为契机，加强部门联动，优化执业环境。开展“十佳法律服务标兵”“法律服务诚信建设等级评定”等活动，彰显创先争优形象。主动介入经济发展主战场，为招商引资、项目建设、防范风险助攻出力，获市委、市政府点赞表扬。10月9日至10日，省基层法律服务工作者协会在长沙举办2018年度湖南省基层法律服务所主任培训班。浏阳市法律服务管理工作在培训班上作典型发言。

11月2日，举办社区服刑人员行为规范训练比赛 （市司法局 供图）

【公共法律服务体系建设】 推动服务资源由集中向全覆盖拓展，完善服务规范，充实平台力量，确保公共法律服务站点不断提高服务水平；加强督查指导，进行动态考核，确保全市村（社区）法律顾问真正发挥实效，助力依法治村工作。服务精准脱贫，加强对贫困群众的法律服务和法律援助，防止“因案致贫”“因案返贫”，全年办理法律援助案件615件，受理农民工讨薪案件142起，帮助要回工资630万余元。公证焕发活力。制定管理意见，优化绩效分

配，提升质效，全年办理公证2846件，同比增长15%；上门为老弱病残人员办理公证近200件，服务中心工作，为拆迁改扩、城市建设、重点项目等工作提供现场证据保全近50次。在省司法厅公证工作调研中深获好评。

【成功创建全国法治县（市、区）先进单位】 6月8日，全国普法办下发《关于表彰第四批“全国法治县（市、区）创建活动先进单位”的通知》，浏阳市获“全国法治县（市、区）创建活动先进单位”荣誉称号。自“七五”普法工作启动以来，浏阳认真贯彻落实中央、省、市法治建设精神和工作部署，坚持以深化“法律六进”为载体，以创建“法治浏阳”为目标，坚持以服务民生为出发点和落脚点，全面推进法治宣传教育和法治创建工作。强化措施，创新理念，搭建载体，深入开展法治宣传教育，弘扬社会主义法治精神，重点推进法治文化建设，打造浏阳法治文化品牌。全面深化依法治理，深入推进依法执政，坚持依法行政，建设法治政府，全方位、多层次开展“法治浏阳”创建活动，形成党委领导，人大、政府、政协各司其职、各负其责，司法、行政、党群等各部门齐抓共管，人民群众广泛参与的创建工作格局，培养全体公民遵法学法守法用法意识，为保障和促进浏阳市经济社会发展提供法律保障。

【全市323个村（社区）全部配备法律顾问】 实行《村（社区）法律顾问考评办法》，建立108人的法律顾问库，全面落实“一村（社区）一法律顾问”制度，将法律服务送到群众身边。村（社区）法律顾问每月到村（社区）开展法律服务工作不少于2次，每次不少于4小时，每季度至少举办一次法治讲座，主动参与和代理涉法涉诉信访工作，协助审核村规民约，为村级事务的重大决策提供法律意见等。各村（社区）年底将对法律顾问工作情况进行评价，各司法所定期对村（社区）法律顾问制度执行情况进行督查指导，市司法局对法律顾问履职情况进行动态考核。

（唐娇莲）

安全生产监督管理

【概况】 2018年，浏阳市安全生产监督管理局落实中央、省、市各级关于安全生产工作的决策部署，坚持以“强执法防事故”为核心，以“压实企业安全生产主体责任年”活动为主线，按照“责字为重、严字当头、管字保底”要求，推进安全生产各项工作落实，确保了安全生产形势稳定向好，事故防控方面创历年最好水平，全市没有发生较大及以上事故，发生一般事故6起、死亡6人，事故起数和死亡人数同比分别下降33.3%、45.5%。浏阳市被评为湖南省安全生产工作优秀单位和长沙市安全生产工作优秀单位。

【安全生产责任机制建设与完善】

出台《市委、市人民政府领导班子成员安全生产工作责任清单》和《各负有安全监管职责部门安全生产监管责任清单》，构建上下联动工作机制，形成齐抓共管安全生产工作大格局。完善《浏阳市安全生产巡查工作制度》，形成安全巡查常态机制，完成对20个单位的安全巡查。落实安全监管派驻制度，重点督促企业主体责任落实和基础工作落细。紧扣“压实企业安全生产主体责任年”活动主题，督促指导企业健全完善主要负责人、安全厂长、专职安全员、车间主任、岗位员工5个层级的安全管理责任和安全检查频次、安全检查内容、资料管理等，让企业各个层级人员做到人人有责、层层担责。

【安全监管执法】 完善烟花爆竹刚性执法处罚标准，对凡是涉及刚性执法内容的企业，一律立案查处，并在从严处罚的基础上，采取停产停业整顿措施。2018年安监系统共立案查处安全生产违法案件408起、处罚款730万元，立案起数和处罚金额同比分别增加49%、52%。先后组织开展烟花爆竹打非治违“春雷”“飓风”“霹雳”“清剿”等专项行动，会同公安机关查处非法生产烟花爆竹行政案件158起、行政拘留198人；破获涉爆类刑事案件8起，刑事拘留15人，逮捕7人，移送起诉17人。协调调度各行业领域全面排查安全隐患，落实重大隐患排查治理“一单四制”要求，抓好综合安全监管，防范安全事故发生。

【烟花爆竹安全监管】 开展分包转包、防雷防静电、规范安全警示标志和工房标牌、黑火药引火线礼花弹专项整治、雨季汛期百日行动、高温季节安全监管百日专项行动、秋冬季节烟花爆竹安全生产百日攻坚战、交叉执法检查等专项整治行动，事故得到有效控制，全年烟花爆竹行业发生一般事故4起、死亡4人，事故起数和死亡人数均分别下降42.9%。

【危险化学品安全监管】 推进危险化学品全程安全管理整治三年行动，2018年减少8家危险化学品生产企业，选址集里街道太平桥区域内新建危险化学品经营储存物流配送综合基地；组织开展危化品企业全面安全体检和风险评估诊断分级工作，排查治理薄弱环节和突出问题；开展危险化学品生产经营企业基本信息采集工作，建立完善危险化学品企业电子地图；深化危险化学品企业受限空间、动火特殊作业和涉爆企业、易燃液体类、工业气体，以及专业仓储经营批发企业等专项整治行动，确保危化行业持续安全稳定。

【矿山安全监管】 推进非煤矿山企业整顿关闭工作，关闭企业6家；提升非煤矿山企业安全条件，淘汰落后设备，开展标准化创建与复评企业14家；开展尾矿库安装在线监测、专项检查工作，加强汛期监管，确保尾矿库安全；委托中介机构对全市所有地下矿山进行体检，开展非煤矿山攻坚克难“回头看”专项检查和机砖厂专项治理，非煤矿山行业保持持续稳定的安全形势。开展煤矿“一通三防”、防治水、顶板管理、机电运输等专项整治和安全生产大检查等专项行动，确保煤矿生产安全。

【工贸行业和职业卫生安全监管】

督促各负有安全监管职责的单位和部门严格落实安全监管责任清单，抓好各领域工贸行业安全监管；

开展粉尘防爆专项整治，对存在各类粉尘爆炸危险作业场所的工贸企业进行摸底，建立监管台账；推进有限空间专项整治，在全市进行有限空间作业安全大排查大管控大整治，实现有限空间作业“零事故、零死亡”目标；加强职业卫生安全监管，开展职业健康托管服务工作，160家用人单位实施托管服务；开展职业病危害因素检测，检测用人单位380家，完成职业病危害排查治理1300余家，职业健康体检人数32168人。

【安全生产基层基础工作】 推进“安全生产巡回大讲堂”“生命至上，安全第一”大宣传、有限空间作业安全“万人大培训”、应急救援大演练和“安全生产月”等活动，开展安全生产巡回大讲堂进企业456场次、培训5.47万人；开展有限空间“万人大培训”93期、培训10229人，印制发放有限空间安全宣传挂图1.2万套；开展企业“三项岗位人员”持证安全培训9750人次。坚持落实《安全生产风险源分级管理制度》和《事故易发多发点强化监管工作制度》，突出重点区域、企业、环节和部位，加强对重大风险和隐患的动态排查，确保从源头上防控事故发生。推进“机械化换人、自动化减人”，引导和鼓励企业开展新材料、新机械、新工艺、新技术、新产品的研发推广，培育中洲烟花、东信烟花、颐和隆烟花、华冠烟花等一批机械化研发应用示范企业，全市烟花爆竹行业药物工序基本实现人机分离、人药分离。

【黎春秋率队检查安全生产工作】 1月25日，中共长沙市委常委、浏阳市委书记黎春秋率长沙市农业委、人社局、公路局、安监局相关负责人及浏阳市安监局负责人，检查浏阳安全生产工作。不发通知，不打招呼，不听汇报，不要陪同，直奔基层、直插现场，检查组首先来到位于浏阳高新区的长沙新泉汽车饰件系统有限公司。从生产车间到成品车间，一些细节问题在检查中暴露：行车吊绳没有及时检测和维护、更换，特种工序作业人员未按要求持证上岗。在集里街道的瑞安仓储服务部，存在仓库货物摆放不规范不整齐，管理人员安全管理职责不明晰、履职不到位等问题。黎春秋表示，安全生产责任重大，对于企业而言，所有环节要按照“没有问题”的标准进行布防；对于监管部门而言，要以“挑刺”的心态来检查，做“有问题”的追问，这样才能确保安全生产万无一失。低温雨雪冰冻天气来临，道路交通运输安全牵动人心，检查组一行又先后来到华湘校车服务有限公司和汽车西北站进行检查。黎春秋强调，要做好校车的安全管理，对企业负责，对孩子们负责；要应对未来几天的冰冻天气，做好安全防控预案。年关岁末，烟花爆竹生产销售进入旺季，检查组在华声出口烟花厂对相关操作不规范问题进行了纠正，要求立即整改到位。“细节决定成败！”黎春秋反复嘱咐部门和企业负责人，安全生产无小事，相关部门、责任单位要以此次检查为契机，触类旁通、举一反三，切实加强安全生产管理。

1月25日，长沙市委常委、浏阳市委书记黎春秋（右三）带队检查安全生产工作

（市安监局　供图）

【省安委办暗访督导浏阳烟花产业安全】 9月28日，湖南省安委办主任，省安监局党组书记、局长李大剑和省安监局副巡视员龚伟兵一行，采取“四不两直”方式深入全省烟花爆竹主产区——浏阳市进行明查暗访，突击检查烟花爆竹企业安全生产。在浏阳市隆顺烟花制造有限公司检查时，李大剑一行对焕然一新的企业面貌和严谨有秩的安全状况给予肯定。他指出，对于花炮企业，安全措施一定要做到“万无一失”，做不到就有可能“一失万无”。得知浏阳市安监局正在银都烟花制造有限公司执法检查时，李大剑遂率督导组赶赴现场督导基层行政执法。李大剑一行在检查企业现场管理后，对浏阳市安全执法情况开展了监督检查，强调行政执法是安监部门、应急管理部门的生命线，是安全生产的治本之策，一定要严格执法、规范执法，通过执法倒逼企业落实安全生产主体责任。下午，督查组在浏阳市召开座谈会，通报前期国家应急管理部、省安监局复产督查情况和本次督查发现的问题，并就如何促进烟花爆竹产业高质量发展，与当地政府部门、行业协会、企业代表展开座谈。督导组指出，安全生产“生于忧患、死于安乐”，身处高危一线的烟花人，在安全问题上切不可固步自封、骄傲自满，尤其不能麻痹大意，务必始终保持高度警惕和高压严管，必须加强监管执法，落实防范措施，在已经到来的旺季生产中确保万无一失。督导组强调，烟花爆竹作为浏阳的一张靓丽名片，要坚定不移走高质量发展道路。目前行业面临诸多困难，越是有风险和压力，越是要坚定信心和看到希望，越是有挑战和困难，越是要下定决心和鼓起勇气，总之越是困难越向前，只要精神不倒，没有过不去的“火焰山”。一是要明确高质量发展的定位；二是要构筑高质量发展的支撑；三是要破解高质量发展的问题；四是要营造高质量发展的环境。督导组希望，通过一系列举措，将浏阳打造成全国乃至

全球烟花爆竹高质量发展的高地，省安监局将大力支持浏阳烟花爆竹产业做大做强做优，相信浏阳烟花爆竹产业一定会走出一条高质量安全发展的新路径。浏阳市委常委、常务副市长吴敏表示，浏阳将以此为契机，在紧抓安全生产的同时，加快推动浏阳烟花爆竹产业向集约化、专业化、现代化转型，并以高质量发展为导向，通过智能制造和创新创意改造来提升传统产业，推动浏阳花炮由“制造”向“智造”转变，推动烟花爆竹产业做大做强，为建设富饶美丽幸福新湖南贡献更大力量。浏阳市副市长屈湘水参与督查，长沙市安监局局长胡春山参加座谈。

9月28日，湖南省安委办主任，省安监局党组书记、局长李大剑（右四）带队暗访督导浏阳烟花产业安全发展
（市安监局 供图）

【启动2019年度安全生产监督检查计划编制工作】 从9月份开始，浏阳启动2019年度安全生产监督检查计划编制工作，64个部门单位的检查计划于12月13日被浏阳市人民政府正式批准。不到3个月时间，根据《浏阳市各负有安全监管职责部门安全生产监管责任清单》和本单位安全生产监管责任清单，全市32个乡镇（街道）和32个重点安委会成员单位的2019年度安全生产监督检查计划全部编制完毕，成为2019年安全监管的“指南针”。在2019年度安全生产年度监督检查计划中，64个单位的686个内设（派出）机构单独编制本部门的监督检查计划。随着检查计划的批准，也意味着安全监管执法在全市范围内所有行业实现全覆盖，浏阳在安全监管上实现广度与深度的大跨越，在安全生产领域改革领域再度领跑全省。根据各部门单位的检查计划，全年共计有2140名监管执法人员，针对26项主体责任开展检查，计划检查重点单位17024家次，“双随机”抽查一般监管单位15113家次，共计检查单位32137家。2019年度安全生产监督检查计划已批准颁布，在机构改革中如有单位涉及职能职责调整，将由负责接收该职能职责的单位组织实施。浏阳市要求各单位要严格按计划认真组织实施监督检查计划，让安全生产工作在机构改革期间监管执法不留空隙，依法履职不能间断，承前启后，迎接新的应急管理时代的到来。

【构建“清单式”安全监管体系】 8月14日，中共浏阳市委办公室浏阳市人民政府办公室印发《浏阳市安全生产巡查工作制度》和《市委、市人民政府领导班子成员安全生产工作责任清单》两个文件，明确安全生产巡查工作由“办法”上升为“制度”，安全生产巡查进一步完善浏阳安全生产监督检查方式，推动全市安全生产工作水平不断提高。该制度明确，巡查每三年全面覆盖一次；组长由组织部推选，安委会任命；每批巡查结束之后，由市委督查室、政府督查室、市安委办随机抽查被巡查单位问题和隐患整改情况，督促整改落实到位。同时，还进一步明确失职追责、巡查保障等问题。按照“党政同责、一岗双责、齐抓共管、失职追责”“管行业必须管安全、管业务必须管安全、管生产经营必须管安全”要求，根据领导分工安排，《市委、市人民政府领导班子成员安全生产工作责任清单》进一步厘清19名市委、市人民政府领导班子成员的安全生产工作责任，明确提出把安全生产纳入市委常委会及其成员职责清单和领导干部政绩考核的体系，并新增市委市政府领导班子成员考核考察、表彰奖励、责任追究等内容。至此，浏阳全面形成照单履职、照单监管、照单督查、照单追责的“清单式”安全监管责任体系。

（朱松连）

军　　事

市人武部

【概况】 市人武部学习贯彻党的十九大会议精神和习近平主席关于国防和军队建设重要论述，开展“传承红色基因，担当强军重任”主题教育活动，围绕强军目标，紧贴使命任务，聚集备战应急，推进作风转变，增强训练效益，确保安全稳定，抓工作落实，各项工作稳步推进。浏阳市委、市政府把每年全市武装工作会议安排在春节后系列重要会议中，传达学习上级指示，部署新年度工作。坚持落实书记现场办公、领导过“军事日”和党管武装述职等制度，始终把党管武装工作纳入全市年度综合考评机制。2018年“八一”前夕，人武部结合“八一”慰问时机，组织市级领导在省林业种苗基地轻武器射击场进行军事日活动，进一步强化地方党政机关领导爱武、懂武、管武、强武、用武意识，确保经济建设和国防后备力量建设同频共振。借力党管武装，推动后备力量建设。市委、市政府对武装工作高度重视，凡是涉及到人武部和民兵预备役工作，都优先审批、优先保障。从2013年开始，市里将武装工作经费正式列入财政预算，且连续5年，每年按10%的比例递增；为拓展民兵训练场地，提高民兵训练水平，2017年议军会议之后，全面提上议事议程，相关审批程序已经基本完成，各项工作正有序展开；为提高国防教育效果，人武部将第十八个国防教育日活动引进校园和社会。分别在浏阳三中和大润发广场进行国防教育知识巡展，使学生和民众在观摩展览的过程中接受国防教育。依托党管武装，开展“双带双促”活动。根据长沙市“双带双促”活动会议精神和实施意见，浏阳市成立活动领导小组，研究制定实施方案，由民政部门牵头，人武部配合，财政每年拿出100万元作为活动专项基金。经与民政部门沟通协调，决定采取试点先行、适当补助、以奖代补的方式搞好试点，2018年已将浏阳中澳蓝鹰素质教育基地、庆典烟花公司作为“退役军人创业基地”试点单位，荷花街道、关口街道长兴社区和淮川街道新北社区作为“退役军人之家”试点单位。立足党管武装，“三队”作用发挥明显。坚持在用兵中练兵。2018年以来，出动民兵100多人次，参加维稳处突和环境整治等任务，3月5日，市元宵烟花晚会，11月5—7日，浏阳举办第12届国际花炮文化节，人武部出动应急民兵连人员30人次，冲锋舟4艘次，完成水上安保任务。助推党管武装，组织民兵积极参建参治。开展“雷锋家乡学雷锋”等系列活动，组织干部职工、专武干部对军烈属开展春风送暖活动，共走访慰问18户特困军烈属和伤残军人家庭，送去慰问金14000元整。组织民兵参与精准扶贫，双拥共建、文明创建。2018年，被警备区评为“先进人武部”“安全工作先进单位”。

【思想政治建设】 浏阳市人武部党委围绕听党指挥、能打胜仗、作风优良的强军目标开展政治工作，组织全体干部职工和专武干部传达学习上级党委会精神。听取基层意见建议，结合实际，确定“抓红线铸军魂、抓备战谋打赢、抓基础保稳定、抓作风求实效、抓融合促发展”的工作思路，明确年度工作目标和措施。根据党委中心组理论学习计划，在同步参加上级授课辅导的基础上，部领导专门组织干部、职工对习近平系列讲话进行辅导授课。根据上级统一部署，开展“传承红色基因，担当强军重任”主题教育活动，组织党员干部参加国防动员部、省军区和警备区主题教育动员部署电视电话会议，专题学习习近平关于强军兴军的重要论述，并以“和平积弊大起底、大扫除”活动作为主题教育为契机，深化主题教育效果。6月31日，在警备区政委曹友华指导下召开专题民主生活会，针对存在的问题和不足，制定出台相关对策措施。下半年结合干部、职工和文职人员作风纪律教育整顿，进行专题教育回头看活动。人武部将学习、贯彻、落实中共十九大精神贯穿于全年政治教育，利用政治教育和党日活动时机，部领导带头授课辅导，参加讨论交流。政工科利用民兵整组、民兵训练和执行大项任务时机，组织民兵学习中共十九大精神，提高民兵政治素养。抓好涉“郭、徐案件”的清理整治。按照上级要求，对办公室、资料室、荣誉室、会议室等场所凡涉及到涉徐、郭信息的书籍、杂志、电脑等载体进行清理，确保不留任何死角，组织干部党员学习张阳和房峰辉违规违纪案件通报，同时注重教育引导，针对可能产生的负面影响，开展了针对性教育。

【军事斗争准备】 浏阳市人武部着眼省军区部队担负的8项使命任务，狠抓国防动员建设和战备训练工作落实，提高遂行多样化军事任务能力。修订完善战备方案。年初，积极与地方应急部门对接，将本部应急预案纳入全市整体应急方案体系，对本部应急作战保障、维稳处突、国防动员、抢险救灾等九大类战备方案主案和40多种子方案进行修订，确保各类方案计划上下配套、精确实用。将2017年基层抓建试点时规范的基层武装部各类方案预案制成范例下发各单位。对本部战备器材仓库进行点验清理，建立账物卡，规范管理程序，针对浏阳市应急维稳和抢险救灾的实际需要，人武部在2017年的党委议军会上，积极协调和依靠地方党委、政府，购置、补充一批专业装备器材。开展民兵整组工作。贯彻省军区和警备区关于民兵整组工作的精神，严格对表对标，对民兵思想、组织、作风、纪律等方面进行全面整顿。2月23日，会同市应急、人防、交战、水务等部门召开民兵调整改革暨民兵整组任务部署会，期间召开两次推进会，示范观摩达浒镇民兵整组工作，进一步增强民兵整组工作的组织性、指导性、针对性和时效性。针对全市专武干部调整较大、业务水平不高的实际，人武部组织全市专武干部进行民兵整组业务培训。认真学习民兵组织整顿工作手册和上级有关民兵组织整顿的文件，使专武干部熟悉民兵整组工作的方法步骤和程序，提高专武干部的业务能力。考虑到防卫作战和专业要求，将保交护路分队分别在交通局和交通沿线乡镇组建；为确保饮用水安全，在株树桥水库管理局新成立30人的防空作战分队，做到平时服务，急时应急，战时应战要求。2018年第一季度整组收尾阶段，由部长、政委带队，分两个组，结合征兵工作督导，对所有乡镇街道、企事业单位的民兵分队，逐一进行检查验收，基本完成点验，“纸上编兵”“交叉编兵”等问题得到有效解决。抓干部在职训练和民兵演训活动。

5月3日，市人武部组织民兵舟桥分队进行为期10天的训练，参训民兵89人，训练项目有操场机维护保养，水上救生，冲锋舟驾驶等内容　（市人武部　提供）

上半年，认真抓现役干部的军事理论学习和体能训练，坚持每月一考，通过以考促训，干部的体能素质和理论素养有了明显提高。4月，选派沙市镇新上任的基层武装干部李行参加省军区组织的专武干部业务集训；2018年，分期分批组织民兵教练员、应急民兵骨干、舟桥分队骨干和防空分队骨干共270人集训，完成本年度集训任务。通过训练，民兵遂行多样化军事任务的能力进一步提高；8月，受领“湘江-2018”演习任务；年底现役干部和文职人员参加警备区组织的年终军事训练考核，考核成绩总体较好。完成兵役征集任务。3月，开展兵役登记工作，印制发放征兵宣传册6000余份，利用短信平台、《浏阳日报》、浏阳电视台、浏阳红网，户外大型LED显示屏，以及出租车、公交车电子广告牌等媒介，进行广泛宣传发动。7月23日，召开市征兵工作会议，实施征兵任务与绩效考评相挂钩，采取评先评优一票否决制。根据浏阳市征兵任务数多的实际，在本部设立征兵体检站，从市人民医院、七医院共抽掉42名医务人员组建体验组，从市公安、民政、教育局、法院、检查院共抽调5名人员组建政治考核组，为征兵工作任务顺利完成，打下坚实基础。圆满完成年度新兵征兵工作，且大学生征集比例超过长沙市征兵办下达的指标，新兵的总体素质较往年有较大幅度的提高。

7月23日，人武部在中澳蓝鹰开展为期7天的民兵教练员集训　（市人武部　提供）

7月31日，为热烈庆祝建军91周年，浏阳市人武部协调宣传、民政、财政等部门，以浏阳市民兵队伍及老红军、复退军人等为主体，举行了庆“八一”焰火晚会并组织民兵宣誓活动

（市人武部　提供）

【安全维稳】 2018年，浏阳市人武部树立安全发展理念，坚持每天交班会一次提醒，每周对重点目标进行一次清查，每月办公会一次安全形势分析，每次党委会一次研究部署，经常开展谈心交心，切实加强安全防范，干部职工安全意识明显增强。安全制度落实。完善各类规章制度，注重在落实上下功夫。加强请示报告和请销假制度，对干部职工实行跟踪管理；严格派车手续，重点加强预防车辆交通事故工作；每周对武器库、器材库、保密室等重点部位至少进行一次安全检查。按照警备区统一部署，开展安全整治活动。结合司机、车辆专项整治要求和本单位远离机关的实际，将预防车辆事故工作作为一项重点工作来抓，对聘用司机和全体干部职工进行集中教育整顿，邀请地方交警到部里就交通规则和安全行车进行授课辅导，端正安全行车观念，提高安全行车意识。为做好安全保密工作，对文印室的建设进行认真研究，现已整治到位。涉军问题得到有效控制。针对浏阳涉军群体大、诉求多的特点，建立健全人武部、部队和地方“三位一体”的联防联控机制，为有效控制和解决涉军敏感问题做了大量政策宣传和矛盾化解工作。2018年，共受理涉军维权事件8起。

（李星星）

武　警

【概况】 中队位于浏阳市关口街道金钩村，担负浏阳市看守所的外围武装警戒任务。2018年1月1日，编制体制调整，中队编为长沙支队执勤五大队浏阳中队。中队以十九大精神和习主席强军兴军思想为引领，坚定维护核心，全面贯彻三级党委扩大会议精神，中队党支部带领全体官兵，鼓足干劲，树牢“争创标兵中队”的理念，不断夯实官兵练兵备战意识，强化核心意识。正风肃纪，在全员创安，部队安全稳定，圆满完成以执勤、训练为中心的各项任务。先后有3人立三等功，7人被评为优秀基层官兵，中队被总队记集体三等功，应急班被支队荣记集体三等功，中队被总队评为“基层建设标兵中队”，中队党支部被支队评为“先进基层党组织”。全年，中队完成押解勤务23批次，押解犯人750人。中队先后完成总队半年军事考核、年终标兵考核等大项任务，均取得良好成绩，中队在支队年终先进考评中位列第一。严格按照个人申请、民主评议、支部推荐、支队把关的程序实现“三公”。2018年中队4人入党，1人考学，1人提干，5人选取士官，7人参加各类技术培训。扎实开展“传承红色基因，担当强军重任”主题教育，在党员中开展“两学一做”常态化学习教育。中队先后投入8000余元购买书刊和制作口袋书，组织观看红色电影和到红色文化景点参观学习。

【军事训练】 2018年，始终将中心任务摆在首要位置，严密组织以“防脱逃，防袭击，防暴狱”为设想的联合方案演练，重点突出AB门和消防通道的管控，不断提高应急处置能力。中队积极协调目标单位，翻新了钢网墙，加强探照灯等执勤设备，同时在消防门AB门建设上增添监控，确保执勤无死角。从实战出发，突出体能训练，坚持每周5000米越野测试、3000米和器械测试，同时针对今年新大纲规定科目进行加强。根据强弱进行编配分组，分类训练，以强带弱，促进中队军事训练整体提升。在2018年支队应急班比武中取得团体第一、“军体之星”竞赛中分获个人第一和第八的好成绩。

【后勤建设】 严格执行标准，落实伙食管理五项制度，大力开展农副业生产。科学规划菜地，搞好季节性种植。科学调剂伙食。严格落实伙食“1126”和“6211”标准，大力提高炊事员烹调水平和饭菜质量，科学合理搭配，让官兵吃得健康、吃得营养，官兵对伙食满意率达到100%。同时大力加强“一组五队”专业训练，突出关键人员，确保战斗力。

（肖　鹤）

人民防空

【概况】 2018年，浏阳市人民防空工作按照“长期准备、重点建设、平战结合”方针和“准军事化”建设原则，认真落实中央、省市人防工作会议精神，依法依规推进市人民防空事业融合快速发展，将浏阳经开区、浏阳高新区纳入人防管理范畴，实现人防管理全覆盖，扫除一个盲区。浏阳市人防办打造人防宣传教育的“四个一”工程：一个基地——中澳蓝鹰人防宣传教育基地，一个示范学校——长兴湖小学，一个示范社区——唐家洲社区，一个示范企业——太悦城小区，完成人防指挥中心的规划选址。强化工程审批，强化维护管理，强化指挥通信。集中开展人防宣传“五进”活动，高效推建精准扶贫、完成国动委日常工作和市委市政府安排的其他中心工作。全年召开安全生产专题会议4次，检查全市人防工程共计180次，整改安全隐患8处。人防宣传教育工作得到上级人防部门肯定，并在2018年5月“全省人防办主任培训会议”上作典型发言。

【工程审批】　全年本级依法审批防空地下室建设项目11个，批准开工建设面积较同期增长13%；审批易地建设项目59个。简化审批流程，精简收件资料，提速办理时间，17项审批事项落实“最多跑一次”审批改革。完成省政务服务一体化平台事项流程的录入，落实上级下放的权限承接工作。

【维护管理】　2018年，浏阳市人民防空完成早期人防工程和已竣工人防工程的资产清查，建立登记台账，编制人防工程电子布局图，完成人防工程标识标牌的悬挂工作。强化监管，签订人防资产维护管理责任书，强化使用单位的维护责任。突出检查。为确保工程质量，杜绝逃避人防义务的现象，组织对防空地下室面积、质量开展现场检查，落实“事前、事中、事后”三个阶段、多轮次检查，当场责成整改1处、限期整改3处，并落实台账销号制度。确保安全，以消防安全、结构安全、汛期安全及地质灾害安全为重点，组织安全生产专项督察，落实四级监管责任制度。

【指挥通信】　2018年，浏阳市人防办安装完成第三代军用短波台，实现与省市短波通信联络。完成超短波网络建设，移动车载超短波信号稳定，每周定期完成与长沙市办联调。完成省市组织的指挥通信演练任务。新增防空警报器1台，精准完成“11·1”防空警报试鸣，鸣响率100%。

【宣传教育示范带动】　2018年，浏阳市人防办开展“五进宣传教育”（进机关、进学校、进社区、进企业、进媒体）。组织关口中学研发人防教育校本课程打造示范学校，编写人防“三字经”，开展人防知识考试和竞赛活动。指导开展人防疏散演练，学生掌握人防知识技能的熟练度快速提高。选定重视人防工作的唐洲社区打造示范社区，开展防空防灾宣传。组织小区物业单位参加人防疏散演练，增强市民的人防意识。以本市某防空地下室为典型，该工程为浏阳市已竣工面积最大的人防工程，挂牌规范、质量优良、管理到位，示范效应明显。

【行政执法】　以标牌标志、人防设备、工程结构、安全维护为重点，对结建人防工程开展巡查稽查，行政执法工作由“宽松软”走向“严紧硬”。全年没有发生一起违法案件。所有行政执法案卷全部规范整理成档，确保审批程序清晰到位、合法有效，在长沙市人防行政审批和案卷评查情况通报中被点名表扬4次。

【园区纳入管理】　2018年浏阳经开区、高新区实现园区人防“结建”工程零的突破，结束两园区没有人防工程的历史。

（市人防办　供稿）

综合经济管理

发展和改革

【概况】 2018年，市发展和改革局(物价局)主要承担宏观经济管理、全面小康社会建设、两型社会建设改革、能源管理、重点建设项目管理和服务、投资管理、争融资管理、物价管理、湘赣边区域合作联络协调、统筹协调全市铁路建设管理和浏阳区域内生态绿心区的保护和发展等职能。内设办公室(国民经济动员办公室)、财务科、综合规划科(宏观经济研究室、市经济体制改革办公室)、产业发展科、价格收费管理科(市人民政府价格调节基金办公室)、项目稽察办、服务业办、政务服务科、法规科9个科室；下辖价格监督检查局、价格认证监测中心、政府投资项目管理局、两型社会建设综合配套改革办公室、能源局、重点工程建设管理办公室（铁路建设管理办公室)、湘赣边区域合作办公室、公共资源交易管理委员会办公室、市争融资办公室9个二级机构。全局现有人员89人，其中编制人员80人，劳务派遣人员6人，借调3人。在2018年度绩效考核中评为一类单位。加快全面小康建设。2018年全面小康综合实现程度提升至97.5%，较上年提高1.3个百分点。2018年在北京召开的中国城市全面建成小康社会论坛中，浏阳市获评新时代中国全面建成小康社会范例城市。2018年11月29日，发布《浏阳市社会信用体系建设三年行动计划(2018-2020)》，该计划对浏阳市2018年至2020年开展社会信用体系建设的行动目标、主要举措进行明确。

【宏观经济研究与管理】 编制2018年国民经济和社会发展计划，加强经济形势分析，强化经济预测预警，做好参谋助手，宏观经济运行稳中向好。2018年地区生产总值增长8.6%，固定资产投资增长16.7%，城乡居民人均可支配收入增长8.7%。加强重大事项谋划。完成《关于〈浏阳市国民经济和社会发展第十三个五年规划〉实施情况中期评估的报告》编制，对“十三五”规划后期工作进行科学谋划。牵头完成《浏阳市乡村振兴战略规划(2018-2022年)》编制，为乡村振兴提供明确目标和正确指引。准确研判政策动态，起草出台《浏阳市促进社会投资十条》，民间投资增长25.5%，促进社会投资工作经验获省、长沙市推介。

【项目建设管理】 推动椒花水库调整纳入国家172项重大水利工程；推动渝长厦高铁选址定站。围绕发展民生所需、产业链条完善、基础设施建设等领域，铺排重点建设项目228个，计划投资381.5亿元，累计完成投资412.8亿元，占投资计划的108.2%。DITO触摸传感器、蓝思机器人与智能装备设备、蒙达新能源、加农正和生物制品等产业项目加快推进。蒙华铁路浏阳段隧道全面贯通，制梁架梁基本完成。

【易地扶贫搬迁工作】 2018年全完成易地扶贫搬迁房屋建设工作，全部完善集中安置点配套基础设施，截至2018年，实现305户1042人搬迁入住。2018年完成易地扶贫搬迁276户985人。

【改革工作】 实施建设投资项目审批改革。通过实行“一口受理、牵头办理，并联审批、一窗出件”制度，组织联合踏勘、会审、验收、资料共享互认，全面实行“网上审批、在线监察”，推行承诺制，投资项目备案实现即到即办，推动政府投资项目行政审批缩短至30个工作日内办结，社会投资项目行政审批缩短到25个工作日内办结。省直管县全面推进，主动承接省赋予浏阳的356项市级经济社会管理权限，权限承接率达91%，截至2018年，办理业务22万余件次。创新招投标监督模式，实行集中监督；规范招投标交易，新设交易服务科，完成各类交易项目240个。诚信制度化建设有力推进，浏阳市信用信息平台基本建成，“双公示”制度有效落实。新型城镇化建设、城乡融合发展经验获全国推介。

【投资项目管理】 对2018年政府投资计划项目逐个甄别、分类处置，压减项目194个，压减总投资约123亿元，压减率27.9%；全年共审批政府投资项目382个，总投资32.1亿元。主动跨前指导，降低企业成本，社会投资项目备案605个，投资221亿元，项目备案数为历年同期最高。强化招投标管理，调整工程建设类项目公开招标限额，全市共完成各类工程项目招标164宗，中标金额18.82亿元，节约资金1.58亿元;出台《浏阳市小额国有投资项目交易管理办法》,规范小额国有投资项目交易;全面推行电子招投标,交通类项目的电子招投标工作获省级推介。

【争资工作】 做好做优项目服务,科学研判政策走向,加强项目包装策划,争资融资成效明显,全市完成争资44.46亿元,占争资计划的108.8%;其中,该局完成争资3.29亿元,占目标任务的143.10%。

【"两型"社会改革建设】 搭建"两型"宣传平台,"两型"社会建设氛围不断浓厚。全力打赢蓝天碧水保卫战,老旧小区居民餐厨油烟治理2000户任务全面完成。强化绿心保护,生态绿心区内8宗违规用地整改全部到位、2家企业顺利退出,绿心生态补偿全面开展。获人大监督评议"满意单位"。

【服务业发展】 加速服务业发展,12个服务业重点项目纳入2018年度长沙市服务业重点项目库;加快培育服务业大企业,新增申报"四上"服务业企业222家;加速一、二、三产业融合发展,服务业增加值增长11%,对全市经济贡献率提升4个百分点。

【湘赣边区域开放合作】 举办第四届湘赣边区域开放合作交流会,开展产业发展、交通建设、商贸金融、教育卫生等领域合作。茶陵县、炎陵县、攸县成为新合作成员,"研究设立湘赣开放合作试验区"成功纳入《2018年推动中部地区崛起工作要点》,"支持湘赣等省际交界地区合作发展"纳入《中共中央国务院关于建立更加有效的区域协调发展新机制的意见》,湘赣边区域合作进入协同发展"新时代"。

【物价工作】 结合浏阳实际,继续按网格化管理要求进行市场价格行为监管,对全市民营医院医疗收费、各旅游景点门票价格等情况开展全面的价费巡查工作,收缴价格违法所得及罚款69.4万元,价费行为得到有效规范。积极回应民生诉求,督促落实天然气限价保供政策;推进公立医院价格改革,按病种收付费的病种增加到15类204个;出台房价"限价令",对62个房地产项目进行了价格监制,确保房价在合理区间运行。科学开展价格认定,进行涉案、涉税等价格认定900起,标的91532万余元。

【能源工作】 强化节能降耗,对重点用能单位进行节能监察和能源审计,能源消耗和强度双控目标基本完成。按照蓝天碧水工作部署,召开燃煤污染专项整治工作调度会,制订《浏阳市燃煤污染整治专项工作方案》,下发《关于加强禁燃区周边散煤制售点管理的通知》。严格按照市发改委出台的燃煤污染整治工作意见及考核细则,坚持每周对禁燃区辖区街道园区巡查暗访,及时发现问题并交办属地单位处理。推进能源项目建设,协调落实垃圾焚烧发电项目纳入省"十三五"生物质能源发展规划,潜江—韶关(浏阳段)天然气管道完成17.8千米焊接。

【人才培养】 树立新时代选人用人导向,以竞争上岗为机制,选好用好一批青年中层干部,增添队伍活力。年内引进专业英才3人,到国家发改委跟班学习2人,推荐提拔干部2人,中层干部竞争上岗4人。坚持做好"发改讲坛"品牌,成立"青年读书会",多措并举浓厚学习氛围,培养和造就一支政治强、懂业务、敢担当、作风正的发改队伍。

【蒙华铁路大围山隧道贯通】

2018年6月20日,国内最长运煤专线——蒙华铁路(北起内蒙古浩勒报吉站,终点到达江西省吉安市)浏阳大围山隧道贯通。大围山隧道起于浏阳市张坊镇,止于江西省铜鼓县排埠镇,全长8172米。

【出台《浏阳市促进社会投资十条》】

2018年5月2日,浏阳市出台为支持工业增加投资、支持花炮产业发展、支持农业产业化、支持民间资本办学、支持文化体育旅游业发展、支持民营医疗、养老机构发展、支持商贸业发展、支持建筑业发展、促进房地产业健康发展、鼓励金融机构支持实体经济十个方面的《浏阳市促进社会投资十条》,从支持工业发展壮大、补齐服务业发展短板等方面推出10大类政策措施,激发社会投资活力,引导社会资本加大投入。

【浏阳市按病种收付费病种增加到15类204个】 在依照省发改委公布的106个病种收付费的要求下,结合本市已实施的103个病种收付费的实际情况,将按病种收付费病种增加到15类204个。

【规范商品房销售价格行为】 下发《关于严格执行长沙市发改委长沙市住建委〈关于进一步规范我市商品房销售价格行为的通知〉的通知》(浏发改价发〔2018〕12号)。联合住保局对房地产项目进行价格监制,严格执行月涨幅不超过0.5%,年涨幅不超过5%的规定,确保浏阳市房地产市场稳定。

【浏阳市被确定为第二批"共抓长江大保护"试点合作城市】 浏阳市按照国家发改委"共抓长江大保护"第二批合作城市试点工作的总体要求,明确专门班子多次与三峡集团及各级各部门对接,初步明确以城乡污水和治理工程作为试点一期项目先行实施。

(欧思佳)

财 政

【概况】 2018年,全市全年累计完成一般公共预算收入113.32亿元,同比增长13.13%,占长沙市全年考核任务108.17亿元的104.76%,超考核任务5.13亿元,税占比为83.97%,比上年同期提高2.9个百分点;完成地方一般公共预算收入69.19亿元,同比增长10.95%,税占比为73.75%,比上年同期提高4.2个百分点。一般公共预算总支出完成124.55亿元,比上年增加8.48亿元,增长7.3%,其中:市本级一般公共预算支出完成81.29亿元,为调整预算的100%。民生支出94.97亿元,占一般公共预算支出的76.25%。

按现行财政管理体制结算,全年

地方一般公共预算收入完成69.19亿元，上级补助收入38.45亿元，一般债务转贷收入11.32亿元，调入资金15.34亿元（政府性基金调入10亿元、国有资本经营预算调入0.17亿元、其他调入5.17亿元），调入预算稳定调节基金0.82亿元，上年结转6.17亿元，当年收入合计141.29亿元；一般公共预算总支出完成124.55亿元，上解支出1.83亿元，一般债务还本支出9.57亿元，补充预算稳定调节基金1.84亿元，当年支出合计137.79亿元。收支相抵，年终结转3.5亿元。

2018年，通过盘活存量、借新还旧等方式，偿还存量债务95.67亿元，完成隐性债务年度化解任务，全面推进高息产品整改工作，个人借款全部清偿到位。严格控制债务增量。对照省市“停、缓、调、撤”的要求和政府投资项目“正面、负面”清单，2018年政府投资项目总投资额调减123亿元，调整项目180个。遵循不新增债务、收支平衡和真实准确的原则，重新组织编制2018年平台公司收支计划，启动平台公司整合转型工作，平台公司“撤并转”有序推进，工作进度达到省市要求，完成无银行贷款的乡镇平台公司撤销工作。

【预算执行助产业升级】 2018年，浏阳市财政局统筹资金30亿元，支持园区发展，支持15个优势产业链“转型升级”，培育经济高质量增长的新动能。建成蓝思消费电子产品防护视窗组件、日写DITO触摸传感器等项目，构建显示功能器件产业链；支持豪恩声学智能生产基地建设，填补浏阳声学产业高科技产品的空白；推动天玥碳化硅材料项目落地，为浏阳碳基材料产业链增添“新引擎”；引进华域视觉智能车灯生产项目，推动高新区成为长沙最大的汽车零部件产业园区。统筹安排各类行业发展资金1.5亿元，引导企业加速转型，淘汰落后产能，实现提质增效。支持花炮行业集群发展，企业数量较10年前缩减一半，行业产值翻番，2018年达到246.4亿元，同比增长7.7%；支持浏阳国际家居城建设，初步形成以开元大道为“黄金纽带”的家居产业链，实现年产值60亿元、带动就业5万人。

【助力民营经济发展】 2018年，支持民营经济健康发展。先后制定《浏阳市促进社会投资十条》《浏阳市促进企业上市工作实施办法》等政策；每年投入专项资金1亿元，在优化发展环境、强化用地支持、拓宽融资渠道、加强人才引进等方面给予民营企业政策支持；出台“企业家绿卡”制度，营造招商、安商、亲商的良好氛围，构建“清”“亲”的政商关系；发放创业富民专项扶持资金3000万元，支持小微主体创新创业；安排专项资金近3000万元，对为浏阳经济社会发展做出突出贡献的企业给予奖励。2018年新增商事主体1.7万余户，增长19.5%，新增新三板挂牌企业2家，蓝思科技、尔康制药、一朵生活3家企业上榜湖南百强民企。

【全面升级“互联网+政务服务”信息平台】 2018年，投入资金1500余万元，全面升级“互联网+政务服务”信息平台，保障市民之家正常运转，推进“最多跑一次改革”，企业开办审批缩减至3个工作日，在长沙市范围内率先实现企业法人电子证照数据共享，全市1246项政务服务可通过网上办理，480项经济社会管理权限前移至各乡镇、村办理，践行“马上办、就近办、网上办”的服务理念；投入资金300余万元，完善海关大楼配套设施建设，实现出入境检验检疫与海关业务“一个窗口”办理，减少花炮行业通关环节；实施二手房交易水、电、气过户“一窗联办”，不动产登记5个工作日内完成；实现国土等七部门“一张桌子”办公，开辟农村集体经营性建设用地入市“绿色通道”，集体经营性建设用地入市104宗、面积113.1087公顷；全面开展“千人帮千企百日大行动”，按照“一企一策一台账”的工作方法，推动惠企政策精准入企，落地惠企。

【推进乡村振兴】 2018年，统筹投入8.2亿元，完善农村教育、农村医疗、农村低保、困难群众生活救助等公共服务体系；投入1.05亿元，保障村级组织运转；投入3.8亿元，支持农村人居环境改善和新型集体经济发展，将乡村振兴战略推向纵深。搭建政策平台，先后出台《浏阳市关于全面落实乡村振兴战略的实施意见》《浏阳市乡村振兴三年行动计划（2018—2020年）》《浏阳市发展壮大新型村级集体经济的实施意见》《浏阳市农村人居环境整治三年行动方案（2018—2020年）》等一系列政策文件，明确将整治农村人居环境、发展新型村级集体经济作为乡村振兴的主要抓手。投入资金500余万元，完善农村资源交流交易平台等服务平台建设；深入推进农村土地制度改革，入围全国农村宅基地制度改革试点县；开展集体林权制度改革，全国活化林地经营权促进规模经营现场会在浏召开。通过改革引领，释放市场活力，实现土地、资金、技术、人才等要素的流通，助推乡村发展。实施“产业扶持、品牌强农”战略，以品牌带动发展，统筹各类资金2000万元，支持特色农业和农业合作社发展，“大围山梨”“浏阳黑山羊”等特色品牌获得国家级农产品地理标志认证，普迹镇书院新村“毛豆”产业获评“全国‘一村一品’示范村”；统筹各类资金1亿元，支持乡村旅游事业发展，改善农村人居环境，实现产业生态化、生态产业化的良性循环，打造出张坊镇田溪村、官桥镇苏故村等旅游示范村；发展“四型”村级集体经济，消除集体经济薄弱村97个，对效益良好、管理规范、农民满意的新型村级经济发展示范村给予专项奖励。加大对乡村振兴的投入力度，统筹各类财力，重点抓好农村“治厕”“治垃圾”“治水”“治房”“治风”的“五治”工作。投入7200万元，完成农村危房改造2621户，基本完成全市农村危房改造；统筹财力3500万元，开展城乡环境综合整治，推进农村垃圾简易填埋场集中治理，完善生活垃圾分类设施体系；争取上级资金5000余万元，开展生态田园建设，支持永安镇、官渡镇国家级田园综合体建设试点；统筹投入6700万元，用于农村道路、桥梁建设维护；统筹安排4100余万元，实施农村安全饮水巩固提升工程，消除黑臭水体，保障农村饮用水安全。

【社会民生支出与民生保障】 2018年，统筹财力2.2亿元支持民生实事。在全省率先实现公立医院就医“一卡通”，获评国务院放管服“互联网+政务服务”典型案例；实现农村地区“旱厕清零”；实现主城区管网建成区污水直排口全截污和“一元民生”保险全覆盖；建成长沙示范性村(社区)综合文化服务中心20个、自助图书馆5个；中心城区公交站点500米覆盖率达到80%；新改扩建标准化村级卫生室、学校医务室133个；完成7个社区提质提档，建成停车场7个，新增停车位3155个；新改建农贸市场4个、食品安全快检室12个；完成西湖山游道改造一期工程。持续加强基本民生保障。投资3.47亿元，集中交付道吾学校等15个学校改扩建项目，新增中小学学位10875个，新增普惠性幼儿园6所；实施城乡居民养老保险丧葬补助金制度，基础养老金十三连涨，2018年每人每月提标18元；残疾人办证下放至乡镇完成，高龄老人补贴和孤儿生活补助标准翻番，全年累计发放高龄老人补贴、孤儿生活补助和残疾人两项补助6522万元；整合涉农资金4650万元，在全市31个村开展涉农资金整合试点；规范惠农补贴“一卡通”发放管理，累计发放惠农补贴4.8亿元；总投资23亿元的金阳大道三期，道吾山路隧道重点工程施工中，蒙华铁路浏阳段隧道和路基全面打通，成功争取渝长厦高铁经浏阳设站，加固拓宽浏阳河老桥、天马山大桥匝道；统筹投入1.04亿元，支持保障性住房建设，开展公租住房全面清查，发放住房租赁补贴372户，安置无房户和住房困难户入住政府性公租房4565套；完成老年大学建设，正式启用工人文化宫和人才公寓，为人民群众和引进人才提供良好的学习生活环境；高标准完成博物馆、图书馆等公共设施项目和人民医院整体搬迁主体工程建设。打好精准脱贫攻坚战。统筹1.3亿元，深入推进“精准脱贫攻坚战”，扎实做好贫困人口基本民生保障工作，大力推进产业扶贫项目，确保“脱真贫、真脱贫”。加大对贫困地区农业、教育、医疗、交通等领域的投入力度，确保健康扶贫、教育扶贫“两免一补”等政策落实；实施产业扶贫项目208个，带动建档立卡贫困人口参与产业扶贫，户均增收5000余元，较2017年提升近一倍，全年11561人实现脱贫，贫困发生率下降至0.4%。推进生态环保建设。统筹1.8亿元，深入推进“蓝天碧水保卫战”。组织开展大气污染防治、浏水斩污、畜禽养殖污染治理“百日攻坚”等专项行动，完成浏阳河流域500米至1000米畜禽规模养殖退出，完成浏阳化工厂危险固废处置，出台《浏阳市餐厨垃圾无害化收运处置实施方案》，创新实现餐厨垃圾发电。全市空气质量优良率94.2%、县级以上饮用水水源地水质100%稳定达标，顺利通过中央环保督察“回头看”和省级环保督察。

【财政收入考核九区县排名第一】 2018年，财政收入考核九区县排名第一；全年累计完成一般公共预算收入113.32亿元，同比增长13.13%，占长沙市全年考核任务108.17亿元的104.76%，超考核任务5.13亿元，税占比为83.97%，比上年同期提高2.9个百分点；完成地方一般公共预算收入69.19亿元，同比增长10.95%，税占比为73.75%，比上年同期提高4.2个百分点，财政收入总量及质量明显提高。

【化债工作考核长望浏宁排名第一】 浏阳市市化债工作在全省财政工作大会上作为唯一代表作经验介绍；草拟隐性债务化解工作方案全省样本，省、市化债办5期宣传推介浏阳化债工作经验。全年偿还、化解存量债务95.67亿元，平台公司清理压减工作进度达到100%，提前1年达到省市要求。

【田园综合体项目获省人大代表好评】 2018年，自“浏阳故事、梦画田园”国家级田园综合体建设试点实施以来，浏阳市共投入资金2.36亿元，打造永安功能区的“老种子博览园、老种子主题民宿、美栗谷林下经济”和官渡功能区的“桂园国际美食体验园、第一湾观光体验园、客家风情民宿体验园”六大项目。2017年和2018年均通过财政部、省财政厅的检查，2018年7月，该项目代表省财政厅接受省人大代表的观察和考察，获得高度肯定。两个试点乡镇成为长沙市乡村振兴的观摩点，为浏阳市乡村振兴提供试点样板和经验。

（杨 丽）

税 务

【概况】 2018年7月20日，原浏阳市国家税务局、原浏阳市地方税务局合并组成国家税务总局浏阳市税务局，办公地点设浏阳市白沙路2号。浏阳市税务局主要承担贯彻执行税收、社会保险费和有关非税收入法律、法规、规章和规范性文件，研究制定具体实施办法；组织落实国家规定的税收优惠政策；负责研究拟定本系统税收、社会保险费和有关非税收入中长期规划，参与拟定税收、社会保险费和有关非税收入预算目标并依法组织实施；负责本系统税收、社会保险费和有关非税收入的会统核算工作；组织开展收入分析预测；负责开展税收经济分析和税收政策效应分析，为长沙市税务局和当地党委、政府提供决策参考；负责所辖区域内各项税收、社会保险费和有关非税收入征收管理；组织实施税（费）源监控和风险管理，加强重点税源企业和自然人税收管理；负责组织实施本系统税收、社会保险费和有关非税收服务体系建设；组织开展纳税服务、税收宣传工作，保护纳税人、缴费人合法权益；承担涉及税收、社会保险费和有关非税收入的行政处罚听证、行政复议和行政诉讼事项；负责所辖区域内国际税收和进出口税收管理工作，组织反避税调查和出口退税事项办理；负责本系统内部控制机制建设工作，开展对本系统贯彻执行上级部门重大决策及工作部署情况的督查督办，组织实施税收执法督察等职能。内设办公室、法制科、税

7 月 20 日，新组建的国家税务总局浏阳市税务局挂牌成立　　（市税务局　提供）

政科、社会保险费和非税收入科、收入核算科、纳税服务科、征收管理科、税源管理科、税收风险管理科、财务管理科、人事教育科、党建工作科、纪检组、机关工会、信息中心 15 个科室；下辖第一税务所、第二税务所、淮川税务分局、古港税务分局、官渡税务分局、大瑶税务分局、镇头税务分局、经开税务分局、沙市税务分局。全局现有干部职工 428 人，其中在职干部职工 310 人，离退休人员 118 人。2018 年，在国家税务总局“新机构 新职责 新业务 新作为”知识网络竞赛中，市税务局有 100 名干部闯入“再接再厉”阶段，晋级人数全湖南省排名第一，20 名干部闯入“奋勇争先”阶段，晋级人数在全湖南省再次排名第一，教育培训工作获湖南省税务局书记刘明权批示在全省系统推广浏阳经验。浏阳市国家税务局工业园税务分局工会被评为“2018 年全国模范职工小家”。浏阳市税务局在长沙市税务系统和浏阳市委绩效考核中，均进入一等行列。

【机构改革】 2018 年，浏阳市税务局成立联合党委领导下的机构改革工作小组。建立健全改革工作机制，在长沙市税务局第二督导组的指导下，建立常态任务台账管理、按时办结，重点任务每周推送、限时办结，紧急任务即时派单、即时办结的改革工作机制，各项改革任务按时办结率 100%。7 月 20 日，新机构挂牌，10 月 25 日，“三定”按要求完成，社保费和非税收入征管职责划转较好地完成预期改革目标。

【组织税费收入】 2018 年，浏阳市税务局共组织收入 975394 万元（政府口径），同比增收 140454 万元，增长 16.82%，完成年初政府任务的 104.66%。主动争取街道、乡镇支持，构建协税护税综合体系，通过强化日常巡查、税企约谈、稽查评估相结合的内销烟花及四大行业征管举措，参考出口商检数据严厉打击外出开票行为。2018 年，本市出口烟花同比增收 14495 万元，增长 6.01%，造纸、军工硝、引线分别增长 32.89%、51.21%、65.98%，借助风险管理平台深入挖掘数据信息，建立行业评估模型，促进主体税源和行业较快增长，医药制造、批发和零售、房地产、水利环境公共设施管理分别增长 37.33%、59.49%、13.15%、116.81%。

【征管执法工作】 2018 年，浏阳市税务局以国税地税征管体制改革助推征管规范化，持续提升税收管理水平。落实依法行政责任制，签订依法行政目标责任书。试点行政执法三项制度，规范税收执法行为。做好机构改革文件清理，保障改革顺利推进。突出抓好执法监督检查。全面上线应用内控监督管理平台，深入开展税收执法督察，完成了税务总局执法大督察任务。持续优化征管体系，建立健全多项征管制度，加班加点开展数据清理工作，实现挂牌前后税收业务无缝衔接。全面推进信息化建设，“金三”系统并库首战告捷，自然人税收管理系统、社保费和非税收入征管系统等顺利上线。强化大数据分析应用，落实增值税虚开虚抵风险管控和快速反应机制，累计推送风险任务条，查补入库税款 10577 万元。规范企业所得税管理，全年汇算清缴企业 7119 户，同比增长 32%，补缴入库 23110 万元，增长 166%。积极推进环保税法落地，全年入库 1065 万元，同口径增长 842 万元，占长沙地区 40%以上。契税“先税后证”，车船税“先税后检”、委托代征等征管机制全面落实。土地增值税、房产税、城镇土地使用税、资源税、耕地占用税、消费税、车辆购置税等管理进一步加强。烟叶税法顺利实施，运行平稳顺畅。主动向浏阳党委、政府汇报，取得支持。多渠道宣传个税改革工作，形成良好的社会效应。强化政策辅导，共组织了 3 轮 26 场 6416 人次的政策辅导培训。个税改革以来，浏阳地区自然人税收管理系统扣缴客户端推广首月申报率 34.9%，在长沙地区排名第一，个税电子明细每月申报率达到 100%，每月准确率 100%，排名长沙地区第一。

【优化营商环境】 2018 年，浏阳税务局落实税务总局优化税收营商环境五年行动方案和深化“放管服”改革五年工作方案，执行《浏阳市促进社会投资十条》。积极落实增值税税率调整等三项改革措施，全市 4800 余户一般纳税人享受增值税税率下调优惠政策，累计减税 18000 万元；670 户次纳税人享受政策性退税，累计金额达 6395 万元。24 户纳税人享受增值税留抵退税优惠政策，退税金额达 4047 万元。加快出口退税进度，确保一类企业 2 日内审批完结，其他企业 5 日内审批完结，2018 年共计出口退（免）税 1370 批次，退税 19.69 亿元，免抵税 3.1 亿元。持续推进“最多跑一次”改革，打造高效咨询团队，设置专窗应对清税注销等复杂业务，对符合条件的纳税人实现资料不齐承诺式“容缺”办理，减少纳税人的“无效跑”。大力推广发票领用等 62 个事项全程网上办，实现纳税人“不用跑”。纳税人“重复跑”“多头跑”的现象得到有效遏制，“网上办”成为主流，纳税人平均办税时间缩短60%以上，办税高峰期，纳税人平均等待时长由以前的1小时以上缩减到30分钟以内。全市所有综合办税服务场所全部实现“一厅通办”“一网通办”“一套资料”“一次申请”“主税附加税一次办”。持续推进“便民办税春风行动”，组织开展“新机构、新服务、新形象”专项活动，走访纳税3931户次、解决各类问题50个。加强纳税信用等级评定，严格落实激励和惩戒措施，全面深化银税合作，全市32户次企业通过“银税互动”获得银行纳税信用贷款2714万元。

（刘强）

表8 **国家税务总局浏阳市税务局2018年各项税收计划完成对比表**

编报单位：国家税务总局浏阳市税务局　　2018年12月

税种	本月入库（万元）	占本月入库比重%	累计入库（万元）	占累计入库比重%	同比增减额（万元）	同比增减比例（%）
增 值 税	51281	46.71	374998	38.45	48934	15.01
消 费 税	3746	3.41	56843	5.83	-5687	-9.09
营 业 税	185	0.17	458	0.05	-3772	-89.17
企业所得税	16386	14.92	143674	14.73	48445	50.87
个人所得税	5566	5.07	58661	6.01	9420	19.13
资 源 税	46	0.04	1058	0.11	404	61.77
土地使用税	2565	2.34	12901	1.32	-4509	-25.90
城市维护建设税	2673	2.43	26192	2.69	1048	4.17
土地增值税	1699	1.55	45031	4.62	8965	24.86
印 花 税	552	0.50	5986	0.61	1278	27.15
车 船 税	1346	1.23	10414	1.07	1602	18.18
房 产 税	3175	2.89	14917	1.53	-1971	-11.67
烟 叶 税	0	0.00	3546	0.36	95	2.75
契　税	10076	9.18	166913	17.11	67671	68.19
耕地占用税	8044	7.33	29385	3.01	-33741	-53.45
环境保护税	12	0.01	1065	0.11	1065	100
教育费附加	1465	1.33	14053	1.44	719	5.39
地方教育附加	974	0.89	9353	0.96	488	5.50
合　计	109791	100.00	975394	100.00	140454	16.82

国土资源管理

【概况】 2018年，浏阳市国土资源管理局优化营商环境，结合“最多跑一次”改革，加大“放管服”力度，梳理事项清单71项，简化办理程序、开辟绿色通道、统筹用地指标，为企业落地节约成本。保障项目用地，批回用地302.933公顷，储备土地275.067公顷。规范用地秩序，完成整改1115宗、面积435.875公顷。加强耕地保护，申报高标准农田建设项目6个、面积7.79万亩，完成高标准农田建设项目10个、面积4246.667公顷，被评为高标准农田建设一类单位。实际落实耕地保有量7.72万公顷、基本农田保护6.67万公顷，获湖南省永久基本农田划定工作表现突出单位。盘活处置闲置土地94宗，宗数、面积完成率均达到100%，在长沙市绩效考核中排名第一。深化统筹农村土地制度改革三项试点，完成全市251个村土地利用规划编制，规划整理新的集中连片宅基地402处；拆除历史“旧宅”1.34万宗、面积200多公顷；省自然资源厅审查批复增减挂钩19个批次、1360公顷，已验收确认2个批次、面积152.733公顷；土地开发立项42个，已验收确认12个、面积126.667。发出全省首本集体土地入市的工业厂房预售许可证，改革试点取得突破。全面推行“三榜公示”，按试点要求实施征地39宗、面积641.691公顷。完成全市4997.6平方公里的内业工作和31个乡镇、街道的外业核查举证工作。制定全市存量土地盘活处置方案，清理可处置宗地348宗、面积1666.667公顷。打好污染防治攻坚战，制定三年行动计划，严厉打击查处“两园三区”周边非法用地，积极开展黄土裸露地块清零行动，前置建设用地土壤环境审查，监控扬尘污染源。打击、取缔非法开采

7月10—12日，自然资源部党组成员张德霖（左四）到浏阳专项督察农村土地制度改革三项试点工作 （市国土资源管理局 供图）

点11处，驱散非法开采人员156人，制止矿山违法行为39次、立案查处28起，并按“一单四制”要求移交排查的矿山安全隐患27起。公开招拍挂出让砖瓦用砂岩矿2宗，协助公开出让矿泉水资源采矿权1宗。依法依规按权限征收矿业权使用费、矿业权价款、矿产资源补偿费等1714.43万元。制定砂石、有色金属、非金属、黄金、煤炭等5个行业的绿色矿山建设规范。推进不动产登记，办理各类不动产登记业务11.4万宗。全面完成自然资源统一确权登记试点工作，顺利通过自然资源部检查验收。不断优化综合服务，创新推出“土地租赁过户手续一站式办结”服务，实现简易事项即来即办；接待土地确权单位和个人20余户，依法依规办理土地确权2宗。

根据2017年度土地变更调查面积汇总统计（管理控制数），2018年，浏阳市土地调查面积499735.25公顷，其中耕地76895.15公顷、园地4703.09公顷、林地338130.61公顷、草地3499.15公顷、城镇村及工矿用地41590.86公顷、交通运输用地9267.71公顷、水域及水利设施用地19257.21公顷、其他土地6391.47公顷。2018年，浏阳市已探明矿产61种，其中非金属矿产26种、金属矿产29种、能源矿产4种、水气矿产2种，主要包括煤、铜、铅、锌、铁、钨、钼、金、银、磷、海泡石、菊花石、石灰岩、石膏、高岭土、花岗岩等。全市共有大小矿床（点）361处，现有持证采矿权88宗，其中金属矿山5个（金、铜、锌）、非金属矿山80个（磷矿、重晶石、硫铁矿、其他非金属）、能源矿产2个（煤矿）、矿泉水矿产1个；探矿权28个，登记勘查工作面积580.15平方千米，涉及铜、金、磷、重晶石、铅锌、铁、高岭土、钼钨等8个矿种。

【耕地保护】 2018年，浏阳市出台《乡镇人民政府（街道办事处）耕地保护目标考核办法》，浏阳市人民政府与31个乡镇（街道）分别签订耕地保护、永久基本农田保护责任书124份，31个乡镇（街道）与313个行政村（社区）分别签订耕地保护、永久基本农田保护责任书2504份。落实耕地占补平衡要求，完成59个项目、112.19公顷耕地的占补平衡工作；成功竞买补充耕地指标（旱改水）2宗、面积60公顷。推进农村土地整治，申报高标准农田建设项目6个、面积5193.333公顷，完成高标准农田建设项目实施10个、面积4246.667公顷，被评为湖南省高标准农田建设一类单位，获高标准农田建设奖励资金1500万元。全市实际落实耕地保有量面积77238.48公顷，划定基本农田保护面积66710.23公顷，永久基本农田划定成果通过国土资源部备案，被评为湖南省永久基本农田划定工作表现突出单位。

【土地利用】 2018年，严格执行土地利用总体规划，完成建设用地预审96宗、湖南省投资项目在线审批69宗、政府投资建设项目审查236宗、政府投资建设项目用地审查82宗。规范建设用地报批，批回国有建设用地34批次、面积302.933公顷，办理集体建设用地手续34宗、面积20公顷。推进节约集约用地，浏阳高新区获湖南省节约集约用地先进单位一等奖，获得用地计划指标奖励300亩；处置闲置土地94宗，宗数、面积完成率均达到100%。因“土地节约集约利用、土地利用秩序、土地利用计划执行好”获国务院点名表扬，奖励建设用地计划指标66.667公顷。

【用地保障】 2018年，浏阳市加强土地储备，获批土地储备专项债券5.27亿元，新增建设用地征收储备

9月25日，全国人大环资委副主任委员王洪尧（左三）到浏阳开展《中华人民共和国土地管理法》修改调研 （市国土资源管理局 供图）

46 宗、面积 188.35 公顷，相比 2017 年增加 56.95%；存量建设用地收购(回)储备 84 宗、面积 281.94 公顷，相比 2017 年增加 55.66%。推进征地拆迁，发布征地补偿安置公告 82 份，依法依程序做好南北横线、金阳大道、西南环线、水佳湖片及道吾片棚户区改造等重点项目征拆工作，完成项目征地 753.333 公顷，拆除房屋 1438 户，实现项目清零 109 个，安全及时“点对点”拨付征地拆迁补偿资金 14.5 亿元。推进土地供应，建设用地转让、抵押、出租二级市场改革试点通过验收，建立“我有地、我要地”建设用地网上交易系统，完成国有建设用地招拍挂出让 78 宗、面积 238.904 公顷，成交总价款 32.38 亿元，办理国有建设用地划拨供地 24 宗、面积 66.933 亩。

【土地执法】 2018 年，浏阳市开展土地执法动态巡查 4395 次，发现、制止违法用地 433 起，拆违拆旧 1.4 万余宗、面积 212.7 万平方米。推进土地例行督察违法用地整改，完成整改 1115 宗、面积 4358768.5 平方米，宗数、面积整改到位率分别达到 97.72%、97.37%，顺利通过国家自然资源督察武汉局的检查验收。作为湖南省唯一代表，在自然资源部召开的加强和改进卫片执法检查工作座谈会上作典型发言。

【第三次国土调查】 2018 年 2 月，浏阳市被列为全国第三次国土调查先行开展县(市)。编制《浏阳市第三次国土调查实施方案》，选取淮川街道、浏阳经济技术开发区、北盛镇开展先行试点。开展初始库建设，全面完成全市 32 个乡镇(街道)、322 个村(社区)、总面积约 4997.6 平方公里的内业初始库建设。推进全员参与的全野外调查，完成 31 个乡镇(街道)、31900 个举证图斑的外业核查举证工作。推进专项用地调查，开展基本农田范围外的耕地细化调查，其中林区耕地 3952.82 公顷、河道耕地 41.27 公顷；完成全市城镇低效用地调查 13 宗、总面积 47.3 公顷；批准未建设的建设用地调查、集体经营性建设用地调查正在收集整理资料。开展数据编辑整理建库，完成 22 个乡镇(街道)的内业编辑整理。

11 月 6 日，省人民政府副省长陈文浩(左五)到浏阳调研农村土地制度改革三项试点工作。图为大瑶镇华园村城乡建设用地增减挂钩项目现场　　(市国土资源管理局　供图)

【矿山管理】 2018 年，浏阳市完成第三轮矿产资源规划上图入库工作。加强矿权出让管理，依法依程序公开招拍挂出让砖瓦用砂岩矿 2 宗、矿泉水资源采矿权 1 宗。加强矿山日常资源开采现状监管，办理采矿权与采矿转让许可审批业务 49 宗。加强资源储量备案管理，开展矿山储量日常动态检测 47 宗，组织储量核实报告(含年报)评审与备案 52 宗。加强资源有偿处置管理，依法依规按权限征收矿业权使用费、矿业权价款、矿产资源补偿费等 1714.43 万元，创历史新高。

【矿山清理整治】 2018 年，浏阳市组织开展自然保护区内矿业权清查整治，调出生态保护红线范围内采矿权 6 家，“三园二区”内没有设置采矿权。开展湘江流域露天开采非金属矿专项整治，已关闭注销 2 宗、调整退出 3 宗，2 宗菊花石矿业权正在按照关闭 1 家、保留 1 家的方案进行处置。开展非煤矿山三年依法整顿行动，成立浏阳市非煤矿山依法整顿领导小组办公室，制定《浏阳市非煤矿山依法整顿三年(2019—2021 年)行动实施方案》，按照 2019 年底保留 70 家、2020 年底保留 50 家、2021 年底保留 25 家的目标稳步推进，已对浏阳市开拓石料有限公司、浏阳市蕉溪乡高升采石场等 8 家矿山企业依法下达关闭通告。

【绿色矿山建设】 2018 年，浏阳市出台《绿色矿山创建实施办法》，制定砂石、有色金属、非金属、黄金、煤炭、水泥用灰岩 6 个行业的绿色矿山建设规范标准，浏阳市新松矿业科技有限公司等矿山率先开展绿色矿山

12 月 11—12 日，中部六省自然资源改革第五次联席会议在浏阳召开
(市国土资源管理局　供图)

创建试点。组织各乡镇(街道)对辖区内矿山进行全面、系统的规划设计,启动矿山绿色建设详细规划编制工作。

【矿山安全生产】 2018年,浏阳市加强矿山执法检查,严格矿山安全生产监管,与矿山企业签订《矿山安全生产目标管理责任书》,打击、取缔非法开采点11处,驱散非法开采人员156人,制止矿山违法行为27次、立案查处18起,组织矿山安全生产检查125次。

【地质灾害防治】 2018年,浏阳市编制年度地质灾害防治方案,健全镇、村、组三级群测群防体系,落实24小时值班值守制度;应急调查突发性地质灾害点41处,出具《地质灾害应急调查简报》24份;联合气象部门发布地质灾害气象风险预警消息5期,预警短信65条、20万人次,全年无地灾人员伤亡和失踪事故;争取专项资金1900万元,实施淮川街道北园社区团仓巷组等4个滑坡地质灾害治理项目。

【不动产登记】 2018年,浏阳市压缩不动产登记办理时间,各类登记事项从过去按法定的30个工作日办结,实现抵押权登记当场办结、二手房转移登记5个工作日内办结、首次登记10个工作日内办结。制订《浏阳市不动产登记"最多跑一次"工作方案》,推动不动产登记系统与各部门信息共享,联合税务部门推出二手房转移登记综合受理窗口,实行两个部门"一套资料、一次提交、实时共享"。全市共办理各类不动产登记业务11.4万宗,颁发不动产权证书2.64万本,出具不动产登记证明4.02万余份,办理抵押2.02万笔、面积1026.667公顷、金额216亿元。

【测绘服务】 2018年,浏阳市定制开发集业务管理、数据生产、数据管理于一体的测绘业务管理系统,完成不动产测量9978宗、土地测量541.06万平方米、房产测量663.1万平方米,完成勘测定界1406宗、面积1393.34万平方米,实现测绘创收1070.76万元。

【农村土地制度改革】 2018年,浏阳市全面完成农村土地制度改革"试制度、试成效"的试点任务,形成5项专题总结报告。农村宅基地制度改革以探索宅基地"三权分置"为重点,推进实施"城乡合作建房"试点,累计发放农村宅基地不动产权证书1.4万余本,办理农房抵押贷款4.2万宗,贷款总额48.87亿元;集体经营性建设用地入市改革取得重大突破,累计完成入市104宗、面积113.109公顷、总价款2.27亿元;土地征收制度改革全面推行"三榜公示",按试点要求实施征地39宗、面积641.691公顷。推进农村土地制度改革三项试点全面覆盖、深度融合,在全市范围实施深化统筹农村土地制度改革三项试点"五大行动",完成251个村土地利用规划编制,规划整理新的集中连片宅基地402处;完成土地开发立项29个、建设总规模247.733公顷;完成增减挂钩后备资源调查摸底约1306.667公顷,完成2017年度78公顷增减挂钩项目的验收和指标确认,编制2018年度增减挂钩实施方案17个批次、1200公顷,规模居全省之首;清理拆除"一户多宅"1.34万宗、面积199.267公顷。

【自然资源统一确权登记试点】

2018年,浏阳市全面完成市域范围内自然资源的资料收集、单元划定、权属调查、基本情况和公共管制内容调查工作,确定自然资源单元122个、面积230.73平方公里,其中水流资源147.81平方公里、森林资源82.92平方公里。编制浏阳市自然资源统一确权登记成果图集,建立涵盖自然状况、权属状况和公共管制要求等内容的自然资源登记簿,在全省率先完成确权任务。7月6日,自然资源部等7部委在北京召开自然资源统一确权登记试点评估验收会,浏阳试点成果通过国家部委验收。

【浏阳市获奖励新增建设用地计划指标1000亩】 2018年5月3日,国务院办公厅发布《关于对2017年落实有关重大政策措施真抓实干成效明显地方予以督查激励的通报》(国办发〔2018〕28号)、《2017年落实有关重大政策措施真抓实干成效明显的地方名单及激励措施》,浏阳作为"土地节约集约利用、土地利用秩序、土地利用计划执行好"的县(市、区)被点名表扬,并获得新增建设用地计划指标1000亩的奖励。奖励指标在2018年全国土地利用计划中单独列出,纳入计划执行管理。

【中部六省自然资源改革第五次联席会议在浏阳召开】 2018年12月11—12日,河南、山西、安徽、湖北、江西、湖南等中部六省自然资源改革第五次联席会议在浏阳召开。自然资源部综合司副司长吴太平、国家自然资源督察武汉局副局长李红、湖南省自然资源厅副厅长王善明、省委改革办协调处处长唐超雄等领导出席,长沙市委常委、浏阳市委书记黎春秋出席现场会议,浏阳市委副书记、市长吴新伟全程参加,河南、山西、安徽、湖北、江西、湖南六省的自然资源系统、改革试点县市代表参加会议。会议由湖南省自然资源厅主办,中共浏阳市委、浏阳市人民政府承办。会议主题是总结、交流农村土地制度改革三项试点工作,研究讨论下一步自然资源改革工作。

【浏阳发出湖南省首本集体土地入市的工业厂房预售许可证】 2018年12月12日,浏阳永安家具产业聚集区拿到湖南首本集体土地入市的工业厂房预售许可证。12月23日,2018浏阳国际家居企业对接会在永安星辰家居产业园举行,永安家具产业聚集区一期8万多平方米的4栋厂房正式开售,标志浏阳农村土地制度改革取得新突破。

【自然资源部不动产登记理论与实务研讨暨现场会在浏阳召开】 2018年12月13日,自然资源部不动产登记理论与实务研讨暨现场会在浏阳市北盛镇亚洲湖村召开。自然资源部党组成员、副部长王广华,省自然资源厅党组书记、厅长王一鸥,国家自然资源督察武汉局分党组书记、局长崔岩,自然资源部确权登记局局长冷宏志,省自然资源厅党组副书记、副厅长颜学毛,武汉督察局副专员杭邦明等出席会议,长沙市委常委、浏阳市委书记黎春秋,长沙市政府副市长廖建华等参加会议。会议主要内容是研究探讨农村宅基地“三权分置”登记发证、不动产登记电子证照、农村宅基地“房地一体”确权登记等工作开展情况及存在问题。2016年,北盛镇亚洲湖村被确定为全市整村推进不动产登记确权发证试点村,同年1月5日,亚洲湖村与浏阳城区同步颁发湖南省第一批宅基地“房地一体”不动产权证书。截至2018年12月,该村全部完成测量,办理“村民建设用地许可证”650宗,应收土地有偿使用费95户。结合“全域美丽乡村”建设,通过合法有偿、非法无偿等方式,引导废旧宅基地退出和整合,实施土地治理,改善人居环境,推动乡村振兴,全村自愿无偿退出宅基地20余宗,有偿退出6宗,拆除违法建筑4200平方米、危房28栋、闲置房屋11栋,建成小花园、小游园、小菜园20处,复垦水田1.2公顷。12月6日,自然资源部不动产登记中心副主任李炜一行专程到亚洲湖村实地调研农村宅基地房地一体不动产确权登记发证试点工作,与村民交流,了解土地制度改革后生活的变化。

【浏阳市不动产存量数据整合工作通过自然资源部验收】 2018年12月28日,浏阳市不动产存量数据成果通过自然资源部验收,浏阳不动产登记数据成功接入国家级不动产登记信息管理平台,实现不动产登记数据自助查询和与住保、税务、金融等部门的数据共享,满足信息共享应用需求,提高不动产登记便民利民服务能力。

(杨　波)

审　计

【概况】 2018年,全年完成审计项目36个,查处管理不规范资金49.33亿元、违规资金6350万元、损失浪费金额191万元,收缴财政6302万元,提出审计建议99条,移交违纪违规线索11起、雁过拔毛式腐败问题线索7条,1个审计项目获得长沙市优秀审计项目。

【同级预算执行情况审计】 2018年,对市本级财政预算执行情况和水务局、发改局等7个单位2017年度预算执行情况进行了审计,查处问题48个,提出审计建议21条,移送主管部门线索4条。接受市人大委托,对民政局、住保局等3个单位的预算编制及预算执行情况审计,查处问题20个,提出审计建议8条。

【领导干部经济责任审计】 2018年,完成对人民医院、国土局等6个市直单位7名领导干部以及沿溪镇、北盛镇、高坪镇、葛家镇4个乡镇8名领导干部开展任期经济责任审计,查处违规金额4695万元、损失浪费金额59万元、管理不规范金额3.5亿元,查处问题97个,提出审计建议30条,移送违纪线索2条。

【政府投资审计】 对2017年度重点建设项目及资金投入情况和征地拆迁安置补偿资金开展专项审计调查,查清重点项目铺排情况和征拆安置情况,查处重点项目计划下达时间滞后、项目立项、绩效评估等环节管理不规范、征地拆迁程序不规范、违规扩大补偿范围或提高补偿标准等问题11个,提出审计建议7条,移送纪委线索3条,出具《审计要情》3篇。对古港镇梅田湖美丽乡村建设项目实施情况进行专项审计调查,核查项目基本情况、资金支付情况及村级负债情况,查处工程管理不规范、违规支付工程款等问题10个,提出建议3条。开展2016—2017年度简易项目(50万元以下)实施情况专项审计调查(经开区、高新区、洞阳镇)和城建集团南泥湾路(道吾山路—西北环线)项目跟踪审计。

【民生专项资金审计】 对市2017年度精准扶贫相关政策措施落实情况开展专项审计调查,查清精准扶贫政策措施建立和落实、相关资金的总体情况,查处贫困户识别不精准、虚列支出套取财政扶贫资金、违规使用或滞留扶贫资金等问题21个,移送纪委、监委线索3条。对市发改局“两型”社会建设专项经费、市水务局安全饮水专项经费、市食药工商质监局食品安全监管专项经费等6个单位的6项经费开展专项调查,查处问题28个,提出建议14条。

【财政债务审计】 对全市所有单位、乡镇、园区及国有企业开展2016—2017年度政府性债务和相关国有企业债务情况专项审计,对政府性债务管理情况、增长变化情况、负担状况和财政风险进行分析,揭露违规举债、政府性债务管理不规范、债务整改不到位、融资平台及相关国有企业债务的风险隐患等四大类问题11个,提出控规模、释风险、谋转型等审计建议5条。

(张　丽)

统　计

【概况】 2018年,全市统计工作履行统计职能、不断夯实统计基础、提升统计服务、推进依法统计,为经济社会发展作出应有的贡献。全市实现地区生产总值1342.1亿元,按可比价格计算,同比增长8.6%。实现固定资产投资增长16.7%;规模工业增加值按可比价计算增长10.8%;社会消费品零售总额348.8亿元,增长13%;城乡居民人均可支配收入39608元,增长8.7%。全市纳入统计联网直报系统的“四上”单位1410家,其中工业企业869家、服务业504家。以“制度化、考核化、网格化、痕迹化”为标准,加强基层统计站规范化建设。结合长沙市局处室联点工作,督促指导永安、镇头、枨冲3个统计站深化规范化建设。全市乡镇街道统计站人员的配备及规范化建设已基本达到要求,从源头上让数据质量得到保障。组织统计从业人员进行学法考试,两人获国家统计执法证。以统计开放日为契机,结合第四次全国经济普查加大统计法律宣传力度。严格执法,严查统计违法行为。完善乡镇街道、园区统计工作目标管理考核细则,编印《乡镇(街道)统计工作指南2018》,召开全市年度统计工作部署会、专业科室季度业务培训会议、基层统计业务培训会议、重点企业联系服务调研座谈,强化综合业务指导,规范统计业务操作流程,提升统计法律意识。

分层次分片区开展乡镇街道普查员、普查指导员的培训工作，全市单位清查的数量与质量得到保证，清查单位22725个，其中工业企业3558个、批零住餐企业5920个，其他服务业企业6126个，个体户101433个。

【服务决策参考】 坚持实行月度经济运行分析座谈制度，加强对主要经济指标的监测，强化统计分析和统计信息功能，反映经济运行中出现的新情况新问题，为市委、市政府决策提供参考依据。1—11月，共编印《决策参考》7期，印发《月度经济运行快报》10期，编印《2017年度统计公报》及《2017年浏阳市国民经济和社会发展统计资料》。

【服务统计对象】 2018年，加强乡镇、园区、企业的业务指导和培训，加强业务科室与服务对象的交流和沟通。以全市的"重企帮扶"为契机，对重点企业和帮扶企业实行"一对一"联系服务，帮助解决融资、传达上级文件精神、为企业争创名牌产品等提供服务。畅通民意通道。全年开展浏阳城区教育满意度网络调查、高质量发展面访调查、放管服改革网络调查、社会治安综合治理、创建食品安全城市、脱贫攻坚、两新组织党建、全域美丽浏阳创建、绩效考核等9项13次民意调查，提交民调报告13份，为市委政府决策提供科学的民意参考。利用网站、"浏阳统计"微信公众号等平台与社会公众、调查对象共享统计信息，近年来共提供各类信息咨询1万余件。

【成立浏阳市第四次全国经济普查领导小组及办公室】 7月底，市政府常务会议专题研究四经普工作，成立浏阳市第四次全国经济普查领导小组及办公室；新选聘三名大学毕业生充实到市四经普办，四经普办有专职工作人员9人；配足配齐普查所需物资(含PAD)；督促全市32个乡镇街道成立了相应的组织机构、充实普查力量、配足普查经费。长沙市清查工作业务培训结束后，市经普办立即分片区组织乡镇街道开展普查小区划分和绘图培训工作，在长沙率先完成322个普查区，801个普查小区的划分和绘图工作。

【指导四经普单位清查工作】 9月18—21日，市经普办工作人员分三组赴各乡镇街道指导清查工作。市经普办每到一个乡镇，详细了解乡镇四经普机构成立、物资保障、"两员选聘"、宣传动员等相关前期准备工作及开展的单位清查工作进度，选取两个普查小区，实地查看普查员的入户登记和PAD操作，详细了解工作中存在的问题和困难。同时对各乡镇街道经普办提出要求：认识清查摸底工作的重要性；加强对普查员的业务指导，普查专干要到每一个普查小区指导普查员工作，及时发现解决入户登记中出现的问题；把握好时间节点，清查入户登记工作要求9月30日前确保清查按时完成；严把数据质量关，按照普查单位清查办法的要求，认真组织开展"地毯式"清查，规范工作流程，确保单位不重不漏，报表填写完整准确。

【统计法治宣传工作】 12月19日，市统计局在天虹购物中心广场围绕"全面弘扬宪法精神，奋力推进依法治统"的主题举办统计法治宣传教育活动。通过展板、横幅宣传宪法知识和统计法律法规知识；利用活动现场所有大型电子屏滚动播放统计法治宣传标语和经济普查宣传视频；在活动现场设置4个咨询台，接受往来市民咨询。活动吸引500多市民踊跃参加，发放统计资料500余份。

（欧阳明）

市场监督管理

【概况】 2015年8月31日，原市工商局、质监局、食药监局三局合并组建成立市市场和质量监督管理局，加挂浏阳市食品安全委员会办公室牌子，划入原由市卫计局承担的餐饮环节监管和商务局承担的酒类流通监管职能。2017年5月更名为市食品药品工商质量监督管理局。主要负责对全市食品生产、流通、餐饮的全链条监管及药品、医疗器械、保健食品、化妆品监督管理，市场主体登记注册、各类市场的经营秩序和产(商)品质量监管、消费者权益保护、标准计量、特种设备监管等工作。2018年，全局内设19个职能科室，2个直属机构，5个二级事业单位，下设18个基层管理所(分局)。2018年，以"提质提速提效"为主题，率先在全省将企业开办时间压缩至3天，新增商事主体17066户，同比增长22.6%；办理各类许可7296件，后置审批办证率达到94.04%；为企业办理动产抵押42件、股权出质115件，被担保债权数额24.2亿元；成功推荐申报省、市级"守重"企业105家；组织特种设备作业人员、食品从业人员等各类培训100余次。强化农贸市场、学校及其周边、旅游景区等重点部位监管，做好重大活动食品安全保障，共检查各类食品生产经营单位9039家，餐饮服务单位3054家，督促整改154次，全年全市无食品安全事故发生。全年投入500余万元为18个基层分局、所的基础设施进行维修改造和添置装备，置换执法车辆8台，配置到基层。打造示范典型，引导和规范企业生产经营行为，开展"2018年度浏阳市良心企业"评选活动，评选出20家"2018年度浏阳市良心企业"。推进诚信体系建设，与企业签订诚信承诺书，执行食品安全"红黑榜"制度，对不合格生产经营单位和不合格产品定期在《浏阳日报》和官方网站进行发布曝光，发布"红黑榜"9期，公布抽检结果16期。充分利用新媒体与传统媒体，丰富宣传载体，扩大宣传范围，推进"3•15""3•31"等系列宣传活动。

【市场监管和消费维权】 2018年，完成产品监督抽检7089批次、计量器具强制检定11330台件，重点工业产品质量抽检合格率稳定在97%以上；加大案件查处力度，立案974起，同比增长86%；受理消费者投诉及举报4080件，为消费者挽回经济损失618万元。"放管服"工作连续两年获省政府"真抓实干，成效明显"奖励项目，获市人大常委会食安专项工作评议满意单位、全省质监系统执法打假办案先进单位、全省消委系统宣传工作先进单位、长沙市质量管理工作先进单位、长沙市消费维权先进集体。

3月15日，市消委会各成员单位在体育中心举办庆祝2018年“3·15”国际消费者权益日广场活动

（市食药工商监察管理局　提供）

全市商事主体总数达到92566户，连续四年保持20%以上的高增长率。同时，强化事中事后监管，列入异常名录1768户，移出异常名录929户，归集涉企信息16668条。开展“双随机一公开”抽查，抽查企业783户。组织年报信息抽查，抽查个体工商户2902户，农民专业合作社257户。加强投诉举报工作制度化、规范化建设，依托指挥调度系统平台，畅通投诉举报的受理处置，提升科所维权联动效能，确保了消费者的诉求及时解决；加强数据分析，对预付充值、保健品等热点问题发出消费提示14篇，典型案例21个，引导理性消费；积极排查重大案件违法线索，探索“诉转案”的工作机制，优化消费环境；加强消费维权网络建设，清理消费维权服务站65家，发挥了消费维权网络作用，全年受理投诉举报4080起，为消费者挽回经济损失618万元。发挥检验检测服务民生、助推产业、助力监管的支撑作用，加大民生计量监管，持续推进检测惠民。对农资化肥、成品油、烟花爆竹及原辅料等各类产品开展抽检，完成产（商）品质量抽检共计6203批次、计量器具强制检定11330台件，重点工业产品质量抽检合格率稳定在97%以上；开展小衡器检测、食品快检等检验检测服务“走出去、下乡镇、进市场”活动，免费检定农贸市场、超市小衡器348台件，医用血压计、人体秤396台件；检定加油站加油机1888枪，出租车计价器400台件，完成各类委托检验562批次，为企业节省强制检定费用141万元。

【食品安全工作】　始终把食安城市创建工作作为党政一把手工程。市委常委会审议通过《浏阳市食品安全党政同责一岗双责暂行规定》，明确各级党政负责人对各自辖区、行业领域内的食品安全工作负全面领导责任。市人大常委会组织开展食品安全专项评议和《食品安全法》执法检查工作，给予食品安全工作持续关注、支持。市政府常务会议专题研究并解决了创建经费、执法车辆、人员引进等问题；在市食安委全体（扩大）会议上启动食品安全“百日攻坚”大行动，将省、市对浏食品安全绩效考核工作作为重点工作进行统一安排。分管市领导每月带队进行现场督查，每季进行工作点评、调度，全力推进食品安全工作暨创建食品安全城市工作。各乡镇（街道、园区）党委、政府将创建工作纳入重要议事日程，“人、财、物、事”给予重点倾斜，为创建工作提供保障。全市323个村（社区）全面配备食品安全协管员并按4800元每人每年标准发放工作补助；7900个村（居）民小组均设置食品安全信息员对农村集体聚餐工作进行指导；分级签订责任状，形成“层层有人管，级级有人抓，处处有落实”的责任体系，市、乡、村、组四级监管网络进一步健全，基层食安监管能力得到提升。全年食品生产企业核发许可证92家，办理流通环节《食品经营许可证》3654本，新办餐饮环节《食品经营许可证》2533本；全市农村集体聚餐共申报备案15282起，实现农村流动厨师备案率100%；32个乡镇（街道）划定食品小摊贩集中经营区域38个，备案登记食品小摊贩248个。全年完成食品及食用农产品抽检48083批次，累计合格率99.8%；及时核查处置不合格产品，后处理率100%。按照“一企一档”工作要求建立监管档案，涉食企业日常监管覆盖率达100%，全面排查食品安全隐患。建设食品快检室。将农贸市场食品快速检测室建设纳入政府十件实事工程，采取“第三方服务购买”的方式，新建农贸市场、超市食品快检室12家。引导完成小餐饮提质改造156家，中型餐饮单位明厨亮灶改造99家；完成二级以上医院食堂明厨亮灶改造3家、规模养老机构明厨亮灶改造11家。落实食品安全责任保险。29个乡镇（街道）完成农村集体聚餐责任保险参保，公办学校（幼儿园）19.32万名中小学生实现食品安全责任保险全覆盖。实施“智慧监管”工程。建立集企业视频监管、综合执法调度指挥、大数据分析等功能于一体的综合执法调度指挥中心，实现对大中型餐饮行业、学校食堂的视频监控，提升监管效率。以提高市民对食品安全的满意率和创建的知晓率为重点，深入开展食品安全“五进”、“食品安全知识”微信随手测、“你点我检”校园食安检查直播等活动；编印《浏阳市农村食品安全知识资料汇编》、创建国家食品安全城市宣传海报，通过发放宣传资料、宣传车、村村通、大型户外宣传等方式，进行全方位、多视角、高密度的宣传，确保食安宣传的效果。据统计，各级媒体食安报道145期次，发放宣传资料54万份，举办食品安全知识培训103场次，食品安全主题宣传活动60余场次。在2018年的全省民调中，浏阳市食品安全综合满意度78.09%，在长沙九区县（市）中排名第一。

【质量强市工作】　2018年，将质量强市工作奖励纳入市财政常年预

4月9日，省工商局党组副书记、副局长阳芳华到浏阳调研“最多跑一次”改革工作，要求浏阳市食药工商质监局总结改革成果和经验，并在缩短企业办照时间上先行先试，力争再出一个可推广的成功经验　　（市食药工商质监局　提供）

算，对新获取国家、省、市质量奖，省市名牌产品、著名商标的单位以及食品安全示范单位给予财政资金奖励，兑现奖励资金191.14万元；制定《浏阳市关于加快推进质量强市建设的实施意见》《关于进一步推进标准化工作的实施意见》等系列文件，成立全市质量强市工作领导小组；推动项目建设，成功获批第一批国家级消费品（烟花爆竹）标准化示范区项目；政务服务中心获批国家级社会管理和公共服务标准化试点项目；梅田湖村的“国家级美丽乡村标准化示范区”建设、沔江农业种植合作社的“省级农业标准化示范项目”建设稳步推进。全年浏阳市企业自我声明公开493项标准，涵盖944种产品，在长沙地区位列首位。新增商标注册数2217件，其中浏阳葛家鸡肠子辣椒获“国家农产品地理标志”产品，“浏阳夏布”获中国地理标志商标；“浏阳黑山羊”获国家农产品地理标志登记证书；“大围山梨”通过国家级农产品地理标志示范样板创建验收。培育宇环数控、南方水泥等17家企业20个产品申报湖南名牌，“中华老字号”“驰名商标”“著名商标”“芙蓉奖”等获评企业及奖项全市达到313项。

【“三品一械”安全监管】 加强对药械企业的日常监管，检查药械企业1696家次，督促整改116家次，立案125起，对47家药品经营企业开展药品GSP跟踪检查，对6家药品经营企业开展飞行检查，确保人民群众的用药用械安全。抓住热点问题，开展保健食品、化妆品专项整治，检查保健食品经营企业692家，化妆品经营使用单位183家，立案查处保健食品、化妆品案件15起。加强药械不良反应（事件）风险监测工作，上报药品不良反应报告647例，医疗器械不良事件报告236例，化妆品不良反应报告32例。

【特种设备安全监管】 实行科所联动，开展日常排查，推进烟花爆竹、锅炉、压力容器、场内机动车辆等专项整治。加大电梯管理力度，建立安全隐患档案，共检查特种设备相关单位120余家，排查安全隐患300余处，下发安全监察指令书44份，立案查处3家企业涉及特种设备违法行为，办理各类电梯投诉70余起，基本实现了人流量较大的重点电梯运行在线监控监测。

【行业领域安全监管】 按照“管行业必须管安全”的原则，抓好农资市场、成品油市场、报废汽车回收行业等专业领域监管，强化市场安全隐患排查，取得良好成效。首先强化民生领域监管。全面检查报废汽车回收行业企业，规范行业秩序；36家农贸市场全面明确主体身份、管理制度、管理机构，强化市场管理。深推传销整治行动。坚持早发现、早处置原则，结合扫黑除恶专项行动、投融资企业清理整顿和非法集资宣传工作，及时把传销活动消灭在萌芽阶段。网络监管。开展网络市场监管执法，查处网络违法案件80起，完成网络食品抽检38批次，合格率100%。污染防治工作。落实禁燃区散煤加工、销售常态性管理，开展执法行动134次，检查执法对象1656户次，下达责令改正通知书46份，查办环境违法案件109件，办理省环保督察信访交办件17件、中央环保督察“回头看”信访交办件19件。

【行政执法规范市场】 发挥行刑无缝衔接的优势，开展专业市场、食品市场、药械市场、特种设备和计量行业等专项整治行动，查办食品、药品、质量等各领域违法案件974

6月1日，市食药工商质监局召开生产环节创建验收对标贯彻观摩会，局党委书记、局长孙玉樟（右二）带队观摩，食品生产监管相关工作人员40余人参加　　（市食药工商质监局　提供）

起，同比增长86%。围绕群众反映强烈的热点问题，突出执法重点，拓宽办案领域，深挖案件线索，办理省局挂牌督办案件2起，向公安机关移送案件6起，协助办理食安刑事案件9起，刑拘17人，极大震慑了违法犯罪分子。查办的"某公司销售报废汽车五大总成配件案"，被评为全省工商和市场监管系统十大典型案例。同时，市食药质监局被省质监局评为2017—2018年度全省质监系统执法打假办案工作先进单位。开展执法办案人员业务技能、办案技巧培训；制定《行政执法责任制规定》《行政执法过错责任追究制度》等6项制度；明确案件移送、协作制度及案件办理期限规定；推行案情讨论，加强评查指导，抓好案件数量、质量"双提高"，通过案卷交叉评查，严把案件质量关，执法办案水平得到有效提升。

【浏阳企业开办时间压缩至3个工作日】 2018年，浏阳市在全国率先展开压缩企业开办时间工作，主动争取成为湖南省首批压缩企业开办时间试点地区，印发《进一步压缩企业开办时间实施方案》，优化商事登记工作流程，设置"企业开办大厅"，食药工商质监、税务、公安等部门统一进驻办公实行企业开办"一厅申请、集中审批"；设置企业开办材料清单公示牌，编制新开办企业服务需求确认表、企业注册开办告知单，让群众"一看就明白"；创新实行"并联运行+集中审批"，将开办企业精简为企业登记、印章刻制、发票申领3个环节，实现企业开办时间压缩至3个工作日。

【浏阳入选第一批国家级消费品标准化试点项目名单】 8月，国家标准委下发《关于下达第一批国家级消费品标准化试点项目的通知》，确定29个第一批国家级消费品标准化试点项目，浏阳市成功认定为首批试点项目单位。消费品标准化基地创建是国标委在全国"推动标准引领，带动品牌提升"的一项重要举措。通过示范创建，将逐步优化消费品领域政府标准体系，进一步放开搞活企业标准，形成创新消费品标准供给体系的工作机制。浏阳市于2017年12月开始消费品（烟花爆竹）标准化示范区创建申报工作。

【开启"网络直播"执法新模式】 10月31日，全市校园食品安全"你点我检"专项行动启动，市食药工商质监局从前期300名报名家长中随机抽取4名家长代表，并邀请人大代表、政协委员、新闻媒体等全程参加、见证检查校园食品安全监管执法全过程。活动首次启用网络直播的新模式，通过"网络直播"公开执法全过程，在1个小时的直播过程中，有17万多网友收看转发，并积极参与到聊天室讨论中。10-12月，市食药工商质监局共对65家学校、幼儿园进行全面检查，并对大米、鸡蛋、餐具等在内的10个项目进行抽样检测，抽检样品254批次，其中合格204批次，不合格50批次。对抽检中发现的上述不合格项目，该局按照《食品安全法》的相关规定，对涉事的学校进行立案处理，并责令学校立即排查原因进行整改。

（唐　腾）

海　关

【概况】 星沙海关驻浏阳办事处位于浏阳市白沙路与复兴路交汇处，是经海关总署批准的副处级机构。主要负责浏阳辖区各项海关业务，具体包括一般贸易进出口、加工贸易进出口、外贸企业注册及变更、减免税等海关业务。2018年4月20日，原湖南出入境检验检疫局驻浏阳办事处统一以星沙海关名义对外开展工作。2018年，浏阳办事处共办理新企业注册71家，变更58家。审结进出口报关单58票，货值6043万元，税款入库862万元。

【海关监管场所安全管理】 在总结场所监管工作经验的基础上，将审计报告、海关总署检查等场所管理相关要求加工为15条监控指标，建立烟花爆竹海关监管作业场所监控指标体系，据此开展场所巡查和视频监控工作，每月对监控情况进行梳理总结，撰写监管场所监控月报，定期对监管场所进行现场巡查，制发书面整改告知书3份，发现并处置多起异常情事、安全隐患、违规操作，有效保障了场所的安全规范运行。采用实时监控和录像回放抽查相结合的方式，通过远程视频监控系统对场所运营情况实施监控管理。

【支持县域经济发展】 深入企业走访调研，立足实际，务求取得实效。到颐和隆烟花、倬亿打火机等30多家外贸企业送政策送服务，解答关于企业认证、知识产权保护、压缩整体通关时间等问题。强化监控实效，为促进贸易回流6次上门走访湖南欧智通科技有限公司，该公司已逐步将海关业务转回浏阳，半年的时间该公司共申报进口货值3556万元，向关区缴税467万元。针对蓝思科技未充分享受税收优惠政策的情

烟花爆竹通关政策宣讲会　　（星沙海关浏阳办事处　提供）

况，现场指导企业如何用好用足海关政策，企业已享受所有优惠政策。根据倬亿打火机知识产权被侵犯的情况，指导企业运用好海关知识产权保护措施。

【服务地方政府决策】 多次与浏阳市商务局、花炮局、花炮协会、主要烟花企业、物流企业开展座谈交流，就烟花出口退税问题、海关总署2017年第48号公告等征求意见，形成《海关总署第48号公告实施后，浏阳市烟花爆竹出口全面受阻、《关于对烟花爆竹提高出口退税率的调研报告》等材料。加强与浏阳市政府沟通协调，及时汇报海关总署48号公告对浏阳烟花爆竹出口的影响、关检融合、外贸回流、监管场所管理等工作。为服务浏阳市政府外贸工作和财税工作，每月向浏阳市政府有关领导和单位报送浏阳市进出口分析文章，全年报送12篇次，每月向浏阳市财源办报送企业进出口数据，全年报送24次。

（周　瞳）

招标投标监督管理

【概况】 浏阳市招标投标监督管理办公室负责对全市国有投资项目招标投标活动实施集中监督管理，受理投诉，依法查处招标投标活动中的违法行为（与市公共资源交易管理委员会办公室合署办公）。2018年全市完成工程建设项目公开招标184宗，投资金额22.93亿元，中标金额21.08亿元，节约资金1.85亿元。其中房建市政项目142宗，投资金额18.66亿元，中标金额17.13亿元，节约资金1.53元，其他工程项目（交通、水利项目）42宗，投资金额4.27亿元，中标金额3.95亿元，节约资金0.32亿元。房建、市政、水利、交通等行业施工项目在2018年已全面实行电子招投标。交通类项目的电子招投标以浏阳为试点向全省进行推介。

【招投标改革】 调整限额标准，从2018年6月1日起，将浏阳市工程建设类项目公开招标限额调整至400万元。放开代理市场。按照上级关于取消招标代理机构资质的规定，全面放开准入门槛，吸纳70家招标代理机构进入浏阳市国有投资项目招标代理市场。规范小额项目交易活动。出台《浏阳市小额国有投资项目交易管理办法》，通过统一交易场所，统一信息发布平台，统一评标办法，规范小额国有投资项目的交易活动。2018年，共完成小额国有投资交易项目321个，投资金额4.28亿元。其中小额工程项目98个，中标金额2.81亿元，政府采购项目223个，成交金额1.47亿元。

【招投标监管】 加强招标文件备案管理。严格甄别招标文件中是否存在排他性条件，确保招标文件条款合法、公正；严格执行湘建监督〔2018〕238号、湘建监督〔2018〕240号、长住建发〔2018〕64号等文件，规范招标人对评标办法的使用。保障重点项目招标工作。主动对接，提前介入，为重点项目提供政策咨询、程序引导等服务；邀请专家对招标文件中的重点、难点问题进行论证，提高项目招标质量。切实履行标后监管。对招标单位和中标单位签订的书面合同实行备案制，要求不得再行订立背离合同实质性内容的其他协议。严格控制工程变更。从严执行《浏阳市政府投资建设项目管理办法》（浏政发〔2017〕5号），有效防止标后造价失控和国有资产流失，遏制“低价中标高价结算”等现象的发生。

【招投标执法】 全年约谈招标代理机构2次，约谈投标单位3次；上报评委工作失职行为1起；查处规避招标案件3起，出借资质供他人投标案件1起，串通投标案件2起，弄虚作假骗取中标案件6起，上缴行政处罚款60万余元。

【工程总承包招标】 按照《湖南省人民政府办公厅关于推进工程总承包发展的指导意见》（湘政办发〔2017〕58号）关于“政府投资项目和国有投资项目带头采用工程总承包”的要求，结合浏阳市实际，稳妥推行工程总承包招标模式。2018年有火把岭污水处理厂提质改造项目、城区污水处理厂二期二阶段建设项目、“三馆合建”外墙GRC挂板货物采购及相关服务等7个项目实行施工设计（采购）总承包招标，交易金额约1.6亿元，在控制项目总投资、缩短项目建设周期，提升质量效益等方面发挥明显优势。

（罗梦婕）

农　业

综　述

【概况】 2018年，浏阳市实现农林牧渔总产值158.8亿元，其中农业总产值92.1亿元，增长4.9%，林业总产值21.2亿元，增长6.9%，牧业总产值31.1亿元，增长1.2%，渔业总产值3.8亿元，下降2.0%；农村居民人均可支配收入达到3.18万元，同比增长8%。传统农业产业稳步发展，全市粮食种植面积7.6万公顷，总产54.7万吨。全面提高秋冬季农业生产的质量和效益，落实冬种油菜种植面积2.746万公顷；蔬菜播种面积3万公顷(含复种)，总产量128.1万吨，增长3%；完成水果种植面积11.2万公顷；全市出栏生猪140.88万头、牛1.78万头、山羊51.6万只，出笼家禽725.53万羽，水产品总产量1.91万吨，养殖业总产值34.9亿元。农产品加工业蓬勃发展：全市共有农产品加工企业1893家，其中规模以上企业148家，实现总产值504亿元，同比增长16.5%；完成固定资产投资51亿元，同比增长17.2%。新增长沙市级重点龙头企业25家，择优推荐湘典食品等5家企业申报农业产业化省级龙头企业，积极开展“蓝色证书”培训，颁发“蓝色证书”300余本。休闲农业快速发展：全市共有休闲农业经营主体个数376家，实现营业收入13.93亿元，接待人次879万人次。推进绿色食品产业链，浏阳市积极推进“绿色食品产业链”获得《农民日报》宣传推介。扶贫工作：实施“十大工程”，聚焦“两不愁三保障”，成立15个专项扶贫工作组，全年投入财政专项扶贫资金6690万元，实现脱贫3513户11561人，贫困发生率由2017年的1.3%下降至0.4%。结合“1228”党建工程，选派645名干部全脱产驻村帮扶，因村因户精准施策，为民排忧解困；安排9692名干部与贫困户结成帮扶对子，发挥“中国社会扶贫网”和“点亮梦想·爱行浏乡”浏阳市社会扶贫公益平台网的作用，鼓励和帮助贫困户发布需求心愿，发动社会爱心人士线上认领心愿，线下奉献爱心，实现社会捐资捐物等4683.69万元，帮助贫困户解决就学、就业、安居等困难4600多件。采取“四不两直”(不发通知、不打招呼、不听汇报、不用陪同，直奔基层、直插现场)方式，严把扶贫领域作风建设关，全市共查处扶贫领域腐败问题和作风问题96件。全年实施产业扶贫项目207个，带动9959户贫困户发展产业、稳定增收。统筹省市和本级资金，安排产业扶贫专项资金2840万元，选派81名科技特派员联村联企(合作社)，实现贫困村科技特派员全覆盖。围绕“两不愁三保障”和“五个一批”，落实各项惠民政策。农村改革释放活力：全面协调稳妥推进农村承包土地确权登记，逐步完成农村集体清产核资，出台《浏阳市农村集体产权制度改革工作实施方案》《浏阳市农村集体产权清产核资工作方案》《浏阳市农村集体经济组织成员资格界定指导意见》。出台《浏阳市农村土地三权分置实施办法》，成立全省第一个农村集体资产流转交易中心，全市共成立233家村级土地合作社，入社农户数13万多户，入社面积2.73公顷，引进新型农业经营主体800多家。积极探索村级集体经济发展模式，全市共有152个村完成入账收入。农业科技培训：深入乡镇开展农业实用技术培训31期，培训农民2710人，开展精准扶贫实用技术培训9期，培训建档立卡贫困户805人，指导乡镇农科教中心完成农业实用技术培训301期，培训农民3.12万人次；新建浏阳市南边生态农场等农民田间学校4个，创建浏阳市大围山水果合作社联合社等3个省级农民田间学校。市农广校农民(素质)教育培训工作2018年再次被省农民教育培训工作领导小组办公室评为先进。

【浏阳市被评为“湖南省2017年度脱贫攻坚先进市(县、区)”】 2018年5月3日，湖南省委召开全省脱贫攻坚第六次推进会议，浏阳市被评为“全省2017年度脱贫攻坚工作先进县(市、区)”。2017年，浏阳市按照贫困户“一超过、两不愁、三保障”脱贫标准，健全政策体系，重点从产业扶贫、就业扶贫、住房保障、基本医疗、教育扶贫等方面，实施各项举措，全市投入各类财政扶贫资金2.8亿元，实现33个省定贫困村摘帽退出，7527个贫困人口脱贫，全市贫困发生率降至1.3%。

（黄　情）

种植业

【概况】 2018年，全市种植水稻7万公顷，总产52.1万吨，全面推进早稻集中育秧，全市落实早稻专业化集中育秧主体4个，落实秧田面积98公顷；发展高档优质稻面积1.426万公顷，建设高档优质稻良种繁育基地53.3公顷，新品种区域示范试验基地18.67公顷。建设百亩示范片和千亩示范片，在北盛、永安、沙市等乡镇推广示范再生稻，平均5625千克/公顷。落实冬种油菜种植面积2.746万公顷，重点推广湘杂油631、沣油730、湘杂油188、浙油50等双低油菜品种。蔬菜播种面积3万公顷（含复种），总产值12.5亿元；完成水果种植面积11.2万公顷，其中新增水果种植面积0.0133公顷；农业机械化水平显著提高，农机总动力达到157.5千瓦，农机总台数为14.8万台，农作物综合机械化水平达到63.63%。

（黄　倩）

【粮食生产】 2018年，全市粮食种植面积7.6万公顷，总产54.7万吨；油菜夏收实际面积2.75万公顷，总产4.6万吨。旱杂粮面积0.75万公顷，其中春玉米面积0.21万公顷；红薯种植面积0.20万公顷、马铃薯种植面积0.1万公顷、大豆种植面积0.143万公顷、花生0.066万公顷，其他旱粮0.023万公顷。全市共落实早稻专业化集中育秧主体442个，落实秧田面积98公顷；发展高档优质稻示范栽培1.47万公顷；在普迹、龙伏等乡镇发展旱杂粮种植0.75万公顷；在北盛、沙市、淳口等乡镇推广示范再生稻0.33万公顷，头季+再生季栽培产量过吨，达到1.015吨，获越南中央农业推广总站等国际友人到浏阳观摩学习；在龙伏镇实施春玉米+一季优质超级杂交晚稻粮食周年生产模式“三一工程”（“三分地养活一个人”粮食高产绿色优质科技创新工程）33.3公顷，达到亩产1.2吨的目标，通过市州级验收；基点县农情工作走在全省29个基点县前列，被农业农村部评为A类。

（童金花）

养殖业

【概况】 2018年，全市出栏（笼）生猪140.88万头，同比上年下降17%；牛出栏1.78万头，下降25%；山羊出栏51.6万只，下降18%；家禽出笼725.53万羽，下降40%；水产品总量1.91万吨，下降32%。1月，2017年年底建成并投入运行”的市动物无害化处理中心通过长沙市、湖南省级验收。6月25日，浏阳黑山羊准予进行国家地理标志登记，获颁中华人民共和国农产品地理标志登记证书，被长沙市农委认定为2018年长沙市知名农业品牌和十大农产品区域公用品牌。8月，在2018年长沙市动物检疫检验员职业技能大赛、2018年长沙市动物防疫职业技能竞赛上，市畜牧兽医水产局代表队获团体一等奖；在全国农业行业职业技能大赛上，罗璋获评“全国农业技术能手”。

【动物防疫工作】 动物免疫和动物检疫：免疫生猪口蹄疫230.85万头，牛、羊口蹄疫50.20万头，小反刍兽疫32.78万只，禽流感931.01万羽，禽流感、口蹄疫、小反刍兽疫三种强制免疫病种应免尽免，免疫密度100%。产地检疫生猪91.6万头、禽325万羽，屠宰检疫生猪7.4万头，检疫动物产品6985.3吨，出具动物A证3765张、动物B证18626张。动物疫病监测和流行病学调查工作：全面加强高致病性禽流感、口蹄疫、小反刍兽疫等疫病的监测工作，重点加强禽流感的监测。制订动物H7N9等流感防控工作方案，加强对全市农贸市场、家禽批发市场、规模养禽场（户）等重点区域的动物H7N9、H5N1等流感监测和流行病学调查，加大监测采样频次，全年对农贸市场、家禽批发市场规模禽场监测36次，采集血清样987份，拭子样1113对，环境样50个，血清学检测结果分析，全市区域内家禽禽流感免疫抗体水平情况整体较好，病原学样品经检测全部为阴性。积极开展牛羊布病监测净化工作。兽医实验室完成“双认证”工作：1月31日，由机构考核专家和资质认定评审专家组成的“双认证”现场评审组对局中心实验室进行现场评审，中心实验室通过“双认证”复评审。规模养殖场监管和动物卫生监督：全年开展执法行动169次，立案28起，结案20起。牵头组织非洲猪瘟防控工作：下发《浏阳市非洲猪瘟防控工作方案》《浏阳市非洲猪瘟疫情Ⅰ级应急响应方案（试行）》《非洲猪瘟防控工作督查制度》等各类非洲猪瘟防控相关文件71份，组织召开各级非洲猪瘟防控会议10余次，发放各类宣传资料5万余份，全市设置动物卫生监督临时检查站（哨卡）22个，组织防控督查4次，按照上级要求，安排、部署、落实各项防控举措，协调推进大排查、大消毒、大防堵、大监管、大完善五大行动，全市全年未发生非洲猪瘟疫情。

【畜禽水产品质量安全监管工作】

以食品安全城市创建为契机，抓养殖投入品监管。强化监测抽样，全年开展养殖环节“瘦肉精”快速检测7088批（次），饲料、兽药抽样送检242批（次），共检测畜禽水产品601批（次），均未检出含违禁物质、兽药残留超标的畜禽水产品样品；打击私屠滥宰，推行生猪肉品冷链配送模式，取缔私屠滥宰窝点5个，立案8起；打击违法生产、经营和使用禁限用兽药及假劣兽药、饲料的行为，办理相关案件8起，涉刑移送1起；开展食品安全城市创建活动，创建工作有序开展。

【渔业生产及渔政监管执法工作】

编制并经市政府批准实施浏阳市《水域滩涂养殖规划（2017—2030年）》。推广健康养殖技术，开展健康养殖生产。在浏阳河、捞刀河、南川河等天然水域投放青、草、鲢、鳙、鲴、花等鱼苗802.3万尾，有效改善浏阳河生态环境。打击“电、毒、炸鱼”违法行为，组织联合执法行动69次，开展专项执法巡查167次，出动执法人员530人次；收缴网具138张、地笼网108个、背包式电鱼机96套，立案查处违法捕捞案件33起，移送公安4起，6人被追究刑事责任。开展涉渔“三无”“僵尸”船舶专项整治联合行动，维护渔业生产秩序，助推全域美丽浏阳建设进程。

【畜禽养殖污染防治工作】 配合市蓝天碧水办、市河长办开展畜禽养殖污染综合防治工作，做好畜禽养殖废弃物资源化利用技术指导和服务，在长沙市对浏绩效考核检查验收中，该项工作满分过关。开展环保督察交办件办理及回头看工作，各级环保督查交办件26件及时办结；巩固禁养区退养成果，配合市河长办对浏阳河流域500~1000米及相关支流500米范围内养殖场进行摸底调查；开展畜禽养殖废弃物资源化利用技术指导及服务，推进畜禽养殖废弃物资源化利用体系建设；畜禽规模养殖场粪污处理设施装备配套率达到93.6%，畜禽粪污综合利用率达到91%。

【生态养殖发展工作】 2018年，按照农业部标准化生产建设的“五化”(规模化种植、标准化生产、商品化处理、品牌化销售、产业化经营)原则，市畜牧水产兽医局联合湖南百宜等养殖龙头企业推广“存量置换，退保平衡”标准化生态环保养殖发展模式。全市11家养殖企业组织拆除老旧传统栏舍5万余平方米，置换新建“封闭式、免冲洗、工艺除臭、漏缝式栏圈、自动投料、自动清污、自动控温控湿”生态环保养殖栏舍。成功创建部、省级标准化示范场21家，市级标准化生态养殖、养殖废弃物生态治理等示范场60余家；浏阳市栗山生态养殖场等10个标准化生态环保养殖场建设项目入选长沙市重点建设项目，项目建设稳步推进中。

（吴光荣）

林 业

【概况】 2018年，全市林地总面积34万公顷，森林面积32.69万公顷，森林总蓄积1461万立方米，森林覆盖率66.2%，林业产业总产值165亿元，油茶种植面积5.2万公顷，花木种植面积1.07万公顷。全年办结环保督察转办件58件，查办林地小班439个，查实违法违规建筑设施20处，整治木工企业347家。打击破坏森林资源违法犯罪行为，全年查处林业案件386起，其中刑事案件55起，行政案件331起，4起典型案例向全省推广。12月，浏阳市被全国工商联家具装饰业商会授予“中国楼梯之乡”荣誉称号。

【林业生态建设】 巩固封山育林、天然商品林、生态公益林、自然保护区等重点生态修复工程成果，全年造绿1866.67公顷，森林抚育1.07万公顷，碳汇林培育6666.67公顷，新造珍稀阔叶林133.33公顷，全市森林生长量和蓄积量持续双增长。推进新三年造绿大行动，建成长沙市绿色示范集镇5个，长沙市绿色示范村庄(社区)22个、城市公园1个、城市小游园6个、乡村公园20个、林荫广场1个、林荫停车场2个、林荫道路2条、森林生物防火隔离带23千米。加快森林质量精准提升，提质荷文公路林相16.63公顷，1万多株彩色树种塑造“湖南省最美绿色通道”，浏阳湖国有林场被评为“湖南省秀美林场”。创新全民义务植树尽责形式，建成34个义务植树基地，植树398.9万棵，尽责率96.8%。

【资源管护】 全年下达林木采伐限额蓄积11.6万立方米，办理征占用林地手续169宗、面积315公顷。办理人工繁育许可61宗，繁育面积286.67公顷，年产值超过1.5亿元。防控松材线虫病疫情，清除枯死松树1.6万余株，防治松林4133.33公顷。织密森林防火网络，全年火灾受灾率实现1‰以下目标。建成浏阳市首个湿地宣教中心，建成退耕还湿试点23.33公顷。推动浏阳河国家湿地公园建设，设立界桩界碑410个，修复湿地10公顷，提质南车湾、九曲湾等一批特色湿地观景点。

【林业改革创新】 浏阳是全国集体林权制度改革试验区，多次在全国深化集体林权制度改革现场会上作典型发言，2017年被评为全国集体林权制度改革先进集体。2018年，浏阳市以放活“经营权”为重点，全面深化集体林权制度改革，探索“小改革”撬动“大利益”新模式，开展集体林业综合改革试验示范区建设，20多项改革智慧被吸纳为国家和地方政策，成果转化数位居全省第一。9月，承办以“活化经营权促规模经营”为主题的全国集体林权制度改革现场会，并作典型发言，浏阳林改先进经验走向全国。全年林权流转1333.33公顷，交易金额超过6000万元，增加林农财产性收入。开展全省林地经营权抵押贷款，全市发放贷款金额200万元。推进国有林场改革，开发一批森林旅游、森林康养新业态，大围山杜鹃花节期间旅游收入近8000万元。推进“最多跑一次”“就近跑一次”涉林“放管服”改革，清理精简涉林审批事项89个。推进基层林业站改革，完善“一站式全程代理服务”，9个资源林政管理站完成机构撤并，32个乡镇(街道)林业站纳入全额财政拨款。

【发展林下经济】 扶持大围山井头富康等一批全国林下经济示范基地，发掘“大围山梨”“淳之宝”“蜜蜂哥哥”等一批绿色生态知名品牌，带动林农增收近4亿元，就地解决劳动力10万余人。优化产业政策，出台全市加快油茶、花木产业发展意见，全年油茶、花木总产值70亿元。推动重企帮扶，强化家居产业链建设，全年产值规模突破60亿元。推动油茶保花保果技术成果转化，推广锥栗、迷迭香等科技扶贫示范项目，全年指导林业产业扶贫项目19个，落实帮扶资金1000万元，85户286人达到脱贫标准。

【浏阳获授“中国楼梯之乡”称号】

12月20日，在苏州举行的全国工商联家具装饰业商会楼梯专委会第五届会员代表大会暨第十一届中国楼梯行业年会上，浏阳市被全国工商联家具装饰业商会授予“中国楼梯之乡”荣誉称号。2018年4月，浏阳重视楼梯行业的发展，专门成立市领导挂帅的“家居产业链”推进工作领导小组，统筹协调楼梯行业健康发展。作为浏阳实木楼梯主要生产区，沙市、淳口、龙伏等乡镇共有生产企业50余家，年产值40余亿元，带动就业3万人。有产品类型100余种，畅销全国30余省、市，在全国有6000余家销售网点，占国内实木楼梯市场份额的近10%。截至2018年，楼梯产业成为助推浏阳乡村振兴、富民增收的有效途径。

【全国活化林地经营权促进规模经营现场会在浏阳召开】 9月26—28日，全国活化经营权促进规模经营现场会在湖南省浏阳市召开，现场会以"活化经营权促规模经营"为主题，旨在学习贯彻落实党的十九大精神和实施乡村振兴战略精神，推动农村林业发展，汇报交流各省、自治区、直辖市活化经营权促规模经营情况，总结交流典型经验和做法，研究部署完善集体林权制度工作。国家林业和草原局副局长刘东生，国家林业和草原局改革发展司司长刘拓，湖南省林业厅党组书记、厅长胡长清，长沙市人民政府副秘书长戴建文，长沙市林业局党组书记、局长唐曙光，浏阳市委副书记、市长吴新伟，浏阳市副市长王坤球等出席活动。刘东生在讲话中指出，要以活化经营权促进适度规模经营为重点，创新体制机制，吸引社会资本进山入林，因地制宜发展小品种大产业，优化社会资本进山入林营商环境，建立健全林权保护制度，培育壮大规模经营主体，促进林权有序流转，推进林权融资担保，抓好改革试验区工作，更好地实现生态美百姓富的有机统一。现场会上，浏阳市等八个改革试点单位作典型发言。2017年以来，浏阳市坚持以改革稳权益，通过促"三权"(所有权、承包权、经营权)分置、保生态红利、强基层基础，筑牢林业强市根基。探索试行林地经营权流转登记，出台《浏阳市林地经营权流转证登记管理办法》。2017年，浏阳核发湖南省首本"林地经营权流转证"，在全省开展林地经营权抵押贷款，推动林业规模经营、集约发展。截至2018年12月，累计发放林权抵押贷款7亿余元。浏阳将生态与旅游紧密结合，开发一批森林旅游、森林康养新业态，2018年大围山杜鹃花节期间，游客突破20万人次，旅游收入8400万元。推动林业资源公开公平流转交易，办理林权流转3.6万宗，涉及面积9.13万公顷，交易金额15亿元，带动10万余人就业创业。

(夏文锋)

烤烟生产指导

【概况】 2018年，全市有19个基地乡镇(街道)种植烤烟，有117个村，1837户烟农实际种植烤烟2866.67公顷，生产烟叶12.1万担，收购烟叶11.51万担，收购均价28元/千克，完成烟叶税3546万元，烟叶产业链实现税收4.3亿元，烟农户均烟叶收入10万元，户均纯收入4.5万元。全年完成争融资17449.71万元，完成任务的109%。

【烟叶"品牌"打造】 2018年，着力打造浏阳烟叶"特色烟叶品牌""精益生产品牌""烟叶质量品牌"三个品牌。优化品种布局，推广G80特色品种，种植面积1200公顷，收购产量5.15万担，较2017年同比增长38%；在沙市、永安镇实施1000公顷高端卷烟原料定制化开发，通过项目带动、高端定制、订单生产，着力满足高端卷烟品牌发展需求；抓关键技术落地，采取现场实操培训、阶段工作督查等方式，全年开展烟农生产技术理论培训65场次，实操培训290场次，提升浏阳烟叶使用价值和供给能力。

【生产条件建设】 烟基建设。投资2600多万元用于烟叶基础项目和设施建设，全面完成2016年333.33公顷烟田土地整理省、市级验收，综合评分进入一类。到位5200余万元援建扩建国家烟基援建水源项目——官渡金鸡水库，获国家烟草局水源办肯定。专业服务。改造90座新能源烤房，利用烟株秸秆生产有机肥和生物质燃料，实现农业资源循环利用；发挥合作社组织管理作用，对全市12个烘烤工场和895座烤房，实行专业化烘烤，覆盖面积1333.33公顷；全面开展"边烤边分、专业分级"模式，全市分级点集中到38个，覆盖率100%；在社港镇全面推行分级点成包直接收购，压缩收购环节，提高分级纯度；加大闲置烟基设施的综合利用，改造烟用烤房和分级点，利用闲置烤房生产食用菌、云耳等，取得较好的经济和社会效益。

(周利梅)

农业机械化

【概况】 2018年，全市农机总动力157.5千瓦，农机总台数14.8万台，农作物机械化水平63.63%。办理补贴机具1079台，总成交价格3138.9万元，总补贴额912.767万元。办理拖拉机、联合收割机注册登记499台，拖拉机、联合收割机检验2125台，核发拖拉机、联合收割机牌照499付，换证235本。全市水稻生产早、中、晚三季机插总面积突破1.97万公顷，其中早稻6933.33公顷，中稻7733.33，晚稻5066.67公顷，新增连栋大棚2座，新增180平方米育秧棚90座，新增高速插秧机57台，机械化育秧播种流水线35套，插秧同步精准施肥机10台，无人植保飞机15台，高地隙植保机6台，10吨及以上烘干机65台。

【农机培训宣传】 全年举办机插秧技术培训班6期，培训各类人员600余人。其中，市乡两级业务指导员培训1期，培训人员92人；插秧机手培训班3期，培训机手200多人；浸种、播种、秧苗管理技术培训班2期，培训人员300多人。全市出动宣传车50余次，印发技术资料10000余份，通过农业信息网络平台发送各类农机化信息2000余条，先后有湖南经视、浏阳电视台、《浏阳日报》等媒体宣传浏阳农机20余次，其中浏阳电视台的《新农村》栏目对浏阳市的典型农机合作社进行多次专题报道；湖南农机化信息网、长沙农业信息网、浏阳市阳光三农网等新闻媒体宣传浏阳农机工作20余次。

(黄 情)

农业技术推广

【概况】 2018年，浏阳市农业技术推广中心在编干部职工70人。内设办公室、计财科、工会后勤、农业信息站、粮油作物站、经济作物站、植保植检站、土壤肥料管理站、种子管理站。主要职责是负责全市种植业技术推广；农业有害生物防治、耕地质量保护；农业技术的培训和咨询；新品种、新技术、新成果的引进、试验、示范和推广；农药、肥料、种子质量的监管及植物检疫等工作。委托管理农业农村局下属两个二级机构农业环境保护站和果药花茶开发中心，其中农业环境保护站 7 人，果药花茶开发中心 26 人。农业环境保护站主要职责是负责农业环境的保护、监督、管理；农业资源的保护和生态环境的改善等。果药花茶开发中心主要职责是负责全市小水果、中药材、花卉苗木、茶叶、苎麻等五大产业的生产、开发、管理等工作。

【农作物病虫害防控】 全年各类作物病虫草鼠害总体呈中等发生，发生面积 42.05 万公顷次，防治面积 57.47 万公顷次，挽回粮食损失 9218.63 万千克，挽回蔬菜损失 18852.8 万千克，挽回水果损失 1280 万千克，挽回油菜损失 728.8 万千克，全市全年农药使用量由 2017 年的 101.5 万千克下降到 92.24 万千克，减少 9.26 万千克，减少 9.1%，农药利用率达到 40%以上，经济效益、社会效益和生态效益显著。水稻病虫危害损失较 2017 年轻，为中等发生年份（3 级）。主要病虫是“三虫三病”，即稻飞虱、稻纵卷叶螟、二化螟、纹枯病、稻瘟病、南方水稻黑条矮缩病，其中稻飞虱偏重发生（4 级）、稻纵卷叶螟中等偏轻发生（2 级）、二化螟中等发生（3 级）、纹枯病中等发生（3 级）、稻曲病轻发生（1 级）、稻瘟病轻发生（1 级）、南方水稻黑条矮缩病轻发生（1 级）。稻飞虱、稻瘟病、稻曲病、黏虫、纹枯病、稻纵卷叶螟、稻螟蛉等发生都较 2017 年轻，二化螟较 2017 年重；稻蓟马、稻水象甲、稻螟蛉、黏虫、水稻赤枯病、恶苗病等病虫中等偏轻发生（2 级），为害轻；稻象甲、负泥虫、稻叶蝉、稻苞虫、水稻粒黑粉、水稻胡麻叶病等病虫轻度发生（1 级），为害轻。蔬菜病虫危害损失与 2017 年相似，属中等发生年份（3 级）。发生较重的主要病虫害有莴苣霜霉病、黄瓜霜霉病、黄瓜疫病、辣椒疫病、辣椒病毒病、菜青虫、黄曲条跳甲。全年发布《病虫情报》11 期，做到《病虫情报》进村率 100%，防控信息入户率 98%以上。完成专业化统防统治面积 3.93 万公顷，绿色防控应用面积 3.58 万公顷。

【种植结构调整试点与重金属污染耕地修复治理项目】 全面完成 0.438 万公顷种植结构调整和 340.29 公顷休耕任务，已替代种植作物种类多样，落实 1 个 667 公顷、8 个 67 公顷、12 个 33 公顷示范片区。年初成立领导小组和领导小组办公室（种植结构调整办公室），专题研究并出台《浏阳市种植结构调整及休耕治理工作实施方案（2018—2020 年）》，对目标任务、种植模式、部门责任进行详细分解；3 月，在全市建立“市、乡、村”三级工作机制、“任务清单”，落实“交办制、台账制、销号制、通报制”，对各乡镇工作任务进展情况实施动态管理；5—12 月，安排 5 个督查（技术）指导小组，通过查资料、看现场、电话调查等方式到 27 个乡镇（街道）进行技术指导、全面核查，查找问题，总结经验。全年下达交办单 18 件，整改销号问题 36 个，分乡镇建立工作与实施台账档案 27 份，编印工作简报 38 期。形成“一镇一特”和“一村一品”，确保种植结构调整工作取得实效。全市安全利用区试点面积共 0.215 万公顷，第三方治理全面完成；采集样品 1562 个，全部由省农业农村厅指定的机构进行检测；修复治理任务 666.7 公顷，通过公开招标，采用第三方公司承包的模式开展修复治理工作，全面落实施用石灰、有机肥及土壤调理剂等修复治理措施。

【耕地质量管理】 全市完成测土配方施肥技术应用面积 11 万公顷；推广配方肥 2800 万千克；推广有机肥 2000 万千克；推广绿肥种植面积 1.67 万公顷；推广水肥一体化应用面积 0.27 万公顷。在沿溪镇礼花村，北盛镇燕舞洲村、边洲村组织开展耕地保护与质量提升化肥减量增效万亩示范；在达浒镇丰东农场开展养殖粪污肥料化就近利用模式百亩示范，9 月 7 日，全省蔬菜有机肥替代化肥示范观摩会在沿溪镇沙龙村召开，展示浏阳市蔬菜水肥一体化、喷灌滴灌、有机肥替代化肥、化肥减量增效等技术应用。在古港镇、沿溪镇、大围山镇、淳口镇、沙市镇、官渡镇、永安镇建立 5 个旱土墒情监测点和 5 个水田监测片，发布土壤墒情简报 15 期。联合市国土资源局等有关单位分别对龙伏镇坪上村、永安镇督正村等 5 个土地开发项目耕地进行质量评定，评定面积 41.47 公顷。化验室全年共采取土样 320 个、植株样 82 个；化验土样 205 个、植株样 49 个，计 1524 项次；送省级检测部门土样 115 个、植株样 33 个。

【种子管理】 在沙市、张坊镇开展水稻品种生态适应性鉴定 34 个。在北盛、沙市、张坊镇推动农作物品种安全跟踪评价与新品种展示示范工作，共展示水稻品种 129 个。在北盛镇环园村开展新品种新技术展示 26.67 公顷，展示优良水稻、蔬菜等作物品种共计 769 个，9 月 7 日，召开第一届长沙种业硅谷峰会暨种业创新成果博览会——田间展示与观摩会，全国各级种子管理部门负责人、省内外科研院所知名专家、种子企业负责人等约 1500 多人参加启动仪式及观摩展示基地。完成《回忆录》第 24 辑——湖南农业发展专辑（1949—1978）的“湖南水稻良种的选育和粮食产量的提高（1949—1978）”的编撰工作，并在刊物《农业与技术》第三十九卷第六期发表。

【经济作物标准化生产】 2018 年，全市水果栽培面积保持在 11.12 万公顷，提质改造特色时鲜水果基地 333.33 公顷，传统金桔、椪柑产业面积 333.33 公顷；药材、茶叶生产面积分别突破 0.27 万公顷。果药茶农产品优质率达到 55%以上，安全合格率 98.5%以上。重点建设大围山万亩生态精品水果示范园、浏阳现代农业园 133.33 公顷精品水果示范园。重点推广疏果技术应用、“种养结合”立体生态农业模式、“猪—沼—果 /茶”有机农业模式、果茶园自然生草覆盖等技术 0.9 万公顷。强化技术服务、抓质量管理，推进品牌强农特色建设，2018 年“大围山梨”成为湖南省首个通过国家农产品地理标志示范样板创建验收的地标品牌，并获第十六届中国国际农产品交易会参展农产品金奖。“大围山梨”“浏阳金橘”获2018年度长沙市双十品牌农产品。

【农业环境保护】 5—11月，推行“机械化收割、生物化利用、网格化禁烧”模式，出动巡查执法人员826人次，乡镇、村组开展秸秆禁烧巡查3360余人次、出动宣传车2430台次，基本实现禁烧巡查全覆盖。当场处罚农作物秸秆焚烧72起，在长沙地区发出首张农作物秸秆焚烧当场处罚决定书和首次对秸秆焚烧案件进行立案查处。采购福寿螺药剂分发到各乡镇，对加拿大“一枝黄花”进行药剂防治和人工拔除，有效控制外来物种蔓延扩散。全年办结中央环保督查“回头看”交办任务16起，省环保督查交办任务15起。

【农业信息服务】 做好市人民政府网站“工作动态”“财政信息”“扶贫脱贫”等19个子栏目的信息更新，全年报送“工作动态”信息198条，免费向种植大户等发送实用技术等信息5000多条；完成农情材料上报120余次。获“全省农业农村政府网站暨信息联播工作”先进单位。

【农业技术推广服务】 实施人才强农、科技兴农战略和乡村振兴三年行动计划；在永安、淳口、沙市等乡镇开展再生稻栽培、种植结构调整、场地无盘育秧等技术培训、现场观摩22800人次，发放技术资料45万份。示范推广病虫害绿色防控等实用技术30余项；开展新品种筛选、农药药效、肥料等试验65个；展示推广水稻、油菜等粮油高产优质新品种815个；组织推广桃、梨、葡萄、茶叶等果茶优良新品种26个；推广高效低毒新农药2.06万千克，推广面积20多万公顷次。

（童金花）

农产品质量安全

【概况】 2018年，开展农产品质量市级抽样检测8087批次，合格率99.93%，乡镇抽样73768批次，规模基地和配送企业自检36900批次，合格率98.97%。国检50批次，省检140批次，长沙市级抽检576批次，合格率均为100%。农产品检测结果在《浏阳日报》、“浏阳农业12316”微信公众号公示。指导乡镇、基地开展检测9万批次以上，未发现非法添加非食用物质及明令禁止食用的高毒剧毒农药残留。承接2018省级蔬菜风险监测和隐患排查项目和2018国家农产品质量安全风险评估项目，均取得良好效果，获各级上级主管部门好评，2018年，浏阳市农产品质量监测中心省级检验检测能力考核获“优秀”等次，并开展每三年一次的由省质监局和省农业委核准的“双认证”。开展源头治理，全年出动执法人员680人次，出动执法车辆212台次，检查农资批发、零售企业695家，检查农药、肥料、种子样品共计386个，抽样152个，省检20个，送长沙化验17个。全年办理案件92起，其中立案查处20起，当场处罚72起，罚款8.58万元，参加全省案卷评比获优秀案卷。全市实现农药实名制购买、定点经营和电子可追溯，全市限制农药经营店由86家缩减至37家；农药包装废弃物回收处置工作被省农业农村厅作典型向全省推介。农药经营许可申请办理推行“零跑腿”模式，在全省率先完成农药经营许可办理工作。打造湖南省首个智慧农业管理平台并投入运营。

【“三品一标”认证】 全市有无公害农产品检查员、绿色食品检查员、农产品地理标志核查员共2名，其中监管员1名，“三品一标”（无公害农产品、绿色食品、有机农产品和农产品地理标志）企业内检员配备率100%。2018年，有21家企业34个产品通过绿色食品认证，55家企业199个产品通过无公害农产品认证，认定面积1495.45公顷；完成对11家企业17个产品的绿色食品认证，15家企业63个产品的无公害农产品认定复查换证，3家企业5个产品的无公害农产品新认定。3月，“湖南省地理标志工作现场推进会”在浏阳举办。9月，“浏阳黑山羊”获国家地理标志认证，成为浏阳市第一个畜禽类国家农产品地理标志；“大围山梨”通过农业农村部验收，成为全省唯一一个“国家级农产品地理标志示范样板”；11月，“大围山梨”代表湖南参加第十六届中国（中部）农产品交易会，获金奖。

【开展农药包装废弃物回收工作】

2018年年初，浏阳市被列为湖南省农药包装废弃物回收处置试点市（县），湖南省在浏阳市开展农药包装废弃物回收处置工作试点，在全域开展农药包装废弃物统一回收和集中无害化处置工作。2018年，浏阳市将农药包装废弃物回收处理所需经费纳入本级财政预算，

浏阳市农业局负责人讲解智慧农业平台 （市农业局 提供）

市农业局结合农业生态环境保护、乡村振兴战略、美丽乡村建设、农产品质量安全建设、农业面源污染综合防控等工作，推动农药包装废弃物回收处置工作，确定农药包装废弃物回收处置核心区和辐射区，建立起农药包装废弃物回收体系；建设浏阳市农药监管电子溯源系统，系统由零售经营者客户端、批发经营客户端、管理部门WEB端三大块组成，全市农药购买全部实行实名制登记，构成一个农药全链条治理体系。全市32个乡镇(街道)、323个村(社区)、427家农药经营门店共设置农药包装废弃物收集中心32个，设立收集点1207个，安置回收桶1577个，发放回收纤维袋27120个，同时，全市541家农资经营户全面实行销售农药后回收农药包装废弃物、1079名村级保洁员分片分组包干对农药包装废弃物进行收集，推行网格化管理。3月，高坪镇出台《农药包装废弃物有偿回收处置实施方案》，由镇财政投入约20万元，按照略高于市场价的回收方式进行补贴；在全镇16家农资销售点成立农药包装废弃物回收点，进行定点收购。8月30日，湖南省农药检定所所长吕运涛一行到浏阳市督导农药包装废弃物回收处置试点和农药经营许可工作。截至年末，全市共收集农药包装废弃物68.84吨，其中玻璃瓶10.06吨、塑料瓶36.74吨、塑料袋22.04吨。

【浏阳市智慧农业管理平台挂牌运营】 7月12日，浏阳市品牌运营中心作为全省首个智慧农业管理平台，正式挂牌投入运营。该平台分为智慧农业、质量监管、品牌运营、农业电商、社会扶贫、乡村振兴6大板块。2018年，该市制定印发《关于全面落实乡村振兴战略的实施意见》和《浏阳市乡村振兴三年行动计划(2018—2020年)》，将完善智慧农业信息服务平台摆在重要位置，以信息化助推乡村振兴。

(黄　情)

水　利

大围山秋色　罗柳　摄影

综　述

【概况】 2018年，浏阳境内有浏阳河、捞刀河、南川河三大水系，流域面积50平方公里以上的河流36条，流域面积10～50平方千米的河流115条，境内河道总长约2220千米；有各类水库188座，其中大型水库1座，中型水库10座，小型水库177座，大中型水库占长沙市同类水库的一半以上；域内有山塘6.45万口，其中库容在5万立方米以上的骨干大山塘275口；大中型灌区28处，灌溉干渠6750千米、薄壳渡槽218处、河坝9300余座。全市共有千吨万人级规模农村水厂33处、单村供水工程130处，农村供水能力约为20万吨/天。全市各类蓄水工程设计蓄水总量5.13亿立方米，控制集雨面积占全市总面积的45%左右，有效灌溉面积5.946万公顷。地处湘东暴雨区，多年平均降雨量1607.4毫米，易发山洪地质灾害和洪涝灾害，有省级山洪灾害易发村75个，地质灾害隐患点308个。全年投入水利资金3.72亿元，铺排实施45项水利项目。规划重点工程椒花水库项目24项前期工作已完成11项。完成大栗坪水闸、宏源水闸除险加固工程和金鸡水库扩建工程主体工程，完成捞刀河永安段5.62千米和南川河文家市段7.5千米河道治理工程。按"民办公助"办法，清淤山塘100公顷，疏浚沟渠150千米。按照"立即退出一批、限期退出一批、生态改造一批"的原则，完成大围山自然保护区13个小水电站清理整治工作。完成入河排污口普查工作，建立登记台账，设立公示牌，率先全省规范入河排污口管理。完成54个入河排污口、110项取水许可和572件水土保持审批，征收水资源费360万元，水土保持补偿费543万元，实施15平方千米的水土流失治理。水利工程建设管理、资金管理、质量安全管理全面加强，未出现生产安全事故。出台《关于实施河道砂石禁采管理的通告》，河道非法采砂行为全面遏制。全年开展8次联合执法，314次水行政执法，出动执法车辆280台次，执法人员757人次，查处水事违法行为115起，立案查处26例，移交公安立案1例，拆除非法采砂厂5个，违建项目15个。接受长沙市委联动交叉巡察第八组为期2个月的巡察，完成6个方面27个问题的全面整改任务。修订完善《浏阳市水务局党委重大事项议事制度》《浏阳市水务局建设项目监督管理办法》等23项制度，推行局属单位财务"代理记账"工作，推动化解水务系统职工社保历史欠账1200余万元。全年开展明查暗访18次，发出水务督查9期，查处各类问题线索76个，通报51人次，诫勉谈话28人次，警示谈话9人次，书面检讨17人次，解除聘用合同8人。在"互联网+政务服务"平台新增17项涉水行政审批，进窗总量与2017年同比下降2.9%。全年受理水行政审批903件（即办件522件、承诺办件213件、联合办件168件），入窗受理办结率99%。

位于社港镇境内的关山水库　　（市水务局　提供）

【防汛抗旱】 7月，全市持续高温造成南区、西区等局部旱情，通过科学调度蓄水、组织实施人工增雨和统筹协调用水，全市没有出现人畜饮水困难现象，15个规模以上水厂保障正常供水。精细制定水量调度分配计划，优先保障人畜饮水和农业用水。坚持“一把锄头放水”，发动群众疏通渠道1.5万千米、抢修水泵314台、新挖机井35口、新架设灌溉电排75座，解决群众用水的实际困难。同时，完善浏阳河流域洪水预报及水库群调度系统，全市23座小(一)型水库实现水位自动监测。市防汛抗旱指挥部办公室先后6次组织开展专项检查，对发现的问题隐患严格实行“一单四制”(任务清单，交办制、台账制、销号制、通报制)管理。全市组建总人数2万人的抢险队伍，其中在3家建筑企业中新建295人的抢险队伍。建立健全1254名点长和片长的山洪灾害巡查值守机制。全市188座水库均编制防汛应急预案和水库调度规程，组织开展预案演练257场次。

【河长制】 2018年，全市所有水域共明确各级河长1773名，市委书记任第一总河长，所有36条跨乡镇河流由市级领导任河长，共明确市级河长37名、乡级河长245名、村级河长322名、村管小微水体片区河长1169名，聘请社会监督员68名，记者河长5名。全年各级河长巡河累计26847人次，其中市级(联系)河长巡河465人次，乡级河长巡河9024人次，村级河长巡河17358人次。全年下发督察通报12期，完成长沙市级交办件51件，解决问题53个；市级河长巡河交办件77件，解决问题160个；日常巡查交办件69件，解决问题110个。河长制工作本级投入资金2015万元，完成浏阳河流域500米至1000米畜禽规模养殖退出工作，共退出2499户约43万平方米的畜禽规模养殖。启动浏阳河重要支流500米范围内和捞刀河(浏阳段)1000米范围内畜禽规模养殖退出工作。发动群众对全市3万多处小微水体开展管护活动1152次，疏浚沟渠1.5万千米。完成大溪河、小溪河、南川河、涧江、永乐桥河、黄泥江6条主要河流(浏阳河、捞刀河“一河一策”由长沙市编制)综合治理规划方案编制工作。开展流域综合治理，铺排浏阳河、捞刀河、大溪河、小溪河、南川河、涧江、永乐桥河、黄泥江8条主要河流综合治理任务337项。开展河库“清四乱”(乱占、乱采、乱堆、乱建)专项整治，排查“僵尸船”103艘，全部上岸拆解到位，清理上岸涉渔“三无”船舶218艘，拆解非法亲水平台23个。对浏阳河、捞刀河、南川河三大干流交界断面、重要支流入河口、饮用水源地等109个断面开展常态化的水质监测。浏阳河出境监测断面水质稳定在《地表水环境质量标准》Ⅲ类标准以上，其中2018年8月、9月、11月达到Ⅱ类；全市县级以上集中式饮用水源地水质达标率100%。2018年度浏阳市获评“湖南省河长制湖长制真抓实干先进县”。

【农村安全饮水】 综合考虑水源水质、地形地貌和人口分布等特征，分类解决安全饮水问题。充分利用大中型水库水量足水质好的资源优势，“十一五”以来，全市建成一大批规模水厂，采取集中供水方式，解决了70.01万人的饮水不安全问题；依托小型水库、山塘和地下水资源，在人口相对集中的村组，采取单村工程供水方式，解决了12.43万人的饮水不安全问题；依托山溪、泉水，在人口分散的区域，采用多户或单户引泉或打井取水等方式，解决20.56万人的饮水不安全问题。2018年编制完成《浏阳市农村自来水中长期规划(2018-2030)》，投入8970万元，其中本级财政投入3037万元，提质改造10处规模水厂，实施17处农村自来水普及工程，新增农村自来水受益人口5万人。规模水厂每天对出厂水检测9项指标，每月检测46项指标，每年进行106项指标全分析，确保水质达标。同时，有效整合金阳新区水资源，推动区域供水规模化发展。出台水利扶贫专项资金管理办法，争取上级资金2142万元，解决所有建档立卡贫困户的安全饮水问题。农村安全饮水工作在浏阳市人大常委会的专项评议和专题询问中，满意率达到93.5%和100%。

社港汉兴水厂

(市水务局 提供)

【水法宣传】 2018年3月22日，是第二十六届“世界水日”和第三十一个“中国水周”首日。围绕“实施国家节水行动，建设节水型社会”的宣传主题，市水务局开展系列水资源保护宣传活动，贯彻“节水优先”的理念。3月22日上午，在才常广场开展水法知识宣传活动，向市民免费发放水法知识宣传单。下午，“水法宣传进校园”活动在人民路第二小学多媒体教室举行一场水法知识讲座。同时，市水务局下属站所及相关乡镇开展形式多样的宣传活动，营造出“珍惜水、节约水、爱护水”的良好社会氛围。

【两地水务部门联合查处首例跨市州水事违法行为】 浏阳市仙人造水库坝址位于柏加镇，库区约70%水面位于株洲市境内。4月2日，市水务局人员在仙人造水库库区（株洲市云龙示范区柏岭村、荷塘区仙庾镇樟霞村境内）淹没线以下发现20多处违填水域现象，市仙人造水库管理所多次阻止未果。针对违填问题，浏阳市水务部门积极汇报协调，获省、长沙市和株洲市两级水利部门重视和支持。当日，省水利厅、长沙市水务局、株洲市水务局、浏阳市水务局、株洲市云龙示范区农村工作局和株洲市荷塘区农村工作局、浏阳市仙人造水库管理所召开协调会，明确由株洲市水务局牵头、株洲市云龙示范区农村工作局、荷塘区农村工作局和浏阳市仙人造水库管理所配合，对库区内违填行为进行调查摸底，形成违填行为清单，并在2018年7月底前进行分类处置；同时，由违法行为发生地水行政主管部门，即株洲市云龙示范区农村工作局和株洲市荷塘区农村工作局，负责对所辖范围内的水库违填行为进行严厉打击，建立健全仙人造库区联防联治管理长效机制。截至年底，相关案件正在查办中。

【大栗坪水闸除险加固工程主体工程完工】 4月，大栗坪水闸除险加固工程主体工程完工。4月30日17时，大栗坪水闸放闸蓄水，5月1日恢复正常水位，承担起浏阳河城区段的调蓄防洪功能。大栗坪水闸位于浏阳河中游，于1979年5月竣工投入使用，是一座集城市防洪、城市景观、航运、农业灌溉、发电等功能为一体的综合性水利枢纽工程。2016年5月，大栗坪水闸除险加固项目获批实施，12月5日正式下河围堰作业。大栗坪水闸除险加固工程总投资约5038万元，主要建设内容包括闸墩加固，溢流堰体加固，闸基、闸肩防渗等。

【组织“跟着河长去巡河”活动】 10月12日，浏阳市河长制工作委员会办公室、浏阳日报社联合组织一次“跟着河长去巡河”媒体采风活动。活动当日，市政府为湖南日报社、红网、《长沙晚报》、浏阳日报社、浏阳电视台5名记者颁发“记者河长”聘书。“记者河长”被赋予参与巡河护河、护航水生态等职能。活动获人民网、新华社、中新社、中国网、中国日报网、央视网、《湖南日报》、湖南电视台、红网、华声在线、《潇湘晨报》、《潇湘都市报》等30多家新闻媒体报道并点赞。活动开展前期，组委会通过网络向全社会征集16名志愿者，并邀请浏阳当地的社会监督员、民间河长、知名网友、沿河居民代表共60余人跟着浏阳市副市长、市副总河长王坤球一起去巡河，通过实地查看水体质量、水域环境等，了解浏阳河长的巡河日常。

【大瑶应急抢险工程开工建设】 为实现团结水厂在团结水库和南川河的双水源取水，在枯水季节、春节等时段稳定供水提供保障，惠及大瑶、金刚、澄潭江等乡镇1.7万余用水户，11月15日，市人民政府常务会议第31次会议原则上通过大瑶应急抢险工程建设。11月26日，浏阳市大瑶应急抢险工程动工建设，2019年1月30日，工程完成，总投资798.94万元。

【明确金阳新区水资源整合相关事宜】 11月15日，市人民政府常务会议第31次会议明确金阳新区水资源整合相关事宜，在经开区管委会成立一个二级事业单位，85名在职人员和28名退休人员移交至经开区新设立的事业单位，原42名在编公益性岗位的财政差额拨款保留在市水务局，用于从事灌溉、防汛等公益性岗位人员的经费开支。金阳集团支付市水务局1000万元用于解决职工社保欠账问题。市农村安全饮水水质检测中心资产、职能职责全部移交金阳集团，由金阳集团免费做好浏阳市域内的水质检测工作；水厂资产及债权债务移交金阳集团。市水务局保留洞阳水库管理所西安办公楼和水库下游老办公楼、万丰山水库管理所办公楼，用于水库灌溉、防汛办公。根据《浏阳市农村自来水中长期发展规划（2018—2030）》的划定范围，由金阳集团负责永安供水公司、永安联合水厂、洞阳水厂、常丰水厂、高升水厂等5个水厂供水服务范围内农村饮水安全供水建设与管理，并享受上级财政相关补助。非规划范围内的农村饮水安全建设与管理由所在乡镇通过单村饮水工程或联户饮水工程等方式解决。

【大围山自然保护区小水电站清理整治工作】 2018年，大围山自然保护区共有13个小水电站纳入“绿盾2018”生态环保专项整治之列。5月10日，湖南省水利厅、省环保厅、省农业委、省林业厅联合出台《湖南省国家级、省级自然保护区水电项目环保整治指导意见》，要求2018年11月底完成整改。7月，浏阳市水务局牵头拟定《大围山自然保护区小水电站清理整治工作方案》（送审稿），9月，浏阳市政府通过该方案，成立浏阳市大围山自然保护区小水电站清理整治工作领导小组。13个电站整治工作分为三大类，2个立即退出，2个限期退出，9个生态改造。截至11月底，立即退出2个电站（玉泉电站、鹅形嘴二级电站）；限期退出2个电站（大王坑电站，源丰一级电站）；生态改造9个（龙须漕、鹅形嘴一级、源丰二级、石羊城一级、白面石、龙王潭、中塘、桃坪、泉丰电站），全面完成整治整改。

（罗　琳）

水利建设投资

【概况】 浏阳市水利建设投资有限公司成立于2011年9月，主要负责水利工程建设项目投资、水资源综合利用开发、长兴片区开发和浏阳河文化旅游产业发展。公司设综合部、财务融资部、资产经营管理部、规划开发招商经营部、工程技术部、征地拆迁安置部6个部室。

项目建设　全年完成9个重点项目建设任务，建成道路1617米，打通断头路6条，新铺设雨污水管道17千米，完成造绿复绿9700平方米。白沙路（李畋路—浏阳河路）、渭川河排洪涵管工程等6个项目竣工；西北环线（浏阳大道—李畋路）、“一河两岸”滨水园林景观工程、鳌鱼组截污干管3个项目完成主体工程，予倩路等3个项目推进中，道吾山路（李畋路－水佳路）等2个项目完成前期工作。完成1.6公里慢行系统的“一圈两场三道”（15分钟生活圈；农贸市场、停车场；人行道、自行车道和历史步道）民生实事建设任务。三个项目被评为2018年长沙市优质工程。

征地拆迁　全年完成房屋拆迁68栋，土地征收33.4公顷，签订青苗、设施补偿协议460份，迁坟220余座，引导指标回购50户，拆除违章建筑3600余平方米，配合关口办事处完成3次依法强拆行动，协助打击黑恶势力，确保片区14个基础设施项目和出让地块清零。按要求完成棚改任务，长兴安置区114户保障性房源顺利分房。

招商经营　全年片区招商6个项目，完成20.4公顷土地出让，实现土地收入4.82亿元。完成土地报批31.27公顷，报省国土厅待批43.93公顷。长兴安置区52套保障房源公开拍卖现场一次性全部溢价成交，盘活国有资产2842.6万元。

财务融资　成功发行第二期中期票据8亿元，实现融资到位17.47亿元。以“三保”（保工资、保运转、保基本民生）为原则化解政府债务，化债比例居全市平台公司首位。累计支付工程款等建设费用约6.5亿元，承担2.2亿元民生实事项目资金，优先社保资金到位。代表浏阳市政府参股椒花水库、污水处理厂网一体化PPP项目，并根据职能职责对项目实施进行管控。

“一河两岸”工程　完成景观和亮化整体方案设计和评审，浏金水岸等四小区建筑立面及岸线亮化首期工程。启动浏阳河文化旅游综合体项目招商，编制可行性研究报告，接洽

长兴湖实景航拍图　　（市水利建设投资有限公司　提供）

华侨城、中青旅、中南建设、中交集团等优质客商40余批次。

【渭川河排洪涵管工程竣工验收】

8月15日，渭川河排洪涵管工程通过竣工验收。该项目分为两段，其中锦程大道—白沙路段总投资602.9万元，新建排洪管（顶管）DN2000　554米及相关附属工程6项；浏阳大道—菊花石路段总投资1375.72万元，新建排洪管（顶管）DN1800的697米及相关附属工程6项。项目于2017年9月8日开工建设，竣工后成功解决道路堵点积水问题及改善长兴片区的排水。

【西北环线上跨桥梁使用钢箱梁吊装工艺】　长沙市重点项目西北环线经过车流量较大的浏东公路，正常的桥梁施工工期需要封闭式施工较长时间，给交通组织带来不便，公司通过多次走出去学习、请专家评审和到现场反复测试，决定在西北环线上跨桥梁工程中首次使用国内领先技术钢箱梁工艺，该工艺比传统工艺能缩短三分之一工期，并且质量更好。并派专人到工厂监督钢箱梁制作，十天时间完成上垮桥梁吊装，总体工期较常规钢筋砼箱梁建设缩短近3个月。

（曾　玲）

灌区管理

【概况】　2018年，官庄水库浏阳灌区管理处机关内设办公室、财务科、工程科3个科室，下设官桥、普跃2个管理所以及镇头新农自来水公司和采购收费部4个二级机构。有在职干部职工47人，退休人员26人。加强防汛保安，制订防汛预案，分片对各渠系进行备汛安全大检查。因遭遇旱情，2018年官庄水库可支配水量不足，通过协调浏阳市、醴陵市合理分配水量，发动群众疏浚渠道21次，灌区受益区粮食产量较2017年呈现增收。

【供水灌溉】　全年供水收入300万元，水损率控制在22%以内。投资469.55万元，实施水厂提质改造、扩网项目，完成镇头水厂二次增压泵房改造，主管扩网、消毒设备更新，有效解决供水压力不足的问题。投资250万元，完成省级财政配套追补资金续建配套与节水改造项目，防渗衬砌渠道1.17千米，除险加固干渠4处，明渠冲积坑回填1处，明渠浆砌石挡墙护岸改造1处，落地式渡槽改造1处，隧洞除险加固1外，机耕桥1座，泄洪闸1处，完成土石方1.26万立方米，砌石423立方米，砼1227立方米；投资300万元，完成量测水站39处，视频监控5处，改造视频监控2处以及综合信息管理系统平台改造；投入110万元，完成渠道清淤疏浚和水体管护118.15千米。

（潘艳纯）

株树桥水库管理

【概况】　株树桥水库位于浏阳市东部，是国家大（二）型水库，水库截浏

阳河主要支流小溪河蓄水形成，距浏阳市城区30公里，距长沙市城区80公里，总库容2.78亿立方米，正常蓄水位▽165米，相应库容2.29亿立方米，年径流量5.55亿立方米，集雨面积564平方公里。水库大坝为钢筋混凝土面板堆石坝，坝顶高程171米，整体包括坝体、溢洪道、发电引水隧洞、城市供水闸门等设施。2010年8月正式向长沙供水，2011年被列为全国重要饮用水水源地。水源保护区涉及浏阳市张坊、小河、永和、中和、高坪5个乡镇，22个村，5万多居民，保护区森林覆盖率87%。浏阳市株树桥水库管理局成立于1990年3月，2008年机构升格为副县级事业单位。2018年，局辖6个职能科室（办公室、水资源保护科、工程管理科、经济建设科、政工人事科、财务审计科）、4个二级法人单位（枢纽工程管理所、资源管理所、水电调度与灌溉管理所、水质环境监测监督管理站）、两个公司（株树桥物业管理公司、株树桥水利水电安装工程公司），有在编职工280人，承担着株树桥水库除险保安、防洪调度、供水发电、水资源保护和下游生态维护等职能工作。全年完成供水17500万吨，供水产值约3070万元。完成发电量1657万千瓦时，实现发电产值530万元。

【防汛保安】 建立健全责任分工体系。组建50人的防汛抗旱应急队伍，备齐备足防汛物资；编制《株树桥水库调度规程》《防汛应急预案》《大坝应急预案》《水库运用方案》等文件；落实24小时防汛值班，加快推进洪水预报及水库调度系统建设；2018年，株树桥水库集水区域内降雨1321.3毫米，全年降雨明显偏少，入库水量2.9亿立方米，为2017年（5.3亿立方米）的55%，该局严格执行长沙市防汛抗旱指挥部统一调度，做好抗旱工作。

【水源保护】 完成年度水源保护区生态补偿资金拨付工作；加强监管巡查，实施全面禁钓，控制农业面源和生活垃圾污染，推动保护区封山育林工作，定期投放滤食性鱼苗，修复水体生态。打击涉水、涉渔、“六乱”等违规行为，组织开展水源保护联合监管行动，查处网鱼、电鱼人员14人，行政处罚11人，移送公安机关2人，依法取缔“三无”船只2艘，做好水库水面及周边垃圾打捞、清运工作；加大宣传力度，在库区镇、村开设宣讲台，发放宣传手册1000份，增设水源保护界标和宣传警示标识；完成株树桥、蒋埠江、丁家湾、江口4个断面送检监测和取水口水质自动监测1608次。联合长沙市水环境监测中心发布《株树桥水库水资源质量通报》12期。编制《水质分析报告》12期，编制《污染源调查报告》4期；通过中央环保督察组的首轮督查和全省水源地达标建设考核验收，水库水质保持在国家《地表水环境质量标准》的II类及以上标准。

【经济运行】 按照上级化债要求进行债务化解，以借新还旧方式偿还债务7907万元。依法做好“农行资产包”处置工作，收回资金1724万元。争取到水源保护奖补、饮用水水源保护区规范化建设和水源地安全达标建设、大坝除险加固以及信息化建设等资金共计2000万元。

【湖南株树桥物业管理有限责任公司】 2018年，完成浏阳市妇幼保健院、大瑶镇市政环卫、浏阳经济技术开发区管委会等15个项目物业服务工作，创产值2941万元，上缴税费180万元，安排社会就业人员530余人。运用ISO9001质量管理体系，提升规范化水平，业主综合满意率98.26%，零安全责任事故。获评“湖南省信用评价AAA企业”“湖南省企业顾客满意度调查满意品牌”、街道“现代服务业特殊贡献奖”。

【浏阳市株树桥水利水电工程有限公司】 2018年，公司主要完成株树桥水库取水口机电设备维护，110千伏线路、10千伏线路及株树桥低压线路维护，大坝防汛机电设备维修，圣源水电站机电设备小修、1#、2#、3#机组小修预试、开关站设备、厂外变及厂内变系统小修，10千伏、6千伏母线系统小修预试及长沙市花桥污水处理有限责任公司、长沙市长善垸污水处理厂、长沙市新开铺污水处理有限责任公司、长沙市雨花污水处理厂、长沙市新港污水处理厂、长沙市暮云污水处理厂等单位高压试验项目，配合做好株永110千伏线路6根电杆更换工作。

（王峰林）

工 业

综 述

【概况】 2018年，全市申报入规企业92家，规模以上工业企业872家，上市企业8家（蓝思科技股份有限公司、湖南尔康制药股份有限公司、永清环保股份有限公司、熊猫金控股份有限公司、湖南浏阳花炮有限公司、盐津铺子股份有限公司、九典制药股份有限公司、宇环数控机床股份有限公司）。全年规模工业总产值同比增长17.5%，规模工业增加值同比增长10.8%；完成工业税收36.7亿元，同比增长19.3%；工业用电31.87亿千瓦时，同比增长20.83%；工业投资579.8亿元，同比增长15.2%，占全市投资63.9%。其中，工业技术改造投资190.8亿元，同比增长10.8%，占比32.9%；新建和改扩建等工业投资项目315.3亿元，占比65%。规模工业总产值增长率、规模工业增加值增长率、工业用电增长率等多项指标稳居长沙市前列。浏阳市获评省政府《关于对2018年度真抓实干成效明显地区予以表扬激励的通报》（湘政办发〔2018〕12号）"推动实施'中国制造2025湖南篇'、促进工业稳增长和转型升级、工业企业走出去和产业招商引资成效明显的市、县市区""新增规模工业企业工作力度大，净增规模工业企业数量排名全省前8位或各市州排名第1位的县（市、区）"两项奖励，获评"全省工业经济运行监测协调先进单位"、长沙市"2018年工业和信息化工作目标考核优秀单位"，市经信局获评"全省工业和信息化协调规范行政执法示范单位"。

表9　　2018年浏阳市规模工业企业产业分布概况表

类 别	鞭炮烟花	生物医药	电子信息	机械制造	健康食品	家居装饰	材料能源	其 他
个数（个）	353	43	17	98	87	43	180	51
产值（亿元）	502.5	168.7	544.8	183.4	182.1	66.1	327.6	126.04
增 速（%）	13.5	13.1	32.9	14.7	14.8	10.5	15.3	18.1

【产业链建设】 精确定位15个新兴及优势产业链的建链强链补链延链工作，绘制、更新"两图两库两报告"（全景图、现状图，项目库、客商库，产业链分析报告、产业链招商报告），主要领导组织34位市级领导召开全市性产业链调度会议3次。市级领导深入企业一线调研调度76次，部门帮扶问诊169次。释放以蓝思科技为代表的显示功能器件产业链龙头牵引作用，加快构建以崭新一代显示技术、手机零部件产业为核心的产业梯队，力促豪恩声学智能制造等项目建成投产。激活以山东天岳碳化硅项目为代表的碳基材料产业链发展动能，加快国内最大的第三代半导体碳化硅材料项目建设进程，打造第三代半导体全产业链集群。全年外出招商163次，接待客商104批次，洽谈项目351个，新引进产业链项目101个，计划投资566.69亿元。

【企业服务】 统筹建立产业链重企帮扶"1+N+1+1+4"（即每条产业链明确1名链长、多名市级领导副链长、1名联络员，在市级层面设立1个产业链推进办公室，经开区、高新区、两型产业园、花炮局四个载体单位分别成立产业链推进办公室）工作机制，组建由239人组成的帮扶小分队，走访调研企业240家次，发放为企业量身定制"政策集成包""亲清明信片"1500份，开通"浏阳工信"微信公众号。收集、汇总、整理企业反馈问题制定三张清单（问题清单、整改清单和责任清单），搭建"解题会商室"推动问题解决。重企帮扶和长沙市"千人帮千企百日大行动"活动收集问题402个，解决334个，破解率83%。兑现2017年兴工强市专项奖励资金269.35万元、"小升规"等奖补资金151.8万元、技改扶持资金491万元。加强政策研究和上级部门的对接联系，加强企业项目申报的指导服务力度，帮助214家企业申报各类项目347个，争取上级扶持资金1.3亿元。329家企业获准省电力用户直接交易，全年交易量超20亿千瓦时，节约成本超3500万元。其中蓝思科技直接交易电量12亿千瓦时，节约用电成本约2400万元。针对融资难、融资贵、融资慢问题，组织湖南泓春制药等10家企业参加湖南省制造业应收账款融资对接推进会，协助长沙市第五片区举办“千人帮千企•建行在行动”政银企对接会，组织70家企业和16家金融机构开展中小企业、产业链帮扶企业专场“银企对接在一线”活动2场，现场签约授信5.36亿元，全年累计授信16.68亿元。针对人才短缺问题，组织“揽万名英才•助浏阳腾飞”工业企业人才招聘会、“英才汇‘浏’，我心飞‘阳’”2018年工业企业专业英才专场招聘会大型人才招聘活动4场次，4456名求职者达成就业意向；为蓝思科技对接26个县(市)，举办招聘会54场，应聘入职3086人，与18个县(市)签订长期人力资源合作协议。

【智能制造转型升级】 邀请专家组开展智能化技术改造免费问诊、实施智能制造升级改造项目66个，建成达产可新增销售收入145.9亿元，利润29.7亿元，税收8.1亿元。获批省级、长沙市级智能制造示范项目、示范车间共计25个，推荐浏阳市联创机械设备制造厂等23家企业申报为2018年湖南省“小巨人”后备企业，并纳入湖南省2018年小巨人企业培育工作计划，湖南天地恒一制药有限公司和长沙兴嘉生物工程股份有限公司获评“省小巨人企业发展典型企业”。

【企业安全环保转型】 开展安全生产监督检查电力、通信和工业企业277家，建立排查整改台账126家，移交、立案查处1家。激发企业绿色发展内生动力，打造绿色制造体系，建立浏阳河流域136家工业企业入河排污口台账。完成粘土砖企业整治整改工作，其中7家转型企业工商营业执照、采矿许可证、环保批复、安全生产许可证等主要证照齐全，环保设施完备，厂区生产环境得到全面改善，达到转型标准；20家关闭取缔企业全部完成厂房、设备、烟囱和窑体拆除和土地平整工作，企业废弃场地均已复垦复绿，验收合格5家，基本合格15家。在已淘汰拆除58台落后纸机的基础上，聘请专家组对2万吨以下的制浆生产线进行产能甄别核查，责令整改到位制浆生产线1条，批复同意整合造纸企业3家。完成包装印刷企业推行32家、家具行业企业推行32家、涂装企业推行16家使用低挥发性有机物含量原辅材料调查工作，建立印刷工业企业20家、家具制造工业企业35家、工业涂装工业企业8家台账。实施省级自愿性清洁生产项目5家、长沙市自愿性清洁生产项目12家、两型企业省级项目1家。经开区和天地恒一等4家企业被确定为省级绿色园区、绿色工厂，高新区和长沙贵太太茶油被确定为国家级绿色园区、绿色工厂。

【创业创新】 组织开展长沙市小微企业创业创新核心服务机构、省小微企业创业创新基地认定工作，浏阳市中小服务中心被认定为第二批长沙市小微企业创业创新核心服务机构；浏阳汇远实业有限公司认定省中小微企业创业创新基地，湖南天诚烟花爆竹检验服务有限公司、浏阳经济开发区产业化服务中心2个单位认定省中小微企业核心服务机构。

【杆线整治】 整合电力、电信、移动、联通、国安网络等职能单位，成立杆线整治“110”队伍。根据文明创建和社区全面提质提档工作要求，出动1800余人次，整治老旧小区、宿舍区、背街小巷等管线84处，集中捆绑规整凌乱线缆470千米；修复、配置破损、缺失井盖177个。

【信息化建设】 编制《浏阳市移动通信基站及配套设施专项规划(2017-2030)》，通过实施光纤到户和宽带乡村行动、推进共建共享和三网融合、专项规划引导以及加大基础设施建设力度，不断提高城乡信息通信基础能力，光纤宽带和4G网络覆盖广度和深度得到进一步提升，全市322个行政村光纤通达率100%，实现至少一家通信运营商的4G信号覆盖。推进“企业上云”活动和工业互联网平台应用，宣传推介长沙工业云、用友云、金蝶云、阿里云、华为云等工业云服务平台，促进企业提质增效，2800家企业加入云平台，长沙博大机械零部件有限公司、湖南法泽尔动力再制造有限公司、湖南湖大艾盛汽车零部件装备制造有限公司3家企业获评省“上云”标杆企业。积极推广和使用和包支付，全市和包支付累计活跃用户22.7万户，绑卡用户19.1万户，并在党费、团费、工会会费三费收取，水费、电费、商超手机支付等公共服务应用接入方面取得进展和实效。

(周志刚)

电子信息产业

【概况】 2018年，全市电子信息产业主要发展方向为消费类电子产品，逐步形成以蓝思科技、日写蓝思、欧智通、利尔电子等企业为代表的数量38家、规模以上17家的电子信息产业集群，主要生产手机整机、高端智能手机玻璃面板、智能家居无线网卡、平板电脑、大屏幕触控一体机、智能精密仪器等，规工产值544.8亿元，移动智能终端领域产业链基本成型，浏阳经开区成为湖南省重要的智能终端产业生产基地。

【蓝思科技集团上榜“2018中国民营企业500强”榜单】 8月29日，由全国工商联和辽宁省人民政府共同主办的2018中国民营企业500强峰会在沈阳召开，会上发布2018中国民营企业500强等榜单。蓝思科技集团以2017年营收559.4亿元在中国民营企业500强榜单中排名108位，在中国民营企业制造业500强榜单中排名52位。蓝思科技集团自2013年首次入围榜单以来，至2018年，连续六年上榜，排名从309位上升到108位，营收从111.6亿元升至559.4亿元。蓝思科技集团坚持创新发展，不断加大自主创新力度，以技术创新突破成长瓶颈。2013年以来，公司每年研发投入占营业收入的比例均超过6%。2017年蓝思科技研发支出15.76亿元，占营业收入的比例为6.65%，较2016年度增长13.8%。高研发投入确保公司技术优势得以巩固并不断扩大，使得公司在2.5D和3D防护玻璃、蓝宝石、精密陶瓷等新兴领域拥有深厚的技术积淀与优势，能够保障各大品牌客户新产品试制打样及定型后快速量产的需求。同时，公司对汽车、智能家居、医疗设备等新领域开展前瞻性的技术研发和布局，积极开拓新领域、新客户，推广公司的产品与服务，为抢占蓝海市场先机打下客户和技术基础。2017年，消费电子领导品牌发布的旗舰机型采用前后盖双面玻璃，带动其他各大知名品牌跟进，“双面玻璃”开始全面流行，带动市场需求的快速增长。蓝思科技集团全年生产的智能手机前后盖防护玻璃产销量达到5.2亿片，较2016年度增长近30%，中小尺寸防护玻璃业务收入同比增长70.63%。2018年2月，公司上榜第三届“湖南省十大知识产权领军企业”。

（周志刚）

生物医药产业

【概况】 截至2018年，全市共注册生物医药类企业153家，其中，规模以上企业41家，通过GMP认证医药企业68家。A股上市企业2家（尔康制药、九典制药），新三板挂牌企业1家（永和阳光），上市后备企业8家（威尔曼、华纳大、天地恒一、安邦制药、迪诺制药、春光九汇、豫园生物、兴嘉生物）。企业产品覆盖抗生素、抗感染药、妇科用药、抗肿瘤用药、高血压用药等多个方面，涵盖药用辅料、化药原料药及制剂、中药、基因与蛋白质、诊断试剂、生物制品等多个领域，品种800多个，过亿元拳头品种10余个。2018年，浏阳经开区引进生物医药产业项目14个，其中，投资50亿元以上项目1个，为长沙（国际）健康生态科技产业园（50亿）；投资5亿元以上项目1个，为早晨纳米机器人研发生产基地项目（6.5亿）；投资2亿元以上项目4个，分别是敬和堂制药生产基地项目、心诺国际智能医疗产业园项目、普济生物氨基酸表面活性剂日化产业项目、春光九汇中药配方颗粒提取制剂生产线与在线控制系统项目。在谈重点生物医药产业项目12个。全年铺排生物医药类项目16个，其中今汉制药新药创制重大转化项目一期、加农正和生物制品及中药制剂生产基地项目一期、启正生物、金海医疗等7个项目完成建设并投入生产；继蒙中草药肝病研究所项目完成装饰装修；天地恒一全智能数字化中药提取车间项目完成主体封顶；威特药业原料合成车间及精烘包车间项目正在进行主体建设；敬和堂制药生产基地项目一期土地已平整；长沙（国际）健康生态科技产业园保健食品研发中试及GMP生产基地样板区项目临建工程已完成并启动土地平整，片区设计正在委托编制。2018年，生物医药产业实现产值171.45亿元，同比增长11.6%，占园区总产值的21.7%；实现税收9.26亿元，同比增长28.8%，占园区工业税收的28.75%。获评中国生物医药最具特色、最具潜力园区。由经开区牵头的长沙市生物医药产业链在长沙市22条产业链建设考核评比中获第三名。

【湖南加农正和生物制药一期工程正式竣工】 1月9日，湖南加农正和生物制药一期工程正式竣工。该项目总投资5亿元、总建筑面积约8万平方米，于2017年7月26日开工建设，主要用于生物制品及中药制剂生产。湖南加农正和生物技术有限公司曾用名“湖南农大动物药业有限公司”，成立于2000年1月4日，注册资本6000万元，为一家从事动保产品研究、开发、生产、销售和服务的高新技术企业。公司位于国家级浏阳经济技术开发区，是国家高新技术企业、湖南省兽药工程技术研究中心、湖南省认定企业技术中心、长沙市创新型单位、长沙市优秀技术创新示范企业、长沙市农业产业化龙头企业，是高校高科技成果转化和示范的基地。

【湖南省实验动物中心】 湖南省实验动物中心（湖南省药物安全评价研究中心）是经湖南省科技厅作为重大科技基础条件平台立项批准设立，由国家级浏阳经开区管委会投资建设的独立事业法人科研机构，主要从事药物发现与评价、实验动物生产与研究以及食品药品检验检测的第三方技术服务，拥有国家药物GLP实验室、药品和保健食品注册检验机构资质。中心拥有核磁共振仪、液质联用仪、基因合成仪、生理遥测系统等350余台（套）先进仪器设备；建有品种齐全（9个品种）且符合国际标准的实验动物设施。中心拥有国家新药创制孵化基地（科技部）、新药药效与安全性评价湖南省重点实验室（省科技厅）、动物多肽药物创制国家地方联合工程实验室（国家发改委）、湖南省中药验方工程中心（省发改委）等多个国家与省级药物研发平台。自2009年成立以来，中心先后为国内外生物医药企业完成新药临床前药效与安全性评价项目320余个，其中1类新药4个，获得临床批件22个；获得国家新药创制重大专项、湖南省科技计划重大专项和重点项目、长沙市科技计划重大专项等科研项目20余项，总金额8000余万元。2018年，该中心为90余家企业完成委托项目150多个，完成样品检测3000余批次，直接减少企业新药研发投入30%以上。

（周志刚）

机械制造产业

【概况】 2018年，全市有智能装备、工程机械、再制造、汽车零部件、医药机械、花炮机械、环保机械七个类别机械制造企业429家（规模以上企业118家。其中智能装备企业31家、工程机械及再制造企业35家、汽车零部件企业37家、医药机械企业5家、花炮机械企业4家、环保机械企业6家），从业人员3.5万人。高新区作为浏阳市机械制造的主导产业园区，2017年11月，被认定为中国产学研合作创新示范基地、湖南首家国家绿色园区、中国新能源汽车十大产业园区和国家再制造产业示范基地，截至2018年年末，园区有规模以上机械制造企业85家、高新技术企业62家、智能制造示范企业59家，形成以智能装备、汽车零部件、工程机械为主力（其规模工业总产值占比超过全产业的60%），以再制造、医药机械、花炮机械、环保机械为特色的机械制造产业格局。2018年，园区规模以上工业总产值、规模以上工业增加值、固定资产投资等经济指标分别增长16%、12%、27.9%。新增规上企业21

家，总数达到131家，入规速度走在省级园区前列；3家企业获评第三批湖南省中小企业“上云”标杆企业，园区新增省级、市级智能制造示范企业27家。园区获评省中小微企业创业创新示范基地，孵化器入驻企业130余家。

【高新区3家企业获评第三批湖南省中小企业“上云”标杆企业】 12月12日，湖南省工信厅公布第三批湖南省中小企业“上云”标杆企业名单，浏阳高新区湖南湖大艾盛汽车零部件装备制造有限公司、长沙博大机械零部件有限公司、湖南法泽尔动力再制造有限公司3家企业上榜，其中博大机械、湖大艾盛通过“上云”加快智能制造的案例，成功入选国家工信部中小企业局编印的《中小企业智能制造实战100例(2018)》。湖南湖大艾盛汽车零部件装备制造有限公司是一家以经营塑料加工为主的生产加工型企业，主要经营汽车内外饰、电子电器塑壳、其他塑胶产品等产品；长沙博大机械零部件有限公司成立于2005年9月，是一家按现代化企业管理模式运行的有限责任公司，拥有资产近亿元，主营压力铸造、锻造、模具制造、机械加工、汽车零部件装配；湖南法泽尔动力再制造有限公司成立于2014年，是一家集研发、生产、销售于一体的发动机制造高新技术企业，2016年被工信部纳入国家再制造试点单位。2018年，浏阳高新区加大企业“上云”智能化改造升级，352家企业注册云平台，所有规上企业成功“上云”，新增省级智能制造示范车间2家、市级智能制造试点示范企业25家，示范企业(车间)总数达到59家，建成2家长沙市众创空间，21家企业转型为高新技术企业，高企总数达到62家，并成功获批长沙市知识产权集聚园区。

(周志刚)

电力工业

【概况】 2018年，完成售电量46.29亿千瓦时，同比增长22.06%。年度电网最高负荷902.821兆瓦，同比增幅15.15%。国网浏阳市供电公司通过省文明单位验收，获省公司先进集体、长沙市五一劳动奖状、省公司长沙电网建设“630攻坚”先进集体，连续五年获得省公司安全先进集体。

(姚　尧)

【电网建设】 全面启动浏阳市电网供电能力提升“三年行动计划”和“630攻坚”任务，推进农村电网改造。2018年主网建设方面，500千伏浏阳输变电工程提前1个月开工；220千伏生药变、110千伏关口变提前投产(2018年长沙电网建设“6•30攻坚”劳动竞赛金奖)；6月15日，浏阳电网“630攻坚”农网改造项目提前15天完成；6月30日，“三年行动计划”第一座新建110千伏变电站-110千伏渡口变电站投产送电；10月底至11月初，完成35千伏早田变扩改建、110千伏亚洲湖新建变电站投运两项重点电力工程建设。

(姚　尧)

【服务经济民生】 公司密切关注大型园区、项目建设，结合浏阳市政府重点项目建设，分类制定浏阳市产业链75家企业、29个乡镇(园区)、用电量前10大重要客户走访服务方案，以领导班子成员带队走访、专业部室常态联系的形式，定期开展上门走访服务；启用园区企业用电服务绿色通道，加快业扩报装流程，缩短业扩时限。截至12月31日，开展包括浏阳经开区、高新区、两型产业园3个园区28个企业的走访服务工作，获得当地政府、园区肯定和好评。贯彻落实精准扶贫工作要求，完成市重点民生实事工程，支持永和镇少年宫建设工作。同时成立驻村工作队，专项帮扶关口杨溪湖村和永安镇永新社区。服务光伏扶贫项目并网，全年累计完成9户光伏扶贫项目并网及结算上网电费15.2万元。

(姚　尧)

【电力攻坚“630”】 按照“建成一批、开工一批、储备一批、核准一批”的要求，充分发挥电力领导小组牵头抓总作用，争取、协助电力部门投资6.37亿元，完成新、扩建35千伏至500千伏输变电工程项目5个，新建、改造10千伏线路198.7千米，新建、改造低压线路456.557千米，新增配变容量15.36万千伏安，解决6万户新增用电需求。110千伏渡口变是2018年长沙电网“630攻坚”唯一一座新建变电站，淳口500千伏输变电工程成为省电力部门的全过程工程咨询试点示范项目。淳口500千伏新建线路以及110千伏北园新建工程作为示范样板工程迎接国网公司的现场观摩。8月7日，《中国电力报》在头版头条推介浏阳市“政企融合中凝聚的浏阳效率”。

(周志刚)

鞭炮烟花业

【概况】 2018年，浏阳以深耕烟花爆竹产业链为主线，深入实施花炮产业“领航工程十大计划”，持续推进产业智能制造进程，推动产业向更高质量发展，实现经济效益稳中有升。全市花炮产业集群实现总产值246.4亿元，同比增加7.9%。其中出口销售额35.9亿元，同比增加13.9%；国内销售额154.1亿元，同比增加6.6%；原辅材料及相关产业实现56.4亿元，同比增加8%。截至2018年12月31日，全市共有烟花爆竹持证企业557家，其中产值过5亿的企业有2家，产值过1亿元的企业26个，从业人员有30万人左右，其中亚太地区工艺美术大师1人，国家级工艺美术大师2人，省级工艺美术大师14人，具有专业技术职称的从业人员3300多人，焰火燃放作业资格证人员7400多人。

【政策调控】 参与编制《长沙市烟花爆竹产业发展规划(2019—2025年)》，为烟花爆竹产业提质升级提供行动指南。精心打造烟花爆竹产业链，完成产业链全景图、现状图制作和精准招商项目库以及客商库建立。修订完善花炮企业分类管理办法，出台《关于2018年度烟花爆竹、黑火药、引火线生产企业分类管理名单的公告》(浏花管发〔2018〕9号)，将引火线、黑火药生产企业纳入分类管理范畴，评定出花炮生产企业一类企业129家，二类企业257家，三类企业

100 家；引火线黑火药生产企业一类企业 18 家，二类企业 36 家，三类企业 57 家，所有暂不分类企业 28 家。加大产业扶优扶强力度，完成 2017 年度财政性资金奖励政策兑现，其中花炮集群专项奖共计 40 家企业获奖，涉及兼并重组、科技创新、出口贡献等方面，奖励扶持金额总计 476.3 万元。建立起政府—企业—银行三方合作的“银企财园通”新型融资模式，完成第一批入库企业 144 家、第一批入库授信企业 56 家，有效缓解企业融资难、融资贵问题。

【科技创新】　推进技术难题攻关，“七大技术难题攻关项目”全部结题，其中微烟亮珠材料技术研究项目、组合烟花内筒自动装药机项目通过阶段性成果验收。加快机械化、自动化进程，中洲烟花集团研发的第三代组合烟花全自动生产线投产使用 3 条，正在安装 1 条，正在进行规划设计和厂房建设 1 条。2 月，浏阳市新华冠烟花公司研发的组合烟花自动化生产线通过湖南省安全鉴定，并有 1 条试生产。浏阳市荷花精工机械制造有限公司研发的组合烟花内筒自动装药生产线投产 5 条，待安装 1 条。加快智能化进程，5 月，浏阳与沈阳新松机器人、北京恒烁挚安两家高科技企业签订《防爆机器人暨烟花爆竹产业智能制造框架合作协议》，拟在浏阳建设两家烟花爆竹智能生产示范工厂，并在花炮智能化设备研发应用方面开展合作，推动花炮产业的安全革命、效率革命，其中与东信烟花合作研发的“鞭炮插引上下料生产线项目”已研发成功待安装；智能化组合烟花机械设备已在沈阳新松公司总部进行后期调试，正在进行中试。加快机械推广应用，浏阳市研发的国内首台亮珠自动化成套设备等近 10 个涉药机械设备成功通过省级安全论证，有效提升行业生产整体安全水平。举办花炮智能制造设备及环保原材料展，为生产企业和机械制造企业搭建交流贸易平台，引领行业安全环保、科技发展。开展浏阳市创新产品（花炮类）评选，最终确定浏阳市中洲烟花集团有限公司“组合烟花自动化生产线”、浏阳市鸿安机械制造有限公司“全自动烟花亮珠生产线”等 5 家单位的创新项目评为浏阳市创新产品（花炮类）奖励对象。

【质量建设】　联合市食药工商质监局等有关职能部门每月开展烟花爆竹原材料抽检行动，对市内化工原材料企业及包装印刷等原材料经营企业进行执法检查，抽查产品 161 个批次，依据相关程序对部分产品结果进行公开通报和依法查处。联合市公安局、市食药工商质监局两次分别到陕西、河北省开展浏阳花炮打假维权行动，共计查处假冒伪劣产品 1850 余件，拘留涉法人员 1 人，为企业挽回经济损失上百万元，保护浏阳企业的合法权益，维护浏阳花炮品牌形象。联合市文化市场综合执法局开展烟花爆竹包装印刷制品整治工作，查处收缴假冒包装箱 9000 余个。联合市食药工商质监局出台《烟花用模压筒体专项质量提升工作方案》，针对模压产品质量问题进行专项检查，确保产品质量。实施精品礼花弹计划，5 月，指导市花炮总会与日本芳贺火工签订《浏阳市礼花弹精品计划合作协议》，在精品礼花弹生产领域开展合作，提高礼花弹生产技术和质量水平。9 月，协助花炮总会组织行业领导、专家赴日本芳贺火工考察企业厂房设计、管理和技术。10 月，组织开展第一期精品礼花弹培训。8 月，浏阳经国家标准委确定为“第一批国家级消费品（烟花爆竹）标准化示范基地试点项目承担单位”。

【文化创意】　全年组织橘子洲焰火燃放 9 场，提升浏阳花炮的知名度和美誉度。组织浏阳周末音乐焰火 9 场，吸引浏阳市内外观众 20 万多人次，有效推动浏阳烟花文化旅游的发展，提升浏阳烟花之乡的城市形象。组织浏阳焰火“神州行”和“全球通”活动，其中浏阳焰火“神州行”先后走进福建龙岩、云南文山州、山东、青岛、浙江、宁波等 6 地，浏阳焰火“全球通”先后走进美国、塔吉克斯坦、俄罗斯、斯里兰卡 4 个国家，推动焰火文化与旅游跨界融合，有效提升焰火创新创意水平。成功举办浏阳焰火大会暨第八届中国（浏阳）国际音乐焰火大赛，来自意大利、英国、葡萄牙、瑞典四国的强队进行同台竞技，打造“烟花之乡”原创标识，构建新型焰火旅游文化产业链。浏阳焰火先后承担央视春晚、一带一路青年创意与遗产论坛、上合组织青岛峰会、首届世界语言资源保护大会、央视中秋晚会等大型活动焰火燃放，品牌影响力大幅提升。

【市场开拓】　成功举办 2018 中国（浏阳）国际烟花爆竹交易会，展示烟花爆竹全产业链，为花炮企业搭建交流贸易平台，进一步宣传推广浏阳花炮品牌形象。加强产销交流与合作，指导市花炮总会组织全市 400 余家企业，参加 13 场省外订货会，有效拓展了销售市场。烟花爆竹产业链链长带队赴安徽省考察烟花爆竹销售经营市场，推动产销融合发展。接待云南省供销合作社来浏调研考察花炮产业，进一步加强两地烟花爆竹市场合作。

【传统小产品保护】　出台《浏阳花炮传统小产品企业认定管理办法》，认定 54 家企业 6 个产品入选浏阳花炮传统小产品生产企业及保护产品第一批名录。出台《浏阳花炮传统小产品保护与扶持实施办法》（浏政办发〔2018〕20 号），对入选《浏阳花炮传统小产品生产企业名录》的企业实施挂牌保护，从实施浏阳花炮非物质文化遗产保护工程、鼓励小产品企业走专业化道路等 11 个方面，扶持与奖励优秀传统小产品生产企业。指导浏阳市玩具烟花小产品分会制定“晨光花、电光花、砂炮、彩珠炮”等 17 个小产品团体标准，推动小产品生产规范化、标准化。

【人才培养】　加强人才招引。2 月，与浏阳人才网合作组织 2018 新春花炮行业专场招聘，打通企业引才渠道。联合金刚、大瑶、高坪等 7 个乡镇开展 19 场烟花爆竹行业主题培训。开展送技术到片区学习交流活动 5 场，政策主题集中培训一场，参培人数 1000 多人。举办一期浏阳焰火燃放文创素质暨项目经理培训班，从市场营销推广宣传、文化创意与方案制作等九大方面进行专业培训，有效提升浏阳燃放技术人员提高综合素质。

完成技术职称培训和评审工作，共有110人获得初级专业技术职务任职资格。组织一期焰火燃放作业人员培训班，共计培训403人，其中操作员308人，安全员42人，保管员30人，技术员23人，同时培训换证人员230余人。

【宣传推广】 完善媒体对接联系机制，壮大主流思想舆论。2018年，积极对接社会主流媒体，引导长沙市级及以上媒体正面宣传报导浏阳花炮共73次，其中国家级媒体报道23次，省级媒体宣传报道31次。通过向上级媒体展示浏阳花炮传统文化和创新发展成果，积极引导媒体加强对浏阳花炮的正面宣传，进一步优化产业发展舆论环境，提升“烟花之乡”品牌形象。其中《人民日报》以《世界烟花看浏阳》为题，专题报道浏阳花炮转型升级发展成效；湖南卫视新闻联播4次报道浏阳花炮；《长沙晚报》以《浏阳花炮：这一抹东方色彩风行全球》为题专题报道改革开放40周年浏阳花炮发展成果。加强舆情预警与应对，发现舆情及时上报处理，把握舆论宣传引导时效。全年未发生一起重大负面舆情，有力维护了政府部门正面形象。

【环境优化】 推进烟花爆竹出口通道建设，2018年3月，由国检检疫技术中心领衔成立的烟花国际运输课题研究组，在实地考察、深入研究的基础上，形成《浏阳出口烟花爆竹国际集装箱班列运输可行性研究》，研究指出除礼花弹之外的1.4G、1.4S两个级别烟花爆竹产品均适合铁路集装箱运输。在中欧班列烟花集装箱运输研究已经取得阶段性成果的基础上，由长沙市政府行文向中国铁路总公司专题请示，开行适载性带车试验。加大重点企业帮扶，对烟花爆竹7家重点企业进行重点帮扶，建立“一事一议”工作机制，帮助解决7家重点企业在发展过程中遇到的23个涉及国土、林业、环保、水电等政策性难题，已办结问题19个。向花炮企业广泛宣传《浏阳市促进社会投资十条》文件精神及相关政策，并组织赴醴陵、上栗两大主产区调研学习花炮企业国土、林业等手续办理的相关政策制度。针对今年以来花炮企业普遍面临的国土、林业、环保等要素矛盾问题，积极主动与国土、林业等相关部门对接，耐心解答企业在办理相关手续中遇到的困难和问题，截至2018年底，已协助相关职能部门为花炮企业办理林业手续51个批次，42公顷，不动产用地上市6.67公顷，有效化解社会风险。

【存在的困难与问题】 要素供给矛盾突出。随着国家法治化进程加快，国土、林业、环保等各项政策进一步收紧，国土审批手续更加严格规范，各级林业部门对于林地的管控力度加大，环保督查的频率和力度增强，受历史遗留问题影响和企业法制意识不强，花炮行业要素供给矛盾日益突出。国内市场持续萎缩。各地禁限放力度持续加大，禁放区域由城市扩展到农村，且有继续蔓延的趋势。至2018年初，全国禁放城市803个，限放城市923个，实行全面禁放的县级市6个，农村市场萎缩成为新的趋势。2018年以来，各地打响“蓝天保卫战”，烟花爆竹禁限放掀起新一轮高潮。除行政力量直接影响的地区外，在综合因素的影响下，许多非禁限放区老百姓燃放烟花爆竹的热情明显减弱。产业创新能力不足。创新意识不强、创新投入不足、创新平台不多、高素质创新人才匮乏直接制约产业的发展。浏阳花炮在原材料研发、包装设计、焰火编排、市场营销等方面的创新性亟需进一步提升，企业的自主创新能力有待进一步激发。

【2018中国(浏阳)国际烟花爆竹交易会举办】 6月1—2日，2018中国(浏阳)国际烟花爆竹交易会在大瑶国际花炮商贸城举行。交易会包括“新产品、新材料、新工艺、新机械”展示、花炮产业与文化高峰论坛等12项活动，云集近400家花炮全产业链企业参展，涵盖机械、原材料、生产、燃放、经营销售、文化创意等花炮产业上中下游行业，首次全景展示花炮产业最新发展成果，吸引来自全国30多个省市、自治区的厂商，以及来自美国、比利时、西班牙、印度等10多个国家的客商观展。交易会商贸成交额11.7亿元；机械交易400余宗，成交额2.7亿元；花炮订单560余宗，成交额6.2亿元。

【浏阳焰火大会暨第八届“创意杯”国际音乐焰火大赛上演】 10月2日晚，浏阳焰火大会暨第八届“创意杯”国际音乐焰火大赛在浏阳城区上演。浏阳花炮联合来自意大利、英国、葡萄牙、瑞典四个国家的焰火燃放队伍，以创意故事、现场音乐、数字技术、激光艺术精准对点的多媒体整合手法，用10万发数字烟花打造一场焰火大会。燃放场次总共6场，其中比赛场次为4场，表演场次为2场。焰火大赛参赛队伍每场燃放12分钟，焰火表演队伍每场燃放3~5分

10月2日晚，2018浏阳焰火大会精彩上演　（市鞭炮烟花管理局　提供）

钟。经评委会评分后，按照得分由高到低排列，现场评出冠军、亚军获奖队伍。设冠军 1 名，奖金 10000 美元；亚军 1 名，奖金 6000 美元；其他 2 支参赛队伍为纪念奖。经角逐，意大利队、瑞典队分别获冠军、亚军，葡萄牙队和英国队获优胜奖。除焰火燃放外，大赛期间穿插包括浏阳传统舞龙、武术、“烟花龙舞”节目及“花火之舞”烟花舞台剧等节目。

【浏阳花炮承担上合组织青岛峰会大型焰火燃放】 6 月 9 日晚，上海合作组织青岛峰会在青岛奥帆中心举行灯光焰火艺术表演《有朋自远方来》，迎接出席峰会的各国嘉宾。上合组织青岛峰会灯光烟花秀由浏阳花火剧团负责，主题为“命运共同体”，分别在晚会第四章“筑梦未来”和晚会谢幕两个部分燃放。燃放地点在青岛奥帆中心区域，集中燃放各类烟花 3.5 万余发。灯光焰火艺术表演《有朋自远方来》区别于传统演出形式，将中华传统文化与现代科技相交融，以天为幕，以海为台，以城为景，将舞台搭建在大海之上，通过海上舞台多媒体球面视频、环幕投影与海岸线城市景观楼体相结合，创造性地将青岛的城市夜景融入舞台表演之中。

（黄 露）

烟花爆竹产品检测

【概况】 湖南烟花爆竹产品安全质量监督检测中心是湖南省质量技术监督局直属副处级事业单位，中心实行主任负责制，2018 年在岗人员 40 名，分设办公室、财务科、标准科研办、综合科、检验科、产检所、业务科 7 个科室。中心主要职责为：接受全国范围内行政部门、社会团体、企业单位、个人等客户委托检验；承担国家、省、市质量技术及安全生产监督行政管理部门监督检验；承担全国范围内烟花爆竹事故调查分析、产品质量分析；开展烟花爆竹产品、原辅材料、机械设备等科研开发工作；承担 SAC/TC149 秘书处和 ISO/TC264 秘书处日常工作；承担 ISO/TC264 国内技术对口单位日常工作；承担烟花爆竹国际、国内标准的制修订及归口管理工作；完成国家、省局交办的其他工作。

【烟花爆竹产品、原辅材料检测检验】 2018 年，共计完成烟花爆竹产品、原辅材料等检测检验 7987 批次。委托检验：完成全国范围内企业、个人及机关单位等委托检验 4951 批次，其中公、检、法、司等行政部门的委托检验占 1130 批次。检验业务向全国扩展，业务延伸涉及北京、广东、福建、海南、湖北、江西、四川等 14 个省市。监督检验：完成各级监督抽查 3036 批次，其中第四季度国家监督抽查 50 批次、青岛上合峰会焰火产品国家监督抽查 139 批次（含江西省质监局 9 批次礼花弹发射炮筒监督抽查任务）、湖南省重点工业产品（含烟花爆竹产品、黑火药、引火线）抽查 2505 批次、北京市工商局监督抽查等工作任务 242 批次、长沙市监督抽查 60 批次、郴州市监督抽查 40 批次。

【烟花爆竹标准科研工作】 国内标准化工作。颁布实施国家标准 1 项、报批 2 项、组织审查 13 项、申报立项 16 项，颁布实施地方标准 1 项、制定 4 项，指导制定企业标准 20 余项、团体标准 14 项；4 月 27 日，SAC/TC149 在湖南醴陵召开《烟花爆竹安全与质量》标准修订研讨会，6 月 3—6 日，在湖南宜章召开四届五次核心专家会议暨全体委员会议；受浏阳市人民政府委托，申请国家标准化管理委员会 2018 年国家级消费品标准化示范区项目——浏阳市人民政府传统文化产品标准化试点项目，2018 年 8 月批复立项。国际标准化工作。1 月 22 日至 3 月 19 日完成《烟花燃放通用指南》等 4 项国际标准的 CD 投票（委员会草案投票）；6 月 28—30 日组织召开烟花爆竹国际标准研讨会暨 ISO/TC264 第七次国际会议国内预备会议；7 月 12 日 ISO 主席 John Walter 及国家标准委、省质监局领导等一行考察 ISO/TC264 秘书处；9 月 2—5 日在以色列特拉维夫顺利召开 ISO/TC264 工作组 4（WG4，测试方法）和工作组 5（WG5，烟花燃放）会议以及第七次全体国际会议；中心副主任朱玉平等 6 名专家获国际标准化卓越贡献奖，并于 10 月 14 日参加国家市场监督管理总局组织的世界标准日主题活动的颁奖仪式。科研项目工作。完成国际标准研制 2018 年科技部 NQI 项目—“烟花爆竹领域重要国际标准研究”立项；完成 2018 年度省质监局科技项目成功立项 3 项；申报省科技厅 2018 年度中央引导地方科技发展专项资金项目 3 项；申报 2017 年度全国质检系统科研成果评定 1 项；申报国家标准委 2018 国家重点研发计划专项项目 3 项；申报质检总局政策理论研究（社会科学）课题 1 项；申报省质检局组织的 2018 年度湖南省科技重大专项项目预申报 1 项；申报 2019 年湖南省标准化项目 5 项，2019 年湖南省地方标准制修订项目 1 项；申报推荐 2018 年度“科技兴检”优秀科技成果奖参评项目 2 项，其中 1 项获三等奖。

【室外燃放检测场建设项目】 3 月 5 日，获浏阳市环境保护局环评批复文件（浏环复〔2018〕72 号）；6 月 12 日，获长沙市国土资源局土地预审意见（长国土资预审字〔2018〕38 号）；9 月 17 日，获省国土厅关于同意修改浏阳市土地利用总体规划（2006—2020 年）的批复（湘国土资函〔2018〕157 号）；9 月 4 日，省财政厅批复项目投资资金审核意见；11 月 29 日，获湖南省自然资源厅批复同意浏阳市城乡规划局核发的项目选址意见书；12 月 28 日，获湖南省发展和改革委员会《关于国家烟花爆竹产品质量监督检验中心室外燃放检测场建设项目可行性研究报告的批复》（湘发改投资〔2018〕1076 号），该项目正式批复立项。

（方 钊）

开发区与园区建设

浏阳经开区

浏阳经济技术开发区

【概况】 浏阳经济技术开发区地处长沙东郊，创立于1997年，距长沙黄花国际机场15千米、长沙高铁站35千米。2012年3月被国务院批准为国家级经济技术开发区，是中西部地区第一个国家级生物产业基地和国家创新药物孵化基地，获批国家新型工业化产业示范基地和长江经济带国家级转型升级示范开发区。截至2018年，园区已开发18平方千米，有各类注册企业1100余家，其中规模以上工业企业119家，有蓝思科技、尔康制药、永清环保、盐津铺子、九典制药5家A股上市企业，4家新三板上市企业和20家拟上市企业，形成电子信息、生物医药和健康食品“两主一特”的产业发展定位，是长沙市显示功能器件、生物医药、环境治理技术及应用产业链建设的牵头园区。2018年，园区经济运行稳中有进、稳中趋优。全年实现规模工业总产值同比增长23.8%；规模工业增加值281.6亿元，同比增长14.4%；完成财政收入40.1亿元，同比增长12.5%；完成固定资产投资184.87亿元，同比增长7%，其中工业固投171.57亿元，同比增长20.1%，工业和生产性服务业占固定资产投资比重为97.2%；高新技术产值占比94.7%。2018年，园区在全国219个国家级经开区中排名第68位，较2017年前进20名，蝉联全省产业园区综合评价第一名。

党建领航 推进党建工作“一五十”（一个党建品牌、五个党建示范点、十个优秀共产党员）工程，出台“非公党建20条”，在孵化器、重大项目、产业链建立党支部，党建引领作用得到彰显；邀请清华大学教授魏杰等专家讲授经济走势与园区应对等课题，全年开展中心组理论学习12次，党工委书记多次到企业讲党课、摸实情。加大对违纪案件查办和信访案件查处，办理或协助办理信访件8例，给予党纪政纪处分6人，调离岗位1人，诫勉谈话、通报批评、责令书面检查26人次。

项目建设 全年引进项目43个，合同引资285亿元，其中过50亿元项目2个，完成征地201.33公顷，拆迁162户，雅阁酒店等21个项目实现征拆清零；铺排重点建设项目58个，34个项目实现投产，在长沙市项目观摩评比中名列第一名，其中蓝思消费电子产品防护视窗组件和盐津铺子烘焙产品智能生产基地项目，在15个考核项目中分获第三名、第六名，日写DITO触控传感器项目获评全省“5个100”重大产业建设优秀项目，项目建设成效得到省委、市委肯定。

智能制造 鼓励引导企业推进智能制造升级，投资32亿元的蓝思智能机器人项目投产，盐津铺子食品股份有限公司、湖南华纳大药厂股份有限公司、湖南九典制药股份有限公司等16家企业获批长沙市第五批智能制造试点企业，另有26家企业启动智能制造转型。

三大攻坚战 风险防控。制定《防控化解政府性债务风险工作方案》，明确十条化债措施。向上争取政府债券发行等资金14.25亿元，推进闲置、低效土地清理和土地招拍挂工作，依法挂牌土地25宗

盐津铺子智能生产车间 （浏阳经济技术开发区 提供）

96.67公顷，全年偿还各类债务本息21.72亿元，确保风险可控。污染防治。迎接中央环保督察“回头看”和省级环保督察，在2015年首次实施三年环保行动计划、推出十大环保工程的基础上，出台浏阳经开区环境保护新三年行动计划（2018—2020年），开展“春霆”等环保专项执法行动。新奥热力分布式能源项目和再生水回用项目正式投入运行，总投资4.5亿元的北园污水处理厂建设全面推进，开展雨污分流专项整治，打好蓝天碧水保卫战，获评第二批湖南省绿色园区。脱贫攻坚。做好龙山县苗儿滩镇、浏阳市小河乡乌石村精准扶贫工作，确保资金到位、措施到位、效果到位。其中，苗儿滩镇2018年脱贫319户，隆头社区自来水厂和苗市社区办公楼竣工，黄桃基地实现产出；小河乡乌石村脱贫67户，种植优质水稻、烤烟、菊花、魔芋等66.67余公顷，发展文化产业，打造“农民画室一条街”。

行政审批　381个事项实现“最多跑一次”，将企业开办时间压缩至3个工作日。按照“三集中、三到位”原则，政务服务大厅推行“线下”行政审批窗口集中受理改革，实现无差别受理、“全能岗”服务，大厅窗口由原11类窗口44人，调整为9类窗口31人。实施全省唯一试点产业项目“先建后验”改革，审批时限从21个管理环节53个工作日办结，缩减为10个管理环节17个工作日办结，减少资料91项。开展“证照分离”改革试点，惠及企业290余家。设立园区警务服务大厅，让企业和群众“就近办，方便办”。

国企改革　园区推进国有企业改革，通过前期“并—剥—审—转—提”的改革思路，围绕资源整合、资本运作、资金融通、资产升值的定位，改革成效初显。2018年，金阳集团正式退出融资平台，实现平台公司市场化转型。

【产业链发展】　浏阳经开区立足“两主一特”（生物医药、电子信息，健康食品）产业和显示功能器件、生物医药、环境治理技术及应用三大产业链，培育产业发展新动能。5月18日，蓝思科技集团揭牌成立，以蓝思科技为龙头，壮大集面板、显示、触控于一体的显示功能器件产业集群，产业向高端攀升。引进蓝思新材料、华壹5G、卓精微等电子信息产业项目16个；生物医药产业发展获认可，获评“中国生物医药最具特色园区”，健康产业园、心诺医疗、敬和堂制药等14个生物医药及相关产业项目成功落户。全年引进项目43个，合同引资285亿元，其中过50亿元项目2个。

【服务企业】　开展“千人帮千企百日大行动”，完善重点企业、项目委领导联系制度，走访企业300余家次，解决各类问题350件次，推广园区产品本地用。全年拨付各类产业扶持资金2.1亿元，组织、指导企业申报各类项目100余项，向上争资超7500万元。组织企业参加各类招聘会21场，帮助企业招聘员工2万余人。搭建银企对接平台，3家银行为13家企业放款授信达18亿元。建强公共服务平台，云普检测平台通过CNAS国家资质认可并成为中部唯一一家获得A2LA国际资质认证的电子信息产业服务平台，产业化服务中心获批湖南省中小微企业核心服务示范机构，为企业研发、孵化提供保障。

【产城融合】　引进湖南电子科技职业学院本科校区、韵达物流湖南电商总部、五星级雅阁大酒店等产业配套项目13个，金阳紫星广场商务区正式开工建设，现代服务业实现新突破。实施教育优先方针，推进与湖南师范大学、吉首大学和湖南工业大学等战略合作，对接联合办学、技术转化。长郡附属小学完成主体建设。开通融长公交与长沙地铁无缝对接，健康大道北延线建成通车，打通连接中心片区与北园片区的交通主动脉。

【平安园区建设】　全年开展企业安全生产检查123家次，下发整改文书56份，实现安全生产零事故。投入8000余万元建设中心消防站，投入500万元打造“雪亮工程”。开展“百企联防、群防群治”大巡防和“扫黑除恶”专项活动，做好信访维稳工作，完善政府负责、社会协同、公众参与、法治保障的社会治理体制。

（王卫国　廖　沛）

浏阳高新技术产业开发区

【概况】　2018年，浏阳高新区贯彻新发展理念，推进园区高质量发展，经济实力不断增强，规模以上工业总产值同比增长16.9%，规模以上工业增加值同比增长12.6%，固定资产投资同比增长27.9%，其中工业固投同比增长23.5%，占固定资产投资比重达96.3%；完成财政总收入16.88亿元、增长24.8%，其中税收突破10亿元、同比增长30.58%。推动科技创新，加快转型升级，获批湖南省中小微企业创业创新基地、湖南省创新方法推广应用及产业孵化基地、中国碳基材料循环利用创新示范基地。园区在湖南省省级以上产业园区综合评价中位列第五，在2018年长沙市省级园区绩效考核排名中位列第一。

12月8日，总投资50亿元的豪恩声学智能声学总部生产基地奠基　（浏阳高新区　提供）

招强引大 围绕产业链持续补链、延链、强链，2018年引进产业项目51个，总投资205亿元，其中投资10亿元以上项目6个。1月25日，浏阳市中协高新科技学校项目签约落户浏阳高新区，该项目总投资16亿元，规划总用地36.67公顷，10月19日项目奠基；7月11日，华域视觉科技（上海）有限公司汽车智能车灯项目签约落户浏阳高新区，该项目占地13.33公顷，总投资逾10亿元，主要为上汽大众、广州汽车、广汽本田、广汽丰田、东风日产等配套，11月28日项目开建；8月8日，深圳市豪恩声学股份有限公司与浏阳高新区签署投资合作协议，投资50亿元建设智能声学总部生产基地，主要生产微型电声元器件和消费类声学等产品，12月8日项目开建；11月13日，总投资30亿元的天岳碳化硅材料项目开建。12月26日，十二年制一贯制民办学校九点教育项目签约落户高新区。

产业培育 2018年，园区新增规模以上工业企业21家，总数达到131家；新增省级、市级智能制造示范企业27家，总数达59家；新增高新技术企业21家，总数60家。352家企业注册云平台，所有规上企业成功“上云”，3家企业获评湖南省中小企业“上云”标杆企业。建成湖南省绿色再制造工程技术研究中心，国家级循环化改造试点示范园区通过国家发改委终期验收。新建成7家省级、市级企业技术中心。5家企业产品获省、市“首台套”；宇环数控获批省“5个100”（100个重大产业建设项目、100个科技创新项目、100个重大产品的创新，引进100个500强企业、100个科技创新人才）项目。湖南袁创超级稻技术有限公司获批省院士专家工作站，湖南法泽尔动力再制造有限公司建成全省首家再制造院士专家工作站，园区院士工作站增至6家。园区发明专利申请量较2017年增长24%。

项目建设 2018年，园区43个产业项目竣工投产，其中20个项目实现当年签约当年投产，宇环数控机床股份有限公司、湖南法泽尔动力再制造有限公司等11家企业完成二次建厂，39个产业项目如期开工建设，10个项目主体完工。全年报批土地120.33公顷、征地120公顷、拆迁265栋。新建、改造道路21公里，完成绿化21.6万平方米，30家沿街企业完成形象改造，G319园区段、捞刀河路等项目建成。宇环数控、华域视觉项目在长沙市项目考核评比中获2018年度“5个100”工程优秀项目。

营商环境 承接长沙市、浏阳市下放的权限229项，105个事项实现“最多跑一次”，“互联网+政务服务”平台上线，网上办件量居长沙省级园区首位，政务服务中心成功创建长沙市“青年文明号”。开创性实施项目报建不出厂等服务，项目施工许可审批从75天压缩至30天，企业开办2日办结。开展“千人帮千企”、“百人联百企”，指导企业申报项目278个，获批项目资金7530万元。诚源电器在新三板挂牌，3家企业完成股改。拓宽人才供应渠道，与13所院校、15个县建立合作，为企业招聘10800余人。融长公交、园内公交开通。

社会管理 中央环保督察交办的5个问题全部整改到位，燃煤企业实现清零，永安污水处理厂一级A标准提标改造工程全面完成，所有施工工地实现扬尘监测全覆盖。加强城乡规划统筹，出台《浏阳高新区和永安镇村民建房管理办法》，实现园镇村民建房“三统一分”（政府统一规划、统一设计、统一配套，农民分户建房）管理制度。强化规划刚性约束，拆除违法建设面积7000余平方米，实现违建零增长。全面清退股田制本息金。城市日常管理提标提质，全面实施保洁作业一体化、专业化、机械化，对重点路段、重点区域做到全面覆盖。

【湖南汽车产业联盟会议在浏阳高新区召开】 1月10日，“打造东部中心 推动绿色发展”——汽车联盟2018工作会议暨浏阳高新区建设优势汽车产业链对接交流会在园区滨海华美达酒店召开，福田、广汽菲克、吉利、比亚迪、众泰、星通、博世、义和、江凯等百余家汽车及汽车零部件企业参加，探讨产业发展方向与模式。会上，浏阳高新区与长沙市汽车及零部件产业技术创新战略联盟、深圳市车电网络科技有限公司、四川天喜车用空调股份有限公司、湖南安驰新能源科技发展有限责任公司等签约，与湖南大学、长沙理工大学就共建湖南省协同新能源汽车产业服务平台签订合作框架协议。

【6家金融机构（律师事务所）入驻浏阳高新区金融服务中心】 3月16日，兴业银行浏阳支行、星辰基金、海捷投资、众议律师事务所、启元律师事务所、恒丰小贷公司在内的6家金融机构（律师事务所）签约入驻浏阳高新区金融服务中心。截至2018年3月，中心入驻金融服务机构38家。中心自2017年4月13日成立以来，围绕打造“综合性多功能金融服务平台”的目标，坚持“政府引导、市场化运作”原则，整合优质资源，强化服务意识，创新服务平台，拓宽融资渠道，为企业发展营造良好的金融大环境。

【城市功能加快完善】 4月25日，长沙地区第二家洲际酒店旗下品牌——博大智选假日酒店开业营客。博大中央商业广场为中心的2万平方米的商业全面开业，广场进驻120余家商户，实现园镇居民“一站式”购物。5月28日，园区融长公交正式开通，开通的公交线路有两条，分别为827路和826路。两条线路始发站和终点站均为金阳巴士总站与芙蓉区政府站东。实现在园区直达长沙中心城区，2018年实现客运流量40万人次。6月8日，园内公交正式运营。

【新增2家院士专家工作站】 5月，园区湖南法泽尔动力再制造有限公司与中国工程院院士、中国“再制造之父”徐滨士合作建成徐滨士院士专家工作站。9月3日，浏阳高新区湖南袁创超级稻技术有限公司省院士专家工作站举行揭牌仪式，中国工程院院士袁隆平出席仪式并揭牌。袁创公司省院士专家工作站由中国工程院院士、“杂交水稻之父”袁隆平及其专家团队22人组成，为公司建设超级稻现代商业化育种体系提供智力支持。截至年末，园区院士专家工作站增至6家，实现“一链一院”。

11月13日，天玥碳化硅材料项目奠基　（浏阳高新区　提供）

【三大重大产业项目开工】　11月13日，总投资30亿元的天玥碳化硅材料项目（国内最大的第三代半导体碳化硅材料项目及成套工艺生产线）开建，该项目总投资30亿元，分两期建设，一期主要生产碳化硅导电衬底；二期主要生产功能器件。11月28日，华域视觉智能车灯生产基地项目开建，该项目总投资10亿元，占地13.33公顷；华域视觉是华域汽车系统股份有限公司全资子公司，是国内汽车电子设备系统及汽车照明电子部件的龙头企业。12月8日，总投资50亿元的豪恩声学智能制造项目开建，该项目聘请世界顶尖设计公司美国Gensler进行设计，其智能化水平和物流配套能力达到行业领先水平。

【浏阳高新区参加2018中国（长沙）网络安全·智能制造大会】　11月28-30日，在长沙国际会展中心召开的长沙2018中国（长沙）网络安全·智能制造大会上，浏阳高新区携宇环数控机床股份有限公司、长沙华恒机器人系统有限公司、湖南启泰传感科技有限公司、湖南法泽尔动力再制造有限公司、湖南金丰林印刷包装机械科技有限公司、长沙大京科技网络有限公司等8家企业参加展会，企业产品包含智能AGV物流系统、机器人焊接系统、高精密减速机、高精数控机床、高端压力传感器及在线监测系统、物联网溯源包装技术及溯源云平台、出行综合服务平台等，全方位展示园区“智造”风采。

【园区获评省中小企业“上云”行动优秀单位】　12月12日，湖南省工信厅公布三批湖南省中小企业“上云”标杆企业名单。浏阳高新区湖南湖大艾盛汽车零部件装备制造有限公司、长沙博大机械零部件有限公司、湖南法泽尔动力再制造有限公司3家企业上榜，其中博大机械、湖大艾盛通过“上云”加快智能制造的案例，成功入选国家工信部编印的《中小企业智能制造实战100例（2018）》。全年高新区352家企业注册云平台，所有规上企业成功“上云”，园区获评湖南省中小企业“上云”行动优秀单位。

【浏阳高新区获评省中小微企业创业创新示范基地】　12月25日，浏阳高新区创新创业园获评湖南省中小微企业创业创新基地。全年园区新建成8家省级、市级企业技术中心，发明专利申请量增长70%，7家企业获批长沙市专利密集型培育企业、知识产权管理规范化试点企业或专利预警分析企业，5家企业产品获省、市“首台套”，宇环数控获批省“5个100”项目（100个重大产业建设项目、100个重大科技创新项目、100个重大产品创新项目，引进100个500强企业、100个科技创新人才）。园区建成20万平米的创新创业中心和总部经济基地，成功获批湖南省首个创新方法推广应用及产业孵化基地、长沙市孵化基地，建成2家长沙市众创空间，园区科技综合服务平台正式上线，入驻企业130余家。

【浏阳高新区信贷风险补偿基金签约仪式暨2019年金融新产品推介会在园区创新创业园举行】　12月25日，浏阳高新区信贷风险补偿基金签约仪式暨2019年金融新产品推介会在园区创新创业园举行。浏阳高新区信贷风险补偿基金（简称“风补基金”）是长沙市小微企业信贷风险补偿基金中的一种，旨在引导和支持合作银行为不完全具备贷款条件的小微企业适当放宽贷款条件以提供信贷支持，采取“银行＋政府＋园区”合作的模式，由长沙市小微企业创业创新工作领导小组与浏阳高新技术产业开发区管理委员会1:1配资，一期各出资500万元，由合作银行放大10倍信贷规模，共1亿元，以支持浏阳高新区经营效益良好的小微企业发展。其中，市级资金、园区资金、银行资金的风险承担比例分别为35%、35%、30%，风险共担的模式一定程度上解决银行的后顾之忧，促使银行对中小微企业敢贷、宽贷。签约仪式上，长沙市科技风险投资管理有限公司、浏阳高新科创服务有限公司、医械好融通信用管理（湖南）有限公司和交通银行浏阳支行签订浏阳高新区信贷风险补偿基金合作协议。随后，由浏阳高新区金融服务中心筛选出的十个金融新产品在本次活动上进行推介，力求通过政府的引导和增信，进一步突破小微企业融资难、融资贵的瓶颈，营造更有活力的创新创业生态环境。

【开办1个工作日办结】　2018年，园区政务服务中心实施项目报建不出厂，“网上预约、视频面签、快递送达”，集中审批，帮代办等服务，建设项目施工许可审批工作由75天压缩到30天，企业开办实现1个工作日办结，基本实现园区事园区办，形成“马上办、网上办、就近办、一次办”的“园区样板”。政务服务中心全年办理事项12900件，在长沙市“互联网＋政务服务平台”的办件量居省级园区首位。

（袁村平）

浏阳市两型产业园

【概况】　2018年，浏阳市两型产业园紧扣“园镇同频共振、产城融合共建，加快打造浏阳发展新高地”目标定位，聚焦绿色食品产业，以全产业链布局发力，聚合产业动能，推动园区经济向高质量发展，获批“湖南省中小微企业创业创新基地”“长沙市现代农业产业示范园”“长沙市创业孵化基地”等称号。园区建成面积4平方千米，入驻企业90家，全年完成总产值111亿元，增长11%，其中规模工业产值71.34亿元，增长15.17%；完成财税总收入1.779亿元，增长11.75%。

招商引资 全年引进多鲜食品、大吉包装等25个项目入园，招商到位资金17.4亿元，增长13.72%。成功引进环嘉集团入园，总部经济项目招商实现零突破。

产业链发展 引进绿色食品全产业链链上项目22个，促推湘典、飘香等企业逐步实现原材料本地配套供应，完成检验检测中心、产品展示中心、云端平台等平台建设，推动产业向产业链两端延展。全年完成绿色食品规模工业产值46.96亿元，占比65.82%，增长21.78%。

项目建设 全年新增投资项目19个，完成固定资产投资29.37亿元，推动2个长沙市重点项目完成建设，12个产业项目建成投产运营，粉湘情等3家企业实现当年建设、当年投产。德康工业园等项目如期推进。

企业服务 开展“千人帮千企”行动，组织人才招聘、座谈交流、学习培训等活动10余场，帮助企业解决用工、用地等突出问题40余起。引导企业与知名院校、科研院所展开深入合作，搭建“产学研”平台。全年申报各类项目56项，争取到位资金726万元，新增高新技术企业7家、规模工业企业5家，获批省龙头企业2家、小巨人企业3家、长沙市重点龙头企业4家。

功能配套 配套产业发展需求，加快完善水、电、路、管网等基础建设。完成政务服务大厅改造、食品路管网改造等配套项目建设，启动220千伏变电站建设工作，天然气、金燕安置区、东进路等配套项目如期推进，完成零星工程40余项，园区绿化覆盖率40%。

社会管理 开展环保执法检查16次，检查企业50家次，指导2家包装企业完成VOCs（挥发性有机化合物）治理。督促9家企业完成雨污分流和总排污口改造，加盛食品安全中心污水处理厂建成并投入使用，各食品企业均配套建设污水预处理站，生产废水处理达到排放标准。落实安全派驻制度，开展安全生产计划执法检查企业32家次，复查企业9家。食安、综治、扫黑除恶等工作同步推进。

11月6日，浏阳市两型产业园管理委员会与多鲜食品（昆山）有限公司举行食品自动化生产线项目签约仪式
（市两型产业园　提供）

【8个项目集中签约落户两型产业园】 4月9日，两型产业园举行招商项目签约仪式，名厨食品、道吾山食品、石湾食品、阿瑞食品、英英食品、新十年食品、逗家理手食品、肉制品加工8个食品产业项目集中落户园区，协议引资2.5亿元。8个签约项目以购买或租赁加盛食安中心标准厂房的方式入驻。截至12月30日，项目均启动建设，部分完成设备安装调试。

【两包装印刷企业完成VOCs治理】 2018年，为搞好包装印刷企业挥发性有机化合物的污染防治，两型产业园在园区企业中推行VOCs治理。4月，总投资620万元、全省包装印刷行业首个VOCs治理项目在湖南佳年华包装有限公司印刷车间内完成建设。通过现场检测，该治理项目处理效能超过95%，高于国家90%的标准；治理后VOCs排放量为80毫克/立方米，低于国家标准。10月，园区包装企业湖南宏伟纸制品有限公司完成VOCs治理，各项治理指标均达到国家标准和要求。

【鼎誉检验检测有限公司与三家科研院校牵手合作】 9月13日，经浏阳市两型产业园管委会牵线搭桥，园区基础配套企业湖南鼎誉检验检测有限公司与湖南省食品质量监督检验研究院、湖南农业大学、长沙环境保护职业技术学院3家科研院校分别就技术创新、人才培养等方面签订合作协议，共同合作在鼎誉检测中心建立“技术合作单位”“教学实习基地”“创新创业实习基地”，推动企业创新提质发展。湖南鼎誉检验检测公司于2017年8月落户两型产业园，其检测大楼总面积3000平方米，其中恒温恒湿实验室120平方米，理化实验室2160平方米，微生物实验室420平方米，计量实验室300平方米。实验室配置“气相色谱质谱联用仪”“液相色谱质谱联用仪”“液相原子荧光联用仪”“ICP-MS”等整体实验室仪器设备158台套，可以对食品、危化物品包装、环境监测及计量校准四大领域的1300多个技术参数作出科学检验检测，是浏阳唯一一家综合性第三方检验检测机构，截至2018年9月上旬，该公司已出具5000余份食品、环境、工业产品和计量校准等领域的检验报告，为服务浏阳企业、保障群众“舌尖上的安全”做出贡献。

【多鲜食品项目签约落户两型产业园】 11月6日，国内知名食品企业——多鲜食品（昆山）有限公司与浏阳市两型产业园管理委员会就食品自动化生产线项目举行签约仪式。该项目计划投资5.2亿元，建设烘焙食品自动化生产线，开辟湖南生产基地。项目总用地面积18公顷，分二期建设，一期投资2亿元，用地5.07公顷，建筑面积近3万平方米，建设4条全新的面包生产线和1条液态奶乳制品生产线，产品主要销往广东、广西、云南、湖南、湖北、重庆等省（市）。多鲜食品（昆山）有限公司是一家集烘焙食品研发、生产和销售为一体的综合性食品加工企业。

【被认定为湖南省中小微企业创业创新基地】 2019年1月2日，湖南省工业和信息化厅关于公布湖南省中小微企业创业创新基地（2019-2021）名单的通知，同意认定农产品精深加工创业创新园（运营单位：浏阳市两型产业园管理委员会）等52家单位为湖南省中小微企业创业创新基地（有效期:2019年1月—2021年12月）。2015年以来，园区围绕产业服务积极作为，紧扣第一、二、三产业融合发展核心，加快探索中小微企业创业孵化带动工作机制，推进政策、管理、人才、技术、保障等服务体系建设，完善优化各功能区域建设，完成产品研发展示中心、产品检测中心等平台建设，为园中区小微食品企业集群孵化、集群发展创造条件，带动园区就业创业和产业扶贫工作。

【第七届味园厨艺汇“聪厨杯”技术食材交流大会在两型产业园召开】

2018年12月28—29日，由湖南伟政餐饮文化管理有限公司、湖南新聪厨食品有限公司联合举办，湖南省餐饮行业协会、浏阳市两型产业园、浏阳市餐饮协会指导的第七届味园厨艺汇“聪厨杯”技术食材交流大会在两型产业园湖南湘典食品有限公司召开。大会以“探讨新时期湘菜传承、创新与融合发展”为主题，组织举办百位名厨现场同台厨艺竞赛，开设餐饮食材高峰论坛，就新时代下湘菜产业如何创新融合发展进行交流探讨，有10余位国家级烹饪大师、湘菜名厨，及400余位食材经销商代表参加大会。

（张莎莎）

浏阳市文化产业园

【概况】 浏阳市文化产业园管理委员会是2012年10月经浏阳市委、市政府批准成立的全额拨款正科级事业单位，有编制9人，内设办公室、规划招商科、产业发展科3个科室。2018年，浏阳市文化产业园致力于塑造文化品牌、集约创意服务、孵化小微企业、打造众创平台，项目招商引资、促进园区发展。园区入选湖南省首批特色文化产业示范园区、长沙市同心园区，“智慧浏阳河”文化创意孵化基地被评为湖南省创业孵化基地、湖南省众创空间、长沙市十大文化消费地标，长沙市创新创业带动就业示范基地。

【园区发展】 确定“一无所有、双向对接、三量齐升、四化两型”的发展理念，推进“文化产业化”和“产业文化化”双向对接，实现产业体量、创意含量、城市气量“三量齐升”，通过“化无为有、化虚为实、化散为聚、化旧为新”的资源整合与创意叠加，实现“业态增值型、资源生长型”的内生式发展。丰富欢乐浏阳河、智慧浏阳河、浪漫浏阳河为内容的平台体系，结合“一河两岸”保护开发，拓展升级“智慧浏阳河”文化创意孵化基地、国际烟花创意梦工场、浏阳夏布文创中心等创新创业基地，发展创意烟花、文化旅游、数字创意、工艺美学、移动互联网等主导产业。继续开拓“飞地合作”招商平台，打造“深耕浏阳”（文创互联基因库），将浏阳夏布、菊花石、油纸伞等浏阳文创元素进行情境创造，形成深度体验式的招商情境。产业金融服务。4月8日，该园与中国农业银行长沙分行签署合作协议，园区企业获集体授信额度5亿元;5月7日，浏阳市文化产业园管委会与福建省九盛旅游开发有限公司就浏阳欢乐世界城市主题游乐园签署战略合作协议，项目总投资5亿元，一期投资1.8亿元。文化消费平台转型升级，博润文化、易景通、张太傅、卡乐书城等8家园区企业入选第二批国家文化消费试点合作单位。6月26日“智慧浏阳河”文化创意孵化基地获评“长沙市文化消费十大地标”，中国（浏阳）国际花炮文化节获评“长沙市文化消费十大品牌”，心之夏、玉叠妃、金盾飞航植保等园区企业获评“长沙市文化消费示范单位”。平台建设拓展空间。7月26日，在杭州举行的2018湖南—长三角经贸洽谈周湖南省文化创意产业园区建设推介会上，浏阳河文化产业园代表“创意特色”版块进行专题推介，现场签约3个项目，战略投资共计15亿元;10月31日，

11月3日，浏阳夏布文创中心对外开放　　（市文化产业园　提供）

湖南海外侨胞故乡行——走进浏阳活动中，“一起来唱浏阳河——湘约世界”文创展成为凝聚湘情、链接品牌、拓展合作的桥梁和纽带；特色节会更新文化消费表情，成功举办第六届浏阳河音乐节。

【“一起来唱浏阳河”特展亮相第六届湖南艺术节】 10月11日，由中共湖南省委宣传部、湖南省文化厅、中共株洲市委、株洲市人民政府主办的第六届湖南艺术节——湖南文化创意产品成果展，在株洲市优托邦神农太阳城开幕，“一起来唱浏阳河”浏阳文创特展亮相第六届湖南艺术节，展区上，浏阳夏布、菊花石、豆豉、蒸菜、茴饼、油纸伞等文创元素以造境的手法展演3天。展出现场，参展、观展人员和工作人员开展“一起来唱浏阳河”传唱分享活动。

【浏阳夏布文创中心对外开放】 11月3日，由浏阳市文化产业园管委会主导建设，位于双拥中路的浏阳夏布文创中心正式对外开放。浏阳夏布文创中心是集非遗传承、手工体验、创意生产、文创营销、产品展呈、学术研讨等功能于一体的浏阳夏布综合展示交流空间。首批入驻企业有心之夏文化创意有限公司、浏夏文化创意产业有限公司，同时，北京服装学院在中心设立浏阳夏布实习基地，“中国夏布王”非遗传承人谭智祥在基地创办工作室。截至年末，浏阳夏布文创中心接待观展、交流人员2000人次，针对中小学生开展夏布非遗体验课堂16课时，展出夏布文创产品300多件。

【承办第六届浏阳河音乐节】 11月2—4日，由中共浏阳市委宣传部主办，浏阳市文化产业园管委会承办的第六届浏阳河音乐节举办。第六届浏阳河音乐节遵循“把美好的音符，种到生活最深处”的价值理念，探索“群众点菜单，企业当主厨，全民享盛宴”的节会运营新模式，以“唱响初心，美好生活，文化消费，产业链接”为关键词，开展“一起来唱浏阳河—湘约我+你”——第六届湖南艺术节文创成果展浏阳特展、“光阴故事浏阳河”—纪念改革开放四十周年摄影展、“智慧创享浏阳河”—文化消费季、“一起来唱浏阳河—青春歌浪满校园”大传唱活动、“一起来唱浏阳河”抖音秀等5大项目15场活动。其间，园区文创企业共达成消费订单6500多万元，签约合作项目12个。

（周　喻）

交通运输

综　述

【概况】 2018年，市交通运输局围绕防范化解重大风险、精准脱贫、污染防治三大攻坚战工作主题，抓好项目建设、行业管理、行风转变三大工作重点。做好“十三五”干线公路建设计划的铺排与管理，推进交通基础设施建设，全年投入4.025亿元改造市内国省干线公路。推进“四好农村路”（“建好、管好、护好、运营好”农村公路）示范县创建工作，规范农村公路建设程序，落实“施工单位自检、社会监理监督、政府主管部门、质量监督员监管”四级监督模式。2018年，投入2.15亿元，提质、通畅农村公路432.87千米，改造危桥52座/1020延米。完成96条农村公路安防工程建设，处置隐患路段371.4千米，占长沙市本年度安防工程总量90%以上。按照“群众养护+专业养护”模式抓好农村公路养护，完成农村公路大中修工程14个。全面推行农村公路“路长制”，实施里程2096.841千米，较2017年增加20%。4月8日，交通运输部总工程师姜明宝一行到浏阳调研浏阳农村公路服务乡村振兴工作，“四好农村公路”建设成效得到交通运输部调研组好评。加强客运源头治理，对城区车站、医院周边等旅客运输非法营运多发的场所形成常态巡查检查机制，实现14家客运企业、3个客运站场检查全覆盖。理顺客渡运公交化运营机制，客渡运公交化管理经验得到上级主管部门肯定。2018年，全市共计发班车辆187681台次，发班223763趟；完成包车4652台4652趟；加班车134台134趟次；完成旅客运输283.6065万人次，较2017年度减少7.8%。提升监管水平，出台《查处脱离动态监控行为五条刚性执法标准》，开展脱离动态监控专项整治行动，危货运输脱离动态监控得到有效控制，整治经验获省主管部门发文推介。全市公路货运量1009万吨，较2017年增长5.1%，公路货运周转量65585万吨公里，较2017年增长5.5%。提升从业人员综合素质，举办道路运输从业人员培训22期，鼎顺公司驾驶员王小明在交通运输部举办的全国货运驾驶员技能竞赛中获全省第一名、全国第四名。长城驾校被评为全省文明交通示范驾校。

【交通专项扶贫】 2018年，完成省农村公路提质改造项目8.37千米，其中，淳口镇枫林湖村（贫困村）佛岭至七洞2.27千米，山田新村渡槽—渡槽3.49千米，社港镇丹霞村堪头—堪头2.61千米。完成省自然村通水泥路贫困村项目15个/13.77千米，实施贫困村农村公路安防工程项目9个/41.24千米。争取社港镇合盛村马塅桥梁新建、淳口镇山田喻山公路1千米道路提质拓宽等村级基础设施建设项目，解决群众出行问题。启动高田村扶“志”培训班，开展贫困学生扶“智”教育行动，取得良好效果。

（傅琳慧）

交通建设

【干线公路建设】 2018年，完成S203浏阳文家市至官渡公路一期、金阳大道二期、G106大瑶绕镇公路及S319浏阳黄花洞—社港公路4个项目交工验收，S908（原S309）浏阳至官渡段改建工程（浏阳至李家湾段）、G319浏阳—北盛—永安公路（杨柳—桃花）2个项目竣工验收，金阳大道三期建设有序推进。

【农村公路提质改造】 2018年，完成省农村公路窄路加宽项目8.37千米，自然村通水泥（沥青）路145公里，危桥改造项目3座/66.06延米。完成长沙市提质改造、通畅工程279.5千米，安防工程371.4千米，危桥改造项目1020延米。

【站场基础设施建设】 投入819万元，购置15台10.5米纯电动公交车；投入798万元，完成公交总站及充电桩项目建设。投入443万元，新建、拆建、迁建站亭119个、站牌107个，城区500米公交站点覆盖率从64%提升至80%。完成城区至集里街道唐家园集镇沿线公交站30个亭牌建设及唐家园集镇1个公交首末站建设。投入10万元，连接公交内网，建设客运综合监管平台。

（傅琳慧）

交通行业管理

【农村公路管理】 采用"群众养护+专业养护"模式抓好农村公路养护，投入221.83万元，对3656.312千米管养线路进行日常养护；完成公路大修项目4个/23.16千米，完成中修项目10个/67.358千米。投入180万元，完成S206普迹至芷钱桥段、S324郭睦桥至松元段、X018高坪乡至关口街道段、X122团农至高升段、X131跃龙至普迹路段两旁绿化47.915千米。开展农村公路"管养示范乡镇"和"文明示范路"创建活动，淳口镇、龙伏镇被评定为"管养示范乡镇"；投入220万元，完成X018高坪乡—关口街道、X122团农—高升、Y067高升—路口、Y137山田大桥—楼古桥、C448茶厂—林家等线路，共计40.393千米路域环境整治、路面换板、安全保障、绿化美化。开展"四好农村路"建设活动，提升农村公路路域环境，在X018高坪乡—关口街道、X122团农—高升等线路，共22.258公里实施水沟硬化、"宅、田"分家。投入240万元，推行农村公路"路长制"，农村公路路长制实施里程2096.841千米，其中，县道328.641千米，占比100%；乡道414.611千米，占比55.3%；村道1353.589千米，占比为53.8%，完成长沙市路长制工作目标。开展农村公路巡查执法行动，处置违法堆放物35处，建房审批28处。农村公路列养率100%，农村公路技术状况(MQI)和路面技术状况(PQI)稳步提高，农村公路路面(PQI)中等路率89%，农村公路绿化率82%，村级出口路、乡级以上公路宜林段绿化率100%。

【客运行业管理】 公交管理：发展城市公交，编制《浏阳市城乡公交一体化专项规划(2017—2035)》。开通融长826路、827路，城区22路、23路、26路等公交线路，优化合并调整3路、7路、13路、18路、21路、25路等公交线路。投入新能源公交车50台，新能源车投放和使用比例达到54%。推进智能公共交通系统建设，城区公交全部实现移动支付。统一公交驾驶员着装，加强公交驾驶员质量信誉考核，及时回应群众关心的重点问题。结合全市的创卫工作、创建文明城市测评工作，组织开展公交公益广告提质行动，全市公交站亭牌公益广告实现全覆盖，车内公益广告新增200多条。抓安全，全面启动2018年度"安全行车、优质服务"竞赛活动，确保安全生产零事故。出租车管理：创新出租车行风监督措施，聘请32名出租车行风监督员开展监督行动，处置反馈意见270余条，回复满意率100%。加强对出租车行业的监督检查，上路稽查出租车5000余台次，查处违法违规及不文明出租车70台次。强化服务质量考核，落实《出租车企业服务质量考核细则》《出租车驾驶员服务质量考核细则》要求，每月对企业进行考评，同时加强对出租车辆和从业人员的日常监管和考核，并及时通报考核结果。开展出租车从业人员培训教育，全年组织103名驾驶员考取出租车从业资格证，办理服务监督卡。道路客运管理：春运期间，输送旅客35.5181万人次，共计发班车辆18281台次，发班22328趟；完成包车204台327趟；加班车42台42趟次。加强源头管理和行政执法，履行站场"三关一监督"职能，走进企业进行安全检查110余次，抽查客运车辆400余台，下发整改通知90余次，下达执法文书70余份，召开相关客运企业负责人约谈会议30余次。办结行政许可500余件，发放旅游包车线路牌1800余块，更新省市县三级协同系统信息916条，完成农村客运班线车油补申报、统计等中心工作。打非治违工作：对城区车站、医院周边等旅客运输非法营运多发的场所形成常态巡查检查机制，实现14家客运企业、3个客运站场检查全覆盖。开展错时治违和"空挡执法"行动，累计上路检查各类车辆4000余台次，立案查处319台次违法违规车辆，其中违规道路客运车辆102台次、违章出租车17台次、非法营运社会车辆200台次，维护城区客运秩序。

【货运驾培管理】 行政许可方面：深化"放管服"改革，抓好行政许可工作效率，保持行政许可工作时限比法定时限提速50%以上。衔接商事登记平台，主动上门服务，促进道路运输行业商事登记向行政许可的转换率保持在80%以上。加强信用、诚信建设，形成"双公示"工作常态。依法依规许可道路普通货物运输企业34家，道路普通货物运输个体经营业户1085户，机动车维修企业4家。道路货运方面：持续推进规模化、集约化、专业化经营思路，引导以烟花爆竹成品运输为主的鼎顺物流集团公司、华洋公司、好望达公司、海通公司、永璟公司，以及以成品油运输为主的三和公司、兰云公司等危货物流企业，推进公司对车辆全资控股的公车公营的经营模式。实施安全生产网格化监管，推进分片联系责任制度，落实"一单四制"(一个重大事故隐患清单，交办制、台账制、销号制、通报制)制度，开展安全检查，全年对道路运输企业开展安全检查173次，排查安全隐患259起；下发《责令限期整改通知书》196份；累计检查各类车辆337台次，查处各类违法违章行为318起。出台《查处脱离动态监控行为五条刚性执法标准》，开展脱离动态监控专项整治行动，立案查处脱离动态监控行为320起，注销车辆"道路运输证"5张，举办脱离监控违法违规从业人员培训班10期，危货运输脱离动态监控得到有效控制，整治经验获省主管部门发文推介。提升从业人员综合素质，举办道路运输从业人员培训22期，1249人取得经营性道路客货运输驾驶员从业资格证；开展道路运输从业人员继续教育培训18期，2114人考试合格。指导企业逐步实现对从业人员的教育培训全覆盖，鼎顺公司驾驶员王小明在交通运输部举办的全国货运驾驶员技能竞赛中获全省第一名、全国第四名。驾培维修方面：持续实施驾培行业打卡计时服务模式，2018年，全市驾培行业招收学员2.6万余人，结业学员2.3万余人。持续开展驾培行业"文明诚信、优质服务"创建活动，长城驾校被列入全省2所文明交通示范驾校之一。形成常态性巡查机制，对机动车维修经营企业开展安全检查117次，对机动车驾驶培训学校开展安全检查54次。

【行业文明创建】 组织召开客运行业深入开展创建全国文明城市动员大会，健全工作机制，确保文明创建成效。组织开展环境整治行动50余次，开展文明创建专项督查10余次，在《浏阳日报》发布违法违规及不文明行为曝光台21期，在各类客运站场及客运车辆电子显示屏、公交站亭牌上布置文明创建公益宣传5000余条次，布置、更新文明创建宣传专栏30余处，全市公交站亭上公益广告实现全覆盖。组织文明劝导活动53次，开展爱心送考、扶贫助学系列学雷锋志愿服务活动16次，完成省级文明指数测评和全国文明城市测评迎检等工作任务。

【浏阳“两客一危”车辆脱离监控专项整治】 2018年年初，市交通运输局针对浏阳市“两客一危”(从事旅游的包车、三类以上班线客车和运输危险化学品、烟花爆竹、民用爆炸物品的道路专用车辆）车辆脱离监控严重的现象，组织开展脱离监控专项整治行动，从严查处“两客一危”的从业人员故意破坏、关闭、遮蔽动态监控系统等行为。主动对接省市交通部门，更新管理技术、强化管理措施，出台并实施《查处脱离动态监控行为五条刚性执法标准》，明确危险货物运输车辆1年内脱离动态监控1次，处5000元罚款，车辆停运1个月，依此类推。同时，举办违法违规人员教育学习班，1年内脱离动态监控4次及以上，有未按要求停运，不配合处罚，不按要求参加教育学习班等情形之一的车辆和从业人员，将上报上级主管部门，注销车辆“道路运输证”和从业人员《从业资格证》。全年立案查处脱离动态监控行为320起，注销车辆“道路运输证”5张，举办脱离监控违法违规从业人员培训班10期，培训教育472人次。4月，脱离监控的“两客一危”车辆较2017年11月下降90.67%。4月19日，省交通运输厅安全生产委员会办公室印发《关于道路运输车辆脱离监控专项整治行动情况专报》，肯定该局做法，号召全省各单位借鉴该局工作经验，强化专项整治行动，提高交通运输行业安全生产监管水平。

【融长公交线路L826、L827路开通】

5月28日，由浏阳经开区经金阳大道开往长沙的融长公交（金阳巴士）826路、827路正式开通。融长公交826路和827路共投入35台纯电动车辆，自金阳巴士总站发车，全程走金阳大道，途经浏阳经开区、浏阳高新区、洞阳、永安等站点，终点为人民东路地铁口终点站(2号线)，全程票价2元，其中826路途经11个站点，全程用时70分钟；827路途经21个站点，全程用时80分钟。融长公交采用长沙市统一的平台系统收银，可用微信、支付宝、湘行一卡通、现金四种支付方式。

（傅琳慧）

交通建设投资管理

【概况】 浏阳市交通建设投资有限公司成立于2016年2月，公司注册资金8500万元，主要负责全市交通基础设施的投融资、建设资金筹措、经营管理；负责省市交通管理部门的协调和衔接工作。2018年，完成争融资56580万元（其中争资42780万元，融资13800万元)；实现主营业务收入1310.48万元（其中公交658.83万元，公车服务542.35万元，检测57.7万元，广告51.6万元)；完成固定资产投资70497万元（其中经营性投资2319万元，公益类投资68178万元）。金阳三期征拆安置基本完成，钨矿征收补偿签订协议，隧道、桥梁及部分路基正常施工，累计完成投资5亿余元；S202（荆坪—澄潭江段）大修建设项目于12月底建成通车，S203（七宝山至官渡段）公路项目完成交工验收，红色旅游公路一期A标段完成招标定队。

【民生实事】 完成城乡公交一体化专项规划的编制和评审工作；完成主城区新建公交站亭78个、站牌57个，置换站亭30个、站牌25个，迁建站亭11个、站牌3个；完成主城区公交总站充电桩项目建设工程并交付使用；正式开通运营融长公交；开通主城区新能源纯电动车5条线路；做好金阳新区内部公交体系衔接和准备工作。

（柳闯江）

公路管理

【概况】 2018年，浏阳市公路管理局有干部职工525人，其中在编285人、劳务派遣辅助治超人员32人、退休208人，局机关设办公室、政工人事科、财务审计科、工务科、法规安全科、纪检监察室、工会办，辖路政执法大队、养护服务中心2个副科级单位，主要负责浏阳辖区内国道、省道和主干县道总里程689千米干线公路（含桥梁、隧道)的建设、养护和管理工作。

【公路提质】 向上争资金争项目，总投资1.5581亿元，实施国道106线大瑶集镇、省道204（洞阳高速出口—葛家段)、省道204(龙伏—沙市段)、省道309张坊段、县道017(跃龙—普迹段)、县道230(荷花—大瑶段)、县道009(淳口—沙市段)等路段大中修，官渡跨马桥、达浒大桥、沿溪骡子桥、淳口路口桥、镇头双江桥拆除重建和柏加黄柏大桥维修加固，省道204线公路生命安全防护工程，2套区间测速和11套固定测速系统建设，以及永社公路示范工程等16个项目。各项目顺利推进。

【“路长制”工作】 围绕“乡村振兴”，推进“路长制”工作，印发《2018年路长制工作实施方案》《2018年路长制工作考核办法》，召开全市“路长制”工作会议、“路长制”工作业务培训会议，制定《浏阳市“路长制”工作养护管理范畴》。完善日常巡查和多级巡查、联动巡查机制，对巡查中发现的问题及时处理或交办，并对落实情况开展督查，督促各地各单位认真履行职责。截至2018年12月，浏阳境内国道、省道、县道全部纳入“路长制”管理，乡道55%的里程纳入“路长制”管理。省交通运输厅、省公路局在全省推广浏阳“路长制”管理经验，全国公路系统推荐公路养护管理第三条道路——浏阳“路长制”。3月20日，交通运输部公路局副局长孙永红到浏阳调研，指出浏阳“路长制”是一个非常宝贵的经验，非常值得全国其他地区公路系统学习借鉴。6月20日，在北京召开的2018年世界交通运输大会上，省公路局局长张汉华重点推介浏阳“路长制”。

【路政执法】 执行路警（路政、交警)联合治超新政，坚持固定站点值守，站点违法超限查处率、非法改拼装车辆恢复率均100%。加强源头管

3月20日，交通运输部公路局副局长孙永红（前排右三）到浏阳调研公路工作

（市公路管路局　提供）

控，将全市84家源头企业视频监控全部接入市治超信息平台。5月25日起，在全市开展超限超载专项整治行动，每天24小时开展路警联合流动巡查执法，共查处违法超限超载车辆2652台次，非法改装改型车辆77台次，卸载货物29836吨，驾驶员记分10677分，罚款110.53万元。同时，按照湖南省继续在浏阳试点非现场执法的要求， 6月20日正式启动治超非现场执法，实现“机器换人”，治超效率提高，超限率下降，截至11月底，5套非现场执法系统共检测车辆21.69万台次，立案375台次，主动接受处理116台次，罚款247530元。强化路政管理，维护路产路权，整治路域环境，集中开展拆除违法建筑、整顿马路市场、清理非公路标志标牌、整治车辆“抛洒滴漏”等专项行动。全年清理整治路边摊贩400余处，拆除违法设置的非公路标志标牌200余块，清除路障300余处；与乡镇（街道）联动，拆除和控制公路两侧违法建筑280余平方米；受理建房申请170户，经实地勘查，退回不符合间距要求的路边建房申请109户；下达《消除违法行为通知书》《暂停施工通知书》等文书300余份，查处路政赔（补）偿案件45起，收取公路赔（补）偿费220余万元。

【公路养护】 强化公路日常养护，加强桥梁、隧道隐患排查治理、定期监测和预防性养护，完成路面坑槽修补2.6万平方米，路面裂缝处治13.4万米方米，施划标线1.6万平方米，维修更换钢护栏6214米，新增标志845套。投入161万元完善重要路段、事故多发点的标牌标线和隐患整治。通过徒步检查，处治修复各类断头沟、淤塞沟。对路基缺口和不稳定山体等情况，在雨季前用防水布进行覆盖，防止雨水直接冲刷，减少水毁的发生。完善桥梁安全运行十项制度实施细则，对礼耕桥、淳口桥、龙伏大桥、横山中桥等桥梁进行养护维修。组织开展蕉溪岭隧道群、天马山隧道定期检查，更换隧道奥特板617块、电缆沟板和水沟板1565块，投入43万元维修隧道轴流风机。全年突击出动处理各类交通事故现场、水毁垮方、路面油污、汽车抛洒物、倒树折枝等工作92次。岁末年初，低温雨雪冰冻天气导致多条干线公路路面积雪、结冰，做好抗冰保畅和应急值守工作。

（李莉园）

海事管理

【概况】 浏阳市地方海事处是湖南省长沙市地方海事局内设派出机构，正科级全民事业参公管理部门。内设办公室、安全监督、船舶检验、船舶船员、航道管理和运输管理6个科室。2018年，全处在职干部职工8人。负责浏阳通航水域9个乡（镇）、街道共14道渡口及浏阳市旅游船舶的水上交通安全监督，并对水上水下施工作业活动进行安全监管。

【水上交通安全监督】 按计划每月对辖区渡口渡船、库区（景区）旅游船舶全覆盖检查，对检查结果进行通报和总结。针对检查出的安全隐患，及时登记和整改，对隐患整改落实的情况进行“回头看”。全年开展客渡船安全检查和执法行动133天，出动执法人员712人次，旅游船舶现场监管27次，出动人员128人次。督促大栗坪电站水闸除险加固工程、金沙路跨浏阳河大桥提质改造工程、宏源电站水闸除险加固工程等全市4个水上水下活动施工方、建设方严格遵守安全文明施工操作规程。全年发放各类宣传资料2100余本（份），发布安全生产应急预警信息80余条。与各船属乡镇联系，开展水上交通安全知识进校园活动，提升辖区群众水上交通安全意识。全年实行水上交通安全管制19次。

【“僵尸船”清理】 2017—2018年，经过对全市所有船舶进行摸底调查统计，联合水务、渔政等部门及各乡镇对全市河道水域长期停泊不用、无人管理的船舶（即僵尸船）开展清理整顿工作。摸排出103艘“僵尸船”（含拆解退役老旧渡船3艘），于2018年3月底全部上岸处置，5月底全面拆解到位。清理上岸218艘“三无”船舶、24个非法亲水平台（全部拆解完毕）、1座浮桥（浮趸20个）和3处养殖网箱（2592平方米），保障全市河道水域防洪、航运、生态安全。

【规范旅游船舶管理】 2018年，全市共摸排出6468艘旅游船舶（包括漂流筏、作为工业产品出厂的游乐船），海事处以备案的形式建立旅游船舶监管档案，创新规范旅游企业。7月18日，联合市旅游局、达浒镇人民政府联合执法，取缔达浒镇象形山非法漂流。

【指导水上应急救援体系建设】 3月，安排人员到官渡镇指导浏阳市会师应急救援队筹建工作，帮扶该救援队理顺机构设置和人员选拔编组，指导救援队员全方位开展训练。同时对辖区义务救援队进行救生物资支援。

（李思思）

邮政·通信

浏阳河最美九道湾——镇头镇“百步听涛”

邮　政

【概况】 2018年，中国邮政集团公司浏阳市分公司设一室六部，即综合办公室、市场营销部、运营管理部、包裹快递部、金融业务部、集邮与文化传媒部、渠道平台部，下辖44个网点(含空白乡镇网点5个)，有在职职工401人，退休职工140人，退养职工10人。全年完成业务收入14142.37万元，完成年计划任务的98.97%，较上年同期增幅21.47%；企业利润完成5089.65万元，超产34.93万元，完成进度的100.69%；

【代理金融业务】 2018年，公司始终坚持“以问题为导向”“以效益为中心”的发展理念，促进金融业务发展。利用微信建群、电话营销、微沙龙等常态化动作加强与客户之间的联系，让客户实时掌握产品和活动信息。截至2018年12月31日，储蓄余额净增35745万元，理财新增34766万元，保险新增18024.46万元，在2018年度开门红战役中余额新增76224万元，总资产新增123175万元，全年收入10572.98万元，完成年计划进度102.75%，同比增长1313.82万元，增幅14.19%。2018年全市邮储余额市场占有率11.82%，新增余额市场占有率8.14%。

【渠道平台业务】 2018年，全市已建设综合服务平台站点798个，优化打造东区和南区两条精品线路，对9个邮乐购的门店形象和邮政专区的商品陈列进行整改。全年完成批销额2023.4万元。简易险业务发展共计9006笔，实现保费61.04万元；车险出单527台，商业险保费合计77.37万元，创收22.16万元；代开国税发票2685.46万元，创收134.29万元。2018年“福至新春－邮政年货节”期间，针对综平站点和企事业单位不同客户群体组织开展38场产说会和订货会，实现批销订单4000笔，销售额623万元。5月18日，继与创维电器公司签订合作协议后，联合浏阳市电信分公司、浏阳市联通公司、浏阳市石化公司实现客户资源共享，为客户提供增值和个性化服务，实现双赢。9月，开展“创维电器30周年微信秒杀”活动，现场销售126万元。在“919农村电商节”活动中，完成批销额740.55万元，批销订单2108笔，获评“2018年批销全省十强县”。

【快递包裹业务】 9月，分公司将邮政和速递(EMS)合二为一，资源整合成立寄递事业部，快包业务走上新台阶。日均出口8000件，日均收入4万元。分公司成立快递包裹业务小组，通过全国网运大提速、省内次日达的契机，开发新客户资源，做好“最后一公里”的投递工作，提高普遍服务质量。截至12月31日，包裹快递专业收入完成1313.60万，完成全年计划72.9%，较2017年同期增长35.61%；其中已发展快包有效协议客户55户，累计出口量2714800件，日均出口7438件，完成收入1068.88万元。在“双11”期间，收寄快递包裹46442件，超预估量11092件，完成进度的131.38%。

【集邮与文化传媒业务】 报刊专业：抓好报刊大收订日常收订工作，开展党报党刊、集团重点畅销报刊和校园报刊等重点项目的营销。全年完成收入515.30万元，为年计划的103.68%。实现大收订流转额1976万元，完成计划的102.7%。获得“2018年全省报刊流转额增幅奖”。党报党刊完成365万元，占比18.2%，集团重点畅销报刊完成348万元，占比18.1%，校园报刊完成164万元，占比8.2%。集邮专业：全年集邮完成收入709.21万元，为年计划的147.75%，较2017年同期增长56.56%，被省公司评为“2018年集邮业务发展优秀县”。重点抓好热销产品营销、客户发展和轻库列收(减轻邮品库存，扩大营销，增加账内收入)三项工作，拓展线下和金融渠道。以“金融联动，珍邮巡展”为主题，联合合作公司开展集藏巡展主题日活动。利用“邮三湘”“邮乐小店”吸收会员，效果显著。分公司珍邮活动完成213094元，提前2个月完成年收入计划。函件专业：发展湘讯通业务，发挥总部作用，统一制作宣传栏和承揽广告，2018年，浏阳湘讯通安装117块，成功签约湖南盐业公司浏阳分公司“雪天盐”宣传海报。同时发动各中小学校参加书信比赛，人数达到10000户。零售专业：全年完成零售收入54.04万元，完成收入计划的90.07%，同比增长28.27%。

【企业文化建设】 2018年，坚持以民生为本，提升员工获得感和幸福感。全年组织专题培训会5场，组织开展“学业务、练技能争当技能标兵”

岗位练功大比武活动，共102名营业员、119名投递员参与，其中1人获长沙市邮政公司个人全能一等奖并代表市公司参加省公司第11届储汇技能比赛获个人全能第四名及单项“凭条录入”第二名。慰问生病职工60人次，资助困难职工14人，资助金额13600元；关心职工身体健康，组织公司全员体检。发放职工直系亲属70岁以上整生生日慰问金30人(1000元/人)，共计3万元。

（刘利香）

通　信

·电　信·

【概况】 2018年，中国电信湖南省浏阳分公司有职工425人，其中在职职工287人，离退休(含退养)职工139人，设有三部(综合部、销售部、网络部)及19个支局、3个城区营业部。全业务收入累计完成20660万元，收入超额完成预算目标，完成率居首位，其中固话收入完成8082万元，移动收入完成7183万元。移动业务发展突破，过网份额提升至16.18%，提升3.36%。投资70余万元，对大瑶支局等6个支局改造翻新改造。投入33万元新建员工健身俱乐部，改造信息园气排球和羽毛球场。10月，在大楼安装直饮水系统。

【渠道建设】 全年新建门店52个，有效网点162个。对网点反映的热点、难点问题，特别是较为突出的装、移、查，营销和维护不配合的现象及时协助解决和协调，全年考核影响业务发展的违规人员12人次。

【农村营销团队建设】 从内按照支局人员尽量年轻化、本地化、能做事三原则挑选，为每个支局搭建至少三人的精英团队。强化支局长日常工作管理；从外清除生态环境隐忧，采取调离调整等方式整治。

【网络建设】 打造五个精品网，对偏远地区投资建设和能力扫盲，在省市级贫困村小河乌石、淳口南坑、赤马桃花等进行重点攻坚，通过能力建设拉动业务发展。优化人员结构，通过让年轻员工轮岗等方式充实区域维护队伍，采取与金讯公司合作等形式优化装机维护团队，提升后端一线员工整体素质。无线网优。2018年新建、补盲基站和直放站，对李白故居、荷文公路和大围山景区三个旅游景点无线信号进行网络优化，缓解浏阳全区信号覆盖薄弱问题。同时，无线专业抓传输设备成环率，确保全年C网基站断站率低于1%，平均断站时长低于100分钟，提升网络质量，有效支撑前端移动业务发展。

（陈楚麟）

·移动通信·

【概况】 2018年，中国移动通信集团湖南有限公司长沙市浏阳市分公司下设“三部门三中心”(办公室、市场部、网络部，政企客户中心、客户响应中心、家宽中心)，在职员工207人。全年完成税收1000多万元，解决就业人员3000余人。通信指挥大楼搬迁至浏阳大道35~37号；创新家庭服务理念，以“幸福家庭服务挂牌”创立“家庭客户经理”名片，全年服务家庭20万个。分公司分别获湖南省“青年文明号”、湖南移动“工人先锋号”、湖南移动“最佳微创新奖”、湖南移动“业务发展竞赛先进市县单位”、长沙市“优秀青年文明号”、长沙市“五四红旗团支部”、长沙移动“先进党支部”、浏阳市2017年度“税收贡献奖”等称号，分公司党支部书记张慧获评中国移动通信集团有限公司“优秀党务工作者”。

【移动通信网络建设】 与市公路局签订治超专线等多个项目，推进“数字浏阳”大连接战略落地与融合发展；光纤宽带建设投入资金约1.6亿元，端口数较2017年增长46.53%，行政村通达100%，整体覆盖率78%；4G网络FDD频段升级改造952个站点，加大农村4G网络覆盖，提升移动通信网络质量；启动5G发展规划。

（沈　健）

·联合网络通信·

【概况】 中国联合网络通信有限公司浏阳市分公司(以下简称浏阳联通)成立于2002年，2018年公司有8个部门，正式员工200余人，全年运营收入超过1亿元。已建成通信基站813个，其中4G基站150个，整体移动网络覆盖面积较2017年同期提升18%，同时实时进行网络优化，开展“同网同速”，推动乡村光纤与4G覆盖率同步提升，实现重点乡村宽带网络接入能力和速率与市区同等水平。乡镇宽带资源覆盖率达到70%，新建宽带端口总数12万个。

【客户服务】 提速降费工作。加大网建力度，提升网络能力。通过4G+网络建设与核心网扩容提速，提升网络速度，确保用户感知；贯彻长途漫游取消，全国流量统一的政策，在营业厅推广流量不限量产品，对集团客户进行分级管理提供丰富、实惠的产品满足多样化的通信需求，切实降低资费。近三年来，中小企业宽带平均资费降低15%，移动网络流量平均资费再降低22.8元/Gb，语音通话每分钟降低23%。落实国家网络和信息化工作部署。实名制工作，提高员工的政治敏感度，安排专人对新入网用户资料核查，杜绝不规范入网；组织专业人员就网络信息安全、客户资料安全进行专业培训，通过微信、短信、张贴宣传公告、身份证入网上限等方式杜绝非实名的发生；开展诈骗电话、骚扰电话、垃圾短信治理等实名制入网系列专项整治行动，巩固提升网络与信息安全综合管理水平。

（李秀华）

城乡建设和管理

浏阳市花炮大道　　（市住建局办公室　提供）

城乡建设

【概况】 浏阳市住房和城乡建设局是主管全市住房和城乡建设工作的政府工作部门。负责全市建设工程质量与安全生产监督、建筑行业管理、勘察设计行业管理、建设市场管理、燃气行业管理、村镇建设管理和指导、建筑节能、市政园林、给排水等行政管理工作。2018 年，改造车站路等 5 条人行道、才常广场等 3 个停车场、石霜路一巷等 7 条背街小巷和劳动路、浏阳河中路及 7 个社区路灯。新增公共自行车站点 10 个、更新自行车 500 辆。城区 5 条河道沿岸的污水入河直排口 136 处，负责改造 67 处，完成改造 44 处，实现主城区管网建成区污水直排口全截污。新增城镇燃气用户 5836 户，新建市政中压燃气管道 15 千米，建设城区储配站新办公楼和 200 立方米 LNG（液化天然气）应急调峰储罐和大瑶天然气储配站，启动镇头至星沙中压天然气管道建设。新建、续建污水处理厂 12 家，提标改造城区污水处理厂，启动 11 个乡镇污水处理厂提标改造，建设分散式污水设施 4 个和乡镇污水管网 100 余千米，实现污水全收集全处理，整治镇头镇黑臭水体，移交运营已建成的 18 个乡镇污水处理厂，PPP 模式污水治理项目获评财政部模范项目，奖励浏阳市 500 万元。

（唐文波　林　茂）

【村镇建设】 制定《浏阳市特色小（城）镇建设对口帮扶方案》，小河乡等 3 个乡镇确定为长沙市农村生活垃圾治理示范镇、大瑶镇上升村等 12 个村定为长沙市改善农村人居环境示范村；淳口、葛家等 6 个乡镇的小城镇建设项目进入长沙市综合考核前 20 名。永安、镇头、沿溪、文家市 4 个乡镇作为长沙市特色小（城）镇培育建设情况现场调研点，沿溪镇获评“一类”单位并作典型发言。指导大围山楚东村传统村落建设，锦绶堂已列入国家级文物保护单位，修缮楚东村大屋主体工程。实施农村危房改造 2617 户，超额完成省、市目标任务，全面实现 2018 年基本完成农村危房改造的工作目标。

（唐文波　林　茂）

浏阳大道　　（罗豪正　摄）

【城市建设】 浏阳市城市建设集团有限公司成立于 1999 年 4 月，与市基础设施建设投资管理中心“两块牌子、一套人马、合署办公”，主要职责包括城市经营职能、融资平台功能、城市开发建设。2018 年，围绕“打造实力城建，建设品质浏阳”工作目标，突出项目建设、多元经营、队伍建设三大重点，凝心聚力，团结干事，全年实现融资到账 41.73 亿元，实现经营收入 12 亿元，累计完成项目投资 24.15 亿元（其中征拆支出 9.39 亿元、工程投资 12.56 亿元、土地报批支出 2.2 亿元），批回土地 82.67 公顷，征地 57.78 公顷，拆迁 478 户。项目建设。完成中医院立体停车场、海泡石路（南泥湾路—集里路）、水佳片区污水整治等 133 个项目招标定队和西南环线、浏阳大道提质改造等 16 个项目前期工作。投入约 2.2 亿元完成集里路、道吾片区两厢开发用地等项目共 82.67 公顷土地报批工作；推进征地拆迁，秋收路、南泥湾路、人民医院南侧地块等19个项目实现征拆清零，年度征地57.78公顷，拆迁478户，完成征拆投入约9.39亿元。建成妇幼立体停车场、煤炭公司、原信用社、原外贸包装厂5个停车场，提供停车位345个，加速中医院立体停车场建设；拉通南泥湾路、秋收路、博德路、胡家路、予倩路等6条城市道路；建成城市广场、济川河渠工程；强力推进水佳安置区、渭川河、关口工业小区等5个污水整治项目；建成新屋岭、禧和等2个保障房，总面积6.02万平方米，共计住房328套；同时确保"三馆合建"、道吾学校等代建项目的资金支付；开展文明创建、环境整治等工作，获评"长沙市文明单位"，完成"蓝天碧水保卫战"裸露黄土复绿43.6万平方米。

（李葵玉）

【多元发展】 强化片区招商力度，重点包装推介水佳、新屋岭、道吾片区地块，与红星美凯龙、新城控股等30余家企业展开洽谈。成功挂牌出让5宗土地，出让面积19.67公顷；加大老人民医院、禧和安置区剩余安置房等资产处置力度。全年实现经营收入约12亿元，同比增长12%。加强债务管理，加大存量债务置换，依法依规开展融资工作，成功发行15亿元中票、6亿元债权融资计划和3.5亿元短融，实现棚改融资10.7亿元，获银行融资贷款6.53亿元，年度实现融资到账41.73亿元，全年平均融资成本5.6%。开展防范化解债务风险工作，归还违规贷款5笔，涉及金额8.2亿元，撤回承诺函4份，完成债务置换7.75亿元。完成天马公司撤销和瑶和公司、农发公司、国资公司撤并接收工作，推进鸿达公司、恒远公司市场化转型。争取城区停车运营管理特许经营权，鸿达公司启动第一期13个停车场和4条道路智慧停车运营，对城区862个公共停车泊位实行智能化管理，有效缓解城区停车难问题，实现经营收入200余万元。培育公司新的经济增长点，经市政府常务会议审议通过，鸿达公司投资山东天岳碳化硅项目，出资1.52亿元入股湖南天玥新材料有限责任公司达成初步协议。恒远公司加速推进加油站建设和垃圾发电项目。

（李葵玉）

浏阳市城市广场　（罗豪正　摄）

【启动城市广场项目建设】 1月4日，浏阳市城市广场项目启动施工并于6月完工，总投资约2500万元。浏阳市城市广场项目位于浏阳大道东侧，环府路之间，行政中心人工湖周边。项目占地面积约11万平方米，其中绿化用地（山体及绿地）4.4万平方米，水体2.6万平方米，建筑、铺装等用地3.7万平方米，停车场等用地1万平方米。整个广场分为广场区、山体休闲区和旱溪景观区三个区域。广场区采用规整布局形式，配以特色建筑、青色大理石铺装和大型标志石雕；山体休闲区和旱溪景观区注重还原自然本身，依托特有的自然山、水，加以改造完善，修建1千米休闲健康跑道将原有山体和水体环绕相连，沿水体布置休闲栈道、荷花池、凉亭等。

（李葵玉）

【浏阳市智慧停车系统启动运营】

6月1日，浏阳市智慧停车系统第一批13处停车场和4条道路智慧停车运营正式启动，对城区870个公共停车泊位实行智能化管理。截至12月31日，路边泊位总停车车次为394009车次，日均停车车次1876车次，日均车位周转率5.99车次；公共停车场总停车车次44212次，日均停车车次211车次，日均车位使用率0.47车次，为市民日常出行提供便利，改善城区主干道交通状况。12月10日，市妇幼立体停车库正式启动收费管理。

（李葵玉）

【市场监管】 在高新区推行"报建不出厂门"服务模式，施工许可审批由75天压缩到30天，该模式被湖南卫视、湖南经视、《湖南日报》《长沙晚报》报道。84项政务服务事项纳入"最多跑一次"，参与"问政长沙""浏阳专场"栏目录播。完成非国有投资招投标项目29个。办理施工许可证235本，建筑面积325万平方米，工程造价54.8亿元。创新简化初步设计审批审查做法获省住建厅好评，下达初步设计批复154个，推进政府购买施工图服务工作。线上线下办理图审备案188项，发布地方材料预算价格4期。办理建筑材料（节能产品）备案20家。建筑业企业完成产值57亿元，同比增长13%。出台《浏阳市住建领域"红黑榜"实施细则（试行）》，发布红榜59条、黑榜20条。审批新办建筑业企业资质13家、资质增项63起。新增监控房产项目7个，监控农民工工资保障金1149万元。加强法制审查工作，案件合格率100%，全年行政执法工作无投诉、行政复议案件。城建档案执行"三书"（建设工程档案报送责任书、建设工程档案预验收意见书、建设工程档案移交证明书）制度，与建设单位签订报送档案责任书280份。

（唐文波　林　茂）

【住建领域现场管理】 强化住建领域安全生产部门监管和企业主体责任落实，开展安全生产大排查、城镇燃气网点整治、既有房屋安全隐患排查和“打非治违”等专项行动，执法巡查320次，下发限期整改通知书105份、停工通知书83份，行政处罚156宗，约谈违法项目负责人32人次。新增受监工程141个，累计在建工程178个，建筑面积458.6万立方米，受监工程监督覆盖率100%，建筑施工质量安全处于可控状态。开展房屋安全大排查2次，督促危房及时整改，消除安全隐患。争创长沙绿色工地12个、长沙市优良工程19个、省优质工程7个、芙蓉奖3个。建筑节能标准执行率在设计阶段与施工阶段均100%，审查绿色建筑项目19个。防震减灾工作被省地震局评为先进。16家备案混凝土搅拌企业完成环保型场站升级改造，拆除全市19家非法搅拌站，有效维护行业秩序。全年与建设单位签订监理委托合同81个，主要对圣大云天、铂悦城、长兴世家、碧源孔雀台、西湖山游道、道吾路等项目进行监理，已竣工工程质量合格率100%。市建筑业管理服务中心获评长沙市混泥土与检测协会第二届先进单位。

（陈统根　周　曦　李程林）

【市政园林绿化管理】 加快绿化项目建设，监管绿化建设质量，强化“绿线”“绿章”管理，加大市政园林设施巡查与维护力度，做好汛期城市排水应急处置、排水应急改造，加强人行道管理，逐步清退烈士公园到期游乐项目。全年推进浏阳市城市广场、太悦城小游园等绿色城市建设、城乡绿道建设、增花添彩工程、绿色共建共享工程建设，完成高新区永阳路等共计60千米自行车道建设，打造一批精品工程、亮点工程。城区绿地面积达到940公顷，人均公园绿地面积9.49平方米/人，绿地率34.04%，绿化覆盖率39.1%。对浏阳市城市绿地系统规划（2003—2020）进行专家评审，接收平水路、道吾山路等22条道路及城市广场纳入市政公用设施维护范围。办理园林绿化变更占用证11件，办理“城市道路挖掘许可”“城市道路临时占用”116件。

（杨丽华）

道吾山路　（罗豪正　摄）

【市政园林绿化维护】 落实专人专车日常巡查与监管，采取零星维护和集中维护方式，推进城区园林绿化和市政设施市场化、精细化、专业化维护，确保城区绿化景观效果和市政设施良好运行。2018年，维修行道砖1.5万平方米、路面1.8万平方米，完成城区杂草、灌木、绿篱修剪约333万平方米，补栽行道树253株、植被2780平方米，将军路浏阳河岸进行绿化提质约1845平方米。更换维修井盖、水栅1267套，安装、补装检查井防坠网279套，维修桥面沥青800平方米、地下通道排水系统4次、桥梁限高杆4处、桥梁排水改造100m，更换健身器材36套、老化塑胶垫1540.8平方米，改造指背冲路排水及梅花二街等16处应急排水堵点。

（杨丽华）

城乡规划

【概况】 浏阳市城乡规划局是市政府直属事业单位，主要承担城市规划编制组织、镇乡村规划审查、规划许可、规划实施的监督检查和规划行政处罚工作。局机关内设办公室、政工人事科、法制科、规划编制科（总工室）、建设用地科、建设工程科、市政工程科、规划执法科8个科室。下辖规划勘察测绘院、规划设计院、村庄集镇规划管理办公室、规划信息服务中心。2018年5月，农村农业部在杭州召开中国乡村振兴战略座谈会，浏阳市作关于完善镇村规划体系典型发言，镇村规划“浏阳经验”在全国进行推广。规划勘察测绘院项目《浏阳经开区芭蕉片区1:500数字化图测量》获湖南省地理信息学会和湖南省测绘科技奖励委员会颁发的“湖南省优秀测绘地理信息工程奖”二等奖，论文《基于公路桥梁施工控制测量中GPS的应用》《推进城乡规划建设管理法治化建设的探索》分别刊登在《建筑技术开发》《中华建设杂志》；规划设计院《城市总体空间对比与浅—以长沙与大阪为例》等三篇论文分别获湖南省城乡规划学会2018年城乡规划论文竞赛一等奖、三等奖、表扬奖，设计作品《长沙市儿童友好型城市公共空间设计与改造——锦泰广场》获长沙市城乡规划局举办的长沙儿童友好城市公共空间设计与改造征集大赛优秀奖，设计院论文《长浏轨道交通的可行性初探》登刊在《中外建筑》；规划信息服务中心论文《县级市多规合一信息平台设计与实现》登刊在《中国建设信息化》。

【规划编制】 完成浏阳市总体规划修改报批和《浏阳2050远景发展战略规划》初步成果编制，启动新一版城市总体规划编制工作，开展现版城市总体规划实施评估工作。推动主城区控制性详细规划动态维护更新，完成氮肥厂—浦梓港片区、水佳片区、道吾片区等重点建设区域控制性详细规划和城市设计修编工作，会同有关单位编制金阳新城经开区组团、高新区组团有关片区控制性详细规划等。组织编制《浏阳市主城区城市特色风貌规划》《浏阳市海绵城市专项规划》，会同有关单位编制《浏阳市主城区给水专项规划（2001—2020）》（2018 年修订）《浏阳市主城区停车设施专项规划》等。推进“多规合一”（将国民经济和社会发展规划、城乡规划、土地利用规划、生态环境保护规划等多个规划融合到一个区域上，实现一个市县一本规划、一张蓝图），完成“多规合一”一张蓝图编制和“多规合一”信息平台一期项目阶段性成果。指导编制《大瑶烟花特色小镇》《沙市体育运动小镇》等特色小城镇规划，完成《大围山镇省级历史文化名镇保护规划》和《龙伏镇新开村省级历史文化名村保护规划》编制；继续开展美丽乡村村庄规划提质工作，完成《浏阳市市域镇村规划实施情况报告》编制工作，并向市人大常委会专题报告。

【规划管理】 落实市委、市政府重大发展战略意图，协助做好渝长厦高铁、长浏城际等重大基础设施和主城区、金阳新城等重要片区规划服务。完成“一河两岸”滨水园林景观、西湖山公园、西北环线二期、南泥湾路、予倩路等重点项目方案设计及评审。制订《浏阳市“一圈两场三道”建设两年行动计划》，服务好新屋岭学校、大塘冲小学、市中医医院和集里医院扩建等民生项目。开展产业链帮扶，走访企业 15 次；指导乡镇制定唐家塅河“一河一策”方案，协助市级河长开展巡查督查 8 次。推行行政审批制度改革“最多跑一次”，实行 12 项规划审批和服务事项进窗，4 个审批科室入驻，实现行政审批事项在一站式规划管理服务平台网上全程审批；按要求向经开区、高新区和乡镇下放城乡规划管理权限，组织举办全市培训班并开展规划专项督察。组织召开 1 次浏阳市城乡规划委员会会议。结合浏阳实际，制定《浏阳市城乡规划管理技术规定》。

【规划实施】 执行专家部门评审制度、重大项目专家咨询制度和业务例会制度，坚持城乡规划公众参与原则，执行规划公示和听证制度，在网站、报纸等媒体上对南湖一号、铂悦城、长兴世家等城市开发精品项目做好规划公示、公告 374 宗。开展信访工作，办理提案议案 22 件，委员、代表满意度 100%。做好行政许可授权合法性审查、行政复议和行政诉讼工作，全年处理行政复议案件 2 起，组织 1 次行政许可听证会，配合城管对 66 起违法建设进行性质认定。依法开展规划行政审批和核发规划行政许可，核发规划条件 252 宗，审批用地规划及总图 209 宗，办理选址意见书 1 宗，建设用地规划许可 185 宗，建设工程规划许可 224 宗，乡村建设规划许可 7 宗，建设工程规划核实 186 宗。加强规划执法，全年监管巡查 169 处在建工程，下发责令停工通知书、整改通知书和限拆通知书 59 份，现场强制拆违 17 次，处理结案违法建设 38 起。

【规划勘察测绘】 2018 年，完成浏阳市人民医院新址等大小勘察项目 68 个，完成孔位 1585 个，进尺 18884 米。测绘累计完成地形图新测 27 平方公里，修测 14 平方公里；勘界 666.67 公顷；建筑物放线 2229 点，道路放线约 43 公里；完成大瑶镇华园村等 28 个美丽乡村地形图测量；乡镇、街道私人和单位建房地形测量 1164 户；私人建房竣工测量 363 户，企业竣工测量 84 宗，竣工测量面积 320 万平方米，地下管线测量 219 千米。完成城区 1:500 地形图更新 13.5 平方公里，张坊镇总规入库 6 平方千米。提升服务成效，进场测量时效由原 10 个工作日提速至 7 个工作日。在 2018 年省级优秀测绘项目评选中，“浏阳经开区芭蕉片区 1:500 数字化地形图测绘”项目获评 2018 年省级优秀测绘项目评选二等奖，并通过湖南省国土资源厅组织的“测绘资质巡察和测绘地理信息成果质量抽查”。

【规划设计】 全年编制控制性详细规划 3 个、修建性详细规划等 200 余个，承担主城区建成区雨、污水分流改造专项规划设计，完成城乡道路设计 30 条、荷花等 5 个社区棚改项目。为“多规合一”编制、城乡公交一体化专项规划、水佳片区控规修编及城市设计、沙市镇、小河乡总体规划、大瑶镇、沙市镇特色小镇规划等重点项目提供技术服务。参加美丽乡村规划提质工作，全年完成美丽乡村规划 35 个；与湖南大学、深圳市城市规划设计研究院、上海市政院、中国华西设计院合作，编制浏阳市城市总体规划实施评估、“一河两岸”景观设计等项目，其中长沙市儿童友好型空间设计竞赛项目获长沙市城乡规划局颁发的优秀奖；省专业技术论文竞赛中获奖论文 3 篇。

【村庄集镇规划管理】 开展浏阳市“乡村振兴规划先行”调研活动，编制《浏阳市乡村调研报告》，按照《浏阳市乡村振兴三年行动计划（2018-2020 年）》要求，在已编 150 个村庄规划基础上，2018 年继续组织 50 个村村庄规划编制，基本实现村庄规划编制全覆盖。开展《大围山镇省级历史文化名镇保护规划》《龙伏镇新开村省级历史文化名村保护规划》编制工作，加强浏阳市历史文化名镇名村保护，组织编制《大瑶烟花特色小镇》和《沙市运动休闲特色小镇》，加快培育发展特色小镇。开展乡镇总体规划实施评估，完成《浏阳市市域乡镇总体规划实施情况报告》编制工作。分类指导镇村规划实施，引导集镇集中连片综合开发，增强小城镇承载功能。重点服务张坊田溪、官桥镇苏故村、大围山镇楚东村、金刚镇丹桂村、淳口镇狮岩村、葛家镇金源村、北盛镇卓然村、沙镇秧田村等具有特色主题和乡愁乡韵的乡村，打造新的镇村亮点。深化“放管服”改革，在园区、大瑶、镇头试点基础上将规划管理权限下放到其它乡镇，并制订《浏阳市城乡规划局关于城乡规划管理权限下放后的监督管理实施意见》，组织举办城乡规划管理业务知识培训班并开展专项督查。与市级河长、乡镇及村级河长衔接，编制《浏阳市唐家塅河“一河一策”》，巡河 8 次，交办 11 个问题。

【规划信息服务】 2018 年，完成“多规合一”信息平台一期建设，政务外网服务器成功托管到市政府信息中心；完善“规划管理‘一站式’平台”改造，实现‘一站式’平台与“多规合一”信息平台对接。升级机房设备，增加网闸、服务器，提升数据安全保障。加强基础地理信息数据标准化，全年新增1:2000正射影像图1500平方千米，1:10000DLG数字线划图2000平方千米，累计备份数据80G，刻录光盘25张。加大网上公示和公布力度，发布网上各类信息468条。加强技术服务咨询，全年完成建筑总图复核18项，建筑面积228.925万平方米；总图日照分析14项，建筑面积151.52万平方米；单体建筑面积复核40项，建筑面积326.35万平方米；单体日照复核29项，建筑面积262.34万平方米。

（周　思）

公共工程建设

【概况】　浏阳市工务局是市人民政府直属的负责除水利、交通、土地开发整理、地质环境治理外经市政府授权的非经营性政府投资建设项目的建设管理事业单位。内设办公室、前期科、工程技术科、投资管理科、工程管理一科、工程管理二科、财务科、招投标管理科，下设二级机构代建服务中心，在编人员25人。2018年，承建项目102个，总投资29.5亿元，计划完成投资额11.1亿元。截至12月31日，完成投资额11.3亿元，占年度投资计划的101.8%。道吾学校、长兴湖幼儿园、老年大学、强制隔离戒毒所、浏阳河大桥提质改造、正东街提质改造等55个项目竣工交付使用，25个项目在建，22个项目处于前期阶段，其中人民医院整体搬迁项目完成主体建设，“三馆”合建项目GRC和玻璃幕墙基本完成，金刚昭明完小土石方工程基本完成，集里医院新建门诊综合大楼完成设计和预概算编制。

【项目建设管理】　建立周工作例会制度，制定全年挂图作战表，对所有项目建设任务实行清单式管理，做到一日一跟踪、一周一调度、一月一讲评、一季一总结，掌控项目建设进程。联合市教育局和卫计局等业主单位实地调研项目，协商解决具体问题。加大报批报建力度，全年完成可研批复15个，办理各类许可75宗，办理各项备案、审核、验收67宗。督促施工单位及时发放农民工工资，全年支付建设资金约4.11亿元。落实五方主体责任，坚持进场材料随机抽检、重要施工工序旁站、现场代表每月驻工地不少于20天等，严把工程质量关。组织对已竣工项目进行质量回访，预防和治理质量通病问题。市民之家工程获评湖南省建设工程“芙蓉奖”，道吾学校、教师进修学校、精神病医院、强制隔离戒毒所等项目获评省优工程、长沙市结构优质工程等近20余个奖项。健全“一岗双责”制度，班子成员每月带队检查不少于2次，现场代表每周下工地不少于3次。对项目施工单位和监理单位实施考评打分并建立“黑名单”制度。全年开展项目安全日常检查2616余次，下达整改通知单120余份，并督促施工单位整改到位；全年约谈施工单位、监理单位负责人约120人次，按合同追究违约责任12起。项目工地安装实时监控视频，推行所有在建项目指纹考勤全覆盖；组织开展“安全谈心谈话”活动27场，累计参加人数600余人；组织召开应急救援演练活动2场，督促企业开展应急救援演练活动19场，累计参训人数600余人，安全生产零事故。抓好政府投资项目建设，提高资金使用效率。全年完成人民医院感染科楼、“三馆”合建附属工程、柏加卫生院整体搬迁等42个项目招标控制价编制工作，完成财政评审项目42个，财评审批总金额2.82亿元；完成重点公开招标项目36个，累计招标总金额2.34亿元，其中采用经评审最低投标价法和综合评估法1招标项目28个，总招标价2.18亿元，总优惠2468万元，优惠率11.3%。严格结算审计，完成101个单项合同项目的结算初审、终审工作，送审金额2.91亿元，审定金额2.52亿元，审减金额3842.69万元。

【浏阳市第一中学5号宿舍楼建设项目】　该项目位于浏阳市第一中学校园内，总投资1200万元。建设规模为新建1栋6层宿舍楼，框架结构，建筑面积4676.67平方米，配套相关附属工程等，湖南明讯智能工程有限公司为第一中标候选人，中标价8615475.12元。项目于2017年11月30日上网招标，2018年9月1日交付使用。

【“三馆”合建项目】　“三馆”（浏阳市规划展览馆、博物馆、图书馆）合建项目位于浏阳市集里街道办事处道吾路侧，建设内容主要包括规划展览馆、博物馆、图书馆主体建筑及道路、绿化景观、亮化等附属工程，建设规模为建筑采用三馆围绕中央大厅布置的布局，总用地面积49999.83平方米，总建筑面积29777.54平方米，其中地上总建筑面积23996.88平方米（含规划展览馆建筑面积6171.12平方米，博物馆建筑面积8187.05平方米，图书馆建筑面积9638.71平方

12月31日，浏阳市规划展览馆、博物馆、图书馆合建项目完成主体建设

（市工务局　提供）

米)，地下总建筑面积 5780.66 平方米。项目总投资 33080.03 万元。该项目 2017 年 8 月 20 日开工建设，截至 2018 年 12 月 31 日，完成主体建设，正在进行附属工程施工。

【人民医院整体搬迁项目】 该项目位于浏阳市杉松金桥片区、道吾山路以北、禧和路以东、胡家路以西、城际铁路以南。项目占地面积 113557.70 平方米，规划总建筑面积 271315.84 平方米，地上总建筑面积 195426.4 平方米，地下总建筑面积 75889.44 平方米；项目总体设计床位数 1480 张。其中，一期设计床位数 1480 张，总建筑面积 148827.63 平方米(地上建筑面积 113363.19 平方米，地下建筑面积 35464.44 平方米)。一期主要有门诊综合楼、高压氧舱、停车场、能源供给站等其它设施。一期总投资估算 65476.00 万元。项目于 2017 年 10 月开工建设，截至 2018 年 12 月 31 日，完成主体建筑封顶。

【道吾学校建设项目】 项目位于集里街道，地块四至为北至博德路，南至予倩西路，西至胡家路，东至南泥湾路。项目规划用地面积 127510.27 平方米，净用地面积 118042.65 平方米。规划办学规模为小学、初中各 48 个班，可招收小学生 2160 名(每班 45 人)，初中生2400 名(每班 50 人)，总建筑面积66345.21 平方米。建设内容包括与96 个班相配套的教学教辅用房、办公用房、学生宿舍、综合楼、体育馆和运动场、篮球场、门卫室、地下室工程建设等。项目总投资 2.6 亿元。该项目 2017 年 8 月开工建设，2018 年 9 月 1 日交付使用。

(陶小松)

住房保障

【概况】 浏阳市住房保障局为市政府直属事业单位，负责全市保障性住房建设与管理、棚户区改造统筹协调和管理、房地产开发企业行业管理、物业企业行业管理、住宅专项维修资金管理、城市房屋白蚁防治服务等工作。2018 年，全市全年铺排棚户区改造项目 15 个，2242 户，面积 49.28 万平方米，为 1370 户城乡住房困难家庭提供住房实物配租保障，发放住房租赁补贴 372 户，实现商品房销售 165.15 万平方米。

张坊镇棚户区改造后成效图 (市住房保障局 提供)

【房地产市场监管】 围绕“规范管理、防控风险”主线，加强行业监管和市场信息研究，确保房地产业保持健康平稳发展。2018 年，全市实现商品房销售 165.15 万平方米，同比增长 0.19%，二手房屋网签 4318 宗，成交面积 54 万平方米。核发商品房预售许可证 126 本，批准预售面积 175.34 万平方米，商品房买卖合同(含预售合同)登记备案 13567 户，总面积 163.19 万平方米，销售金额 88.05 亿元。提请市政府出台《浏阳市新建商品房预售资金监管办法》，规范预售行为，强化市场监管，确保房地产领域稳定，有效防控市场风险。全市 33 个房地产项目，120 宗预售业务纳入预售资金监管范畴，监管资金余额 12.41 亿元。

【保障性安居工程建设】 加大棚户区改造力度，以项目建设为引领，通过争取中央、省市等上级资金、发行专项债券及政府购买服务等方式筹集各类棚改资金 28.98 亿元。指导支持官桥、张坊、达浒镇 3 个乡镇实施集镇改、扩、翻建，改善居民居住环境和集镇面貌。科学谋划，重新修订《浏阳市 2019—2020 年棚户区改造项目计划》，建立《2019-2021 年棚改专项债券项目库》。推进人才公寓建设，投入资金 750 万元，对白沙人才公寓进行装饰装修、配套设施完善、家具家电配置，实现首批 45 名青年英才“拎包入住”。

【保障性住房管理】 升级改造智能化住房保障管理系统，实现新增申请对象与在保家庭信息自动比对，提升管理精细化水平。组织对城区 4565 套公租房开展清查清退专项行动，收回公租房 52 套，收缴历年欠租 216 万元，安排 46 户轮候对象家庭及时入住，确保公租房公平善用。与市人民法院对接，公租房合同纠纷案实行现场公开庭审，当庭审判，住房保障实现法制保障。统筹上级资金 903 万元，对城区 12 个社区范围内保障性住房片区房屋屋面、管网、路面、车棚、门卫、围墙等改造建设，解决部分老旧小区房屋陈旧、功能不齐、配套设施不完善等问题，提升小区居住品质。

【物业服务管理】 开展“物业共建、小区共治、幸福共享”示范小区创建活动，提升物业管理工作水平的。下发《关于加强物业服务企业和物业服务项目备案登记管理工作的通知》，出台《浏阳市物业服务企业信用评价管理办法》(试行)、《物业服务企业信用红黑名单管理办法》(试行)文件，强化对物业企业日常监管，规范物业服务行为，构建以信用为核心的物业服务监管体系。加强住宅专项维修资金管理，完善健全资金缴存、使用流程，确保资金安全使用高效。全年归集维修资金 1.63 亿元，向业主派出孳息 1393.47 万元。发挥物业联席会议和物业矛盾纠纷调处中心的作用，物业矛盾纠纷调处中心直接受理调处物业矛盾纠纷382起，指导各级调解组织受理调处1788起，接待和调处10人以上群体性上访13起，调解案件结案率96%以上，市人民法院物业矛盾纠纷巡回审判法庭共开庭审理和庭前调解案件251起。

【浏阳住宅专项维修资金微信缴存平台正式上线】 5月，市住房保障局建立住宅专项维修资金微信缴存平台（“安居浏阳”微信公众号），通过一个月试运行，6月19日起，市民足不出户即可完成维修资金的缴存和查询。平台开通后，国家机关事务管理局中央国家机关住房资金管理中心和永州市、邵东县房产局先后到浏阳学习先进的管理服务理念和经验，了解学习维修资金微信缴存平台的架构设计、业务流程。8月28日，市住保局住宅专项维修资金管理中心向全市房地产开发企业下发通知，要求房地产开发企业加快物业维修资金自缴平台的推广使用，及时告知并指导业主做好物业维修资金缴存等相关工作，确保“最多跑一次”改革工作深入开展。

【浏阳市新建商品房买卖合同实行网上备案】 12月1日起，浏阳市新建商品房买卖合同实行网上备案。办理人通过系统提交申请，完成新建商品房买卖合同备案。即房地产开发企业与购房人签订商品房买卖合同后，通过系统即可提交备案申请。购房人在手机微信上即可查询房屋网签备案信息，实现服务对象“跑零次”“网上办”。新建商品房买卖合同网上备案流程为房地产开发企业在《网上签约备案管理系统》中录入购房数据，并打印合同；购房人按规定缴纳物业维修基金和契税；房地产开发企业上传《网上签约备案管理系统》打印的电子合同双方当事人基本情况页及双方签字页扫描件；住房保障局进行备案审核，符合条件的完成合同备案；住房保障局推送数据至不动产、税务、银行等相关部门，实现信息共享。

（罗　澜）

住房公积金管理

【概况】 长沙住房公积金管理中心浏阳市管理部负责全浏阳市住房公积金的缴存、提取、贷款等业务。管理部编制9人，下设主任岗、副主任岗、综合科和业务科。2018年，全市新增住房公积金开户单位90家，新增开户职工16594人；缴存额7.55亿元，同比增长25%；提取额4.24亿元，同比增长42.28%，提取额占当期归集额的56.07%，其中住房消费类提取占68.03%；全年发放个人住房公积金贷款2318笔、个贷金额9.50亿元，同比增长59.93%。截至2018年年底，全市累计归集总额44.54亿元，归集余额23.47亿元；累计发放住房公积金个人贷款37.79亿元，个贷余额24.17亿元，帮助17619户中低收入家庭解决住房困难。

【公积金归集工作】 多渠道宣传，扩大覆盖面。利用《浏阳日报》、微浏阳、中心网站、公众号等渠道，提高社会对住房公积金制度的知晓率和支持率；在规模以上企业召开制度宣讲会，引导企业逐步建立住房公积金制度；围绕“新市民”群体推进归集扩面，落实企业降缴降比工作。提升行政执法水平，助推企业建制。受理职工投诉，约谈应建未建企业，督促单位及时足额为职工缴纳住房公积金；重点对欠缴、停缴单位进行核查催缴，对应缴不缴单位开展行政执法，维护职工合法权益；落实“控高保低”，确保制度公平。规范缴存比例和月缴存基数，将缴存比例控制在8%-12%。受理投诉，缓解企业矛盾。全年处理12345市民热线、12329服务热线、主任信箱、市长信箱等渠道的咨询和投诉29起，其中企业职工投诉单位未缴住房公积金事件6起，解决缴存5家。

【公积金信贷工作】 落实业务政策。将二套房首付比例调整至60%，优先支持本地缴存职工刚需购房，浏阳市纳入长沙市统一调控；优化可贷额度计算方式，将可贷额度与个贷率挂钩，申请贷款正常缴存时限调整至12个月以上；推行组合贷款在浏阳实施，支持灵活就业人员等“新市民”使用公积金贷款购房。优化贷款审批流程。梳理具体规范和流程，提高办事效率，缩短办事时限，加快放款速度，贷款业务实现“即来即办”，一次性办结。

【风险防控】 找准防控重点，严防资金风险。通过跨部门信息联网查询，实时掌握职工征信、房产等信息数据，规避不良信誉贷款；对业务虚假材料采取预警和通报机制，确保资金安全发放；重拳打击骗提套取公积金行为，追回骗提资金28万元。完善内部制度，杜绝违规风险。定期开展业务稽核，督促整改落实，规范业务审批流程，强化内部约束和管控，全年无一起安全事故发生。

【优质服务】 加强业务培训，窗口服务规范化。制定窗口服务规范，统一服务标准，强化服务意识，规范服务流程。在“一站式办结”基础上，提供上门服务、延时服务、驻点服务等特色服务，为职工和缴存单位提供快捷高效服务。深化“最多跑一次”改革，推进业务“一次办”。现有32项住房公积金业务中30项达到“最多跑一次”，正在整改可实现“最多跑一次”的有1项，占全部业务94%。其中，偿还本中心贷款、离职、退休等5项提取业务，缴存、基数及比例调整、转移及封存等5项汇缴业务通过网上办理实现“零跑腿”，占比33.3%。合理布局服务网点，推进业务“就近办”。8月，在浏阳市经开区设立住房公积金服务网点，方便园区缴存单位和职工就近办理业务；11月，住房公积金服务窗口入驻浏阳市“市民之家”，有效解决贷款业务办理过程中房产查询和不动产抵押登记来回跑的问题。依托信息化建设，推进业务“网上办”。引导缴存职工通过网厅、微信公众号、手机APP、“12329”热线自助网上办理多项业务和进行咨询。截至12月31日，微信公众号关注超46万人，手机APP注册2.9万人。

（王星星）

城市供水

【概况】 2018年，浏阳市自来水公司完成总产值4903万元，同比增长15.5%；日供水能力10万吨，全年售水量2138万吨，同比增长14.5%，水质综合合格率保持在99.5%以上，水费回收率99%以上。公司先后被授予“全国县镇供水先进单位”“全国模范职工之家”“湖南省县镇供水党建工作先进单位”、长沙市“五一劳动奖状”“浏阳市综治工作先进单位”浏阳“‘两型’机关创建示范单位”“市直机关关工委示范阵地”等荣誉称号。

【水质保障】 确保城区水质安全达标，公司水质监测站每日对出厂水、源水进行检测、每月按规定次数对城区管网水进行采样分析，每月配合长沙市水质检验中心、浏阳市疾控中心完成对水质抽检，每半年外送水样进行一次106项水质指标分析，并接受省住建厅、省疾控中心、国家城市供水水质监测网长沙监测站等机构随机抽检。2018年，新增苯、甲苯两个项目的检测工作，水质综合检测能力达到57项，并定期在政府和公司门户网公示水质检测报告。公司出厂水、管网水的106项指标合格率均100%。

【供水设施建设】 重点项目建设。2018年，公司投资500多万元，新建道吾路加压泵站；投资200多万元，升级改造三水厂消毒系统，将原液氯消毒升级为次氯酸钠消毒；投资160多万元，增设一根DN500原水管线，同时对取水变压器进行扩容，提升供水能力；投资100多万元，加快智慧供水建设，完成地理信息系统（GIS）一期建设；做好《浏阳市主城区2018-2020年供水专项规划》。基础设施完善。完成予倩路、南泥湾路、秋收路、胡家路、博德路、白沙路等供水主干网敷设，完成嘉悦城、君悦城、恒大华府等小区及背街小巷接水安装及改造工程，新建和改造供水管网14.32千米。完成全城水表普查工作和小区消防设施巡查工作。做好阀门、阀门井、市政消防栓巡护、保养工作，落实二次供水设施巡查管理要求，完成道吾路、双拥路等18条路网供水管线的标识工作。

【供水服务提升】 对公司微信公众号功能拓展，新增电子发票下载、即时举报违章用水等功能，水费缴纳、服务咨询、电话号码更新等业务实现“零跑路”；开展“供水服务进万家”活动，公司一线员工加入各小区业主、物业和社区负责人微信群，收集、听取用户意见和建议，及时发布相关供、用水信息，解决用户需求；自筹资金50多万元，改造城东新村、财智广场兰亭苑小区等老旧管线；全年完成各类供水抢修、维修共计3052次。

（林　丹）

供　气

【概况】 浏阳市燃气管理办公室负责全市燃气热力行业运营、安全管理，负责实施城市新建燃气企业和燃气设施改造项目审核报批，对批准项目实施过程进行监督。管道燃气实行特许经营。2018年，全市有燃气企业13家，其中管道燃气公司4家，瓶装液化气公司8家，液化气销售网点140个，天然气汽车加气站1座。市政中压以上天然气管道161余千米，天然气居民用户6.3万户，天然气年用气量4508万立方米（其中汽车加气110万立方米），液化气年用气量8800吨。新增城镇燃气用户5836户，新建市政中压燃气管道15千米，建设城区储配站新办公楼和200立方米LNG（液化天然气）应急调峰储罐和大瑶天然气储配站，启动镇头至星沙中压天然气管道建设。

【启动镇头至星沙中压天然气管道建设】 5月，浏阳新奥燃气有限公司启动镇头至星沙中压天然气管道（浏阳镇头段）建设。镇头至星沙中压天然气管道全长16千米，其中包含长沙县段（沿县道X034敷设，长度9千米）和浏阳镇头段（沿县道X020敷设，长度7千米），总投资约1216万元，截至12月底，浏阳段施工完成95%。

（张新宇）

城市管理

【概况】 2018年，浏阳市城市管理和行政执法局有在编人员267人（其中环卫局在编正式干部职工126人），内设办公室（财务科）、政工人事科、法规宣教科、综合业务科（挂行政审批科牌子）、基层指导科5个职能科室、7个城区执法中队，辖城市管理综合执法大队（正科）、拆违控违大队（正科）、市容环境卫生管理局（正科）和市爱国卫生运动委员会办公室（副科）等4个二级机构，城管分局（浏阳市经开区）1个，建制镇执法中队28个。根据《浏阳市人民政府办公室关于印发〈浏阳市城市管理和行政执法局主要职责内设机构和人员编制规定〉的通知》（浏政办发〔2015〕26号），浏阳市城市管理和行政执法局主要负责“宣传贯彻执行城市管理和爱国卫生方面的法律、法规、规章和方针政策。编制全市城市管理行政执法方面的规划和计划，研究制定全市城市（镇）管理办法，并组织实施，推进城乡一体化进程。按照《湖南省人民政府关于在浏阳市开展相对集中行政处罚权工作的批复》（湘政函〔2004〕100号），组织实施城市管理行政执法工作。承担城区市容秩序和市容环境卫生管理责任。负责全市数字化城市管理工作的规划、建设与管理。负责城区户外广告设置的规划和管理。”2018年，市城管局被评为浏阳市市直单位执法服务部门绩效考核一类单位。信访工作连续七年获评先进单位。

【组建城市管理委员会】 全面落实浏阳市第十七届人民代表大会第三次会议《政府工作报告》要求，深化城市管理体制改革，提升城市管理规范化水平，加强城市管理工作的组织领导，建立完整的城市管理综合执法工作体系，按照市委、市政府统一部署，2018年11月29日，浏阳市成立由市长任组长，各线分管副市长为副组长，住建、环保、规划、城管等46个相关单位组成的城市管理委员会，基本形成大城管格局。完成制服装备更换，根据全省制服装备统一安排，200余名城管执法队员全面完成制服更换，20余辆执法车辆完成统一喷涂，制服装备实现与全国同步。

【市容、市貌管理】 推进城市管理进小区、社区。全年1800余人次到朝阳、北正、联城、长兴等社区，试点开展"牛皮癣"清理、垃圾分类宣传、废弃空调架拆除等环境卫生大整治行动，协助社区小区解决重难点问题220余个。市容环境管理。推行"一线工作法"。建立领导带队日夜巡查、实施领导联点、路段责任和责任追究制度，通过"浏阳城管在一线"微信群发现、交办问题8200余个，问题解决率98%。整治市容市貌。结合全国文明城市创建、蓝天碧水保护等中心工作，践行"721"((即70%的问题用服务手段解决，20%的问题用管理手段解决，10%的问题用执法手段解决))工作法，对市容秩序和环境卫生实行最严格、最精细、最到位的管理措施；开展扬尘污染整治、餐饮油烟、高考禁噪、燃煤"清零"、无证违规办学、"牛皮癣"非法小广告等专项整治行动130余次；办理行政处罚案件3653件，其中查扣违规摊担、占道经营1825起，锁定车轮、抄牌1342起，处罚乱扔垃圾等不文明行为480余例；拆除破旧灯箱、电子屏、横幅、破损广告招牌1830余处，清除过期标识标牌280块；清理"牛皮癣"22350处，摸排非法小广告信息566条；清除卫生死角1万余个，8月，会同公安部门加大"牛皮癣"非法小广告打击力度，向公安机关移交涉嫌犯罪非法小广告违规线索39起。拆违控违：全年拆除违法建设10.08万平方米，控制违法建设7.5万平方米，组织参加项目内大型拆违和强制腾地行动10余次。精细管理环境卫生。环卫设施全面维修、维护，新增垃圾箱(桶)6600余个，环卫用车7台，提质建设智慧型公厕1所，改造维护城区公厕10余座；主街道基本做到"垃圾落地不超过10分钟"，城区垃圾实现"日产日清、即产即清"，全年处理城区生活垃圾11万吨；启动城区餐厨垃圾集中收运处置近8000吨，提前一年实现城区餐厨垃圾集中收运处置全覆盖。网格化和门前三包考评。从市容管理、市政设施、环境卫生、园林绿化、市场管理、小区管理等多方面对各街道办事处、市直有关单位进行22次周考评，反馈和交办城市管理问题1308个，已整改1079个，整改率82.5%；门前三包检查问题996处，整改问题897处，整改率90%。组织开展城乡环境整洁行动。环境卫生检查督导形成制度化、常态化。通过局党委联片指导乡镇(街道)、组织开展"万人清洁浏阳城"等举措，全市32个乡镇(街道)形成明争暗赛的环境整治新局面。宣传教育：营造全民参与氛围。组织"欢乐浏阳河，携手共护美丽家园"大型文艺晚会、拍摄浏阳城管专题宣传片、开通"浏阳城管"官方抖音。继续开展城市管理宣传"进机关、进学校、进门店、进社区(小区)、进企业、进乡镇"六进活动。发放《致市民的一封公开信》《致机关干部职工的一封信》《垃圾分类倡议书》《文明创建手册》等宣传资料10万余份。在城区主干道、高架广告、电子屏上设置公益宣传2000多处。引导全民体验参与。开展"学生暑期社会实践""蓝天碧水"党员体验、垃圾分类进社区等特色活动，免费向市民发放车载垃圾桶和环保袋5000余个，引导市民积极参与城市管理。《湖南日报》《长沙晚报》、红网、《浏阳日报》等媒体平台报道城市管理相关工作150余篇，其中2018年8月21日，《长沙晚报》在区县头条以《暑假练摊何处去？城管来帮你》专题版面报道市城管局开辟临时疏导点助中小学生安全有序完成暑假社会实践活动工作情况。

【城市管理行政审批与执法】 落实"最多跑一次"。实现网上政务服务中心审批平台与渣土智慧云平台对接，许可事项网上申报、网上审批，实现"最多跑一次"，全年受理各类行政审批4434件。按照"六控"(控尘、控车、控排、控烧、控煤、控油)"十严禁"(严禁渣土车、混凝土搅拌车、运砂车等各类车辆带泥上路；严禁违法倾倒渣土；严禁工地裸露黄土；严禁重污染天气下土石方施工；严禁燃烧散煤；严禁露天焚烧垃圾；严禁露天烧烤；严禁露天焚烧秸秆；严禁拖拉机等高排放车辆进城；严禁在禁燃区域时段燃放烟花爆竹)工作要求，打好打赢"蓝天碧水保卫战"，在中央环保督察"回头看"中，市城管局实现牵头办理件为"零"。建立渣土车集中停车场，实施渣土运输车集中停放和统一管理，查处车辆带泥污染路面、尘土撒漏、随意倾倒等渣土案件共267件，处罚违规车辆320

9月4日，浏阳锦程大道，换上新式制服、新式标识的城管队员和执法车辆

(市城市管理和行政执法局　提供)

余台;实行"条块结合、属地管理",建立网格化交办微信群,实施市民有奖举报机制,打响全民环保战。加大露天焚烧垃圾和露天烧烤整治查处力度,查处垃圾焚烧案件31起,露天烧烤26起,基本杜绝城区露天烧烤。对城区范围内所有餐饮门店油烟净化设施安装使用情况进行摸底调查,建立台账,实行"清单销号"整治,全年开展"蓝天碧水保卫战"综合执法92次,专项执法1223次,出动执法队员9165人次,执法检查对象5539个,发现并整改问题2348件。城区燃煤提前"清零",环保类执法案件立案处罚率同比增长200%,餐饮单位油烟净化设施安装率由14%提升至51.2%,提前完成主城区油烟净化设施安装目标任务。

【爱卫工作】 将"厕所革命"纳入2018年十件民生实事,全年改造农户旱厕15546座(长沙市下达任务数10000座),成为湖南省首个消灭旱厕的县(市)。全域推进垃圾分类,完成20个城区生活垃圾分类试点示范小区创建工作,171个村(社区)启动垃圾分类减量工作,132个村(社区)通过长沙市复核验收,长沙下达创建125个垃圾分类减量村目标任务超额完成,生活垃圾分类减量行政村比例达到50%以上。病媒防制全面达标,2018年,市城区病媒生物鼠、蚊虫类密度控制达到国家B级标准,蟑螂、蝇类密度控制保持国家C级标准,"四害"密度得到有效控制。通过省级卫生城市复查,成功创建澄潭江镇、北盛镇等省卫生村镇、单位17个,大围山镇中岳村、官渡镇、集里街道龚家桥社区等长沙市卫生村镇、社区、单位45个,"五星级"乡镇3个、"四星级"乡镇3个、"三星级"乡镇6个、"五星级"村6个,完成卫生创建任务。

【城市管理进乡村】 开展城市管理进乡村、进屋场,对所有乡镇中队进行执法规范化指导,9个乡镇中队因执法不规范被收回执法权限;组织85名乡镇执法人员参加执法证考试和跟班学习培训,16名乡镇执法队员通过执法考试;支援乡镇集中整治近200余人次,培训乡镇(街道)、创建村(社区)相关负责人400余人,指导乡镇开展城市管理示范集镇的创建。

(邓英超)

生态环境

九曲名河 （何建荣 摄影）

生态建设

【概况】 2018年，浏阳市将生态环境保护融入浏阳经济社会发展全局，打好打赢污染防治攻坚战，污染源普查、饮用水水源地保护、长沙蓝天保卫战点评、长沙市对浏阳生态环境保护绩效考核等工作成绩突出，得到上级认可，“河长制”工作被评为全省“真抓实干先进县（市）”；浏阳市环境保护局2017年、2018年连续两年获“全国环境执法大练兵突出集体”，该局监察大队张敏、刘赛杰分别获评“2017年环境执法大练兵突出个人”和“2018年环境执法大练兵突出个人”。

构建“大环保”格局，浏阳市委、市政府坚决扛起生态文明建设、生态环境保护工作的政治责任，构建“市委牵头抓总、市委书记亲自抓、一级抓一级”的组织领导体系。全年召开市级会议60余次，其中书记、市长亲自调度20余次。出台《浏阳市“强力推进生态环境大治理坚决打赢蓝天碧水保卫战”三年行动计划》《蓝天碧水保卫战责任落实长效机制》，全面打响“蓝天、碧水、净土”保卫战，打好污染防治攻坚战“夏季攻势”，有效改善生态环境质量。浏阳市委市政府将中央环保督察“回头看”、省级环保督察交办的群众信访件整改工作作为政治任务，实施“领导带队督查与专项督查相结合”“现场交办和挂牌督办”“一单五制”（任务交办单，书记、市长交办制、市级领导包案制、责任层层落实制、进度定期报告制、责任追究制）等工作制度，强力推动问题解决。

2018年，浏阳市大气质量达到国家二级标准。全年空气质量优良天数344天，较2017年增加13天，优良率94.2%，同比提高3.5个百分点，其中3月、5月、11月优良率100%。细颗粒物（PM2.5）、可吸入颗粒物（PM10）、二氧化硫（SO2）、二氧化氮（NO2）、一氧化碳（CO）年均浓度同比分别下降10.5%、8.6%、28.5%、10.5%、20%。流域水体质量全面好转。7个省控监测断面水质达标率97.6%，52条支流水质达标率上升至97%，易家湾、王家坝、浒山塅、砰山等河流水质明显好转，县级以上饮用水水源地水质100%稳定达标。土壤环境质量有效改善。完成耕地安全利用年度目标，种植结构调整面积4157公顷，治理修复轻度污染耕地667公顷，安全利用率高于90%。

存在的困难与问题 环境质量提升不容乐观。空气质量方面，2018年O_3（臭氧）年均浓度从9月份130上升至136，10个小微站数据因纳入2019年全长沙的实施在线管控，对蓝天保卫战工作带来挑战。突出环境问题解决任务艰巨。中央环保督察反馈的宝山河断面锰超标问题未彻底根除，省级环保督察反馈意见共40项任务需要完成，其中5项具体问题只完成3项。污染防治攻坚战中的大瑶造纸基地、南方水泥、小水电站、污水处理设施建设、河道治理、畜禽养殖退出等问题需要投入大量的人力、物力、财力。责任落实落细仍需加强。在“六控”（控尘、控车、控车、控排、控烧、控煤、控油）“十严禁”（严禁渣土车、混凝土搅拌车、运砂车等各类车辆带泥上路；严禁违法倾倒渣土；严禁工地裸露黄土；严禁重污染天气下土石方施工；严禁在禁燃区燃烧散煤；严禁露天焚烧垃圾；严禁露天烧烤；严禁露天焚烧秸秆；严禁拖拉机等高排放车辆进城；严禁在禁燃区域时段燃放烟花爆竹）中，露天焚烧秸秆垃圾、工地“8个100%”（现场封闭围挡100%、现场湿法作业100%、场区道路硬化100%、渣土物料覆盖100%、在建楼体封闭100%、出入车辆清洗100%、远程监控安装100%、工地内非道路移动机械使用油品及车辆100%达标）落实不到位，农村和城乡结合部渣土车带泥上路等现象时有发生，在环保督察整改中畜禽养殖、气味、噪声等问题得不到彻底解决，在涉工业企业的投诉中，每次“回头看”均能发现问题。基础设施建设任务繁重。主城区南岸未实现全截污，渭川河、济川河、淮川河水质虽有改善，但源头治理还不够全面和充分，乡镇污水处理厂和管网建设、污水处理厂的后期管理和运营、垃圾焚烧发电、垃圾分类等基础设施建设任务还相当繁重。基础能力建设亟待提高。队伍建设、装备配备、监测执法等整体基础能力不能完全适应新形势、新任务、新要求，在乡镇、街道，环境执法缺少制度、固定人员、执法车辆、经费预算、监测手段等保障。

【环境保护宣传】 围绕“六控十严禁”、“春霆”、“夏箭”、“秋风”、“冬炼”

执法行动、“督察整改”等中心工作，推出“黄土裸露整治”“浏水斩污”“散乱污企业治理”“整改进行时”专题报道，推动中心工作进展。制作暗访警示片、开设曝光台、公布环境违法举报热线，强化社会舆论监督。加强环保法律法规和政策解读，在“浏阳环保”微信公众号设立“曝光台”“以案说法”专栏，曝光违法企业141家、发布负面典型案例26起，发表政策解读微信36篇。强化纸媒、网媒和活动的舆论引导，刊发工作报道1930余篇，其中长沙市级以上媒体级报道340余篇，发放宣传资料100多万份，制作宣传展板1200多块、标志标牌6000余块。开办蓝天碧水大讲堂，90多场讲座走入企业、学校、社区，举办“六五”世界环境日，开展“局长•网友面对面”“西湖山寻宝”“徒步浏阳河”“绿色大讲堂”等环保宣教活动150余次，其中“局长•网友面对面”获生态环境部点赞。镇头镇联合市戏剧曲艺工作者协会创作出湖南省生态环保题材花鼓戏《新打铜锣》；开展“绿心存折进校园、绿色骑行、环城绿跑、徒步浏阳河，吸引社会各界20万人次参加。

【打响“蓝天碧水保卫战”】 2018年，浏阳市打响和推进蓝天碧水保卫战，落实“书记抓、抓书记”，成立由市委书记黎春秋任组长的蓝天碧水保卫战工作领导小组，构建“市委牵头抓总、市委书记亲自抓、一级抓一级”的工作领导体系。书记、市长组织召开领导小组、季度工作讲评、专项工作等各项专题会议19次，形成集巡视、督导、交办于一体的长效管控机制。结合实际制定下发《浏阳市“强力推进生态环境大治理坚决打赢蓝天碧水保卫战”三年行动计划(2018—2020)》和16个专项工作方案，实行挂图作战，将大气、土壤、水、环保督察、执法等任务以图表化形式拉条挂账，对标对表，项项抓落实。打赢蓝天保卫战：以推动“六控”“十严禁”举措为突破口，推进精细化管理，应对污染天气，改善区域环境空气质量。抓渣土扬尘治理。建立渣土工地在线监控平台，配备大型新型环保渣土运输车69台、小型车辆30台；完成城区渣土处置中心建设；城区33个工地对照落实“8个100%”，完善雾炮机、塔吊喷淋等降尘设施，实现工地内外“双摄像头”监控；坚持实施夜间大清洗、周五全市卫生大扫除、双休日大清洗机制，每日机扫面积22万平方米，人工清扫面积4.5万平方米，洒水降尘面积38万平方米，实现城区“全覆盖、见本色、常态化”的保洁目标。禁止露天焚烧秸秆和垃圾。建立“天上机巡+地上人防”的秸秆禁烧巡查体系，现场处罚秸秆焚烧行为72起，立案查处8起。推广秸秆切碎、堆沤还田、机械收集打捆等作业方式，全市秸秆综合利用率高于80%。全年实施农作物秸秆堆沤还田试验示范73.33公顷；3家秸秆综合利用社会化服务试点、18个资源化利用服务部、8个示范乡镇均通过“蓝天保卫战农业废弃物综合利用项目”的验收，分别占到长沙市同类项目验收总量的42%、39%、50%。建立网格化巡查管理和交办机制，露天焚烧垃圾现象明显减少。管控高排放车辆。实行渣土车辆集中停放和统一管理，建立工地值守和夜班巡查工作制度，严格“24小时”监管制度。建立卡点8处，处罚各类违禁车辆8284台次。鼓励使用新能源车辆，购置纯电动公交车50台，建设公交车充电桩19个。抓能源结构转换。取缔禁燃区散煤制售点25家，完成佳年华包装、银天大酒店锅炉改造，完成宏发五氧化二磷厂、民鑫化工厂的燃煤锅炉淘汰，推进中石化潜江—韶关(浏阳段26.7千米)输气管道工程建设，完成老旧小区天然气改造2475户，新增煤改气商业用户64户、中压燃气管道5千米。抓餐饮油烟治理。实现城区露天烧烤清零，规模以上餐饮单位油烟净化全面完成，共计完成餐饮门店油烟净化设施安装283户；投资300万元对2000家老旧小区用户餐饮油烟进行治理；完成淮川街道圭斋路无烟示范街道创建。控制工业污染源排放。制定《浏阳市2018年控制臭氧污染实行城区重点行业错峰生产工作方案》，对37家重点企业实行错峰和停限产，完成131家企业挥发性有机物治理、75家小散乱污企业取缔、6家沥青搅拌站的整治；推广使用低挥发性有机物企业40家；完成油罐车油气回收装置安装69台、加油站油气回收装置安装118家、地下油罐改造30座。打赢碧水攻坚战：落实“河长制”，建立“一河一档”，制定“一河一策”，设立并公告县级河长37名，乡级河长261名，村级河长322名，打好截、清、治、修、管“组合拳”，实现标本兼治、水岸同治、城乡并治。抓城镇生活污水治理。推进截污纳管扩面工程和雨污混排整治工程，提升污水管网的纳污、分流和输送能力。投入近4亿元，新建污水处理厂12座；新、改建污水收集管网103千米；对主城区实施全截污工程治理直排口44处；完成城区污水处理厂提标改造和扩建工程的前期工作；镇头镇整镇分散式生活污水试点项目全面启动；18个已建成乡镇污水处理厂实现常态

4月13日，浏阳市环保局开展蓝天碧水大讲堂系列活动之一“局长•网友面对面”活动

(市环保局 提供)

2月6日，浏阳市召开2018年全市环境保护工作暨强力推进环境大治理坚决打赢蓝天碧水保卫战动员部署大会（市环保局　提供）

化运营和达标排放；新修北园临时污水干管和泵站，将北园污水引入经开区污水处理厂集中达标处理；全市污水处理厂污泥无害化处理能力超过62吨/天。推动“厕所革命”，新改建厕所15546座，在全省率先实现旱厕任务清零。抓流域水环境整治。推进河道清淤、小微水体治理，最大限度消除水体污染的病灶。河库治理投入累计达到7.2亿元，完成小微水体沟渠疏浚1.5万余千米，完成河道干流及支流清淤70.69千米，累计清淤78.2万立方米。全面清理整顿浏阳河干流入河排污口，关闭排污口4个，取缔渡口1个，完成县级以上饮用水水源地保护区内入河排污口清理整治。抓畜禽养殖污染防治。全面巩固浏阳河500米范围内退养成果，完成浏阳河500~1000米范围内规模养殖场（户）退出工作，拆除养殖场（户）2445户、面积39.8万平方米。推广生态养殖模式，实施“存量置换，退保平衡”，建成畜禽粪便资源利用中心2个、动物无害化处置中心1个，生态养殖场3个。推进养殖资源化利用，养殖规模设施配套率93.6%，粪污资源化利用率达91%以上。抓涉水工业企业整治。重点对47家造纸企业（18家园内）开展整治。恒隆、力狮、正牌化工、鑫源、金源等造纸厂的落后生产线已全部完成淘汰，完成现有企业在线监测安装36家（16家联网上传）、污染防治设施专用电表安装42家、取水计量装置安装27家、排水计量设施安装23家，实现对全市造纸行业的全面有力管控。打赢净土持久战：加大污染场地环境风险防控和管理工作力度，持续推进污染场地治理修复。抓土壤风险管控项目建设。全面排查涉镉污染源；开展建设用地调查评估，将评估作为建设用地回收使用的前置条件；启动疑似污染地块详查工作；完成重点行业企业用地调查，与7家土壤污染重点监管企业签订土壤污染防治责任书。完善农用地分类管理，完成污染地块种植结构调整4380公顷、点位取样详查130个，对667公顷轻度污染耕地开展治理与修复，污染地块安全利用率高于90%。抓土壤治理项目推进。完成七宝山地区庙冲尾矿闭库及锰污染综合治理，启动浏阳永和镇原七宝山乡磺矿区污染土壤修复、铁山村遗留工业场地修复治理工程，博隆公司厂区废水处理装置改造、新建废水深度除锰设施等9个治理工程及铜锌矿业管网系统改造、废水处理装置升级改造、废石堆场整治等8个治理工程于8月底提前完成，并于10月通过验收，宝山河入浏阳河断面连续10个月达到地表水三类水质，实现稳定达标的目标，铁山桥市控断面锰监测数据从1月份的1.11毫克/升下降至12月份的0.4毫克/升。抓固体废弃物的安全处置。全面推动垃圾分类减量，建设垃圾分类资源回收分拣站171个，新增环卫保洁车750辆，分类垃圾桶30万余个，创建垃圾分类减量村（社区）125个、垃圾分类减量乡镇2个，率先在党政机关等公共机构实施生活垃圾强制分类。

（吴婧娟）

农村环境综合整治

【概况】 2018年，完成115个农村环境综合整治任务，建成集中式生活污水处理站18座，建成配套管网6463米、对于52处公共水井（泉）进行路面硬化、加盖围栏、顶棚和标识标牌等改造，有效保护和保障农村居民安全饮水。建立生活垃圾分拣中心32座、畜禽污染防治工程19处；建立饮用水标志牌和交通警示牌198个，添置垃圾桶33190个、垃圾收集车196台、转运车43台，建成四格无害化改厕1093个；农村环境整县推进项目按省环保厅要求开展验收工作。全面推行测土配方施肥，推广使用有机肥，测土配方施肥覆盖率96%，农作物肥料利用率达到38%；推广使用生物农药，全市农药利用率达40%，强化农膜、农药包装物的回收处置，农业面源污染有效减少。

【安全饮水工程全覆盖】 2018年，对农村集中式居民取水点开展水源保护规范化建设，对于公共水井（泉），择优选择水质较好的52处水井进行改造，包括路面硬化、加盖围栏、顶棚和标识标牌，共设置相关界标36块、标志牌198块、隔离护栏228米，有效保护和保障农村居民安全饮水。全市饮水状况总体安全，工程布局覆盖全市，所有乡镇集镇都通自来水，实现农村安全饮用水合格率95%以上。

【生活污水处理提升】 全市域推进“厕所革命”，实现旱厕清零。“厕所革命”作为2018年浏阳市的十大民生工程之一，全年计划完成15000余座旱厕改造目标，远超长沙对浏阳市2018年旱厕改造目标任务数10000座的要求。全市城镇集中式污水处理厂已建成运行18家，2018年新建、续建12家，实现集镇生活污水处理厂全覆盖。农村环境综合整治项目对农村集居点建设18座生活污水处理站，铺设约6463米管网和对散居农户安装1093套单户制收集－厌氧－沉淀－人工湿地四池净化系统，实现农村生活污水处理率达到80%以上。同时，鼓励农户将处理后的污水用于农业生产，实现污水处理无害化、资源化，引导农村新建住宅配套建设规范化生活污水处理设施。

【生活垃圾处理】 2018年，全市农村基本实现居民片区保洁员全覆盖。积极推动垃圾分类减量工作，全市有171个村(社区)启动垃圾分类减量工作，其中136个村(社区)试运行垃圾分类。截至年末，全市乡镇(街道)新增环卫保洁车750多辆，分类垃圾桶30多万个，建设垃圾分类资源回收分拣站171个；建设垃圾分类分拣中心32座，发放分类垃圾桶33190个、垃圾收集车196台、垃圾转运车43台。农村垃圾定点清运率100%，无害化处理率80%以上。9月，市爱卫办对32个乡镇（街道)60多个垃圾分类村进行督查和指导。

【畜禽养殖治理】 开展畜禽养殖治理大退养。2018年，规模养殖场(户)签订退养协议2491户，涉及面积约42万平方米，规模养殖场(户)完成拆栏2438户，涉及面积约39.9万平方米。农环项目建设沼气池及配套沼液池19个，其中包括4个10立方米沼气池、10个30立方米沼气池、5个50立方米沼气池。通过整治全市畜禽粪便综合利用率80%以上。

(吴婧娟)

污染防治

【概况】 2018年，浏阳市污染防治攻坚战进入深水区，全市合力攻坚、主动作为，推动生态环境质量的持续改善。在长沙市2018年蓝天保卫战三季度讲评暨特护期污染防治工作动员会会议上，浏阳市11项(渣土扬尘污染、工地扬尘污染、“三车”污染、露天焚烧垃圾、秸秆禁烧，散煤整治、工业企业VOCs治理、散乱污”企业治理、餐饮油烟整治、工业企业清洁生产、环保网格化监管)重点工作获表扬，行政拘留及罚款数额排长沙市前列，暗访片中负面清单最少。空气优良率在长沙九区县(市)中排名第一，三大河流水质持续向好，饮用水水质达标率100%。污染源普查、饮用水水源地整治、蓝天碧水保卫战各项工作频获中央省市各级点赞。

【大气污染治理】 2018年，按照“六控”“十个严禁”要求，持续开展工业废气、汽车尾气、扬尘灰气、乱烧烟气、餐饮油气“五气”共管。截至年底，共取缔“散乱污”企业75家，完成挥发性有机物治理131家，完成加油站油气回收治理114家，处罚违禁车辆11510台次，城区16个建筑工程项目均安装扬尘在线监测系统，开展散煤整治“回头看”工作，与24个小区2024户居民、68个经营户达成管道燃气改造意向，对老旧小区居民启动实施餐饮油烟治理，完成2000个老旧城区油烟改造项目。28个大气(噪声)污染防治项目已完成18个，剩余10个项目按时序推进中。

【水环境污染治理】 推动污水处理设施建设，财政投入近亿元对主城区实施入河排口全截污工程及污水管网实施改造项目，引入第三方公司投入4.55亿元对全市污水处理厂及管网进行新建、改建、扩建。全面启动浏阳河500-1000米范围内畜禽养殖退出工作，推广黑水虻养殖项目生态化处理畜禽粪便。启用管道内窥镜探测机器人对企业污水管道进行排查，建成湖南首个再生水综合利用项目。规范饮用水水源地建设，设立一级保护区域双层隔离防护网。采取三级沉淀＋人工湿地方式处理居民生活污水，完成厕所革命14364座，率先在全省实现全面清零。加大生态水体保护力度，完成1.5万千米小沟渠、小池塘等小微水体管护工作。42个水污染防治项目已完成21个，剩余21个正在按时序推进。

【土壤污染治理】 加强危险固废的规范管理，完成浏阳市化工厂遗留的1943.48吨危险固废处置工作。全面推动垃圾分类减量，年内将创建垃圾分类减量村(社区)125个、垃圾分类减量乡镇2个。建成畜禽粪便资源利用中心2个、动物无害化处置中心1个，年内完成建设10个生态养殖场，推进畜牧养殖行业向“生态化”转型。32个土壤(生态环境)污染防治项目已完成15个，剩余17个均按时序推进。

(吴婧娟)

环境监察

【概况】 通过创新监管方法、拓展监测点位、坚持铁腕执法，各类环境风险得到有效防范。运用无人机、管道机器人、在线监控、网格监管平台等科技手段，实现无缝监管。依托“掌上浏阳”APP平台，建立环保网格化智慧管理平台，实现了群众、网格员、执法人员24小时无缝实时联络。推动环保执法向乡镇(街道)一级下沉，发放环境监察移动执法装备32套，全年乡镇(街道)一级立案达84起。围绕造纸、家具制造、矿山、化工、畜禽养殖、餐饮等重点问题，开展“春霆”“夏箭”“秋风”“冬炼”四大执法行动，全年共开展综合执法2300次，专项执法12652次，立案处罚13333家(人)(包括公安交警)，罚款5898.75万元，行政拘留235人，刑事拘留16人。配合省级环保督察，编制和印发“三图两册”(环保督察工作流程图、回复报告审批流程图、省级环保督察信访办理倒排时间表、《浏阳市环保督察工作业务指南》、《工作通讯手册》，成效明显。配合中央环保督察“回头看”，10月29日开始为期30天的中央环保督察“回头看”期间，全市共受理群众信访件149件，办结148件，办结率99.3%。对照“问题不查清不放过、整改不到位不放过、责任不落实不放过、群众不满意不放过”整改要求完成交办问题。

【执法监管】 重点领域执法。围绕造纸、畜禽养殖、饮用水水源地、“两区三园”“六控”“十个严禁”等重点领域的环境问题，采取多部门联合执法。截至12月26日，全市开展综合执法2263次，专项执法12516次，立案处罚13109家（人），罚款5839.49万元，行政拘留228人，刑事拘留16人。环保职能案件办理。按季节分别

1月23日，浏阳市环保局启用无人机在浏阳城区巡查环境违法行为

（市环保局　提供）

开展"春霆""夏箭""秋风""冬炼"四大执法行动，推动环保执法向乡镇一级下沉，乡镇（街道）一级立案86起。全年出动环保专业执法人员2209人次，下达现场监察文书1503份、责令改正文书224份、处罚决定书202份，立案244起，罚款共计2139.96万元，适用四个配套办法案件43件（查封扣押6起，限产、停产2起，移送行政拘留案件35起），行政拘留35人，涉刑案件2起，刑事拘留1人。行业问题专项整治。以省级环保督察中出现的重难点问题为基础，梳理出全市17个方面的重点环境问题，由5个市级领导和17个市直部门分头负责制定行业及重点问题的整改方案，推进问题系统整改，主要领导每周听取汇报并作出批示，重点环境问题均得到有效控制，在中央环保督察回头看期间未出现行业性、系统性环保问题。

【环境信访投诉处理】　全年受理环境信访投诉2017件，处理回复率100%。推行"三联三保"工作机制，2018年四季度环境信访量环比下降60%，淮川、澄潭江、中和、张坊、小河、高坪、达浒、官渡、普迹、官桥、柏加11个乡镇（街道）通过深入倒查、快速响应等方式有效稳控，实现省环保督察期间零投诉。

（吴婧娟）

环境监测

【概况】　每月对出境断面、省控断面、乡镇交界断面、重金属断面、集中饮用水水源地、集中式污水处理厂、宝山河流域监测点位进行监测，完成浏阳河、捞刀河、南川河枯水期水质水量调度实施方案，明确大溪河、小溪河、涧江最小生态流量。建成10个空气监测小微站。

【水环境质量常规监测】　开展浏阳三大河流水常规断面监测，其中省控断面5个、出境断面3个、重金属断面4个、乡镇交界断面40个、集中式饮用水源（优良率为100%）10个、乡镇断面7个、污水处理厂24个的水环境监测；确保全市水环境质量常规监测工作做到定位准确、操作规范、数据可靠、上报及时。并每月对乡镇水质情况进行通报。同时，与长沙市环境监测站协调，对有关断面进行比对采样和测定，掌握水质监测情况。

【监测城区环境空气质量】　2018年，设有城区环境空气自动监测点位1个，监测6个基本项目。在市人民政府门户网站每天公布空气质量日报，浏阳电视台在播放天气预报同时播报日空气质量，《浏阳日报》公布周空气质量。根据上级环保部门工作要求，组织相关乡镇、街道完成10个空气监测小微站选址并安装。大气质量达到国家二级标准，全年空气质量优良天数344天，较2017年增加13天，优良率94.2%，同比提高3.5个百分点，其中3月、5月、11月优良率100%。

【污染源和环境督查监测】　配合相关单位，开展涉及河流水质、大气环境、声环境质量等监测，提供监测数据。全年出具检测报告447份，其中监督性检测335份，一般委托74份，风险排查16份，纠纷监测16份，应急监测6份，并配合环境监察大队对固废属性进行危废鉴别。

【开展浏阳市第二次污染源普查】

2018年，按照国务院、省、长沙市关于第二次全国污染源普查工作的部署，2月，浏阳市开展污染源普查工作，创新打造清查阶段"四主四查四全"（部门主导、乡镇主体、村委主办、两员主审；省级补查、市县核查、乡镇排查、两员筛查；全民动员、全面部署、全力推进、全体行动）和入户阶段"一二三四五"（建立一企一档、围绕两个目标、坚持三方联动、完善四化管理、强化五级审查）的"浏阳模式"，实施"领导带队督查与专项核查相结合""ABCD类考核评分""负面清单"等"浏阳制度"，选聘和培训一批高素质的"浏阳队伍"，对标对表，挂图作战，力争创造污染源普查的"浏阳样板"三次迎接生态环境部专项督查，6月11日，国家污普办主任洪亚雄率队到浏阳市检查指导第二次全国污染源普查工作，获高度肯定，并被作为全省的典型推荐。浏阳市第二次污染源普查任务一共有3491家工业企业，38家集中式污染治理设施、269家农业源、20台生活锅炉111家入河排污口、127家移动源。截至年末，各污染源入户调查工作全部完成。

（吴婧娟）

商　　务

浏阳市商会大厦

商务合作

【概况】 2018年，全市实现社会消费品零售总额348.8亿元，同比增长13%；完成自营进出口总额19.28亿美元，同比增长10.4%。全年电商规模企业交易额突破20亿元。浏阳电商扶贫工作在全省电商扶贫推进会上典型推介，市商务合作局获评“湖南省电商扶贫工作优秀单位”。获评“2018年湖南省商务厅市场秩序工作先进单位”。

【外经外贸】 开拓市场：组织11家烟花外贸企业参加香港国际玩具展；组织20家企业参加德国纽伦堡玩具展；组织18家企业参加美国NFA烟花展，为浏阳市烟花企业开辟国际市场搭建平台。组织企业赴白俄罗斯考察，为浏阳市企业在当地创建花炮产业基地做好对接。设立浏阳市进出口贸易综合服务有限公司，年出口烟花1558万美元。组织全市50家企业101人参加首届中国国际进口博览会，共达成意向成交额数百万美元。对外服务：针对海关总署2017年第48号公告《关于规范转关运输业务的公告》对浏阳市鞭炮烟花的出口限制，协调省市部门赴海关总署磋商，促成市烟花出口不受影响。利用星沙海关驻浏阳办事处优势，鼓励企业海外建仓，推进跨境电商。争取海关支持，加大打私力度，维护进出口贸易秩序。引导企业回流：引导兆丰烟花、盈顺进出口贸易有限公司回流，2018年2家公司完成进出口2863万美元以上。新引进的卓然、嘉亿、科瓦等贸易有限公司完成出口1.3亿美元。对外合作：全年外派劳务人员1208人，完成对外承包工程和劳务合作营业额1.15亿美元。

【内需监管】 完善商贸基础设施：推进民生实事项目，争取本级财政500多万元，完成集里庆泰路、淮川嗣同路、集里金沙北路、荷花南市4个城区农贸市场新建改造，超额完成长沙市民生实事考核任务1家；完成湘朵金雅阁、丝享兴客隆、兴客隆大塘路、府华兴客隆、备膳管家唐洲社区5个便民生鲜农产品社区店建设。对一期肉菜追溯体系23个建设节点加强巡查运营维护。注重节会会展经济：推行会展节会品牌塑造工程，以“崛起2018”为主题，举办浏阳市第十一届商务节，时间跨度9个月，揽括十大子活动。加快现代服务业发展：实施乡村振兴战略，完善浏阳蒸菜产业链，推进浏阳蒸菜标准化、品牌化、连锁化、规范化发展，组织龙头企业参加2018中国国际食品餐饮博览会，浏阳蒸菜企业在“第三道湘菜”评选中获评“特金奖”。指导蒸菜企业参加省商务厅、湖南日报社组织的“湘菜香飘联合国”活动，获参与嘉宾好评。强化企业服务，2018年全市“四上”(规模以上批零住餐行业、规模以上工业、规模以上服务业、规模以上建筑房地产业)单位新增168家。

【电子商务】 园区产业建设：推进电商产业园建设，10月30日，湖南首家县级电商产业园在集里鼎丰建材城开园；指导关口长兴电商产业园区建设，截至12月，有24家企业入驻园区。创新支持园区电商孵化基地与湖南商学院等高校进行战略合作，筹备开展电商扶贫小分队电商企业扶贫活动。创新思维引进领军企业：开展市场化运营机制，3月，成功引进阿里巴巴集团天猫优品项目（原农村淘宝)，截至年末，已建有天猫优品店48家，浏阳项目连续6个月交易额位居全国县域第一位。同时，牵头组队到广州、杭州等地开展母婴产业链招商，对接重点企业。开展示范创建工作和诚信体系建设：重点对湖南一朵等4家湖南100强电商企业进行示范培育，蜜蜂哥哥、湘康农业、美津园被评为2018年度湖南省电子商务示范企业，湘客电商被评为重点培育项目。近30家电商企业通过湖南省商务厅和省税务局的联合认定。全市规模电商企业电商交易额突破20亿元。2017年12月至2018年1月，联合浏阳市财政局、食品药品工商质量监督管理局、浏阳日报社开展县级“十佳诚信网商”评选活动，引导全市电商企业积极开展诚信体系建设，营造诚信经营氛围。对浏通天下等8家参与电商扶贫服务平台企业给予99万元的本级财政资金支持；对参与农村电商推进工程的企业和乡镇给予100万元的本级财政资金支持。组织评定10家电商示范镇（乡)、示范村。产业扶贫：探索“互联网+”模

4 月 20 日,举行浏阳市第十一届商务节启动仪式暨第 18 届浏阳车展、阿里巴巴电子商务浏阳上线启动式,副市长詹萍萍(右)宣布商务节正式启动　　(市商务合作局　提供)

式，将扶贫与电商相结合，完善 33 个省定贫困村电商服务站综合功能,打造 20 个村级电商服务站示范村店；组织培训“湖南电商扶贫小店”平台推广应用技术等农村电商人才 1000 人次以上;7 月,与县级精准扶贫工作领导小组联合出台深化推进电商扶贫工作纲领性文件《关于深入推进电商扶贫专项工作有关事项的通知》(浏扶组办联发〔2018〕15 号);组织家边购、羊淘网等电商企业参与“达浒镇椒花新村首届杨梅节”,携手长沙湖南田园香等电商企业，实现线上线下联动销售杨梅 2.8 吨。

【商务执法】　油站管理执法:全年出动 355 人次对全市范围内的加油站开展综合执法 64 次、专项执法 52 次,检查 403 座次加油站,发现隐患问题 35 个,责令整改 26 处,立案查处 17 起,罚款 15 万元。打击非法经营成品油:牵头组织相关部门开展 6 次打击非法经营成品油联合执法行动,市商务合作局立案查处 14 起,移交公安等部门立案查处 5 起，罚款 9.8 万元。单层罐改双层罐:全市有加油站 125 座，其中 30 座加油站完成地下油罐更新改造。开展预付卡工作检查；加大对民爆公司的指导、调研和监管;常态化监管全市商务领域安全生产,整改隐患 95 条。建立部门联席合作机制,开展全市再生资源回收领域、报废汽车回收、二手车交易行业安全排查整治,全年商务系统安全生产事故零发生。

【18 家浏阳花炮企业美国参展】　9 月 10—14 日,2018 美国 NFA 国家烟花展览会在美国堪萨斯州威奇塔市举办,志力烟花、金生花炮集团、官渡烟花集团、东信烟花集团等 18 家浏阳花炮企业参加展览。美国 NFA 烟花展由美国国家烟花协会 NFA 组织举办，是烟花企业进入美国市场的重要平台,截至 2018 年,浏阳企业连续十年参加该展会,通过会议、商务交流、样品燃放、展览展示等,展示浏阳花炮企业形象、提升浏阳花炮品牌影响力。展览期间,市商务合作局组织各企业参观美国烟花卖场、仓库，帮助企业深入了解美国烟花市场。浏阳作为烟花爆竹发源地和“中国烟花之乡”，浏阳花炮出口占到全国的 60%,销往美洲、欧洲、东南亚等 100 多个国家和地区。2018 年 1—6 月，浏阳烟花爆竹出口销售额达到 15.9 亿元,同比增长 12.8%。为引导花炮企业积极走出去,2005 年以来,浏阳主动对接国际市场,多次统一组织花炮企业赴国外参展,如德国纽伦堡的国际玩具展、美国的 NFA 国际烟花展等花炮行业知名展会，近距离精准对接国际市场需求,同时对赴国外参展的企业开拓国际市场给予资金补贴。

【浏阳市电子商务产业园正式开园】

10 月 30 日,位于浏阳城区鼎丰路 88 号的浏阳市电子商务产业园举办开园仪式，浏阳首家电商产业园正式开园。浏阳市电子商务产业园是由政府引导、企业主导、社会参与、市场运作的“一站式”电商服务基地，设有运营公司、电商孵化基地、一镇一品特产展销中心、农村电商服务中心、湘赣边众创空间、沙龙农村电商实践研学基地等功能区域，已吸引阿里巴巴浏阳农村运营中心、长沙市梦享家电子商务有限公司、汇创食品有限公司等 40 余家企业入驻。根据园区建设规划(2018 年 12 月—2019 年 12 月),园区将携手鼎丰家居建材城经营的 470 户商家,通过引进数字网络技术,对大部分商家进行以电商经营为主要内容的改造及整合,完善硬件软件设施,达到 020 网络交易和现货交易标准，力争 2019 年年底全园区实现电商交易额 5 亿元。

【白俄罗斯莫吉廖夫州代表团到浏阳考察】　10 月 29 日，应民革长沙市委、中浏实业控股有限公司邀请,白俄罗斯莫吉廖夫州帕尔霍莫维奇•鲁斯兰•维克多洛维奇副州长率州创新局局长、环境保护委员会主席、安全制造及利用炸药监督处主任一行 4 人，就中国•白俄罗斯烟花爆竹产业园项目到浏阳考察。10 月 29 日至 31 日，维克多洛维奇一行对浏阳美太烟花厂、黑火药和引线厂进行实地考察。11 月 1 日,浏阳市副市长仲凡代表浏阳市政府接待维克多洛维奇。仲凡指出,莫吉廖夫州作为湖南的省级友好城市,双方在项目建设、人文交流等方面有良好的合作基础,期待正在洽谈的中白烟花产业园项目,能早日落地投产。中国•白俄罗斯烟花爆竹产业园是中国在白俄罗斯拟建的第二个产业项目,意向选址白俄罗斯莫吉廖夫州。该项目是由中浏实业控股有限公司总经理刘若平具体牵头,结合“一带一路”政策导向,通过对外投资,引导中国民族工业烟花爆竹产业转移,并拟将其建成欧洲的生产示范基地。

(丁凯慧)

招商引资

【概况】　2017 年 8 月，浏阳市招商引资服务中心挂牌成立,为市人民政府负责全市招商引资工作的直属正科级事业单位。2018年，全市实现实际到位外资29011万美元，同比增长9.39%；引进市外境内资金完成固定资产投资156.11亿元，同比增长13.52%，均超额完成目标任务。有效推进豪恩声学、华域视觉等一批重大项目签约落地。全市全年新引进项目212个，计划总投资869.4亿元，新引进项目中，投资过50亿元的项目4个，投资过10亿元的项目15个，投资过亿元的项目89个（以上数据统计为包含关系）；完成项目联审16个，调度项目13个。

【招商活动】 全年组织、参与各类招商活动170余次，成功举办"引老乡、回故乡、建家乡"2018新春招商恳谈会、东莞市湖南浏阳商会成立大会暨招商推介会、"牵手香江·相约浏阳"香港招商推介会、广州市湖南浏阳商会成立大会暨浏阳市（广州）招商推介会、2018年湖南海外侨胞故乡行——走进浏阳经贸、科技、文化项目招商推介会等大型招商活动8次。14个10亿元以上的项目中，有12个在园区落户；乡镇、街道平台引进项目101个，计划总投资167.04亿元；东莞、广州等浏阳异地商会设立招商联络处。推进长兴湖片区整体开发等6个项目纳入长沙发改委2018年重点推介项目；新制作《浏阳城市宣传片》《投资浏阳H5》，全新上线浏阳招商专题网站，推介浏阳投资环境。

【2018年浏阳市"引老乡、回故乡、建家乡"新春招商恳谈会举行】 2月13日，浏阳市举行2018年浏阳市"引老乡、回故乡、建家乡"新春招商恳谈会，50余名浏阳籍在外企业家，长沙市委常委、浏阳市委书记黎春秋，浏阳市委副书记、市长吴新伟，浏阳市各有关部门负责人参加。会上，浏阳经济技术开发区、浏阳高新技术开发区、浏阳两型产业园分别就园区状况、产业发展、投资环境、优惠政策和重点招商项目进行招商推介，诚邀在座浏商回乡投资兴业。会后，企业家们实地观摩长兴湖片区、市人民医院整体搬迁项目、三馆（规划展览馆、博物馆、图书馆）合建项目、市民之家。

【"牵手香江·相约浏阳"2018浏阳（香港）招商推介会在香港举行】 为推介浏阳招商引资环境和重点项目，吸引更多港资企业到浏阳投资，6月7—9日，由浏阳市委、市政府主办，市工商联、市招商引资服务中心承办的"'牵手香江·相约浏阳'2018浏阳（香港）招商推介会"在香港举行。多名全国人大代表、全国政协委员、香港特区政府代表、部分立法会议员代表、香港部分知名企业家、香港四大商会负责人、香港长沙商会全体会董、长沙异地商会会长、浏阳籍在港企业家等共计400多人参加推介会。浏阳市委常委、统战部部长、浏阳市海外联谊会会长郭瑞率团赴港出席会议并参加"2018年香港长沙商会第三届就职典礼"。招商推介会上，浏阳市政协副主席、工商联主席、总商会会长刘来宏代表浏阳市总商会与香港长沙商会签订友好商会交流合作协议；浏阳市人民政府副市长屈湘水介绍浏阳人文历史、区位旅游、园区建设、经济社会发展成果；长沙市政协副主席、工商联主席、总商会会长彭继球代表长沙市总商会在推介会上致辞。

（焦　毅）

供销合作

【概况】 2018年，浏阳市供销合作总社遵循"服务'三农'，振兴乡村"总原则，围绕深化供销合作社综合改革，突出"做好专项试点示范、做实做强农村电商、完善经营服务体系、维护系统大局稳定、狠抓自身体系建设"五大重点，完成全年工作目标任务。截至12月底，全系统实现销售额9.97亿元，利润1795.49万元，所有者权益达到12694.42万元（增长率13%）。

【供销综合改革】 制定《2018年度浏阳市深化供销合作社综合改革目标任务分解及考核评分细则》，对乡镇（街道）及相关市直单位综合改革工作进行考评。贯彻落实《关于深化供销合作社综合改革的实施意见》《关于深化供销合作社综合改革的实施方案》，制定任务分解表，对改革任务进行责任分解，实行挂图作战，加强督办调度。推进湖南省深化供销合作社综合改革示范县项目，浏阳湘宝地供销电子商务公司以及浏通天下综合服务平台搬迁新址，新址建立1600多平米的农产品展厅，集线上交易线下展示于一体，集中展示浏阳农土特产200多种。建设乡镇基层社（惠农服务中心）13个，村（社区）综合服务社52个（省定扶贫

2月13日，2018年浏阳市"引老乡、回故乡、建家乡"新春招商恳谈会举行　（李雪冰　摄）

4 月 26 日，全国供销合作社综合改革专项试点现场推进会上，浏阳市供销合作总社主任李恒海就“积极探索社有资产规范管理新路径”做汇报发言　　（浏阳市供销合作总社　提供）

村综合服务社任务数全部完成），构建县（市）、乡镇、村三级惠农综合服务体系。助力文化下乡，中国供销频道节目制作中心成立授牌仪式在湖南浏阳举行，供销合作社电视节目生产基地落户浏阳。

【农村电子商务】　浏阳湘宝地供销电子商务公司“浏通天下”电商综合服务平台入驻店铺 510 多家，商品总数 5000 多个，注册用户 6 万余户，建成站点 66 个，全年线上线下累计销售 6000 多万元。同时，结合电商开展精准扶贫工作，已建站点中有 24 个为精准扶贫站点，通过电商平台宣传策划与影响力，帮助关口贫困户销售农产品，帮助普迹镇农户解决滞销蔬菜销售难题。在首届“浏通天下”农产品及进口用品展销会上专门设置浏阳农产品区，展示销售贫困村的农特产品。

【构建为农服务经营体系】　抓好农资供应网络体系。完成 2017—2018 年度大化肥淡季储备任务，确保农耕需求。农资公司发挥农资供应的主渠道作用，质量稳定、价格平稳，农资销售稳居同期市场份额 70%以上。引办领办合作组织。通过股权合作方式，引导农户将资产转化为股权，组建 8 个乡镇惠农服务中心和 12 个村级综合服务社，指导中心和村级社开展业务经营，促进农业增效和农民增收。打造一体化经营体系。与新期绿种植专业合作社联合社合作建设农产品生产基地和农副产品市场，合作建设“浏通天下”平台线下农产品超市 2 家，指导凯丰种植、大围之珠水果合作社等合作社规范生产流程，依托冷链保鲜库、农产品交易中心、浏通天下电商平台等，推进产销对接，构建一体化经营体系。

【完成“规范建立社有资产管理委员会专项试点”工作】　2017 年 6 月 20 日，全国供销合作总社批准浏阳市开展“规范建立社有资产管理委员会专项试点”工作，实施时间为 2017 年 7 月至 2018 年 6 月。浏阳市供销合作总社通过抓顶层设计、优化资产管理、推进综合改革，2018 年 6 月，浏阳市完成试点工作任务。4 月 26 日，在全国供销合作社综合改革专项试点现场推进会上，浏阳供销作为湖南省唯一代表作典型发言。主要做法：抓顶层设计。成立“规范建立社有资产管理委员会”专项试点工作领导小组，召开专项试点工作推进会，出台《专项试点方案》；市财政对供销合作社社有资产进行产权界定，并设立综合改革专项引导资金；以党组、理事会为召集人，成立社有资产管理委员会（以下简称社资委），授予社资委对社有资产的监督、管理和运营权，逐步构建“产权清晰、机制创新、管理规范、运行高效”的社有资产运营管理体系，盘活闲置资产，充分发挥资产效能确保社有资产保值增值。优化资产管理。明晰权属，开展对社有资产清产核资，市财政对社有资产进行界定，明确社有资产原值为 2279 万元，该部分资产收益不再上缴非税，全部用于推进供销综合改革；强化管理，建立健全社有资产绩效管理制度，理顺浏阳市供销合作总社理事会、社资委、供销集团公司的关系；对资产清晰、业务潜力大的社有企业，按照集团公司组建要求，采取股权转让或增资扩股的方式纳入浏阳供销集团。集团公司以为农服务为指向，按照集团化管理的模式，对出资企业进行科学化、规范化管理。推进综合改革。构建新型基层组织体系。以县（市）级社理事会、乡镇惠农服务中心（基层社）、村（社区）惠农综合服务社为主体，在当地选择懂经济、有公心的能人承担基层社或村级综合服务社负责人，通过“能人担当、市场导向、政府扶持”的方式恢复供销基层组织，形成县（市）、乡、村三级基层组织服务体系；构建惠农综合服务体系。湘宝地电商公司和农资公司搭建“浏通天下”电商平台，按照“4+x”（“4”即：农资供应、生活超市、农村电商、金融服务，“x”即：乡村旅游、车险财险、移动代办等其他项目）方式建设乡镇惠农服务中心和村级综合服务社／电商服务站，已建乡镇惠农服务中心（基层社）13 个，村级服务社52 个，省定贫困村综合服务社覆盖率达 75%。其中，浏阳供销集团以控股 35%的方式，与 8 个中心、12 个村级综合服务社注册有限合伙企业，开展紧密合作。主要成效：明晰社有资产身份。将社有资产成功剥离归口社资委管辖，并得到市委市政府认可和支持，社资委可以有充分的资产监督和运营管理权。明确管理权限职责。按照“社企分开、双线运行”思路，明确社资委的职能职责，建立健全社有资产保值增值的考核激励和责任追究制度，确保社资管理更规范更科学。搭建惠农服务平台。对供销合作社旗下社有企业进行优化重组，按照集团化模式组建浏阳供销集团，以供销集团为依托，与乡镇惠农服务中心、村级惠农综合服务社、农民专业合作社、家庭农场共同成立有限合伙企业，最大限度盘活社有资产，提升为农服务实力和影响力。营造良好工作氛围。通过成立专项试点工作领导小组和召开专项试点工作推进会，及多次向党委政府工作汇报，浏阳供销社资委专项试点工作得到全国总社、省社、长沙市社和浏阳市委、市政府的重视和支持。

（程牧野）

粮油业

【概况】 2018年，浏阳市有东盈、西满、南丰、北盛、永安、百宜6大中心储备库标准仓房29栋，其中金鸡、古港、张坊各1栋，东盈粮食储备库（官渡）3栋，西满粮食储备库（镇头）2栋，北盛粮食储备库（北盛）4栋，百宜4栋，永安5000吨浅圆仓4个。全市投入使用地磅8台、皮带运输机8台、清杂机5台。12月，市粮食购销有限责任公司百宜库、湖南军粮储备加工有限公司永安库被核定为长沙市“四星级粮库”，镇头库、北盛库分别被核定为长沙市“三星级粮库”、长沙市“一星级粮库”。

全市期初库存粮食25522吨；本年收入粮食191780吨（湖南军粮有限责任公司收购的粮食不在本统计范围内），本年支出201895吨，年末库存15407吨。期初库存玉米23372吨，本年收入玉米500942吨，本年支出玉米512422吨，年末库存11892吨。豆类期初库存6818吨，本年收入173015吨，本年支出175735吨，年末库存4098吨。油料期初库存3063吨，本年收入76705吨，本年支出79337吨，年末库存431吨。浏阳粮油品牌有“浏阳河”大米品牌以及“贵太太”“美津园”全国驰名商标。大米主要有“浏阳河”香米、富硒生态米、浏阳河一季青生态米、浏阳河无公害优质大米等名牌产品。市粮食局对全市11个“放心粮油”企业的产品进行长期质量跟踪，浏阳市食美放心粮油有限责任公司负责全市“放心粮油”的经营管理，确保本市放心粮油供应。组织粮油企业参评参展农博会和放心粮油评审，在第15届中国国际粮油产品及设备技术展示交易会中，“贵太太”纯茶油、“美津园”牌山茶油、浏阳市笑哈哈食品厂“新发现”牌老长沙蒸饺、“浏阳河”寒山粒大米以及“湘纯”原香菜籽油均获“金奖”产品。贵太太茶油科技有限公司继续保持“国家放心粮油示范加工企业”称号。浏阳市红旗米业有限责任公司、笑哈哈食品厂、镇头三环油脂大米加工厂、湖南贵太太茶油科技有限公司和湖南省美津园粮油发展有限公司继续保持“省放心粮油示范加工企业”称号。湖南美津园粮油食品有限公司的“美津园”商标继续保持全国驰名商标。食用油“贵太太”商标保持湖南省著名商标和全国驰名商标。4月，全省粮食产业发展现场会在浏阳召开，“优质粮油工程”项目受到省、市各级领导的高度肯定。

全市稳定粮食种植面积7.8万公顷。浏阳市粮食购销有限责任公司建立优质粮食产业可持续发展体系，加大优质稻产业基地建设，采取“公司+基地+农户”的经营模式，在东、西、北区发展优质稻品种，在南区地少人多地区主要推广高产优质稻。全市稳定高档优质稻3667公顷，保持订单面积11000公顷。

【粮食收购】 年末，启动托市收购，仅根据轮换需要，完成省级和本级储备粮轮换收购。轮换省级储粮4041吨、县级储备粮7325吨。在粮食收购中，实行“先检后收”，严格质量监管，维护市场秩序，所有收购点均进入电子监控系统，送粮车辆从入库到出库全程监控。同时协调农发行，及时足额拨付收粮款，所有网点实行网银结算，粮款直接进入农民银行账户，减少现金流量，确保资金安全运行。

【储粮管理】 全市储存粮食73180.431吨，其中省储粮26569.878吨，县储粮1万吨，代中储粮储存的最低价粮17590吨，代湖粮集团储存的地方临时储备粮13397.907吨，代天下洞庭储备粮5196.646吨，轮换粮（商品粮）426吨，分别储存于百宜、永安、北盛、镇头、官渡、古港等仓库，新粮入库封仓整理，明确保管人及其责任，机械通风降温，环流熏蒸灭虫，建立相关台账，及时记录粮温粮情，掌握基本状况，科学配备贮藏设施，严格督查粮食库存管理，市粮食局相关科室人员指导企业做好清仓消毒等工作，达到国家粮食安全标准。

【粮食监察执法】 开展粮食样品检验检测和粮情检查，全面检查检测轮换粮。分夏、秋两季扦样，并送达长沙市粮油检测中心。参与市食安办食品安全专项整治、食品安全知识大型宣传活动，协同市食安委到学校、机关事业单位，重点查处粮油食品来源和质量不合格粮油制品。加强粮食收购许可证监管，现场察看审核合格33家。对全市各产粮乡镇发放《粮食收购行政指导告知书》，同时在收购现场张贴公布，明确收购企业在获得县级以上粮食行政管理部门审批的收购许可证方可从事粮食收购活动。对未执行国家粮食质量标准和未及时支付售粮款等情况责令改正，予以警告，警告后仍不改正并造成粮食生产者利益受到损害的，处以20万元以下的罚款，同时公布举报投诉电话。与国有企业签订食品安全责任书，与社会粮食经营企业签订《粮食质量安全承诺书》，对市级龙头企业和规模以上粮油企业建立质量诚信档案。

【粮油统计】 落实粮食经营台账的建立和统计制度。粮油加工、经营企业和转化用粮企业建立粮食经营台账，加强对粮油加工的登记管理和粮食购销统计，达到“一符四无”和“三专四落实”要求，并按照粮食统计制度的要求及时准确报送统计报表和有关资料。督促企业执行国家粮食收购政策和质量标准，搞好日常质量监测，重点是出证索证及出入库检验制度情况，完善粮食质量档案，落实粮食质量安全责任追究制度。

【浏阳市粮食购销有限责任公司】 该公司拥有浏阳市浏阳河米业有限责任公司、浏阳市食美放心粮油有限责任公司两个独立核算单位和百宜粮库、城郊粮站、镇头粮站3个报账制单位，员工28人。2018年，公司共收购粮食11276吨，其中轮换省级储粮 4041 吨、县级储备粮 7325 吨。对百宜粮库 BYOP3-1、BYOP3-2、BYOP3-3 以及镇头粮站 ZTOP2-1、ZTOP2-2 进行智能化改造。2018 年绿色储粮项目总投资 365 万元，将百宜、镇头原有的 13 栋仓房进行下弦板伸缩缝维修，添置粮食储藏专用空调 42 台，并进行配套设施及门窗密闭改造，实现智能通风、智能温控、远程监测以及环流熏蒸。实施安全储粮，推广双低绿色储粮，推广储粮实用新技术，提高企业储藏水平。提高粮食检验监测水平，建立粮食检验检测站，拥有精密分析仪器室、综合理化分析室、精米分析室、原粮检验室，共有仪器设备 90 多台套，总值近三百万元，2018 年，完成收购样品检测 1254 个，同时对库存粮食品质进行检测，完成抽样检测 79 次。同时，免费为农户进行来样检测服务，共计完成 465 批次来样检测。投资 580 万元，建立粮食产后服务中心，2018 年 10 月投入使用，晚稻入库期间为农户提供“代清理、代干燥、代储存、代加工、代销售”五代服务。投资 190.5 万元，启动原粮成品库建设。公司下属浏阳河米业有限责任公司全年收购各类稻谷 2.2 万吨，其中收购玉晶 91、玉针香、黄花粘、泰优 390、兆优 5455 等优质稻品种 3000 多吨，加工、销售 1.3 万吨，创利润 80 余万元。2018 年，公司下属全资子公司浏阳市食美放心粮油有限责任公司与明星企业爱沃德合作，正式组建爱沃德放心粮油，企业逐步走入正轨。

【湖南贵太太茶油科技股份有限公司】　该公司成立于 2008 年 9 月，注册资本 8586 万元，是一家集茶油科研、开发、种植、加工和销售于一体的湖南省农业产业化龙头企业，主导产品为“贵太太”纯茶油及茶籽调和油。2018 年，公司实现粮油加工业总产值 21.5 亿元，总资产 100818 万元；公司“贵太太”品牌被评为“湖南十大农业企业品牌”。加强基地建设，参与产业精准扶贫。采用“公司 + 基地 + 专业合作社 + 农户”产业化运营模式，在浏阳、绥宁、常德等地建立 28.5 万亩优质油茶基地，帮扶建档立卡贫困户 1303 户 2295 人。加快产业布局，开展“贵太太绥宁油茶产业园项目”，引进先进油茶籽低温冷榨生产线和相关配套设备设施，建设现代化茶油加工厂，项目建成投产。同时，提高生产线自动化和智能化水平，投资 1000 万元实施“贵太太茶油智慧仓储信息化项目”，通过引进茶油小包装智慧仓储集成系统，将茶油二维码可追溯系统与智能仓储系统相结合，建设茶油生产线产品质量全程可追溯体系，有效提高茶油产品质量。

【湖南省美津园粮油食品有限公司】

该公司是一家集粮油种植、研发、生产、加工和销售于一体，按照“公司+ 基地 + 农户”模式运作的农产品深加工省级农头企业。公司成立于 2008 年 4 月，注册资金 4000 万，工厂位于浏阳两型农业产业园，拥有生产厂区 4 万余平方米，建筑面积 1 万余平方米。公司注册“美津园”注册商标，美津园牌茶油销售全国三十多个大中城市。2018 年，浏阳市被国家粮食和物资储备局评定为“中国好粮油行动示范县”，3 月底，成立“浏阳市茶油产业发展促进会”，该公司入选“茶油产业副会长单位”。

【湖南湘纯农业科技有限公司】　该公司成立于 2009 年 6 月，是一家专业从事油料作物种植及粮油产品精深加工的现代化民营科技型企业，注册资金 2000 万元。经营范围涵盖现代农业、生物科技、出口贸易等领域。生产经营产品包含四大类，以茶油为核心，猕猴桃籽油、牡丹籽油、核桃油等木本油为补充的健康系列食用油；以茶油及茶籽活性配料为主要原料的系列化妆品，包括洗护产品、茶油润肤油、茶油润肤霜、茶油手工皂等；以油脂活性配料为原料的营养食品及保健品，包括亚麻酸调节血脂产品、秋葵活性配料抗疲劳产品、多种油脂配料制成的护肝解酒产品；以茶油、亚麻籽油为核心的医用与化妆品植物原料油及单体脂肪酸。同时，公司创建“湘纯”“油米香”等 7 个自主品牌，拥有自营进出口权。2016—2018 年，公司连续三年获得中国中部（湖南）农业博览会金奖。2018 年，公司总资产达到 6719.6 万元，销售收入约 13185 万元，实现净利润 557 万元，上缴税收 262 万元，研发投入 950 万元。

【笑哈哈食品厂】　该厂是一家以生产和营销速冻主食为主的食品生产企业。成立于 2009 年，厂区位于荷花街道办事处境内，是长沙市农业产业化龙头企业。该厂拥有固定资产 9899 万元，有年产 5 万箱速冻面点食品生产线三条，年产 4 万箱速冻饺子生产线四条，年产 30 万箱冰棒生产线一条，制冷车间一个，速冻隧道三条，低温周转冷库二座。企业主要生产真手工水饺、包点、汤圆、粽子、烧麦、馄饨、灌汤水饺、土豆饼等 56 个产品。2018 年，企业销售收入比 2017 年增长 31%，全省市场占有率提升 5%。全年消费面粉 2068 吨，猪肉 826 吨，蔬菜 1203 吨，糯米 500 吨等。与兴盛优选电商团购平台合作，联合线上线下覆盖全省 3 万多个门店。2018 年，代表浏阳市参加 2018 年国际餐饮博览会、第 99 届全国糖酒会、第 21 届中国中部（湖南）农业博览会，新发现系列产品获各地采购商欢迎。2018 年，被中国粮食行业协会评为“全国放心粮油示范工程示范加工企业”。

【全省粮食行业发展暨质量安全监管、安全生产工作和“优质粮油工程”推进现场交流会议在浏阳召开】

4 月 18 日，全省粮食行业发展暨质量安全监管、安全生产工作和“优质粮油工程”推进现场交流会议在浏阳举行。会议由省粮食局主办，浏阳市粮食局协办。各地、州、市粮食局（商务和粮食局）分管行业发展副局长、科长、粮油质量监测站站长、安全生产科负责人、“优质粮油工程”项目负责人、省局直属有关负责人共 126 人与会。会上表彰一批先进单位，交流 2018 年行业发展工作和“优质粮油工程”项目情况。会后，全体与会人员到贵太太、湘纯、浏阳河米业等粮油企业现场观摩浏阳“优质粮油工程”。

【浏阳茶油产业发展促进会成立】

为促进浏阳茶油产业统一行业标准，加强行业自律、规范行业管理、实现资源共享等方面发挥积极作用，3 月 12 日，“长沙茶油产业发展联盟”“浏阳茶油产业发展促进会”成立大会在市百宜粮库召开。长沙市粮食局副局长易鹰、行发处处长邓波，浏阳市粮食局班子成员、科室负责人，林业局相关负责人及全市 35 家油茶企业与会。会上，选举产生“浏阳市茶油产业促进会”会长单位、副会长单位及其理事会、监事会成员，并授牌。浏阳市油茶产业发展迅速，截至 2018 年，全市有油茶 70 余万亩，年产茶油 1.2 万吨，年销售金额 12 亿元，油茶相关产品销售金额 32 亿元，涌现贵太太、湘纯、金霞(浏阳)、聚尔康等一批具有较大规模的企业。

4 月 20 日，湖南省林业科学院油茶首席专家、国家油茶工程技术研究中心主任陈永忠为产业联盟会员和全体与会人员作“乡村振兴与茶油产业发展”学术报告　　（市粮食局　提供）

【“中国·浏阳山茶油产业联盟成立大会暨‘乡村振兴与茶油产业发展’”学术报告会在浏阳举行】 4 月 20 日，“中国·浏阳山茶油产业联盟成立大会暨‘乡村振兴与茶油产业发展’”学术报告会在浏阳举行，湖南省首个茶油全产业链产业联盟在“中国好粮油”行动计划示范县(市)浏阳市成立。活动以“合作共享，发展共赢”为主题，以发展茶油产业为推动乡村振兴的重要抓手，加大工作力度，整合浏阳山茶油产业资源，引领茶油产业协同发展，打造“浏阳山茶油”区域公共品牌，为湖南茶油产业发展发挥引领示范作用。省粮食局党组书记、局长张亦贤，长沙市副市长邱继兴，长沙市粮食局党委书记、局长陈旭等出席活动，活动现场，国际化学协会主席、原北京大学校长周其凤分享早年创作的歌曲《妈妈的油茶果》的经历，为乡村振兴，发展茶油产业进行公益宣传。浏阳市副市长詹萍萍致欢迎辞。浏阳市委、市政府重视油茶产业的发展，先后出台一系列扶持政策，作为“油茶之乡”的浏阳，经过 10 年发展，截至 2018 年，全市油茶种植面积 46667 公顷，拥有全国首个国家级油茶良种繁育示范基地，已注册油茶种植专业合作社 96 家、油茶加工企业 40 余家，年产茶油 1.2 万吨，年销售额 32 亿元。涌现出贵太太、金霞(浏阳)、美津园、湘纯、聚尔康等一批具有较大规模的龙头企业，初步形成“龙头企业 + 基地 + 农户”融合生产，供、产、销一体化的茶油全产业链。同时，浏阳油茶产业注重科技创新和转型升级，引进机器人智能化生产，以低温冷榨等工艺为消费者提供丰富的山茶油产品，并实现产品的全程可追溯认证。经过多年的积淀和发展，浏阳油茶产业基础、品牌影响得到夯实和扩大，成立产业联盟推动产业向更高台阶迈进。2017 年，浏阳成功入选“中国好粮油”行动计划示范县，并以此为契机，以“产业联盟”为抓手，致力打造“浏阳山茶油”区域公共品牌，将浏阳油茶产业做大做强。会上，省粮食局副局长周辉宣读“浏阳山茶油产业联盟成立”的请示批复，长沙市副市长邱继兴在会上致辞，省粮食局局长张亦贤在会上作重要讲话，山茶油产业联盟会长徐学才代表会长、副会长单位宣读联盟宣言。活动现场，湖粮集团分别与浏阳市镇头镇及淳口镇炉烟村分别签署共建油茶文旅小镇和产业扶贫的合作协议。湖南省林业科学院油茶首席专家、国家油茶工程技术研究中心主任陈永忠为产业联盟会员和全体与会人员作“乡村振兴与茶油产业发展”学术报告。

（李　勇）

专营专卖

·石油经营·

【概况】 2018 年，中国石化销售有限公司湖南长沙浏阳石油分公司遵循湖南石油“用心用情、做实做优”的企业理念，扩销创效，做大经营规模，推进企业安全平稳高效运行。获“湖南省石油分公司综合竞争力第一名”“湖南省石油分公司进步发展力第四名”“湖南省石油分公司基层先进党支部”“长沙石油分公司经理特别奖”“长沙石油分公司先进集体”“长沙石油分公司先进党支部”等荣誉称号。全年汽油销售同比增幅 7.6%，柴油销售同步增幅 51.5%，非油销售同比增幅 34.5%，IC 卡沉淀资金同比增长 4.45 个百分点，批发直销同比增长 3.83%。

【石油营销】 2018 年，针对零售市场以价格战为主的竞争态势，分公司主动参与竞争，量价互动，竞合互动，努力恢复市场主渠道竞争优势。轻油、非油、IC 卡、直批联动发力，优价站点 24 小时营业，确保客户不流失，非优价站点开展机出配送业务；组建柴油专用联名卡营销团队，制定适合客户的用油、用卡方案，梳理辖区内大客户名单，从流失、半流失客户开始，逐一回访；每站每月至少开展一次“五进”活动，将现金客户转为持卡客户；开展“油非互助”“非非互助”等营销活动，助力轻油、非油双增长。

【经营管理】 对站长实行“绩效动态管理”，落实“能者上、庸者下”机制；以任务分配为杠杆，实施多劳多得、公开透明机制。加大考核力度，把员工服务与薪酬考核挂钩，营造“客户至上”服务理念；每月评选服务之星等方式促进员工服务水平提高；抓全员服务水平和开口营销能力，增强客户黏性。抓违规违纪行为，对异常卡消费、套卡、套现、套票行为实行“零容忍”。坚持“人随量走”原则，控制用工人数，优化用工结构，清退挂编人员，裁减富裕编制；推行家庭驻站式改革，提高人均劳效。以经营任务完成率、同比增长率、贡献率、基础管理四项指标为评比依据，各站自行选择对标站点，开展月度、季度、年度评比活动予以表彰和奖励，树立正面典型，营造全公司“你追我赶、不甘落后”氛围；实行点对点帮扶，提升站长队伍的综合素质和管理能力。

（袁　甜）

12 月 24 日，长沙市烟草专卖局（公司）卷烟经营自律互助推进会暨工商协同座谈会在浏阳召开

（浏阳市烟草专卖局　提供）

·烟草专卖·

【概况】 全年实现销售收入 20.36 亿元，同比增加 1729 万元，增长 0.86%。实现税利 6.26 亿元（未含所得税），较 2017 年同期增加 1046 万元，增长 1.7%。累计发生三项费用总额 1.32 亿元，比 2017 年同期增加 156 万元，增长 1.19%。市烟草专卖局（分公司）紫荆进取 QC 小组，获评中国烟草总公司颁发的“烟草行业第二十九届优秀质量管理小组成果发布会二等奖”。在 2018 年湖南省烟草专卖局第四届专卖技能竞赛中，浏阳市烟草专卖局蒋星、胡菱代表长沙市局参赛，获评团体二等奖，蒋星在竞赛中综合成绩排名全省烟草商业系统第 4，被国家烟草专卖局授予“全国烟草技术能手”、被湖南省烟草专卖局授予“省级烟草技术能手”称号。

【烟叶生产】 围绕“守红线、严规范、提质量、优结构、稳市场、增效益”的总要求，全市 19 个乡镇、117 个村共签订合同 1837 份，完成烤烟大田移栽 2866.67 公顷，收购烟叶 11.51 万担。均价 28 元／千克，66660 元／公顷（含补贴），同比均大幅提升。实现烟叶税 3546 万元，同比增长 2.76%。以高端卷烟原料定制化开发为着力点，狠抓烟叶标准化精益生产。突出高端原料定制化开发工作重点，在永安、沙市 2 个单元整体推进，开发湖南中烟高端卷烟原料 993.33 公顷、2.15 万担。全市落实精益生产示范区 3 个，面积 533.33 公顷。G80 品种具有香气丰富、协调性好、配伍性强、吃味纯净、杂气较少的特点，高度契合湖南中烟配方需求，是“白沙”高端品牌配方中的关键原料。浏阳作为全国唯一种植 G80 品种的产区，全力推进高端原料定制化开发，在计划逐年调减的情况下，突出特色品种种植，增加 G80 品种布局，收购 G80 烟叶 5.16 万担，同比增加 38%，产量占比稳定在 50%以上。在原有工业需求的基础上，拓展烟叶市场供给，浏阳烟叶正式进入浙江中烟原料配方，实现调拨 1 万担。

【卷烟营销】 全年销售卷烟 5.64 万箱，实现销售收入 19.82 亿元，同比增长 7.63%；单箱均价为 3.52 万元／箱，同比增长 3504 元／箱，增幅 11.07%；订购率、电子结算率稳定在 98.5%以上，零售户综合毛利率达到 12%以上。打造“5+”（品牌培育 + 旅游、+ 花炮、+ 电子竞技、+“两烟”资源互动、+ 跨界）融合型品牌培育体系，重点培育六大新品，覆盖率提升至 87.18%，成功创建省级“品牌培育十佳县级分公司”。实施千家百户终端示范工程，实现“大环”+“小环”标杆终端引领，推进“一品一策”“一地一策”“一组一品”落地。

【专卖管理】 全年查获涉烟案件 305 起，其中真烟案件 144 起，涉案金额为 323 万元；假烟案件 136 起，涉案金额为 133 万元。查获各类卷烟749 万支，其中涉案真烟 638 万支，占比为 85%；假烟 111 万支，占比为 15%。查获 5 万元以上案件 42 起。成功查获 2 起假私烟网络案。推进行政许可“放管服”改革，落实“最多跑一次”改革工作要求，升级政务服务大厅，确保办理数量增长、办结时限降低，全年处理行政许可事项 6440 项。

【全省系统品牌培育十佳县级分公司】 2018 年，浏阳烟草成功创建“全省系统品牌培育十佳县级分公司”。通过结合实际创新“123456”（紧扣一个重点：始终把落地消费作为品牌培育的重点。抓住两个关键：注重抓好零售客户和消费者两个关键。做好三个加法：品牌培育创“十佳”活动 + 局领导挂片联线、+ 自律互助小组建设、+ 挂图作战。开展四项活动：品牌故事传播、自律小组“一组一品类”、终端陈列“设计师”评比、品牌培育“达人”劳动竞赛。锻造五型团队：学习型、服务型、责任型、实干型、创新型 5 型精干团队。建设六条品牌示范线路）工作法，邀请湖南、云南、浙江等各大中烟公司深度参与到品牌培育活动，先后组织开展各类品牌培育活动30余场次，在浏阳东区、南区、西区、北区、城区五个片区推进白沙(硬红运当头)、云烟(细支云龙)等6个新品的品牌示范街建设工作，把品牌培育工作移到市场一线，利用小组之家、品吸体验区开展小而精的培育沙龙，取得较好效果。同时，深化“湖南中烟百强县”创业之路建设，引导客户陈列升级和品牌落地销售，浏阳团队在2018年度工作评比中获一等奖，并得到湖南中烟工业有限责任公司来函致谢。通过“十佳”创建工作推进，浏阳卷烟市场状态实现稳中向好，新品落地覆盖率提升至87.18%，零售户综合毛利率达到12%以上，零售户满意度、获得感明显提升。

【“9.2”特大走私烟网络案】 2017年9月2日，接群众举报，浏阳市烟草专卖局专卖执法人员联合浏大高速交警在浏大高速张坊收费站一辆牌照为鄂AMU996的解放牌厢式大货车内，查获各类涉嫌走私卷烟共计8个品种15100条，涉案案值260万元。通过深入调查案件，执法人员发现杨某某团伙利用改装车辆运输走私烟的行为，并挖出在广西壮族自治区中越边境地区的专业走私卷烟团伙吴某某、宋某某，彻底摧毁一条集“境外订货、走私入境、跨区运输”为一体的跨地区走私卷烟链条。该案非法经营卷烟案值巨大、案情复杂，涉及湖南、广西、天津、吉林、湖北、辽宁等多省份，2018年2月，该案件被公安部列为部级督办案件，2018年9月，被国家烟草专卖局确定为国标网络案。该案为近五年来中部地区特大走私卷烟案件，同时是浏阳地区首次破获的部级督办案件。

【降低大田前期管理用工费用QC项目】 7月10日，在全国烟草行业第二十九届优秀质量管理小组成果发布会上，长沙浏阳市局(分公司)紫荆进取QC小组凭借课题《减少大田前期管理用工费用》获行业二等奖。该课题针对烟农在移栽打孔过程中株距不均、精度偏低、费用较高等问题，通过在配色地膜上加注醒目定位点，减少移栽打孔用工工序，提高精准移栽水平，助力控规模、守红线。课题实施后，烟农每公顷可降低费用1275元，按照浏阳烟区2017年烤烟面积3193.33公顷计算，可减少烟农费用近400万元。该课题成果使用定位地膜操作简便、成本低廉，减少操作用工和操作时间、制作简单、操作方便，获实用新型专利授权，具备良好的推广价值，被省局纳入烟叶物资供应目录，并被《东方烟草报》专题报道。

(张欣尧)

旅 游

围山花海

旅游管理

【概况】 2018年，全市有A级景区13个，其中AAAA级景区3家，AAA级景区8家；星级旅游饭店6家，其中五星级1家；星级农家乐43家，其中五星级8家；旅行社（分社、网点）115家，其中5星级1家，4星级4家；旅游星级餐馆2家，旅游餐饮、娱乐、购物点100多处；旅游系统从业人员近10万人。全年接待游客2812万人次，实现旅游收入292亿元，同比增长11.7%和11.6%，2018年湖南省县域旅游经济增长质量综合排名全省第2位、旅游经济增长效率第2位、资源环境最佳排名第1位。存在的问题是大项目数量不够多、品质不够高，旅游基础配套设施和公共服务体系还不够完善。

【统筹谋划】 4月12日，召开全市旅游工作会议，下发《浏阳市国家全域旅游示范区创建方案》，提出“旅游强市”新战略。通过全域旅游口号征集活动，确定“一河诗画、满城烟花”旅游口号，输出浏阳旅游核心元素。按照乡村振兴的总体要求，遵循“一镇一特、一村一品”的指导原则，指导12个乡镇、景区编制专业旅游规划；为田心村等75个乡村规划提出旅游开发建议。

【旅游项目建设】 旅游规划：对标“国家全域旅游示范区”新要求，调优顶层设计，《浏阳市旅游发展总体规划（2018—2030）》（修编）通过终期评审，为创建“国家全域旅游示范区”和“湖南省精品旅游线路重点县”建设提供指南。项目建设：推进A级景区创建，指导耀邦故里——秋收起义旅游区创建国家AAAAA级景区、金科•山水洲、石牛寨创建国家AAA级景区。推动景区差异化发展，引导浏河第一湾引入民居民宿、鸟趣林等新业态，实现与狂野水世界错位发展；指导周洛大峡谷、万花卡通园、古风洞等景区提质升级，实现精品化、特色化转变。全年铺排建设“三个一”旅游配套工程40套，安装文化导览图30块，新改建道路旅游标识牌32块，在高坪镇、柏加镇、张坊镇、沙市镇4个乡镇推进旅游标识牌标准化建设，在每个乡镇（街道）入口或交通要道建设“智慧旅游驿站”，健全全域旅游标准化体系。旅游厕所建设纳入“市十大民生实事”，新改建旅游厕所70座，打造样板旅游厕所8座、示范旅游厕所10座。推进“智慧旅游”建设，对接长沙旅游大数据平台，实现落地短信入境推送、AAAA级旅游景区（点）WiFi全覆盖、500余家商家入驻“智游浏阳”APP；在主流导航软件（百度、高德、腾讯）对全市200个景区（点）进行信息校正，提供精准导航服务；在石霜寺、耕读文化园安装智能语音讲解系统，安置16台智能咨询终端机，开发“一键游浏阳”微信小程序，提升信息化、智能化服务水平。

【产业融合发展】 围绕创建“湖南省研学旅游目的地”目标，引导研学旅行品牌化发展，2018年浏阳市拥有1个国家级研学实践基地、3个省级研学基地、8个长沙市级研学基地，位居九区县（市）之首。大力推动乡村旅游，指导“童话湾里”“诗画中州”“水韵苏故”打造乡村旅游品牌，引导田溪村通过“众筹”模式建设西溪磐石大峡谷景区，带动203户贫困户实现脱贫，旅游脱贫经验被湖南卫视、湖南经视全国两会《春暖潇湘画意浓》节目重点推介。培育自驾车营地，千鹭湖杨阁湾房车营地、浏河第一湾自驾车营地、华盛山庄自驾车旅居车营地被授予长沙市首批自驾车旅居车示范（创建）营地。深入挖掘红色旅游，文旅公司重金打造“红旅营”，建成后将填补湘赣边地区大型红色旅游体验。发展工业旅游，打造了庆泰国际花炮博览中心、玉叠妃菊花石等工业旅游示范点，乡到家DIY研学乐园获评“2018长沙最具创意休闲旅游产品”。开发旅游商品，愚公庄园和胡耀邦故里游客服务中心被评为长沙市首批特色旅游商品购物示范点，浏阳夏布创意旅行系列产品获评“2018长沙最具创意休闲旅游产品”。加快推进特色旅游小镇开发，中和镇被纳入湖南省第四批“湖湘风情文化旅游小镇”创建名单，沙市镇获评“2018长沙最具特色休闲旅游小镇”。

【旅游宣传营销】 媒体宣传：与湖南日报、新湖南、新浪网等16家省市媒体开展年度合作，完成34个专版宣传，省广播电台在黄金时段播报浏阳旅游信息近万余次，长沙高铁站12块户外广告牌、5条公交线路均设置有浏阳旅游宣传版面，播放24期《小苏带你游浏阳》，按照“吃住行游购娱”六要素在“浏阳旅游”官方微信发布文章200余篇，全面推介浏阳旅游。主题推广：开展全域旅游宣传口号、LOGO征集活动，举办“飞跃浏阳、畅想水云间”航拍摄影大赛，第四届金牌导游大赛暨首届旅游主题讲解大赛等主题大赛，吸引近千万人次参赛或关注。围绕浏阳河、文化旅游、红色旅游等主题拍摄微短片14期，点击率超过100万次。印制发放《亲子地图》《美食地图》《历史文化旅游地图》《全域旅游“五色”画册》等宣传资料8万余份，全方位展现浏阳的“名山名河名人，美景美食美宿”。节会宣传：融合浏阳焰火大会暨第八届中国（浏阳）国际音乐焰火大赛，推出“旅游＋花炮”经典线路，打造国际花炮旅游目的地。举办滑雪节、水果节、油菜花节等20余个精品节会，其中，旅游抖音挑战赛获评“2018长沙最具人气休闲旅游节会”。参加2018中国国际旅游交易会，浏阳旅游资源备受关注。湘赣边13县（市、区）共同签署《湘赣边区域文化旅游产业合作行动纲领》，共推旅游事业。

【旅游行业监管】 行业监管：出台《关于明确旅游安全工作职责的通知》等相关文件，制订《安全检查计划》，首次引入第三方专业安全检查公司，做好“五一”“十一”等重要节假日安全检查工作，实现全年旅游安全零事故。市场整治：依法整治不合理低价游、超范围宣传等非法经营行为，开展各项旅游市场检查整治行动20余次，下达各类整改通知书286份，约谈企业负责人14次，取缔非法经营旅游企业2家，注销旅行社（分社、网点）7家，处理各类旅游投诉49起，满意率100%。行业培训：组织中山大学创建国家全域旅游示范区专题培训班、首届乡村振兴旅游人才培训班、研学旅行导师研修班等大型培训10余次，累计培训2000余人次。文明创建：召开行业管理工作推进会，开展创建全国文明城市宣传志愿服务活动，制作文明旅游宣传牌1100块、印制发放《文明旅游宣传手册》等宣传资料3万余份，安置36台落地式多媒体文明旅游电子显示屏，提升文明旅游服务水平。

【推进“湖南省精品旅游线路重点县”建设】 2017年12月，根据湖南省财政厅下发《关于下达2017年精品旅游线路重点县建设资金的通知》（湘财外指〔2017〕87号），浏阳作为大湘东精品旅游线路的重要节点，入选“湖南省精品旅游线路重点县”，争取旅游专项资金每年1500万元，连续补助三年，支持浏阳的旅游基础设施和旅游项目建设。2018年，根据《湖南省旅游精品线路重点县建设指南》，浏阳制定《浏阳市精品旅游线路重点县三年建设方案（2018—2020）》（以下简称为《三年建设方案》），通过实施《三年建设方案》，发挥各级财政整合资金的作用，推动旅游产品建设、基础设施建设、公共服务提升、环保安全和营销宣传等工作，打造“大长沙旅游发展标杆和大湘东文化生态旅游龙头”，为浏阳发展全域旅游提供强劲后盾。大湘东精品线路沿平汝高速分布，包括平江、浏阳、醴陵、攸县、茶陵、炎陵和郴州市桂东、汝城，共8个县（市），该线路聚集第一次和第二次国内革命战争时期、抗日战争时期、解放战争时期等众多革命旧址、纪念场所和文物保护单位，是闻名全国的老区、苏区，是井冈山根据地的重要组成部分。

【全域旅游宣传口号征集】 1月16日，市旅游局启动浏阳全域旅游主题宣传口号、形象标识LOGO全国公开征集活动，要求作品能彰显浏阳旅游资源特色和历史文化底蕴，具有准确的表现力、吸引力和号召力。经过3个月的征集，收到来自社会各界的应征作品2万余件，经过初选、专家评审、网络投票等环节，经市委、市政府研究决定，“一河诗画，满城烟花——中国浏阳”被确定为浏阳市全域旅游形象主题宣传口号，投稿者获奖金20000元。在2018年浏阳市《政府工作报告》中，提出要做强全域旅游产业，大力实施“旅游强市”战略，致力打造全国知名旅游目的地。

【浏阳首届乡村振兴旅游人才培训班】 提升乡村振兴旅游人才素质，提高从业人员旅游管理服务水平，依靠人才支持和智力投入促进乡村旅游发展，4月18—19日，浏阳举办首届乡村振兴旅游人才培训班，全市各乡镇的旅游专干和旅游协会会员共150人参加培训。18日，浙江大学博士生导师、旅游学院副院长王婉飞以“大背景下如何做好浏阳乡村旅游”为课题，为现场学员答疑解惑，提供发展全域旅游、实施乡村振兴的新思路；长沙市安监局副局长、安委会副主任刘金泽，长沙市文明办副主任杨立平参加主题授课。19日，培训班组织学员们到万花卡通园、大溪河、中澳蓝鹰国防主题公园等旅游景点进行现场教学。

【第四届金牌导游大赛暨首届旅游主题讲解大赛】 6月10日，浏阳启动第四届金牌导游大赛暨首届旅游主题讲解大赛。比赛以“发现浏阳之美，我为旅游代言”为主题，由浏阳市旅游局、浏阳市总工会主办，浏阳市旅游协会承办，旨在推动浏阳导游员、讲解员队伍建设，展示其职业风采，提高服务技能水平，讲好浏阳旅游故事，宣传展示浏阳旅游品牌形象，推进全域旅游发展。7月31日，浏阳市第四届金牌导游大赛暨首届旅游主题讲解员大赛决赛在希尔顿欢朋酒店举行。经过前期网络报名、初赛选拔、复赛、赛前培训，评选出20名选手进入决赛。决赛包括模拟讲解和才艺展示两个环节，由专业评委和大众评委综合选手的现场表现、综合素质、应变能力、形象气质等素质，本着公开、公平、公正，好中选优、竞争择优的原则，结合网络投票成绩，评选出金银铜奖，并授予获奖选手为“浏阳市金牌导游”或“浏阳市金牌讲解员”称号。经角逐，娄芬、陈喜、张琴分别获浏阳市第四届金牌导游金奖、银奖、铜奖，刘美玲、阮心涯、周靛分别获浏阳市首届金牌讲解员金奖、银奖、铜奖，其余14名选手分别获金牌导游、金牌讲解员优秀奖。

【浏阳市国家全域旅游示范区（县）创建专题培训班】 6月9日，浏阳市国家全域旅游示范区（县）创建专题培训班在中山大学开班。浏阳市旅游局副局长李运胜，中山大学管理学院EDP教育中心副主任肖燕菲参加开班仪式并讲话。浏阳市重点旅游乡镇（街道）分管负责人、创建全域旅游

云飞雾绕西湖山　　（邓霞林　航拍）

示范区工作领导小组部分成员单位相关负责人、旅游企业负责人、旅游智库学会和旅游协会代表等50人参加培训。培训班为期5天，其中课堂教学4天，现场案例教学1天。主要开设如何打造旅游产品的品牌与IP、旅游规划与设计、新时代旅游业发展的趋势与思路、主题公园开发、国家级5A景区案例分析、全域旅游示范区创建、乡村振兴发展战略、旅游营销等紧扣全域旅游发展脉搏的精品课程，同时，安排在广东省博物馆现场教学和广州市实地考察现场学习旅游产业发展经验。

【"飞越浏阳·畅想水云间"航拍大赛】 8月18日，由浏阳市旅游局与星辰在线、星辰文旅、星辰影像联合举办的"飞越浏阳·畅想水云间"航拍大赛采风暨航拍摄影沙龙活动在浏阳田溪村西溪磐石大峡谷举行，20余名航拍人员和浏阳各大景区代表围绕浏阳航拍主题相关交流，现场竞技，畅想"水云间"。航拍大赛旨在通过航拍视角全景式立体化展示浏阳历史人文景观、自然地理风貌，推介浏阳特色旅游和文化底蕴。大赛设一等奖1名（奖金10000元）、二等奖2名（奖金5000元）、三等奖3名（奖金2000元）。截至10月31日，共征集1098件作品。11月8日，组织专家启动航拍大赛评审工作，邓霞林的作品《云飞雾绕西湖山》获一等奖；覃翊的作品《夕照石牛寨》、曾祥平的组照《大围山上映山红》获二等奖；彭红霞的《雾中之城》、肖毅的《飞越浏阳》、邹麟的《金色冒险岛》获三等奖。

【2018年浏阳抖音挑战赛】 把握宣传新趋势，打响浏阳全域旅游品牌，以更直观、现代、动感的方式，对外展示浏阳"名山、名河、名人、美景、美食、美宿"等旅游要素的全新形象，9月19日，以"发现浏阳之美，我为旅游代言"为主题，由长沙市旅游局、共青团长沙市委指导，浏阳市旅游局、共青团浏阳市委、浏阳市文明办、社港镇人民政府主办，周洛大峡谷景区承办的2018年浏阳旅游抖音挑战赛开幕式在社港镇周洛大峡谷景区举行。旅游抖音挑战赛持续到11月8日，吸引许多游客、摄影师及抖音达人参与拍摄，活动期间，共征集抖音短视频作品4000条。经评审，评选出金、银、铜奖各1名，网红代言奖4名，单项视频奖28名。其中，符崎的抖音视频"畅享浏阳河"获金奖，王海姣的抖音视频"浏阳河烟花"获银奖，邓霞林的抖音视频"大围山日落"获铜奖。同时，2018年浏阳旅游抖音挑战赛获评"2018长沙最具人气休闲旅游节会"。

【四个旅游项目获评长沙休闲旅游节优秀项目】 12月14日，"山水洲城·快乐之都"2018中国（长沙）休闲旅游高峰论坛暨2018长沙休闲旅游节年度品牌颁奖典礼在望城区铜官窑古镇举行。现场发布"2018长沙最具创意休闲旅游产品""2018长沙最具特色休闲旅游街区（小镇）"和"2018长沙最具人气休闲旅游节会"的获奖名单，并为在2018长沙休闲旅游节优秀项目评选活动中获得优秀休闲旅游单位颁发证书，浏阳夏布创意旅行系列产品、乡到家DIY研学乐园获评"2018长沙最具创意休闲旅游产品"，沙市赤马湖休闲体育小镇获评"2018长沙最具特色休闲旅游街区（小镇）"，2018年浏阳旅游抖音挑战赛获评"2018长沙最具人气休闲旅游节会"。

【智慧旅游平台建设】 2018年，浏阳市推动智慧旅游平台建设，提高旅游公共服务能力，优化游客旅游体验，提升旅游服务品质，推动全域旅游示范区建设，基础设施、理念转变、环境塑造、市场培育等方面实现质的跨越，获社会好评。搭建智慧旅游信息平台。对接省、长沙市智慧旅游平台，投入200万元启动集旅游产业运行监测调度平台、旅游综合监管平台、浏阳市旅游大数据分析平台、浏阳市旅游数据综合管理平台、浏阳市旅游舆情监控平台、旅游基础数据库数据内容购买为一体的浏阳旅游大数据平台，全面提升旅游管理信息化和智能化水平，为游客提供优质服务；为景区"精准定位"，实施特色营销；为旅游管理"精准分析"，指导统筹决策。构建旅游媒体平台矩阵。建设旅游政务网、微博、微信、抖音、智游浏阳APP、短信等媒体平台，按照全媒体矩阵建设和运维思路，实现旅游服务信息在手机屏、电脑屏、触摸屏等信息共享和互推。开发制作"一键游浏阳"小程序，实现全市32个乡镇"吃、住、行、游、购、娱"及旅游厕所、停车场、应急救援设施、房车营地等信息一键获取，为自驾车游客提供方便。2018年投入100万元启动落地短信，为到浏阳游客提供信息提示服务；与百度、高德、腾讯三大导航公司合作，对全市200个景区（点）（吃、住、行、游、购、娱）进行信息修正，为游客提供精准导航服务。推进景区智慧旅游试点。投入68.2万元在金刚镇石霜寺、市耕读文化园安装景区智能语音讲解系统，以景区文化为依托，为游客提供详细讲解和导览信息，推动深度文化游；在大围山、石霜寺等16个景区（点）安装旅游智能咨询终端机，为游客提供智慧导览、路径规划、讲解等信息服务；推动周洛大峡谷等景区安装自助售票取票机。推荐胡耀邦故里旅游区、石霜寺、市耕读文化园、西溪磐石大峡谷、愚公庄园等10个景区（点）创建长沙市智慧旅游示范点，打造智慧旅游景区。

（张　晋）

【文化旅游产业发展】 浏阳市文化旅游产业发展有限责任公司于2016年12月注册成立，注册资本3.5亿元，内设行政综合办、融资财务部、工程技术部、投资运营部四个部室；辖1个子公司（浏阳湘赣边城市候机厅管理有限公司）；参股企业2家（浏阳文邦旅游产业发展有限公司、湖南边洲乡村发展有限公司）。2018年，公司启动工程项目5个，完成资产收购2笔，完成股权投资3笔，累计总投资4.3亿元，获银行授信6.01亿元，完成集体土地入市和增减挂钩、土地开发指标出让等经营性收入3亿元。获评全市绩效考核企业化管理部门类一等单位。撤并转工作。12月，该公司完成与浏阳市大围山旅游投资开发有限公司合并，退出政府融资平台转型为经营性国有企业。项目建设。文家市秋收起义研学旅行基地建设项目已基本完工；秋收起义纪念馆旧陈列馆改造项目（秋收宾馆）完成工程量80%；民兵训练基地建设项目完成征地拆迁和工程招标工作，开展集体土地入市相关工作中；实施普迹镇夹洲岛安居搬迁工程，完成25户岛上居民的搬迁安置工作。项目经营。参与深化统筹农村土地制度改革三项试点和“五大行动”工作。出让集体经营性建设用地入市指标173.33公顷，实现收入1.01亿元；出让国有建设用地指标80公顷，完成指标交易收入2亿元。开展乡镇闲置资产收购，完成官桥镇九龙村剧院资产收购工作，并将该笔资产进行抵押贷款，开创集体经营性建设用地抵押贷款的先例。投资1.05亿元，完成市教育局教育宾馆、文家市煤矿、北盛集镇开发6号地块、古港镇原敬老院等部门和乡镇、村闲置资产收购工作。推进浏阳湘赣边城市候机厅管理运营，业绩同比增长188%。与湖南中邦文化产业发展有限公司达成合作，参股30%设立浏阳文邦旅游产业发展有限公司，共同建设运营胡耀邦故里景区游客服务中心，该项目获评长沙市首批特色旅游商品购物示范点。与北盛镇边洲村合作成立湖南边洲乡村发展有限公司，参与乡村振兴战略实施及田园综合体项目开发。推进文化旅游产品研发工作，参与首届浏阳市“十大特色小吃”评选活动。

（张金莲）

大围山国家森林公园

【概况】 2018年，大围山国家森林公园管理处下设办公室、财务科、安全保卫科、防火科、经营销售科、地质研究和建设科6个科室，2个下属企业（大围山旅游投资开发有限公司、杜鹃实业有限公司），并设张坊南大门、泥坞西大门、东麓园3个游客服务中心，花门工区、中岳苗圃基地2个驻点。全年公园接待游客83万人次，实现旅游收入3500万元，示范区游客380余万人次，实现旅游综合效益30亿元，成功举办“2018年中国森林旅游节•湖南（浏阳）大围山杜鹃花节”和“2018中国技能大赛—全国林业行业职业技能竞赛”，杜鹃花海获评“2018中国森林旅游美景最美花海”；获评“2017年度湖南省森林公园质量管理十佳单位”“湖南省风景名胜行业先进单位”。提升干部素质，加强业务培训，组织森林防火等培训3次，派选28人次参加各类业务培训，2人获评湖南省旅游行业“先进个人”奖项。

【节会活动】 围绕“春赏花、夏避暑、秋登高、冬滑雪”四季旅游品牌，成功举办赏花踏青季、避暑音乐季、水果节、漂流节、滑雪节等节会主题活动。4月25日—5月20日，举办“2018中国森林旅游节•湖南（浏阳）大围山杜鹃花节”。9月17—19日，成功举办“2018中国技能大赛—全国林业行业职业技能竞赛”，国家林业和草原局、全国总工会以及省市重要领导出席活动，全国各省34支代表队102名精英参加竞赛。大围山旅游品牌影响力、市场效应全面覆盖长沙、株洲、湘潭市和湘赣边地区，并辐射中南五省份（河南省、湖北省、湖南省、广东省、广西壮族自治区）。

【景区建设】 全年申报项目83个，完成争融资15716.5万元，固定资产投资认定入库4.841亿元。完成新田顶景区旅游服务楼改造项目、拦渣坝工程、龙泉溪桥梁建设；做好旅游干线公路养护、结算审计工作；完成中塘、竹墩安置区征地、招标工作；新建旅游厕所2个，完善游步道、污水处理、垃圾处理等配套建设。完成森林康养步道设计，启动安洲景观提升概念设计，编制大围山风景名胜区总体规划，启动森林公园总体规划修编与自然保护区生态旅游规划编制工作。引进法师释惟觉住持红莲寺，全年接待深圳华侨城等重要客商40余批次，瓦林坪综合度假区、白面石综合开发、龙须别墅整体提质等项目进入项目论证评估阶段，星空小镇项目待落地实施。

【大围山生态保护】 抓实森林防火，实行宣传、巡查、信息、监控“四个全覆盖”，实现零火灾零火警目标，获评浏阳市唯一“2017-2018年度湘粤赣闽边界护林联防工作先进单位”。投入1010万元加大营林造林、林相改造提质力度，聘请中南林科大对七星岭杜鹃花海进行规划设计，清理改造2000公顷杜鹃花，完成红莲寺、春秋坳林相改造，引进枫香、杜鹃等5000余株。配合做好中央环保督查“回头看”整改工作，完成干线公路两侧边坡及弃土区生态修复，完成白面石、四方丘复绿工作，打造干线公路风景林带及主题园林。培育马缨花、精品映山红等珍稀苗木7000余株、素心兰300余盆，加大对青钱柳、厚皮香、乌桕的后期管理，生产草花4批次40万盆。

【联合承办2018中国森林旅游节•湖南（浏阳）大围山杜鹃花节】 全面展示大围山秀美的自然景观和灿烂的浏阳文化，推动浏阳旅游产业的发展。4月25日—5月20日，由长沙市林业局、长沙市旅游局、长沙市园林局、浏阳市人民政府主办，大围山国家森林公园管理处、浏阳市林业局、浏阳市旅游局承办，以“浏阳河畔•杜鹃花海”为主题的“2018中国森林旅游节•湖南（浏阳）大围山杜鹃花节”在大围山国家森林公园举行。节会以

杜鹃花海　　（大围山国家森林公园管理处　提供）

杜鹃花为媒介，活动包括开幕式、空中赏花、文化美食节、摄影大赛、“放飞相思”爱鸟活动、“杜鹃花海·人间仙境”情景文艺表演等。杜鹃花树形美观，花色艳丽，是长沙市的市花，被誉为“花中西施”。大围山拥有华中地区规模最大的原生态野生杜鹃花群落，面积近6666.7公顷。大围山已查明的杜鹃有38种，许多品种为大围山所独有，其中包括开红花的映山红，开粉红色花的鹿角杜鹃、云锦杜鹃，开粉红至白花的猴头杜鹃，开淡红紫色花的红毛杜鹃等。大围山杜鹃花主要分布在七星岭、红莲寺、五指石景区海拔1200米以上的溪谷及坡顶，以七星岭、五指石一带最为密集，形成蔚为壮观的杜鹃花海景观。由于地势起伏、海拔高低的差异和种类的不同，造成同一座山上，杜鹃盛开期有先后顺序，观花期从4月下旬至5月中旬。杜鹃花节期间接待游客37万人次，实现经济收入14800万元。截至2018年4月，大围山旅游基础设施及配套设施完善，大围山旅游干线公路建成通车，高速公路直通景区。园区拥有宾馆17家，西大门游客服务中心下移至泥坞，南大门游客服务中心下移至张坊，景区日接待游客量增至50000人次。杜鹃花节期间，在线支付系统开通运行，车辆可直达红莲寺停车场，然后步行或换乘景区公交车至七星岭赏花。

【获评“2017年度全省森林公园质量管理十佳单位”】 5月10日，在全省森林旅游工作会议上，大围山国家森林公园获评“2017年度全省森林公园质量管理十佳单位”。自1996年开园以来，大围山国家森林公园发挥生态文明建设和生态服务功能的重要作用，公园管理部门遵循“严格保护、科学规划、统一管理、合理利用、协调发展”的原则，抓公园质量管理，推进生态文明建设，加强队伍打造与管理、生态资源保护、项目建设、经营管理，逐步提高国家森林公园的管理品质。先后获评国家森林公园、国家地质公园、国家AAAA级景区、国家级生态旅游示范区、全国第二批森林康养试点建设单位、全国第四批林业科普基地、中国林场协会森林康养专业委员会委员单位以及湖南省秀美林场、湖南省第一批森林康养试点示范基地、全省森林公园质量管理十佳单位等称号。2013年至2018年，公园累计投入10亿余元，启动140多个建设项目。完善交通路网。着力打造内联外通的大景区交通骨架，完成入园公路改造，建成滑雪场至祷泉湖公路，实现山上山下全线沥青公路；投资4.5亿元的大浏高速茶林互通至白沙公路（一期）工程（大围山旅游干线公路）建成通车，高速公路直通景区，使大围山进入长沙1小时经济圈，南昌2小时经济圈，景区交通区位优势凸显。推进景区扩容。投入2亿元，将西大门下移至泥坞，建成美丽森林小镇，启动南大门建设工程，使景区面积增加6666公顷。建设旅游商品贸易街区，提升餐饮、住宿、娱乐、服务等配套功能，挖掘地热资源，建设休闲度假村、旅游综合体等旅游项目，培育大围山“宜居宜业”的新业态。建设精品景区。建成国家级登山步道，成为全国第一条森林步道、湖南省第一条国家级登山健身步道；投资500万元提质改造“杜鹃花海”景观，入选国家农业部中国美丽田园；完成栗木桥、七星岭、樱花谷等景区的建设；加紧推进龙须漕、白面石等景区的建设；打造入园公路银杏景观线、枫林瀑布、清风竹苑、猕猴谷等精品景点；建成国家地质公园博物馆，全面对外开放。

（黎　燕）

秋收起义文家市会师纪念馆

【概况】 秋收起义文家市会师纪念馆归口中共浏阳市委宣传部管理，2018年2月，该馆升格为副处级事业单位；9月，完成领导班子调整和四个部室设置及部室长任免，上级批复同意成立纪念馆党组，支部委员会按程序完成改选。纪念馆下设办公室、宣传教育部、文物保护部、对外联络部4个部室，有在岗工作人员35人，其中副科级以上领导干部7人，普通干部15人，自主用工13人。纪念馆党组下设党支部1个，有党员22人（含退休党员4名）。2018年，该馆围绕“红色文化主阵地、文旅融合试验地、初心之旅目的地”发展定位，以特色党建为抓手，主动作为、攻坚克难，完成全年工作目标任务。获评“湖南省文明风景旅游区”“湖南省中小学生研学实践教育基地”。“耀邦故里·秋收起义旅游区”创建国家AAAAA级旅游景区获市委、市政府批准，12月，完成景观质量资料编制，通过省文化和旅游厅评审并上报文化和旅游部。

【文物保护】 全年征集革命文物28件，搬迁旧文物库房珍贵文物、藏品和文献资料2000多件；完成杨勇故居消防工程、启动会师旧址安防工程建设；建立外联工作小组机制，到位文保资金2177万元（含镇馆融合资金）；落实24小时巡逻制度和节假日、特护期安保轮值工作，全年未发生任何大小安全事故；开展文史研究，在各类正式刊物上发表文章5篇，编辑出版党性教育读本《初心之旅》、馆刊《芳华》、招商手册《秋收时节》。

5 月 9 日，书香景区建设启动仪式　　（秋收起义文家市会师纪念馆　提供）

【宣教接待】 落实“一人开讲”“绩效挂钩”制度，全年接待观众 180 万人次，较 2017 年增长 80%；讲解率90%，较 2017 年增长 5%；讲解评价满意度 100%；组织“十九大精神我来学、我来讲、我传承”竞赛活动，获“市学习贯彻十九大精神知识抢答赛团体组第一名”，馆支部获市直机关工委“先进基层党组织”“第一批‘五化’建设示范点”称号；举办“讲秋收故事、觅党员初心”线上推广活动，全年推出音频故事 18 期，获国家省、市媒体重点推介；划定党员责任区，为多个企事业单位提供“主题党日”优质服务；开设“帮扶子弟小小讲解员培训班”一期，培训中小学生 30 名；开放秋收起义文家市会师纪念馆游客书屋，40000 多名全国各地游客走进书屋阅读，被中国文明网重点推介；组建“秋收宣讲队”，以自编自排情景剧表演、快板说唱、知识抢答等节目形式，开展十九大精神“进企业、进农村、进机关、进校园、进社区、进军营、进网络”宣讲七进活动 30 场次，获新华网、《湖南日报》等媒体专题报道；开展“初心之旅”党性教育·八个一活动链：观看一次精品展览、重温一回入党誓词、聆听一堂特色党课、体验一节田间课堂、学习一本初心手册、讲述一个初心故事、开展一段红旅毅行、选送一场红色宣讲，为全国 2000 多家机关企事业单位逾 10 万党员干部提供党性教育服务，6 月 17 日、7 月 6 日，《长沙晚报》头版头条、《浏阳日报》头版头条分别以《文家市的“初心之旅”》《红色文家市擦亮党性教育新品牌——“七一”期间 280 家单位赴秋收起义纪念馆体验“初心之旅”》为题，深度报道浏阳文家市秋收起义纪念馆深度挖掘红色资源，致力打造党性教育“活动链”；全年在中央、省市县四级媒体刊发新闻 45 条，全年推送网站新闻 1600 条、微信新闻 56 条。

【省(国)保申创】 10 月，启动浏阳市域内秋收起义关联遗址申报湖南省第十批文物保护单位和第八批全国重点文物保护单位工作。12 月，秋收起义文家市会师旧址（增补点：围山书院、江口陈家祠堂、积谷仓、彭家大屋)、毛泽东青年时代活动旧址——陈家老屋、文家市大捷遗址（增补点：战地医院旧址）共 6 处秋收起义关联遗址申报省保材料通过湖南省文物局评审；3 类申报国保点完成资料编制。

【文旅融合】 强化镇馆（文家市镇、秋收起义文家市会师纪念馆）融合机制和镇馆司（浏阳市文化旅游产业发展有限责任公司）合作机制，该馆支持配合浏阳市文化旅游产业发展有限责任公司推动“红旅营”、接待中心、民兵训练基地等建设及资产划拨工作，12 月，完成“红旅营”、接待中心主体工程建设，旧馆、游客服务中心、农科教等区域的资产确权划拨工作。

（甘　武）

胡耀邦故里

【概况】 2018 年，胡耀邦故里旅游区游客参观人数突破 247.3 万人次，同比增长 5%。全年争取到位资金 11306.4 万元。完成纪念广场提质改造及耀邦同志塑像树建、游客中心、景观隧道等工程建设及标识标牌、分类垃圾桶、直饮水系统等公共服务设施配套；完成 2500 米登山游道硬化；故居周边旧民居改造工程开工建设。同时，浏阳市委、市政府明确胡耀邦故里旅游区与秋收起义纪念园联合创建 AAAAA 旅游景区，联创申报材料完成，并上报文化和旅游部。讲解员周靛被中宣部选调参加“伟大的变革——庆祝改革开放 40 周年”大型展览讲解。胡耀邦同志纪念馆入选国家二级博物馆，胡耀邦故里管理局获评 2018 年“全国中小学生研学实践教育基地”、第一批“湖南省中小学生研学实践教育基地”、胡耀邦同志纪念馆获评第五批“湖南省全民国防教育基地”。

党性教育　打造党员干部教育、研学旅行于一体的综合性培训基地，注册成立“浏阳市耀邦故里红色教育培训管理中心”，组织开展“不忘初

2018 年 6 月 16 日，胡耀邦故里景区游客中心正式对外开放　　（胡耀邦故里管理局　提供）

心·牢记使命”耀邦故里行主题党日活动，打造完善“学习耀邦精神，做忠诚、干净、担当的合格党员”和“柴米油盐事，廉洁树家风”特色党课，全年有500多个支部，5.1万余名党员到馆参观学习或听授党课。

志愿服务　围绕创建全国文明城市工作，开展“创文明景区，做文明游客”志愿服务活动，招募培养13名小志愿讲解员，4名大学生志愿讲解员。主动“走出去”开展“传承红色基因，做‘新时代好少年’”“开学第一课”“大手牵小手，文明一起走”宣讲，2018年，走进50余所学校为2万余名学生提供红色文化志愿讲解服务。

宣传报道　与《湖南日报》《长沙晚报》对接宣传，制订创建AAAAA级景区三年宣传推广计划。全年省级以上媒体报道景区29次，市县级媒体报道60次，同比提升32%。

存在的困难与问题　随着景区规模扩大，游客量剧增，景区在经费保障、文博产业、理论研究等方面的问题日益突显。

【胡耀邦同志纪念馆入选国家二级博物馆】　9月18日，中国博物馆协会公布第三批国家二级博物馆名单，胡耀邦同志纪念馆成为浏阳首个国家二级博物馆。2018年征集文物资料132件/套，其中重要文物30件/套，完成5517件/套藏品级别鉴定，完成胡耀邦同志纪念馆、胡耀邦艺术馆部分内容陈列改版工作，成立胡耀邦廉政思想研究所、编辑出版《胡耀邦文物故事》等举措成为纪念馆开展爱国主义教育和研学实践活动的资源和生动教材。截至2018年，胡耀邦同志纪念馆珍贵文物藏品1.5万余件（套），其中一级文物26件（套）、二级文物96件（套）、三级文物1297件（套）。

【被命名为2018年全国中小学生研学实践教育基地】　10月31日，《教育部办公厅关于公布2018年全国中小学生研学实践教育基地、营地名单的通知》（教基厅函〔2018〕84号），胡耀邦故里管理局等全国377个单位被命名为2018年“全国中小学生研学实践教育基地”。2016年起，胡耀邦故里旅游区加强基础设施建设，游客中心、红色剧场、耀邦广场等研学基础设施的新增升级，为研学实践教育提供基础。智慧景区、网上博物馆、“互联网+文创产品”等研学配套项目的开发上线增强研学的科技感和互动感。研学教育课程，主攻革命传统教育、优秀传统文化和自然生态三大板块，根据学生不同学段，衔接学校教育内容，围绕三大板块打造九大主题教育课程，组织开展“寻伟人足迹、牢记使命责任”“缅怀伟人功绩，传承红色薪火”“胡耀邦家风与廉政教育”“上好开学第一课、红色基因代代传”系列研学主题实践教育。联合40余所学校挂牌共建，形成一支具备承接中小学开展研学实践教育能力的专业队伍，将“请进来”与“走出去”有机结合，取得良好的社会反响。

【胡耀邦塑像揭幕仪式在耀邦广场举行】　经省委办公厅批准，11月18日，胡耀邦塑像揭幕仪式在耀邦广场举行。湖南省委副书记乌兰，胡耀邦长子胡德平为塑像揭幕。省委常委、长沙市委书记胡衡华，胡耀邦亲属和生前身边工作人员、省内外专家学者代表共计200余人出席揭幕仪式。胡耀邦同志塑像经党中央、国务院批准兴建，由中央美术学院原党委书记、教授盛杨设计。塑像以胡耀邦同志中青年时期的照片为原型，生动再现伟人风采。同日下午，胡耀邦家风与廉政思想研讨会在浏阳举行，胡耀邦亲属、省市领导、专家学者共计100人参加会议，共同挖掘和弘扬胡耀邦的家风与廉政思想，并出版《胡耀邦家风与廉政思想研讨会论文集》，探索廉政文化建设的新途径、新方法、新举措。以胡耀邦1963年回乡为原型的《耀邦回乡》大型花鼓戏在欧阳予倩剧院演出，胡耀邦亲属及生前身边工作人员代表和全市监察干部观看演出。

（张自成　李双喜）

11月18日，湖南省委副书记乌兰、胡耀邦长子胡德平为胡耀邦塑像揭幕

（胡耀邦故里管理局　提供）

金 融

早安浏阳　　尹明摄影

金融工作管理

【概况】 浏阳市金融工作办公室成立于2015年11月，为隶属于浏阳市人民政府的正科级事业单位，有在编工作人员8名，内设综合管理科、金融服务科、市场发展科三个科室，主要负责全市金融工作管理、服务、协调和指导。截至2018年底，全市共有商业银行17家、政策性银行1家，保险公司59家，证券公司6家。12月末，银行业金融机构本外币存贷款余额分别为747.68亿元、657.98亿元，比年初分别增加11.49亿元、81.58亿元，增长率分别为1.56%、14.15%，存贷比88%，连续7个月超过80%。银行业纳税5.23亿元，金融业增加值29.74亿元，同比增长7.6%。10月，长沙银行股份有限公司、湖南大学联合发布《湖南县域金融竞争力评价报告》，浏阳市位列全省县域金融竞争力第2位。全年印发《金融专报》5期，《金融预警》7期。2018年，浏阳市金融工作办公室获评"长沙市文明单位"。

【防范和处置非法集资工作】 "防非处非"(防范和处置非法集资)工作连续3年获长沙市先进。金融创安工作连续3年在全省测评中获评优秀，并获省级"金融安全区创建工作达标单位"专项奖励资金30万元。开展金融领域涉黑涉恶、非法集资风险、P2P平台等专项排查9次，向相关部门移交线索10条，编制《金融预警》7期，牵头处理非法集资行政案件11起，非法集资刑事立案4起，没有发生影响社会稳定的重大案件。在《浏阳日报》刊登防非处非专版15期，发放各类宣传资料22万余份、短信122万余条。开展化债工作，制定化债协调工作方案，牵头组织走访座谈，开展个人借款高息产品清查行动，守住风险底线。配合人民银行浏阳支行，做好"信用村镇"建设工作，2018年新申报信用村13个、信用镇2个。

【促企上市】 2018年，湖南浏阳经开区水务股份有限公司，湖南诚源电器股份有限公司2家企业在新三板挂牌，湖南百威生物科技股份有限公司在省股交所挂牌，全市上市企业总数达到8家，位居全省县(市)第1位，浏阳市被列为湖南省资本市场县域工程试点单位。研究出台《浏阳市促进企业上市工作实施办法》，年内兑现企业上市挂牌补助资金681万元。开展"上市服务在一线"活动，举办上市辅导培训13次，参训企业409家，提高企业上市动力。

【金融服务工作】 加强银行业金融机构考核，鼓励金融机构创新产品，长沙银行股份有限公司浏阳支行推出知识产权质押贷款、存货抵押和排污权贷款等绿色信贷产品；中国农业银行股份有限公司浏阳市支行推出"水果贷""烟商贷"等信贷产品；湖南浏阳农村商业银行股份有限公司推出"供应链"贷款、"农房抵押贷款"、应收账款质押、信用保证保险、库存质押、在建工程抵押等多种形式贷款品种，帮助企业拓宽融资渠道，全年累计发放贷款9.6亿元。中国民生银行股份有限公司长沙浏阳支行、招商银行股份有限公司长沙浏阳支行、中国邮政储蓄银行股份有限公司浏阳市支行、湖南浏阳江淮村镇银行等7家金融机构均推出无还本续贷业务，帮助解决企业续贷难题，降低企业运营成本和风险，实现企业还贷续贷的"无缝对接"，截至12月末，中小微企业采用无还本续贷形式的续贷额6.47亿元。开展"金融一线行"活动，全年共举办集里街道、中小企业、产业链帮扶企业、永清环保、花炮产业链、家居产业链等专场对接活动12场，183家企业共获得金融机构授信80.75亿元，其中现场授信61.88亿元，切实缓解企业融资难题。

【金融扶贫工作】 2018年，全市新增扶贫小额信用贷款发放2072户7591万元，贷款余额2057户7558万元，累计贷款发放8066户23574万元，贫困户累计获贷率51%，累计贴息759万元，贷款风险补偿到位1016万元；回收贷款2881户9211万元，累计还款6009户16016万元，所有到期贷款均按期归还，未出现一例逾期贷款。财政支付扶贫特惠保保费282.65万元，贫困户参保率100%。引导银行、保险等金融机构开展扶贫小额信贷、"扶贫特惠保"等工作，为各乡镇(街道)脱贫攻坚贡献金融力量。金融工作办公室获浏阳市脱贫攻坚工作优秀单位，驻村工作队在金刚镇综合考核排名第一，沙螺村获评金刚镇精准扶贫工作先进单位。

选手在点钞比赛中　　（市金融工作办公室　提供）

【金融宣讲工作】 联合各乡镇政府、街道办事处、园区管委会，组织宣讲团讲师统一为全市党员就防范非法集资、电信诈骗等内容进行讲课，提高党员对金融基础知识的认知度；联合人民银行浏阳支行、交通银行股份有限公司长沙浏阳支行组织开展2018年“浏阳市经开区普惠金融现场宣传”活动，发挥金融服务实体经济发展的作用；联合人民银行浏阳支行、浏阳日报社开展第二届金融服务季——金融大讲堂活动，普及金融知识，其中开展金融大讲堂进社区活动5场、惠及400余人；联合湖南浏阳农村商业银行股份有限公司、长沙银行股份有限公司浏阳支行开展金融宣讲进校园活动20余场，提高全市师生风险防范意识；联合湖南省保险行业协会、长沙金融业联合会等单位及域内保险公司，开展保险进机关、进社区、进农村、进园区、进企业、进校园宣讲活动110余场次，引导市民正确认识保险、合理定位保险。

【融担小贷公司日常监管工作】 加强融担小贷日常监管。组织小贷公司、融担公司进行分类监管评级，并配合省金融办进行现场检查；督促融担、小贷公司按时上报数据至省监管系统；开展融担、小贷公司违法违规金融活动专项排查和网络小额贷款公司风险排查；联合会计师事务所进行2次现场检查；组织开展融担公司换证申报工作；做好融担小贷变更申请相关工作。

【浏阳市第二届金融服务季金融行业评选颁奖暨技能擂台赛】 10月18日，由浏阳市金融工作办公室、人民银行浏阳支行和浏阳日报社共同主办的浏阳市第二届金融服务季金融行业评选颁奖暨技能擂台赛举行，全市17家商业银行派选手参加。技能擂台赛前，对前期在金融行业评选中的获奖单位及个人进行颁奖。长沙银行股份有限公司浏阳支行陈邱辉夺得20秒限时点钞比赛一等奖，金融理财师比赛环节由中国银行股份有限公司浏阳支行张梁夺得一等奖。第二届金融服务季从6月开始，开展“产业链金融、防范金融风险、金融行业评选、金融精准扶贫公益行”四大主题活动，推出“新产品·新契机”集中宣传、防范非法集资知识有奖问答、金融大讲堂进社区、金融行业评选等多项互动性强、参与度高的子活动。第二届金融服务季还利用线上、线下做全面宣传和渗透，同时还将长沙市恒丰小额贷款有限责任公司等小额贷款公司和湖南金信融资担保有限责任公司等担保公司纳入，提供更多层次、更多元化的交流与融资渠道。

【浏阳市启动资本市场县域工程试点工作】 11月22日，浏阳市资本市场县域工程试点启动暨企业股改动员大会举行，80余家企业代表、5家金融机构代表及园区、乡镇（街道）相关负责人参加，通过专题培训、政策宣讲，了解中国资本市场、企业股份制改造等方面情况。大会现场，湖南股交所总经理余春晖对湖南股交所基本情况和企业挂牌的相关政策作详细介绍，长沙普济生物科技股份有限公司董事长助理欧盼运进行挂牌经验分享，财富证券有限责任公司投行部负责人包爽就民营企业如何借力资本市场作专题培训。9月，湖南省正式启动资本市场县域工程试点工作，浏阳被列为湖南省资本市场县域工程首批试点单位之一，试点期限为3年。试点期间，通过开展培训、走访、辅导、路演等活动，引导有挂牌意愿、有上市潜力、有产业特色的优质企业走向多层次资本市场，促进金融更好地服务实体经济发展。

（邹雨玲）

11月22日，浏阳市资本市场县域工程试点启动暨企业股改动员大会举行

（市金融工作办公室　提供）

银行业

【概况】 2018年末，全市金融机构人民币辖内银行本外币各项存款余额747.68亿元，同比增长1.56%;比年初增加11.5亿元，增长1.56%;贷款余额657.98亿元，同比增长14.15%，比年初增加81.58亿元，增长14.15%；表外融资余额79.52亿元，比年初增加18.38亿元；各银行和小贷公司共实现账面利润14.71亿元，同比增加52.28%。

【做实货币政策管理工作】 做好存款准备金管理工作，加强存款准备金检查考核，落实差别准备金动态调整政策，引导地方法人金融机构信贷合理增长。开展年度“三农”和小微企业信贷政策导向效果评估，引导银行机构贯彻落实三农和小微企业各项政策要求。2018年辖内银行涉农贷款332.57亿，占贷款总额的50.54%，比年初增加12.82亿元，增长4.01%;小微企业贷款230.78亿元，占贷款总额的35.07%，比年初增加33.93亿元，增长17.24%。

【增强金融服务实体经济能力】 传导上级金融政策，组织开展银企对接，引导银行创新产品，有效缓解“三农”、小微企业等实体经济发展“融资难、融资贵”问题，辖内长沙银行、浏阳农商行等相继创新推出花炮存货质押融资、苗木投标保证金贷款、设备抵押融资、无本续贷等金融产品，强化服务小微企业能力。《浏阳市金融机构支持花炮产业升级发展》在《金融时报》发表。

【推进农房抵押贷款试点工作】 会同市国土局印发《浏阳市实现农房抵押权处置暂行办法》，协调政府增加风险补偿金2500万元，督促银行加大农房抵押贷款力度。截至12月底，农房抵押余额19.65亿元，较年初增加3554万元。试点以来累计发放贷款58455笔、累计金额56.17亿元，惠及农户5万余户，排名居全省第一。

【推动金融支持扶贫攻坚战】 强化再贷款支持，发放江淮村镇银行1.5亿元支农再贷款，扩大涉农信贷投放，支持农业和农村经济发展，服务乡村振兴；强化扶贫信贷投放，以33个贫困村金融扶贫服务站为平台，优化农村金融服务，瞄准建档立卡贫困人口，精准对接新型农业经营主体，助推扶贫产业发展，带动贫困人口脱贫，截至12月底，全市累计发放扶贫小额信贷2.33亿元，贷款质量良好，覆盖贫困户8013户，贫困户获贷率51%；强化“三站”(农村金融扶贫服务站、助农取款服务站、农村电商服务站)融合共建，有16家金融扶贫服务站、金融便民服务站和农村电商服务站实现“三站”融合共建。

【优化浏阳金融生态环境】 开展农村信用体系建设工作。对2018年的信用乡镇、村进行评选，评定信用乡镇7个、信用村195个。截至12月底，共采集农户信息33.28万户，信息采集面达到100%，发放农户贷款证29.24万本，用信户6.8万户，发放福农一卡通22610张，便民卡59364张，授信总额达到104.13亿元，累计用信171.11亿元，余额49.88亿元。推动信用报告查询服务“1+3”布局。引导辖内银行配置个人信用报告自助查询机，实现1个人工查询柜台，3台自助查询机查询信用报告，方便群众信用报告查询。

【防范金融风险】 及时完成存款保险保费交纳工作。组织辖内2家地方法人银行机构按时缴纳2017年下半年和2018上半年保费，共计498.9万元。开展存款保险现场核查工作。组织对浏阳江淮村镇银行开展存款保险现场核查，参与稳定处对浏阳农商行的核查。加强对花炮产业、房地产、担保中介机构和民间借贷风险监测，防范外部风险。重点关注地方法人银行机构和小额贷款公司经营管理，防范系统性金融风险。多次建议政府加大信用环境建设力度，清理金融积案，提高信贷资产质量，得到市委市政府重视，协调政府组织开展金融案件执行季活动，集中执结200多个金融案件；协助政府出台《信用体系建设三年规划》。

【金融管理与服务】 加强开业管理和执法检查：2018年共办理平安银行浏阳支行、浏阳江淮村镇银行人民支行2家机构的开业管理。对1家银行开展支付服务领域金融消费权益保护监督检查、4家银行开展支付结算业务检查、3家银行开展国库业务检查、1家银行和1家保险机构开展反洗钱检查、2家银行开展征信合规管理检查、5家银行开展人民币收付和假币收缴鉴定暨人民币净化工程现场检查，开展两次现金清分机具检查。做好评估和宣传工作：对辖内银行2017年金融消费权益保护工作进行评估；对辖内45家银行、证券、保险业金融机构2017年反洗钱工作开展情况进行评估。参加市政府组织的“3•15”广场活动，通过现场发放宣传资料、设立展板，宣传取得良好效果；组织开展金融知识进浏阳市职业高中城区分校宣传活动；组织做好浏阳市经开区“普及金融知识，守住‘钱袋子’”宣传活动。做好会计、国库、支付结算：2018年共办理国库业务1,187,651笔；组织国债发行，2018年辖内共发行储蓄国债5045.52万元。做好移动支付便民工程推广工作：9月7日，浏阳市人民政府办公室发布《浏阳市移动支付便民示范工程建设方案》，各商业银行积极响应，精心部署。自8月初推广移动支付便民示范工程以来，省银联对浏阳投入市场营销补贴费用300万元，在天虹购物中心、君悦城市广场商圈、浏阳河大市场等场景开展满减优惠活动；11月28日由省银联投入104万元上线浏阳一分钱乘公交活动正式运行，成为长沙辖内第一个上线公交场景的地区；完成浏阳主要红色旅游景点场景建设，胡耀邦故居和文家市秋收起义纪念馆及周边商户均已支持银联云闪付，城区大型场景全覆盖。加强发行库管理和人民币管理工作：2018年共调拨发行基金17笔，金额81.61亿元；办理出入库业务115.16亿元，其中投放84.84亿元，回笼30.52亿元，净投放54.32亿元。开展假币收假和残币鉴定工作，全年共收假币9394张，金额82.44万元，上交假币13300张，金额115万元。为群众提供残破币鉴定服务11次，总金额8万多元。

【平安银行股份有限公司浏阳支行开业】 5月29日，平安银行长沙分行首家异地综合性智能网点——浏阳支行正式开业。开业活动现场，平安银行浏阳支行分别与浏阳市城市建设集团有限公司、中民筑友房屋科技集团有限公司、大瑶镇人民政府签订战略合作协议，助力浏阳经济发展。同时，平安银行浏阳支行联合浏阳慈善会成立“平安银行慈善基金”，首期善款10万元，用于浏阳地区扶贫帮困。根据中国银监会湖南监管局关于平安银行股份有限公司浏阳支行开业的批复（湘银监复〔2017〕295号），支行营业地址为湖南省浏阳市集里办事处花炮大道与礼花路交汇处利通太悦城一楼3-109、3-110、3-111、3-112号及二楼2-228号门商铺。平安银行是一家总部设在深圳的全国性股份制商业银行。2016年4月，平安银行长沙分行正式开业，2018年2月2日平安银行长沙分行浏阳支行试营业。

（焦　萍）

【国家外汇管理局浏阳市支局】 2018年，国家外汇管理局浏阳市支局以风险防控为第一目标，加强内外部监督监测，开展外汇管理政策宣传，提升内部控制管理效果，引导外部市场合规有序。2018年，浏阳辖内货贸名录企业453家，年度新增53家，境内外商投资企业112家，年度新增4家，对外投资设立企业14家，年度新增2家，外汇指定银行13家；实现进出口总额32.25亿美元，同比增长11.72%，涉外收支总额13.32亿美元，同比增长25.37%，银行结售汇总额71249万美元，同比增长25.28%，外债存量9笔，年度新增2笔，外债签约额共计3151.21万美元，同比下降55.36%。提升监管人员素质。参加政策理论培训，获湖南省资本项目外汇管理政策培训考试第一名；全省举办的培训考试中获湖南省跨境资金流动监测与分析系统应用测试第一名及湖南省资本项目外汇业务操作实务培训考试第三名。数据跟踪监测。以月度、季度为期，开展国际收支、银行结售汇统计、个人外币现钞、重点监测企业、存量外债等业务数据筛查，通过汇总分析，了解浏阳全年国际收支与结售汇持续保持双顺差的宏观背景，在此基础上对经常项目和资本项目开展具体数据分析，在外汇经济形势基本平稳的态势下，掌握不同项目收支情况以及具体业务形势，有针对性的开展监管核查工作。对市场主体情况开展数据跟踪监测，对银行重点风险业务开展非现场核查，对重点监测企业库和个人外币现钞数据进行全面清理，锁定异常主体后进行整体筛查，并且注重实时动态更新数据，为加强监管提供依据，把风险防控落到实处。专项核查监管。在经常项目下，对94家重点监测企业开展核查工作，对18家总量指标失衡的企业进行约谈，督促与指导企业合规经营、履行企业义务；对个人外币现钞业务开展专项核查，从17892条线索中筛查选定72名个人，通过银行间接了解业务或直接约谈个人了解外币提存钞交易背景，发挥个人外汇管理政策的警示作用。在资本项目下，开展内保外贷和外债等敏感业务的专项核查，对存量业务进行清理与筛查，约谈相关2家银行和3家企业，对其强调外汇管理政策与制度，引导银企合规经营。在国际收支项下，选定4家银行开展国际收支与银行结售汇业务的现场核查，了解银行相关业务处理情况，保障相关数据质量，引导银行在经办业务过程中落实“展业三原则”。服务实体经济。以了解辖内外汇市场主体情况为目的，开展三项专项调查。针对跨境电商、第三方支付平台等新业态进行调查，从2017年1月至2018年4月中的国际收支申报数据中筛查出疑似相关业务，沟通经办银行联系相关主体，落实业务实际背景，掌握辖内新业态关联企业与个人，同时指导银行合规办理相关业务，保障数据的准确性和完整性，为以后规范监管新业态业务、促进新业态健康良性发展提供支持；在结合美国对华贸易投资限制政策的背景下，对辖内企业开展专项调查，对于主要出口对象为美国的烟花类企业、服贸类等企业进行近2年的出口数据分析，约谈蓝思科技，了解市场主体实际经营情况，向企业介绍宣传货币掉期与风险对冲等相关概念，引导企业积极应对汇率波动；对辖内企业办理银行外汇衍生品业务情况开展调研，选定辖内专业性银行了解相关数据，掌握2018年前三季度相关业务的企业名单与对应业务量，结合中国汇率制度改革与现行外汇衍生品市场情况，分析企业在进行外汇汇率风险管理落实风险中性原则时存在的问题，并提出相关建议以期能提高企业财务管理意识与改善营商环境，对改善辖内企业货币风险敞口与实现双向套期保值做出贡献。

（焦　萍）

【中国工商银行股份有限公司浏阳支行】 中国工商银行股份有限公司浏阳支行隶属中国工商银行股份有限公司湖南长沙分行，内设综合办公室、大客户中心、业务拓展中心、大个金中心、个人贷款中心、业务管理经营部，下辖支行营业室，4个二级支行（天马路支行、城北支行、环府路支行、工业园支行），共有员工99人。截至12月31日，该行各项存款余额214229万元，较年初减少129565万元；其中：储蓄存款时点余额141567万元，较年初增长11506万元；对公存款时点余额72647万元，较年初减少141065万元。储蓄存款时期余额139564万元，较年初增长9349万元；对公存款时期余额127483万元，较年初增加34796万元。各项贷款余额566217万元，较年初增长28495万元。其中公司贷款余额332900万元，较年初增长12508万元；个贷余额226689万元，累放额62390万元，较年初净增13049万元；小微企业贷款余额6628万元，较年初新增2938万元。不良贷款余额289万元，较年初减少1474万元（法人不良额为0），不良率为0.05%．较上年减少0.28%。实现中间业务收入4863万元，较上年增加1169万元；实现拔备前利润13859万元，较上年增长2361万元；实现净利润10894万元，较上年增加2404万元。获省分行“2018年度支行分类考评优胜单位——县支行经营先进奖（一类行）”；在浏阳市金融办、人民银行、浏阳日报社联合主办举办的2018年金融行业系列优秀评选活动中，行长梁国树获“金融工匠”、工业园支行获“优表服务奖”、个人金荣部获“优秀财富管理团队”奖、“2018年度全市单位内部治安保卫工作成绩突出集体”等荣誉。净利润首次突破亿元大关。2018年实现拨备前利润13859万元，较上年增加2361万元:实现净利润10894万元，较上年增加2404万元，首次突破亿元大关。中间业务超额完成任务。捕捉市场机遇，拓宽增收渠道，推动“大资管”业务发展，加快中间业务服务和收入渠道创新，挖潜增收，完善服务内容，提升中间业务市场竞争力和盈利能力。2018年支行实现中间业务收入4863万元，较上年增长1169万元，实现人均中间业务收入51.19万元。资产质量管控成果显著。支行不良贷款余额289万元(全部为个人不良贷款)，较年初减少1465万元，不良率为0.05%，较上年减少0.28%。不良率为历年来最低。2月，积极推进潜在风险客户770万贷款的提前归还，避免公司不良贷款的产生。8月，成功核销不良贷款346万元，支行法人贷款不良降到零。同时，加大个人不良贷款清收力度，资产质量得到优化，不良贷款余额289万元，比年初减少1138万元，不良贷款率0.12%，实现不良贷款额、不良贷款率双下降的目标。优质文明服务持续提升。在打造线上服务优势的同时，加快推进线下网点的布局优化、服务改进和竞争力提升。完成城北支行装修改造;在永安高新区增设一离行式自助银行并投入使用:提升服务水平，从客户到店、业务需求、交易习惯、服务体验等多维度，规范网点服务流程和标准，加大对不规范服务行为处罚力度，保持对有责投诉高压，严控、重惩的管理态势。

(谢　晖)

【中国农业银行股份有限公司浏阳市支行】 2018年，中国农业银行股份有限公司浏阳市支行坚持党建统领，坚持稳中求进，突出增收核心，强化风险控制，推进经营转型，守住案件风险防控底线，保持业务经营平稳发展。截至2018年年底，中国农业银行浏阳市支行有正式员工176人，内设综合管理部、风险管理部、运营财会部、个人金融部、公司业务部5个部门，下辖支行营业部、城郊分理处、西郊分理处、浏阳大道分理处、集里支行、古港分理处、官渡分理处、永和分理处、大瑶支行、文家市分理处、永安支行、镇头分理处、北盛分理处、工业园支行14个网点。年末，支行各项存款余额58.26亿元，较年初净增8961万元，同业增量占比10.14%，同比提升2.84个百分点。各项存款日均余额57.42亿元，较年初净增3.74亿元，其中，储蓄存款较年初净增1.74亿元，对公存款较年初净增2亿元。全年实现中间业务收入2290万元，同比多增127万元。三农服务:2018年初上线“惠农e贷”以来，共投放惠农e贷19208万元，净增15770万元，其中水果贷1840万元、烟商贷投放2166万元、便捷贷投放661万元、房地产抵押和农信担担保投放10508万元、网捷贷投放4033万元，不良贷款率为零，投放额及净增额均位居全省第一，政府增信模式实现与省农信担合作快速发展，区域内份额达到90%以上。惠农e贷系列产品的创新推广，有效解决农户贷款源头风险控制问题，实现零售业务批发做，提升市场竞争力，得到当地政府认可和社会关注，“水果贷”和“烟商贷”模式相继被新华社、新华网、《湖南日报》《潇湘晨报》《浏阳日报》等多家媒体报道和转载，并获浏阳市“助力三农奖”，“水果贷”成为全省第一个特色产业模式，“烟商贷”在全省推广复制。将惠农通工程作为一号工程重点推进，主动与市金融办和贫困村对接沟通，继续推进湘龙村、山枣潭村和雅山社区金融扶贫服务站建设，为广大群众送扶贫资金、送贷款政策、送金融知识。经营转型:完善经营机制，健全绩效考核办法，突出存款类、客户类、收入类、产品类等经营转型考核指标;对运营副主管进行岗位整合优化，弹性排班优化劳动组合;加快零售业务发展，推广使用掌上银行，加强掌银在代发工资、贵宾客户、信用卡、个贷四类重点客户中的有效渗透;逐步做优资产业务，围绕总分行核心客户加强项目营销，围绕政府项目加强持续营销，围绕园区积极拼抢优质客户，围绕优质楼盘加大按揭营销力度，围绕优质客户群体大力发展网捷贷业务，挖掘企业养老保险营销潜力，全力营销失地农民养老保险资金归集，全年实现养老保险资金归集15.2亿元;拓宽中间业务发展渠道，发挥该行网点渠道优势，通过柜面识别客户和系统邀约客户，做大代理保险、代销贵金属、基金、理财等产品规模。风控管理:加强信用风险管控。针对贷后管理例会、信贷档案管理、逾期贷款催收、不良贷款诉讼、信贷责任移交等薄弱环节，专题研究，进一步明确和规范，提高信贷基础管理水平。加大清收处置力度，对年内清收目标客户实行名单制管理，一户一策制定清收方案，明确金额、时间、措施和责任人;按照“能核尽核、早核快核”的原则加快核销;集中人力、物力和精力全力做好鸿宇和鼎丰贷款处置工作。把控运营风险。严控操作风险，按要求完成全辖网点剖析和全面查库，边检查、边辅导、边整改，有效规范柜面业务操作。按质按量完成重点工作，全量账户电子对账签约率、账户支付密码加载率、账户年检比率均在全辖排名前列;企业网银业务风险排查、账户核实工作等阶段性重点工作圆满完成。严抓案件防控。以“三线一网格”为抓手，开展员工行为排查，强化警示教育与合规监督管理。做好重大案件、责任性风险事件、声誉风险三类风险的管控工作，对违规违纪问题发现一起，查处一起;巩固“三化三达标”管理质量，重点抓好人防、物防、技防、消防建设，确保了支行全年平稳运行。队伍建设:激发队伍活力，打造“学习文化”。组织开展重点产品、新兴业务、集中授权、预防电信诈骗、网点深化转型、单位账户在线开户等培训，切实提高全员业务素质和营销能力。开展活动，打造“家园文化”。改善网点工作生活环境，统一标准改善农村网点居住条件;召开青年员工座谈会，面对面了解青年员工思想动态与心声，给予组织关怀;利用相关节日，组织丰富活动，营造良好文化氛围，增强员工凝聚力。承担社会责任，践行“企业文化”。开展文明单位、文明城市创建活动，从软硬件上加强建设和配置。支持地方精准扶贫精准脱贫工作，开展调研、遍访摸底和慰问工作;组织开展金融知识宣传月、反假币、反洗钱等公益宣传活动，向社会普及相关金融业务知识。

(戴金霞)

【中国建设银行股份有限公司浏阳支行】 2018年,中国建设银行股份有限公司浏阳支行正式员工62人,内设办公室、公司业务部2个部门,下辖支行营业部、天马路支行、集里桥支行、经开区支行4个网点,8个在行/离行式自助银行。截至12月31日,支行一般性存款新增5.8亿元,“四行”(中国银行、农业银行、工商银行、建设银行)占比86.7%,余额39.4亿元,“四行”占比24.8%。其中对公存款新增1.7亿元,余额17亿元,“四行”第一。个人存款新增4亿元,余额22.4亿元,“四行”第一。各项贷款新增18.7亿元,余额52.2亿(含信用卡),“四行”占比51.2%,“四行”排名第一,其中对公贷款余额35.9亿元,个人贷款余额16.3亿元;对公贷款新增15亿元,“四行”占比59.5%,个人贷款新增3.7亿元,“四行”占比33.9%,余额及新增均保持四行第一。逾期贷款0.36亿元(含信用卡),逾期率0.69%,均较年初低,完成省行控制计划。不良贷款余额0.34亿元,不良贷款率(含信用卡)0.65%,较浏阳地区同业平均水平低1.6个百分点。中间业务收入0.57亿元,较上年增长0.41个百分点。账面利润1.05亿元,较上年增长15.1个百分点。政府重点项目营销和新兴产业发展项目培育。组建任务型团队,强化名单制管理,先后为蒙华铁路投放贷款7.9亿元,为浏阳市农村公路建设项目投放政府购买服务贷款4.5亿元,同时实质性对接文家市秋收起义研学旅行基地等八大项目,共审批通过投放贷款15.4亿元,贷款投放创历史新高。加大对浏阳市教育局、房管局、经信局、人社局、国土局、商务局等政府部门的对接力度,借助“千人帮千企”活动,搭建普惠金融批量营销平台。源头性账户营销。与浏阳市住房保障局签订浏阳市二手房交易资金监管合作协议、并成功上线住房维修资金收缴平台。住房信贷、个人消费经营类贷款稳健发展。签约合作二手房中介近40家,累计投放二手房贷款784笔2.56亿元。卫生教育机构类客户巩固提升。继续支持市人民医院、市中医医院等重点医院贷款投放,持续对卫教行业投入资本性支出。助力中小企业发展。支行成立普惠金融事业部,助力地方特色行业、特色经济、优势企业的发展。分期信贷市场持续发力。信用卡客户发卡净新增9873户,分期消费15.3亿元,刷卡消费交易额7亿元,重点产品公安便民龙卡完成率全省排名第一,分期交易额县域排名第一。风险管控。制定《浏阳支行“315工程”管理方案》。落实“风险管理职责进支委”要求,支委委员参与贷后走访工作,专题研究资产质量3次。实地走访全覆盖,按季对正常类客户现场走访、按每两月对关注及不良客户现场走访(或召开座谈会等)共50余次;形成预授信方案5份、不良贷款处置方案3份,信贷检查月度(季度)走访记录表50余份。不良处置主动作为,处置不良资产904万元(不含个贷),其中公司类423万元、信用卡类481万元;实现表内不良贷款现金回收454万元。夯实内控平台建设,提升精细化管理水平。支行以“强基础、抓基层、巩固双基管理成果”为主线,加大加强关键岗位和重点环节的风险控制,加强风险提示和问题整改,加强制度建设优化业务流程,提升员工履职能力,确保实现“三无”(无重大违规、无重大安全责任事故、无案件)目标。加强支行凝聚力。完成9名员工职称自然晋升申报,员工收入较2017年度有效提升34.36%;开展群团活动,参与省行本部汽排球、趣味运动会比赛,自行组织跳绳、观影及联谊市人民医院开展“健步万里行”徒步等活动。

(李雨浓)

【中国银行股份有限公司浏阳支行】

中国银行股份有限公司浏阳支行为中国银行湖南省分行直属支行,内设综合管理部、公司金融部和个人金融部3个部门,下辖支行营业部、礼花路支行、劳动路支行、经济技术开发区支行、大瑶支行、高新区支行6个营业网点,有合同制员工111人。2018年,支行遵循总行“建设新时代全球一流银行”的总体发展战略,围绕省行“拼市场、争贡献、强基础、控风险,实现高质量发展”的工作方针,按照支行“用三心、提三感、强三性”的工作方法,延续2017年“树四气、建五制、强管理、控风险、求发展”的工作思路,坚持以收入实现为导向,以存款基础为目标,以队伍培养为抓手,以管理优化为工具,以服务提升为本分,以风险控制为底线,提升全行市场竞争能力、创新发展能力、风险管理能力和价值创造能力等,实现各项业务快速、稳健、可持续发展。截至年末,该行本外币各项存款余额40.57亿元,较年初增长4.45亿元,增幅12.32%;本外币各项贷款余额50.52亿元,较年初增长4.45亿元,增幅9.66%。不良率0.40%,较年初减少0.09个百分点。业务发展。拓展对公客户。成功营销蓝思国际(香港)有限公司NRA账户和上汽集团全资子公司华域视觉公司,中梁地产、美的地产等浏阳重点项目在该行基本账户开立,实现土地收入、检察院、监察委等账户的开立。内部管理。完善出台《中国银行股份有限公司浏阳支行负责人履职待遇和业务支出实施细则(2018年版)》《中国银行浏阳支行创“学习型组织”实施办法(2018年版)》等多项办法制度;提升文明规范服务水平,制定《浏阳支行营业网点柜台服务提升管理办法》,在规范网点服务标准,按季度对网点考核评分的基础上,细化考评细则,推出2018年柜面服务提升活动,利用智能柜台、人工智能、以及总行、省行推广的先进技术和产品,促进服务转型,提升服务效率,优化客户体验。同时以“转型求实,变革图强”的工作要求加强后台为前台、二线为一线的服务能力和水平。在浏阳市第二届金融服务季金融行业评选活动中,该行员工获评“微笑之星”;2018年支行年度评选出5名最美服务明星。队伍建设。该行完善人才选拔、培养、管理机制,拓宽员工职业晋升通道,强化队伍建设。通过公开招聘,在全行选拔一批年轻有为的中层干部,充实一线担当重任;通过双向选择,实现岗位和人员高效组合,调动员工工作积极性,提升战斗力;通过教育培训,提高各序列队伍的专业理论水平和业务能力。年初,邀请国内知名首席金融培训师到支行进行全行零售业务培训,4月,组织公司条线封闭式脱产培训,10月,组织业务骨干前往上海中银基金总部进行交流与学习。风险控制。严控信贷风险。截至12月末，该行不良率0.40%，其中，公司不良资产持续保持为零；降低操作风险。通过多措并举，考核与条线推动并重，取得良好业绩；防范舆情风险。加强与浏阳广电、浏阳日报社沟通合作，提升该行在浏阳市场良好品牌效应。树立“以客户为中心”的服务意识，为企业提供专业的金融服务。11月，该行国结团队助力花炮企业化危解困，获客户认可和点赞，该事迹被《中行职工报》《浏阳日报》专题报道；参与浏阳市重大活动，在浏阳市金融工作办公室、人民银行浏阳支行和浏阳日报社共同举办的浏阳市第二届金融服务季金融行业评选活动中，该行获产品创新奖、优秀财富管理奖、金融工匠、微笑之星及金融理财师五个奖项，彰显中国银行品牌形象；走进居民，走进社区，开展“普及金融知识，守住‘钱袋子’”“金融大讲堂进社区”等活动，为公众进行金融知识普及和风险提示，树立有担当、认真履行社会责任的良好形象；改造修缮该行本部办公楼走廊、电梯间、庭院，更换升级各网点硬件设施。

（涂　影）

【长沙银行股份有限公司浏阳支行】

2018年，长沙银行股份有限公司浏阳支行开业1家社区支行，搬迁1家社区支行。截至12月31日，该行一般性存款时期余额126.51亿元，较年初新增20.3亿元，全年计划完成率119.44%，其中对公存款时期新增7.16亿元；新增储蓄存款时期数13.06亿元；政务存款增加3.12亿元；企业和医院学校存款时期增长8.22亿元，占比份额29.25%，较年初增长8个百分比。支行表内贷款余额76.44亿元，较年初新增10.62亿元，其中对公贷款余额44.12亿元，较年初增加4.27亿元，其中3000万元（含）以下中小企业贷款余额18.9亿元，较年初增加2.9亿元，全年计划完成率121.33%；新增零售贷款余额9.24亿元，全年计划完成率108.71%。新增对公结算户2172户，全年计划完成率141.04%；新增零售客户开户数11.15万户，全年计划完成率的121.20%。对公不良贷款余额3322.26万元，不良率0.75%，对私不良贷款余额4430.66万元，不良率1.37%。零售方面：各个网点发掘拓客方式，走进村（社区）、组和企业车间，入户办理社保卡，到衡阳、东莞地区新开户，截至年末，新开户11.15万户，该行客户当地覆盖率86%；提升零售价值客户，细分为代发工资、城区居民、乡镇居民、零售贷款四大类别，清空CIF系统，对价值客户和财富客户重新分配，分层管理做到CIF、财富管理系统、实际管户三匹配，值客户增长至18935户，存款贡献时期33.82亿元，占总储蓄的71%。对公方面：服务实体经济。走访企业了解需求，利用企业E钱庄、快乐E贷等优势产品，上门营销优质名单制客户，通过创新产品、提高效率、优化服务，帮企业解决实际问题，为客户节省财务成本。对公客户服务管理。该行通过抓信贷客户结算归行、提高客户存贷比、跟踪企业货款回笼、加强公私联动等措施，专注中小企业潜力挖掘，全年企业类对公价值以上客户总存款时期数增长8.22亿元，战略客户时期数增长9.2亿元，最后保持基础存款时期数增长20亿元，增长额位列分支行第二。资产质量管理：实行全程化、精细化、制度化管理。风控团队由一个部门调整为两部门（授信部、风控部）、一团队（清收小组），人员由5人增至16人。严格准入管理，明确授信部职责分工，规范信审会审议规则，全年上会审议项目635个、金额113.64亿元；审查零售信贷业务4232笔，金额总计43.22亿元，审查法人业务705笔，金额总计90.52亿，开展平行作业53户，金额12.33亿元。根据客户经营情况、货款归行、存贷比等作为定价的参考因素，规范贷款统一定价，实行系统自动定价，提升客户对该行的忠诚度。加强逾期管理。推行逾期贷款“三段式”管理，从提前催缴监督到一户一策定制专项清收方案，给全行客户经理风险意识的警示。加快不良清收。完善不良贷款资产集中管理，通过转化、核销、诉讼、处理抵押物、以物抵债等多种方式，加快逾期、不良贷款的化解进程。全年清收不良贷款70笔10880.42万元，其中现金清收60笔2943.62万元，以物抵债10笔7936.80万元。对实际无经营能力的起诉立案，与法院紧密对接，自主起诉94笔2.07亿元。优质客户群体开拓：开拓学校，成功营销20所中小学校，代发13所学校3457人，教师代发群体存款时期数达到5165万元，较年初增长2749万元。深耕医院，继续加强与市人民医院、市中医医院、市妇幼保健院等6家医院的合作，2018年存款时期数达到1.5亿元，较年初新增6069万元，同时新增贷款8000万元；新营销1所市属医院、4家民营医院共460名医务人员的工资代发。探寻新来源，与省银联、公交公司联合开发智慧公交，成功上线后共计发卡1.2万张，其中新增客户7600户。及时掌握信息迅速行动，开立14个楼盘预售房监管资金账户，存款时期增长6309万元；开立农民工工资账户47户、代发3042人、代发金额3973万元。团队建设：年初，将社区支行纳入支行直管，加强业务的直接指导，提升管理水平，加快发展速度；行务会集中学习，由行务会成员每周轮流授课；公开选拔管理干部；坚持季度工作总结表彰大会；细化绩效考核，将全行机构按部室、一级支行、二级支行3个类别考核排名，将员工按6大序列考核排名；以培训提升人，做好新员工企业文化培训、中层干部管理提升培训、专业序列人员业务能力培训；以文化感染人，加强企业文化建设。企业运营：建立健全运营业务规章制度，制定和完善《反洗钱管理办法》《浏阳市国库集中支付业务操作流程》《浏阳市契税缴纳业务操作流程》《浏阳市物业维修基金缴纳业务操作流程》等实施细则和管理办法；强化运营管理人员的管理，定期组织召开结算监督员会议；加强对网点的业务检查和业务监督，提高会计核算工作质量，全年下发业务整改68份，均及时回复整改，有效地控制结算风险，截至12月31日，该行发生业务1725651笔，较2017年同期增加92151笔，差错率为万分之零点一，控制在总部要求的万分之零点五以内；加强员工新核心业务培训；加强员工的反洗钱知识培训，全年排查个人账户大额和可疑交易8913笔，金额12.82亿元，调整反洗钱风险等级65笔；单位账户排查218笔，金额28.6亿元。排查中发现

35位个人客户交易存在洗钱行为，结算监督员及时进行了风险等级调整并通过OA流程向总行申请关闭柜面交易；组织员工做好星级评定工作，2018年度共53人参加考试，取得五星级(含)柜员1人，四星级(含)柜员8人，三星级(含)柜员26人，二星级柜员8人，一星级柜员3人，见习级7人；做好新员工的岗前培训；开展反洗钱、反假货币业务知识的宣传，9月，组织各网点进行反洗钱、反假货币业务知识宣传，在营业网点设立宣传台，显眼位置摆放宣传折页、在显示屏上滚动播出宣传标语，在人口流动性大的超市门口通过路演的方式进行宣传，共发放宣传单2000余份，接受咨询168人次；加强客户分流，减少柜面压力，每天通报网点分流情况，分流率达19.23%，完成总行下发年度考核指标；加强现金管理，制定《库存现金限额管理实施细则》，并将库存限额纳入各支行，清分质量纳入个人的考核，截至12月31日该行入库量达到115次/24.1亿元，较2017年度增3.3亿元；坚持客户至上，提升服务水平，2018年在总行的星级网点创建中，该行营业部被评为五星级网点；联城、永安支行被评为四星级网点；花炮、集里支行被评为三星级网点。

(周袁慧子)

【湖南浏阳农村商业银行股份有限公司】 湖南浏阳农村商业银行股份有限公司(简称浏阳农村商业银行)，其前身是诞生于20世纪50年代的浏阳市农村信用社，2005年通过股份制改造为湖南浏阳农村合作银行，2010年改制为湖南浏阳农村商业银行，是由企业法人、社会自然人自愿入股组成的股份制、商业化、地方性的金融机构。全行现有总股本17.92亿元，有在编员工636人，下辖1个营业部、42个支行、55个分理处、20个离行式自助银行，网点遍布全市各乡镇，同时对外投资控股8家村镇银行。2018年，该行拓宽经营渠道，防范各类风险，经营业绩再创新高，整体工作持续向好。截至12月末，该行各项资产378.85亿元，较年初增长38.73亿元，增幅11.39%，其中各项贷款208.66亿元，较年初净增26.75亿元，增幅14.71%；总负债333.45亿元，较年初增长35.52亿元，增幅11.92%，其中各项存款295.67亿元，较年初净增24.56亿元，增幅9.06%；所有者权益45.39亿元，较年初增长3.21亿元；不良贷款占比1.23%，较年初下降0.01个百分点；实现经营利润10.50亿元，同比增盈1.10亿元，实缴税收3.64亿元。资本充足率15.79%，拨备覆盖率322.56%，拨贷比3.97%，杠杆率8.84%，企业综合实力进一步增强。改革创新：坚持投放创新。按照“稳定第一产业，发展第二产业，兼顾第三产业”的方针，坚持“选择性参与”，对接产业园、高新区企业，合理增加消费类贷款投放，抢占市场发展先机，截至2018年12月末，全行累放各项贷款283.98亿元，其中累放涉农贷款182.80亿元，全面达到涉农贷款“一个不低于”和小微企业贷款“三个不低于”要求；累计发放消费贷款6212户，金额17.56亿元，其中商业按揭贷款3103户，金额10.78亿元，合作楼盘31个，投放量居浏阳金融机构之首。坚持产品创新。成功开办大额存单、智能存款产品，完善利率定价体系，行业竞争力有效提升。推广“口袋零钱”学费收缴系统，累计入驻学校226所，基本实现市域初中、小学全覆盖；开辟银医合作新模式，已在集里、关口等32所医院推广窗口扫码支付。截至2018年年末，开通口袋零钱商户3.84万户，累计交易金额26.41亿元，沉淀资金9.87亿元。坚持服务创新。发展电子银行业务，试点移动服务终端，推广手机银行V盾、智能POS、云闪付等网金产品，电子银行业务替代率达到85.3%，较上年增长10.4个百分点。拓展外汇业务，2018年底外汇对公开户数达305户，存款余额达238.95万美元，成功代理全省农信15家县级行外汇业务，与中国银行湖南省分行等开展双边合作，巩固全省农信外汇中心地位；开通便民卡手机放贷功能，截至2018年12月底，累计发行福祥便民卡80420张，授信83.49亿元，用信60.21亿元；累计发放社保卡90万张，实际发卡率91.99%。风控管理：强化制度建设。按照流程优化、组织架构再造、岗位职责划分等要求，梳理编印《制度汇编》，规范抵押登记费用的管理流程，修改完善《不良贷款责任追究实施细则》，做到“一项业务一个流程，一个流程一本手册”。组织开展15家龙头企业产业链大走访、信贷业务风险分析会，调研企业营运，研判行业风险，提升风险管理能效。强化不良管控。对牲猪、花炮、苗木等“两高一剩”(高能耗、高污染，产能过剩)行业实行严格准入，压紧做实资产质量；与不动产登记中心对接，成功上线不动产协同共享系统，规避重复抵押的法律风险；严抓“到期贷款收回率”和“新增不良贷款”两项考核指标，采取激励清收、专职清收与部室联点清收等多种方式，切实压降不良风险，全年收回表外不良贷款本息6362.17万元。强化合规监督。继续推行“三方联保责任”机制，签订责任书635份，加强“九种人”(“黄赌毒”行为的，个人或家庭经商办企业的，大额资金炒股的，个人、家庭负债较大或银行有贷款的，无故不能正常上班或经常旷工的，交友混乱、经常出入高档消费场所的，在职工作超过强制休假、轮岗规定时限的，有不良记录或犯罪前科的，已经出现违规操作的)管控，约谈员工30余人次。人本管理：打造活力团队。创新员工培养模式，搭建人才交流平台，选拔母行信贷、财务等优秀员工赴村行交流指导；加强干部选拔任用，提拔和启用中层正、副职6人，公开选拔行长助理12人，选聘“三员”(信贷内勤、委派会计、稽核员)22人，组织全行岗位交流轮换91人次；建设“学习型”干部队伍，组织全体中层管理干部到浙江瑞丰、江苏江南农商行考察学习，有效提升管理能效。打造星级服务。推进星级评定工作，将星级评定与优质服务相结合，将星级评定与员工晋升相结合，完善《客户经理星级试行管理办法》《柜员星级试行管理办法》，开展优质文明服务和精品网点建设工程，营造“学、比、赶、超”竞争氛围。打造企业品牌。担当社会责任，全行员工爱心捐款32万元，组织春、秋助学帮扶48人，发放助学款23.4万元，开展大瑶鑫和、北盛马战驻村帮扶工作；丰富员工业余文化生活，组织全行职工运动会，员工快乐工作，幸福生活；2018年，湖南卫视、《金融时报》等媒体宣传报道，接待省内外同行业30余次考察交流。

（朱良柏）

【中国邮政储蓄银行浏阳市支行】

2018年，中国邮政储蓄银行浏阳市支行下辖4个二级支行，2个后台部门（综合业务部、综合管理部），有网点数37个，其中自营网点4个，代理网点33个，自助设备118个。依托网络优势，丰富业务品种，逐步开办本外币个人储蓄存款业务、对公存款业务等负债业务，国内外汇兑、结算、借记卡、信用卡、农民工卡业务、各类代收代付业务、理财、企业网上银行等中间业务，经营银行间债券市场业务、大额协议存款、银团贷款、小额信贷、个人商务贷款、小企业贷款、供应链金融、公司信贷、承兑汇票等资产业务。全年金融板块上缴利税718.77万元。截至2018年年底，支行个人存款余额65.23亿元，全年净增4.05亿元。自营网点余额79273，净增5853万元。支行公司业务时点余额3.12亿元；日均余额3.11亿元；全市政府平台投放债券4.44亿元。全年支行累计投放贷款10.89亿元，其中小额贷款发放248笔5565.74万元、个商贷款发放1504笔52722.5万元、消费贷发放1235笔40462.59万元、小企业发放贷款38笔10211万元。服务地方经济：服务公司客户。重点抓好企业、政务、事业三大类客户的精准营销，扩大基础客户群，推动结构多元化，实现从“以利率定价导向”向“以综合收益导向”的升级。2018年引导理财资金投资浏阳5大平台合计5亿元，支撑政府项目建设。服务小企业客户。创新开发特色产品，针对企业融资难，推出“无还本续贷业务”，企业在该行贷款到期后，企业发展良好，无需偿还本金，直接续贷；推出线上支用的随借随还“小微易贷”，该产品特点为无抵押、无担保、纯信用贷款，投放半年以来，发放14笔1280万元；与纳税贡献大的企业投放纯信用的“税贷通”贷款等。制定“抵押＋担保”“信用＋结算”“质押＋担保”等多种综合金融服务方案。截至2018年年底，支行为民营企业发放信贷资金累计超过6.7亿元。主动降低客户成本，小微企业贷款平均利率由5.655%下降至4.785%，较2017年下降87个BP。2018年，支行与新华电力公司签订战略合作协议，发放贷款1.5亿元。服务三农。至2018年年底，支行涉农贷款余额14.8亿元。2018年，与农业信贷担保有限公司签订金融服务和支持现代农业发展战略合作协议，为客户定制各类信贷产品，开办茶农、种养殖大户、家庭农场贷款、林权抵押贷款等新产品。全年投放低利率惠农贷款金额832万元，惠及农户122户；投放农房抵押贷款3126万元；投放林权抵押贷款525万元。建立“金融扶贫服务站”5个，解决农民取款难、融资难、咨询难问题。实施“一行一品”工程，支持浏阳特色支柱产业，对浏阳乡村旅游投放贷款2000万元。服务社区和居民。聚焦消费信贷市场，助力居民消费转型升级；提升房贷定价水平，发展非住房消费贷款，加快线上产品推广，打造社区金融服务圈。针对下岗失业人员自主创业过程中缺乏启动资金情况，11月，支行与浏阳市社保局签订再就业贷款协议。支行管理：强化员工服务意识，改善网点硬件条件和环境。以“三防”（人防、物防、技防）结合为载体，构建“三位一体”的安全防范体系，获评“2018年长沙市单位内部治安保卫工作成绩突出集体”。企业文化建设：加强党、团、工会组织建设，开展“开门红”“主人杯”等邮储竞赛活动，营造“比、学、赶、超”的工作氛围。

（余　旋）

【交通银行股份有限公司长沙浏阳支行】　截至2018年12月，湖南交通银行股份有限公司浏阳支行人民币各项存款余额21.2亿元，较年初新增2.3亿元，各项贷款余额37亿元，较年初新增6.29亿元，无不良对公贷款。渠道建设。5月，开通首单移动端物维自缴业务；借助党费管家系统参加浏阳市组织部党费存管服务合作招标会，成功中标，开立浏阳市市委组织部党费专户，接管全市6.8万名党员党费存管业务；开立法院备付金账户。文教体卫合作。5月，与浏阳长郡中学合作，开通交通银行湖南省分行系统首单移动端缴费业务；10月，与当地教育系统签订三方全面战略合作协议，合作范围扩大至浏阳市教育局下辖所有学校；10月，浏阳市妇幼保健院在该行开立账户，实现交通银行在浏阳六家公立医院全覆盖。银企合作。年内完成新开实体经济对公账户43户，其中上市公司新开户2户，拟上市公司开户2户，新增对公客户26户，新增对公有效户4户，同时在园区落地和储备一批中型“朝阳”客户。银政园合作。落地浏阳市政府主导的支持花炮产业和园区高新小微企业的“财园通”项目，确定与浏阳高新区的风补基金合作。零售信贷。截至9月30日，支行消费类贷款客户净增519　户，完成全年计划任务的173%；截至10月末，个贷余额净增17382万元，完成全年计划率的193.14%。与嘉悦城、永安农副产品大市场、创意•君悦阳光城、碧桂园在浏项目建立合作关系，实现零贷业务健康有序增长。个金业务发展。个金客户经理队伍建设方面，按照总分行合格客户经理标准，加强团队业务培训，提升合格客户经理比率、销售能力；客户活动开展方面，针对中高端客户先后举办“私享会”“红酒品鉴沙龙”等，针对拆迁客户举行金融安全知识讲座、吃西瓜比赛、爱老敬老爱心义剪等活动，针对儿童卡客举办“交通银行小小金融家进校园”活动等。针对教育系统，抓开学契机，利用园丁薪金卡的产品优势，增加与代发教师群体的客户粘连度，增加代发资金的留存量。品牌形象建设。全年开展社区行、企业行90余场，组织各类大型客户活动15场，服务10000多人次，充实客户增值服务，提升客户满意度；参加当地监管部门和媒体举办的各类评选和竞赛活动，在浏阳第二季金融季活动中，获评最佳服务、金融工匠、最佳理财师等多项奖项，打造品牌形象。保持与浏阳日报社、浏阳电视台、浏阳959交通广播电台合作，加大宣传力度，扩大知名度。内控管理。制定《浏阳支行日常表现考核方案》《浏阳支行内控管理实施细则》，传达总分行各项文件、风险提示等制度内容，完善管理制度；严把业务操作关，防范业务风险，实行定期不定期自查自纠，建立检查台账落实责任人整改，防范各类风险。全年多次成功堵截多起冒名开户、激活信用卡等风险事件，在人民银行浏阳支行组织反洗钱和支付结算工作评比中获第三名；抓安防工作，组织开展预案演练，加强保安队伍管理及离行式自助银行管理，落实各类自然灾害防范要求，确保安防工作万无一失。

（李凌云）

【中信银行股份有限公司长沙浏阳支行】 2018年，中信银行股份有限公司贯彻落实长沙分行“坚持集约经营战略　推进客户深度经营　坚定不移走可持续发展之路”的年度工作会议精神，以建设“学习型、营销型、服务型”支行团队为目标，化解和防控风险，推进“平安中信”建设。截至12月31日，支行存款时点10.04亿元，日均存款10.36亿元，其中公司存款时点6.39亿元，较年初下降3.04亿元；年日均6.93亿元、较年初下降2.07亿元。表内对公贷款时点余额7.24亿元，较年初下降2.37亿元；表外贷款余额2.98亿元，较年初减少1.10亿元。对公有效客户50户，较年初持平。零售管理资产时点余额8.38亿元，较基数新增1.18亿元；日均余额8.02亿元，较基数新增0.83亿元，全年经营计划完成率为44%；个人存款时点余额3.65亿元，较基数新增0.47亿元；日均余额3.43亿元，较基数新增0.19亿元，计划完成率为51%；零售有效客户数3572户，较基数新增242户，完成率25%，贵宾客户340户，较基数新增61户，完成率46%，私行客户数10户，较基数新增7户，完成率100%。支行总体运营情况较好，全年业务量27.7万笔，平均差错率0.0121%，低于分行平均水平。机构业务。截至12月，该行财政系存款余额3亿元，其中浏阳财政社保定期新增0.6亿元。全年实现浏阳市中医医院绩效代发金额6000余万元，浏阳市妇幼保健院工资代发金额4000余万元，新增开立浏阳市人民医院户头。拓展智慧旅游项目。对接大围山智慧旅游项目，上线成功，并成功新增开立4个对公新户头。政府平台融资和房产贷款。浏阳城建集团中票10亿元获总行审批通过；浏阳水利投申报的1.5亿元综合授信获批复，6月，实现批复项下放款2500万元；浏阳家俱投实现批复项下放款5000万元；浏阳碧桂园对接碧桂园房地产开发贷款业务，项目额度4亿元。化解风险开拓园区。做好永清集团及其旗下永清股份、永清水务等核心公司的客户维护，完成永清水务4500万元到期贷款展期，完成永清股份20000万元放款工作。落实深度经营，7月，实现永清集团下有4家子公司在该行代发工资，代发金额合计2200万元。同时，2018年永清股份在该行开立全额保证金电子银行承兑汇票6000万元。全年新增开立2个园区客户户头6户，对浏阳经开区浏阳协鑫、凌翔磁浮开展信贷业务合作；加强与高新区招商引资新客户天岳新材料的业务对接，营销开立高创投资公司账户。与经开区企业包括尔康制药、欧智通、盐津铺子等客户对接。新增高新区征地拆迁款代发2000余万元。提高定价稳定盈利。紧盯市场行情、对标分行定价管理，在新放及续作授信客户时，较大幅度提升贷款利率，增强支行盈利能力。抢占市场。营销本地最大批零市场（浏阳河市场），促成银市双方战略合作，拓展服务市场内500余户收单商户。挖潜私行。实现私行客户新增7户，完成全年任务，带动管资增长5000万元。专属活动客户提升。开展保险沙龙活动10场，贵宾客户专属回馈活动10场，健康养生讲座2场，理财讲座1场，市场外拓活动40场，获取新客户400余名；拉新达标金卡级以上客户150余户。合规运营。组织召开“一把手学案例”“5·23反思会”“413屡查屡犯大会”合规专题会议三次；完善建立兼职合规员日常检查制度；制定支行内控合规季度分析会议制度；建立每周重点业务、重点制度等学习制度，全年全行无违规事件。配合分行合规飞行检查，做好“413屡查屡犯自查”工作，组织全员签订“中信银行员工案防承诺书”、进行“四风”问题以及员工参与非法集资情况排查等工作；配合完成浏阳城建集团财政承诺函退还报总行信审审批工作、完成承兑业务排查工作、完成授信押品重估工作、配合普华永道完成授信客户相关审计工作、进行对公账户受益人识别等工作。企业文化建设。组织全行员工学习领会《中信银行企业文化手册（2.0版）》；组织参加分行开展的“合规竞赛”“厨艺大赛”“分行行庆趣味运动会”“足球赛”等活动；支行组织全行员工开展户外踏春活动、行庆登山活动、行庆义卖等文娱活动。存在的不足。企业客户价值挖潜有待提高。支行有效户占比25%，日均存款500万元以上账户21户，客户存款贡献度有待提高，客户经理需要深度挖潜企业潜力。转型缓慢，大项目储备不足。花炮客户贷后管理需加强。花炮企业联保贷款2016年拆链后近70余户，由于客户路途偏远、户数较多，导致贷后管理任务繁重。

（熊飞平）

保险业

【中国人民财产保险股份有限公司浏阳支公司】 中国人民财产保险股份有限公司浏阳支公司，下辖6家三农营销服务部、30个保险服务站、311个保险服务点，服务网络遍及城乡。2018年，中国人保财险在浏阳地区实现保费收入2.53亿元，承担风险责任近2000亿元，缴纳和代收税款2608万元。服务实体经济。落实创新驱动战略，发展科技保险，通过开办新材料、企财险、工程险、产品质量责任险、雇主责任险等险种，为园区高新企业、烟花企业等实体经济支柱企业提供风险保障逾20亿元。服务健康。从2016年起，该公司开始承办浏阳城乡居民大病保险，参与和构筑浏阳以全民基本医保为支撑、大病保险和医疗救助为依托、其他医疗保险为补充的多层次医疗保障体系。民生保障。致力于放大财政资金使用效能，提升灾害救助效率，扩大风险保障面以普惠全体城乡居民。扶贫攻坚。按照上级公司“保险跟着扶贫走”模式，将保险机制运用到精准扶贫工作，将扶贫保险纳入地方扶贫规划，实现与扶贫项目对接，同时增强中央和地方涉农专项扶贫资金的使用效能。支农惠农。为农业领域提供风险保障，有效化解农民的风险损失，增强农民对市场风险的抵御能力，加快浏阳农业现代化进程。防灾救灾。绘制浏阳重点区域风控地图，在灾害天气发生时安排人员对各重要风险区域如积水道路、排水管口等进行值班，劝导过往行人车辆，同时组织查勘车辆进入人流密集的社区、街道等进行风险提示，配合地方政府抓好防灾救灾工作。

（谢乃辰）

【中国人寿保险股份有限公司浏阳支公司】 2018年，中国人寿保险股份有限公司浏阳支公司完成保费收入29643.43万元，同比增长6.04%，营销人力1126人，同比增长13.62%。其中短险保费4040万元，同比增长%。全年为客户办理理赔案件13845件，理赔支出9464.29万元，结案率100%，短险赔付率49.15%，满期给付及退保金额7388.9万元，风险管理良好。保费收入占浏阳寿险市场份额49.3%。个险、团险、银保三条业绩均取得好成绩，获评“全国30强县支公司”。业务发展。个险。业务发展处于增长阶段，人力和业务保持正增长，主管由年初89位发展到年底114位。团险。全年开展客户户外、室内联谊活动100多场次；团险渠道继续维融洽代办线关系，中小学生平安保险增加保险责任。银保。银保渠道注重客服服务，理财队伍送服务到家，维护与银行的网点关系，全年开网点沙龙50场，为银行客户增加保障服务。优化产品结构。2018年，公司推出“百万随行”“如意随行”“新国寿福”等风险保额大的产品，满足客户提高风险保障需求，推出各类理财帐户产品满足客户理财需求。提升服务品质。组织全体员工学习推广公司“国寿e家、e宝帐、云助手”等电子服务系统，提升公司服务水平和质量，减少客户排队时间，提倡业务伙伴使用E化出单，考核E化率，提高客户出单率和服务满意度。每季组织新进人员礼仪培训、业务质量管理培训等。制作理赔资料收集PPT到职场宣导，及时与业务渠道沟通。提高意外险承保质量和学生保险承保收费。风险管控。全年组织全员反洗钱学习4次，B柜面每月学习2次。执行上级公司及人民银行的反洗钱工作，参加人行组织的培训2次，在人民银行评级中被评定为A级。开展每月单证清理、印章检查、四大缺陷整改、新单、委办保全件回访等工作。加强销售人员依法合规教育，杜绝任何销售误导，确保销售使用工具合法合规。

（彭江华）

【中国平安财产保险股份有限公司浏阳支公司】 2018年，中国平安财产保险股份有限公司浏阳支公司坚持践行保险行业核心价值理念，业务规模与市场份额稳步提升，实现保费收入2.136亿元，增速13.2%；纳税贡献2365万元。业务发展。坚持多渠道平衡发展，坚持效益导向，积极参与民生保险项目。2018年，公司承保种植业、养殖业保险，为浏阳农业基础发展提供保障支持。成功中标省扶贫办和省保监局共同推进的“扶贫特惠保”项目，为24193位贫困人口提供风险保障。合规经营。践行合规底线思想，排查合规风险隐患，建立风险防范体系，护航公司合规健康经营；每季度组织各部门参加反洗钱反非法集资等合规学习，加强队伍合规意识，保证公司健康发展。科技创新。个人客户方面，推进“510极速查勘”和“三极”（极暖、极速、极爽）项目落地，提升查勘时效和客户感受。团体客户方面，完善风险预防服务方式、搭建专门风控团队、加强防灾防损服务，加强保险服务实体经营的稳定器作用。团队建设。公司成立员工服务小组，开展团建活动、生日关怀、走访慰问等方式加强公司员工归属感，增强公司凝聚力、向心力。

（罗　坤）

【中国平安人寿保险股份有限公司浏阳支公司】 2018年，中国平安人寿保险股份有限公司浏阳支公司完成保费收入10841万元，完成全年任务计划的101%，市场占有率22%，营销人力由年初的1644人发展为年末的1750人，全年理赔件数5872件、赔付金额1943.86万元、豁免保费397.23万元，结案率100%。业务发展。公司通过保险险种退出市场，以开门红产品为契机，利用平安集团（产险、银行、证券等）产品优势抢占当地市场，实现首季开门红，参加省公司开展的“四五”连动对抗赛活动，入围湖南省“四五”连动高峰英雄数145人完胜对手兄弟公司。完善培训机制，发展人力。公司制定新人小高峰、优才计划、平安大学荣誉表彰等活动激励员工留存发展，对新人入司采取岗前班、新人步步高班、新人冲锋班、02起飞班、准主任养成班、蟠龙新主管班等系列培训，培养员工职业素养、职业规划，帮助员工在平安就业发展，让员工有意愿在公司留存并晋升。客服与续收工作发展。加大客户服务专员技能培训，强化区域管理，加大银行代收知识培训，追踪在职营销员继续率提升，提高当期达成率，强化续期业务及基础管理；加强客服工作管理力度和区内勤管理体现服务品质，客户服务工作宣导“以客户为中心”的理念，开展VIP客户住院探视活动，“三八”妇女节送鲜花活动等，抓基础、抓服务，以“诚信、主动、求实、创新”精神打造平安寿险优质服务品牌。

（刘慧平）

科学技术

蓝思科技车间

科技管理

【概况】 根据《中共浏阳市委浏阳市人民政府关于印发〈浏阳市人民政府机构改革方案实施意见〉的通知》(浏发〔2011〕1号)和《中共浏阳市委浏阳市人民政府关于〈浏阳市人民政府机构设置的通知〉》(浏发组〔2011〕2号)精神，设置浏阳市科学技术局(以下简称市科技局)，加挂浏阳市知识产权局牌子。市科技局是市人民政府负责全市科学技术和知识产权工作的市人民政府工作部门。2018年，市科技局实施创新驱动发展战略，提升科技管理服务能力，以科技政策为指导，科技项目为支撑，全力服务全市经济发展大局。根据浏阳科技工作实际，研究出台《浏阳市关于推进科技创新的若干政策措施》，明确提出强化科技财政投入支撑、引导企业加大科研投入等十二条工作举措，配套科技发展计划及专项资金管理、知识产权、科技特派员、技术转移(分)中心(工作站)、技术交易、企业研发(R&D)经费投入、科技企业培育、众创空间星创天地等8项措施，构建起县域科技创新政策体系，引导企业积极开展自主创新和协同创新，实现县域科技工作全覆盖。牵头召开浏阳市科技创新大会。拓宽宣传渠道，建设政府网站专栏和"科技浏阳"微信公众号，召开全市科技系统工作会议，指导园区、乡镇、街道科技分管负责人和科技专干掌握科技政策，推动全市科技工作网格化管理。面向企业开展专利挖掘、专利质押融资、技术交易、高企申报、政策宣传会议13场，培训企业647家，走访企业160余家。全年预计完成R&D(研究与试验发展)经费投入16亿元；技术合同交易额达到8.4亿元，是2017年的2.31倍；建设科技孵化器43.7万平方米；新增高新技术企业62家，域内有效高新技术企业达到166家。

经科技部批准，浏阳市成为全国52家首批创新型(主题：科技支撑产业发展)县(市)建设单位。)

【落实科技政策】 落实"1+8"(《浏阳市人民政府关于印发〈浏阳市关于推进科技创新的若干政策措施〉的通知》,《浏阳市科技发展计划项目及专项资金管理办法》《浏阳市知识产权补助办法》《浏阳市科技特派员工作实施方案》《浏阳市技术转移(分)中心(工作站)补助办法》《浏阳市技术交易补助办法》《浏阳市企业研发(R&D)经费投入补助办法》《浏阳市科技企业培育补助办法》《浏阳市众创空间星创天地补助办法》)科技政策，兑现各项补助。向上对接，指导域内企业申报国家、省、市科技项目，提前完成3倍争资任务，争取上级项目资金7500余万元。全年下达本级科技计划项目196个、知识产权项目134个、科技特派员项目44个、高新技术企业奖补项目27个、研发(R&D)经费投入补助项目40项、技术交易补助项目3项、众创空间星创天地补助项目9项，安排项目资金1592.5万元(含园区高企奖补资金190万元)。

【科技项目管理】 抓好项目申报、评审、验收等环节作风建设，充实专家库，强化项目评审专业性，实现立项前现场考察全覆盖，对项目真实性、可行性进行把关。做好到期项目结题验收，确保科技专项资金使用成效。6—8月，组织开展2016—2017年到期246项本级科技计划项目验收工作，实现科技计划项目现场验收全覆盖，查实问题20项，形成专题验收报告，全面摸清本级科技计划项目实施情况。

【科技特派员工作】 扩宽工业类科技特派员选派渠道，从南京理工大学、浙江理工大学、湖南省农科院等单位选派工业类科技特派员5名，赴企业生产一线开展技术帮扶工作。派驻农业类科技特派员50名(含长沙市派特派员11名)实现省级贫困村全覆盖，开展农业技术培训121场，培训农民16800人次，推广新技术、新产品46项，引进新品种33个，组织科技计划项目20项。

【召开科技创新大会】 7月30日，浏阳市召开科技创新大会，研究部署全市科技创新工作，33名农业类科技特派员、760余家规模以上企业代表等1000余人参加会议，会上，成立科技创新专家咨询委员会，并向委员会委员颁发证书。科技创新专家咨询委员会成员包括中国科学院院士周其凤、中国工程院院士印遇龙、谭建荣以及来自生物医药、智能制造、鞭炮烟花、工程信息等领域的专家学者，他们将围绕浏阳科技创新和高质

7月30日，浏阳市召开科技创新大会　　（市科技局　提供）

量发展等重大需求开展专题调研、提出咨询意见，重点是紧扣浏阳铺排的15条新兴和优势产业链部署创新链，力求在核心技术上实现突破，推动科技创新与产业发展深度对接。人民网、新华社、湖南卫视、新湖南、湖南经视、《长沙晚报》、长沙新闻频道、掌上长沙等8家媒体对大会宣传报道。2015年以来，浏阳市委、市政府推动以科技创新为核心的全面创新，构建科技创新“1+8”政策体系，科技（知识产权）工作先后获“全国科技进步先进县市”“湖南省科技管理先进单位”“湖南省科技成果转化示范县（市）”“湖南省可持续发展实验区”和“湖南省知识产权工作先进单位”等荣誉。同时，浏阳开展科技助力乡村振兴工作，每年派遣科技特派员赴基层一线开展科技创新工作，实现省级贫困村科技特派员全覆盖。

【浏阳上榜全国首批创新型县（市）建设名单】 2018年，市科技局多次召开专题会议研究讨论，以“科技支撑产业发展”为主题，撰写《浏阳市创新型县（市）建设方案》，以湖南省专家评审第一名的成绩被推荐至科技部。12月14日，科技部印发《关于公布首批创新型县（市）建设名单的通知》（国科发农〔2018〕301号），明确52个县（市）为全国首批创新型县（市）单位，建设主题包括科技支撑产业发展、科技支撑生态文明、科技支撑民生改善3个类别，浏阳榜上有名。近三年，浏阳市完成专利申请4606件，取得科研成果700余项，开发新产品512个、新技术250余项。2018年1—10月，浏阳共认定登记的技术合同60余项，合同金额7.78亿元，同比增长138%；29家企业进入湖南省2018年第一批高新技术企业认定公示名单并通过公示期。截至2018年12月，全市有高新技术企业101家，科技创新“小巨人”企业43家。浏阳高新区共引进产业项目45个，合同引资178亿元，2018年有40个产业项目建成投产；浏阳经开区重点谋划产业项目建设，全年铺排重点项目58个，计划总投资920.59亿元，全年投资164.49亿元。12月27日，全国县域创新驱动发展现场会在长沙召开，会上，长沙市委常委、浏阳市委书记黎春秋以《力推县域科技创新加速新旧动能转换》为题，作典型交流发言，现场推介浏阳市在推进县域科技创新、加速新旧动能转换上的“浏阳经验”。同日，部分参会代表到浏阳考察县域创新驱动发展工作，参观考察蓝思科技集团、浏阳市中洲烟花集团、永安镇芦塘村湾里屋场等地，实地了解浏阳市在推进县域科技创新中的经验和做法。

（肖芬姿）

知识产权

【概况】 围绕长沙对浏考核要求，强化知识产权工作考评机制，印发《2018年乡镇街道园区专利申请指标任务分解》文件，规范基层单位专利申请工作。全市完成专利申请2627件，同比增长57.4%；发明专利申请达到861件，同比增长74.3%。鼓励发明创造，支持创新创业，促进专利运用，加强专利保护和管理，促推市域科技创新进步，出台《浏阳市人民政府办公室关于印发〈浏阳市知识产权补助办法〉的通知》（浏政办发〔2018〕3号）文件。落实2017年各类知识产权补助93.35万元。

【专利申请】 开展发明专利申请增量“百日大行动”，召开专利挖掘培训会议100余场次，全市培育专利密集型企业25家，专利申请和发明专利申请增速实现突破，加满分完成上级考核任务。

【知识产权保护】 全年组织相关单位出动执法人员5262人次，开展执法行动332次，检查集贸市场、超市、销售门店3281家，立案479件，办结476件，涉案金额406.87万元，有效遏制侵犯知识产权和制售假冒伪劣商品等违法行为。

（肖芬姿）

科学普及

【概况】 浏阳市科学技术协会内设办公室和科普科，下设二级机构中国农函大浏阳分校。负责统筹协调全市科普工作的开展，普及科学知识，推广先进技术，提高全民科学文化素质，管理和指导自然科学学会研究会业务工作，组织开展学术交流活动，反映科技工作者的意见和诉求，维护科技工作者合法权益，为广大科技工作者服务。2018年，浏阳市科协履行科协组织“四服务一加强”（服务科技工作者、服务创新驱动发展战略、服务公民科学素质提高、服务党委政府科学决策、加强自身建设）职能，完成全年工作。

【主题科普活动】 5月25日，浏阳市“全国科技工作者日（5月30日）”座谈会在浏阳市高新区召开。9月，举办“全国科普日”活动，组织青少年心理健康知识大讲堂、科普知识有奖问答、科普影院、科普地图(第二季)等分活动,被中国科协评为"2018 年全国科普日予以表扬活动单位"。全年组织开展"科普美丽乡村行活动",赴张坊、古港、官桥等乡镇开展科普大篷车巡展活动 28 次。在《浏阳日报》开设"科普在身边"专栏,刊登相关宣传报道 25 期。

【科普组织建设】 强化基层组织能力建设,启动提升基层科协组织力"3+1"("3"指吸纳医院院长、学校校长、农技站站长"三长"进入乡镇科协领导机构兼职挂职、发挥作用,"1"指加强上级科协指导)试点工作,在淳口镇、金刚镇开展试点工作。启动科普小镇建设,获上级科协肯定,被《长沙晚报》专题报道。开展"科普中国•百城千校万村行动"活动,浏阳市科协被湖南省科协评为"湖南省 2017 年科普中国•百城千校万村行动县市区级优秀组织单位",浏阳市科协选送的《紧扣时代主题　创新科普模式》案例被评为"湖南省 2017 年科普中国•百城千校万村行动优秀典型案例"。向长沙市科协申报科普 e 站屏媒一体机 11 台,在西正社区、神仙坳社区建设科普社区 e 站,永安镇、古港镇建设科普乡村 e 站,淮川街道联城社区和北园社区被评为长沙市科普社区。

【科普惠民计划】 配合上级做好 2017 年国家、湖南省、长沙市级科普项目的绩效评价及项目跟踪落实等工作。组织开展国家、省、市级科普项目的申报,其中淮川街道西正社区获 2018 年国家"基层科普行动计划"专项支持;向长沙市科协申报科普示范基地、科普示范社区、农村科普带头人认定 12 人次,高坪镇科普乡村 e 站站长宣桔仁成功申报湖南省级"基层科普行动计划"农村科普带头人。浏阳市大围山缘润水果种植合作社等 7 家基地被评为长沙市先进农村科普基地,孔蒲中等 5 人被评为长沙市农村科普带头人,全年争取上级政策性支持 110 余万元。

【创新驱动示范建设】 围绕服务产业和企业科技创新,成立县(市)级科技创新专家咨询委员会,邀请周其凤、谭建荣、印遇龙 3 名院士、9 名行业专家加入,先后联系南京理工大学教授潘功佩委员对接市世纪红烟花、中洲烟花等公司,联系湖南大学教授张小刚带领团队与市跃奇节能电器公司在花炮机械自动化设计生产领域达成合作协议,联系中南大学教授黄启忠与湖南湘贤科技公司就新材料研发与应用方面开展合作。11 月 23 日,在中国科协举办的全国城市科协服务企业创新工作交流会上,浏阳市科协作为湖南省唯一发言代表,作题为《引智入企激活力　创新驱动在浏阳》的典型发言。11 月 30 日,长沙市科学技术协会批准浏阳经开区安邦制药建设长沙市"海智计划"工作站。

【院士专家工作站建设】 1 月,湖南汇湘轩生物科技股份有限公司、湖南袁创超级稻技术有限公司获批建设长沙市级院士专家工作站;4 月,湖南袁创超级稻技术有限公司获批建设湖南省级院士专家工作站。实施创新驱动发展战略,截至 2018 年,浏阳市建成 9 家院士专家工作站,吸引 8 名两院院士、近 70 名创新团队专家投入到多项研发合作项目,在智能制造、医药化工等领域实现多项全新技术突破。邀请中国科学院院士芮筱亭,中南大学、湖南大学、南京理工大学、省机械工程学会、省自动化学会等有关专家到浏阳开展服务企业科技需求对接活动。

【搭建平台开展学术交流活动】 围绕浏阳重点产业和行业发展,建设各行业高级职称人才信息库,搭建人才信息平台,为产业发展和科技需求对接提供智力服务。围绕全市 15 个优势产业链相关的科技问题,组织开展跨行业、跨领域重点课题研究活动。组织开展创新型城市建设和智能制造产业升级课题咨询活动,形成相关建议和方案报市政府和市政协。5 月,以"创新引领,开放崛起"为主题,在全市范围内组织征集浏阳市第九届自然科学学术年会论文,8 月底,经浏阳市科协综合评审,推荐 51 篇论文参加长沙市科学技术学术年会优秀论文评选,内容涵盖农林、医药、管理等领域,9 篇获 2018 年长沙市科学技术学术年会优秀论文奖,其中一等奖 1 篇,二等奖 5 篇,三等奖 3 篇。11 月,举办以"推进乡村振兴,打造美丽浏阳"为主题的浏阳市第八届自然科学学术年会,全市 16 家市级学会(协会、研究会)、32 个乡镇(街道)科协以及 60 余个乡村振兴典型和乡村实体经济代表参会。年会上,表彰奖励一批优秀论文作者及论文征集优秀组织单位。

【组织召开浏阳市"全国科技工作者日"座谈会】 5 月 25 日,浏阳市科协在浏阳市高新区组织召开浏阳市"全国科技工作者日"座谈会。会议邀请到园区 20 家企业科技工作者代表参会,浏阳市副市长詹萍萍出席会议,与一线科技工作者们进行面对面交流。2018 年 5 月 30 日是我国第二个"全国科技工作者日",座谈会以"科技创新、强企富民"为主题,了解园区科技创新工作情况和科技工作者代表们的对企业发展、政府决策的建议以及自身需求,向科技工作者代表表达节日问候。

【浏阳市科协获评省 2017 年科普中国•百城千校万村行动优秀组织单位】 7 月 24 日,湖南省科协公布湖南省 2017 年科普中国•百城千校万村行动总结评审结果,浏阳市科协被评为"湖南省 2017 年科普中国•百城千校万村行动县市区级优秀组织单位",浏阳市科协选送的科普案例《紧扣时代主题　创新科普模式》被评为"湖南省 2017 年科普中国•百城千校万村行动优秀典型案例"。自 2017 年起,浏阳市科协响应上级科协号召组织开展"科普中国•百城千校万村行动",推进科普乡村 e 站、社区 e 站和科普公园等科普信息化设施在浏阳市的落地。乡村 e 站依托"五大"服务平台(实用技术学习平台、远程互动培训平台、即时信息查询平台、农村电商创业平台、专家在线服务平台),带动周边农户脱贫致富,助力科技精准扶贫;科普屏媒结合浏阳市"最多跑一次"改革,将社区政务工作与科普智能化设备相融合;松山屋场科普公园将科普信息化技术整合至美丽乡村建设,助推科教经济发展。

【成立浏阳市科技创新专家咨询委员会】 7月30日，浏阳市召开科技创新大会，大会上正式宣告成立浏阳市科技创新专家咨询委员会，中国科学院周其凤院士任委员会主任，中国工程院印遇龙、谭建荣两名院士任委员会副主任，王宇红、张小刚、陈汉春、姜德建、秦丹、黄启忠、黄明辉、曹立波、潘功配9名省内外高等院校、科研院所和企事业单位及有关部门的科技专家、学者任委员会委员。浏阳市科技创新专家咨询委员会是湖南省首个县(市)级科技创新专家咨询委员会，是浏阳市委、市政府的高层次决策咨询机构，对接生物医药、先进复合材料、绿色食品、烟花爆竹、碳基材料、新能源汽车、再制造、智能装备、汽车及零配件等浏阳优势产业链，结合实施创新驱动发展战略，围绕区域发展布局、产业转型升级、重大项目咨询论证提供专业建议，服务科技工作者进军科技创新和经济建设，为浏阳市委、市政府科技创新领域内的重大决策提供科学依据，为浏阳市经济社会全面、协调、可持续发展提供智力支持和咨询服务。

【2018年浏阳市全国科普日活动】

9月27日，2018年浏阳市全国科普日活动启动仪式在浏阳城区举行，启动仪式上对2018年长沙市级科普基地、科普带头人、科普社区进行授牌。2018年浏阳市全国科普日活动由浏阳市委、市政府主办，浏阳市科协、市科技局承办，市教育局、市经信局、浏阳日报社协办，围绕“创新引领时代，智慧点亮生活”主题策划十大活动，包括组建成立全省首家县(市)级科技创新专家咨询委员会、启动科普小镇建设、举办青少年心理健康知识大讲堂、科普知识有奖问答、“最强大脑”(珠心算)比赛、科普影院、科普地图(第二季)等，覆盖未成年人、农民、城镇劳动者、领导干部和公务员以及社区居民五大重点人群，活动时间从9月持续至12月。12月10日，中国科协办公厅公布2018年全国科普日表现突出的组织单位和活动，2018年浏阳市全国科普日活动获得中国科协通报表扬。

【浏阳科普小镇建设获省科协表扬】

科普小镇建设工程是2018年浏阳市全国科普日系列活动之一，在9月份的浏阳市全国科普日启动仪式上正式启动。该工程计划在未来三年时间，探索“产业+旅游+科普”的发展模式，在产业链中融入科普元素，建设特色科普旅游小镇，在古港镇打造科普“一场二基地三园四站”，即打造一个科普广场，两家服务亲子互动、休闲体验的农耕基地，三个科普公园即中澳蓝鹰科普公园、梅田湖松山科普公园、古城村湿地公园，四个科普站点即沔江乡村科普e站、古港中心完小校园科普e站、桃园社区科普e站、院士专家工作站。以“产业支撑、科普搭台、旅游唱戏”的形式吸引游客，普及科学知识，提高全民科学文化素养，实现科学普及与经济效益双赢。12月13日，湖南省科协公布全省2018年全国科普日予以表扬的组织单位和活动，浏阳市启动科普小镇建设工程获登“2018年全国科普日(湖南)予以表扬活动”名单。

(谭润秋)

9月27日，2018年浏阳市全国科普日活动启动仪式在浏阳城区举行

(浏阳市科协 提供)

水 文

【概况】 浏阳市水文局负责全市境内的水文检测、水环境监测及水文情报预报工作。2018年，辖双江口、清水2个基本水文站，沙市、文家市、沿溪3个中小流域水文站，达浒、镇头、金刚、炉前4个中小流域水位站，浏阳河、捞刀河上省级水功能区和重要饮用水源地、株树桥库区19个水质监测断面和42个雨量报汛站（基本雨量报汛站14个、中小流域报汛站28个）。翟志荣参与编制的《双江口水文站流量巡测方案》《双江口水文站泥沙精简测验分析》通过上级主管部门批复，并运用于工作实际。

【水文监测】 水文监测项目包括水位、水温、流量、泥沙、降雨量、蒸发、墒情。2018年，浏阳市累计平均降雨1462.6毫米，比历年同期均值偏少9.55%。入汛以来（4月1日8时—9月30日8时），全市累计平均降雨901.9毫米，较历年同期偏少16.86%。基本水文站双江口站(水位数据采用冻结基面高程)：全年测流74次，取单沙100次，输沙10次；实测最大流量495立方米每秒，年径流量12.13×108立方米，平均输沙率0.601千克每秒；年降雨量1364.9毫米，年蒸发量715.8毫米，全年最高水位22.09米(水位均为冻结基面以上水位)。基本水文站清水站(水位数据采用黄海基面高程)：全年降水量1516.0毫米，实测最大流量9.97立方米每秒，相应水位182.36米，实测最小流量0.181立方米每秒，相应水位181.93米，最高水位182.41米，最低水位181.91米。

【水环境监测】 2018年，浏阳市水文局管辖浏阳河、捞刀河上省级水功能区和重要饮用水源地、株树桥库区19个水质监测断面，动态监控水质变化，每月将监测结果和形成原因及时向浏阳市政府、水行政主管部门进行汇报，并提出水资源保护的参考意见，每月向长沙市政府、浏阳市政府及相关单位报送《长沙市株树桥水库水资源质量状况通报》。

【水文服务】 浏阳市水文局6次参加浏阳市防汛抗旱工作会议，向市领导分析、汇报雨水情势。1月，对大断面、水尺、水准点进行测量，整理、计算和校核测量资料进。2月，制订水情工作计划上报长沙市水文水资源勘测局水情科，组织全局人员学习《水情拍报编码》《拍报任务书》及新发报软件。3月，完善制度机制。增加中小河流站点高洪测验方案，修订物资财产转移方案等应急预案，增加雷达波测流、ADCP测流、电热恒温干燥箱、水文测量等项目的操作规程，对所辖38个雨量站设备进行检查和维护。修订高洪应急预案，开展安全生产督查和高洪演练，开展防汛备汛准备工作。完成双江口站、清水站两个基本水文站、中小流域3个水位站、4个水文站的水准点、水尺零点高程、断面测量等任务，并采用新月报系统计算整理出成果。10月，对大断面、水尺、水准点进行汛后测量。

【2018年汛期雨水情】 4月，全市累计降雨175.5毫米，比历年同期均值(206.3毫米)偏少14.90%，月降雨总量最多的是大围山镇中塅水库，264.5毫米，全市降雨天数16天左右，日平均最大降雨量为36.9毫米(12日)。5月，全市累计降雨180.1毫米，比历年同期均值(221.3毫米)偏少18.62%，月降雨总量最多的是大围山镇楚东雨量站，307.0毫米，5月降雨天数偏多，全市各站点降雨天数在20天左右，日平均最大降雨量52.2毫米(11日)。6月，全市累计降雨101.8毫米，比历年同期均值(262.3毫米)偏少61.18%，全市各站点降雨天数在16天左右，日平均最大降雨量22.8毫米(8日)。7月，全市累计降雨223.1毫米，比历年同期均值(153.9毫米)偏多44.92%，月降雨总量最多的是淳口镇马尾造，296.5毫米，全市各站点降雨天数在17天左右，日平均最大降雨量为52.4毫米(1日)。8月，全市累计降雨100.1毫米，比历年同期均值(136.5毫米)偏少26.68%，月降雨总量最多的是金刚镇都庄，220.7毫米。8月，降雨天数偏多，全市各站点降雨天数在22天左右，日平均最大降雨量11毫米(8日)。9月，全市累计降雨79.0毫米，比历年同期均值(74.4毫米)偏多6.25%，月降雨总量最多的是大围山镇中岳，173.5毫米，全市各站点降雨天数在10天左右，日平均最大降雨量42.5毫米(23日)。

（谢　瑚　张胤儒）

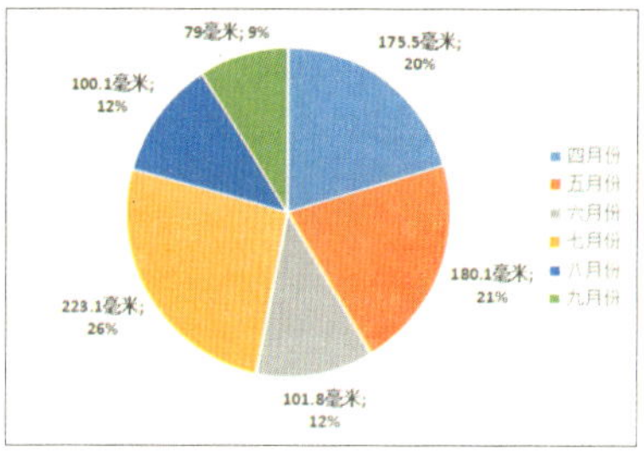

图4　浏阳市2018年汛期各月降雨量分布图

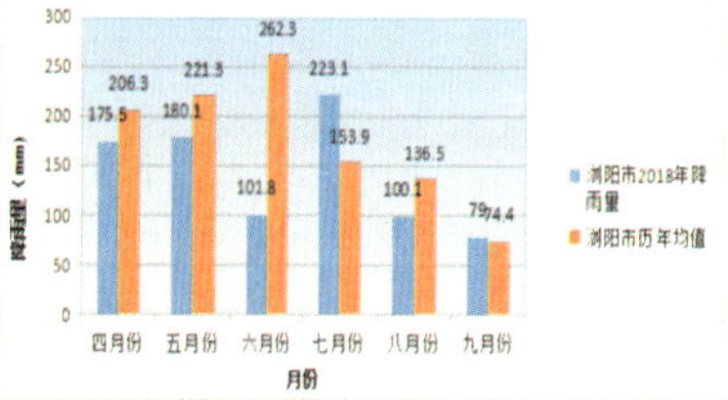

图5　浏阳市2018年汛期各月降雨量与历年均值对比图

表10　2018年中小河流水文(位)站年最高水位及汛期降雨情况表

水文(位)站	最高水位(米)	汛期各月降雨量(毫米)					
		4月	5月	6月	7月	8月	9月
达　浒	111.19（7月6日）	246.0	274.5	109.5	215.0	88.5	54.0
金　刚	77.12(7月12日）	134.0	113.0	113.5	121.5	165.0	43.0
镇　头	44.47（5月12日）	112.5	145.5	111.0	111.5	131.5	94.0
沙　市	61.80(7月1日）	171.0	159.5	65.5	223.0	99.5	75.5
文家市	138.00（4月23日）	189.5	144.0	89.5	197.0	166.0	47.5
沿　溪	90.01（5月12日）	211.5	198.0	101.5	196.5	74.0	45.5

气象服务

【概况】 浏阳市气象局属垂直管理事业单位，2018年，有干部职工18人，其中在编8人，聘用10人。内设办公室、法规与减灾科、气象台、防雷中心、气象科技服务部5个职能科室。承担浏阳市气象要素观测、天气预报、气象服务、气象预警、防雷安全监管、人工影响天气等工作。

【气象防灾减灾】 2018年，浏阳市降水偏少，4月至9月汛期间，总降水量较历年同期偏少26.9%，干旱形势严峻。该局立足“防大汛、抗大旱”方针，做好气象服务工作。防汛抗旱。主动向市委市政府主要领导及分管领导做好干旱形势汇报工作；开展人工增雨作业，制定《浏阳市人工增雨作业工作方案》，确保人工增雨作业有序、安全和进行；作业期间，气象台24小时轮岗值守，监测天气形势变化。6月29日至9月2日，安排火箭炮5台，作业人员15人，在沙市、龙伏、淳口、小河、古港、官渡、金刚、大瑶、中和、普迹、镇头、官桥等 15 个乡镇 24 小时驻点开展人工增雨作业。作业期间共计作业 125 批次，发射增雨火箭弹 380 发。作业期间全市平均降水量 304.1 毫米，作业点最大降水量淳口镇 412.8 毫米，累计降水 15.22 亿立方米，其中人工增雨贡献约 4.57 亿立方米。2018 年启动气象灾害应急响应 11 次，发布各类天气专题 402 期，其中《长期天气趋势预测》2 期、《重要天气消息》3 期、《天气情况汇报》36 期，《地质灾害气象风险预警消息》5 期；农业、烤烟、节假日等专题共计 356 期；发送气象服务预报预警短信息 107 万余条；通过农村广播村村响系统发送预警信息 38 条。

【安全生产】 2018 年，该局强化执法检查，规范中介服务市场，督促企业落实主体责任，加大宣传教育培训，全年没有出现亡人雷击事故。争取市政府办下发《关于加强防雷安全工作的通知》，要求强化防雷安全责任意识、健全防雷安全责任体系、落实防雷安全保障措施。市政府安排防雷安全管理经费 30 万元，同时安排 40 万元防雷技术服务费用于支付行政审批涉企中介服务费用，2019 年纳入部门基本财政预算。年内制定并落实《2018 年度安全生产工作方案》《局领导及科室安全生产职责分工的通知》，《安全生产打非治违“春雷百日行动”工作方案》《压实企业安全生产主体责任工作方案》；印发《开展升放无人驾驶自由气球或系留气球专项检查工作方案》通知，开展为期一个月的整治活动，气球巡查记录 30 份，发现违法施放氢气球活动 5 起，下达氢气球现场督查记录 2 份。与在浏防雷检测机构签订安全生产责任书；督促企业落实安全生产主体责任，要求企业防雷安全生产制度上墙，责任到岗到人，检测维护及时，痕迹化管理。开展检查执法活动，截至 10 月底，组织检查活动 56 次，检查企业 48 家，发现问题和隐患 16 处，发交办函 4 份，立案 3 起，组织防雷设施检测 1029 家，约谈企业负责人 7 人。开展气象领域消防安全大检查，发交办函 5 份。与中和镇、安监局、经信局、株树桥水库管理局等单位对浏阳海孚烟花制造有限公司、浏阳翔凤烟花制造有限公司、住保局、沧州天祥防雷检测有限公司、浏阳市万紫千红出口烟花制造有限公司 5 个单位开展防雷安全生产检查。做好防雷宣教培训及防灾减灾服务工作。开展安全生产培训 2 期，培训人员 20 多人；组织收看安全生产警示教育片 3 次，学习《地方党政领导干部安全生产责任制规定》；开展第十七个安全生产月活动，发放宣传资料 1000 份。全年通过短信平台发送交通、农业、森林防火、地质灾害等信息 32 条，合计 11 万余人 / 次，通过“浏阳气象”微信公众号宣传安全知识共计 39 期，通过浏阳气象电子显示屏发布相关预警信息、安全知识宣传等共计 25 次。向安监提供安全生产专题 105 期。做好防雷行政许可工作，受理防雷行政许可办件 271 件，办结 221 件。制定《浏阳市防雷安全监管示范市创建实施方案》。

（兰　娟）

资料：

浏阳市 2018 年度气候影响评价

一. 综述

2018 年浏阳主要天气气候事件有寒潮、冰冻、霜冻、暴雨、雷暴、雾、霾、连阴雨、雨水相对集中期、干旱、高温热害等。春夏季强对流天气频发，出现春夏秋连旱，冬季持续阴雨寡照天气，给农业生产带来不利影响。

二. 基本气候概况

2018 年天气气候情况复杂，年平均气温异常偏高，为 18.4℃，比历年同期平均偏高 0.9℃，为有气象记录以来的第一高值年。降水偏少，年降水量 1231.6 毫米，比历年同期平均偏少 319.7 毫米，偏少 21%；雨日 153 天，较历年平均偏少 5 天；雨季开始于 4 月 12 日，较历年平均推迟 10 天，雨季结束时间不明显；全年共出现 11 次区域性或局地暴雨过程，3 次全域性暴雨，7 月 1—10 日累积降雨量 151.1 毫米，出现雨水相对集中期。年日照时数 1516.7 小时，较历年同期平均偏少 78.1 小时。无霜期 321 天。

（一）气温

2018 年平均气温 18.4℃，较历年异常偏高 0.9℃，比 2017 年偏高 0.2℃，为有气象记录以来的最高值。极端最高气温 38.2℃，出现在 8 月 12 日，极端最低气温 -4.1℃，出现在 2 月 6 日。除入春时间与历年相同外，入夏、入秋、入冬时间均推迟，其中入夏推迟 7 天，入秋推迟 8 天，入冬推迟 34 天。

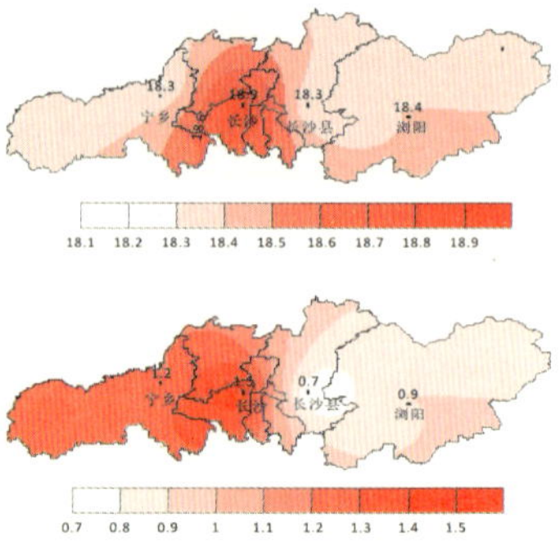

图 6　长沙地区 2018 年气温（上）、距平（下）空间分布图（单位：℃）

1. 气温的四季特征

冬季平均气温 7.0℃，较常年同期正常略高 0.2℃，较 2017 年同期偏低 2.0℃。

春季平均气温 19.3℃，较常年同期显著偏高 2.3℃，较 2017 年同期偏高 1.7℃。为有历史记录以来的最高值。

夏季平均气温 28.3℃，较常年同期正常略高 0.9℃，较 2017 年同期偏高 0.8℃。为有历史记录以来的第二高值。

秋季平均气温 19.0℃，较常年同期正常略高 0.4℃，较 2017 年同期偏低 0.4℃。

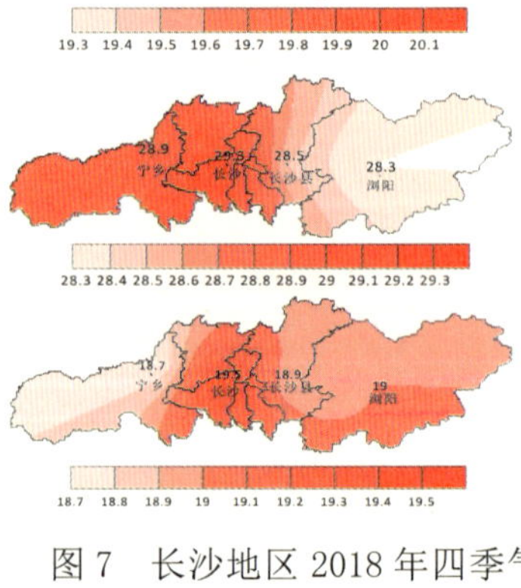

图 7　长沙地区 2018 年四季气温空间分布图（单位：℃）

(由上至下:冬季、春季、夏季、秋季)

2. 气温的年内变化

2018 年 1、10 月气温正常略低;2 月、6 月、7 月、11 月气温正常略高;3 月、5 月、9 月气温异常偏高;4 月、8 月气温显著偏高;12 月气温与历年持平。月平均气温最高值出现在 7 月,最低值出现在 1 月(图 3)。浏阳 5 月平均气温 24.9℃,为有气象记录以来的最高值;3 月为历史第二高值;9 月为历史第三高值。

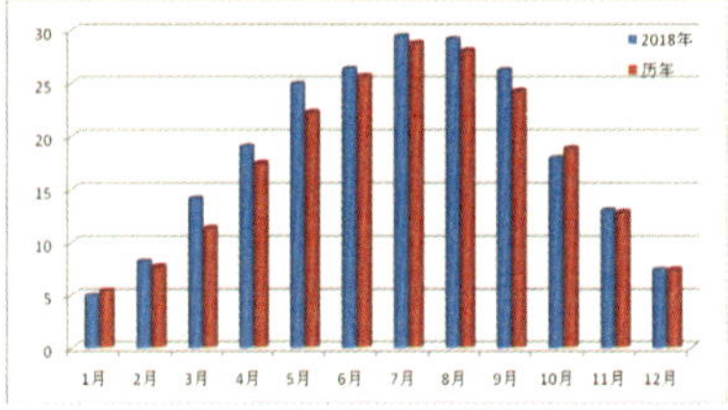

图 8　2018 年浏阳逐月平均气温与历年平均对比图(单位:℃)

2018 年共出现 4 次高温过程,6 月 15—19 日、6 月 25—29 日、8 月 6—15 日出现轻度高温热害,7 月 15—31 日出现重度高温热害。年内没有出现连续 5 天日平均气温≤0℃的严寒期。

(二)降水

2018 年浏阳地区年降水量 1231.6 毫米,较历年偏少 319.7 毫米,属偏少年份;年降水总量为有历史记录以来的第四低值,上半年(1—6 月)降水总量为有历史记录以来的最小值。

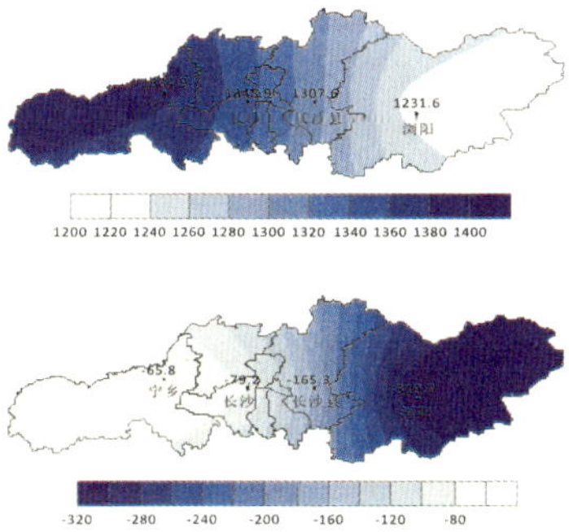

图 9　长沙地区 2018 年降水量(上)、距平(下)空间分布图(单位:毫米)

1. 降水的四季特征

2018 年汛期浏阳总降水量 727.3 毫米,比历年同期 995.4 毫米,偏少 268.1 毫米,偏少 27%。根据气象干旱指数监测,6—7 月浏阳出现重度气象干旱;8—9 月浏阳出现中度气象干旱。

冬季降水偏少,较历年同期偏少 15%,其中 2 月显著偏少 55%。春季降水偏少,较历年同期偏少 34%,其中 3 月显著偏少 57%。。夏季降水偏少,较历年同期偏少 28%,其中 6 月显著偏少 58%。秋季降水偏多,较历年同期偏多 23%,其中 11 月显著偏多 68%。

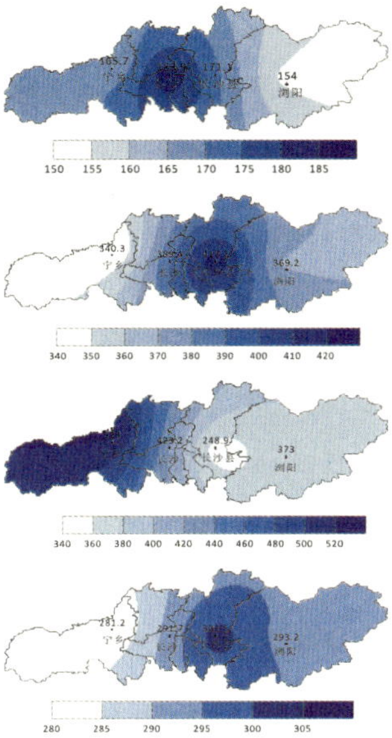

图 10　长沙地区 2018 年四季降水空间分布图(单位:毫米)

(由上至下:冬季、春季、夏季、秋季)

2. 降水的年内变化

2018 年各月降水量与历年同期相比,1 月、4 月降水正常略少;5 月、9 月降水偏少;2 月、3 月、6 月、8 月降水显著偏少;7 月、11 月降水显著偏多;10 月、12 月降水偏多。3 月、6 月、8 月降水量为历史第二低值。

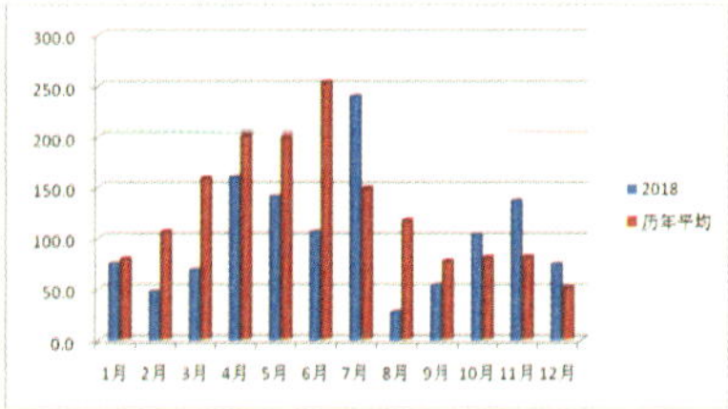

图 11　2018 年浏阳逐月降水量与历年平均对比图(单位:毫米)

雨季开始于 4 月 12 日,较历年平均推迟 10 天,雨季结束时间不明显。

2018 年雨日 153 天,较历年同期偏少 5 天。

(三)日照

2018 年浏阳年日照时数 1516.7 小时,较历年平均偏少 78.1 小时,属偏少年份。

冬季日照时数 275.4 小时,偏多 34.3 小时。按日照多寡划分标准,偏多。

春季日照时数 382.9 小时,偏多 63.6 小时。按日照多寡划分标准,偏多。

夏季日照时数 588.0 小时,偏少 11.0 小时。按日照多寡划分标准,略少。

秋季日照时数 372.8 小时,偏少 62.6 小时。按日照多寡划分标准,偏少。

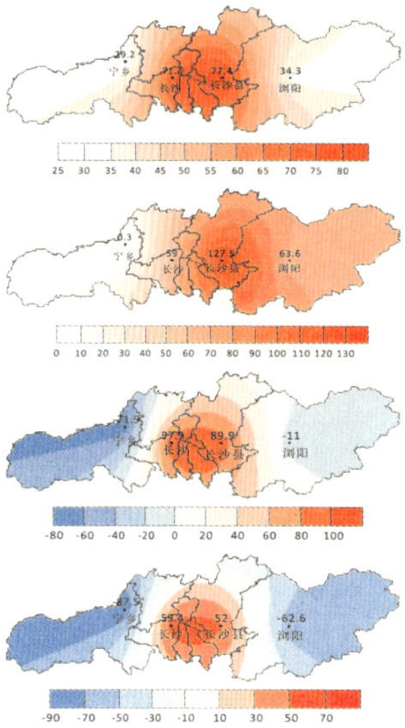

图 12　长沙地区 2018 年四季日照时距平数空间分布图(单位:小时)

(由上至下:冬季、春季、夏季、秋季)

全年各月日照时数与历年同期相比,1 月、11 月偏少;2 月、3 月显著偏多;4 月偏多;5 月、6 月、8 月、9 月、10 月正常略少;7 月正常略多;12 月显著偏少。

其中 3 月日照时数为历史第四高值;12 月日照时数为历史最低值。

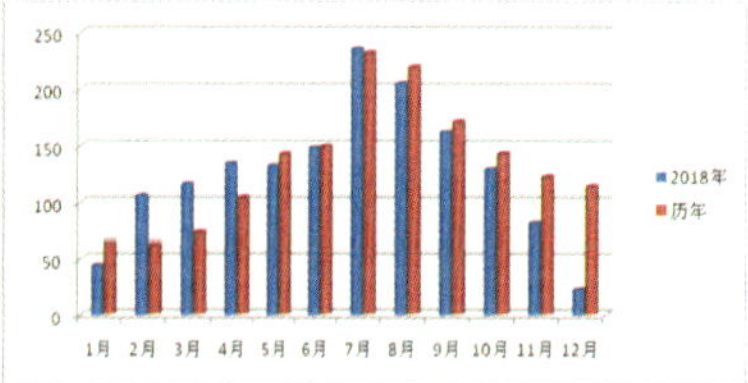

图 13　2018 年浏阳逐月日照时数与历年平均对照图(单位:小时)

(四)风

浏阳的主导风向为 E,出现频率为 15.6%,东北东次之,均为 15.1%,其他风向的频率均在 10%以下;西风向的平均风速最大,为 2.1 米 / 秒,超过 2.0 米 / 秒的还有西南西、西北西。

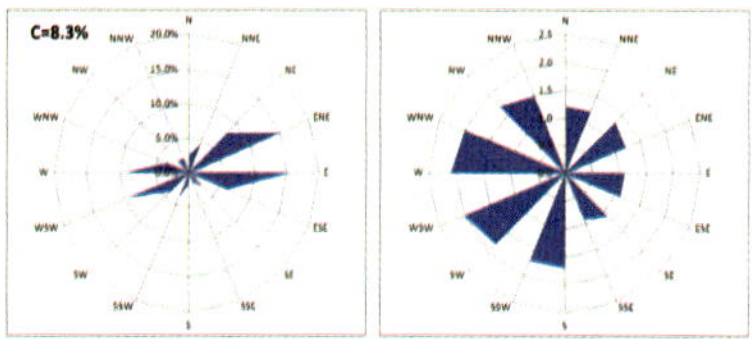

图 14　浏阳 2018 年风向(左)和风速(右)玫瑰图

三、主要天气气候事件及其影响

2018年主要天气气候事件有寒潮、冰冻、霜冻、暴雨、雷暴、雾、霾、连阴雨、雨水相对集中期、干旱、高温热害等。春夏季强对流天气频发，出现春夏秋连旱，冬季持续阴雨寡照天气，给农业生产带来不利影响。

（一）历史最暖春季

2018年春季平均气温19.3℃，较常年同期异常偏高2.3℃，较2017年同期偏高1.7℃。为有气象记录以来最高值。

（二）寒潮

12月26—30日，北方冷空气侵袭，出现一次大范围寒潮天气，最低气温降幅8.0℃～9.0℃，且最低气温降至-3℃～-2℃，高寒山区-7℃～-5℃，达到寒潮标准。12月29日晚至30日白天，普降暴雪，积雪深度6厘米。

（三）连阴雨

11—12月，出现持续阴雨寡照天气，12月日照时数为历史最低值。11月10—18日，全市阴雨天气持续9天，达到“轻度连阴雨”标准。12月2—11日，全市阴雨天气连续10天，达到“中度连阴雨”标准。

12月19日—1月20日，浏阳连续无日照日数达到33天，突破历史极值，达到“重度连阴雨”标准。阴雨寡照天气导致日照时数较常年偏少80小时～100小时，影响大田作物光合作用和干物质积累，温室大棚内光照不足，蔬菜等作物长势偏弱。

（四）雷暴大风

4月3日，出现雷暴大风，极大风速15.1米/秒。多处广告牌、小树被大风吹倒，多地民房屋顶被掀开。

5月19日，出现雷暴大风，极大风速6～7级。

7月12日，受台风“玛莉亚”外围影响，极大风速18.0米/秒（浏阳横山河）；22日出现雷暴大风，极大风速21.0米/秒（浏阳乌石村）；23日出现雷暴大风，极大风速20.0米/秒（浏阳唐家园村）；31日，出现雷暴大风，极大风速19.0米/秒（浏阳升平村）。

8月3日，出现雷暴大风；8日，出现雷暴大风，极大风速20.6米/秒（浏阳严坪村）；11日，出现雷暴大风，极大风速24.7米/秒（浏阳大瑶）；16日，出现雷暴大风。

9月18日，石湾水库出现雷暴大风，极大风速17.5米/秒。

（五）暴雨

2018年共出现8次区域性或局地暴雨过程，分别出现在4月3—4日、4月11—13日、4月22—23日、5月12日、6月19日、7月1日、7月12日、8月31日。全年24小时最大雨量为浏阳常丰村215.4毫米（6月30日20时—7月1日20时），1小时最大雨量为浏阳常丰村79.1毫米（7月1日10—11时）。出现雨水相对集中期，7月1—10日累计雨量151.1毫米。

4月3—4日浏阳市东部出现暴雨。

4月11—13日浏阳东部暴雨，最大雨量81.4毫米（浏阳高坪镇）。

4月22—23日浏阳东部暴雨，最大雨量82.3毫米（浏阳文家市镇）。

5月12日，浏阳普降大到暴雨，东部局地大暴雨，最大雨量103毫米（浏阳大湖镇），最大1小时雨量56.7毫米（浏阳柏加镇）。

6月19日，浏阳东部暴雨，最大雨量95.1毫米，最大小时雨量68.4毫米，均出现在浏阳七星岭村。

7月1日，浏阳西部出现暴雨，局地大暴雨，最大雨量215.4毫米，最大1小时雨量79.1毫米（均出现在浏阳常丰村）。

7月12日，受台风“玛莉亚”影响，普降大到暴雨，东部局地大暴雨。

8月31日，浏阳局地暴雨。

（六）高温热害

2018年≥35℃的高温日数42天。全年有4次高温热害过程，出现在6月15—19日、6月25—29日、7月15—31日、8月6—15日，最长持续天数为17天，达到“重度高温热害”标准。

（七）干旱

汛期，浏阳市区域性暴雨过程较少，出现不同程度的干旱。采用气象干旱综合指数Ci进行气象干旱评价。当Ci指数连续10天达到轻旱或以上等级时，则确定为发生一次干旱过程，干旱过程的开始日为第一天Ci指数达轻旱或以上等级的日期。在干旱发生期内，当Ci指数连续10天为无旱等级时，干旱过程结束，结束日期为最后一次Ci指数达轻旱或以上等级的日期。干旱过程开始到结束期间的时间为干旱持续时间。

根据上述定义，2018年干旱过程有：3月29日—4月6日、5月17日—7月2日、8月5日—10月13日，持续137天；其中4月1—6日、5月23—31日、6月4—10日、6月20—30日、8月11—21日、8月22日—9月22日达到“中度干旱”标准；4月7—11日、6月11—19日达到“重度干旱”标准。

总体而言，2018年春夏秋季各地干旱形势严峻，干旱天数高达137天。6月29日—9月2日，历时64天，浏阳市在沙市、龙伏、淳口、小河、古港、官渡、金刚、大瑶、中和、普迹、镇头、官桥等15个乡镇开展人工增雨作业125批次，发射增雨火箭弹380发，作业点最大降水量淳口412.8毫米。全市平均降水量304.1毫米，累计降水15.22亿立方米，其中人工增雨贡献约4.57亿立方米。作业过程没有出现一例安全事故。

（八）雾、霾

2018年大雾日数44天，与历年平均相比，偏多12天。

2018年霾日数1天。

（九）冰冻

1月，雨凇现象2天，电线积冰厚度1毫米，出现轻度冰冻。

（十）霜冻

1月，霜冻日5天。

2月，霜冻日7天。

四、气候影响评价

综观全年，2018年出现寒潮、冰冻、霜冻、暴雨、雷暴、雾、霾、连阴雨、雨水相对集中期、干旱、高温热害等天气气候事件，气象灾害损失较为严重。对农业的气象灾害主要体现在干旱、暴雨、连阴雨、雷雨大风等。大雾、暴雨、雷雨大风、道路结冰是引发交通事故的主要气象因素，阴雨、结冰天气道路湿滑，大雾天气能见度低，给市民出行及城市交通带来不利影响，暴雨、短时强降水常引起城市内涝，阻断和影响城市交通。春夏秋连旱给市民生产生活带来不利影响。秋冬季多阴雨天气，给水利工程施工带来不利影响，造成各地水利建设进度缓慢。

（兰　娟）

教　育

浏阳文庙

综　述

【概况】 2018 年，浏阳市有各级各类学校 412 所，其中小学 302 所，初中 52 所，普通高中 12 所，中等职业学校 6 所，艺术学校 1 所，特殊教育学校 1 所，教师进修学校 1 所，素质教育培训中心、校外活动中心各 1 所，民办九年一贯制学校 1 所，民办高级中学 2 所，乡镇(街道)社区学校 32 所。专任教师 9455 人，其中小学 3907 人、普通中学 5097 人、中等职业教育学校 451 人。在校学生 188266 人，其中小学 106307 人、初中 47883 人、高中 24548 人、中等职业学校 9326 人、特殊学校 202 人。另有幼儿园 415 所，教职员工数 5662 人，在园幼儿 58465 人。

2018 年，浏阳市教育系统突出政治建设，全面接收初中和民办教育党组织，成立首届中共浏阳市民办教育委员会，党组织覆盖到全市中小学(幼儿园)。推进城乡教育均衡发展，新建学校 5 所，公办幼儿园 6 所，建设标准化学校 70 所，新增学位 10875 个，小学、初中适龄儿童入学率、巩固率和符合条件外来务工随迁子女就地入学率 100%，初中毕业生升学率 96.5%，普职分流比实现 6∶4。推进干部教师队伍建设，落实市委、市政府人才新政战略部署，开展面向社会公开招聘、免费师范生招聘、高校专场招聘等教师招聘工作，实施校长教师交流，推动优秀教师向乡村学校及薄弱学校合理流动，组织开展管理干部、骨干教师异地高端培训，实施“卓越教师”培养计划。加强编外合同制教师管理，落实编外合同制教师社会保障，化解代课教师劳务纠纷。推进各类教育优质发展。探索幼儿园多元化发展模式，推进学前教育三年行动计划；按照城乡学校建设标准、教师编制标准、生均公用经费基准定额、基本装备配置标准等“四个统一”的要求，推动义务教育均衡发展；实施高中扩容提质工程，推进普及高中阶段教育工作；优化职业教育发展布局，完成职校新建和整体移交工作，增强职业教育服务发展的能力；开展社区教育管理督查，居民培训和在线学习常态化开展；贯彻落实新的《民办教育促进法》，规范民办学校审批程序和日常管理，民办教育规范发展。

2018 年，浏阳市完成年度目标任务，获省级以上荣誉 8 项，市级以上 21 项。高标准创建“全国中小学校责任督学挂牌督导创新县（市）”，并获评 2018 年国家义务教育质量监测实施“优秀组织单位”；全面改薄学校 9 所，“全面改薄”考核工作获全省第一名；获评“省平安校园先进市”验收。教育投诉举报率保持在长沙市教育系统十个区县(市)最低。高考成绩获长(沙)、望(城)、浏(阳)、宁(乡)四县(区、市)“十一连冠”。学生参加学科竞赛，获国家级奖励 27 人、省级奖励 31 人、市级奖励 470 余人。年度绩效考核获长沙市、浏阳市两级“双优双第一”。《中国教育报》《中国教师报》《湖南日报》等国家、省市媒体宣传报道浏阳教育 700 篇(次)。

【办学条件改善】 投资 7.08 亿元，新建道吾中学等学校 5 所，建设标准化学校 70 所、全面改薄学校 9 所、新建公办幼儿园 6 所，新(改、扩)建标准化学校医务室 30 所。推进配套园移交，新增普惠园 27 所，公办幼儿园和普惠性民办园占比 82.4%。新增学位 10875 个。完成消除大班额建设学校 18 所，新增学位 10875 个，消除超大班额 178 个，化解“城镇挤”“乡村弱”等民生关注问题。浏阳市第十中学恢复普通高中办学。唯美高中建成并招生。石化技校升级为高级技工学校。中协教育集团、汽车技师学院、电子科技学院等教育项目落户。投入教育装备经费 8867 万元，装备智能“班班通”653 套、电脑 2750 台，装备功能室 95 间，新增图书 63528 册，添置实验仪器及各类教学器材 20.9 万件，升级改造校园网，建成教育城域网、教育云平台、网络版图书管理系统、视频会议系统，校园教育网络和多媒体“班班通”覆盖率 100%。浏阳一中高新实验学校、集里中学、教师进修附属小学启动“智慧校园”建设，推动构建智慧教育新生态。

【教育服务水平提升】 严格阳光招生政策，“公办不择校”改革成果巩固，义务教育阶段相对就近免试入学，实现区域招生零投诉、零曝光。“一园一策”大力推进城镇配建幼儿园移交，开展无证办学机构专项整治行动，推动解决“校内减负、校外增负”难题。文明创建工作与业务工作有机融合，系统文明城市创建和校园文化建设向善向好。阳光服务中心受理各类服务事项1158件，办结率100%。坚持扶贫与扶志扶智相结合，开展教育精准帮扶。编印简报11期，落实重度残疾少儿“送教上门”专项工作，社会反响良好；资助各级各类贫困学生共5万余人，落实补助金额3430万元。实施“情系山区，志愿支教”工程，80个党组织参与志愿服务，千余名党员教师为乡村薄弱学校孩子送课2000余节。实施教师关爱工程，出台《在职在编教师应急救助方案》，慰问帮扶困难教职工386万元，报销重病医药费200余万元。建“母婴关爱室”，搭建大龄青年相亲平台，开展“缘聚浏阳•圆梦教育”外地教师家乡行活动。

【教育环境优化】 开展无证办学和规范办学专项治理，推动解决“校内减负、校外增负”难题。升级优化安全监控统一巡查指挥平台，常态化联动开展校园安全及周边综治工作，推进平安校园“八化”建设。投入248万元，对学校进行水源整改和水质监测，完成285所学校食品饮用水安全和16所托管学校食堂现场督查，创建长沙市教育系统“优秀食堂”3个。强化教育督导功能，挂牌督导覆盖全市各中小学校(园)，实现“区域一体发展、学段整体推进，让每一所学校都有进步”的梯级督导目标。深化教育评价制度改革。引导学校对照《义务教育学校管理标准》，进一步规范办学行为，及时调整发展规划；分类别对全市初级中学进行绩效考核，差异化实施全市小学综合评价，有效发挥质量监测、绩效考核的导向和激励作用；促推优质校与薄弱校协同发展，全市6所高中、20所初中、44所小学结成35个教育发展共同体。

【教育发展存在的困难与不足】 学位日趋紧张，随着学生人数逐年攀升、大班额控制、全面二孩政策放宽等，每年需新增学位近7000个左右，城镇学校建设面临巨大压力；教师日益紧缺，现行的编制管理采用三年一核编的办法（2014—2016年)，2018年在编教师总数9232人，实际应配编12469人，共计缺编3237人，教师编制缺口日益加大；优质均衡不够，义务教育优质均衡发展水平不高，城镇学校办学压力巨大，农村简小(含教学点)生源日趋减少。偏远山区学校英语、艺体等专业教师配备难以到位，义务教育城乡、校际差距依然存在。

【全市校车安全管理暨寒冷期安全工作会议】 1月8日，由浏阳市人民政府组织的全市校车安全管理暨寒冷期安全工作会议在市教育局召开。副市长邓雪琴出席会议，市政府办副主任、市校车办主任冯早成主持会议。市校车办副主任、教育局党委书记、局长汤显华作关于校车安全管理和寒冷期安全工作应对的主题报告。市综治办、公安交警大队、市交通运输局、市教育局等15家市直成员单位及各乡镇(街道)分管校车安全的负责人，教育局安保科全体人员，各乡镇、街道初级中学、新文学校校长，市直学校分管安全副校长，华湘公司负责人合计120多人参加会议。会议对加强校车安全日常监管、做好恶劣天气安全预防，加强安全监管、注重安全教育，加强部门联动、加强家校沟通，加强相关部门单位协同配合和应急联动，应对低温雨雪天气等工作进行安排部署。

【出台“支持民间资本办学”政策】

5月2日，浏阳市人民政府出台《关于印发〈浏阳市促进社会投资十条〉的通知》(以下简称“浏十条”)。其中第四条“支持民间资本办学”有下列政策：对符合教育发展规划，新建1000万元以上（不含土地款)、扩建500万元以上(不含土地款)的民办学校，保障其必需的用地指标，非营利性民办学校可采取划拨等方式供应土地，营利性民办学校新增教育建设用地土地出让金收益本级留存部分的50%奖励给学校用于教育基础设施建设。营利性民办学校实行前5年本级留成企业所得税先征后奖；新建非营利性民办学校，行政事业性收费浏阳本级独享部分全免；新建营利性民办学校，行政事业性收费浏阳本级独享部分减半；民办学校用电、用水、用气，执行与公办学校相同的价格政策。“浏十条”让民办学校享受到与公办一致的优惠政策，鼓励民间资本办学，有效推进民办教育发展。

【获评“省平安校园先进县市”】 6月19日，湖南省委教育工委维稳办副主任黄仕军率专家组一行到浏阳，对“省平安校园先进县市”建设项目进行评估验收。市人民政府副市长邓雪琴出席评估会并介绍相关工作。2016年起，浏阳投入16亿多元，改善校园安全基础设施和校舍条件，实现“校校有围墙，校校无危房”的目标。每年投入校车专项安全经费500多万元，投入学校安保经费900多万元，确保全市394台校车正常运行，确保805名保安和门卫人员到位。截至2018年6月，浏阳市拥有“湖南省平安校园”10所，长沙市安全文明校园56所，长沙市平安校园222所，浏阳市级安全文明校园161所，校车工作连续三年获评省级优秀。评估组一行实地查看市教育局安全巡查与指挥中心，了解监控运行情况，并通过校园安全监控统一巡查与指挥平台实时抽查部分学校安全管理和有关人员的履职情况。评估组还到沿溪中学、人民路二小、长郡浏阳实验学校、禧和小学附属幼儿园进行实地查看安防硬件设施设备，查阅创建资料。7月2日，湖南省教育厅公布2018年度“平安校园”名单，浏阳市获评湖南省“平安校园建设先进县市区”，成为该项目第一轮建设验收通过单位。

【教育宣传思想工作大会】 10月12日，浏阳教育系统2018 年宣传思想暨意识形态工作会议在浏阳三中举行。会议学习贯彻习近平总书记在全国教育大会和全国宣传思想工作会议重要讲话精神，总结回顾教育系统宣传思想工作，表彰奖励一批先进集体和个人，安排部署后阶段相关工作。浏阳市委宣传部副部长林湘国、浏阳市教育局党委委员、工会主席李武出席会议。全市各市直学校、初级中学、民办学校相关负责人及专干参加会议。会议对意识形态工作的极端重要性作强调，剖析当前存在的问题和不足，对加强学校八大类意识形态工作阵地的建设和管理工作作重点安排部署。浏阳三中等10个单位、浏阳一中等10家微信公众号以及周芳元等10名教师，分别获评2017—2018学年度浏阳市教育系统“宣传思想工作先进单位”“优秀新媒体平台”和“优秀通讯员”,受到表彰奖励。

【获评“全国中小学责任督学挂牌督导创新县(市)”】 11月21-22日,国家督导评估认定验收组到浏阳进行“全国中小学校责任督学挂牌督导创新县(市)”实地核查,采用听取汇报、查看资料、现场检查、随机询问等方式,对浏阳市责任督学挂牌督导工作进行全面评估。2010年,浏阳市依托10所高中,按生源地区划,成立10个督学责任区,全市形成“市里督高中、责任区督辖区中小学、初中督导所辖小学”的三级联动督导体系。浏阳市先后获评“省级督学责任区建设示范点”“省级中小学校责任督学挂牌督导创新县(市)”等荣誉,多次获评“国家义务教育质量监测实施优秀组织县(市)”,实现“区域一体发展、学段整体推进、让每一所学校都有进步”的梯级督导目标。实地核查期间,检查组查看挂牌督导信息化系统,并通过随机抽取实地核查浏阳市田家炳实验中学督学责任区、人民路二小、沿溪中学、浏阳六中等单位相关工作。经综合考评,浏阳市被国务院教育督导委员会评为“全国中小学校责任督学挂牌督导创新县(市、区)”。

【共青团浏阳市教育局委员会第九次代表大会】 11月27日,共青团浏阳市教育局委员会第九次代表大会在市教育局召开。会议总结过去三年第八届委员会工作和履职情况,选举产生共青团浏阳市教育局委员会第九届委员。共青团浏阳市委员会副书记黄银凤,浏阳市教育局党委委员、副局长黄朴出席会议。全系统的团委书记、青年教师、团员学生代表共120人参加大会。大会以无记名投票方式和差额选举办法,选举刘苏、池基建、张欢欢、杨彩虹、杨强、姜凯、贺润华、钟锴、徐凯9名教师为共青团浏阳市教育局第九届委员会委员。在随后召开的共青团浏阳市教育局第九届委员会委员第一次全体会议上,杨强当选为书记,杨彩虹、张欢欢、贺润华、徐凯等四位委员当选为副书记。

【30个标准化学校卫生室交付使用】 依据教育部、卫生部、财政部发布的《学校卫生工作条例》《国家学校体育卫生条件试行基本标准》,浏阳将(改、扩)建标准化学校医务室作为2018年浏阳十件民生实事。30个标准化学校医务室涵盖10所普通高中、2所中等职业学校、18所寄宿制学校或600名学生以上的非寄宿制学校。截至12月,总投入180万元,30个标准化学校医务室全部建成投入使用。每个医务室建筑面积不少于40平方米,按照国家卫生标准,设有就诊室、处置室、治疗室等,配齐基本医疗及办公设备,配备1名资质合格的卫生专业技术人员,或采用与当地医疗机构合作的方式,提供必要的就诊医疗、传染病防控、健康教育等服务。

(潘志强)

12月21日,新建的雅礼·浏阳二中标准化医务室内医生在给学生进行身体诊断

(雅礼·浏阳二中　提供)

学前教育

【概况】 2018年,全市共有注册审批的幼儿园415所,在园幼儿58465名,教职工5662名。其中,公办幼儿园164所,在园幼儿23166名;民办幼儿园251所,在园幼儿33906名;小学学前班41个,幼儿1393名;城区在园幼儿14526名,占全市幼儿总人数24.8%。全市学前三年毛入园率92.07%。2018年新建公办幼儿园6所,新增普惠园27所,公办幼儿园和普惠性民办园占比82.4%。

【保育员专业技能竞赛浏阳选拔赛】 11月9日,长沙市第六届保育员专业技能竞赛浏阳选拔赛在禧和小学附属幼儿园举行。选拔赛由浏阳市教育局、浏阳市学前教育协会联合举办,历时一天,比赛内容分为专业知识笔试、自制教玩具、现场安全救护演示、专业知识答辩、讲故事、卫生消毒技能演示六大部分。全市40名保育老师参加选拔赛。经多轮角逐,廖上月、甘淑珍、曾素娟三名老师获特等奖,并代表浏阳市参加长沙市第六届保育员专业技能竞赛。26名老师分获一、二、三等奖。

【举行第二届幼儿园团队专业技能竞赛】 12月21日,浏阳市举行第二届幼儿园团队专业技能竞赛决赛。决赛分别在城区和东、西、南、北5个区同时举行,经初赛选拔出53个幼儿园保育老师团队,159名保育老师参加比赛。本届专业技能竞赛分为初赛和决赛。自11月起,各赛区分别组织开展预赛。比赛中,选手分别进行保育专业知识笔试、自制教玩具、现场安全救护演示、讲故事、卫生消毒技能演示五个项目的比拼。决赛中,同一所幼儿园中的3名保育老师组成团队,每名选手均参加笔试,集体参加玩教具制作比赛,另外三项比赛抽签决定参赛选手。每个决赛区评出团体一、二、三等奖和单项冠军奖。

(潘志强)

义务教育

【概况】 2018年,全市普通中小学354所,其中初级中学52所,小学

302所。普通初中在校学生数47883人，小学在校学生数106307人，特殊学校学生200人。全市小学适龄儿童入学率100%，小学年辍学率为零；初中入学率100%，年辍学率为零；初中毕业会考一次性合格率89%。

【获评“国家义务教育质量监测实施优秀组织县（市）”】 5月24日，由国家教育质量监测中心随机抽样，浏阳市20所中小学校中的600名学生代表全市四年级和八年级全体学生，接受2018年全国义务教育质量监测现场测试。由国家教育部基础教育质量监测中心视导组专家、省教育厅和长沙市教育局相关人员组成的国家义务教育质量监测组织工作专项督导检查组，以“听、看、查、访”的方式，对全市质量监测工作进行全方位的督导检查。作为2018年湖南省12个监测样本县之一和湖南省唯一一个国家首批义务教育质量监测结果应用实验县，浏阳市在省、市巡视员和教育质量监测与评估中心专家实地指导下，调动各方力量，做好各项监测准备，确保各类监测有序进行，质量监测工作得到肯定。浏阳市获评为2018年度“国家义务教育质量监测实施优秀组织县（市）”。

【浏阳道吾学校投入使用】 9月1日，浏阳道吾学校正式开学。开设30个教学班，招收中小学生1530余人。道吾学校是浏阳市重点民生项目，学校位于浏阳市关口街道金桥村，学校周边建有胡家路、博德路、予倩路和南泥湾路，是浏阳市道吾片区三大重点建设项目之一。学校总投资3.2亿元，用地面积12万多平方米，总建筑面积约6.5万平方米，分为教学区、综合生活区、体育运动区等功能区域，包括教学楼、生活服务楼、大型体育馆、文化长廊、运动场、多功能报告楼以及地下停车场等场馆。学校办学规模为96个班，其中小学48个班、初中48个班，可接收4560名学生。学校秉承“精诚博雅、笃行远志”的校训，坚持“质量立校、科研兴校、管理强校”的办学理念，与浏阳市田家炳中学等名校联合办学，努力建成示范性优质学校。

9月1日，投资1.4亿元新建的道吾学校投入使用　　（市教育局　提供）

【2018年义务教育管理工作会议】 12月19日，2018年全市义务教育管理工作会议在浏阳市教育局召开，全体局领导出席会议，机关各科室党政正职，市直学校分管业务副校长，各初级中学校长、书记、分管小学业务副校长，全市小学校长参加会议。市教育局党委书记、局长汤显华作主题报告，回顾总结一年来义务教育工作取得的成绩，安排部署下阶段工作任务。市教科所作教学质量分析报告。2018年初中各年级教学质量综合评价、小学教育教学质量评价优秀单位，以及小学管理优秀个人受到表彰奖励。古港中学、双狮坪中学、金刚小学作经验介绍。

（潘志强）

5月24日，大瑶镇李畋小学的学生在接受全国义务教育质量监测现场测试

（李畋小学　提供）

普高教育

【概况】 2018年，全市有普通高中15所（含浏阳艺术学校、民办新翰高中和唯美高中），其中有3所省级示范性高中、9所市级示范性高中，在校学生数24548人。2018年秋季普高新生招生8719人，7643人参加高中学业水平考试，一次性合格率95.35%，8220人参加普通高校招生考试，其中有应届生7726人，往届生494人。

【2018年高中教育工作会议】 12月29日，2018年高中教育工作会议在市教育局召开。市人大常委会副主任刘仙娥、副市长邓雪琴、市政协副主席廖伟平、市政府副县级干部罗永垂、市政府办副主任冯早成出席会议。教育局班子成员、机关各科室行

9月1日，浏阳十中恢复为普通高中，招收高一新生 （浏阳十中 提供）

政正职、各支部书记、教科所教研员、全市各高中行政人员、高三年级组长和班主任代表等参加会议。市教育局党委书记、局长汤显华作主题报告，总结2017—2018学年度高中教育工作成绩和经验，部署安排后一段时间高中教育工作。会议对高考质量、联考质量、学业水平考试质量等优秀单位及优质年级组长、优秀班主任进行表彰奖励。廖伟平指出，浏阳高中教育要适应新的形势，探索新模式，提升管理能力、提升教师幸福指数，全面开拓学校、教师、学生发展的新天地。邓雪琴要求全市高中教育要树立整体观，推动高中教育与义务教育的整体发展，强化高考质量与全面发展的整体推进，推动普通高中和职业高中的整体发展。刘仙娥指出全市高中教育要坚持质量立校，突出教师队伍建设，推动各学校优质发展。

【高考成绩夺得“十一连冠”】 2018年高考，学考全科合格率95.35%，同比增长5个百分点，全科合格率在90%以上的学校10所，全科合格率连续11年名列长、望、浏、宁四县（区、市）之首；高考一本、二本上线3652人（其中体育136人、艺术346人、职高对口上线45人），二本以上上线率51.56%，比2017年略有增长，普高文理科一本上线1529人，上线率21.58%，同比增长4个百分点，取得文理科上线率、上线人数、总分平均分和各学科平均分在长、望、浏、宁四县（区、市）“十一连冠”。全市有6名学生单科成绩进入全省前万分之五。

（潘志强）

·中学简介·

【浏阳市第一中学】 浏阳市第一中学为国有公办高级中学，是一所省示范性高中。2018年，浏阳市第一中学有98个教学班，教职工452名，外籍教师2人，学生5080名。有正高级教师2人，省特级教师5人，高级教师93人，长沙市级以上骨干教师13人。开展国家级、省级课题研究。截至12月，学校有国家级课题3个，长沙市级课题3个，82名教师参与课题研究，教师参与率37.4%。教师李辉明主持的《高中理化生教学疑点与难点处理经验研究》和教师袁章军主持的《和时代同脉，与经典同在—中华国学融入语文学科创新教学的实验研究》课题有多项阶段性成果，在国家级刊物上公开发表论文10余篇。关爱青年教师成长。为青年教师主办专题培训12次，开展“青年教师论坛”“特级教师论坛”两次，各科目“名师工作室”培训12次。潘明、李辉明、周闽湘3名教师被评为“长沙市学科带头人”，多名教师被评为“长沙市首届优秀骨干教师”和“长沙市教学能手”。德育工作。与中澳蓝鹰建立合作关系，创立浏阳一中学生素质拓展基地。以校园文化艺术活动为载体，提高学生综合素质。开展十佳歌手大赛、才艺展示大赛等校园文化艺术活动，学校有社团22个。关注学生精神成长，以重要节日和纪念日为契机，开展清明节祭扫、重阳节敬老、文庙祭孔、诗词大会、经典诵读等活动。学校团委获评长沙市“基础团务示范校”、浏阳市教育系统“五四红旗团组织”、浏阳市教育系统“志愿服务先进集体”。学校教工团支部被评为长沙市“青年文明号”。以家长工作日、办好家长学校为纽带，加强家校联系。形成“五个一”（要求家长做到：值一天班，评一节课，听一堂讲座，留一个建议，赞一个优点）家长工作日活动体系。2018学年，增设“家长课堂”“亲子运动会”两项活动。教学教研。紧扣湖南高考改革脉搏，分备课组全面学习新修订《高中课程标准》及新高考新政策；建立特色外语课程体系，探索走班教学模式，开设日语学习班2个，法语学习班1个；研发校本教材，2018年正式出版《走近谭嗣同》；围绕高效课堂，推进学术性建设，全年开展教学评优课、示范课、教研课等174堂，开展教研活动208次，“一师一优课，一课一名师”活动共晒课436堂；提升课题研究品味，开展《高中理化生教学疑点与难点处理经验研究》《时代同脉，与经典同在——中华国学融入语文学科创新教学的实验研究》《基于教材的TASK板块教学研究》等课题研究，其中《高中理化生教学疑点与难点处理经验研究》课题组将实验成果撰写成校本教材，在高二年级使用。加入北京大学ACC课题实验组，建立学生能力测评系统，横向比较学生的学习能力和学业成绩，为教学提供参考依据。2018年学校高考、学考、联考获浏阳市教学质量评价一等奖。2018年高考，学校参考1068人，一本上线679人，一本上线率63.58%，660分及以上19人，上600分213人；二本上线965人，二本上线率90.36%，2人录取北京大学，1人录取香港中文大学（香港）。高二学业水平考试一次性合格率99.43%，高一联考成绩获全市第一名。学科竞赛中，生物奥赛3人获全国一等奖，9人获二等奖，信息技术奥赛2人获全国一等奖，6人获二等奖。在浏阳市创新科技节中，学校团体获高中组一等奖第一名。校田径队在2018年全国体育传统项目学校联赛田径赛总决赛中，刘武、温海伦分别获400米和跳远全国第一名，14人次获全国赛前五名。语言文字达标校创建获优良等级。特色工作。全年完成每月省示范高中网络督导评估随访任务；规范教师从教行为，“廉政教育第一课”“新高考滚动式高中教师全员培训”计划等工作受到省教育督导专家肯定。开展与英联邦马恩岛巴拉克明中学师生互访交流活动，与美国罗德岛一中学和法国芒什省一中学初步达成互访协议。全年发放助学金160万元，2000多人次获资助，实现“不让任何一个学生因贫困而失学”的社会公开承诺。全年在湖南电视台、《中国教育报》、浏阳电视台、《浏阳日报》等媒体发表学校宣传报道22篇/次，其中9月8日《中国教育报》以篇名为《百年名校创新发展的示范样本——来自湖南省浏阳第一中学的调查》的文章，全方位介绍学校的历史和办学成果。学校微信公众号推出校园新闻，创设“黉墙书声”栏目，获浏阳市教育系统“宣传思想工作先进单位”和“优秀新媒体平台”等奖项。学校获评“中华传统文化教育研究基地校”，国家级“节约型示范校”，在创省文明校园建设中，被推荐为创国家级文明校园的单位。

（彭利娟）

【浏阳市田家炳实验中学】 浏阳市田家炳实验中学创办于1998年，是以香港爱国儒商田家炳先生捐献的400万元作为启动资金，由浏阳市人民政府创建的公办学校。2004年，学校晋升为湖南省示范性高级中学。学校占地面积21.6公顷，建筑面积10万平方米，绿化面积90045平方米，绿化率44.5%。2018年下学期，学校有学生2623人；教职工256人，其中特级教师2人，正高级教师1人，高级教师83人，外籍教师1人，省级优秀教师5人，长沙市优秀校长1人，长沙市华天优秀教师奖获得者7人，长沙市首届卓越教师12人，长沙市骨干教师21人，浏阳市名师11人，浏阳市骨干教师38人。2018年，学校获浏阳市高考、高二学考和高一联考质量评价3个一等奖。一本上线371人，上线率39.5%；二本以上上线706人，上线率75%；600分以上107人，有4名同学被录取到北京大学。学校连续18年获得浏阳市高考质量评价一等奖。2018年度，学校共获得浏阳市教育局2018年度绩效考核红旗（一等奖）单位、长沙市优秀考点、浏阳市综治工作先进单位、浏阳市宣传思想工作先进单位、浏阳市高招工作先进单位、浏阳市五四红旗团委、浏阳市“两红两优”团委、浏阳市教育系统志愿支教优秀团体、长沙市青年文明号等十多项荣誉称号。学校综合党支部被评为“浏阳市教育系统优秀支部”“标杆党支部”，并作为典型推介。2018年，有中央电视台、《香港文汇报》、新华网、红网、浏阳电视台、《浏阳日报》等十多家新闻媒体报道学校各项重点工作和亮点工作。德育工作。实行全员育人的导师制，为学困生安排教师进行专门跟踪和辅导，并进行考核评价；加强班主任队伍建设，每月定期召开班主任会，通过专业培训、典型引路、经验交流、常规督查、成长激励等措施，加强对班主任的管理和指导、培训；构建德育工作网络，完善家长会、家长学校及家长委员会制度制；加强学生自主管理和养成教育；开展文明有礼好少年系列评选、经典诵读、德育大讲堂、成人仪式等活动。学校被评为“湖南省心理教育先进学校”“礼仪教育先进学校”“长沙市中小学德育研究先进集体”。学校德育工作经验在中央电视台、《中国教育报》《中国教师报》等媒体报道。教学教研。举办全体教师参加的课堂教学评优活动、名优教师示范课活动、教坛新秀赛课活动，组织各年级各学科教师参加浏阳和长沙市的教学研讨会，开展教师业务学习与读书活动，培养学术型研究型教师；加强学科建设，打造特色学科组和备课组，建成数学、政治、历史、地理、信息5个浏阳市级的名师工作室；办好《田中教研探索》，加强校本课程和校本资源的开发和建设，抓好各类学科竞赛，2018年，学校学生参加数学、物理、化学、生物、信息等学科竞赛活动，26人获全国奥赛二等奖，11人获全国奥赛三等奖。在全国英语能力竞赛中，7人获全国一等奖，13人获全国二等奖，4人获全国三等奖。在第13届全国创新作文大赛与第16届“叶圣陶杯”全国作文大赛总决赛上，有2名同学获一等奖，3名同学获得二等奖，1名同学获得三等奖。参加北京大学组织先修考试，2名高三同学获A等级。加强课题申报、立项和研究工作，2018年，学校有6个浏阳市级课题立项，7名教师获评长沙市首批中小学卓越教师。下学期，18门校本课程正式开课，其中《作文升格训练》校本课程获长沙市二等奖。11名青年教师参加浏阳市“教坛新秀”评优活动成绩优异，分别获一、二、三等奖。下学期，教师参加浏阳市第22届中学课堂教学评优决赛获9个一等奖。科技创新。在第35届长沙市科技创新大赛中，学校获1金6银1铜，并被评为长沙市优秀组织单位；在第39届湖南省科技创新大赛中，学生作品获金奖及科技创新专项奖；在浏阳市2018年中小学生科技节上，学校获团体总分一等奖和青少年科技教育先进单位；在第12届全国高中生才艺展示大赛中，学生1个作品获金奖，2个作品获铜奖；在第九届全国青少年科学影像节上，学生作品获三等奖。学校科技辅导老师被评为长沙市创新教育先进个人。体艺工作。学生代表队获长沙市少年中国说主题辩论赛亚军；参加浏阳市中小学生“三独”（独唱、独舞、独奏）比

9月28日，浏阳市田家炳实验中学建校20周年庆祝大会　（市田家炳实验中学　提供）

赛,6人获一等奖;参加长沙市中小学生"三独"比赛,获1个一等奖、6个二等奖;学生朗诵节目《丹心只为九州同》被评为浏阳市一等奖,并选送长沙参评;参加浏阳市2018年高中生男子篮球赛,获冠军;参加浏阳市第二届"新文杯"校园足球邀请赛,荣获高中组冠军、优秀组织奖;成功举办"百岁杯"第二届全国田家炳中学高中生男子足球邀请赛。

(黎　凛)

职业教育

【概况】 2018年,浏阳市有职业学校6所。在职教师609人,全市职业学校"双师型"教师占专任教师总数的52.8%。在校学生9635人,2018年招收新生3866人,毕业学生2348人,毕业生就业率98.6%,专业对口就业率86%。

【推动产教融合】 石化技校与蓝思科技签订校企合作协议,联合开办"现代学徒制"蓝思机电(电工方向)定向班,并与中车株洲分公司签订联合开办中车焊接班,秋季开班;湖南汽车技师学院与蓝思科技正式签订校企合作协议书,合作开办蓝思科技定向班,秋季开班。9月,安排两个班到蓝思集团开展顶岗实习活动,形成常态化;职业中专与得意电子开展校企合作活动,并与康师傅控股浏阳福满多食品有限公司等企业正式举行校企合作签约仪式。

【实施阳光招生】 按照省市关于加快发展现代职业教育的决定精神,以及应届初中毕业生普职分流比与高中阶段教育普职招生大体相当的要求,全市职业高中招生,按照自主选择、有序录取、计划调控的原则,实行阳光招生。将长沙市教育局审批的市内各职业学校和市外经备案同意在浏阳招生的职业学校的招生计划数列入招生计划。任何职业学校不得超计划招生,超过招生计划数录取的学生不予注册。共接受市外44所职业学校招生备案,并整体纳入全市中职招生计划,组织学生填报职高招生志愿;并对全市职高填报志愿与专业的电子档进行全面的核对与审定,2018年秋季全市五所职业学校新招学生3101人。

(潘志强)

·职校简介·

【浏阳市职业中专】 浏阳市职业中专占地面积21.34万平方米,建筑面积6万余平方米。2018年,有教学班级84个,全日制在籍生3805人。教职工228人,其中专任教师158人,省级专业带头人3人,长沙市级专业带头人5人。具有高级专业技术职称的教师47名。学校开设服装设计与工艺、机械加工、汽车运用与维修、电子电器、会计、计算机及应用、电子商务、建筑工程施工、旅游服务与酒店管理、音乐10个专业,其中服装设计与工艺专业为省级精品专业。学校坚持"以就业为导向、以服务为宗旨"的办学思想,坚持面向社会、面向市场的办学方向。年内,获"全国青少年学生法治知识网络大赛"优秀组织奖、中等职业学校技能竞赛网络搭建与应用国赛二等奖、中等职业学校技能竞赛通信与控制系统(高铁)集成与维护国赛三等奖、湖南黄炎培职业教育奖创业规划大赛二等奖、湖南职业院校技能竞赛(中职服装设计与工艺)二等奖、湖南职业院校技能竞赛(中职服装设计与工艺)三等奖、湖南职业院校技能竞赛(网络搭建与应用)一等奖、湖南职业院校技能竞赛(网络空间安全)三等奖、湖南职业院校技能竞赛(通信与控制系统)二等奖、湖南职业院校技能竞赛(数字影音后期制作技术)三等奖、湖南职业院校技能竞赛(动画片制作)二等奖、长沙市中等职业学校《文明风采》竞赛男子篮球第三名、2017-2018长沙中等职业学校"文明风采"竞赛活动组织奖、长沙市中等职业学校学习十九大精神知识竞赛团体贰等奖、长沙市中等职业学校技能竞赛电子电工类团体奖三等奖、长沙市中等职业学校技能竞赛计算机应用类团体奖三等奖、长沙市中等职业学校技能竞赛财经商贸类团体奖三等奖、长沙市中等职业学校技能竞赛服装设计与制作专业团体奖一等奖、长沙市中等职业学校"文明风采"成建制班合唱比赛一等奖、中等职业学校技能竞赛组织奖、浏阳市2018年度教育工会工作先进单位、浏阳市2018年教育扶贫和学生资助工作绩效考核先进单位、浏阳市法制建设示范学校、浏阳市2018年中学生田径运动会普高组团体总分第七名、浏阳市第三届全民健身运动会初、高中生男子篮球赛高中组第四名、浏阳市2018年高考质量优胜单位、浏阳市2018年度中小学生科技节团体奖二等奖、浏阳市2018年年度绩效考核红旗单位等荣誉。城区校区被浏阳市公安局评为"内部治安保安工作成绩突出集体"。12月28日,市职业中专校长陈奎受邀参加第六届全国黄炎培职业教育奖颁奖大会并获颁第六届黄炎培职业教育"杰出校长奖"。设施建设向省、市争取职教专项经费,改善校园建设和添置电子商务运营竞赛设备、企业网搭建云平台设备、网络空间安全竞赛设备和汽车四轮定位二级维护竞赛设备。引进15名教师。选送60名专业教师到国家师资培训基地无锡职院进行一个星期的培训。完成省、市教师200人培训任务。德育工作。做好对班主任的每日督查,坚持对学生行为习惯和养成教育的专项检查和教育;学生管理做到定时、定点、定人、定责。开展新生入学教育和军训活动;组织严重违纪学生到望城"心正特训学校"进行法制学习;加强学生会、团委会队伍建设,开展"学雷锋"主题教育、校园歌手大赛和朗读比赛、"风采杯"女子排球赛、"青春杯"篮球赛、文明风采班级合唱比赛等活动。发展新团员80名,学校团组织荣获2018年度浏阳市教育系统"五四红旗团组织"。5月,获教育系统"爱心捐赠零花钱,关爱困难小伙伴"优秀组织单位。开展"文明风采"系列竞赛活动,其中获省一等奖一个,二等奖5个,长沙市一等奖5个,二等奖7个,"成建制班级合唱比赛"获长沙市一等奖。在12月召开的湖南省德育年会上,学校作为德育工作优秀代表在年会上作代表发言。开展优秀班主任经验交流,何智辉被评为省优秀班主任。学校成功创建为"浏阳市法制示范校";组织全校学生参加全国学法用法知识竞赛,取得优异成绩,学校被评为全国"优秀组织奖”。教学教研。做好教学工作日督查，周通报制度。加强备课作业听课检查，教学质量位居长沙市前列。参加长沙市文化课（语、数、外、计算机、德育）学业水平考试，及格率91.82%，90分以上的优秀率33.65%，被推荐代表长沙地区参加全省的学业水平调研测试；参加电子专业学生技能抽查及格率98.8%，优秀率32%；参加会计专业学生技能抽查及格率99.3%，优秀率97.2%。技能竞赛。2018年年度，获长沙市学生技能竞赛单项一等奖11个，二等奖22个，三等奖54个，电子、计算机、会计三个专业均获团体第三名，服装专业获团体第一名，学校获长沙市优秀组织奖；参加湖南省学生技能竞赛获二等奖7个，三等奖5个；参加全国学生技能竞赛获二等奖1个，三等奖1个。体育艺术。参加浏阳市书法、绘画、摄影、独唱、独奏、独舞比赛，共获一等奖4个，二等奖11个，三等奖3个；学校管乐队参加浏阳市2018年中小学艺术展演。参加浏阳市2018年高中（职高）学生田径运动会，团体总分获第7名，男子篮球代表队获第四名。教研教改。参加教师职业能力竞赛，学校获长沙市优秀组织奖和团体总分三等奖，有2人、4人、9人分获长沙市一、二、三等奖；有2、1、1个教学团队分获湖南省一、二、三等奖；1人获国家二等奖。教学研究成果。获湖南省职业教育教学成果三等奖1项；长沙市立项资助课题《农村中职学校教学方式创新的研究》成功结题并获长沙市教育科学研究优秀成果一等奖；罗政球、杨峰、徐晓清3人三个课题入选浏阳教育局“十三五”教育科研规划2018年立项课题。有在研省级课题3个，市级课题1个，县级课题2个。高考成绩。学校2018届高考本科上线45人，超过湖南省对口升学平均录取率7个百分点，本科上线学生覆盖学校高考所有专业。招生就业。2018年招录注册新生1185人。开展对往届毕业生走访调查，选择专业对口且效益好的企业安排学生就业。与新联系的康师傅食品公司、长沙新泉实业、宝马4S店、新浪潮、凌志装饰等9家单位开展合作，提高机械、计算机、建筑等专业的对口就业率和就业稳定率，为本地汽车零配件制造、工程机械以及电子信息产业的发展提供人才支持。加强就业安置和高二顶岗实习工作，全年安置就业实习生575人。就业率96.3%，本地就业率87%。预备员工顶岗实习工作取得好效果，巩固率和企业满意度均在80%以上。

（焦元甫）

【湖南省石油化工技工学校】 湖南省石油化工技工学校前身为湖南省浏阳磷矿技工学校。1974年，由湖南省浏阳磷矿创办于浏阳市永和镇，1986年，浏阳磷矿下放到长沙市，学校隶属湖南省石油化学工业厅，学校更名为湖南省石油化学工业厅浏阳技工学校；1995年学校更名为湖南省石油化工技工学校，先后隶属湖南省石油化学工业局，湖南省石油化工行业管理办公室；1998年经省教委批准成立湖南省石油化工职业中专：1999年经省劳动厅批准成立国家职业技能鉴定所；2000年通过竞标获得浏阳市花炮学校承办权，成功创办全国第一所花炮专业技术学校。2001年由湖南省人民政府批准晋升为湖南省重点技工学校；2004年通过省劳动厅复评验收被授予湖南省骨干技工学校称号；2008年通过IS09001质量管理体系认证。2013年11月，学校被评为“长沙市示范性职业学校”。2014年秋季，整体搬迁至浏阳市关口工业小区并开班办学，校园占地7.47公顷，建面积2.5万平方米，资产9129,25万元。2015年3月，学校改由湖南省经济和信息化委员会管理；2017年2月14日，学校移交浏阳市人民政府管理。2018年学校通过湖南省人力资源与社会保障厅评审晋升为湖南省浏阳高级技工学校（湘人社函〔2018〕335号）。学校获2018年浏阳市教育系统绩效考核一等奖（红旗单位）、2018年度教育扶贫和学生资助工作绩效考核先进单位、2018年度教育工会先进单位。2018年，学校有教职工101人，其中高级讲师14人，讲师55人，高级技师9人，技师15人，“双师型师占教师总数的60%。2018年下学期全日制在籍学生1595人，班级43个。开设机电一体化、模具设计与制造、机械焊接与维修、工业机器人4个高级技工专业，汽车修理与装配、计算机应用、旅游管理、电脑文秘、服装设计与制作等中级技工专业。学校拥有电子、电工，电拖、高低压配电、计算机，多媒体教学，机床修理，车工实习，PLC控制，花炮检测分析、花炮制作、服装工艺室、画室等20多个实验室、实习室；建有数控模具实训车间汽修实训车间、焊接工艺实训车间、机器人实训车间、配有数控加工中心、数控车床、线切、电火花，铣床、磨床、钻床、CO2气体保护焊机、氩弧焊机、汽车发动机实训平台，底盘训平台等先进的实习设备；拥有各类实习设备500多台（套），工量器具3000多件（套），各类专业实习工位700多个。学校食堂、学生公寓、形体室、运动场、田径场等生活文体设齐全，学校形成高等教育、技工教育、中等职业教育与短期培训相结合的职业教育体系。招生就业。2018年，实行阳光招生政策，招录新生506人。加强校企合作，对接名优企业，推行预备员工制和现代学徒制，2018级新生订单班和现代学徒制冠名班增加到5个班（2个嘉腾机器人班、1个吉利班、1个中联班、1个蓝思班、1个中车班）。全年安排就业学生384人，就业率98　%，对口就业率100%。教学教研：组织听、评公开课，加强内部交流，探求适合学校教学模式。在实习实训场地强化“7S”（整理、整领、清扫、清洁、素养、安全和速度/节约）管理，进行“7S”文化布置。参加长沙市中职学校汽车维修、计算机、服装设计与制作、机械四个专业的技能竞赛，1人获得一等奖，5人获得二等奖；20人参加2018年对口升学考试，8人上本科录取线，另有26名学生（含单招）进入高一级学校就读。全年技能鉴定551人（三级鉴定50人，合格45人；四级鉴定501人，合格496人）普通话测试120人，二甲人数40人（33.3%），二乙人数73人（60.8%）。大专函授毕业124人。教师杨丽君、刘华勇参加全省技工院校教师职业能力大赛省赛；教师罗昭富获长沙市微课制作比赛一等奖；教师刘华勇、邓小利、李要新、陈小华获长沙市学生中职技能竞赛优秀指导奖。德育工作。开展学生日常行为规范教

11 月 8 日，湖南省石油化工技工学校申办高级技工学校现场评审会

（湖南省石油化工技工学校　提供）

育及习惯养成教育；建立健全学生评价体系；抓好学生干部制度建设和队伍建设；推行 7s 管理，落实内务整齐统一（物品摆放、卫生标准一致）、教室环境整理统一、衣服整齐统一（统一床上用品、统一校服）、上课、就寝、就餐、参加集会统一要求、学生奖惩制度统一执行；每月开展一次专题学生管理会议。畅通与家长信息渠道联系。安全工作。定期对教室、实习实训车间、学生宿舍、运动场所、食堂、消防设施等进行安全隐患排查和整改；加大学生安全教育力度，开学初与学生家长、值班教师、班主任、全体同学分别签订《学生交通安全教育责任书》《学校值班教师安全责任书》《班主任安全管理责任书》《遵守校纪校规承诺书》《预防校园暴力和校园欺凌承诺书》等；加强对各种违纪行为的检查和处理力度；周末学生离校，采取以班级为单位，党员护岗、班主任带队护送至关口汽车站，组织学生上车，确保学生安全文明离校，安全到家；强化周末返校仪容仪表和安全检查；聘请法制副校长进行法制讲座，联合浏阳市人民法院进校开展“少年法庭进校园”活动；邀请消防大队教官进行消防教育；联合浏阳市禁毒协会进行禁毒知识讲座；邀请浏阳妇幼心理健康医生进行心理、生理健康讲座；开展防灾减震安全教育、国安教育等系列教育活动；组织全体学生参加全国青少年禁毒知识竞赛，合格率 95%以上；组织全体教职工参加学法考试；增添校园紧急疏散标志、增添灭火器、防暴器械、校门口设置沙柱、安装来访身份识别系统，增强学校安全。

（李耀成）

民办及社区教育

【概况】 2018 年，全市现有全日制民办学校 3 所，学生 5120 人；有培训学校 126 所，参培学生 5.2 万人。市社区学院 1 所，乡镇（街道）社区学校 40 所。长沙市示范性社区学习中心 6 所，市优秀社区学习中心 11 个，特色课程 13 项。

【中共浏阳市民办教育委员会成立】

11 月 24 日，中共浏阳市民办教育委员会成立暨选举大会在市教育局召开。大会选举产生中共浏阳市民办教育第一届委员会委员、书记及副书记。市委组织部副部长、两新工委书记邹芳，市教育局党委书记、局长汤显华，副局长黄朴出席会议。浏阳市民办学校全体党员、预备党员、入党积极分子，各民办学校的举办者、董事长等共计 130 余人参加会议。大会以无记名投票方式和差额选举办法，选举邓军、林志刚、徐宁、黄朴、商南花、曾德运、熊柱石 7 名教师为中共浏阳市民办教育第一届委员会委员。在随后召开的浏阳市民办教育党委第一次全体会议上，黄朴当选为党委书记，林志刚当选为党委副书记。浏阳市民办教育体量大，有 347 所学校幼儿园，涉及学历教育、学前教育、业余培训等领域，在职教师 4678 名，在校在园学生幼儿 6 万多人。民办教育党委作为党在民办教育机构设立的一级基层组织，担负着党章所赋予的重要职责，发挥党组织的战斗堡垒作用和党员先锋带头作用，推动浏阳民办教育健康发展。

【开展无证办学和规范办学专项治理】 根据《中华人民共和国义务教育法》《中华人民共和国民办教育促进法》等法律法规和教育部办公厅等四部门《关于切实减轻中小学生课外负担开展校外培训机构专项治理行动的通知》（教基厅〔2018〕3 号），以及省市相关精神，市教育局出台《浏阳市无证办学和违规办学专项治理工作方案》，对存在无证办学、违规办学、违规教学、违规收费以及其它违规行为的民办学校或民办教育机构进行专项治理。2018 年，全市排查出无证机构 157 家，整治清除出列 43 家，取缔关停 39 家，整改发证 31 家，同意筹设 20 家，限期关停 9 家，限期整改 15 家。

（潘志强）

素质教育

【提升学生综合素养】 各学校坚持立德树人，强化核心素养教育，学生身体素质、心理素质、品德素养、人文素养、科学素养都有较大程度提升。在各项学科竞赛中，全市有 277 名学生获国家级奖励，1680 名学生获省级奖励；在科技创新竞赛中有 3 项成果获省级以上奖励。其中在各项学科竞赛中，浏阳一中有 22 名学生获国家级一等奖，81 名学生获国家级二等奖，256 名学生获省级一等奖；在科技创新竞赛中，田家炳实验中学有 2 项成果获国家实用新型专利，1 项成果获省级金奖，3 项省级银奖；在各项体艺竞赛中，浏阳一中有 1 人获全国体育传统学校田径联赛男子 400 米金牌，4 人获 4×400 米接力银牌，长郡·浏阳实验学校有 1 人获女子跳远金牌，1 人获男子跳远铜牌，浏阳四中有 2 人获全国中学生舞龙舞狮锦标赛传统项目和自选项目两枚金牌，艺校艺术团在中学生艺术展演中获 2 个长沙市级一等奖。荷花中学杨帅获评长沙市“新时代好少年”。

【建设特色校园】 各校立足于本校实际，发掘特色资源，开发特色项目，强化特色建设。浏阳三中创建"全国国防教育特色学校"，六中获评"全国特色先进集体"，长郡·浏阳实验学校获"科技现代化特色学校"，柏加中学获评"湖南省首批知识产权试点学校"，荷花中学获评"全国青少年校园足球特色学校"，人民路二小获评省"书法实验学校"，高坪中学获全省创新大赛一等奖，新文学校、人民路二小、奎文学校获长沙市中小学生艺术展演一等奖。金沙路小学大课间比赛获"长沙市一等奖"。

【五名学生摘取全国珠心算和世界珠心算比赛冠军】 7月19日，在沈阳举行的第五届全国珠心算比赛，共有来自全国32支代表队的330名选手参赛，浏阳市人民路小学五年级学生潘珏莹、吴雅琪、刘杭组成的学生A组获团体一等奖，三人均获个人全能金牌，人民路小学一年级学生陈奕欣、刘思琪组成的学生C组获团体二等奖，陈奕欣获个人金牌、刘思琪获个人银牌。人民路小学三年级学生张紫萱以B组获团体二等奖、并摘得个人全能银牌。7月28日，世界珠心算联合会第五届会员大会暨第七届世界珠心算比赛在印尼万隆举行，来自中国、日本、美国、印度西尼亚、马来西亚、黎巴嫩等国家和地区的31个代表队共计350名选手参加比赛。受湖南省珠心算协会委派，潘钰莹、吴雅琪、刘杭、刘思琪、陈奕欣5名选手，与花垣县6名选手及湘潭市1名选手，代表湖南省参加其中的学生组、选手组和学前组比赛。浏阳5名选手获学生组团体一等奖和学前组获团体二等奖。潘钰莹和吴雅琪获个人全能一等奖、刘杭获个人全能二等奖，刘思琪和陈逸欣获学前组加减算二等奖。

（潘志强）

教师队伍建设

【概况】 2018年，全市共有教职工9455人，其中小学3907人、普通中学5097人、中等职业教育学校451人。其中研究生学历407人，大学本科学历6904人，大学专科学历1981人，中专及下学历163人。具有初级职称3580人，中级职教4665人，高级职称1432人，未定职称546人，管理岗位305人，技术工人77人。全年招聘教师519人，招录定向公费师范生153人，公开招聘教师100%分配至乡村学校；提拔及交流管理干部和教师303人，推动教师从城镇往乡村、强校向弱校合理流动。出台《浏阳市辖区走教工作实施方案》，确保村小（教学点）艺体、英语等学科正常开设。投入师训经费1400万元，培训教师一万余人次，组织校长书记、名优骨干教师高端研修培训4个批次。新增初中语文等6个名师工作室。开展长沙市卓越教师评选活动，评选各级骨干教师586人。全年表彰教师341人，其中金刚中学教师李性薄获湖南"最可爱乡村教师"，柏加中学教师赵海洋获评"长沙市五一劳动奖章"，大围山中学教师邱俊龙获评"浏阳工匠"，艺术学校教师寻湘沅等3人获评"省特级教师"，新文学校教师刘文章、关口中学教师寻景辉获评"长沙市名校长"，49人获评"长沙市卓越教师"，189名教师晋升高级职称。

【"缘聚浏阳　圆梦教育"外地教师家乡行活动举行】 8月9—13日，浏阳市教育局党委委员、工会主席李武率队开展"缘聚浏阳　圆梦教育"外地教师家乡行活动。慰问组一行到永顺县、古丈县、花垣县、泸溪县等湘西地区，走访慰问在浏阳工作的外地优秀教师代表、扎根山区的外地教师代表以及外地贫困教师代表的父母，先后到梁技昌、卢长云、杨强等8位教师家中，了解家庭情况，看望慰问亲人。浏阳是教育大市，先后引进近3000名外地教师。为让外地教师安心，家人放心，浏阳市结合教师的十大幸福工程，定期开展外地教师座谈，帮助解决工作生活中困难。组织开展"缘聚浏阳　圆梦教育"等家乡慰问活动，向外地教师的父母介绍儿女在浏阳的工作情况，向他们表达感谢和慰问，同时宣传浏阳教育发展情况和人才引进政策，吸引更多的人才加入浏阳教育。

【对口培训邵阳县95名教师干部】 10月15日，2018年邵阳县中小学骨干教师（干部）赴浏阳交流学习培训班开班仪式在浏阳市教师发展中心举行。邵阳县95名教师（干部）分两期在浏阳进行集中培训和跟班学习。教师培训时间为一个月，校长及中层干部跟班学习一个学期，部分学校中层干部跟班培训一年。培训分两个批次进行，首批学员为50人，11月启动第二批次培训学习。浏阳市教育局及12所研修学校成立帮扶工作领导小组，制订培训工作方案，明确培训内容、人员分工、后勤保障等。浏阳教师发展中心组织开展集中培训，为交流学员提供统一食宿。对口培训邵阳县教师干部，是浏阳市与邵阳县"携手奔小康"行动，实施"三个一"工程（推进一批项目、援建一批设施、培训一批人才）的重要内容之一，旨在实现两地优质教育资源共享，提高教育教学技能，促进两地基础教育进一步发展。

（潘志强）

10月15日，首批邵阳县50名教师（干部）在接受集中培训　（浏阳市教育局　提供）

文化·体育

中国花炮文化博物馆

综 述

【概况】 2018年，浏阳市文化体育工作成果丰硕，文体设施不断完善，文体活动丰富多彩，文遗保护有力推进，文化市场管理规范有序，文艺创作精品迭出，文化产业繁荣发展。浏阳市获评2018年度全省"扫黄打非"优秀集体，官渡镇成功创建为第二批全国"扫黄打非"进基层示范点，市文化体育广播电视局获评2018年湖南省扫黄打非工作优秀集体，官渡镇获评湖南民间文化艺术之乡（2018－2020），市文联被省文联授予"2018年度全省文联系统先进单位"称号。浏阳市文联的"到人民中去"主题文艺活动获评2017年度长沙市"一会一品"十大优秀文艺品牌活动；浏阳市欧阳予倩文化艺术中心入选第一批长沙市文艺创作基地名单。"智慧浏阳河"文化创意孵化中心被湖南省科技厅认定为湖南省"众创空间"。浏阳河文化产业园被中共长沙市委宣传部认定为"2017—2018年度长沙市文化产业示范园区"。浏阳市图书馆获评第六次全国县级以上公共图书馆"一级图书馆"。

文化阵地建设 文化功能完善，文体基础设施建设加强。市图书馆评估定级为国家一级馆，新图书馆和博物馆主体工程竣工，官渡镇入选"湖南民间文化艺术之乡"。建成20个长沙市示范性村（社区）综合文化服务中心，3处健身驿站，6处国民体质监测点，146处全民健身工程点。建成5个24小时自助图书馆，提质改造30家农家书屋。

公共文化服务 加快文体活动向乡村延伸，逐步形成市、乡镇街道、村（社区）、屋场四级文体活动联动机制。近万名群众参加浏阳市元宵节晚会及浏阳传统文艺展演，开展流动博物馆47场，"党的十九大光辉照乡村"文艺巡演活动106场，"欢乐浏阳河"文艺演出10场，经典剧目惠民演出27场；开展"悦读尚学 书香浏阳"全民读书月系列活动，6万余人次进入图书馆分享阅读；"文艺大讲堂"10场，送戏下乡111场，受众15万人次；开展老年人体育活动120次，3000余名群众献艺"欢乐潇湘 品质长沙 美丽浏阳"系列活动，451个党支部走进爱国主义教育基地聆听"特殊党课"，文体场馆接待群众近91万人次，惠民活动全域开展。

群众性文体活动 第六届湖南艺术节全省基层院团展演暨第五届欧阳予倩艺术节在全省产生强烈反响，8千余名观众现场看戏，200万人次通过网络直播线上看戏，《人民日报》、新华网、湖南卫视、《湖南日报》等10余家媒体聚焦浏阳；策划组织"颂党恩 跟党走"浏阳市庆祝中国共产党成立97周年文艺会演，线上线下近40万人次关注浏阳市戊戌年秋季祭孔大典，感受国学古礼的魅力；第三届全民健身运动会，坚持政府主导和社会团体具体承办相结合，全市146支队伍，1万余人次参与体育竞赛；7月14日奥园广场·浏阳市第四届三对三篮球联赛正式开赛；53支篮球队参加第十一届新年杯男子篮球赛，3000余名球迷现场观看决赛。

文化产业发展 推进与北京演艺集团、深圳聚橙剧院管理公司、湖南大剧院的项目合作，引进先进城市管理理念和市场资源，拓展欧阳予倩大剧院产业项目，推动文化产业发展新动能。市体育中心与省体育产业集团合作建设省级（摔柔跆）培训基地，"智慧浏阳河"文创基地入选长沙市文化消费十大地标，中国（浏阳）国际花炮文化节入选长沙市文化消费十大品牌，湖南玉叠妃中国彩色菊花石有限公司等3家公司入选长沙市文化消费示范单位。鼓励、引导乡镇街道承办赛事沙市镇立足体育小镇平台，通过政府投资作为奖励和引导，吸引了5.5亿元社会资本打造赤马湖运动休闲体育产业区，其中建有瑞翔滑雪、英美滑水俱乐部、1+1卡丁车俱乐部、长沙市水上运动训练基地、环湖自行车公路、赤马湖水上乐园等大型体育休闲旅游项目10余个，涵盖冰雪运动、水上运动、赛车运动等娱乐项目。依托当地独特自然资源和历史人文景观，开展具有特色的体育活动，促进体育、文化和旅游产业跨界融合，实现共同繁荣发展。

（蒋 慧）

【"文化执法+"助力文化强市系列服务活动启动】 2月28日，由浏阳市文体广电局主办、市文化市场综合执法局承办的"文化执法+"助力文化强市系列服务活动启动仪式在才常广场举行。省文化厅副厅长张帆，浏阳市委常委、宣传部部长、副市长李爱民，副市长邓雪琴参加启动仪式。"文化执法 +"助力文化强市系列服务活动包括文化执法 + 民间护航、文化执法 + 精准服务、文化执法 + 行业自律三大主题活动，旨在通过联合文化志愿者以文艺作品形式送文化执法知识下基层，主动精准服务文化市场和文化企业，引导文化市场行业协会发挥作用，助力建设文化强市和全国文明城市创建。全市全年行政执法办结案件 68 起，其中查办浏阳市第一起涉嫌无证经营网络游戏案件，查处 1 家违反《安全生产法》印刷企业。全年出动执法人员 4894 人次，检查经营单位 1005 家次，收缴各类非法出版物 8000 余册。组织开展"净网""秋风""护苗"专项行动，推动"扫黄打非"进基层，成功创建全国"扫黄打非"进基层沿溪镇示范点，"扫黄打非"工作取得成效，浏阳市获评 2018 年度全省"扫黄打非"优秀集体。

（蒋　慧）

【浏阳市文学艺术界联合会第九次代表大会召开】 6 月 7 日，浏阳市文学艺术界联合会第九次代表大会召开。大会听取市文联第八届委员会工作报告；通过修改后的市文联章程；选举产生市文联第九届委员会委员和主席团。黎安、许征、刘正初、彭晓玲、伍艳辉、熊剑、汪献、丁纯蓝、邓遥英、汤远志、徐金兰、张爱红、何飙、赖明汉、徐永远、刘炼、汤碧海、陈宇、杨丹、张辉暑当选为市文联第九届委员会委员；黎安当选为主席，许征、刘正初、彭晓玲、伍艳辉、熊剑当选为副主席，汪献当选为秘书长。长沙市委常委、浏阳市委书记黎春秋，长沙市文联党组书记、副主席王俏出席会议并讲话，浏阳市领导邱山东、邓阳锋、李爱民、刘仙娥、廖伟平出席会议。

（汪　献）

文学艺术创作

【概况】 2018 年，全市文艺创作围绕重大题材、重要节点和重大活动谋篇布局，创作出一批有影响、充满正能量的优秀作品。其中，戏剧类作品 8 部；小品、情景剧类 18 部；歌曲类作品 20 多曲。主要作品创作有以乡村题材的大型现代花鼓戏《甜甜的梦》、以精准扶贫题材的现代花鼓戏《山路十八湾》、以环保题材的现代花鼓《屋场里的环保经》和花鼓小戏《杨柳青青》，歌颂胡耀邦高风亮节为题材的现代花鼓戏《耀邦兄弟》、歌颂王震为题材的现代花鼓戏《胡子将军》、以 20 世纪 70 年代花鼓戏《打铜锣》为模板新创作的花鼓戏《新打铜锣》，以乡村振兴题材的情景剧《春到山乡》，小品《小康路上不能没有你》，歌曲《十九大光辉照乡村》《红红火火新湖南》《扬帆远航》，歌颂浏阳日新月异变化的长沙弹词《大美浏阳好地方》，情景舞蹈《红色沃土》等。完成国家艺术基金资助项目花鼓戏《甜甜的梦》的创排和首演，并根据专家意见进行二度创作。鼓励青年文艺骨干和社会文艺团体参与创作，推出现代花鼓戏《山路十八弯》和《杨柳青青》、情景剧《春到山乡》、歌曲《浏阳河畔稻花香》等 10 个文艺精品；复排 5 台经典传统花鼓大戏，花鼓戏《胡子将军》、花鼓小戏《新打铜锣》列入省市重点扶持项目，并参加第六届湖南艺术节参评、展演；组织《胡子将军》参加全国民营剧团晋京展演。做好戏曲《胡子将军》、歌曲《一起为祖国》、小戏曲《新打铜锣》等国家艺术基金项目和省项目的申报工作。浏阳本土词作家卢义方创作的歌曲《家乡有棵树》入围 2018 年国家艺术基金原创歌曲推广项目。市花鼓剧团联合市戏曲协会创排的花鼓小戏《新打铜锣》入围 2019 年国家艺术基金扶持项目。2018 年，浏阳市文联共创作各类文艺作品 3000 多件。市书法家协会 3 人 5 次入展中国书协、西泠印社主办的国家级展览，其中江敏作品入展 3 次，张文、付力作品各入展 1 次。市美术家协会成功举办"醉美浏阳河"黎越常作品展、"生态•人文"浏阳美术作品展、"春之祭"陈根个展，伍艳辉、王晓冰入全国展各 1 次。彭红霞摄影作品《中国高考大幕开启》《花开三月》分别被《人民日报》、新华社采用，周国良作品多次获省级以上奖励，邓霞林作品多次被《人民日报》《湖南日报》采用。全年创作发表文学、诗词、楹联作品 1000 多件，出版作品集上十部，获得地级市以上奖项 200 余个。晓寒、张星波、陈甲元、梅苔儿等作品在《人民日报》《诗刊》发表。现代花鼓戏《胡子将军》参加中国文联、中国剧协主办的 2018 年民间职业剧团晋京展演和第六届湖南艺术节全省基层院团展演。新创花鼓小戏《新打铜锣》入围 2019 年国家艺术基金扶持项目。卢义方创作歌曲《家乡有棵树》入围 2018 年国家艺术基金原创歌曲推广项目，《九伢子》获省市"五个一"工程奖，《一起为祖国》获长沙市"五个一"工程奖。市舞蹈家协会组织开展第三届"杜鹃花"杯舞蹈大赛，同时组队参加长沙市青少年舞蹈大赛并取得优异成绩，获优秀组织奖。浏阳市文联被省文联授予"2018 年度全省文联系统先进单位"称号。

（蒋　慧　汪　献）

【大型花鼓戏《胡子将军》晋京演出】 11 月 20 日，由浏阳市永红艺术团创作排演的大型花鼓戏《胡子将军》参加中国文联、中国戏剧家协会主办的 2018 年民间职业剧团晋京展演，部分浏阳籍在京人士和首都观众共 800 余人观看演出。花鼓戏《胡子将军》取材于中华人民共和国十年后王震第一次回乡探亲的真实故事。《胡子将军》通过拆彩门、访烈属、放鸭子、种板栗、当红娘、祭烈士 6 个小故事表达王震对家乡父老和革命先烈的感恩和热爱，再现开国将军王震不忘初衷、以人为本、实事求是、亲民爱民的形象。

（汪　献）

文艺活动

【概况】 2018 年，浏阳市文艺活动丰富多彩。第六届湖南艺术节全省基层院团展演暨第五届欧阳予倩艺术节在浏阳举行，成功策划组织"颂党恩跟党走"浏阳市庆祝中国共产党成立 97 周年文艺会演，举行浏阳市戊戌年秋季祭孔大典。全年开展《欢乐浏阳河》群众文艺活动 10 场次。

（蒋　慧）

【打造展示才艺舞台】 组织参与“湖南艺术节”“欢乐潇湘 品质长沙”等系列活动，2012年，启动《欢乐浏阳河》群众文艺活动，截至2018年12月，已演出120多场，每场至少有3个以上的原创节目。配合党的十九大宣传，做好文艺演出下基层工作，2018年，市委宣传部和市文体广电局组织策划“十九大光辉照乡村”文艺村村演活动，在首场演出中，花鼓小戏《杨柳青青》、情景剧《春到山乡》等创作节目受到各界好评。庆祝中国共产党成立97周年，举行“颂党恩、跟党走”文艺会演。在“文化和自然遗产日”举办“多彩非遗、美好生活”主题展演活动。

（蒋　慧）

【举行秋季祭孔大典】 2018年是我国古代著名思想家、教育家、儒家学派创始人孔子诞辰2569周年，为尊崇和怀念至圣先师孔子，9月21日，戊戌年秋季祭孔大典在浏阳文庙举行，社会各界代表400余人参加。浏阳文庙为儒教庙宇，始建于宋，共有13个建筑单元，是中国保存最为完整的孔庙之一。祭孔大典按照迎神礼、初献礼、敬献花篮、恭读祭文、亚献礼、终献礼、撤馔等仪式有序进行。2014年，浏阳文庙祭孔音乐被列入第四批国家级非物质文化遗产代表性项目名录，为有效保护和传承浏阳文庙祭孔音乐，在祭孔大典正式开始之前，浏阳分别授予长沙师范学院“南方礼乐传承与研究基地”牌匾，授予湖南科技职业学院和浏阳一中“浏阳文庙祭孔音乐传承基地”牌匾，并决定定期与学校开展礼乐培训和学术交流。

（蒋　慧）

【举办纪念谭嗣同殉难120周年书画篆刻作品展】 9月26日至10月5日，纪念谭嗣同殉难120周年书画篆刻作品展在市文庙举办。展览活动由政协浏阳市委员会主办，浏阳市文学艺术界联合会、湖南谭嗣同爱国公益基金会、谭嗣同纪念馆、浏阳市谭嗣同文化研究会协办，展览共展出书画作品165幅，其中浏阳市书法家协会特邀和评选入展作品135幅，湖南谭嗣同爱国公益基金会书画作品30幅，艺术家们用书画艺术的表现形式，再现谭嗣同心忧天下、锐意改革的优秀品格。市委常委、宣传部长李爱民、市人民政府副市长邓雪琴、市政协副主席廖伟平等出席开幕式，湖南省谭嗣同爱国公益基金会、浏阳市文体局、浏阳市文联、浏阳市谭嗣同纪念馆、浏阳市谭嗣同文化研究会主要负责人，谭氏宗亲代表、文艺界朋友，入展作者、书协会员，以及媒体记者等150余人参加开幕式。

（汪　献）

【全省基层院团展演暨第五届欧阳予倩艺术节在浏阳举行】 10月16—26日，由省委宣传部主办，长沙市文广新局、浏阳市政府承办，主题为“艺术的盛会 人民的节日”的第六届湖南艺术节全省基层院团展演暨第五届欧阳予倩艺术节在浏阳举行。展演期间，全省19个院团演出18个精品剧目，剧目题材包括以新农村建设、精准扶贫、邻里关系、孝亲敬老等现实主题及晚清“字圣”黄自元、“胡子将军”王震等历史题材，充分展示湖南省舞台艺术创作的新成果。全程现场直播，实行演艺惠民，市民可以通过手机订票选座，“一元看大戏”。同时，活动期间举办“平凡世界 记录美好”全民手机摄影大赛。长沙市浏阳永红艺术团创作演出的花鼓戏《胡子将军》在开幕式上演出。浏阳是艺术大师欧阳予倩的故里，为弘扬欧阳予倩艺术精神，振兴地方戏曲，传承和弘扬传统文化，浏阳积极搭建对外文化交流与发展平台，连续四年举办欧阳予倩艺术节，2017年邀请全省多个基层院团优秀剧目展演，并特邀中国舞蹈家协会和北京曲剧团演出，丰富群众文化生活，浓厚社会文化氛围。

（蒋　慧）

文物管理

【概况】 截至2018年12月，全市拥有登录在册的不可移动文物324处，其中全国重点文物保护单位7处，湖南省级16处，长沙市级39处，浏阳市县级58处，一般不可移动文物204处。中国传统村落1处，文物类爱国主义教育基地17处（其中全国爱国主义教育基地1处，省级5处，长沙市级6处，浏阳市县级5处）。浏阳国有可移动文物藏品总数27405件（套）。其中一级文物39件（套），二级文物184件（套），三级文物2687件（套），一般文物12377件（套），参考品12118件（套）。主要做好了湖南省苏维埃政府旧址修缮工程、中国传统村落大围山镇楚东村文物建筑环境整治工程、中共湘鄂赣省第一次代表大会旧址（楚东山大屋）的修缮工程的施工工作；做好了湖南省苏维埃政府旧址彩绘文物保护和陈列展示工程的资金申报；做好了对中共湘鄂赣省第一次代表大会旧址、红一方面军成立会旧址、甘氏祠、桃树湾民居、孙发力故居、罗梓铭故居、孔昭绶墓、陈氏家庙、王首道故居、谭学琴墓、吴楚桥、新安桥、上新大屋、上坪会议旧址、寻淮洲故居、石霜寺、浏阳县第一次工农兵代表大会旧址、金元苏维埃政纲标语遗址等不可移动文物的维修、消防和展陈工程进行了方案编制审批、工程现场施工和日常监督指导；完成申报第八批全国重点文物保护单位和湖南省第十批省级文物保护单位的资料编制工作。完成全市未定级不可移动文物标志牌制作安装。完成全市革命文物名录报送。健全了不可移动文物安全管理三级网络，安全巡查覆盖率100%。以“5•18”国际博物馆日、“文化和自然遗产日”和国际博物馆日为契机，在全市开展文化遗产保护系列宣传活动。

【文物保护和利用】 强化文物安全保护意识。发挥文物安全联防机制的作用，加大对全市文博场馆的安全专项督查。开展文物保护工作业务培训班，签订文物安全管理协议，打造文物平安工程，全年出动车辆80余台次，人员260余人次，对30个乡镇街道300多处不可移动文物进行安全巡查，及时处置文物突发事件4起。利用短信、微信平台发送各类安全提示信息20余条。联合市公安、消防大队对省保单位进行安防和消防工作调研指导2次。与长沙市岳麓区文管所结对进行异地交叉执法检查。营造保护氛围。依托“5.18国际博物馆日”“文化与自然遗产日”，创新宣传推介浏阳文物保护成果，制作《浏阳声音博物馆》，通过浏阳电台播出。加强文博建设基础工作。完成第八批全国重点和第十批省级文物保护单位申报工作。征集革命文物和民俗文物1366件（套）；开展浏阳河流域文明进程考古调查，新发现5个古遗址。推进文物保护项目。完成长沙地区一般不可移动文物标志牌安装工作。完成湖南省苏维埃政府旧址（锦绶堂）本体修缮工程，浏阳文庙维修、防雷等保护工程和谭嗣同墓周边环境改造工程，王震故居基础设施完善、周边环境和基本陈列提质改造项目。启动谭嗣同故居及墓祠修缮工程、谭嗣同故居及祠防雷工程，正在实施中共湘鄂赣省第一次代表大会旧址（楚东山大屋）维修和楚东村传统村落环境整治两大工程。

（蒋　慧）

广播电视电影

【概况】 浏阳广播电视台与浏阳广播电视集团有限公司合署办公，下辖浏阳电视台、浏阳人民广播电台、浏阳市道吾山发射台、浏阳国安广电宽带网络有限责任公司、国安浏阳数据通信有限公司、浏阳市广电无线网络有限公司、浏阳广电云商公司、13个乡镇广播电视中心站。2018年，广播电视系统干部职工733人（含在职、退休、聘用、代理维护人员），其中在职、在编职工274人，按编制所在单位：机关15人，电视台33人，电台6人，发射台7人，集团49人，乡镇120人，电影44人。浏阳电视台设2个频道，浏阳广播电台设2个频点。2018年，共有20件作品获得长沙市级以上奖励，《最是潇湘一抹红》获得全国广播电视融媒短视频一等奖。全年实现经营收入1.48亿元，同比增长3.9%，其中媒体收入4500万元，同比增长13.6%，成为全国市县广电转型升级的标杆，蝉联“全国20强市县广播电视台”，获评“改革开放四十年全国百佳县级广播电视台”。获湖南省2018年度广播电视公益广告创作大赛中传播机构类二等奖。2018年，全市有

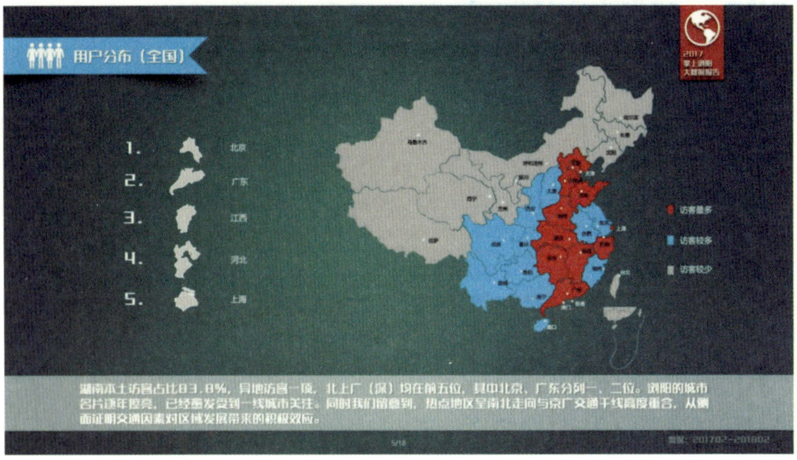

2月9日，掌上浏阳首次发布《2017掌上浏阳大数据报告》　（市广播电视局　提供）

商业影院14家，其中城区7家，乡镇7家，总面积3,3400平方米，影厅88个，放映总场次351425余场。存在的困难与问题。传统媒体与新媒体在内容、理念、体制、技术、管理、人才等方面有待深度相“融”；媒体传统广告业务持续萎缩；“三网融合”政策开放电视传输市场，导致广电电视用户大量流失，基础业务急剧下滑；内部开发的平台载体和新兴业务作用发挥不明显，产生的实际效益不高；干部职工危机意识、竞争意识和市场意识不强，缺乏管理、经营、技术高端人才；部分干部职工团队意识不强，“铁饭碗”意识和“等靠要”思想仍然严重。

【广播、电视、网络管理】 加强全市广播电视有线传输网络、广播电视无线网络、广播电视宽带数据网络建设和网格化管理，扩大广播电视的有效覆盖，2018年广电用户稳定在30万户，其中有有线数字电视用户20万户，无线数字电视用户10万户，宽带用户3万户。广播电视综合覆盖率99%以上。完成有线网络双向改造达10万户。推进广电网络与中信国安广视网络有限公司合作推出高清互动电视，发展用户5万户。加大跨行业融合力度，实施广电网络与联通全面战略合作，推进与移动战略合作试点，为用户提供全业务产品。夯实浏阳广电公共服务平台，推进中央广播电视节目无线数字化覆盖工程。湘鄂赣联盟体成员台增至39个。全国市县原创节目交流中心发展274家市县台会员和267家手机客户端。10月，中国供销节目制作中心落户浏阳广电，宣传经营平台向全国拓展，为实现浏阳节目“上星”传播创造条件。加强广播电视电影系统国有资产管理与经营，确保国有资产保值增值。

【广播电视事业产业经营】 制作《将“最多跑一次”改革进行到底》《种我山城玉一枝》《一叶倾城》《河之风》等专题片和宣传片100余件，策划举办“湖南好人榜”颁奖典礼、“清风润浏阳　传承好家风”主题分享会、湘鄂赣旅行形象大使评选等活动100余场次，开展“全域直播看丰收”等全媒体直播100余场，擦亮“专业视频生产商”“大型活动举办专家”和“直播浏阳”品牌。发挥外宣作用，在省级以上媒体发稿突破100条。《遇见浏阳》《最是潇湘这抹红》《改革面对面》等20余件作品获中视协和省市奖项。推进跨界拓展经营。推进全市电影产业发展和农村（社区）电影公共服务体系建设，按要求实施农村公益电影放映工作，完成3826场公益电影放映任务。浏阳广电“在线教育”项目，整合本地和全国优质教育资源，助推教育信息化、均衡化发展，成为教育精准扶贫项目。利用广电自身资源与全国知名培训机构合作，打造线上、线下完整的“教育培训产业链”。夯实事业基础，与广视合作推出高清互动电视，与联通合作推出“无线＋宽带”业务，开发“智能家居”项目。与长沙联通达成全面战略合作，平台相互整合、业务共同营销。

【广播电视节目采制和播出】 坚持“贴牢党政、贴紧基层、贴近群众”的新闻宣传理念。推出《浏阳路径》《讲习所里新故事》《潮头》等系列时政“新闻大片”，紧扣中心、服务大局、助力发展，营造良好舆论氛围，党媒性质充分彰显。《爱在浏阳》《十件民生实事》《凡人善举》《农事通》等栏目聚焦民生民利，传递正能量。重构采编制播流程，全媒体调度机制日益完善，媒体传播力和影响力提升。推进媒体、区域、跨界融合，浏阳广电由“高清时代”迈向“融媒时代”“数据时代”。电视台《“浏”言板》、电台《浏阳双声道》、手机台“市民互动”版块，全年收集市民咨询、投诉、建议3000余条，99%得到部门答复。

【广播电视电影系统新技术的研究、开发和利用】 截至2018年年底，“掌上浏阳”总阅读量近1.9亿(2017年同期为7000万)，“掌上政务”“天天学习”“智慧环保”“智慧党建”“E监督”“掌上税务”“智慧教育”“智慧停车”“智慧旅游”“智慧人社”“公益扶贫”“云保险”“全国工商举报平台”“湖南省食药监平台”14个“智慧城市”项目上线运行。大数据中心发布的环保、交通、教育、扶贫等行业大数据分析报告，得到社会关注，为政府提供决策参考。4月，由省委宣传部主办的《湖南宣传》以《推进四个融合优化媒体格局》为题专题报道浏阳融媒体中心建设。6月，由国家广播电影电视总局主管的刊物《广播电视信息》《特别关注》栏目用两个版面重点推介浏阳广电融媒体建设情况。9月7日，中宣部副部长、国务院新闻办公室主任徐麟来浏阳广电调研融媒体建设，明确浏阳为全省首家、全国首批融媒体中心建设试点县市。10月30日，全省县级融媒体中心建设研讨会在浏阳召开。浏阳融媒建设经验在全国和全省融媒体中心建设研讨会上作典型推介。全年128批次地市和市县广电同仁到浏阳广播电视台交流考察。11月，中宣部、国家广电总局召开县市融媒体中心建设标准评审会，浏阳广播电视台作为全国唯一担任评审专家的市县媒体代表，参与国标的讨论和评审。新华社专题研究浏阳广电融媒建设，以“震撼”一词予以肯定。

【中国供销节目制作中心在浏阳成立】 10月26日，中国供销节目制作中心成立暨挂牌仪式在浏阳广电中心演播大厅举行，浏阳广电与中华全国供销合作总社声像中心携手组建中国供销节目制作中心。省新闻出版广电局党组成员、总工程师王国庆，全国供销合作总社声像中心、湖南省供销合作总社、浏阳市委市政府负责人出席成立大会。中国供销节目制作中心成立后，浏阳广电将全面负责中国供销频道县市一级节目的策划制作，联合全国市县广播电视台定制《美丽神州行》《美丽乡村大舞台》两档原创供销节目。中华全国供销合作总社声像中心通过百视通网络，对全国供销合作社系统行业用户进行电视联网和手机APP推广，实现电视屏与手机屏的多屏接收、多屏互动，为中国农村农民提供综合文化信息服务的有效途径和平台，助力乡村振兴战略和农村现代化、信息化建设。

9月7日，中宣部副部长、国务院新闻办公室主任徐麟(左前一)到浏阳广电调研融媒体建设 (市广播电视局 提供)

【电影市场管理】 2018年，全市有商业影院14家，其中城区7家，乡镇7家，总面积3,3400平方米，影厅88个，放映总场次351425余场。市文体广电局定期对影院进行检查，加强影院放映质量管理，实现影片质量零投诉。严格依照《电影管理条例》有关规定履行影院设立审批，对不符合条件的企业不得进入浏阳市电影放映市场。规范市场，科学规划影院建设布局和总量控制，加强城市影院建设的预审备案和市场准入管理，防止重复建设，做到布局合理、建设规范、均衡发展；鼓励社会力量参与数字影院建设，促使市商业影院实现管理院线化、放映数字化、配套服务连锁化；将“电影放映经营许可证”年检工作纳入电影市场秩序专项治理。要求在影院明显位置悬挂中国电影行业放映协会统一制作的监督公示牌，加大对节假日、寒暑假的安全管理，定期对影院进行检查，加强影院放映质量管理，实现影片质量的零投诉。

【电影放映】 6月9日，浏阳本土励志功夫电影《龙族少年》(又名《拳霸少年》)在市南少林文武学校内开拍，12月16日，《龙族少年》在利通太悦城中影博纳国际影城举行首映仪式，并同步在爱奇艺、搜狐、优酷等视频网站上映。7月，组织公益电影放映月，邀请农民工及特殊人群免费观看电影，场次48场，观影8000余人次。全年浏阳市电影发行放映公司组织12支放映队，完成全市各乡镇社区、行政村公益电影放映任务3827.3场，观众100万人次。

(付 苹)

【卫星地面设施整治】 2018年，市文体广电局与市广播电视台网络公司、乡镇广播电视站等部门沟通协调，配合工商部门打击查处私自销售安装卫星地面接收设施的行为，抓好卫星地面设施整治工作，确保卫星电视传播秩序规范有序发展。每周坚持安排不少于一天时间的广播影视执法，2018年上半年，出动执法人员84人次，14家足浴、家庭招待所擅自安装和使用地面卫星接收设施的违规行为全部整改到位；对城区莱茵茉莉假日酒店擅自解调广播影视信号、私设小前端的违法行为进行立案查处；对网络公司反映永安、镇头、官桥等地区“清流”节目无序竞争，经调查核实，配合工商、公安部门查处5家非法销售地面卫星接收设施，没收设施37套。

（蒋　慧）

新闻出版

【概况】 2018年，浏阳市新闻出版局严格按照法定程序办理行政许可，凡纳入行政审批的项目都进驻政务中心窗口办理，赋予窗口对行政审批事项申请的受理决定权、即办件的审批权、承诺件的组织协调权、办理结果的送达权等权利，保证窗口审批、盖章、文书制作“三到位”。发展和壮大印刷业，全市印刷企业逐步形成一个专业烟花包装印刷市场；规范印刷行业健康发展对擅自设立的印刷企业、不执行“印刷五项制度”的企业、存在安全隐患的企业开展为期6个月的专项整治行动。截至2018年，全市有印刷企业202家，印刷业务产值13亿多元。全年提质改造农家书屋30家，补充图书1.8万册，报刊300种，书架60组，培训图书管理员200余人次。

（蒋　慧）

【图书发行】 2018年，湖南省新华书店有限责任公司浏阳市分公司实现营业收入11157.45万元，超额完成年度计划的22%；实现利润1906.24万元。政治性图书发行。全年发行《十九大报告单行本》《习近平谈治国理政第二卷》《习近平新时代中国特色主义思想三十讲》等党政读物15.4万册，码洋515.8万元。教材发行。将教材发行部拆分为校园市场部和教材物流部，强化服务意识，主动服务上门，确保全市教材“课前到书、人手一册”，并提供流动供应、线上预订、名师讲座等个性化服务。一般图书发行。组织与读者互动的阅读推广活动，走出店堂开展流动摆摊，提升门店窗口形象；将部分书架改为滑轮移动式，扩大门店活动面积；在门店入口处摆放线上购物演示机，为读者提供购书便利；在门店设立物流组，为读者开展送货上门服务；组织开展阅读推广活动80余次，涵盖名师讲座、朗读、演讲、手工DIY、读一本好书有奖征文等；依托公司开发的线上书城平台进行宣传推广，发动全体干部职工到各机关单位、学校和读者中开展图书推销。全年一般图书码洋销售1746.77万元。公司被长沙市文明委授予2017年度长沙市“诚信企业”荣誉称号。

（沈完乐）

【公司销售管理】 湖南省新华书店有限责任公司浏阳市分公司从开展流动供应、发展线上平台、布局校园网点、调整组织机构、加大市场拓展五个方面进行销售管理。推进校园书店（屋）建设并实现全市中学全覆盖，逐步推广机关书屋。2018年，完成3家校园书店、18家校园书屋建设并全部验收；2家机关书屋筹建中。开展进机关、企事业单位、学校阅读推广活动。举办“阅读之星”、最爱阅读班级、经典诵读、群文阅读、整本阅读、读书征文、小故事大道理等20多场校园阅读评先评优活动；为全市学校免费组织开展名家讲座、签名售书、展销展示、国学经典诵读、宪法进校园等“书香进校园”系列活动。推进线上线下融合发展经营模式。抓好线上书城、“阅达书城”的运营和推广，截至12月末，微信订阅号人数逾10万。围绕“正版”“红色基因”“百年老品牌”进行品牌宣传，构建以“浏阳新华书店”微信订阅号为信息主要发布渠道，“浏阳市新华书店”服务号为线上购买平台，“商桥”和两个微信号为客服终端，通过线上活动引导更多客户养成选择新华书店的正版书籍购买习惯。在宣传推广和引导下，不少读者特别是学生家长的购买习惯在发生改变，线上书城产生的订单和有效客户逐渐增加。改革用工制度，加快人才队伍建设。启动为期5年的人才兴企计划。2018年，对市场部发行员、运营部部长、图书门店店长、线上书城部长等24个岗位，分别通过对外公开招聘的方式高薪引进专业人才，采取按劳分配、优胜劣汰的机制进行管理，通过传帮带和培训等方式，提升团队战斗力。2018年度公司在业务、财务、党风廉政建设、综治等方面共获得省、市公司的11个奖项，经理、党支部书记罗斌获湖南出版投资控股集团“2018年度突出贡献奖”。

（沈完乐）

【报刊出版发行】 2018年，浏阳日报社有员工114人，其中在编人员36人，合同制员工78人。按工作性质划分为采编线（总编室、新闻采集中心、编辑发布中心）、小记者中心、经营线（浏阳日报报业发展有限责任公司、浏阳市浏阳河新媒体网络有限公司）、行政后勤线（办公室、财务室、浏阳河发行投递有限责任公司）。报社获多项荣誉，其中62件新闻作品获全国、省、市新闻奖项，公益品牌“爱心早餐”获第五届“长沙慈善奖”最具爱心慈善项目奖，“浏阳日报融媒体”获中国新闻网站（新媒体）最具公信力50强，“浏阳日报客户端”获湘赣边新媒体最具影响力十强，“微浏阳”获2018全国地市新媒体微信公众号三十强，“湖南省第四届家具博览会暨首届林业博览会”项目荣获第五届全国县市区域经营成功案例银奖，发行投递公司获评“全国自办发行先进集体”。全年报业总收入实现3800万元，比2017年增长8.6%。宣传策划：贯彻党的十九大精神，2018年，在《浏阳日报》头版开设《在习近平新时代中国特色社会主义思想指引下——新时代·新作为·新篇章》栏目，刊发稿件74篇。围绕“三大攻坚战”和乡村振兴战略，推出“领跑2018”专栏，刊发稿件73篇；策划“走读浏阳第五季——文化地图”报道，推出通版6个；推出“壮阔东方潮，奋进新时代·浏行40年——纪念改革开放40周年”系列报道40篇。做好“直通北京——2018全国两会”特别报道，成为全国县市唯一连续十一年赴京报道全国两会的媒体。做好“爱心早餐”“圆梦大学”“爱心救生圈”等爱心公益报道品牌。2018年爱心早餐公益众筹活动，为城区早班环卫工人筹集爱心款46万余元；“圆梦大学”帮助500余名贫困大学生圆梦。为全市“爱心涌动浏阳河”文明创建活动策划“爱心白菜”“爱心梨”等公益报道。经营创收：组织举办第18、19届浏阳车展、第18、19届家装博览会、大瑶第7届房·车展、第11届城市商务节、第6届浏阳河七夕文化节、“春风行动”2018大型人才招聘会等传统节会活动20余个。组织开展湖南省“十强百佳千优小记者”评选、第三届中国(浏阳)国际烟花爆竹交易会、长兴湖花湖之约、碧桂园城市绿跑、环保文化节、湖南浏阳(镇头)2018首届油茶文化产业博览会等新型节会20余个。推出“元旦特刊”“春之声”“稳健2018——花炮产业大会”“2018中国(浏阳)国际烟花爆竹交易会”“浏阳中报”“大地飞歌——2018年中国农民丰收节特刊”等会刊，共计版面100余个，促进报业经营稳健发展。调优报纸发行品质，开展“万名读者大走访”活动，处理投递问题300余个，更换4000余个破旧报箱。完成全年4.2万份的征订目标。

(李　玲)

【媒体融合发展】 6月，“智慧浏阳”升级改版为浏阳日报新闻客户端，重新制作浏阳日报数字报手机版；优化视频直播功能，新增图文直播模块。出台《2018年加强新媒体平台建设方案》，深化“中央厨房”建设，整合浏阳日报采编资源，优化发布流程，实现“一次采集、多种生成、多元传播”的融合格局，融媒体矩阵覆盖率达120万+。浏阳日报客户端(浏阳网)加强和新湖南、红网、大湘网、新浪湖南、凤凰网湖南频道、掌上长沙等省市网站、客户端的新闻合作，与红网时刻新闻客户端无缝对接，在上级平台推送浏阳新闻1100余篇。《浏阳日报》完善通联渠道，为32个乡镇街道、78个市直单位开放客户端供稿平台，年发稿5000余条次。先后推出《我们不一样》《烟花三月，我与浏阳有个约定》《720° 全景邀你去巡河》《奋进浏阳》《交通大数据分析》《不文明行为征集》《“红色浏阳”党史知识随手测》等H5产品；创新推出《世界烟花看浏阳》《奇石开花》等融媒体封面；浏阳日报新闻客户端推出《你文明的样子真美》《文明在心　创建有我》短视频，助推文明城市创建工作。打造直播平台，参与线上视频直播活动23场，总访问量430万人次，其中第三届中国(浏阳)国际烟花爆竹交易会系列活动的点击量超过100万人次。

(李　玲)

【组织参加地州市好新闻评选活动】 3月15—6日，地州市好新闻评选活动在邵阳日报社举行，浏阳日报社5件作品获湖南市州好新闻一等奖，15件新闻作品分获二、三等奖。

(李　玲)

【组织参加中国县市区域报新闻作品竞赛】 4月，中国县市区域报新闻作品竞赛在贵州遵义举行评选活动，浏阳日报社8件作品获一等奖，16件作品获二、三等奖。

(李　玲)

【组织举办湖南省“十强百佳千优小记者”评选】 3月24日至10月13日，浏阳日报社联合湖南省十家媒体举办湖南省“十强百佳千优小记者”评选活动，活动吸引浏阳三十多所中小学，9440名小记者参与。

(李　玲)

党　史

【党史编研】 2018年，按照省委党史研究室关于《湖湘红色基因库》编撰要求，为《红色印记》提供10余处遗址遗迹相关内容；根据《回忆录》第24辑“湖南农业发展专辑(1949—1978)”的编撰要求，撰写专题《湖南水稻良种的选育和粮食产量的提高》《带钱带粮修水利只为增产援国家》；根据长沙市委党史研究室关于《长沙改革开放实录》编撰要求，撰写专题《潮涌浏阳河》。完成2017年浏阳党委工作纪实和2013—2017年浏阳大事记述的编撰；为纪念改革开放40年，撰写的《攻守结合：浏阳烟花璀璨世界》《老爸的秘密》被《湘潮》《长沙党史》收录；为纪念王震诞辰110周年撰写的《弘扬精神风范，开启浏阳新征程》在《湖南日报》刊登；配合《人民日报》“为了民族复兴·英雄烈士谱”栏目做好田波扬、寻淮洲人物采写工作；早期共产党党员李梅羹资料征集工作取得进展，邀请李梅羹之子李慰严到浏阳调研指导工作。

【党史宣教】 开展“红色浏阳”党史学习活动。为全市七年级学生赠送党史课外读本《红色浏阳》，开展党史进校园、“红色浏阳党史知识随手测”有奖答题活动。开展党史成果下基层活动。向全市标杆党支部、优秀党员、优秀党务工作者、中华人民共和国成立前浏阳地区老党员、农村学校、农家书屋等赠阅《湘潮》杂志600余份；向全市各党支部、学校、农家书屋等免费发放《中共浏阳地方史》《湘赣边界秋收起义在浏阳》及口述史专题片等浏阳党史成果。注重宣教经验总结提炼。以中央党史和文献研究院专题调研宣教工作为契机，组织召开13家组织、宣传、教育、文化等部门及新闻媒体负责人座谈会，听取收集推进党史宣教工作的设想和建议，并形成总结材料，为下阶段创新党史宣教形式、丰富党史宣教内容夯实基础。

【文物征集】 发动媒体公开征集文物，安排专人赴北京等地走访浏阳籍国家领导人及将军后代，有针对性征集文物，征集到实物80余件、图片资料近100份。

(刘瑞琼)

地方志

【年鉴编辑】 3月15日，中共浏阳市委办公室、市人民政府办公室下发《关于做好〈浏阳年鉴(2018)〉编辑工作的通知》，启动本年度年鉴组稿，6月下旬完成组稿。8月底完成编辑、总纂成书，9月2日报方志出版社分别参加出版评审和中国年鉴精品工程评审，11月份，通过方志出版社终审和精品年鉴初审。11月28日完成精品年鉴第一轮修改上报。《浏阳年鉴》创刊于1987年，按照一年一鉴逐年编辑，《浏阳年鉴(2018)》是本鉴的第32卷。《浏阳年鉴(2018)》是按照《中国年鉴精品工程实施方案》有关要求进行组稿、编辑、审校与设计，与往鉴比较记述内容更加全面、翔实。全鉴成书134.6万字(按方志出版社统计口径)，文字总量超过历年年鉴。内容涵盖2017年浏阳自然、政治、经济、文化、社会发展变化状况；篇目分类进一步科学、规范、层次更加清晰。全鉴分35个部类，190个分目、子目，分别比上鉴多5个部类、多12个分目、子目。3月15-16日，全省市州志办主任会议暨"两全目标"推进工作会在长沙召开，浏阳作为唯一区、县特邀代表应邀参加会议。4月中旬，完成省、长沙市年鉴稿件、年报和地方志统计等资料上报。6月8日，湖南省地方志编纂委员会下发《关于第五届湖南省年鉴奖评选结果的通报》，《浏阳年鉴 (2015)》《浏阳年鉴(2017)》获一等奖。

【名村(社区)名镇志(小区志、社区志)编修】 3月13日，根据中国地方志指导小组办公室《关于启动＜中国名镇志丛书＞编纂工程的通知》(中指办〔2014〕22号)和《关于印发＜中国名村志文化工程实施方案＞的通知》(中指办〔2016〕209号)，以及湖南省地方志编纂委员会、长沙地方志编纂委员会办公室有关文件要求，浏阳市地方志编纂委员会下发《浏阳市名镇志名村志文化工程实施方案》，启动名镇志名村志编修。截至5月15日，共收到大瑶镇等7个镇、大瑶镇南山村等15个村(社区)报送的有关资料。6月，经过走访调研确定大瑶镇、大围山镇2个镇参加本轮名镇志编修，大瑶镇南山村、杨花村、汇丰社区，大围山镇楚东村，沙市镇秧田村、东门村，官渡镇竹联村，沿溪镇沙龙村，淮川街道西正社区、梅花小区，集里街道神仙坳社区共11个村(社区)参加本轮名村(社区)志编修。8月17日和10月19日分别组织两次编修人员培训，11月15日，所有参与编修名村名镇志单位完成和报送篇目框架评审修改稿，进入资料收集阶段，其中《淮川街道西正社区志》完成资料收集。

【《长沙市志·人物志》浏阳入志人物传编纂】 按照《长沙市志·人物志》收录标准与编写要求，1月18日，完成应入志人物共67人、总计5万多字的人物传记编写，收录入志烈士名录13人。10月10日，《长沙市志·人物志》评审会议在长沙志办召开，根据专家评审意见，组织人员对浏阳入志人物传修改完善，并于11月9日向长沙市志办报送具体修改方案。

【地方志宣传与教育】 1月中旬，组织开展《浏阳乡镇(街道)简志》本市单行本和《浏阳年鉴(2017)》发行，分别发行500多本和800多本；3月22日，组织年鉴组稿人员年度培训会议，长沙志办年鉴处副处长尚畅应邀到会面授，来自全市各组稿单位共150余人参加培训；组织开展"5•18"地方志"六进"(进机关、进学校、进社区、进农村、进企业、进社会团体)系列宣传活动，分别在市志档案局机关、浏阳市才常广场设置地方志宣传展台，展示浏阳地方志编研成果，年内，分别在荷花街道净溪小学开展地方志工作进校园活动，与市科协、市文联联合举办地方志档案灯谜有奖竞猜活动，发放方志宣传资料2000多份。

(黄　英)

档　案

【馆、室和资源建设】 2018年，全市有450家档案馆(室)，500多名专(兼)职档案员，馆(室)藏档案280万卷(册)，116家单位通过档案规范化认定，其中特级档案室9家，省一级档案室23家，省二级档案室82家，专业档案馆1家，乡镇档案馆1家。8月1日，档案馆被中共长沙市委宣传部授牌为"长沙市爱国主义教育基地"；"浏阳记忆"展览设计与制作获湖南省档案科技项目一等奖；档案宣传工作获全省先进单位；馆藏"湘鄂赣工农兵银行发行的货币票券"被列入第一批湖南省档案文献遗产名录。8月7日至8月11日，第六期全国县级档案局长馆长培训班北京科技会堂开班，浏阳作为湖南唯一代表在会议上作典型发言。

【档案信息化建设】 完成数字化扫描录入770万，其中650万页收录到馆藏资源管理系统，建成局域网，信息化扫描录入档案实现现场电脑查阅。试行馆室一体化数字档案系统，市委办、市政协办、民政局实现跨部门查档，并同步推进社保、婚姻、户籍等重要民生档案的信息化扫描录入工作。相关工作经验被《长沙晚报》予以报道推介。

【档案业务指导与查阅利用】 指导精准扶贫档案实现"一户一档"管理；配合农业部门推进土地确权档案整理；指导开展污染源普查、落后烟花爆竹企业退出及机构改革档案工作规范化管理；指导沿溪镇档案室完成档案工作规范化管理省一级申报认定工作。档案馆优化查阅方式，全年接待查阅20000余人次。10月至11月全国复退军人及军烈属的信息采集登记期间，两个月共接待查阅4600余人/次，查阅纸质和电子档案7000余卷(册)。相关工作被《长沙晚报》《浏阳日报》等媒体予以宣传报道。

【档案宣传教育培训】 以"5•18"地方志条例宣传日及"6•9"国际档案日为契机开展宣传活动2次，设咨询台2个、发放《乡镇街道简志》300本及宣传资料2000余份，开展档案执法检查1次，提出督促整改意见10余条，促进全市档案工作依法规范运行；培养档案专业人员，全年组织开展档案员、档案统计年报、工作人员培训班3期，共培训208人次。

【开展"三进三创"主题活动】 深化"红色兰台"行业品牌，开展"三进三创"主题活动。"三进"即市志档案文化进学校、进社区、进网站。传播浏阳历史、弘扬浏阳精神、宣传推介浏阳，利用馆藏资源，挖掘诸多浏阳人物、浏阳故事，在《湖南日报》《长沙晚报》《档案时空》等媒体报道推介。全年下基层开展"三进"活动7次，"浏阳记忆"展厅接待300余批7200余人次，成为浏阳党建学教基地。“三创”即争创长沙市级文明单位、申报长沙市爱国主义教育基地、建设“两学一做”教育基地。通过加强与上级宣传部对接，不断提升服务和完善爱国主义教育功能，浏阳市档案馆成功申报被授牌“长沙市爱国主义教育基地”。市志档案局机关支部与牛石岭村党支部结对共建，建成火龙果扶贫产业基地，为牛石岭村净溪小学创建读书角3个、捐赠书籍400余册，助力脱贫攻坚和乡村振兴及乡村基础教育；在职党员进社区显成效，打造集里桃花源模范小区，支部建设及在职党员进社区工作多次在《长沙党建》《浏阳日报》、浏阳电视台等媒体宣传报道。

（黄　英）

体　育

【概况】 2018年，全市有体育社团23个、民办非企业俱乐部8个、健身站点322个，乡镇全民健身中心22个，建成3个健身驿站、6个国民体质测点，向长沙市级申请的体育健身器材36处。以全民健身运动会为主线，开展群众体育活动。成功举办浏阳市第三届全民健身运动会，运动会设26个比赛项目，全市146支队伍，1万余人次参赛。全面提升场馆管理服务水平。完成体育场消防系统更新改造工程，体育场外围人车分流工程及体育馆3、4楼和游泳馆装修改造工程。全年市体育中心体育场馆免费开放接待人次40万人次，夏季面向全体市民免费开放游泳馆，共接待9257人次。深化区域体育交流合作，夺得2018年全国百强县（市）男子篮球邀请赛亚军、2018年长沙市区县（市）“公仆杯”篮球赛亚军。在全国武术之乡武术套路比赛中，浏阳市代表队获得5金2银4铜。成功举办皇邦家居·浏阳市第十一届“新年杯”男子篮球赛，湖南省龙狮大赛暨2018年浏阳市“百龙百狮闹元宵”活动，2018中国小篮球联赛，浏阳第二届“镇头油茶小镇杯”羽毛球俱乐部联赛开赛、第四届三对三篮球联赛、第四届冬季马路赛等全民健身品牌赛事活动。

【举办第三届全民健身运动会】

从2010年开始，浏阳每隔四年举办一次全民健身运动会，推动全民健身和全民健康融合。6—12月，浏阳市第三届全民健身运动会举行。第三届全民健身运动会在比赛项目设置上分为竞技体育、传统文化、休闲展示、趣味活动及运动体验共5大类26个项目，分别是篮球、七人制足球、气排球、龙舟、门球、广场舞、羽毛球、乒乓球、拔河、集体跳绳、自行车、中国象棋、围棋、钓鱼比赛、马路赛、登山比赛、武术、竞速毛毛虫、四人五足、同舟共济、龟兔赛跑、提水保苗、幸福滚滚、欢乐烟花、趣味闯关、冰雪运动，比赛分设部办委组、市直机关组、乡镇街道组、学生组、社会组5个组别，其中篮球、足球、武术设置学生组，足球设置社会组，其他项目设置设部办委组、市直机关组、乡镇街道组，市民可参与所在乡镇组队报名。6月6日至7月22日，举行浏阳市第三届全民健身运动会首个比赛项目——七人制足球赛，共进行105场激烈角逐；6月9—10日，举办乒乓球比赛；6月14日，龙舟比赛在沙市镇赤马湖开赛；6月23—24日，羽毛球比赛在体育中心体育馆举办；7月7日，门球比赛在老年人活动中心开赛；7月15日，举办浏阳市第三届全民健身运动会广场舞比赛；7月20日，第三届武术比赛在体育中心体育馆开赛；9月7日，在市体育馆举行开幕式，全市各乡镇（街道）、各行业、各年龄层次的116支代表队、上万名运动员参加，开幕式后在体育场进行“竞速毛毛虫”和“趣味闯关”两个趣味项目的比赛；9月7—10日，趣味项目比赛在体育中心体育场进行；9月9日，拔河比赛、集体跳绳比赛举办；9月15日，钓鱼比赛在官桥镇苏故钓鱼基地举行；10月16日，登山比赛在道吾山举办；10月26日，为期一个多月的全民健身运动会篮球赛在市体育中心落幕；10月20日，中国象棋、围棋比赛在市体育中心体育馆举办；10月31日，自行车、马路赛在沙市镇举办；11月2日，举办气排球赛；12月，冰雪运动体验活动在艾瑞克冰雪世界举办。第三届全民健身运动会所有奖项均为团体奖，共产生金、银、铜牌各70枚。

【湖南省龙狮大赛暨2018年浏阳市“百龙百狮闹元宵”活动】 3月2日，湖南省龙狮大赛暨2018年浏阳“百龙百狮闹元宵”活动在浏阳举行。来自广东、江西及湖南衡阳、岳阳、株洲、宁乡等地的19支舞龙舞狮队伍参加活动，活动由省武术协会主办，市文体广电局、市体育运动管理局具体执行。经角逐，广东省清远市新天地龙狮团和浏阳市强盛龙狮功夫团分别获舞狮、舞龙一等奖。省武术协会主席陈正培，省文化厅副巡视员王鹏，浏阳市委常委、宣传部部长、副市长李爱民出席颁奖晚会。

（蒋　慧）

卫生和计划生育

道吾山天湖 （张昌国 摄影）

综 述

【概况】 至2018年底，浏阳市共有注册登记医疗卫生机构1108个，其中市级公立医院6个，街道社区卫生服务中心4个，乡镇卫生院31个，村（社区）卫生室322个。全市公立医疗卫生机构共有开放病床7569张，执业医师4014人（含助师、师承、乡镇执助），护士4584人，每千人口执业（助理）医师2.87人、注册护士3.26人、床位5.81张。2018年全市公立医疗卫生机构门急诊人次441.7万人次，住院人次40.5万人次，分别较2017年增长6.8%、6.0%，市域内就诊率96%以上。全年全市出生人口22539人，人口自然增长率7.49‰，符合政策生育率95.95%，政策外多孩率3.80%，出生人口性别比104.19。

（黎奇志）

【医政管理】 医疗护理培训。5月，在市疾控中心组织全市手足口病防治知识培训，加强流行季节相关传染病的防治工作。6月8日，妇幼保健院联袂护理质控中心举办第四期护理管理培训班。11月，在市人民医院、中医医院、妇幼保健院、集里医院分4批组织全市360余名乡村医生进行业务培训，培训经考试合格颁发培训合格证。医疗机构巡查。全年分两轮进行医疗机构巡查，对全市公立医疗机构、门诊部以上的民营医疗机构及医美、口腔医疗机构实行巡查全覆盖，并在医政例会上就巡查情况进行集中反馈、通报、整改。牵头制定全市卫计系统卫生健康行业作风整治专项行动方案，并联合纪检、执法局、医改办、财务科等部门开展相关专项行动。制定《浏阳市卫生和计划生育局2018年浏阳市医疗机构医疗废物、医疗污水处置专项监督检查工作方案》，组织卫生计生综合监督执法局和各乡镇（街道）卫生计生执法监督所进行专项执法检查，并就发现问题进行责令整改。医疗纠纷调控。建立医疗纠纷处理应急预案，抓医疗质量，从源头上防范医疗纠纷。发挥医调中心作用，及时化解矛盾。全年受理医疗机构投诉84例，协同医调中心受理41例，调处26例，恶性医疗投诉纠纷事件明显减少。健全完善医疗责任保险制度，鼓励、支持医疗机构参加医疗责任险，市属医院、大部分乡镇卫生院均参加医疗责任险投保，减少因医疗纠纷所造成的经济损失。医疗机构管理。受理医疗机构设置、变更申请，人员注册、备案等业务，不断完善和优化流程。完成对全市约1100家医疗机构的年度校验，重点督查依法执业、传染病防治、抗菌药物临床应用专项整治、医疗质量管理和医疗文书书写管理、护理质量管理、医院感染质量控制与管理、放射诊疗许可、医疗废物、医疗污水的处置等工作。截至11月底，“市民之家”窗口办理医师首次注册244人、医师变更注册480人、医师多机构备案123人、医师注销业务44人；办理护士首次注册333人、护士变更注册313人、护士延续注册186人、护士注销业务23人，医师、护士、医疗机构电子化注册工作完成率均100%；办理102个单位医疗机构240项日常变更业务；办理18个新设置机构的受理、许可、登记、注册工作。“三个一”（在院一次评价、离院一次评价、出院一次回访）优质服务活动。改善人民群众看病就医感受，提升人民群众就医满意度，在全市医疗机构开展“三个一”优质服务，丰富优质护理服务内涵。5月，评选出长沙市优质护理服务工作先进个人22名，评选浏阳市卫计优质服务表现突出护士28名，并于5月30日在欧阳予倩剧院予以表彰。医疗服务标准化建设。落实以病人为中心、以提高医疗服务质量为主题的医院管理评价指南要求，通过制定岗位服务标准、评定岗位服务标准、实施服务行为规范培训、实行季度意见收集和整改备案制，改善医疗服务行为。“6S”精益化管理。在所有医疗卫生机构及局机关推行以整理、整顿、清洁、清扫、素养和安全为主要内容的“6S”精益化管理理念，覆盖行政办公室、护士站、医师办公室、仓库等，提升医院管理及服务水平，优化临床、医技科室工作流程，促进就医环境、工作效率、对外形象、安全质量等持续提升。

（刘 苏）

【医学科研】 完成各类培训及继续医学教育学分管理。全年组织300余人参加市级以上各类培训。整合系统内各类培训，制定印发《浏阳市卫生和计划生育局〈关于做好2018年度专业培训计划〉的通知》，提高培训效率。完成2018年度基层在岗卫技人员学历教育及紧缺专业(妇科、产科、儿科、精神科、全科等)进修补助经费申报,争取经费30余万元。规范卫计专业技术人员继续医学教育学分管理,完成2018年继续医学教育学分审核工作。推进医学重点专科建设,落实科技帮扶工作。2018年,市中医医院中医脑病科、市妇幼保健院儿童保健科、市骨伤科医院骨伤科、集里医院神经内科获评长沙市医学重点专科。结合长沙市名医工程,选派市人民医院6名专家作为长沙市市派科技特派员帮扶镇头镇、大瑶镇中心卫生院;选派市人民医院、市中医医院、市妇幼保健院、集里医院37名专家作为县(市)派科技特派员帮扶医联体共建基层单位。市中医医院中风科名医工作室通过现场评审及授牌,争取到项目经费20余万元/年。加强病原微生物实验室生物安全监管工作。对全市范围内从事人间传染的病原微生物实验室活动的实验室进行全面摸底调查,建立病原微生物实验室生物安全管理台帐。组织市疾控中心、卫计综合监督执法局以及医院专家对全市30余家微生物实验室开展现场核查,下发备案通知,提高各病原微生物实验室设立单位对病原微生物实验室生物安全管理工作重要性认识。组织36人参加长沙市卫计委组织的病原微生物实验室生物安全岗位培训及管理人员培训,提高各类人员的生物安全意识。

(朱　明)

【全科医生培养】 做好全科医生教育培训。对2006年以来浏阳市培养的各类全科医生进行汇总并建立台账;制定《浏阳市卫生和计划生育局〈关于做好2018-2020年全科医生培养工作的通知〉》,明确各单位任务和职责要求。完成2018年助理全科医生培训20人、全科医生转岗培训9人、全科医生继续医学教育29人及全科医学师资培训60余人。永安镇中心卫生院、淮川街道社区卫生服务中心入选湖南省助理全科医生培训基地基层实践示范基地创建单位,争取项目建设经费40万元。

(朱　明)

【中医药事业】 2018年,浏阳市通过全国基层中医药工作先进单位复评工作,并代表长沙市接受长沙市创建全国基层中医药工作先进单位验收评审,浏阳市中医药工作获专家肯定和好评。全年对全市乡镇卫生院、街道社区卫生服务中心、社区卫生服务站、村卫生室开展中医临床质量督导4次、中药饮片检查2次。全市乡镇卫生院、街道社区卫生服务中心均设置中医科,建设中医馆、标准化中药房、中医诊断区、理疗室、煎药室,能开展6类以上中医药适宜技术,所有村卫生室和社区卫生服务站均配置神灯、针灸、火罐、刮痧板等设备。浏阳市骨伤科医院被评为二甲中医骨伤专科医院。组织开展9期中医适宜技术培训,共500余人参加。选派临床岗位人员进行中医类别全科医师转岗培训12人,选送定向培养湖南中医药大学本科生1人。开展中医药经验传承工作,举行浏阳市名中医拜师典礼活动,48名年轻中医医师成为浏阳市30位名中医传承弟子。组织浏阳市第一批中医药专家经验传承人第一次集中理论学习。完成中医诊所备案17家,并进行督查。市中医医院与所有乡镇卫生院和街道社区卫生服务中心进行结对帮扶,采取驻点帮扶、人员培训、技术指导、巡回医疗等方式,加强基层医疗机构中医药能力建设。

(高明果)

【浏阳市中医医院业务能力建设】

浏阳市中医医院是一所集中西医疗、急救、教学、科研、康复、预防、保健于一体的三级甲等中医医院。2018年,医院在职干部职工1461人(其中高、中级专业技术人员545人,博士3人,硕士136人),开放床位960张,设有29个临床科室,9个医技科室,1个司法鉴定所。门急诊65.87万人次,住院5.72万人次,手术12775台,患者满意率为99.17%。2018年,该院通过全国基层中医药工作先进单位复评,获评全国县(市)级首家国家"高级卒中中心"建设单位、全省十大"平安医院"创建示范单位、"湖南省优质护理服务表现突出医院"。医疗护理。浓厚中医文化氛围,开展《黄帝内经》学习竞赛,建设《黄帝内经》文化墙和名医文化长廊;改版《杏林风》,成立中医药文化宣讲团,举办"杏林健康大讲堂"13期,促进中医药文化传播。强化中医药师承教育,深化"石学敏院士专家工作站""湖湘五经配伍针推流派传承工作室"与名中医工作室建设,举行中医名师拜师典礼,传承中医国粹。成立李氏铜砭刮痧工作室,举办三伏贴、三九贴专场活动,开展针灸、推拿、铜砭刮痧、砭毯等中医特色诊疗项目43项201种76万例。推进中医"治未病",举办第七届膏方养生文化节,开设杏林国药堂,全年门诊非药物中医技术治疗率13.8%,汤剂使用率99.6%,中药饮片3769万元,自制制剂2558万元,膏方235万元。保持烧伤科、骨伤科、中风科、糖尿病科等重点专科基础上加大学科建设力度,脑病科获评长沙市医学重点专科。完善卒中中心、胸痛中心建设,推进ISO15189医学实验室认证;开展人工肝治疗、骨髓活检术、深部脑肿瘤显微切除术、超声造影等新技术项目24项。打造早期肺癌低剂量筛查中心、甲状腺疾病诊疗中心、牙周种植中心、国家标准化代谢性疾病管理浏阳分中心,成立呼吸疾病专科联盟,呼吸与危重症医学科规范化建设通过国家认定。成立急危重症医学部,120急救中心实现新址搬迁,全年急救出诊12953次,救治10344人次,成功处置3人以上事故183起。实施医疗护理质量实时监控、定期评价、持续改进等措施,进行医疗质量月度排名点评,建立多学科协作院感管理模式,强化传染病、妇幼、慢性病等公卫管理,持续提高急危重症、手术麻醉、医技、药事、病案等管理质量;组织院级业务查房105次、医疗核心制度专项检查21次,组织疑难危重病例多科协作会诊720例。科研教学。举办科研能力系列培训班,组织申报省、市各级科研课题74项,市级以上立项11项;发表论文207篇,编写专著7本,申请专利11个,获得各级科学成果奖5项。举办第十五届全国烧伤创疡学术年会等7期学术交流活动。以院士专家工作站建设为契机,建立博士后科研流动站协作研发中心,组织名老中医学术思想研讨会,撰写出版名医医案等专著。提高教学质量，举办青年教师教学基本功竞赛，完成湖南中医药大学见习班151人的教学任务与各高等院校288人的临床实习工作。基层帮扶。强化医联体建设，与22家基层医院建成医联体，通过托管、服务共享、科室共建等5种服务形式提高基层服务能力；加强与医联体单位信息化建设，发展远程医疗服务，共享医疗资源。发挥三级中医药服务网络龙头作用，培训指导基层卫生院开展中医药适宜技术；强化对基层医疗卫生机构中医药服务指导与督查，举办乡村医师培训、中医药健康管理培训、中医药专家经验传承人培训等中医药知识与技能培训6期，通过实地指导、现场带教等途径开展中医药培训指导880人次，提高基层中医药服务水平。队伍建设。落实长沙"人才新政22条"与浏阳"专业英才千人计划"，择优引进各类人才120名，其中专技人员109人，博士1人，硕士20人；选派外出进修56人次，短期培训482人次；晋升高级职称23人，初、中级职称150人。实施杏林人才工程，开展新进员工岗前培训，组织杏林微论坛，推进人才梯队建设。扶桂升获评"全省卫生计生工作先进个人"，宋霞获评"湖南省优质护理服务突出表现个人"，李巍获评首届中国医师节"长沙市优秀医师"，苏建斌获评长沙市"敬业奉献"好人。

（黎　亮　王金红）

【公立医院改革】 改革管理体制。组建市长任组长的公立医院管理委员会，推动"三医"（医疗、医保、医药）联动改革，出台《浏阳市公立医院改革实施方案》《浏阳市公立医院管理体制改革实施方案》。推动建立现代医院管理制度，启动建立公立医院章程，落实公立医院经营管理自主权。改革运行机制。推进公立医院人事薪酬制度改革，在核定的编制总量内，由相关部门与公立医院联合赴医学院校设考点组织现场招聘、现场签约，对编制外人员由单位自主招聘。按照高于当地事业单位平均工资水平，合理核定薪酬总量，实行亏欠不发，节余奖励办法，鼓励多劳多得，优绩优酬。建立公立医院预算管理制度，强化成本管控，完善公立医院补偿机制，调整医疗服务价格3000项。落实政府投入政策。加强公立医院预算管理，严格管控药品、耗材、公用支出成本、债务规模。按照服务人次、床位设置、药品加成损失、绩效考核结果等因素对公立医院进行综合补偿，补偿金额600余万元/年。对公立医院符合规划的基本建设、设备购置、重点学科发展、公共卫生服务、符合国家规定的离退休人员费用和政策性亏损等方面由财政给予专项补助，确保补偿资金及时足额到位。全年投入6.5亿元用于市人民医院整体搬迁、市中医医院、集里医院改扩建，将公立医院的长期债务纳入政府债务平台管理，逐步清理化解，2017-2018年共计化解公立医院债务2000余万元。创新医保支付方式。优化医保基金分配使用管理，建立医保基金年度预算分配部门联席会议制度，坚持医保基金分配比例向基层医疗机构倾斜，向服务能力提升快、服务能力强的机构倾斜，实行结余留用、超支按比例分担的医保基金分配办法。改革医保支付方式，实行医保总额预付，推行按病种、按人头、按床日等复合付费方式，2018年市属医疗机构实行单病种付费病种204个，基层医疗机构实行单病种付费病种39个，医保实际补偿率提升3%。完善价格补偿机制。在公立医院全面取消药品加成的基础上，改革医用耗材采购机制，建立医用耗材集中采购和统一配送制度，采购价格下降20%以上。调整医疗服务价格、优化医疗收入结构、体现医务人员劳务技术价值，破除以药补医机制，巩固取消药品加成的改革成果。2018年医务性收入占比36.5%，平均药占比24%，百元医疗收入消耗的卫生材料19.2元。创新医联体建设模式。针对市域内疾病谱、外转病种排序前4名、基层医疗机构发展不平衡的情况，建设灵活多样的医联体模式，2018年，新建托管型医联体5个、服务共享型医联体16个、科室共建型医联体10个、专科联盟型医联体4个、远程医疗型医联体2个。2018年双向转诊"上转下"增长20%，市域内就诊率提升0.4个百分点。完善家庭医生制度。成立家庭医生"3+X"（"3"指1名全科医生、1名护士、1名乡村医生，"X"指公卫医师、中医类别医师、专科医师、健康管理师、心理咨询师、药师及社工等）标准团队192个，突出公立医院对签约的技术指导，推进"1+N"（1家基层医疗卫生机构与2家以上的市级公立医院）组合式签约。实施签约服务信息化管理，打造家庭医生品牌，创建60个以家庭医生名字命名的院村两级家庭医生工作室，完善家庭医生收付费管理，建立家庭医生签约激励机制。2018年重点人群电子化签约率60%，履约服务率90%。创新绩效考核模式。按照"分类管理、量化到位、科学规范、激励约束"原则，建立全方位考核机制，形成以年终绩效考核、重点工作季度考核为主，一般工作日常考核为辅的考核体系。突出量化标准，按照定量指标（A类）、定性指标（B类）、约束性指标（C类）、指导性指标（D类）四类进行量化考核。强化结果运用，绩效考核结果与医院薪酬总量、主要负责人待遇挂钩，与财政补偿资金、医保资金分配挂钩，同时作为单位负责人任期目标考核、干部评先评优的重要依据。通过绩效考核，2018年全市公立医院医疗总费用增长控制在8%以内。11月8日，浏阳市综合医改工作在2018年全国公立医院改革片区会上作典型发言。12月25日，浏阳市在全省公立医院综合改革典型经验推广培训班上作典型发言，对家庭医生签约工作进行典型推介。2018年2月3日和2019年1月30日，湖南省人民政府办公厅分别发文表彰2017年度、2018年度真抓实干成效明显地区，浏阳市作为公立医院综合改革成效较为明显的市县和试点城市获表彰。

（王科明）

【就医"一卡通"项目上线运行】 2月，总投资500万元的浏阳市就医"一卡通"项目启动建设，9月4日上线运行。就医"一卡通"项目主要实现以下核心功能：实现全市就医一卡通用。居民在市公立医院就诊时无需在各医院之间重复办理诊疗卡，只需使用身份证或社保卡就可完成就医就诊全流程。实现"一站式"医疗健康服务。居民只需关注"健康浏阳"微信公众号，注册绑定个人账号，进行实名认证，就可以使用在线服务功能，了

9月4日，就医"一卡通"启动仪式在市人民医院举行　（市卫生和计划生育局　提供）

解全市所有公立医院基本信息，进行挂号、缴费、查询报告、查阅个人历史健康档案、获取健康科普知识等操作。实现全生命周期健康档案管理。居民在市内所有公立医院的门诊记录、住院记录、公共卫生服务记录、家庭医生服务记录等数据将会上传到全市人口健康信息平台，形成个人全生命周期健康档案，居民可通过平台随时查阅调取。实现诊疗信息调阅共享。居民就诊时，医生在居民授权许可下，可以调阅居民既往的诊疗信息，包括检查报告、影像图片、检验报告、门诊处方等情况，有效避免重复检查。实现家庭医生在线互动。居民通过平台随时与家庭医生签订服务协议，进行病情反馈和互动交流。实现监管全覆盖。卫生主管部门可以随时了解全市医疗卫生指标数据，在居民授权许可下，可以随时调阅个人病历、处方、检查、费用等历史数据，核实是否与实际情况相符。截至12月31日，系统接入全市所有公立医疗机构2016年以来的数据，包括6364998份门诊信息，628760份住院数据，1570434份居民健康档案数据。健康浏阳微信关注数159671人，交易总额776万元，25571人次通过健康浏阳挂号就诊。通过"健康浏阳"平台实现家庭医生签约人数148094人，续约人数2628人。

（付　淼）

【组建浏阳肿瘤专科联盟】 4月28日，市卫计局成立全市肿瘤专科联盟，浏阳市人民医院为主委单位具体实施。通过整合院内专家团队，成立16个肿瘤防治多学科协作组，制定MDT会诊机制；构建互通有无的信息交流平台，推动区域内资源和信息共享；启动基层培训计划，让基层医务人员接受规范、系统的肿瘤防治指导培训；组织编撰《肿瘤防治指南》等四项举措，提升恶性肿瘤防治能力和水平。

（王冷洋　黄　静）

【开展浏阳首例微波消融手术】 5月22日，市人民医院在为一名70多岁的老人体检时，发现其肺部有一直径约1.5厘米的单发结节，该院立即启动肿瘤多学科会诊，经肿瘤、胸外、胃肠、影像、介入等学科专家讨论、评估，制定微波消融手术方案，外周血管介入科专家将直径1毫米的"针"通过胸壁穿插至肿瘤部位，利用微波对肿瘤进行定点清除，并取出部分肿瘤组织用于病理检查。手术没有伤口和流血，用时30分钟，该手术填补浏阳微波消融手术空白。

（王冷洋　黄　静）

【实施浏阳首例"换脸"手术】 41岁患者张某因硝火烧伤，导致颜面部瘢痕增生、挛缩畸形，8月，患者到市人民医院烧伤整形外科寻求帮助，希望重塑面部形象。该院烧伤整形外科专家团队分别为其进行胸部扩张器植入术、双侧面颊部及口周瘢痕切除 双侧扩张后胸三角皮瓣转移修复手术、皮瓣断蒂 颈部部分瘢痕切除皮瓣修复术等三期手术，去除患者面部三分之二的疤痕，成功"换脸"。

（王冷洋　黄　静）

【成立湖南省首个县市级海扶中心】 12月17日，湖南省首个县市级海扶中心暨浏阳市人民医院海扶中心正式成立。11月1日，市人民医院妇科实施浏阳首例"海扶刀"手术，医生在不开刀、无创伤的情况下，轻点鼠标，借助高清的超声影像，对肿瘤进行定位、聚焦，之后运用精密仪器，隔着肚皮将患者子宫肌瘤定点消融，患者术后第一天出院。12月1日，患者到医院复查，术后恢复好，没有任何不适。"海扶刀"又称"超声聚焦刀"，是高强度聚焦超声肿瘤治疗系统，是实现从体外实施无创治疗的新型医疗技术。试运行的一个多月，该院共用"海扶刀"技术完成41例手术，其中子宫肌瘤手术27例、子宫腺肌症手术12例、剖宫产瘢痕部位妊娠手术2例。

（王冷洋　黄　静）

基层卫生

【概况】 2018年，全市基层诊疗量增长13%，占比增长3%，药占比<30%，手术台次增长12.3%，基层首诊、双向转诊制度更加健全。突出基层医疗机构综合服务能力建设。市骨伤科医院升级为二级甲等专科医院，集里医院、北盛镇中心卫生院创建为二级综合医院。实施两轮基层医疗机构标准化建设三年行动，重点建设6个中心卫生院和10个大型乡镇卫生院，实现全市322个村卫生室标准化建设全覆盖。

【人才队伍建设】 落实党管人才责任，采取送考进高校等方式，引进专业人才201人，其中专业英才10人。公开选拔、选派7名基层医疗卫生机构副院长，选派5名优秀青年后备干部到中心卫生院挂职锻炼。实施名老中医师承制度，48对中医师徒结成对子。完成2018年订单定向免费医学生招录8人及2019年招生计划

10人。组织2018年毕业订单定向免费医学生参加全科医师规范化培训工作2人。

【重点项目建设】 年末，市人民医院新院完成主体工程；市中医医院危急重症大楼完成土地拆迁等前期手续；集里医院完成动工前期工作；市妇幼保健院整体搬迁前期准备工作中；市精神病医院综合住院大楼投入使用；葛家镇卫生院实现整体搬迁并投入使用；官桥镇卫生院新院完成主体框架建设；启动柏加镇卫生院新院建设；完成103个村卫生室建设，实现村卫生室标准化建设全覆盖。

【医疗质量提高】 以市级医院科室为基础，在全市打造胸痛中心、卒中中心、创伤中心、危重孕产妇救治中心、危重儿童和新生儿救治中心等中心，从技术上引领全市危急重症、疑难杂症救治。规范和优化院前急救流程，对市120急救中心进行提质改造，调整全市13个院前急救分站，打造城区“15分钟”医疗圈和全域“30分钟”急救圈，缩短早期救治时间，提高救治成功率，降低病死率、致残率。

【公共卫生推进】 出台《关于进一步提升基本公共卫生服务项目工作水平的指导意见》，完成14项基本公卫年度工作任务。推进妇幼健康服务、免疫规划和传染病管理、慢性非传染性疾病等管理工作。加强健康促进工作，出台《浏阳市健康管家培养工作实施方案》，成立健康讲师团，分片开展健康管家培养工作，全年培养健康管家2万多名。发放《我的健康我做主》健康管家促进手册，普及慢性病管理、运动指导、膳食指导、“三减三健”（减盐、减油、减糖，健康口腔、健康体重、健康骨骼）、健康素养、优生优育等卫生健康知识。加快健康支持性环境建设，建设健康步道5条，创建健康学校9个，健康小区6个，健康家庭70个。加强严重精神障碍患者管理，做好社会精神病人免费药物救助和“686”项目（中央补助地方卫生经费重性精神疾病管理治疗项目）。做好卫生应急工作，全年处置突发公共卫生事件或聚集性疫情14起，无重大食物中毒事故和重大疫情发生。

【健康扶贫实施】 宣传健康扶贫政策。编印健康扶贫政策宣传手册，通过多种途径开展健康扶贫政策宣传，组织帮扶干部进村入户宣讲政策，帮助扶贫干部和贫困户知晓健康扶贫政策。利用农闲和外出务工春节集中返乡时机，开展健康扶贫冬季暖心活动。全年在市级以上平台媒体报道典型案例15次，在本地媒体报道健康扶贫信息20余次，在各医疗单位微信平台及宣传栏宣传100余次。落实“三提高”。建档立卡贫困人口有12719人（47385人次）享受医保待遇。提高贫困户住院民政救助水平，将符合条件的农村贫困人口全部纳入重特大疾病医疗救助范围。提高4类9种大病住院政策范围内报销比例至90%以上。全市贫困对象共有3544人次享受降低大病保险起付线50%待遇，发生医疗总费用1581.98万元，医保统筹支付846.17万元，大病保险支付210.17万元。实行“两补贴”。贫困人口参加城乡居民医疗保险个人缴费部分全部由财政给予补贴，贫困人口城乡居民医保参保率100%。对于参加“扶贫特惠保”家庭综合保障保险的贫困家庭，政府给予90%的保费补贴。实施“一减免”。对于罹患9种大病农村贫困人口的实际医疗费用，由基本医疗保险等各类保险以及医疗救助基金等渠道支付后，个人自付部分由定点医院给予50%的减免均全部落实。执行“一兜底”。对农村贫困人口通过基本医保、大病保险、医疗救助、商业保险赔付等综合补偿及定点医院减免后，剩余合规自付医药费用个人支付仍有困难的，实行政府兜底保障，减轻或免除个人负担。统筹各项保障措施后，全年全市贫困人口住院平均报销比例达90%以上。做好大病集中救治。2018年，浏阳市建档立卡贫困人口中9种大病患者332人。确定市人民医院、市中医医院为大病定点医院，制定个性化诊疗方案，开展大病集中救治工作，大病集中救治率100%。做好慢病签约服务管理。2018年浏阳市建档立卡贫困人口家庭医生签约率100%，针对核准的高血压、糖尿病、结核病等慢病患者签订个性化健康管理协议，慢病个性化签约、履约率100%。实行先诊疗后付费和“一站式”结算。浏阳市全面实施贫困人口先诊疗后付费和“一站式”结算，在各定点医院设置健康扶贫“一站式”结算窗口，公示“先诊疗后付费”和“一站式”结算流程，贫困患者凭有效证明资料免费办理住院手续。8月1日起，浏阳市进一步完善“一站式”结算工作，将基本医保、大病保险、扶贫特惠保、民政医疗救助、医院减免、财政兜底等多重保障政策全部纳入“一站式”结算系统，贫困人口住院费用可在医院窗口一次性结算清楚，有效减轻农村贫困患者经济负担。

（黎奇志）

妇幼保健

【概况】 浏阳市妇幼保健院始建于1952年，2016年6月，浏阳市妇幼保健院与浏阳市计划生育技术服务站整合，组建浏阳市妇幼保健计划生育服务中心，实行“一个机构，两块牌子”。主要负责为全市妇女儿童提供孕产保健、妇女保健、儿童保健和计划生育技术服务等。2018年，该院强化内涵管理，提升服务质量，完成各项工作任务。全年完成门诊51.3万人次，住院3.07万人次。孕产妇死亡率17.93/10万，5岁以下儿童死亡率3.89‰，婴儿死亡率2.39‰，活产出生缺陷发生率199.65/万。获评“2018年度湖南省‘两癌’免费检查项目先进集体”“长沙市出生缺陷防治工作先进单位”“长沙市重点民生实事项目工作先进单位”，儿童保健科获“长沙市医学重点专科”，易勤珍获评“湖南省‘两癌’免费检查项目先进个人”。

【妇幼健康保障】 妇幼健康综合管理。下发《浏阳市2018年妇幼健康服务工作计划》；组织召开2018年全市妇幼健康工作部署暨业务管理培训会议；开展各乡镇的工作督查考核，全年开展4次妇幼卫生信息质控，2次孕产期保健和高危筛查专项活动，1次孕产妇妊娠风险评估与管理专项督导，6次基本公共卫生服务项目督导和考核，1 次妇幼健康专项工作督查和每月日常工作业务督导，对督查发现的问题提出整改意见并落实改进；举办业务管理培训班、妇幼健康服务业务培训班、托幼机构卫生保健人员培训班、基本公共卫生服务妇幼项目、孕产妇妊娠风险评估、农村妇女“两癌”检查项目、预防艾梅乙母婴传播项目、增补叶酸项目、地中海贫血防控、出生医学证明及民生项目培训班、村妇幼保健员培训班，共培训 2573 人次；将妇幼健康工作重点内容纳入乡镇政府计划生育工作考核和卫计局重点工作考核内容，每季度进行通报。民生实事项目完成。2018 年，省卫计委下达浏阳市适龄妇女“两癌”免费检查项目任务数 2.4 万人，实际完成 3.25 万人，目标任务完成率 135.5%。孕产妇免费产筛项目任务数 1.1 万人，实际完成 11015 人，目标任务完成率 100.13%；长沙市卫计委下达给浏阳市无创 DNA 项目、新生儿疾病筛查项目和耳聋基因检测项目任务数均为 8760 人，无创 DNA 检查项目完成 8779 人，完成率 100.2%；新生儿疾病筛查项目完成 9439 人，完成率 107.8%；耳聋基因检测项目完成 9429 人，完成率 107.6%；浏阳市“就医一卡通”项目启动，运行良好。截至 12 月，该院关注人数 12333 人。医护质量提升。做好母婴安全保障工作，按照国家卫计委《关于切实做好高龄孕产妇管理服务和临床救治的意见》，加强全市高危孕产妇的妊娠风险评估，规范高危孕产妇筛查与管理，严格执行高危孕产专项管理制度，密切监测妊娠合并症；依托浏阳市产科质量控制中心平台，定期开展产科业务督导，开展应急演练，确保母婴安全。落实《医护不良执业记录十二分制》，巩固并完善晨交班、提问式教学法、青年医师大讲堂等制度，加强病历书写质量的质控力度；加强“两个中心”（危重孕产妇救治中心和危重新生儿救治中心）的建设力度，医疗质量稳步提升。全年无重大医疗事件发生。进行护理责任组长重新竞聘，护士长上级医院轮训，推行医护联合查房，举办护理管理培训班，提升护理质量。医护联合参加市卫计局三基知识排位赛，获第二名。

3 月 24 日，湘赣边孕产大保健联盟启动仪式暨学术交流会在浏阳举行

（市妇幼保健院　提供）

严格规范院感监测、传染病报告、食源性疾病报告，确保无院感传染病事件发生。儿童保健科成为该院第一个长沙市重点专科，举办三期省级继续教育，完成“西学中”培训班，成功申报 2 项省市级科研项目。

【服务内涵与能力提升】 学科发展。推进大保健管理，该院被中国中医信息研究会确定为“全国大保健管理进修中心”；孕产保健部牵头成立“湘赣边孕产大保健专科联盟”，定期派出专家到基层卫生院坐诊、查房，帮助基层解决实际问题；新生儿科组织专家到基层卫生院和江西省周边县、区开展新生儿窒息复苏巡讲，提高基层新生儿救治能力；妇女保健部加强不孕专科能力建设，与省妇幼联建生殖健康医疗联合体，共诊治对象 9149 人次，成功妊娠 331 人；儿童保健部引进儿童视频动态脑电图项目，新开设儿童癫痫专科、儿童眼视光中心。开展小儿呼吸系统疾病防治知识巡讲基层行、托幼机构应急救护知识巡讲和儿童眼病筛查活动，惠及湘赣边儿童。开展儿童保健套餐服务、“暖冬护幼”四重礼系列活动，拓宽业务发展空间。10 月 12 日，举行湘赣边儿童大保健联合体成立一周年学术活动。精细管理。完善绩效管理方案，由标准化工作量法改为实际工作量积点法，建立健全全院绩效量化考核体系；推进财务管理改革，利用 HRP 财务运营系统建立规范的财务预算与内控路径，使医院管理向精细化迈进；加强“6S”管理，按照长沙市卫计委要求，启动“6S”管理创建工作，已进入持续改进阶段；结合“6S”管理，组织开展最美科室（窗口、诊室）评选活动。深化医改工作。健全药品供应保障机制，全面推行药品采购“两票制”，基药使用比例达到省、市要求；推进医保支付方式改革，实现单病种付费病种 38 种；启动就医“一卡通”项目，实现市属医院和乡镇卫生院的信息互联共享；严格医疗费用不合理增长，落实运行指标预警制度。

【牵头发起成立湘赣边孕产大保健联盟】 3 月 24 日，湘赣边孕产大保健联盟启动仪式暨学术交流会在浏阳举行。湘赣边相关医疗单位的院长、妇产科主任，35 家基层卫生院（所）的业务院长或基层院长、全市妇幼专干、妇产科医师参加活动。为提高湘赣边孕产保健水平，搭建产科医师交流平台，提高孕产期健康管理与危重孕产妇救治水平，促进孕产妇健康事业共同发展，保障母婴安全，浏阳市妇幼保健院牵头发起成立湘赣边孕产大保健联盟。联盟成立后，将定期召开湘赣边孕产大保健联盟工作会议，组织联盟单位医务人员、技术人员参加培训学习以及危重孕产妇应急抢救演练；并依托互联网平台，组织专题线上的学术交流，实现专家线上解答问题、远程指导诊疗等。

（刘　学）

疾病预防控制

【概况】 浏阳市疾病预防控制中心是浏阳市人民政府设置的疾病预防控制和公共卫生检测检验公益性事业单位，加挂"浏阳市健康教育所"。主要职能是疾病预防与控制、突发公共卫生事件应急处置、疫情报告及相关因素信息管理、健康危害因素监测与干预、实验室检测分析与评价、健康教育与健康促进、技术管理与应急研究指导。2018年，市疾控中心依法履职，急性传染病防控、卫生应急、结核病防控、艾滋病防控、免疫规划、慢性非传染性疾病管理、健康教育与健康促进、公共卫生危害因素监测、职业病预防控制、卫生检验检测等各项工作均领跑长沙地区，获评2018年度"全省卫生计生先进集体"。

【急性传染病预防控制】 年初，召开2018年浏阳市传染病防控工作部署和培训会议，组织学校和医疗机构开展学校传染病防控工作培训。专人负责传染病信息报告与管理工作，每日开展疫情网络巡查4次以上；开展疫情周、月、年分析，完成周分析52期，月分析12期。开展流感、狂犬病、手足口病、登革热等四期专题风险评估工作。处理预警信号485条。提高传染病信息报告工作质量，每月选取辖区内重点医疗机构2家(市人民医院、中医医院)开展门诊日志登记、出入院登记、检验登记与反馈、影像登记与反馈、传染病疫情报告情况督查；每季度结合市重点工作考核对6家市属医疗机构开展传染病报告与管理工作考核；每半年对全市乡镇级以上医疗卫生机构开展一次传染病疫情漏报调查暨半年工作考核。按要求开展人感染高致病性禽流感、霍乱、手足口病、狂犬病、钩体病、菌痢、伤寒、疟疾等重点传染病的监测工作。

【突发公共卫生事件处置】 加强突发公共卫生事件组织领导和指挥体系建设，修订、完善卫生应急预案体系。落实24小时卫生应急值班，健全应急物资储备体系。加强应急队伍能力建设，全年组织突发公共卫生事件应急培训4次，重点加强突发公共卫生事件应急响应、流行病学调查报告中图表制作、Mapinfo在空间地理分布中的应用，开展卫生应急宣传和社会动员工作，组织卫生应急演练1次。全年出动机动队60次，处置突发公共卫生事件或聚集性疫情33起，均发生在学校或托幼机构，均为传染病疫情事件，其中一般事件17起，未分级事件16起，事件暴露人数18912人，处置病例563人，死亡病例0例，检测样品数74个。未发生重大食物中毒事故和重大疫情。开展10期风险评估，其中4期日常评估、6期专题评估。

【免疫规划】 5月16日—6月1日，组织开展1次AEFI(疑似预防接种异常反应)、麻疹、AFP(甲胎蛋白)、流脑、乙脑、百日咳疫苗接种率专项调查。完善疫苗和冷链系统管理制度、相关资料，每月按要求制定一类疫苗使用及分配计划。针对"长春长生狂犬病疫苗事件"，开展疫苗与冷链管理自查，对长春长生狂犬病疫苗进行回收并签名确认，安排专人负责收集与上报狂犬病疫苗、百白破疫苗补种，咨询及跟踪观察情况。

【结核病预防控制】 2018年登记新涂阳患者386例，完成全年任务数185.58%；复治涂阳患者58例，完成全年任务数241.67%；涂阴患者408例，完成全年任务数117.24%；病原学阳性患者占活动性肺结核患者比例51.60%。结核病疫情追踪情况。2018年，非结防机构报告疫情936例，重报5例，住院患者2例。无未追踪疫情，总体到位率95.48%。开展耐多药可疑者筛查工作，耐多药高危人群筛查率100%，病原学阳性患者耐药筛查率85.54%；对全市所有乡镇开展结核病督导管理6次；定期对市人民医院、市中医医院开展结核病督导。2月、5月，分别举办全市结核病防治管理工作培训和全市学校教师、校医、基层卫生院专干的学校结核病防控工作培训；5月、11月，联合市教育局开展对学校传染病、结核病防控落实情况督查。开展全市新生入学结核病筛查工作，对364所学校51605名学生开展肺结核筛查工作，对25047名学生开展结核菌素皮肤试验，583名学生结核菌素皮肤试验结果≥10毫米，总中度阳性率2.33%(583/25047)，对2255名学生进行影像学检查，8名学生影像学检查结果显示异常，诊断肺结核患者3人。

【艾滋病预防控制】 2月28日，举办全市2018年艾滋病性病麻风病丙肝防治工作会议暨业务培训班，制定下发《浏阳市2018年基层艾滋病性病麻风病丙肝防治工作方案》。完成全市42家医疗单位的艾滋病筛查实验室和检测点验收工作，提高市医疗机构艾滋病筛查检测能力；申请低档暗娼干预和艾滋病扩大检测两个市级项目，承接国家丙肝哨点监测项目工作；加强督导评估，提高基层单位艾滋病预防控制工作能力。

【慢性非传染性疾病管理】 截至12月31日，全市共建立常住人口电子健康档案1303777份，总建档率98.97%，全部乡镇电子建档率均达到80%的目标要求。抽查整体居民健康档案合格率88.33%，辖区内65岁以上老年人档案数159637份，接受健康管理人数115265人，老年人健康管理率72.20%；在管高血压97396人，管理率49.15%，规范管理率86.99%；在管糖尿病36740人，管理率35.93%，规范管理率89.34%。年内，新登记肿瘤5806人，新发肿瘤登记2545人，新发率171.53/10万；登记心脑血管事件10543人次，新发率625.03/10万，漏报率小于10%。浏阳市2018年度报告人口死亡信息11069人，其中2018年死亡10480人，粗死亡率7.52‰。11月19日—12月7日，开展2018年慢性病及其危险因素监测现场调查，完成家庭问卷321份、个人问卷636人；完成空腹采血、血压及体格测量等全部项目622人，其中糖尿病患者46人；完成二次采血566人，整体达到270户600人的调查任务要求，监测数据完成录入、清理、核实和上传；生物样品按时交接和运输，2019年1月21日收到国家、省级检验结果反馈，并将检验结果以"医学体检通知单"形式全部发放到调查对象手中。

【健康教育与健康促进】 3月7日，举办全市“健康管家”培训暨健康支持性环境创建业务培训会，实现将健康支持性环境工作纳入日常工作范畴。4月20日，市卫计局和教育局牵头，组织开展健康（无烟）学校创建业务工作培训班。全年，市疾控中心组织健康教育专业人员培训4次，开展健康巡讲活动46次，开展市级《健康管家》培养示范讲座40场、村级“健康管家”培养300多场（次），培养建档立卡贫困户健康管家1.5万余人、屋场健康管家及村民小组健康管家、党员干部、健康管家带头人等近6000人。开展全民健康生活方式行动，加强健康支持性环境建设，建成健康步道4条、健康（无烟）学校8个、健康促进医院2个、健康企业1个、健康单位1个、健康社区6个、健康餐厅（食堂）1个、健康家庭70个。

【职业卫生】 开展重点职业病监测项目、职业性放射性疾病监测和医用辐射防护监测项目工作，职业病网络直报开通率、直报及时率、准确率均100%。截至12月31日，完成职业健康监护17491人，职业健康检查项目符合率95%，其中发现职业禁忌症18人。制定《2018年浏阳市尘肺病农民工基本医疗救治救助工作实施方案》，组织189人到省职业病防治院进行救治（2018年任务数20人），总医疗费201.37万元，其中医保支付报销129.67万元，尘肺救助资金56.25万元，个人支付13.57万元。9月，蓝思科技职业卫生技术服务工作站大楼竣工并投入使用。

【公共卫生监测】 开展国家生活饮用水监测项目，2018年，上级下达任务数176批次，完成234批次，完成率132.95%。超额完成市食安办、卫计局下达的生活饮用水和集中式餐具监测任务，完成样品采集和检验任务610个。开展全市医疗机构医源性污水监测，检测样品57批次。完成食品安全风险监测项目任务数161批次样品，所有数据均网络上报，上报及时率100%。截至12月31日，食源性疾病病例主动监测项目监测食源性疾病病例数2796例。

【检验检测】 2018年，完成中央环保督查“回头看”工作期间信访举报事项、生活饮用水水质监测工作等检验检测工作，食品安全风险监测、职业卫生健康监护、从业人员健康体检、下乡捕鼠等检验检测相关工作。全年完成各类样品检验检测48112批次。

（黄振兴）

【精神卫生】 浏阳市精神病医院（荷花街道社区卫生服务中心）是一所集精神疾病防治、综合医疗、老年病康复治疗、预防保健等为一体的新型综合专科医院，是社会精神病人免费药物救助项目的具体实施单位。2018年，该院实施“686项目”（中央补助地方卫生经费重性精神疾病管理治疗项目）和社会精神病人免费救助。召开全市精神卫生工作会议，组织精防专干培训，指导乡镇卫生院对精神疾病患者管理建档立卡，达到省、长沙市考核要求；对精神病人进行免费药物救助，下乡巡诊发药6次，发放药品332万余元；做好精神卫生知识的培训、宣传工作，协助落实严重精神障碍患者监护奖励。

（邓日桃）

人口和计划生育

【概况】 2018年，全市出生人口22539人，人口自然增长率7.49‰，符合政策生育率95.95%，政策外多孩率3.80%，出生人口性别比104.19，查处典型“两非”（非医学需要的胎儿性别鉴定、非医学需要的人工终止妊娠）典型案件6起。全年计划生育实际经费投入351.73万元。近三年，全市30多万人参加计划生育系列保险，实现保费885.9万元，赔付金额503万元；全市1205人计生特扶家庭对象免费办理计划生育家庭意外伤害健康保险；组织发放计生特殊家庭重病大病住院护理补贴270人次，共35.9万元。落实“一票否决”制度。对代表推荐、人员录用、评先评优等工作进行计划生育审查，共审查101批次，来函来文审查单位15家，审核人数6315人，审核单位数1658个，其中否决63人、90个单位。浏阳市获评湖南省人口和计划生育工作优秀单位、湖南省计划生育协会工作模范单位、湖南省计划生育基层群众自治先进单位，浏阳市卫计局获评“全国流动人口动态监测调查优秀单位”。

（甘享明）

【计划生育奖励扶助】 落实利益导向政策，2018年确认奖励扶助对象33958人（户），发放奖励扶助资金3394.276万元，其中确认农村部分计划生育家庭奖励扶助新增对象1969人、退出对象415人、发放对象14349人，发放奖扶资金1377.504万元；确认城市低保户部分计划生育奖励扶助新增对象13人、退出对象37人、发放对象96人，发放奖励资金5.76元；确认独生子女保健费发放对象9510户，发放资金108.48万元；确认计划生育家庭特别扶助新增对象186人、退出对象50人、发放对象1069人，发放扶助资金1026.24万元； 确认计划生育家庭特别扶助对象老龄补贴621人，发放资金149.04万元；确认计划生育家庭特别扶助专项补助23户，发放慰问金19.5万元；确认城镇独生子女父母奖励新增对象1720人、发放对象8155人，发放奖励金592.912万元。确认计划生育手术并发症新增对象5人、发放对象135人，发放扶助金98.64万元。

（甘享明）

【流动人口服务】 2018年，浏阳市申报建设全省流动人口基本公共卫计服务均等化示范市。建立起“政府主导、卫计融合、多方参与、精准服务”的工作机制，增强服务提供者均等化理念，提高用工企业及流动人口参与度，促进流动人口健康水平和社会融合。组织开展流动人口“把健康带回家”“健康幸福过大年”专项活动，在流动人口比较集中的企业、工地、市场、村（社区）开展健康教育知识讲座和健康技能培训100余场次，向流动人口发放宣传资料30余万份、健康用品和健康支持工具包2万个，提高流动人口的健康素养。打造蓝思科技健康管理中心、蒙华铁路浏阳项目段“健康专列”，蓝思科技集团

5月30日晚，浏阳市计划生育协会成立30周年文艺会演　（市计划生育协会　提供）

公司、湖南一朵生活用品有限公司被评为“全国流动人口健康促进示范企业”，洞阳镇幸福泉社区获评“国家流动人口社会融合示范社区”，浏阳市教师进修附属小学获评全国流动人口健康促进示范学校，洞阳镇、集里街道获评“全省流动人口基本公共卫生计生服务均等化示范乡镇（街道）”，葛家镇、古港镇、永和镇、蕉溪镇被评为“长沙市流动人口优质服务示范乡镇”。

（甘享明）

【计划生育协会工作开展】 2018年，浏阳市建立“党政保障、协会主导、两委负责、群众参与、共建共享”的计生基层群众自治新模式，建立健全412个基层计生协会、38个流动人口计生协会和行业计划生育协会、57个计生协会志愿者组织，扩大医院、院校、企业计生协会58个；主导或参与健康管家培养、家庭医生签约、就医“一卡通”、基本公共卫计服务、关爱留守儿童、关爱计生特殊家庭、托老养老等活动，市计生协开展活动稿件被长沙市级以上媒体采用43篇。4月13日，全省计生协会流动人口工作会议在浏阳召开。以2018年浏阳市计划生育协会成立三十周年为契机，市计划生育协会开展“三十而立·我和计生协会的故事”作品征集、评选、表彰活动，编印名为《足迹》的计生协会成立30周年纪念册，拍摄《不忘初心，与爱同行》宣传纪念片，举办纪念浏阳市计划生育协会成立30周年暨“5.29协会会员日”文艺汇演活动，表彰“幸福家庭”100户，计划生育优质服务突出个人10名。

（甘享明）

【举办浏阳市计划生育协会成立30周年暨“5·29协会会员日”宣传主题活动】 5月30日晚，欢乐浏阳河之庆祝浏阳市计划生育协会成立30周年暨首届中国医师节、国际护士节文艺会演在欧阳予倩大剧院举行。晚会开始前，播放“不忘初心、与爱同行”宣传片，回顾浏阳市计划生育协会成立30年来工作成绩，介绍一批甘于奉献、医术精湛的医护人员。晚会由浏阳市人大常委会副主任、市计生协会会长刘仙娥主持，副市长邓雪琴致辞，市卫计局党委书记、局长欧阳武对10名卫生计生优质服务工作表现突出个人及100户“幸福家庭”进行表彰。省、长沙市计生协会，浏阳市委、人大、政府、政协等单位负责人，浏阳市计生协会理事，各乡镇街道负责人、计生协会会长、卫计办主任、计生协会秘书长，医疗卫生单位负责人和职工代表，以及受表彰的全市卫生计生优质服务工作表现突出的个人和“幸福家庭”代表等共1000多人参加活动。文艺汇演内容丰富，通过歌舞、朗诵、弹词、情景剧等节目形式展现全市卫生计生工作者多才多艺、积极向上、敬业奉献的精神风貌。

（唐　瑛）

卫生计生综合监督执法

【概况】 2018年，加大打击非法行医、查办各类案件工作力度，全年出动执法人员960人/次，查办各类案件142起，警告32起，一般程序110起，较2017年同期增加案件数30余起，入库罚没金额446710.8元，罚没收入较2017年同期增加150%，申请强制执行5起，移送相关部门4起。

【基层执法体系建设】 联合编办等四部门制定并下发相应的体系建设工作实施方案，明确市、乡、村三级职责。与乡镇卫计办公室签订《卫计行政执法委托书》，明确执法事项和权限。执法信息化建设工作基本到位，各乡镇均配备现场执法终端和执法服装。6月、9月，组织开展两期卫计监督员执法信息化业务培训，4月，开展一期卫生监督协管员培训，培训监督员及协管员240人次。加强业务培训指导和督导，组织基层监督员轮流到市卫生计生综合监督执法局跟班学习及四期卫生监督协管督导考核。10月上旬，组织开展一次对全市各乡镇执法监督所综合监督执法工作的督导评价。卫计综合监督职能职责深度融合，健全完善执法监督三级网络建设，各乡镇卫计综合监督工作有序开展。

【规范医疗秩序专项整治】 开展规范医疗秩序各类专项整治。召开全市医疗机构依法执业警示教育专题工作会议，开展全市一级以上医疗卫生机构传染病防治综合评价及两轮全市各医疗机构依法依规执业巡查，药房坐堂行医、医疗机构校验、生活美容场所擅自开展医疗美容、放射诊疗监督等十余项专项检查，重点规范口腔诊所的放射诊疗行为。全年检查各类医疗卫生单位340余家，警告、责令改正单位60余家。

【医疗废物监管】 加强规范全市医疗机构医疗废物、污水处置的监管，全年责令整改60余家，立案查处14家，约谈各类机构10余家。

【生活饮用水安全监管】加强生活饮用水安全监管，制定下发进一步加强生活饮用水卫生监督监测的意见，组织开展全市30家集中式供水单位及部分学校自建设施供水卫生监督专项检查和抽检，立案查处违法经营生活饮用水单位5起。全面摸底检查全市村级饮水工程，检查单位130家。对城区70家二次供水单位进行摸底、督查，规范管理行为。组织开展全市各供水单位卫生法律法规学习培训，统一制作公示栏，加强检测结果公示，强化自检结果报送，向各水厂通报未按照规定报送自检结果的单位。

【学校卫生治理】 综合治理学校卫生。开展春、秋两季学校及校园周边卫生综合治理行动，检查各类学校500多家。调查处置多起发生传染病疫情未及时按照要求报送疫情的学校，向教育部门发出行政执法建议书，建议从严处理。开展高考、中考考前监督，发现饮用水监督抽检不合格的产品立即向市高招委进行通报，同时责令停止使用，及时消除隐患。开展学校生活饮用水专项排查整治，并将排查的隐患通报到市教育局，同时抄送到市政府办、市食安办等相关部门，对存在严重问题的单位进行立案查处。

【消毒产品监管】 加强餐饮具消毒服务单位及消毒产品监督管理，通过整改、整合，消毒厂家由原15家整合至9家。对现有的餐饮具消毒服务单位开展2次专项整治，同时对厂家的产品进行监督抽检，立案查处8家单位，警告5起。

【公共场所卫生专项整治】 开展公共场所单位专项整治及量化分级管理，全年开展游泳场馆、集中空调通风系统、住宿业、美容美发、足浴、洗浴场所等各类专项检查，检查单位590家，书写监督文书1800余份：其中开展住宿行业177家，美容美发303家，洗浴76家（含足浴、游泳场馆），KTV及其他场所34家，监督覆盖率100%，同时查处无证无照单位50余家，查处无健康证从业人员1300余人，立案8起，罚款20800余元。

【卫生计生行政执法】 查处大瑶镇中心卫生院妇产科医师、护士涉嫌“两非”典型案例，该案例送省家发处，长沙、浏阳两级法制办，长沙市执法局参评，均获得较高评价。查处市人民医院眼视光中心多名医师谋取不正当利益案。对一批违反医疗废物、医源性污水处置的单位和个人进行从严查处，并将处罚情况在政府网站上进行公示。开展母婴保健技术服务专项监督检查工作，查处6起“两非”案件，完善计生征信机制的建立，确保社会抚养费强制执行征收工作开展。2018年，审理、受理违法生育多孩案件86起，联合法院强制执行征收社抚费92万元，同时将违法生育对象纳入法院被执行人失信执行名单，并在媒体上进行公示。

（李先义）

社会生活

温馨华府 （张昌国 摄影）

居民收支

【概况】 2018年，浏阳市保持经济社会持续稳定健康的发展态势，城乡居民人均可支配收入稳步增长。国家统计局浏阳调查队对全市120个调查户抽样调查结果显示：2018年浏阳市城乡居民人均可支配收入39608元，同比增长8.7%。浏阳市居民人均可支配收入稳定增长：2018年，浏阳市城镇居民人均可支配收入46410元，较2017年42925元增长8.1%；农村居民人均可支配收入31791元，较2017年29244元增长8.7%。2018年浏阳市人均消费总支出23690元，比2017年21869元增长8.3%，其中城镇人均消费支出为28073元，农村人均消费支出为18653元。

【2018年居民人均可支配收入结构分析】 工资性收入是居民可支配收入主要来源：全市人均工资性收入22993元，同比增长16%，在人均可支配收入中占比58.1%。城镇人均工资性收入30714元，同比增长16.8%，在城镇人均可支配收入中占比66.2%；农村人均工资性收入14121元，同比增长12.8%，在农村人均可支配收入中占比44.4%。主要原因是机关、事业单位以及工作人员增资政策得到落实，全市公务员和事业单位津补贴标准上调；全市最低工资标准和企业工资指导线上调等政策带动作用明显，为全市工资性收入平稳增长作用明显；劳动力就业稳定增长，通过举办"春风行动"等各类专场招聘会，使劳动力就业率稳定增长。转移净收入增幅持续领跑：浏阳市人均转移净收入4139元，同比增长47%，在四大收入（工资性收入、经营净收入、财产净收入、转移净收入）中增长最快。主要原因是养老金标准逐年提高，享受养老政策的居民逐年增多；中央和省、市扶贫力度加大，惠民、利民政策的落实，带动城乡居民收入的增加；随着医疗制度改革的推进，医保体系完善，医疗保障作用显现，报销比例大幅度提高，居民医疗报销收入快速增长；全国各地最低工资标准上调，外出从业人员寄回带回收入增加明显。经营净收入相对持平：2018年，浏阳市城乡居民人均经营净收入10458元，占人均可支配收入的26.4%，与2017年度基本持平。浏阳市深化商事制度改革、强化创业服务，各部门落实简政放权、放管结合、优化服务的决策部署，精简优化行政审批事项和流程；加大扶持小微企业发展，改善经营环境，从事生产经营活动的居民较为稳定。收入结构基本真实反应浏阳市城乡居民的收入情况，整体收入情况与浏阳市宏观经济形势走向基本相符。

表11　　2018年浏阳市人均可支配收入情况表

项目 / 地区	全体居民人均可支配收入			城镇居民人均可支配收入			农村居民人均可支配收入		
	2018年（元）	2017年（元）	增速（%）	2018年（元）	2017年（元）	增速（%）	2018年（元）	2017年（元）	增速（%）
浏阳市	39608	36437	8.7	46410	42925	8.1	31791	29244	8.7

【2018年浏阳市居民人均支出分析】 与2017年相比，八大类消费增长呈"七升一降"格局：除交通通信消费小幅下降外，其余七类消费支出均有不同程度增长，居民消费水平稳步提升。居民八大类消费中，食品烟酒、居住、生活用品和服务、医疗保健、其他用品和服务的消费支出增长较快，增幅超过10%，此五类消费的增速分别为17.2%、18%、33.1%、43.4%、48.6%。随着收入水平提高和消费观念转变，居民在满足基本生

活消费需求外，更追求“锦上添花”型消费，个性化、时尚化消费支出日益增加。农村消费增速快于城镇，城乡居民消费差距逐步缩小：在居民消费能力不断增强和消费环境持续优化等因素影响下，农村居民对食品、居住、医疗保健等消费需求普遍上涨，消费水平增长速度高于城镇居民。2018 年浏阳城镇居民人均消费支出 27073 元，同比增长 7.8%；农村居民人均消费支出 18653 元，同比增长 8.1%。食品烟酒、居住、交通通信、教育文化娱乐占支出的比例仍然较重。

（刘　倩）

表 12　　2018 年浏阳市居民人均支出情况表

城(乡)村 / 项目分类	总计	城镇		农村	
	金额(元)	金额(元)	比重(%)	金额(元)	比重(%)
人均消费支出	23690	28073	--	18653	--
其中：食品烟酒	5956	7074	25	4672	25
衣着	1493	1921	7	1001	5
居住	5271	6677	24	3656	20
生活用品及服务	1210	1416	5	974	5
交通通信	3403	3071	11	3784	20
教育文化娱乐	4293	5576	20	2818	15
医疗保健	1458	1438	5	1480	8
其他用品和服务	606	899	3	269	1

民　　政

【概况】 2018 年，浏阳市民政局挂牌科室 1 个，为市老龄工作委员会办公室；内设办公室、优抚安置科、救灾救济科、基层政权和社区建设科、计财科、社会事务科、社会福利科 7 个科室。下设二级事业单位 16 个，其中参公单位 1 个，为市社会救助局；全额拨款二级事业单位 13 个，分别为市生活无着人员救助管理站、市慈善事业促进办公室、市社会组织管理局、市老区经济促进委员会办公室、市区划地名办、市军队离退休干部休养所、市民政局婚姻登记处、市烈士陵园建设管理办公室、市中心光荣院、市社会福利院、市社会福利生产办公室、古港光荣院、官渡光荣院；差额拨款二级事业单位 1 个，为市福利彩票销售管理中心；自收自支事业单位 1 个，为市殡葬事业管理所。

【社会救助】 居民低保。推行低保错时年审制度，基本做到“应退尽退，应保尽保”。全年保障低保对象 12521 户、27981 人，发放低保金 9694 万元，低保标准由 500 元 / 月提高至 550 元 / 月；全年保障特困对象 9065 人，其中分散供养 7009 人，集中供养 2056 人，发放特困供养金 7445 万元。医疗救助。对标省市标准，调整医疗救助政策，提高医疗救助标准，全年发放医疗救助资金 5500 万元。临时救助。出台《浏阳市临时救助实施细则》(浏政办发〔2018〕1 号)，全年发放临时救助资金 280 万元。慈善事业：全年募集慈善款物 1969.6 万元，发放助学、助医、助困等各类善款 2530 万元，惠及困难群众 5 万余人次。浏阳慈善会获评第五届“长沙慈

“爱心早餐”捐赠仪式　　（市民政局　提供）

善奖”。暖心工程。全年走访慰问和重点救助困难户2.9万户，发放救助金1775.2万元。2018年在市人大常委会对社会救助专项工作评议中，市民政局以96%的满意率获评“满意单位”。

【优抚安置】 双拥活动。利用春节、八一和9•30烈士纪念日开展走访慰问活动，组织慰问优抚对象3.1万余人次，发放慰问信、慰问年画20余万份，发放慰问金380余万元。投资44万元，打造“双拥一条街、标语一座桥、示范一个点”。抚恤补助。按照政策规定发放优抚对象定期定量抚恤补助、医疗补助和义务兵家庭优待金，全年发放各类优抚资金1.5亿余元；加强资金发放动态管理，做好退役军人和其他优抚对象信息采集、数据核查，采集录入信息35680条；提高城镇、农村义务兵家庭优待金标准，分别由2017年每年每户15000元和6000元统一提高至25000元/年；做好新增享受抚恤补助人员的身份认定，落实军休干部两个待遇，分6批组织120名重点优抚对象开展短期集中疗养活动。退役士兵接收安置。对接收的退役士兵采取自主就业和安排工作等方式进行安置，为351名选择自主就业的退役士兵发放一次性地方经济补助金560万元，对41名符合政府安排工作条件的退役士兵，按照量化评分排序，公开选岗方式进行安置。投入48万元为45名退役士兵安排免费职业技能培训。烈士陵园管理。做好清明节、“9•30”烈士纪念日、老年节等主题日活动安全，全年接待游客及祭拜人员4.6万人次。

【基层组织建设】 推进村务公开。完成全市322个村(社区)党务村务公开栏更换工作，与市委组织部联合编印《浏阳市党务村务公开指南》，并下发到村(社区)。推动城乡社区建设。完成37个长沙市示范村、试点村和26个本级试点村建设任务，农村社区建设覆盖率75%。投资5800万元，实施人居环境建设项目25个，集中做好西正、城东、百宜、禧和、南市、荷花园、占佳7个城市社区提质提档工作。

优抚对象短期疗养活动之升旗仪式 （市民政局 提供）

【专项事务管理】 加强社会组织管理。开展社会组织成立、变更、注销登记审批，新登记社会组织33家，变更社会组织35家。发挥社会组织孵化基地的功能作用，孵化社会组织6家。依法办理婚姻登记。全年办理结婚登记8400对，离婚登记3400对，补领结、离婚登记2000件，登记合格率100%。开展地名普查。组织开展平安边界创建活动，指导蕉溪乡完成撤乡建镇工作。撰写《国家标准地名词典》词条91条，调查走访古驿铺14处。流浪人员救助。开展“夏季送清凉”“冬季送温暖”活动，结合“6•19”救助机构开放日开展宣传活动，开展流动劝导救助，全年救助流浪人员2000多人次。推进殡葬改革。开展殡葬改革集中宣传活动，弘扬绿色殡葬新风尚，推行火葬，增5个强制火化乡镇，实现全市强制火化区全覆盖，全年火化遗体5834具。

【社会福利】 关爱特殊儿童。建立农村留守儿童、困境儿童信息台账，做好数据录入工作。新建11个“农村留守儿童之家”，落实农村留守儿童监护责任。办理收养登记32起，全年发放孤儿基本生活费137.8万元。养老福利设施建设。新建社会养老服务中心1家，新增民办养老机构1家，新建农村幸福院4家，启动市社会福利中心建设，完成选址、立项、设计等前期工作。投资1700万元完成18所敬老院消防改造和18所敬老院护理区建设任务。发放残疾人福利补贴。落实残疾人两项补贴制度，全年为16.2万人次困难残疾人发放生活补贴1939万元，为11.6万人次重度残疾人发放护理补贴926万元。福利彩票发行。全年销售额2.37亿元，筹集福彩公益金2000万元。

【老龄工作】 落实高龄老人生活津贴的提标扩面工作，为3.6万余名高龄老人发放生活津贴4700余万元。为10140名离任村干部发放生活补贴1300余万元。4月1日起，将老年人优待证办理权限下放至乡镇（街道）。发动老年人参加意外伤害保险，做好城市“三无”和农村低保老人投保工作，全市收缴保费154万余元（含政府出资22万元），理赔金额81.8余万元，赔付率约53%。开展村(社区)居家养老服务，全市建成农村幸福院240家，村(社区)覆盖率80%。做实农村居家养老服务试点项目，有97个村成为长沙市级农村居家养老服务试点村。举办“情系敬老月，健康新浏阳”庆祝第30个老年节暨中老年人健身舞蹈展示活动。组织参加长沙市第九届老人运动会、湖南省第六届老年博览会及三省九县老年人运动会，营造敬老、孝老、健康、文明的社会氛围。

（廖友文）

残疾人事业

【概况】 至2018年年底，全市共有持证残疾人33108人，其中肢体残疾16535人，智力残疾4244人，视力残疾3943人，听力残疾2656人，精神残疾3725人，言语残疾599人，多重残疾1406人，属一、二级(重度残疾人)的有11416人。2018年，全市共投入资金1300多万元，推进残疾儿童康复、辅具适配、扶贫救助、创业扶持、权益维护和志愿助残等工作，惠及各类残疾人2.01万余人次。

【扶贫帮困】 至2018年年底，全市建档立卡贫困残疾人口6982人，脱贫3770人。市残联助推贫困残疾人群体脱贫，落实困难残疾人生活补贴和重度残疾人护理补贴政策，为4500多名建档立卡贫困残疾人发放“两项补贴”800多万元；落实残疾人参加城乡居民医疗和重度残疾人参加基本养老保险由政府代缴政策，“两险”目标覆盖率100%。加大对特困残疾人的临时救助力度，依托慈善助残基金，为166名贫困残疾人发放救助款27.2万元；落实残疾学生、贫困残疾人家庭子女专项助学政策，为691名(较上年度增加194名)贫困残疾学生及贫困残疾人家庭学生发放补助143.6万元(较上年度增加44.86万元)；落实残疾人危房改造户补贴政策，按4000元/户标准对661户(较上年度增加253户)符合条件的残疾人家庭补助资金264.4万元(较上年度增加101.2万元)；投入28万元开展居家托养项目，免费为80名残疾人提供上门照料服务7000多小时。

【康复服务】 2018年，“0~14岁贫困残疾儿童抢救性康复”工程免费为384名(较上年度增加117名)贫困残疾儿童提供康复训练服务，训练显好率98%。“光明·关爱”工程免费为150名低、弱视力患者和200名白内障患者配发助视器、实施康复治疗手术。成人助听器项目免费为听障残疾人适配普及型助听器100台。“义肢助残”项目免费为下肢截肢者装配假肢70例(较上年度减少1例)。辅具适配进家庭项目免费为3131户(较上年度增加987户)残疾人家庭配备坐便椅、护理床等辅助器具3241件(较上年度增加978件)。

【帮助残疾人就业创业】 依托民办托养机构，为100余名贫困残疾人提供捆筒子、剥花生等庇护性就业手工活，人均年收入3000余元。落实创业扶持政策，为43名自主创业残疾人发放扶持资金46.214万元。实施“阳光增收”计划，按照2000元/户标准，为360户贫困残疾人家庭免费提供技术培训与生产资料扶持。协调人社部门，主动与相关企业对接，举办残疾人专场招聘会2场，有针对性地介绍残疾人去企业试岗就业。完成按比例安排残疾人就业年审工作，全市用人单位安置残疾人300多人，协助地税征收残疾人就业保障金1400多万元，比2017年度增加30多万元。

【权益维护】 实施残疾人家庭无障碍改造工程，投入35.36万元，免费对80户(较上年度减少10户)残疾人家庭的灶台、卫生间、楼道扶手、入户地面等设施进行改造。与浏河律师事务所签订合作协议，为残疾人免费提供法律咨询和法律救助60人次。办理12345市民热线工单，协调解决8起残疾人关注的事件。

【扶残助残】 开展长沙市残疾人工作明星乡镇、星级社区的创建工作，8个乡镇和11个社区在长沙市残联的验收评估中保星或创星。在全市机关事业单位倡导“一日工资助残”活动，收到捐款46.61万余元(较上年度减少8.39万元)。推介基层残疾人工作者林小平、残疾人自强模范张祝庆、义工联合会会长罗加辉、仁爱残疾人服务中心负责人唐娥获评长沙市第六届学雷锋扶残助残“善行四十佳”。

(兰词贵)

人力资源和社会保障

【概况】 浏阳市人力资源和社会保障局于2011年2月组建，整合原市人事局、市劳动和社会保障局和市卫生局农村合作医疗管理中心的管理职能。局下设14个职能科室，5个副科级二级机构，在职在编干部职工153人。主要职责为贯彻执行人力资源和社会保障工作的相关法律、法规、规章和政策；拟订全市人力资源和社会保障事业发展规划、政策并组织实施和监督检查；促进人力资源合理流动、有效配置；负责促进就业工作；统筹建立覆盖城乡的社会保障体系，会同有关部门拟订机关、事业单位人员工资收入分配政策和企业职工工资收入分配调控政策；综合管理全市专业技术人员工作，会同有关部门指导事业单位人事制度改革；会同有关部门拟订军队转业干部安置政策和安置计划，负责行政机关公务员综合管理，统筹拟订劳动、人事争议调解仲裁制度和劳动关系政策，完善劳动关系协调机制，负责全市劳动保障监察工作。2018年，做好社会保障、人才引进、就业创业、劳动维权等各项工作，就业创业和劳务协作工作先后在全省经验交流会作典型推介，浏阳“就业扶贫”案例入围全国人社系统精准扶贫典型案例40强。

【就业创业】 2018年，全市新增城镇就业16692人，新增农村劳动力转移就业8250人，新增创业主体8827个，城镇登记失业率2.98%，比2017年下降0.04%，低于4%的控制目标，就业形势保持总体平稳、稳中趋好的态势。开展春风行动、产业链建设、民营企业招聘周等专项招聘行动，举办招聘会78场次，入场招聘企业1980家次，提供岗位5.6万个，接待各类求聘者4.7万人，达成就业意向2.4万人。开发公益性岗位343个，安置就业困难人员343人。为398名灵活就业人员拨付社保补贴188.08万元。做好高校毕业生见习基地管理和见习补贴审核拨付工作。受理青年人才租房和生活补贴402人，发放补贴资金359.57万元；受理职业技能晋级奖励76人次，发放补贴资金20.7万元。组织三期创业者能力提升培训班，举办返乡青年创业交流会，促进创业青年相互交流与合作。举办第三届“中国创翼”长沙赛区浏阳选拔赛暨浏阳市第五届青年创新创业大赛。浏阳市获评长沙市创新创业带动就业示范县（市），智慧浏阳河创业孵化基地作为湖南省唯一县（市）基地申报全国创业孵化示范基地，永安家具城作为长沙市唯一基地获评湖南省返乡农民工创业带动就业示范基地。

【人才人事】 人才招聘：实施“专业英才千人计划”，采取走出去、引进来的方式，组团赴北京、上海、武汉、长沙等地高校宣讲人才政策，赴湖南师范大学、湖南中医药大学、南华大学现场组考引才，累计组织招聘考试11场次，引进教育卫生系统人才714人，引进机关事业单位和企业专业英才363人，其中博士11人，新增高技能人才138人。促成北京大学、华中科技大学与浏阳市建立校地人才合作关系。人才队伍建设：严密组织教育和卫计系统初、中级和烟花爆竹中级职称认定评审工作，组织申报中级职数251个，高级职数237个，组织797份中、高级职称参评资格复核；初级评审和认定570人，烟花爆竹专业专项评审初级职称110人。198位中小学教师获得中级任职资格。审核推荐申报长沙市级引智项目5个，引进资金85万元。申报湖南省121创新人才培养工程7人，其中永清环保股份有限公司罗启士博士、赛搏机器智能有限公司周翔博士获评第一梯队人才，申报博士后科研工作站5个，其中天地恒一制药股份有限公司、永清环保获省级博士后科研单位。人事制度改革：新录用公务员103人；审批106名干部职级晋升；安置军转干部和自主择业干部共45人，完成226名新聘人员的转正定级培训，做好退伍士兵综合素质提升培训，组织新录用公务员初任培训，专业技术人员继续教育培训72期4512人次。接收档案9600册，整理破损档案3100册，接待查阅利用档案1300余人次。

【依法行政】 完成对18家单位特殊工时制度审批，对4家民办职业培训机构的变更审批。为15家人力资源服务机构换证，新增审批9家人力资源机构。完成19起行政复议、诉讼案件，维持浏阳市人社局决定18起，胜诉率94.7%。依据权力清单和“最多跑一次”服务事项，梳理出标准化规范化政务公开事项120项，并按要求编制完成全部事项的的国家标准服务指南。33项与群众生活密切相关的人社业务事项，实现镇村“就近办”。推进“互联网＋ 政务服务”改革，梳理出政务服务事项148项，完成“互联网＋政务服务”平台所有事项的服务指南、实施清单的编制、录入等工作，所有事项100%实现“网上办”。进一步“减时间、减材料、提质效”，取消相关证明事项10项。受理工伤案件2268起，不予认定工伤148起。

【社会保险】 推进五险合一征缴和全民参保计划，社会保险基金收入43.7亿元，发放社保待遇34.1亿元。实施城乡居民基本养老保险丧葬补助金制度，两次调增基础养老金标准，达到每人每月188元。城乡居民医疗保险特殊病种增至45种、普通门诊统筹报销比例提高10%。一次性工亡补助金标准提高55600元。完成机关事业单位养老保险新制度待遇计发，确保退休人员享受政策红利。改革医保支付方式，探索试点单病种付费，上线医疗保险智能监审平台，着力保障基金运行平稳。落实养老、工伤保险阶段性降低费率的政策，减轻企业社保负担1.02亿元，加大失业保险援企稳岗政策实施力度，发放稳岗补贴140多万元。推进以“一卡（社保卡）、两网（门户网站、微信公众号）、三终端（网站、手机、一体机）为主要内容的智慧人社建设，推动人社工作与互联网融合发展。采取集中办卡、上门送卡等多种形式，加快社会保障卡发放进度，目前已发放社保卡136万张，激活应用118万张，102项社保卡功能全部实现，利用社保卡发放各类待遇12亿元。长沙市社保卡应用推广现场会在浏阳召开，浏阳社保卡中心获评2015—2017年度长沙市社会保障卡优秀服务大厅。推动两卡融合，在湖南省率先实现“就医一卡通”，方便群众就医看病。

【劳动维权】 开展清理整顿人力资源市场秩序、建筑领域农民工工资支付情况、治欠保支“护航行动”等专项监察执法活动，构建治欠保支长效机制。全年检查用人单位451家，规范用人单位用工行为。受理和立案投诉举报案件26起，为367名劳动者追回拖欠工资446万元。建立劳动人事争议集体案件仲裁“绿色通道”，组织专场立案，引导劳动者理性维权。受理各类劳动人事争议案件1226起，为当事人挽回经济补偿金等经济损失980万元。指导基层建立健全劳动人事争议调解组织，逐步形成市、乡镇、企事业单位分级分层劳动人事争议调解预防网络体系。办理60个项目的农民工工资支付保障金手续，监督存入农民工工资保障金5466万元。处理信访问题，化解社会矛盾。2018年办结信访件193件，处理12345热线工单378件，接听“12333”热线电话6270个。

【就业扶贫】 浏阳市人社局落实就业扶贫牵头职责，2018年，全市建立一支60人的劳务经纪人队伍，认定63家就业扶贫基地，致力打造“15公里就业圈”，引导和帮助贫困劳动力在家门口实现转移就业。全市建档立卡贫困劳动力18848人，转移就业14036人，其中2018年新增转移就业860人。推进劳务协作，与邵阳县等省内贫困地区开展劳务交流活动5次，指导蓝思科技股份有限公司在吉首市设立全省首家就业扶贫工作站。实现健康扶贫“一站式”结算，城乡居民“医保＋大病保险＋扶贫特惠保＋民政医疗救助＋财政兜底”全部在医保系统进行结算，贫困人口住院实际补偿率达到93.3%，累计报销10622万元。

【举办第三届“中国创翼”创业创新大赛长沙市浏阳赛区选拔赛】 6月20日，第三届“中国创翼”创业创新大赛长沙市浏阳赛区选拔赛开赛，21支团队入围参赛，比赛赛程分为讲演和答辩两个环节，大赛组委会特别邀请创业、投资行业等领域的5名专业人士担任大赛评委。比赛现场，选手们以PPT、视频等方式展示创业创新项目的特色及前景；专家评委团从项

6月20日，第三届“中国创翼”创业创新大赛长沙市浏阳赛区选拔赛开赛现场

（市人力资源和社会保障局　提供）

目创新性、项目团队、社会价值及发展现状和前景等方面进行综合评选。经过角逐，湖南百康生物工程有限公司——优质生态饲料添加剂的综合应用技术推广项目、长沙市五犇新材料科技有限公司——高性能以塑代钢轻量化材料领航者项目分获一等奖。同时，该选拔赛为浏阳市第五届创业创新大赛，现场直播点击观看21万人次。2016年以来，浏阳市人社局加大全市创业创新氛围，依托街道（乡镇）公共服务中心设立创业服务窗口，建立健全市、镇、村三级联动协同推进工作机制，为创业者提供优质服务；每年评定一批创业带动就业示范项目，给予4万元~8万元的项目扶持，三年共整合本级扶持资金637.5万元，扶持项目174个，吸引在外的大学生、返乡农民工回浏阳就业创业；引导各乡镇（街道）根据自身特点和优势，统筹规划一批创业特色街区。通过开展“青年创业沙龙”、创业创新大赛等活动，营造人人崇尚创业，促进就业氛围。

（龚家强）

库区移民开发管理

【概况】　浏阳市移民开发管理局组建于2006年11月28日，为正科级事业单位，设办公室、业务管理科2个职能科室和移民后期扶持服务中心1个二级机构，2018年在编在岗干部职工13名。全市境内有株树桥大型水库1座，马尾皂、南康、关山、横山头、仙人造、清江、道源、梅田、板贝、富岭10座中型水库，另与醴陵市合建大型水库官庄水库。全市登记在册的大中型水库农村移民现状人口为25522人，分布在全市32个乡镇、街道的284个村（居）。4月3日，省移民局调研组在浏阳市召开长沙市整村推进移民美丽家园建设工作座谈会，与会人员实地观摩古港镇梅田湖村的整村推进试点村移民美丽家园建设情况。2018年度绩效考核被评为“全省移民工作先进单位”。

【资金管理和监督】　2018年，对所有项目实行集中入库管理、乡镇统筹申报、过程全程跟踪，全年11批次扶持项目和直补资金均在《浏阳日报》、市政府门户网站进行公示公开。完成移民信息系统建设，全市7700余户、2.55万条移民信息全部录入；确保移民资金及时精准发放，对660余人应核减人口及时进行核减，全年发放直补资金1147万元，发放困难扶助金（原口粮补贴）155万多元；及时兑现五类移民计生特殊家庭奖扶金100余万元。先后接受省移民局稽察整改情况复核、移民困难扶助金的绩效评价、存量资金专项督查和长沙市移民局资金内审，均获较高评价。

【产业发展】　全年投放资金35万元，重点扶持养鸡、养蜂、油茶等产业，挖掘培育移民创业典型——永和远程农场，采取以奖代补方式，指导其建立“农场+农户+市场”的模式，将帮扶范围扩大到周边3村、101户，每户年均增收3500元以上；支持永和镇蒋埠江种养合作社发展蜜蜂养殖，合作社提供种蜂、技术指导，并对蜂蜜进行统一回收，向36户移民发放蜜蜂108桶，每户年均增收2000元以上。

【移民培训】　以实用技术、转移就业技能、中长期职业教育等形式开展移民培训，坚持集中培训与分散培训相结合的原则，逐步实现“培训一人，就业一人，致富一家”的目的，2018年实现全市13个重点村移民培训全覆盖。开展水果、花卉、油茶、蔬菜、养蜂、母婴护理等培训班15期，完成实用技术培训630人，完成中长期职业教育145人，发放移民就读职业院校补助53.4万元。

4月3日，省移民局督导调研整村推进移民美丽家园座谈会在浏阳市召开

（市移民开发管理局　提供）

11月21日，湖南省椒花水利枢纽工程建设征地移民安置规划听证会在浏阳市达浒镇召开　　（市移民开发管理局　提供）

【开展整村推进工作试点】 从人居环境改善、基础设施补短板、发展产业移民增收等方面进行帮扶，安排资金1100余万元，从13个重点移民村中选取5个村，开展整村推进试点。梅田湖村旅游开发、丹霞村“稻+鱼”、农大村水果种植等带动全村移民和村集体经济增收取得初步成效。梅田湖村整村推进工作通过湖南省、长沙市移民局验收。

【完成移民避险解困】 2017年，浏阳市开展大中型水库特困移民避险解困工作，截至2018年12月，所有解困对象和配套项目均验收完毕。有效改善全市235户、781人的住房问题，新建住房面积约4.1万平方米，购房面积约2500平方米，拆除旧房面积约1.9万平方米。避险解困配套项目资金505.55万元，安排项目57个。

【做好椒花水库前期工作】 11月21日，牵头组织召开椒花水利枢纽工程建设征地移民安置规划听证会，完成《椒花水利枢纽工程建设征地移民安置规划大纲》编制，取得省移民局对规划大纲的批复意见；完成《椒花水利枢纽工程建设征地移民安置规划报告》（初稿），取得市、县两级对规划报告的审查意见。

（谢　琳）

街道·镇·乡

大围山镇景观门楼 (王成 摄影)

淮川街道

【概况】 2018年,淮川街道辖联城、北正、西正、朝阳、北园、城西、新北、城东、翠园(2018年12月成立)9个社区居民委员会,总面积12.3平方千米。截至2018年年底,辖区设党支部76个(其中非公经济和社会组织党支部20个),设党小组88个,有党员2289名、流动党员225名。2018年常住人口6.17万人、2.45万户,出生704人,出生人口性别比101,死亡人口690人。街道现有100岁以上高龄老人1人,90~99岁高龄老人123人。全年实现财政税收2.98亿元,同比增长12.5%。

经济建设 发展总部经济,引进湖南沙坪、长沙中柱、河南碧源3家建筑公司在淮川街道设立分公司,培育博视眼科、爱尔医院本地医疗机构2家。党政班子成员为联系项目提供随叫服务,停摆6年的鸿宇城一期交房,黄泥湾君玺时代广场项目售罄。在浏阳市第一次探索模拟征收,湘运小区棚户区改造项目171户征拆完成清零,西湖山游步道、城东片区集体土地征收实现清零。全年进出口总值6109万美元,同比增长8%;完成固定资产投资17.8亿元,长沙市外境内资金形成固定资产投资3.18亿元;限额以上商贸销售额14.9亿元,增速12.6%。全年规模以上新增企业9家,其中服务业5家、商贸业2家、房地产业2家。

城市建管 全年投入文明创建经费逾500万元,制作发放3万个文明创建广告宣传牙签筒,开设"你文明的样子很美""淮川榜样"等宣传专栏,评选14名"身边好人"和10名优秀志愿者,倡导移风易俗。投入1000万元修缮老市政府宿舍、城东新村一区等8个老旧小区基础设施,清理一批小区楼顶楼道陈年垃圾和堆物,嗣同路、淮东路实现提质升级,浏阳河中路、西湖山广场片区完成立面改造,嗣同路历史步道打造拉开序幕。打好污染防治攻坚战,率先在全市开展"五小门店"散煤清理,整改涉污门店650家,关停制煤售煤等散乱污企业8家,帮助困难群体改造餐厨油烟直排753户,创建圭斋路无烟示范街,在新北社区成功试点城市社区垃圾分类工作。组织有关部门就如何治河,现场研究20余次,城西社区发动群众组建义务巡河队。

民生保障 全年发放救助和慰问资金62万元。新成立翠园社区,完成城东社区、西正社区提质提档。成立街道退役军人服务中心,建立退役军人档案3180个。办理一孩生育登记270人,二孩生育登记374人,多孩审核27人,符合政策生育率99.33%。完成育龄妇女长效节育措施落实258例,免费孕前优生检查293对。组织有效献血174人,家庭医生集中签约448人。组织开展卫生执法监督425户,办理"卫生许可证"158本。为2851名育龄妇女免费进行妇女病检查。淮川街道被评为2018年度长沙市人口和计划生育评估优秀单位、长沙市2018年度区县(市)无偿献血组织工作先进单位,朝阳社区被评为湖南省计划生育基层群众自治示范社区。全年新增城镇就业2530人,完成再就业1526人,朝阳社区被评为湖南省创新创业带动就业示范社区。辖区78家无证办学机构得到有效治理。朝阳社区被评为湖南省文化志愿服务优秀社区。

社会治理 淮川街道获长沙市2018年度基层综治工作红旗单位,长沙市防范和处理邪教工作先进单位,在全省综治民调中位列浏阳市第一名、长沙市第九名。落实"三联三保"制度,走访居民2867户,化解问题诉求63个。全年调处矛盾纠纷288起,淮川街道被省司法厅授予"湖南省人民调解先进单位"称号。深化"互联网+巡防",联合部门开展扫黑除恶、打击传销、整治"黄赌毒"等专项执法行动8次,查处涉嫌非法集资单位2家,辖区全年刑事治安案件发案率同比下降30.9%,淮川街道获评长沙市综治工作红旗单位。安全生产平稳有序,建成基层微型消防站15个,派驻90名机关干部到企业担任监督员,在北正社区建成浏阳市首家生活安全体验馆,创新开展食品安全"抖音赛",打造"透明厨房"30家。

党建工作 全年举办"把话筒交给群众"活动79期,解决民生问题267个,为全市创立基层党建品牌,《人民日报》等媒体跟踪报道。探索区域化党建,与50余家单位签订党建共建合作书。开展支部"五化"建设,党支部由58个扩充到76个,打造街道党群服务中心。

淮川街道翠园社区党支部、居委会揭牌

（淮川街道　提供）

【淮川街道翠园社区成立】 11月30日，浏阳市政府下达关于设立翠园社区的批复，翠园社区正式成立。翠园社区四至范围为花炮大道、翠园路以北，白沙路以南，复兴路以西，浏阳大道以东，占地面积1.34平方千米。现有4个居民大组，常住人口4297户1.21万人。社区首任支部书记邱丽、公共服务中心主任汤光磊。12月18日，翠园社区居委会揭牌。

【淮川街道人民调解委员会被湖南省司法厅授予“全省优秀人民调解委员会”称号】 6月，湖南省司法厅授予淮川街道人民调解委员会全省优秀人民调解委员会称号。近年来，为做好人民调解工作，淮川街道推进调解机构组织覆盖，在街道建成标准化司法所，在社区组建由民警、法律顾问参与的社区调解队伍，在小区发动热心人士组成小区调解委员会，实现人民调解组织“三级覆盖”。并在此基础上，建立矛盾纠纷摸排调处制度。同时通过普及法治理念，提供法律援助咨询服务，将社会矛盾化解在基层。

【淮川街道社区提质提档工作完成】 2018年年底，城东社区、西正社区通过验收，淮川街道社区全面提质提档工作全部完成。自2016年起，淮川街道按照长沙市、浏阳市市政府要求，3年投入资金5800万元，分批次对8个社区进行提质提档改造，实施民生项目43个，社区居住环境得到全面改善。其中北正、城西、联城、朝阳、城东5个社区被评为长沙市提质提档示范社区，新北、北园、西正3个社区被评为长沙市提质提档先进社区。

（刘延喜）

集里街道

【概况】 2018年，集里街道辖7个社区、7个行政村，367个居（村）民小组，辖区行政区域总面积153.8平方千米，耕地1391.7公顷，其中水田1078.4公顷、旱地313.3公顷，山林9666.7公顷。户籍总人口数61887人，常住人口16万人，出生1075人，死亡408人，人口出生率18.3‰，自然增长率11.3‰。流出人口3400人，流入人口2604人，流出地以广州市、深圳市、安徽省为主，流入人口集中在湖北省监利地区。年度平均气温17.3℃，年内气温最高值40.7℃，最低值-8.4℃，年降水量1537.8毫米。最大降雨量出现在宏源村、太平桥社区及合盛村，月降雨量230毫米。集里街道被认定为2017年度湖南省创新创业带动带动就业示范街道、浏阳市2018年度城市经济类一等乡镇（街道），深化改革、防范化解政府债务风险、污染防治、产业链、人居环境整治等12项工作被评为市级优秀。33人获市政府记功或嘉奖。唐家园村被认定为2018年度第一批湖南省“两型示范村庄”、被评为2018年度“湖南省卫生村”。浏阳市教师进修学校被评为全国“第二批流动人口健康促进示范学校”。

经济发展状况　全年实现财政收入8亿元，同比增长21.8%，总量稳居全市乡镇（街道）第一。农业工作，一户多宅”整治工作完成拆除任务419户7.96万平方米，实现土地复垦252宗。土地确权完成户籍信息认证5974户、1.77万人、1453.33公顷。完成集体建设用地入市15宗。植绿4.16万株，建设水利设施30余处。农业种植。水稻种植797.07公顷，油菜种植546.67公顷，大棚蔬菜种植35.33公顷，油茶基地528.67公顷，有小水果基地33.33公顷，成功打造出沿浏跃公路小水果产业带。工业经济。完成工业总产值139.2亿元，规模工业产值76.7亿元，固定资产投资45亿元，同比增长25%，完成社会商品零售总额92.6亿元，同比增长15%，完成限额以上商贸销售额38.5亿元，其中零售额31.3亿元，同比增长25%；新增“四上单位”（规模以上工业企业、资质等级建筑企业、限额以上批零住餐企业、规模以上服务企业）34家；新增各类法人商事主体2937个，新增限额以上大型企业11家，完成招商引资到位资金8.8亿元，引进欧亚达家居、南粤银行、家边购超市总部等项目9个。

项目建设　签订房屋拆迁协议159户，邓布片区、南泥湾路、金阳三期、西南环线等17个项目完成清零工作，储备可用土地153.33公顷。碧桂园·云顶、天骄、西湖山防火林道等项目开工，新人民医院、“三馆合一”等项目主体工程建设进入扫尾阶段，胡家路、南泥湾路、龚家桥

提质改造后的西正社区八角亭路　（淮川街道　提供）

集里新城　　(集里街道　提供)

路竣工通车。

基础设施建设　改造建设便民桥梁5座，新增更换路灯220盏，新增垃圾分类减量站点4个。提质改造公共服务中心5个、农贸市场3个、街巷道路7条、街心公园2个，新建停车位470余个。

社会管理　环境整治。加快推进污水处理厂配套设施建设，组建9支“保护浏阳河先锋队”，实现浏阳河沿线1000米范围内养殖户全部退养，辖区水质检测达标率提升。开展“绿色存折”“城市绿跑”“我举党旗卫环保”“舞动集里·还绿于民”等主题活动20余场次。实施环保网格巡查制度，全年开展各类专项行动237次，办结环保投诉75件，满意率100%。安全生产。加强花炮、交通、消防、建筑、卫生、食品各领域的安全监管。承办全市“健康人生，绿色无毒”“消防演练进楼栋·共创和谐保平安”“戴帽工程”和“有限空间作业应急救援演练”等主题活动。全年开展安全生产计划执法366家。治安状况。推行班子成员坐班接访制度，落实“三联三保”机制，开展“集里好声音，发展大家谈”夜访夜谈活动30余场，走访群众1160户，限期内解决问题75个，签订息访协议16件。全年排查调处矛盾纠纷1420件，成功化解原太平桥公交专线、开心广场、长浏高速等历史遗留问题。推动法律顾问全覆盖，配强社区(村)综治队伍。开展扫黑除恶、打击“黄赌毒”等专项整治行动，开展“健康人生，绿色无毒”禁毒预防教育进社区活动，推进“雪亮工程”建设，有效稳控特殊人群，街道刑事发案率同比下降24%，社会大局和谐稳定。

社会事业　民政、社会救助。全面实施城乡低保一体化，评议认定低保户664户1455人，发放低保金518万元；发放优抚、慰问、救助资金320万余元；发放残疾人补助113万元。开展社会救助兜底分类保障工作，核定164户365人，临时救济130人，发放救济金6.85万元；申请大病救助103人，门诊救助12人，药物救助卡10张。社会保障。完成城乡居民养老保险征缴269万元，参保1.13万人，参保率120%，养老金发放人数6428人，发放养老金1368万元；医保征缴945万元，城乡居民基本医疗保险享受待遇2.52万人次，支付金额2688万元；投入108万元完成农村危房改造38户。科教文卫。组织开展群众文化活动、群众性体育运动，9月30日，“我和我的祖国”集里专场文艺晚会在浏阳河广场举办。建立和完善街道综合文化站和社区综合文化站，新建1000平方米综合文化站1个，新增文体设施26处58套；鼓励和支持民办学校、幼儿园。申报创新型科技企业入库42家。2018年7月，“卫生许可证”办理权限由街道承接，全年办理证件459本。完成改厕394座，新改建标准化村卫生室3个，社区养老服务中心1个。人口与计划生育。落实长效节育措施264例；落实孕前免费优生遗传检测400对，完成计划生育系列保险16万余元。全员信息完善，流动人口信息录入、反馈和合同签定率均为100%。征收社会抚养费12.8万元。发放独生子女保健费787户，奖扶金额16.8万元。成功创建“计划生育计生协会基层群众示范街道”，被评为长沙市“计划生育优秀单位”。

党的建设　2月28日，在欧阳予倩大剧院举办党员冬春训主题活动，街道1000多名党员参加本次冬春训集中培训。围绕“城市基层党建年”主题，创造性地推动“1228”党建工程和“三保”工作体系在集里落地生根。打造标杆阵地，按照“五化”工作要求，升级42个基层组织阵地，高标准建成浏阳第一家商圈党群服务中心并投入使用。同步推进社区服务中心、邻里服务中心等城市基层党建阵地建设，基层组织的组织力得到大提升。开展“入党初心大讨论”200余场次，举办初心故事会65场次，上好“初心党课”97堂；组织开展“十九大宣讲进万家”“火红7月·初心绽放”等大型党建活动。推出务实举措，为街道2213名党员定制“党员初心卡”、建立“红色风筝”工作室等党建品牌。街道鼎顺物流党支部、义工联党支部被评为市“先进基层党组织”、“黄帽子”党支部、工业品市场党支部被评为“先进基层党组织创建单位”。

【召开集里街道2018年经济工作会议】 2月1日，集里街道召开2018年经济工作会议，辖区市党代表、市人大代表、市政协委员、街道党员群众代表、企业法人代表、处直单位负责人及机关、社区(村)全体干部300余人参加会议。会议总结2017年工作，安排部署2018年工作，对131家优秀单位和83名先进个人进行现场表彰，会议提出2018年集里街道经济社会发展目标：财税总收入增长8%，居民人均可支配收入增长8%；固定资产投资增长13.5%；规模工业产值增长12%。

【浏阳市第四届环保文化节启动仪式暨绿心“存折”首发仪式在集里街道举行】 6月4日，为庆祝“6·5”国际环境日，由浏阳市人民政府主办，市环保局、集里街道办事处、浏阳日

6月4日，浏阳市第四届环保文化节启动仪式暨绿心"存折"首发仪式在集里街道教师进修学校附小举行　　　　（集里街道　提供）

报社承办的浏阳市第四届环保文化节启动仪式暨绿心"存折"首发仪式在集里街道教师进修学校附小举行。第四届环保文化节围绕"美丽中国，我是行动者"主题，开展"城市绿心，舞动集里""千人共画生态浏阳""我举党旗卫环保"等8项活动，推动社会各界和公众积极参与生态文明建设，携手行动，建设"天蓝、地绿、水清"美丽浏阳。活动现场，教师进修学校附小学生代表诵读《我与蓝天有个约定》，浏阳市"十佳环保小卫士"接受表彰，市领导为学生代表发放首期绿心"存折"。

【"健康人生，绿色无毒"教育宣传进社区大型文艺会演活动在集里街道举行】　6月26日晚，浏阳市"健康人生，绿色无毒"毒品预防教育宣传进社区大型文艺会演活动在集里街道太悦城广场举行。会演活动前首先观看禁毒宣传片和禁毒宣传图片展，集里街道工委书记胡汉堂发表致辞。随后，对在"五个一"（一封禁毒家书、一句禁毒口号、一张禁毒宣传图片、一篇禁毒好新闻、一个禁毒好节目）禁毒宣传竞赛活动中获奖人员进行颁奖。浏阳市委常委、市政法委书记、市禁毒委常务副主任戴武明就禁毒宣传活动讲话。最后，活动为现场观众献上一场文艺演出。市禁毒委员会成员单位及各乡镇（街道）、园区禁毒工作负责人、禁毒志愿者及群众近1000余人参加活动。

【举办庆祝中国共产党成立97周年党建主题活动】　7月1日晚，集里街道在浏阳市观礼台举办庆祝中国共产党成立97周年"火红七月　初心绽放"党建主题活动。集里街道党工委副书记、办事处主任张文初主持表彰大会，集里街道党工委书记胡汉堂为活动致辞。活动对"17个先进基层党组织、19名优秀党务工作者和66名优秀共产党员"进行表彰颁奖，为"三大攻坚战"党员先锋队进行授旗。表彰大会结束后，活动进行党建主题文艺会演，文艺会演以"红心向党•溯源""风雨路上•浴血""东方风来•跨越""初心绽放•圆梦"四个篇章，演绎中国共产党的"初心故事"。

【承办浏阳市"推动高质量发展　建设现代化浏阳"专题研讨会】　7月18日，集里街道承办浏阳市"推动高质量发展　建设现代化浏阳"理论面对面首场专题研讨会，特邀国家发改委宏观经济研究院原常务副院长、国家高端智库中国宏观经济研究院首席专家陈东琪做客现场。长沙市委常委、浏阳市委书记黎春秋出席活动并讲话。研讨会上，陈东琪围绕"是什么""为什么""做什么""缺什么""有什么"五个方面重点解读"高质量发展"的内涵，就如何持续深入推进"高质量发展"提出对策建议，同时肯定浏阳市推动"高质量发展"的举措和成效，表示对浏阳市未来的发展充满期待。

【天虹百货商场开业】　9月19日，天虹百货商场开业。商场总面积约7万平方米，位于浏阳市花炮大道与庆泰南路交会处，入驻店家260家，其中流行百货近200家，餐饮、娱乐等配套60余家。2016年8月，深圳天虹百货与创意君悦城签约，正式入驻浏阳集里街道。

（朱庆林）

天虹商场　　　　（集里街道　提供）

荷花街道

【概况】　2018年，荷花街道辖荷花园、南市、唐洲3个社区，杨家弄、西环、嗣同、南环、牛石岭、建新、东环、浏河村8个行政村，372个村（居）民小组，总面积146.8平方千米，山林面积8731公顷，耕地面积1519.87公顷（其中水田1278.6公顷，旱田241.27公顷）。户籍总人数4.94万人，其中常住人口10.8万人；出生

唐洲社区概貌

（荷花街道　提供）

542 人，死亡 310 人，人口出生率 1.12%，自然增长率为 0.48%；流出人口 1238 人，流入人口 3 万人，百岁以上老人 4 人。

经济发展状况　全年完成工业总产值 49 亿元，其中实现规模工业总产值 26 亿元；完成固定资产投资 22.6 亿元；全年税收 2.6 亿元，其中地方收入 1.13 亿元。农业。全年种植水稻 1066 公顷，油菜种植 600 公顷，蔬菜瓜果种植 400 公顷，培养 16 位种粮大户。完成粮食产量 12493 吨，产值 3398 万元，蔬菜产量 28699 吨，产值 6887.7 万元，瓜果 3079 吨，产值 1354.76 万元。工业。新引进项目 11 个，新增帝雅电器、欢乐世界游乐园、红星美凯龙家居博览中心等多个亿元项目，招商引资到位资金 8.9 亿元。欢乐世界游乐园项目开工建设，马场建材、东风加油站项目建成投产。开展清产核资和土地确权工作，荷花园社区、南市社区、牛石岭村超前超额完成集体经济薄弱村年度任务。

项目建设　完成浏阳河“一河两岸”及浦梓港棚户区改造项目征收协议 230 户、西南环线 35.47 公顷集体土地征收和 80 户房屋拆迁协议签订。完成花炮检测中心和“蒙华”铁路电力线路等重点项目征地任务，实现垃圾焚烧发电项目落地。落实“千人帮千企”行动，支持山枣烟花、牛石出口花炮厂等实现规模化扩建，指导退出花炮企业成功转型为马场建材等市重点项目。

基础设施建设　完成 7.6 千米西环路拓宽提质改造，14.5 千米东环路由 5 米拓宽硬化至 8 米；完成 9 条 15 千米村级公路硬化亮化和安保工程；完成荷花园社区、南市社区提质提档改造；完成荷塘路提质改造、农贸市场提质升级。完成牛石岭、南环、杨家弄单村饮水工程，投资 120 余万元完成王毛水库除险加固工程；投入 36 万元用于东环河、净溪河杨家弄段清淤工程；杨家河流域治理完成前期工作。

社会管理　升级荷塘路违停抓拍系统及交通设施，开展治超行动 85 次。开展扫黑除恶专项斗争和“扫黄治赌禁毒”专项整治行动，辖区内刑事案件下降 30%，行政案件下降 10%。受理办结中央、省、市、街道各类信访件 145 件，调处各类矛盾纠纷 93 起，为当事人挽回经济损失 700 多万元。开展安全生产排查 12 次，查获非法产品、原材料共计 5200 余件，行政拘留 7 人；开展烟花爆竹、工贸、危险化学品等企业专项整治，查处安全隐患 1200 余个，责令 40 家企业局部停产或全厂停产，立案查处企业 26 家。配合做好辖区内“三小”门店食品安全培训和检查工作，完成 21 家小餐饮店“明厨亮灶”改造任务，对 50 余家食品生产经营单位下达整改意见书，取缔关停无证无照豆制品小作坊 12 家，关停无证办学机构 19 家。关闭“散乱污”企业和散煤点 24 家。选聘企业“河长”，清理净溪河、东环河河道和渠道 40 千米，实行河道保洁服务外包，东环河水质由劣五类提升至三类达标水质，并入围“浏阳最美河流”；完成浏阳河 1000 米范围退养任务 37 户；开展东环村、建新村整村退出试点，引导辖区养殖户主动退养 793 户 136780 平方米，拆除养殖房屋和栏栅 123 户 20191 平方米；改造 590 户卫生厕所。全年造绿 18.67 公顷，复绿 8 公顷，植树 12 万株。完成牛石岭村蔡家山屋场、荷花园社区竹山绿色屋场美丽乡村建设，牛石岭村通过湖南省两型示范村庄认证验收。创建 4 个长沙市垃圾分类减量村、5 个城区垃圾分类试点小区，新建 5 个垃圾分类回收分拣站，发放垃圾分类桶 6800 余个。拆除违章建筑 32469 平方米，拆除“一户多宅”225 处 32977 平方米。成立“荷”我一起志愿者队伍，开展公益志愿活动 280 余场；评选荷花道德榜样 100 名；建新村在《三湘巨变微纪录·四十年四十村》评选中获评“湖南省十佳大美乡村”。

社会事业　全年保障城乡低保 522 户 1655 人，农村特困供养 274 人，各类优抚对象 507 人。完成建档立卡贫困户健康体检和家庭医生签约，443 人实现教育助学，91 名学生成功申请生活补助，完成小额信贷 105 万元、6 户危房改造和 74 户 225 人安全饮水巩固提升任务，42 户贫困户实现自主创业，105 户 357 人实现脱贫摘帽。对口帮扶邵阳县黄亭市镇和平村。荷花敬老养老中心完成征拆、“三通一平”、围墙建设；新建金沙路小学综合楼，完成罗直、杨家、净溪、云桥四所学校标准化建设和建新小学土地扩征。完成荷花园社区、南市社区提质提档改造和街道综合文化服务站建设。

党的建设　实现 11 个村（社区）党总支、77 个党支部标准化建设。探索“一核多元”城市社区治理新模式，打造早城一期、水岸山城等党建小区示范点，完成智慧浏阳河商圈党群服务中心和荷花园社区邻里党群服务中心建设，打造“四点半公益课堂”党建服务品牌。全年各级媒体正面宣传报道荷花 300 余篇。

【“‘荷’我一起”志愿者服务队成立】 5 月 31 日，荷花街道举行“‘荷’我一

5月31日，荷花街道举行"'荷'我一起"志愿者服务队成立暨"'荷'我一起争做文明市民"系列公益活动启动仪式
（荷花街道　提供）

起"志愿者服务队成立暨"'荷'我一起争做文明市民"系列公益活动启动仪式，为浏阳创建全国文明城市助力。启动仪式结束后，"'荷'我一起"志愿服务队各分队组织志愿者在辖区范围内开展环境卫生清理、交通路口文明劝导、垃圾分类环保创意和"大手牵小手环保小卫士"等公益活动，以及文明创建宣传工作。"'荷'我一起"志愿者服务队下设19支分队，主要开展文明创建、交通路口文明维护、环境卫生整治、保护"蓝天碧水"、"爱心"公益等志愿服务活动，截至12月，志愿者3000余人，开展公益志愿活动280余场。

【"智慧浏阳河"商圈党群服务中心成立】"智慧浏阳河"商圈位于浏阳河畔大通时代广场片区，占地6万平方米，依托浏阳河文化产业园的创意集聚和产业平台，商圈入驻企业、个体户达到数百家，形成"两街"（天马路美食街和水岸风情街）、"两中心"（智慧浏阳河文化创意孵化中心和文化商贸中心）的产业布局。9月21日，根据商圈实际发展情况，荷花街道党工委整合辖区资源，适时成立"智慧浏阳河"商圈党总支，下辖3个党支部，选举产生3名委员和党总支书记，统筹各支部开展活动。10月26日，荷花街道"智慧浏阳河"商圈联合工会委员会、妇女联合会正式成立。11月2日，荷花街道党工委联合文化产业园管委会共同打造"'荷'我一起唱，党群大联欢"专场文艺晚会，庆祝荷花街道"智慧浏阳河"商圈党群服务中心成立。

（李巧玲　王维伟）

关口街道

【概况】2018年，关口街道下辖长兴、占佳、水佳3个社区，杨溪湖、升平、金湖、和田、道源湖、炭棚、溪江、金口、金桥9个行政村，总面积161.8平方千米，总人口53105人，全年出生人口818人，死亡人口372人，出生率15‰，死亡率7‰。

经济发展状况　全年实现财政税收3.5亿元，比2017年同期增长7276万元，占年初预算的111.8%，同比增长26.2%。项目建设。全年完成征地55.33公顷，拆除房屋62栋，南泥湾路、清风路、博德路等17个项目实现征拆清零，秋收路、胡家路、予倩路等城市道路建成通车。蒙华铁路、金顺源环保科技、泰平置业混凝土等项目顺利实施，自力学校土地征收清零。农业经济。全年发展粮食生产大户11户，面积190.53公顷，完成稻谷播种面积调查1188.932公顷并录入系统；发展油菜种植面积453.33公顷，收齐上缴配套硼肥资金34000元；种植烤烟21公顷，实现产值121.7万元。工业经济。完成规模工业总产值74亿元、固定资产投资36亿元、社会消费品零售总额4.4亿元，均同比增长10%以上。发展房产、汽贸、保险、物流、电商等新兴产业，引进圣大云天、国翔汽贸、平安财险、唯美中学等10个项目，实现招商引资到位资金12.6亿元，完成全年目标任务的125%。

社会管理　环境整治。抓大气、水、土壤污染防治，全年开展专项执法行动131次，整改各类问题262个，立案查处非法排污企业20家。落实河长制，聘请专人对河道进行保洁维护，浏阳河流域500~1000米范围内99户畜禽养殖全面退出。完成旱厕改造600座。乡村振兴。编制乡村振兴三年行动计划，召开首届乡村振兴研讨会，启动9个村村级土地利用规划修编。开展"一户多宅"清理，拆除290户40778.07平方米，同步开展增减挂钩和开发整理前期调查设计。完成卫片执法图斑整改173个，组织协调企业办理经营性建设用地入市29宗。杨溪湖、溪江等4个村通过长沙市垃圾分类示范村验收，长兴社区被评为"长沙市卫生社区"。平安建设。开展"平安村(社区)""平安小区""平安家庭"创建，强化禁毒宣传、法治教育、治超治违、防范处置非法集资、校园周边环境整治等工作，加强9类重点人群管控，社会大局平安稳定。交通安全综合整治。发放交通安全宣传资料1.8万余份，开展交通安全知识进校园活动62次；开展"摩托车戴帽工程"行动，组织摩托车车主上牌拿证，免费发放头盔3500余顶。开展民情大走访活动，全年调处矛盾纠纷256起，成功率98%以上；受理信访案件81起，成功化解62起，信访量同比下降15%。文明创建。指导12个村(社区)完善"四会一约"（红白理事会、道德评议会、村民议事会、禁毒禁赌会，村规民约），开展"推动移风易俗，树立文明乡风"活动，签订党员干部承诺书1680余份；组织百姓大联欢、秋收路上党旗飘、"智慧爱•幸福家"等活动，激发创建活力；打造"善爱港""睿智骄阳"等志愿服务品牌，占佳社区儿童之家被评为"省示范儿童之家"。

基础设施建设　牵头完成工业小区、长兴湖周边截污干管铺设，长

11月1日，关口街道召开乡村振兴推进会首届论坛现场　　（关口街道　提供）

坪集镇排污管在施工中；完成占佳社区提质提档；提质农村公路30千米，完成危桥改造2座，河道沟渠清淤430余千米；浆田、福田、新湖3个蒙华铁路安置区建设在推进中。

社会事业　精准扶贫。在道源湖、金湖、炭棚等村培植扶贫项目9个，带动贫困户304户。全年申请“雨露计划”72人次，申报贴息贷款207万元，为468户贫困户签订家庭医生，完成5户危房改造，全年脱贫101户368人。社会保障。城市居民养老保险扩面征缴，新增251人，医疗保险报销7054人，统筹支付2700余万元，办理就业失业登记证件112本，发放各类救助补助和惠农资金1200余万元。卫计服务。办理生育服务证件631本，落实长效措施305例，免费孕前健康检查243对，发放健康礼包3000份，全面完成妇女病免费普查。改造水佳、金口、金桥、和田、溪江、升平6个标准化村卫生室；湖里小学、浆田完小、关口中学通过标准化学校验收，畅通溪江中学自来水工程，道吾学校、长兴湖幼儿园开学。

党建工作　成立全市首个楼宇商圈党总支。全年开展“把话筒交给群众”夜访夜谈活动20余场。从11月中旬起，走访发放党群“连心卡”320余张，收集意见、建议35条，解决问题17个，调解较大司法案件8起。

【蒙华铁路“健康专列”启动仪式在关口街道总站举行】　11月13日，蒙华铁路MHTJ-29标段“健康专列”启动仪式在关口街道总站举行，中国铁建中铁十五局集团蒙华铁路MHTJ-29标项目部负责人和湖南省、长沙市、浏阳市卫计局有关领导出席并讲话。仪式由浏阳市人大常委会副主任、计划生育协会会长刘仙娥主持，副市长邓雪琴致词。蒙华铁路项目“健康专列”由蒙华铁路MHTJ-29标项目部和浏阳市卫计局、浏阳市计划生育协会，以及项目所属4个工区所在的乡镇（街道）共同打造，着眼于关爱员工们的身心健康，提高员工们的健康素养和健康水平，按照“行政主导、群团参与、属地负责、医企合作”运行模式，通过建设服务阵地、签订服务协议、做实服务项目，为项目员工提供基本公共卫生计生均等化、基本医疗项目、职业病防治宣传教育、生育关怀等贴心优质服务；建设者在各服务站点就诊免门诊急诊挂号费，在辖区内医疗卫生机构进行健康咨询，享受市内医疗机构“绿色通道”“双向转诊”等服务。“健康专列”设关口总站和古港、官渡、张坊3个分站。分别设有卫生计生政务服务室、卫生计生均等化服务室、健康档案室、自助服务区、职业病防控咨询室、传染病及突发公共卫生事件监控室、流动党员计生协会活动室、健康书籍阅览室、困难职工精准帮扶室、中医健康管理室、健康文化展示室、健康大讲堂、医疗服务阵地等服务场所，溪江（属关口街道）、古港、官渡、张坊镇卫生院4家医疗机构负责提供“绿色通道”医疗服务。启动仪式上，项目4个工区负责人分别与4家医疗服务机构互换服务协议文本；地方政府领导为蒙华项目员工代表发放“健康服务卡”、赠送健康“百宝箱”，向困难员工代表发放慰问物资，并向4个医疗机构服务队授旗。随后，150余名蒙华铁路建设者走进关口街道总站自助健康室，自主体验体重、血压测量等服务，并接受医护人员提供的颈椎针灸按摩。蒙华铁路是国家“北煤南运”的大动脉、大通道，途经浏阳境内关口、古港、沿溪、官渡、达浒、张坊6个乡镇（街道）。

（陶嫦娥）

古港镇

【概况】　2018年，古港镇辖15个行政村，1个社区，570个村（居）民小组，人口6.6万人。总面积210平方千米，耕地面积3773.33公顷，山林面积1.4万公顷，森林覆盖率63.2%。全年新出生人口747人，死亡473人，人口出生率11.6‰，自然增长率4.3‰。域内中澳蓝鹰国防主题公园被授予“AAA国家级旅游景区”“湖南省国防教育基地”“湖南省中小学生实践教育研学基地”，浏阳市第三中学被授予“全国国防教育特色学校”“全国中小学国防教育示范学校”称号。

经济发展状况　全年财税总收入8007万元，其中地方收入3191万元。农业生产。种植早稻156.7公顷，一季稻2466.7公顷，油菜2133.3公顷，蔬菜1133.3公顷，种植“G80”烤烟237.3公顷，送售烟叶555吨。完成146.9公顷监管区种植结构调整任务，完成重金属污染治理面17个点共170公顷。推广农具80余台。工业经济。完成工业总产值132.9亿元，同比增长37.6%；其中完成规模工业总产值72.38亿元，同比增长15.8%。新增“四上”（规模以上工业企业、资质等级建筑业企业、限额以上批零住餐企业、国家重点服务业企业）5家。全年引进腾龙纺织、金盘岭矿业等5个项目，实现到位资金72200万元。完成丽泰烟花模压生产线建设项目，完成总投资7300万元。古港新城完成项目投入1.35亿元。旅游商贸。全年商贸销售额65282万元，同比增长26.7%，商贸零售额54758万元，同比增长29.5%。打造全省首家“科普小镇”，完成宝盖寺白果民宿项目主体工程建设。打造松山屋场、梅田湖风景区、皇龙峡生态漂流区、中坪休闲度假旅游区、宝盖寺佛教文化旅游区、白鹭大湾同心屋场、中澳蓝鹰素质教育基地、生态观光农业基地,全年接待游客65万人次。

基础设施建设　全年完成征地拆迁26.8公顷,拆迁房屋10户,拆迁企业2家,青苗清表23.6公顷。投资1000万元将浏东公路古港段和村级主干道全部安装高亮度路灯。投资150万元,安装浏东公路与广宇路路口的红绿灯,彻底改善交通环境。投资1500万元,启动集镇建成区内的下水管网建设工程,年内完成主管网建设4800米、支管网3200米,将污水处理厂提标改造纳入建设计划。

社会管理　环境整治。开展环保执法行动125次,检查企业461家次,立案查处企业9家,罚款194.2万元,依法拆除非法黄泥场42家,完成浏阳市化工厂1900余吨危险固废的处置工作。完成浏阳河流域500~1000米退养,涉及养殖户215户。新建(改造)16个垃圾分类资源回收站,三口村、沔江村、金园村等9个村成功创建"长沙市垃圾分类示范村"。推进"厕所革命",完成改厕551座。完成"一户多宅"清理整治401户,卫片执法整改率90%以上。加大对农贸市场和古港、三口集镇管理,组织集中整治行动22次。安全生产。开展安全生产派驻制,检查、复查生产经营单位986家次,停产停业整顿12家,立案查处9家,行政处罚19.8万元。企业"安全早会制"在全省得到推广,通过长沙市安全生产示范乡镇复评。综治工作。全年受理信访109件,"12345"市民热线工单258件,办结率100%。评定市级平安家庭示范户16户,镇级平安家庭示范户491户。开展"扫黑除恶",行政拘留101人,刑事拘留45人。土地改革试点。辖区内丽泰出口烟花厂成为浏阳市首批集体经营性建设用地入市花炮企业之一。12月11日,自然资源部组织国家自然资源督察武汉局、中部六省自然资源厅,以及相关试点县(市、区)负责人到丽泰出口烟花厂考察集体经营性建设用地入市项目。

社会事业　社会保障。全年征缴养老保险23881人562万元,发放养老保险待遇10132人2200万元。受理新增参保688人,发放丧葬补助金136人38万元。征缴城乡居民医疗保险1172万元,办理新生儿医疗保险422人次,全镇普通住院及门诊46644人次,统筹报销14623万元。对703户1651人进行低保集中年审,清退不符合政策对象592人次,新增低保对象335人次,低保工作作为省、市样板点迎接国家民政部的调研。精准扶贫。通过产业扶贫、教育补助、危房改造、小额贴息贷款,争取上级扶持资金900余万元;全年脱贫227户708人。教育。三口中学投入56万元改造学生宿舍楼、更新教学楼品格文化设施布置,投资560万元的三口中学综合楼建设正在施工。三口完小征地1.3公顷,和平完小征地0.9公顷。白鹭完小投入90万元进行标准化学校提质改造;投资300万元的白鹭完小综合楼竣工投入使用。镇政府投入古港中学、古港完小道路建设资金150余万元,投入三口完小征地资金19万元,支持和平完小征地资金10万元,化解古港中学教师集资楼普九历史债务47.8万元,教师节奖励慰问教师12.92万元。卫计服务。组织410对夫妇参加免费孕前优生健康检查,完成老年人健康体检5502人次,"两癌"普查2721例。

【创新"片长制"和"五位一体、五员联动"工作体系】　2018年,将全镇分为84个片区,明确各片区片长、联片干部、保洁员、巡查员、监督员五类管理人员,将每周二设立为"片长制工作日",片区管理人员在每周二带着工作清单下沉到一线开展工作,确保中心工作落到实处。同时,将生态环境保护、环境卫生整治、河长制、路长制、畜禽养殖污染治理5项工作与"片长制"有机结合,通过充分发挥"片长"的带动引领作用,确保"五位一体"各项任务精准精细落实,统筹推进各项工作。

【道路交通安全"两员两站"建设】

2018年,古港镇以创建道路交通安全示范乡镇为引领,开展"两站两员"(交通安全管理服务站、交通安全管理员,交通安全劝导站,交通安全劝导员)建设,推动"四大工程"(宣教、戴帽、亮化、安保工程),开展平安夜话130余场,投入260万元对10千米浏东公路全面亮化,发放摩托车安全帽7000余顶,完善减速带、标识牌400余处,实现交通事故发生数和死亡数同比下降46.7%。7月31日,浏阳市委常委、市政法委书记戴武明,副市长、市公安局局长沈学军带领全市各乡镇分管负责人现场观摩古港镇"两站两员"建设工作,并在古港召开全市农村道路交通安全工作调度推进会,古港镇代表作典型发言。9月30日,湖南省公安厅党委副书记、副厅长周赛保带队督导古港镇交通安全管理服务站、沔江村交通安全劝导站,深入调研"两站两员"建设情况。10月10日,省公安厅交警总队总队长、省道安委副主任蒋建湘带队到古港镇调研"两站两员"建设和运行情况。

【科普小镇建设】　9月,浏阳科普小镇建设工程启动。为加快推进农村生态文明建设、建设农村美丽家园,弘扬社会主义核心价值观,古港镇探索"产业+旅游+科普"发展模式,在产业链中融入科普元素,丰富旅游内涵,建设1个科普主题鲜明的"科普小镇"。计划在3年内打造科普小镇"一场二基地三园四站",以"玩中学、学中玩"为主线,吸引游客特别是广大青少年学生到基地感受、体验、学习,达到"产业支撑、科普搭台、旅游唱戏"的目的,实现科普与经济效益的双赢。2018年建设和完善好"一场一站二基地三园"(科普广场,沔江乡村科普e站,范市村邹家湾蔬菜基地,沔江生态葡萄基地,梅田湖松山科普公园,中澳蓝鹰科普公园,古城村湿地公园),初步探索"产业+科普+旅游"模式。在全镇形成浓厚的科普氛围,使全镇青少年、农民、城镇劳动者、领导干部和公务员科学素质得到较大提升。2019年以"三站"(古港中心完小校园科普e站、桃园社区科普e站、两型产业园院士专家工作站)建设为主,在镇村(社区)推广使用科普电子终端,新增"科普中国"用户1000户,进一步营造浓厚的全镇科普氛围。2020年集中精力组织各科普单位开展好各类科普活动,组建好科普志愿服务队,营造浓厚的科普

9月27日，在2018年浏阳市全国科普日活动启动仪式上，古港镇为建设科普小镇作经验交流　　　（古港镇　提供）

氛围，通过3年科普小镇建设，普及全民科学知识，提高全民科学文化素养，形成可持续发展的长效机制。实现乡村产业兴旺、生态宜居、乡风文明、治理有效、生活富裕。

【省第五批全民国防教育基地授牌仪式首站在古港镇举行】　推广和普及国防教育，加强学生的爱国主义精神。10月19日，湖南省第五批全民国防教育基地授牌仪式在浏阳市古港镇中澳蓝鹰国防主题公园举行，中澳蓝鹰国防主题公园授牌“省级国防教育示范基地”。省军区政治工作局副主任、省国教办主任谭柏林，浏阳市领导尹乐平、李爱民等有关领导出席仪式。仪式前，同为授牌单位的浏阳市第三中学“国防班”的同学与市武装部民兵骨干表演国防操练。第五批授牌共有25家单位，浏阳市是首站。中澳蓝鹰国防主题公园是一家集国防教育、军事体验、人防疏散、消防演练、素质拓展、亲子教育于一体的大型综合性、体验式教育培训基地，每年接待学员上十万人次。2017年12月，浏阳市第三中学入选“全国中小学国防教育示范学校”。

（郑晓伟）

高坪镇

【概况】　2018年，高坪镇辖双江村、杨潭村、向阳村、马鞍村、太坪村、石湾村、三合水村、株树桥村、高坪村、沿甸村、船仓村、志民村12个行政村，294个村民小组。总面积256.8平方千米，其中耕地面积2649.8公顷，山林面积1976.2公顷。年末，全镇户籍人口38918人，全年出生548人，死亡289人，人口出生率14.1‰，自然增长率6.6‰。2018年度被评为长沙市经济社会发展“十快乡镇”；浏阳市绩效考核一等乡镇；浏阳市党风廉政建设、办公室、党建、社会治安综合治理、防范化解政府债务风险、污染防治、安全生产等工作优秀单位。

经济发展状况　全年实现规模工业总产值30.7亿元，增长8.2%；完成农业总产值27.5亿元，增长8%；实现社会固定资产投资10.6亿元，增长5%；完成财税收入5080万元，增长7%；农民人均可支配收入3.17万元。农业。全年粮食生产面积1933.33公顷，油菜种植面积400公顷。加大农业投入，投资1600万元完成4个村农业综合开发，投入470万元推进冬春水利项目建设，完成三合水、石湾、高坪村3个村40公顷的种植结构调整。发展特色产业。聚焦高坪茄子、向阳藠头、太坪百合、志民小辣椒、船仓烟叶等传统“一村一品”品牌建设；实现三文鱼、黑斑蛙等特色养殖业发展33.33公顷，种植水果、蔬菜、烤烟等经济作物200公顷。农村土地确权任务全面完成。工业。传统企业转型升级。中洲烟花投入8000余万元建成自动生产线。引导落后花炮企业兼并重组，实现厂房建设标准化、安全生产制度化、监督考核创新化。加强工业污染源头治理，督促花炮、矿山企业环保设施更新换代，新松矿业投入1.8亿元建设绿色建筑材料产业园。招商引资。全年引进招商项目11个，协议引资2.2亿元，新增规模企业1家；完成省外境内到位资金1.41亿元。倡导技术创新，实现科技专利申请19件，其中发明专利3件，完成科学技术交易56万元。旅游业。贯彻落实《高坪镇休闲景观农业升级发展三年行动方案》，以“一河二片二翼五湾五营”（一河：围绕小溪河集中打造；二片：打造高坪集镇和石湾集镇，对集镇进行担质改造；二翼：志民村、三合水村美丽乡村建设；五湾：指沿小溪河的双江湾、金鸡湾、南车湾、高家湾、九曲湾打

10月19日，湖南省第五批全民国防教育基地授牌仪式在浏阳市古港镇中澳蓝鹰国防主题公园举行　　　（古港镇　提供）

高坪镇双江口　　（高坪镇　提供）

造；五营：指夏布营、战地营、辟谷营、姜公营、同心营主题营地修建）景区规划为基础，统筹推进“全域旅游”。完善旅游配套设施建设。投入3800余万元对杨高公路全线环境优化提质，打造沿河景观景点、停车位，新建入镇标识；完成福溪景区4千米路面提质和路肩硬化。加强高坪特色品牌建设。投入20万元规范农庄标识标牌，指导成立农家乐行业协会，太坪钓鱼农庄、三合水好莱客农庄分别被评为省级三星、四星农庄；“夏布之乡”“长寿之乡”文化品牌获得人民网、湖南经视等媒体宣传推介。

基础设施建设　高坪镇投入1000万元，协助电力部门完成19千米10千伏农网线路提标扩面。投入1093万元完成高坪污水处理厂建设并投入使用；完成古丰小学标准化改造和高坪中学食堂标准化建设；完成4个村级公共服务中心和8个村级卫生室改建；投入180万元改造危桥3座，完成临水临崖农村公路安保工程11.5千米，路面提质改造8.5千米，全镇农村公路通车里程224千米，被评为“长沙市‘路长制’先进乡镇”。

社会管理　环境整治。全年投入500万元添置环卫设施，新增垃圾桶7000余个，垃圾清运车8台，垃圾收集车20台。投入20余万元，回收农药废弃物包装3万多千克；改造旱厕659座，废除旱厕126座；志民村、株树桥村等6个村成功创建“长沙市垃圾分类示范村”，船仓村被评为“长沙市卫生村”。养殖污染治理。新建沉淀池4000立方米、干粪池2000立方米；补偿资金300余万元，完成浏阳河流域204户畜禽养殖退出工作。绿地环保治理。投入600余万元对镇村主干道、村庄、屋场等进行绿化，栽种各类树木共计50多万株，草皮1.1万平方米，完成裸露黄土复绿6万多平方米；完成“五边”植树造林26.67公顷，森林抚育和低产林改造590.67公顷，湿地修复210公顷。安全生产。抓好花炮、矿山、交通、消防、建筑、食品等重点行业领域安全监管；制定《高坪镇安全生产监督管理派驻制度》，选派34名干部对51家企业单位进行派驻管理，排查治理安全隐患2136处；立案查处11家违规生产企业单位，全年安全生产“零事故”。综治维稳。开展“屋场座谈　综治夜谈”活动70场，辐射9000多户村民；全年调解矛盾纠纷227起，签订调解协议97份，化解重点信访案件12件；完成“高坪镇综治中心”标准化建设；开展“扫黑除恶”、“打非治违”、校园及周边治安综合治理等专项行动39次，排查重点隐患问题46个。

社会事业　社会保障。病残保障。发放临时救助、大病救助金21万元，救助精神病人药物914人次；投入10万元完成全镇38户残疾人无障碍改造，成功创建长沙市2018年创残疾人工作明星乡镇；完成养老保险、医疗保险征缴任务。扶贫工作。发放低保、特困生活补助金618万元，高龄津贴371.6万元；完成全镇四类对象及其他贫困户危房改造88户。做好镇域适龄儿童入学情况调查，为670名贫困学生申请助学金45万余元。申报4个产业帮扶项目，引导全镇27家企业与152家贫困户签订农产品供销协议；申报移民扶持项目16个，累计发放移民扶持资金、补助金240余万元，全年实现128户459人脱贫。

党建工作　组建12个村党总支，完成29个新成立党支部选举；投入50余万元，推进党支部“五化”建设和50个党小组标准化建设；全年立案审查12件（自办5件，交办7件），结案12件，给予党纪政纪处分12人。

【杨高公路提质改造项目】　杨高公路提质改造项目于2017年12月8日启动，改造内容包括对全长16.97公里的主线道路进行病害治理并加铺沥青混泥土，对长3.2千米的支线道路进行加宽、换板并加铺沥青混凝土，完善公路沿线排水、交安、桥涵、绿化等工程。工程累计投资3800万元，并于2018年5月实现通车。杨高公路起于关口街道，止于高坪镇，是高坪通往浏阳市的主要道路。

提质改造后的杨高公路　　（高坪镇　提供）

【高坪镇污水处理厂建设项目】 6月，高坪镇污水处理厂建设项目动工建设，该项目位于高坪集镇，总占地面积4438.2平方米，总投资1093万元，建设规模为1000吨/天，污水处理采用A^2/O（厌氧－缺氧－好氧生物脱氮除磷工艺简称）+精密过滤系统+紫外线消毒三环节处理工艺，污水排放标准达一级A标。12月，该厂试运行，满足8500人生活污水处理需求。

（付 璇）

沙龙村万亩蔬菜基地 （沿溪镇 提供）

沿溪镇

【概况】 2018年，沿溪镇辖7个行政村，180个村民小组，总面积123平方千米，其中耕地1301公顷，山林8849公顷，人口32910人，其中出生人口401人，死亡人口233人，人口出生率12.18‰，自然增长率11.18‰。全年完成财政总收入7834万元，增幅13.5%；地方一般预算收入2501万元，增幅30.5%。被评为“全国‘扫黄打非’进基层示范点”“省一级档案工作规范化管理单位”“‘长沙市特色小城镇’评比一等乡镇”“浏阳市乡村振兴示范镇”“浏阳市宣传思想工作优秀单位”“浏阳市社会治安综合治理工作模范单位”“浏阳市防范化解政府债务风险工作优秀单位”“浏阳市污染防治工作优秀单位”。

经济发展状况 农业。强化农业科技支撑，建成早水稻集中育秧大棚5个，育秧面积2.4万平方米，实现全程机械一体化育插秧。实施“菜篮子”工程战略66.67公顷，建设蔬菜种苗、种植基地和设施基地2000平方米，扩大速生蔬菜种植面积33.33公顷，重点发展反季节蔬菜、无公害蔬菜以及绿色蔬菜40公顷。加强农产品质量监管，完成农产品样品检测3600个，合格率100%。加强地质灾害治理、水利设施完善，修复河堤、河坝、山塘等水损设施34处，疏浚清淤大小沟渠295千米。工业经济。完成固定资产投资21.8亿元；实现规模工业增加值50亿元，增长6%；社会零售总额3.13亿元，增长26.6%。组织重点项目推介招商会，完成浏阳市外到位资金2.38亿元。持续推进花炮行业供给侧结构性改革，淘汰退出落后烟花爆竹企业7家，工区2个。引导企业加大科技投入和科技创新，全年完成科技投入853万元，申请专利17件，其中发明专利6件，花炮企业“机械化换人、自动化减人”持续推进。新兴产业。打造乡村休闲旅游精品，全年接待游客48万多人次，旅游收入突破4000万元。发展农村电商，全年完成销售额2000余万元。

项目建设 全年铺排重点项目22个，总投资额逾57亿元，其中长沙市重点项目1个，浏阳市级重点项目1个，计划投资4.3亿元。完成滨河新城污水处理厂厂区及部分配套管网建设、卫生院公租房配套基础设施和集镇污水主、支管网改造项目手续办理。成功纳入长沙市特色小城镇建设，获评“长沙市特色小城镇”评比一等乡镇。完成低碳小镇、特色产业小镇、蔬果小镇田园综合体、两型创建示范单位等项目申报工作。

社会管理 开展“五治”（治厕、治垃圾、治水、治房、治风）工作。清理整顿“一户多宅”235户、复垦土地22公顷。推进“厕所革命”，完成旱厕改造1253座。推行垃圾分类减量，建立村级垃圾分类资源回收站6个，礼花村成功创建“长沙市垃圾分类示范村”“长沙市卫生村”。强化“五河三库”（大溪河、东冲河、沔江河、大光溪河、仁和洞河，石炎冲水库、大荆冲水库、双冲水库）管理，推行“水陆空”三位一体智能巡河，大光溪河入选“浏阳市最美河流”。培育文明新风，组织“三知精神润沿溪”活动，开展移风易俗，成立村级红白理事会，推进殡葬改革，火化率100%。环境整治。落实“河长制”，开展“清四乱”、畜禽养殖退养、打击非法捕捞，开展“春雷”“夏箭”“秋风”“冬炼”集中执法行动61次，关停非法黄泥加工点3个，查处非法倾倒花炮余废药案件1起，督促25家烟花企业完成雨污分流等污染防治设施建设。安全生产。向53家单位派驻29名安全生产管理人员，确保每人每月进驻每单位检查不少于2次。举办1期逾120人参加的安全管理培训班，在辖区内22家企业开展安全生产巡查大讲堂，参加人数2800人。加强对烟花爆竹、危化生产经营企业的安全监管查处力度，实行安全生产网络化管理，组织开展联合执法19次，督促企业整改各类安全隐患286条，全年生产领域实现零事故目标。交通安全。全年上路执法660人次，检测货车326辆次，对源头企业进行检查51次，开展治超治限宣传工作累计20余次。镇级成立交通安全管理服务站，村级成立交通安全劝导服务队，劝导员上路劝导、疏导交通130次，累计参加人员1040人次，发放宣传册1.8万余册。综治维稳。抓矛盾纠纷排查化解，推行社会治理“五微”（微调解、微宣传、微防控、微创建、微整治）模式，实行党员干部网格化管理服务，推进“三联三保”民情大走访、“夜话沿溪”等活动32场，调处矛盾纠纷166起，处理信访问题75条，化解重点信访积案8起。整治校园周边环境，沿溪中学成功创建省级安全文明校园。

社会事业 精准扶贫。全年稳定脱贫54户173人，新纳入9户27

人，实施动态调整和“四类对象”清查；组织申报产业项目9个，由规模合作社带动7个村302户贫困户，通过自家种养、土地流转、股份分红等多种形式，参与发展蔬菜、优质稻、鸡鸭、黑山羊、蜜蜂等种养殖业。鼓励贫困农户立足实际自主创业，为52户贫困户发放小额信贷197万余元。社会保障。新增城镇就业151人，农村劳动力转移就业498人；完成养老和医疗保险征缴任务；全年发放各类救助金718万元，敬老院连续三年被评为长沙市、浏阳市两级示范性敬老院。提供老年人免费体检和家庭医生签约服务，超额完成孕前优生检测、产前筛查和妇女健康普查等任务；完成31户危房改造。文化。组织“党的十九大光辉照乡村”等各类文艺会演6场，免费开展镇级文艺培训班12期；开展文物保护工作，全镇15处不可移动文物实现专人守护；开展“扫黄打非”工作，被评为“全国‘扫黄打非’进基层示范点”。

党的建设 按照党支部“五化”建设要求设立党总支8个，党支部32个，创建非公党建示范点1个，市级“五化示范村”2个。开展以“三联三促”为主题的“全员进网格，党员当先锋”活动，党员示范引领作用充分发挥。9月27日，在三知农村电商公共服务中心举办一期主题为“党建引领聚合力，乡村振兴焕生机”的农村电子商务技术讲习课堂。落实全面从严治党要求，扎实推进党风廉政建设，被评为“浏阳市党风廉政建设工作优秀单位”。

存在的困难与问题 农业产业未形成完整产业链条，万亩蔬菜核心示范区的品牌效应有待进一步发挥；乡村旅游品质不断提升，因元素单一、土地资源等问题，发展后劲明显不足；社会公共服务供给不足，社会治理创新不够，影响社会和谐稳定的因素依然存在。

10月9日，全国“扫黄打非”工作小组办公室副司长汤清淇（前排中）率队在沿溪镇三知电商考察

（沿溪镇 提供）

【沙龙村入选长沙首批15个党员教育培训示范基地】 4月12日，长沙公布首批15个党员教育培训示范基地，沿溪镇沙龙村成功入选。沙龙村位于浏阳市沿溪镇，村内有14家工业企业和18家种养专业合作社，该村先后被评为“湖南省农业现代化示范村”“全国农村宅基地制度改革试点村”。2013年，沙龙村完成264.13公顷土地集中流转，采用“统一布局、统一管理、统一销售、统一分配”的方法，形成基地带动、农户生产、供销一体的经营运营模式。党支部建在农业种植产业链上，集中发挥具有丰富产业发展经验的党员先锋模范作用，形成党支部带党员、党员带群众共同致富的局面。

【蓝鹰沙龙学农研学基地成立】 9月11日，沿溪镇蓝鹰沙龙学农研学基地签约暨设计方案评审会举行。中澳蓝鹰与沙龙村正式联手，共同打造湘赣边学农研学基地。蓝鹰沙龙学农研学基地依托中澳蓝鹰国防主题公园军事研学品牌优势、沙龙村现代化农业产业优势及湖南农业大学学生实践基地落户当地的优势资源打造而成。基地主要面向湘赣边中小学生，其规划核心区域包括蔬菜科普基地、花木科普基地、农民丰收节大舞台、农村生活体验区等功能区。

【入选第二批全国“扫黄打非”进基层示范点】 10月9日，全国“扫黄打非”工作小组办公室副司长汤清淇率队到沿溪镇就创建全国“扫黄打非”进基层示范点进行复核，参观沿溪中学、三知电商、礼花村的扫黄打非阵地建设，肯定该镇创建全国“扫黄打非”进基层示范点工作。11月30日，全国“扫黄打非”工作小组办公室发布第二批全国“扫黄打非”进基层示范点名单，沿溪镇成功入选。2017年，沿溪镇成功创建“湖南省‘扫黄打非’进基层示范点”，在此基础上，2018年，沿溪镇推动“扫黄打非”向基层延伸：利用移动办公平台，创新“互联网＋扫黄打非”工作模式；通过加强阵地建设，推动工作站点进学校、进企业；建立派出所、食药工商质监所、学校等10多家单位参与的联席会议制度，形成“扫黄打非”工作联防体系。全年出动检查人员260多人次，对全镇10处文化场所开展市场巡查，立案查处1起，罚款5000元，查缴游商地摊书刊1370余册（碟）。

（罗亚玲）

官渡镇

【概况】 2018年，官渡镇辖7个行政村，327个村民小组，47个村级小区。总面积102平方千米，耕地1840公顷，其中水田1750公顷，旱土90公顷。年末，镇域总人口数31606人（其中农业人口29745人、非农业人口1861人），8583户；全年出生人口373人，死亡人口243人，人口出生率11.8‰，自然增长率4.1‰，人口流动数量2623人，人口数量最多的姓氏为李姓，占12.05%，汉族人口数31514人，占99.7%，少数民族92

官渡镇全景图　　（官渡镇　提供）

人，占 0.3%（土家族 40 人、苗族 23 人、侗族 15 人、壮族 6 人、瑶族 6 人、傣族 2 人），百岁老人 4 人。2018 年，成功创建湖南省民间文化艺术之乡、长沙市卫生镇、长沙市小微水体管护示范镇和浏阳市实施乡村振兴战略示范镇。

经济发展状况　2018 年，官渡镇实现地区生产总值 62 亿元，工业总产值 35.8 亿元，完成财政收入 7078 万元（其中地方收入 2329 万元），超额完成全年总任务。铺排项目 23 个，激活社会投资 5 亿元，镇域内 3 家银行年终存款余额 10 亿元，同比增长 10%。工业方面。推进"产业项目建设年"活动，完成工业投资 8.4 亿元，"小升规"企业 2 家。实施"烟花爆竹智能制造三年行动"，颐和隆隆顺厂 1.2 亿元的改扩建项目投产达效，2018 年颐和隆烟花集团总产值超过 7.8 亿元，比 2017 年同期增长 2 亿元；亿丰烟花 3500 万元的改扩建项目全面完成；官渡出口花炮厂 2500 万元的改扩建项目进展顺利；佳海电梯全年总产值 8000 万元。农业方面。做大做强现代农业，实施"品牌强农""科技兴农""融合促农"行动。调整种植结构，完成 30 公顷种植结构调整任务，种植烤烟 133.33 公顷、油菜 800 公顷、特色水果 333.33 公顷和紫薇 200 公顷。第三产业。诗画中州、浏阳时光里建设成为周边游客理想景区；培育吃农家菜、玩亲子体验、赏百花盛开、住田园民宿的乡村旅游全产业链，全年接待参观考察团队 78 批、2600 人，承接长沙市中小学研学团队 100 个班、5000 人，接待游客 20 万人次，同比增长 30%以上。

社会管理　防范化解经济金融风险。完成官渡城建开发有限公司和官渡古镇旅游发展有限公司等融资平台"撤并转"工作，暂停官渡大道河西段、金鸡河骑行道和湘赣古道等非民生项目，杜绝新增债务；探索处理鑫湘大道和官渡烟科所等历史遗留问题的新路径，依法依规解决人民群众合理诉求。落实"三联三保"（市级领导联乡镇，保属地责任压实；实行分管市级领导联领域，保行业问题整治；实行责任单位联信访，保案件处理到位）制度。开展民情大走访活动，走访群众 3640 户，化解矛盾纠纷和信访问题 24 个；开展"扫黑除恶"专项行动，调处各类纠纷 48 件，处置非正常死亡 5 件，受理各类信访件 32 件，化解信访积案 4 件；抓好"平安创建"，全镇 7 户被评为浏阳市"平安家庭示范户"，1000 户被评为官渡镇"平安家庭示范户"。环境整治。开展"厕所革命"，全镇卫生厕所普及率 90%；推行"三级沉淀 + 人工湿地"农村生活污水处理模式，为农村生活污水处理提供样板；完成浏阳河流域 500~1000 米范围内 76 户规模养殖场退出工作，依法拆除非法采砂厂 5 家；推进垃圾分类减量工作，观音塘、竹联村和竹山村 3 个村成功创建长沙市垃圾分类示范村。安全生产。组织主要负责人、安全管理人员培训 120 人次、特种作业人员 1000 余人次，开展安全整治、打非治违等各类专项行动，排查治理安全隐患 650 处、责令停产整顿 28 家次、立案查处企业 5 家，处罚金 10 万元，实现全镇全年安全生产零事故；推进治理超载超限工作，检查源头企业 48 余次，联合执法 16 次，查处超限超载违规车辆 24 辆；落实"戴帽工程"，执法 25 次，检查摩托车 1400 余辆，免费提供安全帽 200 余顶，免费代办理手续 30 余次；农贸市场食品安全快速检测室通过验收，开展专项检查 24 次，全年无食品安全事故发生。

社会事业　推广"公司（合作社）+ 基地 + 贫困户""扶贫工厂""扶贫车间"等举措，安排 59.4 万元专项产业扶贫资金，引导诗画中州股份有限公司等 8 个经营主体带领 323 户贫困户发展特色产业，2018 年脱贫 108 户 357 人。民生工程。南岳小学整体搬迁纳入浏阳市 2019 年政府投资项目；抓实农村安全饮水工程，造福贫困户 66 户 179 人，农村危房改造惠及 58 户。社会保障。城乡居民基本养老保险参保率 182%，评定低保 268 户、五保 179 户，全年发放养老金、低保金等各类财政补贴资金 1723 万元及各类救助资金 47.69 万元；完善分级诊疗服务体系，推进医联体建设，基层首诊率位居全市首位；行政村卫生室完成标准化建设，为全镇 24381 人建立居民健康档案，公共卫生年度绩效考核获全市第一；城乡居民医疗保险参保率 98%以上。

党建工作　推进党支部支部设置标准化、组织生活正常化、管理服务精细化、工作制度体系化、阵地建设规范化"五化"建设，推动各党（总）支部和党员查摆整改问题 586 个，选树浏阳市"标杆党组织"2 个、浏阳市"标兵党员"3 名。

【被评为"湖南省民间文化艺术之乡"】　5 月 22 日，省文化厅发布《2018—2020 年度"湖南民间文化艺术之乡"名单》，浏阳市官渡镇凭借龙舟、舞龙和剪纸文化成功入选。官渡镇地处浏阳东部，辖 7 个村，人口 3.2 万，总面积 102 平方千米。自 2016 年以来，官渡镇从阵地、队伍、传承三方面入手，抓好文化建设，工作经验先后获得中央、省、长沙市近 50 家主流媒体报道。完善设施，建立阵地。以镇文化站为依托，建成集多功能培训学

官渡镇中州屋场　　（官渡镇　提供）

习厅、电子网络阅览厅、民间文化艺术传承表演展示厅、文化中心接待展示厅、篮球场、网球场、乒乓球室、健身场、百姓大舞台等场地设施为一体的近3000平方米的群团活动中心。以“幸福屋场”建设为平台，在7个村设立文化活动中心。开展活动，壮大队伍。组织开展民俗文化节、龙舟文化节、客家剪纸比赛、唆螺美食节等一系列活动，在活动中培育出9支龙舟队、6支军鼓腰鼓队、6支广场舞队、2支门球队、2支客家山歌队、2支屋场文化传承表演队、1个象棋协会、1个楹联诗词书画协会、2个民间舞蹈培训机构，培养出民间剪纸皮影艺人近百人。传承历史，活跃文化。借助全域美丽乡村建设、“两项试点”（农村综合性改革试点、田园综合体试点）契机壮大非遗和民俗文化保护传承队伍，重点将国家级“诗画中州”田园综合体功能区内客家文化古村落、湘赣古道和孔石泉将军陈列馆历史文化游串点成线成片，增强文化旅游体验性和趣味性，促进民间文化和经济发展，真正看得见山、望得见水、留得住乡愁。

【实施乡村振兴工作】 2018年，官渡镇以国家级田园综合体“诗画中州”建设为引擎，打造实施乡村振兴战略示范片，全年完成农耕文化展示馆、水果公园、浏阳“时光里”等10个项目建设，启动3D植物迷宫、唆螺文化馆、阿螺农社等项目建设，10月，迎接浏阳市实施乡村振兴战略观摩，12月，迎接全国人大农工委实施乡村振兴战略的专题调研；按照“因村施策、一村一策”要求，南岳村金桔屋场与农业大学合作，发展特色水果金桔，打造“橙黄桔绿”景点，多次带领桔农参加省农博会、年货会、科交会，成功争取长沙市科技局、财政局“长沙市现代农业特色基地”项目，为产业创造发展机遇；田郊村将美丽乡村建设与紫薇产业发展相结合，推出“万紫千红花海”景色；新云山村将屋场建设与莲藕产业发展相结合，形成“荷塘月色”景观，观音塘村、竹山村将美丽乡村建设与乡村休闲旅游发展相结合，孕育“观音客寨”和“古城新韵”景区，探索出一条符合实际的新型村级集体经济发展路径，全镇4个村集体经济收入突破5万元。其中，观音塘村被评为“浏阳市村级集体经济收入进步村”，竹联村被评为“浏阳市村级集体经济收入示范村”，村集体收入达45万元。

【入选长沙市卫生镇】 2018年12月，长沙市爱卫办对全市6个乡镇授予了“长沙市卫生镇”，官渡镇榜上有名。近年来，官渡镇环境综合整治工作实行微信动态管理，以村级为单位建立7个村级环境整治群，针对检查存在的卫生问题和地理位置精准反馈到群内，各村能第一时间掌握存在问题、整改问题，工作效率得到提升。重点围绕垃圾分类减量、生活垃圾禁烧工作、垃圾池焚烧圈落后设施清退、农村杂物清理有效开展综合整治，对辖区19个驻镇单位实行属地管理，每月定期开展爱卫检查，对照考评细则，对各单位环境卫生、三防设施、健康教育宣传、垃圾分类、禁烟等方面面督促进行规范和考核，促进全镇环境卫生整体水平明显提升。

（崔月龙）

永和镇

【概况】 2018年，永和镇辖10个村，1个居委会，285个村（居）民小组，总人口41828人，总面积234.5平方千米，其中耕地面积1666.67公顷，森林面积约2万公顷。全年出生602人，死亡人口336人，年降水量1550毫米。被评为“长沙市新型小城镇示范镇”“长沙市残疾人工作明星乡镇”。

经济发展　全年财政总收入6502万元，其中地方性一般收入2720万元。协助企业申报项目资金30余万元，化解矛盾500余起，促成银行授信1.2亿元。全年完成规模工业总产值25.9亿元，固定资产投资14.5亿元。完成化债任务，偿还各类欠款400余万元。利用磷矿国有土地资源，促推通用航空项目落地。做好狮子山省级森林公园开发保护，完成公园总体规划编制。加大对菊花石博物馆、李家大屋、李贞纪念馆的推广力度，迎接中央、省、市等多家单位调研参观。邀请中国工商银行、湖南浏阳农村商业银行、中国邮政银行、长沙银行及相关担保公司到镇开展银企对接，15家企业授信签约，总金额1.2亿元。

项目建设　确定通航项目的初步选址位置。引进12批次客商进行招商洽谈，签订垒土修复等2个招商项目的框架协议。投资1860万元完成集镇四条主干道的提质改造。七宝山庙冲尾矿库闭库及锰污染综合治理工程通过环保验收。两个土壤污染治理项目公开招标。永和污水处理厂通水试运营。七宝山污水处理厂提质改造项目招投标中。磷矿路地质灾害治理项目基本完工。三处公租房配套基础设施项目全面建成。蒙华铁路浏阳牵110千伏输变电工程（永和段）、蒙华铁路张坊牵引站

永和集镇航拍图　（永和镇　提供）

110 千伏接入线路工程（永和段）建设有序进展。

社会管理　生态环保。落实宝山河市控断面锰超标问题整改，提前 4 个月完成当年整改任务。11 月 7 日，长沙市委副书记、市长、湖南湘江新区党工委书记胡忠雄到永和督查铁山桥断面和宝山河断面重金属污染治理工作。11 月 26 日，生态环境部土壤环境管理司司长苏克敬一行到永和镇浏阳市七宝山铜锌矿业有限责任公司、湖南博隆矿业开发有限公司、原浏阳七宝山乡磺矿、原浏阳宏鑫矿业有限公司、原浏阳市宝鑫矿业开发有限公司，现场调研矿山和企业重金属治理污染工作。开展污染防治百日攻坚战，集中执法 96 次，巡查企业 260 余次，整改 150 处，查处违法案件 6 起，开具罚单 100 余万元，行政拘留 1 人，取缔违法生产企业 5 家，拆除非法砂场、燃煤锅炉 6 个。开通环保投诉电话，聘请环保监督员，受理来信来访 28 起，满意率 100%。综治工作。查处并办结涉黑涉恶线索 2 起。发动各村成立义务巡防队，开展麻将馆专项整治 12 次，收缴麻将机 60 余台。搭建“移动调解室”，调落实“三联三保”制度，走访群众 1892 户次。处理信访案件 90 件，完成中央巡视组交办信访件。落实安全生产责任制，对 9 家企业立案处理，罚款 19.2 万元，立案总数和罚款数较 2017 年分别增长 43%、37%。移风易俗。3 月 30 日，永和镇 26 名离退休党员、干部带头签下“移风易俗、树文明新风”承诺书。

社会保障　发展产业扶贫项目 4 个，帮扶贫困户 286 户 888 人，实现户均增收 5000 元以上。引进蜜蜂哥哥蜂业有限公司为 136 户贫困户每户免费发放蜂种 5 箱。组织 16 家企业举办精准扶贫专场招聘会，100 余贫困人口实现就业。帮助 26 户贫困户完成危房改造，对 49 户 82 名贫困对象实行兜底保障。2018 年脱贫 166 户 545 人。全年发放低保、临时救济、高龄补贴等共计 721.7 万元，医保报销 2300 余万元。对敬老院护理区进行改造升级。为改制企业小区争取健身器材 7 套，改善居民文娱生活。争取资金 720 万元对七宝山中学校门、铁山幼儿园、永和中学教学楼等多项教育设施进行建设改造，七宝山中学成功创建为长沙市标准化学校。

【召开永和镇三大国有改制企业社会职能分离移交工作专题会议】

10 月 11 日，长沙市国资委、浏阳市政府在浏阳市政府常务会议室组织召开永和镇三大国有改制企业社会职能分离移交工作专题会议。长沙市国资委党委书记、主任王雄文及国资委相关负责人，浏阳市委副书记、市长吴新伟，副市长王坤球及相关部门负责人参加会议。会议就永和镇三大国有改制企业社会职能移交工作存在困难进行详细剖析，对下阶段工作进行整体部署。王雄文对社会职能移交工作作五个重点强调，“一是要切实重视，长沙市国资委系统所有部门、企业、相关处室要进一步重视；二是要强化责任，永和镇党委、政府承担主体责任，长沙市工业企业改制服务办公室、国资集团承担配合责任，长沙市国资委承担支持责任；三是突出重点，要重点解决小区提质改造、隐患治理、环境修护、理顺管理体制、信访维稳、产业转型六个方面的问题；四是稳步解决，要通过确定项目、抓紧实施、筹措资金、加强管理、抓紧拨付五个步骤稳步解决相关问题；五是促进和谐，要促进三大改制企业职工与地方的和谐共存，和谐发展”。吴新伟介绍三大国有改制企业职工当前生产、生活条件，表示一定会做好社会职能移交工作，改善三大改制企业职工的生产、生活条件。三大国有改制企业分别是湖南省七宝山硫铁矿、湖南磷化工总厂、湖南省永和磷肥厂。湖南省七宝山硫铁矿组建于 1973 年，自 1993 年后，因市场、机制、管理等多方面原因，效益逐渐滑坡，直至陷入严重亏损困境，2001 年全面停产，2005 年改制注册成立博隆公司。湖南磷化工总厂始建于 1964 年，因磷矿石资源枯竭，企业资不抵债，2011 年破产。后由 800 多名下岗职工筹集 9000 多万元通过购买湖南磷化工总厂资产的形式成立恒晟公司。湖南省永和磷肥厂始建于 1964 年，1997 年进行股份合作制试点改制，对地面资产进行“置换”，企业经过两次改制变更为湖南省永和磷肥厂有限责任公司。三大国有改制企业共有离退休及下岗职工 4448 人，户籍人口（含家属）5519 人，常住人口 2910 人，中共党员 400 余人。

（王树鑫）

达浒镇

【概况】　2018 年，达浒镇辖 5 个行政村、2 个社区，299 个村（居）民小组，7509 户。行政区域面积 202 平方千米，耕地面积 2026 公顷（其中水田 1400 公顷，旱土 287 公顷），山林面积 18666 公顷。年末总人口 27716 人，全年出生 311 人，死亡人口 195 人，人口出生率 11.22‰，人口自然增长率 4.19‰，流出人口 252 人，流入人口 31 人。年内气温最高温 39.2℃，最低温 -3.2℃，年降水量 862.6 毫米。

经济发展状况 全年财政总收入3022万元，超年初目标232万元，同比增长8.3%，其中地方收入1005万元。实现工业总产值46.1亿元，同比增长12%；工业销售产值44.8亿元，产销率97%，其中规模工业总产值20.4亿元，同比增长15%。世纪红烟花、象形精品烟花、盛易烟花、中奇烟花、锦程烟花、利安花炮厂等花炮企业抢抓花炮产业链发展机遇，转型升级成效明显。实现农业总产值3亿元。全年种植油菜871公顷、水稻1340公顷、蔬菜402公顷，烤烟54公顷。截至年末，有生猪饲养户108户、存栏6035头，其中存栏200头以上有12户；羊存栏3284只，其中100只以上1户；家禽存笼68576羽，其中1000羽以上2户。象形国家AAA级风景区通过复核。举办达浒镇第五届油菜花节系列活动。

项目建设 配合完成椒花水利枢纽工程建设前期工作。支持和参与蒙华铁路达浒段建设。启动集镇河西片区棚户改造项目、集镇污水管网和污水处理厂提质改造项目。完成长益一号地块加油站、达浒二大桥和杓形大桥建设，并投入使用。

社会管理 污染防治。关闭“散、乱、污”企业2家，立案查处超标排污养殖户1家；完成浏阳河流域500~1000米范围内畜禽规模养殖退出工作，退出养殖118家，拆除栏舍面积1.8万余平方米；践行“河长制”工作，河道保洁常态化，打击电鱼毒鱼、非法采砂洗砂等违法行为，制止河道非法采砂5起，刑拘非法电鱼人员2人。推进“厕所革命”工作，完成旱厕改造460座，废除旱厕112座。开展农村生活垃圾分类减量工作，金石村、书香村、金田村、麻洲社区成功通过长沙市垃圾分类示范村验收，启动镇级可回收垃圾分拣中心建设。开展环境卫生整治，书香村成功创建“长沙市卫生村”，金石村获评“长沙市环境卫生整治五星级优秀村”，9月，达浒镇被评为长沙市环境卫生整洁行动一类乡镇。“平安达浒”创建。推进“连心夜话•情暖达浒”座谈活动，开展扫黑除恶专项斗争，加大矛盾纠纷排查调处和违法犯罪打击力度，社会政治大局平稳，治安秩序良好。加强各领域安全监管，全年未发生任何安全生产事故。

社会事业 全年医保报销医疗费1477.29万元，大病救助71人次，共20万元，慈善助学惠及28名贫困学生，完成危房改造64户和修缮加固82户。精准扶贫。2018年脱贫82户262人，被评为长沙市“脱贫攻坚优秀单位”。启动长益中心完小标准化学校建设前期工作；完成敬老院消防系统改造及特护区建设；组织开展龙舟赛、杨梅节、中共十九大光辉照乡村文艺汇演、“破除人情债，吹拂文明风”移风易俗“585”工程送电影下乡活动等群众文体活动。

【2018年浏阳市“春赏花季”启动仪式暨达浒镇第五届油菜花节系列活动】 3月10日，2018年浏阳市“春赏花季”启动仪式暨达浒镇第五届油菜花节系列活动在达浒镇开幕。万亩油菜花田汇成“金色海洋”，与蓝天白云相映成趣，开幕当天吸引游客2万余人。第五届油菜花节以“美丽达浒•陌上花开”为主题，打造“论•强盛达浒”乡村旅游研讨会、“游•生态达浒”主播带你看现场、“赏•绿色达浒”春季踏青游、“摄•多彩达浒”摄影写生活动、“歌•声动达浒”一起来唱浏阳河春季音乐会、“品•美食达浒”土特产品展销会、“探•活力达浒”冒险丛林寻宝、“传•魅力达浒”达浒美景朋友圈转发有奖八大系列活动。系列活动持续到3月底，活动期间共吸引游客10万余人，活动视频在“掌上浏阳”上点击量超过31万人次。春季赏花是浏阳旅游的一张名片。2015年以来，达浒镇实施生态乡村旅游兴镇战略，以“建设美丽达浒，打造幸福家园”为目标，通过举办油菜花节系列活动，打响达浒镇生态乡村旅游品牌。达浒镇通过顶层设计全域旅游，整合资源，统筹开发，实施村（社区）特色产业规划全覆盖，实现“一村一景”，年接待游客超20万人次，形成“象形山水—金坑原乡游—榴花洞漂流—达浒古街—桃花城屋场—金石孔庙”的乡村旅游精品线路。

【达浒镇椒花新村首届大蓝山杨梅节】 6月5日，由长沙市商务局、达浒镇人民政府共同主办的浏阳市达浒镇椒花新村首届大蓝山杨梅节开幕。长沙市商务局、长沙市扶贫办、浏阳市商务局、浏阳市旅游局、浏阳市扶贫办、长沙市雨花区非遗馆、长沙电子口岸公司、湖南家边购集团、湖南华润万家生活超市有限公司、步步高集团、浏阳市南川河合作社、湖南田园香生鲜集团、湖南合诚商品电子商务有限公司、长沙市三知农业科技有限公司、羊淘网等单位和爱心企业代表共百余人参加开幕式并与椒花新村大蓝山杨梅基地现场签订认购协议认购“爱心杨梅”28000千克，帮助村民及贫困户解决杨梅销售难题。椒花新村地处浏阳河上游、大围山西脉，为省定贫困村，由长

6月5日，浏阳市达浒镇椒花新村首届大蓝山杨梅节开幕 （达浒镇 提供）

沙市商务局、长沙市外侨办共同联点帮扶。其大蓝山杨梅基地于2000年创建，果园面积17.33公顷，种植果树2800余株，每年出产杨梅50000余千克。其杨梅不喷农药、不施化肥，为原生态野生杨梅，酸甜可口，营养丰富。大蓝山杨梅是椒花新村精准扶贫民生产业工程的产品之一，为助力椒花新村脱贫工作，自2017年起，长沙电子口岸公司参与椒花杨梅的精准扶贫公益活动，会同省水运建设投资集团、湘欧快线等爱心企业和爱心人士，帮助当地果农销售杨梅。截至6月5日，帮助梅农销售杨梅500多千克。

【开展"科普大篷车"进校园活动】 整合校内外科学教育资源，建立校外科技活动场所与学校科学课程相衔接的有效机制。6月6日，达浒镇开展"科普大篷车"进校园活动，达浒镇初级中学全体师生700余人参与活动。活动现场摆放多种飞机模型、动感机器人和科普知识展板及具有视觉效果的错觉画，活动提供"触电感觉""磁悬浮"等趣味物理仪器，现场工作人员为每一位同学讲解各种仪器的使用方法及原理。"科普大篷车"进校园活动使学生掌握必要的和基本的科学知识与技能，体验科学探究活动的过程和方法，培养良好的科学态度，让同学们从小产生学科学、爱科学、用科学的兴趣，有效激发同学们的创新思维。

【达浒镇2018年"世纪红杯"龙舟赛】 6月16日，由达浒镇党委、政府主办，浏阳世纪红烟花制造销售有限公司协办的"我们的节日•端午"达浒镇2018年"世纪红杯"龙舟赛在大溪河举行。达浒镇5个村(社区)，分别是达浒社区代表队、麻洲社区代表队、椒花新村代表队、金石村代表队、书香村代表队与镇机关联队共6支队伍参与竞技。6支队伍每队22人，其中划手20人、舵手1人、鼓手1人，比赛采用预决赛制，设两条赛道，6支队伍分3轮进行比赛，河西、河东交换龙舟各划一次，按比赛综合用时进行排名。最终达浒社区代表队获得龙舟赛冠军。

(张谢琦妮)

6月16日，达浒镇2018年"世纪红杯"龙舟赛在大溪河举行　　(达浒镇　提供)

大围山镇

【概况】 2018年，大围山镇辖12个行政村，405个村民小组，总面积410平方千米，耕地面积2223.07公顷，其中水田面积1423.07公顷、旱土面积800公顷，林地面积35446公顷，山林覆盖率83%。全镇8832户，27589人，其中农村人口24496人、非农人口3093人，出生人口321人，死亡人口206人，人口出生率1.16%，自然增长率0.46%。人口数量较多的姓氏是李、廖、鲁，其中李姓人口2598人，占总人口的9.41%，为镇内第一大姓。有12个少数民族，人口90人，其中土家族24人、苗族17人、壮族14人、侗族12人、瑶族9人、彝族3人、仫佬族3人、回族2人、布依族2人、毛南族2人、蒙古族、傈僳族各1人。有百岁老人4人，均为男性。镇内年平均气温17.5℃，年内气温最高值41℃，最低值−5℃，年降水量1350毫米。

经济发展状况　全年实现地区生产总值14.71亿元，同比增长6.8%，完成财政收入1555万元，同比略有下降，减少36万元。农村居民人均可支配收入14283元，同比人均增加2810元。农商行年末存款余额3.55亿元。生态农业。全年粮食播种面积1285公顷，总产量1026吨。烤烟种植面积20公顷，产值98万元。蔬菜种植面积108公顷，产值34万元。水果种植面积1666.67公顷，年销售额1.2亿元。蜂蜜养殖5.6万箱，产值672万元。农机保有量1568台，总动力12519千瓦。举办湖南省农产品地理标志现场会，创建"大围山梨"国家级农产品地理标志示范样板，品牌估价2.32亿元。工业经济。全年完成固定资产投资总额10.2亿元，规模工业产值6.71亿元，同比增长22%。拥有蜜蜂哥哥、恒春木业、永鑫建材、湖南至善食品、乡下人食品有限公司、非常有味食品有限公司等6家规模企业，安排就业1524人。商贸服务业。社会商品零售业2.46亿元，同比增加2000万元。生态旅游。举办第九届水果文化旅游节，年接待游客30万人次。完成楚东山大屋和锦绶堂维修加固项目等景点的建设。劳务输出3589人，劳务创收1.43亿元。

基础设施建设　全年完成公路改造14.5千米，新建桥梁10座，养护公路19条，里程88公里。开展蓝天碧水行动，完成污水管网提质改造，实现镇域内全境截污。

社会管理　强化大围山自然保护区内小水电站整治，关停电站3家。完善"河长制"，确保镇域内河水出境断面达二类水质。开展非洲猪瘟防控，全面禁止焚烧秸秆，完成浏阳河沿岸1000米以内的畜禽退养，改造农村旱厕641座，新建旅游公共厕所3座。落实垃圾分类，建立12个村级垃圾分类回收站，创建省卫生村3

湖南省苏维埃政府旧址、省级文物保护单位——锦绶堂 （大围山镇 提供）

个，长沙市卫生村2个，长沙市垃圾分类示范村11个，在长沙爱国卫生运动整治行动检查中被评为一类乡镇。拆除“一户多宅”166户，推动楚东村不动产登记发证，实施上坪、东门、同幸三个村城乡建设用地增减挂钩23.3公顷。完成全镇土地确权。安全生产，开展“打非治违”执法行动，排查整治安全隐患58起，食品安全立案27起，受理投诉举报案22起，实现全年安全生产无事故。强化森林防火，实现全年无火灾，开展封山育林，封山面积15333公顷。政法综治，开展“平安大围”创建，“12345”办结群众满意率100%，综治民调位居全市前列，被评为“长沙市平安乡镇”。严控新增债务，开展打击非法集资专项行动，创建浏阳市信用乡镇。开展“文明家庭”“十佳老人”评选活动，促进社会和谐稳定，倡导社会新风尚。

社会事业　收缴居民医疗保险378万元，全镇报销医药费1878万元，收缴居民养老保险227.3万元，发放60岁以上人员养老金902.8万元。创建长沙市示范敬老院，推进殡葬改革，全镇火化率100%。精准扶贫实施由10家合作社带动覆盖520户贫困户的产业扶贫项目，覆盖率85%。危房改造172户，实现稳定脱贫200户630人的年度减贫目标。人口与计划生育，全年发放独生子女保健费4.098万元，计划生育家庭奖励补助费33.6万元，计划生育特别扶助费22.8万元，实现计生率98.41%。完成6个村卫生室标准化建设，免费体检、无偿献血等任务指标均超额完成。开展群众文化活动，实现文化站搬迁，引导群众文化活动中心，自编自导自演以精准扶贫为题材的现代花鼓戏《春满大围山》，举办“浪漫七夕·文明先行”等文艺晚会20余场次。

【举办第九届水果文化旅游节】 7月27日，大围山镇举办的2018浏阳大围山第九届水果文化旅游节在长沙市梅溪湖步步高超市开幕。为提升“浏阳河源·大围山梨”品牌形象，推进大围山水果产业发展，彰显大围山乡村振兴的产业特色，第九届水果文化旅游节设开幕式、现场游艺活动、现场展销活动、大围山水果采摘游活动等四大主题活动。开幕式上，大围山水果电子采摘地图首次对外发布，游客可根据地图，选择不同地点的特色水果进行采摘。活动现场，大围山镇人民政府、大围山水果联合社与知名采购商、电商企业签订意向合作协议。现场展销活动持续到7月29日。

【“大围山梨”获“国家级农产品地理标志示范样板”】 11月，中国绿色食品发展中心为“大围山梨”颁发“国家级农产品地理标志示范样板”证书，品牌价值评估2.32亿元。2014年5月，“大围山梨”正式获农业部农产品地理标志认证，并实施国家农产品地理标志登记保护。2017年10月，农业部下发《关于公布2017年国家级农产品地理标志示范样板创建资格名单的通知》，“大围山梨”获国家级农产品地理标志示范样板创建资格。2018年3月27日，湖南省农产品地理标志现场会在浏阳召开，与会160多人现场观摩大围山镇楚东水果公园、浆坑长青果园、大围之珠农业开发公司；8月1日，以农业农村部组织的专家组对“大围山梨”国家级农产品地理标志示范样板创建进行验收，通过现场考察、听取汇报、专家提问、现场答辩、打分评估、综合评价等环节，“大围山梨”国家级农产品地理标志示范样板创建以92.6分通过验收。

（徐和初）

张坊镇

【概况】 2018年，张坊镇辖9个行政村，116个村民小组，9723户，32555人。镇域面积319平方千米，耕地面积1973.5公顷，其中水田2716.9公顷、旱土166.1公顷、山林面积2.67万公顷。年末，全镇人口总数3.3万人，其中农业人口31500人，非农业人口1500人。全年出生人口524人，死亡人口210人，人口出生率15.77‰，人口自然增长率9.45‰。人口主要向广东流动，人口数量最多的姓氏是张，占全镇11.5%。年度平均气温16.7℃，1月平均气温4.5℃，7月平均气温27.9℃，年降水量1700毫米。

经济发展状况　全年实现财政收入1728万元，同比增长2.9%；实现招商引资到位资金6220万元，同比增长118%；达成引资意向1.2亿元，成功引进旅游度假及养老服务、书画院艺术交流中心、湖洋梯田生态康养旅游度假村、道官冲非遗田园综合体开发、竹制品生产基地等项目。完成固定资产投资5.17亿元，消赤减债140余万元。农业经济。种植优质水稻1666.67公顷、烤烟37.33公顷、蔬菜280公顷，新发展小水果种植13.33公顷。开展面源污染防治、农药化肥减量、农产品检测和农机年检年审等工作，启动农村集体资产清产核资工作，8个村集体经济超过5万元，其中富溪、江口村超过20万元，彻底摸清347个组集体“三资”（资金、资产、资源)。工业经济。完成规模以上工业总产值2.3亿元,增长15%;开展党政领导联企帮扶活动,有效破解银天烟花药物线扩改建设等企业发展难题。旅游业。完善黄石洞漂流、湖洋梯田、王首道故居、李白烈士故居等景区建设,红色旅游和绿色旅游相结合。

项目建设 全年完成长沙市农村公路项目15个,共15.7千米,道路安保项目1个、0.4千米,维修加固桥梁4座,完成省规桥梁项目1座。完善城镇规划体系,新增健身场地1座,人行道修补350平方米,道路修补120平方米,新建水渠1500米,疏通水渠2000米,完成白石村红星大山塘修复工程。全年投入160万元完成白石、杨林、小溪、富溪4所标准化学校建设;投入约80万元完善中学新建宿舍的附属工程,投入20万元完成富溪小学校园砂改油。

社会管理 全年开展"夜访夜谈干群一家亲"活动20余场次,民情大走访1800多户,收集群众意见300余条,化解矛盾纠纷和信访问题80余个。办理"12345"市民服务热线98起,回访满意度98.7%。建立镇、村公开接访制度,接处访356人次,办理信访事项90余起,化解信访积案2起。制定实施《张坊镇安全生产监督管理派驻制度》,组织开展"打非治违"联合检查12次,烟花爆竹"打非"行动16次,发现并整改各类安全隐患153处。规范集镇经营秩序,重点整治店外经营、占道经营、马路市场、流动商贩等不良行为。开展"扫黑除恶"专项斗争,打击"黄赌毒"等违法犯罪行为。开展蓝天碧水保卫战、养殖污染防治"百日攻坚"专项行动,拆除养殖场(户)18户、面积6219.1平方米;义务植树14.6万株,对建设工程裸露黄土地实现全面复绿。拆除"一户多宅"466户、7.3万平方米,改造旱厕940座。落实道路保洁、扫雪除冰、洒水降尘等工作,路长制工作获全市一类单位。大开展垃圾分类减量,完成5个村的垃圾分类分拣中心建设,第三季度被评为"长沙市环境卫生一类乡镇"。

社会事业 开展基本公共卫生服务,为65岁以上老年人体检2447人次,开展妇女病普查1729人次。落实低保政策,全年发放城乡低保金426万元。开展慈善助学、助医、助孤、助困活动,城乡医保共补偿金额1100余万元。推进殡葬改革,全年死亡212人,火化174具,火化率82%。落实科技兴农兴企战略,全年组织企业申报专利50项、签订120万元技术交易合同、科研经费投入117万元;组织开展科普活动,获评浏阳市全国科普活动日活动一等奖。实行"一村一业、一户一策",组织申报实施10个产业就业项目,其中一般产业项目3个、重点产业项目6个、就业项目1个,发放财政专项产业就业扶贫扶持资金116.1万元。全镇贫困户750户2499人通过参与集中发展种养殖业或自主择业实现稳定增收脱贫,全年减贫104户328人。全镇495名学生享受义务教育补助,58名学生享受雨露计划,2525名贫困对象享受扶贫"特惠保",351户贫困户享受小额农贷926万元,完成188户危房改造并通过省级验收。富溪、陈桥、田溪等63户集中安置户、7户分散安置户实现易地搬迁。

张坊镇洞溪河 (张坊镇 提供)

【农村宅基地"三权"分置工作获自然资源部等好评】 2018年4月,张坊镇启动农村土地制度改革试点工作,在全镇5个村14个地块实施土地开发,有效盘活闲置土地资源;城乡建设用地增减挂钩项目实施方案通过省自然资源厅批复并组织实施;同时开展上洪村城乡合作建房、田溪村农村宅基地"三权"(农村宅基地集体所有权、农户资格权、房屋使用权)分置和集体土地"点状"入市工作。12月11日,在浏阳参加中部六省自然资源改革第五次联席会议的自然资源部、国家自然资源督察武汉局及六省自然资源系统、农村土地制度改革试点县市的相关负责人实地参观张坊镇上洪村集中居民点项目和田溪村宅基地"三权分置"项目,观摩考察并给予好评,新华社、《湖南日报》等媒体报道。

【启动二级保护区农村生活污水处理工程】 张坊镇是株树桥水库饮用水水源保护区,为做好水源保护工作,2018年6月,该镇启动二级保护区农村生活污水处理工程。加快集镇生活污水处理进度,以污水处理厂重建为契机,投入200多万元改造集镇部分污水管网,对2千米集镇沿河段进行截污,沿河两岸铺设直径600毫米的污水收集管网,按照集镇沿河住户居住情况,设立60余个污水收集井。完成二级保护区的生活污水处理,采用四格小池技术处理二级保护区的居民生活废水,根据任务重、施工难度大等实际情况,将该项工作纳入"三重一大"(重大事项决策、重要干部任免、重要项目安排、大额资金的使用)项目,由政府组织统一施工,组建专门的施工队伍,配备各种工程机械，逐组逐片进行机械化施工，每户建立独立的四格小池对生活污水进行处理。12月，工程已全部完成，并通过上级验收。

【洞溪河成功入选浏阳市2018年度"最美河流(水库)"评选候选名单】

11月，浏阳市河长制工作委员会办公室启动2018年度"最美河流(水库)""十佳民间河(段)长"评选活动，张坊镇洞溪河成功入选浏阳市2018年度"最美河流(水库)"评选候选名单。洞溪河属张坊镇镇管河流，起源于陈桥村和丰组，流经陈桥村、茶林村、张坊村3个村，河流全长10.5千米，河流上游坐落着石湾水库，洞溪河水系发达、水资源丰富。2017年以来，张坊镇河长制办公室根据实际，科学制定专门的治理方案，先后投入1800余万元对小溪河、洞溪河进行综合治理。经过一年多的努力，通过改造沿线污水管网、加固河堤、拆除河岸违章建筑、治理沿河居民生活污水、清理河道杂物垃圾、修整河堤水坝、取缔集镇沿河排污口等措施，洞溪河河道环境和河流水质得到改善。截至12月，已建成游步道1200余米、景观休闲亭2个、文化广场1个、公共绿化区约0.67公顷。2019年2月5日，张坊镇洞溪河被浏阳市2018年度"最美河流(水库)"。

(张 昺)

澄潭江镇

【概况】 2018年，澄潭江镇辖11个村，1个社区，380个村(居)民小组，总面积157.83平方千米，有耕地1569公顷，其中水田1273.53公顷、旱土295.47公顷，山林11466公顷。年内最高气温38℃，最低气温−2℃左右，年平均气温18℃左右，年降水量1800毫米左右。共有17251户，总人口66816人，其中农业人口65953人，非农业人口860人，出生人口974人，死亡人口438人，人口出生率14.13‰、自然增长率7.78‰；人口流动主要流向广东省、长沙市，流动人口4031人；民族主要为汉族，百岁老人5人。社会治安综合治理、人口和计划生育、党风廉政建设、深化改革、社会治安、统战工作、武装工作、防范化解债务风险工作等获浏阳市先进，被评为2018年度浏阳市绩效考核二等乡镇。成功创建"湖南省卫生镇"，被评为"长沙市平安乡镇""长沙市新型小城镇示范镇"。

经济发展状况 全年完成财政税收1.1亿元，同比增长3.7%，实现规模工业总产值74.93亿元，完成一般预算收入3355.3万元，同比增长7.1%，城乡居民人均可支配收入24673元。农业。粮食生产以水稻为主，培育新型农业生产规模大户16户、农业专业合作社10家，全年双季度种植106.67公顷亩，优质一季稻1200公顷，粮食总产1.08万吨。年种植蔬菜266.67公顷，油菜253.33公顷，葡萄、无花果等106.67公顷。年出栏生猪4万头，黑山羊6800只。完成农村集体产权制度改革清产核资第一阶段工作，14000多户农户签订土地确权颁证合同。完成水利设施修复26处，植树8万株，造林26.67公顷，松线虫防治到位。全年有荆坪、大圣、洲田、集镇、槐树、碧溪6个村集体经济收入5万元以上，摘除"村集体经济薄弱村"帽子。全镇农民专业合作社89家，家庭农场44家，开展各类农民培训1200人次、示范性培训150人次。获评长沙市第三次全国农业普查先进单位。工业。全年工业经济生产总值突破120亿元，完成社会固定资产投资20.4亿元，招商引资到位资金1.32亿元。淘汰整合落后烟花爆竹生产企业(工区)19家，兼并重组企业19家，改扩建企业25家，新引进企业2家。推进保留煤矿产能升级，实施煤电一体化可持续发展战略。开展重企帮扶，建立领导、干部联企制度，主动为企业破解难题430余起。商贸服务业。综合开发槐树片区土地，集镇房产、商贸、餐饮等行业稳步前进。截至2018年，全镇有各类商店1036家，个体工商从业者3220人，社会商品零售额28977万元。

表13　　2018年澄潭江镇规模企业情况表

序号	企业名称	成立时间	注册资金(万元)	就业人数(人)	2018年产值(万元)
1	万奇烟花公司	2003年12月23日	550	300	4659
2	大圣出口花炮厂	1999年6月28日	50	50	28064
3	慧总包装公司	2006年2月21日	501	60	35884
4	鑫鹏烟花	2004年6月14日	216	160	33738
5	华文烟花公司	2005年1月12日	50	200	29070
6	北斗烟花公司	2005年1月13日	50	180	30172
7	永发出口花炮厂	1999年9月16日	119	120	28097
8	鑫祥烟花公司	2006年7月10日	360	210	25025
9	碧溪烟花公司	2008年7月21日	50	100	26621
10	万盛烟花公司	2005年2月28日	58	80	29899
11	毛坪烟花鞭炮厂	2004年2月27日	88	20	25196

续表 13

序号	企业名称	成立时间	注册资金（万元）	就业人数（人）	2018 年产值（万元）
12	盈丰烟花公司	2005 年 1 月 13 日	50	90	26272
13	富都烟花公司	2005 年 1 月 10 日	800	100	21975
14	万福出口花炮厂	2000 年 12 月 11 日	60	100	26284
15	恒强化工公司	2007 年 3 月 9 日	60	25	32216
16	九龙烟花玩具厂	2003 年 11 月 20 日	30	150	21584
17	万乐烟花公司	2004 年 12 月 14 日	200	200	31521
18	华力烟花公司	2005 年 1 月 21 日	50	120	31396
19	华夏光祖烟花公司	2004 年 5 月 13 日	50	80	21955
20	宏泰出口花炮厂	2003 年 2 月 21 日	30	160	23133
21	华金烟花公司	2004 年 9 月 10 日	250	100	20312
22	激情烟花公司	2004 年 3 月 9 日	500	150	24239
23	荣和出口花炮厂	2008 年 1 月 18 日	88	180	20474
24	吾田花炮厂	2010 年 5 月 8 日	54	200	24889
25	兴圣出口花炮厂	1998 年 12 月 1 日	50	160	23643
26	海源出口花炮厂	2001 年 11 月 2 日	50	120	26829
27	长文出口花炮厂	2002 年 4 月 2 日	50	90	23267
28	兴隆烟花鞭炮厂	2006 年 7 月 13 日	15	130	23370
29	天翔出口花炮厂	2008 年 11 月 5 日	50	20	9708
30	艳阳天制造有限公司	2014 年 3 月 7 日	1000	320	11885
31	恒天飞鹰	2006 年 11 月 10 日	314.5	30	3668
32	花之源烟花制造有限公司	2017 年 06 月 27 日	200	140	2679
33	喜柏出口烟花制造有限公司	2017 年 07 月 19 日	800	200	3850

项目建设　全年铺排项目 19 个，完成投资 2.8 亿元。恒信包装正式投产，S202（荆坪—潆潭江）段道路提质改造全面完工，污水处理厂完成主厂区建设，片区棚户区改造配套二期基础设施建设项目、集镇村乡村振兴建设项目有序推进。新修农村公路 14.5 千米，4 所学校改扩建，4 个村卫生室改造，打造槐树留守儿童之家。

社会管理　环境整治。开展厕所革命，拆除旱厕 311 座、改造农户旱厕 484 座。清理“一户多宅”512 户 6.3 万平方米，完成卫片执法 100 宗，完成率 95.5%。推进“河长制”工作，完成河道“清四乱”15 处，对南川河、大圣河进行专项整治，清运建筑垃圾、藻类植物 3000 余吨，封堵排污口 4 处，并聘请专业河道保洁公司对镇域主要河流进行 8 小时日常巡回保洁，完成沟渠清淤 403.3 千米，有效管护小微水体 883 处。推进绿化工程，植树造林 8 万株，成功创建湖南省卫生镇，镇政府机关被评为“湖南省文明卫生单位”。荆坪村成功创建省级博爱家园；渠城村、山下村成功创建长沙市卫生村；槐树、和家、虎形、渠城、荆坪 5 个村成功创建长沙市垃圾分类示范村。安全生产。全年党政领导带队督查安全生产 196 次，安委会各成员单位共下企业检查 2496 厂次，排查整改安全隐患 7096 处，立案 27 起；联合上栗县金山镇、桐木镇开展湘赣边联合打非 2 次，全镇安全生产形势稳定。综治维稳。落实“一村一辅警”制度，全镇 12 个村（社区）均配备 1 名辅警、组建治安巡防队；开展扫黑除恶专项斗争，打击“黄赌毒”等违法犯罪行为，破获刑事案件 32 起，刑事拘留 39 人，依法取缔麻将馆 38 家，收缴麻将机 56 台。开展“把话筒交给群众”“村民说事”活动及民情大走访，收集建议意见 473 条，解决民生问题 416 个，化解矛盾纠纷 253 起，成功创建长沙市平安乡镇。

社会事业　社会保障。落实城乡低保、帮残济困等各项民生政策，为五保户、低保家庭、高龄老人、军烈属等群体发放补贴 1100 余万元，发放助残、养老金补贴 2300 余万元，72 名五保老人入住养老服务中心，残疾人工作被评为长沙市“明星乡镇”；全年铺排产业项目 9 个，带动贫困户 412 户 1343 人，发放各类扶贫奖补资金 113 余万元，贫困户危房改造 14 户，享受教育助学政策学生 711 名，为 36 户贫困户发放扶贫小额信贷 124 万元，为 167 户贫困户 422 人解决安全饮水问题，为建档立卡贫困户 1060 人报销医疗费用 280 余万元，报销率 90.9%，2018 年脱贫 159

澄潭江镇开展“村民说事”活动　（澄潭江镇　提供）

户440人。科教文卫。推进澄潭江中学、大圣完全小学、洲田完全小学、和家完全小学、桥头小学5所学校改扩建，打造槐树留守儿童之家，适龄儿童入学率100%，初中生毕业率100%，举办重教乐捐座谈会，筹集教育爱心款120余万元，成立5支个人教育基金总计150万元；卫生院综合服务大楼竣工，完成大圣、吾田、渠城、虎形4个村卫生室改造，全年符合政策生育率93.19%，人口和计划生育工作、义务献血工作均被评为长沙市先进单位。

党建工作　推进党支部“五化”建设，新增党支部19个，实行“堡垒指数+星级评定+述职考核”党支部动态管理模式，开设党建业务培训班5次，培训党务人员350人次，选派党建指导员37名。投入40余万元，新建38个、升级29个党支部阵地，2018年获评“浏阳市优秀基层党组织”。

【被授予“湖南省卫生镇（2019—2022）”称号】　根据“湘爱卫发〔2018〕2号”（2018年12月21日）文件，湖南省爱国卫生运动委员会发布关于授予（保留）浏阳市等38个城市（县城、镇）“湖南省卫生城市（县城、乡镇）”称号的决定，浏阳市澄潭江镇被授予“湖南省卫生镇（2019—2022）”称号。2018年，澄潭江镇以创建湖南省卫生镇为契机，结合全国文明城市创建工作，开展基础设施、环境卫生、公共秩序、交通秩序大整治行动，提升镇域便捷度、清洁度、秩序感，增强人民群众获得感、幸福感、满意度。11月13日，湖南省爱卫办考核组到澄潭江镇，对该镇创建湖南省卫生镇工作进行现场检查和考核，通过查阅资料、实地查看、群众调查等方式对该镇爱国卫生组织管理、食品安全、环境卫生、健康教育、病媒生物防治等内容进行检查，考核组表示澄潭江镇高度重视爱国卫生工作，创卫氛围浓厚，措施扎实有效，健康教育工作成效明显，农村卫生水平稳步提升，群众满意度高，高分通过省爱卫办考核验收，成功创建“湖南省卫生镇”。

【开展“把话筒交给群众，把问题交给干部”大走访活动】　2018年，澄潭江镇开展“把话筒交给群众，把问题交给干部”大走访活动，走访群众39861人次，走访家庭13650户，收集意见建议473条，召开村民交心会37场，解决各类民生问题416个。成立澄潭江镇“把话筒交给群众，把问题交给干部”活动工作领导小组，按照“镇级统筹、联村负责、部门协调”和“四督四考”（督走访、督办理、督回访、督满意度；将镇干部走访情况纳入个人月度绩效考核，将村（社区）干部走访情况纳入村（社区）季度绩效考核，将党员走访情况纳入“先锋指数”考核，将党组织书记走访情况纳入年度党建述职考核）原则，建立周调度、月通报、季点评工作机制，推进走访工作；以网格为单位，以镇、村、组三级联动的工作方式，构建纵向到底、横向到边的大走访网络体系，实现全员参与、全体联动、全面覆盖，全镇18名镇村干部覆盖75个网格，对全镇所有家庭、门店、企业进行走访；突出问题导向，针对群众反映的问题，按照“分类办理、科学推进、统一回访”的处理模式，对不合理、不合法的问题解释到位，对关乎群众切身利益的问题立即办，对立足长远规划的问题争取办，对综合性问题协同办，对重点难点问题研究办，确保问题件件有着落、事事有回音，提升群众获得感和满意度；把大走访作为一项长期性工作，立足常态长效，进一步搭建“连心桥”，密切党群、干群关系。

（龙强军）

中和镇

【概况】　2018年，中和镇辖7个行政村，180个村民小组。总面积152.55平方千米，耕地面积1350公顷，其中水田825公顷、旱地525公顷，山林面积15436公顷，森林覆盖率78%。总人口24692人，出生人口320人，死亡人口131人，人口出生率13.0‰、自然增长率7.65‰。成功创建为湖湘风情文化旅游小镇，被评为“长沙市环境卫生三星级乡镇”“长沙市信访工作‘三无’乡镇”。

经济发展状况　全年财政总收入3855万元，地方收入1166万元，分别同比增长108%、132%；工业总产值16.5亿元，工业固定资产投资4.2亿元，社会消费品零售总额9000万元，分别同比增长18%、10%、12%。防范债务风险，镇级化债率100%。农业。抓粮食生产，新增种粮大户6户，流转土地100公顷，引进新品种“印度巴斯马帝”21.33公顷，发展双季稻40公顷，再生稻亩产900千克。完成油茶抚育33.33公顷、楠竹低改100公顷，完成荒山造林41.27公顷，新建义务植树基地2个。在7个村布局黑斑蛙、泥鳅、火焙鱼等产业，“一村一品”特色农业格局初步形成，通过“一村一品”建设、土地流转、门面出租、鱼塘承包、入股企业等多种途径，全面消除集体经济薄弱村。对背冲大山塘、团结大山塘、铁炉大山塘维修加固，完成金山水库、云山水库、骨干大山塘集水工作。工业。加快花炮产业"四化两型"(集约化、机械化、标准化、信息化，安全型、环保型)步伐，申报"两化"(以信息化带动工业化、以工业化促进信息化)融合企业3家，新增规模企业7家，招商引资3200万元。开展"千人帮千企"行动，破解企业融资、用地、招工、手续办理等难题，发放"企业家绿卡"4张，优化营商环境。旅游。协助耀邦故居建成游客服务中心，建设环镇旅游线路，打造浏阳首家国家级研学基地，胡耀邦同志纪念馆入选国家二级博物馆，举行胡耀邦塑像揭幕仪式，全年接待游客247万人次。

基础设施建设　投入35万元对摇钱湾集中居住点进行立面改造；完成江河村旧砖厂增减挂钩复垦项目，开发水田4.33公顷；建设"水韵清江"移民安置点，建成统一规划设计的客家风格民居16套，安置居民30户112人；完成35千伏变电站建设。全年投资300余万元新建、改造农村道路6.8千米，修缮加固桥梁2座。实施安全饮水巩固提升工程，惠及134户居民。完成危房改造80户，基本实现全镇D级危房清零，被评为"浏阳市危房改造一等单位"。提质改造中和敬老院，被评为"浏阳市优秀敬老院"。

社会管理　完成旱厕改造173座，实施垃圾分类，成功创建3个长沙市卫生村、5个长沙市垃圾分类示范村，被评为"长沙市环境卫生三星级乡镇"。控违拆违。开展"一户多宅"清理整治，拆除旧宅359栋，面积31003.4平方米；完成2015—2017年国土卫片执法图斑整改，强制拆除占用基本农田建筑4宗。打响蓝天碧水保卫战，深化河长制，制定"一河一策"，加强河道管护，推动42户污染养殖户退出，河流水质得到改善，监测断面水质均达到Ⅲ类及以上标准，其中85%达到Ⅱ类标准；把控秸秆露天焚烧，被评为"长沙市农作物秸秆禁烧及综合利用示范乡镇"；对41800平方米黄土裸露问题进行整治；对全镇118户企业、工商户开展污染普查，督促3家企业补办环保手续，全年综合执法18次，专项执法77次，立案查处企业1家；实现省级环保督察"零交办"，按时办结中央环保督察"回头看"交办信访件2起。抓实路长制，对全境17条省道、县道、村道进行常态化巡查。推进文明创建，整治乱停乱放、流动摊贩，城市管理进乡村工作被评为浏阳市一类乡镇。抓安全生产，责令限期整改、停产整改和立案查处企业数分别达到52家次、36家次、15家次，实现安全生产零事故。开展"三联三保"(实行市级领导联乡镇，保属地责任压实；实行分管市级领导联领域，保行业问题整治；实行责任单位联访件，保案件处理到位)民情大走访，全体干部职工走访居民3985户；调处各类矛盾纠纷120起，成功率98%，办结信访件20件，实现社会管理零非访，被评为"长沙市信访工作'三无'乡镇"。推进平安创建，抓实禁毒、校车安全、道路安全、食品安全等工作，开展扫黑除恶专项行动，查处办结涉黑涉恶线索4起。加大森林防火宣传巡查力度，全年未发生森林火灾。

社会事业　脱贫攻坚。2018年全镇共脱贫94户320人；做好扶贫对象动态管理，清退6户23人；铺排产业扶贫项目6个，带动贫困户237户889人发展产业；打造精准扶贫车间3家；举办扶贫年货节和"手心的爱·暖冬行动"助学活动。社会保障。完成"两保"收缴任务，发放各类救济救助资金500余万元。教育。旸谷完全小学、涧山完全小学成功创建长沙市标准化学校，新建雅山幼儿园1所。卫计生。新建山枣潭村卫生室；全年符合政策生育率93.13%；完成优生优育免费健康检查173对，老人免费体检1845人，医疗帮扶建档立卡贫困户338户，为流入务工人员免费提供均等化服务，覆盖面100%。移风易俗。打造浏阳首个家风家训馆；推动殡葬改革，火化率超过70%。文化。成立文化志愿服务队，打造长沙市图书馆中和分馆，推动"红色文化进屋场"活动开展，"党的十九大光辉照乡村"文艺村村演活动基本实现各村全覆盖。

党建工作　完成支部标准化设置，中和镇老干支部被评为长沙市"五化"示范阵地。推出"耀邦故里党旗扬"系列党建活动，举办"初心"故事分享会41场次，组织党员领办纠纷化解、环境整治、水利冬修、移风易俗等实事2000余件。开展干部廉洁家访。做好市委巡察反馈问题整改，全年党纪立案7起，诫勉谈话、警示谈话25人次，提醒谈话、通报批评82人次。

【入选第四批"湖湘风情文化旅游小镇"预选创建单位名单】　4月24日，湖南省旅游发展委员会公布第四批"湖湘风情文化旅游小镇"预选创建单位名单，中和镇等全省16个乡镇入选湖南省第四批"湖湘风情文化旅游小镇"预选创建单位名单。中和镇是浏阳市客家人聚居地之一，大约

客家人小镇——中和镇　　(中和镇　提供)

中和镇家风家训展示馆　　(中和镇　提供)

竣工后的“水韵清江”移民安置点（中和镇 提供）

1.7万余人，占该镇总人口70%，主要聚居在苍坊村、中和村、雅山村和清江村。该镇凭借文化底蕴、生态环境以及红色文化、客家文化、花炮文化，先后被评为国家级生态镇、省新型城镇化试点镇、省经典文化村镇。2017年10月以来，该镇紧扣“传承红色文化基因、打造一流旅游名镇”目标，挖掘人文资源，推进城乡建管，提质旅游产业，打造“风景秀美、镇容精美、生活和美、民风淳美”湘赣边特色旅游小镇。

【建成中和镇家风家训展示馆】 5月起，中和镇在全镇范围内征集各大姓氏的家风家训，建成浏阳首个家风家训馆，引导党员干部、广大群众传承好家训、树立好家规、培育好家风，总投入约40万元。家风家训馆坐落在中和文化站二楼，占地近300平方米，共5个篇章，第一篇章为树家风，主要展示胡氏、杨氏、杜氏相关内容；第二篇章为传家训，主要展示张氏、邓氏、沈氏相关内容；第三篇章为立家规，主要展示刘氏、叶氏、甘氏、黎氏相关内容；第四篇章为客家人，主要展示中和客家文化及民俗风情；第五篇章为中和情，主要展示中和山歌、民谣及星耀中和人物等。

【“水韵清江”移民安置点竣工】 为做好移民避险解困工作，清江村自2017年开始在清江水库旁建设“水韵清江”集中安置点，于2018年年底基本完成，建成统一规划设计的客家风格民居16套，共安置居民30户112人。完成安置点周边道路硬化、绿化、亮化及造型游道、码头等建设，建成日处理污水50吨的污水处理厂1座，建立垃圾分类减量运行体系。镇村两级凭借生态环境带动移民户、贫困户在安置点周边发展黑斑蛙、油茶、蜂蜜、火焙鱼等产业，为落实乡村振兴战略构筑产业支撑，走出移民集中安置的中和路径。

（吴 赛）

文家市镇

【概况】 2018年，文家市镇辖10个行政村，103个村（居）民小组，6.2万人。总面积148平方千米，集镇规划面积4.86平方千米，建成面积3平方千米，耕地面积1793.8公顷，其中水田1428.8公顷、旱土365公顷。拥有秋收起义文家市会师纪念馆、里仁学校等各级文物保护单位8家，先后获评全国历史文化名镇、全国绿色化示范镇、湖南省特色景观旅游名镇、湖湘风情文化旅游小镇、长沙市特色小镇等荣誉。

经济发展状况 全年全镇财政总收入1.6亿元，全年规模工业总产值、工业固投、规上零售总额增速分别为15.9%、16%、55.5%。现代农业。铺排水利管道3.8千米，新建水渠10.8千米，完成53.33公顷种植结构调整计划，提升农作物生产优质化、规模化、产业化程度。全年完成粮食种植面积1400公顷，油菜种植面积533.33公顷，发展现代粮食种植大户25户，“文家市油饼”被评为“2018年长沙市知名农业品牌”。花炮发展。围绕花炮产业链建设，推进地价规范引导、手续专人代办、特色产品标准价格统一等工作，提升服务针对性和实效性，相关经验被《湖南新闻联播》《新湖南》专题推介。引入社会资金，建设浏阳市烟花爆竹安全绿色环保实验中心，打造服务全市的花炮试放、技术研究的新平台。2018年，全镇1000万元以上税收花炮企业有3家，花炮出口份额约占全市的14%、全国的8.2%。红色旅游。挖掘红色资源，打造乡村旅游、红色教育产业链；筑牢主阵地，深化红色革命老区的宣教功能，成立“秋收宣讲队”开展十九大精神“进企业、进农村、进校园、进社区”等宣讲“七进”活动30多场次；打造“初心之旅·八个一”党性教育活动链，为全国2000多家机关企事业单位逾10万名党员干部提供党性教育服务，《文家市的“初心之旅”》被《长沙晚报》头版头条报道推介。支持配合浏阳市文旅公司推动“红旅营”、接待中心、民兵训练基地等建设，完善景区配套。按照市委“AAAAA优先、联建为要、联创驱动”指示精神，推动“耀邦故里·秋收起义旅游区”创建国家AAAAA级旅游景区，打造红色旅游核心板块。招商引资。全年引进新项目4个，总投资1.52亿元。项目建设。征收2.983公顷，完成里仁片区棚改二期基础设施配套安置区项目，完成新民兵训练基地建设项目征拆厂房3202.43平方米。红旅营研学基地、民兵训练营基地、危房改造、污水处理厂项目基本完成。

社会管理 国土卫星遥感图片执法。全面清除近3年所有49宗5.33公顷违法违规用地。集镇管理。推行精细化城镇管理，完善公共设施，专门划分停车区域和停车位；加大红色文化元素融入城镇建设力度，增设10余处沿街红色壁画群，塑造“规范管理”示范街、“门前三包”示范街、“门店招牌”示范街等特色街区。开展精神文明进屋场、城镇管理进屋场、平安创建进屋场，沙溪村、永丰村被评为“湖南省卫生村”。安全生产。落实安全派驻制，探索四个工作日”（集中进厂日、培训考试日、抽查点评日、座谈反馈日）制度，推动派驻干部常态进厂、真抓真管。定期开展执法

秋收起义文家市会师旧址　　（文家市镇　提供）

大检查，全年安全领域立案50余起，其中花炮生产立案23起罚款52万元。信访工作。开展“相约星期三干群面对面”“夜访夜谈”等活动，干部进农户、进门店、进单位开展大走访、大排查，摸排隐患112起，化解矛盾83起，全年无越级访、无集体访、无重复访。

社会事业　开展“一村一品”扶贫产业项目建设，发展湘龙村特色土鸡、岩前新村黑山羊等扶贫产业；全年规划实施11个产业扶贫项目，带动549户1995人发展产业就业。全镇已脱贫508户1915人，2个贫困村完成脱贫摘帽，村级集体经济收入稳定超过5万元。

党建工作　依托“村村响”、微信公众号等载体，开展“党代表当主播”“初心故事汇”等活动。开展“小红凳”肩并肩系列活动，全年开展活动80余场，收集意见建议300余条，解决问题200多个。

【被评为“第七批中国历史文化名镇”】　2019年1月21日，住房和城乡建设部、国家文物局公布第七批中国历史文化名镇名单（2018年12月17日，住房和城乡建设部网站发布《关于对拟公布为第七批中国历史文化名镇名村名单的公示》），文家市镇名列其中。文家市镇位于湘赣边陲，四周群山围绕。1927年9月，以毛泽东为前委书记的中共湖南省委，贯彻执行党的“八七会议”精神，发动领导湘赣边界秋收起义。9月20日，起义部队在文家市里仁学校操场会师，在当时敌强我弱、敌大我小的形势下，毛泽东提出开辟农村包围城市的正确革命道路。镇内现有秋收起义陈列馆，会师操场、文家市大捷的战斗遗址、杨勇将军故居、积谷仓、河口大屋革命漫画、刘家祠堂标语、铁炉冲毛泽东栽种的板栗树等诸多景点。其中，秋收起义文家市会师旧址里仁学校及纪念馆是全国首批重点文物保护单位，全国爱国主义教育示范基地，国家AAAA级旅游景点．红一军团“文家市大捷”主战场高升岭战壕为省级文保单位．文家市中街的“积谷仓”是长沙市级文保单位．铁山界包公庙、铁炉冲板栗树和庄屋、杨勇故居是浏阳市级文保单位。同时，文家市是胡耀邦少年求学和初涉革命的地方。中国历史文化名镇名村评选主要从“历史价值与风貌特色、原状保存程度、现状具有一定规模”3个方面进行考察。

（张　晗）

大瑶镇

【概况】　2018年，大瑶镇辖14个行政村和1个社区居委会，192个村（居）民小区（片区），24827户，94305人，其中农业户20535户，农业人口81465人。总面积149.3平方千米，其中耕地面积1550公顷，山林14089公顷。

经济发展状况　全年实现粮食总产量16462吨，完成农业总产值4.6亿元，工业总产值149.3亿元，其中规模工业总产值108.7亿元。全年实现一般公共预算收入3.27亿元，同比增长17.9%，其中地方一般公共预算收入1.87亿元，同比增长7.8%。农业。完成重金属严重污染区种植结构调整面积46.67公顷，重金属中毒污染修复治理面积233.33公顷；开展农业包装废弃物回收工作，创建示范村2个，示范农资店2家，示范合作社2个；回收农药废弃物1.9吨，全部分类存放；完成农产品农残检测2247个样品数，合格样品2241个，合格率99.73%；开展政策性农业保险工作，早稻投保面积36.67公顷，中稻投保面积1147.63公顷，上缴保费41573元，理赔农户数176户，理赔金额15.72万元。建好“一村一品”，巩固发展上升村小龙虾、李畋村黑斑蛙、汇丰村莲藕等高附加值农业基地，黄桃、葡萄、猕猴桃、无花果等特色水果种植面积扩大至10公顷。完成荒山造林14.93公顷，“五边”（城边、路边、水边、村边、房边）植树造林33公顷，义务植树19万株；打造绿色生态精品景观道路9千米，在李畋村湘赣边界建设防火林带5千米；创建绿色示范村庄1个（上升村）、绿色屋场1个（汇丰村马家园屋场）、乡村公园1个（南山村芙蓉公园）、绿色庭院45个。设立319国道东风界临时动物消毒哨卡，开展执勤守护工作，确保对非洲猪瘟防控到位，全年无重大动物疫病发生。承办湖南省农业机械化秸秆综合利用现场演示活动。完成农村集体资产清产核资、农村土地确权颁证工作，消除集体经济薄弱村6个，上升村成立全省首个村级商会，杨花村生态农业发展有限公司注册“望乡里”商标。工业。重点打造以花炮为主体的优势产业链条，新增10万平方米花炮物流仓储；组建玩具烟花分会，引导网点直销，拓宽花炮销售渠道；棠花烟花继北京、伦敦奥运会燃放之后，再次在北京春晚分会场、港珠澳大桥通车仪式上绽放；推广“烟花＋互联网”，建成“烟花传奇”花炮文化创意孵化基地。精准对接产业所需、企业所需，狠抓传统产业转型升级，提升服务实体经济质效，以花炮产业拓展产业链条，以花炮非遗引领文化特色，以花炮元素注入城镇风貌。强化花炮材料制造产业基地支撑作用，抓好中央环保督察“回头看”交办问题整改，立案处罚11家，查封加工作坊8家。筹集4000多万元改造隔音装置、臭气收集装置、管网等项目，引进滇池水务

9月29日，湖南省2018年农业机械化秸秆综合利用现场演示活动在大瑶举行

（大瑶镇　提供）

中水回收等配套项目，园区基础设施更加完善。新亮彩印二期新生产线试生产，众意环保科技完成设备安装调试，金信包装建成投产，园区由单一造纸向多产业链条延伸，全年完成税收4403万元，同比增长7.7%。出台《大瑶镇服务民营经济发展八条举措》，为企业发展壮大减负，全年化解涉企矛盾纠纷67起。第三产业。承办2018中国（浏阳）国际烟花爆竹交易会，商贸成交额11.7亿元。打造亲清政商关系，新签约项目8个，协议引资5.4亿元。完成浏阳市泰瑶花炮文化产业投资公司、浏阳市瑶和城镇建设投资公司撤并转任务，未出现任何处置风险，全年化解债务16559.17万元。

城乡一体化　分类编制村庄规划14个，推动"多规合一"（将国民经济和社会发展规划、城乡规划、土地利用规划、生态环境保护规划等多个规划融合到一个区域上）落地。完善城乡交通管网，西环线二期通车，G106枫林路段拓宽改造中，完成城市污水管网1180余米、支管网3000余米建设。加强镇域基础设施维护，开展建筑、燃气安全全面排查，打击非法经营燃气行为4次；全年完成82户危房改造；拆除旧宅486户、7.55万平方米，盘活土地资源约37.33公顷。南山村芙蓉小区、新河小区集中居民点建设模式为浏阳农村土地制度改革试点提供"大瑶经验"。道路桥梁提质改造39.5千米，完成长沙市五年计划项目审核122千米。推行"街长制"，加强物业管理，开展综合执法30余次，拆除违章建筑1.6万平方米，拆除一户多宅486户75541平方米。

社会管理　环境与生态。落实"六控"（控尘、控车、控排、控烧、控煤、控油）和"十严禁"（严禁渣土车、混凝土搅拌车、运砂车等各类车辆带泥上路、严禁违法倾倒渣土、严禁工地裸露黄土、严禁重污染天气下土石方施工、严禁燃烧散煤、严禁限燃区内燃放烟花爆竹、严禁露天焚烧垃圾、严禁露天烧烤、严禁露天焚烧秸秆、严禁拖拉机等高排放车辆进城），对露天烧烤、秸秆焚烧和露天垃圾焚烧实行"动态清零"管理，成功创建长沙市秸秆禁烧综合利用示范镇。落实"河长制"，开展整治非法捕捞、占用河道违法建设、乱倒垃圾渣土专项行动20余次；全年巡河936次。开展小微水体治理，疏浚渠道320千米。打造农药包装废弃物回收示范村2个、示范点4个。深化"餐饮油烟和露天烧烤整治、畜禽养殖污染治理、干干净净迎新春大扫除、河道两岸垃圾清理、扬尘治理、工业企业废气污染防治、河道两岸拆违、造纸企业污水处理、团结水库饮用水源保护、乱烧烟气专项整治"等"十大行动"，实现"天更蓝、水更绿、山更青、人更爽"的"四个目标"，打赢蓝天碧水保卫战。推进"厕所革命"，拆除旱厕225座，新建改造908座，实现旱厕清零。全域推进垃圾分类，连续两年被评为长沙市城乡环境卫生整洁行动五星级乡镇，创建湖南省卫生村1个、长沙市垃圾分类示范村7个、长沙市卫生村2个、长沙市文明卫生单位1个。政务服务。实现"最多跑一次"。推进政务服务标准化、智能化、便民化，整合公安、税务等机构资源，实行流程再造，可受理业务增加至449项，其中152项业务实现"一窗通办"，55项业务实现村级受理，先后接待省长许达哲和中央深改组等30余批次现场考察调研。成立"数字大瑶"指挥中心，运用大数据等现代手段管理市容环境、治安防控、安全生产和交通秩序，推进行政审批和综合执法改革双轮驱动。推出"数字大瑶"手机APP，推行"网约365"，打造"24小时不打烊"服务。社会治安。建成标准化综治中心，"平安大瑶"视频安防工程投入使用；推进三联三保"十户联访夜夜谈"民情大走访，开展"扫黑除恶"专项斗争，综治工作被评为浏阳市红旗单位。安全生产。全年安全生产隐患排查整改2100余处，实现安全生产零事故。加强建筑、消防、校车、食品药品等重点领域安全监管，社会大局和谐稳定。

社会事业　精准扶贫。发展土鸡养殖、水产养殖、综合种养等4个农业产业项目，40余家花炮企业组团实施就业扶贫项目8个，打造扶贫车间5个，吸纳372人实现就近就业。为79户贫困户办理小额贷款授信，发放贷款317.6万元。全年脱贫113户344人。民政、教育。全年发放各类补助救助资金3805万元，连续七年被评为"长沙市残疾人工作明星乡镇"，杨花村儿童之家被评为"湖南省示范儿童之家"；创建标准化学校3所，启动大瑶中学、李畋完全小学等7所学校扩改建，强盛小学、南山小学完成征地等前期准备工作。公共卫生。完成村级卫生室改建4个，成功创建长沙市流动人口基本公共卫生计生服务均等化示范镇。文化建设。组建乡村文化队伍8支，打造村级示范文化中心5个，开展"寻找最美大瑶人"先进典型评选，王在成、刘良洪被评为全市优秀新乡贤。青面狮表演、王家拳入选长沙市第六批市级"非遗"名录。

党建工作　推进党支部“五化”（组织设置网格化、工作运行民主化、党员管理一体化、服务群众品牌化、保障机制标准化）建设，实施支部划类定级和星级评定，创新“三建”（支部建在小区、支部建在产业链、支部建在楼栋街区）模式。通过自媒体发布重点工作、党建动态等信息279条，国家、省市媒体宣传报道288篇次，迎接中央“庆祝改革开放40周年基层行”和省委“镇起风云特色小镇巡礼”主题采访。开展“一线对话、共谋发展”走访调研15次。印发《青春大瑶》内刊3期，撰写原创文章106篇。推进党风廉政建设，开展“三项”教育（责任教育、廉政教育、保密教育）、“底线”教育（遵章守制、廉洁奉公、勤勉尽责）、“依法依纪治村”专项教育，全年立案查处23人、诫勉谈话15人、通报批评43人次。打造“党建+移风易俗”特色品牌，近2000名党员干部签订“文明节俭操办婚丧喜庆事宜承诺函”。上升村建立健全红白理事会章程，杨花村分片区成立红白理事会，表决《杨花村片区红白喜事自治条约》。

【启动农村公益性墓地建设】　1月，投入110万元，在老桂新村乌石片打造花园式农村公益墓地，一期工程建有224个墓穴。公益性墓地，坚持“公益性、生态化、园林化”建设原则，在建设时力求对原始生态植被、自然地貌的破坏和影响最小化，使墓地与周边环境融为一体。同时，落实惠民殡葬政策，镇成立红白理事会并制定制度细则，倡导文明殡葬。

【被评为“长沙市食品安全示范乡镇”】　2018年3月，大瑶镇被评为“长沙市食品安全示范乡镇”。2017年，大瑶镇把握食品领域存在的突出问题隐患，有针对性地进行治理。组织开展两节两会、畜禽水产品、校园及周边、农贸市场、“三小”（小作坊、小餐饮、食品摊点）、“三考”（高考、中考、会考）、“护苗”、豆制品、保健食品、火锅店、肉及肉制品、夜宵等系列专项整治，开办全省首个乡镇鲜肉直销配送点，加大对违法行为的打击力度，规范食品经营秩序。针对农村集体性聚餐举办频繁、人数较多等实际情况，重点对聚餐周边环境、卫生条件、食材采购、索证索票、厨师健康状况、餐饮具清洗消毒等是否规范进行检查，消除食品安全隐患，保障农村集体聚餐食品安全。通过设置宣传牌、宣传栏、发放宣传资料、宣传海报、广播《告市民书》等方式，强化企业主体和行业自律，引导广大消费者积极参与，形成全社会“人人关注食品安全，人人参与食品安全，人人享有食品安全”的共治局面。2017年11月7日，该镇全面推进创建长沙市食品安全示范镇工作，组织辖区内食品安全成员单位、各村（社区）协管员召开食品安全示范创建工作推进会。

【2018中国（浏阳）国际烟花爆竹交易会在大瑶举行】　6月1—2日，由浏阳市烟花爆竹总会主办，浏阳日报报业发展有限责任公司、大瑶花炮产业商会、浏阳市烟花爆竹总会玩具烟花分会联合运营的2018中国（浏阳）国际烟花爆竹交易会（简称“浏交会”）在大瑶镇举行。浏交会包括纪念花炮始祖李畋1417周年诞辰祭祀活动、2018中国（浏阳）国际烟花爆竹交易会暨第17个安全生产月启动仪式、“新产品、新材料、新工艺、新机械”展示、花炮产业与文化高峰论坛、中国特色小镇（大瑶）第四届花炮文化产业博览会等12项活动。交易会设置有400余个标准展位、9个特装展位，规划面积1.2万平方米。近400家花炮全产业链企业参展。参展企业包括烟花爆竹产品和花炮机械行业及上游的原辅材料和下游的花炮贸易公司。全国30多个省市、自治区的厂商，以及来自美国、比利时、西班牙、印度等10多个国家的客商观展。

【汇丰、天和、崇文社区更名】　经村民代表大会讨论决定，市人民政府批准，6月13日，浏阳市人民政府（浏政函〔2018〕84号）文件批复，同意大瑶镇汇丰社区更名为汇丰村、崇文社区更名为崇文村、天和社区更名为天和村，村级管辖区域及隶属关系不变。至此，全镇有行政村14个（上升、枫林、汇丰、崇文、天和、南山、南阳、强盛、李畋、杨花、端里、华园、鑫和、老桂新村）和社区1个（南川）。

【“数字大瑶”系统试运营】　7月，大瑶镇的数字化公共服务平台“数字大瑶”系统进入试运营，开启“互联网+”便民时代。“数字大瑶”包含指挥控制中心以及可视化平台、OA自动办公、APP服务端三大系统。其中，可视化平台运用于城市管理，将公安天网数据、安监视频数据、花炮材料制造产业基地视频数据、镇域水库监控数据等工作纳入指挥中心视频系统；OA自动办公适用于行政政务管理，群众可通过手机APP查询信息、享受便民服务，同时能实现政民互动，将发现的问题反馈给镇村干部、相关部门。

【湖南省首届“瑶悦城·兴乡杯”乡镇乒乓球比赛在大瑶镇举行】　7月14—15日，由省乒乓球协会主办的湖南省首届“瑶悦城·兴乡杯”乡镇乒乓球比赛在大瑶镇举行，来自长沙、衡阳、株洲、湘潭、邵阳、岳阳、益阳、郴州、娄底市9地市的38个乡镇32支代表队200余名运动员参赛。开幕式上，省乒协与广州双鱼体育用品集团有限公司、天津大维文化体育用品有限公司为大瑶镇端里完小捐赠体育文化图书50册、乒乓球300个、乒乓球拍30副。“瑶悦城·兴乡杯”乡镇乒乓球比赛是湖南首届“健康湖南”全民运动会乒乓球比赛的海选系列赛、2018年中国乒乓球协会会员积分赛（湖南赛区）第三站比赛和省乒协创立的首届乡镇乒乓球比赛。比赛设团体和男女单打三个项目，经角逐，浏阳市大瑶镇一队、双峰县青树坪镇代表队、长沙县榔梨镇代表队获团体前三名；大瑶镇邱自坤、宁乡市煤炭坝镇贺子鹏、平江县伍市镇潘彬，长沙县黄兴镇柳连枝、茶陵县下东乡张美华、大瑶镇林缨分别获男、女单打前三名。

【连续三年跻身全国综合实力“千强镇”】　10月8日，中国中小城市科学发展指数研究课题组、中小城市发展战略研究院、中城国研智库等单位在《人民日报》以及中国中小城市网刊发《2018年中国中小城市科学发展指数研究成果》，发布“2018年度全国综合实力千强镇”榜单，大瑶镇排名全国综合实力千强镇第783位，连续三年跻身全国综合实力千强镇。

大瑶镇是世界上最大的花炮及材料集散中心，同时是文化古镇和山水之镇。2018年，该镇围绕“建设田园城市，打造幸福家园”总体目标，经济社会发展呈现出稳中有进、进中提质的态势。

【市委第一巡察组对大瑶镇党委开展为期两个月常规巡察】 根据《中共浏阳市委巡察工作办法(试行)》的有关规定，11月26日开始，市委第一巡察组对大瑶镇党委开展为期两个月的常规巡察，主要受理反映大瑶镇领导班子及其成员、下一级党组织领导班子主要负责人和重要岗位干部问题的来信、来电、来访，重点是关于违反政治纪律、组织纪律、廉洁纪律、群众纪律、工作纪律和生活纪律等方面的举报和反映。其他不属于巡察受理范围的信访问题，将按规定由大瑶镇和有关部门处理。巡察结束，巡察组指出该镇在党的政治建设、思想建设、组织建设、作风建设、纪律建设和反腐败斗争等方面存在的问题和不足，并有针对性地提出整改工作的意见和建议。

(陈怀奇　龙　芬)

【出台《大瑶镇服务民营经济发展八条举措》】 为振兴花炮之源，支持企业做优做强，巩固花炮原辅材料集散中心地位，健全花炮产业全链条，加快中国烟花小镇建设。11月27日，中共大瑶镇委员会、大瑶镇人民政府出台《大瑶镇服务民营经济发展八条举措》。该举措聚焦优化营商环境和降低企业行政成本，重点突出“企业办事最多跑一次、规范行政管理行为、培育企业家和弘扬企业文化、铭记企业社会贡献、重点企业挂牌服务、加大奖励扶持力度、建立双向考评机制、强化行业自律”八条服务举措。

(孙　彬　甘梓豫)

金刚镇

【概况】 2018年，金刚镇辖9个行政村、1个社区，376个村(居)民小组，总面积79.88平方千米，耕地面积1428公顷(其中水田1207公顷，旱土221公顷)，山林面积4146公顷。年均气温17.2℃，气温最高值33℃，气温最低值5℃。5月下旬至9月遭遇干旱天气，农作物遭受经济损失600余万元。年末，全镇户籍人口66577人，全年出生1055人，死亡481人，人口出生率15.1‰，自然增长率8.3‰。全年流入流动人口2077人，主要来源为云南、江西省以及湖南的醴陵市，向外流动人口2119人，主要去往广东、浙江及省内其他城市。人口数量最多的姓氏为刘姓，共8632人，占总人口12.99%。主要民族为汉族，共65373人，占总人口的99.05%。有百岁老人1名。

经济发展状况　全年实现工农业生产总值68.93亿元，其中工业总产值65.22亿元，农业总产值3.71亿元(因统计基数调整，暂不计算增速)；完成财税收入6807万元，同比增长1.3%。农业方面。粮食产量平稳增长，全镇粮食生产总面积1533.33公顷；完成产业结构调整60余公顷，打造太子湖、山虎、沙螺等油菜示范基地5个，推进彩色稻、药材等特色农业项目建设，培育水果种植基地266.67公顷；继续实行封山育林，新增造林60公顷；加快新型农业业态培育，指导组建农民合作社11家，组织农民职业技能培训9期，引导成立电子商务平台3家。工业方面。组建花炮企业集团3个，整合重组企业、工区15家。25家花炮企业、工区完成技术改造，投资7000万元的庆泰公司扩改项目建成投产，投资5000万元的山虎花炮厂整合项目竣工。商贸服务业和其他产业方面。实现社会商品零售额17.73亿元，新增商贸、住宿、餐饮等商事主体70个；长沙银行从社区银行升级为一级支行；成立农家乐4家、生态农庄7家、民宿10家，全镇接待游客30余万人次，实现旅游产业收入2700余万元。

项目建设　投入资金600余万元，新建、提质改造道路20.2千米，安装路灯350余盏；投入资金1000余万元完成湖南省新乡贤示范基地、六栋堂景区旅游公共厕所建设；完成9.46千米集镇污水管网1期项目建设，石霜村及南岳村排上组地质灾害治理工程顺利竣工；4所标准化小学完成验收，4座危桥改造工程完成前期手续办理；投资5000万元的昭明完全小学建设顺利启动。

社会管理　环境治理。59家烟花爆竹企业完成雨污分流污染防治设施建设，清退南川河沿岸养殖户11家；启动固引剂、乳白胶行业专项整治，开展环保专项执法29次、发现并整改问题150余起，取缔非法生产场所28处。办结中央生态环保督察组交办的4起信访件，处置群众投诉158件。城乡管理。推进“厕所革命”，完成改厕596户，废除旱厕426座。聘请专业“海燕”河道保洁公司，强化“五河一库”清理。推进“路长制”管理，开展治超联合专项行动32次，卸载、转运货物342.8吨。推进卫片执法，拆除违法建筑23宗13986平方米。山虎、丹桂、星星、石霜成功创建长沙市垃圾分类示范村，丹桂村成功创建长沙市卫生村。安全生产。开展烟花爆竹、煤矿、非煤矿山、建筑、消防、燃气等行业“打非治违”和关键领域专项整治行动。开展安全生产检查1358家次，发现隐患3562处，责令限期整改137处，停产整改65处，立案查处企业16家。开展集中安全生产宣传教育培训5次，发放宣传资料3万余份，组织集中培训13次，培训人数8000余人。累计向公安部门移交非法生产人员17人，拆除生产机械12台，捣毁生产工具300余套，销毁非法生产产品700余件。安全生产保持“零责任事故”，获浏阳市2018年度绩效考核“安全生产工作优秀单位”。打造食品安全示范单位5个，创立浏阳市第一家乡村餐饮服务公司。社会治安综合治理。落实“三联三保”制度，开展“相约七点半”干群面对面恳谈会220余场，走访群众9312户；坚持领导公开接访制度，妥善处置信访件44件，化解信访积案5件，调处矛盾纠纷289起，处置突发事件12起；推进“扫黑除恶”专项斗争，开展4次专项摸排行动，破获刑事案件29起，实行24小时不间断治安巡防，成功创建1个平安村和1000户平安家庭。

社会事业　脱贫攻坚。成立扶贫工厂7家，吸纳就业424户1033人，贫困户增收1000余万元；完成危房改造、异地搬迁37户，解决安全饮水问题147户，发放扶贫小额贴息贷款

595万，126户465人脱贫。社会保障。全年收取各类保险资金1670万元，报销各类惠民费用6450.8万元，被评为“长沙市城乡养老保险征缴工作示范乡镇”。文教卫生。完成10个村级卫生室标准化改造，成立金刚镇教育基金会，募集爱心款400余万元，解决220名贫困学生就学问题。举办第四届“陈玉兰敬老爱亲基金”模范表彰活动，表彰“敬老爱亲”模范41人。举办湖南“我们的中国梦•文化进万家”暨浏阳市金刚镇新时代文明实践所成立大会，挂牌成立湖南省第一个乡村振兴艺术家创作基地，湖南省第一个湘剧传承基地，长沙市第一个新时代文明实践所。成立浏阳市第一家新乡贤协会和乡村振兴三会中心，评选出新乡贤代表人物14位。

表14　　2018年金刚镇规模工业企业名单　　（2018年12月）

名称	职工人数	主要产品	2018年产值（万元）
庆泰集团	962	花炮	33047
浏阳花炮连锁	563	花炮	13847
明义集团	978	花炮	21465
清江出口集团	411	花炮	22577
德顺花炮公司	300	花炮	56785
大吉烟花	220	花炮	25787
中洲集团	566	花炮	23335
榜山烟花	182	花炮	16532
金刚清溪花炮	273	花炮	14574
金利烟花	52	花炮	12541

【金刚镇第十五届人民代表大会第三次会议召开】 2月28日，金刚镇第十五届人民代表大会第三次会议召开。大会听取和审查镇人民政府工作报告、镇人大主席团工作报告、2017年镇财政预算执行情况报告和2018年镇财政预算报告。会议选举钟慧为金刚镇第十五届人民政府副镇长。浏阳市人大农工委主任连志明、金刚镇党委书记鲁常战出席会议，镇长李中秋作政府工作报告，镇人大主席罗武作人大主席团工作报告，镇财政所长李升招作财政预决算报告。

【开展“百名干部入农户，万众一心促发展”主题宣讲活动】 4月13日，金刚镇组织开展“百名干部入农户，万众一心促发展”主题宣讲活动，全体干部到村（社区）和企业进行调研、宣讲。镇村干部联合组成宣讲小组，进屋场、入农家，与村民每晚“相约七点半”，帮助群众在家门口深入领会中共十九大精神。活动持续10天，镇干部走进全镇10个村社区44个党小组62个网格，召开160多场宣讲活动，覆盖全镇6.4万群众。

【举办乡村振兴系列活动】 7月28日，金刚镇在金刚中学举行乡村振兴系列活动，结合项目和教育两大振兴版块，重点推介禅修文化研学基地项目、石霜寺游客服务中心生态停车场、桃树湾现代农业休闲示范园等优质文化旅游招商项目。为推动教育事业发展，活动现场召开金刚教育强镇工作再推进会，会上，参加活动的金刚镇40多名爱心企业家捐款约300万元，并在原浏阳市教育基金会金刚办事处基础上，成立金刚镇教育基金会。同时，表彰捐资助学的45名企业家和金刚中学116名优秀教师。

【举行“我们的中国梦　文化进万家”活动暨浏阳市金刚镇新时代文明实践所成立大会】 12月10日，“我们的中国梦　文化进万家”活动暨浏阳市金刚镇新时代文明实践所成立大会在金刚镇桃树湾举行，40名在“守望互助”“崇文尚学”“热心公益”“报效桑梓”四个方面有突出事迹的“新乡贤”获表彰。活动现场，金刚镇新时

12月10日，湖南省湘剧传承保护培训基地在金刚镇挂牌成立　　（金刚镇　提供）

代文明实践所、湖南乡村振兴艺术家创作基地、湖南省湘剧传承保护培训基地挂牌成立;金刚镇新时代文明实践所挂牌,将以志愿者为主体,开展宣讲政策、倡导新风、文化惠民、扶贫济困等志愿服务。

(赵自如)

葛家镇

【概况】 2018年,葛家镇辖5个行政村,下设44个大组、198个小组。总面积107.26平方千米。耕地1340公顷,其中水田1227公顷,旱土113公顷。林地面积7717.2公顷。人口5484户21317人。完成财政总收入3301万元,同比增长16.6%。实现工业生产总值和规模工业总产值同比分别增长6.8%和8.3%。实现固定资产投资11.4亿元,同比增长13%。

经济发展状况 农业。推进农业现代化发展,重点打造核心农业品牌。2018年,依托国家农产品地理标志产品"鸡肠子辣椒",重点支持精品辣椒基地建设,引进浏阳市葛农匠农产品有限公司。开展与高等院校的产学研战略合作,引进中南大学蔬菜种植提质增效关键技术转化的产学研合作基地,已完成一期大棚建设并种植"冰菜"。发展特色种养业。鼓励高山西瓜、桃、梨、柚子等水果种植和驴、牛蛙等特色养殖,重点打造乌石龙特色水果产业片,建设水果交易中心。全年完成农业生产总值5.6亿元。养殖。坚持铁腕治污,探索建立"采购备案,存栏调控""谁污染,谁治理"等治理机制,落实"生态转型,存量置换"模式,鼓励引导全镇20余家规模养殖场启动生态环保改造。完成浏阳河流域500～1000米182户养殖场(户)退养工作。工业。全年引进工贸企业3家,4家花炮企业完成改扩建。全年铺排重点项目15个,实现固定资产投资11.4亿元,同比增长13%。中国追溯、常春藤教育城等项目落地。

基础设施建设 新改建农村公路19条约8公里,新镇二桥完成通车,龙潭公共交通重新运营。安装节能路灯200余盏,S103实现全线亮化。完成马家湾片区棚改配套设施二期、公租房小区配套设施建设,葛家中心幼儿园新园开园招生。新建村级卫生室1个,标准化改造1个,葛家卫生院实现整体搬迁,敬老院引入社会化经营模式。实施马家河河堤修复工程,水利冬修6处,加固维修山塘2口。全面整改单村饮水工程,自来水厂实现主管通水。

社会管理 加大环境监测和执法力度,依法关停散乱污企业4家,取缔无证水泥制品厂5家、非法取土点16处。督促所有花炮企业完成污染防治设施建设及环评手续办理。开展裸露黄土复绿行动,复绿面积18200平方米。推进移风易俗,组织开展"移风易俗美乡村、文明新风进万家"专场演出、"拒绝升学宴、文明毕业季"活动;推进殡葬改革,火化率由23%提升至100%。加强农村土地管理,拆除"一户多宅"441户,完成91处疑似违法用地图斑核查整改。改造旱厕294座,整镇推进垃圾分类工作,成功创建长沙市垃圾分类减量示范乡镇,被评为长沙市城乡环境卫生整洁行动四星级乡镇。打击各类违法犯罪行为,刑事案发率下降67%,禁毒民调排名全市第一,综治民调排名由长沙市的第127名提升到第50名。

社会事业 扶贫工作。以"合作社+贫困户"模式,发展产业扶贫项目7个,带动281户贫困户增收。2018年,全镇脱贫24户69人。建成群众文化广场2个,举办全民健身广场舞大赛、农民运动会,承办浏阳市级文体活动2场,完成送戏下乡2场。

党建工作 推进党支部"五化"建设,打造"我爱葛家"党建服务站,开展党员微服务、"十佳主题党日"评选、组织生活会观摩、流动党员充电补课等活动。搭建"书记面对面——把话筒交给群众"平台,解答解决问题近百个。获中央级报道推介14篇次。统一战线工作水平提升,金源村成功创建长沙市级同心乡村,蛮王庙创建浏阳市五好示范场所。

10月17日,湖南省国土资源厅携手浏阳葛家镇金源村共同举办第三届"九九重阳情、城乡一家亲"活动 (葛家镇 提供)

【共同举办第三届"九九重阳情、城乡一家亲"活动】 10月17日,湖南省国土资源厅携手浏阳葛家镇金源村共同举办第三届"九九重阳情、城乡一家亲"活动。活动在金源村辣椒广场举行,近千名老人参加,多个艺术团演出情景舞蹈、魔术、花鼓戏、群口快板等节目;该村村委为老人们送上节日祝福,发放重阳节礼品;同时湖南省地矿医院、浏阳市中医院为老人们提供义诊服务。自2016年起,省国土资源厅已连续三年在金源村开展"九九重阳情、城乡一家亲"活动,并通过送医下乡、送戏下乡、对口帮扶等方式关爱老年人,并对镇上贫困老人进行走访和慰问。

【葛家镇卫生院完成整体搬迁】 12月3日,葛家镇卫生院整体搬迁工作完成。葛家镇卫生院整体搬迁项目为长沙市民生实事工程项目,是葛家镇重点建设项目。葛家镇卫生院新院区按照"科学实用、环境舒适、医养结合"

葛家镇卫生院　（葛家镇　提供）

原则进行整体规划建设，于 2017 年 5 月启动建设，总投资 1200 余万元，其中引入社会投资 50 万元，建有皮肤专科、内儿科、普外科、针灸科、妇产科、预防接诊门诊等 11 个业务科室，设计床位 47 张，停车位 60 余个，可提供基本医疗、住院康复、医养结合、家庭医师服务等基本健康服务。葛家卫生院在新院建设的同时，与浏阳市中医医院建立联合医联体。2018 年，医院与市人民医院、市妇幼保健院联合开展健康扶贫、孕前优生检测等医疗服务活动 8 场，实现本地接诊 3 万余例，综合治愈率 95%。

【金源村被评为长沙市同心创建工作点】　12 月 24 日，长沙市首届同心人物颁奖典礼暨凝心聚力新时代行动推进会举行。活动评选出 2018 年度长沙市统一战线同心创建示范点 5 个、工作点 20 个，其中浏阳市获评示范点 1 个、工作点 3 个，葛家镇金源村被评为同心创建工作点。2016 年，金源村与致公党长沙市委建立结对帮扶关系，制定 5 年发展规划，明确“打造山水休闲旅游、发展辣椒等特色产业示范村”发展目标，致力于将该村打造为长沙市具有代表性的全域美丽乡村示范村，并于当年 9 月被评为致公党湖南省委凝心聚力“十三五”同心致福村。2016—2018 年，金源村在湖南省国土资源厅、浏阳市致公党的支持帮助下，连续三年举办“九九重阳情、城乡一家亲”庆祝活动，营造孝老敬亲氛围。同时，围绕村道硬化、道路“自改黑”、垃圾分类处理等内容，引导组织非公经济人士参与到项目建设、环境卫生整治、农田水利建设中，提升人居环境，推进“同心乡村”建设，落实省、长沙市统一战线“凝心聚力新时代”行动部署，精准把握同心创建工作要求，打造同心议事、同心致富、同心同行，同心共建的美丽乡村。截至 2018 年，该村达到“流畅、水净、岸绿、景美”的整体美观效果。11 月 8 日，长沙市委统战部副部长刘佳勇，浏阳市委常委、统战部部长郭瑞一行走访了解金源村建设情况。

【被评为“长沙市城乡环境卫生整洁行动四星级乡镇”】　2017 年初，葛家镇金源村成为长沙市垃圾分类试点村，每户配发两个垃圾桶，分别存放可回收垃圾和不可回收垃圾，每周保洁员定期上户收集，运送至各村资源回收站二次细分。2018 年，葛家镇投入 160 余万元，为全镇 5 个村、机关企事业单位共计配发垃圾分类桶 12000 个，添置保洁车辆 28 台。5 个村均新建生活垃圾资源回收站，政府投资新建 1 个镇生活垃圾资源回收中心，全镇推行垃圾分类。葛家镇采取农户源头分类、村集中二次细分、镇统一转运兜底处理的模式在全镇推行垃圾分类，并出台激励措施，将低价值垃圾兜底回收，兜底经费列入全镇环境整治专项开支。2019 年 1 月 11 日，长沙市政府办公厅公布 2018 年全市城乡环境卫生整洁行动年度督查结果，浏阳市葛家镇等 11 个乡镇被评为“长沙市城乡环境卫生整洁行动四星级乡镇”，成功创建“长沙市垃圾分类减量示范乡镇”。

（肖宏宇　刘灵犀　龙承昊）

枨冲镇

【概况】　2018 年，枨冲镇辖 9 个村，村民小组数为 476 个，总面积 197.94 平方千米，耕地 2556 公顷（其中水田 2275 公顷、旱土 281 公顷），林地 13480 公顷。全镇总人口 46778 人，其中农业人口 35084 人，非农业人口 11694 人；全年出生 455 人，死亡 404 人，人口出生率 9.6‰，人口自然增长率 9.5‰。年度平均气温 17.1℃，1 月平均气温 4.9℃，7 月平均气温 28.5℃，年均降水量 859 毫米；6 月旱灾，其中 92.73 公顷水田受灾。

经济发展状况　全年完成财政总收入 11133 万元，同比增长 11.3%，其中地方收入 3873 万元，同比增长 23.6%。发展农业生产规模大户 11 户，种植水稻，1900.87 公顷。完成规模工业总产值 55.31 亿元，同比增长 14.03%，固定资产投资 10.59 亿元；新引进招商项目 5 个，到位资金 1.55 亿元，凯达昌盛、九方鞭炮、橘洲烟花等项目建成投产；盘活“退出企业”4 家，新增规模工业企业 1 家，限上商贸流通企业 4 家，实现限上社零总额 1.13 亿元，同比增长 68.31%。3 个中央财政农田水利项目正式启动。

基础设施建设　2018 年，完成枨冲卫生院、河道治理、棚改二期项目建设和青草集镇分散式污水处理工程。完成 110 千伏变电站征地工作，促使变电站提前 4 个月建设投产送电。改造升级政务服务中心办事大厅，提质改造村级便民服务中心，落实“一门办理”“网上代办”，推行“1+1+1”（1 名镇级代办员、1 名网格干部、1 名村级代办员）帮代办服务体系工作。

社会管理　生态环境治理。养殖污染治理、涉环企业整治。组织开展执法行动 63 次，整改问题 50 余处；严禁焚烧秸秆垃圾、露天烧烤等；完成康丽再生塑料厂固废清运整改工作，被《湖南日报》作为典型案例报道推介；完成浏阳河流域500～1000米范围内畜禽退出验收工作；开展巡河3000余次；成立党员“河长助理”巡河小队，实现辖区内水域管理责任全覆盖；开展人居环境整治，获评长沙市环境卫生三星级乡镇。安全生产。开展计划执法243次，查处安全生产违法案件26件，全年无重大安全生产事故发生；自主研发“智慧安监”APP，推动“人防”向“技防”转变。综治工作。部署开展“扫黑除恶”行动，创建平安枨冲；开展民情大走访活动，全年各级信访总量同比减少50%；建成集义务巡防、退役军人服务、应急管理、民兵训练等功能为一体的社会管理创新平台——退役军人服务中心。

社会事业　扶贫工作。探索“企业+扶贫”模式，安排贫困户在本地就业272名，鼓励贫困劳动力自主创业80户；铺排产业扶贫项目4个，危房改造15户，全年完成125户432人脱贫。组织“春风行动”等系列招聘会，为贫困户、失业人员疏通就业渠道。社会保障。完成养老保险、医疗保险收缴任务，发放各类救济救助资金500余万元。完成全镇村级卫生室建设。

【枨冲镇第六届人民代表大会第三次、第四次会议召开】 3月20日，枨冲镇第六届人民代表大会第三次会议召开。参加会议正式代表69人，因病因事请假4人，列席人员57人。会议审议并通过政府工作报告、人大工作报告及枨冲镇2017年财政预算执行情况和2018年财政预算报告等决议，唐志纲、汤军当选为枨冲镇第六届人民政府副镇长，陈招兴当选为枨冲镇第六届人民代表大会主席团副主席。12月1日，枨冲镇第六届人民代表大会第四次会议召开，参加会议正式代表64人，实到64人，经人大代表分组讨论，对候选人充分酝酿，会议按照法定程序，经选举，邱可当选为枨冲镇人民政府镇长，宋佳当选为枨冲镇人民政府副镇长。

【推行“枨冲夜话”试点】 5月以来，为发挥党建引领，枨冲镇在9个村推行“枨冲夜话”试点。错开农民劳作时间，利用夜晚开展屋场夜话、村组夜话、党小组夜话，现场问答，把政策送到家门口。在干群围坐的夜话现场，通过多媒体1分钟讲解、干部微宣讲、村支书问答等环节，为百姓宣讲有关政策。打通基层宣传“最后一公里”，让党政领导、党员干部、村干部走进屋场地坪，主动问需于民、问策于民。

干群围坐“枨冲夜话”　　（枨冲镇　提供）

【成立退役军人服务中心】 7月，枨冲镇退役军人服务中心正式成立，中心设立主任1名、常务副主任1名、镇专干2人、村专干9人。为响应国家、省、市号召，增强退役军人归属感，提升社会军旅荣誉感和全民国防意识，2018年，枨冲镇投入资金100余万元打造以退役军人服务中心为主体，集国防教育、退役军人之家、民兵之家、武装民兵训练基地、荣誉室、装备库为一体的“军人之家”综合阵地，为全镇退役军人构建一个具有归属感的“家”。截至12月，中心共开展活动10次。

【棚改二期配套建设项目完工】 棚改二期配套建设项目位于枨冲卫生院与商贸街接洽处，为提高该区域的交通连续性，明确动静分区，便于周边民休闲以及小学生接送安全，提升周边居民居住品质，消除安全隐患，补齐配套短板。该项目于2018年9月开工建设，中央和地方投资合计500万元，由湖南华阔建筑工程有限公司承建。11月，项目完工，完善电力设施、给排水、绿化、亮化等配套基础设施改造道路面积1531平方米，绿化面积1750平方米。

【110千伏葛家（渡口）输变电工程投产送电】 110千伏葛家（渡口）输变

枨冲镇棚改二期配套建设完成现场图　　（枨冲镇　提供）

电工程位于枨冲镇平息村，是长沙电网“630攻坚”项目中唯一一座110千伏新建投产变电站。总投资5000万元，总占地0.72公顷，线路工程征地面积0.253公顷，临时用地1公顷；工程主要包含淮川—镇头110千伏线路π入葛家变110千伏线路、葛家110千伏变电站新建工程等。该工程于2017年10月开工建设，2018年6月投产送电。该工程在枨冲镇境内共建设塔基17个，占地0.253公顷、临时建设用地1.2公顷，涉及2个村11个村民小组126户。镇、村两级全程参与工程建设施工，调处化解矛盾纠纷32起。

（邓陈陈）

6月5日，农业农村部、中央农办调研镇头镇乡风文明工作座谈会　（镇头镇　提供）

镇头镇

【概况】 2018年，镇头镇辖9个行政村，2个社区，476个村（居）民小组，14434户、57833人，出生人口645人，死亡人口527人，人口出生率11.15‰。行政区域总面积158平方千米，耕地面积3208公顷，其中水田3100公顷，山林面积9066公顷。全镇属变质岩丘陵亚区，为亚热带季风气候，沿浏阳河两岸地势较平坦，年降水量1400毫米。第三季度综合考核全市第一，全年绩效考核获工业优先类第一名，其中项目建设、产业链、招商引资等8项工作被评为优秀。防范化解重大风险，全年化解债务1721万元，实现隐性债务清零。

经济发展状况　全年完成财政税收7583万元，同比增长64.7%，连续两年同比增长率、任务完成率居全市“双第一”，实现三年翻番。完成规模工业产值26.6亿元，规模商贸销售额2.2亿元，固定投资45亿元，招商引资到位资金9.6亿元。人均可支配收入23227元，同比增长7.6%。工业经济。市环保科技示范园机械制造基地一期引进企业38家，23家建成投产，15家正在建设；二期40公顷工业用地征拆全部清零，引进企业10家。园区食品集中区域落户企业42家。截至12月，园区共落户企业90家，全年总产值30亿元，实现税收3500万元，占全镇财税收入的45%，50万元以上规模纳税企业达到21家，爱达环保等3家企业进入全市百强重点纳税企业名单。招商引资方面，全年共引进企业12家，提前一个季度完成年度招商引资任务，连续三个季度招商引资绩效考核全市第一。其中，新引进的长沙九方集团总投资4.4亿元。农旅经济。粮油生产方面，双季稻种植666.67公顷，油菜种植1333.33公顷，新发展种粮大户5个，种植结构调整完成100余公顷。成立镇头镇乡村振兴理事会，聘请原国家航天工业局司长罗格为名誉会长，共谋乡村发展大计。完成农村集体资产清产核资，盘活荒田、荒林等村级资源性资产和固定资产，通过依法出租、承包、股份合作等形式增加集体经营性收入，消除集体经济薄弱村6个。推进油茶特色小镇建设，引进毓晟文化旅游开发公司打造北星社区油茶文化古街、油茶文化博物馆等项目。截至2018年12月，金霞油茶集团旗下品牌金健茶油、好韵味油茶合作社培育的“油茶三华”系列初具知名度。成功举办首届湖南浏阳（镇头）油茶文化产业博览会，油茶小镇品牌形象逐步建立。商贸服务。以华嘉时代广场、中天国际为代表的商业综合体相继建成。

社会管理　人居环境。采取村级农户庭院“三包”、集镇“门前三包”、保洁员管理等环境卫生工作机制。落实月考核、季评比保证工作实效，每季度评选30户“门前三包”整洁门店，发放奖励并公示。开展农村人居环境整治三年行动，新建村级垃圾分类回收分拣站4个，干口、柏树等4个村通过长沙市垃圾分类示范村验收，金田村、金牌村、土桥村成功创建省、市卫生村。改造旱厕698座，废除413座，通过长沙市、浏阳市两级验收。污染防治。编发生态环境保护宣传信息12000余条，完成上级下达污染治理项目，其中甘棠村黑臭水体治理项目通过省级督查，获长沙市推广；完成4条市管河流、3条乡管河流“一河一策”编制工作，对小微水体建档分片管理；完成跃龙河、涧江河以及460余千米渠道、58口山塘的清淤清障；实现浏阳河500~1000米内405户养殖场所共4.4万平米栏舍基本拆除；秸秆禁烧“无人机立体巡防”监管模式获浏阳市推广。安全生产。加强烟花爆竹、危险化学品等重点行业安全监管；开展工贸行业有限空间教育培训、执法检查和应急救援演练工作，培训有限空间作业人员和管理人员150余人；重视市环保科技示范园新开工企业投产安全问题，邀请第三方机构全程协助指导制订年度安全检查计划，并采用“互联网+”模式对企业24小时安全监管，发现安全隐患2498项并完成整改。对已投产企业共开展计划监督执法检查72家次，督促企业整改安全生产隐患320余条。加强食品安全管理，开展批零市场、农贸市场、食品“三小”、学校周边、非洲猪瘟专项检查，收缴并无公害处理问题食品120千克；农村聚餐报备628次，现场指导率100%，事故零发生。移风易俗。全年成功劝阻280余起酒席，节约资金1000余万元。乡

风文明工作被农业农村部、中央农办的专题调研和湖南卫视等媒体推介报道。综合治理。推进法治镇头和平安镇头建设；开展民情大走访，入户发放15000余份班子成员联系卡；开展“扫黑除恶”专项行动，对11类黑恶势力犯罪行为进行全面摸排、高压整治；成立村级义务巡防队，由派出所干警带队常态化巡逻，全年刑事发案率同比下降35.7%，破案率提高6.2%，重大刑事案件零发生。推动平安创建活动，评选出市“平安家庭”11户、镇“平安家庭”1000户。建立镇村两级综治中心及人民调解委员会，化解矛盾纠纷242起。依法妥善解决金田村良田片电力历史遗留问题，706户村民全部安装电表并正常缴费，被省市电力部门认可。

社会事业　精准脱贫。全年危房改造24户，饮水安全巩固提升95户，教育助学301人；申报4个产业项目带动347户贫困户实现增收，对277户外出务工贫困家庭成员发放就业奖补；全年实现188户637人脱贫。社会保障。全年发放低保金386万元，特困供养对象补助398万元，困难居民医疗救助40余万元。完成全镇819名优抚对象入户核查和1632名老人高龄生活补助申请，发放补贴210万元；养老保险收缴569万元。卫生计育。落实计划生育优惠政策，实现农村奖扶1559人，完成新建和改造卫生室6所。科技。指导企业申报科技专利39件，爱达环保、捷坤门业进入高新技术企业行列。

深化改革　结合扩权强镇深化“最多跑一次”改革，对接好浏阳市下放的45项行政审批事项，将公安“户政类业务”和食药工商质监部门“营业执照、食品经营许可证业务”纳入政务服务中心集成办理，实现“只进一扇门”；完成“互联网+政务服务”基础数据采集整理，203项镇级业务、56项村级业务直接网上办理。探索农村土地制度改革，以油茶特色小镇综合开发项目为集体经营性建设用地入市试点，完成集体土地入市12宗15.333公顷，准备入市工业用地22宗51.2公顷，全年集体土地抵押270宗，获批贷款近3000万元，农民土地增收1000余万元。

10月19日，湖南浏阳（镇头）2018首届油茶文化产业博览会开幕式　（镇头镇　提供）

城镇建管　根据城乡总体规划完成11个村（社区）的村庄规划编撰。完成北星集镇街道提质改造，拓宽主干道并铺设人行道、雨水管网。城镇污水处理网络逐步完善，主集镇污水处理厂主厂完成主体建设，配套建设及主管网正在施工；北星社区分散式污水处理设施完成主体建设，跃龙村分散式污水处理设施完成预算编制。为潜江—韶关天燃气管道腾地30.67公顷，星城—株洲南、云田—浏阳省级500千伏输电线路72座塔基用地均完成征拆，进度排名长沙市第一，被省、市肯定。成立交通管理服务站和交通劝导队，开展摩托车戴帽工程，免费为企业员工发放头盔2500余顶，并划定摩托车停车位400余个；对重点路段和源头企业加大治超监管，查处超载超限车辆300余台。深化农村公路三年行动，完成长沙市规道路建设13条，完成100条村组道路取样质检。

【《新打铜锣》首演】　6月27日，由湖南省文化厅、长沙市文体广新局、长沙市文联指导，中共浏阳市委宣传部、中共镇头镇委员会主办的庆“七一”文艺演出活动暨省市重点扶持文艺项目环保花鼓小戏《新打铜锣》在甘棠村首演。作为全省首部以生态环保为题材的花鼓戏，《新打铜锣》取材20世纪《打铜锣》原创地甘棠村，嵌入“河道沿岸畜禽养殖污染治理”等蓝天碧水保卫战工作，保留乡村风貌，以花鼓戏表演形式，演绎用空间换绿水、用思路换青山，以实际行动保护母亲河的画面。该剧获得2018年度浏阳市欧阳予倩文艺创作奖扶专项资金、长沙市重点文艺创作项目补助（扶持）资金、湖南省文化综合发展艺术精品专项资金等支持。

【湖南浏阳（镇头）2018首届油茶文化产业博览会举行】　10月19—21日，湖南浏阳（镇头）2018首届油茶文化产业博览会在镇头镇举行，博览会包含“绿色镇头”——2018首届镇头油茶文化产业博览会开幕式，“魅力镇头”——省市、湘赣边媒体记者采风，“论道镇头”——浏阳乡村振兴战略路径之油茶产业发展论坛、“记忆镇头”——“忆油茶乡愁，品油茶文化”征文大赛，“富裕镇头”——镇头油茶特色食品体验活动暨西区首届车展，“活力镇头”—首届农民趣味运动会等6大主题活动。博览会评选出十佳油茶培育示范户和十佳油茶产业脱贫示范户，且受邀参加油茶产业发展论坛向专家提问学习，受到群众认可和称赞。浏阳市是全国油茶示范基地县（市），全市种植油茶52000公顷，年加工茶油2.8万吨。镇头镇作为浏阳油茶主产区，油茶种植产业参与农户逾3000余家，成立油茶生产合作社20多家，从业人员超2万人，全年油茶产值4亿元。

（王　坤）

普迹镇

【概况】 2018年，普迹镇辖9个行政村，81个村民小区，土地面积176.471平方千米，耕地面积3533.284公顷(其中水田2708.92公顷、旱土368.623公顷)、山林面积10973.916公顷。全镇总人口42384人，出生人口481人，死亡416人，人口出生率1.134%，自然增长率0.359%。

经济发展状况 全年实现地区生产总值35.18亿元，完成财政总收入1248万元，其中地方收入566万元，规模工业总产值17.98亿元，同比增长11.1%，固定资产投入6.2亿元，增长1.29%。农业生产，种植农作物总面积6106公顷，其中早稻种植430多公顷、中稻2000多公顷、晚稻种植490公顷、烤烟种植56公顷、油菜种植930多公顷，其他经济作物种植2200公顷。全镇有蔬菜合作社185个，0.7万人从事蔬菜生产销售，蔬菜复种面积1733.33公顷，其中无公害蔬菜生产基地认证面积超过670公顷，无公害蔬菜产品认证26个。年产蔬菜4000万吨，创收2亿元。工业经济。全镇完成规模工业总产值17.98亿元，完成固定资产投资6.2亿元，其中工业固投3.14亿元，社会零售额3.75亿元，招商引资到位资金8600万元。

基础设施建设 交通建设。投资2000万元完成X017普跃公路提质改造，腾地11户，迁移杆线140根，新增、改建过路涵洞23处，降坡3处、拉直2处。完成普青公路提质改造3公里，硬化乡村道路16公里。供电饮水。免费安装抗旱电表114块，免收材料费用145920元，完成5个村720万元农网改造。解决农村安全饮水人口1200人，其中农村安全饮水巩固提升项目解决贫困人口安全饮水119户330人。村镇建设。完成5.25千米污水主、支管网建设，投资600万元的二期6.6千米主管网施工单位进场，完成污水处理厂提标建设初步设计；投资300余万元推进集镇配套设施建设、街道精准维修、集镇交通指示灯建设。获评长沙市小城镇管理优秀乡镇。投资2200多万元建设金江村、金峰村等800公顷高标准农田，投资170万元推进农业综合开发和管道节水灌溉。投资500多万元推进浏阳河“四水治理”河道建设。书院新村被评为“全国一村一品示范村”“长沙市美丽乡村示范村”，普泰村被评为“省两型村庄”“长沙市乡村振兴示范村”。

社会管理 环境整治。完成浏阳河500～1000米范围内618户106834平方米养殖退出。成立15人专项巡查队伍，结合140多名网格干部常态密集上户。投入500余万元对7条支流全面治理，清淤平整河道60千米，新修和改造河坝20座。加大河长巡河治理力度，对8条河流采取“一河一策”，配备36名专职保洁员日常保洁。浏阳河干流稳定达到Ⅲ类水质，7条支流摆脱Ⅴ类、达到Ⅲ类。依法拆除非法取土厂52家6.3万平米；复绿裸露黄土30余处6.9万平米；全面整改国土卫片违法图斑34个；拆除“一户多宅”旧房700户119173平方米，完成复垦设计513户489417平方米。新建垃圾中转站，拆除3400余口露天垃圾池，实现7248户垃圾分类覆盖，建设5座垃圾分类分拣中心，配置回收车辆22台，累计发放垃圾桶3万余只，垃圾减量40%以上，金江、书院、新府、普花获评长沙市垃圾分类示范村。全面完成厕所革命362户旱厕改造。综合治理。推进扫黑除恶专项斗争，核查涉黑涉恶违法犯罪线索4条；落实“三联三保”，开展“把话筒交给群众——夜访夜谈”活动。加大打击力度，处理一批涉黄、涉赌、涉毒、侵财等违法犯罪案件，有效遏制违法犯罪现象的发生。公安派出所共接出警358起，行政立案83起，破获34起，行政拘留53人；刑事立案49起，破案25起，刑事拘留27人；其中“黄赌毒”案件32起，侵财案件34起，社区戒毒3人，强制戒毒9人。发放打非宣传手册5000余份，查处非法销售、储存烟花爆竹店铺3间，没收爆竹、烟花及小产品20余件。

社会事业 精准扶贫。有贫困户488户1447人。产业帮扶447户1369人，教育助学277人，雨露计划21人，危房改造11户，60余户小额贷款贴息8万余元，脱贫126户382人，以优良成绩通过省检、长沙市检。社会保障。辖区城乡低保553户，1063人。发放低保资金319.6101万元。五保户473户，478人发放五保资金372.5410万元。高龄补贴1409人，发放补贴182.5万元。发放优抚金667人，316.9084万元。临时救助83人，5.02万元。发放离任职村干部生活补贴488人，23.6506万元。发放残疾人生活补贴、护理补贴478人，8.67万元。发放养老金8000人，1804.8万元。征缴养老金15210人，376.29万元，完成任务172.61%。投入社保单位32家，128人次。精准扶贫医疗退保9人，0.14万元。征缴2019年医保33721人，保费669.39万元。教育教学。改善学校办学条件。投入资金800万元对元霞、浒溪、大中学校、幼儿园进行改造建设。营造科研氛围，普迹中学《学生分层教学行为研究》被立项为湖南省“十三五”重点教育科研课题；金江完小《基于农村美育校本课程开发行动研究》被长沙市教科院立项。教师张平凡、周满林论文获省一等奖，另有12人次论文获省、市级奖励。在数理化竞赛中有67人次获长沙市级奖励。普迹中学获市“书香寒假”评比优秀单位。在中考和联考中，普迹中学获市教学质量综合评价二等奖。卫生计育。新生儿481人，计划生育率98.7%。完成65岁以上老人免费体检3492人，体检率68.3%。发现高血压病人277例，糖尿病人123例。6岁以下免费检查2796人，体检率95.2%。卫生监督协管入户692次，入户监督意见332份。从业人员体检538人，体检率95.6%。精神病人免费检查142人次，体检率85%。孕产妇系统管理385人，管理率88.91%。家庭医生签约15623人，签约率46.8%，预防接种完成95%。

党建工作 开展“党员之家·争当先锋”主题实践，创建书院新村党总支、新街村党总支、新府存党总支和大王坝党支部、塘湾党支部、大水市支部等一批党建示范点。推进党支部“五化”建设，完成44个支部设置合理化。落实市委巡察整改

夹洲岛全景图 （普迹镇 提供）

要求，办结问题线索25件。发展党员20人。

存在的困难和问题 传统农业转型升级任务艰巨，二、三产业发展不足，财税支撑仍显薄弱，镇村两级债务较多，乡村振兴任重道远；招商引资难度大，人才缺乏；工业基础比较脆弱，经济发展不平衡。

【夹洲岛安居搬迁工程】 夹洲岛位于北纬27°58′58″，东经113°23′25″，地处浏阳河中下游，北与普花村遥相呼应，南与集镇隔河相望，是浏阳河上唯一有人居住的岛屿，岛岸线约870米，宽约160米，面积约14公顷。2018年，普迹镇联合市文旅投公司启动夹洲岛安居搬迁工程，完成全岛征地及地上附着物补偿、22户房屋征收补偿和安居奖补，19户启动新房安居建设，彻底解决夹洲岛村民历年水患问题。

【52家非法取土厂被拆除】 普迹镇落实“六控、十严禁”要求，4月20日、25日，镇政府联合市林业局、森林公安、国土局等单位联合执法，分两轮开展非法取土专项整治行动，出动工作人员100余名，挖掘机4台，对非法取土厂依法进行拆除，拆除工棚30余座，总面积3.1万余平方米，全镇52家非法取土厂全部拆除完毕，总拆除面积6.3万余平方米，其中21家非法取土厂主动停止违法行为并自行拆除工棚，进行地表复绿。

【书院新村（爽健毛豆）被认定为第八批全国“一村一品”示范村镇】 7月9日，农业农村部发布《关于公布前六批全国一村一品示范村镇监测合格和第八批示范村镇名单的通知》，认定浏阳市普迹镇书院新村（爽健毛豆）等300个村镇为第八批全国一村一品示范村镇。自2005年起，书院新村村民开始小规模种植毛豆等蔬菜，经过多年的发展，蔬菜产业已成为该村的主导产业，并形成以浏阳市普金农业开发公司为龙头的集蔬菜种植、深加工及销售于一体的产业链，注册有“双洲”“爽健”牌商标。全村共有9家种植合作社，温室大棚1000余个，各类蔬菜种植面积达200余公顷，复种面积400余公顷。80%以上的村民发展无公害蔬菜产业，近1600人从事毛豆生产、销售和深加工，村民人均可支配收入29000余元。

（龚 锦）

官桥镇

【概况】 2018年，官桥镇辖6个村、1个社区居委会，226个村（居）民小组，总面积89.7平方千米。水田面积约1593.27公顷，旱土面积约266.67公顷，山林面积约5445.53公顷。总人口数27621人，出生人口263人，死亡人口235人，人口出生率9.52‰，自然增长率1.01‰，流动人口数2946人，百岁老人2名。

经济发展状况 全年实现财政总收入1880万元，实现工业总产值13.8亿元，完成固定资产投资6.5亿元，主要指标增幅均达到或超过全市平均水平。农业。培植水稻、烤烟、花木、蔬菜、油茶、澳洲龙虾、黄桃等优势产业，发展并稳定万亩早稻和万亩油菜、烤烟生产基地40公顷、花木基地400公顷、蔬菜基地200公顷；发展特色农业，引导浏阳市合力蔬菜合作社建设“白黄瓜”基地20公顷，打造特色农产品品牌。工业。完成鑫利粉末、湘杰机械标准化厂房建设；引进诚德木结构、天恒华宇、德天牧业等项目，总投资约3.4亿元；完成浏阳市外到位资金1.5亿元，长沙市外到位资金8510万元。引进投资2.2亿元的湖南德天农贸科技产业园项目落户八角亭。

社会管理 综治工作。健全“三调联动”大调解体系，调处各类矛盾纠纷260余起；推进“扫黑除恶”，全年破获刑事案件36起、治安案件57起；落实“三联三保”民情大走访，收集群众意见诉求76条，实现“三下降”。安全生产。对全镇企业负责人、安全员、作业人员以及安委会成员单位、派驻干部进行有限空间作业安全培训，开展“生命至上，安全发展”主题的安全生产月活动。开展食品生产经营单位、肉制品、奶制品、校园及周边商店、单位食堂等行业专项执法。环境保护。开展蓝天碧水专项集中执法62次，立案处罚3起。依法关闭辖区内3处采砂场、2个搅拌站，查封1处私人油漆作坊。配合中央环保督查“回头看”和省环保督查工作，完成交办件；落实“河长制”，定期巡查辖区内河流、小微水体等，打击电鱼、毒鱼、网鱼等违法行为50余次；改造年鱼口废弃采砂场，打造全市首个河长制主题广场；开展“治厕”工作，完成全镇旱厕改造280座；推进垃圾分类减量工作，一江、九龙、苏故、集镇4个村通过长沙市垃圾分类减量示范村验收；治理生猪养殖污染，完成浏阳河沿岸规模养殖场退出，消除人畜粪水露天直排；开展“树文明新风，倡移风易俗”活动，推进文明殡葬。

社会事业 组织申报9个产业扶贫项目，发放项目资金67.3万元；为全镇192名贫困户子女申请扶贫

9 月 15 日，浏阳市第三届全民健身运动会钓鱼比赛在官桥镇苏故村垂钓竞技中心开赛

（官桥镇　提供）

助学；申请发放惠及 40 户贫困户的小额农贷资金 131 万元；推进健康扶贫，实现扶贫“特惠保”、家庭医生签约全覆盖。加强医保政策宣传，参保率 96.89%；发放大病救助 4.8 万元，精神病患者临时救助 6 万元；组织开展免费肺癌早筛活动。养老保险缴纳任务完成率 100%，发放低保保障金 173.7 万元，五保保障金 245.7 万元，高龄补贴 105.91 万元。完成 76 户危房改造任务，发放补助资金 190 万元；完成敬老院消防改造和特护区建设项目，并通过长沙市示范性敬老院验收。9 月 15 日，浏阳市第三届全民健身运动会钓鱼比赛在官桥镇苏故村垂钓竞技中心举行。

党建工作　制定《镇村两级书记议事规则》，建立健全两级管理体制，加强基层党组织带头人队伍建设。举办“忆初心，颂党恩，跟党走”故事分享会，发挥党员先锋模范作用。组织全体机关干部、支村两委开展“党风廉政教育 + 乡村振兴观摩”主题活动，增强党员干部拒腐防变能力。11 月 30 日—12 月 2 日，官桥镇党镇机关干部、支村两委成员共 80 人赴长沙市委党校研修班学习。

【开展“一户多宅”清理整治】　3 月 5 日，官桥镇召开“一户多宅”集中整治工作和土地复垦工作部署会和党政联席会议，并成立集中清理行动及“土地复垦”项目实施领导小组。各村（社区）先后召开工作部署会，支村两委、联村干部利用下班时间和休息日实地走访调查各村旧房数量和可复垦土地情况，核定工作计划表，规划行动步骤，在行动突击周，实行一天一上报，每天通报拆除进度，对重点户，集中各方力量，逐个击破。经过 1 个月的集中整治行动，“一户多宅”清理整治实现任务数清零，全镇拆除 294 栋旧宅，拆除面积 4.7 万平方米，可复垦复绿面积 15.87 公顷，同时，专业测量队和林业工作人员入驻现场开展复垦复绿研究测量工作，结合官桥镇沿涧江河两岸社会投资耕地项目已建设的 11.8 公顷耕地面积，全镇实现新增土地 39.13 公顷。

（彭浪波）

11 月 30 日，浏阳官桥镇 2018 年度镇村干部赴长沙市委党校专题研修班开班仪式

（官桥镇　提供）

柏加镇

【概况】　柏加镇位于浏阳市最西端，地处长沙、株洲、浏阳三地交界处，总面积 87.5 平方公里，其中耕地 961 公顷，林地 3236 公顷。下辖 4 个行政村、1 个社区居委会，188 个村民小组。年均气温 17.2℃，日照 1530 小时，无霜期 271.8 天，年降水量 1552.3 毫米。域内以红壤和黄壤为主，主要种植花卉苗木。地下水资源较丰富，属松散堆积层、基层和裂隙溶洞水。2018 年，全镇总人口 2.6 万人，新增人口 265 人，死亡 172 人，人口自然增长率 3.84‰。全镇花木销售收入逾 40 亿元，农民人均可支配收入 4 万余元。有花木代理商和经纪人队伍 1000 多人，花卉苗木精品园及花木生产基地 200 余个，拥有园林绿化资质 1 级企业 3 家，2 级企业 17 家，3 级企业 100 余家，形成种植精品化、布局区域化、市场信息化、花农专业化的产业格局。

经济发展状况　2018 年，完成一般公共预算收入 3741 万元，占年初任务数的 127.7%，提前两个季度实现全年预期目标。实现招商引资到位资金 1.6 亿元，完成固定资产投资 5.6 亿元，实现社会消费品零售总额同比增长 25%。农业工作。深化与中南林业科技大学“校地合作”，提交专利申请 35 件（其中发明专利 15 件），培育新兴品种，打造品牌效应，推动花木产业从粗放型种植向精细化管理转型。突出园林艺术，培植休闲农

柏加镇仙人造水库 （柏加镇 提供）

庄和主题园林餐厅，提质升级金科AAA旅游景区，探索“产业+文化+旅游”三产融合发展模式。全年花木种植面积2000余公顷，产品1200多种。商贸服务。成立花木产业创二代同心协会，营造非公经济健康发展环境，申领“企业家绿卡”3人次、推荐浏阳市第三届女企业家商会理事1名，助推柏加商会创建长沙市“一会一品”项目。

基础设施建设 改造农田水利设施，清淤疏浚渠道303.2千米，清淤山塘44口，新建机埠3组；投资30余万元提质增压供水设施，完成66户198人农村安全饮水提质改造。提质农村道路，推进楠洲村主干道拓宽改造，启动马山—丰术等农村公路提质改造工程。扩建增容电网，柏加变电站新增主变5000千伏安。11月29日，柏加35千伏变电站#2主变正式投入运营。推动“抗旱保苗”，筹资100余万元统一采购2500余块单相电表支持花木生产灌溉。双源村、渡头村建成标准化卫生室并投入使用。

社会管理 人口与计划生育。开展孕前优生检测、免费产前筛查、免费家庭医生健康签约等贴心服务，计生率超98%，完成老年人体检1926人，妇女“两癌”普查966人，免费孕前优生检测181对，年度工作排名全市前列，被评为长沙市卫计工作模范单位。环境整治。构建“河长”治水、“山长”管山、“路长”畅路的山水同治立体保护大格局。落实“河长制”，34名“河长”常态巡河，浏阳河首支民间护河队、村组“小微水体管护志愿队”不定期义务巡查，定期保洁清理河道垃圾3000余吨，拆除栏舍3338.79平方米，改造旱厕111座，全市第一个实现“旱厕清零”和完成浏阳河流域1000米范围内畜禽退养。推出“山长制”，四级山长及党小组“4+1”管理体系定期开展动态巡查，“三年造绿”修复裸露山体，立案查处毁林行为6例，查处野外用火53起，未发生一例险情。整治占道经营300余起、处理违章停车280余起，常态开展路面洒水降尘，处罚乱伐行道树等违规行为，打造“畅、安、舒、美”示范公路。安全生产。开展联合执法，组织集中执法检查108次，检查生产经营单位165家，排查整改隐患问题232处，打击取缔非法生产场所7个，整改、关停无证办学机构5家。综治维稳。开展“三联三保”百日行动、“信访大排调、综治大走访”，调处矛盾纠纷230起，成功率98%。增设监控设备30余处，常态化“专职巡防+义务巡逻”，查处扫黑除恶典型案例1起，开展打击“黄赌毒”、道路交通安全、超限超载、护路护线等专项行动，行政破案33起，刑事破案14起。完善交通安全设施，推行“摩托车戴帽工程”“流动车管服务站”，提升群众满意度，综治民调由全市并列倒数第三进入到第七名，长沙排名由132名前进到36名。

社会事业 精准扶贫。花木产业合作社帮销苗木45万元，发放创业扶持小额信贷43万元，贫困对象实现就业18人次，教育助学121人次7.3万元，城乡医疗保险、家庭医生签约管理服务、“一站式”结算落实到位，全年有效脱贫7户17人。完善社会保障和社会救助，发放惠农政策补贴666.6万元，居民养老保险征缴完成全年任务的136%。敬老院40余名入院老人老有所养、老有所依。推进农村危房改造和残疾人家庭无障碍改造，完成危房改造25户、残疾人无障碍设施改造30户，被评为长沙市残疾人工作“明星乡镇”。超额完成无偿献血103例，连续三年被评为长沙市义务献血工作先进单位。

党的建设 创新推出“初心广播驿站”；完成5个党总支、37个党支部的升格选举，选派优秀年轻干部担任“第一书记”“五化”建设指导员、“党建指导员”；柏加镇柏建支部委员会被推选为浏阳市“两争一创”（争建先进基层党组织、争当优秀共产党员、创一流发展业绩）先进基层党组织，柏铃社区被评为浏阳市标杆党支部，离退休老干党支部被评为长沙市“五化”示范离退休党支部。

【被评为“中国绿色名镇”和“全国十佳美丽宜居小镇”】 4月21日，由全国生态文明建设发展论坛组委会、人民日报社《民生周刊》杂志社、《半月谈》杂志社、中国国情调查研究中心共同主办的2018美丽中国——生态城市与美丽乡村经验交流会在京召开。柏加镇凭借得天独厚的生态文化和生态文明建设的成绩，被评为2018年“全国十佳美丽宜居小镇”“中国绿色名镇”两项荣誉。柏加镇位于浏阳西南部，地处长沙、株洲、浏阳三市交界处，总面积87.5平方千米，辖4个行政村和1个社区，188个村民小组，总人口2.6万人，区位条件优越，自然环境优美，山水风光秀丽，花木产业发达，是浏阳市委“双向融城”战略的桥头堡、长株潭城市群生态绿心区的核心区、湖南省最佳乡村生态旅游目的地、国家级生态乡镇。柏加是国家花卉苗木产业的品牌重镇，全镇花木种植面积2000余公顷，产品1200多种，存量苗木资产超过300亿元，是“百里花卉走廊、万顷苗

花木走廊(柏铃社区段　)　　(柏加镇　提供)

木基地"核心地区,是中南地区最大的花木集散地和种苗繁育基地,被中国花卉协会命名为"全国花卉苗木生产示范基地"。拥有林地 32.36 平方千米,森林储蓄量 771 万平方米,森林覆盖率 63.5%以上,绿地率 95%以上。2016 年以来,柏加依托得天独厚生态、区位、产业、人文优势,以"生态柏加　智慧花乡"为总揽,重点引进苗木园艺、建筑园林、文旅地产、餐饮服务等行业的龙头企业,建设综合性、区域性总部,构建功能聚集、形态新颖、设施齐备和生态协调的绿色总部经济生态集聚区块。探索"产业 + 文化 + 旅游"新型经营业态,以花木走廊、南横线为轴线,依托现有的精品苗圃、幸福屋场等,开发设施栽培观光、苗木栽培体验等农事体验项目,建设现代农庄,配套餐饮、休闲娱乐等设施,打造农家乐休闲游的新名片。同时,按照"一河两带三组团多点"模式加快推进生态旅游开发建设,推进浏阳河景观带建设,打造花木产业带和南横线花木景观长廊,力促精品景观园林多点开花,构建点、线、面协调发展生态旅游小镇格局。

【成立柏加镇花木产业创二代同心协会】 激发青年创业潜力,推进统一战线"凝心聚力新时代"行动,建设"生态柏加·智慧花乡"凝聚青年力量,增强"乡村振兴"动力。10 月 12 日,柏加镇花木产业创二代同心协会在仙人湖畔成立。协会审核登记会员 35 人,其中党员 14 名,涵盖苗木销售、苗木配套设施服务、园林艺术设计等方面的花木产业从业人员。协会的宗旨是通过不定期举办经济洽谈、学习交流、联谊互助等活动,提供政策、法律、信息、技术、资金等服务,加强会员与政府部门、科研院校、企业的沟通联系,带动协会推动花木产业向规模化、标准化发展,为柏加镇实现乡村振兴贡献青年人的力量。

【柏加镇财政所被评为"湖南省 2018 年度星级乡镇财政所"】 2019 年 1 月 11 日,根据《湖南省财政厅关于 2018 年度乡村财政财务管理暨星级乡镇财政所建设情况的通报》,柏加镇财政所被评为"湖南省 2018 年度星级乡镇财政所"。2018 年,柏加镇财政所根据湖南省财政厅《关于开展创建星级乡镇财政所工作的通知》文件精神,严格执行年初预算,确保全年收支平衡;加快财源培植步伐,全力稳定财税收入;加强村级财务监督,规范村级财务管理;践行为民服务宗旨,全面落实惠农政策。通过不断完善财政财务管理,强化财政资金监管,提升财政服务效能,实现"六个全面"(职能配置全面优化,业务基础全面夯实,内部管理全面规范,队伍素质全面提高,办公条件全面改善,工作效能全面提升)。2018 年,完成一般公共预算收入 3741 万元,占全年任务的 127.7%,提前两个季度实现全年预期目标。

(沈赛群)

洞阳镇

【概况】 2018 年,洞阳镇辖 8 个村,1 个社区,274 个村(居)民小组,总面积 105 平方千米,耕地面积 1527.8 公顷,其中水田 1480.8 公顷,旱土 47 公顷,山林 6271 公顷。年平均气温 17.2℃,1 月平均气温 5.1℃,7 月平均气温 28.7℃,全镇年均降水量 1376.6 毫米。全镇户籍人口 45043 人,流动人口 5 万余人。出生人口 765 人,死亡人口 299 人,人口出生率 17.4‰,自然增长率 10.2‰。全镇百岁及以上老人 3 人。2018 年度被评为浏阳市绩效考核深化改革工作优秀单位、防范化解政府债务风险工作优秀单位、人居环境整治工作优秀单位,被评为全国生态文明先进乡镇、2017 年度长沙市经济社会发展综合实力十强乡镇、长沙市文明乡镇、长沙市城乡环境卫生整洁行动五星级乡镇。

经济发展状况　实现与经开区的财税融合,园镇共完成财税收入 30.18 亿元,其中地方收入完成 17.38 亿元。实现政府债务"清零"。消除集体经济薄弱村 5 个。农业生产:落实早稻及早稻集中育秧面积 167 公顷,发展优质油菜 533 公顷、烤烟 47 公顷、水果 74 公顷。全年未发生农业灾害。工业经济:全年完成工业总产值 42.56 亿元,完成规模工业总产值 8 亿元,完成固定资产投资 15.4 亿元,其中工业投资 7.9 亿元。新增商贸企业 3 个,餐饮、文化、娱乐、物流等第三产业逐步成长为镇域经济的新增长点。

基础设施建设　新建幸福泉、东园、南园、九溪洞 4 个村级卫生室并投入使用。争取省市公路部门投入 3000 多万元,对县道 014 线全线拓宽提质改造为省道 204 线;争取交通部门投入 500 万元对长东、九溪洞、洞阳等 5 个村(社区)主干路进行提质改造;争取经开区支持投入 300 余万元对南阳小区及府前南路污水管网完成升级改造。实施"雪亮工程",投入 30 万元在全镇安装摄像头 268 个。实施"点亮工程",为村级干道沿线安装路灯 327 盏。完成山塘清淤

26 处，除险加固骨干大山塘 1 处，修复小型河坝 7 处，清淤河道 34 千米，疏浚渠道 65 千米。

社会管理　人口与计划生育：推进流动人口区域“一盘棋”战略，推广政企互动、卫计一体、健康促进的流动人口服务模式。环境整治：推进“一户多宅”和违章建筑拆除工作，拆除一户多栋房屋 272 户。完成厕所改造、废除 237 座，实现旱厕“清零”。推进垃圾分类工作，建立村级垃圾分类资源回收站 6 个，镇级垃圾分类资源回收中心 1 个，南园、砰山、东园、西园、北园、洞阳 6 个村成功创建长沙市垃圾分类示范村，南园村、北园村获评长沙市卫生村，西园村获评湖南省卫生村，南园村获评长沙市城乡环境卫生整洁行动“五星级”村庄，洞阳镇获评长沙市城乡环境卫生整洁行动五星级乡镇、长沙市卫生镇。落实秸秆禁烧工作，被评为长沙市农作物秸秆禁烧及综合利用示范乡镇。安全生产：建立“打非”网格巡查队伍和村（社区）安全生产信息员机制，组织开展消防、交通、工贸企业等联合督查检查 32 次，督查检查企业事业单位和场所 739 家，排查治理安全隐患 1016 起，立案查处企业 10 家，停产整顿 21 家，取缔非法生产经营单位 6 家，全镇安全生产领域实现零事故。综治工作：实行“分等级办理、分类型管理、分批次处理”信访工作三分办理，推动积案化解“急件急办、平件快办、难件联办”工作机制。开展“综治面对面进党小组”活动，建成社会综治网络。推出“平安创建知多少”“扫黑除恶专项斗争誓师大会”主题宣传活动，获评长沙市综治工作优秀单位。

社会事业　全年发放低保资金 175.43 万元，特困供养金 200.79 万元，大病救助款 36.66 万元，发放 60 岁以上养老金 1249.15 万元，残疾人补贴 67 万元，连续六年被评为“长沙市残疾人工作明星乡镇”。全年脱贫 94 户 308 人，完成 16 户贫困户危房改造项目，通过“合作社 + 农户”的模式，帮助 68 户贫困户发展产业，258 户贫困户通过就业帮扶实现自主就业和稳定就业。深化农村精神文明建设，组织策划“我是雷锋家乡人，湖湘文化送春风”送戏下乡、“十九大光辉照乡村”大型文艺演出。开展“洞阳之星”“最美家庭”等系列评选活动，集中宣传洞阳好人好事，传播洞阳正能量。

6 月 13 日，湖南师范大学金阳社区学院授牌仪式在浏阳经济开发区举行　（洞阳镇提供）

存在的困难与问题　各村社区发展不平衡的问题比较突出；教育、医疗、养老、公共交通等公共服务供给依然不充分；城市品质有待提高，城乡管理体系不够精致精细；少数干部服务发展意识不强，行政效能有待提升。

【流动人口“三化”管理】　洞阳镇以共创小康、共建和谐为目标，创新推动流动人口“三化”（服务统筹化、信息数据化、管理精准化）管理，提升全镇流动人口服务管理水平。搭建“工友之家”实现服务统筹化。成立“工友之家”，打造一个集税收服务、司法援助、志愿服务、社会事务、学习培训、流动党员管理为一体的公益性综合服务机构。落实“最多跑一次”解决信息数据化。依托市级搭建的“互联网 + 政务服务”平台，定期更新流动人口管理数据，提供服务办理居住证、教育医疗、就业失业等绿色通道。建立“警务服务大厅”确保管理精准化。护照、港澳台出行证、二代身份证、交通违法处理等业务均可一次性办理，更好的服务金阳新城居民和流动居民。

【金阳社区学院授牌仪式在浏阳经济开发区举行】　采取“校镇共建”模式，湖南师范大学在洞阳镇成立金阳社区学院。6 月 13 日，金阳社区学院授牌仪式在洞阳镇南园村举行，浏阳经开区管委会、洞阳镇政府的相关代表及湖南师范大学相关职能单位负责人等参加仪式。金阳社区学院专门面向镇村干部、社会组织、党员群众开展专题培训、定期轮训，并开设干部管理能力提升、党员党性教育、居民素质提升、企业培训四大主题班，全年组织镇村党员干部培训 4 期，让有需求的党员群众在家门口就能“上学”。

【被评为“长沙市城乡环境卫生整洁行动五星级乡镇”】　实施“美化”工程，以“党建带动、源头推动、市场促动”推行垃圾分类工作，由党员宣传发动，各村自筹资金为每户居民配备颜色不同的垃圾桶 2 个，建立村级垃圾分类资源回收站 6 个，镇级垃圾分类资源回收中心 1 个，成功创建垃圾分类示范村 5 个。完成厕所改造、废除 237 座，实现旱厕“清零”。实行“点亮”工程，为村级干道沿线安装路灯 327 盏。2019 年 1 月被评为 2018 年度长沙市城乡环境卫生整洁行动“五星级”乡镇。

（管艳晴）

永安镇

【概况】　2018 年，永安镇辖区面积 112.2 平方千米，其中城镇建成区面积 12.7 平方千米，辖 8 村 4 社区、

273个行政组、541个自然组。户籍人口18700户、68422人，其中男性34062人，女性34360人；出生人口952人，死亡人口517人，人口出生率13.91‰，人口死亡率7.55‰，人口自然增长率6.36‰；迁入人口412人，迁出人口202人。人口最多的姓氏是罗姓，约4700人。耕地面积3163.5公顷，其中水田2657.5公顷、旱地506公顷，山林2880公顷。年均气温17℃，年内气温最高值43℃，最低值-4℃，降水量1562毫米。2018年，永安镇入选湖南省经济发达镇行政管理体制改革试点，连续五年被评为“长沙市经济社会发展十强乡镇”。在中国乡镇综合竞争力百强榜单中，位列中部乡镇第八位。

经济发展状况　2018年，永安镇（含高新区）完成规模以上工业总产值280亿元、规模以上工业增加值61.6亿元、固定资产投资135亿元、财政总收入16.9亿元，分别增长16%、12.5%、20%、24.96%，其中税收完成10.77亿元，同比增长30.92%。工业方面，工业企业总数达到692家。园区新增规模以上工业企业21家，达到132家。园区智能制造在长沙继续保持领先，巩固再制造产业全国第一位置，国家级循环化改造试点示范园区通过国家发改委终期验收。现代农业方面，粮食生产6.67公顷以上规模大户增加至18户。全年粮食播种面积3666.67公顷，粮食总产值7000多万元。完成烤烟种植373.33公顷，收购烟叶16100担，创税550万元。完成种植结构调整457.5公顷。形成湾里老种子、永和烟叶、芦塘板栗、大安乌梅、浩博有机蔬菜、旺泽堂茶油等永安农产品品牌。初具规模休闲农业经营主体25个，解决农民就业近1000人次，带动相关产值8000余万元。现代服务业方面，新增规模以上服务业企业6家。实现社会消费品零售总额85894万元，其中限额以上社会消费品零售总额35978万元。房地产市场发展迅速，新建昆仑•滨河世家、恒利一号、博大•书香澜庭3个地产项目。星级饭店达到5家。政府化债工作，通过控制政府投资规模、盘活土地资源、向上争资等方式，偿还银行和股田制全部债务1.1448亿元。

城乡建设　2018年，永安镇城市建设政府投入11780万元，其中投入7000万元的红旗路建设基本完成征地拆迁，永安城中村改造取得突破，核心商业圈基本成型；投入1300万元的市场路完成新建，启动片区开发；投入1500万元的永安西路启动提质改造；投入260万元，完成新河街、芦塘桥至湾里屋场的沥青路面改造；投资550万元，完成丰秀公路提质改造，实现柏油路村村通；投入40多万元完善各类交通设施，建立5个交通劝导站；投入1100万元，支持集镇自来水工程管网提质改造和启动丰裕片区自来水工程建设；镇本级铺排水利维修资金30万元，维修清淤山塘3口、维修渠道1处。申报长沙市农村公路项目提质改造5条、共6.6千米，申报省级通自然村道路建设项目7条、共7.5千米。由市水务局牵头，永安镇政府配合，完成捞刀河芦塘村段北岸1.2千米河道治理工程。社会投资9139.05万元、总建筑面积57456平方米新农贸市场（永安金贸城）竣工开业，原农贸市场搬迁至新市场。潜江至韶关输气管道线路工程开工。鼎功至淳口50万伏电力线路14个高压电塔动工建设。

浏阳高新区创新创业园鸟瞰图　（永安镇　提供）

乡村振兴　发展“四型”（土地合作型、资源开发型、物业经营型、乡村服务型）集体经济。2018年，各村（社区）集体经济收入平均增加4.55万元，达到21.06万元，增幅27.56%。其中西湖潭村达到92万元，大安村为5.48万元，全面消除集体经济收入在5万元以下的薄弱村。开展人居环境“五治”。治厕。推进“厕所革命”，改造旱厕332座。治房。拆违拆旧35038平方米，卫片执法问题整改到位。治垃圾。全镇拆除垃圾池1720个、各村（社区）购买垃圾桶4630个，坪头村、水山村、礼耕村、心源社区4个村（社区）通过长沙市垃圾分类示范村验收，坪头村创建省级卫生村，镇机关创建省级文明卫生单位。治风。党员干部带头坚持“婚事新办、丧事简办、其他事不办”，大操大办、铺张浪费之风明显减少；死亡人口火化率保持100%。治水。投入400余万元启动丰裕集镇污水处理项目建设，投入70余万元在湾里屋场开展污水纯生态循环处理试点，对捞刀河、大桥河、李家港河、狮子脑河、鹅家冲河、九溪河、瓢塘水库排洪渠进行日常保洁，捞刀河浏阳出境断面水质达到三类。推进新三年造绿大行动，种植桂花、香樟2000株；调入树苗2万株，发动各村落实五边植树26公顷。

深化改革　服务园区发展。2018年，引进豪恩声学投资过50亿元，华域视觉、中协教育等投资过10亿元项目5个，为园区征地90.13公顷、房屋拆迁170栋、迁坟980座，完成富城地块、博大二期、华域视觉三个重大项目征拆清零。推进农村集体土地入市改革。创造“土地入市，农民入股”模式，推进家具制造产业聚集区项目一期建设，带动西湖潭村集体和村民增收567万元。12月11日，中南六省土地制度改革现场会参加人员观摩家具制造产业聚集区项目。落实“最多跑一次”改革。建成镇新政务服务中心，12个村(社区)建成"一站式"便民服务中心，同时，镇村两级建设一支200余名村组代办员，开展帮代办、上门办，企业、群众办事实现"最多跑一次"。

社会管理　污染防治。落实蓝天碧水保卫战要求，联合市环保局监察大队对镇域环境违法行为立案27起，处罚218万元，其中自主立案20起。对家具行业开展为期三个月的集中整治工作，查封企业25家。抓实秸秆禁烧，收割机碎草还田等综合利用率98%以上，获评长沙市秸秆禁烧及综合利用示范乡镇。开展畜禽养殖污染治理，对捞刀河沿线500米范围内的畜禽养殖户全面进行清退。办结11.5件中央环保督察"回头看"和省环保督察交办的投诉件。综治维稳。镇级评选出1500户"平安家庭"示范户；推进农村安防工程，安装摄像头800余个，实现重点部位、交通要道全覆盖。化解矛盾252起，接待来信来访300余人次。开展涉黑涉恶摸排，获涉黑涉恶线索2条，刑拘4人。安全生产。实施安全生产每周一联合执法、每月一反面典型、每季一风险清单制度，全年开展联合执法109次，取缔非法生产26家、停产整顿189家、安监立案查处11家，安全生产"零事故"。

社会事业　精准扶贫。2018年有建档立卡贫困户555户1661人，发展产业98户，发放奖补29万元；自主就业和产业356户，发放奖补33.4万元，产业就业覆盖率82%。稳定脱贫124户416人。对口帮扶邵阳县塘渡口镇蔡山团村，支持产业和基础设施建设资金80余万元。教育。完成永安完小扩建2公顷用地征拆，浏阳一中高新区实验学校二期工程教师周转房投入使用、体育馆基本竣工，投资300余万元将原坪头小学改造为永安中心幼儿园，协助园区引进投资过10亿元的中协职业技术学校。公共卫生服务。落实老年人体检6853人，体检率81.65%；儿童预防接种率100%；家庭医生签约1.02万人；改建永新社区、永和村、丰裕社区3所村级卫生室；一朵公司创建全国流动人口健康促进企业示范单位，永安镇、芦塘村分别获评"湖南省计划生育基层群众自治省级先进乡镇"和"省级先进村"。社会事务。发放和报销各类惠民费用4810余万元；开展慈善助学活动，资助贫困学子136人，助学金额42.8万元；城镇登记失业率控制在3%以内；农村劳动力转移就业938人，超额完成目标任务17.25%。

芦塘村湾里屋场鸟瞰图　　（永安镇　提供）

党建工作　开展首届"永安好人"评选，评选出"助人为乐""敬业奉献""诚实守信""孝老爱亲"四个类别、共9位好人和1个优秀集体。开展支部"五化"建设，新成立13个党总支、71个党支部、152个党小组，其中17个党支部达到示范化"五化"党支部要求。选派4名市直部门党员干部和8名中层干部担任村党组织第一书记，派驻78名机关党员到138个村级党小组担任党建指导员。全年发展党员24名，党员转正21名，培训入党积极分子45名。查处违纪案件18起。开展"红包礼金歼灭战""提篮子""中央八项规定"等专项整治。出台《永安镇2018年网格化管理工作方案》《永安镇2018年干部管理考核办法》《永安镇2018年村级季度考核讲评办法》《永安镇机关干部管理制度》《永安镇落实信访"三联三保"责任制工作实施方案》等文件。

【被评为"2017年度长沙市经济社会发展综合实力十强乡镇"】　7月7日，中共长沙市委办公厅长沙市人民政府办公厅印发《关于2017年度经济社会发展十强十快乡镇街道考评结果的通报》（长办〔2018〕28号），公布全市2017年度经济社会发展"十强十快"乡镇街道考评结果，永安镇被评为"2017年度长沙市经济社会发展综合实力十强乡镇街道"，连续五年获此殊荣。长沙市乡镇街道经济社会发展综合考核评价是长沙市委、市政府对全市乡镇街道唯一的一项综合性考评，覆盖9个区县(市)、高新区的168个乡镇(街道)。

【入选湖南省经济发达镇行政管理体制改革试点】　8月15日，中共湖南省委办公厅、湖南省人民政府办公厅印发《关于深入推进经济发达镇行政管理体制改革的实施意见的通知》（湘办〔2018〕31号），将永安镇纳入湖南省经济发达镇行政管理体制改革范围。永安是全国重点镇、全国文明村镇、全国小城镇建设试点镇、湖南省产城融合发展示范区，连续五年获评长沙市经济社会发展十强乡镇。2017年，永安镇(含浏阳高新区)有规模以上工业企业119家，形成智能装备制造、汽车及零部件、再制造三大主导产业，传统家具产业不断发展壮大，全年实现规模工业总产值394.4亿元、财政总收入13.5亿元、固定资产投资130.6亿元，经济体量在全省乡镇名列前茅，在县域方阵中排名第25位。城镇建成区面积达12.7平方千米，还打造了1个省级新农村建设示范村、2个美丽乡村建设示范村。根据文件精神，将把基层一线迫切需要的行政许可、行政处罚等93项权力下放试点镇，同时在试点镇构建不同于一般乡镇的简约精干高效的行政管理体制和基层治理机制，积极推进集中审批服务和综合行政执法，让基层群众享受到更加便捷的公共服务。

【芦塘村迎接长沙市乡村振兴现场观摩】 10月23—25日，芦塘村作为长沙市实施乡村振兴战略人居环境“五治”(治厕、治房、治垃圾、治风、治水)示范点，迎接长沙县、望城区、宁乡市、浏阳市乡村振兴观摩团近千人的现场观摩。自2017年10月党中央提出乡村振兴战略以来，芦塘村成立乡村振兴议事会，推进农村人居环境“五治”行动，打造“田园最生态、环境最整洁、建设最有序、水体最清澈、民风最淳朴”的湾里；同时努力壮大集体经济，村级土地合作社与湾塘盘古生态种养专业合作社组建湾里旅游开发公司，流转山林田地146.67公顷，投资400余万元，建设老种子博览园，发展观光休闲农业。村集体以农田基础设施、道路基础设施和项目资金入股，2018年分红近20万元。

【综合竞争力位列中部地区乡镇第八位】 12月27日，第三方机构竞争力智库和中国信息协会信用专业委员会在京联合发布《中国乡镇综合竞争力报告》，揭晓“中国乡镇综合竞争力百强”榜单，永安镇在中部地区乡镇综合竞争力百强中位列第八。中国乡镇综合竞争力评价的对象为全国公共财政收入前1000位和社会消费品零售总额1000位的乡镇（不含街道)，从经济规模、经济活力、人均水平三个方面对乡镇综合竞争力进行评价。2018年，永安镇(含高新区)完成财政总收入16.9亿元，增长24.96%；完成社会消费品零售总额85894万元；居民人均收入达到4.29万元，同比增长16%。

（余林智）

北盛镇

【概况】 北盛镇位于浏阳市西北部，是原国家副主席王震将军故乡。319国道、永社公路、开元路、浏醴高速呈“井”字形贯穿全镇，交通十分便利，是国家级浏阳经济技术开发区的重要组成部分、长株潭城市群重点开发区域以及金阳新城副中心城市。2018年，北盛镇辖12个村(社区)、村民小组282个。镇域面积77.9平方千米，山林面积1701.8公顷，耕地面积3282.82公顷(其中水田3183.6公顷、旱土144.22公顷)。全镇人口总数6.1万人，其中农业人口33161人，非农业人口27737人；出生人口840人，死亡人口420人，人口出生率13.8‰，人口自然增长率6.9‰。全镇百岁老人4人。年度平均气温17.2℃，年降水量1376.6毫米。

经济发展状况 全年实现地区生产总值58.3亿元，增长10.5%；固定资产投资18.48亿元，其中工业投资完成11.53亿元，占比62.4%。城乡居民人均可支配收入38795元，增长8.6%，财政收入首次突破4000万元，达到4595万元，同比增长22%，增速跃居全市综合类乡镇第一。工业经济。实现工业总产值23.53亿元，同比增长9.12%；实现规模以上工业总产值7.2亿元，同比增长10.8%。全年完成招商引资企业3家，固定投资1.2亿元，超额完成任务。完成中南袜业21.67公顷征地拆迁及林业手续和“大时代集团”山舍休闲农业有限公司12.8公顷征地任务。卓然田园综合体完成投资7000万元，植物工厂植物培养完成，即将上市，完成共享菜园菜苗种植、共享果园苗架搭建，建成田园社区4栋。农业经济。提高水稻、烤烟等特色产业的科技含量和推进规模化发展，成功举办国家粮食丰产科技工程现场观摩和长沙种业硅谷峰会。推广再生稻种植面积333.33公顷以上，新增示范品种8个。全镇7个村（社区)350公顷重金属污染耕地退出水稻生产，实施种植结构调整，改种作物主要包括油菜、烤烟、草皮、苗木、高粱、南瓜、玉米、青蛙养殖等。高标准农田试点效果良好，早、晚稻均获丰收。发展烤烟353.33公顷，收购烟叶1.23万担。全面深化宅基地、城市管理等乡村改革举措，全国不动产确权登记现场会择址北盛召开，亚洲湖整村推进不动产登记确权发证试点工作获国家自然资源部肯定。园镇融合。项目建设。完善融园路网，健康大道竣工通车，实现北盛北园与经开区的无缝对接，启动永社公路示范工程建设；完善基础设施，乌龙大桥、边洲大桥竣工通车；协调北园污水处理厂建设；完善集镇配套。嘉盛广场四期完成主体建设；沙江河商贸城全面完成建设；金盛星城二期、集镇开发4号地块交付使用；建好通往园区的集镇污水主干网，建设农村公路13.5千米；完成16户贫困户危房改造；服务园区征拆，全年完成10个项目征拆清零，拆迁房屋50户、征地32公顷。

社会管理 安全生产。开展辖区内企业和重点领域全覆盖安全检查，排查各类隐患300余起，组织集中执法行动70余次，实现安全生产“零事故”。“平安北盛”创建活动。启动摩托车“戴帽工程”，免费发放头盔1000余顶，开展道路交通专项整治行动200余次，查处交通违法行为3000余起。综治工作。全年破获各类刑事案件64起，查处治安案件166起，排查矛盾纠纷268起，2018年全年综治民调跃居全市第4名。

社会事业 民生保障。发放各类低保金、五保金、救助金等510余万元，城乡医保报销4282.16万元。收缴养老保险314.09万元。新增低保家庭38户，为65岁以上老人办理老年优待证182本。精准扶贫。铺排产业扶贫项目4个，带动贫困户223户；完成16户贫困户危房改造，对全镇334名从学前教育到高职阶段的贫困学生纳入教育助学，“向阳助学基金”为全镇33名贫困户大学生提供资助，“北盛微爱心”筹集资金60多万元，让贫困户温暖过年。127户435人实现脱贫。完善大桥小学扩建手续。组织北盛镇首届十佳医师护士评选表彰，北盛中心医院成功创建全市首家二级综合医院。

【北盛镇中心卫生医院启动二级综合医院创建工作】 1月，北盛镇中心卫生医院启动二级综合医院创建工作。该院拥有专业技术人员241人，其中高级职称医务人员11人，中级职称52人，基层医疗覆盖全镇，辐射周边7个乡镇和国家级浏阳经济技术开发区逾30万人。自2015年

12月北盛镇中心卫生院被国家卫计委授予首批“群众满意的乡镇卫生院”荣誉称号以来，该院致力于提高医疗质量和服务水平，围绕“立足北盛、辐射北乡、服务园区，融城发展”的战略规划，通过强化行业作风建设、提升人才队伍建设、完善服务能力建设、推进医院文化建设，各项工作取得进步，具备承担辖区、园区及辐射区域常见病、多发病及部分疑难疾病的诊治能力。2018年累计完成门急诊16.8万人次，完成出院1.71万人次，完成手术1136台次，在乡镇综合医院中名列前茅，并确保医疗安全和服务满意。

12月13日，全国不动产登记理论与实务研讨暨现场会在北盛镇亚洲湖村举办

（北盛镇　提供）

【乌龙大桥完成重建】　浏阳市北盛镇乌龙桥位于北盛镇乌龙社区境内，为始建于上世纪的平板桥，为社区境内主要通道，老桥宽5.5米，长100米，跨径9×10米，受益数千人口。由于当年财力，施工，监管等各方原因，老桥严重损坏成危桥，桥面狭窄已不适应发展的需求。为适应全域美丽乡村建设的需要，方便村民的生产、生活，保障人民群众的生命财产安全，2017年12月，北盛镇人民政府委托湖南省辰波建设有限公司对老桥予以重建。共投资345.7万元，在原有桥位重建，桥型采5×20米预应力钢筋混凝土空心板桥，桥梁全宽8米，全长106.08米，于2018年6月底完工。该桥是北盛境内捞刀河上第五桥。

【“种业硅谷”举行田间展示与观摩会】　9月7日，由长沙市政府主办，芙蓉区政府和隆平高科技园管委会承办的“第一届长沙种业硅谷高峰论坛暨种业创新成果博览会——田间展示与观摩会”在浏阳市北盛镇环园村基地举行。中国工程院应遇龙院士、中国种子协会秘书长蒋协新等出席观摩会，湖南各市州、县市区种子管理机构负责人，省内外种子企业、科研院所、种粮合作社、大户等代表1500余人参加观摩现场。观摩会上，展示基地汇聚中国南方13省的535个优良水稻品种，品种主要包含国家水稻核心示范品种、湖南双新展示品种、湖南企业联合体生产试验品种、成果交易平台品种四大类。同时，展示基地还集合未来3—5年即将推出的主导品种，如适合种植大户直播的中季稻品种——晶两优1212。观摩会重点展示氮高效栽培技术、超级稻“三定”栽培技术、穗期均衡施肥、印刷播种技术共4项重点技术。湖南展区以参展企业为单元，以彩叶稻作间隔，将不同熟期品种分类后统一播种、统一移栽、个性管理，真实呈现出各品种的典型性状。为适用种植结构调整，展示会还展示蔬菜、玉米、高粱、大豆、西甜瓜、油葵等13种作物234个品种。

9月7日，第一届长沙种植硅谷峰会暨种业创新成果博览会——田间展示与观摩会启动式现场

（北盛镇　提供）

【被授予“湖南省卫生镇”称号】　12月26日，湖南省爱国卫生运动委员会发布《湖南省爱国卫生运动委员会关于授予（保留）浏阳市等38个城市（县城、镇）“湖南省卫生城市（县城、乡镇）称号的决定》（湘爱卫发〔2018〕2号）文件，北盛镇被授予“湖南省卫生镇”称号。自2018年1月开始，北盛镇把创建“湖南省卫生镇”作为落实创建全国文明城市的具体行动，完善基础设施建设，投入1500万元对永社公路北盛段提质改造，做好沿线环境的绿化、亮化；投资1650万元高标准推进车站路棚户区改造，共改造棚户区415户，有效改善北盛老街形象；开展集镇整治，按照“定点划线、有序停车、及时清扫、有效保洁、洒水降尘、适时清洗、规范门店、店内经营”的要求，推行集镇规范化管理，实行集镇环卫市场化运作；调整集镇环境整治人员，聘请专业公司负责病媒

生物防制工作，做到垃圾日产日清，基本消除鼠、蚊、蝇、蟑的孳生环境；建筑工地做到文明施工，建筑垃圾规范处理。实现公共设施配套水平、公共环境管理水平、绿化美化水平、污水处理能力和农村饮用水安全保障水平、通村公路硬化水平、集镇风貌特色水平提升。

（贺云鹏）

沙市镇

【概况】 2018年，沙市镇辖15个村社区，481个村（居）民小组，土地面积209.7平方千米，耕地面积4757公顷，其中水田面积4202.07公顷，旱土面积551.93公顷；山林面积11008公顷。年末，户籍总人口数为70000人，其中农业人口62808人、非农业户口7192人；出生人口947人，死亡人口543人，人口出生率13‰，自然增长率5‰，人口流动数量2273人；有百岁老人2人。年度平均气温19.2℃，最高气温38.9℃，最低气温-4.4℃，年降水量1041.9毫米，2018年旱灾持续时间70天。

经济发展状况 全年完成财政总收入4488万元，同比增长19.36%，其中地方一般公共预算收入2417万元；完成工农业生产总值544676万元。农业生产。粮食产量92672吨，产值22241万元；发生以第四代二化螟为主的病虫灾害，危害面积1333.33公顷，绝收面积200公顷。种植G80特色烟叶605.87公顷，送售烟叶近2.5万担，收购产值3400余万元，创税757万元，获浏阳市烤烟生产一等奖，典型经验全市推介。发展沙市生态优质米，东门栀子花、皇菊，敦睦构树，河背蓝莓，团农樱桃等特色农业。全年蔬菜产量37558吨，产值7512万元；水果产量3250吨，产值1615万元。推进秧田、秀山等7个村种植结构调整和土地污染修复治理。全面完成土地确权信息纠错三轮公示和15个村集体资产清产核资工作。工业经济。完成工业总产值43.83亿元，同比增长14.36%，规模工业企业总产值27.43亿元，同比增长26.74%。工业固定资产投资达16.5亿元，同比增长13.27%。新增升规企业3家，全国工商联家具装饰业商会楼梯专委会2018年第二次会长会议在沙市镇召开。作为三大楼梯主产乡镇之一，助推浏阳市获评“中国楼梯之乡”。商贸服务业。社会零售额5.59亿元。三产融合发展。发展赤马湖、古蒿山、秧田村、河背村等村（片区）的休闲运动体验和乡村旅游。6月，东门村依托千亩栀子花举办“栀子花节”。获评2018长沙最具特色休闲旅游小镇。被列入市委市政府工作报告全市重点特色镇建设名录。体育小镇建设。吸引社会资本投资全新打造艾瑞克冰雪仙境乐园、“炫动赤马湖”水上极限之巅演出项目、赤马湖英美水上乐园、蒿山森林体育公园等体育产业项目，全年接待游客20万人次，产值3000余万元。经济开发区建设。截至12月底，沙市工业小区第一期开发完成，引进规模企业13家，现代家居、服装服饰两大产业初具规模。第二期开发完成66.67公顷征地、拆迁工作，规划建设服装食品包装产业园和教育科技园两个特色产业区，引进广州立康服饰、湖南奥斯利食品科技有限公司、湖南冠湘木业有限公司、湖南都市职业学院体育专业人才培训基地（签约落户）、浏阳宏浩包装科技有限公司、深圳市金伟鑫实业有限公司、长沙百艺人力资源有限公司等项目。项目建设。完成固定资产投资2.7亿元，占全年任务的110%；完成省外境内到位资金2.7亿元，占全年任务的160%。引进湖南都市职业学院、宏浩包装、现代技工职业学院等正式签约项目11个。动工项目5个，投资总额5.27亿元，到位资金2.57亿元；续建项目7个，投资总额1.9亿元。全年组织征地66.67公顷，拨付征地补偿款近4000万元。完成集镇污水管网及污水处理厂项目建设。完成第一批、第二批共12个村美丽乡村规划编制。

社会管理 环境整治。开展蓝天碧水净土行动，开展环境专项执法行动190次，整改问题236个，立案查处8家；配合中央环保督察“回头看”工作，采取“三个一批”（改造一批、关停一批、转行一批）措施，突出对木制品、畜禽养殖行业专项整治，确保两个主要行业实现“零投诉”。落实“六控、十严禁”工作，覆盖覆绿裸露黄土10万平方米，投入30万元种植花木，打造沙市“花海”和赤马湖生态景观大道。推进河长制工作，强化日常巡河巡查和保洁，开展执法行动150多次，整改问题200个，全镇水环境质量明显改善，被省市河长办推介为典型，大源河被评为全市十大最美河流之一。投入220万元强化集镇环卫管理，加强城管管理队伍，设立“街长制”，推行“一导、两巡、三治”（劝导、日常两次巡查、治乱治脏治差）工作模式，突出整治广告招牌、店外经营、乱堆乱放，清理整顿农贸市场，完善相关配套设施，集镇环境明显改善。加大乡

宏伊新城 （沙市镇 提供）

村环境卫生整治力度，实行每月一检查一通报一点评。开展垃圾分类示范村创建工作，东门、中洲、桃源、团农村通过长沙市级验收，秧田村获评省卫生村，团农村获评长沙市卫生村。安全生产。开展安全生产日常检查280余次，春季、夏季复工百日安全生产大检查2次，打击非法生产7处，安全生产零事故零伤亡。治安状况。加强国土动态巡查，推进卫片执法，打击各类违法用地行为，拆除违建厂房6栋，立案查处40余起。组织开展非法捕鱼"利剑行动"50余次。开展打击地下"六合彩"及聚众赌博专项整治和麻将馆排查管控行动。实施摩托车"戴帽工程"和交通安全劝导大行动。开展"三联三保"民情大走访活动，综治民调位居长沙市前列。创新乡村治理模式，成立沙市镇人民调解帮帮团，矛盾纠纷调解成功率98%以上。全年争资化解债务1000余万元。

社会事业　民政、社会救助、社会保障。加强殡葬治理，全镇火化率100%。全年实现脱贫164户，549人，超额完成年度减贫计划，贫困发生率降至0.36%。产业、就业帮扶657户。教育助学扶贫258人，社会保障兜底、危房改造、异地搬迁87户，医疗救助全覆盖。全年发放惠农补贴23项，各类补贴资金2248.09万元。发放养老金、救助金、城乡低保金、五保金、慰问金、残疾人"两项补贴"共3300余万元，医保缴费1240余万元。完成2018年农村饮水安全巩固提升工程及134户危房改造。科技教育文化。全年组织金利烟花等公司申报科技专利17件，超额完成科技局下达的科技专利申报任务。组织开展科普知识展览，种养殖专业知识培训，文化艺术活动下乡等活动。中山小学教学楼、赤马小学幼儿园、杨林小学幼儿园、秀山中学学生宿舍建成并投入使用。策划组织举办浏阳市"拒绝升学宴，文明毕业季"活动、全市"移风易俗美乡村，文明新风进万家"文艺巡演启动仪式等，举行"耕读传家久，文明新风来"博士村升学季文艺汇演等活动。医疗卫生体育。完成12个村级标准卫生室建设，提高"家庭医生"覆盖率，沙市镇卫生院院长卢要文获评全国乡镇卫生院优秀院长。举办、承办长沙（浏阳）首届"乐动沙市"体育旅游节、全国新闻媒体围棋精英赛闭幕式等节会赛事活动及体育产业高质量发展理论面对面专题研讨会；秧田村、河背村、团农村、文光村、长春村建成捞刀河龙舟赛场、室内篮球馆、室内高尔夫球馆、网球场、门球场等体育场地等10余个；群众自发成立龙舟队、广场舞队、篮球队、武术协会等体育团体等50余个；组织拳王争霸赛、团体龙舟赛、赤马湖毅行活动等百姓文体节目。人口与计划生育。完成长效节育措施352例。组织开展免费孕前优生检测451对，妇女"两癌"普查2684人，免费产筛654人、老年人健康体检4210人。

表15　　2018年沙市镇主要规模企业情况表

企业名称	成立时间	注册资金(万元)	产品	从业人数	产值(万元)
浏阳市盛虹国泰烟花制造有限公司	2015年3月	3000	烟花制造	201	15369
浏阳市赤马悦意皮革服装厂	2004年3月	100	皮革服装制造	123	43474
浏阳市顺捷木艺有限公司	2008年9月	200	木扶手楼梯制造	129	31071
湖南高鹏木艺有限公司	2008年	500	木扶手楼梯制造	130	4687
湖南盼盼木制品有限公司	2013年9月	1000	木门制造	156	20390
湖南正兴记食品有限公司	2007年4月	200	食品制造	214	36424
浏阳市秀山华天服装厂	2005年4月	100	服装制造	76	36053
湖南逗趣乐食品有限公司	2004年9月	500	食品制造	41	206
浏阳市康明木业有限公司	2008年10月	500	木扶手楼梯制造	159	5086
长沙贵太太油茶科技发展有限公司	2016年10月	1000	食品制造	25	2149
浏阳市水老官矿泉水有限公司	2003年9月	50	饮用水制造	11	176
湖南大周门业有限公司	2010年10月	200	金属、木门制造	140	16081
浏阳名柏木业有限公司	2013年10月	100	木扶手楼梯制造	135	13523
浏阳市金利出口烟花制造有限公司	2013年11月	800	烟花制造	161	7928
喜洋红鞭炮烟花制造有限公司	2011年6月	201	烟花制造	125	9665
湖南奥斯利食品科技有限公司	2015年10月	1400	饮料制造	16	2496
合计					244778

【举行“乐动沙市·逐梦 2018”元旦广场舞大赛】 1月1日晚，浏阳市“我们的中国梦——湖湘文化进万家”系列活动之“乐动沙市·逐梦2018”第一届恒逸爱心杯元旦广场舞比赛在沙市镇举行，4000余名群众观看、助威，迎接新年。由各村（社区）居民自发组织的11支广场舞队参赛，参赛节目由各村（社区）自编自导自演。文化志愿队表演的节目《在希望的田野上》获第一名，沙市社区广场舞健身队表演的节目《舞动中国》获第二名，青春fire队表演的《江南梦》获第三名，其余八支队分别获优秀奖。

龙舟赛　　（沙市镇　提供）

【接受浏阳农村土地制度改革三年试点“五大行动”现场观摩】 3月21日，浏阳市召开农村土地制度改革三项试点“五大行动”现场推进会，“五大行动”即土地利用总体规划编制、土地开发整理（“旱改水”）、城乡建设用地增减挂钩、“一户多宅”清理整治、农房不动产确权登记发证，沙市镇莲塘村和文光村的土地开发项目作为观摩点接受观摩。市政府领导，市直有关单位主要负责人和各乡镇（街道）党（工）委主要负责人、分管责任人、国土所所长等120余人现场观摩。同日下午，浏阳市召开农村土地制度改革三项试点“五大行动”推进会，沙市镇作典型发言。

【长沙（浏阳）首届“乐动沙市”体育旅游节暨浏阳市第三届全民健身运动会（龙舟赛）开幕式在沙市镇举行】 6月14日，由长沙市体育局、浏阳市政府主办，中共浏阳市委宣传部、浏阳市文化体育广播电视局、浏阳市总工会、中共浏阳市直属机关工作委员会、浏阳市旅游局、浏阳市沙市镇人民政府承办的长沙（浏阳）首届“乐动沙市”体育旅游节暨浏阳市第三届全民健身运动会（龙舟赛）开幕式在浏阳市沙市镇赤马湖风景区举行。节会活动主题是“乐动沙市·乐活小镇”。开幕式上，来自浏阳镇头、沙市等乡镇的9支龙舟队伍展开角逐。当晚，首次上演的炫动赤马湖—水上极限之巅大型实景演出吸引近万名观众观看。表演活动获中央省市及网络媒体关注，其中新华社客户端阅读量近100万，经视v直播、一点资讯直播、掌上浏阳及网络直播等观看量达到100余万，新湖南、湖南经视、红网及时刻新闻、掌上长沙、一点资讯、《浏阳日报》、浏阳电视台等媒体同时报道。沙市镇注重全民健身和休闲体育运动，截至2018年，境内有室内体育场馆10余处，龙舟、篮球、滑水、滑雪、山地自行车、汽车越野拉力等体育队伍50余支；成功举办赤马湖国际滑水公开赛、舞龙赛、龙舟赛、篮球赛、长沙市滑雪公开赛等体育赛事，赤马湖是第五届全国城市运动会沙滩排球、皮划艇比赛的赛场。2018年，该镇通过政府投入资金作为奖励和引导，吸引5.5亿元社会资本投资瑞翔滑雪、英美滑水俱乐部、“1+1”卡丁车俱乐部、蒿山森林体育公园、“炫动赤马湖”水上极限之巅实景演出、湖南都市职业学院体育专业人才教育基地等体育项目建设。

（周　姿）

淳口镇

【概况】 2018年，淳口镇辖农大、鸭头、狮岩、杨柳、高田、山田新村、谢家、枫林湖、南冲、同辉、向坪、炉烟、黄荆坪村13个村，鹤源、羊古滩社区2个社区，254个村（居）民小组，19159户，68175人。全年出生人口12891人，死亡人口521人，出生率，1.1‰，死亡率0.7‰。年均降水量1550毫米，年最低气温0℃，最高气温35℃，镇域总面积233.46平方千米，森林覆盖率64.2%。

经济发展状况 2018年，完成一般公共预算收入3759万元，增长22.5%，其中地方一般公共预算收入1860万元，增长23%。实现工业总产值33.4亿元，增长12.6%；其中规模工业总产值15.9亿元，增长9%；完成固定资产投资8.6亿元，其中工业固定资产投资6.6亿元；社会消费品零售总额5.8亿元，增长87%；农业。发展现代农业，巩固提升“两个千亩、六大万亩”特色农林产业，凸显“一村一品”特色。完成水稻种植3466.67公顷，其中种植优质稻2133.33公顷；打造“湘南红”优质沃柑品牌基地3.33公顷，其他沃柑品牌种植45.33公顷。完成烟叶收购1.4万担，实现税收443万元。淳口镇被列入黑山羊养殖发展带。工业。引进中国民营企业500强大汉集团10亿元级项目，沐梵岛旅游开发、湘晖农业等5个亿元级项目，招商协议引资18亿元，当年到位资金3亿元。新增3家规模以上服务业企业。湘晖农业实现当年引进当年建设当年投产。总投资近2亿元的中洲烟花全自动化4号线建成投产，3号线开工建设。

基础设施建设 500千伏变电站项目建设中。污水处理厂及配套管网一期工程进入试运行，完成管网二期工程前期手续办理；烟草路、府东路、新民路提质改造工程和公租房配套设施项目启动建设。加快创建美丽宜居示范镇和乡村振兴战略示范镇村，获评“长沙市小城镇建设先进单位”。对接经开区，加快园镇融合，蒙华铁路淳口段主体工程完工。全年投

入公路项目建设资金3400万元，提质改造主干道25公里，安防工程60千米，在建桥梁6座。获评“长沙市农村公路建设示范乡镇”。

社会管理　人居环境。完成旱厕改造561座；全面推行垃圾分类减量，新建镇村垃圾分拣中心、分拣站12处，向坪村通过长沙市垃圾分类示范村验收；完成拆违控违2万余平方米，清理整治“一户多宅”655宗80658平方米。环境治理。中央环保督察“回头看”交办问题全部整改到位。全面实施“河长制”，关停不达标规模养殖场33个，拆除涉河违章建筑9处；获评长沙市农作物秸秆禁烧及综合利用示范乡镇。综治维稳。加强花炮、交通、消防、食品等各领域安全监管，开展“强执法防事故”和“打非治违”专项行动115次；查处货运车辆超限超载40台次。11月2日，湖南省交通运输厅2018年度公路交通应急抢险演练在淳口镇向坪村举行。12月27日，科技部农村科技司副司长韩文胜一行调研该镇中洲烟花集团组合烟花自动化生产线相关情况。实现村级法律顾问制度全覆盖。开展党群夜话和“三联三保”民情大走访活动，排查化解各类矛盾纠纷100余起。深化平安淳口建设，推进“扫黑除恶”专项斗争，社会大局和谐稳定。

社会事业　全年474名贫困户脱贫摘帽；实施危房改造158户，解决485人饮水安全问题。深化殡葬改革，全镇火化率达到100%。优化就业服务，完成农村劳动力转移就业任务。完善社会保障，发放低保特困人员保障、各类救助金以及高龄补贴金1084.85万元。提升医疗救治水平，新(改)建村级卫生室7个。推进农村幸福社区建设，鸭头村被评为“全省农村幸福社区建设示范单位”。发展教育事业，建成标准化学校4所，拓宽提质船头小学、山田完小进校道路。

党的建设　选派12个市直部门的党员干部和3个镇中层干部担任村党组织第一书记，在库培养村级干部46人。全年吸收入党申请人84名，培训入党积极分子64名，发展党员31名。完成1个村级软弱涣散党组织的整顿工作，全年调查线索40起(含上级转交22起)，受理群众来信来访20件，立案查处12人(开除党籍处分1人，党内严重警告处分3人，党内警告处分8人)。

【农大社区举办集体生日会】　推进移风易俗，反对铺张浪费。3月2日，农大社区利用元宵节为该村正月生日的村民举办一次集体生日，并以此为先例，推进文明办酒，树立文明新风。6名生日老人在家属陪伴下走上舞台，与台下该社区正月生日的村民共唱生日歌，分享生日蛋糕。集体生日会上，社区群众自导自演19个文艺节目。该活动得到新华网和《长沙晚报》《浏阳日报》等媒体关注，其中新华网报道点击量超92万。

【举行淳口镇乡村振兴招商项目集中签约仪式】　7月30日，淳口镇乡村振兴招商项目集中签约仪式在浏阳市人民政府常务会议室举行。新湖南美丽淳口战略合作开发项目、沐梵岛旅游开发项目、湘晖农业项目、浏阳市九鹤堂食品有限公司项目、戴氏木业项目5个项目现场签约，总投资额16亿元。签约项目主要涉及美丽乡村建设、休闲旅游、现代农业、绿色食品生产、木制楼梯扶手等多个领域，其中，新湖南美丽淳口战略合作开发项目选址向坪村，主要发展康养社群村落、旅游酒店民宿、乡村创意中心、田园综合体等业态。

【“隆平文化驿站”在炉烟村挂牌成立】　6月23日，由中国工程院院士袁隆平题写的“隆平文化驿站”在淳口镇炉烟村正式挂牌成立。“隆平文化驿站”主要开展农民课堂、庄稼医院、精准扶贫、美丽乡村建设、文艺下乡等公益活动，向广大城乡传播科学文化、普及先进农业知识和技术、弘扬正气、传递爱心，为乡村振兴、精准扶贫提供文化支撑。袁隆平担任“隆平文化驿站”名誉理事长兼首席科学家。授牌仪式上，“隆平文化驿站”理事会为炉烟村授牌并颁发驿站站长聘书，淳口商界向“隆平文化驿站”站赠送图书，并进行爱心捐赠。

【召开“万企帮万村”淳口公益活动启动会】　8月30日，“万企帮万村”淳口公益活动启动会在淳口镇政府召开。长沙市委统战部副部长、长沙市工商联党组书记丁文，长沙市慈善总会发展部部长黄灿，浏阳市委统战部副部长、浏阳市工商联党组书记汤建军，国家税务总局浏阳市税务局副书记、副局长周叙述，浏阳市税务局沙市分局局长陈程，淳口镇党委书记殷志民及部分企业代表参加活动。会议旨在贯彻落实全国扶贫工作会议精神，推动“万企帮万村”精准扶贫行动提质增效，为淳口镇枫林湖村千年母子杏道路硬化和杉山河堤建设工程募集建设资金，助力省级贫困村—枫林湖村脱贫攻坚。27家企业和2家商会当场签署公益捐款意向书，为枫林湖村募集项目资金40万元。

(胡　媛)

6月23日，“隆平文化驿站——炉烟村站”授牌仪式　(淳口镇　提供)

蕉溪镇

【概况】 2018年，蕉溪镇辖6个村，105个村民小组，总面积87.8平方公里，耕地面积809.47公顷，其中水田744.4公顷，旱土65.07公顷，山林5950.07公顷。全镇总人口29785人，全年出生383人，死亡208人，自然增长率5.77‰。年均气温18.1℃，年内气温最低值-5.4℃，降水量1440.3毫米。

经济发展状况 全年实现财税收入1590万元，增长13.5%。实现地方收入650万元，增长14.9%。实现社会销售品零售总额增长29%。坚持“一村一策”，6个村均实现集体经济5万元以上，整镇消除集体经济薄弱村。实现村级零负债，镇村隐性债务零增长，化解存量债务596.63万元，完成债务偿还计划。农业。粮食播种面积666.67公顷，推广优质稻66.67公顷，全镇有粮食种植大户15户，双季稻种植133.33公顷，油菜种植133.33公顷。推广无公害蔬菜种植26.67公顷，水果40公顷。主推农业生产新品种，其中高档优质稻达到30%。组织各类农业技术培训，共10次186人。种植烤烟20.67公顷，产烟叶598担。完成种植结构调整面积236.67公顷，建成“千亩示范基地”一个。水利。完成疏通渠道清淤250千米，加固山塘4口，新建机埠3座，修复河坝2座，河堤18座。工业。新增规模企业3家，实现规模以上工业总产值9.1亿元，固定资产投资9.25亿元。申请专利20起。华冠全自动烟花生产机械获中央、省、市领导好评。招商引资。引进金锋科技等5家企业落户，招商签约金额2亿多元，庆泰集团、上海远景能源等数十家投资商到蕉溪洽谈对接项目。

社会管理 完善安全生产派驻制度，抓牢行业安全监管，连续11年安全生产零事故。建成集平安建设、信访维稳、公共法律服务等功能于一体的综治维稳中心。聘请13名社会各界人士担任人民调解员，全年成功调解各类矛盾纠纷92起，接待解答各类法律咨询160余人次，接待群众来信来访38批次，办结回复各类信访案件35件。化解一例陈年积案，全年进京零非访。开展“三联三保”大走访活动，走访群众1213户，收集意见建议48条，处理信访事件16件，解决市委交办件2件。开展“扫黄治赌禁毒”行动，打击聚众赌博、地下“六合彩”、吸贩毒违法犯罪行为。全年派出所接处警383起，其中受理行政案件26起，受理刑事案件39起，刑事拘留15人，行政拘留22人，强制戒毒8人。接受社区矫正人员5人。开展“绿心绿化”三年行动，创建绿色庭院20户，栽种树苗6万多株，土地复垦复绿16公顷。开展农村“五治”(治水、治厕、治垃圾、治房、治风)，严管排污治污，开展第2次全国污染源普查工作，确保黄泥江出境断面和水库水质达标。推进“厕所革命”，拆除旱厕57座、改造372座。加强人居环境整治，推进垃圾分类减量，建成垃圾分类资源回收站2个，配置垃圾运输车17台。深化土地改革，拆除空心房397栋。推进移风易俗，全镇火化率接近100%。污染防治。推进污染防治攻坚战和“蓝天碧水保卫战”，落实“六控”“十严禁”。全年集中执法检查75次，治理黄土裸露59处，依法取缔散乱污企业1家，立案查处3起，有效办理信访投诉70余件，受理上级交办信访件21件，综合满意率100%。落实“河长制”和小微水体管护要求，开展“清四乱”专项整治活动14处，推进秸秆禁烧工作，办结中央环保督察“回头看”和省级环保督察投诉件，及时完成销号，建立长效机制。深化“最多跑一次”改革，接受市级下放权限258项。

社会事业 长沙市特护服务示范敬老院基本建成，新增电视机20台，完成敬老院厨房食品安全改造。丰富农村文化生活，成功举办蕉溪镇第一届“振兴杯”篮球赛，筹备举办蕉溪镇第一届“振兴杯”乡村运动会。完成慈善助学23例，捐款2.8万元，其中一、二本大学生20例，三本大学生3例。完成大病救助78例。完成扶残助残工作任务，发放残疾人辅具90件，扶残助残生产物资8户。对115个精神病人免费发放治疗药物和免费住院治疗项目；对接残联为42个残疾人申报重残补助20600元/月，护理补贴42人8240元/月，向社会筹集扶残、助残资金1.8万元。全面做好城乡居民保险收缴工作，养老保险完成比例为157.78%，计生保险收缴8万元，超额完成全年指标。红十字会完成113例无偿献血任务数，超额完成团体预约任务。2018年立案查处违法生育对象23起，征收社会抚养费21万元。完成国家免费优检176对；产筛完成286例；妇女病“两癌”普查完成1039人；免费发放避孕药具1063人次，随访率100%，做到及时到位发放和随访。完成国家基本公共卫生项目全市排名第二。精准脱贫。全年共脱贫62户186人，全面完成年度减贫计划。将产业扶贫作为关键，推行“四跟四走”模式，制定“一村一策”产业计划。“绿然养蜂”采取“合作社+养殖基地+贫困户”的发展模式，涉及全镇6村212户、610人，实现年人均增收1000元以上，纳入精准扶贫省级重点产业项目。发放各类扶贫奖补资金77.8余万元，10户贫困户完成危房改造，225名学生享受

6月30日，浏阳市蕉溪乡撤乡建镇揭牌仪式举行　　（蕉溪镇　提供）

教育助学政策，为47户贫困户发放扶贫小额信贷112万元，为86户贫困户235人解决安全饮水问题，73户贫困户完成厕所改造。为建档立卡贫困户报销医疗费用452次115余万元，报销率90.9%。

党建工作 开展党支部“五化”专题培训8次，4个党支部升格为党总支部，新建14个党支部，完成19个党组织换届选举工作，提质改造党支部阵地22个，实现初创覆盖率60%以上。投入20余万元持续开展“党员微服务、群众大满意”活动，实施30多件微实事项目，改善党群干群关系。镇村干部和普通党员组建党建宣讲团，拓宽宣传载体，通过花鼓戏、三句半等方式开展移风易俗进村入组微宣讲60多场次。探索建立“一卡一队伍一中心”(即党员服务卡、党员服务队、志愿服务中心)为内容的党员志愿服务体系，成立民安、同心等七支党员志愿服务队，开展“我是党员，我为核心价值观代言”等系列活动，协同“小青蕉”返乡大学生志愿服务队、30多名“五老”人员组成的蕉溪“常红”志愿服务站、巾帼志愿队、仁爱志愿队，累计开展关爱留守儿童、移风易俗、文明创建等志愿活动40余次，参与抗冰救灾、修路架桥、文化演出30余次。

【蕉溪乡撤乡建镇】 根据《湖南省民政厅关于撤销浏阳市蕉溪乡设立蕉溪镇的批复》(湘民行发〔2018〕3号)、《长沙市人民政府办公厅关于浏阳市蕉溪乡撤乡设镇的通知》(长政办函〔2018〕79号)、《浏阳市人民政府办公室关于市蕉溪乡撤乡设镇的通知》(浏政办函〔2018〕46号)文件精神，批准撤销蕉溪乡设立蕉溪镇，以原蕉溪乡的行政区域为蕉溪镇的行政区域。行政区划调整后，蕉溪镇辖0个建制村，总面积87.8平方千米，总人口数29785人，镇人民政府驻高升村高升路1号(原蕉溪乡人民政府驻地)。6月30日，蕉溪乡举行撤乡建镇揭牌仪式。浏阳市副市长王坤球、市政协副主席谢建国，浏阳经开区党工委副书记、管委会副主任寻院豪，市政府办副主任唐朝晖出席揭牌仪式。蕉溪因地处连云山脉蕉溪岭之西而得名，西接国家级浏阳经济开发区，东临浏阳市城区，素有浏阳“入城门户”之称，距长沙市区35千米，距黄花国际机场30千米。

【金阳大道三期蕉溪段拆迁工程】

金阳大道三期工程自2017年9月开始施工，全长16.7公里，其中蕉溪境内里程13公里。蕉溪镇负责金阳大道三期蕉溪段全线的拆迁，截至2018年12月31日，蕉溪段涉及征拆户93户，已征91户；征地1244亩，完成征地任务数的98.3%；迁坟956座，签订户外设施协议695份。

(张碧琴)

龙伏镇

【概况】 2018年，龙伏镇辖8个村(坪上、焦桥、新开、黄桥、达峰、柘庄、相市、石柱峰村)，2个社区(龙伏、泮春社区)，328个村民小组。总面积117.4平方千米，其中耕地2535.1公顷(水田2262.4公顷，旱土272.7公顷)、山林地7698.1公顷、水域面积130.7公顷。年末，户籍人口47972人，其中农业人口44035人，非农业人口3937人；全年出生447人，死亡378人，人口出生率9.31‰，死亡率7.88‰，人口自然增长率1.43‰。年均气温18.5℃，年内气温最高值42.8℃，年内气温最低值-7.4℃，年降水量1129.2毫米，无重大自然灾害。农民人均可支配收入18846元，比2017年增加1396元。

经济发展状况 全年完成财政总收入1505万元，增长15.8%，完成一般公共预算收入748万元，增长7.01%，提前一个月完成财税任务。农业。全年种植水稻面积2970公顷、烤烟191.67公顷，获评“浏阳市烤烟生产优秀乡镇”。发展“小龙虾”等特种养殖26.67公顷，栽种“巨型水稻”20公顷，引导成立家庭农场49家，培训职业农民600余人，打响“红颜草莓”“龙伏富硒米”品牌。工业。全年新增规上企业4家，完成规模工业总产值16.3亿元，完成固定资产投资13.2亿元，同比增长8.2%。开展“千人帮千企”活动，完成科技专利申请38件、发明专利19件，帮助企业解决发展难题32起。第三产业。乐华集团、中青旅集团、苏州美房云客软件科技股份有限公司等文旅企业到镇考察、洽谈；完成焦达峰故居布展和沈家大屋修缮方案编制。

基础设施建设 提质、通畅乡村公路27条20千米，修建桥梁5座，建成集镇污水处理厂。

社会管理 环境保护。以中央环保督察为契机，开展“清霾”“碧水”“净土”“静音”专项行动，责令停产整改企业12家。在全市率先完成黄标车淘汰清零。治理养殖污染，引导80余户养殖户转型发展。完成危房改造47户，完成5家垃圾分拣站、1家分拣中心和646座“旱厕改造”任务。安全生产。全年开展危爆、交通、校园、食药、消防等领域专项检查95次，缴获非法生产“晨光花”210箱，行政拘留3人，安全生产实现“双零”目标，获评长沙市“安全生产示范镇”。

焦桥村村级道德馆 (龙伏镇 提供)

治安环境。落实“三联三保”工作要求，将每周二定为集中走访日，排查隐患452个，处置化解418个、调解纠纷31起。开展扫黑除恶专项斗争，加大综治宣传和打击违法犯罪力度，全年接处警502起，办理刑事、治安案件93起，评选表彰市镇平安家庭869户，综治工作获评浏阳市红旗单位。在长沙市暨浏阳市三下乡活动示范活动中，龙伏村获评“省级同心美丽乡村”。建成全省首家村级道德馆，开展“农民讲习所 屋场故事会”宣讲活动，成立“五心”学雷锋志愿服务大队，2人被授予“长沙好人·身边雷锋”称号。培育文明乡风，引导群众简约办酒515起，殡葬火化率100%。“治风”(移风易俗)工作焦桥经验在全市推介。

社会事业 扶贫工作。全年脱贫114户377人，帮助329位贫困户实现家门口就业，铺排产业扶贫项目13个；长沙市产业扶贫暨“百企帮百村”工作推进会、产业扶贫现场观摩活动在该镇召开。社会保障。发放低保金、民政医疗救助款等834万元，惠及6000余人。卫生。提标村级卫生室4家、免费优生检测348对、“两癌”普查1930人。文化体育。对4所中小学校硬件进行升级，新增村级图书室3处、球类运动场4个，成功举办湖南省“银龄行动”暨“老科技工作者日”启动仪式。

【焦桥村村级道德馆开馆】 6月，龙伏镇焦桥村举行“桥丹书院”揭牌仪式，同时，位于书院一楼的焦桥村道德馆开馆向全体村民正式亮相。占地面积500平方米“桥丹书院”由在长沙工作的焦桥村人——焦剑夫妇筹资捐建。书院大楼外面为焦桥村筹资60多万元配套建设篮球场、门球场、健身文化广场。道德馆馆内布置由“社会公德”“职业道德”“家庭美德”及“个人品德”四个篇章组成，分别展示由龙伏镇各村推选的21名道德模范先进事迹。2016年起，龙伏镇党委、政府积极培育和践行社会主义核心价值观，以创建‘德润龙伏’品牌为抓手，培树先进典型，倡导乡风文明，推进乡村振兴；将学习宣传道德模范与“1228”党建工程、“三保”体系建设、“灵秀乡村 精美龙伏”建设相结合。镇村两级从硬件上修建一批文化娱乐设施，在群众居住较为集中的屋场、小区设立道德馆，让群众学有榜样，做有标杆，浓厚崇德向善氛围；从软件上、活动组织上，宣扬身边好人好事、崇尚身边道德模范，弘扬中华传统美德和社会正能量。

【龙伏村被授予首批“湖南省同心美丽乡村”称号】 9月17日，湖南省委统战部召开全省统一战线深化同心美丽乡村创建推进会。会上，浏阳市龙伏镇龙伏村等全省30个村被授予为第一批“省级同心美丽乡村”称号。同心美丽乡村创建是湖南省统一战线助力乡村振兴战略实施的一项举措。2016年以来，龙伏村将同心美丽乡村创建作为一项系统工程贯穿村级发展全过程，坚持高位推动、上下联动、人人行动，着力建设“繁荣、富裕、文明”的同心美丽乡村。为承接非公企业家回乡创业，龙伏村在境内规划建设龙伏工业集中区，并建立全省范围内首个精准扶贫车间。

10月16日，2018年“银龄行动”暨“老科技工作者日”湖南(长沙浏阳)主会场启动仪式现场

(龙伏镇 提供)

【2018年“银龄行动”暨“老科技工作者日”湖南(长沙浏阳)主会场启动仪式在龙附镇举行】 10月16日，由湖南省老龄办、湖南省老科协主办的2018年“银龄行动”暨“老科技工作者日”湖南(长沙浏阳)主会场启动仪式在龙伏镇举行，中国老科协副会长、湖南省老科协会长、原省人大常委会副主任蔡力峰，省民政厅副巡视员余跃，省老龄办主任许长林，省老科协副会长、原湖南大学党委书记刘克利以及长沙市、浏阳市老龄办、老科协负责人、浏阳市各乡镇街道老协会长、老同志代表共约180余人参加活动。浏阳市政府副调研员彭琼参加启动仪式。开幕式上，该镇党委书记黎靖致辞，蔡力峰向长沙市老科协授旗并宣布全省“银龄行动”活动启动。开幕式后，现场举行名老中西医义诊、农业技术知识咨询、健康养生、农业科普知识讲座、广场舞表演等活动。

(黄文良)

社港镇

【概况】 2018年，社港镇辖12个村，总面积171平方千米，其中基本农田3421.44公顷，林地11907.55公顷。年末，辖区户籍总人口49354人，其中男性25015人，女性24339人，全年出生596人，死亡386人，人口出生率12.06‰，死亡率7.8‰，民族以汉族为主，壮、苗、侗、白、土家族均有分布。年平均气温21.9℃，最高气温39.5℃，最低气温-6.8℃。年降雨量1600毫米左右。被授牌全省首批特色产业小镇。被评为湖南省基层药具服务示范窗口。

经济发展状况 全年财政总收入2999.75万元，增长10.8%。完成规模工业总产值20.1亿元，增长13.8%。用电量增长16%。完成固定资产投资10亿元，招商引资完成市外到位资金2亿元、长沙市外固投1.9亿元、省外境内到位资金1.9亿元。推动农业产业健康平稳发展，落实粮食播种面积2800公顷、烤烟种植面积120公顷，发放各类涉农、惠农补贴1879万元。发展“丹霞稻加鱼”“捞河源茶叶”等特色产业，调整种植结构，建成淮洲湘莲和清江蔬果2个“千亩示范基地”。提速全域旅游发展，整合周洛、丹霞湖、石牛寨、寻淮洲故居等景点联动发展，实现旅游收入4300余万元，周洛村以旅游产业为龙头，发展林下经济，中央电视台《生财有道》栏目进行专题报道。坚持“一村一策”，消除集体经济薄弱村4个。防范化解债务风险，撤销新港城建投资开发公司，全年化解存量债务1546.63万元。

基础设施建设 启动怡民公路(潭口—小界)维修改造项目，筹备社金公路建设，污水处理厂项目完成主体建设，污水管网项目完成工程量的55%。

社会管理 推进厕所旱改水，完善道路交通安全设施，增设红绿灯2处，测速监控1处，完成4处平交路口安全隐患整治。对6条镇管河流建立“一河一策”，各级河长通过APP打卡巡河。启动捞刀河水环境综合治理，捞刀河社港段水环境综合治理项目成功申报省发改委产镇融合发展专项，完成公开招投标；全部清退捞刀河社港段流域500米范围内的养殖户。严格防控秸秆焚烧。推行垃圾分类减量，周洛、丹霞、淮洲3个村成功创建长沙市垃圾分类减量示范村。推进“厕所革命”，拆除旱厕457座，新建3格化粪池343座。办理环境信访投诉件74件。落实“三联三保”，通过党政领导公开接访、“把话筒交给群众”等方式，化解一批信访积案，获评长沙市信访工作“三无”乡镇。2月8日，市公安局社港派出所完成建设，搬迁新址。开展扫黑除恶专项斗争行动，查处涉黑涉恶案件152起，处置97人。抓牢行业安全监管和食品安全工作，实现安全生产和食品安全“双零事故”目标。推动卫片执法行动，整顿违法用地建设35宗。清理整治“一户多宅”，拆除旧宅431户，总面积66754.96平方米，完成任务136.4%。维护蒙华铁路社港段路地施工环境，调处矛盾纠纷190余起，完成10户红线外房屋拆除，补证红线外用地补征2.67公顷，完成5.87公顷临时用地租赁，推进集中安置区建设。

社会事业 扶贫工作。实施产业扶贫项目10个，解决就业78人；完成20户贫困户易地搬迁入住，改造贫困户危房12户；骨伤科医院建立10万元贫困户就医援助基金，镇教育基金解决39名贫困学生校车和午餐费用。全年114户401人稳定脱贫。民政。投入50余万元完成养老服务中心特护区建设，获评长沙市示范养老服务中心和省级示范特护区。文教体卫。社港镇获评“湖南省基层药具服务示范窗口”。启动社港镇康复疗养医院建设，江氏正骨专科成为长沙市医学重点专科，社港镇骨伤科医院成功创建为二甲医院，业务收入突破3亿元。“江氏膏药制作技艺”入选第六批浏阳市(县级)非物质文化遗产项目名录，江氏正骨术传承人江林入选第四批省级非物质文化遗产代表性传承人名单。改扩建村级卫生室4个，完成双狮坪中学和保兴学校标准化改造。

社港镇养老服务中心　　(社港镇　提供)

【社港镇养老服务中心】 社港镇养老服务中心位于清江村，占地0.667公顷，建筑面积4022平方米，有养老床位130张，投入建设资金700万元。2018年1月8日，完成养老服务中心特护区建设，获评长沙市示范养老服务中心和省级示范特护区。该中心入住老人78位，其中特困供养老人71位，社会寄养老人4位，精准扶贫对象3位。中心有工作人员6名，实行院长责任制，可根据老人需求提供服务。

【好莱斯影城正式开业】 2月13日，好莱斯影城正式营业，为社港镇群众文化娱乐生活再添新去处。好莱斯影城位于好莱斯国际酒店三楼，有3个大型影厅，4个休闲影吧，影吧内有3000多个片源供观赏，加盟潇湘院线，中影集团，全国同步放映。

【“江公膏药制作技艺”入选第六批浏阳市(县级)非物质文化遗产项】

4月，浏阳市文体广电局组织开展第六批市级非物质文化遗产项目申报与评定工作，社港镇骨伤科医院“江公膏药制作技艺”作为传统医药类入选第六批浏阳市(县级)非物质文化遗产项目名录。江公膏药制作技艺采用江氏祖传技艺和配方，无任何化学用药，具有简、便、效、验的医疗特色。配方中以土鳖虫、血竭、全蝎为君药，败血淤血；以大黄、乳香、没药为臣药，活血止痛，荡涤留淤，共奏活血化瘀，通经止痛之功，在治疗跌打损伤方面疗效卓著，对筋骨麻木疼痛，骨关节炎，椎间盘突出，坐骨神经痛，腰腿疼痛，颈椎病，背部沉重，肩周炎等常见疾病具有明显的改善作用。制作工序包括前期准备、药材的筛选配伍、熬枯去渣、炼油、下丹、去火毒、上药、包装等八道复杂技艺工序严格施行，以湖南本地的上等麻油熬炼，95%以上纯度的黄丹，最终熬制成色泽一致、光洁细腻、厚薄均匀、品质稳定的膏体。

【浏阳市首届旅游抖音挑战赛在周洛大峡谷开幕】 9月19日，由长沙市旅游局、共青团长沙市委指导，浏

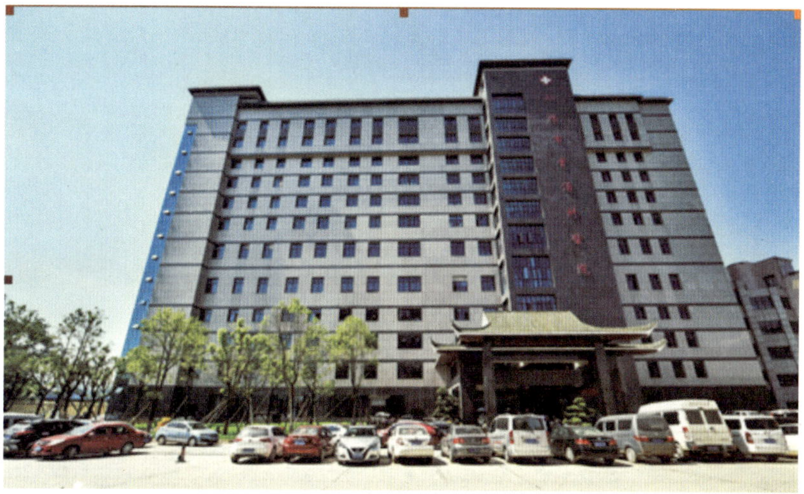

浏阳市骨伤科医院　（社港镇　提供）

阳市旅游局、共青团浏阳市委、浏阳市文明办、社港镇人民政府主办，周洛大峡谷景区承办的“发现浏阳之美，我为旅游代言”首届浏阳旅游抖音挑战赛在社港镇周洛大峡谷开幕。开幕式上进行舞蹈表演，并通过播放视频推介浏阳美景，特别邀请旅游达人和本土网红与观众互动。周洛风景区是国家AAA级景区，位于长沙、浏阳、平江三市（县）交界的社港镇境内，地处海拔1359.7米的连云山脉西部，是捞刀河发源地。2013年被评为长沙市民最喜爱乡村美景之一，2014年被评为湖南省生态旅游示范区，2016年被纳入浏阳市十条乡村旅游精品线路之一。周洛瀑布群落是中南地址最大自然瀑布群落；桂花群是亚洲最大的野生桂花群。景区内负氧离子极高，具有保健疗养功效，是天然氧吧。

【《医养名镇　神奇社港》“欢乐浏阳河”社港镇专场文艺晚会】　11月9日，由中共浏阳市委、浏阳市人民政府主办，中共浏阳市委宣传部、浏阳市文化体育广播电视局、中共社港镇委员会、社港镇人民政府承办的《医养名镇　神奇社港》“欢乐浏阳河”社港镇专场文艺晚会在浏阳河广场开演。社港镇村干部、群众代表、企事业单位代表、学校师生代表等参加演出。晚会由《旗鼓鸿运》、诗朗诵《医养名镇　神奇社港》、舞蹈《无名花》、戏曲《送恭喜》、歌伴舞《共圆中国梦》、小品《文明劝酒》、快板《社港欢迎您》等10个节目组成，其间穿插文明创建有奖知识抢答，吸引众多市民驻足观看。晚会表演展示社港干部群众奋发向上、积极创新精神风貌。

【浏阳骨伤科医院成功创建为二级甲等中医骨伤医院】　12月28日，长沙市卫生计划生育委员会正式下文批准确定浏阳市骨伤科医院为二级甲等中医骨伤医院，有效期四年（2018年12月至2022年12月）。浏阳市骨伤科医院是一个以中医骨伤科为主的专科医院，2018年3月，该院启动二级甲等中医骨伤医院创建；4月，该院“江公膏药制作技艺”作为传统医药类入选第六批浏阳市（县级）非物质文化遗产项目名录。12月17-19日，长沙市卫生计生委评审专家组通过听取汇报、查阅资料、现场查看与访谈等方式对医院人才队伍建设、专科建设、中药药事管理、中医护理、医疗质量管理等方面进行评审。

（张　唯）

小河乡

【概况】　2018年，小河乡辖田心村、新河村、潭湾村、乌石村、皇碑村5个行政村，村民小组184个，乡域面积有110平方千米，其中耕地面积1766.67公顷，水田面积1660公顷，旱地面积107.05公顷，山林面积8000公顷，属长沙株树桥水库引用水源核心保护区。总人口1.65万人，出生人口224人，死亡人口130人，人口出生率1.36‰，自然增长率0.57‰，流动人口数量2748人，流动方向为江西、广东省。年均气温16℃，最高气温38℃，最低气温-3℃。乡境内有初级中学1所，4所小学，2个教学点。潭湾村入围第五批国家传统村落名录。

经济发展状况　全年完成规模工业总产值4.8亿元、工业固定资产投资3.39亿元，新增规上企业3家，完成社会消费品零售额1094万元，实现招商引资1040万元；完成财税总收入1966万元，同比增长17.9%；其中地方收入676万元，同比增长38.1%；全面清理政府债务791万元，消除集体经济薄弱村2个，各村集体经济收入均达到5万元以上。以打造全域绿色农产品供应基地和中国山水画乡为目标，培育三大“特色产业”。做强绿色农产品。种植优质稻233.33公顷、烤烟73.33公顷，小河大米通过农业部绿色认证，建设绿色农产品基地30个，与3家知名企业签订合作协议。做优金丝皇菊。鼓励和引导金丝皇菊企业申报SC认证，种植面积达到20公顷。做大农民工艺国画。催生文化经济，全乡开设农村画室6处，培训农民画师430余人，作品远销海外，总销售额1000余万元，新华社等媒体进行集中报道，综合点击量突破5000万次。

基础设施建设　全年累计投入5000万元。投资2600万元的高标准农田改造和土地整理项目全面竣工，提质改造香炉冲、石背冲等道路15千米。推动学校标准化建设，小坑小学、凰岗完小幼儿园、小河中学学生公寓相继投入使用。田心完小改扩建全面启动，严坪完小标准化建设进入设计阶段。优化便民利民配套设施，田心风雨廊桥改造和污水处理厂管网建设全面完成，皇岗大桥、田心集镇棚户区改造基础设施配套二期项目以及小溪河（皇碑段）河道整治项目稳步推进。土地开发项目一期3.07公顷初步验收，二期6.73公顷正在施工。31.73公顷宅基地复垦“增减挂钩”项目正在施工，第二期28公顷完成设计评审。完成全乡村庄土地利用总体规划试点修编工作和3个项目经营性集体土地入市前期工作。

社会管理　推进农村人居环境整治，拆除“一户多宅”467户，完成旱厕改造429座。成功创建长沙市卫生镇、长沙市农村生活垃圾治理示范镇、长沙市城乡环境卫生整洁行动五星级乡镇，其中潭湾村成功创建湖南省卫生村，田心、新河村成功创建长沙市卫生村，乌石、潭湾、田心成功创建长沙市两型村庄，田心、皇碑、新河、乌石成功创建长沙市农村生活垃圾分类减量示范村，全市垃圾分类工作推进会在小河乡进行现场观摩，垃圾分类工作吸引省内外近50个单位1000余人到乡学习交流。加大复绿造绿力度，全年义务植树5.6万株，未发生一起森林火灾，森林覆盖率75%以上，获评“中国绿色名镇”，乌石村成功创建“长沙市绿色村庄”。推行移风易俗，组织党员群众签订承诺书1.2万余份，制作移风易俗客家歌谣。推进殡葬改革，推行“生态节地树葬”，引发人民网等媒体的广泛关注和推介。开展“夜话星期一，暖心大走访”三联三保活动，调处矛盾纠纷142起，共挽回经济损失329万元。成功创建长沙市“平安乡镇”、长沙市信访工作“三无”乡镇，获评浏阳市禁毒工作先进单位，2018年度综治民调排名全市第2。

社会事业　全年发放养老金560万元，五保、低保补助金338.9万元。开展微爱计划，发放各类救济救助资金63万元。成功申报五美祠为省文物保护单位，新河村获评长沙市乡村振兴示范村，田心村获评浏阳市乡村振兴示范村。卫生计生提质提档，获评长沙市人口和计划生育工作优秀乡镇，提质改造潭湾村卫生室。完成红十六军临时军部旧址修缮和罗汉松公园保护改造工程，完成敬老院消防改造和特护区建设。

浏阳河最美九道弯之小河乡鳄鱼嘴　　（小河乡　提供）

【入选为2018年“中国绿色名镇”】

4月21日，由全国生态文明建设发展论坛组委会、人民日报社《民生周刊》杂志社、《半月谈》杂志社、中国国情调查研究中心共同主办的2018美丽中国——生态城市与美丽乡村经验交流会在京召开。小河乡凭借得天独厚的生态文化和生态文明建设的成绩，入选为2018年“中国绿色名镇”。小河乡坚持“绿水青山就是金山银山”的绿色发展理念，探索生态保护和经济发展共赢之路。依托大围山生态旅游示范区“一园四镇”的发展优势，推进乡村生态休闲旅游产业，举办百合花节、向日葵节、菊花节等节会活动，吸引来自省内外各地游客10余万人次，带动旅游收入1000万元以上，打响“世外原乡、花田小镇”的旅游品牌。按照“串点成线、连线成片、整体推进”的要求，开展全域美丽乡村建设，加快推进张小公路两厢和小溪河河道两岸绿化建设，打造“畅、洁、绿、美、安、亮”的精品绿色走廊。采取“乡统筹、村为主、户示范”的方式，打造精品道路和绿色庭院，开展张小公路两旁旧房改造、危房拆除，消除道路沿线视觉污染。经整合多方投入，建设一批具有特色和魅力的幸福屋场和美丽村庄。2017年起，小河乡党委、政府立足生态和水源保护，坚持走可持续生态发展之路，曾先后获长沙市垃圾分类示范乡镇、长沙市环境卫生十佳乡镇、长沙市绿色集镇、长沙市森林防火模范乡镇、长沙市文明乡镇、长沙市安全生产示范乡镇、长沙市综治维稳模范乡镇、长沙市精准扶贫先进乡镇等多项荣誉称号，创建2个省级卫生村、1个省两型示范村、1个美丽乡村特色村、1个垃圾分类示范村。

【潭湾村入围第五批国家传统村落名录】　12月10日，住建部官网公示第五批拟列入中国传统村落名录的村落，浏阳市小河乡潭湾村入选。中国传统村落入选对象为民国以前建村，建筑环境、建筑风貌、村落选址未有大的变动，具有独特民俗民风的村落。潭湾村位于浏阳市小河乡南部，地处浏阳市东部，湘赣边陲，大围山国家森林公园南麓，罗霄山脉北部，浏阳河上游，域内森林覆盖率高，是长沙市饮用水源一级保护区。村域面积29.5平方千米，村内客家人较多，有“客家之源”之说，村民结婚保留客家人“哭婚”传统。村内古民居多，保留具有传统文化气息的活字印刷术和印刷坊。村内红色革命建筑及遗址多，潭湾村是秋收起义的屯兵营，是井冈山会师的必经之地，有红色革命建筑及遗址14处，其中红一方面军后方总医院是省级历史文物保护单位。

（陈　佳）

人　物

（排名不分先后）

“浏河晨曲”　陈伏明　摄影

收录标准

一、新任领导。中共浏阳市委、浏阳市人大常委会、市人民政府、政协浏阳市委员会新任实职市（县）级领导简历，浏阳籍在外工作的新任省、部（副军）级及以上实职领导简历。

二、新当选的或浏阳籍在外工作的湖南省党代会代表、湖南省人大代表、湖南省政协委员，中共全国党代会代表、全国人大代表、全国政协委员。

三、新当选的浏阳籍两院院士，年度内有重大成就的浏阳籍专家、学者、艺术家、教育和新闻出版界人物以及省级和国家级非物质文化传承人。

四、获得省、部级及以上级别科技发明奖或科技进步奖；有重大发明创造或重大贡献尚未获奖，但被权威机构或人士确认者；有重大成就在全国性评选活动中获得权威机构评奖；获得省、部级及以上级别优秀党员、劳动模范、先进工作者，获得省、部级及以上级别权威机构授予称号、牌、匾等；体育比赛中获得全国第三名及以上荣誉者。

五、域内年度内有重大成就农、工商界人物。

六、台、港、澳和华侨人士。

七、逝世人物。曾任中共浏阳市委、浏阳市人大常委会、市人民政府、政协浏阳市委员会主要领导，浏阳籍在外工作曾任省、部（副军）级及以上实职的领导及其他社会各界名流。

八、各年度录入人物数量主要以组稿单位资料报送等实际情况结合本标准确定，本标准自《浏阳年鉴（2018）》开始实施。

新任市级领导

邓　凡

邓凡，汉族，1983年10月出生，湖北省天门市人，2001年9月进入中南民族大学学习法学专业，2003年3月加入中国共产党，2005年7月大学毕业，进入湖北省科技信息研究院工作。2007年9月到中南财经政法大学脱产学习宪法学与行政法学专业，2010年7月研究生毕业，获法学硕士学位，2010年7月至2011年7月在湖北省科技信息研究院工作，2011年7月至2012年7月进入国家土地督察武汉局督察三室，2012年7月至2014年1月任国家土地督察武汉局督察三室主任科员，2014年1月至2017年7月任国家土地督察武汉局督察二室主任科员，2017年7月至2018年4月任国家土地督察武汉局督察二室副主任，2018年4月至2018年6月任中共浏阳市委常委、市人民政府副市长候选人（挂职），2018年6月任中共浏阳市委常委、市人民政府副市长（挂职）。

屈湘水

屈湘水，汉族，浏阳市沙市镇人，1978年8月出生，1996年9月进入西安交通大学学习供热通风与空调工程专业，1999年5月加入中国共产党，2000年7月，大学毕业，获工学学士学位。2000年7月参加工作，任浏阳市公安局干警。2005年2月至2007年9月任浏阳市人事局党组成员、纪检组组长。2007年9月至2010年7月任杨花乡党委副书记、乡长。2010年7月至2011年11月任澄潭江镇党委副书记、镇长。2011年11月至2013年7月澄潭江镇党委书记。2013年7月至2017年2月任安全生产监督管理局党组书记、局长、市委政法委副书记（兼）。2017年2月至2018年3月市人民政府党组成员、政府办公室党组书记、主任。2018年3月至2018年9月任市人民政府党组成员、副市长，政府办党组书记、主任。2018年9月任市人民政府党组成员、副市长，负责工业经济、交通运输、环保、食药工商质监、交建投、公路、两型产业园建设、食品安全、电力、花炮测试、应急管理、矿山资源、企业改制、海事、邮政、电信、移动、联通等方面工作。协助负责安全生产方面工作。联系省、长沙市驻浏企业工作。

中国妇女第十二次全国代表大会代表

罗加辉

罗加辉，女，汉族，1969年3月出生，1990年7月进入浏阳县(今浏阳市)第三化工厂工作。1999年7月加入中国共产党。2000年10月企业改制下岗待业。2003年3月，罗加辉创办湖南省长沙市风光假日旅行社有限公司并自任法人代表兼总经理。2009年4月创办民间公益组织——浏阳市市义工联合会，主要致力于为老人、儿童、学生等社会弱势群体提供义工服务，同时为有意提供帮助的人搭建平台。罗加辉任市义工联合会秘书长、并参加中国生命关怀协会成为中国生命关怀协会志愿者。2011年5月任市义工联合会党支部书记、常务副会长。2009年4月至2018年8月，义工联合会发展义工6872名，开展大型公益活动600多场，带动100多万人次做公益，服务群众50万人次，罗加辉个人志愿服务时间累计超过7000小时。2011年7月，罗加辉当选为中共浏阳市十一届党代表。2016年8月，当选为中共浏阳市十二届党代表。2018年8月31日，在湖南省妇联十二届六次执委会议上，当选为湖南省出席中国妇女第十二次全国代表大会代表。

获奖人物

蔺传球

蔺传球，男，1965年12月出生，文家市镇人，中共党员，大学学历，法学学士学位。1986年7月参加工作，任中共浏阳市委办公室会计。1995年11月至1997年7月，任太平桥乡(镇)副乡(镇)长、监察员。1997年7月至2003年7月，先后任市委督查室副科级督查员、副主任、主任。2003年7月开始，先后任安全生产监督管理局副局长，党组成员、副局长、纪检组组长，党组副书记、副局长。2003年，负责率先在全国探索建立乡镇街道安全生产监管机制。负责承担实施湖南省安全生产行政执法改革试点工作，“浏阳安全监管模式”在全省乃至全国得以推广。2003年至2018年，记录39本共130多万字的工作笔记，整理150卷工作档案。组织培训安全监管人员、高危企业人员6.5万人次；编制的《生产经营单位安全生产监督检查指南》在全省推介。参与起草《烟花爆竹作业安全技术规程》(GB11652—2012)、《烟花爆竹生产企业主要负责人安全培训大纲及考核办法》等8个烟花爆竹安全标准。参与上百起各类安全生产事故的应急救援抢险。2003年被中共长沙市委授予“优秀共产党员”称号；2011年、2012年，被湖南省安监局评为“全省安全生产宣传教育先进个人”1986—2018年，受到中共浏阳市委、市人民政府嘉奖和表彰等共35次。2018年，被国家安全生产监督管理总局评为“安全生产监管监察先进个人”。

颜颂华

颜颂华，1969年出生，浏阳市烟花爆竹技术协会会长，花炮专家，高级工艺美术师，注册安全工程师。2004年起，担任烟花爆竹专业职称培训特邀授课老师。2004年11月，由颜颂华担任主要研究人员研制的“华安一号”烟花爆竹复合钝感氧化剂通过省科技厅组织的成果鉴定。并列入湖南省重大专项计划予以支持的“新型烟花爆竹氧化剂的推广”项目，2006年4月，国家安监总局充分肯定“华安一号”的技术成熟性和推广应用的可行性，要求全国烟花爆竹行业使用该产品。颜颂华是全国烟花爆竹制作工授课人，花炮工程技术人员培训教材的主编和授课人，国家烟花爆竹技术标准委委员，资深花炮专家，浏阳十大工匠金手指烟花传人。从事烟花理论和科研工作达20多年，有多项国家发明专利和多项实用新型专利，多篇论文在国家级刊物上发表。曾7次获浏阳市花炮科技优秀工作者，多次获新产品大赛金奖。2018年3月20日，由人力资源和社会保障部、中国轻工业联合会、中华全国手工业合作总社联合评选的全国轻工行业先进集体、劳动模范和先进工作者表彰大会在山西太原举行。颜颂华被授予“全国轻工行业劳动模范”称号。

孔蒲中

孔蒲中，1961年12月出生，达浒镇金石村大江组人，初中学历。1994年，孔蒲中开始在池塘中养殖100多只甲鱼，由于甲鱼相互撕咬，损伤严重，加上1995年遭遇特大洪水，甲鱼全部跑失。2006年，孔蒲中又在稻田养殖泥鳅和黄鳝，同时在稻田投入100多只甲鱼做实验，意外发现这些甲鱼并没有出现相互撕咬的情况，稻田环境适合甲鱼生存。经过不断的技术摸索，扩大经营面积，逐步形成“稻鳖共生”的模式。2014年10月21日，孔蒲中注册成立孔蒲中家庭农场，农场面积120余亩，夫妻俩和儿子、女儿、儿媳妇一共五口人经营。发展“稻田+生态养殖”，形成一个水稻与甲鱼、淡水鱼、泥鳅、黄鳝、青蛙、鸡等相互依存的生态循环系统。淡水鱼吃稻花和枯叶，增加田间通风。青蛙和鸡吃害虫，甲鱼吃“水稻害虫”福寿螺，“稻田+生态养殖”减少农药化肥的使用，生产的农产品更安全，产量更高。2017年家庭农场获得55万元的净利润。在自己获得成功后，他将自己的种养模式经验传授周边100余名农民，带动大家一起成为新型职业农民。2018年1月31日，孔蒲中作为全国唯一农民代表到北京参加李克强总理主持召开的《政府工作报告(征求意见稿)》座谈会，并围绕

促进家庭农场发展提出建议；2018年12月，孔蒲中获评“全国百名杰出新型职业农民”、“长沙市生态领军人物”以及“长沙市科普代表人”称号。

柳维新

柳维新，汉族，1952年9月生，永安镇丰裕社区居民。柳维新有一姐一妹，姐姐自小不能独立行走，患重病瘫痪在床，妹妹因罹患小儿麻痹症，丧失行走能力。柳维新勇敢肩负起照顾姐妹的重担。每天早晨6点，柳维新就起床开始忙碌。简单洗漱之后，做好早餐，然后叫姐姐和妹妹起床。她们吃饭时，柳维新要赶紧洗好衣服。等姐姐和妹妹吃完饭，他又把她们抱到椅子上休息，自己随意吃两口冷饭，再赶去做工。柳维新下班回家后，也顾不上休息，或是帮姐姐做按摩，或是推着妹妹到屋外走上一圈。柳维新数十年如一日精心照顾自幼身患疾病、丧失生活自理能力的姐姐和妹妹，终身未娶，独自承担生活的重担，被邻里乡亲传为佳话。长年的艰辛，让柳维新头发斑白，双手布满老茧，面容苍老，但是生活的磨难没有压垮柳维新，他总是乐观坚韧，传递给身边人温暖与感动。2018年，在市、镇政府的精准帮扶和乡亲们的热心帮助下，柳维新的生活困难得以缓解，一家人住进干净整洁的新房。2018年12月，柳维新入选“中国好人榜”(孝老爱亲)。

朱国萍

朱国萍，女，1974年6月生，沿溪镇花园村人，住沿溪镇东远路。自幼身体残障，身高仅1.3米。1999年，25岁的朱国萍嫁入张俊仁家，就面临着一个让人倍感压力的境地：张俊仁的两个弟弟，一位长期患病，另一位离家出走未归，而且两个弟媳也相继去世，留下三个年幼的侄儿和体弱多病的两位老人，丈夫外出务工，家务和照顾家庭的重担自然都落在她一个人肩上，处于常人难以想象的境地。朱国萍没有退缩，自主创业开家纺店，她坚持经营看店和照顾家人两不误，每天照料身体虚弱，卧病在床的婆婆，照顾大小便、洗脸擦身、喂药喂饭，事无巨细，她都悉心照顾。此外，她还每天给老人按摩，减轻疼痛。尽管经常累得大汗淋漓，甚至直不起身子，朱国萍却从不抱怨。同时，她还要照顾三个年幼侄儿，直至长大成人，找到工作，融入社会。2011年，朱国萍被评为“浏阳市残疾人自强模范”。2018年6月，朱国萍入选“中国好人榜”(孝老爱亲)。

张临英

张临英，女，1974年出生。浏阳市淳口镇人。1997年在岳阳开始创业，从经营米粉店起家，发展到后期的两家连锁酒店。2011年，张临英父母因病去世，自己遭遇车祸，人生和事业顿时陷入低谷。2016年，她和丈夫到淳口镇开始新的创业——湘莲种植，相继成立湖南岳荷农业开发有限公司和荷香醉人子公司。2016年至2018年末，张临英为当地修桥修路捐资15万元，看望贫困户、残疾人和捐资建设村民娱乐健身广场8万元，资助7名贫困学生上学。公司基地以其示范作用强、进入门槛低、经济收益快等优势，得到当地农民的支持和政府的重视，被淳口镇政府委托为建档立卡的58户贫困户进行产业帮扶。为120名农村妇女提供信息、技术、销售等服务，引导培训近200名老弱病残贫困群众到基地务工。2018年4月，她受聘为残疾人企业——湖南上善助残农场的农业指导专家，免费为农场莲藕种套养提供技术指导与服务，2017年，获评“浏阳市脱贫攻坚贡献奖”，长沙市“巾帼现代科技农业示范基地”，2018年，湖南岳荷农业开发有限公司被评为湖南省“巾帼脱贫示范基地”。张临英被评为湖南省“最美扶贫人物”。

表 16

获国家级奖励(命名、评选)个人名表(排名不分先后)

获奖人所在单位	获奖人	获奖名称	授奖单位	获奖时间
沿溪镇花园村	朱国萍	2018年6月“中国好人榜”(孝老爱亲)	中央文明办	2018年7月
永安镇丰裕社区	柳维新	2018年12月“中国好人榜”(孝老爱亲)	中央文明办	2018年12月
市安监局	蔺传球	安全生产监管监察先进个人	国家安全生产监督管理总局	2018年1月
浏阳市畜牧兽医水产局	罗　璋	全国农业技术能手	农业农村部	2018年9月
烟草局	蒋　星	全国烟草技术能手	国家烟草专卖局	
浏阳移动通信分公司	张　慧	优秀党务工作者	中国移动通信集团有限公司	
浏阳市	邱少求	第五批国家级非物质文化遗产代表性项目代表性传承人(浏阳文庙祭孔音乐)	文化和旅游部	2018年5月
浏阳市	曹明珠	第五批国家级非物质文化遗产代表性项目代表性传承人(菊花石雕)	文化和旅游部	2018年5月
湖南浏阳市愚公生态农业开发有限公司	晏资坤	2017年度全国科技助力精准扶贫工作先进个人	中国科协　农业部　国务院扶贫办	2018年3月
大瑶镇	张日红	全国百强机手(“中化农业杯·第五届中国农机手大赛”全国总决赛)		2018年11月
浏阳市金池出口烟花制造有限公司	颜颂华	全国轻工行业劳动模范	人力资源和社会保障部 中国轻工业联合会 中华全国手工业合作总社	2018年3月
浏阳市第一中学	刘　武	2018年全国体育传统项目学校联赛田径赛总决赛400米全国第一名	国家体育总局青少年体育司 教育部体育卫生与艺术教育司	2018年9月
浏阳市第一中学	温海伦	2018年全国体育传统项目学校联赛田径赛总决赛跳远全国第一名	国家体育总局青少年体育司 教育部体育卫生与艺术教育司	2018年9月
沙市镇卫生院	卢要文	全国乡镇卫生院优秀院长	中国农村卫生协会	2018年9月
浏阳市职业中专	陈　奎	第六届黄炎培职业教育“杰出校长奖”	中国职业教育社	2018年12月
浏阳市森林公安局	邓　君	全国森林公安第三届“森林卫士杯”演讲比赛“三等奖”	国家林业和草原局森林公安局	2018年9月
蓝思科技集团	周群飞	改革开放40年百名杰出民营企业家	中央统战部 全国工商联	2018年10月

表 17

获省级奖励(命名、评选)个人名表(排名不分先后)

获奖人所在单位	获奖人	获奖名称	授奖(命名、评选)单位	获奖时间
浏阳市人民医院	刘　宇	湖南好人(敬业奉献类)	中共湖南省委宣传部　湖南省文明办	2018年6月
永安镇丰裕社区岐岭组	柳维新	湖南好人(孝老爱亲类)	中共湖南省委宣传部　湖南省文明办	2018年6月
金刚镇六栋完小	李性蒲	湖南最可爱的乡村教师	湖南省教育基金会	2018年9月
社港镇骨伤科医院	江　林	湖南省第四批省级非物质文化遗产代表性项目代表性传承人　中医正骨疗法(江氏正骨术)	湖南省文化厅	2018年9月
浏阳市人民医院	李文珍	三十年护理奉献奖	湖南省护理学会	2018年5月
新华书店	罗　斌	湖南出版集团先进个人	湖南出版投资控股集团	2018年
浏阳市烟草专卖局 (分公司)	蒋　星	省级烟草技术能手	湖南省烟草专卖局	2018年7月
浏阳市畜牧水产局	罗　璋	2018年湖南省动物疫病职业技能竞赛综合成绩第二名	湖南省动物疫病预防控制中心	2018年8月
浏阳市畜牧水产局	焦　颖	湖南省2018年农业行业职业技能大赛动物疫病防治员工种第四名	湖南省兽医局　湖南省动物卫生监督所	2018年8月
浏阳市人民法院	余园静	2018年上半年全省法院办案能手	湖南省高级人民法院	2018年8月
浏阳市人民法院	刘二伦	“决胜执行难战役”嘉奖	湖南省高级人民法院	2018年12月
沿溪镇人民调解委员会	吴华升	全省优秀人民调解员	湖南省司法厅	2018年6月
洞阳镇北园社区人民调解委员会	杨开斌	全省优秀人民调解员	湖南省司法厅	2018年6月
淳口镇人民调解委员会	罗传美	全省优秀人民调解员	湖南省司法厅	2018年6月
沙市镇	胡义方	湖南社区矫正十周年“砥砺奋进行•我的社区矫正工作故事”演讲比赛三等奖	湖南省司法厅	2018年10月
湖南岳荷农业开发有限公司	张临英	湖南省2018年“最美扶贫人物” 湖南省2018年度优秀魔豆妈妈“二等奖” 湖南省2018年度“建功标兵” 湖南省2018年度“首届巾帼创新创业大赛”三等奖	湖南省扶贫办　湖南省妇女联合会	2018年10月
盐津铺子有限公司	张学武	长沙市改革开放40年杰出民营企业家		2018年10月
湖南德旺农业科技发展有限公司	张尚友	长沙市改革开放40年杰出民营企业家		2018年10月

获长沙市级奖励(命名、评选)个人名表(排名不分先后)

表 18

获奖人所在单位	获奖人	获奖名称	授奖(评选)单位	获奖时间
浏阳市人民医院重症医学科	刘　宇	2018 年第一季度“长沙好人•身边雷锋“(敬业奉献)	长沙市文明委	2018 年 3 月
浏阳市中医院重症监护室	苏建斌	2018 年第一季度“长沙好人•身边雷锋“(敬业奉献)	长沙市文明委	2018 年 6 月
浏阳市永安镇	彭瑞芝	2018 年第二季度“长沙好人•身边雷锋”(孝老爱亲)	长沙市文明委	2018 年 6 月
浏阳市龙伏镇石柱峰汤家组	吉佳丰	2019 年第一季度“长沙好人•身边雷锋”(孝老爱亲)	长沙市文明委	2019 年 3 月
浏阳市畜牧兽医水产局	罗　璋	2018 年长沙市动物防疫职业技能竞赛个人三等奖　2018 年长沙市兽医实验室检测技术骨干二等奖	长沙市农业委员会	2018 年 8 月
浏阳市畜牧兽医水产局	焦　颖	长沙市动物防疫职业技能大赛二等奖	长沙市农业委员会	2018 年 8 月
浏阳市畜牧兽医水产局	陈海宴	2018 年长沙市动物防疫职业技能竞赛个人三等奖	长沙市农业委员会	2018 年 8 月
浏阳市畜牧兽医水产局	熊淦荣	2018 年长沙市动物检疫检验员职业技能大赛个人三等奖	长沙市农业委员会	2018 年 8 月
浏阳市畜牧兽医水产局	张佳鑫	2018 年长沙市动物检疫检验员职业技能大赛个人三等奖	长沙市农业委员会	2018 年 8 月
荷花街道办事处政法综治办	张文胜	长沙市五一劳动奖章	长沙市总工会　长沙市人力资源和社会保障局	2018 年 4 月
浏阳市公安局刑侦大队	吴红色	长沙市五一劳动奖章	长沙市总工会　长沙市人力资源和社会保障局	2018 年 4 月
柏加镇柏加初级中学	赵海洋	长沙市五一劳动奖章	长沙市总工会　长沙市人力资源和社会保障局	2018 年 4 月
集里街道集里桥社区	汤　勇	长沙市五一劳动奖章	长沙市总工会　长沙市人力资源和社会保障局	2018 年 4 月
浏阳市人大机关	屈桂兰	第五届“长沙慈善奖”(最具爱心慈善人物)	长沙市民政局　长沙市文明办　长沙慈善会	2018 年 12 月
浏阳市人民医院	陈　胜　钟如意　邱新文	2018 年长沙市科学技术学术年会优秀论文一等奖(腰椎估算 vBMD 和骨密度仪测得 vBMD 对诊断 OP 的影响)	长沙市科学技术协会	2018 年 12 月
浏阳市农业技术推广中心	王　杰　张再仁	2018 年长沙市科学技术学术年会优秀论文一等奖(不同育、插秧方式对双季晚稻生长及产量的影响)	长沙市科学技术协会	2018 年 12 月
浏阳市中医医院	周路桥　彭　虎　周月艳	2018 年长沙市科学技术学术年会优秀论文一等奖(颅骨修补对皮瓣塌陷综合症患者脑血流及神经认知功能的影响)	长沙市科学技术协会	2018 年 12 月
浏阳市骨伤科医院	江　涛	2018 年长沙市科学技术学术年会优秀论文一等奖(江林主任医师运用自制弹性牵引器械治疗四肢创伤的经验总结)	长沙市科学技术协会	2018 年 12 月
湖南安邦制药有限公司	陈飞豹	长沙市改革开放 40 年杰出民营企业家	长沙市工商联 中华工商时报 红网湘商频道	2018 年 10 月
湖南庆泰花炮集团有限公司	黄蔚德			
丰日电气集团股份有限公司	黎福根			
浏阳创意实业发展有限公司	罗　鹏			

续表 18-1

获奖人所在单位	获奖人	获奖名称	授奖(评选)单位	获奖时间
浏阳市妇幼保健院	蔡珊珊	2018年长沙市科学技术学术年会优秀论文一等奖(2000-2014年浏阳市不同时龄新生儿死亡原因及死前保健服务状况分析)	长沙市科学技术协会	2018年12月
浏阳市蕉溪乡	黎　思	2018年长沙市科学技术学术年会优秀论文一等奖(基于现金流量的企业财务危机及应对策略)	长沙市科学技术协会	2018年12月
浏阳市中医医院	徐　艳 陈隆贵 张　伟	2018年长沙市科学技术学术年会优秀论文一等奖(应用肝脏瞬时弹性成像技术探索鳖龙软肝片抗肝纤维化的临床疗效)	长沙市科学技术协会	2018年12月
浏阳市中医院	周　平 张　群	2018年长沙市科学技术学术年会优秀论文一等奖(药罐治疗急性腰扭伤的护理观察)	长沙市科学技术协会	2018年12月
浏阳市人民医院	袁　亮	2018年长沙市科学技术学术年会优秀论文一等奖(去势雄性小鼠的骨微结构变化的实验研究)	长沙市科学技术协会	2018年12月
浏阳市中医医院 天津中医药大学	彭　兵 程招军 李　巍	2018年长沙市科学技术学术年会优秀论文一等奖(颈椎后路单开门椎管成形术后颈椎矢状位的影像学变化)	长沙市科学技术协会	2018年12月
浏阳市住建局	彭启人	2018年长沙市科学技术学术年会优秀论文一等奖(浏阳市城镇居民养老途径调研)	长沙市科学技术协会	2018年12月
浏阳市中医医院 天津中医药大学 天津市人民医院	彭　兵 程招军 胡　炜	2018年长沙市科学技术学术年会优秀论文一等奖(中老年腰痛患者退行性腰椎不稳的相关因素分析)	长沙市科学技术协会	2018年12月
浏阳市人民医院	曾英英 熊　静	2018年长沙市科学技术学术年会优秀论文一等奖(加快康复理念在脊柱外科术后早期拔出尿管的应用分析)	长沙市科学技术协会	2018年12月
浏阳市第一中学	潘　明	长沙市学科带头人	长沙市教育局	2018年12月
浏阳市第一中学	李辉明	长沙市学科带头人	长沙市教育局	2018年12月
浏阳市第一中学	周闽湘	长沙市学科带头人	长沙市教育局	2018年12月
浏阳艺术学校	寻湘沅	长沙市学科带头人	长沙市教育局	2018年12月
浏阳市田家炳中学	王意诚	长沙市学科带头人	长沙市教育局	2018年12月
浏阳市田家炳中学	朱凌云	长沙市学科带头人	长沙市教育局	2018年12月
浏阳市人民路第二小学	谢光友	优秀骨干教师	长沙市教育局	2018年12月
浏阳市奎文实验小学	欧阳固全	优秀骨干教师	长沙市教育局	2018年12月
浏阳市进修学校附属小学	汤　乐	优秀骨干教师	长沙市教育局	2018年12月

续表 18-2

获奖人所在单位	获奖人	获奖名称	授奖(评选)单位	获奖时间
浏阳市长郡 浏阳实验学校	王霞飞	优秀骨干教师	长沙市教育局	2018年12月
浏阳市洞阳镇工业园小学	张玉祥	优秀骨干教师	长沙市教育局	2018年12月
浏阳市特殊教育学校	张素平	优秀骨干教师	长沙市教育局	2018年12月
浏阳市新文学校	邓　军	优秀骨干教师	长沙市教育局	2018年12月
浏阳市新文学校	彭碧芳	优秀骨干教师	长沙市教育局	2018年12月
浏阳市山田初级中学	沈坚贞	优秀骨干教师	长沙市教育局	2018年12月
浏阳市七宝山初级中学	杨绍连	优秀骨干教师	长沙市教育局	2018年12月
浏阳市荷花初级中学	汪华菊	优秀骨干教师	长沙市教育局	2018年12月
浏阳永和初级中学	高　华	优秀骨干教师	长沙市教育局	2018年12月
浏阳市雅礼 浏阳市第二中学	戴果丰	优秀骨干教师	长沙市教育局	2018年12月
浏阳市第一中学	王　玲	优秀骨干教师	长沙市教育局	2018年12月
浏阳市第三中学	王运珍	优秀骨干教师	长沙市教育局	2018年12月
浏阳市第三中学	高余良	优秀骨干教师	长沙市教育局	2018年12月
浏阳市职业中专	徐龙江	优秀骨干教师	长沙市教育局	2018年12月
浏阳市职业中专	罗征球	优秀骨干教师	长沙市教育局	2018年12月
浏阳市长郡 •浏阳实验学校	邵　静	教学能手	长沙市教育局	2018年12月
浏阳古港镇古港完全小学	王　芳	教学能手	长沙市教育局	2018年12月
浏阳市北盛镇环园完全小学	张芒辉	教学能手	长沙市教育局	2018年12月
浏阳市教师进修学校附属小学	张才法	教学能手	长沙市教育局	2018年12月
浏阳市人民路第二小学	刘彦媛	教学能手	长沙市教育局	2018年12月
浏阳市佰加镇柏加完全小学	郭　琦	教学能手	长沙市教育局	2018年12月
浏阳市人民路小学	肖阳敏	教学能手	长沙市教育局	2018年12月

续表 18-3

获奖人所在单位	获奖人	获奖名称	授奖(评选)单位	获奖时间
浏阳市特殊教育学校	张双勤	教学能手	长沙市教育局	2018年12月
浏阳市教师进修学校附属小学	曹　静	教学能手	长沙市教育局	2018年12月
浏阳市枨冲镇枨冲完全小学	张良初	教学能手	长沙市教育局	2018年12月
浏阳市沙市镇秀山初级中学	罗　辉	教学能手	长沙市教育局	2018年12月
大瑶镇大瑶初级中学	胡　平	教学能手	长沙市教育局	2018年12月
浏阳市永安镇丰裕初级中学	李莎莎	教学能手	长沙市教育局	2018年12月
浏阳市社港初级中学	喻可畏	教学能手	长沙市教育局	2018年12月
浏阳市田家炳实验中学	肖　牡	教学能手	长沙市教育局	2018年12月
浏阳市田家炳实验中学	罗　良	教学能手	长沙市教育局	2018年12月
浏阳市田家炳实验中学	饶　芳	教学能手	长沙市教育局	2018年12月
浏阳市第三中学	章永顺	教学能手	长沙市教育局	2018年12月
浏阳市长郡 浏阳实验学校	黄丽霞	教学能手	长沙市教育局	2018年12月
浏阳市田家炳实验中学	邓吕兵	教学能手	长沙市教育局	2018年12月
浏阳市第三中学	程　磊	教学能手	长沙市教育局	2018年12月
浏阳市第一中学	袁　玲	教学能手	长沙市教育局	2018年12月
浏阳市第三中学	肖晓玲	教学能手	长沙市教育局	2018年12月
浏阳市湖南省石油化工技工学校	杨丽君	教学能手	长沙市教育局	2018年12月
浏阳市职业中专	陆鑫珍	教学能手	长沙市教育局	2018年12月
浏阳市新文学校	刘文章	长沙市名校长	长沙市教育局	2018年7月
浏阳市关口街道初级中学	寻景辉	长沙市名校长	长沙市教育局	2018年7月
浏阳市特殊教育学校	李文娟	九芝优秀班主任奖	长沙市教育局	2018年8月
浏阳市第四中学	魏红霞	国寿学校安全奖	长沙市教育局	2018年8月

文献选编

中共浏阳市委
关于加强领导班子和党员队伍政治建设的若干规定

浏发〔2018〕5号

一、加强领导班子政治建设

1. 必须坚决维护习近平总书记核心地位。把坚决维护习近平总书记核心地位作为最大政治，牢固树立政治意识、大局意识、核心意识、看齐意识，始终在思想上高度认同核心，政治上忠诚维护核心，组织上坚决服从核心，行动上始终紧跟核心。

2. 必须坚决贯彻落实中央、省委、长沙市委和市委重大决策部署。全面贯彻党的基本理论、基本路线、基本方略和中央、省委、长沙市委和市委各项决策部署，不准合意的执行、不合意的不执行，更不准口是心非、阳奉阴违，决不允许搞自行其是、各为其政，决不允许有令不行、有禁不止，决不允许搞上有政策、下有对策。

3. 必须坚决落实党对一切工作的领导。必须旗帜鲜明地坚持党对一切工作领导的原则，各级班子要发挥领导核心作用，提升把方向、管大局、作决策、保落实的领导能力，严格执行重大问题请示报告制度。各级党组织每年向上级党组织作一次全面工作情况汇报，执行党中央和上级党组织某项重要决定的情况应当专题报告，遇有重大突发事件、重大问题应当及时请示报告。

4. 必须认真贯彻执行民主集中制。严格执行党委、党组工作条例和加强民主集中制建设的各项规定，完善落实民主集中制各项制度，凡属重大问题都必须集体讨论决定，做到科学民主依法决策，不许搞"一言堂"，不许搞"个人说了算"，不许把分管工作、分管领域和地方当作"私人领地"。

5. 必须严格党内政治生活。严格执行《关于新形势下党内政治生活的若干准则》，增强党内政治生活的政治性、时代性、原则性、战斗性。领导班子每年至少召开一次专题民主生活会，领导干部要过好"双重组织生活"，按规定参加领导班子民主生活会，并以普通党员身份参加所在党支部组织生活会。

6. 必须自觉维护班子团结。坚持讲原则、讲规矩，共同维护坚持党性原则基础上的团结。坚决防止和反对个人主义、分散主义、自由主义、本位主义、好人主义，坚决抵制宗派主义、圈子文化、码头文化，坚决反对搞两面派、做两面人，推动形成清清爽爽的同志关系和规规矩矩的上下级关系。

7. 必须突出政治标准选拔干部。培养选拔干部要强化党组织领导和把关作用，坚持好干部标准，突出政治标准，严格政治审查，着重看政治忠诚、政治定力、政治担当、政治能力和政治自律等方面表现，防止带病提拔和带病上岗，以风清气正的选人用人环境营造山清水秀的政治生态。

8. 必须坚决反对"四风"。坚持作风建设永远在路上的理念，认真落实中央八项规定及实施细则精神和省委九项规定、长沙市委"两规定一办法"要求，持续用力纠正"四风"，盯紧突出问题，特别是形式主义、官僚主义的新动向新表现，巩固和拓展"四风"整治成果，警惕新"四风"不良风气抬头。

9. 必须锤炼政治领导本领。着力提升领导干部政治领导本领，善于从政治高度思考和解决问题，保证各项工作沿着正确政治方向推进。坚持以人民为中心，大兴调查研究之风，深入基层摸实情、出实招、求实效，加强社情民意研判处置，提高改革创新和科学发展能力。

10. 必须全面履行管治党责任。把抓好党建作为最大政绩，坚持以党建为引领，落实基层党建“一岗双责”制度，树立大党建理念，大力实施“1228”党建工程，全面构建基层党建“三保”工作体系。强化日常考核监督，进一步完善落实抓基层党建工作述职评议考核制度，实现各级党组织书记抓基层党建工作述职评议考核全覆盖。

加强党的政治建设，要从全市各级领导班子和班子成员做起，模范带头，以上率下，让每一名党员讲政治、懂规矩、守纪律。

二、加强党员队伍政治建设

11. 必须坚定政治信仰。时刻牢记党的宗旨，挺起共产党人的精神脊梁，把牢世界观、人生观、价值观这个“总开关”，大力弘扬社会主义核心价值观和忠诚老实、公道正派、实事求是、清正廉洁的共产党人价值观，自觉做共产主义远大理想和中国特色社会主义共同理想的坚定信仰者和忠实践行者。

12. 必须对党绝对忠诚。坚定执行党的路线方针政策，对党忠诚老实、光明磊落，说老实话、办老实事、做老实人，如实向党反映和报告情况，反对弄虚作假、虚报浮夸，反对隐瞒实情、报喜不报忧。

13. 必须坚决维护党中央权威。必须把坚定维护以习近平同志为核心的党中央权威和集中统一领导作为最高政治原则，自觉以党的旗帜为旗帜、以党的方向为方向、以党的意志为意志，始终与党中央保持高度一致，做到党中央提倡的坚决响应，党中央决定的坚决照办，党中央禁止的坚决杜绝。

14. 必须加强理论武装。坚持用习近平新时代中国特色社会主义思想武装头脑，坚持读原著、学原文、悟原理，深入学习党章党规和党的十九大精神，把学习成果转化为全面建设现代化浏阳的具体实践。

15. 必须服从和落实组织决定。党员个人服从党的组织，积极贯彻落实党组织作出的各项决策部署。决不允许擅作主张、我行我素，不得搞非组织活动，不得跟组织讨价还价，不得违背组织决定。

16. 必须严格组织生活。时刻牢记自己的第一身份是党员，强化党员意识、增强党的观念、提高党性修养，按时参加组织生活，认真落实“三会一课”、主题党日、组织生活会、民主评议党员等制度。

17. 必须遵守党纪国法。要尊崇党的章程，敬畏党规党纪，守住纪律“底线”，以优良党风引领社风民风。要模范遵守国家法律，按照党规党纪以更高标准严格要求自己，坚决同违法乱纪行为作斗争。

18. 必须带头移风易俗。积极参与全国文明城市创建，严格遵守和执行有关政策规定，自觉抵制婚丧喜庆陋习，杜绝铺张浪费、大操大办，崇尚勤俭节约优良作风，弘扬家庭美德、社会公德和职业道德，自觉做移风易俗的传播者和垂范者。

19. 必须密切联系服务群众。坚持从群众中来，到群众中去，主动为群众谋利益、增福祉，始终坚持党的性质宗旨，不断强化服务功能，提升服务水平。创新群众工作手段，拓展工作覆盖面，积极参加“党员微服务，群众大满意”活动，不断增强人民群众的获得感、幸福感。

20. 必须勇于担当作为。积极履行党员义务，敢于负责，遇事不推诿，自觉做群众的“主心骨”，在开展“扫黑除恶”专项斗争、实施乡村振兴发展战略、打赢精准脱贫攻坚战中发挥更大作用，体现更大担当。

中共浏阳市委
浏阳市人民政府
关于全面落实乡村振兴战略的实施意见

（2018年5月31日）

浏发〔2018〕15号

实施乡村振兴战略，是党的十九大作出的重大决策部署，是新时代"三农"工作的总抓手。为全面贯彻《中共中央国务院关于实施乡村振兴战略的意见》(中发〔2018〕1号)和中共湖南省委湖南省人民政府《关于实施乡村振兴战略开创新时代"三农"工作新局面的意见》(湘发〔2018〕1号)、中共长沙市委长沙市人民政府《关于全面落实乡村振兴战略的实施意见》(长发〔2018〕1号)文件精神，深入落实乡村振兴战略，全面建设现代化浏阳，现制定如下实施意见。

一、指导思想

以习近平新时代中国特色社会主义思想为指引，始终坚持把解决"三农"问题作为重中之重，坚持农业农村优先发展，深入实施乡村振兴战略，围绕"全面建设现代化浏阳"战略目标，按照"产业兴旺、生态宜居、乡风文明、治理有效、生活富裕"的总要求，推进"六提"行动，强化五大保障，建立健全城乡融合发展机制和政策体系，统筹推进农村经济建设、政治建设、文化建设、社会建设、生态文明建设和党的建设，加快推进农业农村现代化，努力将浏阳打造成为全国乡村振兴战略引领区、城乡融合发展排头兵、农村综合改革示范县，让农业成为有奔头的产业，让农民成为有吸引力的职业，让农村成为安居乐业的美丽家园。

二、目标任务

坚持统一规划、循序渐进、分期进行，有计划、有步骤推进乡村振兴战略落地实施，逐步形成以点带面、全域铺开的格局。

到2020年，"十项重点工程"取得明显成效，乡村振兴的制度框架、政策体系和推进机制全面确立。特色农业、品牌农业、质量农业取得较大进展，农村一、二、三产业实现融合发展，农业供给质量效益和竞争力大幅提升，农民增收渠道进一步拓宽；现行标准下农村贫困人口全部脱贫；美丽宜居乡村覆盖率达到60%以上，乡村基础设施和公共服务持续改善。探索出具有浏阳特色的乡村振兴路径，为全省乃至全国提供可复制、可推广的"浏阳经验"。到2035年，乡村振兴取得决定性进展，农业农村现代化基本实现。到2050年，乡村全面振兴，农业强、农村美、农民富全面实现。

三、基本原则

——坚持党管农村工作。毫不动摇地坚持和加强党对农村工作的领导，健全党管农村工作领导体制机制，确保党在农村工作中始终总揽全局、协调各方，为乡村振兴提供坚强有力的政治保障。

——坚持农业农村优先发展。把实现乡村振兴作为全市人民的共同意志、共同行动，做到认识统一、步调一致，在公共财政投入上优先保障，在公共服务上优先安排，在要素配置上优先满足，在干部配备上优先考虑，加快补齐农业农村发展短板。

——坚持农民主体地位。把维护农民群众根本利益、促进农民共同富裕作为出发点和落脚点，充分尊重农民的主体地位和现实意愿，发挥农民在乡村振兴中共建共治共享的主体作用，调动广大农民的积极性、主动性、创造性，增强乡村振兴内生动力。

——坚持乡村产业先行。围绕优化供给、提质增效、促农增收目标，抓好抓实产业兴旺这个关键，加快转变农业发展方式，促进农村一、二、三产业融合发展，着力构建现代农业产业体系、生产体系、经营体系，打造一个或多个高品质、有市场、能富民的特色产业，为实现乡村振兴提供有力支撑。

——坚持乡村全面振兴。准确把握乡村振兴的科学内涵，挖掘乡村多种功能和价值，统筹谋划农村经济建设、政治建设、文化建设、社会建设、生态文明建设和党的建设，切实增强系统性、关联性、协同性，做到整体部署、协调推进。

——坚持城乡融合发展。坚决破除体制机制弊端，更好发挥政府作用，推动城乡要素自由流动、平等交换，推动新型工业化、信息化、城镇化、农业现代化同步发展，加快形成工农互促、城乡互补、全面融合、共同繁荣的新型工农城乡关系。

——坚持人与自然和谐共生。牢固树立和践行绿水青山就是金山银山的理念，落实节约优先、保护优先、自然恢复为主的方针，统筹山水林田湖草系统治理，严守生态保护红线，以绿色发展引领乡村振兴。

——坚持因地制宜、分类推进。科学把握乡村的差异性，注重各片区、各乡镇(街道)不同特征，注重规划先行、分类施策、突出重点、典型带动。既要积极作为、尽力而为，又要量力而行、久久为功，扎实推进。

四、主要任务

(一)推进产业升级提质行动

坚持特色强农、品牌强农、质量强农，深入推进农业供给侧结构性改革，推动一、二、三产业融合发展，构建现代农业"三大体系"，促推浏阳市由农业大市向农业强市转变。

1. 实施特色强农工程。坚持现代都市农业的总体定位，紧扣农业供给侧结构性改革主线，突出市场导向，立足资源禀赋，努力构建"以规模经营为基础、以'一乡一品'为特色、以产业园区为载体、以品牌农业为方向"的现代农业格局。调优种植业结构，规划建设优质粮食生产功能区，完成非粮食适宜区种植结构调整，建设万亩特色种植片区1个，千亩特色种植片区7个；严格落实养殖分区管理，推进养殖业向适养区集中，向规模化、绿色化发展。出台专门政策重点扶持"浏阳蔬菜(蒸菜食材)""大围山水果""浏阳河山茶油""浏阳特色小吃""浏阳黑山羊""浏阳花木"等一批特色农业产业，在各个产业中培植一批带动作用强的现代农业园区、农产品加工企业、合作组织和家庭农(林)场，引导壮大产业规模、延伸产业链条、发展精深加工、拓展销售市场，逐步形成在全省有重要地位的特色产业和"拳头"产品，创建一批省级现代农业特色产业聚集区。(责任单位：农业局、林业局、粮食局、畜牧局，各乡镇、街道)

2. 实施品牌强农工程。出台《关于支持品牌农业发展的实施办法》，着力培育、整合、宣传、保护农业品牌，建成以"三品一标"农产品为基础、企业品牌为主体、区域公用品牌为龙头的农产品品牌体系，全力打造浏阳绿色安全农产品供应中心产地品牌。用好用活"大围山梨""浏阳金橘""葛家鸡肠子辣椒""天岩寨柑橘"等国家地理标志农产品品牌，支持"浏阳黑山羊""浏阳河山茶油""浏阳花木""浏阳河大米"等创建国家地理标志农产品。鼓励龙头企业、合作社创建国家级和省级农业品牌，积极开展"三品一标"认证，提高浏阳绿色、有机农产品的市场比重。到2022年，创建1个国家级农业品牌，4个以上省级农业品牌、10个以上长沙市级农业品牌。制定《浏阳市区域共用品牌使用管理办法》，允许达到标准的生产经营主体共建共享共用。加大品牌推广力度，通过各级媒体开展多种形式的农业品牌宣传营销活动，积极参与中国中部(湖南)国际农博会、林博会、食博会等会展，提升"浏阳农品"的知名度、美誉度和附加值。(责任单位：农业局、林业局、粮食局、畜牧局，宣传部、商务合作局，各乡镇、街道)

3. 实施质量强农工程。着力推进标准化生产，加快制订完善粮油、蔬果、畜禽产品等优势农产品标准化生产技术规程，切实提高产品质量，创建"中国好粮油"行动计划示范县。着力实施全程化监管，依法加强农药、兽药、饲料、肥料等农业投入品监管力度，强化生产者的主体责任，建设农药监管电子溯源系统和农产品质量监管溯源平台，提高农产品质量安全检测能力，巩固"国家农产品质量安全县(市)"创建成果。着力提升科技化水平，提高互联网、物联网、大数据、人工智能等现代信息技术在农业生产、管理、服务方面的应用水平，建设浏阳农业信息化与品牌运营中心，逐步实现农业设施装备智能化、生产过程控制信息化、农业资源管理数字化，发展智慧农业、高效农业。加速高标准农田建设，推广设施农业，到2035年实现高标准农田建设全覆盖。(责任单位：农业局、食药工商质监局、畜牧局，国土局、粮食局，各乡镇、街道)

4. 实施三产融合工程。依托农业优势产业，发展1.5、2.5产业，培育"接二连三、三产互动"新业态，创建"国家农村产业融合发展试点示范县(市)"。推动农工融合，围绕绿色食品产业链建设，以两型产业园、经开区健康食品园等园区为载体，重点发展"湘菜(蒸菜)食材"、休闲食品等特色产品，力促农产品加工企业与原材料种养殖基地对接，力争5年内绿色食品产业链产值突破300亿元。推动家具产业产、研、销全产业链发展，力争到2020年家具产业链产值突破100亿元。促进农旅融合，推动乡村旅游繁荣发展，按照"一镇一品牌、一村一特色、一景一主题"原则，引导乡村旅游错位化、差异化发展，全力创建"国家全域旅游示范区"。加快农网融合，深入开展"浏阳农产品三进(进商超、进社区、进电商)"活动，支持发展农产品直销配送。培育本土电商和引进国内知名电商企业相结合，完善农村电子商务综合服务体系，支持冷链、仓储、物流设施网络建设，力争5年内，全市农产品进入高端市场销售量占比达到40%以上。(责任单位：经开区、经信局、农业局、林业局、商务合作局、旅游局、供销社、两型产业园，各乡镇、街道)

5. 实施平台提升工程。强化发展平台在现代农业中的引领作用，全力创建全国产业兴村强县示范县(市)和国家农村产业融合发展试点示范县(市)，力争成为全省一流、全国领先的产业兴旺发展典范；全力支持两型产业园创建国家级现代农业产业园，打造一批省级现代农业特色产业聚集区；以建设"特色小(城)镇"为方向，突出"一镇一品"，精心打造一批产业强镇、生态美镇、文旅名镇；以美丽宜居乡村和田园综合体为载体，推动产业深度融合，增强乡村"造血"功能。(责任单位：财政局、农业局、林业局、商务合作局、畜牧局、两型产业园，各乡镇、街道)

6. 着力培育农业龙头企业和新型经营主体。实施"百社千户"工程，重点培育一批专业型种养大户、示范型家庭农(林)场、服务型农民合作社、领军型农业龙头企业，促进小农户与现代农业有机衔接。合理布局建设一批农业综合服务中心，推进"一乡镇一中心"建设，推广农业生产全程社会化服务，健全农业社会化服务体系。财政涉农资金重点向各类新型农业经营主体倾斜，综合运用农业补贴、项目扶持、用地支持、税费减免等措施支持新型农业经营主体发展。健全农业保险体系，推进多层次普惠性农业保险体系建设，提高新型农业经营主体参保比例。加大新型农业经营主体领(创)办人、生产经营管理骨干的培训力度,支持大中专院校毕业生、大学生村干部、返乡农民工、基层农技人员领(创)办农民合作社等新型农业经营主体,培养一支理念新、眼界宽、懂管理、善经营的优秀新型农业经营主体人才队伍。到2020年,新增10家以上省级农业龙头企业,创建100家长沙市级以上示范合作社(其中10家国家级示范合作社),1000家长沙市级以上规范家庭农(林)场或专业种养大户,适度规模经营面积占比达70%以上。采取"龙头企业+合作社+基地""龙头企业+基地+农户"的发展模式,通过订单供货、股份合作等方式带动农业生产,着力培育一批国家级、省级农业龙头企业,逐步提高本地原材料使用率。(责任单位:农业局、林业局、畜牧局,经信局,各乡镇、街道)

7. 发展村级集体经济。把发展新型农村集体经济作为实现共同富裕的基础、推进乡村振兴的抓手,到2020年全面解决集体经济薄弱村发展问题,力争所有的行政村都有集体经济经营收入。推进农村集体产权制度改革,全面开展农村集体资产清产核资、集体资源登记颁证。创新农村集体经济发展模式,鼓励农村集体经济组织申报各类产业扶持项目,开展财政农业产业发展专项股份量化支持村级集体经济发展试点,增加农村集体经济组织收入。鼓励农村集体经济组织通过土地合作社参与农业经营及提供生产服务增加集体经营收益,允许将农村土地整治节余土地确权至村集体,对现有和新增农村集体自留地、自留山,以及农村土地确权登记颁证过程中新增的土地统一确权至村集体,增加农村集体经济组织资产。支持农村集体经济组织发展集体资源性资产股份合作,盘活农村土地、山林、水面等资源资产,参与农村一、二、三产业融合项目。加强农村集体经济管理,以现代企业管理理念管理集体经济组织,健全完善内部管理结构和收益分配机制,保障集体经济组织成员合法权益,规范农村集体经济收入使用。加强基层农村经营服务机构和队伍建设,强化农村集体"三资"(资金、资产、资源)监管。发挥村(社区)党组织对集体经济组织的领导核心作用,防止集体资产流失。按照"锁定旧债、严控新债、明确责任、逐步化解"的总体要求,切实加强村级债务管理工作,防范村级债务风险,控制村级新增债务的发生。到2022年,基本实现村级无不良负债,村级财务良性运行。(责任单位:农业局,组织部、发改局、财政局、国土局、水务局、林业局、审计局,各乡镇、街道)

8. 大力促进农民就业增收。出台促进农民就业增收的政策措施,从促进发展产业和稳定就业等多渠道增加农民收入,使农村居民年可支配收入增速不低于地区生产总值增速、快于城镇居民增速。在坚持"安全""环保"标准的前提下,加大对劳动密集型花炮传统小产品的保护力度,引导花炮企业走专业化生产道路,吸纳更多农村劳动力就地就近转移就业。利用烟花爆竹主产区人才和资源优势,打造湘赣边烟花爆竹产业专业人才交流平台,逐步构建烟花爆竹专业人才数据库和高端智库。定期对企业管理人员、专职技术人员和一线操作工人进行技能培训,加快建设知识型、技能型、工匠型从业队伍,提升花炮产业工人的整体素质。鼓励农户发展传统手工食品加工,在传承技艺中提升食品安全水平,引导有市场前景的手工作坊升级改造、做精做优。构建和完善农业农村创业生态孵化体系,创建一批农民工返乡创业示范基地,促进农民工就近就业创业。健全农村公共就业服务体系,建立市、乡、村三级联动的农村就业服务平台,大力实施"春风行动",对吸纳贫困劳动力稳定就业的企业予以政策支持。(责任单位:人社局、花炮局,各乡镇、街道)

(二)推进生态环境提升行动

良好生态环境是浏阳广阔乡村的最大优势和宝贵财富。必须尊重自然、顺应自然、保护自然,坚持绿色发展,加快转变农村生产生活方式,建设人与自然和谐共生的美丽宜居乡村。

1. 加强乡村生态保护修复。健全生态系统休养生息制度,合理实施休耕、禁养、禁渔、禁伐、禁采,将所有天然林、生态公益林逐步纳入禁伐范围。落实乡镇农村环境保护主体责任,建立健全农村环境保护工作机制,加强农村环境监管能力建设。全面推进农村绿色生产,重点做好"三减量",即推动农药化肥减量、废弃物排放减量、农业用水减量。实施农药化肥减量化行动和有机肥替代化肥行动,全面推广生物农药,从源头上减少农业生产对环境的污染。提高农业废弃物资源化利用水平,合理布局建设农业废弃物资源化利用中心,推进畜禽粪污、农作物秸秆、残破农膜等农业废弃物多样化高效利用。提高农业生产用水效率,调整优化品种结构,推进品种节水;完善农田灌排设施,推进工程节水;因地制宜推广使用水肥一体化设施,推进高效节水灌溉。(责任单位:水务局、农业局、林业局、环保局、畜牧局,各乡镇、街道)

2. 加快解决环境突出问题。坚决打好打赢蓝天保卫战、碧水攻坚战和净土持久战,建设天蓝地绿水净村美的新家园。全面落实坚决打赢蓝天保卫战行动。按照"三个月治标,三年治本"的要求,围绕"十个严禁",突出"六控",集中治理好露天焚烧垃圾、农作物秸秆焚烧、散煤污染、公路扬尘、城镇村庄建设扬尘、工业废气等问题,降低城乡大气污染,使空气优良率持续保持在93%以上。全面推进碧水攻坚战。深入推进"河长制",统筹陆地水域、岸线水体、水量水质等保护管理,促进河湖休养生息。加强农村污水治理,建成36处污水处理设施,实现全市乡镇污水处理设施全覆盖,建制镇生活污水处理率达100%,农村生活污水处理率达80%。积极推广标准化生态环保养殖发展,养殖废弃物资源化利用率达80%,养殖污染综合防治长效机制初步建立。全市所有小(二)型以上水库退出投肥养殖,完成浏阳河、捞刀河、南川河等流域禁养区的畜禽规模养殖场全面退出工作。深入实施净土持久战。开展农用地土壤污染状况调查和污染地块详查,稳步推进种植结构调整及休耕治理工作,严格按照省、长沙市要求完成种植结构调整、修复治理及休耕任务。(责任单位:环保局,住建局、水务局、农业局、畜牧局、创建办、爱卫办,各乡镇、街道)

3. 持续改善农村人居环境。深入推进城市管理进乡村工作,将城市的管理理念、机制、标准全面延伸到农村管理中,促进城乡一体化发展。按照分类、减量、回收、无害化处理的总要求,规范处理工业垃圾、建筑垃圾、生活垃圾,争取2018年基本达到国家农村生活垃圾专项治理验收标准，到2020年全市所有乡镇（街道）、90%以上村庄的生活垃圾得到有效处理，农村生活垃圾无害化处理率达90%。积极推进农村“两拆（拆旧拆违）三清（清理路牌招牌、杆线、废弃废旧场所）四改（改水、改厕、改厨、改栏）”。着重抓好“厕所革命”。农村新建住房、保障性安居工程必须配套建设无害化厕所，防止二次改厕。扩大改厕项目受益面，建新厕废旱厕，加快农村无害化公厕建设，力争2020年实现无害化公厕全覆盖。着重做好“民居规划”。按照《湖南省农村双改三年行动计划（2018—2020年）》的要求，坚持农民自愿、规划引导、建管并重、特色鲜明的原则，着力打造一批样式美观大方、色彩融合自然、功能设计科学、浏阳符号鲜明，集观赏、游玩、休闲、度假、养生于一体的特色民居群。实施新一轮美丽宜居示范村庄建设行动，提升美丽宜居示范乡村建设标准，到2020年打造10个长沙市级美丽宜居示范乡镇、50个美丽宜居示范村，逐步实现美丽宜居乡村全覆盖。（责任单位：住建局、城管局、环保局、农业局、规划局、创建办，各乡镇、街道）

4．统筹山水林田湖草治理。把山水林田湖草作为一个生命共同体，进行统一保护、统一修复。健全耕地草原森林河流湖泊休养生息制度，分类有序退出超载的边际产能。划定生态保护红线、永久基本农田控制线、城镇开发边界线，科学规划建设一批城乡生态功能区，重点加强绿心地区生态保护，实施重要生态系统保护和修复工程，对城乡生态进行统一保护、统一修复。开展国土绿化行动，每年完成1万亩造林绿化任务，广泛开展身边增绿、五边（城边、路边、水边、村边、房边）造林，创建一批绿色示范集镇、绿色示范村庄、乡村公园（绿色屋场）、绿色示范庭院，义务植树尽责率达95%。开展湿地保护行动，按照生态优先原则，积极创建浏阳河国家湿地公园。（责任单位：林业局、环保局，各乡镇、街道）

（三）推进文明素养提高行动

坚持以社会主义核心价值观为引领，加强农村文化建设，提升农民精神风貌，促进农村物质文明和精神文明协调发展、共同进步，凝聚实现乡村振兴的精神力量。

1．加强乡村思想道德建设。大力培育和践行社会主义核心价值观，运用典型案例、身边故事，采用民间艺术、地方戏曲、板报墙报等农民群众喜闻乐见的形式，深入开展习近平新时代中国特色社会主义思想和中国梦宣传教育。不断丰富“淳风美德润浏阳”活动内涵，开展身边好人、最美人物、道德模范等评选活动，弘扬传统美德和时代精神。深入推进“文明家庭”“星级文明户”“文明村镇”创建，以良好家风促良好乡风。围绕“文明新风进万家”主题活动，开展扶贫帮困、和谐邻里、保护环境、革除陋习、关爱留守、文明办酒等文明新风实践，进一步浓厚友爱互助的社会氛围。统筹推进城乡精神文明建设工作，建立全方位、立体式的精神文明建设机制，创建全国文明城市。以全国、省、长沙市文明村镇测评细则为标准，加强分类指导，力争到2020年新创建全国文明村镇1个、省级文明村镇2个、长沙市级文明村镇12个，60%的村镇通过浏阳市文明村镇验收。（责任单位：宣传部、文体广电局，各乡镇、街道）

2．传承发展优秀乡土文化。深入挖掘农村文化蕴含的优秀思想观念、人文精神、道德规范，充分发挥其在凝聚人心、教化群众、淳化民风中的重要作用。加强优秀农耕文化遗产保护，划定乡村建设的历史文化保护线，注重保护保留乡村风貌，避免大拆大建，保护好名镇名村、文物古迹、传统村落、传统建筑、农业遗迹等历史文化遗产，推动优秀农耕文化遗产合理适度利用。强化农耕文化自信，发掘和发扬长期形成的勤劳质朴、尊老敬贤等宝贵精神“遗产”，深入挖掘花鼓戏、皮影、北乡夜歌、花灯等文化艺术资源，在保护传承的基础上创造性转化、创新性发展，不断赋予时代内涵、丰富表现形式。（责任单位：宣传部、文体广电局，各乡镇、街道）

3．繁荣乡村公共文化事业。加强农村文化阵地建设。按照有标准、有网络、有内容、有人才的要求，健全乡村公共文化服务体系，实施好村镇综合文化服务中心和乡村少年宫建设等文化惠民项目，引导社会资本投入乡村文化建设，到2020年，建成综合性村（社区）文化服务中心100个、全民健身工程2000处。搭建农村文化传播载体。巩固提升广播“村村响”、电视“户户通”的建设水平，实施送文化进村行动，深化“文化惠民”主题实践活动，持续开展经典剧目惠民演出、送戏下乡、“三下乡”等活动，鼓励各地开展具有地方特色的优秀传统文化活动，不断丰富农村文化生活，满足农民精神文明需求。培育农村文艺队伍。以村镇综合文化服务中心为依托，分层次、分类别、有针对性的定期开展农村文艺骨干培训和辅导，支持“三农”题材文艺创作，提供更多更好的文化产品和服务。强化文化推动发展功能。将文化要素融入美丽宜居乡村建设、产业发展和农民生活，打造一批有本土特色的乡村文化品牌，提高优秀乡村文化的吸引力与影响力。（责任单位：文体广电局，教育局、创建办、广播电视台，各乡镇、街道）

4．推进乡村移风易俗行动。发挥红白理事会和村规民约的积极作用，推进农村婚丧嫁娶等习俗改革，整顿大操大办、人情攀比、买码赌博、办酒泛滥、庸俗表演、厚葬薄养等陈规陋习，提倡文明、节俭、廉洁办事。推进农村殡葬制度改革，加强农村殡葬基础设施和公益性墓地建设，推行节地生态安葬，遏制办丧扰民、重殓厚葬等陋习。开展农村文化市场“扫黄打非”专项治理，严厉打击农村地区聚众赌博、网络赌博等违法犯罪活动。加强无神论宣传教育，抵制农村封建迷信活动。充分发挥党员干部、新乡贤、农村能人的示范引领作用，选树一批移风易俗好典型。（责任单位：文明办、民政局、文体广电局，各乡镇、街道）

（四）推进乡村治理提效行动

加强和创新乡村治理，建立健全党委领导、政府负责、社会协同、公众参与、法治保障的现代乡村治理机制，坚持自治、法治、德治相结合，确保乡村社会充满活力、和谐有序。

1．坚持基层党建引领。深入推进“两学一做”学习教育常态化制度化，以“1228”党建工程为重要抓手，构建基层党建“三保”（思想保鲜膜、组织保健卡、党性保险丝）工作体系，进一步发挥基层党组织在乡村治理中的“主心骨”作用、思想引领作用、组织领导作用。持续加强村级

“两委”班子建设，推进“走进基层、走进群众”活动，实现全市村（社区）“第一书记”和党建指导员全覆盖。整顿软弱涣散基层党组织，加大“五好”强村项目资金支持力度，用三年时间打造100个乡村振兴“五好”强村，未来逐步实现乡村振兴“五好”强村全覆盖。充分发挥村级后备干部、农业科技人员、致富能手、大学生村官等人才的专业特长，打造一支政治觉悟高、事业心强、实干精神足的乡村振兴队伍。（责任单位：组织部、民政局、农业局，各乡镇、街道）

2. 创新基层治理方式。推进农村自治组织规范化试点全覆盖，健全村民会议、村民代表会议、村务公开、村务监督委员会等自治制度和村民参与自治机制，努力提高村民议事协商、意见与利益表达、自治事务民主监督等方面的能力。拓展社会组织参与乡村治理的路径，推动政府与社会组织的良性合作与互动，形成社会组织与政府、市场协调发展的多元治理体系。强化道德的引领、规范、约束作用，坚持以德育人、以德服人，充分发挥道德榜样的示范带头作用，引导村民崇德向善。将道德规范融入村规民约，使道德外化为人们的行为自觉。实施乡村德治工程，广泛开展好媳妇、好儿女、好公婆评选表彰活动和寻找最美乡村教师、医生、村干部、家庭等活动，充分发挥模范榜样的示范带动作用。（责任单位：组织部、宣传部、政法委、公安局、民政局、司法局，各乡镇、街道）

3. 加强平安乡村建设。坚决守住安全底线，强化交通安全、生产安全、建筑安全、食品安全等领域的安全监管。大力开展法治知识进村组、进院落、进家庭活动，引导村民学法、懂法、守法、用法，为乡村振兴营造良好的法治环境。深入推进平安创建工程，大力开展平安乡镇（街道）、平安村（社区）创建活动，切实提升基层平安创建质效。强力推进扫黑除恶专项斗争，持续开展矛盾纠纷“大排查、大调解”专项行动，严厉打击村霸、农村黑恶势力、宗族恶势力，严厉打击黄赌毒盗拐骗等违法犯罪，保持省“平安县市区”称号。（责任单位：政法委、公安局，纪委、司法局、安监局，各乡镇、街道）

4. 强化基层党风廉政建设。扛牢抓实村级党风廉政建设“两个责任”，全面加强村级纪检员队伍建设，进一步拓宽群众监督渠道，不断延伸监督触角、完善监督网络。大力推进“雁过拔毛”式腐败问题专项整治工作，坚持教育与惩处相结合，坚持提升发现问题能力与防范问题能力并举，充分发挥“村村响”平台作用，通过典型案例查处与曝光加大震慑效用。实现“互联网＋监督”全面覆盖，将全市所有村级财务的数据、票据全面采集录入并向社会公开，并建立常态化数据、票据信息采集录入机制，着力构建集公开、分析、决策、监督、问责于一体的民生资金监督体系。（责任单位：纪委、财政局，政府办、农业局、广播电视台，各乡镇、街道）

（五）推进基础设施提档行动

围绕城乡融合发展，加快推进城乡基础设施一体化，加快农村道路、饮水、能源、网络等基础设施提档升级，以适应不断提升的乡村发展需求。

1. 突出道路畅通。加快推进农村公路畅通工程建设，进一步完善路网，加快推进通组畅通工程建设，力争到2020年，受益居民25户/100人以上的自然村全部实现通畅，农村公路路网通畅率达90%以上。加快推进农村公路提质改造，完成安防工程建设600公里以上，实现危桥动态清零，进一步提升农村公路路网的安全水平和服务水平。加快推进居民集居区道路建设和亮化、绿化建设，完善供水、排水、电力、电信、亮化、路肩等配套设施，方便群众生活和出行。（责任单位：交通运输局、公路局，各乡镇、街道）

2. 突出饮水安全。按照“城乡供水一体化、区域供水规模化、工程建管专业化”的要求，推动全市供水规划互融、水源互补和管网互联，推进规模化发展、标准化建设和专业化管理。整合永安联合水厂等北区水厂，解决工程性水源缺乏问题，增加园区水资源保障。依托东区水厂、大瑶水厂和镇头水厂等中心水厂，筹建农村自来水公司，完成重点区域水源工程建设和已建工程改造扩建，力争到2020年，实现农村安全饮水全覆盖。切实加强全市农村供水安全生产管理，乡镇（街道）对单村供水工程配备专门管理人员，并委托规模水厂定期检测。（责任单位：水务局、自来水公司，各乡镇、街道）

3. 突出能源保障。协调推进供电公司、地方电力公司和水务局梅田自供区、古岭自供区实施完成新一轮农村电网改造升级，达到国家“十三五”期间新一轮农村电网改造升级目标要求。推进滨海、三合、新奥等企业储气调峰设施、次高压管道及站点工程建设，推动管道天然气向农村延伸。推进潜江—韶关天然气管道工程、产业园区天然气分布式能源站项目建设和城区老旧小区天然气改造。引导发展太阳能分布式能源项目和农村沼气可再生能源项目。提高清洁能源利用率。（责任单位：发改局，住建局、水务局、供电公司、地方电力公司，各乡镇、街道）

4. 突出信息共享。完善互联网、物流、邮站等基础设施，实现城乡信息共建共享、互联互通。提高互联网普及率，加快宽带互联网在村级组织、农产品批发市场、农业龙头企业、农民专业合作组织、种植（养殖）大户和农村中小学校等的全覆盖。实施数字乡村战略，开发适合“三农”特点的信息技术、产品、应用和服务。推进农村智慧交通、智慧医疗、智慧教育、智慧旅游发展，推动农村行政事务、经济事务、社会事务、民生事务、党的建设网上办理。加快供销、邮政及各类物流、快递企业服务网点整合共享，加强农村冷链仓储物流网络建设，构建城乡物流一体化格局。（责任单位：经信局、供销社、邮政公司、移动公司、联通公司、电信公司，各乡镇、街道）

（六）推进民生服务提标行动

坚持在发展中保障和改善民生，既重点关注农民增收，又着眼建立健全农村社会保障体系，发展农村社会事业，让农民群众的获得感、幸福感、安全感更加充实、更有保障、更可持续。

1. 加快公共事业发展。加大农村教育、卫生、科技、文体等公共服务的投入，到2020年，建设标准化学校162所，新增农村学位14000个，每年招聘乡村中小学教师不少于400人，确保基本满足普通高中阶段教育需要，挺进湖南省基础教育综合改革和实现教育基本现代化先进行列。鼓励和支持城区的重点学校到乡镇联合办学。确保中小学“特色学校”达到30%。深入推进“在线教育”项目建设，到2020年，完成浏阳本地名师小学至高中阶段课程摄制，引进全国优质教育资源5万课时以上。新建改造一批乡镇卫生院，村卫生室100个。支持市属医院和乡镇卫生院建立医联体，促进优质医疗资源下沉。建立区域卫生平台，推进居民健康“一卡通”的应用，实现信息互联互通。完善文化广场、商贸综合体等配套服务设施，提升乡镇的建设品质和宜居水平。（责任单位：教育局、卫计局、科技局、文体广电局，各乡镇、街道）

2. 健全社会保障体系。坚持保基本、广覆盖、多层次、可持续原则，加快健全以城乡居民医疗保险、最低生活保障、城乡居民养老保险为主要内容的农村社会保障制度。城乡低保实现应保尽保，并根据经济社会发展和省、长沙市要求，适时提标。加快推进全民参保计划，完善城乡居民养老保险制度，适时提高基础养老金标准，增加养老金待遇。完善城乡居民医疗保险制度，提高城乡居民医保最高支付限额，提升住院报销比例。推行城乡居民基本养老保险丧葬补助金制度，全面实施“一元”民生保险制度。（责任单位：人社局、民政局，各乡镇、街道）

3. 推进精准脱贫攻坚。出台《浏阳市脱贫攻坚行动工作方案(2018—2020年)》，深入推进15个专项工作，因村因户因人精准施策，全面完成贫困人口减贫任务，全力巩固脱贫成效，确保如期脱贫、稳定脱贫、和谐脱贫。牢牢把握“精准度、廉洁度、满意度、可持续”的要求，突出发展产业、就近或转移就业、顺利入学、低费就医、安稳生活、提升技能等举措，全面推动各项惠民政策落地实施，着力提高脱贫质量。建好驻村工作队和社会扶贫志愿者两支队伍，凝聚各方攻坚力量，形成全社会广泛参与脱贫攻坚格局。健全贫困救助体系。推动社会保障体系继续向生活困难群体倾斜，做好农村最低生活保障工作的动态化精细化管理，建立和完善以最低生活保障、特困供养为基本生活救助制度，以医疗、教育、住房、就业等专项救助制度为支撑的多层次社会救助体系，防止出现脱贫后返贫和贫困代际传递。注重扶贫与扶志、扶智并重，增强脱贫内生动力。全面推进扶贫领域作风建设，抓严抓实工作作风，强化担当，扎实干事，不断提升精准脱贫工作水平和工作实效。（责任单位：农业局，纪委、组织部、教育局、住建局、民政局、财政局、人社局、林业局、卫计局、商务合作局，各乡镇、街道）

五、保障措施

（一）提升规划水平，强化规划保障

围绕全面建设现代化浏阳的总体目标，加快构建城乡融合的现代规划体系，以科学的发展规划引领乡村全面振兴。

1. 优化顶层设计。引入国内外知名院所专家参与我市乡村振兴规划编制工作。由发改局牵头制定《浏阳市乡村振兴战略规划（2018—2022年）》，由各牵头单位编制“产业升级提质”“生态环境提升”“文明素养提高”“乡村治理提效”“基础设施提档”“民生服务提标”6个子方案，形成“1+6”的乡村振兴规划框架体系，分步部署一批重大工程、重大计划、重大行动，加强各类规划的统筹管理和系统衔接。强化规划落实落地，建立乡村规划信息共享机制，把乡镇、村庄规划作为用地安排、项目铺排、资金投入的重要依据。在市级重大项目管理和招商引资中对乡村振兴项目实行单列，对纳入规划的项目在要素服务、用地保障、资金安排等方面优先支持。（责任单位：发改局，组织部、宣传部、农业局、环保局、人社局）

2. 提高村庄规划水平。充分利用新一轮土地利用总体规划(2020—2035年)编制试点和村土地利用总体规划编制试点契机，在符合土地利用总体规划前提下，调整优化村庄产业布局、用地布局和空间布局。2018年完成城镇规划建设用地范围外200个村(社区)的村庄规划编制工作，村庄规划修编率达到100%，以特色鲜明、布局合理、功能齐全的村庄规划引领乡村各项建设。突出群众主体地位，采取“自下而上”的方式，广泛听取基层干部群众对村庄规划的诉求和建议，使村庄规划做到科学前瞻、特色鲜明、切实可行。（责任单位：国土局、规划局，各乡镇、街道）

3. 强化示范引领。立足“产城融合、城乡融合示范区”定位，高标准、大手笔推进金阳新城建设，着力将其打造成为“产城融合”的产业之城、“乡村振兴”的标杆之城、“开放崛起”的门户之城。突出为园区提供公共产品、为乡镇提供公共服务职能作用，精心建设金阳新城起步区，大力推进新型城镇化试点、海绵城市试点，积极推动交通网、能源网、信息网、地下管网“四网”融合，将金阳新城建设成为“新城、园区、乡镇”综合管理模式创新的“样板间”。推动人文风俗、历史文化、特色资源、优美生态等聚合发展，重点抓好大瑶、永安、沿溪、镇头、大围山、文家市、社港7个具有标杆意义的特色小(城)镇建设，引导所有乡镇打造特色，错位发展。加快永安镇、官渡镇国家级田园综合体试点建设。鼓励镇、村因地制宜、突出特色，探索乡村振兴的新路径、新经验，切实做优做强乡村振兴的龙头和载体。（责任单位：金阳新城办、住建局、财政局，各乡镇、街道）

（二）激发改革活力，强化制度保障

以完善产权制度和要素市场化配置为重点，不断深化各项制度改革，做好产权制度和要素市场化配置，激活主体、激活要素、激活市场，焕发制度振兴乡村的巨大活力。

1. 巩固农村基本经营制度。落实农村土地承包关系稳定并长久不变政策，衔接落实好第二轮土地承包到期后再延长30年的政策。完善农村土地集体所有权、农户承包权、土地经营权“三权分置”制度，健全市、乡、村三级土地流转管理服务体系，积极推广土地流转、土地托管、生产托管、股份合作等经营模式，发展与生产经营主体能力相适应的适度规模经营，激活资产资源、发挥权属效能，增加农民财产性收入。加快推进农村土地股份合作社规范化建设，到2020年行政村农村土地合作社建设实现全覆盖，土地规模流转率达60%以上。(责任单位：农业局，各乡镇、街道)

2. 深化农村土地制度改革。以推动农村宅基地制度改革、集体经营性建设用地入市、农村土地征收制度改革三项试点全面覆盖和深度融合为核心，全面实施“土地利用总体规划编制、土地开发整理、城乡建设用地增减挂

钩、一户多宅清理整治、农房不动产确权登记发证”五大行动，进一步盘活存量土地、闲置土地和荒废土地，置换新增建设用地。探索宅基地所有权、资格权、使用权“三权分置”，在农民自愿的前提下，探索农户以宅基地使用权及农房财产权入股发展农宅合作社。在符合农村宅基地管理规定和相关规划的前提下，允许返乡下乡人员和当地农民合作改建自住房，或下乡租用农村闲置房用于返乡养老或开展经营性活动。（责任单位：国土局，各乡镇、街道）

3．深化农村集体产权制度改革。出台《深化农村集体产权制度改革实施意见》，全面推进清产核资、成员界定等具体改革举措，逐步推进集体经营性和资源性资产股份合作制改革，推动资源变资产、资金变股金、农民变股东，探索农村集体经济新的实现形式和运行机制。2018年出台农村集体经济组织成员资格认定文件，全面开展清产核资，初步审核农村集体经济组织成员身份界定名册，选取2~3个村级集体经济好的村成立村级集体经济组织，开展赋予农民对集体资产股份占有权、收益权改革试点工作。2019年全面成立村级合作经济组织，完成集体经济组织资产、资源确权登记，开展成员股份量化，为成员发放股权证书，探索实施股份合作经营。2020—2022年实施农村集体经济股份合作经营。（责任单位：农业局，财政局、国土局，各乡镇、街道）

4．深化“最多跑一次”和“扩权强镇”改革。大力推进政务服务事项“马上办、网上办、就近办、帮代办”，按照“能放则放、应放尽放”和“权责对等”的原则赋予乡镇街道和园区更多自主权，打造极简便民的政务环境。深入推进大瑶镇“强镇扩权”试点和镇头镇“扩权强镇”试点工作，积极探索加快乡镇发展的新路径。在试点成熟的基础上，逐步在全市推广，激发乡镇活力。（责任单位：编办、改革办，大瑶镇、镇头镇）

（三）拓宽投入渠道，强化资金保障

建立健全实施乡村振兴战略投入保障制度，创新投融资机制，构建财政优先保障、金融重点倾斜、社会积极参与的多元投入格局，确保投入力度不断增强、总量持续增加。

1．发挥财政资金撬动作用。坚持把“三农”作为财政支出的优先保障机制，注重以市场化手段、创新性思维破解投入难题，市财政从2018年起每年统筹安排乡村振兴资金5000万元，采取以奖代补、先建后补等多种方式，充分发挥政府投资杠杆和引领作用，积极撬动金融和社会资本投向乡村振兴。（责任单位：财政局、各相关部门，各乡镇、街道）

2．用好土地改革红利。引导和鼓励镇、村盘活闲置土地资源，抓好复垦复绿和土地开发，从改革政策中获取发展资金。调整完善土地出让收入适用范围，进一步提高土地出让收入向农业农村投入比例。落实耕地占补平衡管理办法，将新增耕地指标和城乡建设用地增减挂钩节余指标调剂使用，所得收益通过支出预算主要用于巩固脱贫攻坚成果和支持实施乡村振兴战略。（责任单位：国土局，各乡镇、街道）

3．发挥项目资金整合效应。推进涉农财政资金整合与统筹使用，盘活各涉农领域的财政资金，做好发改、教育、科技、住建、国土、交通运输、水务、农业、林业、卫计、环保等部门涉农项目拼盘，优先保障重点领域和民生支出，提高财政资金使用效益。加快构建财政支农资金统筹整合的长效机制，切实解决财政资金使用分散、效益低下的问题。（责任单位：财政局，发改局、教育局、科技局、住建局、国土局、交通运输局、水务局、农业局、林业局、卫计局、环保局）

4．强化金融机构支持“三农”功能。引导金融机构积极发展对新型农业经营主体的贷款业务，设立1000万元财政贴息和引导资金，适当扩大“财银担”“财银保”的融资规模，积极推进农房抵押贷款试点改革，探索农村集体土地经营权和集体林权抵押贷款，进一步创新支持“三农”的金融产品和服务方式，切实解决新型农业经营主体融资难、融资贵的问题。推动农村金融机构回归本源，把更多金融资源配置到农村经济社会发展的重点领域和薄弱环节，更好满足乡村振兴多样化金融需求。（责任单位：财政局、金融办）

5．鼓励社会资本投入乡村振兴。按照“谁投资、谁经营、谁受益”的原则，推动企业、社会组织和个人采取投资、捐款捐助、人才和技术支持等多种方式，以独资、合资、承包、租赁等多种建设形式，在农村开发产业、兴办医疗卫生、教育培训、社会福利、养老陪护、公共服务、文化旅游等事业。制定规范引导社会资本参与乡村振兴的政策，完善和落实融资贷款、配套设施建设补助、税费减免、用地保障等政策，加强对社会资本下乡的监管。（责任单位：发改局、招商引资服务中心，各乡镇、街道）

（四）广聚智慧力量，强化人才保障

着力吸纳各路人才投身投智乡村振兴，全面建立新型职业农民、农村专业人才、农业科技人才、乡土管理人才4支乡村人才队伍，充分发挥好人才在乡村振兴中的支撑作用。

1．大力培育新型职业农民。实施新型职业农民培育工程，积极构建以教育培训、政策扶持为主要内容的培育制度，发展爱农业、懂技术、善经营的新型职业农民。建立健全职业农民遴选机制、培养机制、认定机制、服务机制，构建以农业院校、科研院所、职业院校、农业广播电视学校等为依托，各类培训机构参与的多元培育体系，支持农民专业合作社、专业技术协会、龙头企业等主体承担培训。落实国家相关税收优惠政策，完善财政、金融信贷政策，加大对新型职业农民创业扶持力度。引导符合条件的新型职业农民参加城镇职工养老、医疗等社会保障制度。到2022年，认定新型职业农民5000人，新型职业农民培育度达到60%以上。（责任单位：农业局，各乡镇、街道）

2．抓好农业科技人才队伍建设。加强农业、林业、畜牧、水产等专业科技人才队伍建设，逐步提高市、乡两级农技中心（农业综合服务站）财力保障水平，建立一支人员稳定、业务精良、熟悉农情、扎根一线的专业农技人员队伍。深入开展科技特派员农村科技创业行动，组织有“一技之长”的科技人才进村入企为创业者服务，加速创新成果转化成现实生产力。实施农业科技人才特聘计划，与高等院校、科研院所建立长期合作关系，鼓励科技人才到乡村和企业挂职、兼职和离岗创新创业，保障其在职称评定、工资福利、社会保障等方面的权益，发挥好科技人才支撑作用。注重农业系统青年干部培育，开展农技人员知识更新培训和“进村入企”挂职锻炼，着力提高青年农技干部的服务意识和专业技能。探索公益性和经营性农技推广融合发展机制，允许农技人员通过提供增值服务合理取酬。（责任单位：科技局、农业局，各乡镇、街道）

3. 加强农村专业人才队伍建设。建立县域专业人才统筹使用制度，科学调配、动态管理编制资源，使有限的编制资源向基层民生领域倾斜。建立城乡、区域、校地之间人才培养合作与交流机制，鼓励城市专业人才参与乡村振兴。落实乡村教师支持计划，推行乡村教师“县管校聘”，促进城乡教师均衡配置。加快乡村医生培养，采取“订单定向”培养方式，优化乡村医生队伍结构。加大基层医疗卫生机构医务人员、乡村教师的引进和定向培养力度。继续实施“三支一扶”，组织实施高校毕业生基层成长计划，面向高校毕业生开发一批乡村基层公益性岗位，加强农村基层人才配置。扶持培养一批农业职业经理人、经纪人、乡村工匠、文化能人、非遗传承人等农村专业人才。（责任单位：组织部、人社局，编办、教育局、农业局、卫计局、畜牧局，各乡镇、街道）

4. 鼓励社会各界投身乡村建设。深入推进“引老乡、回故乡、建家乡”行动，在乡情乡愁的联结下，以项目回迁、资金回流、人才回归等多种形式让乡贤助力家乡建设发展。支持企业家、党政干部、专家学者、医生教师、规划师、建筑师、律师、技能人才等，通过多种方式服务乡村振兴事业。支持进城农民工、高校毕业生、退役军人、留学归国人员等各类人才回乡下乡创新创业。充分利用工会、共青团、妇联、残联、工商联、科协、红十字会等群团组织的优势和力量，发挥各民主党派、无党派人士积极作用，开展“乡村振兴·巾帼行动”和农村好青年培养工程。加强对下乡组织和人员的管理服务，使之成为乡村振兴的建设性力量。（责任单位：人社局、招商引资服务中心，统战部、总工会、团市委、妇联、残联、工商联、科协、红十字会，各乡镇、街道）

（五）坚持创新驱动，强化科技保障

坚持用现代科学技术发展农业、用现代科技手段服务农村、用现代科技知识武装农民，着力提升农业农村科技化水平。

1. 大力推广新品种。坚持引进和推广优质、高产品种，加快推动农业品种的升级换代。种植业上要突出水稻、油菜、水果、油茶、烤烟等特色产业新品种的引进示范，重点推广抗病性突出、经济效益高的新品种。办好全国水稻新品种新技术展示基地，实现农民从“看广告买种”到“看禾订种”，提高科学选种用种的能力。注重“大围山梨”“葛家鸡肠子辣椒”等地标型优良种质资源的保护开发，保护传承好乡土老种子。养殖业上要重点引进适合标准化生产、规模化发展的良种畜（禽）。加大油茶新品种华硕、华金、华鑫“三华”系列的推广和油茶保花保果新技术的应用，大力推广楠木、红豆杉、红枫和本地特色花木红檵木等珍稀树种。到2020年，完成引进、示范、推广种植业新品种20个，养殖业新品种10个，全市主要农作物良种覆盖率达98%、水产养殖品种良种覆盖率提高5%。（责任单位：农业局、林业局、畜牧局，各乡镇、街道）

2. 示范普及新技术。按照“高新技术抓引进、关键技术抓突破、常规技术抓普及”的思路，加快关键技术的引进、组装和集成应用。深入实施“一控两减三基本行动”，开展化肥农药使用量减量增效，推广主要农作物配方施肥技术面积160万亩次，商品有机肥施用面积10万亩次，农作物秸秆直接还田面积达60万亩次；推广机械化深施肥30万亩次以上，水肥一体化面积5万亩次以上；发展绿色植保，力争高效施药机械使用达到35%以上，主要农作物病虫害专业化统防统治覆盖率达到80%以上；以水稻和蔬果茶为重点，推广绿色防控应用面积55万亩次。大力发展稻鱼、稻鸭、稻虾等“水稻+”生态种养模式，推广面积5万亩。（责任单位：农业局，各乡镇、街道）

3. 推动新设施的应用。推广轻质大棚、喷滴灌、频振灯等设施化栽培，力争到2022年，设施果蔬栽培面积占蔬菜种植总面积的35%以上，带动全市果蔬品质和抗风险能力整体提升。大力推广适地适业的农业新机具，加速推进粮油生产全程机械化，培育200家以上具备全程机械化综合服务能力的社会化服务组织。到2022年全市农机总动力达到160万千瓦，水稻生产耕、种、收综合机械化率达到75%，先进适用大型农业机械达到2万台以上。（责任单位：农业局，各乡镇、街道）

4. 保障农资优质稳定供应。顺应种植结构调整带来的需求变化，有计划地对接一批种子种苗基地，保障农资货源充足供应，满足农民用肥、用药、用种需求。优化农资商品结构，推动农资销售与技术服务、生产作业服务、产品加工服务有机结合，打造优质、安全、方便、实惠的农资供应主渠道。加大对农资市场的监督执法力度，始终保持高压严打态势，严厉查处制售假冒伪劣农资等违法行为及其他坑农害农行为。促进物联网技术在农资领域的示范应用，在全市农药经营单位安装农药监管电子溯源系统，全面推行“实名购买、流向追踪”制度，提升农资监管的现代化水平。（责任单位：农业局、食药工商质监局、供销社，各乡镇、街道）

六、工作要求

1. 加强组织领导。健全党委统一领导、政府负责的农村工作领导体制，成立实施乡村振兴战略领导小组，由市委书记任组长，市长任第一副组长，市委副书记任常务副组长，有关市委常委、市人大常委会联系农业农村工作的副主任、有关市人民政府副市长、市政协联系农业农村工作的副主席任副组长，各乡镇（街道）和相关市直部门为成员单位，下设办公室和专项工作领导小组，由主管农业农村工作副市长兼任办公室主任。按照党政一把手是第一责任人、五级书记抓乡村振兴的要求，落实实施乡村振兴战略领导责任制。各乡镇（街道）党（工）委、乡镇（街道）政府（办事处）每年要向市委、市政府报告推进实施乡村振兴战略进展情况。建立清单化工作统筹机制，由改革办牵头建立年度改革任务清单、优惠政策清单，发改局牵头建立年度重点工程项目清单，财政局牵头建立年度财政投入清单，农业局牵头建立年度考核目标清单，定期向实施乡村振兴战略领导小组反馈清单落实和进展情况。

市直各部门要按照职能职责，强化资源要素支持和制度供给，做好协同配合，形成乡村振兴工作合力。各乡镇(街道)党(工)委书记要当好乡村振兴“一线总指挥”，要把实施乡村振兴战略作为核心任务和主要职责来抓，充分发挥村(社区)党组织在乡村振兴中的战斗堡垒作用。(责任单位:组织部、改革办、发改局、财政局、农业局，各乡镇、街道)

2. 完善推进措施。建立乡村振兴“三会三平台”推进体系。市级成立乡村振兴研究会，聘请国内“三农”问题研究专家、农业专业技术人才等，组建乡村振兴战略高端智库，与科研院校达成长期战略合作关系，指导乡村振兴总体规划、产业培育、技术推广、乡风文明、乡村治理等方面工作，提高全市乡村振兴战略推进实施总体水平。乡镇(街道)成立乡村振兴推进会，由乡镇(街道)党(工)委牵头，以乡情乡愁为纽带，吸引回乡创业人士、乡土技术人才、专家学者、人大代表和政协委员等社会各阶层人士参与，围绕“十项重点工程”，选准乡村振兴方向，因地制宜找重点、想思路、出实招，力争在实施乡村振兴战略中先行先试、打造特色、探索模式、抓出实效。村(社区)成立乡村振兴议事会，以村(社区)党组织为核心，吸收村民代表、农民合作组织负责人、退休老干部老教师、乡村贤达人士等，坚持民事民议、民事民管、民事民办的原则，共同商议村级发展，参与乡村治理，引进乡村振兴所需的资金、技术、项目、人才等要素，形成共促乡村振兴的强大合力。为推动各类发展要素向乡村汇聚，搭建和完善三类要素平台。即农村资源流转交易平台(建立集农村土地经营权、农村宅基地使用权、集体林权、水面滩涂、集体资产租用等资源流转交易于一体的农村资源流转交易平台，以盘活农村资源为切入点，重点做好信息发布、供需对接、流转指导、抵押融资、政策咨询等服务，推动资本、人才、技术、信息向乡村流动)、智慧农业信息服务平台(在全市大数据系统建设的总体框架下，加快构建上下互通、部门互联、运行高效、便捷通畅的智慧农业农村综合信息服务平台，重点做好农业电商、农产品质量追溯、农技推广应用、农药监管溯源、市场价格信息、农业气象等服务，以信息化助推农业现代化)、乡村振兴志愿者服务平台(整合各类资源，搭建乡村公益需求与志愿者组织供给的对接平台，充分发挥志愿服务组织在乡村振兴中的重要作用，打造一批乡村文化型、公益慈善型、社会治理型的志愿者服务品牌。培育农村文化文艺志愿队伍，开展群众文艺巡演、乡土文化挖掘等活动，以文化引领乡村移风易俗。鼓励各类社会公益组织深入乡村，开展助学、助残、助孤、助贫活动。发挥新乡贤、乡村党员、退休干部、农村能人的示范引领作用，提升志愿服务在乡村自治中的影响力)。(责任单位:组织部、国土局、农业局、林业局、畜牧局、商务合作局、气象局、水务局、文明办、团市委，各乡镇、街道)

3. 鼓励先试先行。充分尊重农民主体地位，调动乡镇(街道)、村(社区)主推作用，鼓励其立足自身实际，围绕“十项重点工程”，积极开展办点示范，加强工作经验总结和典型推介，打造一批“乡村振兴示范片区”和“乡村治理创新项目”。要探索规律和方法，注重试点质量，努力形成可总结、可借鉴、可推广的经验。通过总结提炼，向社会推荐一批涵盖不同区域类型、不同经济发展水平的乡村振兴典型模式，更好地发挥示范带动作用，引领全市乡村振兴发展。(责任单位:农业局，各乡镇、街道)

4. 加大考核力度。从2018年起建立乡镇(街道)、市直单位党政领导班子和领导干部推进乡村振兴战略的实绩考核制度，把抓党建促乡村振兴作为乡镇(街道)、市直单位党(工)委(组)书记抓基层党建述职评议考核的重要内容，将考核结果作为考核评价领导班子和选拔任用领导干部的重要依据，作为财政资金和项目重点扶持的重要依据。建立实施乡村振兴战略督查机制，将实施乡村振兴战略列入市委、市政府重点督查清单，强化乡村振兴战略推进情况督查落实。(责任单位:组织部、绩效办、市委督查室、政府督查室、农业局，各乡镇、街道)

5. 营造良好氛围。加大对实施乡村振兴战略的宣传力度，利用全市各级新闻宣传媒介，全面持续深入宣传党的乡村振兴方针政策和丰富实践，形成全社会关注乡村振兴、支持乡村振兴、参与乡村振兴的良好氛围。建立乡村振兴专家宣讲咨询制度，成立实施乡村振兴战略专家库，全面加强实施乡村振兴战略调查研究、经验总结、政策建议工作。鼓励基层大胆探索，讲好乡村振兴浏阳故事，为全省、全国实施乡村振兴战略贡献更多浏阳经验、浏阳模式。(责任单位:宣传部、农业局、文体广电局，各乡镇、街道)

实现乡村振兴，是新时代光荣而艰巨的历史使命。全市各级各部门要切实增强思想自觉和行动自觉，以习近平新时代中国特色社会主义思想为指引，迎难而上、埋头苦干、开拓进取，为决胜全面建成小康社会、夺取新时代中国特色社会主义伟大胜利、全面建设现代化浏阳做出新的贡献!

中共浏阳市委
浏阳市人民政府
关于印发《浏阳市农村集体产权制度改革工作实施方案》的通知

浏发〔2018〕19号

浏阳市农村集体产权制度改革工作实施方案

为扎实做好农村集体产权制度改革工作，根据《中共中央国务院关于稳步推进农村集体产权制度改革的意见》(中发〔2016〕37号)、《中共湖南省委湖南省人民政府关于稳步推进农村集体产权制度改革的实施意见》(湘发〔2017〕24号)和《中共长沙市委长沙市人民政府关于稳步推进农村集体产权制度改革的实施意见》(长发〔2018〕19号)文件精神，按照省、长沙市统一部署，结合浏阳市实际，制定本方案。

一、总体要求

(一)指导思想

以习近平新时代中国特色社会主义思想和党的十九大精神为指引，深入落实中央、省和长沙市关于深化农村改革的决策部署，结合我市实际，以明晰农村集体产权归属、维护农村集体经济组织成员权利为目的，以推进集体经营性资产改革为重点任务，以发展股份合作等多种形式的合作与联合为导向，坚持农村土地集体所有，坚持家庭承包经营基础性地位，探索集体经济新的实现形式和运行机制，全面推进农村经济社会快速协调健康发展。

(二)基本原则

1. 坚持党的领导。坚持农村基层党组织的领导核心地位不动摇，围绕巩固党在农村的执政基础来谋划和推进农村集体产权制度改革，确保集体经济组织依法依规运行，逐步实现共同富裕。

2. 坚持正确方向。充分发挥市场在资源配置中的决定性作用和更好发挥政府作用，确立农村集体经济组织的市场主体地位，完善农民对集体资产股份权能，促进集体经济发展和农民持续增收。

3. 坚持改革底线。坚持农民集体所有不动摇，防止集体资产流失；坚持农民权利不受损，防止内部少数人控制和外部资本侵占；严格依法办事，妥善处理各种利益关系。

4. 坚持尊重民意。发挥农民主体作用，支持农民创新创造，把选择权交给农民，确保农民知情权、参与权、表达权和监督权，真正让农民成为改革的参与者和受益者。

5. 坚持分类指导。对不同类型的集体资产实行分类改革，坚持先行试点，因地制宜，分类实施，不搞一刀切，明确改革路径和方式，着力在关键环节和重点领域取得突破。

二、主要内容

(一)全面开展清产核资工作

1. 清查核实资产。对农村集体所有的各类资产进行全面清产核资。包括三类：资源性资产，主要为农民集体所有的土地、森林、山岭、草原、荒地、滩涂等，已完成农村土地、林地、草原等资源性资产确权登记颁证的，可直接登记造册；经营性资产，主要为用于经营的房屋、建筑物、机器设备、工具器具、农业基础设施、集体投资兴办的企业及其所持有的其他经济组织的资产份额、无形资产等；非经营性资产，主要为用于公共服务的教育、科技、文化、卫生、体育等资产。在摸清农村集体三类资产整体情况的基础上，重点清查核实未承包到户的资源性资产和集体统一经营的经营性资产以及现金、债权债务等，查实存量、价值和使用情况，做到账证、账实、账表三相符。资源性资产清查要与土地、林地、草原等不动产登记、自然资源确权登记工作相衔接，充分利用已有登记成果、森林资源档案等，减少和避免重复劳动。农村集体经济组织所属企业，包括全资持有、直接或间接拥有半数以上表决权等能够控制的被投资企业，其资产也要纳入农村集体资产清产核资范围，并按照有关政策规定进行登记。

2. 明确产权归属。根据不同集体资产的形成过程和历史沿革，从有利于管理实际出发，兼顾国家与集体利益、维护农村社会稳定大局，按照尊重历史、兼顾现实、实事求是、依法依规的原则，将集体资产确权到乡镇（街道)、村(社区)、组集体经济组织。对于政府拨款、减免税费等形成的资产,要把所有权确权到农村集体经济组织。

3. 健全管理制度。建立集体资产登记制度,按照资产类别建立台账,及时记录增减变动情况;建立资产保管制度,明确资产管理、维护方式和责任主体等;建立资产使用制度,明确资产发包、租赁等经营行为必须履行民主程序,实行公开协商或招标投标,强化经济合同管理,清理纠正不合法、不合理的合同;建立资产处置制度,明确资产处置流程,规范收益分配管理;建立健全年度资产清查制度和定期报告制度,以后每年末开展一次资产清查,掌握资产变动情况,清查结果及时上报。

4. 加快平台建设。推进农村集体资产监督管理平台建设,录入、校验、审核清产核资数据,农村集体资产监督管理平台要与农村土地确权信息平台相统一、相配合,逐级进行汇总上报。同时,将农村集体经济组织登记赋码、农村集体财务会计核算、农村集体产权制度改革等相关内容纳入平台管理,切实提高管理水平和效率,推动农村集体资产财务管理制度化、规范化、信息化。

(二)科学确认成员身份

确认集体经济组织成员身份,是集体产权制度改革的关键环节和基础工作:一是研究制定政策。深入调查研究,广泛征求意见,科学制定农村集体经济组织成员身份确认的指导意见,对成员身份确认的时点、具体标准、程序办法等有关事项作出原则规定,并指导农民群众通过民主协商确认成员身份,确保全市范围内相关政策基本一致。二是民主协商确认。确认成员身份应坚持有法依法,有政策按政策,没有法律法规和政策依据的由集体成员民主协商解决。要按照尊重历史、兼顾现实、程序规范、群众认可的原则,统筹考虑户籍关系、农村土地承包关系、对集体积累的贡献等因素,采取原始取得、依法取得、申请取得等方式,经过"收集意见、调查核实、酝酿讨论、会议议决、公开公示"的民主程序形成决定,合理确认集体经济组织成员身份,做到公开、民主、全面、准确。成员身份的确认要注意协调平衡各方利益,既要得到多数人认可,又要防止多数人侵犯少数人权益,切实保护妇女合法权益。三是加强成员管理。农村集体经济组织成员家庭今后的新增人口,通过分享家庭内拥有的集体资产权益的办法,按章程获得集体资产份额和集体成员身份。

(三)有序推进经营性资产股份合作制改革

经营性资产股份合作制改革是农村集体产权制度改革的重点,主要是将经营性资产折股量化到集体经济组织每个成员,发展农民股份合作,健全资产运营的管理、监督和收益分配机制。一是折股量化。经清查核实、价值评估并由全体成员确认的集体经营性资产总额扣除负债后的净资产数额以股份或份额的形式量化到本集体经济组织每个成员。折股量化到人的方式,不对集体经营性资产以价值形态体现,仅明确每位股东将来参与集体资产收益分配的份额。二是股权设置。股权应设置成员股(量化到成员个人的股份)和集体股(由集体行使所有权的股份),由本集体经济组织成员(代表)大会民主讨论决定集体股所占比例和股权管理办法。对于股权量化方式、配置比例等重大事项,依据有关法律法规和政策,实行民主决定、张榜公示。三是股权管理。集体资产股权管理提倡实行不随人口增减变动而调整的方式。原则上坚持确权到人、发证到户、户内共享、社内流转、长久不变、静态管理。由集体经济组织以户为单位向股东发放股权证书,记载集体经济组织成员持有的集体资产股份信息,作为其占有集体资产股份、参与管理决策和享有收益分配权的有效凭证。在股权静态管理模式下,农民持有的集体资产股权只能在本集体内部转让或由本集体赎回。深入开展赋予农民对集体资产股份占有、收益、有偿退出及抵押、担保、继承权改革试点,逐步探索建立股权有偿退出机制,研究制定集体资产股权继承办法。加快建立集体资产股权登记制度,健全农村集体资产股权名册和管理台账,并报乡镇人民政府(街道办事处)和农业局备案。四是组建机构。改革后的新型集体经济组织要依法依规、民主决策,制定集体经济组织章程及相关管理办法。在农村基层党组织的领导下,建立股东大会、理事会和监事会,可与支村两委同时换届,可连选连任。股东大会是集体经济组织的权力机构,实行一人一票表决制度,重大事项须经股东(股东代表)大会按章程规定审议通过后方可实施。理事会、监事会由股东(股东代表)大会选举产生,理事长是法人代表,从理事会成员中选举产生。监事会组成人员不得少于3人,监事长列席理事会会议。五是收益分配。改革后的新型集体经济组织,年度收益分配要依据当年经营收益情况,合理确定分配方案,明确收益分配范围和顺序,确定收益分配及提取公积金、公益金的比例,按其成员拥有股份的权重进行分配,实行同股同利。坚持效益决定分配原则,无效益不分配,严禁举债分配。如年度收益较少,经股东(股东代表)大会讨论通过,当年可不分配,收益结转下年。

(四)积极推进集体资源性资产股份合作

一是加快农村各类产权确权登记颁证工作。按照应确尽确、能确尽确原则,加快农村土地承包经营权、林权、集体土地所有权、集体建设用地使用权、宅基地使用权、水利设施所有权等农村各类产权确权登记颁证进程和信息化管理工作,为盘活农村资源资产奠定基础。二是引导稳步推进农村土地股份合作。积极引导农户把承包土地、林地、草地的经营权转化为股权,入股现代农业园区或农业产业化龙头企业、农民合作社和土地合作社等,获取保底收益或按股分红。对中心村建设复垦出的耕地、农村闲置宅基地整理、土地整治中新增的耕地,可采取确权确股不确地的办法,实行统一经营或入股其他市场主体进行规模经营。开展对外合作的,必须对集体资产依法进行评估,防止任意作价。三是积极开展集体未承包到户资源股份合作。支持集体经济组织利用未承包到户的集体机动地、"四荒"地(荒山、荒沟、荒丘、荒滩)、果园、养殖水面等集体资源,采取股份合作的形式,进行资源开发、产业化经营,提高农村资源的有效利用率,增加集体经济收入。四是鼓励发展旅游资源股份合作。支持景区附近、历史文化名村等有旅游资源的村(社区),以旅游资源经营权等入股成立股份合作制经济组织,发展休闲、度假、文化、观光等产业,增加农民的财产性收入。

（五）加快建立健全农村集体经济组织

农村集体经济组织是集体资产管理的主体，是特殊的经济组织，我市农村都要建立农村集体经济组织。没有经营性资产的称为经济合作社，有经营性资产的称为股份经济合作社。村级集体经济组织原则上以现有行政村为单位设立，特殊情况可以在行政村为单位的集体经济组织内设立分支机构。由农业局负责向农村集体经济组织发放组织登记证书，农村集体经济组织可据此向有关部门办理银行开户等相关手续，以便开展经营管理活动，由农业部门配发编码。要发挥好农村集体经济组织在管理集体资产、开发集体资源、发展集体经济、服务集体成员等方面的功能。在基层党组织领导下，探索明晰农村集体经济组织与村民委员会的职能关系，有效承担集体经济经营管理事务和村民自治事务。支持有条件的地方探索实行村民委员会事务和集体经济事务分离，各自设账，独立核算。改革后农村集体经济组织要完善治理机制，制定组织章程，涉及成员利益的重大事项实行民主决策，防止少数人操控。各农村集体经济组织要建立健全档案管理制度和措施。

（六）发展壮大新型村级集体经济

新型村级集体经济组织要有序保护、合理开发利用资源性资产，夯实新型村级集体经济发展的基础；经营性资产折股量化后，由集体经济组织统一经营，实现保值增值，增加集体经济组织成员收入。国家投资和扶贫等渠道形成的生产性设施和公益性设施，可根据实际情况确权到集体经济组织；用于公益的非经营性资产，由集体经济组织制定管理办法，统一管理，保持非经营性资产的完整和使用服务价值。要防止集体资产流失，大力开展农村集体资产资源经济合同清理，规范农村集体资产资源承包租赁经营，加强农村集体资产资源的合理利用，促进集体经济发展。对农村集体资产资源进行开发利用时，要切实加强生态环境和公共资源的保护，严守生态保护红线、永久基本农田、城镇开发边界三条控制线。股份经济合作社或经济合作社作为集体资产管理的独立市场经济主体，按现代企业制度开展资产管理和运营，可通过独立经营、承包、租赁、参股、入股、联营等方式开展各项经济活动。支持农村集体经济组织为农户和各类农业经营主体提供产前、产中、产后农业生产性服务，以及旅游、商贸流通与市场管理等服务，大力发展农村服务型经济。鼓励整合利用集体积累资金、政府帮扶资金等，通过入股或者参股农业产业化龙头企业、村与村合作、村企联手共建、扶贫开发等多种形式发展新型村级集体经济。各部门要依法依规从市场准入、资金支持、财政奖补、土地使用、人才引进、金融保险等方面加大扶持力度。将农村承包土地经营权入股到公司、企业，实现土地的合作经营；采取村级自主经营或对外招租、联合经营等方式，实现资产的盘活经营；对没有确权到户的非承包地、林地、宅基地、符合土地利用总体规划编制和村级土地利用规划编制的建设用地且权属为村集体的公共资源进行整合，实现资源的开发经营。通过改革创新，探索“土地合作型”“资源开发型”“物业经营型”“乡村服务型”的新型村级集体经济发展模式，建立健全发展壮大新型村级集体经济的长效机制。

（七）维护集体经济组织合法权益

严格保护集体资产所有权，防止集体资产被虚置。农村承包土地经营权流转不得改变土地集体所有性质，不得违反耕地保护制度，不得改变农业用途。以家庭承包方式承包并采取转让、互换方式流转的集体土地，应在本集体经济组织内进行，且须经农村集体经济组织等发包方同意；采取出租（转包）或其他方式流转经营权的，须报农村集体经济组织等发包方书面备案。在集体土地被征收时，集体经济组织有权就征地补偿安置方案等提出意见并依法获得补偿。在集体经营性建设用地入市和宅基地制度改革试点中，要正确处理国家、集体、农民三者利益分配关系。对于经营性资产，要体现集体的维护、管理、运营权利；对于非经营性资产，不宜折股量化到户，要根据其不同投资来源和有关规定统一运行管护。维护进城落户农民土地承包权、宅基地使用权、集体收益分配权，探索支持引导其依法自愿有偿转让的有效办法。

（八）规范农村集体产权流转和交易

要在坚持政府主导、公众受益的原则下，依托农村资源流转交易平台，建立符合农村实际需要的产权流转交易市场，开展农村承包土地经营权、集体统一经营管理的“四荒”地使用权、农业类知识产权、农村集体经营性资产出租等流转交易。要进一步加大对市农村资源流转交易平台的扶持力度，扩展交易品类，提升服务水平，为各类资源要素支持“三农”搭建平台、拓宽渠道。

三、实施步骤

整个改革工作分步实施。2018 年制定工作方案，广泛宣传发动，出台农村集体经济组织成员资格认定文件，全面开展清产核资，初步审核农村集体经济组织成员身份界定名册，选取 2~3 个村级集体经济好的村（社区）成立村级集体经济组织，开展赋予农民对集体资产股份占有权、收益权改革试点工作；2018 年 11 月中旬前要全面完成清产核资；2019 年全面成立农村集体经济组织，完成集体经济组织资产、资源确权登记，开展成员股份量化，为成员发放股权证书，探索实施股份合作经营；2020 年实施农村集体经济股份合作经营。

（一）准备阶段（2018 年 1—7 月）

1. 调研农村集体产权情况，制定改革实施方案。

2. 成立领导机构。成立浏阳市农村集体产权制度改革工作领导小组，各乡镇（街道）、村（社区）分别成立相应的领导小组和工作班子。

3. 召开动员会议。召开全市农村集体产权制度改革动员大会，明确实施改革的意义、任务、安排和要求。

（二）实施阶段（2018 年 8 月—2019 年 10 月）

1. 改革的主要内容：

(1)组织开展清产核资，厘清债权债务，探索不同资产类型的改革形式，健全监管机制。（2018 年 8—10 月）

(2)确认集体经济组织成员身份。（2018 年 10 月—2019 年 5 月）

(3)编制集体经济组织成员名册并建立登记备案制度。（2019 年 6—7 月）

(4)依法确认集体经济组织成员享有的土地（含林地等）承包经营权、宅基地使用权、集体收益分配权，落实农

民对集体经济活动的民主管理权利。(2019 年 8 月—2019 年 9 月)

2. 改革的工作重点:

(1)依照现有的法律、法规和政策,采取尊重历史、兼顾现实、程序规范、群众认可的方式,拟定农村集体经济组织成员身份认定办法并广泛征求意见,制定下发操作性和灵活性兼具的规范性文件。

(2)依照文件对各村(社区)逐个开展集体经济组织成员身份界定工作,经村(居)民大会或村(居)民代表会议表决通过后张榜公布。

(3)根据确认的集体经济组织成员身份编制名册,一村(社区)一册,乡镇(街道)汇总后报市农村经营管理办公室备案(联系人:张懿,联系电话:83601300)。

(4)由国土局牵头,对集体经济组织成员的宅基地使用权予以明确。

(5)通过清产核资,落实集体经济组织成员的收益分配权。对于资源性资产,在充分尊重承包农户意愿的前提下,探索发展土地股份合作等多种形式,积极稳妥开展集体土地股份合作制经营;对于经营性资产,明晰集体产权归属,将资产折股量化到集体经济组织成员,建立农村集体股份合作社,明确农村集体经济组织的市场主体地位,健全集体资产运营的管理、监督和收益分配机制;对于公益性资产,探索建立集体统一运营管理的有效机制,更好地发挥公益性服务功能。建立健全农村集体资产信息化管理平台,完善农村集体资产台账和资产评估制度,加强农村审计监督。

(6)明确集体经济组织成员应当享有的参与集体经济活动的权利。

(三)总结阶段(2019 年 11—12 月)

1. 乡镇(街道)、村(社区)整理归档资料,总结年度工作。

2. 市直有关部门组织对村(社区)进行检查、评估。

3. 按程序和要求上报工作总结材料。

(四)巩固提升阶段(2020 年)

加强交流,开展培训,指导股份合作经济发展壮大。

四、保障措施

(一)加强组织领导。成立市农村集体产权制度改革工作领导小组,由市委书记任组长,市长任第一副组长,市委副书记、常务副市长、分管副市长任副组长。市委办(市委督查室、改革办)、组织部(绩效办、基层办)、信访局、档案局、广播电视台、政府办(政府督查室、法制办)、发改局、教育局、科技局、公安局、民政局、人社局、财政局、国土局、水务局、农业局、林业局、文体广电局、卫计局、规划局、花炮局、妇联、移民局、金融办、税务局等部门主要负责人及各乡镇(街道)党(工)委主要负责人为成员。领导小组下设办公室,设在农业局,由分管副市长兼任办公室主任,办公室具体负责组织、宣传、培训、指导、验收、总结等工作。

(二)强化调度考核。此项工作纳入对各乡镇(街道)绩效考核内容。按照"市直接领导、乡镇负责组织、村(社区)具体操作、部门搞好服务"的工作机制,乡镇(街道)成立以党(工)委主要负责人为第一责任人的改革工作领导小组,全面负责改革工作的组织实施。在推进改革的过程中,市农村集体产权制度改革工作领导小组各成员单位之间要加强协调,建立联席会议制度,及时解决改革中的困难和问题。市级由农业局抽调专职干部、聘请 3 名专业人员组成专门班子,进行具体业务指导。乡镇(街道)要组织或聘请具有集体资产管理工作经验的人员,组成 2~3 人工作组进村(社区)现场指导改革工作。村级要建立在村(社区)党组织及村(居)委会领导下的,由村级负责人、村务监督委员会成员和村级集体经济组织成员代表共同组成的 3—5 人工作班子,明确工作职责。通过加强市、乡、村三级工作队伍的配备,确保农村集体产权制度改革有人负责、有人干事。

(三)加大政策支持。农村集体产权制度改革涉及面宽,工作量大,各级各部门要统筹保障改革经费。市级安排 200 万元专项工作经费用于保障农村集体产权制度改革的有序推进,村级工作经费由市、乡镇、村(社区)三级共同承担,其中市级到村(社区)奖补经费按现有 322 个行政村(社区)每个村(社区)1 万元的标准,根据工作完成效果进行奖补。各相关部门要积极向上争资,确保改革工作稳妥有序推进。要落实国家相关的财政、税收、金融及用地政策,进一步完善财政引导、多元化投入促进农村集体经济发展的政策体系,对政府拨款、减免税费等形成的资产归农村集体经济组织所有,可以量化为集体成员持有的股份。在农村集体产权制度改革中,免征因权利人名称变更登记、资产产权变更登记涉及的契税,免征签订产权转移书据涉及的印花税,免收确权变更中的土地、房屋等不动产登记费。完善金融机构对依法取得法人资格的农村集体经济组织的融资、担保等政策,健全风险防范分担机制。统筹安排农村集体经济组织发展所需用地。

(四)做好宣传培训。编发农村集体产权制度改革相关宣传资料,在浏阳日报、广播电视台集中宣传改革政策,利用乡镇(街道)、村(社区)公开栏、广播、公开信、流动宣传车、卡通宣传册等进行广泛宣传。市农村集体产权制度改革工作领导小组办公室要分阶段给予政策指导,制定推动改革的政策指导意见、编写通俗易懂的政策宣传材料。市、乡两级要组织开展形式多样、多层次的业务知识培训。

(五)落实工作责任。领导小组成员单位要各司其职,形成工作合力,推动改革取得实效。成员单位主要职责如下:

组织部(绩效办、基层办):负责将农村集体产权制度改革工作纳入年度考核内容;指导新型村级集体经济发展。

改革办:负责统筹协调、督促检查,推动农村集体产权制度改革。

市委督查室、政府督查室:负责牵头对农村集体产权制度改革工作开展督查。

信访局:负责农村集体产权制度改革有关信访接待、处置工作。

档案局:负责农村集体产权制度改革中档案资料的收集、管理、信息化扫描归档等相关工作的业务指导。

广播电视台:负责农村集体产权制度改革工作政策、

典型宣传，做好广播、电视新闻及政策宣传，协助做好专题宣传。

发改局：负责开展重大问题研究，起草相关政策意见和配套措施。

教育局：负责指导教育类资产的清产核资工作。

科技局：负责指导科技类资产的清产核资工作。

公安局：配合做好农村集体经济组织成员户口查证工作。

民政局：依据相关法律法规，探索明晰村民自治组织与农村集体经济组织的职能关系，并出台相关配套管理办法。

财政局：负责本级农村集体产权制度改革工作经费筹措，据实足额保障经费，会同有关部门加强资金监管；采取以奖代补形式对全面完成改革任务的村（社区）进行适当奖补；参与清产核资业务指导；参与农村集体产权制度改革各项政策、文件等的制定工作。

人社局：参与制定推动农村集体产权制度改革的政策指导意见等工作，负责抽调工作人员的协调、审核工作。

国土局：负责林权、房屋、养殖水面、集体建设用地等不动产登记颁证相关工作，免收确权变更中的土地、房屋等不动产登记费；开展相关业务指导；提供农村集体产权相关的界线图等基础资料；参与农村集体产权制度改革各项政策、文件、宣传资料的编写与制定工作。

水务局：负责指导水利设施等资产的清产核资工作。

农业局：负责领导小组的日常工作；负责制定改革的各项政策、文件；负责宣传资料的制作与编印；负责农村集体经济组织成员界定、农村集体经济组织组建、股份合作经营等业务指导；负责农村集体经济组织成员备案登记，农村集体经济组织注册登记；负责指导新型村级集体经济发展。

林业局：负责指导集体森林等资源性资产的清产核资工作，以及各乡镇（街道）的林权纠错及纠纷仲裁等业务。

文体广电局：负责指导文化、体育类资产的清产核资工作。

卫计局：负责指导卫生类资产的清产核资工作。

规划局：免费为农村集体经济组织房屋类建筑确权做好规划设计方面的工作。

花炮局：负责指导花炮企业用地情况清查工作。

妇联：参与农村集体产权制度改革工作政策、文件的编写和制定工作，积极动员全市妇女参与，切实保障妇女权益。

移民局：负责农村集体产权制度改革与移民相关工作的业务指导；参与农村集体产权制度改革工作各项政策、文件、宣传资料的编写与制定工作。

金融办：负责协调金融机构对依法取得法人资格的农村集体经济组织的融资服务工作。

税务局：负责在农村集体产权制度改革中，免征因权利人名称变更登记、资产产权变更登记涉及的契税，免征签订产权转移书据涉及的印花税。

各乡镇（街道）：全面负责辖区内村（社区）农村集体产权制度改革工作的组织、宣传、实施及考核等工作，负责本辖区内必要的经费，圆满完成好改革领导小组交办的各项工作任务。

法制办：参与农村集体产权制度改革的规范性文件的审查工作。

（六）严肃工作纪律。农村集体经济组织的资产是其成员的共有资产，各级都要坚持思想教育和积极引导并行的工作方法，将保障农民群众民主权益作为基本原则，做好不同对象的思想工作，讲清政策，明确权利和责任，避免和防止改革简单化和少数人说了算。要落实属地管理责任，对因在改革过程中不民主、不公开、不透明和弄虚作假等不履行或不正当履行工作职责，引发信访突出问题、恶性事件或群体性事件，造成不良影响和严重后果的，应当追究相关责任人的责任。对非法侵占、哄抢、平调、挪用、私分和损坏集体资产的，要如数退赔，涉嫌违规违纪的移交纪检监察机关处理，构成犯罪的移交司法机关依法追究责任人的刑事责任。认真做好农村产权纠纷调解仲裁和司法救济工作，确保把矛盾化解在基层，消除在萌芽状态，为全市农村集体产权制度改革创造良好的社会环境。

中共浏阳市委
浏阳市人民政府
关于发展壮大新型村级集体经济的实施意见

（2018年10月17日）

浏发〔2018〕23号

发展壮大新型村级集体经济是实施乡村振兴战略的重要抓手，是推进农业农村现代化的重要内容，是实现共同富裕目标的重要保证。为进一步壮大新型村级集体经济实力，根据《中共湖南省委湖南省人民政府关于加快发展村级集体经济的意见》（湘发〔2014〕6号）和《中共长沙市委长沙市人民政府关于发展壮大新型村级集体经济的指导意见》（长发〔2018〕20号）精神，结合我市实际，制定如下实施意见。

一、明确目标要求

（一）指导思想

以习近平新时代中国特色社会主义思想和党的十九大精神为指导，深入贯彻落实中央、省和长沙市关于发展壮大新型村级集体经济的决策部署，以增强村级集体经济实力、实现农民共同富裕为目标，以农村集体资产、资源、资金等要素有效利用为纽带，以村级集体资产股份合作制改革为基础，坚持自力更生与政策扶持相结合，因地制宜探索土地合作型、资源开发型、乡村服务型、物业经营型等多种集体经济实现形式，建立起既体现集体优越性，又调动成员积极性的村级集体经济运行新机制，为巩固农村基层政权、促推乡村振兴注入新活力。

（二）目标任务

建立产权关系明晰、组织机构健全、经营管理规范的新型村级集体经济体系，2018年和2019年每年分别消除90个村级集体经济薄弱村，即各村每年经营性收入达到5万元以上；到2020年，力争所有的行政村都有集体经济经营性收入，基本解决集体经济薄弱村发展问题。按照新型村级集体经济“四种模式”，打造一批新型村级集体经济发展示范村，不断增强村级集体经济实力，持续带动农民群众增收致富，形成新型村级集体经济发展的“浏阳路径”。

（三）基本原则

——坚持党建引领，民主管理。充分发挥农村基层党组织的核心引领作用，为发展壮大新型村级集体经济提供保障、凝聚力量。突出村集体的主导作用和农民的主体作用，健全完善民主决策、民主管理、民主监督机制，充分调动村级集体经济组织成员的积极性。

——坚持市场导向，一村一策。不走传统村办企业式的老路，不搞输血式、短期化的形象工程、政绩工程，按照市场经济要求发展新型村级集体经济，走可持续发展之路。按照因村施策、一村一策的要求，立足当地资源禀赋，突出当地特色优势，科学选择新型村级集体经济发展路径。

——坚持集体所有，共同富裕。巩固完善农村基本经营制度，坚守不改变村集体产权性质、不损害村集体利益、不损害农民利益“三条底线”。通过集体经济收益的合理分配，促进共同富裕。

——坚持改革创新，生态优先。把改革创新作为解决发展问题的重要法宝，加快深化农村改革，激活农村资源要素，鼓励基层创新实践，增强村级集体经济发展动力。践行绿水青山就是金山银山的发展理念，注重保护农村生态环境，避免资源过度开发和环境污染。

二、探索发展路径

（一）发展“土地合作型”经济

大力发展以土地合作社为平台的土地合作经营模式，力争2020年实现行政村土地合作经营“全覆盖”。鼓励和支持村级集体经济组织引导农户以承包地、林地等经营权入股组建土地合作社，村级集体经济组织在土地合作社中占有一定比例的股份。以土地股份合作为基础，推进土地综合整治和高标准农田建设。原则上村级集体经济组织和土地合作社不直接从事农业生产经营，可由土地合作社采取市场化方式将入股土地流转给各类农业经营主体发展现代农业，并提供相关配套有偿服务。有条件的地方，可由村级集体经济组织、土地合作社和村民、农业经营主体等共同组建股份制企业，从事相关生产经营活动。

（二）发展“资源开发型”经济

依法依规依程序对“一户多宅”等闲置的宅基地，以及清理退出的各类工矿用地进行整理，整理后的集体建设用地可用于租赁、入股企业或开发物业项目。采取城乡建设用地增减挂钩的方式，对闲置集体建设用地复垦和农田综合整治后新增的建设用地指标、耕地占补平衡指标，可按相关政策文件规定在市域范围内由市人民政府进行统筹，所得部分土地收益返还村级集体经济组织。力争2018年至2020年每年完成新批增减挂钩项目复垦面积3000亩。结合“国家全域旅游示范区”创建，由村级集体经济组织引导农户流转闲置农房，采取租赁、参股等形式与乡村旅游企业合作发展休闲农庄、乡村民宿、乡村客栈。按照“因地制宜、因村施策”原则，注重文化引领、规划先行，形成“一村一品”格局，发展特色乡村旅游。村级集体经济组织不得从事破坏生态环境的资源开发，严禁借资源开发名义采石、采砂、采矿、伐木毁林。

（三）发展“物业经营型”经济

支持村级集体经济组织利用闲置的学校、医院、厂房、仓库等物业设施，采取入股、租赁等形式与有关企业发展联合经营。支持产业园区周边的村，利用土地整理复垦的新增建设用地指标与园区合作，在园区内置换同等面积的建设用地，共同投资兴建厂房或配套物业设施用于租赁经营。支持有条件的村通过土地增减挂钩的方式参与城镇规划区相关物业项目的投资经营。在城镇建设征拆过程中，优先安排征拆区域所在村参与征拆后相关物业项目的投资经营。

（四）发展“乡村服务型”经济

鼓励村级集体经济组织领办、参办农业服务组织，为农业生产经营主体提供农资供应、生产管理、农机服务、市场营销、物流配送、农业电商等农业配套服务。支持有条件的村级集体经济组织承担力所能及的乡村管理服务。鼓励搭建劳务服务平台，为村内劳动力提供信息咨询、劳务派遣、职业介绍、技能培训等劳务中介服务。禁止采用非法手段或违背公平竞争原则承揽相关服务项目。

三、加大支持力度

（一）加大土地政策支持

1. 推进土地利用总体规划与村庄建设规划等“多规合一”，集约节约土地资源，科学铺排新型村级集体经济发展项目。市级将年度新增建设用地指标的5%优先安排村级集体经济发展用地。（牵头单位：国土局，责任单位：规划局，各乡镇、街道）

2. 进一步推进清理整治农村无序建房和“一户多宅”工作，逐步引导农民集中居住，以村级集体经济组织为实施主体推进城乡建设用地增减挂钩，村级集体经济组织按一定比例分享收益，复垦后的土地确权至村级集体经济组织。（牵头单位：国土局，责任单位：住建局、规划局，各乡镇、街道）

3. 农村集体经营性建设用地入市或流转使用收益在扣除相关费用后的剩余部分，按照土地原有权属，分档次提取部分比例作为本集体经济组织的发展资金，用于发展壮大集体经济和本集体经济组织农业生产设施改造、新农村建设与管理等。（牵头单位：国土局，责任单位：各乡镇、街道）

4. 在实施农村集体经营性建设用地入市、城乡建设用地增减挂钩、土地开发整理项目产生的指标中，提前预留部分指标（在本村、社区范围内产生的指标总量的10%）用于村级集体经济组织使用或出让。（牵头单位：文旅公司）

（二）加大财政政策支持

1. 扩大农业项目财政资金股权化改革试点，将财政支农资金形成的资产所有权划归村级集体经济组织持有，可作为资产折价入股到村企合作项目。（牵头单位：农业局，责任单位：财政局，各乡镇、街道）

2. 整合财政、国土、农业、水务、烤烟等部门的高标准农田建设项目，鼓励村集体开展农田整治，整治后新增加的耕地所有权和经营权归村集体所有，由此获得的收入可作为新型村级集体经济发展启动资金。（牵头单位：农业局，责任单位：财政局、国土局、水务局、烤烟办，各乡镇、街道）

3. 充分发挥市文旅公司作用，对村级优良闲置资产及文化旅游资源，以资产收购、入股合作、招商引资等方式盘活村级资产资源，发展壮大新型村级集体经济。（牵头单位：文旅公司）

4. 设立市级扶持新型村级集体经济发展专项资金。从2018年起（一定三年），市财政每年安排300万元专项资金，用于奖励效益良好、管理规范、农民满意的新型村级集体经济发展示范村（社区）和进步村（社区），具体奖励办法由农业局商财政局另行制定。（牵头单位：农业局，责任单位：财政局）

（三）加大金融政策支持

1. 积极开展村级集体经济组织登记赋码工作，赋予其市场经济法人主体身份，税务局据此为其办理税务登记，金融机构为其办理银行开户等相关手续，以便其开展经营管理活动。（牵头单位：农业局，责任单位：金融办、税务局、人民银行浏阳支行）

2. 金融机构创新金融产品和服务，把村级集体经济组织纳入评级授信范围，把新型村级集体经济项目作为信贷支农的重点。金融办将支持新型村级集体经济发展情况纳入对金融机构的年终考核。（牵头单位：金融办，责任单位：人民银行浏阳支行）

3. 加强农村融资担保体系建设，扩大农村集体资产抵押物、担保物范围，鼓励开展集体耕地、集体林地、集体水面、集体房产等抵押贷款。（牵头单位：金融办，责任单位：人民银行浏阳支行）

（四）加大税收政策支持

落实税收优惠政策，对村级集体经济组织采取转包、出租、互换、转让、入股等方式将承包地流转给农业生产者用于农业生产，免征增值税。农业生产单位销售自产农产品，免征增值税。村级集体经济组织在资产重组过程中，通过合并、分立、出售、置换等方式，将全部或者部分实物资产以及与其相关联的债权、负债和劳动力一并转让给其他单位和个人，其中涉及的不动产、土地使用权转让行为，不征收增值税，免征契税。对农村集体土地承包经营权的转移，免征契税。（牵头单位：税务局）

（五）加大人才政策支持

1. 支持青年人才到农村创业，大力培育新型农业经营主体和新型职业农民，加强“三农”干部的培养、配备、管理、使用。充分发挥"乡村振兴研究会"中专家团队的作用,鼓励各类社会人才投身新型村级集体经济发展。(牵头单位:农业局,责任单位:组织部、人社局,各乡镇、街道)

2. 将新型村级集体经济发展业务培训纳入全市干部教育培训计划,采取集中培训、观摩交流、外出考察等方式,定期对村级集体经济组织负责人进行轮训。(牵头单位:组织部,责任单位:农业局)

四、强化保障措施

(一)加强领导,落实责任

建立"市级统筹、乡镇(街道)负责、村(社区)实施、部门指导"的新型村级集体经济推进机制。市级成立发展壮大新型村级集体经济工作领导小组,由市委书记任组长,市委副书记、市人民政府市长,市委副书记,市委常委、市人民政府常务副市长,市委常委、组织部部长,分管农业农村工作的市人民政府副市长任副组长,纪委监委、市委办(市委督查室、改革办)、组织部、政府办(政府督查室)、民政局、财政局、人社局、国土局、农业局、林业局、金融办、文旅公司、税务局、人民银行浏阳支行及各乡镇(街道)为成员单位,领导小组下设办公室(设在农业局),由分管农业农村工作的市人民政府副市长兼任办公室主任,由农业局负责策划、推动、督办等具体工作。各相关部门按照职能职责,制定切实可行的实施细则,加强对新型村级集体经济发展的规划、支持、指导和服务。乡镇(街道)成立以党(工)委主要负责人为第一责任人的领导小组,负责落实好辖区内新型村级集体经济发展任务。村(社区)结合"乡村振兴议事会",因地制宜探索发展壮大新型村级集体经济的有效途径。

(二)清产核资,明晰产权

1. 清理集体资产。加快完成农村集体资产清产核资,对未承包到户的集体资源性资产、非经营性资产和闲置宅基地整理、土地整治中新增的土地,确权至相应村或组集体经济组织,原则上由村级集体经济组织统筹管理,进一步明晰农村集体产权归属。要全面建立独立核算的新型村级集体经济组织,名称统一为经济合作社或股份经济合作社,用于发展壮大新型村级集体经济。

2. 引导有序流转。进一步做优市农村资源流转交易中心等平台,广泛发布信息,引导集体资产、资源合理流动,实现价值最大化。鼓励村级集体开展招商引资工作,加大对集体资产重组、收购和参股经营的支持力度,提高集体资产经营管理水平。各乡镇(街道)要对村级集体资产发包、租赁、招商、合作等行为加强管理,规范民主决策程序,审查村级经济合同,确保集体资产增值保值。

(三)严格监管,有序运转

1. 加强对集体资产的管理。加强对村级"三资"的清理、登记、管理,形成资金积累与滚动发展良性循环机制。规范对村级集体经济收入的入账和会计核算管理,村级集体经济收入必须全部纳入村级账户,严禁坐收坐支、体外循环。建立健全村级集体经济公开公示制度,用好"互联网 + 监督"等载体,完善农民群众参与监督机制。

2. 加强对村级债务的管理。严控村(社区)在发展集体经济过程中负债,降低债务风险;从每年村级集体经济收入中提取一定比例资金作为偿债专用资金,逐步化解村级债务。

3. 加强对村级财务的监督。加强对村级集体经济的审计监督,坚决查处集体经济发展过程中的不正之风和腐败问题,严厉打击非法侵占、挪用、私分、损坏集体资产以及收入不入村账和资金体外循环等违纪违法行为。

4. 加强对生态环境的管控。认真做好新型村级集体经济发展过程中的环境监督工作,严格落实环境准入制度,防止污染企业向农村转移。推行绿色生产方式,支持村级集体经济组织发展生态修复、森林保护等绿色经济。

(四)示范引路,考核激励

1. 开展示范建设。各乡镇(街道)要结合新型村级集体经济"四种模式",坚持"一村一策",积极开展示范村(社区)建设,每个乡镇(街道)每年要打造 1 个以上特色鲜明、效益明显的新型村级集体经济示范村(社区)。要注重挖掘培育典型,加大宣传推介力度,更好地发挥示范带动作用,引领全市新型村级集体经济发展。

2. 加强督查考核。把新型村级集体经济发展情况纳入对各乡镇(街道)年度绩效考核和农村基层党建考核内容,纳入乡镇(街道)、村(社区)党组织书记抓党建工作年度述职评议考核内容,与对村(社区)干部的考核奖惩等挂钩。对发展新型村级集体经济成绩突出、贡献较大的村(社区)和人员,在评先、评优、提拔使用干部时予以优先考虑。对工作推进不力、消除集体经济薄弱村年度任务未完成或弄虚作假的责任单位和责任人依法依规进行严肃问责。建立新型村级集体经济督查机制,将新型村级集体经济列入市委、市政府重点工作督查清单,建立"月督查、季通报、年考评"制度,强化新型村级集体经济发展推进情况督查落实。

中共浏阳市委办公室
浏阳市人民政府办公室
关于进一步深化“最多跑一次”改革着力推进“马上办、就近办、网上办、帮代办”实施方案

浏办发〔2018〕2号

为贯彻落实中央、省委、市委全面深化改革精神，打造“放管服”改革升级版，深化“最多跑一次”改革，努力实现“马上办、就近办、网上办、帮代办”目标，制定本实施方案。

一、指导思想

深入贯彻落实党的十九大精神，坚持以人民为中心的改革发展理念，立足“在区域谋发展，在全国争地位，在全球引资源”的基本定位，持续深化“最多跑一次”改革，整合资源、优化流程、减少层级、精简环节，致力打造极简便民的政务服务环境和全国营商环境最优县（市），全力提升群众和企业的获得感和幸福感，为全面建设现代化浏阳提供坚实的体制机制保障。

二、主要内容

（一）深化简政放权

按照“能放则放、应放尽放”和“权责对等”的原则赋予乡镇（街道）和园区更多的自主权，打造极简便民的政务环境。

1. 全面向乡镇（街道）放权。认真总结大瑶镇、镇头镇改革试点经验，结合群众实际需求，将就业、教育、医疗、生育、户口、住房、养老、抚恤等方面的政务服务事项依法下放到乡镇（街道）实施，基本实现个人事项不出乡镇（街道）（详见附件1）。[牵头单位：编办；责任单位：法制办、各乡镇（街道）、市直相关部门]

2. 再次向经开区、高新区赋权。根据园区发展需要，重点在项目投资、工程建设、市政管理、市场监管等方面赋予园区更多的发展自主权，进一步优化政务服务，确保园区办事不出“厂门”（详见附件2）。[牵头单位：编办；责任单位：法制办、经开区、高新区、市直相关部门]

（二）推进效率变革

1. 对“最多跑一次”事项进行回头看，全面落实“优流程、减材料、压时限、提效率”要求，加快推进事项马上办。市直各有关部门要根据公布实施的“最多跑一次”事项清单，对办事流程、申请材料、办结时限、办理方式逐项研判，大力推进承诺件改即办件，特别对商事登记、不动产登记、户口登记等企业和群众申请办理率高的政务服务事项，更要创新办理方式，加快提质提效步伐，进一步优化提升政务服务水平和效率。[牵头单位：政务中心；责任单位：市直相关部门]

2. 坚持问题导向，对建设投资项目审批实施再提速。各相关部门要进一步创造条件深化并联审批，政务中心要积极牵头组织探索联合踏勘、联合评审、联合审批、联合验收等新机制，不断优化审批流程，实现建设投资项目审批再提速。[牵头单位：政务中心；责任单位：发改局、住建局、国土局、环保局、水务局、林业局、人防办、规划局、消防大队、气象局等相关部门]

（三）加快标准化建设

1. 统一事项标准。梳理事项清单。由编办牵头，梳理公布群众和企业到乡镇（街道）办事事项，明确事项类别、经办部门、办理时限等基本要素。简化办事流程。由政务中心牵头，以企业和群众办理的“一件事情”为中心，对已公布清单事项实行优化简化和流程再造并及时公布。明确受理标准。由政务中心牵头，制定政务服务事项统一申办受理标准，明确受理条件及其裁量标准，适量压缩自由裁量空间，减少群众重复提交材料和到场次数；细化收件标准，严格按受理清单收件，依法科学合理精简申请材料，消除模糊语言、兜底条款，重点规范办理时限等要素，为群众办事提供清晰的指引。[牵头单位：编办、政务中心；责任单位：各乡镇（街道）]

2. 统一场所标准。统一窗口设置。乡镇（街道）辖区内所有政务服务事项原则上集中到政务服务大厅，实行“一窗受理、一站式服务”，按标准统一设置综合受理窗口、即办件窗口、业务咨询、帮代办服务窗口。统一设施设备。在大厅内设置政务公开栏、政府信息查阅点等设施，并统一配备电子显示屏、扫描仪、高拍仪、打印机、电脑等设备，满足办公和便民要求。统一工作制度。建立健全“领导值班首问责任、一次告知、限时办结、预约服务、全程代办、责任追究、全员考核”等工作制度。[牵头单位：政务中心；责任单位：各乡镇（街道）、市直相关部门]

3. 推进政务服务事项办理“只进一张门”。统一机构设置。由编办牵头，在乡镇(街道)事业机构限额内，按照“撤一建一”的原则，设立“乡镇(街道)政务服务中心”，人员编制从本乡镇(街道)事业编制总量内调剂解决，配优配强政务服务中心工作队伍。统一事项入驻。公安派出所、国土所等派驻机构办理的与群众和企业密切相关的政务服务事项均要统一入驻政务服务大厅，设置办事窗口；对业务量极少的事项，可以设置综合代办窗口，实行集中受理，统一办理。统一标识标牌。统一乡镇(街道)政务服务中心、村(社区)便民服务中心的标识标牌，在乡镇(街道)政务服务大厅正门按规定悬挂统一设置的“××乡镇(街道)政务服务中心”牌子；在村(社区)便民服务大厅统一悬挂“××村(社区)便民服务中心”牌子，按照统一规格设置好指路标牌。[牵头单位：编办、政务中心；责任单位：公安局、国土局、财政局等市直部门、各乡镇(街道)]

(四)实现全程网办

1. 加快建设市—乡镇(街道)、园区—村(社区)互联共享网上办事平台，推进政务服务进社区、进商区、进厂区，推进事项就近办。以统一的数据共享交换系统为支撑，加快浏阳网上办事大厅和政务服务平台下延至乡镇(街道)、园区、村(社区)，以高新区、大瑶镇、文家市镇、澄潭江镇、镇头镇、古港镇、沙市镇、集里街道、淮川街道所辖部分村(社区)为试点，乡镇(街道)、园区、村(社区)采取前台综合受理、后台分类办理、统一窗口出件的服务流程，逐步实现政务服务事项的一窗通办。由电子政务信息中心牵头，加快完善互联网—政务服务多功能自助一体机网上支付等功能，按照就近方便、集中集约的原则，将互联网—政务服务多功能自助一体机搬进通程、比一比、大润发等大型超市，集里桥、城西等城市社区，蓝思科技等大型厂区，让群众在购物时、在社区、在厂区就能把政务服务事项办好，提高群众办事便捷程度。[牵头单位：政务中心、电子政务信息中心；责任单位：各乡镇(街道)、园区、市直相关部门]

2. 加快省市网上办事平台互联互通进程，充分利用大数据，推进事项网上办。由电子政务信息中心牵头，加快浏阳市网上办事大厅和省、长沙市政务服务网的对接，实现省—市—县—乡—村五级无障碍联通。依托上级统一建设的系统平台，由食药工商质监局牵头，分类建立电子证照库；由档案局牵头建立各单位与审批服务有关的电子档案库，做好电子文件归档工作，确保年内实现审批部门间审批服务数据信息的互联互通、互认共享，扩大政务服务事项网上办理范围，逐步实现政务服务事项办理“零见面”。

深化减证便民，由公安局牵头，探索建立由村(社区)采集，公安、卫计、人社、民政分类审核的包括人口、户籍、生育、社保、婚姻状况等信息在内的简单适用的人口信息基础数据库。今后，原则上各部门审批服务不得要求申办人提供证明材料。

积极向上级争取支持试点探索身份证、驾驶证、户口本“三证合一”，以身份证为基础，健全相对完备统一的公民个人信息库。将户口本、驾驶证两类个人信息载入到身份证信息上，健全相对完备统一、广泛适用的公民个人信息库，逐步实现凭个人身份证即可办理所有公民个人事项的目的。[牵头单位：公安局、政务中心、电子政务信息中心；责任单位：卫计局、人社局、民政局、其他市直相关部门]

(五)健全帮办体系

完善全市乡村帮代办服务体系，实现帮代办与互联网的深度融合，提高帮代办效率，推进事项帮代办。总结提升集里街道、镇头镇、澄潭江镇帮代办经验，建立健全帮代办标准、完善相应制度，全面实施乡镇(街道)政务服务事项村(社区)帮办；全面推广淮川街道朝阳社区“岗岗通”、365预约等全方位、全天候为民代办服务模式，实现政务服务事项办理便捷高效。[牵头单位：政务中心；责任单位：各乡镇(街道)]

三、工作要求

(一)强化组织领导。乡镇(街道)、市直各部门、各园区要高度重视，明确主要领导作为第一责任人，做到改革工作亲自部署、重要方案亲自把关、关键环节亲自协调、落实情况亲自督察，确保深化改革任务落到实处。

(二)强化协同配合。改革办和编办要加强统筹协调，法制办、政务中心、电子政务信息中心等单位要按照各自职责做好相关工作，加强协调配合，确保改革整体推进。

(三)强化督查考核。改革办要会同市委督查室、市政府督查室、绩效办加强改革工作考核，科学设置考评指标，完善督查考核机制。对改革进度要实行定期通报，及时发现、研究、解决改革中存在的问题。对改革工作不配合、推诿扯皮、消极应对、影响改革进程的，严肃追究有关单位和人员的责任。

(四)强化财政保障。财政局、各级各部门要保障改革的经费支出，在改革实施过程中涉及所需电子政务平台和多功能一体机等硬件设备的，按属地原则由各级各部门按规定程序申报采购。

附件：1.《浏阳市赋予乡镇(街道)部分经济社会管理权限目录(28项)》

2.《浏阳市向园区下放行政许可权限目录(经开区87项，高新区75项)》

附件 1

表 19

浏阳市赋予乡镇（街道）部分经济社会管理权限目录（28 项）

序号	赋权部门	事项名称	事项类别	设立依据	赋权方式			承接部门
					直接放权	委托放权	授权派驻机构	
1	民政局	老年人优待证办理	行政确认	《湖南省实施〈中华人民共和国老年人权益保障法〉办法》（2001 年 1 月 8 日经湖南省第九届人民代表大会常务委员会第二十次会议通过，自 2001 年 3 月 1 日起施行）第二十二条	√			乡镇人民政府、街道办事处
2	财政局	政府采购合同备案	其他职权	《中华人民共和国政府采购法》第四十七条	√			乡镇人民政府、街道办事处
3	国土局	村民住宅用地许可（不含农用地转用审批）	行政许可	《中华人民共和国土地管理法》第四十四条、第六十一条			√	乡镇国土所（不含街道，大瑶镇已下放）
4	国土局	对占用耕地破坏种植条件的处罚	行政处罚	1.《中华人民共和国土地管理法》第七十四条；2.《中华人民共和国土地管理法实施条例》(中华人民共和国国务院令第 256 号)第四十条			√	乡镇国土所（不含街道，大瑶镇已下放）
5	国土局	不动产登记	行政确认	1.《中华人民共和国物权法》第十条;2.《中华人民共和国城市房地产管理法》第六十条、第六十三条;3.《房屋登记办法》（建设部令第 168 号）第三条；			√	乡镇国土所（不含街道，大瑶镇、镇头镇已下放）

续表 19-1

序号	赋权部门	事项名称	事项类别	设立依据	赋权方式			承接部门
					直接放权	委托放权	授权派驻机构	
				4.《中华人民共和国物权法》第九条、第十条；5.《中华人民共和国土地管理法》第十一条、第十二条；6.《中华人民共和国土地管理实施条例》（中华人民共和国国务院令第256号）第五条至第七条；7.《中华人民共和国森林法》第三条第二款；8.《中华人民共和国森林法实施条例》（中华人民共和国国务院令第278号）第四条第一款第（二）项；9.《林木和林地权属登记管理办法》（国家林业局令第1号）第二条、第十七条;10.《不动产登记暂行条例》；11.《不动产登记暂行条例实施细则》；12.《不动产登记操作规范（试行）》				
6	国土局	对非法占用土地的处罚	行政处罚	1.《中华人民共和国土地管理法》第七十六条；2.《中华人民共和国土地管理法实施条例》（中华人民共和国国务院令第256号）第四十二条			√	乡镇国土所(不含街道，大瑶镇、镇头镇已下放)
7	国土局	对农村村民非法占用土地建住宅的处罚	行政处罚	《中华人民共和国土地管理法》第七十七条			√	乡镇国土所(不含街道，大瑶镇已下放)
8	国土局	对无证开采、越界开采及采取破坏性方法开采等违法采矿行为的处罚	行政处罚	《中华人民共和国矿产资源法》第三十九条、第四十条、第四十四条			√	乡镇国土所(不含街道)
9	住建局	临时占用或挖掘城市街道两侧、公共场地许可	行政许可	1.《城市道路管理条例》（中华人民共和国国务院令第198号）；2.《湖南省城市市政公用设施管理办法》（湖南省人民政府令第98号）		√		乡镇人民政府(不含街道，大瑶镇、镇头镇已下放)
10	住建局	工程建设涉及城市绿地、树木审批	行政许可	《湖南省人民政府关于印发〈湖南省清理规范投资项目报建审批事项实施方案〉的通知》（湘政发〔2016〕23号）		√		乡镇人民政府(不含街道，大瑶镇、镇头镇已下放)
11	住建局	占用、挖掘城市道	行政许可	《湖南省人民政府关于印发〈湖南省清理规范投资		√		乡镇人民政府(不

续表 19-2

序号	赋权部门	事项名称	事项类别	设立依据	赋权方式			承接部门
					直接放权	委托放权	授权派驻机构	
		路及敷设、架设各类市政管线、杆线等设施审批		项目报建审批事项实施方案〉的通知》（湘政发〔2016〕23 号）				含街道，大瑶镇、镇头镇已下放）
12	规划局	建设用地（含临时用地）规划许可证核发	行政许可	《中华人民共和国城乡规划法》（2007 年 10 月 28 日中华人民共和国主席令第 74 号，2015 年 4 月 24 日予以修改）第三十七条、第三十八条、第四十四条		√		乡镇人民政府（不含街道，大瑶镇、镇头镇已下放）
13	规划局	建设工程（含临时建设）规划许可证核发	行政许可	《中华人民共和国城乡规划法》（2007 年 10 月 28 日中华人民共和国主席令第 74 号，2015 年 4 月 24 日予以修改）第四十条、第四十四条		√		乡镇人民政府（不含街道，大瑶镇、镇头镇已下放）
14	规划局	乡村建设规划许可证核发	行政许可	《中华人民共和国城乡规划法》（2007 年 10 月 28 日中华人民共和国主席令第 74 号，2015 年 4 月 24 日予以修改）第四十一条		√		乡镇人民政府（不含街道，大瑶镇、镇头镇已下放）
15	规划局	对建设工程是否符合规划条件的核实	其他职权	1.《湖南省实施〈中华人民共和国城乡规划法〉办法》（湖南省第十一届人民代表大会常务委员会第十次会议通过）第三十五条；2.《中华人民共和国城乡规划法》第四十五条		√		乡镇人民政府（不含街道，大瑶镇、镇头镇已下放）
16	规划局	对临时违法建筑的处罚	行政处罚	1.《中华人民共和国城乡规划法》第六十六条；2.《湖南省实施〈中华人民共和国城乡规划法〉办法》（湖南省第十一届人民代表大会常务委员会第十次会议通过）第五十三条		√		乡镇（不含街道，大瑶镇已下放）
17	规划局	对未取得建设工程规划许可证或者未按照建设工程规划许可证的规定进行	行政处罚	1.《中华人民共和国城乡规划法》第六十四条；2.《湖南省实施〈中华人民共和国城乡规划法〉办法》（湖南省第十一届人民代表大会常务委员会第十次会议通过）第五十一条		√		乡镇人民政府（不含街道，大瑶镇、镇头镇已下放）

续表 19-3

序号	赋权部门	事项名称	事项类别	设立依据	赋权方式			承接部门
					直接放权	委托放权	授权派驻机构	
		建设的处罚						
18	城管局	城市生活垃圾经营性清扫、收集、运输、处理服务及建筑垃圾处置审批和运输车辆核准	行政许可	《国务院对确需保留的行政审批项目设定行政许可的决定》（中华人民共和国国务院令第412号）			√	乡镇人民政府（不含街道，大瑶镇、镇头镇已下放）
19	城管局	大型户外广告设置审核	行政许可	《城市市容和环境卫生管理条例》（中华人民共和国国务院令第101号）第十一条第二款			√	乡镇人民政府（不含街道，大瑶镇、镇头镇已下放）
20	城管局	对市容环境卫生管理方面违法违规行为的处罚	行政处罚	1.《湖南省人民政府关于在浏阳市开展相对集中行政处罚权工作的批复》（湘政函〔2004〕100号）第二点第（一）项；2.《长沙市城市市容和环境卫生管理办法》第四十三条			√	乡镇人民政府（不含街道，大瑶镇、镇头镇已下放）
21	城管局	对市政管理方面违法违规行为的处罚	行政处罚	《湖南省人民政府关于在浏阳市开展相对集中行政处罚权工作的批复》（湘政函〔2004〕100号）第二点第（四）项			√	乡镇人民政府（不含街道，大瑶镇、镇头镇已下放）
22	林业局	林木采伐许可证核发	行政许可	1.《中华人民共和国森林法》（1984年9月20日中华人民共和国主席令第17号，2009年8月27日予以修改）第三十二条；2.《中华人民共和国森林法实施条例》（2000年1月29日中华人民共和国国务院令第278号，2016年2月6日予以修改）第三十二条		√		乡镇人民政府、街道办事处（大瑶镇、镇头镇已下放，淮川除外）
23	林业局	木材运输证核发	行政许可	1.《中华人民共和国森林法》（1984年9月20日中华人民共和国主席令第17号，2009年8月27日予		√		乡镇人民政府、街道办事处（大瑶

续表 19-4

序号	赋权部门	事项名称	事项类别	设立依据	赋权方式			承接部门
					直接放权	委托放权	授权派驻机构	
				以修改）第三十七条；2.《中华人民共和国森林法实施条例》（2000 年 1 月 29 日中华人民共和国国务院令第 278 号，2016 年 2 月 6 日予以修改）第三十五条				镇、镇头镇已下放，淮川除外）
24	卫计局	公共场所卫生许可	行政许可	《公共场所卫生管理条例》（国发〔1987〕24 号）第四条		√		乡镇人民政府、街道办事处（大瑶镇、镇头镇已下放）
25	卫计局	再生育审批	行政许可	《湖南省人口与计划生育条例》第二十条		√		乡镇人民政府、街道办事处
26	卫计局	社会抚养费征收	行政征收	《湖南省人口和计划生育条例》第四十二条		√		乡镇人民政府、街道办事处
27	文体广电局	营业性演出审批	行政许可	1.《营业性演出管理条例》（中华人民共和国国务院令第 439 号）；2.《营业性演出管理条例》（2008 年 7 月 22 日中华人民共和国国务院令第 528 号，2016 年 2 月 6 日予以修改）第十三条；3.《营业性演出管理条例实施细则》（文化部令第 47 号）		√		乡镇人民政府、街道办事处（大瑶镇、镇头镇已下放）
28	食药工商质监局	食品小作坊、小餐饮许可证核发	行政许可	《湖南省食品生产加工小作坊小餐饮和食品摊贩管理条例》第九条、第十八条			√	各基层食药工商质监所派驻乡镇（街道）设窗办理

附件 2

表 20

浏阳市向园区下放行政许可权限目录（经开区 87 项，高新区 75 项）

序号	赋权部门	事项名称	事项类别	职权依据	赋权经开区				赋权高新区			
					直接下放	委托实施	授权派驻机构办理	派驻专人设窗办理	直接下放	委托实施	授权派驻机构办理	派驻专人设窗办理
1	经信局	信息安全工程和用财政性资金建设的信息工程项目审核	行政许可	《湖南省信息化条例》		√				√		
2	住建局	城市排水许可证核发	行政许可	1.《国务院对确需保留的行政审批项目设定行政许可的决定》（中华人民共和国国务院令第 412 号）；2.《城市排水许可管理办法》（建设部令第 152 号）		√				√		
3	住建局	改变城市绿化规划、绿化用地的使用性质审批	行政许可	《国务院对确需保留的行政审批项目设定行政许可的决定》（2004 年 6 月 29 日中华人民共和国国务院令第 412 号，2009 年 1 月 29 日予以修改）		√				√		
4	住建局	城市规划区内工程建设项目附属绿化工程设计方案审查	行政许可	1.《城市绿化条例》（中华人民共和国国务院令第 100 号）；2.《湖南省实施〈城市绿化条例〉办法》（湖南省人民政府令第 125 号）第十三条		√				√		
5	住建局	占用、挖掘城市道路及敷设、架设各类市政管线、杆线等设	行政许可	《湖南省人民政府关于印发〈湖南省清理规范投资项目报建审批事项实施方案〉的通知》		√				√		

续表 20-1

序号	赋权部门	事项名称	事项类别	职权依据	赋权经开区				赋权高新区			
					直接下放	委托实施	授权派驻机构办理	派驻专人设窗办理	直接下放	委托实施	授权派驻机构办理	派驻专人设窗办理
		施审批		（湘政发〔2016〕23 号）								
6	住建局	城镇污水排入排水管网许可	行政许可	《城镇排水与污水处理条例》（2013 年 10 月 2 日中华人民共和国国务院令第 641 号）第二十一条		√				√		
7	住建局	燃气经营者停业、歇业审批	行政许可	《城镇燃气管理条例》（中华人民共和国国务令第 583 号）第二十条		√						
8	住建局	燃气经营许可证核发	行政许可	《城镇燃气管理条例》（中华人民共和国国务令第 583 号）第十五条		√						
9	住建局	特殊车辆在城市道路上行驶（包括经过城市桥梁）审批	行政许可	《城市道路管理条例》（1996 年 6 月 4 日中华人民共和国国务院令第 198 号，2011 年 1 月 1 日予以修改）第二十八条		√				√		
10	住建局	拆除、改动城镇排水与污水处理设施方案审核	行政许可	《城镇排水与污水管理条例》（2013 年 10 月 2 日中华人民共和国国务院令第 641 号）第四十三条		√				√		
11	住建局	因工程建设确需改装、拆除或者迁移城市公共供水设施的审批	行政许可	《城市供水条例》（1994 年 7 月 19 日中华人民共和国国务院令第 158 号）第三十条		√				√		
12	住建局	燃气燃烧器具安装、维修企业资质许可	行政许可	《燃气燃烧器具安装维修管理规定》（建设部令第 73 号）第八条		√						
13	公安局	金融机构营业场所、金库安全防范设施建设方案审批及工程验收	行政许可	1.《国务院对确需保留的行政审批项目设定行政许可的决定》（中华人民共和国国务院令第 412 号）；2.《金融机构营业场所和金库安全防范设			√				√	

续表 20-2

序号	赋权部门	事项名称	事项类别	职权依据	赋权经开区				赋权高新区			
					直接下放	委托实施	授权派驻机构办理	派驻专人设窗办理	直接下放	委托实施	授权派驻机构办理	派驻专人设窗办理
				施建设许可实施办法》（公安部令第 86 号）；3.《湖南省贯彻〈金融机构营业场所和金库安全防范设施建设许可实施办法〉意见》（湘公通〔2006〕50 号）								
14	公安局	大型群众性活动安全许可	行政许可	《大型群众性活动安全管理条例》（2007 年 9 月 14 日中华人民共和国国务院令第 505 号）第十一条			√				√	
15	公安局	烟花爆竹道路运输许可	行政许可	《烟花爆竹安全管理条例》（2006 年 1 月 21 日中华人民共和国国务院令第 455 号，2016 年 2 月 6 日予以修改）第三条、第二十二条、第二十三条			√				√	
16	公安局	旅馆业特种行业许可证核发	行政许可	《国务院对确需保留的行政审批项目设定行政许可的决定》（2004 年 6 月 29 日中华人民共和国国务院令第412 号,2009 年 1 月 29 日予以修改）附件第 36 项：旅馆业特种行业许可证核发。实施机关：县级以上地方人民政府公安机关。			√				√	
17	公安局	典当业特种行业许可证核发	行政许可	《国务院对确需保留的行政审批项目设定行政许可的决定》（2004 年 6 月 29 日中华人民共和国国务院令第412 号,2009 年 1 月 29 日予以修改）			√				√	
18	公安局	第二类、第三类易制毒化学品购买备案证明	行政许可	《易制毒化学品管理条例》（2005 年 8 月 26 日中华人民共和国国务院令第 445 号，2016 年 2 月 6 日予以修改）第十七条			√					

续表 20-3

序号	赋权部门	事项名称	事项类别	职权依据	赋权经开区				赋权高新区			
					直接下放	委托实施	授权派驻机构办理	派驻专人设窗办理	直接下放	委托实施	授权派驻机构办理	派驻专人设窗办理
19	公安局	互联网上网服务营业场所信息网络安全和消防安全审核	行政许可	《互联网上网服务营业场所管理条例》（2016年修订）第十一条			√				√	
20	公安局	机动车临时通行牌证核发	行政许可	1.《中华人民共和国道路交通安全法》（2003 年 10 月 28 日中华人民共和国主席令第 8 号，2011 年 4 月 22 日予以修改）第八条；2.《中华人民共和国道路交通安全法实施条例》（2004 年中华人民共和国国务院令第 405 号）第一百一十三条			√				√	
21	公安局	机动车登记	行政许可	《中华人民共和国道路交通安全法》（2003 年 10 月 28 日中华人民共和国主席令第 8 号，2011 年 4 月 22 日予以修改）第八条			√				√	
22	公安局	机动车检验合格标志核发	行政许可	《中华人民共和国道路交通安全法》（2003 年 10 月 28 日中华人民共和国主席令第 8 号，2011 年 4 月 22 日予以修改）第十三条			√				√	
23	公安局	机动车驾驶证审验	行政许可	《中华人民共和国道路交通安全法》（2003 年 10 月 28 日中华人民共和国主席令第 8 号，2011 年 4 月 22 日予以修改）第十九条、第二十三条			√				√	
24	公安局	校车驾驶资格许可	行政许可	《校车安全管理条例》（2012 年 4 月 5 日中华人民共和国国务院令第 617 号）第二十三条、第二十四条			√				√	
25	公安局	户口迁移审批	行政许可	《中华人民共和国户口登记条例》（1958 年 1 月 9 日中华人民共和国主席令公布）第三条、			√					

续表 20-4

序号	赋权部门	事项名称	事项类别	职权依据	赋权经开区				赋权高新区			
					直接下放	委托实施	授权派驻机构办理	派驻专人设窗办理	直接下放	委托实施	授权派驻机构办理	派驻专人设窗办理
				第十条								
26	公安局	普通护照签发	行政许可	《中华人民共和国护照法》（2006年4月29日中华人民共和国主席令第50号）第四条、第十条、第十一条			√					
27	公安局	内地居民前往港澳通行证、往来港澳通行证和签注签发	行政许可	《中国公民因私事往来香港地区或者澳门地区的暂行管理办法》（1986年12月3日国务院批准，1986年12月25日公安部公布）第三条、第六条、第二十二条			√					
28	公安局	大陆居民往来台湾通行证和签注签发	行政许可	《中国公民往来台湾地区管理办法》（1991年12月17日中华人民共和国国务院令第93号，2015年6月14日予以修改）第三条、第六条、第二十二条、第二十五条			√					
29	公安局	边境管理区通行证（深圳、珠海经济特区除外）核发	行政许可	《国务院对确需保留的行政审批项目设定行政许可的决定》（2004年6月29日中华人民共和国国务院令第412号,2009年1月29日予以修改）附件第42项			√					
30	消防大队	公众聚集场所投入使用、营业前消防安全许可	行政许可	《中华人民共和国消防法》第十五条				√				√
31	消防大队	建设工程消防设计审核	行政许可	《中华人民共和国消防法》(1998年4月29日中华人民共和国主席令第4号，2008年10月28日予以修改)第十一条				√				√
32	消防大队	建设工程消防验收	行政许可	《中华人民共和国消防法》（1998年4月29日中华人民共和国主席令第4号，2008年10月28				√				√

续表 20-5

序号	赋权部门	事项名称	事项类别	职权依据	赋权经开区				赋权高新区			
					直接下放	委托实施	授权派驻机构办理	派驻专人设窗办理	直接下放	委托实施	授权派驻机构办理	派驻专人设窗办理
				日予以修改）第十三条								
33	民政局	民办非企业单位成立、变更、注销登记	行政许可	《民办非企业单位登记管理暂行条例》第五条、第六条、第十五条、第十六条、第十七条				√		√		
34	民政局	社会团体成立、变更、注销登记	行政许可	《社会团体登记管理条例》第六条、第七条、第十八条、第二十一条				√		√		
35	民政局	社会团体修改章程核准	行政许可	《社会团体登记管理条例》（1998 年 10 月 25 日中华人民共和国国务院令第 250 号，2016 年 2 月 6 日予以修改）第十八条				√		√		
36	民政局	民办非企业单位修改章程核准	行政许可	《民办非企业单位登记管理暂行条例》（1998 年 10 月 25 日中华人民共和国国务院令第 251 号）第十五条				√		√		
37	人社局	外国人来华工作许可	行政许可	1.《中华人民共和国出境入境管理法》第四十一条；2.《国务院对确需保留的行政审批项目设定行政许可的决定》（2004 年 6 月 29 日中华人民共和国国务院令第 412 号，2009 年 1 月 29 日予以修改）附件第 93 项				√				√
38	人社局	台港澳人员在内地就业许可	行政许可	1.《国务院对确需保留的行政审批项目设定行政许可的决定》（2004 年 6 月 29 日中华人民共和国国务院令第 412 号，2009 年 1 月 29 日予以修改）附件第 94 项；2.《台湾、香港、澳门居民在内地就业管理规定》（2005 年 10 月劳动和社会保障部令第 26 号）第四条				√				√
39	国土局	水域滩涂养殖证的审核	行政许可	1.《中华人民共和国渔业法》第十一条；			√				√	

续表 20-6

序号	赋权部门	事项名称	事项类别	职权依据	赋权经开区				赋权高新区			
					直接下放	委托实施	授权派驻机构办理	派驻专人设窗办理	直接下放	委托实施	授权派驻机构办理	派驻专人设窗办理
				2.《水域滩涂养殖发证登记办法》（农业部令 2010 年第 9 号）第三条								
40	交通运输局	公路建设项目施工批准（县域内国、省干线和县乡公路）	行政许可	《中华人民共和国公路法》（1997 年 7 月 3 日中华人民共和国主席令第 86 号，2009 年 8 月 27 日予以修改）第二十四条、第二十五条				√			√	
41	交通运输局	道路旅客运输增加客运道路运输班线许可（县内客运）	行政许可	《中华人民共和国道路运输条例》（中华人民共和国国务院令 2004 第 406 号）第八条、第十条、第十一条				√			√	
42	交通运输局	出租汽车经营许可	行政许可	1.《国务院对确需保留的行政审批项目设定行政许可的决定》（2004 年 6 月 29 日中华人民共和国国务院令第 412 号，2009 年 1 月 29 日予以修改）附件第 112 项；2.《巡游出租汽车经营服务管理规定》（2016 年 8 月 26 日《交通运输部关于修改〈出租汽车经营服务管理规定〉的决定》）第八条、第十条				√			√	
43	交通运输局	机动车维修经营许可	行政许可	《中华人民共和国道路运输条例》（2004 年 4 月 30 日中华人民共和国国务院令第 406 号，2016 年 2 月 6 日予以修改）				√			√	
44	交通运输局	道路旅客运输经营许可	行政许可	《中华人民共和国道路运输条例》（2004 年 4 月 30 日中华人民共和国国务院令第 406 号，2016 年 2 月 6 日予以修改）第十条、第十一条、				√			√	

续表 20-7

序号	赋权部门	事项名称	事项类别	职权依据	赋权经开区				赋权高新区			
					直接下放	委托实施	授权派驻机构办理	派驻专人设窗办理	直接下放	委托实施	授权派驻机构办理	派驻专人设窗办理
				第十二条								
45	交通运输局	道路货运经营许可	行政许可	《中华人民共和国道路运输条例》（2004 年 4 月 30 日中华人民共和国国务院令第 406 号，2016 年 2 月 6 日予以修改）第二十五条				√			√	
46	交通运输局	道路运输站（场）经营许可	行政许可	《中华人民共和国道路运输条例》（2004 年 4 月 30 日中华人民共和国国务院令第 406 号，2016 年 2 月 6 日予以修改）第四十条				√			√	
47	交通运输局	机动车驾驶员培训许可	行政许可	《中华人民共和国道路运输条例》（2004 年 4 月 30 日中华人民共和国国务院令第 406 号，2016 年 2 月 6 日予以修改）第四十条				√			√	
48	交通运输局	铁轮车、履带车和其他可能损害公路路面的机具在公路上行驶许可	行政许可	《中华人民共和国公路法》（1997 年 7 月 3 日中华人民共和国主席令第 86 号，2009 年 8 月 27 日予以修改）第四十八条				√			√	
49	交通运输局	公路建设项目竣工验收	行政许可	1.《中华人民共和国公路法》第三十三条；2.《公路工程竣（交）工验收办法》（交通部令 2004 年第 3 号）第三条				√			√	

续表 20-8

序号	赋权部门	事项名称	事项类别	职权依据	赋权经开区				赋权高新区			
					直接下放	委托实施	授权派驻机构办理	派驻专人设窗办理	直接下放	委托实施	授权派驻机构办理	派驻专人设窗办理
50	交通运输局	公路水运工程建设项目设计文件审批	行政许可	1.《建设工程质量管理条例》（2000 年 1 月 30 日中华人民共和国国务院令第 279 号）第十一条、第三十三条；2.《公路建设市场管理办法》（交通部令 2015 年第 11 号修订）第十八条				√			√	
51	交通运输局	车辆运营证核发	行政许可	《国务院对确需保留的行政审批项目设定行政许可的决定》（2004 年 6 月 29 日中华人民共和国国务院令第 412 号，2009 年 1 月 29 日予以修改）附件第 112 项				√			√	
52	交通运输局	道路运输从业人员资格认可（道路危险货物运输从业人员、道路运输经理人和机动车驾驶培训教练员从业资格认可除外）	行政许可	《中华人民共和国道路运输条例》（中华人民共和国国务院令第 666 号）第九条、第二十二条				√			√	
53	交通运输局	公路超限运输许可	行政许可	1.《中华人民共和国公路法》（1997 年 7 月 3 日中华人民共和国主席令第 86 号，2009 年 8 月 27 日予以修改）第五十条；2.《公路安全保护条例》（2011 年 3 月 7 日中华人民共和国国务院令第 593 号）第三十五条、第三十六条				√			√	
54	交通运输局	更新采伐护路林审批	行政许可	1.《中华人民共和国公路法》（1997 年 7 月 3 日中华人民共和国主席令第 86 号，2009 年 8 月 27 日予以修改）第四十二条；2.《公路安全保护条				√			√	

续表 20-9

序号	赋权部门	事项名称	事项类别	职权依据	赋权经开区				赋权高新区			
					直接下放	委托实施	授权派驻机构办理	派驻专人设窗办理	直接下放	委托实施	授权派驻机构办理	派驻专人设窗办理
				例》（2011 年 3 月 7 日中华人民共和国国务院令第 593 号）第二十六条								
55	水务局	水工程建设规划同意书审核	行政许可	1.《中华人民共和国水法》（1988 年 1 月 21 日中华人民共和国主席令第 61 号，2016 年 7 月 2 日予以修改）第十九条；2.《中华人民共和国防洪法》（1997 年 8 月 29 日中华人民共和国主席令第 88 号，2016 年 7 月 2 日予以修改）第十七条；3.《国务院关于第六批取消和调整行政审批项目的决定》（国发〔2012〕52 号）附件 2《国务院决定调整的行政审批项目目录》（三）合并的行政审批项目		√				√		
56	水务局	水利基建项目初步设计文件审批	行政许可	《国务院对确需保留的行政审批项目设定行政许可的决定》（2004 年 6 月 29 日中华人民共和国国务院令第 412 号，2009 年 1 月 29 日予以修改）附件第 172 项：水利基建项目初步设计文件审批。		√				√		
57	水务局	河道管理范围内有关活动（不含河道采砂）审批	行政许可	《中华人民共和国河道管理条例》（1988 年 6 月 10 日中华人民共和国国务院令第 3 号，2011 年 1 月 8 日予以修改）第二十五条		√				√		
58	农业局	占用农用地的建设项目农业环境保护方案的审核	行政许可	1.《建设项目环境保护管理条例》（中华人民共和国国务院令第 253 号）；2.《基本农田保护条		√				√		

续表 20-10

序号	赋权部门	事项名称	事项类别	职权依据	赋权经开区				赋权高新区			
					直接下放	委托实施	授权派驻机构办理	派驻专人设窗办理	直接下放	委托实施	授权派驻机构办理	派驻专人设窗办理
				例》（中华人民共和国国务院令第 257 号）第二十四条；3.《湖南省农业环境保护条例》第十四条								
59	文体广电局	互联网上网服务营业场所经营单位设立审批	行政许可	《互联网上网服务营业场所管理条例》（2002 年 9 月 29 日中华人民共和国国务院令第 363 号，2016 年 2 月 6 日予以修改）第四条、第十条、第十三条				√		√		
60	文体广电局	营业性演出审批	行政许可	《营业性演出管理条例》（2008 年 7 月 22 日中华人民共和国国务院令第 528 号，2016 年 2 月 6 日予以修改）第十三条				√		√		
61	文体广电局	内部资料性出版物准印证核发	行政许可	《印刷业管理条例》（2001 年 8 月 2 日中华人民共和国国务院令第 315 号，2016 年 2 月 6 日予以修改）第十九条				√		√		
62	文体广电局	经营高危险性体育项目许可	行政许可	1.《全民健身条例》（2009 年 8 月 30 日中华人民共和国国务院令第 560 号，2016 年 2 月 6 日予以修改）第三十二条；2.《国务院关于取消和下放一批行政审批项目等事项的决定》（国发〔2013〕19 号）第 91 项				√		√		

续表 20-11

序号	赋权部门	事项名称	事项类别	职权依据	赋权经开区				赋权高新区			
					直接下放	委托实施	授权派驻机构办理	派驻专人设窗办理	直接下放	委托实施	授权派驻机构办理	派驻专人设窗办理
63	文体广电局	在文物保护单位的保护范围内进行其他建设工程或者爆破、钻探、挖掘等作业审批	行政许可	《中华人民共和国文物保护法》（1982 年 11 月 19 日第五届全国人大常委会令第 11 号，2015 年 4 月 24 日予以修改）第十七条				√		√		
64	文体广电局	出版物零售单位和个体工商户设立、变更审批	行政许可	《出版管理条例》（2001 年 10 月 25 日中华人民共和国国务院令第 343 号，2016 年 2 月 6 日予以修改）第三十五条、第三十七条				√		√		
65	文体广电局	文物保护单位建设控制地带内建设工程设计方案审核	行政许可	《中华人民共和国文物保护法》（1982 年 11 月 19 日第五届全国人大常委会令第 11 号，2015 年 4 月 24 日予以修改）第十八条				√		√		
66	文体广电局	娱乐场所设立审批（包含：1、设立娱乐场所经营单位审核、登记；2、设立中外合资、合作娱乐场所经营单位及场所改建、扩建营业场所或者变更场地、主要设施设备、投资人员，或者变更娱乐经营许可证载明的事项审批）	行政许可	《娱乐场所管理条例》（2006 年 1 月 29 日中华人民共和国国务院令第 458 号，2016 年 2 月 6 日予以修改）				√		√		

续表 20-12

序号	赋权部门	事项名称	事项类别	职权依据	赋权经开区				赋权高新区			
					直接下放	委托实施	授权派驻机构办理	派驻专人设窗办理	直接下放	委托实施	授权派驻机构办理	派驻专人设窗办理
67	文体广电局	注册资本500万元以下的包装装潢企业和其他印刷品印刷企业的设立、变更、兼营、兼并或者合并、分立审批	行政许可	1.《印刷业管理条例》(中华人民共和国国务院令第315号)第四条、第八条、第九条、第十一条；2.《关于公布取消调整新增的行政审批项目和保留的省级行政许可项目目录》（湖南省人民政府令第253号）				√		√		
68	文体广电局	一次性内部资料性出版物准印证核发（不含宗教内容）	行政许可	《印刷业管理条例》（中华人民共和国国务院令第315号，2001年8月2日施行）第十八条				√		√		
69	文体广电局	音像出版单位以外的独立从事音像制品制作业务单位的设立、变更名称、业务范围、兼并、合并或者分立审批	行政许可	《音像制品管理条例》（中华人民共和国国务院令第595号，2002年2月1日施行）第三十二条				√		√		
70	环保局	危险废物经营许可	行政许可	1.《中华人民共和国固体废物污染环境防治法》（1995年10月30日中华人民共和国主席令第58号，2015年4月24日予以修改）第五十七条；2.《危险废物经营许可证管理办法》（2004年5月30日中华人民共和国国务院令第408号，2013年12月7日予以修改）第二条、第七条；3.《医疗废物管理条例》（2003年6月16日中华人民			√					√

续表 20-13

序号	赋权部门	事项名称	事项类别	职权依据	赋权经开区				赋权高新区			
					直接下放	委托实施	授权派驻机构办理	派驻专人设窗办理	直接下放	委托实施	授权派驻机构办理	派驻专人设窗办理
				共和国国务院令第 380 号，2011 年 1 月 8 日予以修改）第二十二条								
71	环保局	夜间建筑施工许可	行政许可	《中华人民共和国环境噪声污染防治法》（1996 年 10 月 29 日中华人民共和国主席令第 77 号）第三十条			√					√
72	食药工商质监局	承担国家法定计量检定机构任务授权	行政许可	1.《中华人民共和国计量法》（1985 年 9 月 6 日中华人民共和国主席令第 28 号，2015 年 4 月 24 日予以修改）第十九条；2.《中华人民共和国计量法实施细则》（1987 年 1 月 19 日国务院批准，1987 年 2 月 1 日国家计量局发布，2016 年 2 月 6 日予以修改）第三十条			√					
73	食药工商质监局	食品小作坊、小餐饮许可证核发	行政许可	《湖南省食品生产加工小作坊小餐饮和食品摊贩管理条例》（2016 年 12 月 2 日湖南省第十二届人民代表大会常务委员会第二十六次会议通过）第九条			√				√	
74	食药工商质监局	药品经营（零售）许可	行政许可	1.《中华人民共和国药品管理法》第十四条；2.《中华人民共和国药品管理法》第十六条			√				√	
75	食药工商质监局	广告发布登记	行政许可	1.《中华人民共和国广告法》（1994 年 10 月 27 日中华人民共和国主席令第 34 号，2015 年 4 月			√				√	

续表 20-14

序号	赋权部门	事项名称	事项类别	职权依据	赋权经开区				赋权高新区			
					直接下放	委托实施	授权派驻机构办理	派驻专人设窗办理	直接下放	委托实施	授权派驻机构办理	派驻专人设窗办理
				24 日予以修改）第二十九条；2.《广告发布登记管理规定》（国家工商行政管理总局令第 89 号）第二条								
76	食药工商质监局	个体工商户注册、变更、注销登记	行政许可	《个体工商户条例》（2011 年 4 月 16 日中华人民共和国国务院令第 596 号，2016 年 2 月 6 日予以修改）第三条、第八条、第十条、第十二条			√				√	
77	食药工商质监局	农民专业合作社设立、变更、注销登记	行政许可	1.《中华人民共和国农民专业合作社法》（2006 年 10 月 31 日中华人民共和国主席令第 57 号）第十三条；2.《农民专业合作社登记管理条例》（2007 年 5 月 28 日中华人民共和国国务院令第 498 号，2014 年 2 月 19 日予以修改）第四条、第二十条、第二十五条			√				√	
78	食药工商质监局	食品（含保健食品）生产许可	行政许可	《中华人民共和国食品安全法》(2009 年 2 月 28 日中华人民共和国主席令第 9 号，2015 年 4 月 24 日予以修改)第三十五条			√				√	
79	食药工商质监局	计量标准器具核准	行政许可	《中华人民共和国计量法》（1985 年 9 月 6 日中华人民共和国主席令第 28 号，2015 年 4 月 24 日予以修改）第六条、第七条、第八条			√					
80	食药工商质监局	麻醉药品、第一类精神药品运输证明核发	行政许可	《麻醉药品和精神药品管理条例》(2005 年 8 月 3 日中华人民共和国国务院令第 442 号，2016 年 2 月 6 日修订)第五十二条			√					

续表 20-15

序号	赋权部门	事项名称	事项类别	职权依据	赋权经开区				赋权高新区			
					直接下放	委托实施	授权派驻机构办理	派驻专人设窗办理	直接下放	委托实施	授权派驻机构办理	派驻专人设窗办理
81	食药工商质监局	医疗器械经营许可（核发、变更、延续、补证、注销）	行政许可	1.《医疗器械监督管理条例》（2014 年 3 月 7 日中华人民共和国国务院令第 650 号）第二十九条、第三十一条；2.《医疗器械经营监督管理办法》（2014 年国家食品药品监督管理总局令第 8 号）第八条、第十七条、第十九条、第二十二条、第二十四条、第二十七条			√				√	
82	规划局	因工程建设确需改装、拆除或者迁移城市公共供水设施的审批	行政许可	《城市供水条例》（1994 年 7 月 19 日中华人民共和国国务院令第 158 号）第三十条		√				√		
83	住房保障局	房地产开发企业资质核定（二级及以下）	行政许可	1.《房地产开发企业资质管理规定》（建设部令第 77 号）第三条、第四条、第五条、第十一条；2.《湖南省城市房地产开发经营管理办法》（湖南省人民政府令第 207 号）第八条；3.《湖南省住房城乡建设厅关于〈明确赋予省直管县经济体制改革试点县(市)部分房地产企业资质审批权限相关问题〉的通知》（湘建房〔2016〕113 号）			√					√
84	住房保障局	三级及以下房地产开发企业资质认定	行政许可	《城市房地产开发经营管理条例》（中华人民共和国国务院令第 248 号）			√					√
85	地税局	对采取实际利润额预缴以外的其他企业所得税预缴方式	行政许可	《中华人民共和国企业所得税法实施条例》（中华人民共和国国务院令第 512 号）第一百			√					√

续表 20-16

序号	赋权部门	事项名称	事项类别	职权依据	赋权经开区				赋权高新区			
					直接下放	委托实施	授权派驻机构办理	派驻专人设窗办理	直接下放	委托实施	授权派驻机构办理	派驻专人设窗办理
		的核定		二十八条								
86	地税局	对纳税人延期申报的核准	行政许可	《中华人民共和国税收征收管理法》第二十七条			√					√
87	地税局	对纳税人变更纳税定额的核准	行政许可	《中华人民共和国税收征收管理法实施细则》（中华人民共和国国务院令第 628 号）第四十七条			√					√

中共浏阳市委办公室
浏阳市人民政府办公室
关于印发《浏阳市村干部管理办法》的通知

浏办发〔2018〕3号

浏阳市村干部管理办法

第一章 总则

第一条 为切实加强村干部规范化管理，不断推进农村基层干部队伍建设，为实施乡村振兴战略、建设社会主义新农村提供坚强的组织保证，依据《中国共产党农村基层组织工作条例》《中华人民共和国村民委员会组织法》和有关法律、法规，结合我市实际，制定本办法。

第二条 本办法所称村干部，指村党组织书记、副书记、委员和村民委员会主任、副主任、委员，不含大学生村官、上级下派挂职干部和村级自主聘用人员。

第三条 村干部由乡镇（街道）党（工）委管理，组织部、民政局负责村干部管理的宏观指导。

第二章 岗位职责

第四条 村党组织是党在农村的基层组织，是村级各类组织和各项工作的领导核心，在乡镇（街道）党（工）委的领导下开展工作；村民委员会是村民自我管理、自我教育、自我服务、自我监督的基层群众性自治组织，在乡镇人民政府（街道办事处）的指导和村党组织的领导下开展工作。

（一）村党组织书记主要工作职责

1．带头学习宣传和贯彻执行党的路线方针政策和国家的法律法规，团结带领党员和群众把各项支农惠农强农政策措施落到实处。

2．制定符合本村实际的发展路子，带领和引导党员群众发展现代农业，培育农业新型经营主体，壮大村级集体经济，增加农民收入。

3．对本村村民家庭每年一般应走访一次，困难户、贫困户、“五保户”和孤寡老人、留守儿童家庭要重点走访。组织党员干部为群众办实事做好事，及时解决涉及群众切身利益的实际问题，做好困难群众帮扶工作。

4．因地制宜编制村庄建设规划，调动农民群众建设美丽乡村积极性，大力推进农村水、电、路、讯、房等基础设施建设。

5．加强村民群众教育，移风易俗，促进乡风文明；抓好社会治安综合治理工作，疏导和化解矛盾纠纷，促进社会和谐稳定。

6．抓好村“两委”班子建设，加强对村、组干部和党员的教育管理和监督。认真落实“三会一课”、组织生活会、民主评议党员等制度，做好入党积极分子教育培养和发展党员工作。完善村民议事会和村务监督委员会，落实“四议两公开”等制度，健全村党组织议事规则和决策程序。

7．完成上级安排的其它工作。

（二）村民委员会主任主要工作职责

1．召集村民会议、村民代表会议并报告工作，贯彻落实村民会议、村民代表会议的决定、决议。对村民会议、村民代表会议负责并报告工作。主动向上级政府反映村民意见、要求和建议。

2．组织实施本村经济和社会发展规划，引导、支持和组织村民发展各种形式的合作经济和其他经济，大力发展村级集体经济。

3．引导村民依法开展自治，抓好村务公开和民主管理工作。

4．依法调解民间纠纷，维护本村的社会治安，做好民政、计划生育、劳动保障等工作，维护村民的合法权益。

5．坚持尽力而为、量力而行、因地制宜的原则，按程序提出和实施道路、水利、文化、扶贫帮困等公共事务和公益事业的发展规划和年度计划，并依法筹集所需经费。

6．依法建立民主理财制度，管理好本村财务。

7．完成上级安排的其他工作。

（三）其他村干部要自觉接受村党组织的领导和群众的监督，按照各自分工认真履行本职工作，同时自觉接受上级相关部门的指导。乡镇（街道）党（工）委可根据设定的具体岗位，规范相应工作职责。

第三章　选拔任用

第五条　合理设置村干部职数，一般核定3至7名，集体经济发达的村和村民居住分散、交通不便的偏远村，经乡镇（街道）党（工）委报市委同意，可适当增加村干部职数。提倡村党组织书记与村民委员会主任“一肩挑”、村党组织成员和村民委员会成员交叉任职。

第六条　村党组织的选举，要严格按照《中国共产党基层组织选举工作暂行条例》的规定程序进行，落实“两推一选”，将群众意愿与组织意图有机结合起来，使党内产生的委员会有广泛的群众基础。届中工作需要时，可由乡镇（街道）党（工）委直接任命村党组织负责人。

第七条　村民委员会的选举，要严格按照《中华人民共和国村民委员会组织法》的规定程序进行，坚持党管干部原则，既充分发扬民主，又严格依法办事，引导群众正确行使民主权利。

第八条　扩大选人用人视野，注重从村级后备干部、农村致富能手、复转军人、专业合作组织负责人、外出务工经商人员、返乡创业人员、优秀大学生村官等群体中选拔村干部。

第九条　乡镇（街道）应建立村干部人事档案，实行一人一档，主要包括：村干部本人的基本情况、简历、学历、自传、入党（团）资料、考察资料、鉴定材料、考核评议、培训和奖惩等有关情况。

第四章　教育培训

第十条　坚持统筹规划、分级负责、分层培训的原则，村主职的培训纳入全市干部教育培训规划，村党组织书记由组织部负责培训，村民委员会主任由民政局负责培训，其他干部和后备干部由乡镇（街道）党（工）委负责培训，村干部的经常性学习教育由村党组织负责落实。

第十一条　培训内容以政治理论教育、理想信念教育、岗位业务培训、实用技术培训和学历教育为重点，深入学习中国特色社会主义理论体系和党的路线方针政策，加强对现代农业、市场经济、法律法规、民主管理、服务群众等方面的知识技能培训，着力增强宗旨意识、民主意识和法纪意识，全面提高村干部综合素质和业务能力。

第十二条　培训方法主要有三种形式：一是经常性的学习教育，包括“三会一课”、专题学习以及自学。二是定期培训，定期对村干部进行轮训（集中培训），村主职每年接受培训时间累计不少于7天；对新任职的村干部，及时组织上岗培训。三是学历教育，大力推进“农民大学生培养计划”，鼓励在职村干部参加村干部大专班、本科班学历教育。

第五章　考核奖惩

第十三条　村干部的考核内容为德（思想政治和道德品质表现）、能（工作能力）、勤（工作态度和勤奋敬业表现）、绩（工作的数量、质量、效益和贡献）、廉（廉洁自律表现）五个方面，重在考核工作实绩，主要包括经济建设、社会事业、基层组织建设、党风廉政建设、精神文明建设、民主政治建设等方面。

第十四条　各乡镇（街道）要根据总体工作部署和各村实际，对村干部考核内容进一步分解细化，形成系统、科学、合理、便于量化操作的《目标管理考核细则》。

第十五条　村干部要根据工作职责及《目标管理考核细则》，在充分征求群众意见的基础上提出任期目标、年度目标和每年要办的实事，报经乡镇（街道）党（工）委审核同意后向党员和群众公开作出承诺。

第十六条　乡镇（街道）要落实和完善村干部“微小权力清单”、坐班值班、为民服务全程代理、村干部述职、经济责任审计等制度，健全村干部岗位目标责任制、年度考核和民主评议等机制。

1. “微小权力清单”制度：按照村级重大事项决策、村级招投标管理、村级财务管理、村级集体资产资源处置、困难群众救助救济、村级印章管理、民主管理、村级工作人员任用、村民宅基地申请、计划生育服务、服务村民其他事项等划分为若干类别和事项，将村级组织和村干部权力事项分项列出清单，制定流程图，并建立群众监督、村务监督委员会监督、上级部门监督的三级监督体系，切实加强监督，促使村干部自觉按“清单”正确行使权力，让权力在制度的“笼子”里规范运行。

2. 坐班值班制度：是指村“两委”干部在现场协调矛盾纠纷、解决实际问题的同时，提倡村干部全员坐班，做到每天至少安排1名以上村干部在村部（村级组织活动场所）坐班值班，负责做好来访接待、群众办理事项受理等事宜。轮值坐班人员姓名、职务、联系电话、坐班值班时间等必须在村务、党务公开栏内公开，方便党员群众联系，接受群众监督。对当日来访接待工作、承办事项和办理结果、处置矛盾纠纷和突发事件情况等，坐班值班干部要全程记录、跟踪处理。

3. 为民服务全程代理制度：是指根据村民申办事项，对能够办理的申请事项，严格执行受理、承办、反馈、回访等工作程序，在要求申办人提供有关资料的基础上，结合村“两委”班子分工，明确代办人，由代办人实行全程统一代办，限期办理完毕，并将办理结果及时向申办人反馈。

4. 村干部述职制度：建立健全村党组织书记“双述双评”制度，村党组织书记每年向上级党（工）委、本村党员大会述职，并向村民代表会议或村民会议通报工作情况，接受上级党组织的考核和党员、群众的评议。其他村干部每年年底以书面报告和现场述职相结合的形式，将本人一年来履行工作职责、执行纪律作风规定等方面的表现，向上级党（工）委、党员和村民代表会议报告，并接受上级党（工）委、党员和村民代表现场点评和测评。点评内容作为村干部来年整改的重要内容，测评结果作为村干部履职考核的重要依据，与村干部绩效待遇挂钩。

5. 经济责任审计制度：是指由乡镇（街道）会同农业、财政等机构或聘请第三方专业机构，定期对村集体和村干部有关财务收支的真实、合法和效益情况进行审计，区分村干部本人应当负有的直接和主管责任，查清被审计村干部任职期间是否遵守国家财经法规和村“两委”议事规则等情况，是否按要求做好财务收支工作，有无侵占国家、集体资产和其他违法违纪问题等等。村集体和村干部个人对审计的问题要限期整改到位。经济责任审计结果作为村干部考核使用和问责处理的重要依据。

第十七条 村干部考核分优秀、称职、基本称职、不称职四个等次。在日常考核、实绩考核中表现突出，且群众评议优秀票数达到80%以上的村干部，可评定为优秀等次，优秀比例不超过乡镇（街道）村干部总数的25%。有下列情形之一者，可根据情况评定为基本称职或不称职等次：①思想政治素质方面存在突出问题；②组织领导能力差，不能胜任现职领导岗位；③在领导班子中闹无原则纠纷，严重影响班子团结，工作作风存在严重问题；④有以权谋私行为，存在不廉洁和其它违纪问题；⑤工作不负责任，造成重大损失或不良影响；⑥未完成年度工作目标任务，工作实绩差；⑦因工作存在严重问题，受到上级通报批评的村“两委”主要负责人和分管负责人；⑧受到党内严重警告以上处分或违法犯罪的；⑨群众评议基本称职或不称职票超过总票数的30%并经核实的；⑩其他不良表现的。

第十八条 考核结果与村干部的报酬、奖惩、任用直接挂钩。特别优秀的，应给予一定的精神和物质奖励；基本称职的，应指出缺点和不足，督促其整改；不称职的，应依据党内有关规定和国家法律法规适时依程序予以调整或罢免。

第六章 管理监督

第十九条 党务（村务）决策。完善民主决策制度，推行“四议两公开”工作法。凡涉及全村经济发展、公共建设项目、财务收支等群众关心的重要事项，要按照村党组织提议、“两委”会商议、党员大会审议、村民代表大会或村民会议决议的程序进行，之后要实行决议公开、实施结果公开。

第二十条 党务（村务）公开。党务（村务）公开的范围、内容、时间、方法、形式、程序等均要规范有序，真正做到群众满意、党员满意、干部满意。党务公开由党务公开监督小组负责全程监督，村务公开由村务监督委员会负责全程监督。村党组织和村民委员会应自觉接受群众的监督，及时解决存在的问题。

第二十一条 财务管理。乡镇（街道）要严格落实“村账乡代管”制度，坚持民主理财，全面提高村级财务管理水平，定期公开村级经费使用情况，接受群众监督，确保村级经费规范使用。加强村干部任（离）期财务清理和经济责任审计，清理和审计结果要及时向群众公布。严格控制村级新增债务，实行村级公益设施建设项目申报审批制度，10万元（含10万元）以上的村级公益设施建设项目必须由村党组织报经乡镇（街道）党（工）委批准同意，并经村民代表大会讨论通过后方可立项和建设，否则所产生的费用不得计入村账，并追究村党组织书记和村民委员会主任的责任。逐步化解存量债务，化解村级债务的主体是各村级集体经济组织，各村级集体经济组织要建立债务自我消化机制，采取增加集体经济收入、盘活资产资源、统筹资金化债等多渠道偿还债务。

第二十二条 谈心交流。乡镇（街道）党政主要负责人每年至少要找村主职谈话2次，联村干部每年至少要找村干部谈话2次，对村干部工作中存在的各种问题，应及时提醒、及时解决。村主职也要找班子成员谈心交心，沟通思想，增进团结。

第二十三条 调整处理。对作风不实、履行职责不到位、群众有反映的，要及时批评教育，促其整改；对岗位目标任务完成情况差、作风不好、群众反映强烈的，要按有关规定及时调整或罢免；对以权谋私、违法违纪的，要依法依纪严肃处理，形成村干部能上能下的常态机制。

第七章 激励保障

第二十四条 完善村干部报酬保障制度。村干部的报酬由基本报酬和绩效考核奖励报酬两部分构成，按月定期发放，原则上村党组织书记、村民委员会主任和其他村干部之间的基本报酬按照1:0.9:0.7的比例确定；绩效考核奖励报酬由乡镇（街道）党（工）委根据村干部年度业绩考核情况和村民会议或村民代表会议评议结果确定。

第二十五条 建立村干部健康体检制度。每两年组织在职村干部进行一次健康体检，村主职体检费用由市财政负责，其他村干部由乡镇（街道）财政负责。

第二十六条 落实从村干部中定向考录公务员和选拔基层领导干部的制度。定期集中面向村党组织书记、村民委员会主任考试录用乡镇（街道）机关公务员或事业编制人员。根据上级政策择优选拔任职时间较长、综合素质全面、工作业绩突出、群众满意度高的村党组织书记充实到乡镇（街道）领导班子。

第二十七条 加强对村干部的政治激励。积极推荐政治素质好、参政议政能力强的优秀村干部作为各级党代会代表、人大代表、政协委员人选。定期评选表彰优秀村党组织书记，大力宣传村干部先进典型，着力营造关心、支持、爱护基层干部的良好氛围。

第八章 后备村干部

第二十八条 建立科学规范的村级后备干部选拔、培养、管理、使用机制，按每个村2~3人的数量，储备一支素质较好、相对稳定的村级后备干部队伍。村级后备干部一般年龄30岁左右、具有中专或高中以上文化程度。逐步提高村级后备干部大专以上文化程度的比例。每村至少有一名女性村级后备干部。

第二十九条 村级后备干部的教育培训应纳入村干

部的教育培训总体规划，定期举办村级后备干部培训班，增强村级后备干部理论素质和发展能力。积极鼓励村级后备干部参与实践锻炼，通过安排担任村书记助理、主任助理、党小组长、团支部书记等职务，着力提高村级后备干部的群众工作能力，扩大知名度、提升影响力。建立村级后备干部思想汇报、交流述职、结对联系等制度，及时了解掌握后备干部的思想动态，帮助解决各类问题。

第三十条 乡镇(街道)党(工)委要建立村级后备干部培养联系人制度。村“两委”主要负责人要主动关心了解村级后备干部，针对他们的工作、学习情况，提出工作要求，帮其尽快提高。建立村级后备干部动态管理制度，乡镇(街道)党(工)委每年对后备干部进行一次全面考核评议。对不适宜继续担任后备干部的人选，及时调整出去，对涌现出来的优秀人才，按照规定程序及时进行选拔，做到优进劣出，增强生机活力。对村级后备干部进行定期民主评议，根据评议结果及时对村级后备干部队伍进行调整、充实，使村级后备干部队伍始终保持充足的数量、较高的素质和合理的结构。

第三十一条 对德才兼备、实绩突出、群众认可，经过培养锻炼，能够胜任工作的村级后备干部，可通过法定程序选拔进村级班子，不断改善村级干部队伍结构。村干部出现缺额时，原则上应从村级后备干部中选拔。

第九章 离任村干部

第三十二条 村干部离任后，严格按照上级政策落实离任村干部生活补贴。

第三十三条 村干部个人 10 次及以上获得浏阳市委、市政府或 6 次及以上获得长沙市委、市政府或 3 次及以上获得省委、省政府或 1 次及以上获得党中央、国务院综合性表彰奖励的，或任期内集体获得上述成绩的村党组织书记、村民委员会主任，离任后每月发放荣誉养老金。

第三十四条 乡镇(街道)要抓好离任村干部的服务关怀和作用发挥工作。

第十章 附 则

第三十五条 各乡镇(街道)党(工)委可根据此办法，制定具体实施细则。社区党组织、居民委员会干部管理参照本办法执行。

第三十六条 本办法由组织部、民政局负责解释。

第三十七条 本办法自公布之日起实施，原《浏阳市村干部管理办法》(浏办发〔2010〕14 号)同时废止。

中共浏阳市委办公室
浏阳市人民政府办公室
关于加快推进浏阳市工业新兴及
优势产业链发展的实施意见

浏办发〔2018〕4 号

为深入贯彻"中国制造 2025"、制造强省和长沙建设国家智能制造中心等战略方针，大力发展先进制造业，着力振兴实体经济，构建现代化经济体系，现就加快推进我市工业新兴及优势产业链发展提出如下意见。

一、指导思想

以习近平新时代中国特色社会主义思想为指导，全面贯彻党的十九大精神，深入践行新发展理念，紧紧围绕全面建设现代化浏阳的奋斗目标，牢牢把握"在区域谋发展、在全国争地位、在全球引资源"基本定位，大力推进"兴工强市"战略，推动高质量发展，以转型升级为主线，以产业链建设为重点，深度对接湖南省、长沙市工业新兴及优势产业链，进一步建链、强链、补链、延链，做大做强战略新兴产业，做精做优传统特色产业，培育一批标志性产业集群、产业基地、领军企业、示范工厂和具有国际国内影响力的品牌产品，为建设强盛浏阳、活力浏阳、生态浏阳、幸福浏阳提供强大支撑。

二、基本原则

1. 坚持创新引领。围绕产业链部署创新链，围绕创新链配置资源链，完善资金链、带动人才链，加快创新平台建设，深化产学研结合，推动以技术、产品、模式、管理为重点的全面创新，不断延伸产业链，全力占领价值链高端。

2. 坚持优化布局。正确处理好存量与增量、产业链建设与园区主导产业培植的关系，统筹优化经开区、高新区、两型产业园等园区的产业布局，形成科学的产业分工体系。

3. 坚持项目拉动。以龙头企业为依托，以重大项目为抓手，大力开展产业链精准招商和对接活动，充分发挥重点企业的引领示范作用，以点带面促进全市工业新兴及优势产业链发展。

4. 坚持市场主导。充分发挥市场配置资源的决定性作用，全面调动企业在项目引进、战略重组、产业配套等方面的积极性和创造性，有力推动工业新兴及优势产业链不断扩充。

5. 坚持政策引导。积极完善相关支持政策，认真落实各级奖励性、扶持性政策措施，大力推进"放管服"改革，持续深化"重企帮扶"、"促企上市"，充分发挥财政资金的杠杆作用，引导金融资本和社会资本向产业链聚集。

6. 坚持分链施策。建立市级领导联系产业链制度，根据不同产业链特点和发展实际实施"一链一策"，精准对标、精准施策、精准发力，为产业链发展创造良好条件；分层次重点突破一批产业链，逐步形成和壮大一批具有领先优势、比较优势、潜在优势的工业新兴及优势产业链。

三、发展目标

实施"3585"工程，即到 2020 年，全市 15 个新兴及优势产业链规模工业总产值突破 3500 亿元，占全市工业总产值的 85%以上。打造 1 个 1000 亿级产业链（显示功能器件）、2 个 500 亿级产业链（生物医药、烟花爆竹）、10 个 100 亿级以上产业链（再制造、汽车及零配件、智能装备、先进复合材料、绿色食品、花炮机械及原辅材料、家居、环境治理技术及应用、碳基材料、新能源汽车）、2 个 50 亿级产业链（医疗器械、母婴用品），掌握一批重点领域关键核心技术，增强优势产业核心竞争力，释放新兴产业发展潜力，基本形成结构合理、布局科学、集聚发展、优势明显的现代产业发展新高地。

四、发展重点

紧紧围绕全市 15 个工业新兴及优势产业链，进一步明确发展目标，突出重点领域、重点园区（基地）、重点企业及主要招商对象，引导各类资源向产业链集聚。坚持分链施策、有序推进、持续发力，着力增强各产业链核心竞争力，实现更加集约、更有重点、更高质量的发展。

（一）显示功能器件产业链

以蓝思科技等企业为核心，充分发挥龙头企业的辐射带动作用，加快推进 DITO 触摸传感器、第六代 AMOLED 柔性面板等产业重大项目建设和上下游关联企业引进，打造视窗防护玻璃面板、触控模组、显示模组等优势产业集群，引进培育智能手机、平板电脑等显示终端制造产业，推进替代性显示功能材料的研发及产业化生产，打造国际先进的触控显示屏、蓝宝石单晶生长及深加工产业链。到2020年，将经开区建设成为世界一流的触控显示屏和防护玻璃面板及新材料生产基地，实现1000亿级产业链目标。

（二）生物医药产业链

以尔康、九典、威尔曼、华纳大、春光九汇、宏灏基因、兴嘉生物、天地恒一等一批龙头企业为核心，发挥创新药物孵化基地平台作用，做强化学制药、化学原料药及相应制剂的高端化、特色化，做优功能化药用辅料的开发和应用，做实生物制药的研究和产业化，开发门类齐全、具有竞争优势的临床诊断产品系列，完善中药配方颗粒等现代中药成品，全面提升产业链发展水平。到2020年，实现500亿级产业链目标。

（三）先进复合材料产业链

以"三园"为集聚区，依托信达新材料、华京粉体材料、富栊新材、鑫利粉末、方锐达科技等重点企业，拓展先进储能复合材料，发展金属复合新材料，推进化工复合新材料，推动协同创新和企业绿色改造升级，基本形成创新能力突出、产业特色鲜明、空间布局合理的先进复合新材料产业链体系。到2020年，实现300亿级产业链目标。

（四）绿色食品产业链

以经开区、两型产业园、环保科技示范园为平台，依托盐津铺子、湘典食品、鼎誉检验检测、福满多、亚林瓜子等龙头企业，充分发挥"浏阳蒸菜"品牌效应，大力推动酒店预制菜、健康食品、农产品深加工项目快速发展。加快两型产业园"湘菜产业园"的建设，发挥"中央厨房"产业链集群效应。加速完善产业公共服务体系，积极拓展检验检测、研发设计、食品包装、商贸物流、电子商务上下游配套产业，形成以现代食品制造、农副产品精深加工为主、相关配套产业协同发展的全产业链现代食品产业体系。到2020年，实现300亿级产业链目标。

（五）烟花爆竹产业链

以东信、庆泰、颐和隆、中洲等企业为龙头，围绕"六大目标"（发展规模、安全环保、科技创新、智能制造、区域发展、品牌文化），推动产业动力变革、工艺变革、质量升格。重点推广应用全自动化生产线和关键涉药工序机械，全面推动技术改造和装备升级。完善质量管控体系，加快行业标准化建设，提升制作技艺和质量水平，打造匠心精品企业。编制浏阳花炮传统产业保护名录，深入保护、挖掘、提升浏阳花炮传统文化底蕴。加大焰火创新创意力度，推动焰火文化与旅游产业融合发展，丰富焰火文化内涵，提升产业品牌文化附加值。提升产业信息化水平，建立浏阳花炮云平台，建立原材料采购、经营、运输、储存全流程、全覆盖实时动态监测。加大出口扶持力度，给予政策倾斜，加快出口通道建设，全力推动中欧班列烟花爆竹集装箱运输业务尽早开通，进一步支持花炮出口做大做强。全面巩固提升产业链领先地位，至2020年，实现500亿级产业链目标。

（六）碳基材料产业链

依托山东天岳等龙头企业和中南大学、湖南大学、国防科技大学等高校创新平台，以浏阳高新区为产业集聚区。聚焦山东天岳碳化硅项目、湘贤科技石墨烯产业化项目建设，重点发力"高性能碳基复合材料、碳化硅、石墨及石墨烯"等具备市场潜力的材料；围绕招大引强，着力引进一批以芯片、碳基材料热工装备、石墨烯等为主的上下游产业，通过招商引资填补行业空白；加快中蓝石墨烯、启泰传感物联产业园、国外碳化硅IGBT等项目建设，引导湘贤科技、富栊新材、五犇新材料、金马硅业等中小企业围绕细分市场向"专、精、特、新"方向发展。努力打造产业规模大、创新能力强、特色亮点明、行业影响大的国内领先碳基材料研发和成果转化基地。到2020年，实现200亿级产业链目标。

（七）医疗器械产业链

依托三力、太阳龙等骨干企业，进一步做强医用手术室吊塔、ICU吊塔吊桥、普通病房护理集成智能系统、采血器等终端产品，开发医用专用耗材、医用专用设备，培育具备国际市场竞争力的高端化医疗器械全球专业制造商；同步拓展医疗器械上下游产业链，重点引进家庭护理、医用装备、检测诊断设备、制药装备等终端制造商，将产业链打造成为龙头引领、体系完善、品牌突出的完整体系。到2020年，三力、太阳龙分别创建国家技术中心、国家重点实验室，实现50亿级产业链目标。

（八）新能源汽车产业链

以浏阳高新区新能源汽车产业基地为平台，依托安靠电池，凯中电气等重点企业，重点培育电池、电机、电控三电关键项目。大力引进全球及全国高精度电子电器零部件、新能源汽车关键技术生产企业、重点拓展动力系统、传动系统、车桥车架、内外饰件四大产品体系；紧扣轻量化、智能化、电动化等发展趋势，推动传统汽配企业向新能源汽车转型或开拓新业务。到2020年，将浏阳高新区打造成新能源汽车三电核心部件并重、产业链条完整、平台配套完善、省内最具特色的新能源汽车生产及应用示范基地，实现100亿级产业链目标。

（九）再制造产业链

依托高新区国家级再制造产业示范基地，以法泽尔、三一再制造、轩辕春秋等再制造企业为重点，发展汽车、船舶、工程机械动力系统再制造，数控机床及工程机械整机再制造；精心打造再制造业的检测检验中心、产业发展中心、生产配套中心、信息服务中心等为一体的公共服务平台，形成包括旧件逆向物流、生产制造、销售交易再到旧件回收的闭式循环产业链。到2020年，实现100亿级产业链目标。

（十）智能装备产业链

以高新区启泰传感器、宇环数控、华恒机器人、方圆液压、佳能泵业、中铁五新、诚源电器和经开区蓝思智能等企业为依托，以创新发展、智能突破为导向，以高端数控机床、工程机械为主导，以人工智能及机器人为重点，做大做强智能成套装备；夯实提升核心零部件产业；加快启泰传感物联网产业园项目建设，打造以传感器为核心的物联网产业集群；加强融合创新，培育壮大智能制造系统方案解决服务商。将高新区建设成国内知名的智能制造生产基地，到2020年，实现200亿级产业链目标。

（十一）母婴用品产业链

依托一朵、康威、康氏、宝升等重点企业，提升纸巾、卫生巾、纸尿裤及婴幼儿食用级塑料用品等产品技术、品牌优势，加大科技创新和产品研发力度，创建省市级技术研发平台，着力突破高分子吸水材料等关键技术；搭建科技创新、人才培育、现代管理、物流运输、智能发展等公共平台；重点解决资金、人才、技术创新、土地等方面的制约，助推骨干企业上市发展；拓展销售渠道，推行F2C（从厂商到消费者的电子商务）模式，助力企业整合产业资源，自建零售渠道系统，打造产业链电商平台；通过涉足产业链上下游环节，延伸产业链条，降低企业间协作成本，逐步形成“龙头带动，配套齐全”的产业格局。力争到2020年，实现50亿级母婴用品产业链目标。

（十二）汽车及零配件产业链

依托高新区产业优势、区位优势，重点培育博大科技、长沙波特尼、义和车桥、长丰汽车零部件、信质电机、湖大艾盛等企业。依托鹏翔星通整车生产平台，以工程机械类、环卫保洁类专用车产业为基础，大力发展应急救援类（特别是高空消防作业车）、旅游装备类、智能联网类专用车。壮大零配件板块，培育做大现有骨干企业，提升产业规模、产品档次和工艺水平，着力将高新区打造成集零部件、整车为一体的汽车产业集群新板块，形成更高端、智能、环保、信息化的汽车产业体系。到2020年，实现200亿级产业链目标。

（十三）花炮机械及原辅材料产业链

围绕烟花爆竹产业“机械化换人、自动化减人”的战略目标，实施浏阳烟花爆竹智能制造三年行动，推进烟花爆竹产业链向自动化、集约化、科技化发展。以中洲、华冠、东信、颐和隆等花炮集团和荷花精工、鸿安机械、万发机械等花炮机械生产企业为重点，以“人机分离、人药分离”为目标，重点推广全自动化生产线和关键涉药机械，进一步提升产业安全水平和生产效率。建立健全花炮机械标准化体系，全面提升花炮机械的安全性和规范性。以南山金属、天虹金属、浏阳化工等花炮原辅材料企业为重点，建立起以企业为主体，市场为导向，产学研深度融合的技术创新体系，加速开发烟花爆竹新型环保、安全、稳定等环保型原辅新材料，逐步提高烟花爆竹环保产品比例，通过材料革新、产品研发、工艺改进等措施，推进产业安全环保取得更大突破。到2020年，实现200亿级产业链目标。

（十四）家居产业链

依托浏阳高新区国际家具城，加快家谐、星辰等家具制造园建设，重点引导品牌家具企业、家装定制家具企业、特色文创家居产品企业入驻园区，整合永安、沙市、淳口、北盛等地区的民用家具、软体家具、木材家具生产企业参与协作配套；发展智能定制家居产业，推动家居传统产业和现代需求有机结合，朝着专业化、品牌化、集约化、智能化方向迈进；打造家居产业电子商务平台和“浏阳家居文化创意产业园”；推动物流、仓储、制造、销售、展示、研发等一条龙服务，打造“中南地区最大家居贸易市场”。到2020年，实现100亿级产业链目标。

（十五）环境治理技术及应用产业链

以经开区、高新区为平台，以永清环保为龙头，加强湿法脱硫装备、国内领先脱硫技术、脱硝催化剂前端烟气与氨均混技术等核心技术的攻关；逐步拓展下游应用领域，实现从商用、家用到穿戴全系列空气净化产品以及空气监测产品产业化；建成一批重要技术创新服务平台，拥有一批自主知识产权和核心竞争力的环境治理技术、装备（产品），部分关键共性技术达到国际先进水平。努力打造全国知名环境治理技术及应用产业链集聚区，到2020年，实现100亿级产业链目标。

五、工作保障

（一）强化组织领导

成立浏阳市新兴及优势产业链推进工作领导小组（以下简称领导小组），由市委书记黎春秋任组长，郭力夫、谈文昌、吴新伟（第一副组长）、邱山东、吴震、李家喜、秦跃平、吴敏（常务副组长）、周文舜、邓阳锋、郭瑞、戴武明、尹乐平、李爱民、邓雪琴、詹萍萍、沈学军、周耀辉、王坤球（负责日常工作）、仲凡任副组长，其他相关市级领导，经开区、市委办、公安局等单位相关负责人，高新区、政府办、发改局、经信局、教育局、科技局、住建局、民政局、司法局、财政局、人社局、国土局、交通运输局、水务局、农业局、林业局、文体广电局、卫计局、审计局、环保局、统计局、安监局、食药工商质监局、商务合作局、招商引资服务中心、规划局、畜牧局、住房保障局、工务局、花炮局、金融办、总工会、工商联、两型产业园、供电公司、人民银行浏阳支行、集里街道、关口街道、大瑶镇、镇头镇、沙市镇、淳口镇等单位主要负责人为成员。领导小组负责研究解决产业链建设、推进过程中的重大决策、重点工作、重大问题。领导小组下设产业链整体推进办公室，经信局局长邓科建任办公室主任，招商引资服务中心主任黄杰伟任办公室副主任，负责研究建立优势产业链发展专项统计体系、优化现有绩效考核机制、产业链“建链、强链、补链、延链”评估、督促与考核等具体工作。

（二）完善工作机制

按照“一个产业链、一套工作机制、一个具体推进方案、一抓到底”的要求，由市级领导和园区领导联点、市直单位帮联每个产业链，负责联系产业园区和产业链重点企业，协调解决招商引资和项目建设中的重大问题，组织研究“一链一策”，落实“每月一调度、每季一讲评、半年一观摩、一年一考核”。经开区、高新区、两型产业园、花炮局等产业链最集中的园区（单位），分别设立“产业链推进办公室”，组成专门工作班子，负责该产业链的具体建设和推进工作，积极组建各产业链产学研产业联盟，加强产业链上中下游的合作与产销对接，负责每个产业链资料汇总及重大活动协调工作。

（三）强化政策支撑

严格落实中央和省、长沙市关于支持产业链发展的各项扶持政策，按照《湖南省工业企业技术改造税收增量奖补试行办法》《关于振兴长沙工业实体经济的若干意见》《长沙建设国家智能制造中心三年行动计划（2018—2020）》，以及《浏阳市工业企业技术改造和装备升级管理办法》《浏阳市本级财政资金存放银行评价分配办法（试行）》《浏阳市贯彻落实〈关于振兴长沙工业实体经济的若干意见〉实施细则》《浏阳市科技创新 1+N 政策体系》的要求，加大对已有的财政扶持、税收优惠、产业发展、人才引进、知识产权、科技成果和金融支持等相关政策的落实力度，研究各产业链个性化产业支持政策，形成完善的政策支撑体系。

（四）破解要素制约

积极争取产业链重点企业发展所需的新增建设用地计划指标、耕地占补平衡指标。综合运用货币政策工具，引导金融机构对产业链企业依法给予信贷支持。支持产业链重点企业挂牌上市，有效对接多层次资本市场。健全产业链中小企业融资担保体系，引导中小企业与投融资机构合作对接，充分发挥商业保险的风险分担补偿机制作用。电力、交通运输、通信、供水、供热、供气等单位要保证产业链企业发展和项目建设的需要，并采取积极措施，促进企业降低成本。积极落实《浏阳市"专业英才千人计划"实施方案》《关于进一步优化人才发展服务的若干措施》，吸引和集聚各类人才，以国际化视野建立产业链引人、用人和育人机制。

（五）优化发展环境

全面优化政务、投资、融资、创业环境，持续深化"最多跑一次"改革，大力推进"马上办、网上办、就近办、帮代办"，加快政务服务进商区、厂区、社区，进一步减少审批环节，提升办事效率，提高产业链发展的服务能力和水平。利用电视、报刊、网络等媒体，宣传工业新兴及优势产业链发展经验做法、成功案例、优秀企业，努力营造全社会关注支持工业新兴及优势产业链发展的良好氛围。

浏阳市人民政府
关于印发《浏阳市关于推进科技创新的若干政策措施》的通知

浏政发〔2018〕3号

浏阳市关于推进科技创新的若干政策措施

为进一步深化浏阳市科技体制改革，激发创新活力，营造创新创业工作氛围，推动创新引领转型发展，创建全国县域创新驱动发展先进县（市），特制定本政策措施。

一、优化财政资金和项目管理

第一条　强化科技财政投入支撑。每年分批次安排科技计划，对重大专项、重点项目、一般项目和指令性计划等项目进行支持。市本级财政优先安排并逐年增加科技发展专项资金。

二、提升科技企业创新能力

第二条　引导企业加大科研投入。设企业研发（R&D）经费投入补助，支持企业建立研发准备金制度。对上一年度研发（R&D）经费投入总量在全市排名前20位的企业和上一年度研发（R&D）经费投入总量占主营业务收入比例在全市排名前20位的规模以上企业，按贡献率评定一、二、三类，分别给予10万元、8万元、5万元的补助。

第三条　培育一批高新技术企业。对当年新认定的高新技术企业给予10万元/家的补助，对当年重新认定的高新技术企业给予5万元/家的补助。

第四条　打造一批科技创新"小巨人"企业。对经长沙市认定的科技创新"小巨人"企业，给予5万元/家的补助。

第五条　扶持一批高技术行业企业。对在国民经济行业分类中符合高技术产业范畴的企业，按其高新技术产品产值的年度增长率和对全市高新技术产业增加值的贡献率，评定一、二、三类，分别给予3万元、2万元、1万元的补助。

三、加强知识产权保护运用

第六条　鼓励发明创造。支持科技型中小微企业创新创业，促进专利运用，加强专利保护和管理，加快促进市域科技创新进步，设置以下补助：

发明专利授权：2500元/件；

PCT专利：1万元/件；

专利密集型企业：2万~5万元/家；

专利维权案件：1万元/件；

贯标企业：5万元/家；

专利权质押贷款：1万元/笔；

专利布局及预警分析企业：2万~5万元/家。

四、突出创新支撑引领

第七条　加强科技平台建设。对主导产业新建立的研发平台、科技成果转化平台、工业产品会展平台、检测平台、试验工程中心等达到国家级、省级部门标准的分别奖励20万元、10万元。经批准设立企业院士专家工作站、博士后科研工作站的，分别奖励20万元、10万元；当年申报企业技术中心、工程中心和重点实验室及企业研究院获得国家级、省级部门批准的，分别奖励20万元、10万元。

第八条　扶持众创空间、星创天地发展。建立众创空间、星创天地认定机制和考核机制，对新认定的浏阳市级众创空间和星创天地，给予10万元补助；对已认定的众创空间和星创天地，根据年度绩效考核，评定优秀、合格等次，分别给予6万元、3万元补助。

第九条　推动技术成果交易。对工商注册、纳税关系在我市的企事业单位签订了技术交易合同的，按技术交易合同的年度累计成交额分梯次给予补助：100万元（含）~500万元（含）的，补助合同金额的0.5‰；500万元~1000万元（含）的，补助合同金额的0.6‰；1000万元以上的，补助合同金额的0.8‰，最高补助15万元。

对经长沙市科技行政管理部门审核备案从事技术合同认定登记服务工作的科技服务机构，按其促成我市技术交易合同认定登记的年度累计合同成交额0.4‰的标准给予补助，每个科技服务机构年度补助金最高不超过

10万元。

第十条　发展技术转移机构。对在浏阳新设立的技术转移(分)中心(工作站)给予建设补助10万元。对已建成运营的技术转移(分)中心(工作站)进行年度考核，按优秀、良好两类，分别给予8万元、6万元的补助。

五、加大科技人才支持力度

第十一条　强化科技特派员制度。按需派驻科技特派员，对每个工业类科技特派员驻点单位下达科技项目经费8万元，其中2万元作为特派员工作经费；对每个农业类科技特派员驻点单位下达科技项目经费3万元，其中1万元作为特派员工作经费。

六、促进科技金融结合体系建设

第十二条　设立“银企财园通”。通过“政府+银行+担保+企业”的方式，设立规模1亿元左右的“银企财园通”，为高新技术企业、科技创新“小巨人”企业、科技型中小微企业和花炮企业的科技创新提供财力支撑，进一步助推浏阳产业提质增效。

七、其他

各园区结合自身实际，参照上级有关规定及本政策体系制定相关政策。

浏阳市人民政府
关于印发浏阳市城乡规划管理技术规定的
通　知

浏政发〔2018〕9号

各乡、镇人民政府，街道办事处，市直各单位：

现将《浏阳市城乡规划管理技术规定》印发给你们，请认真贯彻执行。

浏阳市人民政府

2018年8月13日

浏阳市城乡规划管理技术规定目录

第一章　总　则
第二章　城市土地使用管理
　第一节　城市用地分类
　第二节　用地兼容性规定
　第三节　建筑基地控制
　第四节　建设用地容量控制
第三章　建筑管理
　第一节　建筑布局与风格
　第二节　日照控制
　第三节　建筑间距控制
　第四节　建筑离界距离
　第五节　建筑退让距离
　第六节　建筑高度控制
　第七节　建筑设计的相关规定
　第八节　指标计算相关规定
　第九节　建筑层数及建筑层高相关规定
　第十节　竖向设计
第四章　绿地与景观管理
第五章　住宅开发建设项目配套设施配置规定
第六章　道路交通
　第一节　道路
　第二节　停车设施配建规定
　第三节　交通影响评价
第七章　市政公用设施规划管理
第八章　城市防震减灾
　第一节　城市抗震防灾
　第二节　城市消防
　第三节　城市人防
第九章　临时建设规划管理
第十章　规划条件核实
第十一章　附　则
　附录1　名词解释
　附录2　各类建设用地适建范围表
　附录3　城市建设用地分区示意图

第一章　总　则

第一条　制定目的

为加强和规范我市城乡规划的制定与实施管理，提升城乡人居环境质量，提高城乡规划管理工作的质量与水平，根据《中华人民共和国城乡规划法》《湖南省实施〈中华人民共和国城乡规划法〉办法》《浏阳市城市总体规划》和其他相关法律、法规、标准和规范，结合浏阳市实际情况，制定本规定。

第二条　适用范围

本规定适用于《浏阳市城市总体规划》确定的城市规划区范围内各项新建、改建、扩建建设工程。城乡个人居住用房建设、危房翻建及室内装修工程等不适用本规定。市域范围内城市规划区外的镇村规划建设用地内的各项新建、改建、扩建建设工程可根据实际情况参照执行。

第三条　城市建设用地分区

根据浏阳市的城市建设情况，将浏阳市城市规划区划分为旧区、新区，其控制指标实行分区管理，本规定中未作明确分区说明的条文、附表，均适合所有城市建设用地。

第四条　维护与管理

本规定实行动态修订，以保障其适用性和超前性。城乡规划主管部门可根据浏阳市的城市规划要求、本规定的执行情况和国家规范的颁布等因素，对局部章节、条款适时进行合理修订，市人民政府核准后实行。

第二章　城市土地使用管理

第一节　城市用地分类

第五条　城市用地分类和代码应符合《城市用地分类与规划建设用地标准》(GB50137—2011)的规定。

第二节　用地兼容性规定

第六条　建设用地的使用应符合城市总体规划、土地利用总体规划和控制性详细规划的要求，并遵循建设用地兼容性原则。控制性详细规划已明确兼容性范围的，按控制性详细规划执行；控制性详细规划未明确兼容性范围的，根据附录2各类建设用地适建范围表的规定确定其兼容性范围。涉及控规修改的项目，其建设用地兼容性在符合附录2各类建设用地适建范围表的规定下，按照相关法定程序对原控规进行修改。

第七条　在满足安全、环境等要求和相关标准、规范的前提下，经城乡规划主管部门核准，经市人民政府批准同意后，方可对同一地块内不同使用功能的混合。

第三节　建筑基地控制

第八条　建设用地的使用应遵循以街坊为单位，以规划道路为界限，成片开发的原则。无单独建设条件或城乡规划主管部门认为不适合单独建设的，必须按规划要求与周边用地进行整合。

第九条　建设用地未达到表2.3.1规定的最小可净用地面积的，原则上不得单独建设。

表21　　　　表2.3.1　最小可建设净用地面积表

序号	项目内容	建筑高度（米）	最小净用地面积（平方米）
1	低、多层住宅建筑	H≤27米	1000
	高层住宅建筑	27米<H≤50米	3000
	高层住宅建筑	50米<H≤100米	4000
2	低、多层公共建筑	H≤24米	2000
	高层公共建筑	24米<H≤50米	4000
	高层公共建筑	50米<H≤100米	5000

说明：1.除住宅建筑外的其他居住建筑根据其建筑高度参照公共建筑类别控制；2.超高层建筑最小可建设净用地面积由城乡规划主管部门另行核定

第十条　建设用地不满足表2.3.1规定，但有下列情况之一，且不妨碍城乡规划实施的，经城乡规划主管部门核准后可以单独进行建设：

(1)按经批准的详细规划实施且对四周无影响的；

(2)邻接土地已经完成建设或已为既成道路、河道或有其他类似情况，确实无法调整或合并的；

(3)因城市规划街区划分、市政公用设施等限制，确实无法调整或合并的。

第四节　建设用地容量控制

第十一条　城市规划建设用地范围内新建、改建、扩建的建设项目，已编制控制性详细规划的，应按照控制性详细规划确定地块指标，未编制控制性详细规划的，其地块指标（含容积率、建筑密度、绿地率和建筑高度）应按照表 2.4.1 规定确定。

第十二条 城市特定保护地区，应通过编制修建性详细规划或城市设计确定地块控制指标。

第十三条 本规定中的容积率、建筑密度均为上限值，绿地率为下限值。

表 22

表 2.4.1 常用建设用地容量控制表

用地代码	类别名称		旧区			新区		
			F	D	G	F	D	G
R2	二类居住用地	低、多层	1.8	35	30	1.5	32	35
		高层	2.8	30	35	2.5	30	35
A1	行政办公用地	低、多层	1.5	30	30	1.5	30	30
		高层	2.5	25	30	2.5	25	35
A3	教育科研用地	低、多层	1.5	35	30	1.5	30	30
		高层	3.0	30	30	2.5	25	35
A5	医疗卫生用地	低、多层	1.5	30	30	1.5	25	35
		高层	2.5	30	30	2.5	25	35
B14	旅馆用地	低、多层	2.0	35	25	1.8	35	25
		高层	4.0	35	25	3.0	30	30
B1	餐饮、零售商业、批发市场用地	低、多层	2.0	60	10	1.8	50	10
		高层	3.0	50	15	2.5	40	20
B2	商务用地	低、多层	2.0	35	25	1.8	30	30
		高层	4.0	30	30	3.0	25	30
M	工业用地	低、多层	/	/	/	2.0	50	10
		高层	/	/	/	3.0	40	10
W	物流仓储用地	低、多层	/	/	/	2.0	50	10
		高层	/	/	/	3.0	40	10
B+R	商住混合用地	低、多层	2.0	40	25	1.8	35	25
		高层	3.0	35	25	2.8	30	30

说明：

1. 表中 F 为容积率，D 为建筑密度（%），G 为绿地率（%）；
2. 公寓（含酒店式公寓；学校用地内的学生公寓、工业用地内的倒班房除外）建设用地按二类居住用地控制；
3. 建设用地内原有永久性建筑的容积率或建筑密度达到或超过上表规定指标的，不得进行新、扩建（含加层）；
4. 各类用地中超高层项用地容量指标由城乡规划主管部门另行核定。

第十四条 房地产开发建设项目商住比应符合以下规定：

(1)商业用地中，商业建筑的用地和建筑面积与该建设项目总用地和总建筑面积的比例应大于等于 50%；

(2)商住混合用地中，商业建筑的用地和建筑面积与该建设项目总用地和总建筑面积的比例应控制在 6%—15%。如若该商住混合用地中商业建筑采用商住分离的形式集中独立设置，则该商住混合用地中商业建筑的用地和建筑面积与该建设项目总用地和总建筑面积的比例上限可增加至 20%；

(3)居住用地中，商业建筑的用地和建筑面积与该建设项目总用地和总建筑面积的比例应≤6%。为项目配套服务的商业建筑宜结合小区主要出入口集中设置；

(4)项目中商住比要求须纳入规划条件及土地出让合同。

第十五条 对建筑高度、容量有特殊要求的区域，如机场净高、微波通道、文物保护、气象观测等，应结合相关专业要求确定地块建设容量控制指标。

第十六条 房地产开发建设项目分期建设时应根据地块容积率由低至高安排建设时序，先行或同步建设公共服务设施(幼儿园、物管用房、业主基本公共活动用房等)和容积率低的地块。

第三章 建筑管理

第一节 建筑布局与风格

第十七条 建筑布局、朝向、形态等，尽可能便于自然采光、通风，减少建筑能耗。在城市主导风向上，应对建筑物的密度和高度进行控制，以便于城市风道的引入；应对城市水系、公园绿地、自然山体等周围建设用地的建筑物的密度和高度进行控制，以便于形成良好的视线通廊。

第十八条 建筑设计应因地制宜，可适当加入浏阳传统文化元素，建筑风格宜体现浏阳地域特色，符合该区域城市设计的要求。高层住宅建筑原则上尽量采用板式住宅。

第二节 日照控制

第十九条 浏阳市位于第III类建筑气候区内，属于中等城市级，其日照标准原则是根据建筑物的使用性质，在规定的日照标准日(大寒日或冬至日)的有效时间范围内，以建筑底层外墙窗台面(按室内地坪以上 0.9 米高计算)的位置为计算起点的建筑外窗获得的日照时间。建筑日照分析应采用国家认可的日照分析软件。

第二十条 高层住宅建筑、养老设施建筑、集体宿舍、大学和中小学学生宿舍、中小学教学楼的普通教室、幼儿园和托儿所的生活活动用房及室外活动场地、医院住院楼的病房、休(疗)养院寝室等必须编制《日照影响分析报告》。其他建设项目可能对上述所列项目产生日照影响的，也必须编制《日照影响分析报告》。

第二十一条 各类建筑在有效日照时间段（大寒日 8—16 时或冬至日 9—15 时）内的日照时间要求应符合以下规定：

(1)受遮挡的住宅建筑原则上每套至少应有一个居室(居室是指卧室、起居室)的大寒日有效日照时间不低于 3 小时。

(2)老年人居住建筑的居室冬至日有效日照时间不低于 2 小时。

(3)托儿所、幼儿园生活用房冬至日底层满窗日照不应低于 3 小时，室外活动场地应保证有一半以上的面积冬至日日照时间不少于 2 小时。

(4)中小学普通教室冬至日满窗日照不应少于 2 小时。

(5)休(疗)养院半数以上的疗养室、医院住院楼半数以上的病房冬至日有效日照时间不低于 2 小时。

(6)在日照分析范围内应参与日照分析的建筑，当其本身原已不满足日照标准时，按不低于该建筑原有日照时间进行控制。

(7)旧区改建的项目内新建住宅日照标准在经过城乡规划主管部门核准、专家审查会通过并进行公示后可酌情降低，但不应低于大寒日有效日照 1 小时的标准。

(8)新建住宅建设项目应保证有日照要求的建筑其日照标准满足国家标准要求。对确有困难的，在项目内部不超过总户数的 10%的这部分户型（须满足大寒日有效日照时间不低于 2 小时）不能满足大寒日有效日照 3 小时要求时，经城乡规划主管部门核准、专家审查会通过并进行公示后，可采用建设方与不满足标准的住户协议补偿的方式处理。

(9)本规定中未涉及的其他有日照要求的建筑日照分析标准应参照国家标准执行。

第二十二条 日照分析范围

建设项目进行日照分析时，应根据城乡规划主管部门审查后的修建性详细规划或总平面图确定日照分析范围，在划定日照分析范围时，应将遮挡分析范围、被遮挡分析范围分开划定。

(1)当拟建高层建筑 H≤45 米时，其遮挡分析范围为半径为 50 米作出的近似扇形区域；当拟建高层建筑 H>45 米时，其遮挡分析范围为其高度的 1.1 倍且最大不超过半径 150 米的近似扇形区域(如图 3.2.1 所示)。

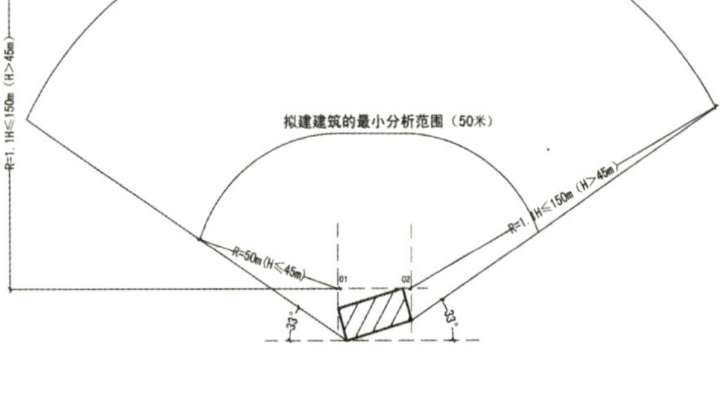

图 3.2.1 拟建建筑遮挡分析范围示意图

(2)建设项目内有多栋建筑，其遮挡分析范围为所有建筑遮挡分析范围的集合。

(3)建设项目自身需满足日照要求的，其被遮挡分析范围的确定按遮挡分析范围的确立原则反向设置（如图3.2.2所示）。

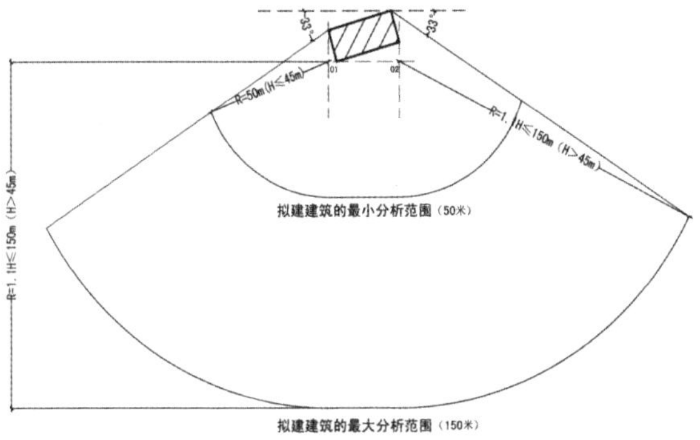

图3.2.2　拟建建筑被遮挡分析范围示意图

第二十三条　日照分析基本原则

(1)拟建高层建筑原则上不得将相邻已建、在建和拟建有日照要求的建筑日照标准降低到其日照标准以下或恶化已低于日照标准的建筑日照。

(2)在建筑遮挡分析范围内的拟建、在建和已建的有日照要求的建筑均应作为被遮挡建筑纳入日照分析范围，其中已建的多层建筑和已建、在建及拟建的高层建筑还应作为遮挡建筑进行日照叠加分析。

(3)在建筑被遮挡分析范围内，高层建筑均应作为遮挡建筑进行日照叠加分析，而低、多层建筑不作遮挡建筑参与日照分析。

(4)建筑物的主体部分与日照分析范围线相交，应整栋建筑参与日照计算，已建、在建和拟建高层建筑的主楼和裙房均应参与日照计算。

(5)日照计算仅考虑日照分析范围线内的建筑叠加影响，当拟建高层建筑自身无日照要求时，考虑其对周边建筑的日照影响，只需划其遮挡分析范围。

(6)日照分析范围线内有日照要求的低、多层建筑，其遮挡建筑需结合相邻高层建筑的遮挡分析范围来确定。

(7)对拟建建设用地红线外邻近的尚未建设的居住用地进行日照影响模拟分析时，需生成3小时等照时线，并标明等照时线最外端与拟建项目用地红线的距离及等照时线影响宽度。

(8)对现状建筑进行日照分析，建筑使用性质及形态以城乡规划主管部门批准的为准。

第二十四条　下列情形可不做日照分析，但建设单位对此产生的相关问题须作出承诺，且负责协调处理。

(1)新建建筑周边为已纳入政府计划拆迁的建筑，不考虑其作为被遮挡建筑时的日照影响。

(2)无法采取改正措施又不能拆除，且未补办规划许可手续的违法建筑，不考虑其作为被遮挡建筑时的日照影响，但仍需作为遮挡建筑参与日照分析。

(3)已由行政执法部门作出拆除决定的建筑，不考虑其日照要求及对外影响。

(4)在满足规定建筑间距要求的前提下，已建、在建及拟建的非套型居住建筑以及套内建筑面积≤50平方米的住宅，可不考虑相邻建筑对其产生的日照影响。

第三节　建筑间距控制

第二十五条　建筑间距除满足日照、消防、卫生、环保、防灾、交通需求、工程管线埋设、建筑物保护、空间环境等方面的规范外，应同时满足本规定的要求。

第二十六条　本规定中的遮挡建筑，系指与方位角≤30°的建筑相邻布置的正南向建筑，或与方位角＞30°建筑的长边方向（当短边总长度＞18米时亦视作长边，短边长度计算方法同表3.3.2中注2）相邻布置的东向、南向、西向建筑；当相邻布置的两栋建筑方位角＞60°时，该两栋建筑均视作遮挡建筑，其最小间距按建筑高度较高者进行计算。

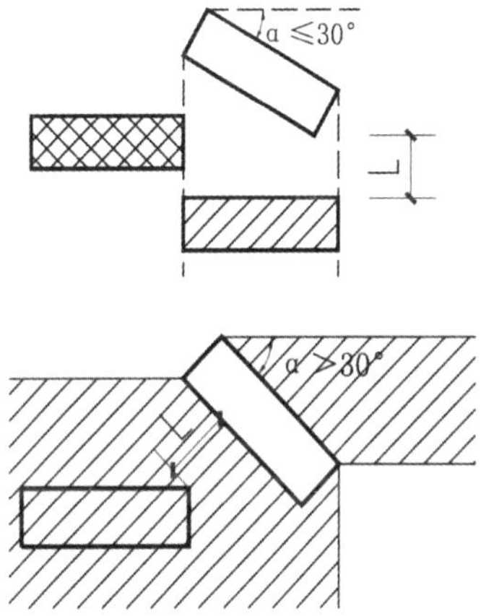

注：阴影范围内的建筑为遮挡建筑。

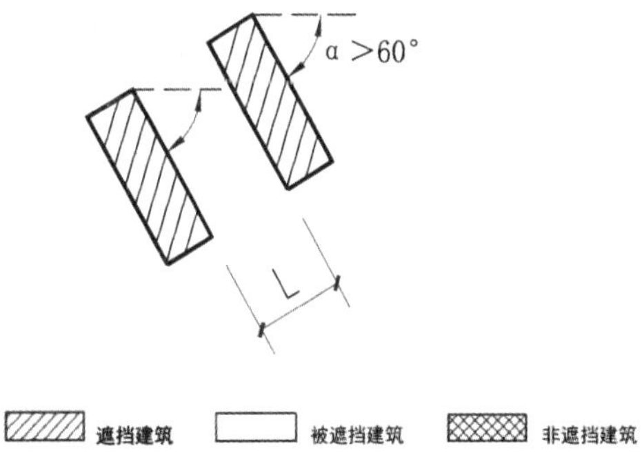

第二十七条　建筑最小间距计算与建筑的方位角无关，亦不考虑地形高差因素，超高层建筑最小间距由城乡规划主管部门另行核定。

第二十八条　居住建筑之间的最小间距应符合以下规定：

表 23

表 3.3.1 居住建筑平行布置时最小间距表

间距类型 最小间距 建筑高度	旧区	新区
低、多层	≥1.2H；且≥9 米	≥1.25H；且≥10 米
高层≤50 米	27+0.2H	29+0.2H
50 米<高层≤100 米	32+0.1H	34+0.1H
图示（注：L 为最小间距）		
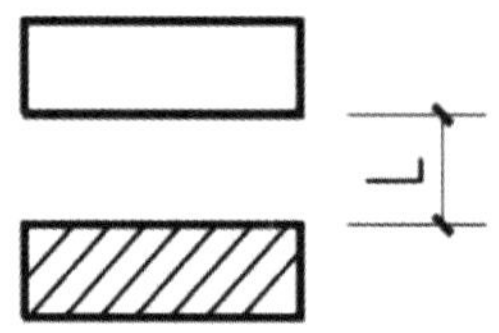	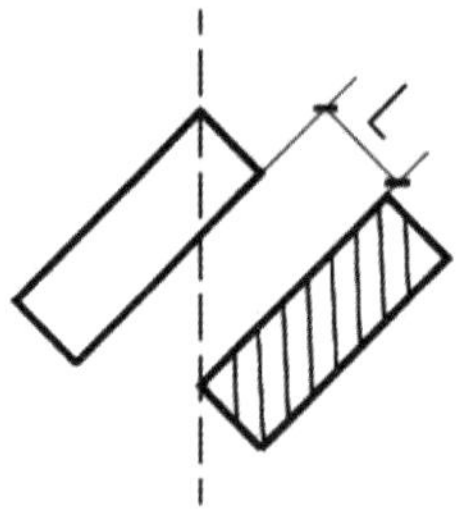	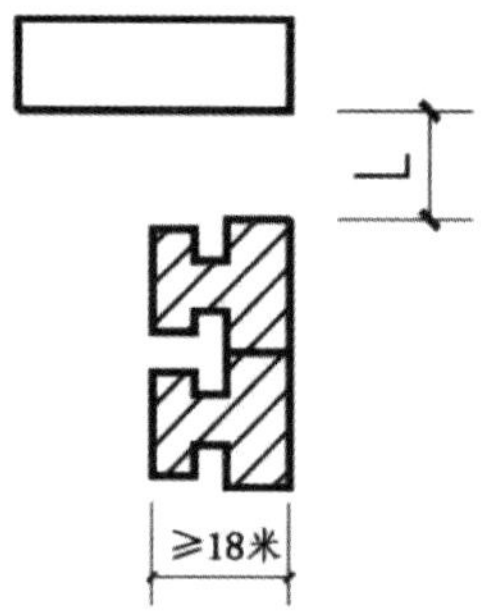
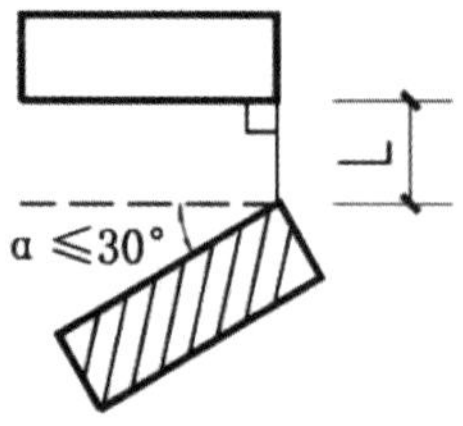	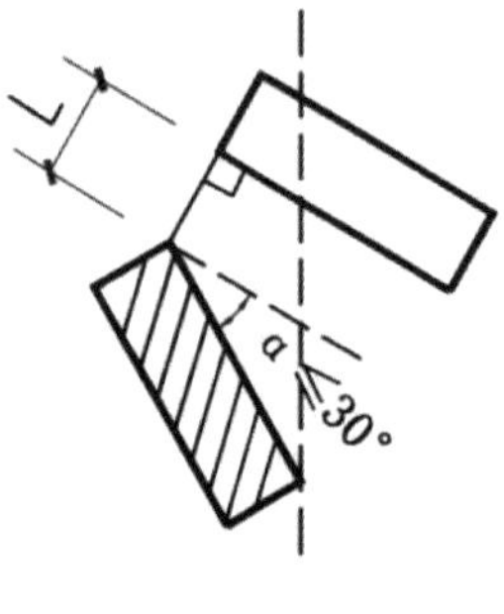	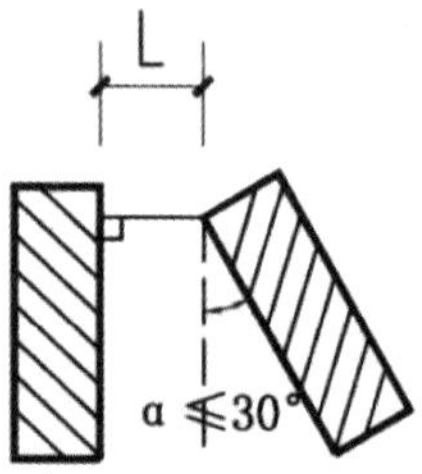

说明：

1. H 为遮挡建筑的高度；
2. 建筑物相邻布置其夹角≤30° 时视作平行布置；
3. 建筑物相邻布置有夹角时均按最近点计算间距

表 24　　　　　　表 3.3.2　居住建筑垂直布置时最小间距表

最小间距（间距类型 / 建筑高度）	旧区	新区
低、多层	≥0.7H；且≥9 米	≥0.7H；且≥10 米
高层≤50 米	0.7×（27+0.2H）	0.7×（29+0.2H）
50 米<高层≤100 米	0.7×（32+0.1H）	0.7×（34+0.1H）
图示（注：L 为最小间距）		
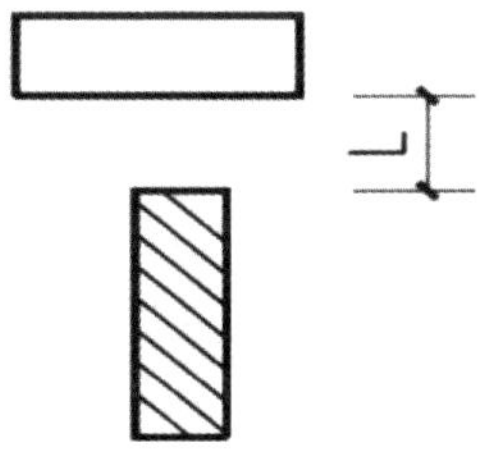	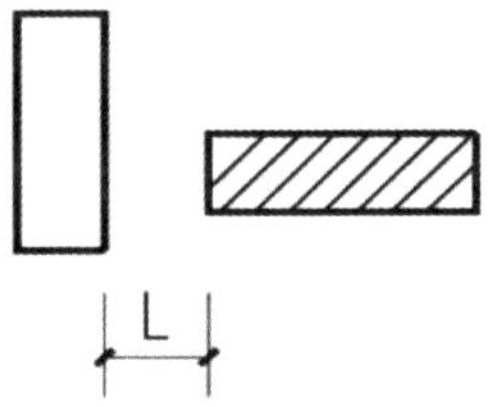	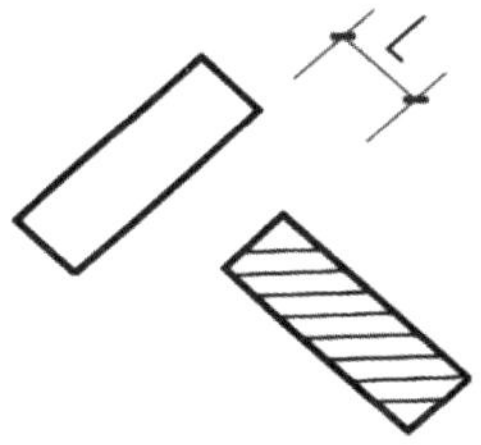
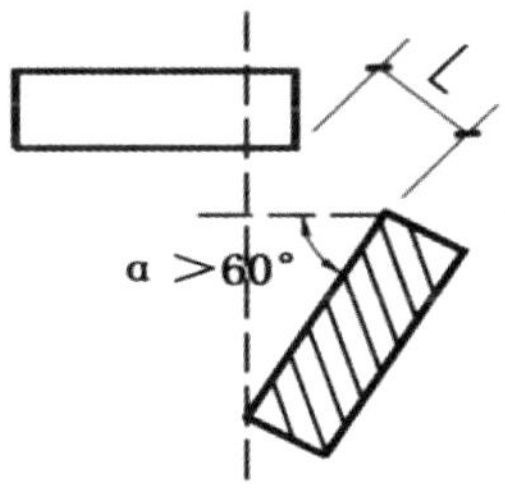	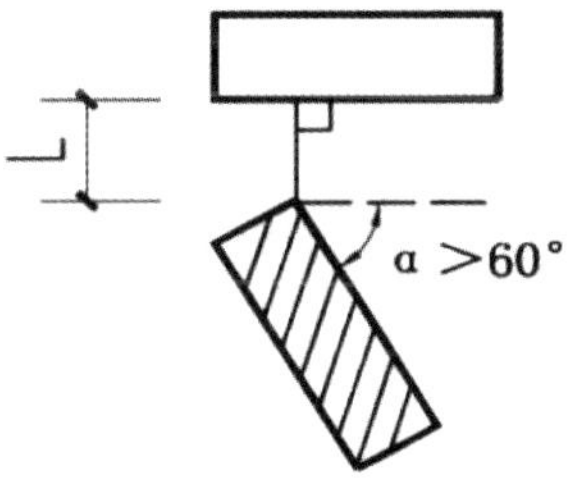	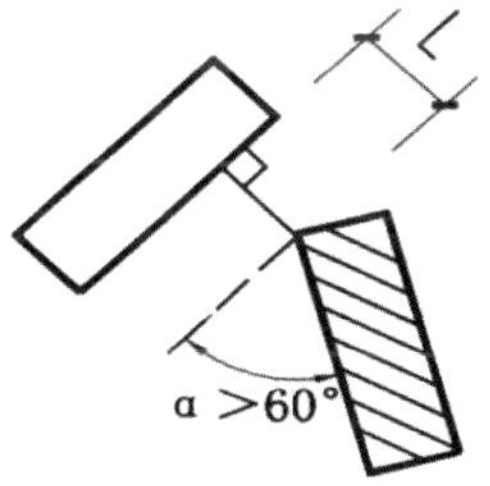

说明：

1. H 为遮挡建筑的高度；

2. 与居住建筑主朝向垂直布置时，新建建筑山墙宽度>18 米(以建筑物最外侧的墙体轴线为计算基线，山墙上的凹口宽度应计算在总宽度内)时，其间距按平行布置的居住建筑控制；

3. 建筑物相邻布置夹角>60° 时视作垂直布置；

4. 建筑物相邻布置有夹角时均按最近点计算间距

表 25　　　　　　　　表 3.3.3　居住建筑夹角为 30°＜α≤60°时最小间距表

夹角	间距 类型 / 最小间距 / 建筑高度	旧区	新区
30°＜a≤45°	低、多层	≥0.9H；且≥9 米	≥0.9H；且≥10 米
	高层≤50 米	0.9×（27+0.2H）	0.9×（29+0.2H）
	50 米＜高层≤100 米	0.9×（32+0.1H）	0.9×（34+0.1H）
45°＜a≤60°	低、多层	≥0.8H；且≥9 米	≥0.8H；且≥10 米
	高层≤50 米	0.8×（27+0.2H）	0.8×（29+0.2H）
	50 米＜高层≤100 米	0.8×（32+0.1H）	0.8×（34+0.1H）
图示（注：L 为最小间距）			
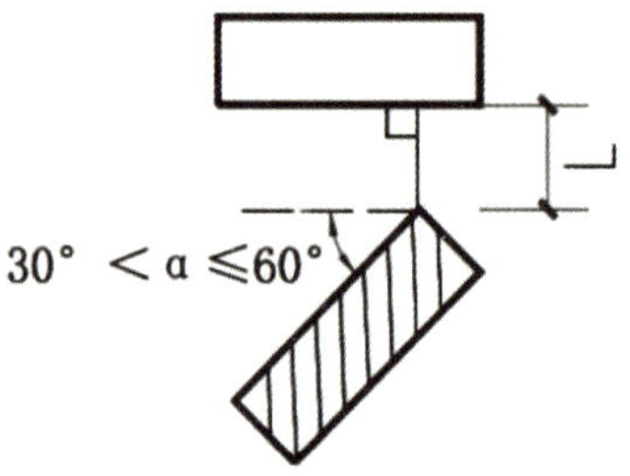	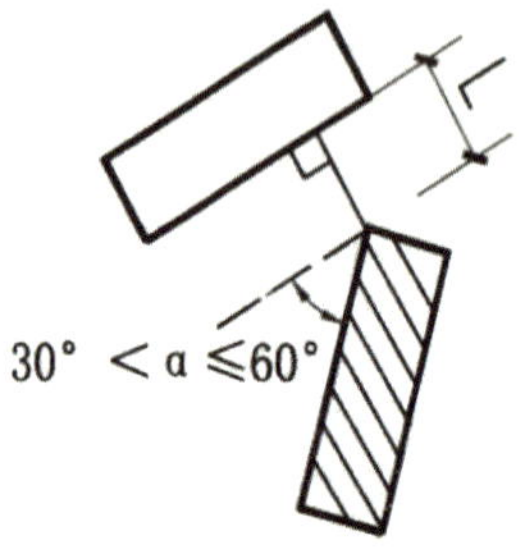	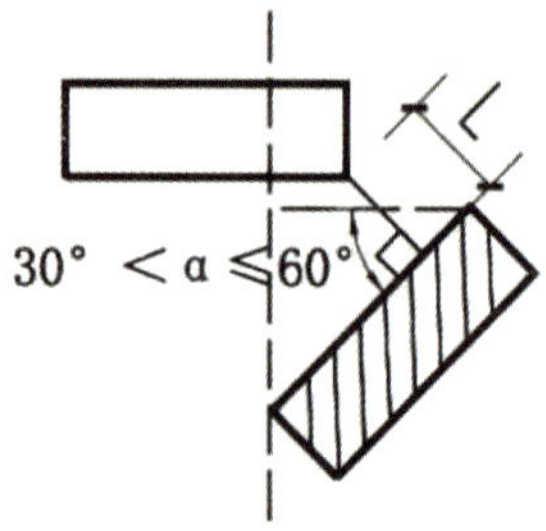	

说明：

1. H 为遮挡建筑的高度；
2. 表中 a 指相邻布置的两栋建筑之间的夹角

表 26　　　　表 3.3.4　塔式居住建筑与居住建筑相邻布置最小间距表

间距类型 最小间距 建筑高度	旧区	新区
低、多层	≥0.9H；且≥9 米	≥0.9H；且≥10 米
高层≤50 米	0.9×（27+0.2H）	0.9×（29+0.2H）
50 米<高层≤100 米	0.9×（32+0.1H）	0.9×（34+0.1H）
图示（注：L 为最小间距）		
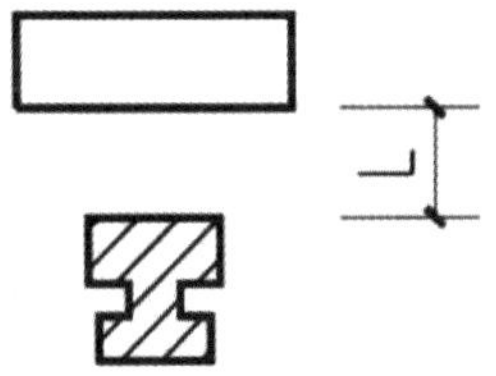	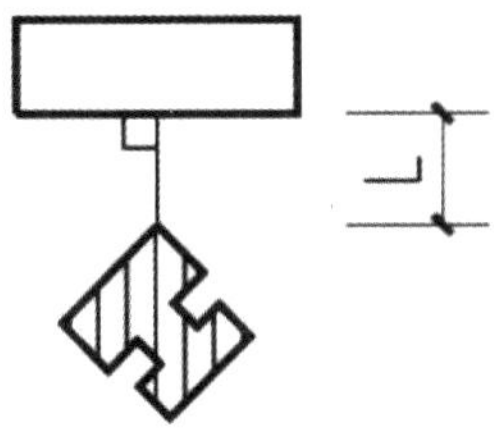	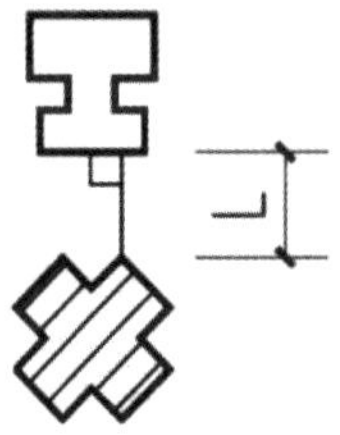

说明：

1. H 为遮挡建筑的高度；
2. 塔式居住建筑指以电梯和疏散楼梯为核心布置的单个单元多户住户的建筑；
3. 塔式居住建筑最小间距计算不考虑与相邻建筑之间的夹角因素

表 27　　　　表 3.3.5　居住建筑山墙相对时山墙最小间距表

被遮挡建筑类型 最小间距 遮挡建筑类型	低、多层	高层≤50 米	50 米<高层≤100 米
低、多层	≥7 米	≥10 米	≥10 米
高层≤50 米	≥10 米	≥14 米	≥14 米
50 米<高层≤100 米	≥10 米	≥14 米	≥14 米

说明：

1. 居住建筑的山墙一般指其短轴方向或非主要朝向两端的外墙；
2. 若居住建筑山墙宽度>18 米(计算方法同表 3.3.2 中说明)，则当被遮挡建筑物方位角≤30° 时，居住建筑与相邻居住建筑的山墙间距按本表确定，当方位角>30° 时，居住建筑与相邻居住建筑的山墙间距按本规定第二十八条中其它非山墙间距表控制间距；山墙宽度≤18 米时则不受此限制

第二十九条 居住建筑底部有非居住用房的，仍按居住建筑的要求控制间距；高层建筑裙房和主楼按各自的建筑高度满足与相邻建筑的间距控制要求。

第三十条 非居住建筑（本规定中非居住建筑不包含非民用建筑）之间的最小间距应符合以下规定：

表 28　　表 3.3.6 非居住建筑平行布置时最小间距表

最小间距（间距类型 / 建筑高度）	旧区	新区
低、多层	≥1.0H；且≥10 米	≥1.1H；且≥12 米
高层≤50 米	0.8×（27+0.2H）	0.8×（29+0.2H）
50 米<高层≤100 米	0.8×（32+0.1H）	0.8×（34+0.1H）

说明：

1.H 为遮挡建筑的高度；

2.建筑物相邻布置其夹角≤30°时视作平行布置；

3.建筑物相邻布置有夹角时均按最近点计算间距

表 29　　表 3.3.7 非居住建筑垂直布置时最小间距表

最小间距（间距类型 / 建筑高度）	旧区	新区
低、多层	≥0.6H；且≥10 米	≥0.6H；且≥12 米
高层≤50 米	0.6×（27+0.2H）	0.6×（29+0.2H）
50 米<高层≤100 米	0.6×（32+0.1H）	0.6×（34+0.1H）

说明：

1.H 为遮挡建筑的高度；

2.与非居住建筑主朝向垂直布置时，新建建筑山墙宽度>18 米（以建筑物最外侧的墙体轴线为计算基线，山墙上的凹口宽度应计算在总宽度内）时，其间距按平行布置的非居住建筑控制；

3.建筑物相邻布置夹角>60°时视作垂直布置；

4.建筑物相邻布置有夹角时均按最近点计算间距

表 30　　表 3.3.8 非居住建筑夹角为 30°＜α≤60°时最小间距表

最小间距（间距类型 / 建筑高度）	旧区	新区
低、多层	≥0.7H；且≥10 米	≥0.7H；且≥12 米
高层≤50 米	0.7×（27+0.2H）	0.7×（29+0.2H）
50 米<高层≤100 米	0.7×（32+0.1H）	0.7×（34+0.1H）

说明：

1.H 为遮挡建筑的高度；

2.表中 a 指相邻布置的两栋建筑之间的夹角

表 31　　　　　　　　表 3.3.9　非居住建筑山墙相对时山墙最小间距表

最小间距　被遮挡建筑类型 遮挡建筑类型	低、多层	高层≤50 米	50 米<高层≤100 米
低、多层	≥7 米	≥10 米	≥10 米
高层≤50 米	≥10 米	≥15 米	≥15 米
50 米<高层≤100 米	≥10 米	≥15 米	≥20 米

说明：

1. 非居住建筑的山墙一般指其短轴方向或非主要朝向两端的外墙；

2. 若非居住建筑山墙宽度>18 米(计算方法同表 3.3.7 中说明)，则当被遮挡建筑物方位角≤30° 时，非居住建筑与相邻非居住建筑的山墙间距按本表确定，当方位角>30° 时，非居住建筑与相邻非居住建筑的山墙间距按本规定第三十条中其它非山墙间距表控制间距；山墙宽度≤18 米时则不受此限制

第三十一条　非居住建筑与居住建筑的间距，应当符合下列规定：

⑴非居住建筑与居住建筑相邻布置时，应依据被遮挡建筑物的性质按本规定中相应的最小间距表计算间距。

⑵非居住建筑与居住建筑相邻布置时的山墙间距应按表 3.3.9 的规定控制。

第三十二条　医院病房楼、休(疗)养院住宿楼、老年公寓以及幼儿园、托儿所生活用房和大、中、小学教学楼与相邻遮挡建筑的间距，须在本规定居住建筑之间最小间距的基础上提高 20%并符合相关国家规范的要求，增加的距离须留在其自身建设用地红线范围内，同时须满足各专业规范要求。

第三十三条　当遮挡建筑为高层建筑，被遮挡建筑为无日照标准要求的低、多层非居住建筑（含非民用建筑)时，其最小间距按遮挡与被遮挡建筑的性质确定的各自间距的一半之和进行控制。

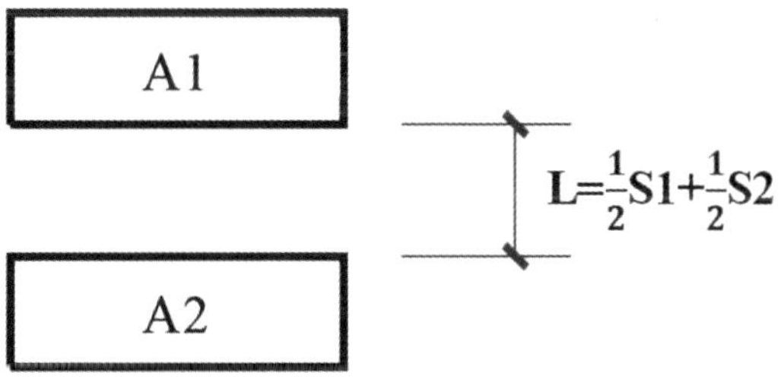

说明：

1. A1 为无日照标准要求的低、多层非居住建筑(含非民用建筑)；A2 为高层建筑。

2. L 为相邻布置的建筑的最小间距；S1 为低、多层非居住建筑平行布置时的最小间距值；S2 为依据高层建筑的性质确定的平行布置时的最小间距值。

第三十四条　非民用建筑的最小间距应符合以下规定：

⑴工业地产项目建筑(含低、多层建筑)的建筑间距，应按非居住建筑最小间距进行控制。

⑵民用建筑与非民用建筑相邻布置时，应依据被遮挡建筑物的性质按本规定中相应的最小间距表计算间距。

⑶高层非民用建筑之间的建筑间距，应按照非居住建筑最小间距进行控制。

⑷低、多层非民用建筑之间的建筑间距，在满足消防、交通、环保和工艺等方面及国家相关规范要求的基础上，应符合 3.3.10 表规定：

表 32　　表 3.3.10 低、多层非民用建筑之间的最小间距表

最小间距 / 间距类型 / 建筑相互关系	旧区	新区
建筑平行布置时	≥0.7H；且≥7 米	≥0.7H；且≥7 米
建筑夹角为 30°＜α≤60° 时	≥0.6H；且≥7 米	≥0.6H；且≥7 米
建筑垂直布置时	≥0.5H；且≥7 米	≥0.5H；且≥7 米

说明：

1. 表中 H 为遮挡建筑的高度；α 指相邻布置的两栋建筑之间的夹角；
2. 建筑物相邻布置夹角≤30° 时视作平行布置，夹角＞60° 时视作垂直布置；
3. 与相邻非民用建筑主朝向垂直布置时，新建建筑山墙宽度＞18 米（以建筑物最外侧的墙体轴线为计算基线，山墙上的凹口宽度应计算在总宽度内）时，其间距按平行布置的非民用建筑控制；
4. 建筑物相邻布置有夹角时均按最近点计算间距

(5) 非民用建筑之间的山墙间距均按照非居住建筑山墙相对时的山墙间距表（表 3.3.9）进行控制。

第三十五条　在浏阳市旧区范围内进行建设，建设项目内部建筑物的最小间距按本规定执行确有困难的，经城乡规划主管部门核准，专家审查会通过后，可在本规定的最小间距基础上适当折减，但其最大减幅不能超过 10%。

第四节　建筑离界距离

第三十六条　沿建设用地边界（用地红线）布置的建筑物，其离界距离除必须符合消防、防汛、环保、交通安全、市政设施和空间环境等方面及相关专业规范规定的要求外，应同时符合本规定，当用地边界有非临时性建构筑物或障碍设施等使得离界距离小于消防间距时，须按防火规范的规定控制。

第三十七条　沿建设用地边界（用地红线）布置的建筑物，其离界（离用地红线，下同）距离按以下规定控制：

(1) 各类建筑物的离界距离，按其自身建筑性质确定的最小间距（见第三节建筑间距控制）的一半进行控制，且不得小于表 3.4.1 的最小距离。

表 33　　表 3.4.1 建筑最小离界（用地红线）距离控制表

间距类区	朝向	建筑类型 / 退让距离 / 建筑高度	居住建筑 最小离界距离（米）	其他建筑 最小离界距离（米）
旧区	主要朝向	低、多层	6	6
		高层	15	15
	次要朝向	低、多层	3	按消防间距控制且≥3
		高层	6.5	9
新区	主要朝向	低、多层	7	7
		高层	15	15
	次要朝向	低、多层	3.5	按消防间距控制且≥3.5
		高层	7.5	12

说明：

1. 建筑物的离界距离均按建筑物与用地边界（用地红线）的最近点计算；
2. 超高层建筑物的最小离界距离由城乡规划主管部门另行核定；
3. 符合本规定中地下室、半地下室要求，其临用地红线一侧的建筑顶板标高高出该侧室外地坪标高＞1.5 米者按本表控制离界距离。

(2)建设用地界外有邻近建筑的，除须符合上述第(1)点离界距离的规定外，新建建筑应同时符合本规定中其它有关建筑间距的要求。

(3)地埋式垃圾站的离界距离不得小于5米；地下建筑物的离界距离大于其埋深的70%，且不得小于5米。如若城乡规划主管部门要求项目与邻近地块地下建筑物连通时则按其要求控制离界距离。

(4)毗邻用地的建设项目，考虑沿街景观、土地利用以及其他特殊情况，在满足消防、交通及建筑功能等要求，不影响相邻地块利害关系人利益的前提下，经城乡规划主管部门核定，可在界线(用地红线)处接建。

(5)建设用地界线(用地红线)为非规则线型或与建筑长轴方向不平行时，其离界距离按建筑物与界线的最近点进行控制；当因用地红线折点等原因产生多个最近点时，则南北向离界距离按主要朝向控制，东西向按次要朝向控制。

(6)住宅建筑任意一个方向外墙突出的阳台，其累计长度在该向主体外墙长度60%以内时，按主体外墙轴线计算间距和离界距离，否则按外凸的阳台部分计算间距与离界距离。

(7)住宅建筑飘窗出挑宽度超过0.6　米时，其任意一个方向累计飘窗总长度不应超过该向主体外墙总长度的60%，否则按外凸的飘窗计算间距与离界距离；当出挑宽度超过0.6　米的飘窗与阳台同设时，其合计总长度也不应超过该向主体外墙总长度的60%，否则按外凸的阳台部分计算间距与离界距离。

(8)构筑物的离界距离按构筑物的高度参照相应高度的其他建筑次要朝向的离界距离要求执行。

(9)毗邻用地建设，如相邻方已有永久建筑物，且其离界距离不足，新建建筑在符合日照规定要求和自身离界距离的前提下，其间的建筑间距在执行本规定确有困难时，经城乡规划主管部门批准，可按相邻建筑不足的离界距离的一半减少其间的建筑间距。

(10)教学楼、病房、幼儿园、老年公寓等建筑的离界因自身要求应增加的距离须留在其自身用地红线范围内。

(11)加油加气站、危险品库、油库、液化气瓶库及其他有安全防护距离要求的建筑物、构筑物，其安全防护距离应留在其自身用地红线范围内。

第五节　建筑退让距离

第三十八条　沿城乡道路或其他城乡基础设施两侧新建、改建和扩建的建筑物退让城乡道路红线或其他城乡基础设施的距离按表3.5.1控制，且应符合本规定的其他相关要求。

表34　　　　表3.5.1　建筑退让城乡道路等设施最小距离控制表(单位:米)

类别		旧区			新区		
		H≤24	24<H≤50	50<H≤100	H≤24	24<H≤50	50<H≤100
城市一般道路	W<26	6	10	12	8	12	15
	26≤W<42	8	12	15	8	12	15
	42≤W<60	8	12	15	10	15	18
	W≥60	10	15	18	15	18	20
蓝线	主要蓝线	50					
	其他蓝线	10	15		15	20	
绿线		5	6	8	6	8	10
城市特殊道路	高架桥	20（无辅道时）			25（无辅道时）		
	立交桥	20			25		
公路	高速公路	30					
	国道、快速公路	20					
	省道、主要公路	15					
	次要公路	10					
架空电力线路	10千伏	5（至导线边线延伸距离，下同）					
	35千伏—110千伏	10					
	22千伏	15					
	500千伏以上	20					

说明：

1. H 指建筑高度；W 指道路红线宽度；退让距离按至建(构)筑物外墙轴线计算；

2. 超高层建筑退让城乡道路等设施最小距离由城乡规划主管部门另行核定；

3.《浏阳市人民政府办公室关于明确主城区城市道路绿化带和住宅开发项目配套设施相关要求的通知》(浏政办函〔2018〕23 号)中 20 条道路绿化带的建筑退让最小距离按相应关于建筑退让城市道路距离执行；

4. 主要蓝线指浏阳河、捞刀河、南川河、长兴湖的蓝线，其他河流蓝线均为其他蓝线；

5. 长兴湖沿岸新建建筑物除满足上表规定外，还须满足建筑物高度不得大于该建筑物退让长兴湖蓝线距离的要求；浏阳河两岸新建建筑物除满足上表规定外，还须满足新建建筑退让浏阳河蓝线距离大于该建筑高度 1.5 倍的要求；

6. 快速公路主要指外环线、金阳大道、南横线、北横线及各高速公路连接线；

7. 主要公路主要指开元大道、永龙公路及荷中文公路；

8. 当建筑物的道路退让与用地离界距离重叠时，按建筑退让道路距离控制；当退让道路与上表其它退让距离重叠时，按退让距离较大者进行控制；

9. 建筑的裙房部分根据裙房的高度对照本表相应类比控制；

10. 建筑物的基础、台阶、无柱雨棚、管线等及其它附属设施不得逾越道路红线。地下建筑物退让城市道路红线及用地红线的距离均不得小于 5 米；

11. 建设项目的所有地面临路建筑物、构筑物(包括岗亭、大门、进出闸口等)退让城市道路红线的距离参照表 3.5.1 中 H≤24 米建筑退让要求退让；各类垃圾站、中学、小学等各类学校的校门退让城市道路红线的距离不应小于 10 米，退让绿线的距离不小于 5 米；

12. 风景名胜区、文物保护区等特定区域的建筑退让要求由城乡规划主管部门另行核定；

13. 沿公路的建筑物，在城市规划建设用地范围内的路段两侧，按退让城市道路红线要求执行；在其余路段两侧建筑退让按上表公路退让控制。建筑退让公路指：后退高速公路隔离栅外缘起，其他后退公路两侧边沟(截水沟、坡脚护坡道)外缘起；

14. 旧区中最小净用地面积小于 3000㎡的建设项目，在执行表 3.5.1 相关要求确有困难的，在满足消防、交通等要求的前提下，经城乡规划主管部门及其他相关主管部门核定同意后，可适当缩减。

第三十九条 在铁路线路安全保护区内建设建筑物、构筑物等设施，应当征得铁路运输企业同意并签订安全协议，遵守保证铁路安全的国家标准、行业标准和施工安全规范，采取措施防止影响铁路运输安全。

表 35　　表 3.5.2　铁路设施安全保护区范围

类别	地区	距离
高速铁路	中心城区	12 米
	其他区域	20 米
其他铁路	中心城区	10 米
	其他区域	15 米

说明：

1. 中心城区指《浏阳市城市总体规划(2001—2020 年)》(2018 年修订)中划定的中心城市区域；

2. 铁路线路安全保护区的范围指从铁路线路路堤坡脚、路堑坡顶或者铁路桥梁(含铁路、道路两用桥)外侧起向外的距离

第四十条 在城市轨道交通控制保护区内进行新建、扩建、改建或者拆除建筑物、构筑物作业的，作业单位应当制定安全防护方案，在征得运营单位同意后，依法办理有关行政许可手续。

表 36　　表 3.5.3　城市轨道交通设施控制保护区范围

轨道交通设施	控制保护区范围
地下车站与隧道	周边外侧 50 米内
地面和高架车站以及线路轨道	外边线外侧 30 米内
出入口、通风亭、变电站等建筑物、构筑物	外边线外侧 10 米内

第四十一条 临城市道路布置的低、多层商业建筑（含商业铺面、高层建筑的裙房），退让城市道路的距离在表 3.5.1 的基础上增加 4 米。

第四十二条 临城市道路布置的大型城市综合体（建筑面积＞80000 平方米）、大型商业建筑（建筑面积＞20000 平方米）、人流集中的大型公共建筑（建筑面积＞20000 平方米，如影剧院、体育场馆、车站、星级酒店、医院、展览馆、行政办公楼）等和其他城乡规划主管部门认为有必要的建设项目，退让城市道路的距离应在表 3.5.1 的基础上增加 10 米。

第四十三条 临两条路幅宽度均≥36 米城市道路交叉口布置的商业建筑和高层建筑，其退让城市道路红线的距离应在表 3.5.1 规定的基础上增加 6 米。

第四十四条 建筑物自身的功能性建筑空间和设施（如阳台、空中花园、飘窗、有柱雨棚、自动扶梯、自动步道、观光电梯等）的退让距离应符合表 3.5.1 的规定。

第六节 建筑高度控制

第四十五条 已编制控制性详细规划的地块应按照控制性详细规划确定的建筑限高控制，未编制控制性详细规划的应符合城市空域保护、风貌保护区和风景名胜资源保护以及建筑间距、城市景观等方面的要求。

第四十六条 沿城市道路、综合公园建筑物的高度宜按表 3.6.1 规定进行控制。

表 37　　　　表 3.6.1 沿城市道路、综合公园建筑物的控制高度计算表

类别	沿城市主、次干路建筑控制高度（米）	沿综合公园建筑控制高度（米）
高度计算公式	H≤1.5（W+S）	H≤1.2B
	H 为建筑高度 W 为道路红线宽度 S 为建筑物退让道路红线距离	H 为建筑高度 B 为建筑物后退公园规划界线的最近距离

说明：

1. 建筑高度指该建筑物沿城市道路、综合公园主要朝向的高度；
2. 综合公园指内容丰富，有相应设施，适合于公众开展各类户外活动且用地规模不小于 5 公顷的公园绿地

第四十七条 建设项目在建设用地中宜以一幢（组）较高建筑形成空间制高点，较高建筑与周边建筑的高差比不宜小于 20%，面向城市开敞空间和主要道路形成高低错落的天际轮廓与纵深空间层次。

第四十八条 在文物保护单位和保护建筑的建设控制区域内新建、改建、扩建的建（构）筑物，其控制高度应符合文物和建筑保护的有关规定，并按经批准的修建性详细规划执行。

第四十九条 有净空高度限制的气象台、微波通讯等设施周围及城乡规划确定的城乡视线走廊等有高度限制的地域内的新建、改建、扩建的建（构）筑物，其控制高度应符合有关高度限制规定。

第七节 建筑设计的相关规定

第五十条 建筑物的面宽宜符合下列要求：

(1)各类居住建筑和高度为 50 米以下的非居住高层建筑面宽原则上不得超过 70 米。

(2)高度为 50 米以上的非居住高层建筑面宽原则上不得超过 60 米。

(3)确因造型、功能等原因超过规定面宽的建筑物经规划主管部门核准、专家审查会通过后可另行确定其面宽。

第五十一条 新区成片开发的居住及商住用地中临街商业建筑长度控制宜符合下列要求：

(1)临城市主干路设置的商业建筑总长度宜小于其用地临该城市道路边线总长度的 30%。

(2)临城市次干路设置的商业建筑总长度宜小于其用地临该条城市道路边线总长度的 50%。

(3)当建设用地临两条以上城市道路时，可将商业建筑集中设置在临较窄的城市道路一侧，商业建筑临街总长度按该项目临街长度比例规定的合计值进行控制。

(4)与道路不平行布置的商业建筑，建筑长度按其在道路边线上的投影长度进行计算。

(5)项目地块与周边道路由于高差原因需设置商业门面的，经专家审查会通过后，商业建筑临街总长度可不受上述条件限制。

(6)临城市支路及项目内部道路设置的商业建筑总长度不受上述条件限制。

第五十二条 统一开发建设的成片、成组的低、多层居住建筑应采用坡屋顶形式，不得为减少间距而采用北向退台方式。

第五十三条 多层住宅不得采用大进深“工”字形等类似的单元拼接组合方式，高层住宅临南向地界亦不宜采用该类型的拼接组合方式。

第五十四条 高层建筑屋顶宜进行夜景照明设计，采用适当的照明方式展现建筑的轮廓与特色。

第五十五条 住宅建筑一般应以南北向为主要朝向，居室朝向不宜超出南偏东 40° 至南偏西 30° 的范围。

第五十六条 重要地段及临路幅宽度≥36 米的城市道路布置的居住建筑，阳台设计应尽可能规整和简洁，外形设计宜采用公建外立面造型的处理手法。

第五十七条 经常有母婴逗留且建筑面积超过1万平方米或日客流量超过1万人的交通枢纽、商业中心、医院、旅游景区及游览娱乐等公共场所，应当建立使用面积一般不少于10平方米的独立母婴室，并配备基本设施（设施标准以《关于加快推进母婴设施建设的指导意见》（国卫指导发〔2016〕63号）为准）。

第五十八条 工业项目、仓储建筑设计应符合下列规定：

⑴工业用地内只能建设从事生产用的厂房类建筑，其配套的办公、研发、展销、倒班宿舍、运动、休闲、食堂、小卖部等建筑的用地面积和建筑面积均不得超过总净用地面积和总建筑面积的7%。工业园区内的工业项目，经市人民政府批准的，其办公、生活等配套设施的用地面积和建筑面积均不得超过总净用地面积和总建筑面积的10%。经市人民政府批准的工业地产项目，其办公、生活等配套设施的用地面积不得超过项目总净用地面积的7%，配套设施的建筑面积不得超过项目总建筑面积的15%。工业用地内不得建设与生产无关的总部经济、宾馆、招待所、专家楼、公寓、会所等建筑。

⑵物流仓储用地内只能建设用于物资储备、中转和配送等用途的仓库建筑，除少量值班用房外，一般不得建设其他任何与仓储无关的建筑。

⑶临城市道路布置的工业、仓储建筑除厂、库区大门和必需的消防疏散通道外，不得再开设其他任何通向城市道路的大门或出入口，其退让距离内应布置成绿化带与城市道路进行隔离并由建设单位同步实施。

⑷厂、库区内道路应进行分级设置，货运车道的宽度和转弯半径等数值需符合货运车辆的行驶要求。

⑸单栋厂房（单层厂房除外）的建筑面积不得小于5000 平方米；如采用单元组合式厂房形式，当独个单元建筑面积＜5000 平方米时，须用功能房间和走道与其他单元每层相连。

⑹厂房内应采用公用卫生间的布置形式，一般不得设置独立卫生间。

⑺工业、仓储建筑不得设置阳台、飘窗。

第八节 指标计算相关规定

建设项目的建设容量指标计算，应按国家相关标准执行，但在下列情况时按本规定执行。

第五十九条 地下室及半地下室

⑴建筑物地下室、半地下室内的停车库和必须的设备用房（报审图纸应进行详细布置和标注，且出具相应的专业设计图纸）以及为其服务的交通设施部分可不计算容积率，其他用房均应按相关规定计算建设容量指标。

⑵符合本规定中地下室、半地下室要求且顶板高平均高出邻近的城市道路、小区道路或消防车道（没有道路则按周边地坪计算）≤0.6米的建筑空间计入地下层，其作为配套设施用房（指停车库、设备用房以及为其服务的交通设施部分）使用的部分不计算建筑密度，作为非配套设施用房使用的部分，只能通过该建筑的室内垂直交通（电梯、楼梯等）进入的，不计算建筑密度，可通过其他方式进入的则按其投影面积计算建筑密度。

⑶不符合上述第⑵点要求但利用原始地形设置且有不小于1/4连续周长完全埋于地下的建筑空间计入地下层，其作为配套设施用房使用的部分，不计算建筑密度，作为非配套设施用房使用的部分按投影面积计算建筑密度。

⑷不符合上述第⑵点和第⑶点要求的地下和半地下建筑空间均计入地上层，且按相关规定计算建设容量指标。

⑸上述情况中的建筑密度计算均不包含上部塔楼部分，如该部分投影与上部塔楼重合，则按该建筑物的最大投影面积计算建筑密度。

第六十条 架空层

建筑底层层高≥3.6米的共享架空开放空间（包括利用地形高差或裙房屋顶设置的塔楼底层架空开放空间）按其顶板水平投影计算建筑面积，不计算容积率。建筑物底层空间作车库、杂物间使用，结构层高在2.2米及以上的计算全面积并计算容积率，结构层高在2.2米以下的计算1/2建筑面积及容积率。

第六十一条 建筑物顶部

⑴建筑物顶部有围护结构且其正投影面积不超过建筑物中间层（标准层）投影面积1/8的楼梯间、电梯机房等辅助用房计入建筑面积，不计入容积率指标，超过1/8 时须全部计算建筑面积和容积率（包含无围护结构有永久性顶盖计算1/2面积的部分）。

⑵建筑物顶部有围护结构且其正投影面积不超过建筑物中间层（标准层）投影面积1/4的楼梯间、电梯机房等辅助用房不计入建筑层数与建筑高度，超过1/4须计入建筑层数与建筑高度。

⑶形成建筑空间的坡屋顶（含其他斜面结构），结构净高在2.1米及其以上的部位计算全面积和容积率，结构净高在1.2米以上至2.1米以下的部位计算1/2面积和容积率，结构净高在1.2米以下的部位不计算建筑面积。

第六十二条 设备层、管道层、避难层、结构转换层

对于建筑物内为整栋建筑服务的设备层、管道层、避难层、结构转换层等有结构层的楼层，结构层高在2.2米及以上的，应计算全面积；结构层高在2.2米以下的，应计算1/2面积。设备层的设备区域、管道层的管道区域、避难层的避难区域、结构转换层的结构转换区域的建筑面积不参与容积率计算，用作为其他用途（如楼梯间、电梯井、其他功能用房等）的须参与容积率核算。

第六十三条 保温层

建筑物的外墙外保温层，应按其保温材料的水平截面积计算建筑面积，不计算容积率，有外墙保温层须提供保温层的结构详图。

第六十四条 半面积控比的规定

居住建筑按正投影面积的1/2 计算建筑面积的部分（如外挑式阳台、超出规定的飘窗、空调搁板等），其正投影面积之和不应超过该户套内建筑面积的15%，超过15%的，超出部分按正投影面积计算建筑面积和容积率。其中套内建筑面积为入户门内所包含的各部分建筑面积之和。

第六十五条 阳台、套内花园、共享空中花园

⑴居住建筑在主体结构内的阳台，应按其结构外围

水平面积计算建筑面积及容积率;居住建筑在主体结构外的阳台，应按其结构外围水平面积的 1/2 计算容积率,如阳台封闭应按其结构外围水平面积计算建筑面积,如阳台未封闭则按其结构外围水平面积的 1/2 计算建筑面积。

⑵居住建筑的套内花园建筑面积计算参照阳台计算规则,其中有顶盖的按全面积计算容积率。

⑶办公楼、会所、餐饮、娱乐等公共建筑或商业建筑按正投影面积的 1/2 计算建筑面积的部分（如外挑式阳台、超出规定的飘窗、空调搁板等),其投影面积不应超过同层建筑面积的 2%。超过 2%的,超出部分按正投影面积计算建筑面积和容积率。

⑷在建筑楼层靠外墙设置且与公共交通直接相连而挑高的开敞式(没有封闭)共享空中花园,当其挑高高度不小于三个标准层层高时，空中花园按其正投影计算一层建筑面积,但不计算容积率;若挑高高度小于三个标准层层高或外侧有围护结构，则该空中花园按其所跨自然层层数计算建筑面积和容积率。

第六十六条　飘窗(凸窗)

建筑外墙突出的飘（凸）窗出挑宽度不宜超过 0.6 米，窗台的结构高度距同层楼地面的高度不宜小于 0.3 米且不得与楼板相连,同时飘窗宽度不应与房间等宽。当飘窗的窗台高度≥0.45 米、出挑宽度≤0.6 米或窗台高度≥0.3 米且<0.45 米、窗高≤2.1 米、出挑宽度≤0.6 米时可不计算建筑面积，超过以上规定时则按飘窗投影面积的 1/2 计算建筑面积和容积率。

第六十七条　空调搁板

⑴当居住建筑中每套住宅或每间公寓用于放置分体式空调外机的空调搁板的数量不超过居室（公寓）数量,且水平总投影面积不大于 1.0 平方米×居室(公寓)个数时,空调搁板可不计算建筑面积;如超出上述规定,空调搁板按超出部分的水平投影面积的 1/2 计算建筑面积和容积率。用于放置分体式空调外机的空调搁板宽度不应大于 0.9 米，如超出 0.9 米，空调搁板按其水平投影面积的 1/2 计算建筑面积及容积率。如有两套或两套以上住宅共用一个空调搁板,则按等比例对其进行面积分摊。

⑵当每套住宅(公寓)用于放置分户式中央空调外机等的设备平台(空调搁板)水平总投影面积不大于 1.0 平方米×居室(公寓)个数且不大于 4.0 平方米,同时没有另行设计分体式空调外机搁板时,该设备平台(空调搁板)可不计算建筑面积;如超出上述规定,设备平台(空调搁板）按超出部分的水平投影面积的 1/2 计算建筑面积和容积率。

⑶非居住建筑中用于放置分体式空调外机的空调搁板宽度不应大于 0.9 米且不与建筑空间相连通，如超出上述规定，空调搁板应按其水平投影面积的 1/2 计算建筑面积及容积率。

⑷非居住建筑用于放置模块式中央空调外机等的设备平台(空调搁板)应集中设置,其水平总投影面积每层不大于 10 平方米 /1000 平方米建筑面积(指该层建筑面积,建筑面积小于 1000 平方米时按 1000 平方米计,大于 1000 平方米时按每 200 平方米为单位同比例增加设备平台面积)，且设备平台最大总面积不得超过 50 平方米，同时没有另行设计分体式空调外机搁板或其他形式的中央空调时,该设备平台(空调搁板)可不计算建筑面积;如超出上述规定,设备平台(空调搁板)的超出部分的按其水平投影面积的 1/2 计算建筑面积和容积率。

第六十八条　骑楼、过街楼、消防通道、人行通道

⑴骑楼指建筑物底层沿街面后退且留出公共人行空间的建筑物。临 18 米以上城市道路的商业铺面宜在主体建筑(含裙房)正投影范围内设置宽度≥3 米、层高≥3.6 米的骑楼。按上述规定设置的宽度≥3 米且<5 米、层高≥3.6 米的骑楼底层不计入总建筑面积及容积率指标，但建筑密度等其他指标需按相关规定进行计算；其他骑楼均应按相关规定计算建设容量指标。

⑵过街楼指跨越道路上空并与两边建筑相连接的建筑物。过街楼下面的室外空间不计算建筑面积及容积率。

⑶符合防火规范要求,为解决消防疏散问题而设置的穿过建筑物底层且面向社会 24 小时开放的公共人行通道和车行通道不计算建筑面积。

第六十九条　走廊、连廊、檐廊、挑廊

⑴建筑物外有围护结构的走廊、檐廊、挑廊,应按其围护结构外围水平面积计算建筑面积及容积率，结构层高在 2.2 米及以上者应计算全面积，层高不足 2.2 米者应计算 1/2 面积；有永久性顶盖无围护结构有围护设施的应按其结构底板水平面积的 1/2 计算建筑面积及容积率。

⑵住宅 10 层(含 10 层)以上的交通、消防连廊,无围护结构有围护设施的按水平投影面积的 1/2 计算建筑面积及容积率，有围护结构的按正投影面积计算建筑面积及容积率。

⑶建筑物内有围护结构的架空走廊,应按其围护结构外围水平面积计算建筑面积及容积率，层高在 2.2 米及以上者应计算全面积，层高不足 2.2 米者应计算 1/2 面积；有永久性顶盖无围护结构的应按其结构底板水平面积的 1/2 计算建筑面积及容积率。

第七十条　雨篷

雨篷指建筑出入口上方为遮挡雨水而设置的部件。本条仅限于设置在建筑物首层出入口的雨篷。有柱雨篷应按其结构板水平投影面积的 1/2 计算建筑面积及容积率；无柱雨篷的结构外边线至外墙结构外边线的宽度在 2.1 米及以上的,应按雨篷结构板的水平投影面积的 1/2 计算建筑面积及容积率；挑出宽度在 2.1 米以下的无柱雨篷和顶盖高度达到或超过两个楼层的无柱雨篷不计算建筑面积。

第七十一条　自动扶梯(斜步道滚梯)、自动步道(水平滚梯)

位于建筑室内或建筑主体结构以内的自动扶梯和自动步道参照电梯间或楼梯间的计算规则，按自然层计算建筑面积；位于建筑物外墙或主体结构以外的自动扶梯和自动步道参照室外楼梯的计算规则，并入所依附建筑物的自然层,按水平投影的 1/2 计算建筑面积;无顶盖的自动扶梯和自动步道(上层的扶梯视为下层扶梯的顶盖)不计算建筑面积。

第七十二条　建筑楼层内镂空空间

建筑楼层内除内天井等因设计需要而设置的镂空空间外，无功能用途的镂空空间应计算建设容量指标。建筑楼层内镂空处于主体结构以内且位于户型之内时，临建筑物外侧为墙、窗、结构梁、柱等，该镂空空间均按自然层数计算该部分的建筑面积及容积率，并按正投影面积计算建筑密度；镂空部分位于公共位置时，有围护结构的按自然层数计算建筑面积及容积率，并按正投影面积计算建筑密度，无围护结构则不计算建筑面积。

第七十三条 采光井

地下、半地下室等无法直接侧向采光的空间设置的有顶盖的采光井按一层计算面积，且结构净高在 2.1 米及以上的，应计算全面积；结构净高在 2.1 米以下的，应计算 1/2 面积。

第七十四条 其他情况

⑴建筑楼层内，无规定术语解释和计算规则的空间，有永久性顶盖有围护结构的按围护结构外围（指围合建筑空间的墙体、门、窗的最大范围）水平面积计算建筑面积和容积率，有永久性顶盖无围护结构的按结构底板水平面积的 1/2 计算建筑面积和容积率。

⑵住宅套型建筑面积的计算：一般住宅的套型建筑面积仅包括住宅套内面积和该层的公共分摊面积，不含该栋住宅的入口大堂、架空层、消防避难层、电梯机房、出屋面楼梯间等附属用房和设施的面积。

第七十五条 以下情况不计算建筑面积：

⑴利用引桥、高架桥、高架路、路面作为顶盖的房屋。

⑵楼梯已计算建筑面积的下方空间。

⑶成套复式住宅上层为空的相关外围墙体。

⑷地下层中的水池。

第九节 建筑层数及建筑层高相关规定

第七十六条 建筑层数的计算

⑴夹层、假层、附层、插层等，如果结构层高≥2.2 米无论是否计入计算面积，均按自然层计入建筑总层数；若其结构层高＜2.2 米则不计入建筑总层数。

⑵坡屋顶住宅顶层楼面至檐口的高度如≥1.2 米，视为一个自然层；如＜1.2 米按 0.5 层计算相关指标。

第七十七条 建筑层高的计算

⑴建筑层高原则上按建筑使用性质控制，但同层中除主要功能空间外的其他配套用房可按该层主要使用性质控制（如商场中的配套办公用房按商业功能控制）。

⑵ 居住建筑的层高宜为 2.8 米，且不宜超过 3.6 米，当超过 3.6 米时按两个自然层计算建筑层数、建筑面积及容积率，超过 7.2 米以上时则按层高 3.6 米一层计算相应的建筑层数、建筑面积及容积率。低、多层住宅、复式（跃层式）住宅等其他同类型住宅的门厅、客厅、餐厅挑空部分层高不宜超过 7.2 米，且挑空部分面积不应超过该户底层套内建筑面积的 40%，否则超过部分均按层高 3.6 米一层计算相应的建筑层数、建筑面积及容积率。

⑶各类商业铺面的建筑层高不宜超过 4.5 米，当超过 4.5 米时按两个自然层计算建筑层数、建筑面积及容积率，超过 9 米以上时则按层高 4.5 米一层计算相应的建筑层数、建筑面积及容积率。

⑷普通商业建筑（含高层建筑裙房）层高不宜超过 5.4 米，当超过 5.4 米时按两个自然层计算建筑层数、建筑面积及容积率，超过 10.8 米以上时则按层高 5.4 米一层计算相应的建筑层数、建筑面积及容积率；建筑公共部分的门厅、中庭和因功能需要的电影院、溜冰场、大型商业用房（2000 平方米以上功能集中布置的单一空间）等有层高要求的部分，可按一层计算建筑面积。

⑸小开间单元式设计的酒店类等商业建筑的标准层层高不宜超过 4.5 米，当超过 4.5 米时按两个自然层计算建筑层数、建筑面积及容积率，超过 9 米以上时则按层高 4.5 米一层计算相应的建筑层数、建筑面积及容积率。

⑹普通办公建筑（含行政办公、文化设施、教育科研、医疗卫生、商业服务和商务办公等）层高不宜超过 4.5 米。当超过 4.5 米时按两个自然层计算建筑层数、建筑面积及容积率，超过 9 米以上时则按层高 4.5 米一层计算相应的建筑层数、建筑面积及容积率；建筑公共部分的门厅、中庭和因功能需要（如阶梯教室、大型会议室等）等有层高要求的部分，可按一层计算建筑面积。

⑺工业及物流仓储项目建筑物层高超过 8 米的，在计算容积率时该层建筑面积加倍计算。

第十节 竖向设计

第七十八条 竖向设计原则

⑴竖向设计应结合城市规划、地形、地貌、工程地质条件、交通、排水、防洪、景观和经济等多方面的要求综合考虑，充分利用自然地形、地貌及自然景观，合理使用不同坡度的土地。

⑵建设项目应充分尊重自然地形地貌，保护生态自然的山体水体，避免大规模的填挖方量，减少对自然环境的破坏，并塑造具有特色和不同层次的城市空间。

⑶山体周边的建设项目不得破坏原有山体景观，丘陵地段的建筑应结合地形地势布局，尽可能采用放坡的方式而避免砌筑挡土墙，保护山体和丘陵的自然轮廓线，加强山体在城市中的景观性与视觉识别性。

第七十九条 竖向设计要求

⑴用地自然地形坡度小于 5%时，建设场地宜规划为平坡式；用地自然地形坡度大于 8%时，宜规划为台阶式；用地自然地形坡度为 5%~8%时，宜规划为混合式。

⑵台阶式用地的台地之间宜采用护坡或挡土墙连接并用植被遮挡。相邻台地间高差大于 0.7 米时，宜在挡土墙墙顶或坡比值大于 0.5 的护坡顶设置安全防护措施。

⑶相邻台地间的高差宜为 1.5 米 ~3.0 米，台地间宜采取护坡连接，土质护坡的坡比值不应大于 0.67，砌筑型护坡的坡比值宜为 0.67~1.0；相邻台地间的高差大于或等于 3.0 米时，宜采用挡土墙结合放坡方式处理，挡土墙高度不宜高于 6 米。

第八十条 挡土墙设计要求

⑴高度大于 2.0 米的挡土墙和护坡，其上、下缘与建筑物的水平净距不应小于 3.0 米，高度大于 3 米的挡土墙与建筑物的水平净距还应满足日照标准要求。

⑵挡土墙的高度宜为 1.5~3.0 米；超过 6.0 米时，宜退台处理，退台宽度不应小于 1.5 米。

第四章 绿地与景观管理

第八十一条 公园绿地

(1)综合公园应在城市绿地系统规划中优先考虑,综合公园的单个用地面积不应小于5公顷。

(2)社区公园应结合城市居住区进行布局,应满足300-500米的服务半径,其单个面积不应小于0.3公顷。

(3)带状公园宜选择滨水、生活性道路、沿山林等资源丰富的地区进行建设,带状公园的单个用地面积不应小于0.04公顷,宽度不宜小于8米。

(4)街旁绿地的单个用地面积宜大于0.1公顷,绿地率应大于等于65%。

第八十二条 附属绿地

(1)建筑基地绿化要求

建筑基地的绿化应当因地制宜,统筹考虑生态、景观和节约用地的要求,提倡立体绿化、垂直绿化等形式。

(2)居住用地附属绿地

①居住区内绿地,应包括公共绿地、宅旁绿地、公共服务设施所属绿地和道路绿地(道路红线内的绿地),其中包括满足当地植树绿化覆土要求,方便居民出入的地下、半地下建筑的屋顶绿地,不应包括其他屋顶、晒台的人工绿地。

②居住用地内的集中绿地应不小于规定绿地总面积的30%,单独集中绿地用地面积不应小于400 平方米,宽度不小于8米。集中绿地应以种植具有地方特色的高大乔木为主,减少单纯草地面积。

③新建、改建、扩建各类居住项目,应当在用地范围内设置相应的绿地,并与主体工程同步设计、同步实施、同步验收。

(3)公共活动广场周边宜种植高大乔木。集中成片绿地不应小于广场总面积的25%,并宜设计成开放式绿地。车站、码头、机场的集散广场,集中成片绿地不应小于广场总面积的10%。

(4)地面停车场宜按林荫式的停车场要求建设。公共停车场四周及停车场区域内宜种植隔离防护绿化带。

(5)临街小宗地块的绿地率可与周边地块综合平衡。单独开发的临街小宗地块绿地率可根据实际情况,报园林绿化主管部门和城乡规划主管部门审定。

第八十三条 绿地率计算规则

(1)可计算绿地率的绿化用地,是指可通过各级道路直接到达、地下没有建筑物或有建筑物但建筑物顶板外表面标高(覆土厚度不计入)高出周边道路或地坪的平均高度≤0.3米的绿地,包括建设用地内的集中绿地和房前屋后、道路两侧以及建筑间距内单块最小宽度≥3米、面积≥50平方米的条状和面积≥50平方米的块状零星绿地。

(2)利用地形高差实施并满足本地植树绿化覆土要求,方便行人直接通达的建筑屋顶,符合本规定第五十九条(1)点或第五十九条(2)点要求时,不计算建筑密度部分的屋顶绿化按全面积计入绿地面积,计算建筑密度部分的屋顶绿化按表4.1进行折算后计入绿地面积。

(3)绿地面积计算的起止界:宽度>2.0米的园路、宅间路、组团路和小区路算到路边线;小区路设有人行便道时,算到人行便道边线;临城市道路时,算到道路边线;距房屋墙脚1.5米;对其他围墙、院墙算到墙脚。

(4)建筑物架空开放空间内的绿化不计入绿地面积。

(5)水面、水景按全面积计入绿地面积,绿化休闲广场需有明确界线且实施绿化的用地须达到广场面积的60%以上方可全部计入绿地面积。

(6)实施为植草砖的停车场地按40%计入绿地面积;人行通道、集散广场、人行出入口、消防登高操作场地等场地不得布置植草砖。

(7)植草足球场按100%计入绿地面积。在不影响景观的条件下,游泳池、篮球场、排球场、网球场等室外硬质地面运动场地可计入绿化用地,但其计算绿化用地面积应控制在项目总绿化用地面积的5%以内。

(8)绿地内设置的宽度≤2.0米的园路、硬质休闲广场、健身器材场所可计入绿化用地,但其计算绿化用地的面积应控制在项目总绿化用地面积的30%以内。

(9)为鼓励建设项目进行立体绿化,丰富城市景观,亦考虑到集约节约用地项目的特点,经城乡规划主管部门和园林绿化主管部门批准,可采取将屋顶能够通过公用交通直接到达的覆土种植绿化面积(每块面积不得小于100平方米)折算成地面绿地面积。折算公式为:

$$F=M\cdot N$$

公式中F指地面绿地面积,M指屋面地栽绿化面积,N指有效系数(见表4.1)。

表38　　　　表4.1 绿化面积折算有效系数表

屋面(顶板)标高与道路(地坪)的平均高差(米)	最小覆土厚度(米)	有效系数(N)
0.3<H≤3.0	≥1.2	0.8
3.0<H≤6.0	≥0.9	0.5
6.0<H≤12.0	≥0.6	0.2
H>12	≥0.6	0.1

说明:

高差一定的情况下,折算系数按最小覆土厚度相对应的数值取值;最小覆土厚度确定时,折算系数则按高差相对应的数值取值

第八十四条 城市环境景观控制

⑴临各类景观风貌区的建筑景观应当符合下列规定：

城市公园、各类风景区、河流水域、广场等重要节点地段的建筑风格、建筑色彩、建筑高度以及建筑体量应当与周边环境相协调，以突出自然生态景观为原则。

临城市公园、各类风景区、河流水域的建筑布局应当留出必要的视线通廊，50米以下建筑最小视线通廊宽度为20米，50米以上建筑最小视线通廊宽度为30米。

⑵围墙的设置应当符合下列要求：

①城市公园绿地、广场、体育场馆、会展中心、影剧院、图书馆、博物馆等对社会公众开放的公共场所不得设置围墙。

②临城市道路或重要区域的建设项目，如需设置围墙的，应当采用绿篱、花坛、栅栏、铁艺栏杆等形式。围墙后退道路红线应不小于1.5米。

③其他区域的建设项目，如需设置围墙的，宜采用通透式围墙，围墙主体高度不应高于1.6米(特殊要求的除外)。

④临时围墙不得占用城市道路用地，应当采用实体围墙，其高度不应低于1.8米，围墙应当进行美化。临时施工围墙在项目完工后应当自行拆除。

⑶新区及风景区内新建电力电信管线应采用地埋方式敷设，老区架空电力电信管线应根据相应改造计划，逐步下地。

第八十五条 城市道路两侧的建筑应当符合以下要求：

⑴沿城市道路建筑后退城市道路红线区域内要合理布置绿化、城市小品。不得随意安排建设锅炉房、厨房间、污水池等有碍城市景观、市容卫生的附属设施。

⑵沿城市道路建筑立面上设置烟囱、烧火道、垃圾道、空调室外机等设施时，应对上述设施进行隐蔽或美化。

⑶建筑沿街立面装修的造型、尺度、色彩、材料应符合该地段城市设计要求。

第八十六条 需在建筑物上设置户外广告的，应符合下列规定：

⑴户外广告招牌的设置应符合《长沙市户外广告设置管理办法》和《长沙市户外招牌设置导则》的规定，不得破坏建筑物的立面形式、主要特征，应当与建筑物的风格、形式、色彩等协调，不得影响建筑物的通风、采光和消防安全。

⑵已建建筑物未预留户外广告位置而确需设置的，应当按程序报批。

⑶新建建筑(主要指沿街商业、办公建筑)在建筑设计时应当预留经过城管审核备案的广告招牌位置。

第五章 住宅开发建设项目配套设施配置规定

第八十七条 本规定所指住宅开发项目包括住宅小区和公寓式住宅项目。其中建筑面积小于40平方米和41~70平方米的公寓式住宅，户数分别按0.3、0.5的系数折算，70平方米以上的公寓式住宅按1户计算。人口规模采用"标准户"的概念，每"标准户"按3.2人计算。

第八十八条 社区办公与服务用房

⑴新建住宅开发项目需配建社区办公与服务用房，包括社区居委会办公用房(社区管理服务站)、文化活动室、居家养老服务站、社区卫生服务站等设施，其建筑面积为旧区不小于1000平方米，新区不小于1400平方米。对无偿移交给街道办事处使用的社区办公与服务用房不计算容积率。

⑵建设用地面积在1公顷以下的新建住宅开发项目所在社区已有社区居委会办公用房且面积达标的，可不再配建社区居委会办公用房，但其他(社区管理服务站、文化活动室、居家养老服务站等)基层社区级公共服务设施仍应按规定予以配置。新建住宅开发项目虽未达上述标准，但控规或土地出让时规划条件已明确需要配建，应当按要求配建。

⑶社区居委会办公用房原则上应集中设置且有独立对外出入口，旧区建筑面积不小于500平方米，新区建筑面积不小于800平方米。社区管理服务站是社区居委会的服务功能的进一步延伸，为小区居民进行相关社区服务，每处原则上控制在50平方米至200平方米之间，并宜集中设置。

⑷文化活动室建筑面积按不小于20平方米/百户标准进行配置，单处建筑面积不小于200平方米。

⑸居家养老服务站建筑面积按不小于30平方米/百户标准进行配置，单处建筑面积不小于200平方米。

⑹超过10000人的住宅开发建设项目应配套一处社区卫生服务站，建筑面积按不小于7平方米/百户标准进行配置，单处建筑面积不小于200平方米。

⑺对于范围较大、人口较多的住宅开发项目(居住人口超过10000人的项目)，可结合实际情况分成多个社区，并按规定分别配建相应的社区办公与服务用房。

⑻新建住宅开发项目配建的社区办公与服务用房，由街道办事处根据实际需求，除留足社区居委会办公用房外，其余统筹安排作为街道级或基层社区级文化、体育、养老、医疗卫生等公共服务设施，并报市直相关部门备案。

⑼以下用房不得作为社区办公与服务用房：设备用房、地下室、门卫用房、技术层、设备层、架空层、夹层、车库、公共卫生间等。

第八十九条 托儿所与幼儿园

⑴1200户以下新建住宅开发项目宜配建托儿所，1200户及以上的新建住宅开发项目应配建幼儿园。住宅开发项目如未达上述规定标准，但控规或土地出让时规划条件已明确需要配建幼儿园的，应当按要求配建，并按规定承担周边区域适龄儿童的入园需求。规划配置幼儿园的数量、规模、服务半径、设置内容等在符合国家、省、市相关规定条件下，应结合控制性详细规划控制。

⑵新建住宅开发项目按每千人口40名学龄前儿童计算配建相应规模托儿所、幼儿园；用地面积分别为：4

个班规模不低于1800平方米,6个班规模不低于2700平方米,9个班规模不低于3700平方米,12个班规模不低于4700平方米。

第九十条 体育设施

(1)新建住宅开发项目应按室外用地面积不低于0.3平方米/人或室内建筑面积不低于0.1平方米/人的标准配建体育健身场所,宜设置乒乓球场、羽毛球场、篮球场、门球场、足球场、游泳池、综合健身场(房)和儿童游戏场以及其他居民需求意愿强烈的体育项目类型。

(2)单处室外体育健身场所用地面积不应小于300平方米,单处室内体育健身场所建筑面积不应小于200平方米;室内体育健身场所不宜设置在住宅建筑内,确需设置的应设置在建筑底层,有独立出入口,并做好隔噪措施。

(3)在不影响景观条件下,植草足球场按100%计入绿地面积;游泳池、篮球场、排球场、网球场等室外硬质体育场地计入绿地率的面积应控制在小区总绿地面积5%以内。

(4)室外体育健身场所用地面积与室内体育健身场所建筑面积可按3:1的比例进行转换。

第九十一条 其他设施

(1)新建住宅开发项目总建筑面积在20万平方米(包含地上和地下建筑,其中地下车库建筑面积按50%计算,下同)以下的,应按5‰比例配置物业管理用房;总建筑面积在20万平方米以上的,除按照20万平方米的5‰比例配置外,超过部分按超出建筑面积3‰比例配置物业管理用房。物业管理用房建筑面积不得少于150平方米,间数不得少于2个自然间,设置位置宜在项目中心或出入口附近且有独立的对外出入口。

(2)新建住宅开发项目宜提供必需的生活服务设施,宜包括便利店、菜店、食杂店、理发店、餐饮店、药店、维修、家庭服务、快递服务场所等业态,根据市场具体情况可适当增加或调整部分业态内容。

(3)生活垃圾收集场所宜设置在对周围环境影响较小、交通便利、方便垃圾收集和运输的地段。周围应设置不小于2米的绿化隔离带,距离其它建筑不宜少于5米。

第九十二条 新建住宅开发项目配建的居住公共服务设施,应与住宅同步规划、同步建设、同步验收并交付使用,原则上不得以货币补偿方式取代。对于分期开发的项目,社区办公与服务用房和基础教育设施应按开发建设总量进行统一规划,原则上安排在首期建设;对于达到规模强制配套的其他公共服务设施,可按照项目建设分期开发的比例进行配置。

第六章 道路交通

第一节 道路

第九十三条 车道宽度

城市道路的机动车车道宽度快速路宜按3.5~3.75米/条设置,主、次干路及支路宜按3.25~3.5米/条设置,建设用地中的机动车道宽度宜按3.0~3.5米/条设置(货运车道宽度应相应增加0.5米/条)。

新建交叉口进口道每条机动车道的宽度不应小于3.0米。改建与治理交叉口,当建设用地受到限制时,每条机动车进口车道的最小宽度不宜小于2.8米,公交及大型车辆进口道最小宽度不宜小于3.0米。交叉口范围内可不设路缘带。新建道路交叉口每条出口车道宽度不应小于下游路段车道宽度,改建和治理交叉口每条出口车道宽度不宜小于3.0米,但出口道只有一条车道时不应小于3.25米。

第九十四条 道路纵坡

各级道路机动车道纵坡宜采用0.3%~8%,道路交叉口纵坡不应超过2.5%;各级道路非机动车道纵坡宜小于2.5%。

第九十五条 道路最小净高

主干道及以上道路机动车道净高不宜小于5米,其他道路最小净高应符合表6.1.1相关规定。

表39　　表6.1.1　道路最小净高控制一览表

道路总类	行驶车辆类型	最小净高（米）
机动车道	各种机动车	4.5
	小客车	3.5
非机动车道	自行车、三轮车	2.5
人行道	行人	2.5

第九十六条 道路交叉口

快速路与快速路、主干路相交的,应当采用立体交叉形式。规划有立交形式的,按照立交形式结合相交道路红线控制立交用地;无立交形式的,互通立交按半径不小于200米的圆形控制用地;简易立交按路口展宽处理,设跨线桥的道路展宽段长度自路口转弯半径端点沿道路走向延伸250米,不设跨线桥的道路展宽尺寸按平面交叉口控制。

城市新建次干路以上等级道路组成的平面交叉口应进行交叉口渠化,应根据交通量设展宽段并增加车道数。展宽段的宽度不应小于一条车道的宽度。

第九十七条 机动车出入口设置应符合下列规定:

(1)快速路沿线禁止设置地块机动车出入口;

(2)城市主干道上严格控制开设机动车出入口。大型公共建筑和有大量车辆进入的单位确需开设机动车出入口的，应尽量在次要道路或专用道路上开设，并须经过城乡规划主管部门批准。

(3)建设项目仅邻一条城市道路时，原则上只允许开设一个机动车出入口(消防应急出入口除外)；当相邻城市道路为两条或两条以上时，建设净用地面积≤2公顷的项目，亦只允许开设一个机动车出入口(消防应急出入口除外)，且应开向相邻的最低一级城市道路，建设净用地面积＞2公顷的项目，经批准可设主次两个出入口。

(4)建设用地机动车出入口处的最外缘道路边线距离城市道路交叉路口的缘石转弯曲线切点须大于80米，且出入口须开设在城市道路展宽段以外；距离人行过街天桥、地道和桥梁、隧道引道须大于50米；距铁路道口的最外侧钢轨外缘应不小于30米。位于交叉口的用地，因地块限制距交叉口距离达不到上述要求的，经批准其出入口可临远离交叉口一侧的用地红线边界处设置。

(5)建设用地机动车出入口距公园、学校、儿童及残疾人使用建筑的出入口不应小于20米。

(6)建设用地对城市道路开设的出入口其变坡点应设置在规划道路红线以外，出入口宽度不应大于7米，大客车(货车)出入口不大于10米。

(7)因地块限制无法满足以上要求又必须开设机动车出入口的建设项目，经公安机关交通管理部门和城乡规划主管部门批准同意后，可在距交叉口最远端采取右进右出的交通组织方式设置机动车出入口。

第二节　停车设施配建规定

第九十八条　机动车停车场配建

本规定所称的建设项目机动车配建停车场(库)是指提供该建设项目机动车车辆停放的场所或车库，其设计在满足本标准要求的同时，必须符合国家现行的有关设计标准和规范要求。

(1)新建、拟建建筑物建筑面积≥500平方米的，应按本规定的要求设置机动车停车场(库)，建筑面积＜500平方米的建筑物，可结合建筑退让距离设置地面停车位。

(2)扩建、改建的建筑物总建筑面积≥500平方米的，其建筑面积增加部分按本规定配建停车场(库)，原建筑配建停车设施不足的，应在改、扩建的同时按车位差额数的50%予以补建。

(3)严禁占用规划批准为公共绿地和城市道路用地的地面和地上空间设置停车设施，公共绿地的地下空间在经城乡规划主管部门批准并满足相关要求的前提下可适当设置地下社会停车库并对外开放。

(4)建设项目配建的停车设施应设置在该建设项目规划用地范围以内；统一规划分期建设的项目和被城市道路分割的建设用地，各分期工程或各地块(按城市道路划分)的停车位配建数量，原则上应分别满足各分期工程或各地块的停车场(库)配建指标要求。因为建设用地或容量指标等问题确实无法满足上述要求时，经相关部门批准，各分期工程或各地块在满足本规定配建停车位数量80%的前提下，其余20%的配建停车位可结合实际情况在相邻用地内总量平衡布局。

(5)居住建筑配建的地下停车库停车位数量应不少于总配建停车位数量的90%(因条件限制未设置地下室的改、扩建建筑除外)，民用非居住建筑和工业地产项目的地下停车库车位数量应不少于总配建停车位数量的80%，厂房、仓储类建筑配建的地下停车库车位数量宜不少于总配建停车位数量(不包含货运车辆和装卸车位)的70%。

(6)当地下停车库少于三层时原则上不得设置机械式停车库。因用地条件限制，当地下车库达到三层时仍无法满足配建指标要求的，可设置机械式停车库。

(7)建筑物的使用性质发生变化时，须按新的使用性质配建停车位并向原审批机关报审并获得批准。

(8)各类公共建筑的配建停车设施建成后应面向社会开放使用。停车场(库)需要办理车辆出入手续的，其出入口应设候车道，候车道长度不应少于15米。鼓励非公共建筑配建停车场(库)对社会开放。

(9)混合功能的综合性建筑，应按各使用性质部分的建筑面积比例综合确定配建停车位。

(10)各类建筑应按国家规范配置无障碍机动车停车位。

(11)为住宅建筑配建的停车库的子母车位按2个车位计算，一个微型车位按0.7个有效车位计算。换算为有效车位后，子车位总数不得超过应配建车位总量的5%，子车位与微型车位的总数不得超过应配建车位总量的10%。

(12)党政机关及其他办公机构办公场所停车场按照不低于车位数量20%的比例配建充电设施或预留建设安装条件。大型公共建筑物配建停车场、社会公共停车场按照不低于车位数量20%的比例配建充电设施或预留建设安装条件。单位停车场以及规模达到(含100个)以上车位的商业性停车场，按照不低于车位数量10%的比例配建充电设施。新建住宅配建停车位100%建设充电设施或预留建设安装条件。

(13)装卸车位尺寸不得小于3.5×7.0米，不得占用内部环通道路。

(14)建设项目配建的机动车停车场(库)车位指标，机动车以小型汽车为计算当量。建筑物按配建指标计算的车位数，尾数不足1个的以1个计算。

(15)本标准未涵盖的特殊建筑类型，其配件停车位指标由城乡规划主管部门根据建设项目交通影响评价确定。

(16)机动车标准车位配建指标，如表6.2.1所示。

表 40　　　　　　　　　表 6.2.1　各类建筑机动车标准停车位配建指标表

建筑物类型				计算单位	指标下限值
住宅	低层住宅			车位/户	2.0
	普通住宅	S 建筑面积≥150		车位/100平方米建筑面积	1.0
		90平方米≤S 建筑面积<150 平方米		车位/户	1.0
		S 建筑面积<90 平方米		车位/户	0.9
	保障性住房（廉租房、公租房、经济适用房）			车位/户	0.5
	公寓			车位/100 平方米建筑面积	0.8
旅馆	宾馆			车位/100 平方米建筑面积	0.8
	招待所、经济型酒店			车位/100 平方米建筑面积	0.5
办公	行政办公	县级及以上政府机关办公	政务中心及服务窗口	车位/100 平方米建筑面积	3.5
			办公	车位/100 平方米建筑面积	1.5
		县级以下政府机关办公	政务中心及服务窗口	车位/100 平方米建筑面积	2.5
			办公	车位/100 平方米建筑面积	1.0
	其他办公（含公寓式办公、商务办公、企事业单位办公）			车位/100 平方米建筑面积	1.0
商业类	商业设施及配套			车位/100 平方米建筑面积	1.2
	大型超市			车位/100 平方米建筑面积	2.0
	餐饮娱乐			车位/100 平方米建筑面积	2.5
	影剧院			车位/100 座	7.0
	专业批发市场			车位/100 平方米建筑面积	0.9
医疗类	综合医院、专科医院			车位/100 平方米建筑面积	1.5
	社区卫生服务中心			车位/100 平方米建筑面积	0.6
	疗养院（含养老院）			车位/100 平方米建筑面积	0.5
文体类	博物馆、图书馆			车位/100 平方米建筑面积	0.4
	展览馆、会议中心			车位/100 平方米建筑面积	0.6
	体育场馆	一类体育场馆		车位/100 座	3.5
		二类体育场馆		车位/100 座	2.5

续表 40

<table>
<tr><th colspan="3">建筑物类型</th><th>计算单位</th><th>指标
下限值</th></tr>
<tr><td rowspan="4">学校</td><td colspan="2">幼儿园</td><td>车位/班</td><td>2.0</td></tr>
<tr><td colspan="2">小学</td><td>车位/班</td><td>2.0</td></tr>
<tr><td colspan="2">中学</td><td>车位/班</td><td>3.0</td></tr>
<tr><td colspan="2">大专院校、成人学校</td><td>车位/班</td><td>3.0</td></tr>
<tr><td rowspan="4">游览场所</td><td colspan="2">自然风景公园</td><td>车位/1 公顷占地面积</td><td>2</td></tr>
<tr><td colspan="2">市级综合性、主题公园</td><td>车位/1 公顷占地面积</td><td>8</td></tr>
<tr><td colspan="2">区级、居住区级公园</td><td>车位/1 公顷占地面积</td><td>4</td></tr>
<tr><td colspan="2">其他游览场所</td><td>车位/1 公顷占地面积</td><td>2</td></tr>
<tr><td rowspan="3">交通建筑</td><td colspan="2">火车站、长途汽车客运站</td><td rowspan="3">车位/高峰日每 100 名旅客</td><td>2.5</td></tr>
<tr><td colspan="2">客运码头</td><td>2.2</td></tr>
<tr><td colspan="2">轨道交通车站
（换乘站、枢纽站）</td><td>0.2</td></tr>
<tr><td rowspan="4">工业仓储</td><td colspan="2">工业地产项目</td><td>车位/100 平方米建筑面积</td><td>0.8</td></tr>
<tr><td rowspan="2">其他工业厂房</td><td>单多层</td><td rowspan="3">车位/100 平方米建筑面积</td><td>0.2</td></tr>
<tr><td>高层</td><td>0.3</td></tr>
<tr><td colspan="2">物流仓储</td><td>0.1</td></tr>
</table>

说明：

1. 普通住宅类别中的 S 建筑面积指该住宅的套型总建筑面积；

2. 新建幼儿园、小学在自身有效用地范围内（校门外）设置不少于 200㎡、中学不少于 300 平方米的地面集散用地，并对外开放供接送车辆临时停放的配建要求；

3. 工厂和仓储用地中的办公建筑须在满足上表厂房和仓储停车位配置的基础上按照办公类配建指标另行增加停车位的配置；

4. 医院中的科研、办公建筑须在满足上表医院停车位配置的基础上按照办公类配建指标另行增加停车位的配置；

5. 一类体育馆指大于 15000 座的体育场或大于 4000 座的体育馆；二类体育场指小于 15000 座的体育场或小于 4000 座的体育馆；

6. 综合性交通枢纽根据交通影响分析确定停车设施配建要求，但取值不得低于本规定的相关要求

（17） 机动车特殊停车位配建指标。如表 6.2.2 所示。

表 41　　　　表 6.2.2　机动车特殊停车位配建指标表

建筑类型	装卸车位	出租车位	大中型客车位	无障碍车位
旅馆	每 10000 平方米建筑面积设 1 个装卸车位，不足 10000 平方米的按 1 个设置。当装卸车位超过 3 个时，每增加 20000 平方米建筑面积设 1 个装卸车位	每 50 床应设置 1 个出租车位。当出租车位超过 10 个时，每增加 200 床增设 1 个出租车位	每 200 床设置 1 个大客车位	所有建筑类型每 100 小汽车车位设置一个
办公	每 10000 平方米建筑面积设 1 个装卸车位，不足 10000 平方米的按 1 个设置。当装卸车位超过 3 个时，每增加 20000 平方米建筑面积设 1 个装卸车位	每 2000 平方米建筑面积应设 1 个出租车位，当出租车位超过 5 个时，每增加 10000 平方米建筑面积设置 1 个出租车位	--	
商业设施	每 5000 平方米建筑面积设 1 个装卸车位，不足 5000 平方米的按 1 个装卸车位设置。当装卸车位超过 3 个时，每增加 10000 平方米建筑面积设 1 个装卸车位；当装卸车位超过 6 个时，每增加 15000 平方米建筑面积设 1 个装卸车位	每 2000 平方米建筑面积应设 1 个出租车位，当出租车位超过 10 个时，每增加 10000 平方米建筑面积设增设 1 个出租车位	--	
餐饮娱乐	每 10000 平方米建筑面积设置 1 个，不足 10000 平方米建筑面积按 1 个设置。当装卸车位超过 3 个，每增加 20000 平方米建筑面积增设 1 个，且装卸车位不得临城市道路设置	每 1000 平方米建筑面积应设置 1 个出租车位，当出租车位超过 10 个时，每增加 10000 平方米建筑面积增设 1 个出租车位	--	所有建筑类型每 100 小汽车车位设置一个
影剧院	结合项目特殊情况，根据各自功能要求另行考虑	每 50 个座位应设置 1 个出租车位	--	
批发市场	每 10 个摊位设置 1 个装卸车位，且装卸车位不得临城市道路设置	每 1000 平方米建筑面积应设置 1 个出租车位，当出租车位超过 10 个时，每增加 10000 平方米建筑面积增设 1 个出租车位	--	
大型超市	每 5000 平方米建筑面积设 1 个装卸车位，不足 5000 平方米的按 1 个装卸车位设置。当装卸车位超过 3 个时，每增加 10000 平方米建筑面积增设 1 个装卸车位；当装卸车位超过 6 个时，每增加 20000 平方米建筑面积增设 1 个装卸车位	每 1000 平方米建筑面积应设置 1 个出租车位，当出租车位超过 5 个时，每增加 10000 平方米建筑面积增设 1 个出租车位	--	

续表41

建筑类型	装卸车位	出租车位	大中型客车位	无障碍车位
医疗	每10000 平方米建筑面积设1 个装卸车位，不足10000 平方米的按1个设置。当装卸车位超过3 个时，每增加20000 平方米建筑面积增设1 个装卸车位	每2000 平方米建筑面积应设1个出租车位，当出租车位超过5个时，每增加10000 平方米建筑面积增设1 个出租车位	每100床应设1个救护车位	所有建筑类型每100小汽车车位设置一个
体育场馆	结合项目特殊情况，以场馆特殊要求，根据各自功能要求另行考虑	每300座设置1个出租车位，当出租车位超过20个时，每增加1000座设置1个出租车位	每600个座位设置1个大客车位	
展览馆、会议中心	结合项目特殊情况，以场馆特殊要求，根据各自功能要求另行考虑	每2000 平方米建筑面积应设1个出租车位，当出租车位超过5个时，每增加10000 平方米建筑面积增设1 个出租车位	每1000平方米建筑面积设置1个大客车位	
幼儿园	--	--	根据服务范围另行确定	
小学	--	--	每5 个班设置1个校车位	
交通建筑	结合项目特殊情况，根据各自功能要求另行考虑	高峰日每400名旅客容量设置1个出租车车位	--	
住宅公寓	--	每100 户（套）设置1 个出租车位，当出租车位超过5 个时，每增加200 户（套）增设1 个出租车位	--	
游览场所	--	每2 公顷用地设置1 个出租车位，当出租车位超过5 个时，每增加10 公顷用地增设1 个出租车位	每10公顷占用地设置1个大客车位	
厂房仓储	每3000平方米建筑面积设1个装卸车位，最低不得少于每幢厂房（仓库）或每单元（排屋式厂房）设置1个装卸车位	--	--	所有建筑类型每100小汽车车位设置一个
金融类	每1000平方米建筑面积设1个装卸车位，不足1000平方米的按1个装卸车位设置，且装卸车位不得临城市道路设置	每1000 平方米建筑面积应设1个出租车位，当出租车位超过3个时，每增加5000 平方米建筑面积增设1 个出租车位	--	

说明：在出入口集中的商业区和步行街等禁止驶入区域，可在区域出入口集中布设出租车位

第三节　交通影响评价

第九十九条　交通影响评价

(1)住宅、商业、服务、办公类建设项目在达到下表规定时应进行交通影响评价:

表 42　　表 6.3.1　住宅、商业、服务、办公类项目交通影响评价启动阈值范围

类别	建设项目新增建筑面积(万平方米)	
	居住类项目	公共建筑和商业建筑类项目
旧区	6	3
新区	8	5

说明:建设项目的建筑面积,有建筑设计方案时按总建筑面积计算,无建筑设计方案时按容积率建筑面积计算

(2)轨道交通、城际铁路、城市交通场站、桥梁、交通枢纽、公共停车设施(100 个以上)等交通类项目均应进行交通影响评价。

(3)符合下列条件之一的其它建设项目,应进行交通影响评价:

①场馆、园林和医疗类建设项目新增配建机动车停车泊位达 100 个以上。

②单独报建的学校类建设项目、混合类的建设项目总建筑面积或指标达到项目所含建设项目分类中任一类的启动阈值。

③城乡规划主管部门或公安机关交通管理部门认为属交通敏感或饱和地段的建设项目以及严重影响城市交通的其他建设项目。

第七章　市政公用设施规划管理

第一百条　管线布置要求

(1)工程管线应根据道路的规划横断面布置在人行道或非机动车道下面。位置受限制时,可布置在机动车道或绿化带下面。

(2)工程管线在道路下面的规划位置宜相对固定,分支少、埋深大、检修周期短和损坏时对建筑物基础安全有影响的工程管线应远离建筑物。工程管线从道路红线向道路中心线方向平行布置的次序宜为:电力、通信、给水(配水)、燃气(配气)、热力、燃气(输气)、给水(输水)、再生水、污水、雨水。

(3)工程管线在庭院内由建筑线向外方向平行布置的顺序,应根据工程管线的性质和埋设深度确定,其布置次序宜为:电力、通信、污水、雨水、给水、燃气、热力、再生水。

(4)沿城市道路规划的工程管线应与道路中心线平行,其主干线应该靠近分支管线多的一侧。工程管线不宜从道路一侧转到另一侧。道路红线宽度超过 42 米(不包含 42 米)的城市干道宜两侧布置配水、配气、通信、电力和排水管线。

(5)各种工程管线不应在垂直方向上重叠敷设。当工程管线交叉敷设时,管线自地表面向下的排列顺序宜为:通信、电力、燃气、热力、给水、再生水、雨水、污水。给水、再生水和排水管线应按自上而下的顺序敷设。

(6)对设置交通监控和信号控制的交叉路口和人行横道路段,应预留相应的过街管道。在城市快速路、主干路上的交通监控设施管线应预留交通监控专用管孔。在次干路上宜预留交通监控专用管孔。

(7)管线单位的箱柜应尽量与周边建筑和景观结合设置。

第一百零一条　管线避让原则

编制工程管线综合规划时,应减少管线在道路交叉口处交叉。当工程管线竖向位置发生矛盾时,宜按下列规定处理:压力管线宜避让重力流管线;易弯曲管线宜避让不易弯曲管线;分支管线宜避让主干管线;小管径管线宜避让大管径管线;临时管线宜避让永久管线。

第一百零二条　最小覆土深度

管线工程应根据土壤性质和地面承受荷载的大小确定管线的覆土深度,工程管线最小覆土深度应符合表 7.1 的规定。当受条件限制不能满足要求时,可采取安全措施并征得主管部门同意后减少其最小覆土深度。

表 43　　　　表 7.1　工程管线的最小覆土深度(米)

管线名称		给水管线	排水管线	再生水管线	电力管线		通信管线		直埋热力管线	燃气管线	管沟
					直埋	保护管	直埋及塑料、混凝土保护管	钢保护管			
最小覆土深度	非机动车道（含人行道）	0.60	0.60	0.60	0.70	0.50	0.60	0.50	0.70	0.60	-
	机动车道	0.70	0.70	0.70	1.00	0.50	0.90	0.60	1.00	0.90	0.50

说明:聚乙烯给水管线机动车道下的覆土深度不宜小于 1.00 米

第一百零三条　地下工程管线交叉最小垂直净距

工程管线在交叉点的高程应根据排水等重力流管线的高程确定。工程管线交叉时的最小垂直净距,应符合表 7.2 的规定。当受现状工程管线等因素限制难以满足要求时，应根据实际情况采取安全措施并征得主管部门同意后减少其最小垂直净距。

表 44　　　　表 7.2　工程管线交叉时的最小垂直净距(米)

序号	管线名称		给水管线	污水及雨水管线	热力管线	燃气管线	通信管线		电力管线		再生水管线
							直埋	保护管及通道	直埋	保护管	
1	给水管线		0.15								
2	污水、雨水管线		0.40	0.15							
3	热力管线		0.15	0.15	0.15						
4	燃气管线		0.15	0.15	0.15	0.15					
5	通信管线	直埋	0.50	0.50	0.25	0.50	0.25	0.25			
		保护管及通道	0.15	0.15	0.25	0.15	0.25	0.25			
6	电力管线	直埋	0.50*	0.50*	0.50*	0.50*	0.50*	0.50*	0.50*	0.25	
		保护管	0.25	0.25	0.25	0.15	0.25	0.25	0.25	0.25	
7	再生水管线		0.50	0.40	0.15	0.15	0.15	0.15	0.50*	0.25	0.15
8	管沟		0.15	0.15	0.15	0.15	0.25	0.25	0.50*	0.25	0.15
9	涵洞（基底）		0.15	0.15	0.15	0.15	0.25	0.25	0.50*	0.25	0.15
10	电车（轨底）		1.00	1.00	1.00	1.00	1.00	1.00	1.00	1.00	1.00
11	铁路（轨底）		1.00	1.20	1.20	1.20	1.50	1.50	1.00	1.00	1.00

说明:

1.* 用隔板分隔时不得小于 0.25 米;

2.燃气管线采用聚乙烯管材时,燃气管线与热力管线的最小垂直净距应按现行行业标准《聚乙烯燃气管道工程技术规程》(CJJ63)执行;

3.铁路为时速大于等于 200 行米 / 小时客运专线时,铁路(轨底)与其他管线最小垂直净距为 1.50 米

第九十九条　地下管线最小水平净距

工程管线之间及其与建(构)筑物之间的最小水平净距应符合表 7.3 的规定。

当受道路宽度、断面以及现状工程管线位置等因素限制难以满足要求时，可根据实际情况采取安全措施并征得主管部门同意后减少其最小水平净距。大于 1.6MPa 的管线与其他管线的水平净距应按现行国家标准《城镇燃气设计规范》GB50028 执行。

表 45

表 7.3 工程管线之间及其与建(构)筑物之间的最小水平净距(米)

序号	管线及建（构）筑物名称	1	2		3	4	5					6	7		8		9	10	11	12			13	14	15
		建(构)筑物	给水管线		污水、雨水管线	再生水管线	燃气管线					直埋热力管线	电力管线		通信管线		管沟	乔木	灌木	地上杆柱			道路侧石边缘	有轨电车钢轨	铁路钢轨（或坡脚）
			d≤200毫米	d＞200毫米			低压	中亚		次高压			直埋	保护管	直埋	管道、通道				通信照明及＜10kV	高压铁塔基础边				
								B	A	B	A										≤35kV	＞35kV			
1	建（构）筑物	—	1.0	3.0	2.5	1.0	0.7	1.0	1.5	5.0	13.5	3.0	0.6		1.0	1.5	0.5	—		—			—	—	—
2	给水管线 d≤200毫米	1.0	—		1.0	0.5	0.5			1.0	1.5	1.5	0.5		1.0		1.5	1.5	1.0	0.5	3.0		1.5	2.0	5.0
	给水管线 d＞200毫米	3.0			1.5																				
3	污水、雨水管线	2.5	1.0	1.5	—	0.5	1.0	1.2		1.5	2.0	1.5	0.5		1.0		1.5	1.5	1.0	0.5	1.5		1.5	2.0	5.0
4	再生水管线	1.0	0.5		0.5	—	0.5			1.0	1.5	1.0	0.5		1.0		1.5	1.0		0.5	3.0		1.5	2.0	5.0
5	燃气管线 低压 P＜0.01兆帕	0.7	0.5		1.0	0.5	DN≤300毫米 0.4 DN＞300毫米 0.5					1.0	0.5	1.0	0.5	1.0	1.0	0.75		1.0	1.0	2.0	1.5	2.0	5.0
	燃气管线 中亚 B 0.01兆帕≤P≤0.2兆帕	1.0			1.2												1.5								
	燃气管线 中亚 A 0.2兆帕＜P≤0.4兆帕	1.5																							
	燃气管线 次高压 B 0.4兆帕＜P≤0.8兆帕	5.0	1.0		1.5	1.0						1.5	1.0		1.0		2.0	1.2				5.0	2.5		
	燃气管线 次高压 A 0.8兆帕＜P≤1.6兆帕	13.5	1.5		2.0	1.5						2.0	1.5		1.5		4.0								
6	直埋热力管线	3.0	1.5		1.5	1.0	1.0			1.5	2.0	—	2.0		1.0		1.5	1.5		1.0	3.0（＞330千伏 5.0）		1.5	2.0	5.0

续表 45-1

序号	管线及建（构）筑物名称		1	2		3	4	5					6	7		8		9	10	11	12			13	14	15
			建(构)筑物	给水管线		污水、雨水管线	再生水管线	燃气管线					直埋热力管线	电力管线		通信管线		管沟	乔木	灌木	地上杆柱			道路侧石边缘	有轨电车钢轨	铁路钢轨（或坡脚）
				d≤200毫米	d＞200毫米			低压	中亚		次高压			直埋	保护管	直埋	管道、通道				通信照明及＜10kV	高压铁塔基础边				
									B	A	B	A										≤35 kV	＞35 kV			
7	电力管线	直埋	0.6	0.5		0.5	0.5	0.5			1.0	1.5	2.0	0.25	0.1	＜35千伏 0.5 ≥35千伏 2.0		1.0	0.7		1.0	2.0		1.5	2.0	10.0（非电气化3.0）
		保护管						1.0						0.1	0.1											
8	通信管线	直埋	1.0	1.0		1.0	1.0	0.5			1.0	1.5	1.0	＜35千伏 0.5 ≥35千伏 2.0		0.5		1.0	1.5	1.0	0.5	0.5	2.5	1.5	2.0	2.0
		管道、通道	1.5					1.0																		
9	管沟		0.5	1.5		1.5	1.5	1.0	1.5		2.0	4.0	1.5	1.0		1.0		—	1.5	1.0	1.0	3.0		1.5	2.0	5.0
10	乔木		—	1.5		1.5	1.0	0.75			1.2		1.5	0.7		1.5		1.5	—		—	—		0.5	—	—
11	灌木			1.0		1.0										1.0		1.0								
12	地上杆柱	通信照明及＜10千伏	—	0.5		0.5	0.5	1.0					1.0	1.0		0.5		1.0	—		—			0.5	—	—
	高压铁塔基础边	≤35千伏		3.0		1.5	3.0	1.0					3.0（＞330千伏5.0）	2.0		0.5		3.0	—							
		＞35千伏						2.0			5.0					2.5										
13	道路侧石边缘		—	1.5		1.5	1.5	1.5			2.5		1.5	1.5		1.5		1.5	0.5		0.5			—	—	—
14	有轨电车钢轨		—	2.0		2.0	2.0	2.0					2.0	2.0		2.0		2.0	—		—			—	—	—
15	铁路钢轨（或坡脚）		—	5.0		5.0	5.0	5.0					5.0	10.0（非电气化3.0）		2.0		3.0	—		—			—	—	—

说明：1. 地上杆柱与建(构)筑物最小水平净距应符合《城市工程管线综合规划规范》GB50289—2016 内容中表 5.0.8 的规定；
2. 管线距建筑物距离，除次高压燃气管道为其至外墙面外均为其至建筑物基础，当次高压燃气管道采取有效的安全防护措施或增加管壁厚度时，管道距建筑物外墙面不应小于 3.0 米；
3. 地下燃气管线与铁塔基础边的水平净距，还应符合现行国家标准《城镇燃气设计规范》GB50028 地下燃气管线和交流电力线接地体净距的规定；
4. 燃气管线采用聚乙烯管材时，燃气管线与热力管线的最小水平净距应按现行行业标准《聚乙烯燃气管道工程技术规程》CJJ63 执行；
5. 直埋蒸汽管道与乔木最小水平间距为 2.0 米。

第一百零五条 综合管廊模式

城市各类工程管线的建设，应符合城市规划各阶段的工程管线专项规划的要求。遵循先地下后地上、先深埋后浅埋的建设次序。城市工程管线在下列情况之一时，宜采用综合管廊形式规划建设：

(1) 交通运输繁忙或地下管线较多的城市主干道以及配合轨道交通、地下道路、城市地下综合体等建设工程地段；

(2)城市核心区、中央商务区、地下空间高强度成片集中开发区、重要广场、主要道路的交叉口、道路与铁路或河流的交叉处、过江隧道等；

(3)道路宽度难以满足直埋敷设多种管线的路段；

(4)重要的公共空间；

(5)不宜开挖路面的路段。

给水、雨水、污水、再生水、天然气、热力、电力、电信等城市工程管线可纳入综合管廊。综合管廊应统一规划、设计、施工和维护，并应满足管线的使用和运营维护要求。

第八章 城市防震减灾

第一节 城市抗震防灾

第一百零六条 抗震防灾标准

各类新建、扩建、改建工程，均应按地震基本烈度6度抗震设防；对学校、医院等人员密集场所的建设工程，应当按照7度抗震设防要求进行设计和施工，采取有效措施，增强抗震设防能力。

第一百零七条 避震疏散场所

避震疏散场所不应选址在不适宜的建设用地范围内，宜结合广场、绿地、体育场馆、学校操场等开放空间设置。

避震疏散场所每位避震人员的平均有效避难面积，应符合以下规定：①紧急避震疏散场所人均有效避难面积不小于1平方米，作为紧急避震疏散场所的超高层建筑避难层(间)的人均有效避难面积不小于0.2平方米；②固定避震疏散场所人均有效避难面积不小于2平方米。

避震疏散场地的规模：紧急避震疏散场地的用地不宜小于0.1公顷，固定避震疏散场地不宜小于1公顷，中心避震疏散场地不宜小于50公顷。

紧急避震疏散场所的服务半径宜为500米，步行大约10分钟之内可以到达；固定避震疏散场所的服务半径宜为2~3千米，步行大约1小时之内可以到达。

第一百零八条 避震疏散通道

避震疏散场地人员进出口与车辆进出口宜分开设置，并应有多个不同方向的进出口。人防工程应按照有关规定设立进出口，防灾据点至少应有一个进口与一个出口。其他固定避难疏散场所至少应有两个进口和两个出口。

紧急避震疏散场所内外的避震疏散通道有效宽度不宜低于4米，固定避震疏散场所内外的避震疏散主通道有效宽度不宜低于7米。与城市出入口、中心避震疏散场所、市政府抗震救灾指挥中心相连的救灾主干道不宜低于15米。

第二节 城市消防

第一百零九条 消防站规模与布局

消防站的建设用地面积应符合下列规定：一级普通消防站3900平方米~5600平方米，二级普通消防站2300平方米~3800平方米，特勤消防站5600平方米~7200平方米，战勤保障消防站6200平方米~7900平方米。

消防站的布局一般应以接到出动指令后5分钟内消防队可以到达辖区边缘为原则确定。普通消防站的辖区面积不宜大于7平方千米，设在近郊区的普通消防站不应大于15平方千米。

第一百一十条 消防车通道

城市消防通道设置应满足下列规定：

(1)消防车通道之间的中心线间距不宜大于160米；

(2)环形消防车通道至少应有两处与其它车道连通。尽头式消防车通道应设置回车道或回车场。回车场地的面积不应小于12×12米；对于高层住宅，回车场不宜小于15×15米，供大型消防车使用时，不宜小于18×18米；

(3) 消防车通道的净宽度和净空高度均不应小于4米，与建筑外墙的距离宜大于5米；

(4)消防车通道的坡度不宜大于8%，转弯半径应符合消防车的通行要求。举高消防车停靠和作业场地坡度不宜大于3%。

第一百一十一条 市政消火栓

市政消火栓宜在道路的一侧设置，并宜靠近十字路口，但当道路宽度超过60米时，应在道路的两侧交叉错落设置市政消火栓。市政消火栓的保护半径不应超过150米，间距不应大于120米。

市政消火栓应布置在消防车易于接近的人行道和绿化等地点，且不应妨碍交通，并应符合下列规定：

(1)市政消火栓距路边不宜小于0.5米，并不应大于2.0米。

(2) 市政消火栓距建筑外墙或外墙边缘不宜小于5.0米。

(3)市政消火栓应避免设置在机械易撞击的地点，确有困难时，应采取防撞措施。

第一百一十二条 城市消防水池

当有下列情况之一时，应设置城市消防水池：

(1)无市政消火栓的城市区域。

(2)无消防通道的城市区域。

(3)消防供水不足的城市区域或建筑群。

消防水池有效容量应根据保护对象计算确定，消防水池容量不宜小于100立方米。每个消防站辖区内至少应设置一个为消防车提供应急水源的消防水池，或设置一处天然水源或人工水体的取水点，并应设置消防车取水通道等设施。

第三节 城市人防

第一百一十三条 城市规划区内新建民用建筑(除工业生产厂房外)，按照不低于地面总建筑面积的4%修建防空地下室。

第一百一十四条 城市规划区内地下空间开发利用兼顾人民防空需要，应当执行下列规定：

(1)城市地铁、隧道等地下交通干线、交通综合枢纽符合人防工程防护规范标准。

⑵ 除单建人防工程外的其他独立开发地下空间项目，修建不低于地下总建筑面积40%的人防工程。

⑶ 除防空地下室外的其他结合地面建筑开发地下空间项目，修建不低于地下建筑面积10%的防空地下室。

第九章 临时建设规划管理

第一百一十五条 临时建设是指在浏阳市城市规划区内经城乡规划主管部门批准并在规定的期限内使用的非永久性的建筑物、构筑物。

第一百一十六条 临时建设应当办理规划审批手续，但建设项目用地范围内因施工需要且在竣工验收前拆除的临时建设工程除外。

第一百一十七条 严格控制临时建设的规划审批。除基础设施、公共服务设施、公共安全设施、售楼部、公共停车设施等外，其他项目原则上不予审批。有下列情形之一的，不得办理临时建设规划审批手续。

⑴影响近期建设规划、控制性详细规划实施的。

⑵影响道路安全、公共安全、市容市貌或者其他公共利益的。

⑶侵占绿地、水面、广场或公共停车场等公共活动场地的。

⑷侵占电力、通信、人防、气象观测、防洪保护区域或者压占城市地下管线的。

⑸临道吾山路、外环线、浏阳大道、花炮大道、锦程大道等城市快速路、重要主干路的。

⑹临浏阳河、淮川河、济川河、筱水河、长兴湖、城市综合公园等重要景观地带周边的。

⑺法律法规禁止的其他情形。

第一百一十八条 临时建设不得超过二层且高度不超过十二米，建设规模一般不得超过两千平方米。

第一百一十九条 临时建设的使用期限不得超过两年(从发证之日起计算)。临时建设因特殊情况需要延长使用期限的，应当在使用期限届满前30日内向城乡规划主管部门提出申请，经批准可以延长一次，但延长期限不得超过两年。

第十章 规划条件核实

第一百二十条 建设单位应当按照规划条件和修建性详细规划、经审定的建设工程设计方案、建设工程规划许可等要求进行建设。城乡规划主管部门对建设工程是否符合规划条件和修建性详细规划、经审定的建设工程设计方案、建设工程规划许可予以核实，未经核实或经核实不符合的，建设单位不得组织竣工验收。

第一百二十一条 分期实施的建设工程，可分期进行规划核实，项目全部竣工后，应对其整体进行规划核实。

第一百二十二条 规划条件核实分为放、验线核实和工程竣工核实。应在不同阶段分别根据城乡规划主管部门确认的城乡规划测绘单位出具的放、验线测量报告和竣工测量报告，与“建设工程规划许可证”及其附件、附图进行对照核实，具体括建筑工程及市政工程两方面内容。

第一百二十三条 建筑工程具备以下条件后，方可申请进行竣工规划核实。

⑴建(构)筑物已按审定建设工程设计方案和规划许可要求全部完成建设。

⑵施工用房、围墙以及规划要求应当拆除的建(构)筑物已拆除，施工场地清理完毕。

⑶公厕、垃圾站(含垃圾围子)、室外给排水管道等公共配套设施、绿化工程、建筑基地环境已按规划审批要求实施建设。

⑷管线和道路已按所批准规划实施建设。

⑸对规划部门的承诺已履行且无邻里矛盾。

⑹符合其他规划要求。

第一百二十四条 建筑工程竣工规划核实主要包括以下内容：

⑴核查建筑位置、用地范围、退线距离(包括红线、绿线、黄线、蓝线、紫线等)、建筑平面、建筑间距、地下室范围、围墙及竖向设置等建设情况。

⑵核查建设用地面积、建筑面积、建筑密度、容积率、绿地率及相关配套设施等主要指标。

⑶核查建筑单体平面、建筑使用用途、建筑形式、立面色彩、材质、外墙广告及夜景灯光等建设情况。

⑷核查社区居委会办公用房(社区用房或社区管理服务站、文化活动室、居家养老服务站、社区卫生服务站)、托儿所或幼儿园、体育设施、物业管理用房、生活垃圾收集设施、公厕、停车泊位等建设情况。

⑸核查道路、出入口、停车场、绿化用地、硬质铺装场地、各种管线等建设情况。

⑹核查规定需拆除建(构)筑物、工程建设时所建临时设施拆除及施工渣土清运完毕情况。

⑺核查其他已审定的相关内容。

第一百二十五条 建筑工程有下列情形的，可以视为轻微违法行为不予行政处罚，完善相关手续后，可以认定为合格。

⑴建筑定位误差在百分之一以内(含百分之一)，建筑尺寸误差在0.3米以内，且符合相关规范要求，不影响规划审批原则的。

⑵建筑高度误差在百分之一以内(含百分之一)，且符合相关规范要求，不影响规划审批原则的。

⑶单栋建筑面积误差在百分之二以内(含百分之二)，项目累进计算的地上建筑面积误差不超过1000平方米，且符合相关规范要求，不影响规划审批原则的。

⑷建筑外墙尺寸未变，建筑内部平面布局调整幅度不大，不影响建筑结构安全的。

⑸门窗开设式样局部有变动，空调机搁放板等附属设施位置增设或改变，对建筑立面及消防安全无影响的。

⑹增设隔热保温构件的。

第一百二十六条 市政工程方面应核实以下内容：

⑴ 建筑工程按本规定第一百二十四及第一百二十五执行；

⑵道路、桥梁等交通工程

①核查交通工程位置、长度、宽度、路面各控制点标高等；

②核查道路横断面布置、交叉口交通组织形式、绿化等附属设施；

③核查其他规划要求。

(3)管线工程

①核查架空线路的杆(塔)位置、尺寸及线路高度，入地管线及其配套设施的位置、长度、导管孔数、标高、埋深、管径等；

②核查其他规划要求。

(4)其他构筑物

①核查构筑物的位置、长度、宽度、高度等；

②核查其他规划要求。

第十一章 附 则

第一百二十七条 浏阳市建设项目坐标应采用2000国家大地坐标系，高程基准应采用1985年国家高程基准。

第一百二十八条 因建设用地条件、周边建设环境导致设计极度困难，或涉及社会稳定、公共利益等原因，确实难以满足本规定的要求，但满足国家相关规范规定要求的建设项目，其设计方案可经城乡规划主管部门同意，经专家评审会通过，并组织进行公示且无异议后，报市政府审定。

第一百二十九条 本规定使用

(1)城乡个人居住用房工程建设应符合《建筑设计防火规范》GB50016—2014及《浏阳市老城区私人房屋改建管理办法》相关要求。

(2)本规定未涉及的内容，按国家、省相关规范、标准执行。

(3)本规定自颁布之日起试行，试行期为两年。此前已审定修建性详细规划和建筑方案、已取得的规划条件书中已约定的内容并在其有效期内的建设工程仍按原审批的内容执行。

附录1　名词解释

1. 旧区：指浏阳市主城区老城片区、禧和片区、唐家洲片区、西湖山片区，金沙路、花炮大道、西南环线、集里路围合的区域以及翠园路、合燕冲路、浏阳河路、花炮大道围合的区域。

2. 新区：浏阳市城市规划区范围内除旧区外的其他区域。

3. 城市特定保护地区：主要指历史文化风貌区、大型景观用地及绿地周边、特殊地段(政府及军事用地)周边、滨水景观形象控制区。

4. 总用地面积：建设用地红线范围内的用地面积总和。

5. 净用地面积：总用地面积减去建设用地红线范围内的城市道路红线和绿线、蓝线内面积后的用地面积总和，一般与国土部门的有效面积一致。

6. 总建筑面积：建设用地红线范围内地上与地下建筑面积之和。

7. 容积率：建设用地红线范围内各类建筑物的建筑面积(本规定不计算容积率者除外)总和与净用地面积的比值。

8. 建筑密度(%)：建设用地红线范围内各类建筑物的基底总面积与净用地面积的比值。建筑的基底面积统一表示为建筑物主体地上轮廓最大投影面的面积，突出建筑物的无柱雨棚、飘板等不计入基底面积。

9. 绿地率(%)：建设净用地范围内按本规定可计算绿地率的所有绿化用地和折算绿化面积的总和与净用地面积的比值。

10. 建筑高度：平屋顶建筑为建筑物主入口处室外场地标高或消防扑救面场地标高到其屋面面层的高度；坡屋面建筑为建筑物主入口处室外场地标高或消防扑救面场地标高到建筑屋檐和屋脊的平均高度。

11. 建筑间距：建筑主体外墙轴线到相邻建筑主体外墙轴线的最小距离。

12. 居住建筑：供人们居住使用的建筑物。

13. 住宅建筑：建筑项目中作为住宅功能、供家庭居住使用的建筑物(不包含宿舍、旅馆、公寓等)。

14. 低层建筑：建筑高度不超过12米的非住宅建筑，或层数不超过三层且建筑高度不超过12米的住宅建筑。

15. 多层建筑：建筑高度不超过27米的住宅建筑和高度不超过24米的非单层厂房、仓库和其他民用建筑。

16. 高层建筑：建筑高度大于27米的住宅建筑和建筑高度大于24米且不超过100米的非单层厂房、仓库和其他民用建筑。

17. 超高层建筑：建筑高度在100米以上的建筑。

18. 老年人居住建筑：专为老年人设计，供其起居生活使用，符合老年人生理、心理要求的居住建筑，包括老年人住宅、老年人公寓、养老院、护理院、托老所。

19. 公共建筑：供人们进行各种公共活动的建筑。高度不大于24米者为单层和多层建筑，大于24米者为高层建筑(不包括建筑高度大于24米的单层公共建筑)。

20. 地下层(地下室)：房间地面低于室外设计地面的平均高度大于该房间平均净高1/2者。

21. 半地下层(半地下室)：房间地面低于室外设计地面的平均高度大于该房间平均净高1/3，且不大于者1/2者。

22. 架空层：指仅有结构支撑而无外围结构的开敞空间层。

23. 商业建筑：各类综合商店、商场、超市、市场，经营各类商品的零售和批发商铺，以及包含餐饮、娱乐康体、酒吧、会所等各类服务业建筑。

24. 商业铺面：设置在建筑物各层或首层及二层相连(含临内庭院或外廊、利用地形高差、跨多层的楼梯等设置在建筑物各层的情况)，每个分隔单元的建筑面积不大于300平方米的商业建筑。

25. 综合楼：由两种及两种以上不同用途组成的建筑物。

26. 裙房：在高层建筑主体投影范围外，与建筑主体相连且建筑高度不大于24米的附属建筑。

27. 大型公共建筑：单栋建筑面积超过20000平方米的公共建筑。

28. 大型商业建筑(大型商场)：建筑面积超过20000平方米的单栋商业建筑或大型综合体中的集中商业建筑(一般指裙房部分)。

29. 工业地产：指在浏阳市行政区域范围内的工业园区中，按照国家和省、市相关政策进行统一规划建设的生产性企业和生产性服务业的载体，包括工业制造高层厂房、工业研发楼宇、总部办公区域、中小企业孵化器、科技成果转化创新平台。

30. 飘窗(凸窗)：建筑外墙突出的出挑宽度不超过0.6米、窗台的结构高度距同层楼地面的高度不小于0.3米且没有与楼板相连的窗户。

31. 结构净高：楼面或地面结构层上表面至上部结构层下表面之间的垂直距离。

32. 建筑空间：以建筑界面限定的、供人们生活和活动的场所。

33. 套型总建筑面积：套型总建筑面积应等于套内使用面积、相应的建筑面积和套型阳台面积之和。

34. 酒店式公寓：提供酒店式管理服务的住宅。

附录 2　各类建设用地适建范围表

表 46

建设类别	序号	用地类别建设项目	居住用地（R）			公共管理与公共服务设施用地（A）									商业服务业设施用地（B）					工业用地（M）			物流仓储用地（W）			道路与交通设施用地（S）					公共设施用地（U）				绿地与广场用地（G）		
			类R1	类R2	类R3	政办公用地A1	化设施用地A2	育科研用地A3	育用地A4	疗卫生用地A5	会福利用地A6	物古迹用地A7	事用地A8	教用地A9	业用地B1	务用地B2	乐康体用地B3	用设施营业网点用地B4	他服务设施用地B9	类工业用地M1	类工业用地M2	类工业用地M3	类仓储物流用地W1	类仓储物流用地W2	类仓储物流用地W3	市道路用地S1	市轨道交通用地S2	通枢纽用地S3	通场站用地S4	他交通设施用地S9	用设施用地U1	境设施用地U2	全设施用地U3	他公用设施用地U9	园用地G1	护绿地G2	场用地G3
居住类项目	1	低层居住建筑																																				
	2	多层居住建筑																																				
	3	高层居住建筑（含酒店式公寓）																																				
	4	单身宿舍老年公寓、学生公寓																																				
公共管理与公共服务设施类项目	5	居住小区教育设施（中小学、幼托）																																				
	6	居住小区商业服务设施																																				
	7	居住小区文化设施（青少年和老年活动室、文化馆等）																																				
	8	居住小区体育设施																																				
	9	居住小区医疗卫生设施（卫生站、社区医院）																																				
	10	居住小区社会福利设施																																				
	11	居住小区垃圾站、公厕、调压站、配电所、出租车汽车停靠站																																				
	12	居住小区行政管理设施																																				
	13	小型农贸市场																																				

续表 46-1

建设类别	序号	用地类别建设项目	居住用地（R）			公共管理与公共服务设施用地（A）									商业服务业设施用地（B）					工业用地（M）			物流仓储用地（W）			道路与交通设施用地（S）					公共设施用地（U）				绿地与广场用地（G）		
			类R1	类R2	类R3	政办公用地A1	化设施用地A2	育科研用地A3	育用地A4	疗卫生用地A5	会福利用地A6	物古迹用地A7	事用地A8	教用地A9	业用地B1	务用地B2	乐康体用地B3	用设施营业网点用地B4	他服务设施用地B9	类工业用地M1	类工业用地M2	类工业用地M3	类仓储物流用地W1	类仓储物流用地W2	类仓储物流用地W3	市道路用地S1	市轨道交通用地S2	通枢纽用地S3	通场站用地S4	他交通设施用地S9	用设施用地U1	境设施用地U2	全设施用地U3	他公用设施用地U9	园用地G1	护绿地G2	场用地G3
	14	大型农贸市场、小商品市场、工业品市场和综合市场																																			
	15	居住区级以上商业服务业设施																																			
	16	居住区级以上文化设施（图书馆、博物馆、美术馆、音乐厅、纪念性建筑等）																																			
	17	居住区级以上娱乐康体设施（影剧、游乐场、俱乐部、舞厅、夜总会）																																			
	18	居住区级以上体育设施																																			
	19	居住区级以上医疗卫生设施																																			
	20	特殊病院（精神、传染病院）需单独选址																																			
	21	办公建筑、商办综合楼																																			
	22	一般旅馆（含公寓式酒店）																																			
	23	旅游宾馆																																			
	24	商住综合楼																																			
	25	高等院校、职业学校、技工学校、成人学校和业余学校、中等专业学校																																			
	26	科研设计机构																																			

续表 46-2

建设类别	序号	用地类别建设项目	居住用地(R)			公共管理与公共服务设施用地（A）									商业服务业设施用地（B）					工业用地（M）			物流仓储用地（W）			道路与交通设施用地（S）					公共设施用地（U）				绿地与广场用地（G）		
			类R1	类R2	类R3	政办公用地A1	化设施用地A2	育科研用地A3	育用地A4	疗卫生用地A5	会福利用地A6	物古迹用地A7	事用地A8	教用地A9	业用地B1	务用地B2	乐康体用地B3	用设施营业网点用地B4	他服务设施用地B9	类工业用地M1	类工业用地M2	类工业用地M3	类仓储物流用地W1	类仓储物流用地W2	类仓储物流用地W3	市道路用地S1	市轨道交通用地S2	通枢纽用地S3	通场站用地S4	他交通设施用地S9	用设施用地U1	境设施用地U2	全设施用地U3	他公用设施用地U9	园用地G1	护绿地G2	场用地G3
工业类项目	27	对居住和公共环境基本无干扰、污染和安全隐患的工业用地																																			
	28	对居住和公共环境有一定无干扰、污染和安全隐患的工业用地																																			
	29	对居住和公共环境有严重干扰、污染和安全隐患的工业用地																																			
仓储类项目	30	对居住和公共环境基本无干扰、污染和安全隐患的物流仓储用地																																			
	31	对居住和公共环境有一定无干扰、污染和安全隐患的物仓储用地																																			
	32	易燃、易爆和剧毒等危险品的专用物流仓储用地																																			
道路与交通设施类项目	33	社会停车场、库																																			
	34	加油、加气站																																			
	35	汽车修理、专业保养场和机动车训练场																																			
	36	客、货运公司站场																																			
	37	施工维修设施及废品场																																			
公用设施类项目	38	污水处理厂																																			
	39	消防、防洪设施																																			
	40	其他公用设施																																			

说明：“√”允许设置；“×”不允许设置；“○”允许或不允许设置，由城乡规划主管部门根据具体条件和规划要求确定

附录 3　城市建设用地分区示意图

浏阳市城市建设用地分区示意图

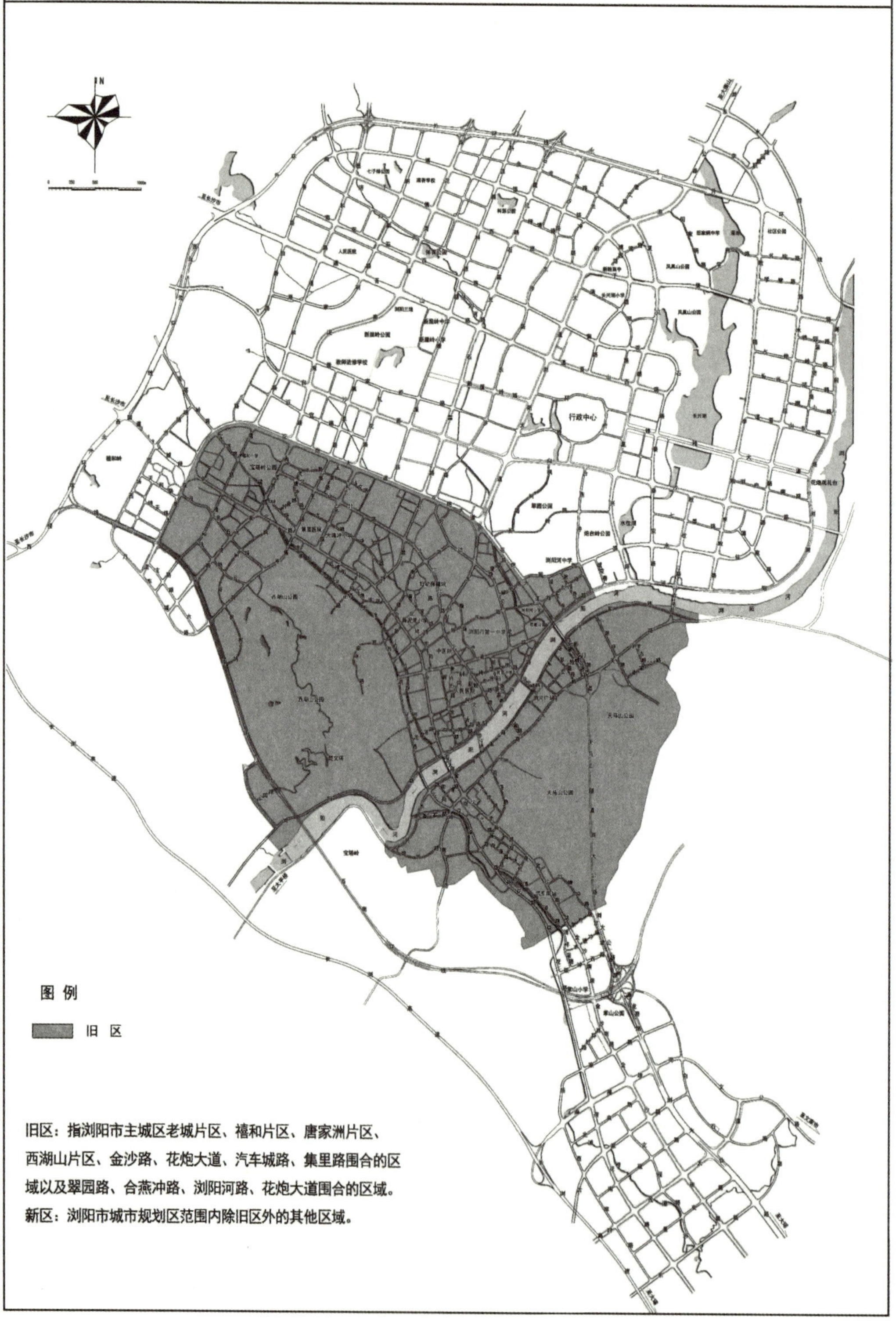

浏阳市人民政府
关于公布规范性文件清理结果的决定

浏政发〔2018〕13号

为加强行政管理，规范行政行为，推进法治政府建设，根据《湖南省规范性文件管理办法》（湖南省人民政府令第242号）要求，市人民政府对2018年10月31日以前发布的规范性文件进行了全面清理。现将清理结果公布如下：

一、废止《浏阳市人民政府印发〈关于实施浏阳花炮地理标志产品保护的若干规定〉的通知》（浏政发〔2005〕21号）等26个规范性文件（见附件1）。

二、宣布《浏阳市人民政府关于印发〈浏阳市城市污水处理费征收使用管理暂行办法〉的通知》（浏政发〔2004〕25号）等28个规范性文件失效（见附件2）。

三、确认《浏阳市人民政府关于印发〈浏阳市水利工程管理体制改革实施方案〉的通知》（浏政发〔2008〕8号）等79个规范性文件继续有效（见附件3）。

四、重新公布《浏阳市人民政府关于进一步深化乡镇街道教育机构改革的意见》（浏政发〔2007〕2号）等44个规范性文件（见附件4）。

上述废止、宣布失效的规范性文件，自本决定发布之日起不再执行；上述确认继续有效的规范性文件，有效期与本决定发布前连续计算；重新公布的规范性文件，自本决定发布之日起重新计算有效期，但规范性文件自身规定了有效期的按其规定执行；市人民政府和市人民政府办公室在2018年10月31日以前制发的规范性文件，凡未列入继续有效、重新公布的规范性文件目录的，自本决定发布之日起不再执行。

附件：
1. 废止的规范性文件目录
2. 失效的规范性文件目录
3. 继续有效的规范性文件目录
4. 重新公布的规范性文件目录

浏阳市人民政府

2018年12月25日

附件1:废止的规范性文件目录

表47

序号	制定机关	文 号	发文或重新公布日期	文件标题
1	浏阳市人民政府	浏政发〔2005〕21号	2014年10月9日	印发《关于实施浏阳花炮地理标志产品保护的若干规定》的通知
2	浏阳市人民政府	浏政发〔2008〕9号	2014年10月9日	关于城市规划区地下弱电管网实行共沟建设与管理的通知
3	浏阳市人民政府	浏政发〔2009〕16号	2014年10月9日	关于规范城市基础设施配套费征收管理的通知
4	浏阳市人民政府	浏政发〔2011〕1号	2016年10月26日	关于鼓励外来投资的决定
5	浏阳市人民政府	浏政发〔2011〕18号	2016年10月26日	关于印发《浏阳市城乡建筑工程规划管理规定》的通知
6	浏阳市人民政府	浏政发〔2014〕3号	2014年1月26日	关于开征城区生活垃圾处理费的通知
7	浏阳市人民政府	浏政发〔2014〕20号	2014年11月28日	关于加强道路交通安全工作的实施意见
8	浏阳市人民政府	浏政发〔2015〕4号	2015年1月26日	关于印发《浏阳市防雷减灾管理办法》的通知
9	浏阳市人民政府	浏政发〔2015〕5号	2015年2月4日	关于印发《浏阳市旅游宣传促销奖励办法》的通知
10	浏阳市人民政府	浏政发〔2015〕10号	2015年5月13日	关于进一步加强知识产权保护工作的意见
11	浏阳市人民政府	浏政函〔2011〕15号	2016年10月26日	关于加强树木资源收购和采挖运输管理的通告
12	浏阳市人民政府	浏政函〔2014〕191号	2014年7月29日	浏阳市人民政府关于封山育林的通告
13	浏阳市人民政府	浏政函〔2014〕221号	2014年8月6日	关于开展车辆超限超载运输专项治理的通告
14	浏阳市人民政府办公室	浏政办发〔2006〕5号	2014年10月9日	转发市商务局关于做好外派劳务工作的实施意见的通知
15	浏阳市人民政府办公室	浏政办发〔2011〕80号	2016年10月26日	关于印发《浏阳市城乡居民医疗保险实施办法》的通知
16	浏阳市人民政府办公室	浏政办发〔2014〕20号	2014年12月4日	关于印发《浏阳市企业税收贡献奖励办法》的通知

续表 47

序号	制定机关	文　号	发文或重新公布日期	文件标题
17	浏阳市人民政府办公室	浏政办发〔2014〕24 号	2014 年 12 月 15 日	关于印发《浏阳市突发环境事件应急预案》的通知
18	浏阳市人民政府办公室	浏政办发〔2015〕3 号	2015 年 2 月 4 日	关于印发《浏阳市政府投资建设项目结算初审管理办法》的通知
19	浏阳市人民政府办公室	浏政办发〔2015〕14 号	2015 年 11 月 30 日	关于进一步规范国有投资项目招标投标行为的实施意见
20	浏阳市人民政府办公室	浏政办发〔2016〕2 号	2016 年 1 月 8 日	关于印发《浏阳市促进就业奖励办法》的通知
21	浏阳市人民政府办公室	浏政办发〔2016〕4 号	2016 年 2 月 5 日	关于印发《浏阳市安全生产示范奖评选办法》的通知
22	浏阳市人民政府办公室	浏政办发〔2016〕10 号	2016 年 5 月 4 日	关于印发《浏阳市科学技术奖励办法》的通知
23	浏阳市人民政府办公室	浏政办发〔2016〕12 号	2016 年 4 月 22 日	关于印发《浏阳市进出口贡献奖奖励办法》的通知
24	浏阳市人民政府办公室	浏政办函〔2007〕175 号	2014 年 10 月 9 日	关于加强枯水季节饮用水源保护工作的通知
25	浏阳市人民政府办公室	浏政办函〔2016〕1 号	2016 年 1 月 8 日	关于划定浏阳市集中式生活饮用水水源保护区的通知
26	浏阳市人民政府办公室	浏政办函〔2016〕9 号	2016 年 3 月 2 日	关于印发《浏阳市清理整治环保违规建设项目工作实施方案》的通知

表 48　　附件 2:失效的规范性文件目录

序号	制定机关	文　号	发文或重新公布日期	文件标题
1	浏阳市人民政府	浏政发〔2004〕25 号	2014 年 10 月 9 日	关于印发《浏阳市城市污水处理费征收使用管理暂行办法》的通知
2	浏阳市人民政府	浏政发〔2006〕11 号	2016 年 10 月 26 日	关于转发《湖南省生产经营单位安全生产风险抵押金管理暂行办法》的通知
3	浏阳市人民政府	浏政发〔2012〕16 号	2012 年 8 月 23 日	关于印发《浏阳市社会主体投资土地开发项目奖励办法》的通知
4	浏阳市人民政府	浏政发〔2012〕17 号	2012 年 11 月 13 日	关于对国省干线公路两厢及浏阳河沿河两岸用地实施规划控制的通知
5	浏阳市人民政府	浏政发〔2012〕21 号	2012 年 12 月 19 日	关于印发《浏阳市政府投资建设项目管理办法》的通知
6	浏阳市人民政府	浏政发〔2013〕23 号	2013 年 11 月 16 日	关于加快供销合作社改革发展的实施意见
7	浏阳市人民政府	浏政发〔2013〕4 号	2013 年 3 月 15 日	关于印发《浏阳市企业上市扶持奖励办法》的通知
8	浏阳市人民政府	浏政发〔2013〕9 号	2013 年 5 月 21 日	关于印发《浏阳市国有投资项目招标投标管理办法》的通知
9	浏阳市人民政府	浏政发〔2013〕17 号	2013 年 9 月 16 日	关于鼓励和支持民营经济发展的若干意见
10	浏阳市人民政府	浏政函〔2006〕216 号	2012 年 12 月 21 日	关于加强松脂生产管理的通告
11	浏阳市人民政府	浏政函〔2016〕13 号	2016 年 1 月 25 日	关于禁猎陆生野生动物的通告
12	浏阳市人民政府办公室	浏政办发〔2007〕7 号	2012 年 12 月 21 日	关于印发《浏阳市招商引资项目等级认定实施办法》的通知
13	浏阳市人民政府办公室	浏政办发〔2007〕12 号	2012 年 12 月 21 日	关于印发《浏阳市农村居民最低生活保障制度实施办法》的通知
14	浏阳市人民政府办公室	浏政办发〔2007〕16 号	2016 年 10 月 26 日	关于印发《浏阳市部门预算管理试行办法》的通知
15	浏阳市人民政府办公室	浏政办发〔2011〕74 号	2016 年 10 月 26 日	关于印发《浏阳市企业国有资产监督管理暂行办法》的通知
16	浏阳市人民政府办公室	浏政办发〔2011〕76 号	2016 年 10 月 26 日	关于印发《浏阳市企业国有产权转让管理暂行办法》的通知

续表 48

序号	制定机关	文　号	发文或重新公布日期	文件标题
17	浏阳市人民政府办公室	浏政办发〔2012〕6 号	2012 年 5 月 29 日	关于印发《浏阳市餐饮环境污染防治管理办法》的通知
18	浏阳市人民政府办公室	浏政办发〔2013〕3 号	2013 年 1 月 28 日	关于印发《浏阳市市级公立医院改革试点实施方案》的通知
19	浏阳市人民政府办公室	浏政办发〔2013〕8 号	2013 年 5 月 9 日	关于印发《浏阳市科技发展专项资金及科技计划项目管理办法》的通知
20	浏阳市人民政府办公室	浏政办发〔2013〕13 号	2013 年 6 月 19 日	关于印发《浏阳市城市规划区地块用地性质和容积率修改管理办法》的通知
21	浏阳市人民政府办公室	浏政办发〔2013〕14 号	2013 年 6 月 20 日	转发市住房和城乡建设局、城乡规划局关于《浏阳市市政工程规划和建设管理规定》的通知
22	浏阳市人民政府办公室	浏政办发〔2013〕17 号	2013 年 8 月 20 日	关于转发市财政局《浏阳市乡镇财政财务管理办法》的通知
23	浏阳市人民政府办公室	浏政办发〔2013〕18 号	2013 年 8 月 26 日	关于印发《浏阳市征地补偿资金管理办法》的通知
24	浏阳市人民政府办公室	浏政办发〔2013〕24 号	2016 年 10 月 26 日	关于印发《浏阳市政府投资项目工程变更暂行办法》的通知
25	浏阳市人民政府办公室	浏政办函〔2007〕70 号	2016 年 10 月 26 日	关于印发《浏阳市教育强乡（镇、街道）评估验收办法（试行）》的通知
26	浏阳市人民政府办公室	浏政办函〔2014〕38 号	2016 年 10 月 26 日	关于印发《浏阳市知识产权补助办法（暂行）》的通知
27	浏阳市人民政府办公室	浏政办函〔2015〕104 号	2015 年 12 月 31 日	关于印发《浏阳市兴工强市三年行动计划（2016—2018）》的通知
28	浏阳市人民政府办公室	浏政办函〔2016〕5 号	2016 年 2 月 6 日	关于印发《浏阳市森林禁伐三年行动（2016-2018）实施方案》的通知

表 49　　附件 3:继续有效的规范性文件目录

序号	制定机关	文　号	发文或重新公布日期	文件标题
1	浏阳市人民政府	浏政发〔2008〕8 号	2014 年 10 月 9 日	关于印发《浏阳市水利工程管理体制改革实施方案》的通知
2	浏阳市人民政府	浏政发〔2009〕5 号	2014 年 10 月 9 日	关于印发《浏阳市国有土地有偿使用若干规定》的通知
3	浏阳市人民政府	浏政发〔2009〕7 号	2014 年 10 月 9 日	关于印发《浏阳市城市户外广告设置及其位置使用权管理办法》的通知
4	浏阳市人民政府	浏政发〔2010〕17 号	2016 年 10 月 26 日	关于公布浏阳市本级取消调整保留的行政许可项目目录的决定
5	浏阳市人民政府	浏政发〔2010〕18 号	2016 年 10 月 26 日	关于公布浏阳市本级取消调整保留的年检项目目录的决定
6	浏阳市人民政府	浏政发〔2011〕17 号	2016 年 10 月 26 日	关于印发《浏阳市耕地质量管理办法》的通知
7	浏阳市人民政府	浏政发〔2013〕7 号	2013 年 5 月 13 日	关于公布市本级保留的非行政许可项目以及取消、调整行政许可项目目录的决定
8	浏阳市人民政府	浏政发〔2014〕13 号	2014 年 8 月 18 日	关于公布市本级行政审批项目目录的决定
9	浏阳市人民政府	浏政发〔2014〕15 号	2014 年 9 月 25 日	浏阳市人民政府、浏阳市人民武装部关于加强人民防空工程建设与管理的若干意见
10	浏阳市人民政府	浏政发〔2014〕22 号	2014 年 12 月 31 日	浏阳市人民政府关于加强房地产税收一体化管理的通知
11	浏阳市人民政府	浏政发〔2015〕3 号	2015 年 1 月 28 日	关于加快现代农庄发展的意见
12	浏阳市人民政府	浏政发〔2015〕6 号	2015 年 3 月 2 日	关于加强市域高速公路、国省干线公路两厢及重要河流两岸建设管理的通知

续表 49-1

序号	制定机关	文　号	发文或重新公布日期	文件标题
13	浏阳市人民政府	浏政发〔2015〕9 号	2015 年 5 月 13 日	关于印发《浏阳市被征地农民纳入社会保障范围实施办法》的通知
14	浏阳市人民政府	浏政发〔2015〕11 号	2015 年 7 月 15 日	关于推进政府购买服务的实施意见
15	浏阳市人民政府	浏政发〔2016〕2 号	2016 年 2 月 6 日	关于印发《关于加速推进花炮产业发展的意见》的通知
16	浏阳市人民政府	浏政发〔2016〕7 号	2016 年 8 月 1 日	关于促进电子商务发展的实施意见
17	浏阳市人民政府	浏政发〔2016〕11 号	2016 年 10 月 31 日	关于印发《浏阳市突发事件总体应急预案》的通知
18	浏阳市人民政府	浏政发〔2016〕12 号	2016 年 10 月 31 日	关于进一步推进户籍制度改革的实施意见
19	浏阳市人民政府	浏政发〔2018〕3 号	2018 年 2 月 11 日	关于印发《浏阳市关于推进科技创新的若干政策措施》的通知
20	浏阳市人民政府	浏政函〔2005〕100 号	2014 年 10 月 9 日	关于加强水工程管理的通告
21	浏阳市人民政府	浏政函〔2008〕126 号	2014 年 10 月 9 日	关于加强有线电视网络卫星电视广播地面接收设施管理的通告
22	浏阳市人民政府	浏政函〔2008〕245 号	2014 年 10 月 9 日	关于公共场所禁止吸烟的通告
23	浏阳市人民政府	浏政函〔2009〕60 号	2014 年 10 月 9 日	关于加强涉爆企业等单位森林消防工作的通知
24	浏阳市人民政府	浏政函〔2010〕335 号	2014 年 10 月 9 日	关于依法严厉打击传销活动的通知
25	浏阳市人民政府	浏政函〔2010〕349 号	2014 年 10 月 9 日	关于禁止在城市规划区内进行违法建设的通告
26	浏阳市人民政府	浏政函〔2010〕384 号	2016 年 10 月 26 日	关于明确城市治丧规范区范围的通告
27	浏阳市人民政府	浏政函〔2010〕393 号	2014 年 10 月 9 日	关于加强集里花炮展示交易中心和大瑶花炮大市场安全管理的通告
28	浏阳市人民政府	浏政函〔2014〕194 号	2014 年 7 月 25 日	浏阳市人民政府关于加强旅游景区环境综合整治的通告

续表 49-2

序号	制定机关	文　号	发文或重新公布日期	文件标题
29	浏阳市人民政府	浏政函〔2015〕138 号	2015 年 6 月 11 日	关于进一步深化殡葬改革的通告
30	浏阳市人民政府	浏政函〔2015〕143 号	2015 年 6 月 16 日	关于开展违法建筑整治的通告
31	浏阳市人民政府	浏政函〔2017〕15 号	2017 年 2 月 22 日	关于禁猎陆生野生动物的通告
32	浏阳市人民政府	浏政函〔2017〕340 号	2017 年 12 月 29 日	关于实施禁渔制度的通告
33	浏阳市人民政府	浏政函〔2018〕30 号	2018 年 2 月 28 日	关于实施河道砂石禁采管理的通告
34	浏阳市人民政府	浏政函〔2018〕47 号	2018 年 4 月 13 日	关于加强株树桥水库饮用水水源保护的通告
35	浏阳市人民政府	浏政函〔2018〕228 号	2018 年 10 月 31 日	关于严厉打击电鱼、毒鱼、炸鱼等非法捕捞行为的通告
36	浏阳市人民政府办公室	浏政办发〔2005〕27 号	2014 年 10 月 9 日	转发市总工会市地税局《关于委托市地税局代收各企事业单位应上缴工会经费的意见》的通知
37	浏阳市人民政府办公室	浏政办发〔2010〕29 号	2014 年 10 月 9 日	关于印发《浏阳市财政农业专项资金报账管理实施细则》的通知
38	浏阳市人民政府办公室	浏政办发〔2010〕33 号	2014 年 10 月 9 日	关于印发《浏阳市加速推进新型工业化专项发展资金管理办法》的通知
39	浏阳市人民政府办公室	浏政办发〔2010〕35 号	2014 年 10 月 9 日	关于落实相关优惠政策推进住房保障工作的通知
40	浏阳市人民政府办公室	浏政办发〔2011〕1 号	2016 年 10 月 26 日	关于印发《浏阳市森林消防行政过错责任追究办法》的通知
41	浏阳市人民政府办公室	浏政办发〔2011〕77 号	2016 年 10 月 26 日	关于印发《浏阳市基金监管实施办法》的通知
42	浏阳市人民政府办公室	浏政办发〔2014〕14 号	2014 年 9 月 23 日	关于印发《浏阳市湿地保护管理办法》的通知

续表 49-3

序号	制定机关	文　号	发文或重新公布日期	文件标题
43	浏阳市人民政府办公室	浏政办发〔2014〕15 号	2014 年 10 月 8 日	关于印发《浏阳市病媒生物预防控制管理办法》的通知
44	浏阳市人民政府办公室	浏政办发〔2014〕17 号	2014 年 10 月 21 日	关于印发《浏阳市爱国卫生管理办法》的通知
45	浏阳市人民政府办公室	浏政办发〔2014〕25 号	2014 年 12 月 15 日	关于印发《浏阳市突发性地质灾害应急预案》的通知
46	浏阳市人民政府办公室	浏政办发〔2015〕9 号	2015 年 5 月 17 日	关于印发《浏阳市市属国家出资企业重大事项报告管理办法》的通知
47	浏阳市人民政府办公室	浏政办发〔2015〕12 号	2015 年 11 月 12 日	关于印发《浏阳市水上搜救应急预案》的通知
48	浏阳市人民政府办公室	浏政办发〔2016〕1 号	2016 年 1 月 6 日	关于印发《浏阳市气象灾害应急预案》的通知
49	浏阳市人民政府办公室	浏政办发〔2016〕5 号	2016 年 2 月 6 日	关于印发《浏阳市老城区私人房屋改建管理办法》的通知
50	浏阳市人民政府办公室	浏政办发〔2016〕11 号	2016 年 4 月 21 日	关于印发《浏阳市食品药品违法行为举报奖励办法》的通知
51	浏阳市人民政府办公室	浏政办发〔2016〕22 号	2016 年 8 月 15 日	关于印发《浏阳市乡村教师支持计划（2016—2020 年）实施细则》的通知
52	浏阳市人民政府办公室	浏政办发〔2016〕23 号	2016 年 8 月 17 日	关于印发《查处烟花爆竹道路非法违规运输行为六条刚性执法标准》的通知
53	浏阳市人民政府办公室	浏政办发〔2016〕25 号	2016 年 9 月 14 日	关于印发《浏阳市城市餐厨垃圾管理办法》的通知
54	浏阳市人民政府办公室	浏政办发〔2016〕31 号	2016 年 11 月 22 日	关于印发《浏阳市粮食应急预案》的通知
55	浏阳市人民政府办公室	浏政办发〔2016〕37 号	2016 年 12 月 30 日	关于印发《浏阳市落实粮食安全省长责任制考核办法》的通知

续表 49-4

序号	制定机关	文　号	发文或重新公布日期	文件标题
56	浏阳市人民政府办公室	浏政办发〔2017〕7 号	2017 年 3 月 7 日	关于印发《浏阳市特种设备安全事故应急预案》的通知
57	浏阳市人民政府办公室	浏政办发〔2017〕9 号	2017 年 4 月 13 日	关于印发《浏阳市畜禽养殖区域划分办法》的通知
58	浏阳市人民政府办公室	浏政办发〔2017〕10 号	2017 年 5 月 16 日	关于印发《浏阳市国有土地上房屋征收奖励和补助办法》的通知
59	浏阳市人民政府办公室	浏政办发〔2017〕11 号	2017 年 5 月 16 日	关于公布浏阳市国有土地上房屋征收临时安置费标准的通知
60	浏阳市人民政府办公室	浏政办发〔2017〕12 号	2017 年 5 月 18 日	关于印发《浏阳市加强农村留守儿童关爱保护工作实施方案》的通知
61	浏阳市人民政府办公室	浏政办发〔2017〕13 号	2017 年 6 月 15 日	关于印发《浏阳市招商引资中介人奖励办法》的通知
62	浏阳市人民政府办公室	浏政办发〔2017〕14 号	2017 年 6 月 15 日	关于印发《浏阳市自然灾害救助应急预案》的通知
63	浏阳市人民政府办公室	浏政办发〔2017〕15 号	2017 年 6 月 15 日	关于印发《浏阳市食品安全事故应急预案》的通知
64	浏阳市人民政府办公室	浏政办发〔2017〕16 号	2017 年 6 月 15 日	关于印发《浏阳市突发公共卫生事件应急预案》的通知
65	浏阳市人民政府办公室	浏政办发〔2017〕19 号	2017 年 8 月 2 日	关于印发《浏阳市处置大面积停电事件应急预案》的通知
66	浏阳市人民政府办公室	浏政办发〔2017〕20 号	2017 年 7 月 31 日	关于印发《浏阳市突发事件医疗卫生救援应急预案》的通知
67	浏阳市人民政府办公室	浏政办发〔2017〕23 号	2017 年 7 月 31 日	关于印发《浏阳市林业生物灾害应急预案》的通知
68	浏阳市人民政府办公室	浏政办发〔2018〕1 号	2018 年 1 月 12 日	关于印发《浏阳市临时救助实施细则》的通知
69	浏阳市人民政府办公室	浏政办发〔2018〕3 号	2018 年 2 月 11 日	关于印发《浏阳市知识产权补助办法》的通知

续表 49-5

序号	制定机关	文　号	发文或重新公布日期	文件标题
70	浏阳市人民政府办公室	浏政办发〔2018〕4号	2018年2月11日	关于印发《浏阳市科技发展计划项目及专项资金管理办法》的通知
71	浏阳市人民政府办公室	浏政办发〔2018〕5号	2018年2月11日	关于印发《浏阳市建设领域农民工劳动报酬保证金实施办法》的通知
72	浏阳市人民政府办公室	浏政办发〔2018〕12号	2018年2月26日	关于印发《浏阳市新建商品房预售资金监管办法》的通知
73	浏阳市人民政府办公室	浏政办发〔2018〕20号	2018年6月21日	关于印发浏阳花炮传统小产品保护与扶持实施办法的通知
74	浏阳市人民政府办公室	浏政办发〔2018〕21号	2018年6月21日	关于印发浏阳市农贸市场管理实施细则的通知
75	浏阳市人民政府办公室	浏政办函〔2005〕31号	2014年10月9日	关于明确市乡联营林场林权证换发有关事项的通知
76	浏阳市人民政府办公室	浏政办函〔2015〕4号	2015年1月18日	浏阳市人民政府办公室关于禁止现场搅拌混凝土的通知
77	浏阳市人民政府办公室	浏政办函〔2015〕77号	2015年10月24日	关于实施个体及零散税收委托代征工作的通知
78	浏阳市人民政府办公室	浏政办函〔2016〕37号	2016年5月8日	关于做好困难残疾人生活补贴和重度残疾人护理补贴工作的通知
79	浏阳市人民政府办公室	浏政办函〔2016〕65号	2016年8月15日	关于推广应用预拌砂浆和限期禁止现场搅拌砂浆的通知

表 50　附件 4:重新公布的规范性文件目录

序号	制定机关	文　号	发文或重新公布日期	文件标题
1	浏阳市人民政府	浏政发〔2007〕2 号	2012 年 12 月 21 日	关于进一步深化乡镇街道教育机构改革的意见
2	浏阳市人民政府	浏政发〔2007〕14 号	2012 年 12 月 21 日	关于印发《浏阳市优惠照顾残疾人若干规定》的通知
3	浏阳市人民政府	浏政发〔2008〕5 号	2012 年 12 月 21 日	关于印发《浏阳市生产安全事故调查处理工作规则》的通知
4	浏阳市人民政府	浏政发〔2012〕5 号	2012 年 3 月 9 日	关于印发《浏阳市城市建设垃圾管理规定》的通知
5	浏阳市人民政府	浏政发〔2012〕7 号	2012 年 3 月 21 日	关于浏阳市价格调节基金征收管理工作的通知
6	浏阳市人民政府	浏政发〔2013〕6 号	2013 年 5 月 9 日	关于印发《浏阳市税收保障实施办法》的通知
7	浏阳市人民政府	浏政发〔2013〕10 号	2013 年 6 月 23 日	关于印发《浏阳市村级财务管理办法》的通知
8	浏阳市人民政府	浏政发〔2013〕15 号	2013 年 9 月 11 日	关于印发《浏阳市重点建设项目管理办法》的通知
9	浏阳市人民政府	浏政发〔2013〕20 号	2016 年 10 月 26 日	关于印发《浏阳市企业国有资本经营预算试行办法》的通知
10	浏阳市人民政府	浏政发〔2013〕22 号	2013 年 11 月 7 日	关于印发《浏阳市医疗救助实施办法》的通知
11	浏阳市人民政府	浏政发〔2013〕24 号	2013 年 11 月 20 日	关于印发《浏阳市退役士兵安置办法》的通知
12	浏阳市人民政府	浏政发〔2014〕4 号	2016 年 10 月 26 日	关于鼓励和支持文化产业发展的若干意见（试行）
13	浏阳市人民政府	浏政发〔2014〕8 号	2014 年 3 月 27 日	关于印发《浏阳市征地补偿安置实施办法》的通知
14	浏阳市人民政府	浏政发〔2015〕13 号	2015 年 11 月 23 日	关于印发《浏阳市征收集体土地货币安置区保障性房源分配和指标回购暂行办法》的通知
15	浏阳市人民政府	浏政发〔2016〕5 号	2016 年 5 月 4 日	关于印发《浏阳市政府法律顾问管理办法（试行）》的通知
16	浏阳市人民政府	浏政函〔2007〕70 号	2012 年 12 月 21 日	关于整治殡葬秩序推进殡葬改革的通告
17	浏阳市人民政府	浏政函〔2007〕79 号	2012 年 12 月 21 日	关于进一步做好大中型水库移民后期扶持有关工作的通知
18	浏阳市人民政府	浏政函〔2007〕88 号	2012 年 12 月 21 日	关于进一步明确烟花爆竹安全监管职责和安监、公安烟花爆竹安全监管体制的通知
19	浏阳市人民政府	浏政函〔2007〕157 号	2012 年 12 月 21 日	关于遏制耕地抛荒提高耕地利用率的通告
20	浏阳市人民政府	浏政函〔2013〕393 号	2013 年 11 月 20 日	关于加强墓葬管理的通告

续表 50-1

序号	制定机关	文　号	发文或重新公布日期	文件标题
21	浏阳市人民政府办公室	浏政办发〔2006〕38 号	2012 年 12 月 21 日	关于印发《浏阳市国家通用语言文字管理办法》的通知
22	浏阳市人民政府办公室	浏政办发〔2007〕4 号	2012 年 12 月 21 日	关于印发《浏阳市重点建设项目档案验收办法》的通知
23	浏阳市人民政府办公室	浏政办发〔2009〕17 号	2016 年 10 月 26 日	关于转发市劳动和社会保障局制定的《浏阳市工伤医疗服务管理暂行办法》的通知
24	浏阳市人民政府办公室	浏政办发〔2011〕73 号	2016 年 10 月 26 日	关于印发《浏阳市行政事业单位国有资产管理暂行办法》的通知
25	浏阳市人民政府办公室	浏政办发〔2012〕9 号	2012 年 6 月 21 日	关于印发《浏阳市公共机构节能管理办法》的通知
26	浏阳市人民政府办公室	浏政办发〔2012〕12 号	2012 年 8 月 15 日	关于进一步加强农村集体资金资产资源管理的实施意见
27	浏阳市人民政府办公室	浏政办发〔2012〕13 号	2012 年 8 月 29 日	关于进一步加强中小学幼儿园学生用车管理工作的实施意见
28	浏阳市人民政府办公室	浏政办发〔2013〕2 号	2013 年 1 月 21 日	关于转发中国人民银行浏阳支行市住房保障局《浏阳市集体土地上房屋抵押贷款办法》的通知
29	浏阳市人民政府办公室	浏政办发〔2013〕6 号	2013 年 4 月 21 日	关于印发《浏阳市农村扶贫开发（2011—2020 年）实施意见》的通知
30	浏阳市人民政府办公室	浏政办发〔2013〕9 号	2013 年 5 月 6 日	关于印发《浏阳市安全生产责任追究和行政问责办法》的通知
31	浏阳市人民政府办公室	浏政办发〔2013〕10 号	2016 年 10 月 26 日	关于印发《浏阳市财政专项资金公开公示暂行管理办法》的通知
32	浏阳市人民政府办公室	浏政办发〔2013〕19 号	2013 年 8 月 26 日	关于印发《浏阳市国有土地上房屋征收补偿资金管理办法》的通知
33	浏阳市人民政府办公室	浏政办发〔2013〕20 号	2013 年 8 月 22 日	关于印发《浏阳市政府投资建设项目竣工决算审计监督办法》
34	浏阳市人民政府办公室	浏政办发〔2013〕29 号	2016 年 10 月 26 日	关于印发《浏阳市机关单位和参照公务员法管理的事业单位参加工伤保险实施办法（试行）》的通知
35	浏阳市人民政府办公室	浏政办发〔2013〕30 号	2013 年 12 月 31 日	关于印发《浏阳市公共场所安全事故应急预案》的通知
36	浏阳市人民政府办公室	浏政办发〔2014〕9 号	2016 年 10 月 26 日	关于印发《浏阳市突发事件预警信息发布管理办法（试行）》的通知
37	浏阳市人民政府办公室	浏政办发〔2014〕10 号	2014 年 1 月 27 日	关于印发《浏阳市火灾事故应急预案》的通知
38	浏阳市人民政府办公室	浏政办发〔2014〕11 号	2014 年 6 月 26 日	关于印发《浏阳市突发事件应急救援工作预案》的通知

续表 51-2

序号	制定机关	文 号	发文或重新公布日期	文件标题
39	浏阳市人民政府办公室	浏政办发〔2014〕26号	2016年10月26日	关于印发《浏阳市保障性住房管理暂行办法》的通知
40	浏阳市人民政府办公室	浏政办发〔2015〕10号	2015年5月26日	关于印发《浏阳市市级财政专项资金分配审批管理办法（试行）》的通知
41	浏阳市人民政府办公室	浏政办发〔2015〕11号	2015年6月30日	关于印发《浏阳市农村公路竣（交）工验收管理办法（试行）》的通知
42	浏阳市人民政府办公室	浏政办发〔2016〕13号	2016年4月22日	关于印发《浏阳市新型职业农民培育认定管理办法（试行）》的通知
43	浏阳市人民政府办公室	浏政办发〔2016〕26号	2016年10月9日	关于印发《浏阳市空气重污染应急预案（试行）》的通知
44	浏阳市人民政府办公室	浏政办发〔2017〕8号	2017年3月22日	关于印发《浏阳市政务信息资源共享管理暂行办法》的通知

附　录

组织机构与负责人

（按篇目顺序排序）

中共浏阳市委员会

书　记　黎春秋
副书记　吴新伟　邱山东
常　委　秦跃平　吴　敏　周文舜　邓阳锋
郭　瑞（女）　戴武明　尹乐平　李爱民
邓　凡（2018.04 任）

市委工作机构

市委办公室

主　任　邓阳锋
常务副主任　肖炎强
副主任　朱姿丰（2018.09 止）
李　建（2018.09 任）
吕正红（兼）　谢　庆（女）　赵　理
纪检监察组组长　陈向前

市委督查室

主　任　谢　庆（女 2018.07 止）
陈文金（2018.07 任）

市委政研室

主　任　赵　理
副主任　朱京龙　王安军

市委党史办

主　任　罗业永（女）

市委改革办

副主任　吴中杰（2018.09 任）　张　葵

市接待办

主　任　谢　庆（女 2018.07 任）
副主任　（聘）张　荡（女）
副主任　周　琳（女）

机要保密局

局　长　陈慧娜（女）
副局长　刘海珍（女）

市委组织部

市委常委、部长　周文舜
常务副部长　黄　刚
副部长（兼）、老干部局局长、市委离退休干部党工委书记　（兼）　胡国平
副部长、市委非公有制经济组织和社会组织党工委书记　邹　芳（女）
副部长、市委基层党建工作领导小组办公室主任
李　斌
副部长（兼）、市绩效考核工作办公室主任
周如冰（2018.07 任）
市委非公有制经济组织和社会组织党工委副书记
卜　洋（女）
市纪委驻市委组织部纪检监察组组长　杨　海

市直机关工委

市直机关工委书记　邓阳锋
市直机关工委常务副书记　周平波
市直机关工委委员、纪工委书记　胡　珊（女）
市直机关工委副书记　袁　江

市委宣传部

部　长　李爱民
常务副部长　黎　安
副部长　潘　立（女）　林湘国
派驻纪检监察组组长　黎茂章

市委统战部

部　长　郭　瑞（女）
常务副部长　焦清平
副部长　汤建军（兼任）　蔡细毛（2018.02 止）
江　涵（2018.02 任）　张　旭（兼任）
工商联党组书记、第一副主席　汤建军
台办主任　江　涵（女，2018.02 任）
台办副主任　陈世荣
侨联主席　周　斌
侨办主任　吴娟娟（女）
民族宗教事务局局长　张　旭
民族宗教事务局副局长　何继春
民族宗教事务局副局长　彭　方（2018.11 任）

机构编制委员会办公室

主　任　张之俭

副主任　李远标　沈雁辉

市委部门管理机构

老干局

局　长　胡国平

副局长　黎玉立　胡秋平

信访局

局　长　吕正红

副局长　宋跃新　胡汉民　周明科(2018.11任)

党校(市行政学院)

校　长(院　长)　邱山东

常务副校(院)长　李　安

副　校(院)长　张安文　李晓军

浏阳市第十七届人民代表大会常务委员会

党组书记、主任　吴　震

副书记、副主任　刘　旭(女)

副主任　刘仙娥(女)　张友根　杨　智　陈　清

委　员(按姓氏笔画排序)

王　武　王承水　王辉文　孔伟兴

邓　君　邓立波　刘　旭　刘仙娥

刘雨文　李　明　杨　菊　杨　智

连志明　肖孟国(女)　吴　丹　吴　震

何启成　邹甘林(女)　张　竞(女)　张友根

张春果　陈　全　陈　清　陈静娴(女)

邵新文　罗红艳(女)　罗利平(女)　涂业清

黄　刚　黄龙明(女)　黄光辉　傅丹阳

焦爱国　焦清平　鲁忠良　雷　义

蔡晨波　暨朝佐　潘礼寿

法制委员会

主任委员　涂业清

副主任委员　王承水

财政经济委员会

主任委员　傅丹阳

副主任委员　邵新文(2017.12任)

市人大常委会工作部门

办公室

主　任　雷　义

副主任　孔伟兴　陈　全

内务司法工作委员会

主　任　王　武

副主任　黄龙明(女)

教科文卫工作委员会

主　任　邓　君

副主任　蔡晨波

城乡建设环境与资源保护工作委员会

主　任　鲁忠良

副主任　王辉文

农业农村工作委员会

主　任　连志明

副主任　杨　菊

选举任免联络工作委员会

主　任　邓立波

副主任　邹甘林(女)

浏阳市人民政府

市　长　吴新伟

常务副市长　吴　敏

副市长　邓　凡(挂职,2018.06任)

邓雪琴(女)　詹萍萍(女)　沈学军

周耀辉　王坤球

仲　凡(挂职,2018.12离任)

屈湘水(2018.03任)

副调研员　肖　云　文建军　唐强跃　彭　琼

副县级干部　罗永垂　黄海波(2018.01任)　王星辉

人民政府办公室

党组书记、主任　屈湘水(2018.09止)

邓科建(2018.09任)

党组成员、副主任　陈大友　缪传良　韩　昶

冯早成　黄　根　唐朝晖

党组成员、政务中心主任　余慧佳

党组成员、副主任　罗金卫

党组成员、派驻政府办纪检监察组组长　郑席法

政府办秘书科

科　长　屈强强

政府办文电科

科　长　朱　蕾

政府办综合科

科　长　李东平

政府办行政科

科　长　潘小余

政府督查室

主　任　张　剑

政府法制办

主　任　刘　友

副主任　刘向阳

政府研究室

副主任　梁志明　张义根(2018.03止)

朱　蕾(2018.11任)

征拆办

主　任　章正光

副主任　周迎庆　张江武

电子政务信息中心(2018.09撤机构,将职责划入数据资源局)

主　任　胡立军(2018.09止)

应急办(市政府值班室)

主　任　李兆杰

副主任　邹成林

外事办

主　任　屈雅玲(女)

园区办

副主任　罗从叔

优化办

主　任　李兆杰

浏阳市政务服务中心

党组书记、主　任　余慧佳

党组成员、副主任　熊满初

党组成员、主任科员　刘帅成
党组成员、副主任　刘开义

数据资源局

局　长　朱永建（2018.09 任）
副局长　胡立军（2018.09 任）
副局长　彭要政（2018.09 任）

政协浏阳市第十届委员会常务委员会

党组书记、主席　李家喜
副书记　郭瑞（兼、女）　张葵红（女）
副主席　张葵红（女）　谢建国　廖伟平（女）
　　　　谢鹤林　刘来宏（女）
秘书长　李贤美
常　委（54 人，按姓氏笔划排序）

王　持	王　娟（女）	王　斌
王朝晖	龙　科	朱树昌
刘　友	刘　琳（女）	刘学文
刘亮汝（女）	刘美成	刘佳富
汤　卓	汤建军	孙梦侬
李　双（女）	李　珊（女）	李　凌（女）
李　雄	杨　明	杨　郁
杨广泉	肖永林	肖建平（女）
邹　芳（女）	沈铁军	张　晔
陈　炼（女）	易　征	易　群（女）
罗　斌	罗道英	金先林
郑　榕（女）	周才仁	胡　波
胡　磊	晏美成	徐尔央（女）
徐治如	唐柱辉	黄伟成
黄　朴	彭金龙	释照性
鲁　培（女）	蔡细毛	熊　剑
熊南京	黎星照	潘　立（女）
魏远德	瞿桂平（女）	

市政协工作部门

政协办公室
主　任　李贤美　副主任　甘本洪
文教卫体委员会
主　任　王　斌　副主任　李永伯
提案法制委员会
主　任　王　持　副主任　孔　原
经济科技委员会
主　任　刘美成　副主任　刘平（女）
群团联络委员会
主　任　李　珊（女）
人口资源环境委员会
主　任　熊南京　副主任　吴高峰

中共浏阳市纪律检查委员会

书　记　秦跃平
常务副书记　杨厚波（2018.07 任）
副书记　黎星照　钟　斌（2018.07 任）
常　委　肖敏利（女）　陈艳梅（女）
　　　　陈　屹　徐昭明　饶　岚（女）

浏阳市监察委员会

主　任　秦跃平（2018.01 任）
副主任　杨厚波（2018.01 任）　黎星照（2018.01 任）
　　　　钟　斌（2018.09 任）
委　员　肖敏利（女，2018.01 任）
　　　　陈艳梅（女，2018.01 任）
　　　　陈　屹（2018.01 任）
　　　　杨辉平（2018.01 任）
　　　　陈文明（2018.01 任）

中共浏阳市委巡察工作领导小组办公室

主　任　潘礼寿
副主任　黄　森
中共浏阳市委第一巡察组
组　长　邹利明
副组长　张芙蓉
中共浏阳市委第二巡察组
组　长　李定平
副组长　肖　娟
中共浏阳市委第三巡察组
组　长　李远为
副组长　王卫民
中共浏阳市委第四巡察组
组　长　曾宪文
副组长　钟琼乳

民主党派

民革浏阳市工作委员会

工委主委　刘仙娥
副主委　谢建国　吴海宁　金先林

致公党浏阳工委

主　委　邓雪琴（女）
副主委　彭晓玲（女）　陈静（女）　李　明　孔伟兴

人民团体

总工会

主　席　刘　旭（女）
党组书记、副主席　魏远德
党组成员、副主席　李　翠（女）
党组成员　刘旭建
党组成员、副主席　曾凡波
党组成员、经审委主任　吴芝超
副主席（挂职）聂中堂（2018.11 任）
副主席　刘学文（兼）

工商业联合会

主　席　刘来宏(女)
党组书记、第一副主席　汤建军
党组成员、副主席　刘守成（2018.02 任）
党组成员、副主席　姜怡明
党组成员　刘　凯　唐效湖
副主席（兼职）叶长江　黄兢雄　黎洪武　王藏兵
　　　　　　　彭　成　劳　嘉　王忠明　何光林
　　　　　　　晏美成　郭　辉　宋怀智
副会长　李杏义　陶长彪　杨　郁　刘　勋
　　　　刘　颖　陈飞豹　陈开义　罗海波

周雄伟　黄亿昌　蒋剑锋　师艳林
黎　建　叶昌新　宋志明　李志坚
秘书长　唐效湖

妇女联合会

党组书记、主席　龙花明(女)
党组成员、副主席　李秀英(女)
副主席　刘　艳(女)
副主席(挂职)　李美玉(女)
副主席(兼职)　罗加辉(女)　唐丽莎(女)
刘小静(女)

共青团浏阳市委员会

党组书记、书记　汤　卓
党组成员、副书记　黄银凤(女)
副书记(挂职)　宋文彰(女 2018.12 任)
副书记(兼职)　杨　强(2018.12 任)
副书记(兼职)　曹　勇(2018.12 任)
副书记(兼职)　陶　欢(女 2018.12 任)

红十字会

会　长　邓雪琴(女)　江　涵(女,2018.02 止)
常务副会长　马超容(女,2018.02 任)
副会长　朱海峰(2018.02 任)

法　治

中共浏阳市委政法委员会

书　记　戴武明
常务副书记　孙仕定
副书记　尹桂云　周　翔　凌　剑

社会治安综合治理委员会办公室

主　任　孙仕定
副主任　吴碧辉　周　达

维护社会稳定工作领导小组办公室

主　任　尹桂云
副主任　易先超　龙雪辉

公安局

副市长、公安局党委书记、局长、督察长　沈学军
党委副书记、政委　刘　广(2018.02 止)
党委副书记、政委　罗湘艺(2018.02 任)
党委副书记、驻局纪检监察组组长　李汉能
党委委员、副政委、政工室主任、工会联合会主席
郭　彦(女)
党委委员、副局长　彭树红
党委委员、副局长　谭建辉
党委委员、副局长　吴　洵
党委委员、副局长　黄先辉
党委委员、副局长　刘桂贤

森林公安局

党组书记、局长　李志勇
党组副书记、政委　钟晨曦(2018.03 任)
党组成员、副局长　朱　力　黎有顺　钟英旺

人民检察院

党组书记、检察长　陈　芳(女)
党组副书记、副检察长　王金振
党组成员、副检察长　钟　斌(2018.08 止)
党组成员、政工室主任　陈再光
副检察长　肖建平(女)
检察委员会专职委员　贝承兵(2018.09 任)

人民法院

党组书记、院长　李　波
党组副书记、副院长　周　超
党组成员、副院长　陈花梅(女)
副院长　肖永林
党组成员、政工室主任、副院长　李宏伟
党组成员、执行局局长　李　维

司法局

党组书记、局长　肖柏林
党组副书记、副局长　孙家栋
党组成员、副局长　沈　华　郑小平
党组成员、政工室主任　贝　倩(女)

安全生产监督管理局

党组书记、局　长　熊湘东
党组副书记、副局长　蔺传球
党组成员、副局长　黄东风　陈鹏飞
党组成员、总工程师　陈美江
副局长　王义勇(挂职)

综合经济管理

发展和改革局(物价局)

党组书记、局长、公管办主任　李　翔
党组副书记、副局长　刘忠良
党组成员、公管办常务副主任　袁　锋
党组成员、市纪委监委驻发改局纪检监察组组长
唐润东
党组成员、副局长　周　晖　陈飞雁
党组成员、总经济师　游湘江
湘赣边区域合作办公室主任　吕立生
政府投资项目管理局局长　邓　恩(女)

市财政局

党组书记、局　长　唐洪胜
党组副书记、副局长　武安磐
党组成员、副局长　彭全龙
党组成员、浏阳经济技术开发区财政分局局长
陈　浩
党组成员、副局长　廖亿球(2018.02 任)
总会计师　喻扩军(2018.02 任)

审计局

党组书记、局长　杨俊钦
党组成员、副局长　杨　旭　蔡华(女,2018.02 任)
党组成员、总审计师　袁　晓

税务局

党委书记、局长　彭勇坚(2018.07 任)
党委副书记、副局长　周叙述(2018.07 任)
丁洪武(2018.07 任)
党委委员、副局长　郭学龙(2018.07 任)
黎茂美(2018.07 任)
彭宏辉(2018.07 任)
袁辉芳(2018.07 任)
周共平(2018.07 任)
赵　瑶(2018.07 任)

柳　韬(2018.07 任)
李　健(2018.07 任)
党委委员、纪检组长　刘　乔(2018.07 任)

国土资源局

党组书记、局长　寻　文(2018.07 任)
邓忠社(2018.07 止)
党组副书记、副局长　刘学辉
党组成员、副局长　王艺辉(女)
党组成员　黎　飞
党组成员、副局长　黎成红
党组成员、工会联合会主席　周　瑛(女)
党组成员、总工程师　戴仲和
党组成员、执法监察大队队长　焦旭辉

中华人民共和国星沙海关驻浏阳办事处

主　任　李　磊
副主任　管恩学

食品药品工商质量监督管理局

党委书记、局长　孙玉樟
党委副书记、副局长　张良发
党委成员、副局长　余湘怀　周学群
王足明　杨凌云(女)
党委成员、食安委办专职副主任　陈水清
党委成员、副局长　沈雪岭　黎　青　武耀华
喻斌辉　陈细江　杨　辉　张存根

公共资源交易管理委员会办公室

主　任　李　翔
常务副主任　袁　锋
副主任　左志伟　汪　东(2018.02 任)

市统计局

党组书记、局　长　陈傲冰
副局长　郑　榕(女)
陈志刚(2018.02 止)
党组成员、总统计师(聘)　黎　义
党组成员、副局长　夏广奎(2018.02 任)
统计普查中心主任　李小林

军　事

人民武装部

党委第一书记　黎春秋
党委书记、政委　尹乐平
纪委书记、副部长　王晓光
党委委员　尹乐平　刘展飞　王晓光　尹树立

人民防空办公室

党组书记　缪传良
主　任　陈　静(女)
党组成员、副主任　寻子俊　张建新

武警长沙支队执勤五大队浏阳中队

中队长　何　平
政治指导员　肖　鹤　(2018.05 任)
副中队长　刘敏强　(2018.05 任)

农　业

农业局(市委农村工作办公室)

党委书记、局长(主任)　谢　波
党委副书记、副局长(副主任)　王　建
党委委员　副局长　廖上鉴
党委委员　罗　旭
党委委员　副局长　熊　伟　赵永红　刘茂柱
廖义和　瞿桂平(女)
党委委员、工会联合会主席　赵　勇
党委委员、市纪委驻农业局纪检组长　冯　旻

畜牧兽医水产局

党委书记、局　长　孙　龙
党委委员、副局长　江洪兵
党委委员、工会联合会主席　罗新源
党委委员、副局长　向前进(2018.02 任)
党委委员、总畜牧师　唐文党

林业局

党委书记、局　长　赵文兵
副书记　黎　云(女)
党委委员　副局长　王　纲(2018.02 止)
党委委员　李志勇
副局长　唐学锋(2018.03 任)
党委委员、副局长　寻树人　廖文晖
党委委员、工会联合会主席　池步云
党委委员、总工程师(聘)　陈希见

烤烟生产指导中心

党组书记、主　任　罗　旭
党组成员、副主任　张俊贤　彭　江

农业技术推广中心

主　任　田　丰
党支部书记　黎良平
副主任　喻仲生　王学明　黄汉军　张再仁

水　利

水务务局

党委书记、局长　邓　华
党委副书记、副局长　李红兵
党委委员(2018.07 止)　欧阳成林
党委委员、联合工会主席　彭孝健
党委委员、副局长　卢清红(女)
党委委员、副局长　周方旺
党委委员、防办主任(2018.02 任)　雷文浩
党委委员、总工程师(2018.08 任)　邹丽丽(女)
党委委员　王　武(2018.02 止)
官庄水库浏阳灌区管理处主任(2018.09 任)汤异峰

水利建设投资有限公司

总经理　熊　赛(女)
副总经理　雷文治(2018.02 止)
唐　丰　郭海斌

株树桥水库管理局

党委书记　张安平
党委副书记、局长　黄永忠
党委委员、副局长　周孟秋
党委委员、工会联合会主席　刘柏平
党委委员、副局长　张泱泱
党委委员、纪委书记　危得智

工　业

经济和信息化局

党委书记、局长　邓科建(2018.10 止)

朱姿丰(2018.10 任)

党委委员、副局长　彭庆辉

副局长　周　悦

党委委员、市纪委监委派驻经信局纪检监察组组长

黄　萍(女)

党委委员、总经济师　傅鹏飞

党委委员、工会联合会主席　黄　彬

国网浏阳市供电公司

总经理、党委副书记　周弘明(2018.12 止)

熊厚辉(2018.12 任)

党委书记、副总经理　谌　智(2018.01 任)

副总经理　曾　健　何　霄(2018.12 任)

李鑫婧(2018.12 任)

工会主席、纪委书记　张　杰

鞭炮烟花管理局

党组书记、局长　汪剑波

党组副书记、副局长　孔祥全

党组成员、副局长　李仕飞　陈湘涛

湖南烟花爆竹产品安全质量监督检测中心

主　任　黄茶香(女)

副主任　朱玉平　张济水　徐　莉(女)

开发区与园区建设

经济技术开发区管理委员会

党工委第一书记　黎春秋(兼)

党工委书记　郭力夫

党工委副书记、管委会主任　谈文昌

党工委副书记、管委会副主任　寻院豪

党工委委员、管委会副主任　何六生

党工委委员　胡汉圣

党工委委员、管委会副主任　邹先瑜(2018.07 止)

党工委委员、管委会副主任　罗其胜　伍建明

党工委委员、纪工委书记　肖赛男(女)

党工委委员、管委会副主任

喻辉(2018.07 任,挂职)

管委会副主任　陈志高(聘)

高新技术产业开发区管理委员会

党工委书记　周　剀(2018.07 止)

喻　辉(2018.07 任)

党工委副书记、管委会主任　喻　辉(2018.07 止)

党工委副书记、管委会副主任　赵志武

党工委副书记　李　建(挂职,2018.09 止)

党工委委员、副书记　陈训武(挂职,2018.09 任)

党工委委员、工会联合会主席　蔚正红(女)

党工委委员、管委会副主任　张　露(女)

党工委委员、纪工委书记　黄才胜

党工委委员(挂)、企业党委委员、专职副书记

宋　孟

两型产业园管理委员会

党组书记　刘守德

党组副书记(挂职)　陈　建

管委会主任　杨沅光

党组成员、副主任　俞　凌

党组成员、纪检组长　刘　琴(女)

党组成员、副主任　刘雨成(2018.02 任)

管委会副主任　唐柱辉

文化产业园管理委员会

主　任　高　志(女)

副主任　黄国靖　李　璀(女)

交　通

交通运输局

党委书记、局长　李声义

党委委员、副局长　罗　成　张小芳　唐志鹏

党委委员、驻局纪检组组长　刘作昌

党委委员、工会主席　魏湘江

党委委员、总工程师兼城乡客运管理局局长

胡　浩

交通建设投资有限公司

总经理　柳闯江

副总经理　张金亮(女)　李　昆

公路管理局

党委书记、局　长　曾云峰

党委委员、副局长　罗学贤　娄杏明

黎初文　高　峰

党委委员、工会主席　黄　峰

湖南省浏阳市地方海事处

支部书记、处长　倪卫民

邮政·通信

中国邮政集团公司湖南省浏阳市分公司

党委书记、总经理　邱博力

纪委书记、副总经理　文拥军

副总经理　胡文利　陆　灿

中国电信湖南省浏阳分公司

党委书记、经理　陈浩

副经理　钟　旭　张龙秋

中国移动通信集团湖南有限公司长沙市浏阳市分公司

总经理　张　慧

副总经理　李冀翩　李爱纯　易　稳

中国联合网络通信有限公司浏阳市分公司

党支部书记、总经理　孙跃文

副总经理　周景龙

城乡建设和管理

住房和城乡建设局

党委书记、局　长　张益平

党委委员、副局长　陈文波(2018.03 任,2018.10 止)

潘润华

党委委员、工会联合会主席　陈　铁(2018.2 任)

党委委员、副局长　寻　江

副局长、总工程师　金先林

党委委员、市纪委监委驻住建局纪检监察组组长

易森林

市政园林管理局

党支部书记　陈昌根(2018.08 任)

局　长　王志革(2018.08 止)

城乡规划局

党组书记、局长　屈文毅

党组副书记、副局长　刘贤波

党组成员　陈树松

党组成员、副局长　孔祥礼　李忠宏

党组成员、总规划师　尹振国

基础设施建设投资管理中心

(城市建设集团有限公司)

党组书记、主任、董事长　熊　文

副书记、副主任、总经理　黎　毅

副书记、纪检组长　许　智

副主任(2018.03 任)、副总经理　陈子谦

副总经理　于永强　叶良永

工务局

党组书记、局长　张伯锋

党组成员、副局长　周正佳　黎河清

党组成员、总工程师　陈　锋

住房保障局

党委书记、局长　陈　旭

党委副书记、副局长　陈文波(2018.07 止)

党委委员、副局长　欧阳维

党委委员、副局长　胡香文(女)

长沙住房公积金管理中心浏阳市管理部

党支部书记、主任　袁祖平

副主任　胡咏梅

自来水公司

党委书记、董事长　周树成

副书记、总经理　刘国泰(2018.02 任)

党委委员、副经理　张大勇

党委委员、副经理、工会联合会主席　江和平

党委委员、副经理　陈松柏

纪委书记　邓丽霞　(女)

城市管理和行政执法局

党委书记、局长　古长根

党委副书记、副局长　张达宗

党委委员、副局长　张先锋

党委委员、爱卫办主任　罗永昌

党委委员、副局长　胡　湘

党委委员、工会联合会主席　胡忠敏

市容环境卫生管理局

党总支书记　张　健(2018.07 任)

局　长　胡　舟

生态环境

环境保护局

党组书记、局长　谭应启

党组副书记、副局长　李洪湖(2018.07 止)

党组成员、总工程师　林琼国(女)

党组成员、副局长　钟诗勇　黄　腾

商　务

商务合作局

党委书记、局长　唐小红

党委副书记、副局长　宋继红

党委委员、工会主席　张开明　李武(2018.02 止)

党委委员、副局长　宋　妮(女)　段云鹏

陈志刚(2018.02 任)

副局长　李　凌(女)

招商引资服务中心

党组书记、主任　林申达(2018.07 任)

黄杰伟(2018.07 止)

党组副书记、副主任　刘　平

党组成员、副主任　黎　涛

副主任　曾　臻(女)

供销合作总社

党组书记、主任　李恒海

党组成员、副主任　陈光友

党组成员、副主任　张　平(女)

党组成员、联合工会主席　杨　旭

粮食局

党委书记、局　长　吴世平

副局长　寻雄光

党委委员、工会联合会主席　张高峰

党委委员、副局长　王正道

党委委员、副局长　刘　瑜

中国石化销售有限公司湖南长沙浏阳石油分公司

经　理　杨　锟

书　记　刘建光

副经理　文　涛　邹　俊

烟草专卖局(分公司)

党组书记、局长(经理)　黄松青

党组成员、纪检组长　朱开林

党组成员、副经理　王建文

党组成员、副局长　张韶湘

旅　游

旅游局

党组书记、局长　陈　刚

党组成员、副局长　李运胜　陈　庆　陈炉强

浏阳市文化旅游产业发展有限责任公司

董事长　王辉章

总经理　瞿　伟

副总经理　钟长亭　李　澳(女)

湖南省浏阳大围山国家森林公园管理处

党组书记　徐强国(2018.10 止)

党组副书记、主任　涂向阳

党组副书记、副主任　蔡细毛

党组成员副主任　刘双辉

党组成员　邓　勇

党组成员副主任　罗　平

浏阳市大围山旅游投资开发有限公司

总经理　邓　勇

副主任　罗　平

副总经理　赵　坤

秋收起义文家市会师纪念馆

党支部书记　卢　铠
馆长（升格前）　熊　玮（2018.02 止）
馆长（升格后）　卢　铠（2018.02 任）
副馆长　熊　玮（2018.02 任）
陈　英（女，2018.07 止）
余子牛（2018.07 止）
邓　勍（女，2018.07 任）
办公室主任　肖吉贤（2018.07 任）
宣传教育部部长　周晔虹（女，2018.07 任）
文物保护部部长　张成根（2018.07 任）
对外联络部部长　彭洪波（2018.07 任）

胡耀邦故里管理局

党组书记、主　任　胡厚坤
党组副书记　陈文金（2018.07 止）
党组成员、副主任　邹周超　徐志强

金　融

金融工作办公室

主　任　李　峰
副主任　陈　虎　李艺探（女）

中国人民银行浏阳支行

副行长　李　旻（主持工作）　彭亚青

国家外汇管理局浏阳市支局

副局长　李　旻（主持工作）

中国工商银行股份有限公司浏阳支行

党总支书记、行长　梁国树
副 行 长　邹祖国　戴朝文
行长助理　秦海波

中国农业银行股份有限公司浏阳市支行

党委书记、行长　凌庆联
党委委员、副行长　丁　华　熊　云　陈　佩
党委委员、纪委书记　张兴华（2019.08 止）
党委委员、纪委书记　杨开凡（2019.09 任）

中国建设银行股份有限公司浏阳支行

党支部书记、行长　章　卓
副行长　陈　璐（女）　刘建红（女）
邹　鸣　彭宇辉（女）
浏阳经开区支行行长　夏　禹
浏阳天马路支行行长　兰幼林（女）
浏阳集里桥支行行长　钟　剑（女）

中国银行股份有限公司浏阳支行

行　长　徐征
副行长　刘启完　胡　斌
邓永红（女）　鲁志钢

长沙银行股份有限公司浏阳支行

行　长　彭　洁（女）
副行长　邱长松　暨淑丰

湖南浏阳农村商业银行股份有限公司

董事长　邓来发
副董事长、行长　李寿树
监事长　刘毅敏
副行长　胡琦文　谭继友
行长助理　毛　圣

中国邮政储蓄银行浏阳市支行

行　长　李　琦
党支部书记、副行长　李　娴（女）
副行长　黄　祥

交通银行股份有限公司长沙浏阳支行

行　长　黄珊（女）
副行长　熊　华　何曼曼（女）　谢俊峰

中国人民财产保险股份有限公司浏阳支公司

党支部书记、经理　李　兵
副经理　陶　帅　田　晁

中国人寿保险股份有限公司浏阳支公司

党支部书记、总经理　罗伟明
副经理　吴思沙、张文丽

中国平安财产保险股份有限公司浏阳支公司

总经理　邱海波
副总经理　周建波

中国平安人寿保险股份有限公司浏阳支公司

经理　姚嘉辉

科学技术

科学技术局（市知识产权局）

党组书记、局长　汤相福
党组副书记、副局长　李渔海
党组成员、副局长　周　华　陈兴洪
党组成员、市纪委驻科技局纪检组组长　许运良

科学技术协会

党组书记　沈村正
主　席　张　晔
副主席　周秀星　李文英
副主席（兼）　王大辉　赵永红　陈飞荣　李渔海
武安磐　李　武　周秋涛

水文局

局　长　吴佳忠
副局长、工会主席　陈家福
副局长　谢　瑚

气象局

局　长　李春梅（女）
党组副书记　姜翠文
副局长、纪检员　李　立

教　育

教育局

党委书记、局长　汤显华
党委委员、副局长　黄　朴
党委委员、纪检组长　刘　恋（女）
党委委员、副局长　罗荣棠
党委委员、副局长、工会主席　钟晨曦（2018.02 止）
党委委员、工会主席　李武（2018.02 任）
党委委员、副局长　苏启平（2018.07 任）

第一中学

党委书记　卢从发
党委副书记、校长　袁章军
党委委员、副校长　苏飞跃　寻鹏飞（2018.08 任）

党委委员、副校长　周晓波(2018.08 任)
校长助理　赖章武　赖　毓
艺校党总支书记　罗世良
校长助理、艺术学校校长　罗中平
校长助理、一中高新区实验中学校长　王　睿(女)
工会主席　谢宏亮

田家炳实验中学
党委书记　朱玉喜
党委副书记、校长　刘会成
副校长　汤坤池　屈加亮　寻鹏飞(2018.07 止)
刘贤明(2018.08 任)
工会主席　张继极(2018.08 止)
黄玉峰(2018.08 任)
校长助理　黄玉峰(兼)　何申如(2018.08 任)

职业中专
党总支书记　赖才腾
党总支副书记、校长　陈　奎
副校长　陈中西　易贵辉
校长助理　蔡　礼　刘继荣

湖南省石油化工技工学校
校　长　张　健
党支部书记　王茂祥
副校长　胡兴斌　梁端林

文化体育

文化体育广播电视局
(浏阳市新闻出版局)
党委书记、局　长　余海波
党委委员、副局长　张孟兰
党委委员、工会联合会主席　汪建国
党委委员、副局长　许　征
党委委员、副局长　李筱端(2018.08 任)

广播电视台
党委书记、台长　王桃文
党委副书记、副台长　王继斌
党委委员、副台长　于承明
党委委员、副台长　郑　霞(女)

浏阳日报社
党组书记、社　长　刘家川
党组成员、总编辑　龙章平
党组成员、副总编辑　陈　江
党组成员、副社长　凌　旺(2018.02 任)
副总编辑　沈铁军

市委党史办公室
主　任　罗业永

市志档案局
局　长　杨　刚
副局长　张鲜明　陈洁璐

湖南省新华书店有限责任公司浏阳市分公司
经理、党支部书记　罗　斌
党支部副书记、副经理　陈学雷
副经理　李玉娟

卫生和计划生育

卫生和计划生育局
党委书记、局长　欧阳武
党委副书记、副局长　张卫国
党委委员、副局长　卢　林
党委委员、副局长　刘　冰(女)
党委委员、纪委监委驻卫计局纪检监察组组长
李峥嵘(女)
党委委员、工会联合会主席　周才仁
党委委员、副局长　何梅林(女)
党委委员、副局长(挂职)　周秋涛

妇幼保健计划生育服务中心(妇幼保健院)
党委书记、主任、院长　龙湘泉
党委副书记、副主任、副院长　黄其美(女)
党委委员、副主任、副院长　李　珣　肖　波
党委委员、纪委书记　黄海霞(女)
工会主席　黎　红(女)

疾病预防控制中心(浏阳市健康教育所)
党总支书记、主任　许　欣
党总支副书记、副主任　肖　蓬(女)
党总支委员、副主任　张　浩
党总支委员、工会主席　陈建伟
党总支委员　龙花君(女,2018.11 任)

卫生计生综合监督执法局
局　长　许　勇

人民医院
党委书记　周　平(2018.11 止)
张　勇(2018.11 任)
院　长　张　勇
党委副书记　张　勇(2018.11 止)
周　平(2018.11 任)
纪委书记　邓宗伟(2018.11 任)
副院长　邓宗伟(2018.11 止)　周秋涛
刘智勇　梁鹏
党委委员　邓宗伟　周秋涛　刘智勇　梁鹏
邱喜鸣(2018.11 止)
汤华章(2018.11 止)
汤淼云(女,2018.11 止)
工会主席　戴　敏

中医医院
党委书记、院长　邱晓年(2018.07 任党委书记)
党委副书记　盛志新(2018.07 任)
党委委员、副院长　吴海波
党委委员、纪委书记　廖　镇
党委委员、副院长　周月红(女)、周明亮
副院长　刘　密(挂职)
党委委员　黄小英(女,2018.08 退休)
工会主席、院长助理　郭　弘

精神病医院
浏阳市荷花街道社区卫生服务中心
党总支部书记　邹　冰
院　长　李　宇
副院长　蒋章荣　何军旗　刘　姗

社会生活

国家统计局浏阳调查队

队　长　熊明威
副队长　张伟成
纪检员　龙志群

民政局

党组书记、局长　姜林峰
副局长　王朝晖
党组成员、副局长　刘赋辉　林永红
党组成员、双拥办主任　陈　平
党组成员、社会救助局局长　刘迪清

人力资源和社会保障局

党委书记、局长　陈国强
党委副书记、副局长　周雪峰
党委委员、副局长　苏高潮(2018.05　止)
陈伟林　钟　伟
工伤保险中心主任　谢雪菲(女)
失业保险中心主任　袁远航
医疗保险中心主任　冷长征(女)
人力资源服务中心主任　周水波

残疾人联合会

党组书记、理事长　周卫东
党组成员、副理事长　罗人歌
王柏林(2018.02 任)

移民开发管理局

党组书记、局　长　谭　力
党组成员、副局长　何昌全

街道·镇·乡

·淮川街道·

中共淮川街道工作委员会

书　记　戴伟平
副书记　卢焕新　张艳平　陈满红(2018.02 任)
纪工委书记　陈满红
工委委员　周奇志　唐青山　陈志刚　陈　珍(女)

人大工作委员会

主　任　周奇志
副主任　涂传秀(女)

街道办事处

主　任　卢焕新
副主任　唐青山　陈志刚　余忠国

政协联络工作负责人

张艳平

·集里街道·

中共集里街道工作委员会

书　记　胡汉堂
副书记　张文初　高让波　张　虎
纪工委书记　刘翔宇
工委委员　张　竞(女)　罗亚平　吴维全
刘翔宇　周健芝(女)

人大工作委员会

主　任　张　竞(女)
副主任　古善良

街道办事处

主　任　张文初
副主任　罗亚平　吴维全　寻　婷(女)
周水波　曾　义(2018.02 任)

政协联络工作负责人

高让波

·荷花街道·

中共荷花街道工作委员会

书　记　周逢明
副书记　杨品正　杨　辉(2018.02 任)
纪工委书记　吴劲文
工委委员　任飞跃　谭日红　吴劲文
宁志强　牛春旭(2018.02 任)

人大工作委员会

主　任　任飞跃
副主任　吴光伟

街道办事处

主　任　杨品正
副主任　宁志强　牛春旭　戴学文　胡燕群(女)

政协联络工作负责人

牛春旭(2018.02 任)

·关口街道·

中共关口街道工作委员会

书　记　朱永建(2018.09 止)　李　锋(2018.09 任)
副书记　黄　琦　李升稳　刘佳富　刘　鹏
纪工委书记　寻梓辉
工委委员　李秀英(2018.02 止)
凌　旺(2018.02 止)
刘玉丰(女)　朱　敏
厉　昶(2018.11 止)
沈祥谋(2018.11 任)　钟宏亮

人大工作委员会

主　任　李升稳
副主任　肖桂炎

街道办事处

主　任　黄　琦
副主任　朱　敏　凌　旺(2018.02 止)
厉　昶(2018.01 止)　沈祥谋
钟宏亮　陈学远　吉红霞(女)
米海峰(2018.01 止)

政协联络工作负责人

刘佳富

·古港镇·

中共古港镇委员会

书　记　刘守德
副书记　陈　建　袁柏林
纪委书记　杨　璐(女)
党委委员　何启成　陈桂伍　陈爱民(女)
沈水艳(女,2018.02 任)

刘雨成(2018.02 止)
李　胜　杨　璐(女)

人大主席团
主　席　何启成
副主席　黄明铵(2018.02 任)

镇人民政府
镇　长　陈　建
副镇长　陈桂伍　沈水艳(女,2018.02 任)
刘雨成(2018.02 止)　李　胜
谭景祥(2018.03 任)　徐伟星　肖志强
周继光(2018.02 任)
刘星星(女,挂职,2018.08 任)

政协联络工作负责人
陈桂伍

·高坪镇·

中共高坪镇委员会
书　记　刘正再
副书记　张　震　周雯生
纪委书记　王性明
党委委员　雷建军　巫文根　刘　波　熊志山
王性明　刘　榴(2018.08 任)

人大主席团
主　席　雷建军
副主席　何　滔

镇人民政府
镇　长　张　震
副镇长　巫文根　刘　波　游水生(2018.05 任)
刘　榴(2018.08 提名)

政协联络工作负责人
巫文根

·沿溪镇·

中共沿溪镇委员会
书　记　郭　驰
副书记　陈治国(2018.09 止)
李洪湖(2018.09 任)
厉　涛(2018.02 任)
纪委书记　许超群(女)
党委委员　张平平(女)　杨传风
许超群(女)　欧阳山
余　舟(2018.02 任)
邵　波(2018.07 任)

人大主席团
主　席　张平平(女)
副主席　龚穗滨

镇人民政府
镇　长　陈治国(2018.11 止)
李洪湖(2018.11 任)
副镇长　欧阳山　余　舟(2018.05 任)
邵　波(2018.11 任)　潘剑波

政协联络工作负责人
欧阳山(2018.07 任)

·官渡镇·

中共官渡镇委员会
书　记　李　锋(2018.10 止)
张新平(2018.10 任)
副书记　张新平(2018.10 止)
刘正德(2018.10 任)　苏杨辉
纪委书记　李晓龙
党委委员　宋　洁　张　巍　李晓龙
胡海英(女,2018.2 任)
戴明河　袁　维(女)

人大主席团
主　席　宋　洁
副主席　汤晓丽(女,2018.07 止)

镇人民政府
镇　长　刘正德(2018.11 任)
张新平(2018.11 止)
副镇长　张　巍　胡海英(女,2018.5 任)
戴明河　彭　靖

政协联络工作负责人
张　巍

·永和镇·

中共永和镇委员会
书　记　傅庭信
副书记　刘　宽　祝易滔
纪委书记　杨斌
党委委员　刘　科　沈水艳(女,2018.02 止)
汤达愉　杨　斌　陈香(女,2018.02 任)
黄　镇　傅江涛(2018.02 任)

人大主席团
主　席　刘　科
副主席　黎　浩

镇人民政府
镇　长　刘　宽
副镇长　汤达愉　陈　香(2018.02 任)
黄　镇　喻　鍠　张　凡　杨志前
刘孝伟(2018.07 任)

政协联络工作负责人
汤达愉

·达浒镇·

中共达浒镇委员会
书　记　汪万江
副书记　卢义胜　陈　经(2018.1 任)
纪委书记　胡　滨
党委委员　龙　游　金　涛　胡　滨　肖　胡
左常达　江　新(2018.02 止)
黎善录(2018.02 任)

人大主席团
主　席　龙　游
副主席　黎善录(2018.02 止)
李　明(女,2018.02 任)

镇人民政府
镇　长　卢义胜
副镇长　金　涛　左常达　廖　康

江　新(2018.02 止)　黎善录(2018.02 任)

政协联络工作负责人

金　涛

·大围山镇·

中共大围山镇委员会

书　记　傅爱华

副书记　邵　劭　易　亮

纪委书记　卢　义

党委委员　易显旺　罗　伟　卢　义　胡　亮

陈　香(2018.02 止)

张宋姣(2018.02 任)

孔　江(2018.07 止)

陈敏林(2018.07 任)

人大主席团

主　席　易显旺

副主席　周　波

镇人民政府

镇　长　邵　劭

副镇长　罗　伟　胡　亮　孔　江(2018.08 止)

陈敏林(2018.07 任)　朱礼锋

政协联络工作负责人

罗　伟

·张坊镇·

中共张坊镇委员会

书　记　刘飞舞

副书记　张贤前　黎　志

纪委书记　康兆祯(2018.07 任)

何俊雄(2018.07 止)

党委委员　袁思来　胡海英(女,2018.02 止)

何俊雄　陈　勇　彭　浩(2018.02 任)

康兆祯(2018.08 任)

人大主席团

主　席　袁思来

副主席　彭　浩(2018.02 任)

李雪华(女,2018.02 任)

镇人民政府

镇　长　张贤前(2018.07 任)

副镇长　胡海英(女,2018.02 止)　何俊雄

陈　勇　罗晓晖　彭传初(2018.02 任)

政协联络工作负责人

陈　勇

·澄潭江镇·

中共澄潭江镇委员会

书　记　陈训武(2018.09 止)

刘法裕(2018.09 任)

副书记　黄　武　王立志(2018.02 任)

纪委书记　刘　辉

党委委员　尹灿文　伍昶林　王立志

刘　辉(2018.02 任)　曹建章

龚　娜(2018.02 任)　王挺攀

人大主席团

主　席　尹灿文

副主席　陶长富

镇人民政府

镇　长　黄　武

副镇长　伍昶林　王立志(2018.02 任)　曹建章

王挺攀(2018.02 任)　刘守龙(2018.02 任)

政协联络工作负责人

曹剑章

·中和镇·

中共中和镇委员会

书　记　张　清

副书记　汤　波　余子牛(2018.08 任)

纪委书记　唐建华

党委委员　汤凯希　李丽莎(女)

唐建华　陈　涛　何　强

人大主席团

主　席　刘宗斌

副主席　钟立柱

镇人民政府

镇　长　汤　波

副镇长　汤凯希　陈　涛　何　强

刘艳林　吴　鹏(2018.08 任)

政协联络工作负责人

汤凯希

·文家市镇·

中共文家市镇委员会

书　记　卢　铓

副书记　易志坚　刘辉成

纪委书记　彭　伟

党委委员　胡　南(女)　彭　伟

陶　鹏(2018.02 止)

钟宏亮(2018.02 止)

邱　可(2018.09 止)

张会连　陈馨伊(2018.02 任)

人大主席团

主　席　胡　南(女)

副主席　胡文博(2018.02 任)

镇人民政府

镇　长　易志坚

副镇长　钟宏亮(2018.02 止)　邱　可

张会连　汤德刚

政协联络工作负责人

邱　可(2018.09 止)　胡　南(2018.09 任)

·大瑶镇·

中共大瑶镇委员会

书　记　周森源

副书记　潘定一　雷　健

纪委书记　刘凤娥(女)

党委委员　肖长春　林健美(女)　刘凤娥(女)

刘正德(2018.09 止)　赵舟飞(2018.07 任)

刘敏中(2018.07 任)

人大主席团
主　席　肖长春
副主席　左春林
镇人民政府
镇　长　潘定一(2018.05任)
副镇长　刘正德(2018.9止)　赵舟飞
刘敏中(2018.7　提名)　钟圣家　陈和龙
周意平　杨　志　钟　美(女,2018.07提名)
浏阳市花炮材料制造产业基地管委会
主　任　杨　志
副主任　刘华杰　李永强

·金刚镇·

中共金刚镇委员会
书　记　鲁常战　刘守成(2018.02止)
副书记　李中秋　罗　柱(2018.02任)
纪委书记　张昆池
党委委员　罗　武　张昆池　张辉署　何焱庭
李　晓(女)　夏广奎(2018.02止)
人大主席团
主　席　罗　武
副主席　宋力强
镇人民政府
镇　长　李中秋
副镇长　何焱庭　李　晓(女)
夏广奎(2018.02止)　钟　慧(女)
王升华(2018.07任)
政协联络工作负责人
李　晓(女)

·葛家镇·

中共葛家镇委员会
书　记　戴圣伟
副书记　张佳丽(女)　余耀东
纪委书记　王档军
党委委员　于焕民　曾祥浩　江　新(2018.02任)
周清萍(女)　陶雄志(2018.02止)
张　啸(2018.02任)
人大主席团
主　席　于焕民
副主席　柳　鑫
镇人民政府
镇　长　张佳丽(女)
副镇长　曾祥浩　申春旭(2018.02止)
江　新(2018.02任)
张　啸(2018.02任)
李　银(女,2018.02任)
政协联络工作负责人
曾祥浩

·枨冲镇·

中共枨冲镇委员会
书　记　刘　刚
副书记　章学良(2018.09止)　邱　可(2018.09任)
余培飞
纪委书记　黎　烨(女)
党委委员　周　剑　黎　烨(女)　王　罗
龚　娜(2018.02止)
唐志纲(2018.02任)　赖　和(2018.02任)
人大主席团
主　席　周　剑
副主席　陈招兴
镇人民政府
镇　长　章学良(2018.09止)　邱　可(2018.09任)
副镇长　王　罗　龚　娜(2018.02止)
唐志纲(2018.02任)　唐银亮
汤　军　宋　佳(女,2018.08任)

·镇头镇·

中共镇头镇委员会
书　记　孙　谦
副书记　潘擎炬　张　征(2018.02任)
纪委书记　罗　柱(2018.02止)　晏　武(2018.02任)
党委委员　罗红艳(女)　罗　柱(2018.02止)
晏　武(2018.02任)　熊　辉
蔡伟来　袁海军　胡学文
人大主席团
主　席　罗红艳(女)
副主席　朱开田(2018.02任)
镇人民政府
镇　长　潘擎炬
副镇长　熊　辉　蔡伟来　袁海军
胡学文　李云峰
政协联络工作负责人
蔡伟来

·普迹镇·

中共普迹镇委员会
书　记　廖尚福
副书记　陈飞虹　陈崎辉(2018.07止)
纪委书记　蔡　华(2018.02止)
高成志(2018.02任)
党委委员　卢长发　唐世标(2018.07任)
吴高松　晏　武(2018.07止)
黄　珣(2018.02止)　高　优
高成志(2018.02任)
肖志丹(2018.02任)
刘　琼(女,2018.07任)

人大主席团
主　席　卢长发
副主席　李　杰
镇人民政府
镇　长　陈飞虹
副镇长　唐世标(2018.07任)　晏武(2018.03止)
高　优　肖志丹(2018.05任)
刘　琼(女,2018.07任)
张　晓(女)

政协联络工作负责人

唐世标(2018.07 任)

·官桥镇·

中共官桥镇委员会

书　记　刘法裕(2018.09 止)　章学良(2018.09 任)
副书记　宋国辉　王　成(2018.02 任)
纪委书记　沈祥谋(2018.12 止)
党委委员　李爱萍　沈祥谋(2018.12 止)
赵旭林　凌　欣(2018.02 任)
饶弟明　廖　冰(2018.07 任)
邓　磊(2018.07 任)

人大主席团

主　席　李爱萍
副主席　刘　琼

镇人民政府

镇　长　宋国辉
副镇长　凌　欣(2018.02 任)　饶弟明
廖　冰(2018.08 任)
邓　磊(2018.08 任)　李　原

政协联络工作负责人

凌　欣(2018.02 止)　赵旭林(2018.07 任)

·柏加镇·

中共柏加镇委员会

书　记　唐文华
副书记　何　勇　王柏林(2018.02 止)
陈崎辉(2018.07 任)
纪委书记　潘盛开
党委委员　何志刚　潘盛开　陈啸林　徐红星
张　征(2018.02 止)
凌　欣(2018.02 任)
胡录明

人大主席团

主　席　何志刚
副主席　李　倩(女)

镇人民政府

镇　长　何　勇
副镇长　陈啸林　张　征(2018.02 止)
凌　欣(2018.02 任)　胡录明　毛科宇

政协联络工作负责人

张　征(2018.02 止)　凌　欣(2018.02 任)

·洞阳镇·

中共洞阳镇委员会

书　记　唐建国
副书记　刘康奇　张义根(2018.02 任)
纪委书记　谭景祥(2018.03 止)
孔　江(2018.08 任)
党委委员　谭景祥(2018.03 止)　罗建云
曹　广　周　曦　吴尚水
汤　明(2018.02 止)
孔　江(2018.07 任)
邱　蓓(女,2018.07 任)

人大主席团

主　席　罗建云
副主席　张　勇

镇人民政府

镇　长　刘康奇
副镇长　曹　广　周　曦　汤　明(2018.02 止)
邱　蓓(女,2018.08 任)
姜雨薇(女)　肖　斌
曾　义(2018.02 止)
张开成(2018.02 任)

政协联络工作负责人

曹　广

·永安镇·

中共永安镇委员会

第一书记　喻　辉
书　记　李　建(2018.09 止)
陈训武(2018.09 任)
副书记　唐万明　黎正标
黄朝烁(2018.04—08 挂职)
卢文成(2018.12 挂职)
纪委书记　刘胜光(2018.02 止)
周正阳(2018.02 任)
党委委员　暨朝佐　刘胜光(2018.02 止)
周正阳(2018.02 任)　张　青(女)
陈　科　陈　琳　王　锐(2018.02 任)

人大主席团

主　席　暨朝佐
副主席　张宋姣(女,2018.02 止)
张宇琪(女,2018.02 任)

镇人民政府

镇　长　唐万明
副镇长　陈　科　陈　琳
张开成(2018.02 止)
王　锐(2018.02 任)
周光义(2018.02 任)

政协联络工作负责人

王　锐(2018.02 任)

·北盛镇·

中共北盛镇委员会

书　记　李　斌
副书记　吴　兵　邹江莲(女)
纪委书记　杨　茂
党委委员　龙明胜　张　健(2018.07 止)
杨　茂　彭继有　张　环(女)
周岳峰　罗钦伟(2018.09 任)

人大主席团

主　席　龙明胜
副主席　沈　伟

镇人民政府

镇　长　吴　兵
副镇长　张　健(2018.07 止)　周岳峰　彭继有
罗钦伟(2018.09 任)　暨皓明(女)

政协联络工作负责人

张　健(2018.07 止)　罗钦伟(2018.09 任)

·沙市镇·

中共沙市镇委员会

书　记　罗拥军

副书记　熊宜武　苏小麟
纪委书记　瞿朝阳
党委委员　赵　炜　李　双(女)　瞿朝阳
邱凯章　谢祥华　董爱众

党　委

人大主席团
主　席　赵　炜
副主席　朱纯清

镇人民政府
镇　长　熊宜武
副镇长　李　双(女)　邱凯章
董爱众　谢伟明

政协联络工作负责人
李　双(女)

·淳口镇·

中共淳口镇委员会
书　记　殷志民
副书记　周建国　李道江
纪委书记　陈　奇
党委委员　付　湘　陈　奇　卢义兵
金传芳　张　轲　汤　洋

人大主席团
主　席　付　湘
副主席　周振芬(女,2018.02 任)

镇人民政府
镇　长　周建国
副镇长　卢义兵　张　轲　汤　洋
王　广(女)　饶　建(2018.07 任)

政协联络工作负责人
卢义兵

·蕉溪镇·

中共蕉溪镇委员会
书　记　江敦明
副书记　林申达(2018.07 止)
黄杰伟(2018.07 任)
肖孟良
纪委书记　徐江洪
党委委员　罗　严　张世敦　徐江洪
李彩凤　周　毅　关中杰(2018.09 止)

人大主席团
主　席　罗　严
副主席　鲁　进

镇人民政府
镇　长　林申达(2018.07 止)
黄杰伟(2018.07 任)
副镇长　张世敦　周　毅　关中杰(2018.09 止)
陈建敏

政协联络工作负责人
张世敦

·龙伏镇·

中共龙伏镇委员会
书　记　黎　靖
副书记　黄珍敏　高积义(2018.02 任)
纪委书记　高积义(2018.07 止)
石　盼(2018.07 任)
党委委员　徐伟才　寻瑾瑜　高积义
吉智取　肖许兵　彭　礼
石　盼(2018.07 任)

人大主席团
主　席　徐伟才
副主席　刘　永

镇人民政府
镇　长　黄珍敏
副镇长　寻瑾瑜　肖许兵　彭　礼
陈雄伟　陈毅(2018.08 任)

政协联络工作负责人
寻瑾瑜

·社港镇·

中共社港镇委员会
书　记　王　海
副书记　罗定坤　张海丰
纪委书记　钟立敏(2018.02 止)
邹　智(2018.08 任)
党委委员　周熊晏　阳　鹏(2018.02 任)
唐世标(2017.07 止)　张　敏
汤晓丽(女)(2018.02 任)
邹　智(2018.07 止)
暨诚姿(女)(2018.07 任)

人大主席团
主　席　周熊晏
副主席　寻　强

镇人民政府
镇　长　罗定坤
副镇长　唐世标(2017.07 止)
阳　鹏(2018.02 任)　张　敏
暨诚姿(女,2018.08 任)　张金辉

政协联络工作负责人
唐世标(2017.07 止)

·小河乡·

中共小河乡委员会
书　记　刘林志
副书记　梁　民　陈经(2018.02 止)
罗　明(2018.02 任)
纪委书记　章伟锋
党委委员　毛先知　毛雄伟　章伟锋
魏兆义　杨　林　周建华

人大主席团
主　席　毛先知
副主席　邹　智(2018.07 止)

乡人民政府
乡　长　梁　民
副乡长　毛雄伟　杨　林
周建华　李　艳(女)

政协联络工作负责人
杨　林

获国家级奖励（表彰、命名、认定）单位名表（排名不分先后）

表 51

获奖(被命名、入选、认定)单位	获奖(被命名、入选、认定)名称	授奖(命名、认定)单位	获奖(被命名、入选、认定)时间
浏阳市	全国第三次国土调查先行开展县(市)	国务院第三次全国国土调查领导小组办公室	2018年2月
浏阳市	“土地节约集约利用、土地利用秩序、土地利用计划执行好”的县(市、区)；点名表扬，获得新增建设用地计划指标1000亩的奖励	国务院	2018年5月
浏阳市	2018年度“国家义务教育质量监测实施优秀组织县(市)”	教育部	2018年10月
浏阳市	第三批全国中小学校责任督学挂牌督导创新县(市)		
浏阳市	中国好粮油行动示范县	国家粮食和物资储备局	
浏阳市	第一批国家级消费品(烟花爆竹)标准化示范基地试点项目承担单位	国家标准化管理委员会	2018年8月
浏阳市	中国楼梯之乡	全国工商联家具装饰业商会	2018年12月
浏阳市	全国党员教育管理工作联系点	全国党的建设研究会	2018年8月
浏阳市	全国城市基层党建县级示范市	全国党的建设研究会	2018年8月
浏阳市	新时代中国全面建成小康社会范例城市	中国信息协会　中国信息协会信用专业委员会和竞争力智库	2018年11月
浏阳市	全国“小康城市100强”，位列第24	中国信息协会　中国信息协会信用专业委员会和竞争力智库	2018年11月
浏阳市	2018中国幸福百强县(第32位)	《小康》杂志社、国家信息中心	2018年10月
浏阳市	全国法治县(市、区)创建活动先进单位	全国普及法律常识办公室	2018年6月
浏阳市	全国基层中医药工作先进单位	国家中医药管理局医政司	2018年12月
柏加镇	2018年“全国十佳美丽宜居小镇”“中国绿色名镇”	全国生态文明建设发展论坛组委会、人民日报社《民生周刊》杂志社、半月谈杂志社、中国国情调查研究中心	2018年4月
沿溪镇	全国“扫黄打非”进基层示范点	全国“扫黄打非”工作小组办公室	2018年11月
永安镇	中国中部乡镇综合竞争力百强榜，位列中部乡镇第八位	第三方机构竞争力智库　中国信息协会信用信息服务专业委员会	2018年9月
洞阳镇	全国生态文明乡镇	新华社《半月谈》杂志社、人民日报社《民生周刊》杂志社、中国国情调查研究中心	2018年4月

续表 51-1

获奖(被命名、入选、认定)单位	获奖(被命名、入选、认定)名称	授奖(命名、认定)单位	获奖(被命名、入选、认定)时间
小河乡	第五批中国传统村落	住建部　文化和旅游部等	2019年6月
小河乡	中国绿色名镇	全国生态文明建设发展论坛组委会、人民日报社《民生周刊》杂志社、半月谈杂志社、中国国情调查研究中心	2018年4月
文家市镇	第七批中国历史文化名镇名村的城镇村落	住建部	2019年1月
大瑶镇	2018年度中国综合实力千强镇(第783位)	中国城市经济学会中小城市经济发展委员会　中小城市发展战略研究院	2018年10月
沙市镇秧田村	首批全国农村幸福社区建设示范单位	民政部	2018年1月
普迹镇书院新村	第八批全国"一村一品"示范村(爽健毛豆)	农业农村部	2018年7月
浏阳经济技术开发区(长沙国家生物产业基地)	生物医药最具潜力园区奖　生物医药最具特色园区奖(2017中国生物医药园区评选)	CBIA中国生物医药园区评选理事会	2018年4月
浏阳市政务服务中心	政务公开与政务服务标准化试点单位	国家标准化管理委员会	2018年3月
浏阳市国家税务局工业园税务分局工会	全国模范职工之家	中华全国总工会	2018年9月
浏阳市自来水公司工会委员会	全国模范职工之家	中华全国总工会	2018年9月
浏阳市自来水公司	全国县镇供水先进单位	中国城镇供水排水协会县镇工作委员会	2018年5月
浏阳市财政局	2017年工作联动优秀单位	财政部驻湘专员办	2018年5月
浏阳市财政局	2018年度会计报刊宣传发行先进单位	财政部	2018年10月
浏阳市司法局	人民调解宣传工作先进集体	中华全国人民调解员协会	2018年
浏阳市人民检察院	全国检察宣传工作先进单位	最高人民检察院、《检察日报》社	
浏阳市人民法院	2017年全国十大执行案例(介面光电案)	最高人民法院	2018年3月
浏阳市人民法院	入选最高法院《人民法院司法改革案例选编(四)》(《多措并举谋创新　合力攻坚执行难》)	最高人民法院	2018年11月
浏阳市森林公安局	国家森防指全国微视频大赛二等奖，入选全国百部优秀林业科普微视频作品　(微电影《七百志愿者》)	国家森防指办公室　中国绿色时报社	2018年9月
胡耀邦故里管理局	2018年全国中小学生研学实践教育基地	教育部办公厅	2018年10月
胡耀邦同志纪念馆	第三批国家二级博物馆	国家文物局	2018年8月
浏阳市卫计局	全国流动人口动态监测调查优秀单位	国家卫生和计划生育委员会	2018年9月
浏阳市中医医院	全国县(市)级首家"国家高级卒中中心"(2018.12—2019.11)	国家卫生健康委脑卒中防治工程委员会、湖南省卫生健康委脑卒中防治工程委员会	2018年12月
浏阳市教育局	2018年国家义务教育质量监测实施"优秀组织单位"	教育部	2018年10月

续表 51-2

获奖(被命名、入选、认定)单位	获奖(被命名、入选、认定)名称	授奖(命名、认定)单位	获奖(被命名、入选、认定)时间
浏阳市第三中学	2017年“全国中小学国防教育示范学校”	教育部	2018年1月
浏阳一中	后勤会议组织中优秀组织奖	中国教育学会教育管理分会	
浏阳市农业农村局	A类(2017年基点县农情工作)	农业农村部种植业管理司	2018年3月
浏阳市农业农村局	畜禽类国家农产品地理标志(浏阳黑山羊)	农业农村部	20108年9月
浏阳市大围山镇	国家级农产品地理标志示范样板(大围山梨)	中国绿色食品发展中心	2018年11月
浏阳市大围之珠种养专业合作社	第十六届中国国际农产品交易会参展农产品金奖(“大围之珠”大围山梨)	第十六届中国国际农产品交易会组委会	2018年1月
湖南省烟草公司长沙市公司浏阳市分公司紫荆进取QC小组	全国烟草行业第二十九届优秀质量管理小组成果发布会二等奖	中国烟草总公司	2018年
浏阳广播电视台	改革开放四十年全国百佳县级广播电视台	中国广播电影电视社会组织联合会	2018年10月
浏阳河发行投递有限公司	2017年度全国自办发行先进集体	全国报纸自办发行协会	2018年4月
浏阳市科学技术协会	2018年全国科普日(湖南)予以表扬活动单位(启动科普小镇建设工程)	中国科协	2018年12月
浏阳市科学技术局	2018年全国科普日(湖南)予以表扬活动单位(启动科普小镇建设工程)	中国科协	2018年12月
蓝思科技股份有限公司生产七厂数控加工中心车间	2018年度“创新中国”最佳案例(工作亮点:颁发“企业家绿卡”弘扬企业家精神)	中国工商时报	2019年1月
浏阳市人力资源和社会保障局	全国人社系统精准扶贫典型案例40强(“就业扶贫”案例)	人社部、中国劳动保障报社	2018年10月
湖南湖大艾盛汽车零部件装备制造有限公司	中小企业智能制造实战100例(2018)(通过“上云”加快智能制造的案例)	工信部中小企业局	2018年12月
长沙博大机械零部件有限公司	中小企业智能制造实战100例(2018)(通过“上云”加快智能制造的案例)	工信部中小企业局	2018年12月
绿之韵集团	全国“万企帮万村”精准扶贫行动先进民营企业	全国工商联、国务院扶贫办	2018年10月
浏阳市汉唐艺术公社“青年之家”	共青团中央2018年“青年之家”主题活动季优秀项目	团中央基层建设部	2018年12月
浏阳日报社	2018—2019全国新媒体最具号召力品牌奖(微浏阳”微信公众号)	中国文化网络研究会融合媒体专家委员会 全国网络媒体联盟	2019年4月

获省级奖励（命名、认定）单位名表（排名不分先后）

表 52

获奖（被命名、入选、被认定）单位	获奖（被命名、入选、被认定）名称	授奖（命名、认定）单位	获奖（被命名、入选、颁发、被认定）时间
浏阳市	湖南省 2017 年度脱贫攻坚先进市（县、区）	湖南省扶贫办	2018 年 4 月
浏阳市	2018 年度湖南省河长制湖长制真抓实干先进县	湖南省河长制工作委员会	2019 年 1 月
浏阳市	2018 年度脱贫攻坚先进县市（区）”2018 年度携手奔小康先进单位	湖南省扶贫办	2019 年 4 月
浏阳市	2018 年度湖南省“平安校园建设先进县市区”	湖南省教育厅	2018 年 7 月
浏阳市	推动实施“中国制造 2025 湖南篇”、促进工业稳增长和转型升级、工业企业走出去和产业招商引资成效明显的县（市区）	湖南省人民政府办公厅	2019 年 1 月
浏阳市	湖南省综治工作先进县市区	中共湖南省委办公厅　湖南省人民政府办公厅	2018 年 12 月
浏阳市	平安县市区	中共湖南省委办公厅　湖南省人民政府办公厅	2018 年 12 月
浏阳市	湖南省安全生产工作优秀单位	中共湖南省委 湖南省人民政府	
浏阳市	2017 年度全省深化“放管服”改革真抓实干、效果明显县（市）	湖南省人民政府办公厅	2018 年 2 月
浏阳市	推动实施“中国制造 2025 湖南篇”、促进工业稳增长和转型升级、工业企业走出去和产业招商引资成效明显的县市区	湖南省人民政府办公厅	2018 年 2 月
浏阳市	公立医院综合改革成效较为明显的县市和试点城市	湖南省人民政府办公厅	2018 年 2 月
浏阳市	新增规模工业企业工作力度大，净增规模工业企业数量排名全省前 8 位或各市州排名第 1 位的县市区	湖南省人民政府办公厅	2018 年 2 月
浏阳市	2018 年度深化“放管服”改革真抓实干成效明显的县（市区）	湖南省人民政府办公厅	2019 年 1 月
浏阳市	新增规模工业企业工作力度大，净增规模工业企业数量排名全省前 8 位或各市州排名第 1 位的县市区；	湖南省人民政府办公厅	2019 年 1 月
浏阳市	实施创新引领战略、落实科技改革政策、改善地方科研基础条件、优化科技创新环境、促进科技成果转移转化、发展高新技术产业成效明显的县市区；	湖南省人民政府办公厅	2019 年 1 月
浏阳市	公立医院综合改革成效较为明显的县市；	湖南省人民政府办公厅	2019 年 1 月
浏阳市	落实党中央、国务院有关重大政策措施真抓实干、取得明显成效，受到国务院办公厅表扬激励的县市区	湖南省人民政府办公厅	2019 年 1 月

续表 52-1

获奖(被命名、入选、被认定)单位	获奖(被命名、入选、被认定)名称	授奖(命名、认定)单位	获奖(被命名、入选、颁发、被认定)时间
浏阳市	湖南省资本市场县域工程试点单位	湖南省人民政府金融工作办公室	2018年9月
浏阳市	2018年市场秩序工作先进单位	湖南省商务厅	2018年12月
浏阳市人民政府办公室	2013—2017年全省政务公开工作先进单位	湖南省人民政府办公厅	2018年5月
浏阳市民之家	湖南省二〇一七届文明窗口单位	湖南省精神文明建设指导委员会	2018年3月
浏阳市人民检察院	全省政法系统“基层文艺之星”单位	湖南省政法系统书画诗词研究会	2018年11月
浏阳市人民检察院	全省检察机关第二届“读书风气最盛检察院”	湖南省人民检察院	2019年1月
浏阳市人民法院	湖南省2018届文明单位	湖南省文明委	2019年4月
浏阳市人民法院工会	湖南省模范职工之家	湖南省模范职工之家	2018年7月
浏阳市公安局	全省公安机关第三届微改革微创新大赛银奖 (研发应用“智能通信话单综合分析系统”)	湖南省公安厅	2019年1月
浏阳市森林公安局	2018年度全省执法质量考评优秀单位	湖南省森林公安局	2019年1月
浏阳市委组织部	2014—2018年全省组织工作先进集体	中共湖南省委组织部	2019年2月
武警长沙支队执勤五大队浏阳中队	集体三等功	湖南省武警总队	
浏阳市财政局	2017年度全省财政综合工作先进单位	湖南省财政厅	2018年6月
浏阳市财政局	2017年度财政社会保障工作量化综合考核先进单位	湖南省财政厅	2018年9月
浏阳市财政局	2017年湖南省财政信息化建设情况统计工作优秀单位	湖南省财政厅	2018年11月
浏阳市财政局	2017年度乡镇财政管理惠农补贴“两卡两折”工作先进	湖南省财政厅	2018年7月
浏阳市财政局	2017年度市县财政总决算工作先进单位	湖南省财政厅	2018年11月
浏阳市财政局	2017年度市县财政总决算工作先进单位	湖南省财政厅	2018年5月
浏阳市财政局	宏观税负专题调研获一等奖	湖南省财政厅	2018年10月
浏阳市财政局	全省财政税政法制工作绩效评价获奖单位	湖南省财政厅	2018年10月
浏阳市财政局	2017年度全省财政系统信息宣传工作先进单位	湖南省财政厅	2018年2月
浏阳市财政局	2017年度非税收入征收管理工作先进单位	湖南省财政厅	2018年7月

续表 52-2

获奖(被命名、入选、被认定)单位	获奖(被命名、入选、被认定)名称	授奖(命名、认定)单位	获奖(被命名、入选、颁发、被认定)时间
浏阳市财政局	2017 年度预算绩效管理工作先进单位	湖南省财政厅	2018 年 6 月
浏阳市财政局	2017 年度成人高等教育优秀函授站	湖南大学	2018 年 6 月
浏阳市国土资源局	湖南省永久基本农田划定工作表现突出单位	湖南省国土资源厅　湖南省农业委员会	2018 年 3 月
浏阳市农业局	二〇一八年度全省农业政府网站管理和全省农业信息联播工作先进单位 2018 年度湖南省农业农村农情工作考评等级 A 类	湖南省农业农村厅	2018 年 12 月
浏阳市畜牧兽医水产局	2018 年度全省养殖业信息宣传工作先进单位。	湖南省畜牧水产局	2018 年 12 月
浏阳市卫计局	二〇一八年度全省计划生育协会二作模范单位	湖南省计划生育协会	2019 年 1 月
浏阳市妇幼保健院	2018 年度全省“两癌”免费检查重点民生实事项目先进集体	湖南省妇女联合会　湖南省卫生健康委员会　湖南省财政厅	2018 年 12 月
浏阳市疾病预防控制中心	全省卫生计生先进集体	湖南省人社厅、湖南省卫生和计划生育委员会、湖南省中医药管理局	2018 年 6 月
浏阳市中医医院	2018 年度“十大平安”系列创建示范单位平安医院	中共湖南省委政法委员会	2018 年 12 月
浏阳市中医医院	湖南省优质护理服务表现突出医院	湖南省卫生计生委	2018 年 5 月
浏阳市信访局	全省“三调联动解纠纷、防控风险促发展”专项调解活动先进集体	湖南省高级人民法院、省公安厅、省司法厅、省信访局	2018 年 7 月
浏阳市信访局	全省信访工作“百佳业务规范单位”	湖南省信访局	2019 年 2 月
浏阳市规划局	“湖南省优秀测绘地理信息工程奖”二等奖 规划勘察测绘项目“浏阳经开区芭蕉片区 1:500 数字化图测量”	湖南省地理信息学会 湖南省测绘科技奖励委员会	2018 年 11 月
浏阳市自来水公司	湖南省县镇供水党建工作先进单位	湖南省城镇供水会员县镇工作部	2018 年 5 月
浏阳市科学技术协会	湖南省 2017 年科普中国•百城千校万村行动县市区级优秀组织单位	湖南省科学技术协会	2018 年 7 月
浏阳市科学技术协会	湖南省 2017 年科普中国•百城千校万村行动优秀典型案例 (紧扣时代主题　创新科普模式)	湖南省科学技术协会	2018 年 7 月
浏阳市文物管理局	全省直管县 2017 年度文物工作考核一类单位	湖南省文物局	2018 年 1 月
浏阳市广播电视台	2018 年度广播电视公益广告创作大赛传播机构类二等奖	湖南省广播电视局	2018 年 12 月
浏阳市文学艺术届联合会	2018 年度全省文联系统先进单位	湖南省文联	2019 年 3 月
浏阳市经济和信息化局	2018 年度全省工业和信息化协调规范行政执法示范单位	湖南省工业和信息化厅	2018 年 12 月

续表 52-3

获奖(被命名、入选、被认定)单位	获奖(被命名、入选、被认定)名称	授奖(命名、认定)单位	获奖(被命名、入选、颁发、被认定)时间
浏阳汇远实业有限公司	湖南省中小微企业创业创新基地	湖南省工业和信息化厅	2018年12月
浏阳市食品药品工商质量监督管理局	2017—2018年度全省质监系统执法打假办案先进单位	湖南省质量技术监督局	2018年7月
浏阳市食品药品工商质量监督管理局	全省消委系统宣传工作先进单位	湖南省消费者委员会	2018年
浏阳日报社	2018湘赣边十佳微信公众号（“微浏阳”微信公众号）	第四届湘赣边网络媒体联盟	2018年7月
浏阳日报社	湘赣边新媒体最具影响力十强（浏阳日报客户端）	第四届湘赣边网络媒体联盟	2018年7月
浏阳市妇女联合会	湖南省妇联系统改革创新奖（社会化平台服务妇女儿童发展）	湖南省妇女联合会	2018年6月
浏阳市妇女联合会	湖南省2017年度巾帼建功先进集体	湖南省妇女联合会	2018年2月
浏阳兴乐农业科技开发有限公司	湖南省2017年度巾帼文明岗	湖南省妇女联合会	2018年2月
浏阳市心理学研究会	湖南省农村留守儿童心理健康辅导中心项目“先进集体”	湖南省妇女儿童发展基金会办公室	2018年5月
浏阳移动通信分公司	2016—2017年度湖南省“青年文明号”	共青团湖南省委	2018年12月
浏阳移动通信分公司	湖南移动“最佳微创新奖”	中国移动通信集团湖南有限公司	2018年12月
浏阳移动通信分公司	湖南移动“业务发展竞赛先进市县单位”	中国移动通信集团湖南有限公司	2019年1月
国网湖南省电力有限公司浏阳市供电分公司	湖南省2018届文明单位	湖南省文明办	2019年4月
长沙国家生物产业基地	湖南省中小微企业创业创新基地（2019—2021）	湖南省工业和信息化厅	2019年1月
浏阳市两型产业园（农产品精深加工创业创新园）	湖南省中小微企业创业创新基地（2019—2021）	湖南省工业和信息化厅	2019年1月
浏阳高新区	湖南省节约集约用地先进单位一等奖，获用地计划指标奖励20公顷	湖南省国土资源厅	2018年5月
浏阳高新区中小微企业创业创新基地	湖南省中小微企业创业创新基地（2019—2021）	湖南省工业和信息化厅	2019年1月
浏阳经开区产业化服务中心	湖南省中小微企业核心服务示范机构	湖南省经济和信息化委员会	2018年10月
湖南湖大艾盛汽车零部件装备制造有限公司	第三批湖南省中小企业“上云”标杆企业	湖南省工信厅	2018年12月
长沙博大机械零部件有限公司	第三批湖南省中小企业“上云”标杆企业	湖南省工信厅	2018年12月
湖南法泽尔动力再制造有限公司	第三批湖南省中小企业“上云”标杆企业	湖南省工信厅	2018年12月
秋收起义文家市会师纪念馆	湖南省二〇一七届“文明风景旅游区”	湖南省精神文明建设指导委员会	2018年5月
秋收起义文家市会师旧址和纪念馆	湖南省中小学生研学实践教育基地	湖南省教育厅	2018年11月

续表 52-4

获奖(被命名、入选、被认定)单位	获奖(被命名、入选、被认定)名称	授奖(命名、认定)单位	获奖(被命名、入选、颁发、被认定)时间
秋收起义文家市会师纪念馆	湖南省“弘扬优秀传统文化、培育社会主义核心价值观”主题陈列展览十佳优秀策划方案	湖南省文物局	2018年5月
胡耀邦故居和纪念馆	湖南省中小学生研学实践教育基地	湖南省教育厅	2018年11月
胡耀邦故居和纪念馆	第五批湖南省全民国防教育基地	湖南省人民政府	2019年9月
谭嗣同故居和谭嗣同祠	湖南省中小学生研学实践教育基地	湖南省教育厅	2018年11月
浏阳市第三中学	第五批湖南省全民国防教育基地	湖南省人民政府	2018年9月
浏阳市第三中学	湖南省中小学生实践教育研学基地	湖南省教育厅	2018年11月
葛家镇葛家初级中学	湖南省文明卫生单位	湖南省爱国卫生运动委员会	2018年12月
“智慧浏阳河”文化创意孵化中心	湖南省“众创空间”	湖南省科技厅	2018年9月
浏阳湖国有林场	湖南省秀美林场	湖南省林业厅	2018年2月
浏阳市长城机动车驾驶员培训学校	全省文明交通示范驾校	湖南省公安厅交通警察总队　湖南省道路运输管理局	2018年12月
淮川街道人民调解委员会	全省优秀人民调解委员会	湖南省司法厅	2018年6月
金刚镇石霜寺景区	湖南省二〇一七届“文明风景旅游区”	湖南省精神文明建设指导委员会	2018年5月
浏阳市孝文电子科技有限公司	2017年度湖南省创新创业带动就业优质初创企业	湖南省人力资源和社会保障厅　湖南省财政厅	2018年8月
浏阳国际家具城返乡农民工创业园	2017年度湖南省创新创业带动就业示范基地	湖南省人力资源和社会保障厅　湖南省财政厅	2018年8月
淮川街道朝阳社区	2017年度湖南省创新创业带动就业示范社区	湖南省人力资源和社会保障厅　湖南省财政厅	2018年8月
集里街道	2017年度湖南省创新创业带动就业示范帆街道（乡镇）	湖南省人力资源和社会保障厅　湖南省财政厅	2018年8月
集里街道唐家园村	2018年度第一批湖南省两型示范村庄	方圆标志认证集团有限公司	2018年12月
集里街道唐家园村	湖南省卫生村	湖南省爱国卫生运动委员会	2018年12月
关口街道占佳社区儿童之家	湖南省示范儿童之家	湖南省人民政府妇女儿童工作委员会办公室	2018年12月
荷花街道牛石岭村	2018年度第一批湖南省两型示范村庄	方圆标志认证集团有限公司	2018年12月
柏加镇财政所	2018年度省级星级乡镇财政所	湖南省财政厅	2019年2月
柏加镇	湖南省2018届文明村镇	湖南省文明委	2019年4月

续表 52-5

获奖(被命名、入选、被认定)单位	获奖(被命名、入选、被认定)名称	授奖(命名、认定)单位	获奖(被命名、入选、颁发、被认定)时间
镇头镇人民政府机关	湖南省文明卫生单位	湖南省爱国卫生运动委员会	2018年12月
镇头镇金田村	湖南省卫生村	湖南省爱国卫生运动委员会	2018年12月
普迹镇普泰村	2018年度第一批湖南省两型村庄	方圆标志认证集团有限公司	2018年12月
大瑶镇南山村	湖南省2018届文明村镇	湖南省文明委	2019年4月
大瑶镇天和社区	湖南省卫生村	湖南省爱国卫生运动委员会	2018年12月
大瑶镇杨花村儿童之家	湖南省示范儿童之家	湖南省人民政府妇女儿童工作委员会办公室	2018年12月
澄潭江镇	湖南省卫生镇（2019—2022）	湖南省爱国卫生运动委员会	2018年12月
文家市镇永丰村	湖南省卫生村	湖南省爱国卫生运动委员会	2018年12月
文家市镇沙溪村	湖南省卫生村	湖南省爱国卫生运动委员会	2018年12月
澄潭江镇人民政府机关	湖南省文明卫生单位	湖南省爱国卫生运动委员会	2018年12月
永安镇	湖南省经济发达镇行政管理体制改革试点	中共湖南省委办公厅　湖南省人民政府办公厅	2018年8月
永安镇坪头村	湖南省2018届文明村镇	湖南省文明委	2019年4月
永安镇坪头村	湖南省卫生村	湖南省爱国卫生运动委员会	2018年12月
永安镇人民政府机关	湖南省文明卫生单位	湖南省爱国卫生运动委员会	2018年12月
北盛镇	湖南省卫生镇（2019—2022）	湖南省爱国卫生运动委员会	2018年12月
沙市镇秧田村	湖南省卫生村	湖南省爱国卫生运动委员会	2018年12月
洞阳镇西园村	湖南省卫生村	湖南省爱国卫生运动委员会	2018年12月
社港镇	湖南省基层药具服务示范窗口	湖南省卫计委	2018年1月
湖南岳荷农业开发有限公司（淳口镇）	湖南省“巾帼脱贫示范基地”	湖南省妇女联合会	2018年4月
中和镇	湖南省第四批“湖湘风情文化旅游小镇”	湖南省旅游发展委员会	2018年5月
官渡镇	2018—2020年度“湖南民间文化艺术之乡”（龙舟、舞龙、剪纸）	湖南省文化厅	2018年5月
达浒镇椒花新村	2018年度第一批湖南省两型示范村庄	方圆标志认证集团有限公司	2018年12月
达浒镇	第十批省文物保护单位（古建筑类，达浒孔氏家庙，明代）	湖南省人民政府	2019年2月

续表 52-6

获奖(被命名、入选、被认定)单位	获奖(被命名、入选、被认定)名称	授奖(命名、认定)单位	获奖(被命名、入选、颁发、被认定)时间
金刚镇	第十批省文物保护单位（古建筑类，桃树湾刘氏大屋，清代）	湖南省人民政府	2019年2月
金刚镇	第十批省文物保护单位（古建筑类，六栋堂，清代）	湖南省人民政府	2019年2月
文家市镇	第十批省文物保护单位（毛泽东青年时代活动旧址——陈家老屋，1917年）	湖南省人民政府	2019年2月
文家市镇	第十批省文物保护单位秋收起义文家市会师旧址（增补点——彭家大屋，1927年）	湖南省人民政府	2019年2月
文家市镇	第十批省文物保护单位秋收起义文家市会师旧址（增补点——积谷仓，1927年）	湖南省人民政府	2019年2月
文家市镇	第十批省文物保护单位文家市大捷遗址（增补点——战地医院旧址，1930年）	湖南省人民政府	2019年2月
大围山镇	第十批省文物保护单位秋收起义文家市会师旧址（增补点——围山书院，1927年）	湖南省人民政府	2019年2月
大围山镇	第十批省文物保护单位（红十六军兵工厂旧址－李氏家庙，1930年）	湖南省人民政府	2019年2月
张坊镇	第十批省文物保护单位秋收起义文家市会师旧址（增补点——江口陈家祠堂，1927年）	湖南省人民政府	2019年2月
沿溪镇建设村	2018年度第一批湖南省两型示范村庄	方圆标志认证集团有限公司	2018年12月
沿溪镇	省一级档案工作规范化管理单位	湖南省档案局	2018年10月
小河乡	第十批省文物保护单位（红十六军临时军部旧址—黄五美祠，1931年）	湖南省人民政府	2019年2月
小河村潭湾村	湖南省卫生村	湖南省爱国卫生运动委员会	2018年12月
大围山镇白沙村	湖南省卫生村	湖南省爱国卫生运动委员会	2018年12月
大围山镇楚东村	湖南省卫生村	湖南省爱国卫生运动委员会	2018年12月

获长沙市级奖励(命名、认定)单位名表(排名不分先后)

表 53

获奖(被命名、入选、被认定)单位	获奖(被命名、入选、被认定)名称	授奖(命名、认定)单位	获奖(被命名、入选、颁发、被认定)时间
浏阳市	2018 年度长沙市双十品牌农产品（大围山梨、浏阳金桔、浏阳黑山羊）	长沙市人民政府	2018 年 12 月
浏阳市	长沙市创新创业带动就业示范县（市）	长沙市人力资源和社会保障局	2018 年 1 月
浏阳市	长沙市安全生产工作优秀单位	中共长沙市委 长沙市人民政府	
浏阳市	长沙市信访工作目标管理优秀单位	中共长沙市委办公厅　长沙市人民政府办公厅	2019 年 2 月
浏阳市	长沙市综治工作红旗等次区县（市）	中共长沙市委办公厅　长沙市人民政府办公厅	2019 年 1 月
浏阳市人民武装部	先进人武部　安全工作先进单位	长沙市警备区	2018 年
浏阳市财政局	长沙市文明标兵单位	中共长沙市委　长沙市人民政府	2018 年 1 月
浏阳市财政局	2017 年度长沙市社会综合治税工作先进单位	长沙市社会综合治税领导小组	2018 年 2 月
浏阳市财政局	2018 年度财政系统计划生育综合治理工作目标考核一等奖	长沙市财政局	2018 年 11 月
浏阳市财政局	2017 年度“长沙财政网”信息报送优秀单位	长沙市财政局	2018 年 11 月
浏阳市财政局	2017 年度长沙市公共资产管理工作先进单位	长沙市财政局	2018 年 2 月
浏阳市食药工商质监局	长沙市质监系统“2018 年度质量管理先进单位”	长沙市质量技术监督管理局	2018 年 12 月
浏阳市食药工商质监局	长沙市消费维权先进集体	长沙市消费者协会	21018 年
浏阳水务局	2017—2018 年度水利建设质量 A 级单位	长沙市水务局	2018 年 7 月
浏阳市畜牧水产局	2018 年长沙市动物疫病职业技能竞赛团体一等奖	长沙市农业委员会、长沙市人力资源和社会保障局、长沙市总工会	2018 年 8 月
浏阳市畜牧水产局	2018 年长沙市动物检疫检验员技能竞赛团体一等奖	长沙市农业委员会、长沙市人力资源和社会保障局、长沙市总工会	2018 年 8 月
浏阳市花鼓戏剧团	2018 年度长沙市送戏下乡进社区演艺惠民先进单位	长沙市宣传部、长沙市文化旅游广电局	2019 年 1 月
浏阳市文化馆	长沙第六批市级非物质文化遗产代表性项目（长沙弹词拓展项目：浏阳弹词）	长沙市文化广电新闻出版局	2018 年 11 月
浏阳市文化馆	长沙第六批市级非物质文化遗产代表性项目（浏阳祭孔大典）	长沙市文化广电新闻出版局	2018 年 11 月
浏阳市市志档案局档案馆	长沙市爱国主义教育基地	中共长沙市委宣传部	2018 年 8 月

续表 53-1

获奖(被命名、入选、被认定)单位	获奖(被命名、入选、被认定)名称	授奖(命名、认定)单位	获奖(被命名、入选、颁发、被认定)时间
市粮食购销有限责任公司百宜库	四星级粮库	长沙市粮食局	2018年12月
湖南军粮储备加工有限公司永安库	四星级粮库	长沙市粮食局	2018年12月
浏阳慈善会	第五届“长沙慈善奖” (最具影响力公益慈善组织)	长沙市民政局　长沙市文明办　长沙慈善会	2018年12月
浏阳市义工联合会	第五届“长沙慈善奖” (最具影响力公益慈善组织)	长沙市民政局　长沙市文明办　长沙慈善会	2018年12月
浏阳农商行	第五届“长沙慈善奖” (最具爱心捐赠企业)	长沙市民政局　长沙市文明办　长沙慈善会	2018年12月
市政务服务中心	长沙市五一劳动奖状	长沙市总工会	2018年4月
浏阳市自来水公司	长沙市五一劳动奖状	长沙市总工会	2018年4月
浏阳化工厂有限公司	长沙市五一劳动奖状	长沙市总工会	2018年4月
湖南一朵生活用品有限公司	长沙市五一劳动奖状	长沙市总工会	2018年4月
长沙博大机械零部件有限公司	长沙市五一劳动奖状	长沙市总工会	2018年4月
湖南华纳大药厂股份有限公司外包车间	长沙市工人先锋号	长沙市总工会	2018年4月
浏阳市国税局工业园税务分局	长沙市工人先锋号	长沙市总工会	2018年4月
宇环数控机床股份有限公司技术中心	长沙市工人先锋号	长沙市总工会	2018年4月
浏阳市公共交通公司运营管理科一路线	长沙市工人先锋号	长沙市总工会	2018年4月
绿之韵生物工程集团有限公司工会委员会	长沙市模范职工之家	长沙市总工会	2018年12月
社港镇机关工会委员会	长沙市模范职工之家	长沙市总工会	2018年12月
湖南加农正和生物技术有限公司工会委员会	长沙市模范职工之家	长沙市总工会	2018年12月
浏阳河文化产业园	2017—2018年度长沙市文化产业示范园区	中共长沙市委宣传部	2018年10月
浏阳市两型产业园农产品加工示范园	长沙市现代农业产业示范园	长沙市农业委员会	2018年12月
浏阳市两型产业园	长沙市创业孵化基地	长沙市人力资源和社会保障局	2018年11月
浏阳市妇幼保健院儿童保健科	长沙市医学重点专科	长沙市卫生和计划生育委员会	2018年10月
胡耀邦故里游客服务中心	长沙市首批特色旅游商品购物示范点	长沙市商务局　长沙市旅游局	2018年11月

续表 53-2

获奖(被命名、入选、被认定)单位	获奖(被命名、入选、被认定)名称	授奖(命名、认定)单位	获奖(被命名、入选、颁发、被认定)时间
浏阳心之夏文化创意有限公司	2018 长沙最具创意休闲旅游产品 (浏阳夏布创意旅行系列产品)	2018 中国(长沙)休闲旅游高峰论坛暨 2018 长沙休闲旅游节组委会	2018 年 12 月
浏阳市	2018 长沙最具人气休闲旅游节会 (2018 年浏阳旅游抖音挑战赛)	2018 长沙休闲旅游节组委会	2018 年 12 月
淮川街道	2018 年度人口和计划生育优秀单位	中共长沙市委办公厅　长沙市人民政府办公	2019 年 2 月
淮川街道北正社区	长沙市创新创业带动就业示范社区	长沙市人力资源和社会保障局	2018 年 1 月
淮川街道朝阳社区	长沙市创新创业带动就业示范社区	长沙市人力资源和社会保障局	2018 年 1 月
集里街道	长沙市创新创业带动就业示范街道	长沙市人力资源和社会保障局	2018 年 1 月
集里街道	2018 年度长沙市城乡环境卫生整洁行动“四星级”优秀乡镇	长沙市政府办公厅	2019 年 1 月
集里街道	2018 年度人口和计划生育优秀单位	中共长沙市委办公厅　长沙市人民政府办公	2019 年 2 月
集里街道宏源村	长沙市乡村振兴创建示范村 (2019—2021)	中共长沙市委实施乡村振兴战略工作领导小组办公室	2019 年 3 月
集里街道唐家园村	2018 年度长沙市城乡环境卫生整洁行动“五星级”五星级优秀村	长沙市政府办公厅	2019 年 1 月
集里街道星镇村	长沙市市卫生村	长沙市爱国卫生委员会	2018 年 12 月
集里街道龚家桥社区	长沙市卫生社区	长沙市爱国卫生委员会	2018 年 12 月
集里街道集里桥社区	长沙市平安社区	中共长沙市委办公厅　长沙市人民政府办公	2019 年 2 月
荷花街道西环村	长沙市乡村振兴创建示范村 (2019—2021)	中共长沙市委实施乡村振兴战略工作领导小组办公室	2019 年 3 月
关口街道长兴社区	长沙市卫生社区	长沙市爱国卫生委员会	2018 年 12 月
关口街道溪江村	长沙市乡村振兴创建示范村 (2019—2021)	中共长沙市委实施乡村振兴战略工作领导小组办公室	2019 年 3 月
柏加镇	2018 年度人口和计划生育工作优秀单位	中共长沙市委办公厅　长沙市人民政府办公	2019 年 2 月
柏加镇柏铃社区	长沙市乡村振兴创建示范村 (2019—2021)	中共长沙市委实施乡村振兴战略工作领导小组办公室	2019 年 3 月
柏加镇柏玲社区	长沙市市卫生村	长沙市爱国卫生委员会	2018 年 12 月
镇头镇	2018 年度长沙市城乡环境卫生整洁行动“三星级”优秀乡镇	长沙市政府办公厅	2019 年 1 月
镇头镇金牌村	长沙市市卫生村	长沙市爱国卫生委员会	2018 年 12 月
镇头镇土桥村	长沙市市卫生村	长沙市爱国卫生委员会	2018 年 12 月

续表 53-3

获奖(被命名、入选、被认定)单位	获奖(被命名、入选、被认定)名称	授奖(命名、认定)单位	获奖(被命名、入选、颁发、被认定)时间
浏阳市镇头镇镇头初级中学	长沙市文明卫生单位	长沙市爱国卫生委员会	2018年12月
镇头镇北星社区	长沙市乡村振兴创建示范村（2019—2021）	中共长沙市委实施乡村振兴战略工作领导小组办公室	2019年3月
普迹镇普泰村	长沙市乡村振兴创建示范村（2019—2021）	中共长沙市委实施乡村振兴战略工作领导小组办公室	2019年3月
官桥镇苏故村	长沙市市卫生村	长沙市爱国卫生委员会	2018年12月
官桥镇八角亭村	长沙市乡村振兴创建示范村（2019—2021）	中共长沙市委实施乡村振兴战略工作领导小组办公室	2019年3月
葛家镇	2018年度长沙市城乡环境卫生整洁行动“四星级”优秀乡镇	长沙市政府办公厅	2019年1月
葛家镇	2018年度人口和计划生育工作优秀单位	中共长沙市委办公厅　长沙市人民政府办公	2019年2月
葛家镇葛家园村	长沙市市卫生村	长沙市爱国卫生委员会	2018年12月
葛家镇金源村	长沙市乡村振兴创建示范村（2019—2021）	中共长沙市委实施乡村振兴战略工作领导小组办公室	2019年3月
枨冲镇	2018年度长沙市城乡环境卫生整洁行动“三星级”优秀乡镇	长沙市政府办公厅	2019年1月
枨冲镇枨冲村	长沙市市卫生村	长沙市爱国卫生委员会	2018年12月
枨冲镇青草村	长沙市乡村振兴创建示范村（2019—2021）	中共长沙市委实施乡村振兴战略工作领导小组办公室	2019年3月
永安镇	2017年度长沙市经济社会发展综合实力十强乡镇	中共长沙市委办公厅　市政府办公厅	2018年7月
永安镇芦塘村	长沙市乡村振兴创建示范村（2019—2021）	中共长沙市委实施乡村振兴战略工作领导小组办公室	2019年3月
永安镇礼耕村	长沙市平安村	中共长沙市委办公厅　长沙市人民政府办公	2019年2月
洞阳镇	2018年度长沙市城乡环境卫生整洁行动“五星级”优秀乡镇	长沙市政府办公厅	2019年1月
洞阳镇	2018年度人口和计划生育工作优秀单位	中共长沙市委办公厅　长沙市人民政府办公	2019年2月
洞阳镇	长沙市卫生镇	长沙市爱国卫生委员会	2018年12月
洞阳镇	2017年度长沙市经济社会发展综合实力十强乡镇	中共长沙市委办公厅　市政府办公厅	2018年7月
洞阳镇	文明村镇	中共长沙市委办公厅　市政府办公厅	2018年1月
洞阳镇（浏阳市洞阳书院）	长沙第六批市级非物质文化遗产代表性项目（浏阳洞阳山道教音乐）	长沙市文化广电新闻出版局	2018年11月
洞阳镇南园社区	2018年度长沙市城乡环境卫生整洁行动“五星级”五星级优秀村	长沙市政府办公厅	2019年1月
洞阳镇南园村	长沙市乡村振兴创建示范村（2019—2021）	中共长沙市委实施乡村振兴战略工作领导小组办公室	2019年3月

续表 53-4

获奖(被命名、入选、被认定)单位	获奖(被命名、入选、被认定)名称	授奖(命名、认定)单位	获奖(被命名、入选、颁发、被认定)时间
洞阳镇南园村	长沙市市卫生村	长沙市爱国卫生委员会	2018年12月
洞阳镇北园村	长沙市市卫生村	长沙市爱国卫生委员会	2018年12月
洞阳镇南园村	长沙市平安村	中共长沙市委办公厅　长沙市人民政府办公厅	2019年2月
沙市赤马湖休闲体育小镇	2018长沙最具特色休闲旅游小镇	2018中国(长沙)休闲旅游高峰论坛暨2018长沙休闲旅游节组委会	2018年12月
沙市镇团农村	长沙市卫生村	长沙市爱国卫生委员会	2018年12月
沙市镇东门村	长沙市乡村振兴创建示范村（2019—2021）	中共长沙市委实施乡村振兴战略工作领导小组办公室	2019年3月
北盛镇卓然村	长沙市卫生村	长沙市爱国卫生委员会	2018年12月
北盛镇拔茅村	长沙市乡村振兴创建示范村（2019—2021）	中共长沙市委实施乡村振兴战略工作领导小组办公室	2019年3月
淳口镇向坪村	长沙市卫生村	长沙市爱国卫生委员会	2018年12月
淳口镇狮岩村	长沙市乡村振兴创建示范村（2019—2021）	中共长沙市委实施乡村振兴战略工作领导小组办公室	2019年3月
浏阳骨伤科医院	二级甲等中医骨伤医院	长沙市卫生计划生育委员会	2018年12月
龙伏镇焦桥村	长沙市乡村振兴创建示范村（2019—2021）	中共长沙市委实施乡村振兴战略工作领导小组办公室	2019年3月
浏阳市社港镇双狮坪初级中学	长沙市文明卫生单位	长沙市爱国卫生委员会	2018年12月
社港镇丹霞村	长沙市乡村振兴创建示范村（2019—2021）	中共长沙市委实施乡村振兴战略工作领导小组办公室	2019年3月
蕉溪镇蕉溪村	长沙市乡村振兴创建示范村（2019—2021）	中共长沙市委实施乡村振兴战略工作领导小组办公室	2019年3月
官渡镇	长沙市卫生镇	长沙市爱国卫生委员会	2018年12月
浏阳市官渡镇人民政府机关	长沙市文明卫生单位	长沙市爱国卫生委员会	2018年12月
荷花街道建新村	十佳大美乡村 《三湘巨变微纪录•四十年四十村》评选	芒果TV　湖南移动 央视爱上传媒　湖南都市频道	2018年4月
大围山镇	2018年度长沙市城乡环境卫生整洁行动“四星级”优秀乡镇	长沙市政府办公厅	2019年1月
大围山镇	2018年度人口和计划生育优秀单位	中共长沙市委办公厅　长沙市人民政府办公	2019年2月
大围山镇金钟桥村	长沙市卫生村	长沙市爱国卫生委员会	2018年12月
大围山镇中岳村	长沙市卫生村	长沙市爱国卫生委员会	2018年12月

续表 53-5

获奖(被命名、入选、被认定)单位	获奖(被命名、入选、被认定)名称	授奖(命名、认定)单位	获奖(被命名、入选、颁发、被认定)时间
大围山镇白沙村	长沙市乡村振兴创建示范村（2019—2021）	中共长沙市委实施乡村振兴战略工作领导小组办公室	2019年3月
官渡镇	2018年度长沙市城乡环境卫生整洁行动“三星级”优秀乡镇	长沙市政府办公厅	2019年1月
官渡镇观音塘村	2018年度长沙市城乡环境卫生整洁行动“五星级”五星级优秀村	长沙市政府办公厅	2019年1月
官渡镇观音塘村	长沙市卫生村	长沙市爱国卫生委员会	2018年12月
官渡镇南岳村	长沙市卫生村	长沙市爱国卫生委员会	2018年12月
官渡镇竹联村	长沙市乡村振兴创建示范村（2019—2021）	中共长沙市委实施乡村振兴战略工作领导小组办公室	2019年3月
高坪镇	2017年度长沙市经济社会发展十快乡镇	中共长沙市委办公厅　市政府办公厅	2018年7月
高坪镇	长沙市路长制先进乡镇	长沙市交通局	2018年8月
高坪镇	残疾人明星乡镇	长沙市残疾人联合会	2018年11月
高坪镇船仓村	长沙市卫生村	长沙市爱国卫生委员会	2018年12月
高坪镇船仓村	长沙市乡村振兴创建示范村（2019—2021）	中共长沙市委实施乡村振兴战略工作领导小组办公室	2019年3月
古港镇	2018年度人口和计划生育工作优秀单位	中共长沙市委办公厅　长沙市人民政府办公	2019年2月
古港镇	2018年度长沙市城乡环境卫生整洁行动“三星级”优秀乡镇	长沙市政府办公厅	2019年1月
古港镇	长沙市安全生产示范乡镇	长沙市安全生产委员会	2019年3月
古港镇范市村	长沙市卫生村	长沙市爱国卫生委员会	2018年12月
古港镇范市村	长沙市乡村振兴创建示范村（2019—2021）	中共长沙市委实施乡村振兴战略工作领导小组办公室	2019年3月
古港镇	2018长沙最具创意休闲旅游产品（乡到家DIY研学乐园）	2018中国(长沙)休闲旅游高峰论坛暨2018长沙休闲旅游节组委会	2018年12月
永和镇	长沙市新型小城镇示范镇	长沙市小城镇建设协调工作两道小组办	2018年12月
永和镇永福村	长沙市乡村振兴创建示范村（2019—2021）	中共长沙市委实施乡村振兴战略工作领导小组办公室	2019年3月
永和镇金盆村	长沙市卫生村	长沙市爱国卫生委员会	2018年12月
张坊镇江口村	长沙市乡村振兴创建示范村（2019—2021）	中共长沙市委实施乡村振兴战略工作领导小组办公室	2019年3月
达浒镇金石村	2018年度长沙市城乡环境卫生整洁行动“五星级”五星级优秀村	长沙市政府办公厅	2019年1月
达浒镇书香村	长沙市卫生村	长沙市爱国卫生委员会	2018年12月

续表 53-6

获奖(被命名、入选、被认定)单位	获奖(被命名、入选、被认定)名称	授奖(命名、认定)单位	获奖(被命名、入选、颁发、被认定)时间
达浒镇金石村	2018 年度长沙市城乡环境卫生整洁行动“五星级”五星级优秀村	长沙市政府办公厅	2019 年 1 月
达浒镇金石村	长沙市乡村振兴创建示范村（2019—2021）	中共长沙市委实施乡村振兴战略工作领导小组办公室	2019 年 3 月
中和镇清江村	长沙市卫生村	长沙市爱国卫生委员会	2018 年 12 月
中和镇雅山村	长沙市卫生村	长沙市爱国卫生委员会	2018 年 12 月
中和镇长安村	长沙市卫生村	长沙市爱国卫生委员会	2018 年 12 月
中和镇	2018 年度长沙市城乡环境卫生整洁行动“三星级”优秀乡镇	长沙市政府办公厅	2019 年 1 月
中和镇长安村	长沙市乡村振兴创建示范村（2019—2021）	中共长沙市委实施乡村振兴战略工作领导小组办公室	2019 年 3 月
小河乡	2018 年度人口和计划生育工作优秀单位	中共长沙市委办公厅　长沙市人民政府办公厅	2019 年 2 月
小河乡	长沙市平安乡镇	中共长沙市委办公厅　长沙市人民政府办公	2019 年 2 月
小河乡	长沙市卫生镇	长沙市爱国卫生委员会	2018 年 12 月
小河乡	2018 年度长沙市城乡环境卫生整洁行动“五星级”优秀乡镇	长沙市政府办公厅	2019 年 1 月
小河乡田心村	长沙市卫生村	长沙市爱国卫生委员会	2018 年 12 月
小河乡新河村	长沙市卫生村	长沙市爱国卫生委员会	2018 年 12 月
小河乡潭湾村	2018 年度长沙市城乡环境卫生整洁行动“五星级”五星级优秀村	长沙市政府办公厅	2019 年 1 月
小河乡新河村	长沙市乡村振兴创建示范村（2019—2021）	中共长沙市委实施乡村振兴战略工作领导小组办公室	2019 年 3 月
浏阳市小河乡乌石完全小学	长沙市文明卫生单位	长沙市爱国卫生委员会	2018 年 12 月
浏阳小河乡益兴堂活字印刷馆	长沙第六批市级非物质文化遗产代表性项目（浏阳木活字印刷术）	长沙市文化广电新闻出版局	2018 年 10 月
沿溪镇礼花村	长沙市卫生村	长沙市爱国卫生委员会	2018 年 12 月
浏阳市沿溪镇沿溪初级中学	长沙市文明卫生单位	长沙市爱国卫生委员会	2018 年 12 月
沿溪镇沙龙村	长沙市乡村振兴创建示范村（2019—2021）	中共长沙市委实施乡村振兴战略工作领导小组办公室	2019 年 3 月
中和镇	2018 年度长沙市城乡环境卫生整洁行动“三星级”优秀乡镇	长沙市政府办公厅	2019 年 1 月
文家市镇	2018 年度长沙市城乡环境卫生整洁行动“三星级”优秀乡镇	长沙市政府办公厅	2019 年 1 月
文家市镇	2018 年长沙市知名农业品牌（文家市油饼）	长沙市农业委员会	2018 年 11 月

续表 53-7

获奖(被命名、入选、被认定)单位	获奖(被命名、入选、被认定)名称	授奖(命名、认定)单位	获奖(被命名、入选、颁发、被认定)时间
文家市镇五神村	长沙市卫生村	长沙市爱国卫生委员会	2018年12月
文家市镇大成村	长沙市卫生村	长沙市爱国卫生委员会	2018年12月
文家市镇文家市村	长沙市卫生村	长沙市爱国卫生委员会	2018年12月
文家市镇文家市村	长沙市乡村振兴创建示范村（2019—2021）	中共长沙市委实施乡村振兴战略工作领导小组办公室	2019年3月
澄潭江镇	长沙市平安乡镇	中共长沙市委办公厅　长沙市人民政府办公	2019年2月
澄潭江镇	2018年度人口和计划生育工作优秀单位	中共长沙市委办公厅　长沙市人民政府办公厅	2019年2月
澄潭江镇渠城村	长沙市卫生村	长沙市爱国卫生委员会	2018年12月
澄潭江镇山下村	长沙市卫生村	长沙市爱国卫生委员会	2018年12月
澄潭江镇集镇社区	长沙市乡村振兴创建示范村（2019—2021）	中共长沙市委实施乡村振兴战略工作领导小组办公室	2019年3月
大瑶镇	2018年度人口和计划生育工作优秀单位	中共长沙市委办公厅　长沙市人民政府办公	2019年2月
大瑶镇	2017年度长沙市经济社会发展综合实力十强乡镇	中共长沙市委办公厅　市政府办公厅	2018年7月
大瑶镇	2018年度长沙市城乡环境卫生整洁行动“五星级”优秀乡镇	长沙市政府办公厅	2019年1月
大瑶镇南阳村	长沙市卫生村	长沙市爱国卫生委员会	2018年12月
大瑶镇上升村	长沙市卫生村	长沙市爱国卫生委员会	2018年12月
浏阳市大瑶镇李畋完全小学	长沙市文明卫生单位	长沙市爱国卫生委员会	2018年12月
大瑶镇（浏阳悦武堂）	长沙市第六批市级非遗名录（青面狮表演、王家拳）	长沙市文化广电新闻出版局	2018年11月
大瑶镇（浏阳悦武堂、浏阳武术协会）	长沙市第六批市级非遗名录（王家拳）	长沙市文化广电新闻出版局	2018年11月
大瑶镇	长沙市食品安全示范乡镇	长沙市食品安全委员会	2018年3月
大瑶镇汇丰村	长沙市乡村振兴创建示范村（2019—2021）	中共长沙市委实施乡村振兴战略工作领导小组办公室	2019年3月
金刚镇山虎村	2018年度长沙市城乡环境卫生整洁行动“五星级”五星级优秀村	长沙市政府办公厅	2019年1月
金刚镇丹桂村	长沙市卫生村	长沙市爱国卫生委员会	2018年12月
金刚镇沙螺村	长沙市乡村振兴创建示范村（2019—2021）	中共长沙市委实施乡村振兴战略工作领导小组办公室	2019年3月
湖南张太傅食品科技有限公司	长沙第六批市级非物质文化遗产代表性项目（浏阳牛胶膏传统制作技艺）	长沙市文化广电新闻出版局	2018年11月
浏阳市德胜斋文化创意有限公司	长沙第六批市级非物质文化遗产代表性项目（德胜斋浏阳茴饼制作技艺）	长沙市文化广电新闻出版局	2018年11月

浏阳公交线路大全

1路:浏阳汽车西北站至杨家弄

线路长度:单程8.5千米

上行:浏阳汽车站—电力局站—花炮广场站—信息园站—黄泥坳站—集里路口站—中心加油站—马鞍山站—羊角湾街口站—金沙路市场站—圭斋路口站—人民路口站—浏河市场站—水岸尚街路口站—浏青路口站—荷塘路口站—金沙路小学站—汽车南站—荷花中学站—老年康复医院站—掌山岭站—杨家弄站

下行:杨家弄站—掌山岭站—老年康复医院站—荷花中学站—汽车南站—金沙路小学站—荷塘路口站—市第七医院站—浏青路口站—浏河市场站—人民路口站—鸿宇广场站—金沙路比一比超市站—邮电路口站—马鞍山站—集里医院站—集里路口站—黄泥坳站—信息园站—烟草局站—花炮广场站—浏阳汽车站

2路:自来水公司至蕉溪岭隧道

上行:自来水公司站—市一中南门站—建设银行站—中医院站—花炮女神站—妇幼医院站—邮电宾馆站—邮电路口站—马鞍山站—集里医院站—集里路口站—黄泥坳站—信息园站—烟草局站—花炮广场站—太和路口站—拘留所路口站—蕉溪岭隧道站

下行:蕉溪岭隧道站—拘留所路口站—太和路口站—花炮广场站—信息园站—黄泥坳站—集里路口站—中心加油站—马鞍山站—羊角湾街口站—邮电宾馆站—正宜园站—妇幼医院站—花炮女神站—中医院站—湘东比一比站—市一中南门站—自来水公司站

3路:通程商业广场至道吾山

冬季:(首班)6:30—17:10(末班)。

5路:浏阳城区至关口占佳岭

上行:通程商业广场站—浏河市场站—人民路口站—圭斋路口—烈士公园南门站—湘东比一比站—市一中南门站—思邈公园站—浏河东路站—三元宫站—观礼台站—占佳岭站

下行:占佳岭站—观礼台站—三元宫站—浏河东路站—思邈公园站—自来水公司站—市一中南门站—建设银行站—谭嗣同故居站—商业大厦站—人民医院站—解放路口站—浏河市场站—通程商业广场站

6路:往返关口汽车站

线路长度:单程5.5千米运营时间:夏季:6:30—18:30;冬季:6:30—18:00票价:全程2元/人次站点:关口汽车站—农副产品市场站—平鼎景都站—亚大国际新城站—东方新天地站—教师新村站—雨润发超市站—花炮女神站—中医院站—烈士公园南门站—鸿宇广场站—车站路比一比超市站—花炮女神站—市一中北门站—鑫远名城站—教师新村站—环府路口站—政务中心站—农副产品市场站—关口汽车站

7路:通程商业广场至长坪

冬季:(首班)6:30—17:45(末班)。

8路:浏阳汽车站至关口汽车站

上行:浏阳汽车站—电力局站—花炮广场站—信息园站—黄泥坳站—集里路口站—集里医院站—礼花路步步高超市站—新城国际站—市疾控中心站—财智嘉禾苑站—财智逸景苑站—市教育局站—环府路口站—政务中心站—农副产品市场站—关口汽车站

下行:关口汽车站—农副产品市场站—平鼎景都站—亚大国际新城站—东方新天地站—市武装部站—财智逸景苑站—财智嘉禾苑站—市疾控中心站—新城国际站—融城尚都站—集里医院站—集里路口站—黄泥坳站—信息园站—烟草局站—花炮广场站—浏阳汽车站

10路:通程商业广场至关口杨溪皂

上行：通程商业广场站—浏河市场站—人民路口站—圭斋路口站—烈士公园南门站—中医院站—花炮女神站—市一中北门站—鑫远名城站—教师新村站—环府路口站—碧桂园站—云岭站—东沙城隍庙站—杨溪皂站

下行：杨溪皂站—云岭站—东沙城隍庙站—碧桂园站—市武装部站—教师新村站—雨润发超市站—市一中北门站—花炮女神站—中医院站—烈士公园南门站—人民路口站—浏河市场站—通程商业广场站

11路:通程商业广场至丁家冲

上行：通程商业广场站—浏河市场站—人民路口站—圭斋路口—鸿宇广场站—花炮广场站—鑫远名城站—教师新村站—市武装部站—碧桂园站—东沙湾站—丁家冲站

下行：丁家冲站—东沙湾站—碧桂园站—市教育局站—教师新村站—劳动家园站—自来水公司站—建设银行站—数码广场站—人民路口站—通程广场站

12路:通程商业广场至罗直

线路长度:单程14千米运营时间:夏季:6:30—17:00;冬季:6:30—16:30票价:全程2元/人次站点:通程广场站—水岸尚街路口站—利通广场站—碧景湾站—天马公园站—新月半岛站—渡头站—罗直站

13路:往返老年公寓

线路长度:单程5千米运营时间:夏季:6:50—17:40;冬季:6:50—17:40票价:全程2元/人次站点:老年公寓站—城东新村站—思邈公园站—自来水公司站—建设银行站—谭嗣同故居站—商业大厦站—人民医院站—解放路口站—人民路口站—鸿宇广场站—金沙路比一比超市站—邮电路口站—马鞍山站—集里医院站—技术监督局站—正宜园站—妇幼医院站—花炮女神站—中医院站—湘东比一比站—市一中南门站—思邈公园站—城东新村站—老年公寓站

15路:通程商业广场至枫林路口

线路长度:单程14.5千米运营时间:夏季:6:10—18:30;冬季:6:20—18:00票价:全程2元/人次站点:通程广场站—水岸尚街路口站—浏青路口站—荷塘路口站—金沙路小学站—汽车南站站—荷花中学站—老年康复医院站—掌山岭站—杨家弄站—古家站—筱水站—牛石站—净溪站—万家坳站—枫林路口站

17路:关口汽车站至关口升坪村

线路长度:单程10.5千米运营时间:夏季:6:40—17:20;冬季:6:40—17:20票价:全程2元/人次站点:关口汽车站—关口中学站—市交警大队站—长坪站—看守所站—农机驾校站—石子地站—升坪村铜钱坳站

18路:往返通程商业广场站

环线:环线:水岸山城→浏阳河广场→六桥→浏阳河东路→思邈公园→自来水公司→建设银行→鸿宇广场→车站路比一比超市→邮电路口→马鞍山→集里医院→妇幼保健院→中医院→湘东比一比超市→市一中南门→思邈公园→浏阳河东路→六桥→浏阳河广场→水岸山城

(注:原13路与18路调整合并。18路公交车因报废更新中,暂时停运,保留原线路和站点)

20路:浏阳汽车站至市民之家

上行:浏阳汽车站—电力局站—花炮广场站—信息园站—黄泥坳站—集里路口站—中心加油站—马鞍山站—羊角湾街口站—金沙路市场站—烈士公园南门站—湘东比一比站—市一中南门站—思邈公园站—浏河东路站—复兴南路路口站—市国土局站—市民之家站

下行:市民之家站—市国税局站—环府路口站—东方新天地站—浏阳商会站—关口办事处站—东紫门北门站—新文学校站—政东广场站—恒大华府站—复兴南路路口站—浏河东路站—思邈公园站—自来水公司站—建设银行站—烈士公园南门站—鸿宇广场站—金沙路比一比超市站—邮电路口站—马鞍山站—集里医院站—集里路口站—黄泥坳站—信息园站—烟草局站—花炮广场站—浏阳汽车站

21路:关口汽车站至关口金湖村

线路长度:单程14千米运营时间:夏季:6:20—18:00;冬季:6:20—17:30票价:全程2元/人次站点:关口汽车站→关口中学→市交警大队→长坪→浏阳东高速互通口→坳上→塅中路口→溪江集镇→溪江农商银行→陈家路口→长溪→老屋路口→毛栗山→金湖→沿原路返回关口汽车站

22路:浏阳公交总站至新月半岛外滩一号

线路长度:单程9.5千米。

运营时间:夏季:(首班)6:40--19:00(末班);

冬季:(首班)7:00—18:30(末班)。

票价:全程2元/人次。

上行:关口汽车站→农副产品大市场→平鼎景都站→亚太国际新城站→工人文化宫→行政中心北门站→行政中心东广场站→行政中心南门站→恒大华府站→菜园小区站→浏阳河中学站→桔园小区站→香山国际站→自来水公司站→建设银行站→烈士公园南门站→圭斋路口站→人民路口站→浏河市场站→浏青路口站→利通广场站→碧景湾站→天马公园站→早城二期站→人民二小站→外滩一号站。

下行:外滩一号站→将军东路站→新月半岛站→唐家洲二路口站→早城二期站→天马公园站→碧景湾站→利通广场站→浏青路口站→浏河市场站→人民路口站→圭斋路口站→烈士公园站→湘东比一比站→市一中南门站→香山国际站→桔园小区站→浏阳河中学站→菜园小区站→恒大华府站→行政中心南门站→行政中心东广场站→行政中心北门站→工人文化宫站→平鼎景都站→农副产品大市场站→关口汽车站。

23 路：汽车西北站至新月半岛外滩一号

线路长度：单程 13 千米。

运营时间：夏季：(首班)6:40—19:00(末班)；

冬季：(首班)7:00—18:30(末班)。

票价：全程 2 元 / 人次。

上行：汽车西北站→电力局站→三力公司站→花炮大道加油站→疾控中心站→财智嘉和苑站→财智逸景苑站→君悦华府站→天虹站→恒宜新村站→正宜园站→妇幼医院站→花炮女神站→中医院站→烈士公园南门站→圭斋路口站→人民路口站→浏河市场站→浏青路口站→利通广场站→碧景湾站→天马公园站→早城二期站→人民二小站→外滩一号站。

下行：外滩一号站→将军东路站→新月半岛站→唐家洲二路口站→早城二期站→天马公园站→碧景湾站→利通广场站→浏青路口站→浏河市场站→人民路口站→圭斋路口站→烈士公园站→中医院站→花炮女神站→妇幼医院站→正宜园站→恒宜新村站→大润发站→君悦华府站→财智逸景苑站→财智嘉和苑站→疾控中心站→礼花路口站→三力公司站→滨海燃气站→花炮广场站→汽车西北站。

25 路：唐家园至西北汽车站

线路长度：14.6 千米。

运营时间：夏季　6:00—18:00；冬季　6:30—17:40

间隔时间：40 分钟

票价：全程 2 元 / 人次

26 路：浏阳公交总站至公交总站

线路长度：单程 14.7 千米。

运营时间：

夏季：(首班)6:40—19:00(末班)；

冬季：(首班)7:00—18:30(末班)。

票价：全程 2 元 / 人次。

上行：关口汽车站→农副产品大市场站→平鼎景都站→碧桂园岭誉二期站→碧桂园城市花园站→城隍庙站→夏家田站→新人民医院站→碧桂园时代城站→杉松站→创意君悦阳光里站→鼎丰建材市场站→滨海燃气站→工业品大市场站(增设临时停靠点)→烟草公司(增设临时停靠点)站→三力公司站→花炮大道加油站→礼花路新城国际站→技术监督局站→百合花园站→恒宜新村站→大润发站→君悦华府站→市教育局站→市国税局站→市民之家站→恒大华府站→海关站→奥园广场西门站→铂悦城西门站→铂悦城南门站→李畋路口站→锦程大道站→泰安路→新文学校→复兴路→菊花石路→平鼎景都→农副产品大市场→关口汽车站

下行：关口汽车站→农副产品大市场→平鼎景都→菊花石路→复兴路→新文学校→泰安路→锦程大道站→李畋路口站→海关站→恒大华府站→市民之家站→市国税局站→市教育局站→君悦华府站→天虹站→恒宜新村站→百合花园站→技术监督局站→礼花路口站→花炮大道加油站→三力公司站→烟草公司→工业品大市场(增设临时停靠点)站→滨海燃气站→滨海燃气站→鼎丰建材市场站→创意君悦阳光里站→杉松站→碧桂园时代城站→新人民医院站→夏家田站→城隍庙站→碧桂园岭誉二期站→平鼎景都站→农副产品大市场站→关口汽车站。

27 路：道吾学校至九方北正西

线路长度：单向线路长度:11.3Km；双向线路长度:22.6Km；

运营时间:6:30(首班)-18:30(末班)；间隙发车时间:20 分钟；

票价：全程 2 元 / 人次。

上行：道吾学校站→南泥湾二站→南泥湾一站→三馆站站→城隍庙站→碧桂园岭秀站→碧桂园站→庆大路市场站→北城社区站→农技局站→集里办事处站→鑫岛明珠站→疾控中心站→新城国际站→技术监督局站→百合花园站→正宜园站→妇幼医院站→花炮女神站→中医院站→湘东比一比站→市一中南门站→梅花三街站→周家巷站→九方北正西站；

下行：九方北正西站→谭嗣同故居站→中医院站→花炮女神站→妇幼医院站→正宜园站→人和家居站→百合花园站→技术监督局站→新城国际站→疾控中心站→百顺站→集里办事处站→农技局站→北城社区站→庆大路市场站→碧桂园站→碧桂园岭秀站→碧桂园城市花园站→城隍庙站→南泥湾一站→南泥湾二站→道吾学校站。

28 路：关口汽车站至关口汽车站

线路长度：全程 20.08 千米。

运营时间:6:30(首班)-18:30(末班)；间隙发车时间:20 分钟；

票价：全程 2 元 / 人次。

关口汽车站→农副产品大市场站→长兴社区站→公交总站站→新文学校站→银天壹号站→奥园东门站→铂悦城南门站→铂悦城西门站→奥园广场西门站→海关站→恒大华府站→复兴南路口站→浏阳河东路站→思邈公园站→浏阳市第二医院站→周家巷站→九方北正西站→谭嗣同故居站→中医院站→花炮女神广场站→妇幼医院站→正宜园站→人和家居站→百合花园站→技术监督局站→新城国际站→礼花路口站→三力公司站→滨海燃气站→工业品大市场站→烟草公司站→鼎丰建材市场站→君悦阳光里站→杉松站→碧桂园时代城站→新人民医院站→夏家田站→三馆站→城隍庙站→碧桂园岭誉二期站→道吾路亚太站→平鼎景都站→农副产品大市场站→关口汽车站

以下为浏阳经开区到长沙的公交线路

L826 路：金阳巴士总站至人民东路

(芙蓉区政府东站)

线路长度：单程 33.5 千米。

运营时间：夏季:6:30—20:30；冬季:6:30—20:00

票价：全程 2 元 / 人次。

上行：金阳巴士总站(始发站、柳冲路)→南园站(柳冲路)左转　府前路口站(健康大道)　右转　(金阳大道)路→人民东路东湖站(停保休息点)→人民路古曲路口站(人民东路)右转　芙蓉区政府东站(终点站、嘉雨路)

下行:芙蓉区政府东站(起点站、嘉雨路)→人民东路东湖站(停保休息点)→人民路古曲路口站(人民东路)→右转(金阳大道)左转府前路口站(健康大道)　右转　南园站(柳冲路)→金阳巴士总站(终点站、柳冲路)

L827路:金阳巴士总站至人民东路

(芙蓉区政府东站)

上行:金阳巴士总站(始发站、柳冲路)　左转　金阳集团站(康平路)→高新区管委会站(永阳路)　左转　永安镇政府站(新河路)　右转　(金阳大道)→人民东路东湖站(停保休息点)→人民路古曲路口站(人民东路)　右转　芙蓉区政府东站(终点站、嘉雨路)

下行:芙蓉区政府东站(起点站、嘉雨路)　右转　扬帆小区站(傅家湾路)→人民东路东湖站(停保休息点)→人民路古曲路口站→右转　(金阳大道)　左转　永安镇政府站(新河路)　右转　高新区管委会站(永阳路)→金阳集团站(康平路)右转金阳巴士总站(终点站、柳冲路)

城乡公交201路　102路

起始站:首站　汽车南站(201)　浏阳汽车站(102);末站　大瑶汽车站

运营时间:夏季:6:00--18:00;冬季:6:20--17:30

线路长度:30千米

票价按里程计算

城乡公交101路

起始站:首站　浏阳汽车站;末站　永安镇政府

运营时间:夏季　6:00--19:30;冬季　6:30--19:20

线路长度:38千米

票价按里程计算

来源　浏阳市融媒体中心

编辑　罗娜丨审核　黄康

《浏阳年鉴（2019）》组稿人员

（按篇目顺序排列）

刘卫红　肖　彪　刘瑞琼　马炼墈　龙卫平　王安军　崔文豪　胡　珊　刘　洲　李　静
卢　晗　陈礼浩　王　均　吴　乐　刘　恒　张　娟　陈　畅　王琼玳　江立峰　李诗白
屈雅玲　黄海英　邱双喜　刘鹄羽　余　涛　蔺绍桃　吴海宁　易守珍　陈纯清　罗永昌
戴四辉　熊　煛　周建国　李碧文　何生军　杨　思　孙　英　张华强　罗　炼　张丹枫
唐娇莲　李星星　肖　鹤　欧思佳　杨　丽　刘　强　杨　波　张　丽　欧阳明　唐　腾
周　瞳　罗梦婕　黄　情　童金花　吴光荣　夏文锋　周利梅　罗　琳　曾　玲　潘艳纯
王峰林　周志刚　姚　尧　黄　露　方　钊　王卫国　廖　沛　袁村平　张莎莎　周　喻
傅琳慧　柳闯江　李莉园　李思思　刘利香　陈楚麟　沈　健　李秀华　唐文波　林　茂
李葵玉　陈统根　周　曦　李程林　杨丽华　周　思　陶小松　罗　澜　王星星　林　丹
张新宇　邓英超　吴婧娟　丁凯慧　焦　毅　程牧野　李　勇　袁　甜　张欣尧　张　晋
张金莲　黎　燕　甘　武　张自成　李双喜　邹雨玲　焦　萍　谢　晖　戴金霞　李雨浓
涂　影　周袁慧子　朱良柏　余　旋　李凌云　熊飞平　谢乃辰　彭江华　罗　坤　刘慧平
肖芬姿　谭润秋　谢　瑚　张胤儒　兰　娟　潘志强　蒋　慧　汪　献　陈　娟　付　苹
沈完乐　李　玲　黄　英　刘瑞琼　黎奇志　刘　苏　朱　明　高明果　黎　亮　王金红
王科明　付　淼　王冷洋　黄　静　刘　学　黄振兴　邓日桃　甘享明　唐　瑛　李先义
刘　倩　廖友文　兰词贵　龚家强　谢　琳　刘延喜　朱庆林　李巧玲　王维伟　陶嫦娥
郑晓伟　付　璇　罗亚玲　崔月龙　王树鑫　张谢琦妮　徐和初　张　昺　龙强军　吴　赛
张　晗　陈怀奇　龙　芬　孙　彬　甘梓豫　赵自如　肖宏宇　刘灵犀　龙承昊　邓陈陈
王　坤　龚　锦　彭浪波　沈赛群　管艳晴　佘林智　贺云鹏　周　姿　胡　媛　张碧琴
黄文良　张　唯　陈　佳

索　　引

双江口

说明

一、本索引把年鉴条目(大事记、统计资料、文献选编、附录除外)用主题分析方法,按汉语拼音字母顺序排列。

二、分目、子目、专稿标题用黑体表明

三、索引名称后面的阿拉伯数字表示内容所在页码,拉丁文 a、b、c 表示栏别(1、2、3 栏)

A

艾滋病预防控制 246c
爱卫工作 180b
安全底线 5a
安全监管执法 117b
安全生产 118a 218a
安全生产监督 117b
安全生产监督检查计划编制 119a
安全生产责任机制 117b
安全维稳 122a
安全饮水 183c
按病种收付费 125c
案件质量评查 106c

B

白俄罗斯莫吉廖夫州 187c
百里毅行 101c
柏加镇 293c
柏加镇财政所获评“湖南省 2018 年度星级乡镇财政所” 295b
办事流程 79a
办学条件改善 221c
帮扶服务 93b
帮助残疾人就业创业 253b
保险业 211c
保育员专业技能竞赛浏阳选拔赛 223b
保障性安居工程建设 176b
保障性住房管理 176c
报刊出版发行 236c
北盛镇 299a
北盛镇中心卫生医院启动二级综合医院创建工作 299c
被评为“2017 年度长沙市经济社会发展综合实力十强乡镇” 298b
被授予“湖南省卫生镇(2019-2022)”称号 278a
被授予“湖南省卫生镇”称号 300c
鞭炮烟花业 154c
不动产存量数据 133a
不动产登记 132a
不动产登记理论与实务研讨暨现场会 132c

C

财政金融 42a
财政收入考核 127b
财政预决算监督 68b
财政债务审计 133c
参政议政 82a 90c 95c
参政议政直通车 57a
残疾人事业 253a
测绘服务 132a
查处“四风”问题 86a
茶油 192a
茶油产业 23a
产城融合 159b
产业发展 255c
产业共振 3b
产业合作 21b
产业链发展 159a
产业链建设 151a
产业融合 195b
产业升级 43b
产业项目集聚 22b
产业项目建设年 4a
产业项目建设年 9b
产业转型升级 73b
长沙(浏阳)首届“乐动沙市”体育旅游节 303a
长沙市城乡环境卫生整洁行动四星级乡镇 287b
长沙市城乡环境卫生整洁行动五星级乡镇 296c
长沙市级奖励(命名、评选)个人名表 316
长沙市纪检监察信访举报工作经验交流会 87b
长沙市食品安全示范乡镇 283a
《长沙市志·人物志》浏阳入志人物传编纂 238b
长沙银行股份有限公司浏阳支行 208a
陈丹萍 104c
成立柏加镇花木产业创二代同心协会 294c
成立浏阳市科技创新专家咨询委员会 216a
成立退役军人服务中心 288b
成人仪式 102c

承办浏阳市"推动高质量发展 建设现代化浏阳"专题研讨会 260c
枨冲镇 287c
枨冲镇第六届人民代表大会第三次、第四次会议召开 287a
城区环境空气 185b
城市公交议案办理 69b
城市功能 160c
城市供水 178a
城市管理 178c
城市管理进乡村 180c
城市管理委员会 178c
城市管理行政审批与执法 179c
城市广场 172b
城市建设 171c
城乡风貌 8a
城乡规划 173b
城乡建设 171a
城乡融合 4b 8a
城乡融合与乡村振兴 74a
城镇管理 11a
城镇交通网络 11a
澄潭江镇 276b
出台"支持民间资本办学"政策 222b
出台《大瑶镇服务民营经济发展八条举措》 284a
储粮管理 190b
传统小产品保护 155c
窗口文明礼仪 80a
创新"片长制"和"五位一体、五员联动"工作体系 264b
创新驱动示范建设 215a
创业创新 152b
创业创新创优 97c
创业就业交流会 101b
锤炼本领,担当作为 65a
春赏花季启动仪式暨达浒镇第五届油菜花节系列活动 272b
淳口镇 303b
从严治党 2a
促进社会投资十条 125b
促企上市 202b
翠园社区成立 258a
村级班子运转 52b
村镇建设 171b
村庄集镇规划 174c

D

搭建平台开展学术交流活动 215b
达浒镇 271c
打好"组合拳" 13a
打赢碧水攻坚战 16b
打赢蓝天保卫战 16a
打造展示才艺舞台 233a
大栗坪水闸 148a
大气污染 184b
大围山杜鹃花 198c
大围山国家森林公园 198b
大围山梨获"国家级农产品地理标志示范样板" 274b
大围山镇 273b
大型花鼓戏《胡子将军》晋京演出 232c
大瑶应急抢险工程 148b
大瑶镇 281b
代表工作 70a
代表活动场所建设 70a
代表建议办理 70a
代表旁听评议庭审 71c
代理金融业务 169a
党 史 237b
党的建设 44a
党史编研 237b
党史宣教 237c
党外人士参政议政 55c
党外人士培养 55c
党务村务公开 52b
党校(市行政学院) 63c
党员致富带头人 64c
党政机构改革和重要领域改革 59a
党政引领、全民参与的攻坚格局 12b
档 案 238b
档案信息化建设 238c
档案宣传教育培训 238c
档案业务指导与查阅利用 238c
道路交通安全"两员两站"
道吾学校 176a
道吾学校投入使用 224a
邓凡 311b
地方志 237c
地方志宣传与教育 238b
地势地形条件 23b
地质地貌 32a
地质灾害防治 132a
第七届味园厨艺汇 163a
第七批中国历史文化名镇 281a
第三次国土调查 131a
第十二届纪委第三次全会召开 85b
第十七届人民代表大会第三次会议 66b
第四次全国经济普查领导小组及办公室 134a
第五批全民国防教育基地授牌仪式首站在古港镇举行 265a
电力工业 154a
电力攻坚"630" 154b
电网建设 154b
电信 170a
电影放映 235c
电影市场管理 235c
电子商务 186c 189a
电子信息产业 152c
调研"两院"工作 69c
调研"四缺"问题 102a
调研考察工作 82b
鼎誉检验检测 162c
动物防疫工作 140b
洞溪河成功入选浏阳市2018年度"最美河流(水库)"评选候选名单 276a
洞阳镇 295c
抖音 197b
督查效能建设 77b
督查信息报送 77b
读书风气 112b
短板 8b
队伍建设 108c
对口培训邵阳县95名教师干部 230c
对外交流合作 78b
多层面专题联席会 21b
多鲜食品 162c
多元发展 172a

F

发展和改革 124a
发展林下经济 141c
发展专项计划 22a
法律服务 107b 116b
法律顾问 117a
法治政府建设 107a
贩卖毒品专案 109b
防范和处置非法集资 202a
防范金融风险 204b
防汛保安 150a
防汛抗旱 147a
房地产市场监管 176b
房地产业 41b
放管服 5a
"放管服"改革 58a
非法猎捕 110c
非法取土厂被拆除 292a
非公人士素质提升 95a
非公有制经济领域 56a

非物质文化遗产 35a
风险防控 177c
扶残助残 253b
《扶持引导青年志愿服务组织健康有序发展的调研报告》获选优秀报告 101b
扶贫帮扶结对 22a
扶贫帮困 253a 56c
扶贫产业 13a
服务地方政府决策 138a
服务经济民生 154b
服务决策参考 134a
服务内涵与能力提升 245b
服务企业 159b
服务青年工作 101a
服务统计对象 134a
服务业发展 125a
服务中心工作 111a 82c
妇女联合会 97b
妇幼保健 244c
妇幼健康保障 244c
复合叠加 21b

G

改革工作 49c
改善民生 74b
干部工作 51a
干事氛围 8b
干线公路 165c
杆线整治 152b
岗位能力建设 93a
港澳地区合作交流 78b
港澳台及海外 56b
港澳台与外事管理 78a
高考成绩夺得“十一连冠” 225a
高坪镇 265b
高坪镇污水处理厂建设项目 267a
高站位谋划、超常规推进脱贫攻坚工作 12a
高中教育工作会议 224c
葛家镇 286a
葛家镇卫生院完成整体搬迁 286c
30个标准化学校卫生室交付使用 223a
1个工作日办结 161c
耕地保护 130b
耕地质量管理 143b
工程审批 123a
工程总承包招标 138c
工会干部培训 94c
工贸行业和职业卫生安全监管 117c
工商联合会 94c
工委建设 88a
工业 41b
工业厂房预售许可证 132c
工业增加值 1a
公共安全 108b
公共场所卫生专项整治 249b
公共法律服务体系 116c
公共工程建设 175a
公共品牌建设 24a
公共卫生监测 247a
公共卫生推进 244a
公共卫生与公共服务监督 68b
公积金归集工作 177b
公积金信贷工作 177b
公立医院改革 242a
公路管理 167b
公路提质 167c
公路养护 168a
公司销售管理 236b
公务用餐管理改革 86c
公益案件诉讼 111b
供气 178b
供水服务 178b
供水灌溉 149c
供水设施 178a
供销合作 188c
供销综合改革 188c
共建共享 8a
共青团长沙市委 101c
共青团机构改革 100c
共青团浏阳市教育局委员会第九次代表大会 223a
共同举办第三届“九九重阳情、城乡一家亲”活动 286c
古港镇 263c
固定资产投资 41b
关工委工作 60c
关口街道 262b
官渡镇 268c
官桥镇 292b
馆、室和资源建设 238b
灌区管理 149b
广播、电视、网络管理 234b
广播电视电影 234a
广播电视电影系统新技术的研究、开发和利用 235a
广播电视节目采制和播出 235a
广播电视事业产业经营 234c
广东东莞市湖南浏阳商会成立 96b
广州市湖南浏阳商会成立 96c
规范性文件管理 107b
规范医疗秩序专项整治 248c
规划编制 173c
规划编制与实施情况监督 68b
规划管理 174a
规划勘察测绘 174b
规划设计 174b
规划实施 174a
规划信息服务 174c
贵太太茶油 191a
国际音乐焰火大赛 156c
国家级奖励(命名、评选)个人名表 314
国家外汇管理局浏阳市支局 205a
国家义务教育质量监测实施优秀组织县(市) 223a
国民经济和社会发展统计公报 41a

H

海扶中心 243c
海关 137b
海关监管场所安全管理 137c
海事管理 168b
汉唐艺术公社 103a
航拍 197a
好莱斯影城正式开业 308b
合法权益保护 98b
合作发展 21b
何报翔 89b
河长制 147a
荷花街道 260c
荷我一起志愿者服务队成立 261c
红十字会 103a
宏观经济研究与管理 124b
后勤建设 122c
胡耀邦 200c 201a
湖南浏阳(镇头)2018首届油茶文化产业博览会举行 290c
湖南浏阳农村商业银行股份有限公司 209a
湖南汽车产业联盟 160b
湖南省龙狮大赛暨2018年浏阳市“百龙百狮闹元宵”活动 239c
湖南省民间文化艺术之乡 269c
湖南省石油化工技工学校 228b
湖南省实验动物中心 153b
湖南省首届“瑶悦城·兴乡杯”乡镇乒乓球比赛在大瑶镇举行 283c
互联网+政务平台 80c
护航发展 108b
花炮主产区结对 21b
化债工作 127b
淮川街道 257a

淮川街道人民调解委员会被湖南省司法厅授予“全省优秀人民调解委员会”称号 258a
淮川街道社区提质提档工作完成 258b
环保督察“回头看” 17a
环保职能案件办理 18b
环境保护 181c
环境监测 185b
环境监察 184c
环境信访投诉 185a
环境优化 156a
换脸手术 243b
黄关春 109a
汇丰、天和、崇文社区更名 283b
活化林地经营权 142a
货币政策管理工作 204a
货运驾培管理 166b
获“全国检察宣传工作先进单位” 112a
获评“全国中小学责任督学挂牌督导创新县(市)” 223a
获评“省平安校园先进县市” 222c

J

机构编制管理 57b
机构改革 128a
机关党员教育管理 53c
机关基层组织建设 53a
机关政治建设 53a
机械制造产业 153c
机要保密 50a
基层党建县级示范市 52a
基层调研 50c
基层妇联干部培训班 100a
基层卫生 243c
基层文艺之星单位 112a
基层应急体系建设 77c
基层执法体系建设 248c
基层组织建设 98c 252a
急性传染病预防控制 246a
疾病预防控制 246a
集里街道 258b
集体谈心谈话会 57b
集邮与文化传媒业务 169c
计划生育奖励扶助 247c
计划生育协会工作开展 248a
纪检监察干部队伍建设 86c
纪委监委业务培训 87a
继创者联盟 97b
加农正和生物制药 153b
夹洲岛安居搬迁工程 292a
监察委员会揭牌成立 87c
监管帮教 116a
减证便民专项行动 78b
检验检测 247b
建成中和镇家风家训展示馆 280a
建功立业 92a
建立“三联三保”信访 63b
建立“一单两库一细则” 78b
建设 264b
建设特色校园 230a
建设用地计划指标 132b
建筑业 41b
健康扶贫 13b
健康扶贫实施 244b
健康教育与健康促进 247a
江公膏药制作技艺入选第六批浏阳市(县级)非物质文化遗产项 308c
僵尸船清理 168c
交通建设投资 167b
交通银行股份有限公司长沙浏阳支行 210b
交通运输 42a
交通专项扶贫 165b
椒花水库前期工作 256c
焦桥村村级道德馆开馆 307a
蕉溪乡撤乡建镇 306a
蕉溪镇 305a
教师队伍建设 64b 230a
教育 42b
教育发展存在的困难与不足 222a
教育扶贫 14a
教育服务水平提升 221c
教育环境优化 222a
教育培训 64a
教育强市 5a
教育宣传思想工作 222c
接受浏阳农村土地制度改革三年试点“五大行动”现场观摩 303a
节会活动 198b
结核病预防控制 246b
介面光电公司 115a
金刚镇 284a
金刚镇第十五届人民代表大会第三次会议召开 285a
金牌导游 196c
金融扶贫工作 202c
金融扶贫政策 14a
金融服务工作 202b
金融服务季金融行业评选颁奖暨技能擂台赛 203b
金融工作管理 202a
金融管理与服务 204c
金融宣讲工作 203a
金融支持扶贫攻坚战 204b
金阳大道三期蕉溪段拆迁工程 306b
金阳社区学院授牌仪式在浏阳经济开发区举行 296b
金阳新区水资源 148b
金源村被评为长沙市同心创建工作点 287a
禁毒知识抢答赛 102c
经济运行 150b
经济责任审计 133b
经济作物标准化生产 143c
经营管理 192c
精品旅游 196b
精神卫生 247b
精致精美城市 11a
精准扶贫平台建设 99a
精准脱贫 3b
精准脱贫样板区 22a
景区建设 198b
警务改革 108c 110a
救护工作 103b
救助工作 103c
就业创业 253c
就业扶贫 13b
就业扶贫 254c
就业优先战略 11a
就医“一卡通”项目上线运行 242c
居民人均可支配收入结构分析 250b
居民收支 250a
举办第九届水果文化旅游节 274b
举办第三届“中国创翼”创业创新大赛长沙市浏阳赛区选拔赛 254c
举办第三届全民健身运动会 239b
举办纪念谭嗣同殉难120周年书画篆刻作品展 233a
举办浏阳市计划生育协会成立30周年暨“5·29协会会员日”宣传主题活动 248b
举办庆祝建党97周年党建主题活动 260b
举办乡村振兴系列活动 285b
举行“乐动沙市·逐梦2018”元旦广场舞大赛 303a
举行“我们的中国梦 文化进万家”活动暨浏阳市金刚镇新时代文明实践所成立大会 285c
举行淳口镇乡村振兴招商项目集中签约仪式 304b
举行第二届幼儿园团队专业技能

竞赛 223c
举行秋季祭孔大典 233a
卷烟营销 193b
决策督查 49a
军事斗争准备 121a
军事训练 122c
军转干部座谈会 87a

K

开启“网络直播”执法新模式 137b
开展“把话筒交给群众，把问题交给干部”大走访活动 278b
开展“百名干部入农户，万众一心促发展”主题宣讲活动 285a
开展“科普大篷车”进校园活动 273a
开展“三进三创”主题活动 238c
开展“一户多宅”清理整治 293b
开展无证办学和规范办学专项治理 229c
开展整村推进工作试点 256a
康复服务 253a
烤烟生产指导 142b
科级党外干部 57b
科技创新 155a
科技管理 213a
科技特派员工作 213c
科技项目管理 213c
科普惠民计划 215a
科普小镇建设 264c
科普组织建设 215a
科学技术 42b
科学普及 214c
科研资政 64a
客户服务 170c
客运行业管理 166a
课程开发 64a
孔蒲中 312c
库区移民事务管理 255a
快递包裹业务 169b
矿山安全生产 132a
矿山管理 131b
矿山监管 117c
矿山清理整治 131b

L

蓝思科技集 152c
蓝天碧水保卫战 182a
蓝鹰沙龙学农研学基地成立 268b
劳动维权 254c
老干部工作 60a
老干部活动 60b
老龄工作 252c
离退休干部 60a
黎春秋 118a
李玉赋 94a
理论宣讲 64b
理论学习与宣传 83b
利益分配模式 22a
连续三年跻身全国综合实力“千强镇” 283c
联合网络通信 170c
廉洁故事（家书）“朗读者”总决赛 87a
廉政宣传教育 86c
良好态势 7b
粮食购销 190c
粮食生产 140a
粮食收购 190b
粮食行业 191c
粮油统计 190c
粮油业 190a
两癌检查 100b
两不愁三保障 12b
两型社会改革建设 125a
林业 141a
林业改革创新 141b
林业生态建设 141b
蔺传球 312a
领导公开接访 62c
刘晓 90a
“浏十条” 52a
浏阳茶油 191c
浏阳高新技术产业开发区 159c
浏阳高新区金融服务中心 160c
浏阳高新区信贷风险补偿基金 161b
浏阳骨伤科医院成功创建为二级甲等中医骨伤医院 309b
浏阳和 57a
浏阳河音乐节 164b
浏阳花炮 157a 187b
浏阳经济技术开发区 158a
浏阳科普小镇建设获省科协表扬 216b
浏阳历史文化丛书编撰工作 82c
浏阳上榜全国首批创新型县（市）建设名单 214a
浏阳市 2018 年度气候影响评价 218b
浏阳市第四届环保文化节启动仪式暨绿心“存折”首发仪式在集里街道举行 259c
浏阳市第一中学 225b
浏阳市第一中学 175c
浏阳市电子商务 187b
浏阳市居民人均支出分析 250a
浏阳市科协获评省 2017 年科普中国·百城千校万村行动优秀组织单位 215c
浏阳市两型产业园 161c
浏阳市首届旅游抖音挑战赛在周洛大峡谷开幕 308c
浏阳市田家炳实验中学 226a
浏阳市文化产业园 163b
浏阳市文学艺术界联合会第九次代表大会召开 232a
浏阳市职业中专 227b
浏阳市智慧停车 172b
浏阳市中医医院业务能力建设 241b
浏阳市株树桥水利水电工程有限公司 150c
浏阳夏布 164b
浏阳住宅专项维修资金 177a
流动人口“三化”管理 296b
流动人口服务 247c
柳维新 313a
龙伏村被授予首批“湖南省同心美丽乡村”称号 307b
龙伏镇 306b
隆平文化驿站在炉烟村挂牌成立 304b
楼宇商圈妇女联合会 99c
芦塘村迎接长沙市乡村振兴现场观摩 299a
“路长制”工作 167c
路政执法 167c
旅游 42a
旅游管理 195a
旅游船舶管理 168c
旅游节 197b
旅游景区 40a
旅游强市 4b
旅游人才 196b
旅游项目 195a
旅游行业 196a
旅游宣传 195c
绿色矿山建设 131c
轮训班 64c
罗加辉 312a
落户两型产业园 162b
落实“四种形态” 86b
落实科技政策 213b

M

慢性非传染性疾病管理 246c

芒果 TV “青青 e 家” 102b
矛盾纠纷化解 106a
媒体融合发展 237a
美津园 191b
蒙华铁路 125b
蒙华铁路“健康专列”启动仪式在关口街道总站举行 263a
免疫规划 246b
民　政 251a
民办及社区教育 229b
民革浏阳市工委 88a
民国时期区划 33b
民间救援力量 78a
民商事审判 113c
民商事速裁 114c
民生底线 11b
民生福祉 2a
民生福祉提升 44a
民生实事 167b
民生支出与民生保障 127a
民生专项资金审计 133b
民事行政监督 111c
民营经济 126b
民营企业座谈会 57a
民主监督 82b 89a
民族宗教事务 56a
名村(社区)名镇志(小区志、社区志)编修 237a
明、清区划 33b
谋划 195a

N

内外贸易 42a
内需监管 186b
能源工作 125b
年鉴编辑 237c
2018 年浏阳市全国科普日活动 216a
农产品精深加工创业创新园 163a
农产品质量安全 144a
农村安全饮水 147c
“农村安全饮水”专题询问 69a
农村公路 165c
农村公路管理 166a
农村环境 183c
农村环境整治项目 18a
农村土地制度改革 132b
农村危房改造 13b
农村营销 170a
农村宅基地“三权”分置工作获自然资源部等好评 275b
农大社区举办集体生日会 304b
农房抵押贷款试点工作 204a
农机培训宣传 142c
农药包装废弃物 144c
农业 41b
农业环境保护 144a
农业机械化 142c
农业技术推广 142c
农业技术推广服务 144a
农业信息服务 144a
农作物病虫害防控 143a
女性创业企业 98c

P

旁听庭审和“两官”履职评议 70a
棚改二期配套建设项目完工 288c
贫困妇女儿童 98b
平安创建 105c 108a
平安银行股份有限公司浏阳支行开业 205a
平安园区建设 159c
普法依法治理 116a
普高教育 224c
普迹镇 291a

Q

企业“上云”行动 161a
企业安全环保转型 152a
企业服务 151b
企业家绿卡 96c
企业开办时间 137a
企业文化建设 169c
启动二级保护区农村生活污水处理工程 275c
启动农村公益性墓地建设 283a
气象防灾减灾 217b
气象服务 217a
110 千伏葛家（渡口）输变电工程 288c
牵头发起成立湘赣边孕产大保健联盟 245c
敲诈勒索案件 112c
敲诈勒索专案 109c
青年工作 100b
青少年思想 100c
青少年思想引领 100c
清单式安全监管 119b
秋收起义文家市会师纪念馆 199c
区域位置 32a
屈湘水 311c
渠道建设 170a
渠道平台业务 169a
全国法治县(市、区)先进单位 117a
全国基层政务公开标准化规范化试点验收 79a
全科医生培养 241a
全面推行三榜公示 77c
全省基层院团展演暨第五届欧阳予倩艺术节在浏阳举行 233b
全省组织工作先进集体 51c
全市校车安全管理暨寒冷期安全工作会议 222b
全域旅游 196b
全域旅游 196c
权益维护 253b
群众文艺汇演 94b
QC 项目 194b

R

人才队伍建设 243c
人才工作 51b
人才培养 125b 155c
人才人事 254a
人大常委会会议 66c
人大主任会议 67b
人口 42b
人口和计划生育 247b
人力资源和社会保障 253b
人民调解 115c
人民防空 122c
人民满意政府 11b
人民医院 176a
人文因素 23b
日常环境监测 18b
融长公交线路 167a
融担小贷公司日常监管 203a
融媒体中心建设试点县(市) 54c
入选长沙市卫生镇 270b
入选第二批全国“扫黄打非”进基层示范点 268b
入选第四批“湖湘风情文化旅游小镇”预选创建单位名单 279c
入选第一批国家级消费品标准化试点项目名单 137a
入选湖南省经济发达镇行政管理体制改革试点 298c
入选为 2018 年“中国绿色名镇” 310a

S

三大攻坚战 3b 73a
三大重大产业项目开工 161a
三馆合建项目 175c
三品一标认证 144c
三品一械安全监管 136a

三献工作 103c
扫黑除恶 105c
森林防火 110b
森林公园 199a
森林执法 109c
沙龙村入选长沙首批15个党员教育培训示范基地 268a
沙市镇 301a
商会组织网络 95a
商品房销售价格 125c
商品化生产 23a
商务合作 186a
商务执法 187a
上级督办领域 17a
“上云”标杆企业 154a
社港镇 307c
社港镇养老服务中心 308b
社会保险 254b
社会服务 89a
社会服务 91b
社会福利 252b
社会活动 55b
社会阶层人士 56c
社会救助 251b
社会噪音整治 18a
社会治理 5b
社情民意民生 84a
社有资产管理 189b
涉纪信访问题处置 86b
摄影家协会 89b
深化改革 2a
深化改革创新 73c
深化改革工作 111c
深入落实民生保障 77c
审计 133a
审批效能提速 79b
生产条件建设 142b
生活垃圾 184a
生活污水 183c
生活饮用水安全监管 249a
生态扶贫 14a
生态功能区整治 17b
生态红色旅游 22b
生态环境保护监督 68c
生态检察区域协作 112b
生态建设 181a
生态养殖 141
生物医药 1b
生物医药产业 153a
省(国)保申创 200b
省安委办暗访 118b
省级环保督察 17a
省级奖励（命名、评选）个人名表 315
省中小微企业创业创新示范基地 161b
十件民生实事 73b
十件民生实事 7a
十九大精神 43a
石油 192c
实施乡村振兴工作 270a
实施阳光招生 227a
实现“七连冠” 51c
食品安全法执法检查 68c
食品安全工作 135b
市场监督管理 134b
市场监管 172c
市场监管和消费维权 135c
市场开拓 155c
市场物价 42a
市民服务热线 79c
市人武部 120a
市容、市貌 179a
市委第一巡察组对大瑶镇党委开展为期两个月常规巡察 284a
市委督查 49a
市委巡察工作 85c
市委政法工作会议 107a
市政协为委员企业搭建融资交流平台 84c
市政园林绿化 173a
市政园林绿化维护 173b
市直机关党的建设 52c
事业单位登记管理 59c
试点合作城市 125c
试验区配套管理 22a
室外燃放检测场建设项目 157c
收集和反映社情民意 88c
首例跨市州水事案件 148a
首例留置案件被移送审查起诉 86b
书院新村(爽健毛豆)被认定为第八批全国“一村一品”示范村镇 292b
暑期社会实践活动 103a
数据资源管理 80a
数字大瑶系统试运营 283c
水法宣传 148a
水环境监测 217a
水环境污染 184b
水环境质量 185b
水利建设投资 148c
水上交通 168c
水上应急救援 168c
水文 216c
水文服务 217a
水文监测 216c
水文气候 33a
水源保护 150b
“水韵清江”移民安置点竣工 280a
水质保障 178a
税收计划完成对比表 129
司法公开工作 114c
司法监督 69b
司法行政 115c
司改经验 115b
思想政治建设 120b
“四好”商会 95a
四经普单位清查 134b
诉调对接中心 114b
素质教育 229c

T

谈心谈话常态化 86c
谭嗣同 83a
潭湾村入围第五批国家传统村落名录 310c
特色产业 10a
特种设备安全监管 136b
提升学生综合素养 229c
体　育 239a
天虹百货商场开业 260c
天天见、天天深、天天新 55a
田园综合体 127b
庭审旁听评议 69b
同级预算执行情况 133b
同心创建 56c
统计 133c
统计法治宣传工作 134b
投诉案件办理 78c
投资项目管理 124c
突发公共卫生事件处置 246a
图书发行 236a
土地利用 130c
土地执法 131a
土壤条件 23b
土壤污染治理 184b
团组织建设 101b
推动产教融合 227a
推行“枨冲夜话”试点 288a
脱贫攻坚先进市 139c
脱贫技能培训 99a

V

VOCs 治理 162b

W

外经外贸 186a

王洪尧 72a
王卫国 99a
王宪魁 72b
网格化创新监管 18b
网络建设 170b
网上备案 177a
网上信访 62c
危险化学品监管 117c
微波消融手术 243b
为农服务 189a
违纪案件片组会审 87b
维护管理 123a
维稳保安 107c
维稳工作 106a
委员工作 83b
委员进社区 83c
卫生计生行政执法 249c
卫生计生综合监督执法 249c
卫星地面设施整治 235c
渭川河 149b
文稿服务 50c 77a
文化创意 155b
文化旅游 198a
文化旅游产业结对 22a
文化文产建设 54b
文化执法＋助力文化强市系列服务活动启动 231c
文家市镇 280b
文旅融合 200b
文明城市创建 98a
文明创建 54b
文史编研 82c
文物 38a
文物保护 199c
文物保护和利用 233c
文物管理 233b
文物征集 237c
文学艺术创作 232a
文艺活动 232c
乌龙大桥完成重建 300a
污染防治 184a
污染防治联防 22b
污染源和环境督查监测 185b
污染源普查 18b
污染源普查 185c
五名学生摘取全国珠心算和世界珠心算比赛冠军 230a
五统一分 5a
武警 122b
物价工作 125a
物理压榨工艺 23b
物业服务管理 176c

X

西北环线 149b
县级分公司 193c
乡村振兴 2a 126b
香港企业家考察团 97a
湘纯农业科技 191b
湘赣边区域合作 19a 125a
湘粤赣(闽)边界护林联防会 110c
项目建设 175a
项目建设管理 124b
消毒产品监管 249b
消防微电影 110b
小河乡 309b
小水电站清理整治 148c
笑哈哈食品厂 191c
新打铜锣首演 290b
新闻出版 236a
新闻宣传 54a
信访案件办理 62c
信息报送 50c
信息化建设 152b
信息平台 126b
信息系统整合 80b
刑事审判 113b
刑事诉讼监督 111c
行业领域安全监管 136c
行业文明创建 166c
行业问题专项整治 18b
行政审判 114a
行政执法 123c
行政执法规范市场 136c
许达哲 80a
畜禽水产品质量安全 140c
畜禽养殖 184a
畜禽养殖污染防治 141a
宣传教育 123b
宣传推广 156a
宣教接待 200a
选树“浏阳工匠”暨劳模宣讲大会 94c
学前教育 223b
学校卫生治理 249a
巡察监督 86a
巡河 148b
汛期雨水情 217b

Y

烟花爆竹标准 157b
烟花爆竹产品、原辅材料检测检验 157b
烟花爆竹产品检测 157a
烟花爆竹监管 117c
烟叶“品牌”打造 142b
烟叶 193a
沿河生态建设 17b
沿溪镇 267a
颜颂华 312b
杨高公路提质改造项目 266c
杨梅节 272c
养殖业 140b
“一把剑”压责 13a
一起来唱浏阳河 164a
医疗废物监管 248c
医疗质量提高 244a
医学科研 240c
医养名镇 神奇社港“欢乐浏阳河”社港镇专场文艺晚会 309a
医政管理 240a
依法推进项目攻坚 77c
依法行政 254a
移动通信 170b
移动通信网络 170b
移民避险解困 256c
移民培训 255c
义务教育 223c
义务教育管理工作会议 224b
易地扶贫搬迁 13b
易地扶贫搬迁工作 124b
意识形态管理 54a
银龄行动暨“老科技工作者日”湖南(长沙浏阳)主会场启动仪式 307c
银行业 204a
引老乡、回故乡、建家乡恳谈会 96a
饮水安全 13a
饮用水水源地整治 17b
应急知识宣传培训 78a
营商环境 129c
营商环境优化 96a
永安镇 296c
永和镇 270c
用地保障 130c
优抚安置 252a
优化经济发展环境 78b
优化浏阳金融生态环境 204b
优化营商环境监督测评 78c
优质服务 177c
邮电业 42a
邮政 169a
渔业生产及渔政监管执法 140c
与青年面对面活动 101c
预案修订和预案演练 78a

预算执行 126a
园区发展 163b
园区纳入管理 123c
缘聚浏阳　圆梦教育外地教师家乡行活动举行 230b
院士专家工作站 160c
院士专家工作站建设 215b

Z

增强金融服务实体经济能力 204a
债务风险 1b
站场基础设施 165c
张坊镇 274c
张立 99b
张临英 313c
招标投标监督管理 138
招商 188a
招商活动 188a
招商推介 188b
招商引资 187c
招投标改革 138b
招投标监管 138b
招投标执法 138c
召开"万企帮万村"淳口公益活动启动会 304c
召开 2018 年工作总结表彰大会 90a
召开集里街道 2018 年经济工作会议 259c
召开科技创新大会 213c
召开永和镇三大国有改制企业社会职能分离移交工作专题会议 271b
镇头镇 289a
争资工作 125a
征管执法 128b
政策调控 154c
政策研究 50c
政法委及综治 105a
政府常务会议 74c
政府合同履约情况专项清理 78c
政府投资审计 133b
政府网站建设与管理 80c
政府研究 77a
政府征拆工作 77c
政务督查 77a
政务服务 78c
政务网办 79c
政务信息 77a
政务信息归集与数据交换共享 80c
政务值班 78a
政协常委会议 81b
政协履职 82a
政协十届三次会议 81a
政协提案工作 82a
政治标准 5b
政治建设 5b 85b
政治建设"二十条" 52a
政治生态 6b
支持县域经济发展 137c
知识产权 214b
知识产权保护 214c
知心屋项目 99b
执法 190c
执法监督 68b
执法监管 107b 184c
执法检查 68c
执纪监督 86a
执行工作 114a
职工文体活动 93c
职校简介 227b
职业教育 227a
职业卫生 247a
指挥通信 123b
志愿服务 104b
制度建设 86c
治所 33b
质量建设 155b
质量强市工作 136c
致公党浏阳工委 90c
致公党浏阳工委成立 30 年系列庆祝活动 92c
"智慧浏阳河"商圈党群服务中心成立 262a
智慧旅游 197c
智慧农业管理平台 145c
智能制造转型升级 152a
置县 33a
中部六省自然资源改革第五次联席会议 132c
中共浏阳市民办教育委员会成立 229b
2018 中国(长沙)网络安全·智能制造大会 161a
2018 中国(浏阳)国际烟花爆竹交易会 156c
中国(浏阳)国际烟花爆竹交易会在大瑶举行 283b
中国工商银行股份有限公司浏阳支行 205c
中国供销节目制作中心在浏阳成立 235b
中国好人与湖南好人 55a
中国建设银行股份有限公司浏阳支行 207a
中国楼梯之乡 141c
中国绿色名镇和"全国十佳美丽宜居小镇" 294c
中国农业银行股份有限公司浏阳市支行 206a
中国平安财产保险股份有限公司浏阳支公司 212b
中国平安人寿保险股份有限公司浏阳支公司 212c
中国人民财产保险股份有限公司浏阳支公司 211c
中国人寿保险股份有限公司浏阳支公司 212a
中国银行股份有限公司浏阳支行 207b
中国邮政储蓄银行浏阳市支行 210a
中和镇 278c
中华人民共和国 34a
中山杯羽毛球赛 90b
中信银行股份有限公司长沙浏阳支行 211a
中学简介 225b
中压天然气管道建设 178b
中医药事业 241b
种业硅谷举行田间展示与观摩会 300b
种植结构调整试点与重金属污染耕地修复治理项目 143b
种植业 140a
种子管理 143c
重诚信、倡亲清主题活动 96b
重大决策 47c
重点打击违法犯罪 106a
重点工作督查 77b
重点领域改革 10b
重点人群服务管理 106b
重点项目建设 7b 73b 244a
重新编制 21b
重要会议 44b
周农 71a
周强 114c
周赛保 109b
朱国萍 313b
株树桥水库管理 149c
株树桥物业管理有限责任公司 150c
主题科普活动 214c
住房保障 176a
住房公积金管理 177b

住建领域 173a
助力党政工作 101a
专利申请 214c
专卖管理 193c
专项工作督查督办 49b
专项工作评议 70b
专项事务管理 252b
专项整治 106c 167a
专业英才培训班 65a
专业英才千人计划 52c
转型升级 7b
资本市场县域工程试点工作 203c
资金管理和监督 255b
资源管护 141b
自然气候条件 23a
自然资源 32b
自然资源统一确权登记试点 132b
自身建设 74b
综合保障力度 14a
综合竞争力位列中部地区乡镇第八位 299a
综合性示范党校 64c
综治基层基础工作 106b
综治中心建设 106b
总工会 93a
走近 12309 71b
走进浏阳 56c
走私烟网络案 194a
组建浏阳肿瘤专科联盟 243a
组织参加地州市好新闻评选活动 237b
组织参加中国县市区域报新闻作品竞赛 237b
组织工作会议 51b
组织建设 51a
组织建设 93c
组织举办湖南省“十强百佳千优小记者”评选 237b
组织力 6a
组织税费 128b
组织召开浏阳市“全国科技工作者日”座谈会 215c
“最多督一次”改革 49b
最多讲一遍 63a
最美故事展示活动 99c
作出决议支持“两院”履职 69c

图书在版编目（CIP）数据

浏阳年鉴. 2019/ 浏阳市市志档案局编. -- 北京：方志出版社， 2019.12

ISBN 978-7-5144-4051-5

Ⅰ. ①浏… Ⅱ. ①浏… Ⅲ. ①浏阳市－2019－年鉴
Ⅳ. ①Z526.43

中国版本国书馆CIP数据核字（2019）第290679号

浏阳年鉴（2019）

编　　者：浏阳市市志档案局
责任编辑：齐　笑

出 版 人：冀祥德
出 版 者：方志出版社
地址 北京市朝阳区潘家园东里9号（国家方志馆4层）
邮编 100021
网址 http://www.fzph.org
发　　行：方志出版社图书经销中心
电话（010）67110500
经　　销：各地新华书店
印　　刷：长沙昌龙印刷有限公司

开　　本：889×1194　1/16
印　　张：32
字　　数：1258千字
版　　次：2019年12月第1版　2019年12月第1次印刷
印　　数：0001~1000册

ISBN 978-7-5144-4051-5　定价：268.00元